Aus Freude am Lesen

# Johann Wolfgang Goethe

Sämtliche Werke
nach Epochen seines Schaffens
Münchner Ausgabe

Herausgegeben von Karl Richter
in Zusammenarbeit mit Herbert G. Göpfert,
Norbert Miller und Gerhard Sauder

Band 3.1

# JOHANN WOLFGANG GOETHE

Italien und Weimar
1786–1790

I

Herausgegeben von Norbert Miller
und Hartmut Reinhardt

btb

Textredaktion: Edith Zehm

1. Auflage
Genehmigte Taschenbuchausgabe November 2006,
btb Verlag in der Verlagsgruppe Random House GmbH, München
Copyright © 1990 by Carl Hanser Verlag München Wien
Umschlaggestaltung: Design Team München
Druck und Einband: Clausen & Bosse, Leck
Gedruckt auf Dünndruckpapier Primapage elfenbein, von Bolloré
Printed in Germany
ISBN-10: 3-442-72932-7
ISBN-13: 978-3-442-72932-6

www.btb-verlag.de

Inhaltsübersicht


Tagebuch der italienischen Reise
für Frau von Stein 1786
7

Drama und Theater
159


Einführung
591

Kommentar
606

Inhaltsverzeichnis
1018

# TAGEBUCH DER
ITALIENISCHEN REISE
FÜR FRAU VON STEIN
1786

# Reise-Tagebuch
## erstes Stück.

---

von Carlsbad auf den Brenner
in Tyrol.
1786.


Stationen von Carlsbad
bis auf den Brenner in Tyrol,
zurückgelegt vom 3. Sept bis den 8ten.
1786.

| Namen und Entfernung. | Post. | Angek. | Abgefahren |
|---|---|---|---|
|  |  | 3. |  |
| Tzwoda | 1½ | halb 8. Früh. | bald. |
| Eger | 1½ | 12. Mitt. | 2. |
| Tischenreuth | 1½ | 5. | gleich |
| Weyden | 2 | 9. | gleich |
|  |  | 4. |  |
| Wernberg | 1 | 1. | – |
| Schwarzenfeld | 1¼ | 2½ | – |
| Schwandorf | 1 | 4½ | – |
| Bahnholz | 1¼ | 7½ | – |
| *Regenspurg.* | 1¼ | 10. | 12½ Mittag |
|  |  | 5. |  |
| Saal | 1½ | 3. | 3½ |
| Neustadt | 1½ | 6. | gleich |
| Geisenfeld | 1½ | 8. |  |
| Pfaffenhofen | 1½ | 10. | – |
| Unterbrück | 1½ | 6. 2. | – |
| *München* | 2 | 6 früh. |  |
|  | 21¾ P |  |  |

| Namen und Entfernung | | Angekomm. | Abgefahren |
|---|---|---|---|
| P | 7. | | |
| Wolfrathshausen 2. | | 9 früh. | bald |
| Benedicktbeyern 2. | | 1½ | gleich |
| Wallensee 1½ | | 4½ | gleich |
| Mittelwald 1½ | | 7½ | |
| | 8 | | 6 Uhr früh. |
| Seefeld 1 | | 8½ | |
| *Inspruck* 1½ | | 11. | 2. |
| Schemberg 1. | | 4. | |
| Steinach 1 | | 5½ | |
| Brenner 1 | | 7½ Abends. | |
| 12½ | | 9. | 7 Uhr Abends |
| Lat. 1. 21¾ | | | |
| P. 34¼ | | | |

1786.

*d 3 Sept* früh 3 Uhr stahl ich mich aus dem Carlsbad weg, man hätte mich sonst nicht fortgelassen. Man merkte wohl daß ich fort wollte; die Gräfin L⟨anthieri⟩ setzte auch einen entsetzlichen Trumpf drauf; ich ließ mich aber nicht hindern, denn es war Zeit. Ich wollte schon den 28ten. Das ging aber nicht, weil an meinen Sachen noch viel zu tun war.

Um halb 8 in Zwota schöner stiller Nebelmorgen. No. 1. ⟨S. 13⟩

um 12. in Eger bei heißem Sonnenschein. Der Morgen war bedeckt gewesen, die oberen Wolken streifig und wollig, die unteren schwer; es hielt sich das Wetter bei Süd West Wind. Gedanken darüber. Das Wetter gab schon den 2ten gute Anzeigen. Siehe das weitere in der Note a fol.

Ich fand daß Eger dieselbe Polhöhe wie Franckfurt hat und freute mich einmal wieder nahe am 50 Grade zu Mittag zu essen. Von Karlsbad bis Zwota der *quarzhafte Sandstein*; der Weg nach Maria Culm geht auf einem aufgeschwemmten Gebirg hin. Bis Eger Plaine und Feldbau.

In Bayern stößt einem gleich das Stift Waldsassen entgegen, ein köstlich Besitztum derer die früher als andre klug waren. Es liegt in einer fruchtbaren Teller- (um nicht zu sagen Kessel) Vertiefung, in einem schönen Wiesengrunde, rings von fruchtbaren sanften Anhöhen umgeben und hat im Lande weit Besitzungen. Der Boden ist aufgelöster Tonschiefer, den der Quarz, der sich im Tonschiefer befand und nicht aufgelöst ist, locker macht. Es liegt zwar noch hoch aber anmutig und die Felder sind fruchtbar.

Bis gegen Tischenreuth steigt das Land noch, die Wasser fließen einem entgegen, nach der Eger und Elbe zu; von Tischenreut an fällt nun das Land südwärts ab und die Wasser laufen nach der Donau.

Tischengreut um fünfe. Treffliche Chaussee von Granitsand, es läßt sich keine vollkommnere denken. Die Gegend durch die sie geht desto schlechter, auch Granitsand, flach liegend, moorig pp. Da nunmehr gute Chaussee ist und das Land abfällt, kommt man mit unglaublicher Schnelle fort, die gegen den böhmischen Schneckengang recht absticht. Ich war halb neun in Weyda, Nachts 1 Uhr in Wernberg, halb dreie Schwarzenfeld, halb fünfe Schwandorf, halb achte Bahnholtz, um zehen in Regenspurg und hatte also diese 12¼ Posten oder 24½ Meile in 31 Stunden zurückgelegt.

Von Schwandorf gegen Regenstauff zu, da es anfing Tag zu werden, bemerkte ich die Veränderung des Ackerbodens ins bessere. Den Regenfluß herauf, hatte, in uralten Zeiten, Ebbe und Flut aus der Donau gewürkt und so diese natürlichen Polder gebildet, die wir nun benutzen. Es ist dieses in der Nachbarschaft aller großen Flüsse bemerklich. Ich glaube ich habe dir schon davon gesprochen. Regenspurg liegt gar schön, die Gegend mußte eine Stadt hierher locken. Auch haben sich die Geistlichen Herrn wohl possessioniert; alles Feld um die Stadt gehört ihnen, und in der Stadt steht Kirche gegen Kirche und Stift gegen Stift über.

Die Donau hat mich an den alten Mayn erinnert. Bei Franckfurt präsentiert sich Fluß und Brücke besser, hier sieht aber das gegenüberliegende Stadt am Hof recht artig aus.

Die JesuitenSchüler gaben heut ihr jährliches Schauspiel, ich besuchte es gleich, sah den Anfang des Trauerspiels und das Ende der Oper. Sie machten es nicht schlimmer als eine angehende Liebhaber Truppe. Und waren recht schön, fast zu prächtig gekleidet. Auch dies und das Ganze, wovon

einmal mündlich, hat mich von der Jesuiten großer Klugheit
aufs neue überzeugt; und es ist nicht Klugheit, wie man sie
sich in Abstracto denkt, sondern es ist eine Freude an der
Sache dabei, ein Mit und Selbstgenuß, wie er aus dem
Gebrauch des Lebens entspringt. Wie freut michs daß ich
nun ganz in den Katholizismus hineinrücke, und ihn in
seinem Umfange kennen lerne.

Wärest du nur mit mir, ich wäre den ganzen Tag gesprä-
chich, denn die schnelle Abwechslung der Gegenstände gibt
zu hundert Beobachtungen Anlaß. Oft wünsch ich mir
Fritzen und bin und bleibe allein.

Wie glücklich mich meine Art die Welt anzusehn macht
ist unsäglich, und was ich täglich lerne! und wie doch mir
fast keine Existenz ein Rätsel ist. Es spricht eben alles zu mir
und zeigt sich mir an. Und da ich ohne Diener bin, bin ich
mit der ganzen Welt Freund. Jeder Bettler weist mich zu
rechte und ich rede mit den Leuten die mir begegnen, als
wenn wir uns lange kennten. Es ist mir eine rechte Lust.

Heute schreib ich dir akkurat unterm 49ten Grade und er
läßt sich gut an, der Morgen war kühl und man klagt auch
hier über Nässe und Kälte, aber es war ein herrlicher
gelinder Tag, und die Luft die ein großer Fluß mitbringt ist
ganz was anders.

Das Obst ist nicht sonderlich, doch leb ich der Hoffnung
es wird nun kommen und werden. Auch habe ich einem
alten Weibe, das mir am Wasser begegnete, für einen Kr⟨eu-
zer⟩ Birn abgekauft und habe solche wie ein andrer Schüler
publice verzehrt. Nun gebe Gott bald Trauben und Feigen.
Ein Grundriß von Regensb. und das Jesuitenspiel sollen
hier beiliegen.

NB. Jesuiten kirchen, Türme, Dekoration überhaupt!
Etwas großes in der Anlage, das allen Menschen insgeheim
Ehrfurcht einflößt. Gold, Silber Metall und Pracht, daß der
Reichtum die Bettler aller Stände blenden möge, und hie
und da etwas abgeschmacktes, daß die Menschheit versöhnt
und angezogen werde. Es ist dies überhaupt der Genius des
Katholischen äußern Gottesdiensts, noch hab ich's aber
nicht mit soviel Verstand, Geschick und Geschmack und
soviel Konsequenz ausgeführt gesehn, als bei den Jesuiten
und alle ihre Kirchen haben eine Übereinstimmung. In der

No 1            Posthaus Zwota

No. 2             Donau

Folge mehr. Wie sie nicht die alte, abgestümpfte Andacht der andern Ordensgeistlichen fortgesetzt haben sondern mit dem Genio Säkuli fortgegangen sind.

Regensb. d. 5. Sept.
Vom Carlsb. hatte ich nur einen Mantelsack und Dachsranzen mitgenommen, und für meine Garderobe wäre es überflüssig, da ich aber soviel Bücher und Papiere mit habe, so war es zu beschwerlich. Nun hab ich mir ein Coffregen gekauft das mich recht freut. Auch ists recht gut daß ich allein bin, denn gewiß man wird durch anhaltende Bedienung vor der zeit alt und unfähich. Jetzt freut mich alles mehr, und ich fang in allem gleichsam wieder von vorne an.

Gewiß ich hoffe auf dieser Reise ein Paar Hauptfehler, die mir ankleben, loszuwerden.

An der Donau gezeichnet. No. 2. ⟨S. 14⟩
um halb zwölfe.

Ich muß nun machen daß ich wegkomme! Ein Ladenbedienter, aus der Montagischen Buchhandlung, hat mich erkannt, der in der Hofmannischen ehmals stand. So muß dem Autor nichts guts von den Buchhändlern kommen. Ich hab es ihm aber grade ins Gesicht, mit der größten Gelassenheit, geleugnet daß ich's sei.

Den Pastor Schäfer hab ich gesehen und sein Cabinet, unter dem angenommnen Namen Möller, den ich auch behalten werde. Nun leb wohl ich setze mich auf nach München.

Ein sonderbar Gestein wird hier verarbeitet, zu Werkstücken, eine Art Totliegendes, doch von dem, was ich für älter und ursprünglich erkenne. Es ist grünlich, mit Quarz gemischt, löchrich und finden sich große Stücke des festesten Jaspis drin, in welchem wieder kleine runde Fladen von Tot liegendem sich befinden. Ein Stück war gar zu appetitlich, der Stein aber zu fest, und ich habe geschworen mich nicht auf dieser Reise mit Steinen zu schleppen.

d 5ten halb 1 Mittag von Regensb.
Schöne Gegend bei Aburch wo die Donau sich an Kalkfelsen bricht, bis gegen Saale.

Es ist der Kalk wie der bei Osterode am Harz. Dicht aber im Ganzen Löchrich.

3 Uhr in Saale, No 2b. ⟨S. 17⟩

Halb 4 von Saale, um sechs in Neustadt, Geisenfeld um achte, Pfaffenhofen um 10 Uhr, d 6. S⟨ept⟩. Unterbrück um 2, München um 6 in der frühe.

*Abends um sechse.* nun ist mein Münchner Pensum auch absolviert, diese Nacht will ich hier schlafen und Morgen früh weiter. Du siehst ich richte mich eilig ein, und will und muß nun einmal diese Manier versuchen, um von der alten hockenden und schleichenden ganz abzukommen.

Ich habe die Bildergalerie gesehn und mein Auge wieder an Gemälde gewöhnt. Es sind treffliche Sachen da. Die Skizzen von Rubens zu der Luxenburger Galerie sind herrlich. Das vornehme Spielwerk, die Colonna Trajana im Modell, die Figuren verguldet Silber auf Lapis lazuli, (ich glaube Archenholz spricht davon) steht auch da. Es ist immer ein schön Stück Arbeit.

Im Antiquario, oder Antiken Cabinet, hab ich recht gesehen daß meine Augen auf diese Gegenstände nicht geübt sind, und ich wollte auch nicht verweilen und Zeit verderben. Vieles will mir gar nicht ein.

Ein Drusus hat mich frappiert, die zwei Antoninen gefielen mir und so noch einiges. Sie stehen auch unglücklich, ob man gleich recht mit ihnen aufputzen wollen, und als Ganzes der Saal, oder vielmehr das Gewölbe, ein gutes Ansehn hätte, wenn es nur reinlicher und besser unterhalten wäre.

Im Naturalienkabinet fand ich schöne Sachen aus Tyrol, die ich aber durch Knebeln schon kannte. Apropos von Knebeln! Ihm gefiel im Antikensaal ein Julius Cäsar so wohl, der, (ich müßte mich entsetzlich betrügen) gar nichts taugt, allein ich finde eine frappante Ähnlichkeit der Büste mit Knebeln selbst. Die Übereinstimmung des Charakters hat also den Mangel der Kunst ersetzt.

Ich wohne auch hier in Knebels Wirtshaus, mag aber nicht nach ihm fragen, aus Furcht Verdacht zu erwecken oder dem Verdacht fortzuhelfen. Niemand hat mich erkannt und ich freue mich so unter ihnen herum zu gehen. Bei Kobeln war ich, fand ihn aber nicht zu Hause. Sonst

No. 2B                                        Donau

COCHEL

hatt ich den Spaß einige die ich dem Namen nach kannte, und ihr Betragen zu sehen.

Überhaupt da ich nun weiß wie es allen Ständen zu Mute ist und niemand seinen Stand verbergen kann und will; so hab ich schon, das phisiognomische abgerechnet, einen großen Vorsprung, und es ist unglaublich wie sich alles auszeichnet.

Herder hat wohl recht zu sagen: daß ich ein großes Kind bin und bleibe, und jetzt ist mir es so wohl daß ich ohngestraft meinem kindischen Wesen folgen kann.

Morgen geht es grad nach Inspruck! Ich lasse Salzburg, wovon ich dir sogerne erzählt hätte, um den reisenden Franzosen auszustechen, das Zillertal mit seinen Turmalinen, die Bergwerke von Schwaz, die Salinen von Halle! Was laß ich nicht alles liegen? um den Einen Gedanken auszuführen, der fast schon zu alt in meiner Seele geworden ist.

Heute früh fand ich eine Frau die Feigen verkaufte auf einer Galerie des Schlosses, sogleich wurden ihrer gekauft und obgleich teuer, drei Kreuzer das Stück, doch die ersten, denen wills Gott mehr folgen sollen. Das Obst ist doch auch für d. 48ten Grad nicht übermäßig gut. Man klagt wie überall über Kälte und Nässe. Ein Nebel, der für einen Regen gelten konnte, empfing mich heute früh vor München, den ganzen Tag blies der Wind sehr kalt vom Tyroler Gebirg, der Himmel war bedeckt. Ich stieg auf den Turm von dem sich die Fräulein herabstürzte und sah mich nach den Tyroler Bergen um. Sie waren bedeckt und der ganze Himmel überzogen. Nun scheint die Sonne im Untergehn noch an den alten Turm der mir vor dem Fenster steht. Lebe wohl. Du bist mir immer gegenwärtig und oft regt sich der Wunsch wieder: mögt ich doch Fritzen mitgenommen haben.

Noch eine böse Arbeit steht mir bevor. Nach einer letzten Konferenz mit Herdern, mußt ich die Iphigenie mitnehmen und muß sie nun gelegentlich durchgehn und ihr wenigstens einige Tage widmen. Das will ich auch tun, sobald ich ein Plätzgen finde wo ich bleiben mag.

d 7. Sept Abends. Es scheint mein Schutzgeist sagt Amen zu meinem Credo, und ich dank ihm, nicht daß er mir diesen schönen Tag gemacht, sondern daß er mich an diesem Tage hierhergeführt hat. Der Postillon sagte noch zuletzt es sei der erste diesen ganzen Sommer. Ich hab eine herzliche, stille dankbare Freude über mein Glück und hoffe es soll nun so fort gehn.

Um 5 Uhr fuhr ich von München weg. Klarer Himmel. An den Tyroler Bergen standen die Wolken fest und die untern Streifen bewegten sich auch nicht. Der Weg geht an der Iser hin, in der Höhe auf zusammengeschlemmten Kieshügeln, die Arbeit der alten höheren Wasser. Ich sah Knebels Kiesel wieder und begrüßte ihn. Die Nebel des Flusses und der Wiesen wehrten sich eine Weile, endlich wurden auch diese aufgezehrt.

Zwischen gedachten Kieshügeln (die du dir mehrere Stunden lang und breit denken mußt) das schönste fruchtbare Erdreich. Siehe rückwärts fol.    Vor Wohlfahrtshausen wo ich um 9 Uhr ankam und so den 48 Grad erreichte, muß man wieder an die Iser, man sieht da einen Durchschnitt, und Abhang der Kieshügel, wohl auf 150 Fuß hoch. In Wohlf. brannte die Sonne stark. Alle Welt jammert über das böse Wetter und daß der *große Gott* gar keine Anstalten machen will. Nun ging mir die neue Welt auf, ich näherte mich den Gebürgen, sie wurden freier von Wolken. Benedickt Bayern liegt köstlich! Wie man es zuerst erblickt, liegts in einer fruchtbaren Plaine, ein lang und breites weißes Gebäude und ein breiter hoher Felsrücken darhinter. Dann kommt man zum *Cochl. See* No 3. ⟨S. 18 und 21⟩ dann zum *Walcher See* No 4. ⟨S. 22⟩ zum Cochl. See gehts schon hinauf, der andre liegt noch höher im Gebürge. Wie ich den ersten beschneiten Gipfel sah, griff ich nach dem Hute, doch war es mir unbegreifl. schon so nahe an, den Schneebergen zu sein. Dann hört ich daß es gestern in dieser Gegend gedonnert geblitzt geregnet und auf den Bergen geschneit hatte. Es war also der erste Schnee den ich begrüßte.

Die hohen Felsklippen sind alle Kalk, von dem ältesten der noch keine Versteinerungen enthält. Diese Kalkfelsen gehn in ungeheurer ununterbrochner Reihe von Dalmatien bis nach dem Gothart und auch weiter fort. Haquet hat

No. 3B                    GEGEN DEN COCHEL SEE

No. 4                                   Am Walch See

einen großen Teil der Kette bereist. Davon mündlich. Sie lehnen sich an den Granit, Porphyr u. s. w. Ich habe nur wenige Stücke eine Art Gneis in den Giesbächen gefunden. Wallensee halb 5.

Ich war nicht weit von dem Orte, als mir das erste Abenteuergen aufstieß. Ein Harfner ging mit seinem Töchtergen einem Mädgen von 11 Jahren vor mir her, und bat mich sie einzunehmen. Ich ließ sie zu mir sitzen und nahm sie aufs nächste Dorf mit. Ein artiges ausgebildetes Geschöpf, das weit herumgekommen war, mit seiner Mutter nach Maria Einsiedlen gewallfahrtet und seine Reisen immer zu Fuß gemacht hatte. In München hatte sie bei dem Kurfürsten gespielt und überhaupt schon sich vor 21 fürstl. Personen hören lassen. Sie unterhielt mich recht gut. Hatte hübsche große braune Augen eine eigensinnige Stirne, die sie ein wenig hinaufwärts zog. War hübsch und natürlich wenn sie sprach, besonders wenn sie kindisch laut lachte. Wenn sie schwieg, wollte sie was bedeuten und machte mit der Oberlippe eine fatale Miene. Ich schwätzte alles mit ihr durch. Sie war überall zu Hause, und paßte gut auf. Einmal fragte sie mich was das für ein Baum sei? Es war ein Ahorn, und der erste den ich auf der ganzen Reise sah. Den hatte sie gleich bemerkt. Es kamen nachher noch mehr. Sie zeigte mir eine neue Haube die ⟨sie⟩ sich hatte in München machen lassen und in einer Schachtel mit sich führte.

Es gäbe schön Wetter, wenigstens einige Tage sagte sie. Sie trügen ihr Barometer mit das sei die Harfe; wenn sich der Diskant hinauf stimme, so geb es gutes Wetter, das hab er heute getan. Ich nahm das Omen an, und hatte noch viel Spaß mit ihr ehe wir schieden. Mittelwald halb 8 angekom.

d 8 Sept. Abends
Auf dem Brenner angelangt, gleichsam hieher gezwungen, wie ich mir nur ein Ruhcort gewünscht habe. Mein erstes ist dir das Gute des vergangnen Tages mitzuteilen. Es war ein Tag an dem man Jahrelang in der Erinnerung genießen kann.

Von Mittelwald um sechs Uhr, klarer Himmel es blies ein sehr scharfer Wind und war eine Kälte wie sie nur dem Februar erlaubt ist. Die dunklen mit Fichten bewachsnen

Vorgründe, die grauen Kalkfelsen, die höchsten weißen Gipfel auf dem schönen Himmelsblau, machten köstliche, ewig abwechselnde Bilder.

Bei Scharnitz kommt man ins Tyrol und die Grenze ist mit einem Walle geschlossen der das Tal verriegelt und sich an die Berge anschließt. Es sieht schön aus. An der einen Seite ist der Felsen befestigt, an der andern geht es steil in die Höhe.

In Seefeld um halb neun.

Von da wird der Weg immer interessanter. Bisher ging er über die von Benedickt Bayern herauf erstiegne Höhen weg, nun kommt man dem Inntal näher und sieht von oben hinein Intzingen liegen. Die Sonne war hoch und heiß. Meine Garderobe, (eine Veste mit Ärmeln und ein Überrock,) die auf alle vier Jahrszeiten gerichtet ist mußte gewechselt werden, und sie wird oft des Tags 10mal gewechselt.

Bei *Cirl* steigt man ins Inntal herab. Die Lage ist unbeschreibl. schön und der hohe Sonnenduft macht sie ganz herrlich. Ich habe nur einige Striche aufs Papier gezogen, der Postillon hatte noch keine Messe gehört und eilte sehr auf Inspr. es war Marien Tag.

Nun immer an der Inn hinab an der Martins Wand vorbei, einer steilabgehenden ungeheuren Kalkwand. Zum Orte wohin Kaiser Max sich verstiegen haben soll, getraut ich mir wohl ohne Engel hin und her zu kommen, ob es gleich immer ein frevelhaftes Unternehmen wäre.

Innspruck liegt herrlich in einem breiten reichen Tal zwischen hohen Felsen und Gebirgen.

Ich wollte heute dableiben, aber es ließ mir innerlich keine Ruhe.

Ich fand an des Wirts Sohn den leibhaften Söller. So finde ich nach und nach meine Menschen.

Es ist Mariä Geburt. Alle Menschen geputzt und gesund und wohlhäbig wallfahrtend nach *Wilden* das eine Viertelstunde von der Stadt liegt. Von Innsbr. fuhr ich um 2 Uhr ab und war halb achte hier

*auf dem Brenner*

hier soll mein Rastort sein, hier will ich eine Rekapitulation der vergangnen sechs Tage machen, dir schreiben und dann weiter gehn.

No 5                                                     CIRL

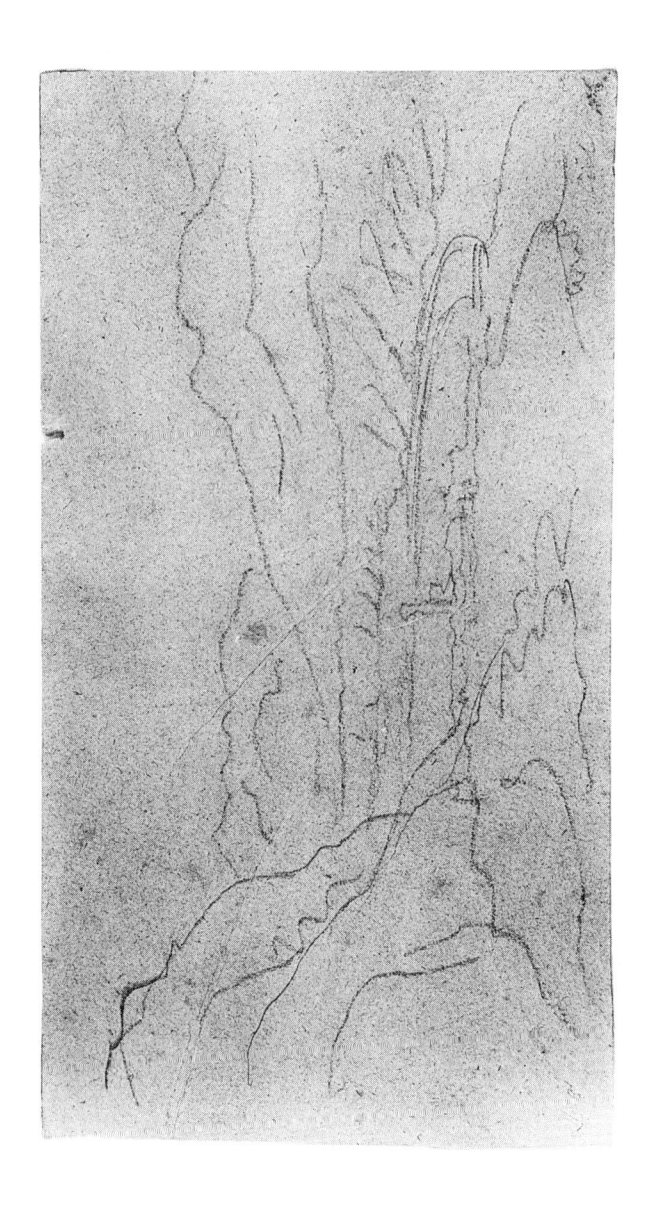

Gegen den Brenner

Von Innspr. herauf wirds immer schöner. Da hilft kein Beschreiben. Man kommt eine Schlucht herauf wo das Wasser nach der Inn zu stürzt. Eine Schlucht die unzählige Abwechslungen hat.

Bald ist die Seite gegenüber nicht abhängiger als daß nicht noch sollte der schönste Feldbau drauf geübt werden. Es liegen Dörfgen, Häuser, Hütten, Kirchen alles weiß angestrichen zwischen Feldern und Hecken auf der abhängenden hohen Fläche.

Bald verengt sichs es wird Wiese, steil abfallendes Tal pp.

Zu meiner Weltschöpfung hab ich manches erobert. Doch nichts ganz neues noch unerwartetes. Auch hab ich viel geträumt von dem Modell, von dem ich solang rede und an dem ich Euch lieben Laien allein das alles anschaulich machen könnte was immer mit mir herumreist.

Endlich ward es dunkel und dunkler, das Detail verlor sich und die Massen wurden größer und herrlicher. Endlich da alles nur wie ein tiefes geheimnisvolles Bild vor mir sich bewegte, sah ich auf einmal die hohen Gipfel wieder vom Monde erleuchtet und die Sterne herabblinken.

In Inspr. und der Gegend mögt ich mit dir einen Monat verleben, mit solchem Wetter wie heute versteht sich. Und das Gebürg herauf was ich für Gegenstände vorbeigefahren bin, die dir die größte Freude machen würden, wenn du sie zeichnen könntest. Einige schick ich dir.

Nun bin ich hier, finde ein sehr saubres bequemes Gasthaus; Will ausruhen meine Vergangne Tage überlegen und alles für dich in Ordnung bringen, auch mich zu weiterer Reise zu bereiten.

Von Witterung Not. a.
Von Polhöhe pp. S. Note b.
Von Pflanzen N. c.
Von Gebürgen Steinarten Note d.
Von Menschen Note e.

d. 9. Sept. 86 Abends.

Da ich meine flüchtige Bemerkungen dieser Tage zusammenbringe, schreibe und hefte; so findet sich's daß sie beinahe ein Buch werden, ich widme es dir. So wenig es ist wird es dich erfreuen und wird mir in der Folge Gelegenheit geben besser ordentlicher und ausführlicher zu erzählen. Wir werden nun gerne etwas von diesen Gegenden lesen, weil ich sie gesehn, manches über sie gedacht habe und du sie durch mich genießen sollst. Ich werde so fortfahren von Zeit zu Zeit einen Rasttag zu machen und das Vergangne in Ordnung zu bringen denn in die Weite gehts nicht und man mag zuletzt die einzelnen Blätter nicht mehr ansehn.

Hier oben in einem wohlgebauten, reinlichen, bequemen Hause seh ich nun noch einmal nach dir zurück. Von hier fließen die Wasser nach Deutschland und nach Welschland diesen hoff ich morgen zu folgen. Wie sonderbar daß ich schon zweimal auf so einem Punkte stand, ausruhte und nicht hinüber kam! Auch glaub ich es nicht eher als bis ich drunten bin. Was andern Menschen gemein und leicht ist, wird mir sauer gemacht. Lebe wohl! Gedenk an mich in dieser wichtigen Epoche meines Lebens. Ich bin wohl, freien Gemüts und aus diesen Blättern wirst du sehn wie ich der Welt genieße. Lebwohl. Der ganze Tag ist mir über diesen Papieren hingegangen.

G

Note a.
Gedanken über die Witterung.

Sobald ich die Schäfgen der Oberen Luft sah schon im Carlsbad d. 2 Sept. hatte ich gute Hoffnung, ich schloß daraus: daß die Atmosphäre ihre Elastizität wieder gewinne und im Begriff sei das schöne Wetter wieder herzustellen. Allein ich dachte nicht an das was ich nachher bemerkt zu haben glaube. Nämlich: *daß eine Elastischere Atmosphäre die Wolken aufzehrt, ihnen den Zusammenhang unter sich benimmt,* so daß also die Dünste die vorher Massenweis zusammen gedrängt waren, als Wolken umherzogen, nur in einer gewissen Höhe über der Erde schwebten, als Regen herab fielen, als Nebel wieder aufstiegen, nunmehr in den ganzen Raum gleichförmig ausgeteilt sind. Da jeder Dunst und Wassertropfen durch Mitteilung der Atmosphärischen Elastizität unendlich elastisch werden, ja ins unendlich kleine geteilt werden kann; so kann auch die Wasser Masse sich in eine weit größere Höhe austeilen und vor unsern

BRENNER

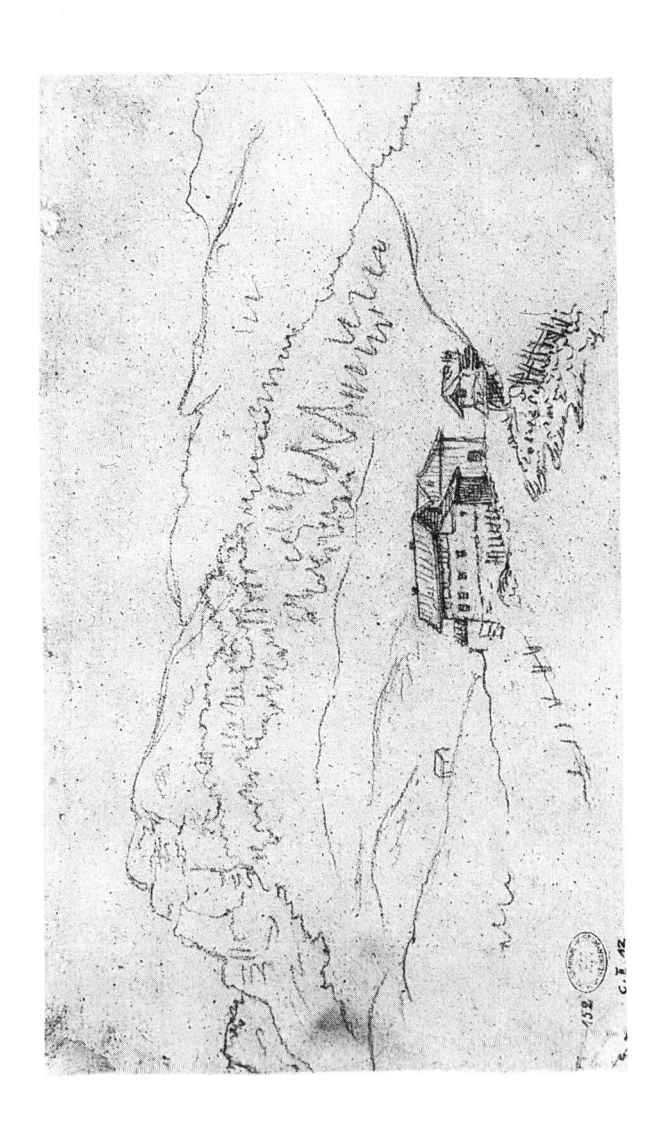

Augen so verschwinden daß sie zuletzt auch nicht den geringsten Dunst bemerkbar läßt. Vielleicht ist das was ich sage was bekanntes, ich setze nur meine Bemerkungen hin, und folgere aus meiner Hypothese.

Wenn eine ungeheure Menge kondensierte Dünste aufzulösen sind, wie es diesmal war; so geht es langsam zu, und die obere Luft, da sie zuerst ihre Elastizität wieder erlangt, fängt zuerst an Schäfgen (leicht wie gekämmte Wolle aneinander gereihte Wölkgen) zu bilden. An den hohen Gebürgen, die durch die Anziehung die Wolken halten, fangen diese an, in Großen, Bergähnlichen über einander getürmten weißen Massen, festzustehn, indes die Wolken der untern Atmosphäre als graue Streifen, und in langgedehnten schweren Formen unter ihnen hinziehen. Vermehrt sich nun immer die Elastizität der Luft so zehrt sie von oben herein die um die Berge feststehende Wolken auf und der Wind der vom Berge kommt der vor wenigen Tagen Regen brachte bringt nun gutes Wetter.

Ich sah das Aufzehren einer solchen Wolke ganz deutlich sie hing am Berge fest, löste sich mit der größten Langsamkeit auf, kaum daß einige Flocken sichtbar sich ablösten und in die Höhe stiegen die aber auch gleich verschwanden. Und so verschwand sie nach und nach und hinter dem Berge bemerkt ich in der Luft ganz leichte weiße Streifgen, die mir zuletzt auch aus dem Gesicht kamen.

Ist nun das Wasser so in der ganzen Atmosphäre verteilt, und noch einigermaßen nah aneinander so sieht mans an der Luft-Perspektiv und am Auseinandergehn der Landschaftsgründe ganz deutlich. Das muß nun als Tau, oder Reif herunter, oder muß sich weiter ausdehnen und verbreiten. Diesmal machte das Wetter um die Tyroler Berge ein gewaltsames Ende mit Donnern, Blitzen und Schneien; dann hellte sichs aus.

Eben so sah ich den 9ten als die Sonne den Schnee auf den Gipfeln zu schmelzen anfing leichte Schaumstreifen in die Höhe steigen und sich bei einem kalten Mittag Winde weit über den Himmel gegen Norden verbreiten. So ging es immer fort es zog immer mehr weißer Duft von Mittag herauf der ganze Himmel ward bedeckt, und die Sonne endlich verdunkelt, die Dünste verwandelten sich in Wolken, die noch in ziemlicher Höhe schwebten und die Bewohner jammerten, daß schon wieder Regen folge.

Nach meiner Theorie fahre ich fort zu erklären. Die Atmosphäre war nun in dieser Gegend fast mit Dünsten gesättigt, sie konnte sie also nicht mehr rein aufzehren, sie mußte also leiden daß die Dünste wieder ein zusammenhangender Dunst und endlich noch verwandter unter sich und Wolken wurden. Kann nun diese Nacht durch da die Kühlung die Elastizität des Wassers vermindert und die Elastizität der Luft vermehrt, letztere über ersteres Herr werden, so müssen die Wolken wieder von den Bergen angezogen werden und auch als Wasser niederfallen.

Noch eine Bemerkung. Die Atmosphäre und die Berge ziehen wechselsweise die Dünste an, unter welchen Bestimmungen dies geschieht wird sich erklären lassen. Jetzt nur soviel: Wenn sich die Elastizität der Luft vermehrt, vermehrt sich ihre Anziehungskraft und die Wolken verlassen die Berge und werden, wie mehrmals gesagt, von der Luft gehoben und verzehrt, umgekehrt ist die Würkung umgekehrt. Es ist wie mit einem Luft ballon der sich auch wieder hebt wenn die Luft elastischer wird.

Ich habe das Wort Elastizität, statt des in dieser Materie auch gewöhnlichen Wortes Schwere gebraucht, und es ist auch besser. Überhaupt aber sind meine Kunstwörter nicht die besten, komme ich zurück; so wollen wir meine Bemerkungen und Erfahrungen mit den Grundsätzen der Phisiker ihren Theorien und Erfahrungen zusammen halten. Ich bin leider nicht gelehrt wie du weißt.

Note b.
Über Polhöhe, Klima pp.

Ich habe den ganzen Weg mit mir selbst über Polhöhe, Klima und was daran hängt gescherzt, nun darüber auch ein Paar Worte.

Die Polhöhe machts nicht aus, sondern die Bergrücken die von Morgen nach Abend die Länder durchschneiden; diese machen sogleich große Veränderungen und die Länder die alsdann nordwärts liegen haben davon zu leiden. Die Wittrung dieses Jahr für den ganzen Norden scheint durch die große Alpenkette auf der ich dieses schreibe, bestimmt worden zu sein. Hier haben sie den ganzen Sommer Regen gehabt und Südwest und Südost haben von hier den Regen in den ganzen Norden verbreitet. In Italien sollen sie schön Wetter fast zu trocken gehabt haben.

Note c.
Über Pflanzen, Früchte pp

Was ich bisher an Früchten angetroffen habe will nichts sagen. Äpfel und Birn hängen schon vor Inspruck im Inntal, Pfirschen Trauben bringen sie aus Wälschland oder eigentlich dem mittägigen Tyrol. Um Inspr. bauen sie Türkisch Korn sehr viel es war eben im ansetzen.

Auch noch ein Gewächs das sie Blende (Haidekorn an andern Orten) nennen, das ein Bräunlich Korn trägt, woraus Mehl gemacht und als Muß oder Knötel gegessen wird.

Hinter Inspr. sah ich die ersten Lerchenbäume die hieroben häufig wachsen, und bei Schemberg den ersten Zirbel. Die Pflanzen betr. fühl ich noch sehr meine Schülerschaft.

Bis München sah ich nur die gewöhnlichen. Das Hieracium, die blaue Blume die sie bei uns wilden Sellerie nennen, die Schafgarbe, Disteln, was ich von Carlsb. beständig sah. Vor München an einem Wassergraben die Federnelke, eine art niedriger Sonnenblume. Hinter Benedicktb. das Gebürg herauf und am Walchsee andre die ich eingelegt habe und die erste Gentiana immer war es das Wasser in dessen Nähe ich die neuen Pflanzen zuerst fand.

Überhaupt über den Einfl. der Barometrischen Höhe auf die Pflanzen will ich eine Meinung hersetzen die geprüft werden muß.

Die mehr elastische Luft würkt auf die Organe der Pflanze und gibt ihr auch alle mögliche Ausdehnung und macht ihre Existenz vollkommner. Ist Feuchtigkeit genug da die in das ausgedehnte Organ eindringen kann; so nahrt sich die Pflanze gut und kann sich aufs beste entwickeln, stärker wachsen und sich reichlicher fortpflanzen. Dieser Gedanke ist mir bei einer Weide und Gentiane eingekommen da ich sah daß sie sehr zart waren und von Knoten zu Knoten viel Zwischenraum hatten.

Statt wie Fig 1. waren sie wie Fig 2 gebildet.

Fig 1.    Fig 2.

Hiervon in der Folge mehr.
NB ich sah auch im WalchenSee sehr lange Binsen.

Note d.
Von Gebürgen und Steinarten.
Ich habe schon gesagt daß ich bisher die Kalk Alpen durchwandert habe. Sie haben ein Graues Ansehn und schöne sonderbare unregelmäßige Formen ob sich der Fels gleich auch in Lager und Bänke abteilt. Aber weil auch geschwungene Lager vorkommen und der Fels überhaupt ungleich verwittert; so sehen die Gipfel seltsam aus.

Es war alles Kalk soviel ich bemerken konnte bis herauf. In der Gegend des Sees verändert sich das Gebirg (vielleicht früher, das einem Nachfolger zu untersuchen bleibt) und ich fand Glimmerschiefer stark mit Quarz durchzogen. Stahl-Grün und dunkel Grau. An denselben lehnte sich ein weißer dichter Kalkstein der an den Ablösungen glimmrich war und in großen Massen die sich aber unendlich zerklüfteten, brach. Oben auf den Kalkstein legte sich wieder Glimmerschiefer auf der mir aber zärter zu sein schien.

Weiter hinauf zeigte sich eine besondere Art Gneis oder vielmehr eine Granitart die sich zum Gneis anlegt, wie das Stück was ich von der Gegend von Ellenbogen habe. No ist ein schnell aufgenommner Riß des Sees.

Hier oben gegen dem Hause über ist der Fels Glimmerschiefer und die Wasser die aus den nächsten Bergen kommen bringen grauen Kalk wie Glimmerschiefer mit.

Es zeigt sich also daß hier oben nicht ferne der Granitstock sein muß an dem sich das alles anlehnt. Granit selbst habe ich noch nicht gefunden.

Auf der Karte sieht man daß man hier an der Seite von dem eigentlichen großen Brenner ist von dem aus rings um sich die Wasser ergießen. Denselben zu umreisen wär eine hübsche Aufgabe für einen Mineralogen.

Note e.
Menschen.

Von ihnen kann ich nicht viel als vom Ansehn sagen.

Die Nation ist wacker grad vor sich hin, die Gestalten sich ziemlich gleich, doch wag ich keine Beschreibung der Formen aus dem Stegreif.

Braune wohl geöffnete Augen und sehr gut gezeichnete schwarze Augbrauen bei den Weibern sind mir aufgefallen und dagegen blonde Augbrauen und breite bei den Männern. Die grünen Hüte geben zwischen den Bergen ein fröhlich Ansehn. Sie tragen sie geziert mit Bändern oder breiten Schärpen von Taft mit Franzen die mit Nadeln gar zierlich aufgeheftet werden, auch hat jeder eine Blume oder eine Feder auf dem Hute.

Dagegen tragen die Weiber weiße, baumwollene, zottige, sehr weite Mützen, wie unförmliche Manns Nachtmützen, das ihnen ein ganz fremdes Ansehn gibt.

Ihre übrige Tracht ist bekannt.

Ich habe Gelegenheit gehabt zu sehen was für einen Wert die gemeinen Leute auf Pfauenfedern legen, und wie jede andre bunte Feder geehrt wird, daß ich jedem Reisenden, der Freude machen und statt eines kleinen Trinkgelds ein großes ohne Unkosten geben will, solche Federn mit sich zu führen raten will. Es versteht sich von selbst daß man sie mit Geschicklichkeit anbrächte.

## REISE-TAGEBUCH
### ZWEITES STÜCK

---

vom Brenner in Tyrol
bis Verona
1786

Stationen vom Brenner in Tyrol
bis Verona zurückgelegt vom 9. S. bis d. 14. S.

| Namen und Entfernung. | | | angekommen | abgefahren. |
|---|---|---|---|---|
| | | | 9. | |
| Sterzingen | je- | | 9 Uhr Nachts | 9½ |
| Mittenwalde | des- | | 12. | ⎫ |
| | mal | 10. | | ⎪ |
| Brixen | 1 Post | | 3½ | ⎪ |
| Colmann | die | | 5. | ⎪ |
| Deutschen | Post | | 7. | ⎬ gleich |
| Botzen | 2 | | 9. | ⎪ |
| Brandsol | Mei- | | 11 | ⎪ |
| Neumarck | len. | | 1½ | ⎭ |
| Salurn | | | 2½ | 3½ |
| Neefes | 1½ | | 6 | |
| *Trient* | 1½ | | 7½ | 5 Uhr Abends |
| | | 11. | | |
| Aqua viva | 1 | | 6½ | |
| Roveredo | 1½ | | 8½ | |
| | | 12. | | |
| Porto al Lago di Garda eigentl. Torbole. | 2½ | | 8. | 4. früh |
| | | 13. | | 5 früh. |
| Malsesine | | | 7. | nach Mitternacht. |
| | | 14 | | |
| Bartolino | | | 10. | gleich. |
| Verona. | | | 2. | |

Trent d 10 Sept. Abends 8.
Nun bin ich völlige 50 Stunden am Leben und in steter Beschäftigung und Bewegung. Wenn ich mich gehn ließe; schrieb ich dir auch noch wie es mir ergangen ist. Um des morgenden Tags willen ist es aber besser daß ich ruhe und so sollst du Morgen von mir hören. Heute Gute Nacht.

d 11. früh.
Ich fahre in meiner Erzählung fort.

Am 9. Abends als ich mein erstes Stück an dich geschlossen hatte, wollte ich noch die Herberge zeichnen aber es ging nicht, ich verfehlte die Formen und ging halb mißmutig nach Hause.

Mein Wirt fragte mich ob ich nicht fortwollte? es sei Mondschein p und ob ich wohl wußte daß er die Pferde morgen früh brauchte und sie also bis dahin gerne wieder zu Hause gehabt hätte, sein Rat also eigennützig war; so nahm ich doch weil es mit meinem innern Trieb übereinstimmte ihn als gut an, die Sonne ließ sich wieder blicken, und es war eine sehr leidliche Luft.

Ich packte ein und um sieben fuhr ich vom Brenner weg. Wie ich gehofft hatte, ward die Atmosphäre Herr der Wolken und der Abend gar schön.

Der Postillon schlief ein und die Pferde liefen den schnellsten Trab bergunter immer auf dem bekannten Weg fort, kamen sie an ein eben Fleck ging's desto langsamer, er erwachte und trieb und so kam ich sehr geschwind zwischen hohen Felsen, an den reißenden Etsch Fluß hinunter. Der Mond ging auf und beleuchtete ungeheure Gegenstände. Einige Mühlen über dem reißenden Strom waren völlige Everdingen. Wenn ich dir sie nur vor die Augen hätte stellen können.

Um 9 kam ich nach Sterzing und man gab mir zu verstehen daß man mich gleich wieder weg wünschte, um 12 in Mittelwald war alles im tiefen Schlafe außer den Postillons um halb 3 in Brixen eben so, daß ich mit dem Tage in Colman ankam. So leid es mir tat, diese interessanten Gegenden, mit der entsetzlichen Schnelle, (die Postillon fuhren daß einem oft Hören und Sehen verging) und bei Nacht wie der Schuhu zu durchreisen; so freute mich's doch, daß wie ein Wind hinter mir her blies und mich meinen Wünschen zujagte.

Mit Tags Anbruch erblickt ich die ersten Rebhügel, eine Frau mit Birn und Pfirschen begegnete mir so gings auf Deutschen, wo ich um 7 Uhr ankam und endlich erblickt ich bei hohem Sonnenschein, nachdem ich eine Weile Nordwärts gefahren war, das Tal worin Botzen liegt.

Von steilen bis auf eine ziemliche Höhe bebauten Bergen umgeben, ist es gegen Mittag offen, gegen Norden von den Tyroler Bergen bedeckt, eine milde sanfte Luft füllte die Gegend, der Etsch Fl. wendet sich hier gegen Mittag wieder. Die Hügel am Fuß der Berge sind mit Wein bebaut. Über lange niedrige Lauben sind die Stöcke gezogen und die blauen Trauben hängen gar zierlich und reich von der Decke herunter. Auch in der Fläche des Tals, wo sonst nordwärts Wiesen sind, wird der Wein in solchen eng aneinander stehenden Reihen von Lauben gebaut, dazwischen das Türkische Korn, Ital. Fromentass

⟨*am Rand:*⟩ Sie sprechen es Formentass aus und Formenton ist die Blende deren ich oben gedacht.

oder weiter hin Fromentone genannt, das nun immer höher wächst. Ich habe es oft zu 9–10 Fuß hoch gesehn. Die zaseliche männliche Blüte ist noch nicht abgeschnitten, wie es geschieht wenn die Befruchtung eine Zeitlang vorbei ist.

Bei heißem Sonnenschein nach Botzen, wo alles von der Messe lebte. Die vielen Kaufmannsgesichter freuten mich beisammen, ihr absichtliches wohlbehägliches Dasein druckt sich recht lebhaft aus.

Auf dem Platze saßen Obstweiber mit Körben 4 bis 4½ Fuß im Durchschnitt, flach, worin die Pfirschen neben einander lagen, eben so die Birn. Hier fiel mir ein was ich in Regensburg am Fenster des Wirtshauses geschrieben fand

    Comme les peches et les Melons
    Sont pour la bouche d'un Baron
    Ainsi les verges et les batons
    Sont pour les fous dit Salomon.

Daß ein nordischer Baron dieses geschrieben, ist offenbar und daß er in diesen Gegenden seine Begriffe verändern würde ist auch natürlich.

Die Messe zu Bozen ist stark an Seidenvertrieb, auch

Tücher p werden dahin gebracht und was sonst an Leder pp aus den Gebürgen und der Gegend zusammengebracht wird. Auch kommen die Kaufleute vorzüglich dahin ihr Geld einzukassieren.

Ich eilte fort damit mich nicht irgend einer erkennte, und hatte ohne dies nichts da zu tun – Zwar wenn ich es recht gestehe; so ist es der Trieb und die Unruhe die hinter mir ist; denn ich hätte gern mich ein wenig umgesehen und alle die Produkte beleuchtet die sie hierher zusammenschleppen. Doch ist das mein Trost, alles das ist gewiß schon gedruckt. In unsern statistischen Zeiten braucht man sich um diese Dinge wenig zu bekümmern ein andrer hat schon die Sorge übernommen, mir ists nur jetzt um die sinnlichen Eindrücke zu tun, die mir kein Buch und kein Bild geben kann, daß ich wieder Interesse an der Welt nehme und daß ich meinen Beobachtungsgeist versuche, und auch sehe wie weit es mit meinen Wissenschaften und Kenntnissen geht, ob und wie mein Auge licht, rein und hell ist, was ich in der Geschwindigkeit fassen kann und ob die Falten, die sich in mein Gemüt geschlagen und gedruckt haben, wieder auszutilgen sind.

Komm ich weiter; so sag ich dir mehr.

Schon jetzt daß ich mich selbst bediene immer aufmerksam, immer gegenwärtig sein muß, gibt mir diese wenige Tage her eine ganz andre Elastizität des Geistes. Ich muß mich um den Geldkurs bekümmern wechseln bezahlen, notieren, dir schreiben, anstatt daß ich sonst nur dachte, wollte, sann, befahl und diktierte. Von Botzen auf Trient ⟨*am Rand:*⟩ N B. arme Frau die mich bat ihr Kind in den Wagen zu nehmen weil ihm der heiße Boden die Füße brenne. Sonderbarer Putz des Kindes. Ich redet es Italiänisch an, es sagte daß sie kein Deutsch verstehe. (die Stationen siehe fol ) gehts in einem immer fruchtbaren und fruchtbarern Tal hin. Alles was höher hinauf nur zu vegetieren anfängt hat nun hier schon alles mehr Kraft und Leben man glaubt wieder einmal an einen Gott.

Die Etsch fließt sanfter, macht an vielen Orten breite Kiese, auf dem Lande nah am Fluß und an den Hügeln ist alles so in einander gepflanzt daß man denkt es müßte eins das andre ersticken. Weingeländer, Mais, Haidekorn,

Maulbeerbäume, Fruchtbäume Nuß und Quittenbäume. Über die Mauern wirft sich der Attich lebhaft herüber, der Efeu wächst in starken Stämmen die Felsen hinauf und verbreitet sich weit über sie und die Eidechse schlüpft über die Steine weg.

Könnt ich nur mit dir dieser Gegend und Luft genießen in der du dich gewiß gesund fühlen würdest.

Auch was hin und her wandelt erinnert einen an die liebsten Bilder. Die aufgewundnen Zöpfe der Weiber, die bloße Brust und leichten Jacken der Männer, die trefflichen Ochsen die sie vom Markte nach Hause treiben, die beladnen Eselgen alles macht einen immer lebenden und sich bewegenden *Heinrich Roos*.

Und nun wenn es Abend wird und bei der milden Luft wenige Wolken an den Bergen ruhn, am Himmel mehr stehn als ziehn, und gleich nach SonnenUntergang das Geschrille der Heuschrecken laut zu werden anfängt! Es ist mir als wenn ich hier geboren und erzogen wäre und nun von einer Grönlandsfahrt von einem Wallfischfang zurückkäme. Alles ist mir willkommen auch der Vaterländische Staub der manchmal stark auf den Straßen wird und von dem ich nun solang nichts gesehen habe.

Das Glocken oder vielmehr Schellengeläute der Heuschrecken ist allerliebst durchdringend und nicht unangenehm.

Lustig klingts wenn mutwillige Buben mit einem Feld voll Heuschrecken um die Wette pfeifen. Es ist als wenn sie einander würklich steigerten. Heute ist wieder ein Herrlicher Tag, besonders die Milde der Luft kann ich dir nicht ausdrücken.

Wenn das alles jemand läse der im Mittag wohnte, vom Mittag käme würde mich sehr kindisch halten. Ach was ich da schreibe hab ich lang gewußt, seitdem ich mit dir unter einem bösen Himmel leide, und jetzt mag ich gern diese Freude als Ausnahme fühlen, die wir als eine ewige Naturwohltat immer genießen sollten.

Das übrige siehe in den angehängten Noten die ich der Bequemlichkeit halber fortsetzen und mit eben den Buchstaben wie beim ersten Stück bezeichnen will.

ROVEREDO

*Trient* Ich bin in der Stadt herumgegangen die uralt ist und in einigen Straßen neue wohlgebaute Häuser hat. In der Kirche hängt ein Bild, wo das versammelte Concilium einer Predigt des Jesuiten Generals zuhört. Ich mögte wissen was er ihnen vorgesagt hat.

Ich trat in die JesuitenKirche, die sich von außen gleich durch rote MarmorPilastres auszeichnet, ein großer Vorhang hängt nahe an der Türe herunter den Staub von außen abzuhalten, ein eisernes Gitter schließt die Kirche von einer kleinen Vorkirche, so daß man alles sehen, weiter hinein aber nicht kommen kann. Es war alles still und ausgestorben, die Türe nur auf weil zur Vesperzeit alle Kirchen geöffnet sind. Wie ich so dastehe und über die Bauart, die ich den bekannten Kirchen ähnlich fand nachdachte; kommt ein alter Mann mit einem schwarzen Käppgen auf den Kopfe das er sogleich abnimmt, und in einem langen schwarzen für Alter vergrauten Rock herein, kniet vor dem Gitter nieder, und steht nach einem kurzen Gebet wieder auf. Wie er sich umkehrt sagt er halb laut für sich: da haben sie nun die Jesuiten herausgetrieben, sie hätten ihnen auch zahlen sollen was die Kirche gekostet hat, ich weiß wohl was sie gekostet hat, und das Seminarium wie viele Tausende (indes war er wieder den Vorhang hinaus, ich trat an den Vorhang sah an der Seite hinaus und hielt mich stille, er war auf der Kirchschwelle stehen geblieben) der Kaiser hats nicht getan, der Papst hats getan, fuhr er fort mit dem Gesicht nach der Straße gekehrt und ohne mich zu vermuten. Erst die Spanier, dann wir, dann die Franzosen (er nannte noch einige) Abels Blut schreit über seinen Bruder Kain! – und so ging er die Treppe hinab immer mit sich redend die Straße hin.

Ich vermute daß es entweder selbst ein Jesuite, oder einer den sie erhalten war und der über den ungeheuern Fall des Ordens den Verstand mag verloren haben, der nun jetzt kommt in dem leeren Gefäß die alten Bewohner zu suchen und nach einem kurzen Gebet ihren Feinden den Fluch zu geben.

Mein Begleiter zeigte mir mit Verwunderung ein Haus das man das Teufelshaus nennt wozu in einer Nacht der Teufel die Steine nicht nur hergebracht sondern es auch aufgebaut haben soll. Das Teuflischte daran bemerkte er aber nicht das ist: daß es das einzige Haus von einem guten Geschmacke ist das ich in Trient gesehn habe. Es ist aus einer alten Zeit aber gewiß von einem guten Italiäner aufgeführt.

Abends um 5 Uhr ab nach Roveredo.

Wieder das Schauspiel von gestern Abend und die Heuschrecken die gleich bei Sonnenuntergang zu schrillen anfingen. Man fährt wohl eine Meile von der Stadt zwischen Mauern über welche die Traubengeländer sich sehen lassen, andre die nicht hoch genug sind hat man mit Steinen, Reisig und andern Künsten erhöht um das Abrupfen der Trauben den Vorbeigehenden zu wehren, viele Besitzer besprengen die vordersten Reihen mit Kalk der die Trauben dem Essen unangenehm macht und dem Magen feind ist, dem Wein aber nicht schadet, weil er durch die Gärung wieder heraus muß. Das schöne Wetter dauert fort. Es war sehr heiß als ich um 3 Uhr vor die Stadt und auf die Brücke spazieren ging. Mir ists wie einem Kinde, das erst wieder leben lernen muß. Es macht schon hier niemand mehr die Türen zu, die Fenster stehn immer offen pp. Es hat kein Mensch Stiefeln an, kein TuchRock zu sehn. Ich komme recht wie ein nordischer Bär vom Gebirge. Ich will mir aber den Spaß machen mich nach und nach in die Landstracht zu kleiden.

d. 11. S. Abends.
Hier bin ich nun in Roveredo hier schneidet sichs ab. Von oben herein schwankte es noch immer vom deutschen zum italiänischen, nun hatt ich einen stock wälschen Postillon der Wirt spricht kein deutsch und ich muß nun meine Künste versuchen. Wie froh bin ich daß die Geliebte Sprache nun die Sprache des Gebrauchs wird.

d. 12 Sept. nach Tische.
Wie sehnlich wünsch' ich dich einen Augenblick neben mich, damit du dich mit mir der Aussicht freuen könntest die vor mir liegt.

Heut Abend hätt ich in Verona sein können, aber es lag mir noch eine schöne Natur Würkung am Wege, ein schönes Schauspiel der Lago di Garda.

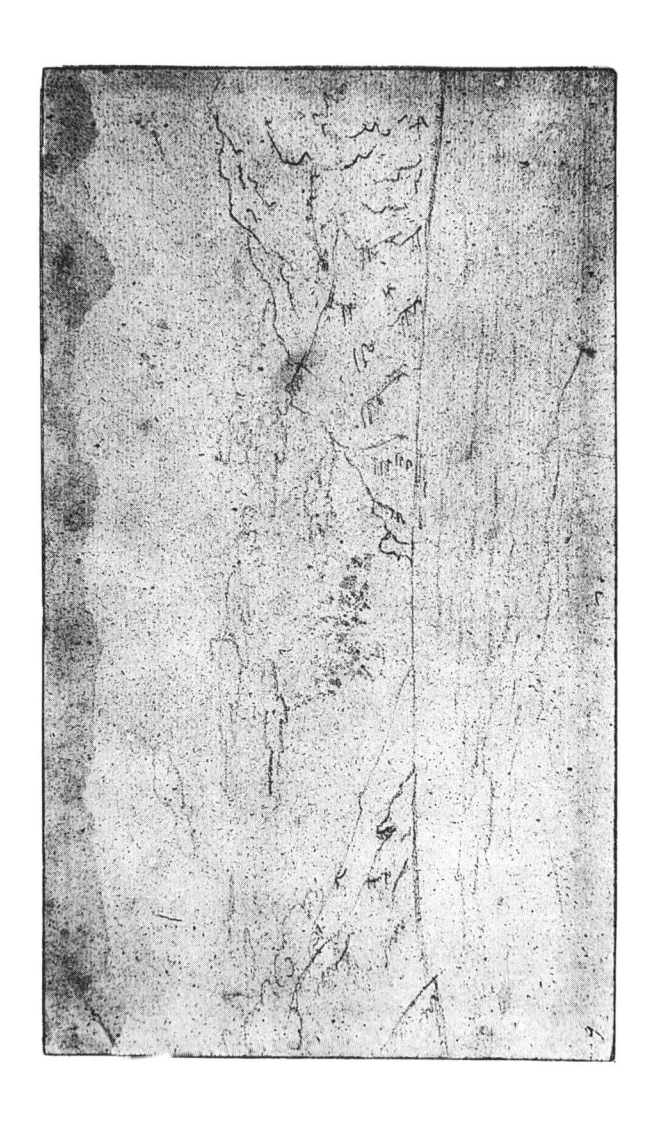

LAGO DI GARDA

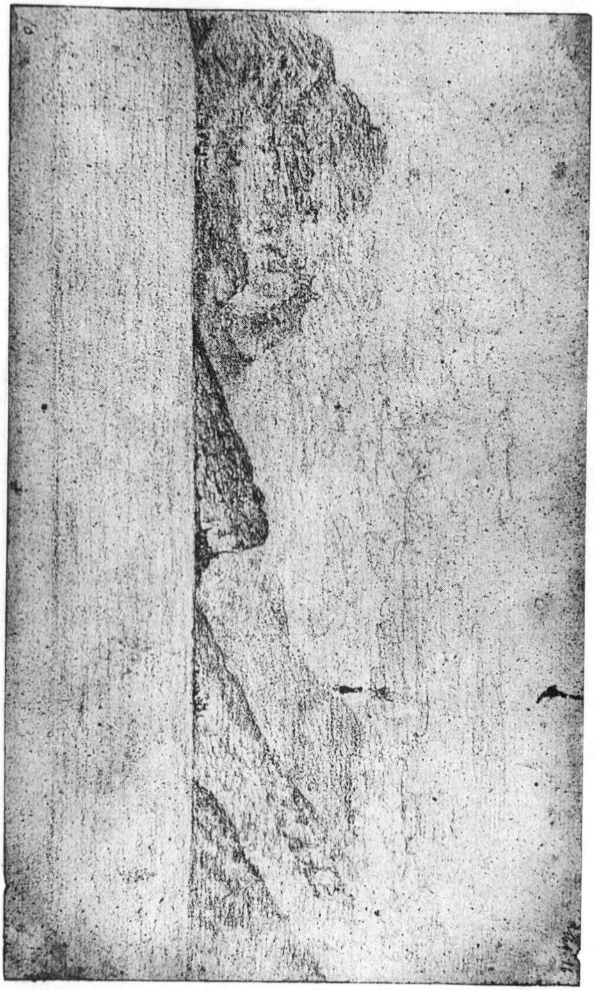

Den wollte ich nicht versäumen und bin herrlich belohnt. Nach fünfen fuhr ich von Roveredo ab ein Seiten Tal hinauf, das seine Wasser in den Adige ausgießt. Wenn man hinauf kommt, Liegt ein ungeheurer Riegel hinten vor, über den man nach dem See hinunter muß. Hier waren die schönsten Kalkfelsen zu malerischen Studien.

Wie man hinab kommt liegt ein Örtgen am nördlichen Ende des Sees und ist ein kleiner Hafen oder vielmehr Anfahrt da, es heißt Torbole. Die Feigenbäume hatten mich schon den Weg her häufiger begleitet und im hinabsteigen fand ich die ersten Ölbäume, die voller Oliven hingen. Hier fand ich zum erstenmal die weiße Feigen als eine gemeine Frucht, die mir die Gräfin Lanthieri verheißen hatte. Aus dem Zimmer wo ich sitze geht eine Türe in den Hof hinunter, ich habe meinen Tisch davor geruckt und dir die Aussicht mit einigen Linien gezeichnet. Sie zeigt den See in seiner Länge dessen Ende man besonders an der Linken Seite nicht sehen kann.

Nach Mitternacht bläst der Wind von Norden nach Süden, wer also den See hinab will muß vor Tage fahren, einige Stunden nach SonnenAufgang wendet er sich und bläst nordwärts. Jetzt nach Mittag um eins weht er sehr stark gegen mich und kühlt die heiße Sonne gar herrlich ab.

Eben lehrt mich Volckmann den ich zuerst aus meinem Koffer hole daß dieser See ehmals Benacus geheißen und zeigt mir einen Vers des Virgils an worin seiner gedacht wird:

teque
Fluctibus et fremitu assurgens Benace marino.

Der erste lateinische Vers dessen Gegenstand mir lebendig vorsteht und der, da der Wind immer stärker weht und der See höhere Wellen schlägt recht wahr wird. Nun will ich schließen, wenn es kühle wird noch einen Spaziergang machen, Morgen früh um dreie von hier abfahren und dir dann wieder von Verona schreiben. Die schönsten und größten Natur Erscheinungen des festen Landes hab ich nun hinter mir, nun gehts der Kunst, dem Altertum und der Seenachbarschaft zu! Lebe wohl! Heute hab ich an der Iphigenie gearbeitet, es ist im Angesichte des Sees gut von statten gegangen. Ich muß einpacken und scheide ungern

von dir, ich will noch heute zeichnend an dich denken. Die Tyroler Karte die ich Knebeln weggenommen liegt bei ich habe meinen Weg mit einem Bleistift strich gezeichnet.
    Geschrieben den 46 Grad hinter mir.
    ⟨*darunter Goethe mit Bleistift:*⟩ unter dem 45 Gr. 50 Min.

d 13 Sept.
Wenn man mit dem Wasser zu tun hat, kann man nicht sagen: ich werde heut da oder da sein.
    Ich bin in *Malsesine* dem ersten Orte des Venetianischen Staats an der Morgenseite des Sees. Nun noch einiges von *Torbole* so heißt der Hafen wo ich gestern blieb.
    Der Gasthof hat keine Schlösser an den Türen, und der Wirt sagte mir ich könnte sicher sein, und wenn alles Diamanten wären was ich bei mir hätte. Sodann die Zimmer keine Fenster, sondern Ölpapierne Rahmen und es ist doch köstlich drinne sein, drittens keinen Abtritt. Du siehst also daß man dem Naturzustande hier ziemlich nah kommt. Als ich nach meiner Ankunft den Hausknecht nach einer Bequemlichkeit fragte, deutete er in den Hof: qui abasso! puo servirsi. Ich fragte dove? er antwortete per tutto, dove vuol. Durchaus zeigt sich eine Sorglosigkeit, doch Geschäftigkeit und Leben genug und den ganzen Tag verführen die Nachbarinnen ein Geschwätz und Geschrei, haben aber immer was zu schaffen und zu tun. Ich habe noch kein müßiges Weib gesehn.
    Köstliche Forellen (Trutte) werden bei Torbole gefangen, wo der Bach vom Gebürge herunter kommt und der Fisch den Weg hinauf sucht. Der Kaiser erhält von diesem Fang 10/m f Pacht.
    Es sind keine eigentliche Forellen, sie sind bis auf 50 ℔ schwer, über den ganzen Leib bis auf den Kopf hinauf punktiert. Der Geschmack ist zwischen Forelle und Lachs, sehr zart und trefflich.
    Mein eigentlich Wohlleben ist aber in Früchten; Feigen eß ich den ganzen Tag. Du kannst denken daß die Birn hier gut sein müssen wo schon Zitronen wachsen. Heute früh fuhr ich um drei Uhr von Torbole ab mit zwei Ruderern, einigemal ward der Wind günstig daß sie das Segel brauchen

11   CASTELL MALCESINA AL LAGO DI GARDA

konnten, aber wir kamen nicht weit unter Malsesine als der Wind sich völlig umkehrte seinen gewöhnlichen Tagweg nahm und nach Norden zog. Das Rudern half wenig gegen die übermächtige Gewalt und wir mußten in den Hafen von Malsesine einlaufen.

Der Morgen war herrlich wolkig und bei der Dämmrung still. Ich habe einige Linien gezogen. Wir fuhren bei Limona vorbei, dem die Berggärten, die terassenweis angelegt sind und worin die Zitronenbäume stehen ein reinliches und reiches Ansehn geben. Der ganze Garten besteht aus reihen von weißen viereckten Pfeilern, die in einer gewissen Entfernung von einander stehn und deren Reihen hinter einander den Berg hinauf rucken. Über diese Pfeiler sind starke Stangen gelegt um im Winter die Bäume zu decken die dazwischen gepflanzt sind, sonst würden sie in diesem Klima noch leiden. Hier in Malsesine ist auch so ein Garten, ich will ein Stück zeichnen.

Wie auch das Schloß das am Wasser liegt und ein schöner Gegenstand ist.

Heute im Vorbeifahren nahm ich eine Idee davon mit.

Ich betrübte mich heute früh daß ich nicht mehr zeichnen kann und freute mich, daß ich so viel kann. Wie mir auch Mineralogie und das bißchen botanischer Begriff unsäglich viel aufschließen und mir der eigentlichste Nutzen der Reise bis jetzt sind.

Gestern hab ich meinen Mantel in den Koffer getan in Verona muß ich mir was leichtes auf den Leib schaffen es ist zwar nicht heiß aber so recht innerlich warm, wovon ich seit solanger Zeit keinen Begriff gehabt habe.

Abends

Die Lust dir das Schloß zu zeichnen, das ein echter Pendant zu dem böhmischen ist, hätte mir übel bekommen können. Die Einwohner fanden es verdächtig, weil hier die Grenze ist und sich alles vorm Kaiser fürchtet. Sie taten einen Anfall auf mich, ich habe aber den Treufreund köstlich gespielt, sie haranguiert und sie bezaubert. Das Detail davon mündlich.

d 14. Nachts vor 1 Uhr von Malsesine ab, wegen des guten Windes doch erst um 10 Uhr in Bartolino. Weil ich der kleinen schlechten Wirtshäuser und ihrer Teurung satt hatte eilt ich fort und, mein Gepäck auf ein Maultier geladen, mich auf ein andres, kam ich d 14. Sept. gegen 1 Uhr in gewaltiger Hitze hier in Verona an, wo ich dir dieses noch schreibe. Das zweite Stück schließe, hefte und dann gehe das Amphitheater zu sehen.

Von der Gegend kann man durch Worte keinen Begriff machen, es ist Ein Garten eine Meile lang und breit (ich sage zu wenig), der am Fuß der hohen Gebürge und Felsen ganz flach in der größten Reinlichkeit daliegt. Nähere Beschreibung im folgenden Stück. Noch ein Wort von meiner Seefahrt, sie endete glücklich und die Herrlichkeit des Wasserspiegels und des daran liegenden, besonders des Brescianischen Ufers freute mich recht im Herzen. Da wo an der Abendseite das Gebürg aufhört steil zu sein und die Landschaft flächer nach dem See fällt, liegen an Einer Reihe in einer Länge von ohngefähr anderthalb Stunden: Gargnano, Bojaco, Cecina, Toscolan, Maderno, Verdom, Saló. Alle auch meist wieder in die Länge gezogen.

Ich endigte nicht von dieser Schönheit zu reden.

Von Bartolino macht ich den Weg über einen Rücken der das Tal worin der Adige fließt und die Vertiefung worin der See liegt scheidet.

Die Wasser von beiden Seiten scheinen ehmals hier gegeneinander gewürkt und diesen ungeheueren KieselHaufen hier aufgetürnt zu haben. Es ist fruchtbares Erdreich darüber geschlemmt, aber der Ackersmann ist doch von denen immer wieder vordringenden Kieseln geplagt.

Sie haben eine gute art sie in die Höhe zu bauen und davon am Wege hin, gleichsam sehr dicke Mauern anzulegen.

Auch sehen die Maulbeerbäume wegen Mangel an Feuchtigkeit nicht so fröhlig auf dieser Höhe. An Quellen ist nicht zu denken, von Zeit zu Zeit trifft man Pfützen von zusammengeleitetem Regenwasser woraus die Maultiere, auch ihre Treiber, den Durst löschen. Unten am Flusse sind Schöpfräder angebracht um die in der Tiefe liegenden Pflanzungen nach Gefallen zu wässern.

Note a.
Witterung

Diesen Punkt behandle ich so ausführlich weil ich eben glaube in der Gegend zu sein, von der unser trauriges nördliches Schicksal abhängt. Wie ich schon im vorigen Stück gesagt habe. Ja es gibt mich nun nicht so sehr wunder, daß wir so schlimme Sommer haben, vielmehr weiß ich nicht wie wir gute haben können.

Die Nacht vom 9. auf den 10ten war abwechselnd helle und bedeckt, der Mond behielt immer einen Schein um sich. Morgens gegen 5 Uhr der ganze Himmel bedeckt mit grauen nicht schwer hängenden Wolken.

Die obere Luft war noch immer elastisch genug. wie der Tag wuchs, teilten sich die Wolken, nach meiner Theorie: sie wurden aufgezehrt und je tiefer ich hinab kam desto schöner war das Wetter.

Wie nun gar in Botzen der große Stock der Gebirge mitternächtlich blieb, ward die Luft immer reiner. Zwar muß ich das genauer ausdrücken.

Die Luft wie man an den verschiednen Landschaftsgründen sah war voller Dünste, aber die Atmosphäre elastisch genug sie zu tragen.

Wie ich weiter hinab kam konnt ich deutlich sehn daß alle Dünste aus dem Botzner Tal und alle Wolken, die von den Bergen die noch mittägiger liegen, aufstiegen nach dem Gebirge zu zögen und es nicht verdeckten aber in eine Art von Höherauch einhüllten. Ja ich habe in der weitesten Ferne über dem Gebirge eine Wassergalle (den einen, undeutlichen Fuß eines Regenbogens) gesehen.

Aus allem diesem schließe ich ihr werdet jetzt gemischte doch mehr gut als böse Tage haben, denn obgleich die Atmosphäre wie ich oft wiederhole elastisch genug zu sein scheint; so muß doch immer soviel von den Dünsten nach Norden kommen, was dort nicht gleich aufgelöst und in einer niedrern Atmosphäre schwebend als Regen herunter fallen muß. Von Botzen sudwärts haben sie den ganzen Sommer das schönste Wetter gehabt. Von Zeit zu Zeit ein wenig Wasser (Aqua) (statt gelindem Regen) und dann wieder Sonnenschein, selbst gestern fielen von Zeit zu Zeit einige Tropfen, und die Sonne schien immer dazu. Eben sagt mir die Wirtstochter: sie hätten lange kein so gutes Jahr gehabt, es gerate alles. Und ich glaube eben weil wir so ein übles gehabt haben.

### Note d.
### Gebirge und Berg arten.
⟨*am Rand:*⟩ S. Färbers Reise nach Italien. p. 397.
Haquet Reise durch die pp Alpen.

Eine viertelstunde vom Brenner ist ein Marmorbruch, es war schon dämmrich. Er mag und muß wie der von mir schon bemerkte Kalkstein der andern Seite auf dem Glimmerschiefer aufliegen. Wahrscheinlich folgt nun immer Glimmerschiefer mit Kalk an der Seite. (abwechselnd mögt ich nicht sagen)

⟨*am Rand:*⟩ *Färber* nennt ihn *Hornschiefer* doch war damals die Terminologie der Gebirgsarten viel unbestimmter wie jetzt. Siehe seine Klagen. pag. 400 sqq.

Bei Colman als es Tag ward fand ich Glimmer Schiefer, auch in dem Flusse sah ich keinen Kalk (es ist möglich daß ich ihn übersehen habe auch zerreibt er sich leichter, vielleicht ist auch dessen nur wenig). Unter Kolman gingen die Porphyre an deren ich eine Sammlung mit bringe und sie also nicht beschreibe. Die Felsen waren so prächtig und am Wege die Haufen so appetitlich zerschlagen, daß man gleich hätte Voigtische Cabinetchen daraus bilden und verpacken können. Auch kann ich ohne Beschwerde von jedem Gestein ein Stück mitnehmen, wenn ich nur mein Auge und meine Begierde an ein kleineres Maß gewöhnen kann.

Bald unter Colmann fand sich auch ein Porphyr Fels der sich in sehr regelmäßige Platten spaltete.

Vor Botzen ein Porphyr mit grünen Speckstein Flecken und einer Speckstein Ablösung.

Unter Botzen Porphyre, endlich zwischen Brandsol und Neumarck der Porphyr der sich auch in regelmäßige Platten und wenn man will, in Säulen spaltet, die eine Parallelepipedische Base haben.

Färber hielt sie für Vulkanische Produkte, das war aber vor 14 Jahren, wo die ganze Wissenschaft viel neuer war. Hacket macht sich deshalb über ihn her.

Verzeichnis der Gebirgsarten
die ich aufgepackt habe.
1. Gewöhnlicher grauer Kalkstein vor und um Inspruck.
2. Gneis von den Wege steinen gegen den Brenner.
3. Gneisart eben daher.
4. Dieselbe mit sichtbarerem Feldspat. anstehend beim See.
5. Glimmerschiefer mit Quarz und isabellfarbenem Kalkspat.
6. Derselbe mit Kalk
7. Kalk wie er auf dem Glimmerschiefer aufliegt.
8. Derselbe an der Ablösung gehört der Nummer nach voraus.
9. Glimmer Schiefer auf dem Kalk.
10. Schiefriger Kalkstein aus der Gegend.
11. Marmor unter dem Brenner nach Sterzingen zu.
12. Granit von der Chaussee unter Kolman.
13. Gneisart eben daher.
14.-18. Porphyrarten eben daher.
19. eine Porphyrart die sich regelmäßig spaltet.
20. Porphyr mit grünen Talk oder Specksteinflecken vor Botzen.
21. Porphyr dessen Färber erwähnt unter Brandsol.
22. Kalkstein weiter hinabwärts.
23. Basalt als Kiesel auf dem Wege von Roveredo nach Torbole.
24. Granit Geschiebe aus dem Lago di Garda.

Note e.
Menschen.

Sobald nur der Tag aufging vom Brenner herunter bemerkte ich eine sonderbare Veränderung der Gestalt.

Besonders die Weiber hatten eine bräunlich bleiche Farbe, elende Gesichtszüge und die Kinder eben so und erbärmlich anzusehn. Die Männer waren ein wenig besser, die Bildung übrigens regelmäßig und gut ich suchte die Ursache und glaubte sie im Gebrauch des Mais und des Haiden zu finden. In diesen Gedanken bin ich immer mehr bestärkt geworden. Der Mais den sie auch gelbe Blende nennen, weil seine Körner gelb sind, und die schwarze

Blende werden gemahlen, das Mehl in Wasser gekocht daß es ein dicker Brei wird und so gegessen. Die *Deutschen* das heißt die überm Berge rupfen den Teig wieder auseinander und braten ihn in Butter auf; aber der Wälsche Tyroler ißt ihn so weg, manchmal Käse drauf gerieben und das ganze Jahr kein Fleisch, notwendig muß das alle Gefäße verkleben und verstopfen besonders bei Kindern und Frauen und die ganz kachecktische Farbe kommt daher. Ich fragte ob es nicht auch reiche Bauern gebe? – Ja freilich – Tun sie sich nichts zu gute? essen sie nicht besser? – Nein, sie sind es einmal gewohnt – Wo kommen sie denn mit ihrem Gelde hin? Was machen sie sonst für Aufwand? – O die haben schon ihre Herren die es ihnen wieder abnehmen! –

Das war die Summe des Gesprächs mit meiner Wirtstochter einem recht guten Geschöpfe.

Sonst essen sie auch noch Früchte und grüne Bohnen die sie in Wasser absieden und mit Knoblauch und Öl anmachen.

Die Leute die mir aus der Stadt begegneten sahen wohler aus und hübsche volle Mädgen Gesichter, auf dem Lande und in kleinen Städten fehlte es auch nicht ganz, doch machten sie eine Ausnahme.

Wenn es viel Wein gibt kaufen die Städter und andre Verleger den Bauern den Wein um ein Spottgeld ab und handeln damit pp

Pauper ubique *jacet*. Und der *Unter*besitzer liegt überall unten. Ich habe in Trent die Leute genau angesehn sie sehn durchaus besser aus als auf dem Lande. Die Frauen sind meist für ihre Stärke und die größe der Köpfe etwas zu klein aber mit unter recht hübsche entgegenkommende Gesichter. Die Mannsgesichter kennen wir, doch sehn sie hier weniger frisch aus als die Weiber wahrscheinlich weil die Weiber mehr körperliche Arbeit, mehr Bewegung haben, die Männer mehr als Handelsleute oder Handwerker sitzen. Am Lago di Garda fand ich die Leute sehr braun und ohne einen rötlichen Schein von Farbe; aber doch nicht ungesund aussehend sondern ganz frisch und behäglich.

REISE-TAGEBUCH
DRITTES STÜCK.

---

Verona,
Vicenza,
Padua.
1786.

Verona d 15. Sept. Ab.
Ja meine Geliebte hier bin ich endlich angekommen, hier wo ich schon lang einmal hätte sein sollen, manche Schicksale meines Lebens wären linder geworden. Doch wer kann das sagen, und wenn ich's gestehen soll; so hätt ich mirs nicht eher nicht ein halb Jahr eher wünschen dürfen.

Schon siehst du das Format meines Tagebuchs ändert sich und der Inhalt wird sich auch ändern. Ich will fortfahren fleißig zu schreiben, nur schaffe dir Volckmanns Reise nach Italien, etwa von der Bibliothek, ich will immer die Seite anführen und tun als wenn du das Buch gelesen hättest.

Seit gestern Mittag bin ich hier, und habe schon viel gesehen und viel gelernt. Nach und nach will ich meine Gedanken niederschreiben.

d. 16. Sept.
Nach und nach find ich mich. Ich lasse alles ganz sachte werden und bald werd ich mich von dem Sprung über die Gebirge erholt haben. Ich gehe nach meiner Gewohnheit nur so herum, sehe alles still an, und empfange und behalte einen schönen Eindruck.

Nun eins nach dem andern.

*Das Amphitheater.*
Das erste Monument der alten Zeit, das ich sehe und das sich so gut erhalten hat, so gut erhalten worden ist. Ein Buch das nachkommt, enthält gute Vorstellungen davon.

Wenn man hineintritt, oder oben auf dem Rande steht ist es ein sonderbarer Eindruck, etwas Großes und doch eigentlich nichts zu sehn. Auch will es leer nicht gesehn sein, sondern ganz voll Menschen, wie es der Kaiser und der Papst gesehen haben. Doch nur damals tat es seine Würkung da das Volk noch mehr Volk war als es jetzt ist. Denn eigentlich ist so ein Amphitheater recht gemacht dem Volk mit sich selbst zu imponieren, das Volk mit sich selbst zum besten zu haben.

Wenn irgend etwas auf flacher Erde vorgeht und alles zuläuft, suchen die Hintersten auf alle mögliche Weise sich über die vordersten zu erheben, man rollt Fässer herbei, fährt mit Wagen heran, legt Bretter herüber und hinüber, stellt wieder Bänke hinauf, man besetzt einen benachbarten Hügel und es bildet sich in der Geschwindigkeit ein Krater. Kommt das Schauspiel, es sei ein Kampf pp oft an derselben Stelle vor, baut man leichte Gerüste an einer Seite für die, so bezahlen können und das Volk behilft sich wie es mag.

Dieses allgemeine Bedürfnis hat der Architekt zum Gegenstand, er bereitet einen solchen Krater durch die Kunst, so einfach als nur möglich und dessen Zierrat das Volk selbst ist. Wie ich oben sagte, wenn es sich so beisammengesehen hat, muß es über sich selbst erstaunt sein. Da es sonst nur gewohnt ist sich durch einander laufen zu sehn, sich in einem Gewühl ohne Ordnung und ohne sonderliche Zucht zu sehn, sieht das vielköpfige, vielsinnige, schwankende, schwebende Tier sich zu Einem Ganzen vereinigt, zu Einer Einheit gestimmt, in Eine Masse verbunden und befestigt, und zu einer Form gleichsam von Einem Geiste belebt. Die Simplizität des Ovals ist jedem Auge auf die angenehmste Weise fühlbar und jeder Kopf dient zum Maße wie groß das Ganze ist. Jetzt wenn man es leer sieht, hat man keinen Maßstab, man weiß nicht ob es groß oder klein ist.

Da es von einem mit der Zeit verwitternden Marmor gebaut ist, wird es gut unterhalten.

Über folgende Punkte mündlich.

Stück der äußeren Mauer.

Ob sie ganz umhergegangen?

Gewölbe rings umher an Handwerker vermietet das Gewölb jährlich um 20–30 f.

### Ballon

Als ich von der Arena (so nennen sie das Amphitheater) wegging, kam ich einige Tausend Schritte davon, auch zu einem öffentlichen Schauspiele. Vier edle Veroneser schlugen Ball gegen vier Fremde. Sie tun es das ganze Jahr unter sich, etwa 2 Stunden vor Nacht. Diesmal weil Fremde die Gegner waren, lief das Volk unglaublich zu, es können immer 4–5000 Männer, (Frauen sah ich von keinem Stande) Zuschauer gewesen sein. Oben, als ich vom Bedürfnis der Zuschauer sprach, wenn ein Schauspiel auf flacher Erde vorgeht, hab ich das natürliche und zufällige Amphitheater schon beschrieben, auf dem ich hier das Volk übereinander gebaut sah. Ein lebhaftes Händeklatschen ließ sich schon von weiten hören, jeder bedeutende Schlag ward davon begleitet. Das übrige mündlich.

### Porta Stupa oder del Palio.

Das schönste, immer geschloßne Tor; Wenn man auf etliche hundert Schritte davonkommt, erkennt man es erst für ein schönes Gebäude. Als Tor aber und für die große Entfernung in der es zu sehn ist, ist es nicht gut gedacht.

Sie geben allerlei Ursachen an warum es geschlossen ist, ich habe eine Mutmaßung. Die Absicht des Künstlers war offenbar durch dieses Tor eine neue Anlage des Corso zu verursachen, denn auf die jetzige Straße steht es ganz falsch; die linke Seite hat lauter Baracken aber die winkelrechte Linie der Mitte geht auf ein Nonnenkloster zu, das notwendig hätte müssen niedergelegt werden, man sah das wohl ein, auch hatten die Nobili nicht Lust sich dorthin anzubauen, der Künstler starb vielleicht und so schloß man das Tor damit der Sache auf einmal ein Ende war.

---

Nun ein Wort was auf die Werke der Alten überhaupt gelten mag.

Der Künstler hatte einen großen Gedanken auszuführen, ein großes Bedürfnis zu befriedigen, oder auch nur einen wahren Gedanken auszuführen und er konnte groß und wahr in der Ausführung sein wenn er der rechte Künstler war. Aber wenn das Bedürfnis klein, wenn der Grundgedanke unwahr ist, was will der große Künstler dabei und was will er daraus machen? er zerarbeitet sich den kleinen Gegenstand groß zu behandeln, und es wird was, aber ein Ungeheuer, dem man seine Abkunft immer anmerkt.

NB diese Anmerkung steht zufällig hier, und hat mit dem vorstehenden keinen Zusammenhang.

### Theater und Museum.

Das Portal des Theater Gebäudes von 6 Jonischen Säulen ist groß und schön. Über der Türe, zwischen den zwei mittelsten Säulen durch, erblickt man das marmorne Brustbild des Maffei, vor einer gemalten Nische, die von zwei gemalten Corinthischen Säulen getragen wird. Daß Maffei die Büste bei seinem Leben wieder wegnehmen ließ, schreibe ich lieber seinem guten Geschmack als seiner Bescheidenheit zu, denn die Büste gehört nicht dahin und es gehört keines Menschen Büste dahin, und noch dazu nicht in der Mauer sondern angekleckt, und mit einer großen Perücke. Hätte er sich nur einen guten Platz in den Sälen wo die Philharmoniker gemalt hängen ausgesucht und seine Freunde veranlaßt daß sie nach seinem Tod das Bild dahin gestellt; so wäre für den guten Geschmack gesorgt gewesen und es sähe auch republikanischer aus.

Hätte man es aber ja tun wollen; so hätte man der Türe nicht eine gemalte Säulen Verzierung sondern eine solide Einfassung geben, die Nische in die Mauer einbrechen, die Perücke weglassen und die Büste Kolossalisch machen müssen, und mit allem dem zweifl' ich daß man diese Partie zu einer Übereinstimmung mit den großen Säulen würde gezwungen haben. Doch diese Harmonie scheint die Herrn Philarmoniker nicht sehr zu rühren.

So ist auch die Galerie die den Vorhof einfaßt kleinlich und nehmen sich die kannelierten Dorischen Zwerge neben den glatten Jonischen Riesen armselig aus. Doch wollen wir das verzeihen in Betrachtung des schönen Instituts das diese Galerien decken, und indem wir bedenken daß es mit der Architektur eine gar sonderbare Sache ist, wenn nicht ungeheure Kosten zu wenigem Gebrauch verwendet werden; so kann sie gar nichts machen. Davon in der Folge mehr.

Jetzt wieder zu den Antiquitäten die unter den Galerien aufbewahrt sind.

Es sind meist Basreliefs, die auch meist in der Gegend von Verona gefunden worden (ja sie sagen sogar in der Arena) das ich doch nicht begreife. Es sind Etrurische, Griechische, Römische von den niedern Zeiten und neuere.

Die Basreliefs in die Mauer eingemauert und mit den Nummern versehn welche sie in dem Werke des Maffei haben, der sie beschrieb. Altäre, Stücke von Säulen pp stehn in den Interkolumnien.

Es sind sehr gute, treffliche Sachen drunter und auch das weniger gute zeugt von einem herrlichen Zeitalter. Der Wind der von den Gräbern der Alten herweht, kommt mit Wohlgerüchen wie über einen Rosenhügel.

Ein ganz trefflicher Dreifuß von weißem Marmor steht da, worauf Genii sind, die Raphael in den Zwickeln der Geschichte der Psyche nachgeahmt und verklärt hat. Ich erkannte sie gleich. Und die Grabmäler sind herzlich und rührend. Da ist ein Mann der neben seiner Frauen aus einer Nische wie zu einem Fenster heraus ⟨sieht⟩, da steht Vater und Mutter den Sohn in der Mitte und sehn einander mit unaussprechlicher Natürlichkeit an, da reichen ein Paar einander die Hände. Da scheint ein Vater von seiner Familie auf dem Sterbebette liegend ruhigen Abschied zu nehmen. Wir wollen die Kupfer zusammen durchgehn. Mir war die Gegenwart der Steine höchstrührend daß ich mich der Tränen nicht enthalten konnte. Hier ist kein geharnischter Mann auf den Knien, der einer fröhligen Auferstehung wartet, hier hat der Künstler mit mehr oder weniger Geschick immer nur die einfache Gegenwart der Menschen hingestellt, ihre Existenz dadurch fortgesetzt und bleibend gemacht. Sie falten nicht die Hände zusammen, schauen nicht gen Himmel; sondern sie sind was sie waren, sie stehn beisammen, sie nehmen Anteil an einander, sie lieben sich, und das ist in den Steinen oft mit einer gewissen Handwerksunfähigkeit allerliebst ausgedruckt. Die Kupfer nehmen das oft weg, sie verschönern, aber der Geist verfliegt. Der bekannte Diomed mit dem Palladio, ist in Bronze sehr schön hier.

Bei den Grabmälern hab ich viel an Herdern gedacht. Überhaupt mögt ich ihn bei mir haben.

Auch steht ein verzierter Pfeiler von weißem Marmor da, sehr reich und von gutem Geschmack.

An alle diese Dinge gewöhnt mein Aug sich erst, ich schreibe nur hin wie mir jedes auffällt.

Morgen seh ichs noch einmal und sage dir noch einige Worte.

### Dom

Der Titian ist sehr verschwärzt und soll das Gemälde von seiner geringsten Zeit sein.

Der Gedanke gefällt mir daß er die Himmelfahrende Maria nicht hinaufwärts sondern nach ihren Freunden niederwärts blicken läßt.

### St. Giorgio.

Eine Galerie von guten Gemälden. Alle Altarblätter wo nicht gleich doch alle merkwürdig.

Aber die unglückseligen Künstler was mußten sie malen? und für wen.

Ein Mannaregen 30 Fuß vielleicht lang und 20 hoch, das Wunder der 5 Brote zum Pendant. Was war daran zu malen. Hungrige Menschen die über kleine Körner herfallen, unzählige andre denen Brot präsentiert wird. Die Künstler haben sich die Folter gegeben um solche Armseligkeiten nur einigermaßen bedeutend zu machen.

Einer         der die Hl. Ursula mit den 11/m Jungfr. auf ein Altarblatt zu malen hatte, hat sich mit großem Verstand aus der Sache gezogen. Die Gestalt der Hl. Ursula hat was sonderbar jungfräuliches ohne Reiz.

Und endigte nicht drum laß uns weiter gehn.

### Menschen.

Man sieht das Volk sich durch aus hier rühren und in einigen Straßen wo Kaufmannsläden und Handwerks Boutiqu⟨e⟩n an einander sind, sieht es recht lustig aus. Denn da ist nicht etwa eine Türe in den Laden oder das Arbeitszimmer, nein die ganze Breite des Hauses ist offen, man sieht alles was drinne vorgeht, die Schneider nähen, die Schuster arbeiten alle halb auf der Gasse. Die Boutiquen machen einen Teil der Gasse. Abends wenn Lichter brennen siehts recht lebendig.

Auf den Plätzen ists an Marktägen sehr voll. Gemüs und Früchte unübersehlich. Knoblauch und Zwiebeln nach

Herzenslust. Übrigens schreien singen und schäkern sie den ganzen Tag, balgen sich, werfen sich, jauchzen und lachen unaufhörlich.

Der milde Himmel, die bequeme Nahrung läßt sie leicht leben, alles was nur kann ist unter freiem Himmel. Nachts geht nun das singen und lärmen recht an. Den Malborrouh hört man auf allen Straßen. Dann ein Hackbrett, eine Violin, sie üben sich alle Vögel mit Pfeifen nachzumachen, man hört Töne von denen man keinen Begriff hat. Ein solches Vorgefühl seines Daseins gibt ein mildes Klima auch der Armut und macht den Schatten des Volks selbst noch respektabel.

Die Unreinlichkeit und wenige Bequemlichkeit der Häuser kommt daher. In ihrer Sorglosigkeit denken sie an nichts. Dem Volk ist alles gut, der Mittelmann lebt auch vom Tag zum andern fort, der Reiche und Vornehme allein kann darauf halten. Doch weiß ich nicht wie es im Innern ihrer Palazzi aussieht. Die Vorhöfe, Säulengänge p sind alle mit Unrat besudelt und das ist ganz natürlich, man muß nur wieder vom Volk herauf steigen. Das Volk fühlt sich immer vor. Der Reiche kann reich sein, Paläste bauen, der Nobile darf regieren, aber wenn er einen Säulengang, einen Vorhof anlegt, so bedient sich das Volk dessen zu seinem Bedürfnis und das hat kein dringenderes als das so schnell als möglich los zu werden was es so häufig als möglich zu sich genommen hat.

Will einer das nicht haben; so muß er nicht den Großen Herren spielen; das heißt: er muß nicht tun als wenn ein Teil seiner Wohnung dem Publiko zugehöre, er muß seine Türe zumachen und dann ists gut. An öffentlichen Gebäuden läßt sich das Volk sein Recht nicht nehmen. Und so gehts durch ganz Italien.

Noch eine Betrachtung die man nicht leicht macht –

Und indessen ist das Abendessen gekommen ich fühle mich müd und ausgeschrieben, denn ich habe den ganzen Tag die Feder in der Hand. Ich muß nun die Iphigenie selbst abschreiben, und diese Blätter dir zubereiten. Diesmal gute Nacht meine Beste. Morgen oder wann der Geist will meine Betrachtung.

d 16. Sept 86 Abends 10 Uhr.

d 17. Abends
Wenn nur gleich alles von diesem Tage auf dem Papier stünde es ist 8 Uhr (una dopo notte) und ich habe mich müde gelaufen, nun geschwind alles wie es kommen will. Heute bin ich ganz unbemerkt durch die Stadt und auf dem Bra gegangen. Ich sah mir ab, wie sich ein gewisser Mittelstand hier trägt und ließ mich völlig so kleiden. Ich hab einen unsäglichen Spaß daran. Nun mach ich ihnen auch ihre Manieren nach. Sie schleudern Z. E. alle im Gehn mit den Armen. Leute von gewissem Stande nur mit dem rechten weil sie den Degen tragen und also die linke stille zu halten gewohnt sind, andre mit beiden Armen. u. s. w.

Es ist unglaublich was das Volk auf etwas fremdes ein Auge hat. Daß sie die ersten Tage meine Stiefeln nicht verdauen konnten, da man sie als eine teure Tracht, nicht einmal im Winter trägt; aber daß ihnen heut früh da sie alle mit Blumen, Knoblauch pp durcheinander liefen ein Zypressenzweig nicht entging, den ich in dem Garten genommen hatte und den mein Begleiter in der hand trug, (es hingen einige grüne Zapfen dran und er hatte noch ein Kapern Zweigelgen dabei die an der Stadt mauer wachsen) das frappierte mich. Sie sahen alle Große und Kleine ihm auf die Finger und hatten ihre Gedanken.

Diese Zweige bracht ich aus dem Garten Giusti der eine treffliche Lage und ungeheure Zypressen hat die alle Nadelförmig in die Luft stehn. (Die Taxus der Nördlichen Gärtnerei spitz zugeschnitten sind nachahmung dieses schönen Naturprodukts) Ein Baum dessen Zweige von unten bis oben, dessen ältester Zweig wie der jüngste gen Himmel strebt, der seine 300 Jahre dauert, (nach der Anlage des Gartens sollen sie älter sein) ist wohl einer Verehrung wert.

Sie sind noch meist von unten auf grün und es wärens mehrere wenn man dem Efeu der viele umfaßt hält und die untern Zweige erstickt, früher gesteuert hätte.

Ich fand Kapern an der Mauer herab hängend blühn, und eine schöne Mimosa. Lorbeern in den Hecken pp.

Die Anlage des Gartens ist mittelmäßig und gegen den Berg an dem er hinauf steigt kleinlich. Die Zypressen balanzieren allein noch die Felsen. Davon einandermal wenn von andern Gärten die Rede sein wird.

Ich sah die Fiera die ein würklich schönes Institut.

Dann die Galerie des Pal. Gherhardini, wo sehr schöne Sachen von Orbetto sind. In der Entfernung lernt man wenige Meister oft die nur dem Namen nach kennen, wenn man nun diesem Sternenhimmel näher tritt und nun die von der zweiten und dritten Größe auch zu flimmern anfangen und jeder auch ein Stern ist, dann wird die Welt weit und die Kunst reich. Nur sind die Maler mit ihren Sujets oft unglücklich. Und die Stücke mit mehrern Personen geraten so selten. Die beste Komposition fand ich hier: einen entschlafnen Simson im Schoß der Delila die eben leise nach der Schere hinübergreift. Der Gedanke und die Ausführung sind sehr brav. Andres verschweig ich.

Im Pal. Canossa fiel mir eine Danae auf die ich hier nur bemerke. Schöne Fische vom Bolka.

Ich ging noch einmal ins Museum. Was ich von der Kolonnade, von der Büste des Maffei pp. gesagt, bedarf einiger Einschränkung.

Von den Antiken sag ich nichts, sie sind in Kupfer gestochen, wenn ich sie wieder sehe fällt mir alles wieder ein. Der schöne Dreifuß geht leider zu Grunde, er ist der Abendsonne und dem Abendwinde ausgesetzt wenn sie nur ein hölzern Futteral drüber setzten. Der angefangene Palast des Proveditor hätte ein schön Stück Baukunst gegeben wenn er fertig geworden wäre.

Sonst bauen die Nobili noch viel leider jede auf dem Platz wo sein Palazzo schon steht also oft in engen Gassen. So wird jetzt eine prächtige Fassade eines Seminarii gebaut in einem Gäßgen der entfernten Vorstadt.

Diesen Abend ging ich wieder ins Amphitheater. Ich muß erst mein Auge bilden, mich zu sehen gewöhnen. Es bekräftigte sich mir was ich das erstemal sagte. Auch müssen die Veronenser wegen der Unterhaltung gelobt werden. Die Stufen oder Sitze scheinen fast alle neu. Eine Inschrift gedenkt eines Hieronymus Maurigenus und seines unglaublichen Fleißes mit Ehren.

Ich ging auf der Kante des Kraters auf der obersten Stufe bei Sonnen Untergang herum die Nacht (Notte, die 24ste Stunde) erwartend. Ich war ganz allein und unten auf den breiten Steinen des *Bra* gingen Mengen von Menschen,

Männer von allen Ständen, Weiber vom Mittelstande spazieren.

Hier ein Wort vom Zendale den sie tragen und der veste. Diese Tracht ist recht eingerichtet für ein Volk das nicht immer reinlich sein mögte und doch oft öffentlich erscheinen, bald in der Kirche bald auf dem Spaziergang sein will. Veste ist ein schwarzer Taftener Rock der über andre Röcke geworfen wird. Hat das Frauenzimmer einen reinen (meist weißen) darunter; so weiß sie den schwarzen an einer Seite in die Höhe zu heben. Dieser schwarze Rock wird so angetan daß er die Taille abscheidet und die Lippen des Corsets bedeckt. Das Corsett ist von jeglicher Farbe. Der Zendale ist eine große Kappe mit langen Bärten, die Kappe halten sie mit einer Maschine von Drähten hoch über den Kopf und die Bärte werden wie eine Schärpe um den Leib hinterwärts geknüpft und fallen die Enden hinten hinunter.

*Casa Bevi l'aqua.*

Schöne, treffliche Sachen.

Ein Paradies von Tintoret oder vielmehr die Krönung Mariä zur Himmelskönigin in Gegenwart aller Erzväter, Propheten, Heiligen, Engel pp. ein unsinniger Gedanke mit dem schönsten Genie ausgeführt. Eine Leichtigkeit von Pinsel, ein Geist, ein Reichtum im Ausdruck, den zu bewundern und dessen sich zu freuen man das Stück selbst besitzen müßte, denn die Arbeit geht, man darf wohl sagen ins unendliche, und die letzten Engelsköpfe haben einen Charakter, die größten Figuren mögen einen Fuß groß sein, Maria und Christus der ihr die Krone aufsetzt mögen ohngefähr 4 Zoll haben. Die Eva ist doch das schönste Weibgen auf dem Bilde und noch immer von Alters her ein wenig lüstern.

Ein Paar Portraits von Paolo Veronese haben meine Hochachtung für diesen Künstler nur vermehrt.

Die Antiken sind schön. Ein Endymion gefiel mir sehr wohl. Die Büsten die meist restaurierte Nasen haben sehr interessant. Ein August mit der Corona civica. Ein Caligula pp.

*Uhr*

Damit dir die italiänische Uhr leicht begreiflich werde hab ich gegenüberstehendes Bild erdacht.

# DRITTES STÜCK

Vergleichungs Kreis der italiänischen
und teutschen Uhr auch der ital. Zeiger
für die zweite Hälfte des Septembers.

Mittag

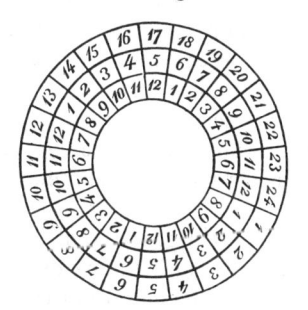

Mitternacht.

---

Die Nacht wächst mit jedem   Der Tag wächst m. jed. halb.
halbem Monat eine halbe      M. eine halbe Stunde.
Stunde.

| Monat. | Tag. | Wird Nacht nach unserm Zeiger | ist Mittern. alsdann um | Monat. | Tag. | Wird Nacht nach unserm Zeiger | ist Mitternacht alsdann um: |
|---|---|---|---|---|---|---|---|
| Aug. | 1. | 8½ | 3½ | Febr | 1. | 5½ | 6½ |
| – | 15. | 8. | 4 | – | 15 | 6. | 6. |
| Sept. | 1 | 7½ | 4½ | März | 1. | 6½ | 5½ |
| – | 15 | 7. | 5. | – | 15. | 7. | 5. |
| Oktb. | 1 | 6½ | 5½ | Apr. | 1. | 7½ | 4½ |
| – | 15 | 6. | 6 | – | 15. | 8. | 4. |
| Nov. | 1 | 5½ | 6½ | Mai | 1 | 8½ | 3½ |
| – | 15. | 5 | 7. | – | 15 | 9. | 3. |

Von da an bleibt die Zeit       Von da bleibt die Zeit
stehen und ist                  stehen und ist
Nacht. Mitternacht.             Nacht  Mitternacht

| Dezemb \} | 5. | 7. | Juni \} | 9. | 3. |
| Januar    |    |    | Juli    |    |    |

Der innere Kreis unsere 24 Stunden von Mitternacht bis wieder Mitternacht, in zweimal zwölf geteilt, wie wir zählen und unsre Uhren sie zeigen. Der mittelste Kreis zeigt an wie die Glocken in der jetzigen Jahrszeit hier schlagen nämlich auch in 24 Stunden zweimal 12. allein dergestalt daß es 1 schlägt wenn bei uns 8 schlägt und so fort, bis die zwölfe voll sind. Morgens um 8 Uhr nach unserm Zeiger schlägt es wieder 1. und so fort.

Der oberste Kreis zeigt nun eigentl. an wie bis 24 würklich gezählt wird. Ich höre also in der Nacht 7 schlagen und weiß daß Mitternacht um 5 ist, subtrahiere ich $\frac{7}{2}$ ist 2 Uhr nach Mitternacht.

Höre ich am Tage 7 schlagen; so weiß ich daß Mitternacht um 5 Uhr ist und also auch Mittag der Glocke nach ich mache also die vorige Operation $\frac{7}{2}$ es ist also 2 Uhr nach Mittag. Will ich es aber aussprechen; so muß ich wissen daß Mittag um 17 Uhr ist und addiere also nunmehr $\frac{17}{19}$ und sage neunzehn Uhr, wenn ich nach unsrer Uhr um zwei sagen will.

Wenn du das gelesen hast und meine Tafel ansiehst; wird dirs im Anfang schwindlich im Kopfe werden, du wirst ausrufen: welche Unbequemlichkeit, und doch am Orte ist man's nicht allein bald gewohnt sondern man findet auch Spaß daran wie das Volk dem das ewige hin und wieder rechnen und vergleichen zur Beschäftigung dient. Sie haben
⟨*Seitenende; darunter:*⟩ N B. die Inländer bekümmern sich wenig um Mittag und Mitternacht sondern sie zählen nur vom Abend wenn es schlägt die Stunden wie sie schlagen, und am Tage wenn es schlägt addieren sie die Zahl zu 12.
ohne dies immer die Finger in der Luft rechnen alles im Kopfe und machen sich gerne mit Zahlen zu schaffen.

Nun kommt aber die Hauptsache. In einem Lande wo man des Tags genießt, besonders aber sich des Abends freut, ist es höchst bedeutend wenn es *Nacht* wird. Wann die Arbeit des Tags aufhöre? Wann der Spaziergänger ausgehn und zurückkommen muß. Mit einbrechender Nacht will der Vater seine Tochter wieder zu Hause haben pp die Nacht schließt den Abend und macht dem Tag ein Ende. Und was ein *Tag* sei wissen wir Cimmerier im ewigen Nebel und Trübe kaum, uns ists einerlei obs Tag oder Nacht ist, denn welcher Stunde können wir uns unter freiem Himmel freuen. Wie also die Nacht eintritt ist der Tag aus, der aus Abend und Morgen bestand, 24 Stunden sind vorbei, der Rosenkranz wird gebetet und eine neue Rechnung geht an. Das verändert sich mit jeder Jahrszeit und die eintretende Nacht macht immer merkliche Epoche, da ein Mensch der hier *lebt* nicht wohl irre werden kann.

Man würde dem Volk sehr viel nehmen wenn man ihm den deutschen Zeiger aufzwänge, oder vielmehr man kann und soll dem Volk nichts nehmen was so intrinsec mit seiner Natur verwebt ist.

Anderthalb Stunden, eine Stunde vor Nacht fängt der Adel an auszufahren. Es geht auf den Bra die lange breite Straße nach der Porta nuova zu, das Tor hinaus an der Stadt hin, und wie es Nacht schlägt kehrt alles um, teils fahren sie an die Kirchen das Ave maria della sera zu beten, teils halten sie auf dem Bra und lassen sich da die Damen die Cour machen von Cavaliers, die an die Kutsche treten und das dauert denn so eine Weile, ich hab es nie abgewartet bis ein Ende war. Die Fußgänger bleiben aber bis weit in die Nacht.

Es hatte eben geregnet und der Staub war gelöscht, da war es würklich ein lebendiger und muntrer Anblick.

Witterung.

Es donnerte blitzte und regnete völlige zwölf Stunden dann war es wieder schön heiter. Überhaupt beklagen sie sich hier auch über einen üblen Sommer. Sie mögen ihn nicht so rein gehabt haben als andre Jahre aber ich merke auch, sie sind höchst unleidsam. Weil sie des guten gewohnt sind alles in Schuhen und Strümpfen und leichten Kleidern herumläuft; so fluchen und schelten sie auch gleich über ein wenig Wind und Regen, über den wir uns erfreuen würden wenn er so sparsam käme.

Ich habe bemerkt daß sich nach dem Regen bald die Wolken gegen das Tyroler Gebirg warfen und dort hängen blieben auch ward es nicht ganz wieder rein. Das zieht nun alles Nordwärts, und wird euch trübe und kalte Tage machen.

Hierher kommen wahrscheinlich die Wolken und Regen aus dem Po tal, oder noch ferner vom Meere und so gehts weiter wie ich weitläufig im vorhergehenden gemeldet.

Noch bemerk ich
die Schönheit der Porta del Pallio von außen.
Das dunkle Altertum der Kirche des Heil. Zeno, des Patrons der Stadt. eines wohlbehäglichen lachenden Heiligen.
Das Weben der Eidechsen auf den Stufen des Amphitheaters in der Abendsonne.

———

Ich habe Wunder gedacht wie deutlich ich dir die Italiänische Uhr machen wollte und sehe meine Methode war nicht die beste. Indes ist das Zirkelwerk und die Tabelle unten an noch besser als meine Auslegung und wird in der Zukunft dienen.

Verzeichnis der mitgenommenen Steine.
*Verona*
26 Roter Veronesischer Marmor
27 Bronzino.
28 Weißer Kalkstein von dem sie Statuen arbeiten.
29. Basalt Geschiebe.

*Vicenz*
30 Lava vom Monte Berico.
31 Kalksteine daher.
32. Kalksteine woraus sie in Vicenz schöne Platten arbeiten.
33. Kalkstein den sie nach Belieben sägen und zuschneiden.
34. Basalt aus dem sie schöne Platten hauen die Hallen zu pflastern und mit dessen kleinern Stücken sonst gepflastert wird.
35 Eine Lava die sie auch zu Platten zuhauen.

Vicenz d. 19. Sept.
Vor einigen Stunden bin ich hier angekommen und habe schon die Stadt durchlaufen, das Olympische Theater und die Gebäude des Palladio gesehen. Von der Bibliothek

kannst du sie in Kupfer haben also sag ich nichts nenn ich nichts, als nur im allgemeinen.

Wenn man diese Werke nicht gegenwärtig sieht, hat man doch keinen Begriff davon. Palladio ist ein recht innerlich und von innen heraus großer Mensch gewesen.

Die größte Schwürigkeit ist immer die Säulenordnungen in der bürgerlichen Baukunst zu brauchen. Säulen und Mauern zu verbinden, ist ohne Unschicklichkeit beinahe unmöglich, davon mündlich mehr. Aber wie er das durcheinander gearbeitet hat, wie er durch die Gegenwart seiner Werke imponiert und vergessen macht daß es Ungeheuer sind. Es ist würklich etwas göttliches in seinen Anlagen, völlig die Force des großen Dichters der aus Wahrheit und Lüge ein drittes bildet das uns bezaubert.

Das Olympische Theater ist, wie du vielleicht weißt, ein Theater der Alten realisiert. Es ist unaussprechlich schön. Aber als Theater, gegen unsre jetzigen, kommt es mir vor wie ein vornehmes, reiches, wohlgebildetes Kind, gegen einen klugen Kaufmann der weder so vornehm, so reich, noch so wohlgebildet ist; aber besser weiß was er mit seinen Mitteln anfangen kann.

Wenn man nun darneben das enge schmutzige Bedürfnis der Menschen sieht, und wie meist die Anlagen über die Kräfte der Unternehmer waren und wie wenig diese köstlichen Monumente eines Menschengeistes zu dem Leben der übrigen passen; so fällt einem doch ein daß es im moralischen eben so ist. Dann verdient man wenig Dank von den Menschen, wenn man ihr innres Bedürfnis erheben, ihnen von sich selbst eine große Idee geben, ihnen das herrliche eines großen wahren Daseins fühlen machen will (und das tun sinnlicherweise die Werke des Palladio in hohen Grade) aber wenn man die Vögel belügt, ihnen Märgen erzählt, ihnen vom Tag zum andren forthilft pp dann ist man ihr Mann und drum sind so viele Kirchen zu Stande gekommen, weil von daher für das Bedürfnis der Sterblichen am besten gesorgt wird. Ich sage das nicht um meine Freunde herunter zu setzen, ich sage nur daß sie so sind und daß man sich nicht verwundern muß wenn alles ist wie es ist.

Was sich die Basilika des Palladius neben einem alten mit ungleichen Fenstern übersäten Kastellähnlichen gebäude ausnimmt, das er sich gewiß zusammt dem Turn weggedacht hat, läßt sich nicht ausdrucken.

Der Weg von Verona hierher ist sehr angenehm, man fährt Nordostwärts an den Gebürgen hin und hat die Vorderberge, die aus Kalk, Sand, Ton, Mergel bestehn, immer linker Hand, auf den Hügeln die sie bilden liegen Orte, Schlösser, Häuser dann folgt die weite Plaine durch die man fährt. Der gerade, gut unterhaltne, weite Weg geht durch fruchtbares Feld, an Reihen von Bäumen sind die Reben in die Höhe gezogen, von denen sie, als wärens die Zweige, herunter fallen. Hier kann man sich eine Idee von Festons bilden. Die Trauben sind zeitig und beschweren die Ranken, die lang und schwankend herunter hängen, der Weg ist voll Menschen aller Art und Gewerbes, besonders freuten mich die Wagen, die mit 4 Ochsen bespannt, große Kufen fuhren, in denen die Weintrauben aus den Weingärten geholt und gestampft werden, es standen meist die Führer drinne und es sah einem bachischen Triumphwagen vollkommen gleich. Zwischen den Weinreihen ist der Boden zu allerlei Arten hiesigen Getreides besonders Türckisch Korn und des Sorgo benutzt. Wenn man gegen Vicenz kommt streichen wieder Hügel von Nord nach Süden es sind vulkanische, schließen die Ebne, und Vicenz liegt an ihrem Fuße, und wenn man will in einem Busen den sie bilden.

d. 20. Sept. Abends 8½
hiesigen Zeig. 1½

Gestern war Oper, sie dauerte bis nach Mitternacht und ich sehnte mich zu Bette. Das Sujet ist aus den drei Sultaninnen und der Entführung aus dem Serail mit wenig Klugheit zusammengeflickt, die Musik hört sich bequem an, ist aber wahrscheinl. von einem Liebhaber, es ist kein neuer Gedanke der mich frappiert hätte im ganzen Stück. Die Ballets dagegen sind allerliebst, ich habe oft an Steinen gedacht und ihm den Spaß gewünscht. Das Hauptpaar tanzte eine Allemande daß man nichts zierlichers sehen kann. Du siehst ich werde nach und nach vorbereitet, es wird nun besser kommen. Du kannst denken daß ich für meinen Wilhelm brav gesammelt habe. Das neue Theater ist recht schön, modest prächtig alles uniform wie es einer *Stadt* geziemt, nur die Loge des Capitan grande hat einen etwas längeren Überhang oder herübergeschlagnen Teppich. Die erste Sängerin wird vom ganzen Volke sehr begünstigt. Wie sie auftritt wird entsetzlich geklatscht und die Vögel stellen sich oft für Freuden ganz ungebärdig, wenn sie etwas recht gut macht, das ihr oft geschieht. Es ist ein gutes Wesen, hübsche Figur, schöne Stimme, ein gefällig Gesicht, einen recht honetten Anstand; in den Armen könnte sie etwas mehr Grazie haben.

Indes komm ich doch nicht wieder. Ich spüre denn doch daß ich zum Vogel verdorben bin.

Dagegen hab ich heute wieder an des Palladio Werken geschwelgt. Ich komme auch sobald nicht weg, das seh ich schon und laß es sachte angehn. Ich habe ohne dies an der Iphigenie viel zu tun und sie abzuschreiben. Wo ich das tue ist eins, und besser hier als wo ich mehr in Lärm und Tumult verwickelt werde.

Die Vicentiner muß ich loben daß man bei ihnen die Vorrechte einer großen Stadt genießt, sie sehen einen nicht an, man mag machen was man will, sind aber übrigens gesprächig, gefällig pp

Besonders wollen mir die Frauens sehr wohlgefallen. Die Veroneserinnen will ich nicht schelten, sie haben eine gute Bildung, vorgebaute Gesichter aber meistens Bleich, und der Zendal tut ihnen Schaden weil man unter der schönen Tracht auch was schönes sucht.

Hier aber find ich gar viel hübsche Wesen, besonders die schwarzhärigen haben ein eigen Interesse für mich, es gibt auch eine blonde Art die mir aber nicht behagen will.

Was mir wohlgefällt ist ein freies allgemeines Wesen, weil alles immer unter freiem Himmel ist und sich herum lehnt, wird man einander so gewohnt. Heut in der Kirche Madonna del Monte hat ich ein artig Begegnis, konnt es aber nicht fortsetzen.

Heut Abend ging ich anderthalb Stunden bis es ganz Nacht war auf dem Platze hin und wieder. Die Basilika ist und bleibt ein herrliches Werk man kann sich's nicht denken wenn man's nicht in der Natur gesehn hat, auch die vier Säulen des Palasts des Capitan sind unendlich schön. Der

Platz hat zwischen diesen Gebäuden nur 40 Schritt Breite und sie nehmen sich nur desto herrlicher aus. Davon einmal mündlich, denn es ist alles in Kupfer gestochen doppelt und dreifach beschrieben und erinnert einen also leicht. Ich schicke dir auch zwei Büchlein mit aus denen du dich erbauen kannst.

Auch hab ich heute die famose Rotonda, das Landhaus des Marchese Capri gesehn, hier konnte der Baumeister machen was er wollte und er hats beinahe ein wenig zu toll gemacht. Doch hab ich auch hier sein herrliches Genie zu bewundern Gelegenheit gefunden. Er hat es so gemacht um die Gegend zu zieren, von weiten nimmt sich's ganz köstlich aus, in der Nähe habe ich einige untertänige Skrupel.

Wollte Gott Palladio hätte einen Plan zur Madonna del Monte gemacht und Christen Seelen hätten ihn ausgeführt da würden wir was sehen, von dem wir jetzt keinen Begriff haben.

Nun ein Wort von den Aussichten. Die Rotonda liegt wo so ein Gebäude liegen darf, die Aussicht ist unbedenklich schön ich mag auch da nicht beschreiben. Vicenz überhaupt liegt ganz herrlich und ich möchte wohl eine Zeitlang hier bleiben, aber freilich nicht im Wirtshause, aber gut eingerichtet irgendwo und sichs dann wohl sein lassen, die Luft ist herrlich und gesund.

d. 21. Abends.

Ich habe heute den alten Baumeister Scamozzi besucht der des Palladio Gebäude herausgegeben und ein gar braver Mann ist. Er gab mir einige Anleitung. Ich werde morgen aufs Land fahren, ein Landhaus des Conte Tiene zu sehen. pp.

Du erinnerst dich vielleicht daß unter den Gebäuden des Palladio eins ist das la Casa di Palladio genennt wird, ich hatte immer eine besondere Vorliebe dafür; aber in der Nähe ist es noch weit mehr, ist es erst was man sich gar nicht abwesend denken kann. Wenn ich komme wird davon viel Redens sein. Wenn es nicht gleich Aufsehens machte und ich meine humilem personam nicht kompromittierte; so ließ ich es zeichnen und illuminieren wie es dasteht mit einigen Nachbarhäusern.

Ich gehe nur immer herum und herum und sehe und übe mein Aug und meinen innern Sinn. Auch bin ich wohl und von glücklichem Humor. Meine Bemerkungen über Menschen, Volk, Staat, Regierung, Natur, Kunst, Gebrauch, Geschichte gehn immer fort und ohne daß ich im mindsten aufgespannt bin hab ich den schönsten Genuß und gute Betrachtung. Du weißt was die Gegenwart der Dinge zu mir spricht und ich bin den ganzen Tag in einem Gespräche mit den Dingen. Ich lebe sehr mäßig. Den roten Wein der hiesigen Gegend, schon von Tyrol her, kann ich nicht vertragen, ich trinke ihn mit viel Wasser wie der Heil. Ludwig, nur schade daß ich zum Heiligen zu alt bin.

Heut hab ich auch den Dr. Tura besucht. Wohl fünf Jahre hat er sich mit Passion aufs Studium der Botanik gelegt, ein Herbarium von der Flora Italiens gesammelt, unter dem vorigen Bischof einen Botanischen Garten angelegt. Das ist aber alles hin; die Medizinische Praxis vertrieb die Naturgeschichte, das Herbarium wird von Würmern gefressen, der Bischof ist tot und der Botanische Garten ist wieder, wie billig, mit Kohl und Knoblauch bepflanzt. Dr. Tura ist ein gar feiner guter Mann, er erzählte mir mit Offenherzigkeit, Reinheit und Bescheidenheit seine Geschichte, sprach überhaupt sehr bestimmt und gefällig dabei, hatte aber nicht Lust seine Schränke aufzumachen, war bald fertig und ließ mich gehn.

Gegen Abend ging ich wieder zur Rotonda die eine halbe Stunde von der Stadt liegt, dann zur Madonna del Monte und schlenderte durch die Hallen herunter, wieder auf den vielgeliebten Platz, kaufte mir für 3 Soldi ein Pfund Trauben verzehrte sie unter den Säulengängen des Palladio und schlich nach Hause als es dunkel und kühl zu werden anfing.

Heut Abend ist wieder Oper ich kann mich aber nicht entschließen das Opus noch einmal zu leiden, ob ich gleich die Ballette die heute verändert sind wohl gerne sähe.

Wir wollen die Nacht zum Schlafen anwenden um den morgenden Tag desto besser zu nutzen.

Hier die Inschriften der Rotonda wie sie an den vier Frontons stehn.

Marcus Capra Gabrielis F.
 Qui aedes has arctissimo primogeni-
   turae gradui subjecit.
 Vna cum omnibus censibus agris vallibus
   et collibus citra viam magnam
 Memoriae perpetuae mandans haec dum
   sustinet ac abstinet.

Das Ganze, besonders der Schluß ein Herrlicher Text zu künftigen Unterredungen.

                                                d. 22ten S.

Noch immer in Vicenz und wohl noch einige Tage hier. Wenn ich ganz meinem Geiste folgen dürfte, legt ich mich einen Monat hierher, machte bei dem alten Scamozzi einen schnellen Lauf der Architektur und ging dann wohl ausgestattet weiter. Das ist aber für meinen Plan zu ausführlich und wir wollen ehstens wieder fort.

Heute früh war ich in Tiene das nordwärts gegen das Gebirge liegt und wo ein neu Gebäude nach einem alten Risse aufgeführt wird, ein trefflich Werk, bis auf weniges was ich zu erinnern habe. Es liegt ganz trefflich, in einer großen Plaine, die Kalk Alpen ohne Zwischen Gebirg hinter sich. Vom Schlosse her an der graden Chaussee hin, fließt zu beiden Seiten lebendiges Wasser und wässert die weiten Reisfelder durch die man fährt.

Heut Abend war ich in einer Versammlung welche die Akademie der Olympier hielt. Ein Spielwerk aber ein recht gutes, es erhält noch ein Bißchen Salz und Leben unter den Leuten.

Der Saal ist neben dem Theater des Palladius, anständig, wohl erleuchtet der Capitan und ein Teil des Adels war zugegen. Übrigens ein Publikum von den obern Ständen, viele Geistliche, ohngefähr 500.

Der Präsident hatte die Frage aufgegeben: ob *Erfindung oder Nachahmung den schönen Künsten mehr Vorteil gebracht habe?* Du siehst daß wenn man die beiden trennt und so fragt, man hundert Jahre hinüber und herüber reden kann. Auch haben sich die Hrn. Akademiker dieser Gelegenheit weidlich bedient und in Prosa und Versen mancherlei vorgebracht, worunter viel Gutes war. Und überhaupt es ist doch ein lebendig Publikum. Die Zuhörer riefen Bravo, klatschten, lachten. Wenn das meine Nation und meine Sprache wäre ich wollte sie toll machen.

Du kannst denken daß Palladio an allen Ecken war, und einer hatte den guten Einfall zu sagen die andern hätten ihm den Palladio weggenommen er wolle den Franceschini loben (ein großer Seidenfabrikant) und fing nun an zu zeigen was die *Nachahmung* der Lioner und Florentiner Stoffe ihm und Vicenz für Vorteile gebracht habe. Du kannst denken daß es viel Gelächter gab.

Überhaupt fanden die, die für die Nachahmung sprachen, mehr Beifall denn sie sagten lauter Dinge die der Haufe denkt und denken kann, ob sie gleich der schwächer Teil waren. Einmal gab das Publikum, mit großem Hände klatschen, einem recht groben Sophism seinen herzlichen Beifall. Einer der für die Erfindung sprach sagte recht gute Sachen, die aber grad nicht sentiert wurden. Mich freut es sehr auch das gesehen zu haben. Es geht mir alles gut, und den Palladio nach soviel Zeit von seinen Landsleuten wie einen Stern verehrt zu sehn ist doch schön pp Viel Gedanken darüber mündlich

Ich habe nun erst die zwei Italiänischen Städte gesehn, *Töchter* Städte (um nicht zu sagen Provinz Städte) und habe noch fast mit keinem Menschen gesprochen aber ich kenne meine Italiäner schon gut. Sie sind wie die Hofleute, die sich fürs erste Volk der Welt halten und bei gewissen Vorteilen die sie haben, sichs ungestraft und bequem einbilden können.

Überhaupt aber eine recht gute Nation, man muß nur die Kinder und die gemeinen Leute sehn, wie ich sie jetzt sehe und sehen kann, da ich ihnen immer exponiert bin und mich ihnen exponiere.

Wenn ich zurückkomme sollst du die besten Schilderungen haben.

Und was das für Figuren für Gesichter sind.

Ich war lang willens Verona oder Vicenz dem Mignon zum Vaterland zu geben. Aber es ist ohne allen Zweifel Vicenz, ich muß auch darum einige Tage länger hier bleiben. Lebe wohl. Ich sudle heut Abend wild, aber es ist besser etwas als nichts. Federn und Dinte und alles ist strudelich.

d. 23. S.
Ich schleiche noch immer herum, tue die Augen auf und sehe, wie natürlich, täglich mehr. Von Gebäuden nichts weiter, wenn wir die Kupfer zusammen ansehn dann gar viel.

Schönes Wetter diese Tage her, heute bedeckt und kühl, doch keine feuchte Kälte die uns im Norden tötet.

Ich schreibe nun an meiner Iphigenie ab, das nimmt mir manche Stunde, und doch gibt mirs unter dem fremden Volke unter denen neuen Gegenständen ein gewisses Eigentümliches und ein Rückgefühl ins Vaterland.

Meine angefangene Zueignung ans deutsche Publikum werf ich ganz weg und mache eine neue, sobald die Iph. fertig ist.

Die Frauen tragen sich hier reinlich. Ein weißes Tuch das der niedre Stand über den Kopf schlägt und wie in einen Schleier darein wickelt, tut den Gesichtern nicht gut, es muß eins recht hübsch sein wenn es dadurch nicht zu Grunde gerichtet werden soll. Wenn man außer der Zeit des Gottesdiensts in eine dunkle Kirche kommt und so ein Paar verschleierte fromme Seelen drin sitzen oder knien, siehts Gespenstermäßig genug aus.

Die Art der geringen Fraun Leute sich das Haar zurück zu binden und in Zöpfe zu flechten ist den Jungen vorteilhaft den Älteren schädlich, die Haar gehen aus und die Vorderseite wird kahl.

Die Weiber tragen an einem Bügel oder Bogen von schwankendem Holze, Körbe, Eimer pp was sie zu tragen haben.

sie können sich es gar bequem machen, indem sie, wenn es schwere Sachen sind, auch zugleich die Henkel mit den Händen fassen können, wie obenstehende Figur ausweiset. Das Volk selbst ist gewiß von Grund aus gut, ich sehe nur die Kinder an und gebe mich mit ihnen ab, auch mit den alten. In meiner Figur, zu der ich noch leinene Unterstrümpfe zu tragen pflege, (wodurch ich gleich einige Stufen niedriger rücke) Stell ich mich auf den Markt unter sie, rede über jeden Anlaß, frage sie, sehe wie sie sich unter einander gebärden, und kann ihre Natürlichkeit, freien Mut, gute Art p nicht genug loben. Von allem diesem in der Folge mehr und wie das mit dem was man von ihrer Arglist, Mißtrauen, Falschheit, ja Gewalttätigkeit sagt zusammenhängt mündlich, wenn wir sie erst mehr gesehen haben.

Ich bin recht wohl und munter, nur gegen Abend muß ich mich in Acht nehmen, da kann ich ein klein wenig traurig werden und die Sehnsucht nach dir, nach Fritzen, Herdern, irgend einer subalterneren teilnehmenden Seele nimmt überhand. Ich laß sie aber nicht aufkommen, beschäftige mich und so gehts vorüber.

d. 24. S.
Es geht immer den alten Weg. Früh wird an der Iph. gearbeitet und ich hoffe sie soll euch freuen da sie unter diesem Himmel reif geworden, wo man den ganzen Tag nicht an seinen Körper denkt sondern wo es einem gleich wohl ist. Gestern ging ich mit dem Stück in der Tasche auf den Campo Marzo und sah am Berge gegenüber ein Paar gar artige Gegenstände, ich zeichnete sie geschwind auf das vordere und hintere weiße Blatt des Stücks und du erhälst sie mit diesem. Viele Hundert ja tausend solcher Blätter und Blättgen könnte man im Bezirk einer Stunde hier zeichnen, ich darf mich nur jetzt nicht drauf einlassen.

Heut sah ich die Villa Valmarana die Tiepolo dekoriert und allen seinen Tugenden und Fehlern freien Lauf gelassen hat. Der hohe Styl gelang ihm nicht wie der natürliche, und in diesem letzten sind köstliche Sachen da, im Ganzen aber als Dekoration gar fröhlich und brav.

An der Architektur geh ich denn immer so hin, mit meinem selbstgeschnitzten Maßstab und reiche weit, freilich fehlt mir viel, indes wollen wir damit vorlieb nehmen und nur brav einsammeln. Die Hauptsache ist daß alle diese Gegenstände, die nun schon über 30 Jahre auf meine Imagination abwesend gewürkt haben und also alle zu hoch stehn, nun in den ordentlichen *Kammer* und *Haus* Ton der Koexistenz herunter gestimmt werden.

Ich lebe sehr diät und halte mich ruhig damit die Gegenstände keine erhöhte Seele finden, sondern die Seele erhöhen. Im letzten Falle ist man dem Irrtum weit weniger ausgesetzt als im ersten. Und dann freu ich mich dir zu schreiben, wie ich mich freue vor den Gegenständen mit dir zu sprechen und meiner Geliebten alles in die Ferne zuzuschicken was ich ihr einmal in der Nähe zu erzählen hoffe. Dann macht es mir auch einen frohen Gedanken daß du das Gegenwärtige und noch mehr in 6 Wochen längstens haben kannst.

Doch muß man auf alle Fälle wieder und wieder sehn, wenn man einen reinen Eindruck der Gegenstände gewinnen will. Es ist ein sonderbares Ding um den ersten Eindruck, er ist immer ein Gemisch von Wahrheit und Lüge im hohen Grade. ich kann noch nicht recht herauskriegen wie es damit ist.

Ich sehe immer mit Betrübnis das Tyroler Gebirg trübe, wahrscheinl. habt ihr übel Wetter, hier regnets einmal, doch ists bald wieder schön. Die Morgende und Abende sind kühl.

d 25. S. Abends 22.
nach unsrer Uhr 5.

Noch einmal von Vicenz. Ich verlasse diesen Ort ungern, es ist gar viel für mich hier. Wäre es möglich mit dir eine Zeit in dieser Gegend zuzubringen! Allein wir sind auf ewig daraus verbannt; man müßte, wenn man hier leben wollte, gleich katholisch werden, um Teil an der Existenz der Menschen nehmen zu können. Alles ladet dazu ein und es ist viel Freiheit und Freimütigkeit unter ihnen.

Ich war auf der Bibliothek, die Büste des berühmten Juristen Bartolius zu sehen, die aus Marmor gearbeitet oben steht. Es ist ein festes, freies wackres, schönes Gesicht von trefflicher Bildung und freut mich auch diese Gestalt in der

Seele zu besitzen. Bei den Dominikanern steht eine antike Statue die als Iphigenie genannt ist. Es ist aber völlig die Idee der Vestalinnen von denen wir eine große und kleine im Abguß besitzen. Weil die Hände angedruckt und in das Gewand verwickelt sind; so haben diese Statuen weniger gelitten, der Kopf ist aber neu und viel zu groß.

Noch einige Gebäude hab ich besehn und mein Auge fängt sich gut an zu bilden, ich habe nun Mut dem mechanischen der Kunst näher zu treten. Was mich freut ist daß keine von meinen alten Grundideen verrückt und verändert wird, es bestimmt sich nur alles mehr, entwickelt sich und wächst mir entgegen.

Ich war noch einmal auf dem Berge der Madonna. Das Cabinet eines der PP. Serviten hat vieles aber nicht viel. Von einem Balkon seines Zimmers aber ist eine Aussicht die man nur stumm betrachten kann. In der Höhe, in der sogenannten Foresteria wo vornehme Fremde bewirtet werden ist sie noch weiter da hat man auch Vicenz und die Tyroler Gebirge.

Wenn man wieder herunter steigt hat man einen Hügel zur linken seite der spitz ist, frei steht und bis auf den Gipfel mit Reben angelegt ist, einige große Lauben stehen auch da und oben schließt ein Trupp Zypressen. Ich habe ihn diese acht Tage her immer mit Freuden angesehn.

Übrigens gefallen mir die Vicentiner immer sehr wohl; sie haben eine freie Art Humanität, die aus einem immer öffentlichen Leben herkommt. Auch gehts von einem zum andern Kirchen, Markt, Spaziergang, Wallfahrt, (so nenn ich die Promenade zur Mutter Gottes) Theater, öffentliche Spektakel, Carnaval pp. und das weibliche Geschlecht ist im Durchschnitte schön, und leben so ohne Koketterie vor sich hin, sind durchaus reinlich gekleidet. Ich habe sie alle recht scharf angesehn und in denen acht Tagen nicht mehr als Eine gesehen, von der ich gewiß sagen mögte daß ihre Reize feil sind.

Auch die Männer find ich höflich und zuvorkommend. Ich trete in einen Buchladen und frage den Mann nach einem Buche, das er sich nicht gleich besinnt, es sitzen verschiedne Personen von gutem Stande herum geistliche weltliche. Einer fängt gleich mit dem Buchhändler zu reden an, hilft ihm und mir zurechte und das alles ganz grade hin, als wenn man sich lange kennte und ohne weiters.

Das hab ich an ihnen bemerkt. Sie sehen einen von Kopf bis zum Fuße an, und scheinen einen trefflich Phisiognomischen Kleiderblick zu haben. Nun ists mein Spaß sie mit den Strümpfen irre zu machen, nach denen sie mich unmöglich für einen Gentleman halten können. Übrigens betrag ich mich gegen sie offen, höflich, gesetzt und freue mich nur so frei ohne Furcht erkannt zu werden herumzugehn. Wie lang es währen wird.

Ich kann dir nicht sagen was ich schon die kurze Zeit an Menschlichkeit gewonnen habe. Wie ich aber auch fühle was wir in den kleinen Souverainen Staaten für elende einsame Menschen sein müssen weil man, und besonders in meiner Lage, fast mit niemand reden darf, der nicht was wollte und mögte. Den Wert der Geselligkeit hab ich nie so sehr gefühlt und die Freude die meinigen wieder zu sehn, in der Entfernung, nie so lebhaft.

Die Gebäude hab ich wieder und wieder besehn und begangen.

Bei den Dominikanern gefiel mir auf dem Bilde der Anbetung der 3 Könige, der unschuldige, obgleich nicht christlich erhabne, Gedanke, daß sich das Kindlein vor dem Alten fürchtet, der es kniend verehrt und ein ängstlich Mäulgen zieht.

Der Kirchen und Altarblätter kriegt man so satt daß man manches Gute übersieht und ich bin nur im Anfange.

Hier will ich eine Bemerkung hersetzen, über den Punkt, in dem so manche Reisende fehlen, in dem ich auch sonst gefehlt habe.

Jeder denkt doch eigentlich für sein Geld auf der Reise zu *genießen*. Er erwartet alle die Gegenstände von denen er so vieles hat reden hören, nicht zu finden, wie der Himmel und die Umstände wollen, sondern so rein wie sie in seiner Imagination stehen und fast nichts findet er so, fast nichts kann er so genießen. Hier ist was zerstört, hier was angekleckt, hier stinkts, hier rauchts, hier ist Schmutz pp so in den Wirtshäusern, mit den Menschen pp.

Der Genuß auf einer Reise ist wenn man ihn rein haben will, ein abstrakter Genuß, ich muß die Unbequemlichkeiten, Widerwärtigkeiten, das was mit mir nicht stimmt, was ich nicht erwarte, alles muß ich bei Seite bringen, in dem Kunstwerk nur den Gedanken des Künstlers, die erste Ausführung, das Leben der ersten Zeit da das Werk entstand heraussuchen und es wieder rein in meine Seele bringen, abgeschieden von allem was die Zeit, der alles unterworfen ist und der Wechsel der Dinge darauf gewürkt haben. Dann hab ich einen reinen bleibenden Genuß und um dessentwillen bin ich gereist, nicht um des Augenblicklichen Wohlseins oder Spaßes willen. Mit der Betrachtung und dem Genuß der Natur ists eben das. Triffts dann aber auch einmal zusammen daß alles paßt, dann ists ein großes Geschenk, ich habe solche Augenblicke gehabt.

Ich schreibe dir eben immer so fort weil ich weiß daß es dir Freude machen wird. Alles wird sich besser und bestimmter sagen lassen. Mein ganzes Gemüt ist bei und mit dir und meine beste Hoffnung ist dich wieder zu sehen.

Padua d. 26 Abends.
Du kannst immer denken daß ich dir bei einbrechender Nacht schreibe, denn da ist mein Tagewerk vollbracht.

In vier Stunden bin ich von Vicenz heute früh herübergefahren. Wie gewöhnlich auf ein einsitzig Chaischen (Sediola) mit meiner ganzen Existenz gepackt. Man fährt sonst bequem in vierthalb Stunden, da ich aber den köstlichen Tag gern unter freiem Himmel genoß war es mir lieb daß der Vetturin seine Schuldigkeit nicht tat. Es geht immer in der schönsten Plaine südostwärts, man hat wenig Aussicht weil man zwischen Hecken und Bäumen hinfährt. Bis man endlich die schönen Gebirge von Este, eine vulkanische Reihe, die von Nord gegen Süden streichen, zur rechten Hand sieht.

Auf dem Wege wünscht ich dir nur die Fülle des Hängewerks der Pflanzen über Mauern, Hecken, an Bäumen herunter mit einem Blick zeigen zu können. Die Kürbisse auf den Dächern pp

Nun denn in Padua! und habe in fünf Stunden was Volckmann anzeigt meist gesehen; nichts was mich recht herzlich gefreut hätte aber manches das gesehen zu haben gut ist.

Diesmal will ich Volckmannen folgen den du im 3. Teil auf der 638. Seite nachschlagen wirst. Ich nehme an daß du die Artikel liesest, und ich mache nur meine Anmerkungen.

p. 639. *erschreckliche Erdbeben* Die Nähe der Gebirge von Este mag daran Schuld sein, sie liegen nur 6 Ital. Meilen von hier ab, und sind noch warme Bäder hierherwärts. Da mögen noch so alte böse Reste in den Eingeweiden oder vielmehr unter der Haut der alten Mutter gesteckt haben, ob ich gleich noch keine rechte Idee davon habe.

*Benachbarte Hügel* keine nähern als die Berge von Este. Die Stadt liegt herrlich, ich sah sie vom Observatorio. Gegen Norden die beschneiten und in Wolken halb versteckten Tyroler Gebirge, an die sich gegen Nordwest die Vicentinischen Vulkanischen Berge anschließen und endlich gegen Westen die nähern Gebirge von Este, deren Gestalt und Vertiefung man deutlich erkennen kann. Gegen Süd und Ost eine grüne See ohne eine Spur von Erhöhung Baum an Baum, Busch an Busch, Pflanzung an Pflanzung bis an den fernsten Horizont, und aus der Grüne sehen unzählige weiße Häuser, Villen, Kirchen pp heraus.

Vom Observatorio konnt ich durch den Tubus ganz deutlich den Markusturm von Venedig und die andern geringern Türme sehn.

*p. 641.* *Das Pflaster der Stadt* pp es ist Lava von den Estischen Bergen ich habe welche mitgenommen.
*roter Marmor* ein roter ziemlich fester Kalkstein wie der Veroneser.

*p. 642.* *Marie von Giotto* hab ich nicht finden können.
*Sakristei* war zu.

p. 642. *St. Antonio* Von diesem barbarischen Gebäude mündlich.

p. 646. *Kardinal Bembo* Es ist nur gut daß man den Heiligen Kirchen gebaut hat; so hat man doch auch einen guten Ort wo man vernünftige und edle Menschen aufstellen kann. Es ist ein schönes, wenn ich so sagen soll mit Gewalt in sich gezognes Gesicht und ein mächtiger Bart. Die Büste steht zwischen Ionischen Säulen die mir von dem Grabmal des Porto in Vicenz (s. p. 677) nachgeahmt scheinen. Die Inschrift ist schön:

> Petri Bembi Card. imaginem
> Hier. Guirinus Ismeni F.
> in publico ponendam curavit
> ut cujus Ingenii
> monumenta aeterna sint
> ejus corporis quoque memoria
> ne a posteritate desideretur.

Eine würdige Inschrift dem Manne der nicht gern in der Bibel las um seinen lateinischen Styl, wahrscheinlich auch um seine Imagination nicht zu verderben.

p. 647. *Helena Cornara* Wohlgebildet nicht liebenswürdig, wie sich's einer Minerva-Geweihten geziemen will.

p. 644. *Hl. Agathe von Tiepolo* Das Gesicht nicht erhaben aber erstaunend wahr, physischer Schmerz und getroste Duldung schön ausgedrückt. Wenn die Martyrtümer nur nicht immer die fatalen armen Sünderschaften mit sich schleppten.

p. 647. *Enthauptung Joh. von Piazetta.* Ein recht brav Bild. Immer des Meisters Manier vorausgesetzt. Joh. kniet die Hände vor sich hinfaltend mit dem rechten Knie an einem Stein, er sieht gen Himmel ein Kriegsknecht der ihn gebunden hat fährt an der rechten Seite herum und sieht ihn ins Gesicht als wenn er über die Resignation erstaunte womit der Mann sich hingibt. in der Höhe steht ein anderer der den Streich vollführen soll, hat aber das Schwert nicht sondern nur die Hände aufgehoben wie einer der sich zu dem Streiche vorbereitet, das Schwert zieht einer tiefer unten aus der Scheide. Der Gedanke ist neu und die Komposition frappant übrigens auch wieder eine Armesünderschaft.

p. 648. *Scuola del Santo.* Die Bilder von Titian wundernswürdig wie sie der alten deutschen holbeinischen Manier nah kommen. Von der sich jenseits der Alpen keiner erholt hat. Eine erstaunende alles versprechende Wahrheit ist drin. Sie haben mich, wie überhaupt mehr alte Gemälde viel zu denken gemacht.

p. 649. *Marter d. Heil. Justina von Paul Ver.* Er hat den Fehler den ich schon in Vicenz bemerkte zu viel Figuren auf so ein Bild zu bringen und sie zu klein zu machen, die haben nun von so einem HochAltar herunter keine *Gegenwart* das übrige sagt Volckmann.

650. *Zimmer des Abts* Ein schönes Bild von Quercin da Cento Gerechtigkeit und Friede.

ibid. *Auserlesne Bücher.* ist nicht zu leugnen. Alte Schriftsteller, die Italiänischen Dichter. Kirchenväter verstehn sich von selbst pp. Was ich so flüchtig übersah war alles gut und brauchbar.

ibid. *Prato della valle* Sie haben rings um den Platz ihren berühmten Männern Bildsäulen gesetzt und auch Privatleuten erlaubt einem verdienten Mann aus seiner Familie eine Statue zu setzen wie die Inschriften zeigen. Die Messe die hier gehalten wird ist berühmt.

p. 655 *Abnehmung vom Kreuz* von Bassan recht brav, und so edel als er etwas machen konnte.

*ibid* *Salone.* Wenn man so etwas nicht gesehn hat glaubt mans nicht oder kann sichs nicht denken.

p. 658. *il Bo* ist mir lieb daß ich darin nichts zu lernen hatte. Man denkt sich auch diese *Schul-Enge* nicht wenn mans nicht gesehn hat besonders ist das Anatomische Theater würklich als ein Wunderwerk anzusehen. Es ist über alle Beschreibung.

Der Botanische Garten ist desto artiger und muntrer, obgleich jetzt nicht in seiner besten Zeit. Morgen soll ihm der größte Teil des Tags gewidmet werden. Ich habe heut im Durchgehn schon brav gelernt.

Gute Nacht für heute! Ich habe gesudelt was ich konnte um nur etwas aufs Papier zu bringen.

Padua d. 27. Mittag.
Heute früh ward noch einigs nachgeholt. aus dem botanischen Garten vertrieb mich ein Regen. Ich habe drin schöne Sachen gesehn und dir zum Scherz einiges eingelegt. Der fremden Sachen lassen sie viel im Lande stehn gegen Mauern angelehnt oder nicht weit davon und überbauen alsdann das Ganze gegen Ende Oktobers und heizen es die wenigen Wintermonate.

Abends. 27. S.
Wie gewöhnlich meine liebe wenn das Ave Maria della Sera gebetet wird wend ich meine Gedanken zu dir; ob ich mich gleich nicht so ausdrücken darf, denn sie sind den ganzen Tag bei dir. Ach daß wir doch recht wüßten was wir an einander haben wenn wir beisammen sind.

Auch hab ich heut die Werke des Palladio gekauft einen Folioband. Zwar nicht die erste Ausgabe aber einen sehr sorgfältigen Nachdruck den ein Engländer besorgt hat. Das muß man den Engländern lassen daß sie von lang her das Gute zu schätzen gewußt haben. Und daß sie eine vornehme Art haben vornehm zu sein.

Heute hab ich die Statuen auf dem Platze nochmals durchgesehn, sie sind meist von Partikuliers und Zünften auch Fremden gesetzt. So hat der König von Schweden Gustav Adolphen hinsetzen lassen, weil man sagt, er habe einmal in Padua eine Lektion angehört. Der Erzherzog Leopold dem Petrarch und Galiläi u. s. w. Die Statuen sind in einer modernbraven Manier gemacht. Wenig übermaniert, einige recht natürl. Die Inschriften gefallen mir auch recht wohl, sie sind lateinisch und ist nichts abgeschmacktes oder kleines darunter. Päpste und Dogen stehen an den Eingängen. Es kann ein recht schöner Platz werden wenn sie die hölzerne *Fiera* wegschaffen und eine von Stein jenseits des Platzes bauen wie der Plan sein soll.

Heute Abend setzte ich mich in die Kirche der Hl. Justina die zwar in keinem großen Geschmack aber doch groß und einfach gebaut ist, in einen Winkel und hatte meine stille Betrachtungen. Da fühl ich mich recht allein, denn kein Mensch auf der Welt der in dem Augenblick an mich gedacht hätte, würde mich in diesem Winkel gesucht haben.

Die Stadt ist groß und wenig bevölkert jetzt noch leerer, da Vakanzen der Schule sind und der Adel auf dem Lande wohnt. Man muß sich deswegen an die Vorfahren auf dem Prato della Valle halten.

Schöne Bestätigungen meiner botanischen Ideen hab ich wieder gefunden. Es wird gewiß kommen und ich dringe noch weiter. Nur ists sonderbar und manchmal macht michs fürchten, daß so gar viel auf mich gleichsam eindringt dessen ich mich nicht erwehren kann daß meine Existenz wie ein Schneeball wächst, und manchmal ists als wenn mein Kopf es nicht fassen noch ertragen könnte, und doch entwickelt sich alles von innen heraus, und ich kann nicht leben ohne das.

In der Kirche der Eremitaner habe ich Gemälde von Mantegna eines der älteren Maler gesehen vor denen ich erstaunt bin! Was in den Bildern für eine scharfe sichre Gegenwart ist läßt sich nicht ausdrucken. von dieser ganzen, wahren, (nicht scheinbaren, Effektlügenden, zur Imagination sprechenden) derben reinen, lichten, ausführlichen gewissenhaften, zarten, umschriebnen Gegenwart, die zugleich etwas strenges, emsiges, mühsames hatte gingen die folgenden aus wie ich gestern Bilder von Titian sah und konnten durch die Lebhaftigkeit ihres Geistes, die Energie ihrer Natur, erleuchtet von dem Geiste der Alten immer höher und höher steigen sich von der Erde heben und himmlische aber wahre Gestalten hervorbringen. Es ist das die Geschichte der Kunst und jedes der einzelnen großen ersten Künstler nach der barbarischen Zeit.

Die Baukunst steht noch unendlich weit von mir ab, es ist sonderbar wie mir alles darin so fremd, so entfernt ist, ohne mir neu zu sein. Ich hoffe aber auch diesmal wenigstens in ihre Vorhöfe gelassen zu werden.

=

Nun wäre auch hier einmal wieder eingepackt und morgen früh gehts auf der Brenta zu Wasser fort. Heute hats geregnet nun ists wieder ausgehellt und ich hoffe die Lagunen und die ehmals triumphierende Braut des Meers bei schöner Tagszeit zu erblicken und dich aus ihrem Schoß zu begrüßen jetzt gute Nacht.

REISE-TAGEBUCH
VIERTES STÜCK.

---

Venedig.
1786.

Venedig.
So stand es denn in dem Buche des Schicksals auf meinem Blatte geschrieben, daß ich d. 28 Sept. Abends, nach unsrer Uhr um fünfe, Venedig zum erstenmal, aus der Brenta in die Lagunen einfahrend, erblicken, und bald darauf diese wunderbare Inselstadt, diese Biber Republik betreten und besuchen sollte. So ist denn auch Gott sei Dank *Venedig* kein bloßes Wort mehr für mich, ein Name der mich so oft, der ich von jeher ein Todfeind von Wortschällen gewesen bin, so oft geängstigt hat.

Wie die erste Gondel an das Schiff anfuhr, fiel mir mein erstes Kinderspielzeug ein, an das ich vielleicht in zwanzig Jahren nicht mehr gedacht hatte. Mein Vater hatte ein schönes Gondelmodell von Venedig mitgebracht, er hielt es sehr sehr wert und es ward mir hoch angerechnet wenn ich damit spielen durfte. Die ersten Schnäbel von Eisenblech, die schwarzen Gondelkäfige, alles grüßte ich wie eine alte Bekanntschaft, wie einen langentbehrten ersten Jugend Eindruck.

Und da ich mir bloß zu reisen scheine um dir zu erzählen; so setz ich mich nun hin, da es Nacht ist, dir mancherlei vorzusagen.

Ich bin gut logiert in der *Königin von England*, nicht weit vom Marcus Platz, der größte Vorzug des Quartiers.

Meine Fenster gehn auf einen schmalen Kanal, zwischen hohen Häusern, gleich unter mir ist eine Brücke und gegenüber ein schmales belebtes Gäßgen. So wohn ich und so werd ich eine Zeitlang bleiben, bis mein Packet für Deutschland fertig ist und bis ich mich am Bilde dieser Stadt satt gesogen habe.

Die Einsamkeit nach der ich so oft sehnsuchtsvoll ge-

seufzt habe, kann ich recht genießen, wenn ein Genuß darin
ist, denn nirgend kann man sich einsamer fühlen als in so
einem Gewimmel, wo man ganz unbekannt ist, in Venedig
ist vielleicht kaum ein Mensch der mich kennt und der wird
mir nicht begegnen. Wir hatten herrlich Wetter zur Fahrt
auf der Brenta her die Volckm. p. 636. gut beschreibt, ich
ging mit dem öffentlichen Schiffe und kann den Anstand,
die Ordnung einer so gemischten Gesellschaft des mittlern
Standes nicht genug loben. Einige recht hübsche und artige
Weiber und Mädgen waren drunter. Es wird mir erstaunend
leicht mit diesem Volke zu leben. Ohnfern Venedig nahm
ich mit noch einem eine Gondel und wir fuhren herein. Es
ist großer respektabler Anblick.

Ich eilte auf den Markus Platz und mein Geist ist nun
auch um dieses Bild reicher und weiter. Heut Abend sag ich
nichts weiter. Ich werde hier Zeit finden dir meine Gedanken mitzuteilen. Lebe wohl! Du immer gleich herzlich und
zärtlich Geliebte.

d. 29 früh.

Es hatte sich gestern Abend der ganze Himmel überzogen,
ich war in Sorge es mögte Regen eintreten, den auch die
Wasser Vögel verkündigten. Heut ists wieder herrlich Wetter. Mein Pensum an der Iph. absolviert und ich ziehe mich
nun an und gehe aus. Vorher begrüß ich dich und wünsche
dir einen guten Morgen.

Michälistag Abends.

Nach einem glücklich und wohl zugebrachten Tage, ist
mir's immer eine unaussprechlich süße Empfindung wenn
ich mich hinsetze dir zu schreiben. Ungern verließ ich den
Markus Platz da es Nacht wurde; aber die Furcht zuweit
zurückzubleiben trieb mich nach Hause.

Von Venedig ist alles gesagt und gedruckt was man sagen
kann, darum nur weniges wie es mir entgegen kommt. Die
Haupt Idee die sich mir wieder hier aufdringt ist wieder
*Volk*. Große Masse! und ein notwendiges unwillkürliches
Dasein. Dieses Geschlecht hat sich nicht zum Spaß auf diese
Inseln geflüchtet, es war keine Willkür die andere trieb sich
mit ihnen zu vereinigen, es war Glück das ihre Lage so

vorteilhaft machte, es war Glück daß sie zu einer Zeit klug waren da noch die ganze nördl. Welt im Unsinn gefangen lag, ihre Vermehrung ihr Reichtum war notwendige Folge. nun drängte sichs enger und enger Sand und Sumpf ward zu Felsen unter ihren Füßen, ihre Häuser suchten die Luft, wie Bäume die geschlossen stehn, sie mußten an Höhe zu gewinnen suchen was ihnen an Breite abging, geizig auf jede Handbreit Erde und gleich von Anfang in Enge Räume gedrängt, ließen sie zu Gassen nicht mehr Breite als Haus von Haus zu sondern und Menschen einigen Durchgang zu lassen und übrigens war ihnen das Wasser statt Straße, Platz, Spaziergang, genug der Venetianer mußte eine neue Art von Geschöpf werden und so auch Venedig nur mit sich selbst verglichen werden kann. Wie dem großen Canal wohl keine Straße in der Welt sich vergleichen kann; so kann dem Raume vor dem Markus Platz wohl auch nichts an die Seite gesetzt werden. Den großen Spiegel Wasser mein ich der an der einen Seite von dem eigentlichen Venedig im halben Mond umfaßt ist, gegen über die Insel St Giorgio hat, etwas weiter rechts die Giudecca und ihren Canal, noch weiter Rechts die Dogana und die Einfahrt in den Canal Grande. Ich will auf dem Plan von Venedig den ich bei lege zum Überflusse Linien ziehen auf die Haupt Punkte die in das Auge fallen wenn man aus den zwei Säulen des Markus Platzes heraustritt. (N B ich habe es unterlassen weil es doch kein Bild gibt)

Ich habe das alles mit einem stillen feinen Auge betrachtet und mich dieser großen Existenz gefreut. Nach Tische ging ich, um Stufenweise zu schreiten, erst zu Fuße aus und warf mich ohne Begleiter, nur die Himmelsgegenden merkend ins Labyrinth der Stadt. Man denkt sichs auch nicht ohne es gesehen zu haben. Gewöhnlich kann man die Breite der Gasse mit ausgestreckten Armen entweder ganz oder beinahe messen, in kleinern Gäßgen könnte man die Arme nicht einmal ausstrecken. Es gibt breitere Straßen, aber proportionierlich alle eng. Ich fand leicht den Großen Canal und den Ponte Rialto. es ist ein schöner großer Anblick besonders von der Brücke herunter, da sie mit einem Bogen gewölbt in die Höhe steigt. Der Canal ist gesät voll Schiffe und wimmelt von Gondeln, besonders heute da am Michaels Fest die wohlangezognen Frauen zur Kirche wallfahrteten und sich wenigstens über setzen ließen. Ich habe sehr schöne Wesen begegnet.

Nachdem ich müde worden, setzt ich mich in eine Gondel die engen Gassen verlassend und fuhr nun den Canal grande durch, um die Insel der Heil. Clara herum, an der Großen Lagune hin, in den Canal der Jiudecka herein, bis gegen den M.Platz und war nun auf einmal ein Mitherr des Adriatischen Meers, wie jeder Venetianer sich fühlt, wenn er sich in seine Gondel legt. Ich gedachte meines armen Vaters in Ehren, der nichts bessers wußte als von diesen Dingen zu erzählen. Es ist ein großes, respektables Werk versammelter Menschenkraft, ein herrliches Monument, nicht *Eines Befehlenden* sondern eines *Volks.* und wenn ihre Lagunen sich nach und nach ausfüllen und stinken und ihr Handel geschwächt wird, und ihre Macht gesunken ist, macht dies mir die ganze Anlage der Republik und ihr Wesen nicht um einen Augenblick weniger ehrwürdig. Sie unterliegt der Zeit wie alles was ein erscheinendes Dasein hat.

Viel, viel wollen wir darüber schwätzen; auch worüber man hier nicht reden soll, über den Staat und seine Geheimnisse, die ich alle ohne einen Verräter, recht gut zu wissen denke.

Nun einige Bemerkungen nach Anleitung des Volckmanns. 3. Teil.

*p. 509.* Die Markus Kirche muß in einem Kupfer von dir gesehen werden die Bauart ist jeden Unsinns wert der jemals drinne gelehrt oder getrieben worden sein mag. ich pflege mir die Fassade zum Scherz als einen kolossalen Taschenkrebs zu denken. Wenigstens getrau ich mir irgend ein ungeheures Schaltier nach diesen Maßen zu bilden.

*p. 513* *Alte Pferde* diese kostbaren Tiere stehen hier, wie Schafe die ihren Hirten verloren haben. Wie sie näher zusammen, auf einem würdigern Gebäude, vor einem Triumphwagen eines Weltbeherrschers standen, mag es ein edler Anblick gewesen sein. Doch Gott sei Dank daß der kristliche Eifer sie nicht umgeschmolzen und Leuchter und Crucifixe draus gießen lassen. Mögen sie doch zu Ehren des Heil. Markus hierstehn, da wir sie dem Heil. Markus schuldig sind.

515 *Der herzogliche Palast*, besonders die Fassade nach dem Markus Platz. Das sonderbarste was der Menschen Geist glaub ich hervorgebracht hat. Mündlich mehr. Ich habe einen Einfall den ich aber auch nur für einen Einfall gebe. Ich sage die ersten Künstler in der Baukunst scheinen die Ruinen der Alten wie sie noch halb vergraben waren nachgeahmt zu haben und der Geist ihrer Nachfolger hat nun den Schutt weg geräumt und die schöne Gestalt hervorgebracht.

Wenn du solche Säulen siehst glaubst du nicht ein Teil stecke in der Erde und doch ist der untere Gang des herzoglichen Palasts von solcher Taille.

*p. 528* Säulen auf der Piazzetta.
Beide von Granit die eine die wohl 10 Durchmesser Höhe hat ist von rotem Granit dessen Politur und Farbe sich schön erhalten hat sie ist schlank und reizend, daß man sich nicht satt an ihr sehen kann.

Die andre hat etwa 8 Durchmesser Höhe, mag also zur dorischen Ordnung wie jene zur kompositen gehören, sie ist von weißem Granit, der von der Zeit gelitten hat und eine Art von Schale, etwa einen starken Messerrücken dick, gekriegt hat, die von außen matt geworden ist und nun an verschiednen orten abfällt. An der Seite der Markus Kirche nach der Piazzetta zu, stehen zwei kleinere Säulen von eben diesen Steinarten angebracht, an denen man dasselbe bemerkt.

Außer der Markus kirche habe ich noch kein Gebäude betreten. Es gibt außen genug zu tun, und das Volk interessiert mich unendlich. Ich war heute lang auf dem Fischmarkt und sah ihnen zu, wie sie mit einer unaussprechlichen Begierde, Aufmerksamkeit, Klugheit feilschten und kauften.

So ist auch das öffentliche Wesen und Weben ihrer Gerichts Plätze lustig. Da sitzen die Notaren pp jeder hat seinen Pult und schreibt, einer tritt zu ihm ihn zu fragen ein Schreiben aufsetzen zu lassen pp. Andre gehn herum pp das lebt immer mit einander und wie notwendig die Bettler in diesen Tableaus sind. Wir hätten auch sonst die Odyssee nicht und die Geschichte vom reichen Manne nicht. Ich sudle wieder ganz entsetzlich ich kanns aber nie erwarten daß das Wort auf dem Papier steht.

d. 30. Abends.

Wenn des Venetianers Leben angeht, zieh ich mich nach Hause zurück um dir etwas zu sagen. Sogar die Hausmagd warf mirs gestern vor, daß ich kein Liebhaber vom Abend spazieren sei.

Heute hab ich wieder meinen Begriff von Venedig sachte erweitert. Ich habe nun den Plan, dann war ich auf dem Markusturm, wo sich denn wohl dem Auge ein einzig Schauspiel darstellt. Es war um Mittag und heller Sonnenschein daß ich ohne Perspektiv Nähe und Ferne genau unterscheiden konnte. Die Flut bedeckte die Lagunen.

*p 532*   Über den sogenannten lido, einen schmalen Erdstreif der die Lagunen schließt, sah ich zum erstenmal das Meer und einige Segel drauf. in den Lagunen liegen einige Galeeren und Fregatten die zum Ritter Emo stoßen sollen, wegen ungünstigen Windes aber liegen müssen.

Die Paduanischen und Vicentinischen Berge und das Tyroler Gebirg, schließen gegen Abend und Mitternacht das Bild ganz trefflich schön.

Gegen Abend verlief ich mich wieder ohne Führer in die entferntesten Quartiere der Stadt und suchte aus diesem Labyrinthe, ohne jemand zu fragen nach der Himmelsgegend den Ausgang. Man findet sich wohl endlich, aber es ist ein unglaubliches Gehecke in einander und meine Manier die beste sich davon recht sinnlich zu überzeugen, auch hab ich mir bis an die letzte Spitze das Betragen, die Lebensart, Sitten und Wesen der Einwohner gemerkt. Du lieber Gott was für ein armes gutes Tier der Mensch ist.

Am Ufer ist ein angenehmer Spaziergang.

Schon die drei Tage die ich hier bin hab ich einen geringen Kerl gesehen, der einem mehr oder wenig großen Auditorio Geschichten erzählt. Ich kann nichts davon verstehen. Es lacht aber kein Mensch, manchmal lächelt das Auditorium, das, wie du dir denken kannst, meist aus der ganz niedern Klasse besteht. Auch hat er nichts auffallendes noch lächerliches in seiner Art, vielmehr etwas sehr gesetztes und eine Mannigfaltigkeit und Präzision in seinen Gebärden, die ich erst heut Abend bemerkt habe. Ich muß ihm noch mehr aufpassen.

Auf künftigen Montag geht Opera Buffa und zwei Komödien theater auf. Da wollen wir uns auch was zu gute tun. Ich hoffe es soll besser werden als in Vicenz.

Sonst kann ich dir heute nicht viel sagen. Außer einigem Fleiß an der Iphigenie, hab ich meine meiste Zeit auf den Palladio gewendet, und kann nicht davon kommen. Ein guter Geist trieb mich mit soviel Eifer das Buch zu suchen, das ich schon vor 4 Jahren von Jagemann wollte verschrieben haben, der aber dafür die neueren herausgegebnen Werke kommen ließ. Und doch auch! was hätten sie mich geholfen, wenn ich seine Gebäude nicht gesehn hätte? Ich sah in Verona und Vicenz was ich mit meinen Augen ersehen konnte, in Padua fand ich erst das Buch, jetzt studier ich's und es fallen mir wie Schuppen von den Augen, der Nebel geht auseinander und ich erkenne die Gegenstände. Auch als Buch ist es ein großes Werk. Und was das ein Mensch war! Meine Geliebte wie freut es mich daß ich mein Leben dem Wahren gewidmet habe, da es mir nun so leicht wird zum Großen überzugehen, das nur der höchste reinste Punkt des Wahren ist.

Die Revolution, die ich voraussah und die jetzt in mir vorgeht, ist die in jedem Künstler entstand, der lang emsig der Natur treu gewesen und nun die Überbleibsel des alten großen Geists erblickte, die Seele quoll auf und er fühlte

eine innere Art von Verklärung sein selbst ein Gefühl von
freierem Leben, höherer Existenz Leichtigkeit und Grazie.

Wollte Gott ich könnte meine Iphigenie noch ein halb
Jahr in Händen behalten, man sollt ihr das mittägige Klima
noch mehr anspüren.

d. 1. Oktbr.
Abends 8 Uhr.

Heute komm ich später zu dir als gewöhnl. und hätte dir
doch recht viel zu sagen. Heute früh schrieb ich lang an der
Iphigenie und es ging gut von statten. Die Tage sind sich
nicht gleich und es wundert mich daß es in dem fremden
Leben noch so geht es ist aber ein Zeichen daß ich mich noch
gut besitze. Dann ging ich nach dem Rialto und nach dem
Markusplatz. Seitdem ich weiß daß Palladio zu einer Brücke
auf diesen Platz einen Riß gemacht hat; seitdem ich ihn in
seinen Werken gesehen habe, sei es mir erlaubt Picks auf
den Rialto zu haben wie er jetzt steht. ich werde sie mündlich auslegen. Dann bin ich durch einige Quartiere gegangen
und nach dem Platz und habe, da es eben Sonntag war über
die Unreinlichkeit meine Betrachtungen angestellt. Es ist
wohl eine Art Polizei in diesem Artikel. Die Leute kehren
den Quark in die Eckgen, ich sehe große Schiffe hin und
wieder fahren, auch an Orten stille liegen, die das Kehrigt
mit nehmen, Leute von den Inseln umher die ihn als Mist
brauchen. Aber es ist doch unverzeihlich daß die Stadt nicht
reinlicher ist, da sie recht zur Reinlichkeit angelegt ist, alle
Straßen geplattet, die entfernten Quartiere selbst wenigstens mit Backsteinen auf der hohen Kante, wo es nötig in
der Mitte ein wenig erhaben, an den Seiten Vertiefungen um
das Wasser aufzufassen und in unterirdische Kanäle zu
leiten. Noch andre Vorsichten der ersten Anlage würden es
unendlich erleichtern Venedig zur reinsten Stadt zu machen, wie sie die sonderbarste ist. Ich konnte mich nicht
abhalten gleich im Spazierengehn einen Plan dazu anzulegen.

Nach Tische studiert ich wieder im Palladio, der mich
sehr glücklich macht und ging alsdann mit dem Plan der
Stadt in der Hand die Kirche der Mendicanti aufzusuchen
die ich auch glücklich fand.

VENEDIG

AVVOCATO RECCAINI                                             AD PAG 15

Die Frauenzimmer führten ein Oratorium hinter dem Gitter auf, die Kirche war wie gewöhnlich voll Zuhörer. Die Musik sehr schön und herrliche Stimmen. Ein Alt sang den König Saul, ich habe mir diese Stimme nicht gedacht. Einige Stellen der Musik waren unendlich schön, der Text liegt bei, es ist so italiänisch Latein daß man an manchen Stellen lachen muß; Aber der Musik ein weites Feld. Es wäre ein trefflicher Genuß gewesen, wenn nicht der vermaledeite Kapellmeister den Takt, mit einer Rolle Noten, wider das Gitter, so unverschämt geklappt hätte, als wenn er mit Schuljungen zu tun hätte, die er erst unterrichtete, und sie hatten das Stück oft gemacht, es war absolut unnötig und zerstörte allen Eindruck, nicht anders als wenn man mir eine schöne Statue hinstellte und ihr Scharlachläppgen auf die Gelenke klebte. Der fremde Ton hebt alle Harmonie auf und das ist ein Musiker und er hört es nicht, oder er will vielmehr daß man seine Gegenwart am Klappen vernehmen soll, da es besser wäre er ließe seinen Wert an der Vollkommenheit der Ausführung erraten. Ich weiß die Franzosen habens an der Art, den Italiänern hab ich's nicht zugetraut. Und das Publikum scheint es gewohnt.

Ich habe auch darüber spekuliert und einige Gedanken, die ich wenn ich sie mehr bestätigt finde dir mitteilen werde.

Morgen will ich anfangen einiges zu besehn. Ich bin nun mit dem Ganzen bekannt das einzelne wird mich nicht mehr konfus machen, und ich werde ein sichres Bild von Venedig mit fortnehmen. Heut hat mich zum erstenmal ein feiler Schatz bei hellem Tage in einem Gäßgen beim Rialto angeredet.

Heute Abend war herrlicher Mondschein. Ein Gewitter kam übers Meer von Süd ost, also von den dalmatischen Gebürgen, wetterleuchtete, zog am Mond vorbei zerteilte sich und ging nach dem Tyroler Gebirg, das ist also immer der selbige Wind der alle Mittägiger entstehende Wolken nach dem deutschen Gebirg wirft und euch in Norden vielleicht Übel bringt. Doch hab ich gute Hoffnung für euch die Gebirge sind meist klar.

Einige Striche hab ich auf grau Papier gemacht von dieses Abends Erscheinung auf dem Wasser.

Lebe wohl. Abends fühl ich mich denn doch müde. Du

nimmst auch wohl mit dem guten Willen vorlieb, wenn ich auch nicht viel klugs vorbringe.

d. 2. Oktbr. Abends

Eh ich zur Oper gehe ein Wort.

p. 569. St Giorgio ein schönes Andenken von Palladio ob er gleich da nicht sowohl seinem Geiste als dem Geiste des Orts nachgesehn.

p. 566. Carita. Ich fand in des Palladio Werken daß er hier ein Gebäude angegeben, an welchem er die Privat Wohnungen der Alten, versteht sich des höhern Standes nachzuahmen sich vorgesetzt. Ich eilte mit dem größten Verlangen hin aber ach! es ist kaum den 10 Teil ausgeführt. Doch auch dieser Teil seines himmlischen Genius wert. Eine Vollkommenheit in der Anlage und eine Akkuratesse in der Ausführung die ich noch gar nicht kannte. auch im Mechanischen da der meiste Teil von Backsteinen (wie ich zwar mehr gesehen habe) aufgeführt ist, eine kostbare Präzision. Ich habe heut nach seinen Werken gezeichnet und will mir ihn recht herzlich eigen machen.

p. 530. Bibliothek vielmehr Antiken saal, der voraus geht, kostbare Sachen. Ein Gewand einer Minerva, einer Cleopatra; ich sage Gewand, weil meine Gedanken die Restauration der Köpfe und Arme gleich wieder wegschlägt. Ein Ganimed der von Phidias sein soll und eine berühmte Leda. auch nur Stücke, erstes gut, das zweite mäßig restauriert, aber von hohem sinnlichen Sinn.

Die Carita kann ich nicht vergessen. auch hat er eine Treppe angebracht die er selbst lobt und die würklich gar sehr schön ist.

d. 3. Oktbr.

Gestern Abend Oper a St. Moisé. Nichts recht erfreuliches. Es fehlte dem Poem, der Musik, den Akteurs eine innere Energie, die allein die Sachen auf den höchsten Punkt treiben kann. Es war alles nicht schlecht, aber auch nur die zwei Weiber ließen sichs angelegen sein, nicht sowohl gut zu agieren, als sich zu *produzieren* und zu *gefallen*. Das ist denn immer etwas. Es sind schöne Figuren gute Stimmen, artig munter und gätlich. Unter den Männern ist auch dagegen gar nichts, von innerer Gewalt und Lust dem Publiko was aufzuheften. Auch keine dezidiert brillante Stimme.

Das Ballet von elender Erfindung, ward auch ausgepfiffen. Einige herrliche Springer – und Springerinnen, welche letztere sichs recht zur Pflicht rechnen, das Publikum mit jedem schönen Teile ihres Körpers bekannt zu machen.

Heut hab ich dagegen eine andre Komödie gesehen, die mich mehr gefreut hat. Im herzoglichen Palast, pläidieren zu hören.

Es war eine wichtige Sache und wurde, auch zu meinen Gunsten, in den Ferien verhandelt.

Der eine Advokate der sprach, war alles was ein Buffo caricato nur sein sollte. Figur: dick kurz doch beweglich. Ein ungeheuer vorspringendes Profil. Eine Stimme wie Erz und eine Heftigkeit, als wenn es ihm im tiefsten Grund des Herzens Ernst wäre was er sagte. Ich nenn es eine Komödie, weil alles wahrscheinlich schon fertig ist, wenn diese öffentliche Produktion geschieht und die Richter auch schon wissen was sie sprechen wollen. Indes hat diese Art unendlich viel gutes gegen unsre Stuben und Kanzleihockereien. Von den Umständen und wie artig ohne Prunk, wie natürlich alles geschieht mündlich.

Abends.

Viel gesehn. Wenig Worte zum Andenken.

*p. 565*   I Scalzi, Marmor genug und nicht auf die schlimmste Weise zusammengesetzt; aber nichts von dem hohen Geiste der sich allein in dem unnachahmlichen Maß, Ordnung, Harmonie spüren läßt.

566   La Salute das mittelste Gefäß worauf der Dom ruht als Höhe und Breite nicht zu verachten. Aber das Ganze bis ins einzelne Muster über Muster eines schlechten Geschmacks, eine Kirche die Wert ist daß Wunder drinne geschehn.

567.   Hochzeit zu Kana. Ein Bild das man aus Kupfern

kennt und da schon reizend ist. Herrliche Frauensköpfe und der abgeschmackte Gegenstand eines langen Tisches mit Gästen gar edel behandelt. Die Deckenstücke von Titian sind zu Deckenstücken sehr toll gewählte Gegenstände; doch schön und herrlich ausgeführt.
Isaac, den der Vater beim Schopfe hat, sieht mit niederhängenden Haaren, gar artig gewendet herunter. David, nachdem Goliath liegt, faltet die Hände gar leicht und frei gen Himmel pp.

p. 577. Il Redentore.   Ein schönes großes Werk von Palladio.

Die fassade viel lobenswürdiger als die von St Giorgio. Es sind diese Werke in Kupfer gestochen, wir wollen darüber reden. Nur ein allgemeines Wort. Palladio war so von der Existenz der Alten durchdrungen und fühlte die Kleinheit und Enge seiner Zeit, in die er gekommen war, wie ein großer Mensch, der sich nicht hingeben, sondern das Übrige soviel als möglich nach seinen edlen Begriffen umbilden will. So war er unzufrieden, wie ich aus gelinder Wendung seines Buchs schließe, daß man bei den Kristlichen Kirchen auf der Form der alten Basiliken fortbaute, er suchte die seinigen der Form der alten Tempel zu nähern. Daher entstanden gewisse Unschicklichkeiten die mir bei St. Redentor sehr glücklich überwunden, bei St Giorgio aber zu auffallend scheinen. Volckmann sagt etwas davon er trifft aber den Nagel nicht auf den Kopf.
Inwendig ist St Redentor auch ganz köstlich. es ist alles, auch die Zeichnung der Altäre von Palladio. Nur die Nischen die mit Statuen ausgefüllt werden sollten prangen mit ausholzausgeschnittnen Gemalten Figuren.

Dem Hl. Franziskus zu Ehren hatten die PP. Capuc. einen Seiten Altar mächtig ausgeputzt. Man sah nichts vom Stein als die Corinth. Kapitäle. Alles übrige schien mit einer Geschmackvollen, prächtigen Stickerei, nach art der Arabesken, überzogen und war das artigste was ich in der Art gesehen

hatte. Besonders wunderte ich mich über die breite
goldgestickte Ranken und Laubwerk. Ich ging näher und fand einen recht hübschen Betrug. Alles
was ich für Gold gehalten hatte war breitgedrucktes
Stroh, in schönen Desseins auf Papier geklebt und
der Grund mit lebhaften Farben angestrichen, und
das so mannigfaltig und Artig, daß dieser Spaß, der
an Material keinen Taler wert war, und den wahrscheinl. einige unter ihnen selbst umsonst ausgeführt haben, mehrere Tausend Taler müßte gekostet haben wenn er hätte echt sein sollen. Man kann
es gelegentlich nachmachen. Einen Fehler im weißen und anstreichen dieser Kirchen bemerke ich
hier, nur um zu gedenken.

573 Gesuati. eine wahre Jesuiten kirche. Muntre Gemälde von Tiepolo. An den Deckenstücken sieht
man an einigen liebenswürdigen Heiligen, mehr als
die Waden, wenn mich mein Perspektiv nicht trügt.
Das v. Volckm. angeführte Bild, ist ein alberner
Gegenstand; aber recht schön ausgeführt.
=

Vom Herzogl. Palast den ich heute früh sah sollt ich noch
mehr sagen. Vielleicht morgen. Es ist alles im Flug geschossen wie du siehst. Aber es bleibt in einem feinen Aug und
Herzen.

d. 4. Oktbr. Mittag
Es hat heute geregnet und ich habe die Zeit gleich angewendet an der Iph. zu schreiben. Nun der Geliebten einige
Worte.

Gestern war ich in der Komödie Theatro S. Luca, die mir
viel Freude gemacht hat. Ein extemporiertes Stück in Masken, mit Viel Naturell, Energie, und Bravheit ausgeführt.
Sie sind nicht gleich. Der Pantalon ist recht brav, und die
eine Frau die der Gi. Lanthieri sehr ähnlich sieht, keine
große Aktrice aber spricht exzellent und weiß sich zu
betragen. Ein tolles Sujet, das mit unglaublicher Abwechslung gern 3 Stunden unterhielt. Doch ist immer wieder das
*Volk* die Base worauf das alles steht. Das Ganze machts,
nicht das einzelne. Auf dem Platz und am Ufer und auf den
Gondeln und im Palast. Der Käufer und Verkäufer, der

Bettler der Schiffer die Nachbarin, der Advokate und sein Gegner alles lebt und treibt und läßt sichs angelegen sein und spricht und beteuert und schreit und bietet aus und singt und schilt und flucht und lärmt. Und abends gehn sie ins Theater und sehn und hören das Leben ihres Tags, nur künstlich zusammengestellt, artiger aufgestutzt mit Märgen durchflochten pp und freuen sich kindisch und schreien wieder und klatschen und lärmen. es ist alles von Nacht zu Nacht, ja von Mitternacht zu Mitternacht immer dasselbe.

Ich habe nicht leicht natürlicher agieren sehn, als diese Masken, aber ein ausgezeichnetes glückliches Naturell.

Da ich das schreibe ist ein Lärm auf dem Kanal unter meinem Fenster, der bis nach Mitternacht anhält. Sie haben im Guten und Bösen immer etwas zusammen.

In dem Hause Farsetti ist eine kostbare Sammlung von Abgüssen der besten Antiken. Ich schweige von denen die ich von Mannheim her und sonst kannte, und erwähne nur neuer Bekanntschaften Der Cleopatra die kolossalisch ruht den Aspis auf den Arm gebunden hat, und in den Tod hinüber schläft. Der Mutter Niobe die ihre jüngste Tochter mit dem Mantel vor den Pfeilen des Apolls deckt, Einiger Gladiatoren, eines in seinen Flügeln ruhenden Amors, eines sitzenden und stehenden Marius, es sind Werke an denen sich Jahrtausende die Welt freuen kann und erschöpft den Wert des Künstlers nicht. Auch sehr schöne Büsten. Ich fühle nur auch jetzt wie weit ich in diesen Kenntnissen zurück bin, doch es wird rücken, wenigstens weiß ich den Weg. Palladius hat mir ihn auch dazu und zu aller Kunst und Leben geöffnet. Es klingt das vielleicht ein wenig wunderlich, aber doch nicht so paradox, als wenn Jakob Böhme bei Erblickung einer zinnernen Schüssel über das Universum erleuchtet wurde.

Komm ich zurück und du bist mir hold; so sollst du auch um meine Geheimnisse wissen.

Auch steht in dieser Sammlung ein Abguß eines Stücks der Friese und des Carnises vom Tempel des Antonins und der Faustina wovon ich, dir eine flüchtige Idee zu geben, aus den Werken des Palladius, die Formen leicht durchzeichnen will. Obgleich in keiner Zeichnung die vorspringende Gegenwart der Architektur erreicht wird. Dies ist ohne dies nur ein armes Bildchen. (Ich hab es weggelassen es war gar nichts)

Morgen Donnerstag spielt die Truppe, zu St Luca nach der Anzeige eine Art historisches Stück. Sonnabend ist solenne Messe bei der Hl. Justina welcher der Doge beiwohnt, den ich dann auch in Pontifikalibus mit dem Adel sehen werde. Sonntag ist der Weihe Tag der Markuskirche wo er auch wieder erscheint. Bis dahin wollen wir sehn was uns an der Iphig. und den Venetianischen Merkwürdigkeiten zu sehen noch übrig bleibt.

*p. 523.* Paradies von Tintoret. Auch eine Verherrlichung der Mutter Gottes. Aber reicht nicht an Geist an jenes in der Casa Bevi l'aqua zu Verona. Eine Bemerkung glaube ich zu machen daß Tintorettens kleinere Figuren besser gerieten als große. daß er da ganz der Grazie und Leichtigkeit seiner Natur sich überlassen konnte und daß ein größer Maß ihn genierte.

auch in diesem Paradies sind die Figuren größer und das Bild ist immer von ihm, aber jener Glanz des Geistes wird hier vergebens gesucht. Auch hat er jenes gewiß jung gemalt, wie ich aus allem und der reizenden Eva schließe, dieses im Alter. Eva ist ganz versteckt.

Die übrigen Gemälde im Palast hab ich alle gesehn und mir sie erklären lassen, und habe wenigstens ein Bild in der Seele vom ganzen und von den merkwürdigsten Gegenständen.

=

Ich habe jetzt einen Lohnbedienten. Einen trefflichen Alten. Einen Teutschen – der mir täglich was er mich kostet erspart. Er ist mit Herrschaften durch ganz Italien gegangen und weiß alles recht gut. Er dressiert die Italiäner, auf die rechte Weise. So gibt er Z. E. genau das wenigste Trinkgeld an jedem Orte, ich muß überall für einen Kaufmann passieren

Er zankte sich mit einem Gondolier um 10 Soldi, mit einem ungeheuren Lärm, und der Gondol. hatte noch dazu Recht. Er nimmt aber keine Notiz, heut im Arsenal hat ers eben so gemacht. Er sieht ohngefähr aus wie Wende, hat auch die Manieren. Es ist mir lieb, daß ich die ersten Tage allein war und lieb daß ich ihn nun habe.

Es war mir die Lust angekommen mir einen Tabarro mit den Apartinentien anzuschaffen, denn man lauft schon in der Maske. Hernach dauerte mich aber das Geld und bin ich ihnen nicht schon Maske genug? ich will mir dafür einen Vitruv kaufen und mir eine Freude bereiten die auch außer Venedig und dem Carneval dauert.

Abends.

Ich bin recht gut gewöhnt, wenn es Nacht schlägt geh ich nach Hause. Der lärmige Platz wird mir einsam und ich suche dich. Nun einiges.

Ich habe nun öffentlich reden hören:
1) 3 Kerls auf dem Platz nach ihrer Art Geschichten erzählend.
2) 2 Prediger
3) 2 Sachwalter
4) Die Komödianten, besonders den Pantalon.

alle haben etwas gemeines, sowohl weil sie von Einer Nation sind, die beständig im Leben und sprechen begriffen ist, als auch weil sie sich unter einander nachahmen. Sie haben gewisse Lieblings Gesten, die ich mir merken will, und überhaupt üb' ich mich sie nachzumachen und will euch in dieser Art Geschichten erzählen, wenn ich zurückkomme ob sie gleich mit der Sprache vieles von ihrer Originalität verlieren, auch liegt die Figur des einen Advokaten bei, die viel unter der Karikatur des Originals ist.

Heute am Fest des Heil. Franziskus war ich in seiner Kirche Francesco alle vigne. Des Kapuziners laute Stimme, ward von denen Verkäufern vor der Kirche mit ihrem Geschrei, gleichsam als einer Antiphone, akkompagniert, ich stand zwischen beiden und es nahm sich gut aus. Diese Kirche ist auch von Palladio auf eine alte gepfropft, und die sonderbaren Widersprüche, deren ich gestern gedachte, zeigen sich auch hier. Ich bin voll Verlangen das alles in der Folge näher zu studieren.

Heut Abend will ich in das Theater St Chrysostomo wo sie Komödien, aus dem Französchen übersetzt, spielen, ich will auch sehn, was das tut.

*p. 520* in einem Zimmer neben der Sala del Consiglio di Dieci welches auch diesem fürchterlichen Tribunal gehört hängt ein köstlicher Albrecht Dürer gegen einem Raphael über; als ich den ersten betrachtete, kam aus dem Nebenzimmer einer der Avogadoren heraus, eine ungeheure Figur, in seiner Kleidung wohl anzusehn und meine Begleiter neigten sich fast zur Erden. Er rief jemanden und war sonst ganz leutselig, ging wie er gekommen war. Man ließ mich auch einen Blick in das Zimmer tun, wo die 3 Staats Inquisitoren zusammen kommen, daß ich doch also auch weiß wie es darin aussieht. Mich freut nur wie man meine Vögel in Ordnung hält.

*p. 547*                          d. 5. Nach Tische
Heute früh war ich im Arsenal und mir interessant genug, da ich noch kein Seewesen kenne und also auch hier gleichsam die untre Schule besucht habe. Denn freilich sieht es hier sehr nach einer alten Familie aus, die sich noch rührt aber wo die Blüte und die beste Zeit der Früchte vorüber ist.

Da ich auch den Handwerkern nachgehe, hab ich manches merkwürdige gesehn. Ein Schiff von 84 Kanonen dessen Gerippe fertig steht hab ich bestiegen.

Ein gleiches ist vor sechs Monaten, ganz fertig, ausgerüstet, an der Riva de Sciavoni, bis aufs Wasser verbrannt. Die Pulverkammer war nicht sehr gefüllt und da sie sprang tat es keinen großen Schaden. Die benachbarten Häuser büßten ihre Scheiben ein.

Schönes Eichen Holz aus Istrien hab ich verarbeiten sehn. Ich kann nicht genug sagen, was mir meine sauer erworbnen Kenntnisse der natürlichen Dinge die doch der Mensch als Materialien braucht und zu seinem Nutzen verwendet überall helfen und mir die Sachen aufklären. So ist mir die Mineralogische und Oryktologische Kenntnis der Steine, ein großer Vorsprung in der Baukunst.

Auf dieser Reise hoff ich will ich mein Gemüt über die schönen Künste beruhigen, ihr heilig Bild mir recht in die Seele prägen und zum stillen Genuß bewahren. Dann aber mich zu den Handwerkern wenden, und wenn ich zurückkomme, Chymie und Mechanik studieren. Denn die Zeit des Schönen ist vorüber nur die Not und das strenge Bedürfnis erfordern unsre Tage.

Ich habe schon Vorgedanken und Vorgefühle über das Wiederaufleben der Künste in Italien, in der mittlern Zeit, und wie auch diese Asträa wieder bald die Erde verließ und wie das alles zusammenhängt. Wie mir die Römische Geschichte entgegen steigt! Schade schade meine Geliebte! alles ein wenig spät. O daß ich nicht einen klugen Engländer zum Vater gehabt habe, daß ich das alles allein, ganz allein habe erwerben und erobern müssen, und noch muß.

Es regnet und ich sitze am Kamin. wann werd ich dir an dem Meinigen wieder Tee vorsetzen.

Da ich dir Kaffee von Alexandrien versprach, dachtest du wohl nicht daß ich ihn selbst in Venedig holen würde. Ich habe schon an verschiednen Orten gefragt und durch Kundige fragen lassen, noch aber trau ich nicht, ich muß ganz gewiß sein. Der welchen ich gesehen, sollten 7 ℔ einen Dukaten gelten, das wäre nicht viel. Freilich macht der Transport bis in das mittelländische Thüringen noch etwas aus, genug aber du sollst dessen haben.

Gestern bin ich nicht nach meinem Vorsatz in die Komödie gekommen. Heut hoff ich eine Tragödie zu sehn und bin recht neugierig darauf.

Mit der Baukunst geht es täglich besser. Wenn man ins Wasser kommt lernt man schwimmen. Ich habe mir nun auch die Ordnungen der Säulen rational gemacht und kann das *Warum* meist schon angeben. Nun behalt ich auch die Maße und Verhältnisse die mir als bloß Gedächtniswerk immer unbegreiflich und unbehaltbar blieben.

Ein Wort vom *Bucentaur.* Es ist eine Pracht Galeere. Aber ein schöner Gedanke und gut ausgeführt. Ich komme immer auf mein altes zurück wenn der Künstler einen echten Gegenstand hat; so kann er etwas echtes machen. Hier war die Aufgabe eine Galeere zu machen die wert wäre die Häupter einer Republik, an dem feirlichsten Tage zum Sakramente ihrer alt hergebrachten Herrschaft zu tragen. Und es ist brav ausgeführt. Ganz Zierat! Also darf man nicht sagen mit Zierrat überladen. Ganz Schnitzwerk und verguldet, sonst zu keinem Gebrauch, eine wahre *Monstranz* um dem Volk seine Häupter recht herrlich zu zeigen. Und wir wissen daß das Volk, wie es gern seine Hüte schmückt, auch seine Obern gerne herrlich und geputzt sieht. Es ist ein rechtes Familienstück, woran man sehn kann was die Venetianer waren und sich zu sein dünkten.

Ich schreibe dir so alles hin daß ich nicht viel zu erzählen haben werde. Wohl kann ich sagen daß ich keinen Gedanken, der mir nur wert dünkt gehabt habe, ohne ihn wenigstens mit einigen Worten anzuzeigen. Da es noch nicht Kom⟨ödien⟩ Zeit ist ein Wort von Palladio das an die gestrigen paßt. Ich habe an seinen ausgeführten Werken, besonders den Kirchen, manches tadelnswürdige gesehn, neben dem Größten, so daß es mir war als wenn er dabei stünde und mir sagte: das und das hab ich wider willen gemacht, aber doch gemacht, weil ich nur auf diese Weise unter diesen gegebnen Umstanden meiner höchsten Idee am nächsten kommen konnte.

Es scheint mir er habe bei Betrachtung eines Platzes, einer Höhe und Breite, einer schon stehenden Kirche, eines älteren Hauses, wozu er Fassaden errichten sollte, nur überlegt: wie bringst du hier das Ganze in die größte Form, im einzelnen mußt du eins und das andere verpfuschen, da oder dort wird eine Inkongruität entstehen, aber das mag sein das Ganze wird einen hohen Styl haben und du wirst dir zur Freude arbeiten. und so hat er das große Bild was er in der Seele hatte auch dahin gebracht wo es nicht ganz paßte, wo er es zerstücken und verstümmeln mußte. Drum ist mir der Flügel in der Carita so wert, weil er da ganz seinem Geiste gefolgt ist. Wäre es fertig; so würde vielleicht kein vollkommner Stück Baukunst jetzt auf der Welt existieren.

Dieses (nämlich wie er gedacht und wie er gearbeitet) wird mir immer klärer, jemehr ich seine Werke lese, oder vielmehr sehe wie er die Alten behandelt. Denn er macht wenig Worte sie sind aber alle gewichtig. Es ist das vierte Buch von Antiken Tempeln, das eine rechte Einleitung ist Rom mit Sinn zu sehen.

Recht merkwürdig ist wie andre Baumeister vor und nach ihm, an diesen Schwürigkeiten gekaut haben und wie diese sich mit einer goldnen Mittelmäßigkeit aus der Sache gezogen haben. Ich will das alles noch besser fassen wenn ich nur erst die untern Klassen durchlaufen habe.

Nachts.
Ich komme noch lachend aus der Tragödie auf meine Stube und erzähle dir s vor Schlafengehn. Das Stück war nicht schlimm. Der Verfasser hatte alle tragische Matadors zusammen gesteckt und die Schauspieler hatten gut spielen. Die meisten Situationen waren bekannt, einige aber neuer und ganz glücklich. Zuletzt blieb nichts übrig als daß die beiden Väter sich erstachen, welches auch glücklich vonstatten ging. Worauf unter großem Händeklatschen der Vorhang fiel. Aber das Klatschen vermehrte sich nur, es ward fuora gerufen und endlich bequemten sich die zwei Hauptpaare, hinter dem Vorhang hervorzukriechen, ihre Bücklinge zu machen und auf der andern Seite wieder abzugehn. Das Publikum war noch nicht befriedigt, sondern klatschte fort und rief: i morti! – das dauerte so lang bis die zwei Alten auch herauskamen und sich bückten, da denn einige Stimmen riefen: bravi i morti! Es wurde ihnen viel geklatscht und sie gingen ab. Es verliert diese Posse viel wenn man nicht das bravo! bravi! das die Italiäner immer im Munde haben, so in den Ohren hat wie ich, und dann auf einmal auch so gar die Toten mit diesem Ehrenwort anrufen hört. Ich habe recht innerlich gelacht. Gute Nacht! Felicissima notte! sagt der Ital.

d. 6. früh.
Die Tragödie gestern hat mich manches gelehrt. Erstlich hab ich gehört wie die Italiäner ihre Eilfsylbige Jamben behandeln und deklamieren. Dann hab ich gesehen wie klug Gozzi die Masken mit den Tragischen Figuren verbunden hat. Das ist das eigentliche Schauspiel für dies Volk. Denn es will auf eine krude Weise gerührt sein. Es nimmt keinen innigen zärtlichen Anteil am Unglücklichen, wie mich dünkt, es freut sie nur wenn der Held gut spricht, denn aufs reden halten sie viel, dann wollen sie wieder lachen, oder was albernes vornehmen.

Lustig wars, als der Tyrann seinem Sohn das Schwert gab und forderte daß dieser seine eigne Gemahlin umbringen solle, die gegenwärtig war, das Volk fing laut an sein Mißvergnügen über diese Handlung zu zeigen und es fehlte nicht viel, so wäre das Stück unterbrochen worden, und sie hätten verlangt der Alte solle seinen Degen zurücknehmen. Da denn die ganze Entwicklung wäre zu Grunde gegangen. Es war auch würklich besonders unter den Umständen eine alberne, unnatürliche Situation und das Volk fühlte es gleich.

Ich verstehe auch jetzt besser die langen Reden und das Dissertieren pro und contra in den Grichischen Trauerspielen. Die Athenienser hörten noch lieber reden, und verstanden sich noch besser darauf als die Italiäner, und von den Gerichtsstellen wo sie den ganzen Tag lagen lernten sie was.

Nachmittags.
Ich fuhr heute früh mit meinem alten Schutzgeiste, al lido, einer Erdzunge die die Lagunen schließt und vom Meer absondert. Wir stiegen aus und gingen quer über die Zunge, ich hörte ein starkes Geräusch es war das Meer, und ich sah es bald. Es ging hoch gegen das Ufer indem es sich zurück zog, denn es war um Mittag, Zeit der Ebbe. So hab ich auch das mit Augen gesehn und bin auf der schönen Tenne die es weichend zurückläßt ihm nachgegangen. Da hätte ich mir die Kinder gewünscht um der Muscheln willen. Ich habe selbst kindisch ihrer genug aufgelesen, besonders da ich sie zu einem Gebrauch widme.

Es wird der Dintenfisch hier viel gegessen, ich habe mir von der schwarzen Feuchtigkeit geben lassen und will ihrer noch mehr nehmen. Diese laß ich in den Muscheln eintrocknen und schicke sie dir, Du brauchst davon und hebst mir auf, ich bringe dessen zusammen soviel ich will. Die Farbe ist ganz schwarz mit Wasser vermischt ein wenig grißelich, wird aber mit Bister gut tun. Man muß nun versuchen und ich will mich erkundigen ob sonst noch etwas dabei zu bedenken und zu tun ist.

Auf dem Lido nicht weit vom Meer liegen Engländer und weiter hin Juden begraben, die in geweihtem Boden nicht ruhen sollen. Ich fand das Grab des edlen Consul *Smith*, und seiner ersten Frauen, ich bin ihm mein Exemplar des Palladio schuldig und dankte ihm auf seinem ungeweihten Grabe dafür.

Das Meer ist ein großer Anblick. Ich will doch sehn eine Fahrt in einem Fischer Kahn hinauszutun.

Abends.
Ich bin recht glücklich und vergnügt seit mir Minerva in Gestalt des alten Lohnbedienten zur Seite steht und geht. Solche Präzision in allem, solche Schärfe der Ersparnis hab ich nicht gesehn. Immer den nächsten Weg, immer den geringsten Preis, immer das Beste dessen was gesucht wird. Wäre es meiner Bestimmung gemäß nur ein Vierteljahr hier zu bleiben, daß ich Venetianische Geschichte lesen, in Bekanntschaften nur wenig steigen könnte. Mit meiner Art die Sachen zu sehn; Mit diesem redlichen Spion wollt ich ein braves Bild von Venedig in die Seele fassen.

Am Meere hab ich heut verschiedne Pflanzen gefunden, deren ähnlicher Charakter mir ihre Eigenschaften näher hat kennen lassen. Sie sind alle zugleich mastig und streng, saftig und zäh und es ist offenbar daß das alte Salz des Sandbodens, mehr aber die Salzige Luft ihnen diese Eigenschaft gibt. Sie strotzen von Säften wie Wasserpflanzen, sie sind fest, zäh, wie Bergpflanzen. Wenn ihre BlätterEnden zu Stacheln inklinieren wie bei Disteln sind sie gewaltig spitz und stark. Ich fand einen solchen Busch Blätter, es schien mir unser unschuldiger Huflattich, hier aber mit scharfen Waffen bewaffnet und das Blatt wie Leder, ich habe etwas eingelegt. (Erygnium maritimum)

So auch die Samenkapseln, die Stiele alles mastig und fest. Die Binsen spitz und steif daß sie wohl stechen. Einige Schwammarten, Insekten gehäuse fand ich ausgeworfen. Wie wohl wird mir's daß das nun Welt und Natur wird und aufhört Cabinet zu sein.

Mit Freuden seh ich nun jeder Kenntnis entgegen, die mir von da und dort zunickt und ich werde gern zu den Büchern wiederkehren.

Der Fischmarkt und die vielen Seeprodukte machen mir Vergnügen ich gehe oft drüber und beleuchte die unglücklich aufgehaschten Meers bewohner.

Heut früh sah ich auch des Doge Zimmer, wo sein Portrait hängt, ein schöner, wohl und gutmütig gebildeter Mann.

Auch ein Bild von Titian. köstlichen Pinsels, aber sonst nichts rühmenswertes.

Die Pferde auf der Markuskirche in der Nähe. Treffliche

Gestalten! Ich hatte von unten auf leicht bemerkt, daß sie fleckig waren, teils einen schönen gelben Metall glanz hatten, teils kupfer grünlich angelaufen. In der Nähe sieht und erfährt man daß sie ganz verguldet waren und sieht sie über und über mit Striemen bedeckt, da die Barbaren das Gold nicht abfeilen sondern abhauen wollen. Auch das ist gut, so ist wenigstens die Gestalt geblieben. Ein herrlicher Zug Pferde. Ich möchte einen rechten Pferdekenner darüber reden hören.

Was mir sonderbar scheint ist daß sie oben schwerer und unten vom Platze, leicht wie die Hirsche aussehen, doch läßt sichs auch erklären.

Die Kuppeln und Gewölbe nebst ihren Seitenflächen der Markuskirche sind bunte Figuren auf goldnem Grunde alles Mosaische Arbeit. Einige sind recht gut, andre geringe, je nach dem die Meister waren, die den Carton machten und die Künstler die ihn ausführten. Es fiel mir recht auf daß doch alles auf die erste Erfindung ankommt, daß die das rechte Maß und den wahren Geist habe, da man mit viereckten Stückgen Glas, und hier nicht einmal auf die sauberste Weise, das gute sowohl als das schlechte nachbilden kann. Die Kunst ist wie du weißt jetzt sehr hoch hinaufgetrieben.

d. 7 früh.

Heute hab ich keinen Vers an der Iphigenie hervorbringen können, darum will ich dir gleich schreiben damit ich doch meine erste Tageszeit gut anwende.

Gestern Nacht sah ich Elecktra von Crebillon auf dem Theater St. Crisostomo. versteht sich übersetzt. Was mir das Stück abgeschmackt vorkam und wie es mir fürchterliche Langeweile machte, kann ich nicht sagen. Die Akteurs sind übrigens brav und das Publikum mit einzelnen Stellen abzuspeisen. Orest hat allein drei verschiedne Erzählungen (poetisch aufgestutzt) in Einer Szene, und zuletzt wird er zum rasend werden rasend. Die Elecktra ist wie die Bechtolsheim, nur größer, stärker, hat einen guten Anstand, spricht die Verse schön nur immer von Anfang bis gegen das Ende toll, wie es leider die Rolle verlangte. Indessen hab ich doch wieder gelernt. Der Italiänische immer eilfsilbige Jamb hat große Unbequemlichkeiten, in der Deklamation, weil die letzte Sylbe immer kurz ist und also Widerwillen des Deklamators immer in die Höhe schlägt. Auch hab ich mir überlegt, daß ich mit dieser Truppe und vor diesem Volke, wohl meine Iphigenie spielen wollte, nur würd ich eins und das andre verändern, wie ich überhaupt hätte tun müssen, wenn ich sie auch unsern Theatern, und unserm Publiko hätte näher bringen wollen.

Aber ach. Es scheint daß der letzte Funken von Anhänglichkeit ans Theater ausgelöscht werden soll. Du glaubst nicht, wie mir das alles so gar leer, so gar nichts wird. Auch fang ich nun an zu begreifen wie Euripides von der reinen Kunst seiner Vorfahren herunter stieg und den unglaublichen Beifall erhielt. Man muß nur sehen, wenn man Augen hat und alles entwickelt sich.

Abends
Wenn ich dir nicht zu erzählen hätte, ich wäre nicht nach Hause gegangen. Der Vollmond, an einem ganz reinen Himmel, über den Lagunen, den Inseln, der sonderbaren Stadt, macht ein Herrliches Schauspiel, der Platz sieht wie eine seltsame Operndekoration aus und alles ist voll Menschen.

Nun in der Ordnung.

Heut früh war ich bei dem hohen Amte das der Doge, an diesem Tage, wegen eines alten Türcken Sieges, abwarten muß. Es ward in der Kirche der heil. Justina gehalten.

Wenn die vergoldeten Barken ankommen, die ihn und einen Teil des Adels bringen, die seltsam bekleideten Schiffer sich mit ihren roten Rudern bemühen, am Ufer die Geistlichkeit, die Brüderschaften mit denen hohen auf Stangen und tragbaren langen silbernen Leuchtern gesteckten Wachskerzen stehen und drängen und warten, und die langen Violetten Kleider der Savii, dann die langen roten der Senatoren auftreten und endlich der Alte im langen goldnen Talar mit dem hermelin Mantel aussteigt, drei sich seiner Schleppe bemächtigen, und dann wieder soviel Nobili folgen, alles vor dem Portal einer Kirche, vor deren Türe die Türckenfahnen gehalten werden; so glaubt man aufeinmal eine alte Gestickte Tapete zu sehn, aber eine recht gut gezeichnete Tapete.

Mir nordischen Flüchtling hat diese Cärimonie viel Freude gemacht. Bei uns, wo alle Feierlichkeiten kurzrökkig sind, und wo die größten, die man sich denken kann, mit dem Gewehr auf der Schulter begangen werden, mögte so etwas nicht am Orte sein: aber hier her gehören diese Schleppröcke und diese friedliche Begehungen. Der Doge ist ein gar schön gewachsner und schön gebildeter Mann. Man sieht ihm aber an daß er krank ist und sich nur noch so um der Würde willen unter dem schweren Rocke grad hält, sonst sieht er eben aus wie der Großpapa vom ganzen Geschlechte, und ist gar hold und leutselig.

Die Kleidung steht sehr gut. Das Läppchen unter der Mütze beleidigt nicht, indem es ganz fein durchsichtig ist und auf den weißesten, klärsten Haaren von der Welt ruht.

Etwa funfzig Nobili in langen dunkelroten Kleidern waren mit ihm, meist schöne, keine einzige vertrackte Gestalt. Mehrere groß, mit großen Köpfen, vorgebauten Gesichtern, weiß, weich, ohne schwammig, oder fatal satt auszusehn. Vielmehr klug ohne Anstrengung, ruhig selbst gewiß. Leichtigkeit des Daseins und durchaus eine gewisse Fröhlichkeit.

Wie sich alles in der Kirche rangiert hatte und die Messe anfing, zogen die Brüderschaften zur Hauptüre herein und zur rechten Seitentüre hinaus, nachdem sie Mann für Mann, oder vielmehr Paar und Paar das Weihwasser empfangen und sich gegen den Hochaltar, den Doge und den Adel geneigt hatten.

Ich sah den Palast Pisani. Schade daß man ihm das republikanische so sehr anspürt und doch ist auch das gut. Nach und nach gebaut, wegen nachbarlicher Hindernisse nicht ausgeführt, sehr hoch pp. eine schöne Aussicht über ganz Venedig ist auf dem Dache. Schöne Zimmer auch angenehm bewohnbar, obgleich nicht viel raffinierte Degagements, davon man ohnehin vor alten Zeiten wenig wußte und was hier ist, ist alles alt. (Versteht sich von der Anlage)

Hier bemerk ich eine schöne Art Estrich, den ich öfter gesehn habe. sie machen alle Arten Granit und Porphyr recht schön, auch wohl mit etwas phantastischen Farben nach, und die Boden sind reinlich und glänzend gehalten.

Scuola di St. Marco. Schöne Gemälde von Tintorett. den ich lange lieb habe und immer mehr lieb gewinne.

Ballon. Wie in Verona. Es waren zwei die exzellent schlugen. Das Publikum wettete und hatte große Freude. Und der gemeinste hatte ein Wort mit zu reden.

Heut Abend hatte ich mir den famosen Gesang der Schiffer bestellt, die den Tasso und den Ariost auf ihre Melodie singen. Bei Mondenschein bestieg ich eine Gondel, einen Sänger vorn den andern hinten die ihr Lied anfingen und abwechselnd Vers nach Vers sangen. Die Melodie, die wir durch Rousseau kennen, ist eine Art zwischen Choral und Rezitativ. sie behält immer denselbigen Gang, ohne einen Takt zu haben, die Modulation ist auch immer dieselbige nur wenden sie, je nach dem Inhalt des Verses, mit einer Art Deklamation so wohl Ton als Maß.

Der Geist und das Leben davon ist aber eigentlich dieses. Wie sich die Melodie gemacht hat will ich nicht untersuchen, genug sie paßt trefflich für einen müßigen Menschen, der sich was vor moduliert und Gedichte die er auswendig kann diesem Gesange unterschiebt. Mit einer durchdringenden Stimme (das Volk schätzt Stärke vor allem) sitzt er am Ufer einer Insel eines Canals, auf der Barke, und läßt sein Lied schallen soweit er kann. Über den stillen Spiegel verbreitet sichs weit. In der Ferne vernimmts ein andrer, der die Melodie kennt, die Worte versteht und antwortet mit dem folgenden Verse, der erste diesem wieder und so ist einer immer das Echo des andern und der Gesang währt Nächte durch unterhält sie ohne sie zu ermüden. Je ferner also sie von einander sind desto reizender ist das Lied, wenn der Hörer zwischen ihnen beiden ist, steht er am rechten Flecke. Um mich dieses hören ⟨zu⟩ lassen stiegen sie am Ufer der Giudecka aus, sie teilten sich am Canal hin, ich ging zwischen ihnen auf und ab, so daß ich immer den verließ der zu singen anfangen sollte und ⟨mich⟩ dem wieder näherte der aufhörte. Da ward mir der Sinn des Gesangs erst aufgeschlossen. Und alsdann, als Stimme aus der Ferne klingt es sonderbar, wie eine Klage ohne Trauer – und hat etwas unglaublich, bis zu Tränen rührendes. Ich schrieb es meiner Stimmung zu, aber mein Alter sagte auf dem Hauswege: é singolare come quel canto intenerisce, é molto piu

quando é piu ben cantato. Er erzählte mir daß man die
Weiber vom lido, besonders die äußersten von Malamocco
und Palestrina müsse singen hören, sie sängen den Tasso
auch auf diese und ähnliche Melodien. Sie haben die Gewohnheit,
wenn ihre Männer aufs Fischen im Meer sind,
sich ans Ufer zu setzen und mit durchdringender Stimme
Abends diese Gesänge zu singen, bis sie auch von Ferne die
Stimme der Ihrigen wieder hören und sich so mit ihnen
unterhalten. Findst du das nicht schön? sehr schön! Es läßt
sich leicht denken daß ein naher *Zuhörer* wenig Freude an
diesen Stimmen haben mögte, die mit den Wellen des Meers
kämpfen. Aber wie menschlich und wahr wird der Begriff
dieses Gesangs. Wie lebendig wird mir nun diese Melodie,
über deren Toten Buchstaben wir uns sooft den Kopf
zerbrochen haben. Gesang eines Einsamen in die Ferne und
Weite, daß ihn ein andrer gleichgestimmter höre, und ihm
antworte.

Warum kann ich dir nicht auch einen Ton hinüber schikken,
den du in der Stunde vernähmest und mir antwortetest.

Gute Nacht meine Liebe ich bin müde vom vielen Laufen
und Brückensteigen. Gute Nacht.

d. 8. Oktbr. Nach Tische.

Der gute alte Doge ist heute nicht zur Funktion nach St
Marco gekommen, er ist krank und wir haben statt dieser
Feierlichkeit andre Gegenstände besucht, wir fahren fort
die Stadt zu durchlaufen, das Wesen und Gewerb zu beschauen,
und die Schätze einen nach dem andern aufzusuchen.

Palazzo Pisani Moretta. Ein Paolo Veronese, der einem
einen Begriff von dem ganzen Werte des Meisters geben
⟨kann⟩. Es ist frisch, als wenn es gestern gemalt wäre und
seine große Kunst, ohne einen allgemeinen Ton, der durchs
ganze Stück durchginge, bloß mit den abwechselnden Lokalfarben,
eine köstliche Harmonie hervorzubringen, ist
hier recht sichtbar. Sobald ein Bild gelitten hat, erkennt man
nichts mehr davon.

Was das Costum betrifft darf man sich nur denken: er
habe ein Süjet des sechzehnten Jahrhunderts malen wollen
und so ist alles gut. Das jüngere Prinzeßgen ist gar ein artig

Mäusgen, und hat so ein ruhig eigensinnig Gesichtgen. Das Übrige mündl.

Scuola di St. Rocco. pag. 554

Diese sogenannten Scuole, sind Gebäude, die verschiednen Brüderschaften gehören, wo sie ihre Zusammenkünfte halten, und ihre Gerätschaften und Schätze bewahren. Die Brüderschaft von St. Roch ist besonders nach einer Pest reich geworden, weil fromme Seelen diesem Patron und der Santissima Vergine die Befreiung von der Pest dankten, die, nachdem sie vom März bis in den November gewütet hatte, nun gegen den Winter von selbst aufhörte.

Heute fiel mir recht auf, wie doch eigentlich der Mensch das Unsinnige, wenn es ihm nur sinnlich vorgestellt werden kann, mit Freuden ergreift, deswegen man sich freuen sollte Poet zu sein. Was die Mutter Gottes für eine schöne Erfindung ist, fühlt man nicht eher als mitten im Katholizismus. Eine *Vergine* mit dem *Sohn* auf dem Arm, die eben darum *santissima Vergine* ist, weil sie einen Sohn zur Welt gebracht hat. Es ist ein Gegenstand, vor dem einem die Sinne so schön stillstehn, der eine gewisse innerliche Grazie der Dichtung hat, über den man sich so freut und bei dem man so ganz und gar nichts denken kann; daß er recht zu einem religiosen Gegenstande gemacht ist.

Leider aber sind diese Gegenstände die Geißel der Maler gewesen und Schuld daß die Kunst gesunken ist, nachdem sie sich kaum erhoben hatte. Eine Danae ist immer eine andre Aufgabe für den Künstler, als eine Empfängnis Mariä und doch im Grund derselbe Gegenstand. Nur daß der Künstler aus der ersten viel, aus der zweiten nichts machen kann.

Das Gebäude der Sc. di St Rocco ist prächtig und schön, ohne ein Meisterstück der Baukunst zu sein. Damals war noch eine Zeit für Maler. Tintorett hat die großen Gemälde des Hauptsaals verfertigt. Auch eine große Kreuzigung in einem Nebenzimmer.

Meine neuliche Bemerkung bestätigt sich mir, doch muß ich mich genau erklären.

Hier sind auch große Figuren, trefflich gemalt und die Stücke gut gedacht; aber die Gemälde würden alle mehr Reiz haben wenn sie kleiner wären. Die Gestalten sind ihm, wenn ich so sagen darf, in einem kleineren Formate erschienen und er hat sie nur nach dem Maßstabe vergrößert, ohne ihre innerliche Natur vergrößern zu können.

Seine Gestalten seine Kompositionen haben nicht die Sodezza welche zu großen Figuren erfordert wird. Sie beschäftigen das Auge angenehm und geben einen fröhlichen Begriff in einem kleinen Maßstab, aber sie haben nicht innerlichen Gehalt genug um einen so großen Raum einzunehmen um uns mit ihrer Gegenwart zu imponieren.

So ist zum Exempel nicht genug daß eine Figur kolossal sei, wenn sie 9 oder 10 Fuß hat, ihre Natur muß kolossal sein, sie muß mir nicht durch ihr Maß, sie muß mir durch ihre Existenz imponieren, daß ich nicht an sie reiche, wenn ich mich auch selbst vergrößre.

In dem Saale halt ich das Abendmal, neben dem Altar für das beste Stück, wenigstens war es mir das gefälligste. Er hat den Tisch zurückgesetzt und vorwärts einen großen Bettler und ein Weib auf Stufen sitzend angebracht. alle Hinter Gründe und die Figuren darauf haben eine unbeschreibliche Vaghezza.

Als dann war ich in dem Judenquartier und an andern Ecken und Enden.

Abends.

Heute habe ich dir nicht viel zu erzählen, ich war wieder ai Mendicanti, wo die Frauenzimmer die Musiken aufführen, sie haben wieder ganz herrlich gesungen, besonders die eine die ich dir neulich rühmte. Wenn man nur so einen Eindruck im Ohre behalten könnte.

Hernach bin ich mit einem alten Franzosen der kein Italiänisch kann und hier wie verraten und verkauft ist, und mit allen Rekommandations Briefen doch manchmal nicht recht weiß woran er ist. Es ist ein Mann von Stande und sehr guter Lebensart, dem ich sehr höflich begegne und mit ihm über alle Dinge rede, ich sprach ihm von Venedig pp er fragte mich wie lang ich hier sei, ich sagte ihm; noch nicht 14 Tage, Er versetzte: il paroit que Vous n'aves pas perdu votre tems. Das ist das erste Testimonium meines Wohlverhaltens, das ich aufweisen kann. Morgen werd ich eine große Fahrt unternehmen.

Wenn ich dich nur einen Arie und des Mondscheins am Ufer und auf dem Platze durch gute Geister teilhaftig machen könnte. Gute Nacht.

d. 9. Oktbr.
Ein köstlicher Tag von Morgends bis in die Nacht. Ich fuhr bis Palästrina, gegen Chiozza über wo die großen Baue sind, die die Republik gegen das Meer führen läßt. sie sind von gehauenen Steinen und sollen eigentlich die lange Erdzunge sichern, welche die Lagunen von dem Meere trennt, ein höchst nötiges und wichtiges Unternehmen. Eine große Karte die ich mitschicke wird dir die Sache begreiflich machen.

Die Lagunen sind eine Würkung der Natur, daß in dem Busen des Adriatischen Meers sich eine ansehnliche Landstrecke befindet welche von der Flut besucht und von der Ebbe zum Teil verlassen wird. Wie Venedig, die Inseln, die Kanäle die durch die Sümpfe durchgehn und auch zur Zeit der Ebbe befahren werden jetzt stehn und liegen, ist ein Werk der Kunst und des Fleißes; und Kunst und Fleiß müssen es erhalten.

Das Meer kann nur an zwei Orten in die Lagunen, bei den Kastellen gegen dem Arsenal über und am andern Ende des lido bei Chiozza. Die Flut tritt gewöhnlich des Tags zweimal herein und die Ebbe bringt das Wasser zweimal hinaus, immer durch denselben Weg, in derselben Richtung, füllt die Kanäle und bedeckt die Morastige Landstellen und so fließts wieder ab, läßt das erhabnere Land, wo nicht trokken, doch sichtbar und bleibt in den Kanälen stehn. – Ganz anders wäre es wenn es sich nach und nach andre Wege suchte, die Erdzunge angriffe und nach Willkür hinein und heraus strömte. Nicht gerechnet daß die Ortgen auf dem lido: Palestrina, St Peter pp leiden würden; so würden die Kanäle stellenweis ausgefüllt werden, das Wasser würde sich neue Kanäle suchen, den lido zu Inseln und die Inseln die jetzt in der Mitte liegen vielleicht zu Erdzungen machen. Dieses nun zu verhüten, müssen sie den Lido bewahren was sie können. Nicht daß das Meer wüchse, sondern daß das Meer nur willkürlich das angreifen und hinüber und hinüber werfen würde, was die Menschen schon in Besitz genommen, dem sie schon zu einem gewissen Zweck, Gestalt und Richtung gegeben haben.

Bei außerordentlichen Fällen, wie deren gewesen sind, daß das Meer übermäßig wuchs, ist es auch immer gut, daß es zu zwei Orten herein kann und das übrige verschlossen ist, es kann also doch nicht so schnell nicht mit solcher Gewalt eindringen und muß sich dann doch auch wieder in einigen Stunden dem Gesetz der Ebbe unterwerfen und auch so wieder seine Wut lindern. Übrigens hat Venedig nichts zu besorgen, die Langsamkeit mit der das Meer abnimmt, läßt ihr Jahrtausende Raum, und sie werden schon den Kanälen klug nachhelfend sich im Besitz des Wassers zu halten wissen. Wenn sie ihre Stadt nur reinlicher hielten, das so notwendig und so leicht ist, und würklich auf die Folge von Jahrhunderten von großer Konseqenz. So ist Z. E. bei schwerer Strafe verboten nichts in die Kanäle zu schütten noch Kehrig hineinzuwerfen. Einem schnell einfallenden Regen aber ists nicht untersagt, alle den in die Ecken geschobenen Kehrigt aufzusuchen und in die Kanäle zu schleppen. Ja, was noch schlimmer ist, den Kehrigt in die Abzüge zu führen, die allein zum Abfluß des Wassers bestimmt sind und sie zu verschlemmen. Selbst einige Carreaus auf dem kleinen Markus Platze, die, wie auf dem großen zum Abfluß des Wassers gar klug angelegt sind, hab ich so verstopft und voll Wasser gesehen. Wenn ein Tag Regenwetter einfällt ist ein unleidlicher Kot. Alles flucht und schimpft. Man besudelt, beim Auf und Absteigen der Brücken, die Mäntel, die Tabarros, alles läuft in Schuh und Strümpfen und bespritzt sich, und es ist kein gemeiner sondern wohl beizender Kot. Das Wetter wird wieder schön und kein Mensch denkt an Reinlichkeit. Der Souverain dürfte nur wollen; so geschäh es, ich möchte wissen ob sie eine politische Ursache haben, das so zu lassen, oder ob es die kostbare Negligenz ist, die dieses hingehn läßt.

Heute Abend ging ich auf den Markusturn. Da ich neulich die Lagunen in ihrer Herrlichkeit, zu Zeit der Flut, von oben gesehn hatte, wollt ich sie auch zur Zeit der Ebbe in ihrer Demut sehn. und es ist notwendig diese beide Bilder zu verbinden, wenn man einen richtigen Begriff haben will. Es sieht sonderbar aus, da überall Land erscheinen zu sehen, wo vorher Wasserspiegel war. Die Inseln sind nicht mehr Inseln, sondern nur höhere bebaute Plätze eines großen graugrünlichen Morastes den schöne Kanäle durchschneiden. Der Sumpfige Teil ist mit einem Wassergras bewachsen und muß sich auch dadurch nach und nach heben, obgleich Ebbe und Flut beständig dran rupfen und wühlen und der Vegetation keine Ruhe lassen.

Ich kehre noch einmal ans Meer zurück! Dort hab ich heut die Wirtschaft der Seeschnecken, Patellen (Muscheln mit *Einer* Schale) der Taschenkrebse gesehen und mich herzlich darüber gefreut. Was ist doch ein *lebendiges*, für ein köstlich herrliches Ding. Wie abgemessen zu seinem Zustande, wie wahr! wie *seiend!* Und wieviel hilft mir mein bißchen Studium und wie freu ich mich es fortzusetzen!

Gute Nacht meine Liebe! Ich habe nun einen Vitruv den muß ich studieren, damit ich erleuchtet werde. Gute Nacht.

d. 10. Oktbr.

Heut hab ich angefangen mein Tagebuch durchzugehn und es zur Abreise zuzurichten. Die Akten sollen nun inrotuliert und dir zum Urteilsspruche zugeschickt werden. Schon jetzt find ich manches in den geschriebnen Blättern das ich näher bestimmen, das ich erweitern und verbessern könnte. Es mag stehen als Denkmal des ersten Eindrucks, der, wenn auch nicht immer wahr, uns doch köstlich und wert ist.

Ich fange auch an mich zum Schlusse zu bereiten. Iphigenie wird nicht fertig; aber sie soll in meiner Gesellschaft unter diesem Himmel nichts verlieren. O könnt ich dir nur einen Hauch dieser leichten Existenz hinübersenden.

Ach wohl, ist den Italiänern das Vltramontano ein dunkler Begriff! mir ist er's auch. Nur du und wenig Freunde winkt mir aus dem Nebel zu. Doch sag ich aufrichtig das Klima ganz allein ists, sonst ists nichts was mich diese Gegenden jenen vorziehen machte.

Denn sonst ist doch die Geburt und Gewohnheit ein mächtiges Ding, ich möchte hier nicht leben, wie überhaupt an keinem Orte wo ich nicht beschäftigt wäre.

Die Baukunst steigt vor mir wie ein alter Geist aus dem Grabe, sie heißt mich ihre Lehren wie die Regeln einer *ausgestorbnen Spache* studieren, nicht um sie zu üben oder mich in ihr lebendig zu freuen, sondern nur um die ehrwürdige und ewig abgeschiedne Existenz der vergangnen Zeitalter in einem stillen Gemüt zu verehren.

Gott sei Dank wie mir alles wieder lieb wird was mir von Jugendauf wert war. Wie glücklich bin ich daß ich mich der römischen Geschichte, den alten Schriftstellern wieder nahen darf! und mit welcher Andacht les ich den Vitruv!

Jetzt darf ich's sagen, darf meine Krankheit und Torheit gestehen. Schon einige Jahre hab ich keinen lateinischen Schriftsteller ansehen, nichts was nur ein Bild von Italien erneuerte berühren dürfen ohne die entsetzlichsten Schmerzen zu leiden.

Herder scherzte immer mit mir, daß ich alle mein Latein aus dem Spinoza lernte, denn er bemerkte daß es das einzige lateinische Buch war das ich las. Er wußte aber nicht daß ich mich für jedem Alten hüten mußte. Noch zuletzt hat mich die Wielandische Übersetzung der Satyren höchst unglücklich gemacht ich habe nur zweie lesen dürfen und war schon wie toll.

Hätt ich nicht den Entschluß gefaßt den ich jetzt ausführe; so wär ich rein zu Grunde gegangen und zu allem unfähig geworden, solch einen Grad von Reife hatte die Begierde diese Gegenstände mit Augen zu sehen in meinem Gemüt erlangt. Denn ich konnte mit der historischen Erkenntnis nicht näher, die Gegenstände standen gleichsam nur eine Handbreit von mir ab und waren aber durch eine undurchdringliche Mauer von mir abgesondert.

Denn es ist mir wirklich auch jetzt so, nicht als ob ich die Sachen sähe, sondern als ob ich sie wiedersähe. Ich bin die kurze Zeit in Venedig und die Venetianische Existenz ist mir so eigen als wenn ich zwanzig Jahre hier wäre. Auch weiß ich daß ich, wenn auch einen unvollständigen, doch gewiß einen ganz klaren und wahren Begriff mit fort nehme.

Mitternacht.
Nun kann ich denn endlich auch einmal sagen daß ich eine Komödie gesehn habe. Sie spielten heut auf dem Theater St. Luca

Le baruffe chiozzotte

welches sich allenfalls übersetzen ließe, les crialleries de Chiozza oder die Händel in Chiozza.

Die Handelnde sind lauter Seeleute, Einwohner von Chiozza und ihre Weiber und Schwestern und Töchter. Das gewöhnliche Geschrei, im Guten und Bösen dieser Leute, ihre Händel, Heftigkeit, Manieren, Gutmütigkeit, Plattheit, Witz, Humor pp sind gar brav nachgeahmt. Das Stück ist noch von Goldoni. Da ich erst gestern in der Gegend war, und mir der Eindruck der Stimmen und Manieren der Leute noch in Aug und Ohr wieder schien und wieder klang, so machte mirs große Freude und ob ich gleich manches bon mot nicht verstand; so konnt ich doch dem Ganzen recht gut folgen und mußte herzlich mitlachen. Aber auch so eine Lust hab ich nicht gesehn als das Volk hatte, sich und die seinigen so spielen zu sehn. Ein Gelächter und Gejauchze von Anfang bis zum Ende. Ich muß aber auch sagen daß die Akteur es exzellent machten. Sie hatten sich gleichsam nach der Anlage der Charaktere in die verschiednen Stimmen geteilt die dem Volk gewöhnlich sind. Es betrog einen von Anfang bis zu Ende.

Die erste Aktrice war allerliebst, viel besser als neulich in der Helden Tracht und Passion. Die Frauen überhaupt besonders aber sie, machten Stimme Gebärden und Wesen des Volks aufs anmutigste nach.

Vorzüglich ist aber der Verfasser zu loben, der aus nichts den angenehmsten Zeitvertreib seinem Volk verschafft hat, man sieht die unendlich geübte Hand durchaus.

d. 11. Abends.
Ich war wieder in der Carita (siehe p. 13$^b$ dieses Stücks) zu den großen Gedanken des Palladio wallfahrtend. Jahre könnte man in der Betrachtung so eines Werks zubringen. Morgen früh will ich wieder hin. Denn mich dünkt ich habe nichts höhers gesehn. Und ich glaube daß ich mich nicht irre. Denke aber auch, der treffliche Künstler mit dem

innerlichen Sinn füs Große geboren, den er mit dem größten Fleiß ausgebildet hatte (denn von seiner Mühe die er sich um die Werke der Alten gegeben hat man gar keinen Begriff) findet Gelegenheit einen Lieblingsgedanken auszuführen, eine Wohnung der Alten nachzubilden, Gelegenheit da wo der Gedanke ganz paßt. Er ist in nichts geniert und läßt sich von nichts genieren. Von der Erfindung und Zeichnung sag ich nichts; nur ein Wort von der Ausführung. Nur die Häupter und Füße der Säulen und einige andre Teile pp die ich wohl gemerkt habe sind von gehauen Steinen. Das übrige alles (ich darf nicht sagen von Backsteinen) von gebranntem Ton, denn solche Ziegeln kenn ich gar nicht du kannst dir die Schärfe denken da die Friese mit ihren Zierraten auch daraus gebrannt ist und die verschiedne Teile des Karnieses auch. Er hat also voraus zu allem Formen machen lassen, die soviel größer müssen gewesen sein als der Ton schwindet, die Teile sind alle gebrannt fertig gewesen und man hat das Gebäude nur so mit wenigem Kalk zusammengesetzt. Die Zierraten der Bogen, alles ist so gebrannt. Diese Art war mir nicht ganz neu, aber wie es hier ausgeführt ist, geht über meine Gedanken. In Dessau haben sie auch diesen Weg eingeschlagen, und vermutlich hat ihn Palladio von den Alten. Aber ebendeswegen ist das Ganze wie Ein Guß, wenn es nun abgetüncht wäre daß alles eine Farbe hätte, es müßte bezaubernd sein. Du liebes Schicksal das du so manche Dummheit begünstigt und verewigt hast, warum ließest du das Werk nicht fertig werden.

Von einer Treppe (einer Wendeltreppe ohne Säule in der Mitte) die er selbst in seinen Werken lobt – la quale riesce mirabilmente – hab ich glaub ich noch nichts gesagt. Du kannst denken, wenn Palladio sagt che riesce mirabilmente, daß es etwas sein muß. Ja es ist nichts als eine Wendeltreppe die man aber nicht müd wird auf und abzusteigen. Auch hab ich heute die Sakristei gesehn, die gleich an der Treppe liegt und nach seinem Risse ausgeführt ist, morgen kehr ich noch einmal hin. Wenn ich mirs nur recht in Sinn und Gemüt eindrucken könnte.

Das lustigste ist wie ich meinen Alten Lohnbedienten das alles demonstriere, weil das Herz voll ist geht der Mund über, und er das wunderbare immer auf einer andern Seite sucht.

Leb wohl. Mein Alter Franzose der nun 8 Tage hier ist geht morgen fort, es war mir köstlich einen recht eingefleischten Versailler in der Fremde zu sehn. Er reist auch, an dem hab ich mit Erstaunen gesehen wie man reisen kann, und es ist auf seinem Flecke ein recht ordentlicher Mann. Lebe wohl beste.

d. 12. Oktbr.

Ich bin heute zu Hause geblieben um meinen Sachen Ordnung zu geben, zu rechnen, Zeitungen zu lesen, zu schreiben und mich um Abschied und zur weitern Reise vorzubereiten. Im Vorhofe hab ich mich gut umgesehn, wir wollen weiter das beste hoffen.

In meinem Tagebuche findest du die ersten augenblicklichen Eindrücke, wie schön wird es sein, wenn ich dir die Verbindung und Erweiterung der Begriffe dereinst mündlich mitteilen und dich in guten Stunden unterhalten kann.

Gestern gaben sie zu St. Luca ein neues Stück l'Inglisismo in Italia. Da viele Engländer in Italien leben, ists natürl. daß ihre Sitten Einfluß haben, ich dachte da etwas zu erwischen, was mich in der Folge leitete, aber es war nichts. Karikatur wie immer, einige glückliche Narrenszenen, aber übrigens viel zu schwer und ernstlich gemeint, und war nur gegen das gemeinste gerichtet. Auch gefiel es nicht und war auf dem Punkte ausgepfiffen zu werden.

Und dann auch die Schauspieler waren nicht in ihrem Elemente, nicht auf dem Platze von Chiozza.

NB von der Truppe Sachi, welche übrigens zerstreut ist hab ich die *Smeraldina* gesehn. Der *Brighella* ist auch noch hier, aber auf St. Grisostomo, ein Theater das mir ein wenig entlegen ist.

Über Masken und wie sich dergleichen dezidierte Figuren von selbst bilden in der Folge mehr.

Lebe wohl für heute. Mir ist der Kopf wüste, von meinem heutigen einsamen tätig, untätigen Tage.

d. 13. Oktbr.
Nun meine liebste muß ich schließen. Morgen geh ich ab, und dieses Paket auch. Des Sehens bin ich müde und überdenke mir in der Stille das Vergangne und was bevorsteht.

So viel ich geschrieben habe; so bleibt doch viel mehr im Sinne zurück, doch ist das meiste angedeutet.

Über die Nation selbst und das pro und contra aller Nationen unter einander, über den Grundcharakter und die Hauptexistenz von dieser; über das Leben der Vornehmern, ihre Wohnungen, Art zu sein pp darüber mündlich wie über manches andre.

Mir sei jetzt genug dir mit Freuden alles zu schicken was ich auf dem Wege aufgerafft habe, damit du es selbst beurteilest und mir zum Nutzen und Vergnügen aufbewahrest. Die erste Epoche meiner Reise ist vorbei, der Himmel segne die übrigen und vor allem die letzte die mich wieder zu dir führen wird.

Die Beilagen und Zeichnungen hab ich in den Kasten getan der den Kaffee bringen wird. Es ist der ausgesuchteste von Alexandrien den man hier haben kann. Du erhälst 25 ℔ davon gib 5 der regier. Herzogin mit den schönsten Empfehlungen und 5 an Herders das übrige behalte für dich. Schmeckt er; so kann ich mehr verschaffen.

Lebe wohl. Ich schließe ungern. Wenn alles recht geht; so erhälst du dieses vor Ende Oktobers und das Tagebuch der zweiten Epoche sollst du Ende Novembers haben. So werd ich dir wieder nah und bleibe bei dir. Lebe wohl. Grüße die deinigen. Ich bin fern und nah der Eurige.

G.

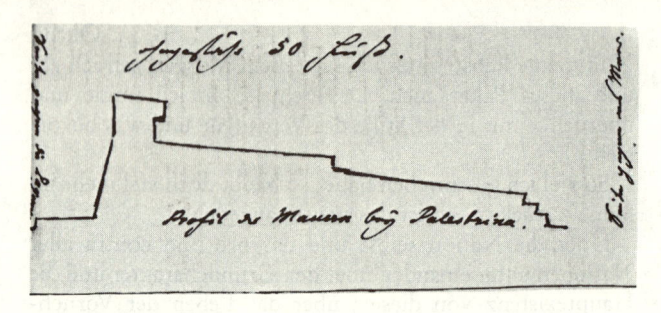

ad. pag. 43

Fortgesetztes Verzeichnis der Steine.
36. Steine aus den Paduanischen Gebirgen womit sie in Padua und Venedig pflastern. Ob Lava? ob Porphyr?
37. Kalkstein der mit der Säge geschnitten und verschieden zu Gebäuden gebraucht wird aus den Vordergebirgen der großen Kette. Vitruv gedenkt seiner.
38. Kalksteine die eine Zeitlang im Meer gelegen und von Meerwürmern angefressen sind.
39. Meeres Schlamm zusammen gebacken. Wohl die neuste aller Steinarten.
40. Basaltgeschiebe aus dem Adriatischen Meer.
41. Kalk von der Mauer bei Palestrina mit Traß gemischt.

REISE TAGEBUCH

———

von Venedig
über Ferrara
Cento
Bologna
Florenz
Perugia pp
nach Rom.

———

Fünftes Stück.
1786.


Venedig d. 14. due ore dopo Notte.
In der letzten Stunde meines hierseins, denn ich gehe diese Nacht mit dem Courierschiff nach Ferrara. Ich verlasse Venedig gern. Um mit Vergnügen und Nutzen hier zu bleiben, müßt ich andre Schritte nun tun, die außer meinem Plane liegen. Auch ist jetzt die Zeit da alles die Stadt verläßt. Ich trage das sonderbare, einzige Bild mit mir fort und so vieles andre. Ob ich gut aufgepaßt habe, sollst du sagen, wenn ich zurück komme und wir über diese Gegenstände sprechen. Mein Tagebuch bis heute hab ich dem Fuhrmann mit gegeben, es kommt also später als ich glaubte, doch wünsch ich zur guten Stunde.

Das Klima mögt ich dir zusenden oder dich darein versetzen können. Sonst wäre hier für uns beide keine Existenz. Lebe wohl. Seit Verona hab ich mich nicht von dir entfernt, nun gehts weiter und weiter.

Sonderbar! Ich sehe aus den Zeitungen daß über dem Gebürg das Wetter entsetzlich muß gerast haben. Die Iser hat großen Schaden getan. Es kann keine zwei Tage, nachdem ich sie passiert, geschehen sein.

Hier hab ich einige Regengüsse, einen sehr starken Nachts, mit Donner und Blitzen, erlebt. Diese Wetter kommen aus Dalmatien herüber. Es ist aber alles gleich vorbei. Der Himmel hellt sich aus und die Wolken werfen sich an das Friauler, Tyroler und Paduaner Gebürg. Im Florentinischen haben sie auch ein entsetzlich Donnerwetter mit Platzregen gehabt. Es scheint dasselbe gewesen zu sein was ich in Verona abwartete.

Ferrara. d. 16. Nachts.
In der großen, schönen, entvölkerten Stadt, wo Ariost begraben liegt und Taßo unglücklich ward, bin ich seit heute früh deutschen Zeigers um 7 Uhr und werde morgen wieder weggehn.

Der Weg hierher ist sehr angenehm und wir hatten herrlich Wetter. Auf dem Curierschiff waren leidliche Menschen, und die Aus und Ansichten zwar einfach aber anmutig. Der Po ist ein freundlicher Fluß; er geht hier durch große Plainen und man sieht nur seine Ufer. Ich sah hier und am Adige alberne Wasserbaue, die ganz kindisch und schädlich sind.

Die beiden Nächte bracht ich, in meinen Mantel gewikkelt, auf dem Verdeck zu; nur gegen Morgen ward es kühl; ich bin nun in den 45 Grad würklich eingetreten und ich wiederhole ich will ihnen alles lassen, wenn ich nur wie Dido so viel Klima mitnehmen könnte als ich mit einer Kuhhaut umspannen könnte um es um unsre Wohnung zu legen. Es ist ein ander Sein.

Ich habe meist gesehen was Volckmann von p. 484-489 anzeigt. Das Bild Herodes und Herodias ist recht brav. Johannes in seinem gewöhnlichen Wüsten Kostume deutet auf die Dame, sie sieht ganz gelassen den neben ihr sitzenden Fürsten, und der Fürst auf seine Hand gestützt still und klug den Propheten an. Vor dem Könige steht ein weißer mittelgroßer Hund und unter dem Rocke der Herodias kommt ein kleiner Bologneser hervor, die Beide den Propheten anbellen. Mich dünkt das ist recht glücklich.

Ariosts Grabmal ist viel Marmor, schlecht ausgeteilt.

Statt Taßos Gefängnis zeigen sie einen Holzstall oder Gewölbe wo er gewiß nicht aufbewahrt worden ist. Es weiß auch kaum im Hause mehr jemand was man will.

Von einem schönen Akademischen Institut das ein aus

Ferrara bürtiger Kardinal beschützt und bereichert, kann ich dir für Müdigkeit nichts mehr sagen.

Auch sind in dem Hofe einige köstliche alte Denkmäler.

Cento d. 17. Abends 6.
hierzu Lande Nacht.

In einer bessern Stimmung als gestern Abend schreib ich dir heute aus Guercins Vaterstadt. Vor allen Dingen

Siehe Volckm. p.

Ein freundliches wohlgebautes Städtgen ohngefähr 5000 Einwohner, nahrhaft, lebendig reinlich in einer unübersehlichen Plaine liegend. Ich war nach meiner Gewohnheit auf dem Turm. Ein Meer von Pappelspitzen, zwischen denen man in der Nähe die kleinen Bauernhöfgen erblickt, jeden mit seinem Feld umgeben. Köstlicher Boden und ein mildes Klima. Es war ein Abend, wie wir dem Himmel danken Sommerabende zu haben.

Der Himmel, der den ganzen Tag bedeckt war, hat sich aufgeheitert die Wolken haben sich nord und südwärts ans Gebirg geworfen und ich hoffe einen schönen morgenden Tag.

Sie haben hier zwei Monate eigentlich Winter, Dez. und Jan. und einen regnichen April. übrigens nach Beschaffenheit der Jahrszeit gut Wetter. Nie anhaltenden Regen. Doch war dieser Sept. auch besser und wärmer als ihr August.

Wie freut' ich mich heute die Apenninen zu sehn. Denn ich bin der Plainen nun herzlich satt. Morgen schreib ich dir an ihrem Fuße.

Hier sind einige Bilder von Guerch. die man Jahre lang ansehn könnte.

Die liebsten sind mir:

Der Auferstandne Christus, der seiner Mutter erscheint. Sie kniet vor ihm und sieht ihn mit unbeschreiblicher Innigkeit an, mit der linken fühlt sie an seinen Leib, gleich unter der unglückselichen Wunde, die das ganze Bild verdirbt. Er hat seine Linke Hand um ihren Hals gelegt und biegt sich um sie in der Nähe anzusehn ein wenig mit dem Körper zurück. Das gibt der Figur ein klein wenig etwas, ich will nicht sagen gezwungnes aber doch fremdes. Demohngeachtet bleibt sie unendlich angenehm. Und der still

traurige Blick mit dem er sie ansieht, als wenn ihm eine
Erinnerung seiner und ihrer Leiden, die durch eine Auferstehung nicht gleich geheilt werden, vor der edlen Seele
schwebte.

Strange hat das Bild gestochen, es ist also Hoffnung daß
du es in der Kopie siehst.

Dann folgt. Eine Madonna. Das Kind verlangt nach der
Brust und sie zaudert schamhaft die Busen zu entblößen
und sie ihm zu reichen. köstlich schön.

Dann Maria die dem vor ihr stehenden und nach dem
Zuschauer gerichteten Kinde, den Arm führt daß es mit
aufgehobnen Fingern den Segen austeile. Im Sinn der katholischen Mythologie ein glücklicher Gedanke.

Guerchin ist ein innerlich braver männlich gesunder Maler ohne Roheit, vielmehr haben seine Sachen eine innerliche Moralische Grazie, eine schöne Freiheit und Großheit.
Dabei eine Eigenheit daß man seine Werke wenn man
einmal das Auge drauf gebildet hat nicht verkennen wird.

So rück ich nach und nach. Die Venetianische Schule hab
ich wohl gesehn morgen komm ich nach Bologna, wo denn
auch meine Augen die Cezilia von Raphael erblicken werden. Was aber die Nähe von Rom mich zieht druck ich nicht
aus. Wenn ich meiner Ungedult folgte, ich sähe nichts auf
dem Wege und eilte nun grad aus. Noch vierzehn Tage und
eine Sehnsucht von 30 Jahren ist gestillt! Und es ist mir
immer noch als wenns nicht möglich wäre.

Von G⟨uerchins⟩ Pinsel sag ich nichts das ist eine Leichtigkeit und Reinigkeit und Vollendung die unglaublich ist.
Besonders schöne ins braune gebrochne Farben hat er zu
den Gewändern gewählt.

Die Gegenstände der übrigen Bilder, die ich nicht nenne
sind mehr oder weniger unglücklich. Der gute Künstler hat
sich gemartert und doch Erfindung und Pinsel, Geist und
Hand verschwendet, und verloren.

Es ist mir lieb und wert daß ich auch das gesehn habe,
obgleich in diesem Vorüberrennen wenig Genuß ist.

Gute Nacht m. L. ich habe auch heute Abend keine
rechte Sammlung.

Du verzeihst daß ich so hinschreibe, es ist doch in der
Folge mehr als ein weiß Blatt. Gute Nacht.

d. 18. Bologna. Abends.
Ich habe eben einen Entschluß gefaßt der mich sehr beruhigt. Ich will nur durch Florenz durchgehn und grade auf Rom. Ich habe keinen Genuß an nichts, bis jenes erste Bedürfnis gestillt ist, gestern in Cento, heute hier, ich eile nur gleichsam ängstlich vorbei, daß mir die Zeit verstreichen möge, und dann mögt ich, wenn es des Himmels Wille ist zu Allerheiligen in Rom sein um das große Fest am rechten Orte zu sehn und also einige Tag voraus, da bleibt mir nichts übrig als ich muß Florenz liegen lassen und es auf einer frohen Rückreise mit geöffneten Augen sehn.

Auch hier in Bologna müßte man sich lange aufhalten. Siehe nunmehr Volckmanns erster Teil, von pag. 375 bis 443.

p. 402. Madonna di Galiera. Sakristei treffliche Sachen.

p. 403. Giesu e Maria, die Beschneidung von Guercin. Dieser unleidliche Gegenstand, ganz trefflich ausgeführt. Ein Bild, was man sich denken kann gemalt. Es ist alles daran respektabel, und ausgeführt ist es als ob es Emaille wäre.

425. Pal. Tanari. Der Kopf der Maria als wenn ihn ein Gott gemalt hätte. Der Ausdruck ist unbeschreiblich mit dem sie auf das säugende Kind herunter sieht. Mir druckts eine stille tiefe Duldung ⟨aus⟩ als wenn sie das Kind, nicht das Kind der Liebe und Freude sondern einen untergeschobnen himmlischen Wechselbalg nur so an sich saugen ließe, weil es nun einmal so ist und sie in tiefer Demut gar nicht begreift wie sie dazu kommt.

An der übrigen herrlichen Figur ist wenig Genuß das ungeheure Gewand, so herrlich es gemalt ist bleibt doch nur Gewand. Auch sind die Farben dunkler geworden, das Zimmer ist nicht das hellste und es war ein trüber Tag.

p. 387. Ich war im Institute. Davon will ich dir nichts sagen. Es ist eine schone edle Anlage, aber wir Deutschen so ultramontan wir sind, sind doch in unsern Sammlungen, Akademien, Lehrarten pp weiter vorgerückt. Doch will ich ihm gerne Gerechtigkeit wiederfahren lassen, daß es viel ist in Einem

Hause das alles aufzuweisen und zum allgemeinen
Nutzen bereit zu finden.
Heute früh hatt ich das Glück von Cento herüberfahrend,
zwischen Schlaf und Wachen den Plan zur Iphigenie auf
Delphos rein zu finden. Es gibt einen *fünften Akt* und eine
*Wiedererkennung* dergleichen nicht viel sollen aufzuweisen
sein. Ich habe selbst drüber geweint wie ein Kind und an der
Behandlung soll man hoff ich das Tramontane erkennen.

d. 19 Abends.
Ich möchte dir nun auch gerne wieder einmal ein ruhig,
vernünftiges Wort schreiben denn diese Tage her wollt es
nicht mit mir. Ich weiß nicht wie es diesen Abend sein wird.
Mir läuft die Welt unter den Füßen fort und eine unsägliche
Leidenschaft treibt mich weiter. Der Anblick des Raphaels
und ein Spaziergang gegen die Berge heut Abend haben
mich ein wenig beruhigt und mich mit leisem Band an diese
Stadt geknüpft. Ich sage dir alles wie mir ist und ich schäme
mich vor dir keiner Schwachheit.

Zuerst denn die Cecilie von Raphael. Er ist was ich voraus
wußte nun aber mit Augen sah. Er hat eben gemacht was
andre zu machen wünschten. Um ihn zu erkennen, ihn
recht zu schätzen, und ihn auch wieder nicht als einen Gott
zu preisen, der wie Melchisedech ohne Vater und Mutter
erschiene, muß man seine Vorgänger, seinen Meister ansehn. Diese haben auf dem festen Boden der Wahrheit
Grund gefaßt, sie haben die breiten Fundamente, emsig, ja
ängstl. gelegt, sie haben mit einander wetteifernd die Pyramide stufenweise in die Höhe gebracht, bis zuletzt er, von
allen diesen Vorteilen unterstützt, von einem himmlischen
Genius erleuchtet die Spitze der Pyramide, den letzten Stein
aufsetzte, über dem kein andrer, neben dem kein andrer
stehn kann. Über das Bild mündlich denn es ist weiter
nichts zu sagen als daß es von ihm ist. Fünf Heilige neben
einander, die uns alle nichts angehn, deren Existenz aber so
vollkommen ist daß man dem Bilde eine Dauer in die
Ewigkeit wünscht, wenn man gleich zufrieden ist selbst
aufgelöst zu werden.

Die älteren Meister seh ich mit besonderm Interesse, auch
seine erste Sachen. Francesko di Francia ist gar ein respekta-

bler Künstler. Peter Perugin daß man sagen möchte eine ehrliche deutsche Haut.

Hätte doch das Glück Albert Dürern über die Alpen geführt. In München hab ich ein Paar Stücke von ihm von unglaublicher Großheit gesehn. Der arme Mann! statt seiner niederländischen Reise wo er den Papageien einhandelte pp. Es ist mir unendlich rührend so ein armer Narr von Künstler, weil es im Grunde auch mein Schicksal ist, nur daß ich mir ein klein wenig besser zu helfen weiß.

Der Fasanen Traum fängt an in Erfüllung zu gehn. Denn wahrlich was ich auflade kann ich wohl mit dem köstlichsten Geflügel vergleichen, und die Entwicklung ahnd ich auch.

Im Palast.      hab ich eine St. Agatha von Raphael gefunden, die wenn gleich nicht ganz wohl erhalten ein kostbares Bild ist. Er hat ihr eine gesunde, sichre Jungfraulichkeit gegeben ohne Reiz, doch ohne Kälte und Roheit. Ich habe mir sie wohl gemerkt und werde diesem Ideal meine Iphigenie vorlesen und meine Heldin nichts sagen lassen was diese Heilige nicht sagen könnte.

Von allem andern muß ich schweigen. Was sagt man als daß man über die unsinnigen Sujets endlich selbst Toll wird. Es ist als da sich die Kinder Gottes mit den Töchtern der Menschen vermählten da wurden Ungeheuer daraus. In dem der himmlische Sinn des Guido, ein Pinsel der nur das vollkommenste was in unsre Sinne fällt hätte malen sollen, dich anzieht, mögtest du die Augen von den abscheulichen, dummen, mit keinen Scheltworten der Welt genug zu erniedrigenden Gegenständen abwenden.

und so gehts durchaus.

Man ist immer auf der Anatomie, dem Rabenstein, dem Schindanger, immer *Leiden* des Helden nie *Handlung*. Nie ein gegenwärtig Interesse, immer etwas phantastisch erwartetes. Entweder Missetäter oder Verzückte, Verbrecher oder Narren. Wo denn nun der Maler um sich zu retten einen nackten Kerl, eine schöne Zuschauerin herbeischleppt. Und seine geistliche Helden als Gliedermänner traktiert und ihnen recht schöne Faltenmäntel überwirft. Da ist nichts was nur einen Menschenbegriff gäbe. Unter 10 Sujets nicht eins das man hätte malen sollen und etwa das eine hat er nicht von der rechten Seite nehmen dürfen. Der großen Guido p. ist alles was man malen, und alles was ⟨man⟩ unsinniges bestellen und von einem Maler fordern kann es ist ein votives Bild, ich glaube der ganze Senat hat es gelobt und auch bestellt. Die beiden Engel die wert wären eine Psyche in ihrem Unglück ⟨zu⟩ trösten müssen hier – Der Heil Prokulus der ein Soldat war ist eine schöne Figur, aber dann die andern Bischöfe und Pfaffen.

Unten sind himmlische Kinder die mit Attributen pp spielen.

Der Maler dem das Messer an der Kehle saß suchte sich zu helfen wie er konnte um nur zu zeigen daß *er* nicht der Barbar sei, sondern die Bezähler. Zwei nackte Figuren von Guido ein Johannes in der Wüsten ein Sebastian wie köstlich gemalt und was sagen sie? der Eine sperrt das Maul auf und der andre krümmt sich.

Wir wollen die Geschichte dazu nehmen und du wirst sehn der Aberglaube ist eigentlich wieder Herr über die Künste geworden und hat sie zu Grunde gerichtet. Aber nicht er allein, auch das Enge Bedürfnis der neuern, der nördlichen Völker. Denn auch Italien ist noch nördlich und die Römer waren auch nur Barbaren, die das Schöne raubten, wie man ein schönes Weib raubt. Sie plünderten die Welt und brauchten doch griechische Schneider um sich die Lappen auf den Leib zu passen. Überhaupt seh ich schon gar viel voraus.

Nur ein Wort! Wer die Geschichte so einer Granit Säule erzählen könnte, die erst in Egypten zu einem Memphitischen Tempel zugehauen, dann nach Alexandrien geschleppt wurde, ferner die Reise nach Rom machte, dort umgestürzt ward und nach Jahrhunderten wieder aufgerichtet und einem andern Gott zu Ehren zu rechte gestellt. O meine Liebe was ist das größte des Menschentuns und treibens. Mir da ich ein Künstler bin, ist das liebste daran daß alles das dem Künstler Gelegenheit gibt zu zeigen was in ihm ist und unbekannte Harmonien aus den Tiefen der Existenz an das Tageslicht zu bringen.

Zwei Menschen denen ich das Beiwort *groß* ohnbedingt gebe, hab ich näher kennen lernen Palladio und Raphael. Es war an ihnen nicht ein Haarbreit *willkürliches*, nur daß sie die Grenzen und Gesetze ihrer Kunst im Höchsten Grade kannten und mit leichtigkeit sich darin bewegten, sie ausübten, macht sie so groß.

Gegen Abend war ich auf dem Turm. Die Aussicht ist herrlich.

Gegen Norden sieht man die Paduanischen Berge dann die Schweitzer, Tyroler Friauler Gebirge, genug die ganze nördliche Kette, letztere diesmal im Nebel. Gegen Abend ein unbegrenzter Horizont aus dem nur die Türme von Modena herausstechen, gegen Morgen eine gleiche Ebne bis ans Adriatische Meer das man Morgens sehen kann, gegen Mittag die Vorhügel der Apenninen bis an ihre Gipfel bepflanzt bewachsen, mit Kirchen, Palästen Gartenhäusern besetzt, so schön wie die Vicentinischen Berge. Es war ein ganz reiner Himmel kein Wölkgen, nur am Horizont eine Art Höherauch. Der Türmer sagte daß nun seit sechs Jahren dieser Nebel nicht aus der Gegend komme. Sonst habe er mit dem Sehrohr die Berge bei Vicenz genau mit ihren Häusgen u. s. w. unterscheiden können, jetzt bei den hellsten Tagen nur selten, und der Nebel legt sich denn all an die nördliche Kette und macht unser liebes Vaterland zum wahren Zimmerien.

Er ließ mich auch die gesunde Lage und Luft der Stadt daran bemerken, daß ihre Dächer wie neu aussehen und kein Ziegel durch Feuchtigkeit und Moos angegriffen ist. Es ist wahr sie sind alle rein, aber die Güte ihrer Ziegeln mag auch etwas dazu beitragen, wenigstens in alten Zeiten haben sie solche kostbar gebrannt.

Der hängende Turm ist ein abscheulicher Anblick, man traut seinen Augen nicht und doch ist höchst wahrscheinlich daß er mit Absicht so gebaut worden. Er ist auch von Ziegeln, welches ein gar treffliches sichres Bauen ist, kommen nun die Eisernen Bande dazu, so kann man freilich tolles Zeug machen.

Heut Abend ging ich nach dem Gebirg spazieren. Was das für schöne Liebliche Wege und Gegenstände sind. Mein Gemüt ward erfreut und ein wenig beruhigt. Ich will mich auch fassen und abwarten, hab ich mich diese 30 Jahre geduldet, werd ich doch noch 14 Tage überstehn.

Hundertfältig steigen die Geister der Geschichte aus dem

Grabe, und zeigen mir ihre wahre Gestalt. Ich freue mich nun auf so manches zu lesen und zu überdenken, das mir in Ermanglung eines sinnlichen Begriffs unerträglich war.

Die Bologneser Sprache ist ein abscheulicher Dialekt den ich hier gar nicht gesucht hätte. Rauh und abgebrochen pp Ich verstehe kein Wort wenn sie mit einander reden, das Venezianische ist mittagslicht dagegen.

Gute Nacht. Im Spazierengehn gedenk ich oft dein, und bei jeder guten Sache. Ich stelle mirs immer als möglich vor, dir das alles noch sehn zu lassen.

Indes und bis ich wiederkomme nimm mit meiner Schreiberei vorlieb. Heut Abend hab ich mich besser als die Vergangnen betragen. Gute Nacht.

d. 20 Abends.

Heute ein heitrer schöner Tag den ich ganz unter freiem Himmel zugebracht habe. Kaum nah ich mich wieder den Bergen; so hab ich dich auch von Mineralogie zu unterhalten.

Ich ritt nach Paterno wo der Bologneser Stein gefunden wird, der ein Gypsspat ist und nach der Kalzination bei Nacht leuchtet.

Auf dem Wege fand ich schon ganze Felsen Fraueneis *No 2* zu Tage ausstehn, nachdem ich ein lettig sandiges Gebirg *No 1.* hinter mir gelassen hatte. Bei einer Ziegel Hütte geht ein Wasserriß hinunter in den sich viele kleinere ergießen und man glaubt erst es sei ein bloßer aufgeschwemmter Leimenhügel der so vom Regen ausgewaschen sei. So viel aber hab ich von seiner Natur entdeckt.

Das Gebirg besteht aus einem an sich festen Gestein No 3 das aus feinschiefrigem Letten zusammengesetzt ist, und mit Gyps abwechselt. Das Lettige Gestein ist so innerlich mit Schwefelkies vermischt daß es wo Luft und Feuchtigkeit es berühren können ganz und gar verändert wird, es schwillt auf, die Schieferlagen verlieren sich ganz, es wird eine Art Letten der muschlich sich zerbröckelt, auf den Flächen glänzend ist wie Steinkohlen No 4. daß wenn man nicht an großen Stücken (deren ich mehrere zerschlagen) die beiden Gestalten des Steins sähe, man es kaum Glauben würde. Zugleich beschlagen die muschlichen Flächen mit weißen Punkten, manchmal sind ganze gelbe Partien drinne, endlich wenn Luft und Regen auf den äußern Teil wirken, wird dieser knotig und bröcklich und das Gebirg sieht wie ein verwitternder Schwefel kies im Großen aus.

Es finden sich unter den Lagen auch Härtere, Grüne, Rote No 5. 6. Schwefelkies hab ich in Nieren, und angeflogen am härteren Gestein gefunden No 7. Ob die Gypslager zwischen den Steinschichten auch phosphoreszieren wäre eines Versuchs wert, ich bringe Stücke mit. 8. NB auch findet sich reiner Gypsspat. 9. Eigentlich aber ist der Stein ein Gypsspat der in Höhlungen zu entstehn scheint. Das Lettengestein in seiner ersten Gestalt enthält keine, daher vermute ich daß der phosphor. Gypsspat erst entsteht wenn das Gestein sich anfängt aufzublähen und hier und da Höhlungen läßt in diese dringt die in dem Gebirg befindliche aufgelöste Selenit Materie und übersättigt sich mit den Schwefel teilen pp. Das alles wollen wir in der Folge besser ausführen.

Ein Hauptkennzeichen ist die Schwere, die gleich auffällt.

Heute muß ich schließen: ich hatte dir soviel zu sagen, was mir diesen frohen Tag durch den Kopf ging aber es scheint der Himmel erhört mich. Es ist ein Fuhrmann da für Rom, und ich werde übermorgen fort gehn. Da muß ich heute wohl nach meinen Sachen sehn und einiges weg arbeiten. Leb wohl. Heut war ein vollkommen schöner und froher Tag an dem mir nichts fehlte als du.

d. 21. Abends
Logano auf dem Apenninischen Gebirg.

Ich bin heute noch aus Bologna getrieben worden, und jetzt hier in einem elenden Wirts hause in Gesellschaft eines wackern päpstlichen Offiziers, der nach Perugia seiner Vaterstadt geht, eines Engländers mit seiner sogenannten Schwester. Gute Nacht.

Den 22. Abends
Giredo.

Alles kleine Nester auf den Apenninen in denen ich mich recht glücklich fühle, wenn meine Gesellschaft besonders der englische Teil überall zu Klagen findet.

Die Apenninen sind mir ein merkwürdig Stück Welt. Wäre die Gebirgs art nicht zu *steil,* wären sie nicht zu *hoch* über der Meeres Fläche, und nicht so sonderbar *verschlungen* daß Ebbe und Flut vor Alten Zeiten *mehr* und *länger* hätten hereinwürken, auch *größere* Flächen überspülen können; so wäre es eins der schönsten Länder. In dem schönen Klima, etwas höher als das andre Land pp.

So aber ists ein seltsam Gewebe von Bergrücken gegen einander, wo man oft gar nicht absieht, wohin das Wasser seinen Ablauf hat. Wenn die Täler besser ausgefüllt, die Flächen mehr glatt und überspült wären, würde es Böhmen zu vergleichen sein nur daß die Bergrücken auf alle Weise einen andern Charakter haben.

Du mußt dir also keine Bergwüste, sondern ein meist bebautes gebirgiges Land vorstellen durch das man reist. Kastanien kommen hier sehr schön. Der Weizen ist trefflich den sie hier bauen, und die Saat steht schon hübsch grün. Eichen mit kleinen Blättern (ich denke Stein Eichen) stehn am Wege, und um die Kirchen, Kapellen pp schöne Zypressen.

Gestern Abend war das Wetter trübe heut ists wieder hell und schön.

Mit den Vetturinen ists eine leidige Fahrt, das beste daß man ihnen bequem zu Fuße folgen kann.

Mein Gesellschafter ist mir von vielem Nutzen, ob ich gleich lieber, um an der Iphigenie zu arbeiten, allein wäre.

Heute früh saß ich ganz still im Wagen und habe den Plan zu dem großen Gedicht der Ankunft des *Herrn,* oder dem ewigen Juden recht ausgedacht. Wenn mir doch der Himmel nun Raum gäbe nach und nach das alles auszuarbeiten was ich im Sinne habe. Es ist unglaublich was mich diese acht Wochen auf Haupt und Grundbegriffe des Lebens so wohl, als der Kunst geführt haben.

Sagt ich dir schon daß ich einen Plan zu einem Trauerspiel Ulysses auf Phäa gemacht habe? Ein sonderbarer Gedanke, der vielleicht glücken könnte.

So muß denn Iphigenie mit nach Rom! Was wird aus dem Kindlein werden?

In Bologna hab ich noch so manches gesehn von dem ich schweige.

Einen Johannes und noch eine heil Familie von Raphael und ein Paar Arbeiten von Guido und den Carrache die trefflich sind.

Ich traf eine Engländerin an, die in eine Art Prophetenrock gehüllt, gar artig einen Guido kopierte. Wie sehr wünscht ich dir die Freude ein gleiches zu tun.

Einige Köpfe von dem Spanier Velasquetz sind hier. Er ist weit gekommen. Einen guten Gedanken hab ich an einer Statue einer Andromeda gesehn. Sie steht mit in die Höhe gebundnen Händen fast auf den Fußspitzen und der Künstler um der Figur einen Halt zu geben läßt einen kleinen Amor neben ihr knien der sie mit der linken Hand um den Fuß faßt und mit der rechten einen Pfeil auf das Ungeheuer (das natürlich nur gegenwärtig supponiert ist) werfen will. Der Gedanke hat mir wohl gefallen, er ist einfach und gratios und im Grund nur ein mechanisches Hülfsmittel die Statue stehen zu machen.

Gute Nacht. Es ist kalt und ich bin müde. Gute Nacht! Wann werd ich dir dies Wort wieder mündlich zurufen!

d. 25. Abends
Perugia.

Zwei Abende hab ich nicht geschrieben es war nicht möglich, unsre Herbergen waren so schlecht, daß an kein auslegen eines Blatts zu denken war. Es bleibt mir viel zurück. Indes wird auf alle Fälle die zweite Epoche meiner Reise von Venedig auf Rom weniger reichhaltig aus mehr als Einer Ursache.

d. 23 früh unsrer Uhr um 10 kamen wir aus den Apeninen hervor und sahen Florenz liegen, in einem weiten Tal das unglaublich bebaut und ins unendliche mit Häusern und Villen besät ist.

Von der Stadt sag ich nichts die ist unzählichmal beschrieben. Den Lustgarten Bovoli der gar köstlich liegt hab ich nur durchlaufen, so den Dom, das Batisterium, an denen beiden Gebäuden der Menschenwitz sich nicht erschöpft hat.

Der Stadt sieht man den Reichtum an der sie erbaut hat und eine Folge von glücklichen Regierungen.

Überhaupt fällt es auf wie in Toscana gleich die öffentlichen Werke als Wege Brücken für ein schönes grandioses Ansehn haben, das ist alles wie ein Puppenschrank.

Was ich neulich von den Apeninen sagte was sie sein könnten das ist Toskana. Weil es soviel tiefer lag, hat das alte Meer recht seine Schuldigkeit getan und tiefen Leim Boden aufgehäuft, er ist hellgelb und sehr leicht zu bearbeiten sie pflügen tief aber noch recht auf die ursprüngliche Art. ihr Pflug hat keine Räder, und die Pflugschar ist nicht beweglich, so schleppt sich der Bauer hinter seinen Ochsen gebückt her, und wühlt die Erde auf. Es wird bis fünfmal gepflügt. Wenig und nur sehr leichten Dünger hab ich gesehn und den streuen sie mit den Händen. Wahre Kinder der Natur wie wir bei Schilderung ihres Charakters noch mehr sehen werden. Zuletzt säen sie den Weitzen und dann häufen sie schmale Sotteln auf und dazwischen tiefe Furchen, alle so gerichtet daß das Regenwasser ablaufen muß. Die Frucht wächst nun in die Höhe auf den Sotteln. In den Furchen gehn sie sodann her wenn sie gäten. Ich begreif es noch nicht ganz warum sie so viel Raum liegen lassen. An einigen Orten wohl wo sie Nässe zu fürchten haben, aber auf den schönsten Gebreiten tun sies. Gründlich bin ich noch nicht unterrichtet.

Bei Arezzo tut sich eine gar herrliche Plaine auf, wo ich eben das gedachte Feld und die Arten es zu bebauen bemerkte.

Reiner kann man kein Feld sehn, keinen Erdschollen, alles klar. Aber man sieht auch nirgend ein untergeackert Stroh der Weitzen gedeiht aber schön. und es ist seiner Natur gemäß. Das zweite Jahr bauen sie Bohnen für die Pferde, die hier keinen Haber kriegen. Es werden auch Lupinen gesät die jetzt schon schöne grün stehn und im März Früchte bringen. So auch ist der Lein schon gesät und gekeimt, er bleibt den Winter über und wird nur durch den Frost dauerhafter unsre Winter sollte er nicht aushalten.

Die Ölbäume sind wunderliche Pflanzen. Sie sehen alt fast wie Weiden aus; sie verlieren auch den Splint und die Rinde geht auseinander. Aber sie hat gleich ein festeres

markigeres Ansehn. Man sieht dem Holze an daß es sehr
langsam wächst, und daß es unsäglich durchgearbeitet ist.
Das Blatt ist auch weidenartig nur weniger Blätter am
Zweige. Um Florenz, an den Bergen, ist alles mit Ölbäumen und Weinstöcken bepflanzt und dazwischen wird das
Erdreich zu Körnern benutzt. Bei Arezzo und so weiter
läßt man die Felder freier.

Ich finde daß man dem Efeu nicht genug wehrt, der die
Ölbäume wie andre Bäume auszehrt. Das doch ein leichtes
wäre.

Wiesen sieht man gar nicht. Man sagt das türckische
Korn, seit es eingeführt worden, zehre das Erdreich sehr
aus. Ich glaube wohl bei dem geringen Dünger.

Das nehm ich alles nur so im Vorbeifahren mit und freue
mich denn doch das schöne Land zu sehn wenn gleich die
Unbequemlichkeiten groß sind.

Ich fahre fort sorgfältig das Land für sich, eben so seine
Einwohner, die Kultur, das Verhältnis der Einwohner unter
einander und zuletzt mich den Fremden und was und wie es
dem wird zu betrachten.

Hier fällt mir ein daß ich die Toskanische *Dogan Einrichtung* als schön und zweckmäßig loben muß, ob sie mich
gleich inkommodiert hat, und die andern die mich nicht
inkommodiert haben taugen nichts.

Mein Reisegefährte ein Graf Cesare von hier eine rechte
gute Art Menschen, auch ein rechter Italiäner.

Da ich oft still und nachdenklich war; sagte er einmal: che
pensa? non deve mai pensar l'uomo, pensando s'invecchia
und nach einigem Gespräch: non deve fermarsi l'huomo in
una sola cosa, perche allora divien matto, bisogna aver mille
cose, una confusion nella testa.

Was sagst du zu meinem Philosophen und wie glaubst du
daß ich, der alte Mambres, toujours faisant de profondes
reflexions, gelachelt habe.

Heute Abend haben wir Abschied genommen, mit der
Versichrung daß ich ihn in Bologna, wo er im Quartier
steht, auf meiner Rückreise besuchen wolle.

Ich schreibe nur so hin, es ist kalt und draußen am Kamin
essen Kaufleute von Fuligno, ich gehe von Zeit zu Zeit mich
wärmen.

Auch hier ist allerlei zu sehen das ich liegen lasse, eh ich nach Rom komme mag ich die Augen nicht auftun, das Herz nicht erheben. Ich habe noch drei Tage hin und es ist mir noch als wenn ich nie hinkäme.

(Hier ein Paar Anmerkungen die weiter hervor gehören.

Der Wein will magre Nahrung an Bergen und viel Sonne haben in der Plaine wird er zu schwer. Die Feuchtigkeit die zudringt kann nicht genug ausgekocht werden es gibt einen ungeschlachten Trank.

Bei Ferrara hab ich gesehen daß sie die Chausseen mit zerschlagnen Ziegelstücken überführen das tut recht gut und die alten Ziegeln die zu nichts nutze sind werden zu was gebraucht. Auch Garten wege zu machen sind sie gar gut so bald ich nach Hause komme will ich Versuche in beiden machen)

Toskana scheint mir gut regiert, es hat alles so ein *ganzes* Ansehn. Es ist alles fertig und zum Nutzen und einem edlen Gebrauch.

Auf der Rückkehr wollen wirs näher ansehn.

Der Staat des Papsts scheint sich zu erhalten weil er nicht untergehn kann.

Der See von Perugia ist ein schöner Anblick. Recht sehnlich wünsch ich mir jemanden von den meinigen an die Seite. Was ist der Herzog unglücklich da andre Leidenschaften ihn von einer solchen Reise abhalten die er mit Bequemlichkeit und Freude machen könnte.

Wenn ich diese Reise noch einmal machte wüßt ichs auch nun besser. Denn mit dem verschiednen Gelde, den Preisen, den Vetturinen, den schlechten Wirtshäusern ist es eine tagtägliche Not, daß einer der zum erstenmal wie ich allein geht und ununterbrochnen Genuß suchte und hoffte unglücklich genug sich finden müßte. Ich habe nichts gewollt als das Land sehn auf welche Kosten es wolle und wenn sie mich auf Ixions Rad nach Rom bringen; so bin ich's zufrieden. Wenn ich Tischbein gesprochen habe dann schildre ich die Italiäner überhaupt wie ich sie gesehn habe. Du magst dann mit andern Schilderungen zusammen halten.

Ich sudle erstaunlich verzeih es der Kälte und der Unbequemlichkeit meines Schreibtisches. Ich habe *dir* soviel gedacht diese zwei Tage daß ich wenigstens etwas zu Papier bringen möchte.

Wenn man die erste poetische Idee daß die Menschen meist unter freiem Himmel lebten und sich nur manchmal aus Not in Höhlen retirierten noch realisiert sehn will; so muß man die Gebäude hier herum besonders auf dem Lande ansehn. Ganz im Sinn und Geschmack der Höhlen.

Eine unglaubliche Sorglosigkeit haben sie per non invecchiarsi. So muß ich dir einmal eine Beschreibung eines Vetturin Fuhrwerks machen und seine Genealogie wie ich mir sie ausgedacht habe, und es fällt keinem Menschen ein, diese Art Fuhrwerk zweckmäßiger, Menschen und Tieren bequemer und ihrem Besitzer vorteilhafter zu machen, und es kommt auf eine Kleinigkeit an, die sich in jedem andren Lande vor funfzig Jahren gefunden hätte.

Nun Gute Nacht. Es geht nicht weiter. Ich bin dir herzlich zugetan und sehne mich recht zu dir; schon fängt mich der Schnee an zu ängstigen der sich bald mit Macht zwischen uns legen wird.

Gute Nacht.

d. 26 Abends
Ich hatte heute Abend ein unaussprechliches Verlangen dir zu schreiben und kann es nicht befriedigen.

Ich bin in

Fuligno.

völlig in einer Homerischen Haushaltung, wo alles um ein Feuer in einer großen Halle versammelt ist und schreit, lärmt, an langen Tischen speist, wie die Hochzeit von Cana gemalt wird. Ich ergreife die Gelegenheit da einer ein Dintenfaß holen läßt dir schnell auch etwas zu sagen.

In Perugia hab ich nichts gesehn, aus Zufall und Schuld. Die Lage der Stadt ist schön und mir wohl eingedruckt.

Der Weg ging erst hinab, dann nach einem schönen auf beiden Seiten in der Ferne eingefaßten Tal hin. Endlich sahen wir Assissi liegen. Mein Volckmann sagte mir von der Maria dalla *Minerva*, ich stieg bei Madonna del Angelo aus und ließ meinen Vetturin nach Fuligno seinen Weg machen ich stieg unter einem starken Wind, nach Assisi hinauf. Il Gran Convento und den geehrten .. geheiligten Galgenberg ließ ich links liegen, sah des heil. Franziskus Grabstätte nicht, ich wollte mir wie der Kardinal Bembo die Imagination nicht verderben, sondern fragte einen hübschen Jungen nach der Maria della Minerva. Er ging mit mir und wir mußten die ganze Stadt hinaufsteigen die an einem Berge gebaut ist. Endlich kamen wir in die eigentliche alte Stadt auf den Markt, und siehe das schöne heilige Werk stand da. Das erste der alten Zeit das ich sah. Ein so bescheidner Tempel wie er sich für eine kleine Stadt schickte, und doch so *ganz* und so gedacht wie er überall stehn dürfte.

Und nicht der Tempel allein, laß dir ihn Volckmann beschreiben, sondern seine Stellung.

Seitdem ich Vitruv und Palladio gelesen habe wie man Städte bauen und Tempel pp stellen müßte hab ich einen großen Respekt für diesen Dingen.

So natürlich und so groß im natürlichen.

Erstlich steht er auf der schönsten Höhe des Bergs auf dem Platz der noch jetzt der *Platz* ist es kommen eben zwei Hügel zusammen der Platz selbst steigt ein wenig und es kommen vier Straßen zusammen die ein sehr gedrucktes Andreas kreuz machen. Zwei Straßen von unten herauf, zwei von oben herunter. Wahrscheinl standen zur alten Zeit die Häuser gegen den Tempel über nicht, er ist grade gegen Mittag gerichtet und hatte wenn man sich die Häuser weg denkt die schönste Aussicht. Die Straßen müssen schon von Alters gewesen sein, mehr oder weniger, denn sie folgen aus der Lage des Bergs. Nun begriff ich nicht recht, warum der Tempel nicht in der Mitte der Platzes Seiten steht, endlich fand ich's.

Die Straße die von Rom herauf kommt war schon gebaut, wie ich vermute, und der Baumeister richtete den Tempel so daß er von der Straße aus sichtbar wurde, nicht ganz gerade sondern von der Seite.

Ich will (wills Gott) einen kleinen Riß machen daß es deutlich werde. Am Tempel (der Fassade versteht sich) hab ich die größte Freude gehabt meine Ideen und Grundsätze bestärkt zu sehn.

Sie ist Corinthischer Ordnung die Säulenweiten dem Augenmaß nach etwas über zwei Model. Die Säulen haben ihre Füße und über dies Würfel. sodann Piedestale aber die

⟨IDEALLANDSCHAFT MIT TEMPEL UND HAIN⟩

Piedestalle sind eigentlich der durchschnittne Sockel, denn 5 Treppen gehn zwischen den Säulen hinauf. *Fünf* weil die alten die Stufen ungleich machten. Unterhalb gingen noch mehr Stufen nieder, die ich nicht beobachten konnte, weil sie teils verschüttet, teils mit Pflaster Steinen belegt waren. Diese Art den Sockel zu zerschneiden und die Treppen hinauf zu bringen hab ich nie gebilligt, hier aber war es recht, denn die Enge des Platzes zwang den Architekten mit den Treppen hinein zu gehn. So kann uns das beste Kupfer nicht lehren wie die Gegenwart.

(Sie lärmen mir so entsetzlich um die Ohren daß ich fast nicht fortschreiben kann)

Dieses ist eben der alten Künstler Wesen das ich nun mehr anmute als jemals, daß sie wie die Natur sich überall zu finden wußten und doch etwas wahres etwas lebendiges hervorzubringen wußten.

Nachher hab ich einen herrlichen Abend gehabt ich bin von Assisi nach Foligno zu Fuß gegangen und habe mich nur mit *dir* unterhalten, nun lärmen mir die Italiäner die Ohren so voll daß ich nichts sagen kann.

Da ich die armen Bauern auch hier so mit Mühseligkeit die Steine umwenden sah dacht ich an dein Kochberg und sagte recht mit innerlichen Herzens Tränen: wann werd ich einmal wieder in Kochberg einen schönen Abend mit ihr feiern? Ich sage dir meine liebe, wenn sie nur hier das Klima nicht voraus hätten!

Mit dem unglaublichen Leichtsinn sich nicht auf den Winter vorzubereiten leiden sie wie die Hunde. Wir wolltens besser machen.

Gute Nacht meine liebe. Der Lärm hört auf, ich habe sie ausgedauert. Aber auch ich bin müde.

Mein Abendspaziergang war gar schön. Vier volle Stunden an einem Berg hin rechts ein schön bebautes Tal.

Ich komme mit dem Volke recht gut fort und mit einem einzigen Jahr Praktik und mit einem mäßigen Gelde wollt ich hier oben auf sein. Aber es ist nicht der Mühe und der Existenz wert.

Wenn ich so denke heut ist Donnerstag und den nächsten Sonntag wirst du in Rom schlafen nach dreißig Jahren Wunsch und Hoffnung. Es ist ein närrisch Ding der

Mensch. Verzeih mir der Wind zieht durch die Fenster ich sudle nur so fort.
Gute Nacht.

d. 27. Abends.
Terni.

Wieder in einer Höhle sitzend, die vor einem Jahre vom Erdbeben gelitten, wend ich mein Gebet zu dir mein lieber Schutzgeist.

Wie verwöhnt ich bin fühl ich erst jetzt. Zehn Jahre mit dir zu leben von dir geliebt zu sein und nun in einer fremden Welt. Ich sagte mir's voraus und nur die höchste Notwendigkeit konnte mich zwingen den Entschluß zu fassen. Laß uns keinen andern Gedanken haben als unser Leben miteinander zu endigen.

Terni liegt in einer köstlichen Gegend, die ich diesen Abend von einem Spaziergange um die Stadt mit Freude beschaute. Ein Priester ist seit Perugia, da mich der Graf Cesare verlassen mein Gefährte. Dadurch daß ich immer wieder unter neue Menschen komme, erreiche ich sehr meine Absicht und ich versichre dich man muß sie nur unter einander reden hören was das einem für ein lebendig Bild des ganzen Landes gibt. Sie haben unter einander einen so sonderbaren National und *Stadt* Eifer, können sich alle einander nicht leiden, die Stände sind im ewigen Streit und das alles mit immer lebhafter gegenwärtiger Leidenschaft, daß sie einem den ganzen Tag Komödie geben und sich bloß stellen. Spoleto hab ich bestiegen und war auf dem Aquedukt der zugleich Brücke von einem Berg zum andern ist. Die zehen Bogen die das Tal füllen, stehn, von Backsteinen ihre Jahrhunderte so ruhig da und das Wasser quillt noch immer in Spoleto an allen Orten und Enden. Das ist nun das dritte Werk der Alten das ich sehe, und wieder so schön natürlich, zweckmäßig und wahr. Diesen großen Sinn den sie gehabt haben! – Es mag gut sein wir wollen mehr davon sprechen. – So verhaßt waren mir immer die Willkürlichkeiten. Der Winter kasten auf Weisenstein, ein Nichts um Nichts, ein ungeheurer Konfekt Aufsatz und so mit Tausend andern Dingen. Was nicht eine wahre innre Existenz

TERNI 1786

⟨GEBIRGSSTRASSE BEI TERNI, AM WASSERFALL DES VELINO⟩

hat, hat kein Leben und kann nicht lebendig gemacht werden, und kann nicht groß sein und nicht groß werden.

Die nächsten vier Wochen werden mir voller Freuden und Mühe sein, ich will aufpacken was ich kann. Das bin ich gewiß und kann es sagen noch keine falsche Idee hab ich aufgepackt. Es scheint arrogant, aber ich weiß es, und weiß was es mich kostet nur das Wahre zu nehmen und zu fassen.

St. Crucifisso halt ich nicht eigentlich für ein Überbleibsel eines Tempels. (das heißt eines Tempels der *so* stand) sondern man hat Säulen Pfeiler, Gebälke gefunden und zusammengeflickt nicht dumm aber toll. Eine Beschreibung wäre zu weitläufig und ists nicht wert.

Die Römische Geschichte wird mir als wenn ich dabei gewesen wäre. Wie will ich sie studieren wenn ich zurückkomme, da ich nun die Städte und Berge und Täler kenne. Unendlich interessant aber werden mir die alten Etrurier. In Fuligno konnt ich das Gemälde Raphaels nicht sehn es war Nacht, hier die Wasserfälle nicht es war bald Nacht. Bei meiner ersten kursorischen Lesung Italiens muß und kann ich nicht alles mitnehmen. Rom! Rom! – Ich ziehe mich gar nicht mehr aus um früh gleich bei der Hand zu sein. Noch zwei Nächte! und wenn uns der Engel des Herrn nicht auf dem Wege schlägt; sind wir da.

Da ich auf die Apeninen von Bologna herauf kam, zogen die Wolken noch immer nach Norden. Zum ersten sah ich sie gegen Mittag nach dem See von Perugia ziehen und *hier* bleiben sie auch hängen, ziehn auch gegen Mittag. Das alles trifft mit meiner Hypothese recht gut überein. Und statt daß die große Plaine des Po den Sommer alle Wolken nach dem Tyroler Gebirg schickt; so schickt sie jetzt einen Teil nach den Apeninen im Winter mehr, (die übrigen Wolken bleiben auch hangen) daher die Regenzeit.

Das Gebirg ist sich bis hierher immer mit wenigen Abweichungen gleich. Immer der alte Kalk, dessen Flöz Lagen auf diesen letzten Stationen immer sichtbarer wurden.

Trevi liegt am Anfang einer schönen Plaine zwischen Bergen, alles ist noch Kalk, nichts Vulkanisches hab ich spüren können. Liegt aber eben wie Bologna drüben, so hüben an einem Ende. Vielleicht wird uns morgen, etwas vorkommen. Volkm⟨ann⟩ sagts.

Die Oliven fangen sie nun an abzulesen, sie tun es hier mit den Händen, an andern Orten schlagen sie sie.

Wenn sie der Winter übereilt bleiben die übrigen bis gegen das Frühjahr hängen. Heute hab ich auf sehr steinigem Boden die größten ältsten Bäume gesehen.

Heute früh ging ein recht kalter Wind, Abends war es wieder schön und wird morgen heiter sein. Gute Nacht meine Liebste. Ich hoffe du hast nun meinen Brief von Venedig.

Citta Castellana.<br>d. 28 Oktbr.

Den letzten Abend will ich nicht fehlen, es ist noch nicht acht Uhr und alles ist zu Bette. Fast wär ich dem bösen Exempel gefolgt.

Heute war ein ganz heitrer herrlicher Tag, der Morgen sehr kalt, der Tag klar und warm, der Abend etwas windig aber schön.

Von Terni fuhren wir sehr früh aus. Da ich angekleidet schlafe weiß ich mir nun nichts hübschers als des Morgens vor Tag aufgeweckt zu werden, mich in den Wagen zu setzen und zwischen Schlaf und Wachen, dem Tag entgegen zu fahren. Heute hat mich die Muse wieder mit einer guten Erfindung beglückt.

Narni stiegen wir hinauf eh es Tag war, die Brücke hab ich nicht gesehn. Von da Täler und Tiefen, Nähen und Fernen köstliche Gegenden, alles Kalkgebirg auch nicht eine Spur von einem andern Gestein.

Otrikoli liegt auf einem von der Tyber ehmals zusammengeschlemmten Kieshügel und ist von Laven gebaut die jenseits des Flusses hergeholt sind.

Sobald man über die Brücke pag.   hinüber ist, spürt man schon das vulkanische Terrain. Man steigt einen Berg hinauf der aus grauer Lava besteht, mit weißen sogenannten Granaten. Die Chaussee die von der Höhe nach Citta Castellana geht, ist von eben dieser Lava, schön glatt gefahren, das ganze Terrain ist nun Vulkanisch.

Die Stadt steht auf vulkanischem Tuff, der wie gewöhnlich aus Aschen, Bimssteinen Lavastücken besteht, in der Nähe der Stadt hab ich jene Lava nicht wieder gesehn.

Terni 1786

R 86 ⟨ROM 1786. BRÜCKE ÜBER DEN ANIO?
IM HINTERGRUND MONTE GENNARO UND MONTE MORRA⟩

Vom Schloß ist die Aussicht schön. Der Berg S. Oreste (Sorackte) ist ein von den Apenninen abstehender (meiner Überzeugung nach) Kalkberg an dem und um den die Vulkanischen Feuer gewütet haben. Die Vulk. Strecken sind viel niedriger als die Apenninen und nur das durchreisende Wasser hat sie zu Bergen und Felsen gemacht, da sind aber schöne Gegenstände, überhängende Klippen pp.

Nun gute Nacht. Morgen Abend in Rom. Nachher hab ich nichts mehr zu wünschen als dich und die wenigen meinigen gesund wieder zu sehn.

Rom d 29 Oktbr. Abends
Mein zweites Wort soll an dich gerichtet sein, nachdem ich dem Himmel herzlich gedankt habe daß er mich hierher gebracht hat.

Ich kann nun nichts sagen als ich bin hier, ich habe nach Tischbeinen geschickt.

---

Nachts.
Tischbein war bei mir. Ein köstlich guter Mensch. Ich fange nun erst an zu leben, und verehre meinen Genius.

Morgen mehr.

d. 30. Nachts.
Nur ein Wort nach einem sehr reichen Tage! Ich habe die wichtigsten Ruinen des alten Roms heute früh, heut Abend die Peterskirche gesehen und bin nun initiert.

Ich bin zu Tischbein gezogen und habe nun auch Ruhe von allem Wirtshaus und Reiseleben. Lebe Wohl.

d. 12. Decemb. 86.
In Hoffnung daß endlich das Venetianische Paket angekommen sein wird, schick ich auch dieses Stück fort und wünsche daß es dir zur guten Stunde kommen und mich in deine Nähe bringen möge. Seit ich in Rom bin hab ich nichts aufgeschrieben als was ich dir von Zeit zu Zeit geschickt habe. Denn da läßt sich nichts sagen, man hat nur genug erst zu sehen und zu hören. Man muß recht zum Schüler werden, wenn man einigen Vorteil von dem Aufenthalte

haben will. Lebe wohl. Da ich nun Rom gesehen habe, will ich das übrige Gute in der Nähe und auf dem Weg noch dankbar mitnehmen und dann meinem liebsten Wunsche, mit dir zu sein, wieder entgegen gehn. Lebe wohl. Grüße die Deinigen.

G.

⟨Fortgesetztes Verzeichnis der Steine⟩

50. Verschiedne Arten Kalksteine auf den Apenninen abgeschlagen.
51. Art Travertin bei Terni auf einem ganz Vulkanischen Boden gefunden, wahrscheinlich von einem Gebäude.
52. Kalkstein mit Eisen von den Apenninen.
53. Granit auf den Apenninen. von einem losen Stück abgeschlagen.
54. Lava mit weißen Granaten. Gleich über der Tyber Brücke von Otrikoli nach Citta Castellana.

# DRAMA UND THEATER

# IPHIGENIE AUF TAURIS

*Ein Schauspiel*

*Personen*

IPHIGENIE
THOAS, König der Taurier
OREST
PYLADES
ARKAS

*Schauplatz*

Hain vor Dianens Tempel

## Erster Aufzug

### Erster Auftritt

IPHIGENIE
 Heraus in eure Schatten, rege Wipfel
 Des alten heil'gen, dichtbelaubten Haines,
 Wie in der Göttin stilles Heiligtum,
 Tret' ich noch jetzt mit schauderndem Gefühl,
5 Als wenn ich sie zum erstenmal beträte,
 Und es gewöhnt sich nicht mein Geist hierher.
 So manches Jahr bewahrt mich hier verborgen
 Ein hoher Wille, dem ich mich ergebe;
 Doch immer bin ich, wie im ersten, fremd.
10 Denn ach mich trennt das Meer von den Geliebten,
 Und an dem Ufer steh' ich lange Tage,
 Das Land der Griechen mit der Seele suchend;
 Und gegen meine Seufzer bringt die Welle
 Nur dumpfe Töne brausend mir herüber.

Weh dem, der fern von Eltern und Geschwistern 15
Ein einsam Leben führt! Ihm zehrt der Gram
Das nächste Glück vor seinen Lippen weg.
Ihm schwärmen abwärts immer die Gedanken
Nach seines Vaters Hallen, wo die Sonne
Zuerst den Himmel vor ihm aufschloß, wo 20
Sich Mitgeborne spielend fest und fester
Mit sanften Banden aneinander knüpften.
Ich rechte mit den Göttern nicht; allein
Der Frauen Zustand ist beklagenswert.
Zu Haus' und in dem Kriege herrscht der Mann 25
Und in der Fremde weiß er sich zu helfen.
Ihn freuet der Besitz; ihn krönt der Sieg;
Ein ehrenvoller Tod ist ihm bereitet.
Wie eng-gebunden ist des Weibes Glück!
Schon einem rauhen Gatten zu gehorchen, 30
Ist Pflicht und Trost; wie elend, wenn sie gar
Ein feindlich Schicksal in die Ferne treibt!
So hält mich Thoas hier, ein edler Mann,
In ernsten, heil'gen Sklavenbanden fest.
O wie beschämt gesteh' ich, daß ich dir 35
Mit stillem Widerwillen diene, Göttin,
Dir meiner Retterin! Mein Leben sollte
Zu freiem Dienste dir gewidmet sein.
Auch hab' ich stets auf dich gehofft und hoffe
Noch jetzt auf dich Diana, die du mich, 40
Des größten Königes verstoßne Tochter,
In deinen heil'gen, sanften Arm genommen.
Ja, Tochter Zevs, wenn du den hohen Mann,
Den du, die Tochter fodernd, ängstigtest;
Wenn du den göttergleichen Agamemnon, 45
Der dir sein Liebstes zum Altare brachte,
Von Trojas umgewandten Mauern rühmlich
Nach seinem Vaterland zurückbegleitet,
Die Gattin ihm, Elektren und den Sohn,
Die schönen Schätze, wohl erhalten hast; 50
So gib auch mich den Meinen endlich wieder,
Und rette mich, die du vom Tod' errettet,
Auch von dem Leben hier, dem zweiten Tode.

## Zweiter Auftritt

*Iphigenie. Arkas.*

ARKAS Der König sendet mich hieher und beut
Der Priesterin Dianens Gruß und Heil.
Dies ist der Tag, da Tauris seiner Göttin
Für wunderbare neue Siege dankt.
Ich eile vor dem König' und dem Heer',
Zu melden, daß er kommt und daß es naht.
IPHIGENIE Wir sind bereit, sie würdig zu empfangen,
Und unsre Göttin sieht willkomm'nem Opfer
Von Thoas Hand mit Gnadenblick entgegen.
ARKAS O fänd' ich auch den Blick der Priesterin,
Der werten, vielgeehrten, deinen Blick
O heil'ge Jungfrau, heller, leuchtender,
Uns allen gutes Zeichen! Noch bedeckt
Der Gram geheimnisvoll dein Innerstes;
Vergebens harren wir schon Jahre lang
Auf ein vertraulich Wort aus deiner Brust.
So lang' ich dich an dieser Stätte kenne,
Ist dies der Blick, vor dem ich immer schaudre;
Und wie mit Eisenbanden bleibt die Seele
Ins Innerste des Busens dir geschmiedet.
IPHIGENIE Wie's der Vertriebnen, der Verwais'ten ziemt.
ARKAS Scheinst du dir hier vertrieben und verwais't?
IPHIGENIE Kann uns zum Vaterland' die Fremde werden?
ARKAS Und dir ist fremd das Vaterland geworden.
IPHIGENIE
Das ist's, warum mein blutend Herz nicht heilt.
In erster Jugend, da sich kaum die Seele
An Vater, Mutter und Geschwister band;
Die neuen Schößlinge, gesellt und lieblich,
Vom Fuß der alten Stämme himmelwärts
Zu dringen strebten; leider faßte da
Ein fremder Fluch mich an und trennte mich
Von den Geliebten, riß das schöne Band
Mit ehrner Faust entzwei. Sie war dahin,
Der Jugend beste Freude, das Gedeihn
Der ersten Jahre. Selbst gerettet, war

    Ich nur ein Schatten mir, und frische Lust
    Des Lebens blüht in mir nicht wieder auf. 90
ARKAS Wenn du dich so unglücklich nennen willst;
    So darf ich dich auch wohl undankbar nennen.
IPHIGENIE Dank habt ihr stets.
ARKAS                     Doch nicht den reinen Dank,
    Um dessentwillen man die Wohltat tut;
    Den frohen Blick, der ein zufriednes Leben 95
    Und ein geneigtes Herz dem Wirte zeigt.
    Als dich ein tief-geheimnisvolles Schicksal
    Vor so viel Jahren diesem Tempel brachte,
    Kam Thoas, dir als einer Gottgegeb'nen
    Mit Ehrfurcht und mit Neigung zu begegnen. 100
    Und dieses Ufer ward dir hold und freundlich,
    Das jedem Fremden sonst voll Grausens war,
    Weil niemand unser Reich vor dir betrat,
    Der an Dianens heil'gen Stufen nicht
    Nach altem Brauch, ein blut'ges Opfer, fiel. 105
IPHIGENIE Frei atmen macht das Leben nicht allein.
    Welch Leben ist's, das an der heil'gen Stätte,
    Gleich einem Schatten um sein eigen Grab,
    Ich nur vertrauern muß? Und nenn' ich das
    Ein fröhlich selbstbewußtes Leben, wenn 110
    Uns jeder Tag, vergebens hingeträumt,
    Zu jenen grauen Tagen vorbereitet,
    Die an dem Ufer Lethes, selbstvergessend,
    Die Trauerschar der Abgeschiednen feiert?
    Ein unnütz Leben ist ein früher Tod; 115
    Dies Frauenschicksal ist vor allen mein's.
ARKAS Den edeln Stolz, daß du dir selbst nicht g'nügest,
    Verzeih' ich dir, so sehr ich dich bedaure:
    Er raubet den Genuß des Lebens dir.
    *Du* hast hier nichts getan seit deiner Ankunft? 120
    Wer hat des Königs trüben Sinn erheitert?
    Wer hat den alten grausamen Gebrauch,
    Daß am Altar Dianens jeder Fremde
    Sein Leben blutend läßt, von Jahr zu Jahr
    Mit sanfter Überredung aufgehalten, 125
    Und die Gefangnen vom gewissen Tod'
    Ins Vaterland so oft zurückgeschickt?

Hat nicht Diane, statt erzürnt zu sein
Daß sie der blut'gen alten Opfer mangelt,
Dein sanft Gebet in reichem Maß erhört?
Umschwebt mit frohem Fluge nicht der Sieg
Das Heer? und eilt er nicht sogar voraus?
Und fühlt nicht jeglicher ein besser Los,
Seitdem der König, der uns weis' und tapfer
So lang geführt, nun sich auch der Milde
In deiner Gegenwart erfreut und uns
Des schweigenden Gehorsams Pflicht erleichtert.
Das nennst du unnütz? wenn von deinem Wesen
Auf Tausende herab ein Balsam träufelt;
Wenn du dem Volke, dem ein Gott dich brachte,
Des neuen Glückes ew'ge Quelle wirst,
Und an dem unwirtbaren Todes-Ufer
Dem Fremden Heil und Rückkehr zubereitest?
IPHIGENIE Das Wenige verschwindet leicht dem Blick,
Der vorwärts sieht wie viel noch übrig bleibt.
ARKAS Doch lobst du den, der was er tut nicht schätzt?
IPHIGENIE Man tadelt den, der seine Taten wägt.
ARKAS Auch den, der wahren Wert zu stolz nicht achtet,
Wie den, der falschen Wert zu eitel hebt.
Glaub' mir und hör' auf eines Mannes Wort,
Der treu und redlich dir ergeben ist:
Wenn heut der König mit dir redet, so
Erleichtr' ihm, was er dir zu sagen denkt.
IPHIGENIE Du ängstest mich mit jedem guten Worte;
Oft wich ich seinem Antrag mühsam aus.
ARKAS Bedenke was du tust und was dir nützt.
Seitdem der König seinen Sohn verloren,
Vertraut er wenigen der Seinen mehr,
Und diesen Wenigen nicht mehr wie sonst.
Mißgünstig sieht er jedes Edeln Sohn
Als seines Reiches Folger an; er fürchtet
Ein einsam hülflos Alter, ja vielleicht
Verwegnen Aufstand und frühzeit'gen Tod.
Der Scythe setzt ins Reden keinen Vorzug,
Am wenigsten der König. Er, der nur
Gewohnt ist zu befehlen und zu tun,
Kennt nicht die Kunst, von weitem ein Gespräch

>           Nach seiner Absicht langsam fein zu lenken.
>           Erschwer's ihm nicht durch ein rückhaltend Weigern,
>           Durch ein vorsätzlich Mißverstehen. Geh
>           Gefällig ihm den halben Weg entgegen.
> IPHIGENIE Soll ich beschleunigen was mich bedroht?
> ARKAS Willst du sein Werben eine Drohung nennen?
> IPHIGENIE Es ist die schrecklichste von allen mir.
> ARKAS Gib ihm für seine Neigung nur Vertraun.
> IPHIGENIE Wenn er von Furcht erst meine Seele lös't.
> ARKAS Warum verschweigst du deine Herkunft ihm?
> IPHIGENIE Weil einer Priesterin Geheimnis ziemt.
> ARKAS Dem König' sollte nichts Geheimnis sein;
>           Und ob er's gleich nicht fordert, fühlt er's doch
>           Und fühlt es tief in seiner großen Seele,
>           Daß du sorgfältig dich vor ihm verwahrst.
> IPHIGENIE Nährt er Verdruß und Unmut gegen mich?
> ARKAS
>           So scheint es fast. Zwar schweigt er auch von dir;
>           Doch haben hingeworfne Worte mich
>           Belehrt, daß seine Seele fest den Wunsch
>           Ergriffen hat, dich zu besitzen. Laß,
>           O überlaß ihn nicht sich selbst! damit
>           In seinem Busen nicht der Unmut reife
>           Und dir Entsetzen bringe, du zu spät
>           An meinen treuen Rat mit Reue denkest.
> IPHIGENIE Wie? sinnt der König, was kein edler Mann,
>           Der seinen Namen liebt und dem Verehrung
>           Der Himmlischen den Busen bändiget,
>           Je denken sollte? Sinnt er vom Altar
>           Mich in sein Bette mit Gewalt zu ziehn?
>           So ruf' ich alle Götter und vor allen
>           Dianen die entschloßne Göttin an,
>           Die ihren Schutz der Priesterin gewiß,
>           Und Jungfrau einer Jungfrau, gern gewährt.
> ARKAS Sei ruhig! Ein gewaltsam neues Blut
>           Treibt nicht den König, solche Jünglingstat
>           Verwegen auszuüben. Wie er sinnt,
>           Befürcht' ich andern harten Schluß von ihm,
>           Den unaufhaltbar er vollenden wird:
>           Denn seine Seel' ist fest und unbeweglich.

Drum bitt' ich dich, vertrau' ihm; sei ihm dankbar,
Wenn du ihm weiter nichts gewähren kannst.
IPHIGENIE O sage was dir weiter noch bekannt ist.
ARKAS Erfahr's von ihm. Ich seh' den König kommen;
Du ehrst ihn, und dich heißt dein eigen Herz,
Ihm freundlich und vertraulich zu begegnen.
Ein edler Mann wird durch ein gutes Wort
Der Frauen weit geführt.
IPHIGENIE *allein* Zwar seh' ich nicht,
Wie ich dem Rat des Treuen folgen soll.
Doch folg' ich gern der Pflicht, dem Könige
Für seine Wohltat gutes Wort zu geben,
Und wünsche mir, daß ich dem Mächtigen,
Was ihm gefällt, mit Wahrheit sagen möge.


## Dritter Auftritt

*Iphigenie. Thoas.*

IPHIGENIE Mit königlichen Gütern segne dich
Die Göttin! Sie gewähre Sieg und Ruhm
Und Reichtum und das Wohl der Deinigen
Und jedes frommen Wunsches Fülle dir!
Daß, der du über viele sorgend herrschest,
Du auch vor vielen seltnes Glück genießest.
THOAS Zufrieden wär' ich, wenn mein Volk mich rühmte:
Was ich erwarb, genießen andre mehr
Als ich. Der ist am glücklichsten, er sei
Ein König oder ein Geringer, dem
In seinem Hause Wohl bereitet ist.
Du nahmest Teil an meinen tiefen Schmerzen,
Als mir das Schwert der Feinde meinen Sohn,
Den letzten, besten, von der Seite riß.
So lang' die Rache meinen Geist besaß,
Empfand ich nicht die Öde meiner Wohnung;
Doch jetzt, da ich befriedigt wiederkehre,
Ihr Reich zerstört, mein Sohn gerochen ist,
Bleibt mir zu Hause nichts das mich ergetze.

Der fröhliche Gehorsam, den ich sonst
Aus einem jeden Auge blicken sah, 240
Ist nun von Sorg' und Unmut still gedämpft.
Ein jeder sinnt was künftig werden wird,
Und folgt dem Kinderlosen, weil er muß.
Nun komm' ich heut in diesen Tempel, den
Ich oft betrat um Sieg zu bitten und 245
Für Sieg zu danken. Einen alten Wunsch
Trag' ich im Busen, der auch dir nicht fremd,
Noch unerwartet ist: ich hoffe, dich
Zum Segen meines Volks und mir zum Segen,
Als Braut in meine Wohnung einzuführen. 250
IPHIGENIE Der Unbekannten bietest du zu viel,
O König, an. Es steht die Flüchtige
Beschämt vor dir, die nichts an diesem Ufer
Als Schutz und Ruhe sucht, die du ihr gabst.
THOAS Daß du in das Geheimnis deiner Abkunft 255
Vor mir wie vor dem Letzten stets dich hüllest,
Wär' unter keinem Volke recht und gut.
Dies Ufer schreckt die Fremden: das Gesetz
Gebietet's und die Not. Allein von dir,
Die jedes frommen Rechts genießt, ein wohl 260
Von uns empfangner Gast nach eignem Sinn
Und Willen ihres Tages sich erfreut,
Von dir hofft' ich Vertrauen, das der Wirt
Für seine Treue wohl erwarten darf.
IPHIGENIE Verbarg ich meiner Eltern Namen und 265
Mein Haus, o König, war's Verlegenheit,
Nicht Mißtrau'n. Denn vielleicht, ach wüßtest du,
Wer vor dir steht, und welch verwünschtes Haupt
Du nährst und schützest; ein Entsetzen faßte
Dein großes Herz mit seltnem Schauer an, 270
Und statt die Seite deines Thrones mir
Zu bieten, triebest du mich vor der Zeit
Aus deinem Reiche; stießest mich vielleicht,
Eh' zu den Meinen frohe Rückkehr mir
Und meiner Wandrung Ende zugedacht ist, 275
Dem Elend zu, das jeden Schweifenden,
Von seinem Haus' Vertriebnen überall
Mit kalter fremder Schreckenshand erwartet.

THOAS Was auch der Rat der Götter mit dir sei,
Und was sie deinem Haus' und dir gedenken;
So fehlt es doch, seitdem du bei uns wohnst
Und eines frommen Gastes Recht genießest,
An Segen nicht, der mir von oben kommt.
Ich möchte schwer zu überreden sein,
Daß ich an dir ein schuldvoll Haupt beschütze.
IPHIGENIE Dir bringt die Wohltat Segen, nicht der Gast.
THOAS Was man Verruchten tut, wird nicht gesegnet.
Drum endige dein Schweigen und dein Weigern;
Es fordert dies kein ungerechter Mann.
Die Göttin übergab dich meinen Händen;
Wie du ihr heilig warst, so warst du's mir.
Auch sei ihr Wink noch künftig mein Gesetz:
Wenn du nach Hause Rückkehr hoffen kannst,
So sprech' ich dich von aller Fordrung los.
Doch ist der Weg auf ewig dir versperrt,
Und ist dein Stamm vertrieben, oder durch
Ein ungeheures Unheil ausgelöscht,
So bist du mein durch mehr als Ein Gesetz.
Sprich offen! und du weißt, ich halte Wort.
IPHIGENIE Vom alten Bande löset ungern sich
Die Zunge los, ein langverschwiegenes
Geheimnis endlich zu entdecken. Denn
Einmal vertraut, verläßt es ohne Rückkehr
Des tiefen Herzens sichre Wohnung, schadet,
Wie es die Götter wollen, oder nützt.
Vernimm! Ich bin aus Tantalus Geschlecht.
THOAS Du sprichst ein großes Wort gelassen aus.
Nennst du Den deinen Ahnherrn, den die Welt
Als einen ehmals Hochbegnadigten
Der Götter kennt? Ist's jener Tantalus,
Den Jupiter zu Rat und Tafel zog,
An dessen alterfahrnen, vielen Sinn
Verknüpfenden Gesprächen Götter selbst,
Wie an Orakelsprüchen sich ergetzten?
IPHIGENIE Er ist es; aber Götter sollten nicht
Mit Menschen, wie mit ihres Gleichen, wandeln;
Das sterbliche Geschlecht ist viel zu schwach
In ungewohnter Höhe nicht zu schwindeln.

Unedel war er nicht und kein Verräter;
Allein zum Knecht zu groß, und zum Gesellen
Des großen Donn'rers nur ein Mensch. So war
Auch sein Vergehen menschlich; ihr Gericht
War streng, und Dichter singen: Übermut
Und Untreu stürzten ihn von Jovis Tisch
Zur Schmach des alten Tartarus hinab.
Ach und sein ganz Geschlecht trug ihren Haß!
THOAS Trug es die Schuld des Ahnherrn oder eigne?
IPHIGENIE Zwar die gewalt'ge Brust und der Titanen
Kraftvolles Mark war seiner Söhn' und Enkel
Gewisses Erbteil; doch es schmiedete
Der Gott um ihre Stirn ein ehern Band.
Rat, Mäßigung und Weisheit und Geduld
Verbarg er ihrem scheuen düstern Blick;
Zur Wut ward ihnen jegliche Begier,
Und grenzenlos drang ihre Wut umher.
Schon Pelops, der Gewaltig-wollende,
Des Tantalus geliebter Sohn, erwarb
Sich durch Verrat und Mord das schönste Weib,
Des Önomaus Tochter, Hippodamien.
Sie bringt den Wünschen des Gemahls zwei Söhne,
Thyest und Atreus. Neidisch sehen sie
Des Vaters Liebe zu dem ersten Sohn
Aus einem andern Bette wachsend an.
Der Haß verbindet sie, und heimlich wagt
Das Paar im Brudermord die erste Tat.
Der Vater wähnet Hippodamien
Die Mörderin, und grimmig fordert er
Von ihr den Sohn zurück, und sie entleibt
Sich selbst –
THOAS Du schweigest? Fahre fort zu reden!
Laß dein Vertrau'n dich nicht gereuen! Sprich!
IPHIGENIE Wohl dem, der seiner Väter gern gedenkt,
Der froh von ihren Taten, ihrer Größe,
Den Hörer unterhält und still sich freuend
Ans Ende dieser schönen Reihe sich
Geschlossen sieht! Denn es erzeugt nicht gleich
Ein Haus den Halbgott noch das Ungeheuer;
Erst eine Reihe Böser oder Guter

Bringt endlich das Entsetzen, bringt die Freude
Der Welt hervor. – Nach ihres Vaters Tode
Gebieten Atreus und Thyest der Stadt,
Gemeinsam herrschend. Lange konnte nicht
Die Eintracht dauern. Bald entehrt Thyest
Des Bruders Bette. Rächend treibt Atreus
Ihn aus dem Reiche. Tückisch hatte schon
Thyest, auf schwere Taten sinnend, lange
Dem Bruder einen Sohn entwandt und heimlich
Ihn als den seinen schmeichelnd auferzogen.
Dem füllet er die Brust mit Wut und Rache
Und sendet ihn zur Königsstadt, daß er
Im Oheim seinen eignen Vater morde.
Des Jünglings Vorsatz wird entdeckt; der König
Straft grausam den gesandten Mörder, wähnend
Er töte seines Bruders Sohn. Zu spät
Erfährt er, wer vor seinen trunknen Augen
Gemartert stirbt; und die Begier der Rache
Aus seiner Brust zu tilgen, sinnt er still
Auf unerhörte Tat. Er scheint gelassen,
Gleichgültig und versöhnt, und lockt den Bruder
Mit seinen beiden Söhnen in das Reich
Zurück, ergreift die Knaben, schlachtet sie
Und setzt die ekle schaudervolle Speise
Dem Vater bei dem ersten Mahle vor.
Und da Thyest an seinem Fleische sich
Gesättigt, eine Wehmut ihn ergreift,
Er nach den Kindern fragt, den Tritt, die Stimme
Der Knaben an des Saales Türe schon
Zu hören glaubt, wirft Atreus grinsend
Ihm Haupt und Füße der Erschlagnen hin.
Du wendest schaudernd dein Gesicht, o König:
So wendete die Sonn' ihr Antlitz weg
Und ihren Wagen aus dem ew'gen Gleise.
Dies sind die Ahnherrn deiner Priesterin;
Und viel unseliges Geschick der Männer,
Viel Taten des verworrnen Sinnes deckt
Die Nacht mit schweren Fittigen und läßt
Uns nur in grauenvolle Dämmrung sehn.

THOAS Verbirg sie schweigend auch. Es sei genug

Der Greuel! Sage nun, durch welch ein Wunder
Von diesem wilden Stamme Du entsprangst.
IPHIGENIE Des Atreus ältster Sohn war Agamemnon; 400
Er ist mein Vater. Doch ich darf es sagen,
In ihm hab' ich seit meiner ersten Zeit
Ein Muster des vollkommnen Manns gesehn.
Ihm brachte Clytemnestra mich, den Erstling
Der Liebe, dann Elektren. Ruhig herrschte 405
Der König, und es war dem Hause Tantals
Die lang' entbehrte Rast gewährt. Allein
Es mangelte dem Glück der Eltern noch
Ein Sohn, und kaum war dieser Wunsch erfüllt,
Daß zwischen beiden Schwestern nun Orest 410
Der Liebling wuchs; als neues Übel schon
Dem sichern Hause zubereitet war.
Der Ruf des Krieges ist zu euch gekommen,
Der, um den Raub der schönsten Frau zu rächen,
Die ganze Macht der Fürsten Griechenlands 415
Um Trojens Mauern lagerte. Ob sie
Die Stadt gewonnen, ihrer Rache Ziel
Erreicht, vernahm ich nicht. Mein Vater führte
Der Griechen Heer. In Aulis harrten sie
Auf günst'gen Wind vergebens: denn Diane, 420
Erzürnt auf ihren großen Führer, hielt
Die Eilenden zurück und forderte
Durch Kalchas Mund des Königs ältste Tochter.
Sie lockten mit der Mutter mich ins Lager;
Sie rissen mich vor den Altar und weihten 425
Der Göttin dieses Haupt. – Sie war versöhnt;
Sie wollte nicht mein Blut, und hüllte rettend
In eine Wolke mich; in diesem Tempel
Erkannt' ich mich zuerst vom Tode wieder.
Ich bin es selbst, bin Iphigenie, 430
Des Atreus Enkel, Agamemnons Tochter,
Der Göttin Eigentum, die mit dir spricht.
THOAS Mehr Vorzug und Vertrauen geb' ich nicht
Der Königstochter als der Unbekannten.
Ich wiederhole meinen ersten Antrag: 435
Komm, folge mir und teile was ich habe.
IPHIGENIE Wie darf ich solchen Schritt, o König, wagen?

Hat nicht die Göttin, die mich rettete,
Allein das Recht auf mein geweihtes Leben?
440 Sie hat für mich den Schutzort ausgesucht,
Und sie bewahrt mich einem Vater, den
Sie durch den Schein genug gestraft, vielleicht
Zur schönsten Freude seines Alters hier.
Vielleicht ist mir die frohe Rückkehr nah;
445 Und ich, auf ihren Weg nicht achtend, hätte
Mich wider ihren Willen hier gefesselt?
Ein Zeichen bat ich, wenn ich bleiben sollte.
THOAS Das Zeichen ist, daß du noch hier verweilst.
Such' Ausflucht solcher Art nicht ängstlich auf.
450 Man spricht vergebens viel, um zu versagen;
Der andre hört von allem nur das Nein.
IPHIGENIE Nicht Worte sind es, die nur blenden sollen;
Ich habe dir mein tiefstes Herz entdeckt.
Und sagst du dir nicht selbst, wie ich dem Vater,
455 Der Mutter, den Geschwistern mich entgegen
Mit ängstlichen Gefühlen sehnen muß?
Daß in den alten Hallen, wo die Trauer
Noch manchmal stille meinen Namen lispelt,
Die Freude, wie um eine Neugeborne,
460 Den schönsten Kranz von Säul' an Säulen schlinge.
O sendetest du mich auf Schiffen hin!
Du gäbest mir und allen neues Leben.
THOAS So kehr' zurück! Tu' was dein Herz dich heißt;
Und höre nicht die Stimme guten Rats
465 Und der Vernunft. Sei ganz ein Weib und gib
Dich hin dem Triebe, der dich zügellos
Ergreift und dahin oder dorthin reißt.
Wenn ihnen eine Lust im Busen brennt,
Hält vom Verräter sie kein heilig Band,
470 Der sie dem Vater oder dem Gemahl
Aus langbewährten, treuen Armen lockt;
Und schweigt in ihrer Brust die rasche Glut,
So dringt auf sie vergebens treu und mächtig
Der Überredung goldne Zunge los.
475 IPHIGENIE Gedenk, o König, deines edeln Wortes!
Willst du mein Zutrau'n so erwiedern? Du
Schienst vorbereitet, alles zu vernehmen.

THOAS Aufs Ungehoffte war ich nicht bereitet;
  Doch sollt' ich's auch erwarten: wußt' ich nicht,
  Daß ich mit einem Weibe handeln ging? 480
IPHIGENIE Schilt nicht, o König, unser arm Geschlecht.
  Nicht herrlich wie die euern, aber nicht
  Unedel sind die Waffen eines Weibes.
  Glaub' es, darin bin ich dir vorzuziehn,
  Daß ich dein Glück mehr als du selber kenne. 485
  Du wähnest, unbekannt mit dir und mir,
  Ein näher Band werd' uns zum Glück vereinen.
  Voll guten Mutes, wie voll guten Willens,
  Dringst du in mich, daß ich mich fügen soll;
  Und hier dank' ich den Göttern, daß sie mir 490
  Die Festigkeit gegeben, dieses Bündnis
  Nicht einzugehen, das sie nicht gebilligt.
THOAS Es spricht kein Gott; es spricht dein eignes Herz.
IPHIGENIE Sie reden nur durch unser Herz zu uns.
THOAS Und hab' Ich, sie zu hören, nicht das Recht? 495
IPHIGENIE Es überbraust der Sturm die zarte Stimme.
THOAS Die Priesterin vernimmt sie wohl allein?
IPHIGENIE Vor allen andern merke sie der Fürst.
THOAS Dein heilig Amt und dein geerbtes Recht
  An Jovis Tisch bringt dich den Göttern näher, 500
  Als einen erdgebornen Wilden.
IPHIGENIE So
  Büß' ich nun das Vertrau'n, das du erzwangst.
THOAS Ich bin ein Mensch; und besser ist's wir enden.
  So bleibe denn mein Wort: Sei Priesterin
  Der Göttin, wie sie dich erkoren hat; 505
  Doch mir verzeih' Diane, daß ich ihr
  Bisher mit Unrecht und mit innerm Vorwurf
  Die alten Opfer vorenthalten habe.
  Kein Fremder nahet glücklich unserm Ufer;
  Von Alters her ist ihm der Tod gewiß. 510
  Nur Du hast mich mit einer Freundlichkeit,
  In der ich bald der zarten Tochter Liebe,
  Bald stille Neigung einer Braut zu sehn
  Mich tief erfreute, wie mit Zauberbanden
  Gefesselt, daß ich meiner Pflicht vergaß. 515
  Du hattest mir die Sinnen eingewiegt,

Das Murren meines Volks vernahm ich nicht;
Nun rufen sie die Schuld von meines Sohnes
Frühzeit'gem Tode lauter über mich.
520 Um deinetwillen halt' ich länger nicht
Die Menge, die das Opfer dringend fordert.
IPHIGENIE Um meinetwillen hab' ich's nie begehrt.
Der mißversteht die Himmlischen, der sie
Blutgierig wähnt; er dichtet ihnen nur
525 Die eignen grausamen Begierden an.
Entzog die Göttin mich nicht selbst dem Priester?
Ihr war mein Dienst willkommner, als mein Tod.
THOAS Es ziemt sich nicht für uns, den heiligen
Gebrauch mit leicht beweglicher Vernunft
530 Nach unserm Sinn zu deuten und zu lenken.
Tu deine Pflicht, ich werde meine tun.
Zwei Fremde, die wir in des Ufers Höhlen
Versteckt gefunden, und die meinem Lande
Nichts gutes bringen, sind in meiner Hand.
535 Mit diesen nehme deine Göttin wieder
Ihr erstes, rechtes, lang' entbehrtes Opfer!
Ich sende sie hierher; du weißt den Dienst.

### Vierter Auftritt

IPHIGENIE *allein* Du hast Wolken, gnädige Retterin,
Einzuhüllen unschuldig Verfolgte,
540 Und auf Winden dem ehrnen Geschick sie
Aus den Armen, über das Meer,
Über der Erde weiteste Strecken
Und wohin es dir gut dünkt zu tragen.
Weise bist du und siehest das Künftige;
545 Nicht vorüber ist dir das Vergangne,
Und dein Blick ruht über den Deinen
Wie dein Licht, das Leben der Nächte,
Über der Erde ruhet und waltet.
O enthalte vom Blut meine Hände!
550 Nimmer bringt es Segen und Ruhe;
Und die Gestalt des zufällig Ermordeten
Wird auf des traurig-unwilligen Mörders

>       Böse Stunde lauern – und schrecken.
>       Denn die Unsterblichen lieben der Menschen
>       Weit verbreitete gute Geschlechter, 555
>       Und sie fristen das flüchtige Leben
>       Gerne dem Sterblichen, wollen ihm gerne
>       Ihres eigenen, ewigen Himmels
>       Mitgenießendes fröhliches Anschau'n
>       Eine Weile gönnen und lassen. 560


## Zweiter Aufzug

### Erster Auftritt

*Orest. Pylades.*

OREST Es ist der Weg des Todes, den wir treten:
    Mit jedem Schritt wird meine Seele stiller.
    Als ich Apollen bat, das gräßliche
    Geleit der Rachegeister von der Seite
    Mir abzunehmen, schien er Hülf' und Rettung 565
    Im Tempel seiner vielgeliebten Schwester,
    Die über Tauris herrscht, mit hoffnungsreichen
    Gewissen Götterworten zu versprechen;
    Und nun erfüllet sich's, daß alle Not
    Mit meinem Leben völlig enden soll. 570
    Wie leicht wird's mir, dem eine Götterhand
    Das Herz zusammendrückt, den Sinn betäubt,
    Dem schönen Licht der Sonne zu entsagen.
    Und sollen Atreus Enkel in der Schlacht
    Ein siegbekröntes Ende nicht gewinnen; 575
    Soll ich wie meine Ahnen, wie mein Vater
    Als Opfertier im Jammertode bluten:
    So sei es! Besser hier vor dem Altar,
    Als im verworfnen Winkel, wo die Netze
    Der nahverwandte Meuchelmörder stellt. 580
    Laßt mir so lange Ruh', ihr Unterird'schen,
    Die nach dem Blut' ihr, das von meinen Tritten

Hernieder träufend meinen Pfad bezeichnet,
Wie losgelaßne Hunde spürend hetzt.
585 Laßt mich, ich komme bald zu euch hinab;
Das Licht des Tags soll euch nicht sehn, noch mich.
Der Erde schöner grüner Teppich soll
Kein Tummelplatz für Larven sein. Dort unten
Such' ich euch auf: dort bindet alle dann
590 Ein gleich Geschick in ew'ge matte Nacht.
Nur dich, mein Pylades, dich, meiner Schuld
Und meines Banns unschuldigen Genossen,
Wie ungern nehm' ich dich in jenes Trauerland
Frühzeitig mit! Dein Leben oder Tod
595 Gibt mir allein noch Hoffnung oder Furcht.
PYLADES Ich bin noch nicht, Orest, wie du bereit,
In jenes Schattenreich hinabzugehn.
Ich sinne noch, durch die verworrnen Pfade,
Die nach der schwarzen Nacht zu führen scheinen,
600 Uns zu dem Leben wieder aufzuwinden.
Ich denke nicht den Tod; ich sinn' und horche,
Ob nicht zu irgend einer frohen Flucht
Die Götter Rat und Wege zubereiten.
Der Tod, gefürchtet oder ungefürchtet,
605 Kommt unaufhaltsam. Wenn die Priesterin
Schon unsre Locken weihend abzuschneiden
Die Hand erhebt, soll dein' und meine Rettung
Mein einziger Gedanke sein. Erhebe
Von diesem Unmut deine Seele; zweifelnd
610 Beschleunigest du die Gefahr. Apoll
Gab uns das Wort: im Heiligtum der Schwester
Sei Trost und Hülf' und Rückkehr dir bereitet.
Der Götter Worte sind nicht doppelsinnig,
Wie der Gedrückte sie im Unmut wähnt.
615 OREST Des Lebens dunkle Decke breitete
Die Mutter schon mir um das zarte Haupt,
Und so wuchs ich herauf, ein Ebenbild
Des Vaters, und es war mein stummer Blick
Ein bittrer Vorwurf ihr und ihrem Buhlen.
620 Wie oft, wenn still Elektra meine Schwester
Am Feuer in der tiefen Halle saß,
Drängt' ich beklommen mich an ihren Schoß,

Und starrte, wie sie bitter weinte, sie
　　　Mit großen Augen an. Dann sagte sie
　　　Von unserm hohen Vater viel: wie sehr 625
　　　Verlangt' ich ihn zu sehn, bei ihm zu sein!
　　　Mich wünscht' ich bald nach Troja, ihn bald her.
　　　Es kam der Tag –
PYLADES　　　　　O laß von jener Stunde
　　　Sich Höllengeister nächtlich unterhalten!
　　　Uns gebe die Erinnrung schöner Zeit 630
　　　Zu frischem Heldenlaufe neue Kraft.
　　　Die Götter brauchen manchen guten Mann
　　　Zu ihrem Dienst auf dieser weiten Erde.
　　　Sie haben noch auf dich gezählt; sie gaben
　　　Dich nicht dem Vater zum Geleite mit, 635
　　　Da er unwillig nach dem Orkus ging.
OREST O wär' ich, seinen Saum ergreifend, ihm gefolgt.
PYLADES So haben die, die dich erhielten,
　　　Für *mich* gesorgt: denn was ich worden wäre,
　　　Wenn Du nicht lebtest, kann ich mir nicht denken; 640
　　　Da ich mit dir und deinetwillen nur
　　　Seit meiner Kindheit leb' und leben mag.
OREST Erinnre mich nicht jener schönen Tage,
　　　Da mir dein Haus die freie Stätte gab,
　　　Dein edler Vater klug und liebevoll 645
　　　Die halb erstarrte junge Blüte pflegte;
　　　Da du ein immer munterer Geselle,
　　　Gleich einem leichten bunten Schmetterling'
　　　Um eine dunkle Blume, jeden Tag
　　　Um mich mit neuem Leben gaukeltest, 650
　　　Mir deine Lust in meine Seele spieltest,
　　　Daß ich, vergessend meiner Not, mit dir
　　　In rascher Jugend hingerissen schwärmte.
PYLADES Da fing mein Leben an, als ich dich liebte.
OREST Sag: meine Not begann, und du sprichst wahr. 655
　　　Das ist das Ängstliche von meinem Schicksal,
　　　Daß ich, wie ein verpesteter Vertriebner,
　　　Geheimen Schmerz und Tod im Busen trage;
　　　Daß, wo ich den gesund'sten Ort betrete,
　　　Gar bald um mich die blühenden Gesichter 660
　　　Den Schmerzenszug langsamen Tod's verraten.

PYLADES Der nächste wär' ich diesen Tod zu sterben,
Wenn je dein Hauch, Orest, vergiftete.
Bin ich nicht immer noch voll Mut und Lust?
665 Und Lust und Liebe sind die Fittige
Zu großen Taten.
OREST Große Taten? Ja,
Ich weiß die Zeit, da wir sie vor uns sahn!
Wenn wir zusammen oft dem Wilde nach
Durch Berg' und Täler rannten, und dereinst
670 An Brust und Faust dem hohen Ahnherrn gleich
Mit Keul' und Schwert dem Ungeheuer so,
Dem Räuber auf der Spur zu jagen hofften;
Und dann wir Abends an der weiten See
Uns an einander lehnend ruhig saßen,
675 Die Wellen bis zu unsern Füßen spielten,
Die Welt so weit, so offen vor uns lag;
Da fuhr wohl einer manchmal nach dem Schwert,
Und künft'ge Taten drangen wie die Sterne
Rings um uns her unzählig aus der Nacht.
680 PYLADES Unendlich ist das Werk, das zu vollführen
Die Seele dringt. Wir möchten jede Tat
So groß gleich tun als wie sie wächst und wird,
Wenn Jahre lang durch Länder und Geschlechter
Der Mund der Dichter sie vermehrend wälzt.
685 Es klingt so schön was unsre Väter taten,
Wenn es in stillen Abendschatten ruhend
Der Jüngling mit dem Ton der Harfe schlürft;
Und was wir tun ist, wie es ihnen war,
Voll Müh' und eitel Stückwerk!
690 So laufen wir nach dem was vor uns flieht,
Und achten nicht des Weges den wir treten,
Und sehen neben uns der Ahnherrn Tritte
Und ihres Erdelebens Spuren kaum.
Wir eilen immer ihrem Schatten nach,
695 Der göttergleich in einer weiten Ferne
Der Berge Haupt auf goldnen Wolken krönt.
Ich halte nichts von dem, der von sich denkt
Wie ihn das Volk vielleicht erheben möchte.
Allein, o Jüngling, danke du den Göttern,
700 Daß sie so früh durch dich so viel getan.

OREST Wenn sie dem Menschen frohe Tat bescheren,
Daß er ein Unheil von den Seinen wendet,
Daß er sein Reich vermehrt, die Grenzen sichert,
Und alte Feinde fallen oder fliehn;
Dann mag er danken! denn ihm hat ein Gott 705
Des Lebens erste, letzte Lust gegönnt.
Mich haben sie zum Schlächter auserkoren,
Zum Mörder meiner doch verehrten Mutter,
Und eine Schandtat schändlich rächend, mich
Durch ihren Wink zu Grund' gerichtet. Glaube, 710
Sie haben es auf Tantals Haus gerichtet,
Und ich, der Letzte, soll nicht schuldlos, soll
Nicht ehrenvoll vergehn.
PYLADES                    Die Götter rächen
Der Väter Missetat nicht an dem Sohn;
Ein jeglicher, gut oder böse, nimmt 715
Sich seinen Lohn mit seiner Tat hinweg.
Es erbt der Eltern Segen, nicht ihr Fluch.
OREST Uns führt ihr Segen, dünkt mich, nicht hierher.
PYLADES Doch wenigstens der hohen Götter Wille.
OREST So ist's ihr Wille denn, der uns verderbt. 720
PYLADES Tu' was sie dir gebieten und erwarte.
Bringst du die Schwester zu Apollen hin,
Und wohnen beide dann vereint zu Delphis,
Verehrt von einem Volk das edel denkt;
So wird für diese Tat das hohe Paar 725
Dir gnädig sein, sie werden aus der Hand
Der Unterird'schen dich erretten. Schon
In diesen heil'gen Hain wagt keine sich.
OREST So hab' ich wenigstens geruh'gen Tod.
PYLADES Ganz anders denk' ich, und nicht ungeschickt 730
Hab' ich das schon Gescheh'ne mit dem Künft'gen
Verbunden und im stillen ausgelegt.
Vielleicht reift in der Götter Rat schon lange
Das große Werk. Diane sehnet sich
Von diesem rauhen Ufer der Barbaren 735
Und ihren blut'gen Menschenopfern weg.
Wir waren zu der schönen Tat bestimmt,
Uns wird sie auferlegt, und seltsam sind
Wir an der Pforte schon gezwungen hier.

OREST Mit seltner Kunst flichst du der Götter Rat
Und deine Wünsche klug in eins zusammen.
PYLADES Was ist des Menschen Klugheit, wenn sie nicht
Auf Jener Willen droben achtend lauscht?
Zu einer schweren Tat beruft ein Gott
Den edlen Mann, der viel verbrach, und legt
Ihm auf was uns unmöglich scheint zu enden.
Es siegt der Held, und büßend dienet er
Den Göttern und der Welt, die ihn verehrt.
OREST Bin ich bestimmt, zu leben und zu handeln;
So nehm' ein Gott von meiner schweren Stirn
Den Schwindel weg, der auf dem schlüpfrigen,
Mit Mutterblut besprengten Pfade fort
Mich zu den Toten reißt. Er trockne gnädig
Die Quelle, die, mir aus der Mutter Wunden
Entgegen sprudelnd, ewig mich befleckt.
PYLADES Erwart' es ruhiger! Du mehrst das Übel
Und nimmst das Amt der Furien auf dich.
Laß mich nur sinnen, bleibe still! Zuletzt,
Bedarf's zur Tat vereinter Kräfte, dann
Ruf' ich dich auf, und beide schreiten wir
Mit überlegter Kühnheit zur Vollendung.
OREST Ich hör' Ulyssen reden.
PYLADES                    Spotte nicht.
Ein jeglicher muß seinen Helden wählen,
Dem er die Wege zum Olymp hinauf
Sich nacharbeitet. Laß es mich gestehn:
Mir scheinet List und Klugheit nicht den Mann
Zu schänden, der sich kühnen Taten weiht.
OREST Ich schätze den, der tapfer ist und g'rad.
PYLADES Drum hab' ich keinen Rat von dir verlangt.
Schon ist ein Schritt getan. Von unsern Wächtern
Hab' ich bisher gar vieles ausgelockt.
Ich weiß, ein fremdes, gottergleiches Weib
Hält jenes blutige Gesetz gefesselt;
Ein reines Herz und Weihrauch und Gebet
Bringt sie den Göttern dar. Man rühmet hoch
Die Gütige; man glaubet, sie entspringe
Vom Stamm der Amazonen, sei geflohn,
Um einem großen Unheil zu entgehn.

OREST Es scheint, ihr lichtes Reich verlor die Kraft
Durch des Verbrechers Nähe, den der Fluch 780
Wie eine breite Nacht verfolgt und deckt.
Die fromme Blutgier lös't den alten Brauch
Von seinen Fesseln los, uns zu verderben.
Der wilde Sinn des Königs tötet uns;
Ein Weib wird uns nicht retten, wenn er zürnt. 785
PYLADES Wohl uns, daß es ein Weib ist! denn ein Mann,
Der beste selbst, gewöhnet seinen Geist
An Grausamkeit, und macht sich auch zuletzt
Aus dem, was er verabscheut, ein Gesetz,
Wird aus Gewohnheit hart und fast unkenntlich. 790
Allein ein Weib bleibt stät auf Einem Sinn,
Den sie gefaßt. Du rechnest sicherer
Auf sie im Guten wie im Bösen. – Still!
Sie kommt; laß uns allein. Ich darf nicht gleich
Ihr unsre Namen nennen, unser Schicksal 795
Nicht ohne Rückhalt ihr vertrau'n. Du gehst,
Und eh' sie mit dir spricht treff' ich dich noch.

## Zweiter Auftritt

*Iphigenie. Pylades.*

**IPHIGENIE**
Woher du seist und kommst, o Fremdling, sprich!
Mir scheint es, daß ich eher einem Griechen
Als einem Scythen dich vergleichen soll. 800
*Sie nimmt ihm die Ketten ab.*
Gefährlich ist die Freiheit, die ich gebe;
Die Götter wenden ab was euch bedroht!
PYLADES O süße Stimme! Vielwillkommner Ton
Der Muttersprach' in einem fremden Lande!
Des väterlichen Hafens blaue Berge 805
Seh' ich Gefangner neu willkommen wieder
Vor meinen Augen. Laß dir diese Freude
Versichern, daß auch ich ein Grieche bin!
Vergessen hab' ich einen Augenblick,
Wie sehr ich dein bedarf, und meinen Geist 810

Der herrlichen Erscheinung zugewendet.
O sage, wenn dir ein Verhängnis nicht
Die Lippe schließt, aus welchem unsrer Stämme
Du deine göttergleiche Herkunft zählst.

IPHIGENIE Die Priesterin, von ihrer Göttin selbst
Gewählet und geheiligt, spricht mit dir.
Das laß dir g'nügen; sage, wer du seist
Und welch unselig-waltendes Geschick
Mit dem Gefährten dich hierher gebracht.

PYLADES Leicht kann ich dir erzählen, welch ein Übel
Mit lastender Gesellschaft uns verfolgt.
O könntest du der Hoffnung frohen Blick
Uns auch so leicht, du Göttliche, gewähren!
Aus Kreta sind wir, Söhne des Adrasts:
Ich bin der jüngste, Cephalus genannt,
Und er Laodamas, der älteste
Des Hauses. Zwischen uns stand rauh und wild
Ein mittlerer, und trennte schon im Spiel
Der ersten Jugend Einigkeit und Lust.
Gelassen folgten wir der Mutter Worten,
So lang' des Vaters Kraft vor Troja stritt;
Doch als er beutereich zurücke kam
Und kurz darauf verschied, da trennte bald
Der Streit um Reich und Erbe die Geschwister.
Ich neigte mich zum Ältsten. Er erschlug
Den Bruder. Um der Blutschuld willen treibt
Die Furie gewaltig ihn umher.
Doch diesem wilden Ufer sendet uns
Apoll, der Delphische, mit Hoffnung zu.
Im Tempel seiner Schwester hieß er uns
Der Hülfe segensvolle Hand erwarten.
Gefangen sind wir und hierher gebracht,
Und dir als Opfer dargestellt. Du weißt's.

IPHIGENIE Fiel Troja? Teurer Mann, versichr' es mir.

PYLADES Es liegt. O sich're du uns Rettung zu!
Beschleunige die Hülfe, die ein Gott
Versprach. Erbarme meines Bruders dich.
O sag' ihm bald ein gutes holdes Wort;
Doch schone seiner wenn du mit ihm sprichst,
Das bitt' ich eifrig: denn es wird gar leicht

Durch Freud' und Schmerz und durch Erinnerung
Sein Innerstes ergriffen und zerrüttet.
Ein fieberhafter Wahnsinn fällt ihn an,
Und seine schöne freie Seele wird
Den Furien zum Raube hingegeben. 855
IPHIGENIE So groß dein Unglück ist, beschwör' ich dich,
Vergiß es, bis du mir genug getan.
PYLADES Die hohe Stadt, die zehen lange Jahre
Dem ganzen Heer der Griechen widerstand,
Liegt nun im Schutte, steigt nicht wieder auf. 860
Doch manche Gräber unsrer Besten heißen
Uns an das Ufer der Barbaren denken.
Achill liegt dort mit seinem schönen Freunde.
IPHIGENIE So seid ihr Götterbilder auch zu Staub!
PYLADES Auch Palamedes, Ajax Telamons, 865
Sie sahn des Vaterlandes Tag nicht wieder.
IPHIGENIE
Er schweigt von meinem Vater, nennt ihn nicht
Mit den Erschlagnen. Ja! er lebt mir noch!
Ich werd' ihn sehn. O hoffe, liebes Herz!
PYLADES Doch selig sind die Tausende, die starben 870
Den bittersüßen Tod von Feindes Hand!
Denn wüste Schrecken und ein traurig Ende
Hat den Rückkehrenden statt des Triumphs
Ein feindlich aufgebrachter Gott bereitet.
Kommt denn der Menschen Stimme nicht zu euch? 875
So weit sie reicht, trägt sie den Ruf umher
Von unerhörten Taten die geschah'n.
So ist der Jammer, der Mycenens Hallen
Mit immer wiederholten Seufzern füllt,
Dir ein Geheimnis? – Klytemnestra hat 880
Mit Hülf' Ägisthens den Gemahl berückt,
Am Tage seiner Rückkehr ihn ermordet! –
Ja du verehrest dieses Königs Haus!
Ich seh' es, deine Brust bekämpft vergebens
Das unerwartet ungeheure Wort. 885
Bist du die Tochter eines Freundes? bist
Du nachbarlich in dieser Stadt geboren?
Verbirg es nicht und rechne mir's nicht zu,
Daß ich der erste diese Greuel melde.

890 IPHIGENIE Sag' an, wie ward die schwere Tat vollbracht?
PYLADES Am Tage seiner Ankunft, da der König
   Vom Bad' erquickt und ruhig, sein Gewand
   Aus der Gemahlin Hand verlangend, stieg,
   Warf die Verderbliche ein faltenreich
895 Und künstlich sich verwirrendes Gewebe
   Ihm auf die Schultern, um das edle Haupt;
   Und da er wie von einem Netze sich
   Vergebens zu entwickeln strebte, schlug
   Ägisth ihn, der Verräter, und verhüllt
900 Ging zu den Toten dieser große Fürst.
   IPHIGENIE
   Und welchen Lohn erhielt der Mitverschworne?
   PYLADES Ein Reich und Bette, das er schon besaß.
   IPHIGENIE So trieb zur Schandtat eine böse Lust?
   PYLADES Und einer alten Rache tief Gefühl.
905 IPHIGENIE Und wie beleidigte der König sie?
   PYLADES Mit schwerer Tat, die, wenn Entschuldigung
   Des Mordes wäre, sie entschuldigte.
   Nach Aulis lockt' er sie und brachte dort,
   Als eine Gottheit sich der Griechen Fahrt
910 Mit ungestümen Winden widersetzte,
   Die älteste Tochter Iphigenien
   Vor den Altar Dianens, und sie fiel
   Ein blutig Opfer für der Griechen Heil.
   Dies, sagt man, hat ihr einen Widerwillen
915 So tief ins Herz geprägt, daß sie dem Werben
   Ägisthens sich ergab und den Gemahl
   Mit Netzen des Verderbens selbst umschlang.
   IPHIGENIE *sich verhüllend*
   Es ist genug. Du wirst mich wiedersehn.
   PYLADES *allein*
   Von dem Geschick des Königs-Hauses scheint
920 Sie tief gerührt. Wer sie auch immer sei,
   So hat sie selbst den König wohl gekannt
   Und ist, zu unserm Glück, aus hohem Hause
   Hierher verkauft. Nur stille, liebes Herz,
   Und laß dem Stern der Hoffnung, der uns blinkt,
925 Mit frohem Mut uns klug entgegen steuern.

## Dritter Aufzug

### Erster Auftritt

*Iphigenie. Orest.*

IPHIGENIE Unglücklicher, ich löse deine Bande
Zum Zeichen eines schmerzlichern Geschicks.
Die Freiheit, die das Heiligtum gewährt,
Ist wie der letzte, lichte Lebensblick
Des schwer Erkrankten, Todesbote. Noch 930
Kann ich es mir und darf es mir nicht sagen,
Daß ihr verloren seid! Wie könnt' ich euch
Mit mörderischer Hand dem Tode weihen?
Und niemand, wer es sei, darf euer Haupt,
So lang' ich Priesterin Dianens bin, 935
Berühren. Doch verweigr' ich jene Pflicht,
Wie sie der aufgebrachte König fordert;
So wählt er eine meiner Jungfraun mir
Zur Folgerin, und ich vermag alsdann
Mit heißem Wunsch allein euch beizustehn. 940
O werter Landsmann! Selbst der letzte Knecht,
Der an den Herd der Vatergötter streifte,
Ist uns in fremdem Lande hoch willkommen;
Wie soll ich euch genug mit Freud' und Segen
Empfangen, die ihr mir das Bild der Helden, 945
Die ich von Eltern her verehren lernte,
Entgegen bringet und das innre Herz
Mit neuer schöner Hoffnung schmeichelnd labet!
OREST Verbirgst du deinen Namen, deine Herkunft
Mit klugem Vorsatz? oder darf ich wissen, 950
Wer mir, gleich einer Himmlischen, begegnet?
IPHIGENIE Du sollst mich kennen. Jetzo sag' mir an,
Was ich nur halb von deinem Bruder hörte,
Das Ende derer, die von Troja kehrend
Ein hartes unerwartetes Geschick 955
Auf ihrer Wohnung Schwelle stumm empfing.
Zwar ward ich jung an diesen Strand geführt;
Doch wohl erinnr' ich mich des scheuen Blicks,

Den ich mit Staunen und mit Bangigkeit
Auf jene Helden warf. Sie zogen aus,
Als hätte der Olymp sich aufgetan
Und die Gestalten der erlauchten Vorwelt
Zum Schrecken Ilions herabgesendet,
Und Agamemnon war vor allen herrlich!
O sage mir! Er fiel, sein Haus betretend,
Durch seiner Frauen und Ägisthus Tücke?
OREST Du sagst's!
IPHIGENIE        Weh dir, unseliges Mycen!
So haben Tantals Enkel Fluch auf Fluch
Mit vollen wilden Händen ausgesät!
Und gleich dem Unkraut, wüste Häupter schüttelnd
Und tausendfält'gen Samen um sich streuend,
Den Kindes Kindern nahverwandte Mörder
Zur ew'gen Wechselwut erzeugt! – Enthülle,
Was von der Rede deines Bruders schnell
Die Finsternis des Schreckens mir verdeckte.
Wie ist des großen Stammes letzter Sohn,
Das holde Kind, bestimmt des Vaters Rächer
Dereinst zu sein, wie ist Orest dem Tage
Des Bluts entgangen? Hat ein gleich Geschick
Mit des Avernus Netzen ihn umschlungen?
Ist er gerettet? Lebt er? Lebt Elektra?
OREST Sie leben.
IPHIGENIE        Goldne Sonne, leihe mir
Die schönsten Strahlen, lege sie zum Dank
Vor Jovis Thron! denn ich bin arm und stumm.
OREST Bist du gastfreundlich diesem Königs-Hause,
Bist du mit nähern Banden ihm verbunden,
Wie deine schöne Freude mir verrät:
So bändige dein Herz und halt es fest!
Denn unerträglich muß dem Fröhlichen
Ein jäher Rückfall in die Schmerzen sein.
Du weißt nur, merk' ich, Agamemnons Tod.
IPHIGENIE Hab' ich an dieser Nachricht nicht genug?
OREST Du hast des Greuels Hälfte nur erfahren.
IPHIGENIE Was fürcht' ich noch? Orest, Elektra leben.
OREST Und fürchtest du für Klytemnestren nichts?
IPHIGENIE Sie rettet weder Hoffnung, weder Furcht.

OREST Auch schied sie aus dem Land der Hoffnung ab.
IPHIGENIE Vergoß sie reuig wütend selbst ihr Blut?
OREST Nein, doch ihr eigen Blut gab ihr den Tod.
IPHIGENIE Sprich deutlicher, daß ich nicht länger sinne.
Die Ungewißheit schlägt mir tausendfältig
Die dunkeln Schwingen um das bange Haupt.
OREST So haben mich die Götter ausersehn
Zum Boten einer Tat, die ich so gern
Ins klanglos-dumpfe Höhlenreich der Nacht
Verbergen möchte. Wider meinen Willen
Zwingt mich dein holder Mund; allein er darf
Auch etwas schmerzlich's fodern und erhält's.
Am Tage da der Vater fiel, verbarg
Elektra rettend ihren Bruder: Strophius,
Des Vaters Schwäher, nahm ihn willig auf,
Erzog ihn neben seinem eignen Sohne,
Der, Pylades genannt, die schönsten Bande
Der Freundschaft um den Angekommnen knüpfte.
Und wie sie wuchsen, wuchs in ihrer Seele
Die brennende Begier des Königs Tod
Zu rächen. Unversehen, fremd gekleidet,
Erreichen sie Mycen, als brächten sie
Die Trauernachricht von Orestens Tode
Mit seiner Asche. Wohl empfänget sie
Die Königin, sie treten in das Haus.
Elektren gibt Orest sich zu erkennen;
Sie bläs't der Rache Feuer in ihm auf,
Das vor der Mutter heil'ger Gegenwart
In sich zurückgebrannt war. Stille führt
Sie ihn zum Orte, wo sein Vater fiel,
Wo eine alte leichte Spur des frech-
Vergoßnen Blutes oftgewaschnen Boden
Mit blassen ahndungsvollen Streifen färbte.
Mit ihrer Feuerzunge schilderte
Sie jeden Umstand der verruchten Tat,
Ihr knechtisch elend durchgebrachtes Leben,
Den Übermut der glücklichen Verräter,
Und die Gefahren, die nun der Geschwister
Von einer stiefgeword'nen Mutter warteten;
Hier drang sie jenen alten Dolch ihm auf,

Der schon in Tantals Hause grimmig wütete,
Und Klytemnestra fiel durch Sohnes-Hand.
IPHIGENIE Unsterbliche, die ihr den reinen Tag
Auf immer neuen Wolken selig lebet,
Habt ihr nur darum mich so manches Jahr
Von Menschen abgesondert, mich so nah
Bei euch gehalten, mir die kindliche
Beschäftigung, des heil'gen Feuers Glut
Zu nähren, aufgetragen, meine Seele
Der Flamme gleich in ew'ger frommer Klarheit
Zu euern Wohnungen hinaufgezogen,
Daß ich nur meines Hauses Greuel später
Und tiefer fühlen sollte? – Sage mir
Vom Unglücksel'gen! Sprich mir von Orest! –
OREST O könnte man von seinem Tode sprechen!
Wie gärend stieg aus der Erschlagnen Blut
Der Mutter Geist
Und ruft der Nacht uralten Töchtern zu:
»Laßt nicht den Muttermörder entfliehn!
Verfolgt den Verbrecher! Euch ist er geweiht!«
Sie horchen auf, es schaut ihr hohler Blick
Mit der Begier des Adlers um sich her.
Sie rühren sich in ihren schwarzen Höhlen,
Und aus den Winkeln schleichen ihre Gefährten,
Der Zweifel und die Reue, leis' herbei.
Vor ihnen steigt ein Dampf vom Acheron;
In seinen Wolkenkreisen wälzet sich
Die ewige Betrachtung des Gescheh'nen
Verwirrend um des Schuld'gen Haupt umher.
Und sie, berechtigt zum Verderben, treten
Der gottbesäten Erde schönen Boden,
Von dem ein alter Fluch sie längst verbannte.
Den Flüchtigen verfolgt ihr schneller Fuß;
Sie geben nur um neu zu schrecken Rast.
IPHIGENIE Unseliger, du bist in gleichem Fall,
Und fühlst was er, der arme Flüchtling, leidet!
OREST Was sagst du mir? Was wähnst du gleichen Fall?
IPHIGENIE Dich drückt ein Brudermord wie jenen; mir
Vertraute dies dein jüngster Bruder schon.
OREST Ich kann nicht leiden, daß du große Seele

Mit einem falschen Wort betrogen werdest.
Ein lügenhaft Gewebe knüpf' ein Fremder
Dem Fremden, sinnreich und der List gewohnt,
Zur Falle vor die Füße; zwischen uns                    1080
Sei Wahrheit!
Ich bin Orest! und dieses schuld'ge Haupt
Senkt nach der Grube sich und sucht den Tod;
In jeglicher Gestalt sei er willkommen!
Wer du auch seist, so wünsch' ich Rettung dir           1085
Und meinem Freunde; mir wünsch' ich sie nicht.
Du scheinst hier wider Willen zu verweilen;
Erfindet Rat zur Flucht und laßt mich hier.
Es stürze mein entseelter Leib vom Fels,
Es rauche bis zum Meer' hinab mein Blut,                1090
Und bringe Fluch dem Ufer der Barbaren!
Geht ihr, daheim im schönen Griechenland'
Ein neues Leben freundlich anzufangen.
            *Er entfernt sich.*
**IPHIGENIE**
So steigst du denn, Erfüllung, schönste Tochter
Des größten Vaters, endlich zu mir nieder!              1095
Wie ungeheuer steht dein Bild vor mir!
Kaum reicht mein Blick dir an die Hände, die
Mit Frucht und Segenskränzen angefüllt
Die Schätze des Olympus niederbringen.
Wie man den König an dem Übermaß                        1100
Der Gaben kennt: denn ihm muß wenig scheinen
Was Tausenden schon Reichtum ist; so kennt
Man euch, ihr Götter, an gesparten, lang'
Und weise zubereiteten Geschenken.
Denn ihr allein wißt was uns frommen kann,              1105
Und schaut der Zukunft ausgedehntes Reich,
Wenn jedes Abends Stern und Nebelhülle
Die Aussicht uns verdeckt. Gelassen hört
Ihr unser Flehn, das um Beschleunigung
Euch kindisch bittet; aber eure Hand                    1110
Bricht unreif nie die goldnen Himmelsfrüchte;
Und wehe dem, der ungeduldig sie
Ertrotzend, saure Speise sich zum Tod'
Genießt. O laßt das lang' erwartete,

Noch kaum gedachte Glück nicht, wie den Schatten
Des abgeschiednen Freundes, eitel mir
Und dreifach schmerzlicher vorübergehn!
OREST *der wieder zu ihr tritt*
Rufst du die Götter an für dich und Pylades,
So nenne meinen Namen nicht mit euerm.
Du rettest den Verbrecher nicht zu dem
Du dich gesell'st, und teilest Fluch und Not.
IPHIGENIE Mein Schicksal ist an deines fest gebunden.
OREST Mit nichten! Laß allein und unbegleitet
Mich zu den Toten gehn. Verhülltest du
In deinen Schleier selbst den Schuldigen;
Du birgst ihn nicht vorm Blick der immer Wachen,
Und deine Gegenwart, du Himmlische,
Drängt sie nur seitwärts und verscheucht sie nicht.
Sie dürfen mit den ehrnen frechen Füßen
Des heil'gen Waldes Boden nicht betreten;
Doch hör' ich aus der Ferne hier und da
Ihr gräßliches Gelächter. Wölfe harren
So um den Baum, auf den ein Reisender
Sich rettete. Da draußen ruhen sie
Gelagert; und verlaß' ich diesen Hain,
Dann steigen sie, die Schlangenhäupter schüttelnd,
Von allen Seiten Staub erregend auf
Und treiben ihre Beute vor sich her.
IPHIGENIE
Kannst du, Orest, ein freundlich Wort vernehmen?
OREST Spar' es für einen Freund der Götter auf.
IPHIGENIE Sie geben dir zu neuer Hoffnung Licht.
OREST
Durch Rauch und Qualm seh' ich den matten Schein
Des Totenflusses mir zur Hölle leuchten.
IPHIGENIE Hast du Elektren, Eine Schwester nur?
OREST Die Eine kannt' ich; doch die älteste nahm
Ihr gut Geschick, das uns so schrecklich schien,
Bei Zeiten aus dem Elend unsers Hauses.
O laß dein Fragen, und geselle dich
Nicht auch zu den Erinnyen; sie blasen
Mir schadenfroh die Asche von der Seele,
Und leiden nicht, daß sich die letzten Kohlen

Von unsers Hauses Schreckensbrande still
In mir verglimmen. Soll die Glut denn ewig,
Vorsätzlich angefacht, mit Höllenschwefel
Genährt, mir auf der Seele marternd brennen? 1155
IPHIGENIE
Ich bringe süßes Räuchwerk in die Flamme.
O laß den reinen Hauch der Liebe dir
Die Glut des Busens leise wehend kühlen.
Orest, mein Teurer, kannst du nicht vernehmen?
Hat das Geleit der Schreckensgötter so 1160
Das Blut in deinen Adern aufgetrocknet?
Schleicht, wie vom Haupt der gräßlichen Gorgone,
Versteinernd dir ein Zauber durch die Glieder?
O wenn vergoßnen Mutterblutes Stimme
Zur Höll' hinab mit dumpfen Tönen ruft: 1165
Soll nicht der reinen Schwester Segenswort
Hülfreiche Götter vom Olympus rufen?
OREST Es ruft! es ruft! So willst du mein Verderben?
Verbirgt in dir sich eine Rachegöttin?
Wer bist du, deren Stimme mir entsetzlich 1170
Das Innerste in seinen Tiefen wendet?
IPHIGENIE Es zeigt sich dir im tiefsten Herzen an:
Orest, ich bin's! sieh Iphigenien!
Ich lebe!
OREST      Du!
IPHIGENIE      Mein Bruder!
OREST                Laß! Hinweg!
Ich rate dir, berühre nicht die Locken! 1175
Wie von Kreusas Brautkleid zündet sich
Ein unauslöschlich Feuer von mir fort.
Laß mich! Wie Herkules will ich Unwürd'ger
Den Tod voll Schmach, in mich verschlossen, sterben.
IPHIGENIE Du wirst nicht untergehn! O daß ich nur 1180
Ein ruhig Wort von dir vernehmen könnte!
O löse meine Zweifel, laß des Glückes,
Des lang'erflehten, mich auch sicher werden.
Es wälzet sich ein Rad von Freud' und Schmerz
Durch meine Seele. Von dem fremden Manne 1185
Entfernet mich ein Schauer; doch es reiß't
Mein Innerstes gewaltig mich zum Bruder.

OREST Ist hier Lyäens Tempel? und ergreift
Unbändig-heil'ge Wut die Priesterin?
1190 IPHIGENIE O höre mich! O sieh mich an, wie mir
Nach einer langen Zeit das Herz sich öffnet,
Der Seligkeit, dem Liebsten, was die Welt
Noch für mich tragen kann, das Haupt zu küssen,
Mit meinen Armen, die den leeren Winden
1195 Nur ausgebreitet waren, dich zu fassen.
O laß mich! Laß mich! Denn es quillet heller
Nicht vom Parnaß die ew'ge Quelle sprudelnd
Von Fels zu Fels ins gold'ne Tal hinab,
Wie Freude mir vom Herzen wallend fließt,
1200 Und wie ein selig Meer mich rings umfängt.
Orest! Orest! Mein Bruder!
OREST                        Schöne Nymphe,
Ich traue dir und deinem Schmeicheln nicht.
Diana fordert strenge Dienerinnen
Und rächet das entweih'te Heiligtum.
1205 Entferne deinen Arm von meiner Brust!
Und wenn du einen Jüngling rettend lieben,
Das schöne Glück ihm zärtlich bieten willst;
So wende meinem Freunde dein Gemüt,
Dem würd'gern Manne zu. Er irr't umher
1210 Auf jenem Felsenpfade; such' ihn auf,
Weis' ihn zurecht und schone meiner.
IPHIGENIE                              Fasse
Dich, Bruder, und erkenne die Gefund'ne!
Schilt einer Schwester reine Himmelsfreude
Nicht unbesonnene, strafbare Lust.
1215 O nehmt den Wahn ihm von dem starren Auge,
Daß uns der Augenblick der höchsten Freude
Nicht dreifach elend mache! Sie ist hier,
Die längst verlorne Schwester. Vom Altar
Riß mich die Göttin weg und rettete
1220 Hierher mich in ihr eigen Heiligtum.
Gefangen bist du, dargestellt zum Opfer,
Und findest in der Priesterin die Schwester.
OREST Unselige! So mag die Sonne denn
Die letzten Greuel unsers Hauses sehn!
1225 Ist nicht Elektra hier? damit auch sie

Mit uns zu Grunde gehe, nicht ihr Leben
Zu schwererem Geschick' und Leiden friste.
Gut, Priesterin! ich folge zum Altar:
Der Brudermord ist hergebrachte Sitte
Des alten Stammes; und ich danke, Götter, 1230
Daß ihr mich ohne Kinder auszurotten
Beschlossen habt. Und laß dir raten, habe
Die Sonne nicht zu lieb und nicht die Sterne;
Komm, folge mir ins dunkle Reich hinab!
Wie sich vom Schwefelpfuhl' erzeugte Drachen 1235
Bekämpfend die verwandte Brut verschlingen,
Zerstört sich selbst das wütende Geschlecht;
Komm kinderlos und schuldlos mit hinab!
Du siehst mich mit Erbarmen an? Laß ab!
Mit solchen Blicken suchte Klytemnestra 1240
Sich einen Weg nach ihres Sohnes Herzen;
Doch sein geschwung'ner Arm traf ihre Brust.
Die Mutter fiel! – Tritt auf, unwill'ger Geist!
Im Kreis geschlossen tretet an, ihr Furien,
Und wohnet dem willkommnen Schauspiel bei, 1245
Dem letzten, gräßlichsten, das ihr bereitet!
Nicht Haß und Rache schärfen ihren Dolch;
Die liebevolle Schwester wird zur Tat
Gezwungen. Weine nicht! Du hast nicht Schuld.
Seit meinen ersten Jahren hab' ich nichts 1250
Geliebt, wie ich dich lieben könnte, Schwester.
Ja, schwinge deinen Stahl, verschone nicht,
Zerreiße diesen Busen, und eröffne
Den Strömen die hier sieden einen Weg.
*Er sinkt in Ermattung.*
IPHIGENIE Allein zu tragen dieses Glück und Elend 1255
Vermag ich nicht. – Wo bist du, Pylades?
Wo find' ich deine Hülfe, teurer Mann?
*Sie entfernt sich suchend.*

## Zweiter Auftritt

OREST *aus seiner Betäubung erwachend und sich
aufrichtend* Noch einen! reiche mir aus Lethes Fluten
Den letzten kühlen Becher der Erquickung!
1260 Bald ist der Krampf des Lebens aus dem Busen
Hinweggespült; bald fließet still mein Geist,
Der Quelle des Vergessens hingegeben,
Zu euch, ihr Schatten, in die ew'gen Nebel.
Gefällig laßt in eurer Ruhe sich
1265 Den umgetriebnen Sohn der Erde laben! –
Welch ein Gelispel hör' ich in den Zweigen,
Welch ein Geräusch aus jener Dämmrung säuseln?
Sie kommen schon den neuen Gast zu sehn!
Wer ist die Schar, die herrlich mit einander
1270 Wie ein versammelt Fürstenhaus sich freut?
Sie gehen friedlich, Alt' und Junge, Männer
Mit Weibern; göttergleich und ähnlich scheinen
Die wandelnden Gestalten. Ja, sie sind's,
Die Ahnherrn meines Hauses! – Mit Thyesten
1275 Geht Atreus in vertraulichen Gesprächen,
Die Knaben schlüpfen scherzend um sie her.
Ist keine Feindschaft hier mehr unter euch?
Verlosch die Rache wie das Licht der Sonne?
So bin auch ich willkommen, und ich darf
1280 In euern feierlichen Zug mich mischen.
Willkommen, Väter! euch grüßt Orest,
Von euerm Stamm der letzte Mann;
Was ihr gesä't, hat er geerntet:
Mit Fluch beladen stieg er herab.
1285 Doch leichter träget sich hier jede Bürde:
Nehmt ihn, o nehmt ihn in euern Kreis! –
Dich, Atreus, ehr' ich, auch dich Thyesten;
Wir sind hier alle der Feindschaft los. –
Zeigt mir den Vater, den ich nur Einmal
1290 Im Leben sah! Bist du's, mein Vater?
Und führst die Mutter vertraut mit dir?
Darf Klytemnestra die Hand dir reichen;
So darf Orest auch zu ihr treten
Und darf ihr sagen: sieh deinen Sohn! –

Seht euern Sohn! Heißt ihn willkommen. 1295
Auf Erden war in unserm Hause
Der Gruß des Mordes gewisse Losung,
Und das Geschlecht des alten Tantalus
Hat seine Freuden jenseits der Nacht.
Ihr ruft, Willkommen! und nehmt mich auf! 1300
O führt zum Alten, zum Ahnherrn mich!
Wo ist der Alte? daß ich ihn sehe,
Das teure Haupt, das vielverehrte,
Das mit den Göttern zu Rate saß.
Ihr scheint zu zaudern, euch wegzuwenden? 1305
Was ist es? Leidet der Göttergleiche?
Weh mir! es haben die Übermächt'gen
Der Heldenbrust grausame Qualen
Mit ehrnen Ketten fest aufgeschmiedet.


## Dritter Auftritt

*Orest. Iphigenie. Pylades.*

OREST Seid ihr auch schon herabgekommen? 1310
Wohl Schwester dir! Noch fehlt Elektra:
Ein güt'ger Gott send' uns die Eine
Mit sanften Pfeilen auch schnell herab.
Dich, armer Freund, muß ich bedauern!
Komm mit! Komm mit! zu Plutos Thron, 1315
Als neue Gäste den Wirt zu grüßen.
IPHIGENIE Geschwister, die ihr an dem weiten Himmel
Das schöne Licht bei Tag und Nacht herauf
Den Menschen bringet, und den Abgeschiednen
Nicht leuchten dürfet, rettet uns Geschwister! 1320
Du liebst, Diane, deinen holden Bruder
Vor allem, was dir Erd' und Himmel bietet,
Und wendest dein jungfräulich Angesicht
Nach seinem ew'gen Lichte sehnend still.
O laß den einz'gen spätgefundnen mir 1325
Nicht in der Finsternis des Wahnsinns rasen!
Und ist dein Wille, da du hier mich bargst,
Nunmehr vollendet, willst du mir durch ihn
Und ihm durch mich die sel'ge Hülfe geben;

1330 So lös' ihn von den Banden jenes Fluchs,
Daß nicht die teure Zeit der Rettung schwinde.

PYLADES Erkennst du uns und diesen heil'gen Hain
Und dieses Licht, das nicht den Toten leuchtet?
Fühlst du den Arm des Freundes und der Schwester,
1335 Die dich noch fest, noch lebend halten? Faß'
Uns kräftig an; wir sind nicht leere Schatten.
Merk auf mein Wort! Vernimm es! Raffe dich
Zusammen! Jeder Augenblick ist teuer,
Und unsre Rückkehr hängt an zarten Fäden,
1340 Die, scheint es, eine günst'ge Parze spinnt.

OREST *zu Iphigenien*
Laß mich zum erstenmal mit freiem Herzen
In deinen Armen reine Freude haben!
Ihr Götter, die mit flammender Gewalt
Ihr schwere Wolken aufzuzehren wandelt,
1345 Und gnädig-ernst den lang' erflehten Regen
Mit Donnerstimmen und mit Windes-Brausen
In wilden Strömen auf die Erde schüttet;
Doch bald der Menschen grausendes Erwarten
In Segen auflös't und das bange Staunen
1350 In Freudeblick und lauten Dank verwandelt,
Wenn in den Tropfen frischerquickter Blätter
Die neue Sonne tausendfach sich spiegelt,
Und Iris freundlich bunt mit leichter Hand
Den grauen Flor der letzten Wolken trennt;
1355 O laßt mich auch in meiner Schwester Armen,
An meines Freundes Brust, was ihr mir gönnt
Mit vollem Dank genießen und behalten.
Es löset sich der Fluch, mir sagt's das Herz.
Die Eumeniden ziehn, ich höre sie,
1360 Zum Tartarus und schlagen hinter sich
Die ehrnen Tore fernabdonnernd zu.
Die Erde dampft erquickenden Geruch
Und ladet mich auf ihren Flächen ein,
Nach Lebensfreud' und großer Tat zu jagen.
1365 PYLADES Versäumt die Zeit nicht, die gemessen ist!
Der Wind der unsre Segel schwellt, er bringe
Erst unsre volle Freude zum Olymp.
Kommt! Es bedarf hier schnellen Rat und Schluß.

## Vierter Aufzug

### Erster Auftritt

IPHIGENIE
Denken die Himmlischen
Einem der Erdgebornen
Viele Verwirrungen zu,
Und bereiten sie ihm
Von der Freude zu Schmerzen
Und von Schmerzen zur Freude
Tief-erschütternden Übergang;
Dann erziehen sie ihm
In der Nähe der Stadt,
Oder am fernen Gestade,
Daß in Stunden der Not
Auch die Hülfe bereit sei,
Einen ruhigen Freund.
O segnet, Götter, unsern Pylades
Und was er immer unternehmen mag!
Er ist der Arm des Jünglings in der Schlacht,
Des Greises leuchtend Aug' in der Versammlung:
Denn seine Seel' ist stille; sie bewahr't
Der Ruhe heil'ges unerschöpftes Gut,
Und den Umhergetriebnen reichet er
Aus ihren Tiefen Rat und Hülfe. Mich
Riß er vom Bruder los; den staunt' ich an
Und immer wieder an, und konnte mir
Das Glück nicht eigen machen, ließ ihn nicht
Aus meinen Armen los, und fühlte nicht
Die Nähe der Gefahr die uns umgibt.
Jetzt gehn sie ihren Anschlag auszuführen
Der See zu, wo das Schiff mit den Gefährten
In einer Bucht versteckt aufs Zeichen lauert,
Und haben kluges Wort mir in den Mund
Gegeben, mich gelehrt was ich dem König'
Antworte, wenn er sendet und das Opfer
Mir dringender gebietet. Ach! ich sehe wohl,
Ich muß mich leiten lassen wie ein Kind.

Ich habe nicht gelernt zu hinterhalten,
Noch jemand etwas abzulisten. Weh!
O weh der Lüge! Sie befreit nicht,
Wie jedes andre wahrgesprochne Wort,
Die Brust; sie macht uns nicht getrost, sie ängstet
Den der sie heimlich schmiedet, und sie kehrt,
Ein losgedruckter Pfeil von einem Gotte
Gewendet und versagend, sich zurück
Und trifft den Schützen. Sorg' auf Sorge schwankt
Mir durch die Brust. Es greift die Furie
Vielleicht den Bruder auf dem Boden wieder
Des ungeweihten Ufers grimmig an?
Entdeckt man sie vielleicht? Mich dünkt, ich höre
Gewaffnete sich nahen! – Hier! – Der Bote
Kommt von dem Könige mit schnellem Schritt.
Es schlägt mein Herz, es trübt sich meine Seele,
Da ich des Mannes Angesicht erblicke,
Dem ich mit falschem Wort begegnen soll.

## Zweiter Auftritt

*Iphigenie. Arkas.*

ARKAS Beschleunige das Opfer, Priesterin!
  Der König wartet und es harrt das Volk.
IPHIGENIE Ich folgte meiner Pflicht und deinem Wink,
  Wenn unvermutet nicht ein Hindernis
Sich zwischen mich und die Erfüllung stellte.
ARKAS Was ist's, das den Befehl des Königs hindert?
IPHIGENIE Der Zufall, dessen wir nicht Meister sind.
ARKAS So sage mir's, daß ich's ihm schnell vermelde:
  Denn er beschloß bei sich der Beiden Tod.
IPHIGENIE
Die Götter haben ihn noch nicht beschlossen.
Der älteste dieser Männer trägt die Schuld
Des nahverwandten Bluts, das er vergoß.
Die Furien verfolgen seinen Pfad,
Ja in dem innern Tempel faßte selbst
Das Übel ihn, und seine Gegenwart

Entheiligte die reine Stätte. Nun
Eil' ich mit meinen Jungfraun, an dem Meere
Der Göttin Bild mit frischer Welle netzend
Geheimnisvolle Weihe zu begehn.
Es störe niemand unsern stillen Zug! 1440
ARKAS Ich melde dieses neue Hindernis
Dem Könige geschwind, beginne du
Das heil'ge Werk nicht eh' bis er's erlaubt.
IPHIGENIE Dies ist allein der Priest'rin überlassen.
ARKAS Solch seltnen Fall soll auch der König wissen. 1445
IPHIGENIE Sein Rat wie sein Befehl verändert nichts.
ARKAS Oft wird der Mächtige zum Schein gefragt.
IPHIGENIE Erdringe nicht, was ich versagen sollte.
ARKAS Versage nicht, was gut und nützlich ist.
IPHIGENIE Ich gebe nach, wenn du nicht säumen willst. 1450
ARKAS Schnell bin ich mit der Nachricht in dem Lager,
Und schnell mit seinen Worten hier zurück.
O könnt' ich ihm noch Eine Botschaft bringen,
Die alles lös'te was uns jetzt verwirrt:
Denn du hast nicht des Treuen Rat geachtet. 1455
IPHIGENIE Was ich vermochte, hab' ich gern getan.
ARKAS Noch änderst du den Sinn zur rechten Zeit.
IPHIGENIE Das steht nun einmal nicht in unsrer Macht.
ARKAS Du hältst unmöglich, was dir Mühe kostet.
IPHIGENIE
Dir scheint es möglich, weil der Wunsch dich trügt. 1460
ARKAS Willst du denn alles so gelassen wagen?
IPHIGENIE Ich hab' es in der Götter Hand gelegt.
ARKAS Sie pflegen Menschen menschlich zu erretten.
IPHIGENIE Auf ihren Fingerzeig kommt alles an.
ARKAS Ich sage dir, es liegt in deiner Hand. 1465
Des Königs aufgebrachter Sinn allein
Bereitet diesen Fremden bittern Tod.
Das Heer entwöhnte längst vom harten Opfer
Und von dem blut'gen Dienste sein Gemüt.
Ja mancher, den ein widriges Geschick 1470
An fremdes Ufer trug, empfand es selbst,
Wie göttergleich dem armen Irrenden,
Umhergetrieben an der fremden Grenze,
Ein freundlich Menschenangesicht begegnet.

1475 O wende nicht von uns was du vermagst!
Du endest leicht was du begonnen hast:
Denn nirgends baut die Milde, die herab
In menschlicher Gestalt vom Himmel kommt,
Ein Reich sich schneller, als wo trüb' und wild
1480 Ein neues Volk, voll Leben, Mut und Kraft,
Sich selbst und banger Ahndung überlassen,
Des Menschenlebens schwere Bürden trägt.
IPHIGENIE Erschütt're meine Seele nicht, die du
Nach deinem Willen nicht bewegen kannst.
1485 ARKAS So lang' es Zeit ist, schont man weder Mühe
Noch eines guten Wortes Wiederholung.
IPHIGENIE
Du machst dir Müh' und mir erregst du Schmerzen;
Vergebens beides: darum laß mich nun.
ARKAS Die Schmerzen sind's, die ich zu Hülfe rufe:
1490 Denn es sind Freunde, Gutes raten sie.
IPHIGENIE Sie fassen meine Seele mit Gewalt,
Doch tilgen sie den Widerwillen nicht.
ARKAS Fühlt eine schöne Seele Widerwillen
Für eine Wohltat, die der Edle reicht?
1495 IPHIGENIE Ja, wenn der Edle, was sich nicht geziemt,
Statt meines Dankes mich erwerben will.
ARKAS Wer keine Neigung fühlt, dem mangelt es
An einem Worte der Entschuld'gung nie.
Dem Fürsten sag' ich an, was hier gescheh'n.
1500 O wiederholtest du in deiner Seele,
Wie edel er sich gegen dich betrug
Von deiner Ankunft an bis diesen Tag!

## Dritter Auftritt

IPHIGENIE *allein* Von dieses Mannes Rede fühl' ich mir
Zur ungelegnen Zeit das Herz im Busen
1505 Auf einmal umgewendet. Ich erschrecke! –
Denn wie die Flut mit schnellen Strömen wachsend
Die Felsen überspült, die in dem Sand'
Am Ufer liegen: so bedeckte ganz
Ein Freudenstrom mein Innerstes. Ich hielt

In meinen Armen das Unmögliche. 1510
Es schien sich eine Wolke wieder sanft
Um mich zu legen, von der Erde mich
Empor zu heben und in jenen Schlummer
Mich einzuwiegen, den die gute Göttin
Um meine Schläfe legte, da ihr Arm 1515
Mich rettend faßte. – Meinen Bruder
Ergriff das Herz mit einziger Gewalt:
Ich horchte nur auf seines Freundes Rat;
Nur sie zu retten drang die Seele vorwärts.
Und wie den Klippen einer wüsten Insel 1520
Der Schiffer gern den Rücken wendet: so
Lag Tauris hinter mir. Nun hat die Stimme
Des treuen Manns mich wieder aufgeweckt,
Daß ich auch Menschen hier verlasse mich
Erinnert. Doppelt wird mir der Betrug 1525
Verhaßt. O bleibe ruhig, meine Seele!
Beginnst du nun zu schwanken und zu zweifeln?
Den festen Boden deiner Einsamkeit
Mußt du verlassen! Wieder eingeschifft
Ergreifen dich die Wellen schaukelnd, trüb' 1530
Und bang verkennest du die Welt und dich.

## Vierter Auftritt

*Iphigenie. Pylades.*

PYLADES Wo ist sie? daß ich ihr mit schnellen Worten
   Die frohe Botschaft unsrer Rettung bringe!
IPHIGENIE
   Du siehst mich hier voll Sorgen und Erwartung
   Des sichern Trostes, den du mir versprichst.
PYLADES Dein Bruder ist geheilt! Den Felsenboden
   Des ungeweihten Ufers und den Sand
   Betraten wir mit fröhlichen Gesprächen;
   Der Hain blieb hinter uns, wir merkten's nicht.
   Und herrlicher und immer herrlicher 1540
   Umloderte der Jugend schöne Flamme
   Sein lockig Haupt; sein volles Auge glühte

Von Mut und Hoffnung, und sein freies Herz
Ergab sich ganz der Freude, ganz der Lust,
Dich seine Retterin und mich zu retten.
IPHIGENIE Gesegnet seist du, und es möge nie
Von deiner Lippe, die so Gutes sprach,
Der Ton des Leidens und der Klage tönen!
PYLADES Ich bringe mehr als das: denn schön begleitet,
Gleich einem Fürsten pflegt das Glück zu nah'n.
Auch die Gefährten haben wir gefunden.
In einer Felsenbucht verbargen sie
Das Schiff und saßen traurig und erwartend.
Sie sahen deinen Bruder, und es regten
Sich alle jauchzend, und sie baten dringend
Der Abfahrt Stunde zu beschleunigen.
Es sehnet jede Faust sich nach dem Ruder,
Und selbst ein Wind erhob vom Lande lispelnd,
Von allen gleich bemerkt, die holden Schwingen.
Drum laß uns eilen, führe mich zum Tempel,
Laß mich das Heiligtum betreten, laß
Mich unsrer Wünsche Ziel verehrend fassen.
Ich bin allein genug der Göttin Bild
Auf wohl geübten Schultern wegzutragen;
Wie sehn' ich mich nach der erwünschten Last!

*Er geht gegen den Tempel unter den letzten Worten, ohne zu bemerken, daß Iphigenie nicht folgt; endlich kehrt er sich um.*

Du stehst und zauderst – sage mir – du schweigst!
Du scheinst verworren! Widersetzet sich
Ein neues Unheil unserm Glück? Sag' an!
Hast du dem Könige das kluge Wort
Vermelden lassen, das wir abgeredet?
IPHIGENIE
Ich habe, teurer Mann; doch wirst du schelten.
Ein schweigender Verweis war mir dein Anblick!
Des Königs Bote kam, und wie du es
Mir in den Mund gelegt, so sagt' ich's ihm.
Er schien zu staunen, und verlangte dringend
Die seltne Feier erst dem Könige
Zu melden, seinen Willen zu vernehmen;
Und nun erwart' ich seine Wiederkehr.

PYLADES Weh' uns! Erneuert schwebt nun die Gefahr
　Um unsre Schläfe! Warum hast du nicht                    1580
　Ins Priesterrecht dich weislich eingehüllt?
IPHIGENIE Als eine Hülle hab' ich's nie gebraucht.
PYLADES So wirst du, reine Seele, dich und uns
　Zu Grunde richten. Warum dacht' ich nicht
　Auf diesen Fall voraus, und lehrte dich                    1585
　Auch dieser Ford'rung auszuweichen!
IPHIGENIE                              Schilt
　Nur mich, die Schuld ist mein, ich fühl' es wohl;
　Doch konnt' ich anders nicht dem Mann begegnen,
　Der mit Vernunft und Ernst von mir verlangte,
　Was ihm mein Herz als recht gestehen mußte.               1590
PYLADES
　Gefährlicher zieht sich's zusammen; doch auch so
　Laß uns nicht zagen, oder unbesonnen
　Und übereilt uns selbst verraten. Ruhig
　Erwarte du die Wiederkunft des Boten,
　Und dann steh fest, er bringe was er will:                1595
　Denn solcher Weihung Feier anzuordnen
　Gehört der Priesterin und nicht dem König.
　Und fordert er den fremden Mann zu sehn,
　Der von dem Wahnsinn schwer belastet ist;
　So lehn' es ab, als hieltest du uns beide                 1600
　Im Tempel wohl verwahrt. So schaff' uns Luft,
　Daß wir aufs eiligste, den heil'gen Schatz
　Dem rauh unwürd'gen Volk entwendend, fliehn.
　Die besten Zeichen sendet uns Apoll,
　Und, eh wir die Bedingung fromm erfüllen,                 1605
　Erfüllt er göttlich sein Versprechen schon.
　Orest ist frei, geheilt! – Mit dem Befreiten
　O führet uns hinüber, günst'ge Winde,
　Zur Felsen-Insel die der Gott bewohnt;
　Dann nach Mycen, daß es lebendig werde,                   1610
　Daß von der Asche des verlosch'nen Herdes
　Die Vatergötter fröhlich sich erheben,
　Und schönes Feuer ihre Wohnungen
　Umleuchte! Deine Hand soll ihnen Weihrauch
　Zuerst aus gold'nen Schalen streuen. Du                   1615
　Bringst über jene Schwelle Heil und Leben wieder,

Entsühnst den Fluch und schmückest neu die Deinen
Mit frischen Lebensblüten herrlich aus.
IPHIGENIE Vernehm' ich dich, so wendet sich, o Teurer,
Wie sich die Blume nach der Sonne wendet,
Die Seele, von dem Strahle deiner Worte
Getroffen, sich dem süßen Troste nach.
Wie köstlich ist des gegenwärt'gen Freundes
Gewisse Rede, deren Himmelskraft
Ein Einsamer entbehrt und still versinkt.
Denn langsam reift, verschlossen in dem Busen,
Gedank' ihm und Entschluß; die Gegenwart
Des Liebenden entwickelte sie leicht.
PYLADES Leb' wohl! Die Freunde will ich nun geschwind
Beruhigen, die sehnlich wartend harren.
Dann komm' ich schnell zurück und lausche hier
Im Felsenbusch versteckt auf deinen Wink –
Was sinnest du? Auf einmal überschwebt
Ein stiller Trauerzug die freie Stirne.
IPHIGENIE Verzeih! Wie leichte Wolken vor der Sonne,
So zieht mir vor der Seele leichte Sorge
Und Bangigkeit vorüber.
PYLADES           Fürchte nicht!
Betrüglich schloß die Furcht mit der Gefahr
Ein enges Bündnis; beide sind Gesellen.
IPHIGENIE Die Sorge nenn' ich edel, die mich warnt,
Den König, der mein zweiter Vater ward,
Nicht tückisch zu betrügen, zu berauben.
PYLADES
Der deinen Bruder schlachtet, dem entfliehst du.
IPHIGENIE Es ist derselbe, der mir Gutes tat.
PYLADES Das ist nicht Undank, was die Not gebeut.
IPHIGENIE
Es bleibt wohl Undank; nur die Not entschuldigt's.
PYLADES Vor Göttern und vor Menschen dich gewiß.
IPHIGENIE Allein mein eigen Herz ist nicht befriedigt.
PYLADES Zu strenge Ford'rung ist verborgner Stolz.
IPHIGENIE Ich untersuche nicht, ich fühle nur.
PYLADES Fühlst du dich recht, so mußt du dich verehren.
IPHIGENIE Ganz unbefleckt genießt sich nur das Herz.
PYLADES So hast du dich im Tempel wohl bewahrt;

Das Leben lehrt uns, weniger mit uns
Und andern strenge sein; du lernst es auch. 1655
So wunderbar ist dies Geschlecht gebildet;
So vielfach ist's verschlungen und verknüpft,
Daß keiner in sich selbst, noch mit den andern
Sich rein und unverworren halten kann.
Auch sind wir nicht bestellt uns selbst zu richten; 1660
Zu wandeln und auf seinen Weg zu sehen
Ist eines Menschen erste, nächste Pflicht:
Denn selten schätzt er recht was er getan,
Und was er tut weiß er fast nie zu schätzen.

IPHIGENIE Fast überred'st du mich zu deiner Meinung. 1665

PYLADES Braucht's Überredung wo die Wahl versagt ist?
Den Bruder, dich, und einen Freund zu retten
Ist nur Ein Weg; fragt sich's ob wir ihn gehn?

IPHIGENIE O laß mich zaudern! denn du tätest selbst
Ein solches Unrecht keinem Mann gelassen, 1670
Dem du für Wohltat dich verpflichtet hieltest.

PYLADES Wenn wir zu Grunde gehen, wartet dein
Ein härt'rer Vorwurf, der Verzweiflung trägt.
Man sieht, du bist nicht an Verlust gewohnt,
Da du dem großen Übel zu entgehen 1675
Ein falsches Wort nicht einmal opfern willst.

IPHIGENIE O trüg' ich doch ein männlich Herz in mir,
Das, wenn es einen kühnen Vorsatz hegt,
Vor jeder andern Stimme sich verschließt!

PYLADES Du weigerst dich umsonst; die ehrne Hand 1680
Der Not gebietet, und ihr ernster Wink
Ist oberstes Gesetz, dem Götter selbst
Sich unterwerfen müssen. Schweigend herrscht
Des ew'gen Schicksals unberatne Schwester.
Was sie dir auferlegt, das trage; tu' 1685
Was sie gebeut. Das andre weißt du. Bald
Komm' ich zurück, aus deiner heil'gen Hand
Der Rettung schönes Siegel zu empfangen.

## Fünfter Auftritt

IPHIGENIE Ich muß ihm folgen: denn die Meinigen
Seh' ich in dringender Gefahr. Doch ach!
Mein eigen Schicksal macht mir bang' und bänger.
O soll ich nicht die stille Hoffnung retten,
Die in der Einsamkeit ich schön genährt?
Soll dieser Fluch denn ewig walten? Soll
Nie dies Geschlecht mit einem neuen Segen
Sich wieder heben? – Nimmt doch alles ab!
Das beste Glück, des Lebens schönste Kraft
Ermattet endlich! Warum nicht der Fluch?
So hofft' ich denn vergebens, hier verwahrt,
Von meines Hauses Schicksal abgeschieden,
Dereinst mit reiner Hand und reinem Herzen
Die schwer befleckte Wohnung zu entsühnen.
Kaum wird in meinen Armen mir ein Bruder
Vom grimm'gen Übel wundervoll und schnell
Geheilt; kaum naht ein lang' erflehtes Schiff
Mich in den Port der Vaterwelt zu leiten:
So legt die taube Not ein doppelt Laster
Mit ehrner Hand mir auf: das heilige,
Mir anvertraute, viel verehrte Bild
Zu rauben und den Mann zu hintergehn,
Dem ich mein Leben und mein Schicksal danke.
O daß in meinem Busen nicht zuletzt
Ein Widerwillen keime! der Titanen,
Der alten Götter tiefer Haß auf euch,
Olympier, nicht auch die zarte Brust
Mit Geierklauen fasse! Rettet mich,
Und rettet euer Bild in meiner Seele!

Vor meinen Ohren tönt das alte Lied –
Vergessen hatt' ich's und vergaß es gern –
Das Lied der Parcen, das sie grausend sangen,
Als Tantalus vom gold'nen Stuhle fiel:
Sie litten mit dem edlen Freunde; grimmig
War ihre Brust, und furchtbar ihr Gesang.
In unsrer Jugend sang's die Amme mir
Und den Geschwistern vor, ich merkt' es wohl.

Es fürchte die Götter
Das Menschengeschlecht!
Sie halten die Herrschaft
In ewigen Händen,
Und können sie brauchen                                    1730
Wie's ihnen gefällt.

Der fürchte sie doppelt
Den je sie erheben!
Auf Klippen und Wolken
Sind Stühle bereitet                                       1735
Um goldene Tische.

Erhebet ein Zwist sich:
So stürzen die Gäste
Geschmäht und geschändet
In nächtliche Tiefen,                                      1740
Und harren vergebens,
Im Finstern gebunden,
Gerechten Gerichtes.

Sie aber, sie bleiben
In ewigen Festen                                           1745
An goldenen Tischen.
Sie schreiten vom Berge
Zu Bergen hinüber:
Aus Schlünden der Tiefe
Dampft ihnen der Atem                                      1750
Erstickter Titanen,
Gleich Opfergerüchen,
Ein leichtes Gewölke.

Es wenden die Herrscher
Ihr segnendes Auge                                         1755
Von ganzen Geschlechtern,
Und meiden, im Enkel
Die eh'mals geliebten,
Still redenden Züge
Des Ahnherrn zu sehn.                                      1760

So sangen die Parcen;
Es horcht der Verbannte,
In nächtlichen Höhlen
Der Alte die Lieder,
Denkt Kinder und Enkel
Und schüttelt das Haupt.


## FÜNFTER AUFZUG

### ERSTER AUFTRITT

*Thoas. Arkas.*

ARKAS Verwirrt muß ich gestehn daß ich nicht weiß,
Wohin ich meinen Argwohn richten soll.
Sind's die Gefang'nen, die auf ihre Flucht
Verstohlen sinnen? Ist's die Priesterin,
Die ihnen hilft? Es mehrt sich das Gerücht:
Das Schiff, das diese beiden hergebracht,
Sei irgend noch in einer Bucht versteckt.
Und jenes Mannes Wahnsinn, diese Weihe,
Der heil'ge Vorwand dieser Zög'rung, rufen
Den Argwohn lauter und die Vorsicht auf.
THOAS Es komme schnell die Priesterin herbei!
Dann geht, durchsucht das Ufer scharf und schnell
Vom Vorgebirge bis zum Hain der Göttin.
Verschonet seine heil'gen Tiefen, legt
Bedächt'gen Hinterhalt und greift sie an;
Wo ihr sie findet, faßt sie wie ihr pflegt.

## Zweiter Auftritt

**THOAS** *allein*
Entsetzlich wechselt mir der Grimm im Busen;
Erst gegen sie, die ich so heilig hielt;
Dann gegen mich, der ich sie zum Verrat                    1785
Durch Nachsicht und durch Güte bildete.
Zur Sklaverei gewöhnt der Mensch sich gut
Und lernet leicht gehorchen, wenn man ihn
Der Freiheit ganz beraubt. Ja, wäre sie
In meiner Ahnherrn rohe Hand gefallen,                     1790
Und hätte sie der heil'ge Grimm verschont:
Sie wäre froh gewesen, sich allein
Zu retten, hätte dankbar ihr Geschick
Erkannt und fremdes Blut vor dem Altar
Vergossen, hätte Pflicht genannt                           1795
Was Not war. Nun lockt meine Güte
In ihrer Brust verweg'nen Wunsch herauf.
Vergebens hofft' ich, sie mir zu verbinden;
Sie sinnt sich nun ein eigen Schicksal aus.
Durch Schmeichelei gewann sie mir das Herz;                1800
Nun widersteh' ich der: so sucht sie sich
Den Weg durch List und Trug, und meine Güte
Scheint ihr ein alt verjährtes Eigentum.

## Dritter Auftritt

*Iphigenie. Thoas.*

**IPHIGENIE** Du foderst mich! was bringt dich zu uns her?
**THOAS** Du schiebst das Opfer auf; sag' an, warum?       1805
**IPHIGENIE** Ich hab' an Arkas alles klar erzählt.
**THOAS** Von dir möcht' ich es weiter noch vernehmen.
**IPHIGENIE** Die Göttin gibt dir Frist zur Überlegung.
**THOAS** Sie scheint dir selbst gelegen, diese Frist.
**IPHIGENIE** Wenn dir das Herz zum grausamen Entschluß    1810
Verhärtet ist: so solltest du nicht kommen!
Ein König, der Unmenschliches verlangt,
Find't Diener g'nug, die gegen Gnad' und Lohn

Den halben Fluch der Tat begierig fassen;
Doch seine Gegenwart bleibt unbefleckt.
Er sinnt den Tod in einer schweren Wolke,
Und seine Boten bringen flammendes
Verderben auf des Armen Haupt hinab;
Er aber schwebt durch seine Höhen ruhig,
Ein unerreichter Gott, im Sturme fort.
THOAS Die heil'ge Lippe tönt ein wildes Lied.
IPHIGENIE Nicht Priesterin! nur Agamemnons Tochter.
Der Unbekannten Wort verehrtest du,
Der Fürstin willst du rasch gebieten? Nein!
Von Jugend auf hab' ich gelernt gehorchen,
Erst meinen Eltern und dann einer Gottheit,
Und folgsam fühlt' ich immer meine Seele
Am schönsten frei; allein dem harten Worte,
Dem rauhen Ausspruch eines Mannes mich
Zu fügen, lernt' ich weder dort noch hier.
THOAS Ein alt Gesetz, nicht ich, gebietet dir.
IPHIGENIE Wir fassen ein Gesetz begierig an,
Das unsrer Leidenschaft zur Waffe dient.
Ein andres spricht zu mir, ein älteres,
Mich dir zu widersetzen, das Gebot,
Dem jeder Fremde heilig ist.
THOAS Es scheinen die Gefangnen dir sehr nah
Am Herzen: denn für Anteil und Bewegung
Vergissest du der Klugheit erstes Wort,
Daß man den Mächtigen nicht reizen soll.
IPHIGENIE
Red' oder schweig' ich; immer kannst du wissen,
Was mir im Herzen ist und immer bleibt.
Lös't die Erinnerung des gleichen Schicksals
Nicht ein verschloßnes Herz zum Mitleid auf?
Wie mehr denn meins! In ihnen seh' ich mich.
Ich habe vorm Altare selbst gezittert,
Und feierlich umgab der frühe Tod
Die Knieende; das Messer zuckte schon
Den lebenvollen Busen zu durchbohren;
Mein Innerstes entsetzte wirbelnd sich,
Mein Auge brach, und – ich fand mich gerettet.
Sind wir, was Götter gnädig uns gewährt,

Unglücklichen nicht zu erstatten schuldig?
Du weißt es, kennst mich, und du willst mich zwingen!
THOAS Gehorche deinem Dienste, nicht dem Herrn.
IPHIGENIE Laß ab! beschönige nicht die Gewalt,
Die sich der Schwachheit eines Weibes freut.
Ich bin so frei geboren als ein Mann.
Stünd' Agamemnons Sohn dir gegenüber,
Und du verlangtest was sich nicht gebührt:
So hat auch Er ein Schwert und einen Arm,
Die Rechte seines Busens zu verteid'gen.
Ich habe nichts als Worte, und es ziemt
Dem edlen Mann, der Frauen Wort zu achten.
THOAS Ich acht' es mehr als eines Bruders Schwert.
IPHIGENIE Das Los der Waffen wechselt hin und her:
Kein kluger Streiter hält den Feind gering.
Auch ohne Hülfe gegen Trutz und Härte
Hat die Natur den Schwachen nicht gelassen.
Sie gab zur List ihm Freude, lehrt' ihn Künste;
Bald weicht er aus, verspätet und umgeht.
Ja der Gewaltige verdient, daß man sie übt.
THOAS Die Vorsicht stellt der List sich klug entgegen.
IPHIGENIE Und eine reine Seele braucht sie nicht.
THOAS Sprich unbehutsam nicht dein eigen Urteil.
IPHIGENIE O sähest du wie meine Seele kämpft,
Ein bös Geschick, das sie ergreifen will,
Im ersten Anfall mutig abzutreiben!
So steh' ich denn hier wehrlos gegen dich?
Die schöne Bitte, den anmut'gen Zweig,
In einer Frauen Hand gewaltiger
Als Schwert und Waffe, stößest du zurück:
Was bleibt mir nun mein Inn'res zu verteid'gen?
Ruf' ich die Göttin um ein Wunder an?
Ist keine Kraft in meiner Seele Tiefen?
THOAS Es scheint, der beiden Fremden Schicksal macht
Unmäßig dich besorgt. Wer sind sie? Sprich!
Für die dein Geist gewaltig sich erhebt.
IPHIGENIE
Sie sind – sie scheinen – für Griechen halt' ich sie.
THOAS Landsleute sind es? und sie haben wohl
Der Rückkehr schönes Bild in dir erneut?

IPHIGENIE *nach einigem Stillschweigen*
Hat denn zur unerhörten Tat der Mann
Allein das Recht? Drückt denn Unmögliches
Nur Er an die gewalt'ge Heldenbrust?
Was nennt man groß? Was hebt die Seele schaudernd
Dem immer wiederholenden Erzähler?
Als was mit unwahrscheinlichem Erfolg
Der Mutigste begann. Der in der Nacht
Allein das Heer des Feindes überschleicht,
Wie unversehen eine Flamme wütend
Die Schlafenden, Erwachenden ergreift,
Zuletzt gedrängt von den Ermunterten
Auf Feindes Pferden, doch mit Beute kehrt,
Wird der allein gepriesen? der allein,
Der einen sichern Weg verachtend kühn
Gebirg' und Wälder durchzustreifen geht,
Daß er von Räubern eine Gegend säubr'e?
Ist uns nichts übrig? Muß ein zartes Weib
Sich ihres angebornen Rechts entäußern,
Wild gegen Wilde sein, wie Amazonen
Das Recht des Schwerts euch rauben und mit Blute
Die Unterdrückung rächen? Auf und ab
Steigt in der Brust ein kühnes Unternehmen:
Ich werde großem Vorwurf nicht entgehn,
Noch schwerem Übel wenn es mir mißlingt;
Allein Euch leg' ich's auf die Kniee! Wenn
Ihr wahrhaft seid, wie ihr gepriesen werdet;
So zeigt's durch euern Beistand und verherrlicht
Durch mich die Wahrheit! – Ja, vernimm, o König,
Es wird ein heimlicher Betrug geschmiedet;
Vergebens fragst du den Gefangnen nach;
Sie sind hinweg und suchen ihre Freunde,
Die mit dem Schiff' am Ufer warten, auf.
Der älteste, den das Übel hier ergriffen
Und nun verlassen hat – es ist Orest,
Mein Bruder, und der andre sein Vertrauter,
Sein Jugendfreund, mit Namen Pylades.
Apoll schickt sie von Delphi diesem Ufer
Mit göttlichen Befehlen zu, das Bild
Dianens wegzurauben und zu ihm

Die Schwester hinzubringen, und dafür
Verspricht er dem von Furien Verfolgten,
Des Mutterblutes Schuldigen, Befreiung.
Uns beide hab' ich nun, die Überbliebnen
Von Tantals Haus', in deine Hand gelegt: 1935
Verdirb uns – wenn du darfst.
THOAS                          Du glaubst, es höre
Der rohe Scythe, der Barbar, die Stimme
Der Wahrheit und der Menschlichkeit, die Atreus,
Der Grieche, nicht vernahm?
IPHIGENIE                          Es hört sie jeder,
Geboren unter jedem Himmel, dem 1940
Des Lebens Quelle durch den Busen rein
Und ungehindert fließt. – Was sinnst du mir,
O König, schweigend in der tiefen Seele?
Ist es Verderben? so töte mich zuerst!
Denn nun empfind' ich, da uns keine Rettung 1945
Mehr übrig bleibt, die gräßliche Gefahr,
Worein ich die Geliebten übereilt
Vorsätzlich stürzte. Weh! ich werde sie
Gebunden vor mir sehn! Mit welchen Blicken
Kann ich von meinem Bruder Abschied nehmen, 1950
Den ich ermorde? Nimmer kann ich ihm
Mehr in die vielgeliebten Augen schaun!
THOAS So haben die Betrüger künstlich-dichtend
Der lang' Verschloßnen, ihre Wünsche leicht
Und willig Glaubenden, ein solch Gespinst 1955
Ums Haupt geworfen!
IPHIGENIE                Nein! o König, nein!
Ich könnte hintergangen werden; diese
Sind treu und wahr. Wirst du sie anders finden,
So laß sie fallen und verstoße mich,
Verbanne mich zur Strafe meiner Torheit 1960
An einer Klippen-Insel traurig Ufer.
Ist aber dieser Mann der langerflehte,
Geliebte Bruder: so entlaß uns, sei
Auch den Geschwistern wie der Schwester freundlich.
Mein Vater fiel durch seiner Frauen Schuld, 1965
Und sie durch ihren Sohn. Die letzte Hoffnung
Von Atreus Stamme ruht auf ihm allein.

Laß mich mit reinem Herzen, reiner Hand,
Hinübergehn und unser Haus entsühnen.
Du hältst mir Wort! – Wenn zu den Meinen je
Mir Rückkehr zubereitet wäre, schwurst
Du mich zu lassen; und sie ist es nun.
Ein König sagt nicht, wie gemeine Menschen,
Verlegen zu, daß er den Bittenden
Auf einen Augenblick entferne; noch
Verspricht er auf den Fall den er nicht hofft:
Dann fühlt er erst die Höhe seiner Würde,
Wenn er den Harrenden beglücken kann.

THOAS Unwillig, wie sich Feuer gegen Wasser
Im Kampfe wehrt und gischend seinen Feind
Zu tilgen sucht, so wehret sich der Zorn
In meinem Busen gegen deine Worte.

IPHIGENIE O laß die Gnade, wie das heil'ge Licht
Der stillen Opferflamme, mir umkränzt
Von Lobgesang und Dank und Freude lodern.

THOAS Wie oft besänftigte mich diese Stimme!

IPHIGENIE
O reiche mir die Hand zum Friedenszeichen.

THOAS Du forderst viel in einer kurzen Zeit.

IPHIGENIE
Um Gut's zu tun braucht's keiner Überlegung.

THOAS Sehr viel! denn auch dem Guten folgt das Übel.

IPHIGENIE Der Zweifel ist's, der Gutes böse macht.
Bedenke nicht; gewähre wie du's fühlst.


VIERTER AUFTRITT

*Orest gewaffnet. Die Vorigen.*

OREST *nach der Szene gekehrt*
Verdoppelt eure Kräfte! Haltet sie
Zurück! Nur wenig Augenblicke! Weicht
Der Menge nicht, und deckt den Weg zum Schiffe
Mir und der Schwester.
    *Zu Iphigenien ohne den König zu sehen.*

                         Komm, wir sind verraten.
   Geringer Raum bleibt uns zur Flucht. Geschwind!
                  *Er erblickt den König.*
THOAS *nach dem Schwerte greifend*
   In meiner Gegenwart führt ungestraft
   Kein Mann das nackte Schwert.
IPHIGENIE                    Entheiliget
   Der Göttin Wohnung nicht durch Wut und Mord.               2000
   Gebietet euerm Volke Stillstand, höret
   Die Priesterin, die Schwester.
OREST                          Sage mir!
   Wer ist es, der uns droht?
IPHIGENIE                      Verehr' in ihm
   Den König, der mein zweiter Vater ward!
   Verzeih' mir, Bruder; doch mein kindlich Herz              2005
   Hat unser ganz Geschick in seine Hand
   Gelegt. Gestanden hab' ich euern Anschlag
   Und meine Seele vom Verrat gerettet.
OREST Will er die Rückkehr friedlich uns gewähren?
IPHIGENIE
   Dein blinkend Schwert verbietet mir die Antwort.           2010
OREST *der das Schwert einsteckt*
   So sprich! du siehst ich horche deinen Worten.


                        FÜNFTER AUFTRITT


*Die Vorigen. Pylades. Bald nach ihm Arkas, beide mit
                    bloßen Schwertern.*


PYLADES Verweilet nicht! Die letzten Kräfte raffen
   Die Unsrigen zusammen; weichend werden
   Sie nach der See langsam zurückgedrängt.
   Welch ein Gespräch der Fürsten find' ich hier!             2015
   Dies ist des Königes verehrtes Haupt!
ARKAS Gelassen, wie es dir, o König, ziemt,
   Stehst du den Feinden gegen über. Gleich
   Ist die Verwegenheit bestraft; es weicht
   Und fällt ihr Anhang, und ihr Schiff ist unser.            2020
   Ein Wort von dir; so steht's in Flammen.

THOAS                                   Geh!
   Gebiete Stillstand meinem Volke! Keiner
   Beschädige den Feind, so lang' wir reden.
                  *Arkas ab.*
   OREST Ich nehm' es an. Geh', sammle, treuer Freund,
2025   Den Rest des Volkes; harret still, welch Ende
   Die Götter unsern Taten zubereiten.
                  *Pylades ab.*


           SECHSTER AUFTRITT

           *Iphigenie. Thoas. Orest.*

   IPHIGENIE
   Befreit von Sorge mich, eh ihr zu sprechen
   Beginnet. Ich befürchte bösen Zwist,
   Wenn du, o König, nicht der Billigkeit
2030   Gelinde Stimme hörest; du, mein Bruder,
   Der raschen Jugend nicht gebieten willst.
   THOAS Ich halte meinen Zorn, wie es dem Älter'n
   Geziemt, zurück. Antworte mir! Womit
   Bezeugst du, daß du Agamemnons Sohn
2035   Und dieser Bruder bist?
      OREST                Hier ist das Schwert,
   Mit dem er Trojas tapfre Männer schlug.
   Dies nahm ich seinem Mörder ab, und bat
   Die Himmlischen, den Mut und Arm, das Glück
   Des großen Königes mir zu verleihn,
2040   Und einen schönern Tod mir zu gewähren.
   Wähl' einen aus den Edlen deines Heers
   Und stelle mir den Besten gegen über.
   So weit die Erde Heldensöhne nährt,
   Ist keinem Fremdling dies Gesuch verweigert.
2045 THOAS Dies Vorrecht hat die alte Sitte nie
   Dem Fremden hier gestattet.
      OREST                So beginne
   Die neue Sitte denn von dir und mir!
   Nachahmend heiliget ein ganzes Volk
   Die edle Tat der Herrscher zum Gesetz.

Und laß mich nicht allein für unsre Freiheit, 2050
Laß mich, den Fremden für die Fremden, kämpfen.
Fall' ich, so ist ihr Urteil mit dem meinen
Gesprochen: aber gönnet mir das Glück
Zu überwinden; so betrete nie
Ein Mann dies Ufer, dem der schnelle Blick 2055
Hülfreicher Liebe nicht begegnet, und
Getröstet scheide jeglicher hinweg!

THOAS Nicht unwert scheinest du, o Jüngling, mir
Der Ahnherrn, deren du dich rühmst, zu sein.
Groß ist die Zahl der edeln, tapfern Männer, 2060
Die mich begleiten; doch ich stehe selbst
In meinen Jahren noch dem Feinde, bin
Bereit mit dir der Waffen Los zu wagen.

IPHIGENIE Mit nichten! Dieses blutigen Beweises
Bedarf es nicht, o König! Laßt die Hand 2065
Vom Schwerte! Denkt an mich und mein Geschick.
Der rasche Kampf verewigt einen Mann:
Er falle gleich, so preiset ihn das Lied.
Allein die Tränen, die unendlichen
Der überbliebnen, der verlaßnen Frau, 2070
Zählt keine Nachwelt, und der Dichter schweigt
Von tausend durchgeweinten Tag- und Nächten,
Wo eine stille Seele den verlornen,
Rasch-abgeschied'nen Freund vergebens sich
Zurückzurufen bangt und sich verzehrt. 2075
Mich selbst hat eine Sorge gleich gewarnt,
Daß der Betrug nicht eines Räubers mich
Vom sichern Schutzort reiße, mich der Knechtschaft
Verrate. Fleißig hab' ich sie befragt,
Nach jedem Umstand mich erkundigt, Zeichen 2080
Gefordert, und gewiß ist nun mein Herz.
Sieh hier an seiner rechten Hand das Mal
Wie von drei Sternen, das am Tage schon
Da er geboren ward, sich zeigte, das
Auf schwere Tat mit dieser Faust zu üben 2085
Der Priester deutete. Dann überzeugt
Mich doppelt diese Schramme, die ihm hier
Die Augenbraue spaltet. Als ein Kind
Ließ ihn Elektra, rasch und unvorsichtig

2090 Nach ihrer Art, aus ihren Armen stürzen.
Er schlug auf einen Dreifuß auf – Er ist's –

Soll ich dir noch die Ähnlichkeit des Vaters,
Soll ich das inn're Jauchzen meines Herzens
Dir auch als Zeugen der Versich'rung nennen?
2095 THOAS Und hübe deine Rede jeden Zweifel
Und bändigt' ich den Zorn in meiner Brust:
So würden doch die Waffen zwischen uns
Entscheiden müssen; Friede seh' ich nicht.
Sie sind gekommen, du bekennest selbst,
2100 Das heil'ge Bild der Göttin mir zu rauben.
Glaubt ihr, ich sehe dies gelassen an?
Der Grieche wendet oft sein lüstern Auge
Den fernen Schätzen der Barbaren zu,
Dem goldnen Felle, Pferden, schönen Töchtern;
2105 Doch führte sie Gewalt und List nicht immer
Mit den erlangten Gütern glücklich heim.
OREST
Das Bild, o König, soll uns nicht entzweien!
Jetzt kennen wir den Irrtum, den ein Gott
Wie einen Schleier um das Haupt uns legte,
2110 Da er den Weg hierher uns wandern hieß.
Um Rat und um Befreiung bat ich ihn
Von dem Geleit der Furien; er sprach:
»Bringst du die Schwester, die an Tauris Ufer
Im Heiligtume wider Willen bleibt,
2115 Nach Griechenland; so löset sich der Fluch.«
Wir legten's von Apollens Schwester aus,
Und er gedachte *dich*! Die strengen Bande
Sind nun gelös't; du bist den Deinen wieder,
Du Heilige, geschenkt. Von dir berührt
2120 War ich geheilt; in deinen Armen faßte
Das Übel mich mit allen seinen Klauen
Zum letztenmal, und schüttelte das Mark
Entsetzlich mir zusammen; dann entfloh's
Wie eine Schlange zu der Höhle. Neu
2125 Genieß' ich nun durch dich das weite Licht
Des Tages. Schön und herrlich zeigt sich mir
Der Göttin Rat. Gleich einem heil'gen Bilde,

Daran der Stadt unwandelbar Geschick
Durch ein geheimes Götterwort gebannt ist,
Nahm sie dich weg, dich Schützerin des Hauses;
Bewahrte dich in einer heil'gen Stille
Zum Segen deines Bruders und der Deinen.
Da alle Rettung auf der weiten Erde
Verloren schien, gibst du uns alles wieder.
Laß deine Seele sich zum Frieden wenden,
O König! Hindre nicht, daß sie die Weihe
Des väterlichen Hauses nun vollbringe,
Mich der entsühnten Halle wiedergebe,
Mir auf das Haupt die alte Krone drücke!
Vergilt den Segen, den sie dir gebracht,
Und laß des nähern Rechtes mich genießen!
Gewalt und List, der Männer höchster Ruhm,
Wird durch die Wahrheit dieser hohen Seele
Beschämt, und reines kindliches Vertrauen
Zu einem edeln Manne wird belohnt.

IPHIGENIE
Denk' an dein Wort, und laß durch diese Rede
Aus einem g'raden treuen Munde dich
Bewegen! Sieh' uns an! Du hast nicht oft
Zu solcher edeln Tat Gelegenheit.
Versagen kannst du's nicht; gewähr' es bald.

THOAS So geht!

IPHIGENIE  Nicht so, mein König! Ohne Segen,
In Widerwillen, scheid' ich nicht von dir.
Verbann' uns nicht! Ein freundlich Gastrecht walte
Von dir zu uns: so sind wir nicht auf ewig
Getrennt und abgeschieden. Wert und teuer
Wie mir mein Vater war, so bist du's mir,
Und dieser Eindruck bleibt in meiner Seele.
Bringt der Geringste deines Volkes je
Den Ton der Stimme mir ins Ohr zurück,
Den ich an euch gewohnt zu hören bin,
Und seh' ich an dem Ärmsten eure Tracht;
Empfangen will ich ihn wie einen Gott,
Ich will ihm selbst ein Lager zubereiten,
Auf einen Stuhl ihn an das Feuer laden,
Und nur nach dir und deinem Schicksal fragen.

O geben dir die Götter deiner Taten
Und deiner Milde wohlverdienten Lohn!
Leb wohl! O wende dich zu uns und gib
Ein holdes Wort des Abschieds mir zurück!
Dann schwellt der Wind die Segel sanfter an,
Und Tränen fließen lindernder vom Auge
Des Scheidenden. Leb' wohl! und reiche mir
Zum Pfand der alten Freundschaft deine Rechte.
THOAS Lebt wohl!

## ⟨ULYSSES AUF PHÄA⟩

A. Nach dieser Seite fiel der Ball! Er liegt
   hier an der Erde. Schnell faß ich ihn auf
   und stecke mich in das Gebüsche. Still!
B. Du hast ihn fallen sehn.
C.                      Gewiß er fiel
   Gleich hinter dies Gesträuch im Bogen nieder      10
B. Ich seh ihn nicht
C.             Noch ich.
B.                     Mir schien es lief
   uns Treche schon die schnelle leicht voraus.
A. Er kommt! er fliegt!
B.              Ai!
C.              Ai!
A.                 Erschreckt ihr so
   vor einer Freundin. Nehmt vor Amors Pfeilen
   euch nur in Acht, sie kommen unversehner      20
   als dieser Ball.
B.            er soll zur Strafe
   dir um die Schultern fliegen.
A.                Werft ich bin schon weit.
C. Nach ihr! Nach ihr!
B.               Er reicht sie kaum er springt
   ihr von der Erde nur vergebens nach.
   Geschwind geschwind! daß wir des Spiels solang
   als möglich ist genießen, frei für uns
   nach allem Willen scherzen. Denn ich fürchte      30
   bald eilt die Fürstin nach der Stadt zurück.
   Sie ist seit diesen heitern Frühlings tagen
   nachdenklicher als sonst, es freut sie nicht
   mit uns zu lachen und zu scherzen wie
   sie sonst gewohnt war. Komm sie rufen schon.
ULYSS Was rufen mich für Stimmen aus dem Schlaf?
   Wie ein Geschrei ein lebhaft laut Gespräch
   der Frauen tönt es
   mir durch die Dämmrung des Erwachens. Hier
   erblick ich niemand. Scherzen durchs Gebüsch      40

die Nymphen? oder ahmt der frische Wind
             durch Ast und Zweige schlüpfend
zu meiner Qual die Menschenstimme nach.
Wo bin ich? Wohlbegabt scheint dieses Land

Klage daß er allein ohne Güter ohngeehrt in seine
Heimat kehren soll

Hier unter diesen Blättern lag der Mann
der viel         . Gleich einem Funken pp
der Bettgenoß unsterblich schöner Frauen
Ruht pp
O Not! Bedürfnis o! ihr strenge Schwestern
ihr haltet, eng begleitend mich gefesselt.
So kehr ich von der zehenjährgen Mühe
des wohl vollbrachten Krieges wieder heim.
Der Städtebändiger der Sinnbezwinger
Ins Meer versanken Beut und Freundes gaben
und ach die besten Schätze die Gefährten
erprobte Männer in Gefahr und Mühe
an meiner Seit⟨e⟩ Lebenslang gebildet
verschlungen hat der tausendfache Rachen
des Meeres die Geliebten.
=

Und wie der arme Letzte Brand
von großer Herdes Glut mit Asche
des Abends überdeckt wird daß er Morgens
dem Hause Feuer gebe, lag
in Blätter eingescharrt.
=

Geliebte schilt die stille Träne nicht
die mir vom Auge fließt.
=

Dann schweigen sie und sehn einander an.

## Akt. I.

I. Mädchen   Ball
II Ulysses allein
III Arete   Xantha.
IV Die Vorigen   Ulyss.
V Ulyss

III. Xanth. Frühling neu.   Arete Bekanntnis.
   Bräutigams Zeit   Vater   Mutter

IV. Gärten des Vaters   erstes Bedürfnis   Kleid
   Hunger   Durst.   Angesehn

V. Vorsich⟨t⟩ seines Betragens.   Unverheuratet.


In meines Vaters Garten soll die Erde
Dich umgetriebnen vielgeplagten Mann
zum freundlichsten empfangen
Das schönste Feld hat er sein ganzes Leben
Bepflanzt gepflügt und erntet nun im Alter
Des Fleißes Lohn ein tägliches Vergnügen
Dort dringen neben Früchten wied⟨er⟩ Blüten
Und Frucht auf Früchte wechseln durch das Jahr
Die Pomme⟨ranze⟩ die Zitrone steht
Im dunklen Laube und die Feige folgt
Der Feige. Wohl beschützt ist rings umher
Mit Aloe und Stachel Feigen
daß die verwegne Ziege nicht genaschig

Dort wirst du in den schönen Lauben wandlen
an ⟨?⟩ weite⟨n⟩ Teppiche⟨n⟩ von Blumen dich erfreun
Es rieselt neben dir der Bach geleite⟨t⟩
Von Stamm zu Stamm der Gärtn⟨er⟩ tränket sie
nach seinem Willen

## II.

I   Alkinous.
II  Alkinous    Sohn.
III die Vorigen    Arete
IV  die vorigen    Ulyss.
V.  Uliss.   Neoros.

1   Früchte vom Sturm herunter geworfen. Blumen zer-
    stört. Latten zu befestigen.   Sohn.   Tochter.
2.  Sohn.  Geschichte   Beschreibung des Sturms
    Abfahrt   Delphinen pp.
3.  Tochter.  Wäsche selbst für den Vater bereitet
    sie erblickt Ulyssen.
4   Ulyss als Gefährte des Ulyss.   Aufnahme
    Bitte der Heimfahrt.   Beratung des nötigen
5   Ulyss Neoros.   Frage nach seinen
    Schicksalen   Bitte sein⟨em⟩ Gefährten zu helfen.

Gegensatz des Mannes der mit Gewalt
                 der mit Schätzen kommt.

## III.

I   Arete.   Xanthe.
II  die vorigen    Neoros
III Arete
IV  Ulyss    Arete
V   Arete.

I   Lob des Ulyss   Eröffnung der Leidenschaft
II. Neoros Lob des Ulyss. Männ-
    liches Betragen. Wille des Vaters daß ihm
    Kleider und Geschenke gegeben werden
    Scherz des Bruders.   Abschied des Ulyss
III.Und er soll scheiden.
IV. Frage   unverheuratet.   Die Schön⟨e⟩ Gefangen⟨e⟩
    Er lobt ihr Land und schilt seins   sie gibt ihm zu
    verstehn daß er bleiben könn⟨e⟩

Du gäbst ihm gern den besten merk ich wohl
=
Was sagst du Tyche hältst du ihn für jung.
Du hältst ihn doch für jung sprich Tyche sprich.
Er ist wohl jung genug denn ich bin alt.
Und immer ist der Mann ein junger Mann
Der einem jungen Weibe wohl gefällt.
=
Und nur die höchsten Nymphen des Gebürgs
erfreuen sich des leichtgefallnen Schnees
Auf kurze Zeit.

## IV.

Alkinoos die ältesten
die vorigen Sohn.
die vorigen Arete
die vorigen Ulyss.

## V.

I     Arete.
II    Alkin. Ulyss. Sohn.
III   Xante
IV    Alkinoos Ulyss
V     Bote
VI    Alkin Ulyss
VII   Xante
VIII die vorigen Sohn
IX    die vorigen die Leiche

IV Scheiden. Dank. Tochter läßt sich nicht sehn.
   Scham. Er soll sie nicht falsch beurteilen
   Es sei sein eign⟨er⟩ Wert.   Ul. Vorwurf er will nich⟨t⟩
   so scheiden trägt seinen Sohn an.   A Will die Tochter
   nicht geben.   Ul. Überredung.   Al Will gleich.
   U. Will seinen Sohn bringen sie sollen sich wählen.
   Al. Hochzeittag   ausstattung.

ALK So werde jener Tag der wieder dich
    mit deinem Sohn zurück zum Feste bringt
    der feierlichste Tag des Lebens mir.


Ein Gottgesendet Übel sieht der Mensch
der klügste nicht voraus und wendets nicht.
Vom Hause

            *

                    und allein,
Nackt und Bedürftig jeder klein⟨en⟩ Hülfe
Erheb ich mich auf unbekanntem Bod⟨en⟩
Vom ungemeßnen Schlaf. Ich irrte nich⟨t⟩
Ich höre das Geschwätz vergnügt⟨er⟩ Frauen
O daß sie freundlich mir und zarten Herzens
Dem vielgeplagten doch begegnen möchten
Wie sie mich einst den Glücklichen empfingen.
Ich sehe recht die schönste Helden Tochter
Kommt hier begleitet von bejahrtem Weibe
Vom Sand des Ufers nich⟨t⟩ ⟨drei unlesbare Wörter⟩
Verberg ich mich solang bis mir die Zeit
Die schickliche dem klugen Sinn erscheint
=
Ists leer von Menschen; wehe mir verlaßnen
wo will ich Speise finden? Kleid und Waffe.
Ist es bewohnt von rohen ungezähmten
Dann wehe doppelt mir dann übt aufs neue
gefahr und Sorge dringend Geist und Hände.


            *


Zuerst verberg ich mein⟨en⟩ Nam⟨en⟩ Denn
Vielleicht ist noch am Nam⟨en⟩ nicht so ⟨?⟩
            so jeden
Und dann klan⟨g⟩ der Na⟨me⟩
Ulysses wie der Name jedes Knechts


O Teurer Mann welch einen Schmerz erregt
das edle Wort in meinem Busen, so
soll jener Tag denn kommen der mich eins⟨t⟩

Von meiner Tochter trennen wird. Vor dem Tag
des Todes. Lassen soll ich sie
und senden in ein fernes Land
sie die zu Haus so wohl gepflegt sie

Der Mann der einen ihm vertraut⟨en⟩ Schatz
vergraben                              hatte der
die Lust die jener hat der ihn dem Meer
mit Klugheit anvertraut mit günstig⟨em⟩ Gott
zehnfach beglückt nach seinem Hause kehrt.

⟨NAUSIKAA⟩


Erster Aufzug


Erster Auftritt

*Aretens Jungfrauen
eine schnell nach der andern.*

ERSTE *suchend* Nach dieser Seite flog der Ball! – Er liegt
  hier an der Erde. Schnell faß ich ihn auf
  und stecke mich in das Gebüsche! Still!
    *sie verbirgt sich*
ZWEITE Du hast ihn fallen sehn?
DRITTE                Gewiß er fiel
  gleich hinter dies Gesträuch im Bogen nieder.
ZWEITE Ich seh ihn nicht!
DRITTE            Noch ich.
ZWEITE.                  Mir schien es lief
  uns Treche schon die schnelle leicht voraus.
ERSTE *aus dem Gebüsche zugleich rufend und werfend*
  Er kommt! er trifft!
ZWEITE          Ai!
DRITTE          Ai!
ERSTE *hervortretend*    Erschreckt ihr so
  vor einer Freundin? Nehmt vor Amors Pfeilen
  euch nur in Acht, sie treffen unversehner
  als dieser Ball.
ZWEITE *den Ball aufraffend*
           Er soll! er soll zur Strafe
  dir um die Schultern fliegen.
ERSTE *laufend*        Werft! ich bin schon weit!
DRITTE Nach ihr! nach ihr!
ZWEITE *wirft*       Er reicht sie kaum, er springt
  ihr von der Erde nur vergebens nach.
  Komm mit! Geschwind! daß wir des Spiels so lang
  als möglich ist genießen, frei für uns

nach allem Willen scherzen. Denn ich fürchte
bald eilt die Fürstin nach der Stadt zurück.
Sie ist seit diesem heitern Frühlingsabend
nachdenklicher als sonst und freut sich nicht
mit uns zu lachen und zu spielen wie
sie stets gewohnt war. Komm! sie rufen schon.


## Zweiter Auftritt

ULYSS *aus der Höhle tretend*
Was rufen mich für Stimmen aus dem Schlaf?
Wie ein Geschrei ein laut Gespräch der Frauen
erklang mir durch die Dämmrung des Erwachens?
Hier seh ich niemand! Scherzen durchs Gebüsch
die Nymphen? oder ahmt der frische Wind
durchs hohe Rohr des Flusses sich bewegend
zu meiner Qual die Menschenstimme nach.
Wo bin ich hingekommen? Welchem Lande
trug mich der Zorn des Wellengottes zu? 20
Ists leer von Menschen; wehe mir verlaßnen!
wo will ich Speise finden? Kleid und Waffe?
Ist es bewohnt von rohen, ungezähmten;
dann wehe doppelt mir! dann übt aufs neue
Gefahr und Sorge dringend Geist und Hände.
O Not! Bedürfnis o! Ihr strenge Schwestern
ihr haltet, eng begleitend, mich gefangen!
So kehr ich von der zehenjähr'gen Mühe
des wohlvollbrachten Krieges wieder heim.
Der Städtebändiger, der Sinnbezwinger! 30
der Bettgenoß unsterblich schöner Frauen!
Ins Meer versanken die erworbnen Schätze
und ach die besten Schätze die Gefährten,
erprobte Männer, in Gefahr und Mühe
an meiner Seite Lebenslang gebildet,
verschlungen hat der tausendfache Rachen
des Meeres die Geliebten und allein,
nackt und bedürftig jeder kleinen Hülfe,
erheb ich mich auf unbekanntem Boden
vom ungemeßnen Schlaf. Ich irrte nicht! 40

Ich höre das Geschwätz vergnügter Mädgen.
O daß sie freundlich mir und zarten Herzens
dem vielgeplagten doch begegnen möchten
wie sie mich einst den Glücklichen empfingen.
Ich sehe recht! Die schönste Heldentochter
kommt hier begleitet von bejahrtem Weibe
den Sand des Ufers meidend nach dem Haine.
Verberg ich mich solange bis die Zeit
die schickliche dem klugen Sinn erscheint.

### Dritter Auftritt

*Nausikaa. Eurymedusa*

NAUSIKAA Laß sie nur immer scherzen, denn sie haben
schnell ihr Geschäft verrichtet. Unter Schwätzen
und Lachen, spülte frisch und leicht die Welle
die schönen Kleider rein. Die hohe Sonne
20 die allen

\*

Laß sie nur immer scherzen denn sie haben
schnell ihr Geschäft verrichtet unter schwatzen
und lachen spülte frisch die Welle
der schönen Kleider Zier. Die hohe Sonne
Die allen hilft vollendete gar leicht
das Tagewerk. Gefalten sind die Schleier
30 die langen Röcke der⟨en⟩ Weib und Mann
sich immer, reinlich wechselnd, gern erfreut
Die Körbe sind geschlossen leicht und sanft
Bringt der bepackte Wagen uns zur Stadt

Ich gönne gern den Kindern ihre Lust
Und was du willst geschieht. Ich sah dich still
Bei seit am Flusse gehen keinen Teil
am Spiele nehmen nur gefällig ernst
Zu dulden mehr als dich zu freuen. Dies
40 Schien mir ein Wunder

Gesteh ich dir geliebte Herzens freundin
Warum ich heut so früh in deine Kammer
getreten bin warum ich diesen Tag
so schön gefunden unser weibliches
Geschäft so sehr beschleunigt Roß und Wagen
von meinem Vater ⟨ein unlesbares Wort⟩ mir erbeten,
wenn ich jetzt auch still und ⟨ein unlesbares Wort⟩ bin
so wirst du lächeln denn mich hat ein Traum
ein Traum verführt der einem Wunsche gleicht.

Erzähle mir denn alle sind nicht leer
und ohne Sinn die flüchtigen Gefährten
der Nacht. Bedeutend fand ich stets
die sanften Träume die der Morgen uns
ums Haupt bewegt.
    So war der meine. Spät
noch wacht ich denn mich hielt das Sausen
des ungeheuren Sturms nach Mitternacht
noch munter.

*

Du bist nicht einer von den trüglichen
Wie viele fremde kommen die sich rühmen
Und glatte Worte sprechen wo der Hörer
Nichts falsches ahndet und zuletzt betrogen
sie unvermutet wieder scheiden sieht
Du bist ein Mann ein zuverläßger Mann
Sinn und Zusammenhang hat deine Rede. schön
Wie eines Dichters Lied tönt sie dem Ohr
Und füllt das Herz und reißt es mit sich fort.
=
Ein weißer Glanz ruht über Land und Meer
Und duftend schwebt der Äther ohne Wolken

# DER COPHTA

*Als Oper angelegt*

⟨ERSTES SZENAR⟩

I.

Abbate   Courville   Cavalier
   Innozenza IV.
Rostro detti.
Rostro Abbate.

II

Cavalier   Innocenza.
         ⟨*Lücke von ca. 8 Zeilen*⟩
Courville ed Innocenza
Smanie.

III

Abbate   Solo coi ritratti
Abbate   Courville.
Detti ed i Goiielleri.
         ⟨*Lücke von ca. 6 Zeilen*⟩
Loggia d'egitto . Gran Cophta
Apparitione

IV.

Rostro Solo.
Rostro Cavaliere
      =
Courville
Cavalier ed essa
Cavalier Solo
Cavaliere ed Inocenza. Furie d'amore
Innocenza sola . disperata

V

⟨*Rest der Spalte leer*⟩

⟨Zweites Szenar⟩

*Die Mystifizierten*

1. Akt

| | |
|---|---|
| 1 Soupé fin. | Lied. tutti.   Arie Abbe |
| 2 dazu der Graf. | Arie Gr. tutti |
| 3 die Frauen werden weg geschickt. | Geister Szene |
| | ⟨*ein unlesbares Wort*⟩ |
| | Courville arie. |
| 4 der Graf   der Abbé der Ankündigung des groß Cophta | |
| | Arie   Abbe. |
| 5 der Gr. der Ritter | Ritter   Arie |
| 1.2 Grad | |
| 6 der Graf. Lasset Gelehrte | Arie.   Graf |

2. Akt

| | |
|---|---|
| Courville. darnach der Ritter | Romance |
| darnach die Niece | Ariette. |
| die Niece   der Ritter. | Terzett. |
| Abbe mit den Bildern | Arioso   Rezit. |
| Abbe   Juweliere | |
| Abbe   Courville.   die Nichte | Arie. |
| | |
| Egyptische Loge | |
| Geister sehen. | Finale |

3. Akt

| | |
|---|---|
| Graf und Ritter   Entdecken | |
| 3 Grad. | |
| Courville schreibt den Brief | |
| Courville   der Ritter | |
| Der Ritter alle ⟨in⟩ | Arie |
| Der Ritter   die Niece | Arie der Niece |
| Der Ritter. | Nachsatz |
| Nach⟨he⟩r Final. | |
| Der Graf. | |
| Der Ritter | |
| Courville   die Niece | |
| Der Abbe. pp | Duett. |

⟨Reinschrift des Librettos⟩

Erster Aufzug

Erster Auftritt

*Ein wohldekorierter und erleuchteter Saal. Eine Gesellschaft an der Abendtafel. Sie scheinen am Dessert zu sein. Keine Bediente sind im Zimmer.*
*An dem rechten Ende des Tisches der Abbé neben ihm zur rechten M. Courville gegen dem Abbé über der Chevalier neben ihm ein Frauenzimmer und noch einige Herren und Damen bis auf neune an der Tafel.*

CHOR
    O steiget hernieder
    Ihr lieblichen Götter
    O Venus! O Bachus!
    Und höret die Lieder
    Der fröhligen Schar!
    Es wandlen die Grazien
    Mit offenem Busen
    Es stehen die Musen
    Um euren Altar.
*Der Abbate steht auf und geht bald auf dem vorder Teil des Theaters hin und wieder bald bleibt er an der Seite stehen*
COURVILLE
    Es bringe noch Comus
    Die leuchtende Kerze
    Des Leichtsinns, der Scherze
    Zu eurem Altar!
CHOR
    O steiget hernieder
    Und höret die Lieder
    Der fröhligen Schar.
DER RITTER
    O gebt mir im Unglück
    Ein selig Vergessen

    Ein kühnes Vermessen
    Mir in der Gefahr.
CHOR
    Ihr steiget hernieder
    Und höret die Lieder
    Um euren Altar.
DER ABBATE *an der vorder Seite*
    Voll Hoffnung und Sorgen
    Bewegt sich die Seele
    O wäre doch Morgen
    Der Tag schon vorbei!
*die Gesellschaft hat auf ihn acht gehabt und sich über ihn besprochen*
CHOR

⟨*1 Seite unbeschrieben*⟩

ABBÉ
    Und eben diese Hoffnung, diese Nähe
    Des höchsten Glücks treibt meinen Geist
    In schmerzlicher Bewegung. Ach zu warten
    Zu warten ist so schwer.
    Am schwersten wenn der Augenblick
    Der lang ersehnten Freude naht.
    Sieh ein Chor von Amoretten
    Sie bereiten Rosenbetten
    Schlingen sanfte Blumenketten
    Tändlend mir um Arm und Brust.

⟨*3½ Seiten unbeschrieben*⟩

⟨CHOR⟩
    Vergib dem Frevel
    Verzeihe! Verzeihe!
    Sieh unsre Tränen
    Sieh unsre Reue!
    Wir liegen hier.
DER GRAF
    Verwegne! Verdientet
    Daß ich euch knien ließe

Bis an den jüngsten Tag
Und daß ich aus der Tiefe
Die schlimmsten Geister riefe
 bände
 behende
Vor eurem Blick verschwände
Mit einem Donnerschlag!
C.
  Ich weiß es daß der Kerl ein Jauner ist
10 Und dennoch kann er mich zu fürchten machen


⟨*3 Seiten unbeschrieben*⟩


⟨DER GRAF⟩
  Es sind der dummen Teufel gnug in dieser Welt,
  Und wie man sagt so hat der Himmel selbst
  Für sie gesorgt.
  Man sieht es auch die meisten sind geborgen,
  Allein ein kluger Kopf muß für sich selber sorgen.

  Geh gehorche meinen Winken
  Nutze deine jungen Tage
  Lerne zeitig klüger sein.

  An des Glückes großer Waage
  Steht die Zunge selten ein.
  Du mußt steigen oder sinken
  Du mußt herrschen und gewinnen
  Oder dienen und verlieren,
30 Leiden oder triumphieren
  Amboß oder Hammer sein.


⟨*3 Seiten unbeschrieben*⟩


⟨DER GRAF⟩
  Lasset Gelehrte sich zanken und streiten,
  Streng und bedächtig die Lehrer nur sein
  Alle die Weisesten aller der Zeiten
  Lächlen und winken und stimmen mit ein.
40 Töricht auf Beßrung der Toren zu harren

Kinder der Klugheit o habet die Narren
Eben zum Narren auch wie sichs gehört.
Und auf den Höhen der indischen Lüfte
Und in den Tiefen egyptischer Grüfte
Hab ich die heiligen Worte gehört:
Törig auf Beßrung pp.
Merlin der alte im leuchtenden Grabe
Wo ich als Jüngling gesprochen ihn habe
Hat mich mit ähnlicher Antwort belehrt:
Törig auf Beßrung pp

⟨*3 Seiten unbeschrieben*⟩

⟨NICHTE⟩
Im Beichtstuhl hat es mir der Pater oft gesagt
Mit einem Kuß sei auch die Unschuld hin.

Ich werde, ich Arme
Mit Schanden bestehn,
Ich werd ach ich werde
Die Geister nicht sehn.

O schrecklich! O Schande
Ohnmögliche Pflicht
O wenn ihr mich liebet
So fordert es nicht.

⟨*3½ Seiten unbeschrieben*⟩


*Zimmer des Abbé*

*In der Mitte ein Kamin zu beiden Seiten das Portrait des Fürsten und der Prinzessin ganze Figuren in Lebensgröße.*

DER ABBÉ *gegen das Bild der Prinzessin gekehrt*
Wenn ich mit heißen Tränen
Wenn ich mit tausend Schmerzen
Den Fehler büßen kann,

So sieh! o, sieh mein Sehnen,
So hör aus meinem Herzen
Die tiefen Seufzer an.

⟨*3 Seiten unbeschrieben*⟩

Bring ihr Freundin die Juwelen,
Sage! Sag ihr wie ich liebe.
Und verlangt sie stärkre Proben,
Dieses Leben wag ich dran.

Ich entsage meinem Stande
Und in weit entferntem Lande
Auf dem sturmbewegten Meere,
Greif ich Schiffe greif ich Heere,
Greif ich Türck und Heiden an.

Geh! o geh!
Geh und sag ihr wie ich liebe
Geh und bring ihr die Juwelen
Und verlangt sie stärkre Proben
Biet ihr Leib und Leben an.

Sie wird mich beglücken!
Welch himmlisch Entzücken
Schon seh ich im Geiste
Den Garten, die Wege
Die nächtliche Laube den     Ort
Es faßt mich die Freude
Sie reißt mich mit fort.

⟨*3 Seiten unbeschrieben*⟩

DER GRAF *begleitet von sechs Kindern mit fliegenden blonden Haaren und Kränzen auf dem Haupte mit langen, weißen Kleidern und Rauchfässern.*
    Ich eröffne diesen Tempel
    Diese Hallen, diese Grüfte!
    Weihrauch reinige die Lüfte
    Die um diese Säulen wehn.

Holde Kinder! Zarte Sprossen
Bleibet in dem Vorhof stehn
Hier! hie! hier! hie!
Bl⟨eibet in dem Vorhof stehn⟩
*er rangiert sie zu beiden Seiten des Theaters, dann singt er
für sich*
Und gewöhnet euch die Possen
Mit Verehrung anzusehn.

⟨*1 Seite unbeschrieben*⟩

DAS PAAR *mit mäßiger Stimme*
Klein und ärmlich wie die Zwerge
Trüb umhüllt von Dunst und Wahn
Stehn wir vor dem heilgen Berge
Geister! Dürfen wir hinan.
*Inwendig
leise*
Bringet Ernst zur ernsten Sache
Kommt zum Licht aus Dunst und Wahn.
*leiser*
Daß der Cophta nicht erwache
Leise Leise tretet an.
*Dieses wird so oft wiederholt als man Männer Paare zum
Chor hat, endlich treten auf der Abbé und der Ritter und
gehen mit gleichen Cerimonien und gleichem Gesang hinein*

⟨*3 Seiten unbeschrieben*⟩

DIE NICHTE
In einem Zimmer
Herrlich gezieret
Prächtig meublieret
Seh ich ich sehe –
GRAF
Was siehst du da?
ALLE
Rede verhehle nichts!
NICHTE
Hell! Helle Kerzen!

Und eine Dame
Sitzet im Schimmer
Schreibet und liest.
GRAF
Was siehst du weiter?
NICHTE
Zwar will sie lesen
Zwar will sie schreiben
Doch will ihr keines
Von Statten gehn.
COURVILLE
Scheint sie bedenklich?
NICHTE
Gar sehr bedenklich
Fast mögt ich sagen
Der Engel scheint mir
Traurig zu sein.
RITTER
Wie ist ihr Anzug?
NICHTE
Von blauer Seide
Mit Silber-Muschen
Oder mit Sternen
Ist es besät.
ABBÉ
Und ihr Gesichte?
NICHTE
Ist mir unkenntlich
Schwebt wie gedoppelt
Als wie im Wasser
Ein zitternd Bild.
COURVILLE, GRAF, RITTER, ABBÉ *zu vier*
O weh was soll ich sagen?
Mir schaudert ach mir schaudert!
Ich fürchte mehr zu hören
Doch sprich o sprich nur fort!
NICHTE
Welche Gestalten!
Himmel! Zwei Geister
Einer zur rechten

Einer zur linken
Stehen bei ihr.
GRAF
Ich erkenne meine Geister
           *zum Abbé*
Und sie wachen und sie wirken
Vielgeliebter Freund für dich.
NICHTE
Einer der hindert
Jetzt sie zu lesen
Einer der hindert
Jetzt sie zu schreiben
O wie die Gute
Zweifelt und schwankt.
ABBÉ
Sage sage mir was tut sie?
Ach ich bin in schweren Ängsten
So begleitet sie zu sehn.
NICHTE
Sie steht! Sie stehet!
Und nach dem Spiegel
Seh ich sie gehn.
GRAF
Und in dem Spiegel?
NICHTE
Ahi!
COURVILLE
Was schreist du?
NICHTE
Ahi!
RITTER
So rede!
NICHTE
Ahi!
ABBÉ
Geschwinde.
NICHTE
Steht der Abbé!
ABBÉ
Wie glücklich! ach wie glücklich

*zum Grafen*
Was muß ich dir verdanken!
*zur Nichte*
O sag was tut die Schöne?
Was zeigt ihr Wesen an?
NICHTE
Ach! – Erschrocken!
Ach! – Betroffen!
Tritt sie zurück.
ZU VIER *wie oben*
Hier ist, hier ist der Knoten.
Er liegt zu fest geschlungen
Ich fürcht' er wird ich fürchte
Nicht wohl zu lösen sein.
NICHTE
Ja sie schauet in den Spiegel
Mit den holden Zauberblicken.
Aber ach! im hellen Spiegel
Sieht sie nur ihr eigen Bild.

Ja ich erkenn es
Sie ist sie ist es.
ZU VIER
Wer?
NICHTE
    Darf ichs sagen?
ZU VIER
Sprich!
NICHTE
    – die Prinzessin!
ZU VIER
Die Prinzessin!
NICHTE
Ja ich erkenne
Das herrliche Wesen! –
Und mit trüber süßer Miene
Steht denkend am Kamine
Still gelehnt das Götterbild.

Und im Kamine
Was muß ich sehen!

Ein glühend Herze
Schwebt in der Flamme
Es zischt und sprudelt
Und zehrt sich auf.
ABBÉ *für sich*
Ach dies Herz! Es ist das meine
Glühend rot von eignem Feuer.
GRAF
O an dem gebratnen Herzen
Gleich erkennet sich der Tor.
RITTER
Nein ich kann es nicht begreifen.
Ist es Wahrheit ist es Lüge.
COURV.
Ganz fürtrefflich lügt die Kleine
Ihre Lektion uns vor.
ZU VIER *wie oben.*
Was soll was soll ich sagen
Mich schaudert ach mich schaudert
Ich fürchte mehr zu hören.
Doch sprich o sprich nur fort.
NICHTE
Sie eilt, sie schaudert
Nach der Terrasse
Um Luft zu schöpfen
Scheint sie zu gehn. –
ZU VIER
Siehst du nichts weiter?
NICHTE
Die beiden Geister
Eröffnen eilend
Die beiden Flügel
Der Gläsertüre –
Nun laßt mich los.
COURVILLE
Siehst du ihr draußen
Niemand begegnen.
NICHTE
Wehe mir schaudert
Wehe mir schwindelt

Ich fall in Ohnmacht
Und trübe Wolken
Ziehn sich um mich.

⟨*1 Seite unbeschrieben*⟩

⟨RITTER⟩
Jetzt da ich Abschied nehme
Empfind ich erst das schmerzliche
Und fühlst du nicht das herzliche
Von diesem letzten Blick.

Zwar mag uns die Entfernung
Die treusten Freunde rauben
Doch jetzt schon – soll ichs glauben!
O trauriges Geschick.

# EGMONT

*ein Trauerspiel in fünf Aufzügen*

*Personen*

MARGARETE VON PARMA, *Tochter Carls des fünften
Regentin der Niederlande*
GRAF EGMONT, *Prinz von Gavre*
WILHELM VON ORANIEN
HERZOG VON ALBA
FERDINAND *sein natürlicher Sohn*
MACHIAVELL *im Dienste der Regentin*
RICHARD *Egmonts Geheimschreiber*
SILVA  ⎱ *unter Alba dienend*
GOMETZ ⎰
CLÄRCHEN *Egmonts Geliebte*
IHRE MUTTER
BRACKENBURG *ein Bürgerssohn*
SOEST *Krämer* ⎫
JETTER *Schneider* ⎬ *Bürger von Brüssel*
ZIMMERMANN ⎪
SEIFENSIEDER ⎭
BUYCK *Soldat unter Egmont*
RUYSUM *Invalide und taub*
VANSEN, *ein Schreiber*
      *Volk, Gefolge, Wachen u.s.w.*

*Der Schauplatz ist in Brüssel.*

## Erster Aufzug

Armbrustschießen

*Soldaten und Bürger mit Armbrüsten*
*Jetter, Bürger von Brüssel, Schneider, tritt vor und spannt*
*die Armbrust*

SOEST *Bürger von Brüssel, Krämer* Nun schießt nur hin daß es alle wird! Ihr nehmt mir's doch nicht! Drei Ringe schwarz, die habt ihr eure Tage nicht geschossen. Und so wär' ich für dies Jahr Meister.

JETTER Meister und König dazu. Wer mißgönnts euch? Ihr sollt dafür auch die Zeche doppelt bezahlen, ihr sollt eure Geschicklichkeit bezahlen wie s recht ist.

BUYCK *Holländer, Soldat unter Egmont* Jetter den Schuß handl' ich euch ab, teile den Gewinst, traktiere die Herrn⟨:⟩ ich bin so schon lange hier und für viele Höflichkeit Schuldner. Fehl' ich, so ist's als wenn ihr geschossen hättet.

SOEST Ich sollte drein reden, denn eigentlich verlier' ich dabei. Doch Buyck nur immer hin.

BUYCK *schießt* Nun Pritschmeister Reverenz! – Eins! Zwei! Drei! Vier!

SOEST Vier Ringe? es sei!

ALLE Vivat Herr König hoch! und abermal hoch.

BUYCK Danke ihr Herren! Wäre Meister zu viel! Danke für die Ehre.

JETTER Die habt ihr euch selbst zu danken.

RUYSUM *Friesländer Invalide und taub* Daß ich euch sage!

SOEST Wie ists Alter.

RUYSUM Daß ich euch sage – Er schießt wie sein Herr, er schießt wie Egmont.

BUYCK Gegen ihn bin ich nur ein armer Schlucker. Mit der Büchse trifft er erst, wie keiner in der Welt. Nicht etwa wenn er Glück oder gute Laune hat, nein wie er anlegt immer rein schwarz geschossen. Gelernt habe ich von ihm. Das wäre auch ein Kerl der bei ihm diente und nichts von ihm lernte. – Nicht zu vergessen meine Herren! Ein König nährt seine Leute und so, auf des Königs Rechnung, Wein her!

JETTER Es ist unter uns ausgemacht daß jeder –

BUYCK Ich bin fremd und König und achte eure Gesetze und Herkommen nicht.

JETTER Du bist ja ärger als der Spanier der hat sie uns doch bisher lassen müssen.

RUYSUM Was?

SOEST *laut* Er will uns gastieren, er will nicht haben daß wir zusammen legen und der König nur das doppelte zahlt.

RUYSUM Laßt ihn! Doch ohne Präjudiz! Das ist auch seines Herren Art, splendid zu sein und es laufen zu lassen wo es gedeiht.

*sie bringen Wein*

ALLE Ihro Majestät Wohl! Hoch!

JETTER *zu Buyck* Versteht sich Eure Majestät.

BUYCK Danke von Herzen wenn's doch so sein soll.

SOEST Wohl! Denn unsrer spanischen Majestät Gesundheit trinkt nicht leicht ein Niederländer von Herzen.

RUYSUM Wer?

SOEST *laut* Philipps des zweiten, Königs in Spanien.

RUYSUM Unser allergnädigster König und Herr! Gott geb ihm langes Leben.

SOEST Hattet ihr seinen Herrn Vater Carl den fünften nicht lieber?

RUYSUM Gott tröst' ihn! Das war ein Herr! Er hatte die Hand über dem ganzen Erdboden, und war euch alles in allem, und wenn er euch begegnete; so grüßt er euch wie ein Nachbar den andern, und wenn ihr verschrocken war't, wußt er mit so guter Manier – Ja versteht mich – Er ging aus, ritt aus wie's ihm einkam gar mit wenig Leuten. Haben wir doch alle geweint wie er seinem Sohne das Regiment hier abtrat – sagt ich, versteht mich – der ist schon anders, der ist majestätischer.

JETTER Er ließ sich nicht sehen da er hier war als im Prunk und königlichen Staate. Er spricht wenig sagen die Leute.

SOEST Es ist kein Herr für uns Niederländer. Unsre Fürsten müssen froh und frei sein wie wir, leben und leben lassen.

Wir wollen nicht verachtet noch gedruckt sein so guther-
zige Narren wir auch sind.

JETTER Der König denk ich wäre wohl ein gnädger Herr,
wenn er nur bessere Ratgeber hätte.

SOEST Nein, nein! Er hat kein Gemüt gegen uns Niederländer, sein Herz ist dem Volke nicht geneigt, er liebt uns
nicht, wie können wir ihn wieder lieben. Warum ist alle
Welt dem Grafen Egmont so hold? warum trügen wir ihn
alle auf den Händen? Weil man ihm ansieht daß er uns
wohlwill, weil ihm die Fröhligkeit, das freie Leben die
gute Meinung aus den Augen sieht, weil er nichts besitzt,
das er dem Dürftigen nicht mitteilte, auch dem ders nicht
bedarf. Laßt den Grafen Egmont leben! Buyck an euch
ist's die erste Gesundheit zu bringen! Bringt eures Herrn
Gesundheit aus!

BUYCK Von ganzer Seele denn: Graf Egmont hoch!

RUYSUM Überwinder bei St. Quintin.

BUYCK Dem Helden von Gravelingen.

ALLE Hoch!

RUYSUM St. Quintin war meine letzte Schlacht, ich konnte
kaum mehr fort, kaum die schwere Büchse mehr schleppen. Hab ich doch den Franzosen noch eins auf den Pelz
gebrennt und da kriegt ich zum Abschied noch einen
Streifschuß ans rechte Bein.

BUYCK Gravelingen! Freunde! da gings frisch! den Sieg
haben wir allein. Brannten und sengten die wälschen
Hunde nicht durch ganz Flandern? Aber ich mein wir
trafen sie! Ihre alten Handfesten Kerle hielten lange
wieder, und wir drängten und schossen und hieben, daß
sie die Mäuler verzerrten und ihre Linien zuckten. Da
ward Egmont das Pferd unter dem Leibe niedergeschossen, und wir stritten lange hinüber, herüber, Mann für
Mann, Pferd gegen Pferd, Haufe mit Haufe auf dem
breiten flachen Sand' an der See hin. Auf einmal kams wie
vom Himmel herunter, von der Mündung des Flusses,
bav! bau! immer mit Kanonen in die Franzosen drein. Es
waren Engländer, die unter dem Admiral Malin von
ohngefähr von Dünkirchen her vorbeifuhren. Zwar viel
halfen sie uns nicht, sie konnten nur mit den kleinsten
Schiffen herbei, und das nicht nah genug, schossen auch

wohl unter uns – Es tat doch gut! Es brach die Welschen und hob unsern Mut. Da gings! Rick! rack! Herüber hinüber! Alles tot geschlagen, alles ins Wasser gesprengt. Und die Kerle ersoffen wie sie das Wasser schmeckten, und was wir Holländer waren grad hinten drein, uns die wir beidlebig sind ward erst wohl im Wasser wie den Fröschen und immer die Feinde im Fluß zusammengehauen, weggeschossen wie die Enten. Was nun noch durchbrach, schlugen euch auf der Flucht die Bauerweiber mit Hacken und Mistgabeln tot. Mußte doch die wälsche Majestät gleich das Pfötchen reichen und Friede machen. Und den Frieden seid ihr uns schuldig, dem großen Egmont schuldig!

ALLE Hoch! dem großen Egmont hoch! und abermal hoch! und abermal hoch.

JETTER Hätte man uns den statt der Margrete von Parma zum Regenten gesetzt.

SOEST Nicht so! Wahr bleibt wahr ich lasse mir Margarethen nicht schelten. Nun ists an mir. Es lebe unsre gnädge Frau.

ALLE Sie lebe!

SOEST Wahrlich treffliche Weiber sind in dem Hause. Die Regentin lebe!

JETTER Klug ist sie und mäßig in allem was sie tut, hielte sie's nur nicht so steif und fest mit den Pfaffen. Sie ist doch auch mit Schuld daß wir die vierzehn neue Bischofsmützen im Lande haben! Wozu die nur sollen. Nicht wahr daß man Fremde in die guten Stellen einschieben kann, wo sonst Äbte aus den Kapiteln gewählt wurden und wir sollen glauben es sei um der Religion willen. Ja es hat sich. An drei Bischöfen hatten wir genug da gings ehrlich und ordentlich zu. Nun muß doch auch jeder tun als ob er nötig wäre und da setzts allen Augenblick Verdruß und Händel. Und je mehr ihr das Ding rüttelt und schüttelt desto trüber wirds.

*sie trinken*

SOEST Das war nun des Königs Wille, sie kann nichts davon noch dazu tun.

JETTER Da sollen wir nun die neuen Psalmen nicht singen. Sie sind wahrlich gar schön in Reimen gesetzt und haben

recht erbauliche Weisen. Die sollen wir nicht singen, aber
Schelmenlieder soviel wir wollen. Und warum? Es seien
Ketzereien drin sagen sie, und Sachen, Gott weiß. Ich
hab ihrer doch auch gesungen, es ist jetzt was neues, ich
hab' nichts drin gesehen.

BUYCK Ich wollte sie fragen! In unsrer Provinz singen wir
was wir wollen. Das macht daß Graf Egmont unser
Statthalter ist, der fragt nach so etwas nicht. – In Gent,
Ypern, durch ganz Flandern singt sie wer Belieben hat.
*laut* Es ist ja wohl nichts unschuldiger als ein geistlich
Lied? Nicht wahr Vater.

RUYSUM Ei wohl! Es ist ja ein Gottesdienst, eine Erbauung.

JETTER Sie sagen aber es sei nicht auf die rechte Art, nicht
auf ihre Art und gefährlich ist's doch immer, da läßt mans
lieber sein. Die Inquisitions Diener schleichen herum
und passen auf, mancher ehrliche Mann ist schon unglücklich gewesen. Der Gewissenszwang fehlte noch! Da
ich nicht tun darf was ich möchte können sie mich doch
denken und singen lassen was ich will.

SOEST Die Inquisition kommt nicht auf. Wir sind nicht
gemacht wie die Spanier unser Gewissen tyrannisieren zu
lassen. Und der Adel muß auch bei Zeiten suchen ihr die
Flügel zu beschneiden.

JETTER Es ist sehr fatal. Wenns den lieben Leuten einfällt in
mein Haus zu stürmen und ich sitze an meiner Arbeit,
und humme just einen französchen Psalmen und denke
nichts dabei, weder Gutes noch Böses, ich summe ihn
aber, weil er mir in der Kehle ist; gleich bin ich ein Ketzer
und werde eingesteckt. Oder ich gehe über Land und
bleibe bei einem Haufen Volks stehn, das einem neuen
Prediger zu hört, einem von denen die aus Deutschland
gekommen sind; auf der Stelle heiß ich ein Rebell und
komme in Gefahr meinen Kopf zu verlieren. Habt ihr je
einen predigen hören?

SOEST Wackre Leute. Neulich hört ich einen auf dem Felde
vor tausend und tausend Menschen sprechen. Das war
ein ander Geköch als wenn unsre auf der Kanzel herum-
trommeln und die Leute mit Lateinischen Brocken er-
würgen. Der sprach von der Leber weg, sagte wie sie uns
bisher hätten bei der Nase herumgeführt, uns in der

Dummheit erhalten und wie wir mehr Erleuchtung haben
könnten – und das bewies er euch alles aus der Bibel.
JETTER Da mag doch auch was dran sein. Ich sagts immer
selbst und grübelte so über die Sache nach. Mir ists lang
im Kopf herumgegangen.
BUYCK Es läuft ihnen auch alles Volk nach.
SOEST Das glaub ich, wo man was Guts hören kann und was
Neues.
JETTER Und was ist's denn nun man kann ja einen jeden
predigen lassen nach seiner Weise.
BUYCK Frisch ihr Herrn! über dem Kannegießern vergeßt
ihr den Wein und Oranien.
JETTER Den nicht zu vergessen. Das ist ein rechter Wall,
wenn man nur an ihn denkt meint man gleich man könnte
sich hinter ihn verstecken und der Teufel brächte einen
nicht hervor. Hoch Wilhelm von Oranien! Hoch!
ALLE Hoch! Hoch!
SOEST Nun Alter bring auch deine Gesundheit.
RUYSUM Alte Soldaten! Alle Soldaten! Es lebe der Krieg!
BUYCK Bravo Alter! Alle Soldaten! Es lebe der Krieg.
JETTER Krieg! Krieg! Wißt ihr auch was ihr ruft? Daß es
euch leicht vom Munde geht, ist wohl natürlich, wie
lumpig aber unser einem dabei zu Mute ist, kann ich nicht
sagen. Das ganze Jahr das Getrommel zu hören, und
nichts zu hören als wie da ein Haufen gezogen kommt
und dort ein andrer, wie sie über einen Hügel kamen und
bei einer Mühle hielten, wie viel da geblieben sind,
wieviel dort und wie sie sich drängen und einer gewinnt
der andre verliert ohne daß man sein Tage begreift wer
was gewinnt oder verliert. Wie eine Stadt eingenommen
wird, die Bürger ermordet werden und wie es den armen
Weibern, den unschuldigen Kindern ergeht. Das ist eine
Not und Angst man denkt jeden Augenblick: da kommen
sie! Es geht uns auch so.
SOEST Drum muß auch ein Bürger immer in Waffen geübt
sein.
JETTER Ja es übt sich, wer Frau und Kinder hat. Und doch
hör ich noch lieber von Soldaten als ich sie sehe.
BUYCK Das sollt ich übel nehmen.
JETTER Auf euch ists nicht gesagt, Landsmann! Wie wir die

Spanischen Besatzungen los waren, holten wir wieder Atem.

SOEST Gelt die lagen dir am schwersten auf.

JETTER Vexier er sich.

SOEST Die hatten scharfe Einquartierung bei dir.

JETTER Halt dein Maul.

SOEST Sie hatten ihn vertrieben aus der Küche, dem Keller, der Stube – dem Bette.
*sie lachen*

JETTER Du bist ein Tropf.

BUYCK Friede! ihr Herrn! Muß der Soldat Friede rufen! – Nun da ihr von uns nichts hören wollt, nun bringt auch eure Gesundheit aus, eine bürgerliche Gesundheit.

JETTER Dazu sind wir bereit! Sicherheit und Ruhe!

SOEST Ordnung und Freiheit.

BUYCK Brav das sind auch wir zufrieden.

*sie stoßen an und wiederholen fröhlig die Worte, doch so daß jeder ein anderes ausruft und es eine Art Kanon wird. Der Alte horcht und fällt endlich auch mit ein*

ALLE Sicherheit und Ruhe! Ordnung und Freiheit!


Palast der Regentin

*Margarethe von Parma in Jagdkleidern
Hofleute Pagen Bediente*


⟨REGENTIN⟩ Ihr stellt das Jagen ab, ich werde heut nicht reiten. Sagt Machiavellen er soll zu mir kommen.
*alle gehn ab*
Der Gedanke an diese schröckliche Begebenheiten läßt mir keine Ruhe. Nichts kann mich ergötzen, nichts mich zerstreuen, immer sind diese Bilder, diese Sorgen vor mir.
Nun wird der König sagen, dies seien die Folgen meiner Güte, meiner Nachsicht, und doch sagt mir mein Gewissen jeden Augenblick das rätlichste, das Beste getan zu haben. Sollte ich früher mit dem Sturme des Grimms diese Flammen anfachen und umhertreiben. Ich hoffte sie zu umstellen, sie in sich selbst zu verschütten. Ja, was ich

mir selbst sage, was ich wohl weiß, entschuldigt mich vor mir selbst, aber wie wird es mein Bruder aufnehmen? Denn, ist es zu leugnen? Der Übermut der fremden Lehrer hat sich täglich erhöht, sie haben unser Heiligtum gelästert, die stumpfen Sinnen des Pöbels zerrüttet und den Schwindelgeist unter sie gebannt. Unreine Geister haben sich unter die Aufrührer gemischt und schröckliche Taten sind geschehen, die zu denken schauderhaft ist, und die ich nun einzeln nach Hofe zu berichten habe. Schnell und einzeln, damit mir der allgemeine Ruf nicht zuvor komme, damit der König nicht denke man wolle noch mehr verheimlichen. Ich sehe kein Mittel, weder strenges noch gelindes, dem Übel zu steuern. O was sind wir Große auf der Woge der Menschheit? wir glauben sie zu beherrschen und sie treibt uns auf und nieder, hin und her.

*Machiavell tritt auf*
REGENTIN Sind die Briefe an den König aufgesetzt.
MACH. In einer Stunde werdet ihr sie unterschreiben können.
REG. Habt ihr den Bericht ausführlich genug gemacht.
MACH. Ausführlich und umständlich wie es der König liebt. Ich erzähle wie zu erst um St. Omer die bilderstürmerische Wut sich zeigt. Wie eine rasende Menge mit Stäben, Beilen, Hämmern, Leitern, Stricken versehen, von wenig bewaffneten begleitet, erst Kapellen, Kirchen und Klöster anfallen, die Andächtigen verjagen, die verschloßnen Pforten aufbrechen, alles umkehren, die Altäre niederreißen, die Statuen der Heiligen zerschlagen, alle Gemälde verderben, alles was sie nur geweihtes, geheiligtes antreffen, zerschmettern, zerreißen, zertreten. Wie sich der Haufe unterwegs vermehrt, die Einwohner von Ypern ihnen die Tore eröffnen, wie sie den Dom mit unglaublicher Schnelle verwüsten, die Bibliothek des Bischofs verbrennen. Wie eine große Menge Volks, von gleichem Unsinn ergriffen sich über Menin Comines, Verwich, Lille verbreitet, nirgends Widerstand findet und wie fast durch ganz Flandern in Einem Augenblicke die ungeheure Verschwörung sich erklärt und ausgeführt ist.

MARG. Ach wie ergreift mich aufs neue der Schmerz bei deiner Widerholung und die Furcht gesellt sich dazu: das Übel werde nur größer und größer werden. Sagt mir eure Gedanken Machiavell!

MACH. Verzeihen Ew. Hoheit meine Gedanken sehen Grillen so ähnlich und wenn ihr auch immer mit meinen Diensten zufrieden wart habt ihr doch selten meinem Rate folgen mögen. Ihr sagtet oft im Scherze, du siehst zu weit Machiavell, du solltest Geschichtschreiber sein, wer handelt muß fürs nächste sorgen. Und doch habe ich diese Geschichte nicht voraus erzählt? hab ich nicht alles vorausgesehen.

REG. Ich sehe auch viel voraus, ohne es ändern zu konnen.

MACH. Ein Wort für tausend: Ihr unterdrückt die neue Lehre nicht. Laßt sie gelten, sondert sie von den Rechtgläubigen, gebt ihnen Kirchen, faßt sie in die bürgerliche Ordnung, schränkt sie ein und so habt ihr die Aufrührer auf einmal zur Ruhe gebracht. Jede andre Mittel sind vergeblich und Ihr verheert das Land.

REG. Hast du vergessen mit welchem Abscheu mein Bruder selbst die Frage verwarf, ob man die neue Lehre dulden könne? Weißt du nicht wie er mir in jedem Briefe die Erhaltung des wahren Glaubens aufs eifrigste empfiehlt, daß er Ruhe und Einigkeit auf Kosten der Religion nicht hergestellt wissen will. Hält er nicht selbst in den Provinzen Spionen die wir nicht kennen, um zu erfahren wer sich zu der neuen Meinung hinüber neigt? Hat er nicht zu unsrer Verwunderung uns diesen und jenen genannt, der sich in unsrer Nähe heimlich der Ketzerei schuldig machte. Befiehlt er nicht Strenge und Schärfe und ich soll gelind sein, ich soll Vorschläge tun daß er nachsehe, daß er dulde. Würde ich nicht alles Vertrauen, allen Glauben bei ihm verlieren?

MACH. Ich weiß wohl der König befiehlt, er läßt euch seine Absichten wissen. Ihr sollt Ruhe und Friede wieder herstellen durch ein Mittel das die Gemüter noch mehr erbittert, das den Krieg unvermeidlich an allen Enden anblasen wird. Bedenkt was ihr tut. Die größten Kaufleute sind angesteckt, der Adel, das Volk, die Soldaten. Was hilft es auf seinen Gedanken beharren, wenn sich um uns alles ändert. Möchte doch ein guter Geist Philippen eingeben, daß es einem Könige anständiger ist Bürger zweierlei Glaubens ⟨zu⟩ regieren als sie durch einander aufzureiben.

MARG. Solch ein Wort nie wieder. Ich weiß wohl daß Politik selten Treu und Glauben halten kann; daß sie Offenheit, Gutherzigkeit, Nachgiebigkeit aus unsern Herzen ausschließt, in weltlichen Geschäften, ist das leider nur zu wahr. Sollen wir aber auch mit Gott spielen wie unter einander, sollen wir gleichgültig gegen unsre bewährte Lehre sein, für die so viele ihr Leben aufgeopfert haben, die sollten wir hingeben an die hergelaufne, ungewisse sich selbst widersprechende Neuerungen.

MACH. Denkt nur deswegen nicht übler von mir.

MARG. Ich kenne dich und deine Treue, und weiß daß einer ein ehrlicher und verständiger Mann sein kann, wenn er gleich den nächsten besten Weg zum Heile seiner Seele verfehlt hat. Es sind noch andre, Machiavell, Männer die ich schätzen und tadeln muß.

MACH. Wen bezeichnet ihr mir?

MARG. Ich kann es gestehn daß mir Egmont heute einen recht innerlichen, tiefen Verdruß erregte.

MACH. Durch welches Betragen.

MARG. Durch sein gewöhnliches, durch Gleichgültigkeit und Leichtsinn. Ich erhielt die schröckliche Botschaft eben als ich von vielen und ihm begleitet aus der Kirche ging. Ich hielte meinen Schmerz nicht an, ich beklagte mich laut und rief indem ich mich zu ihm wendete: Seht was in Eurer Provinz entsteht! das duldet ihr Graf von dem der König sich alles versprach.

MACH. Und was antwortete er?

MARG. Als wenn es nichts, als wenn es eine Nebensache wäre, versetzte er: Wären nur erst die Niederländer über ihre Verfassung beruhigt! das übrige würde sich leicht geben.

MACH. Vielleicht hat er wahrer als klug und fromm gesprochen. Wie soll Zutrauen en⟨t⟩stehen und bleiben wenn der Niederländer sieht daß es mehr um seine Besitztümer als um sein Wohl, um seiner Seelen Heil zu tun ist. Haben die neuen Bischöfe mehr Seelen gerettet als fette Pfründen geschmaust? und sind es nicht meist Fremde? Noch werden alle Statthalterschaften mit Niederländern besetzt, lassen sich es die Spanier nicht zu deutlich merken daß sie die größte und unwiderstehlichste Begierde nach diesen Stellen empfinden? Will ein Volk nicht lieber nach seiner Art, von den seinigen regiert werden als von Fremden, die erst im Lande sich wieder Besitztümer auf Unkosten aller zu erwerben suchen, die einen fremden Maßstab mitbringen und unfreundlich und ohne Teilnehmung herrschen.

MARG. Du stellst dich auf die Seite der Gegner.

MACH. Mit dem Herzen gewiß nicht und wollte ich könnte mit dem Verstande ganz auf der unsrigen sein.

MARG. Wenn du so willst; so tät es not ich träte ihnen meine Regentschaft ab; denn Egmont und Oranien machten sich große Hoffnung diesen Platz einzunehmen. Damals waren sie Gegner itzt sind sie gegen mich verbunden, sind Freunde, unzertrennliche Freunde geworden.

MACH. Ein gefährliches Paar!

MARG. Soll ich aufrichtig reden ich fürchte Oranien, und ich fürchte für Egmont. Oranien sinnt nichts Gutes, seine Gedanken reichen in die Ferne, er ist heimlich, scheint alles anzunehmen, widerspricht nie und in tiefster Ehrfurcht mit größter Vorsicht, tut er was ihm beliebt.

MACH. Recht im Gegenteil geht Egmont einen freien Schritt als wenn die Welt sein gehörte.

MARG. Er trägt das Haupt so hoch als wenn die Hand der Majestät nicht über ihm schwebte.

MACH. Die Augen des Volks sind alle nach ihm gerichtet und die Herzen hängen an ihm.

MARG. Nie hat er einen Schein vermieden, als wenn niemand Rechenschaft von ihm zu fordern hätte. Noch trägt er den Namen Egmont. Graf Egmont freut ihn sich nennen zu hören, als wollte er nicht vergessen daß seine Vorfahren Besitzer von Geldern waren. Warum nennt er sich nicht Prinz von Gaure? wie es ihm zukommt? Warum tut er das? Will er erloschne Rechte wieder geltend machen.

MACH. Ich halte ihn für einen treuen Diener des Königs.

MARG. Wenn er wollte, wie verdient könnte er sich um die Regierung machen, anstatt daß er uns schon, ohne sich zu nutzen, unsäglichen Verdruß gemacht hat. Seine Gesellschaften, Gastmahle und Gelage haben den Adel mehr verbunden und verknüpft als die gefährlichsten heimlichen Zusammenkünfte. Mit seinen Gesundheiten haben die Gäste einen daurenden Rausch einen nie sich verziehenden Schwindel geschöpft. Wie oft setzt er durch seine Scherzreden die Gemüter des Volks in Bewegung und wie stutzte der Pöbel über die neuen Livreen über die törigen Abzeichen der Bedienten.

MACH. Ich bin überzeugt es war ohne Absicht.

MARG. Schlimm genug. Wie ich sage er schadet uns und nützt sich nicht. Er nimmt das Ernstliche scherzhaft, und wir, um nicht müßig und nachlässig zu scheinen, müssen das Scherzhafte ernstlich nehmen. So hetzt eins das andre und was man abzuwenden sucht das macht sich erst recht. Er ist gefährlicher als ein entschiednes Haupt einer Verschwörung und ich müßte mich sehr irren wenn man ihm bei Hofe nicht alles gedenkt. Ich kann nicht leugnen, es vergeht wenig Zeit daß er mich nicht empfindlich, sehr empfindlich macht.

MACH. Er scheint mir in allem nach seinem Gewissen zu handeln.

MARG. Sein Gewissen hat einen gefälligen Spiegel. Sein Betragen ist oft beleidigend. Er sieht oft aus als wenn er in der völligen Überzeugung lebe er sei Herr und wolle es uns nur aus Gefälligkeit nicht fühlen lassen, wolle uns so grade nicht zum Lande hinaus jagen, es werde sich schon geben.

MACH. Ich bitte Euch legt seine Offenheit, sein glücklich Blut, das alles wichtige leicht behandelt nicht zu gefährlich aus. Ihr schadet nur ihm und Euch.

MARG. Ich lege nichts aus, ich spreche nur von den unvermeidlichen Folgen, und ich kenn ihn. Sein niederländischer Adel und sein golden Vlies vor der Brust stärken sein Vertraun, seine Kühnheit. Beides kann ihn vor einem schnellen, willkürlichen Unmut des Königs schützen. Untersuch es genau an dem ganzen Unglücke, das Flandern trifft ist er doch nur allein Schuld. Er hat zu erst den fremden Lehrern nachgesehn, hats so genau nicht genommen und vielleicht sich heimlich gefreut, daß wir etwas zu schaffen hatten. Laß mich nur! Was ich auf dem Herzen habe, soll bei dieser Gelegenheit davon. Und ich will die Pfeile nicht umsonst verschießen ich weiß wo er empfindlich ist. Er ist auch empfindlich.

MACH. Habt ihr den Rat zusammen berufen lassen? Kommt Oranien auch?

MARG. Ich habe nach Antwerpen um ihn geschickt. Ich will ihnen die Last der Verantwortung nahe genug zu wälzen, sie sollen sich mit mir dem Übel ernstlich entgegen setzen oder sich auch als Rebellen erklären. Eile daß die Briefe fertig werden und bringe mir sie zur Unterschrift. Dann sende schnell den bewährten Vaska nach Madrid, er ist unermüdet und treu, daß mein Bruder zuerst durch ihn die Nachricht erfahre, daß der Ruf ihn nicht übereile. Ich will ihn selbst noch sprechen eh er abgeht.

MACH. Eure Befehle sollen schnell und genau befolgt werden.


Bürgerhaus

*Clare, Clarens Mutter, Brackenburg*

CLARE Wollt ihr mir nicht das Garn halten, Brackenburg?

BRACKENB. Ich bitt' euch verschont mich Clärchen.

CL. Was habt ihr wieder? Warum versagt ihr mir diesen kleinen Liebesdienst?

BR. Ihr bannt mich mit dem Zwirn so fest vor euch hin, ich kann euren Augen nicht ausweichen.

CL. Grillen! Kommt und haltet!

MUTTER *im Sessel strickend* Singt doch eins! Brackenburg sekundiert so hübsch. Sonst wart ihr lustig, und ich hatte immer was zu lachen.

BR. Sonst.

CL. Wir wollen singen.

BR. Was ihr wollt.

CL. Nur hübsch munter und frisch weg! Es ist ein Soldatenliedchen, mein Leibstück. *Sie wickelt Garn und singt mit Brackenburg*

Die Trommel gerühret!
Das Pfeifchen gespielt!
Mein Liebster gewaffnet
dem Haufen befiehlt.
Die Lanze hoch führet
die Leute regieret.
Wie klopft mir das Herze!
Wie wallt mir das Blut!
O hätt ich ein Wämslein
und Hosen und Hut.

Ich folgt ihm zum Tor 'naus
mit mutigem Schritt,
ging durch die Provinzen
ging überall mit.
Die Feinde schon weichen
wir schießen hinterdrein!
Welch Glück sonder gleichen
ein Mannsbild zu sein.

*Brackenburg hat unter dem Singen Clärchen oft angesehen, zuletzt bleibt ihm die Stimme stocken, die Tränen kommen ihm in die Augen, er läßt den Strang fallen und geht ans Fenster. Clärchen singt das Lied allein aus, die Mutter winkt ihr halb unwillig, sie steht auf, geht einige Schritte nach ihm hin, kehrt halb unschlüssig wieder um, und setzt sich*

MUTTER Was gibts auf der Gasse Brackenburg? ich höre marschieren.

BR. Es ist die Leibwache der Regentin.

CL. Um diese Stunde? was soll das bedeuten? *Sie steht auf und geht an das Fenster zu Brackenburg* Das ist nicht die tägliche Wache, das sind weit mehr! Fast alle ihre Haufen. O Br. geht! Hört einmal was es gibt? Es muß etwas besonders sein. Geht guter Br. tut mir den Gefallen.

BR. Ich gehe! Ich bin gleich wieder da. *er reicht ihr abgehend die Hand, sie gibt ihm die ihrige*

MUTTER Du schickst ihn schon wieder weg!

CL. Ich bin neugierig. Und auch verdenkt mirs nicht. Seine Gegenwart tut mir weh. Ich weiß immer nicht wie ich mich gegen ihn betragen soll. Ich habe unrecht gegen ihn,

und mich nagts am Herzen daß er es so lebendig fühlt. –
Kann ich's doch nicht ändern!
MUTTER Es ist ein so treuer Bursche.
CL. Ich kanns auch nicht lassen, ich muß ihm freundlich
begegnen. Meine Hand drückt sich oft unversehens zu,
wenn die seine mich so leise so liebevoll anfaßt. Ich mache
mir Vorwürfe daß ich ihn betrüge, daß ich in seinem
Herzen eine vergebliche Hoffnung nähre. Ich bin übel
dran. Weiß Gott ich betrüg ihn nicht. Ich will nicht daß er
hoffen soll, und ich kann ihn doch nicht verzweifeln
lassen.
MUTTER Das ist nicht gut.
CL. Ich hatte ihn gern und will ihm auch noch wohl in der
Seele. Ich hätte ihn heuraten können und glaube ich war
nie in ihn verliebt.
MUTTER Glücklich wärst du immer mit ihm gewesen.
CL. Wäre versorgt und hätte ein ruhiges Leben.
MUTTER Und das ist alles durch deine Schuld verscherzt.
CL. Ich bin in einer wunderlichen Lage. Wenn ich so nach-
denke wie es gegangen ist, weiß ich s wohl und weiß es
nicht. Und dann darf ich Egmonten nur wieder ansehn;
wird mir alles sehr begreiflich, wäre mir weit mehr
begreiflich. Ach was ists ein Mann! Alle Provinzen beten
ihn an, und ich in seinem Arm sollte nicht das glücklichste Geschöpf von der Welt sein.
MUTTER Wie wirds in der Zukunft werden?
CL. Ach ich frage nur ob er mich liebt, und ob er mich liebt?
ist das eine Frage?
MUTTER Man hat nichts als Herzensangst mit seinen Kindern. Wie das ausgehen wird? Immer Sorge und Kummer! Es geht nicht gut aus! Du hast dich unglücklich
gemacht! mich unglücklich gemacht.
CL. *gelassen* Ihr ließet es doch im Anfange.
MUTTER Leider war ich zu gut, bin immer zu gut.
CL. Wenn Egmont vorbeiritt und ich ans Fenster lief, schal-
tet ihr mich da? Tratet ihr nicht selbst ans Fenster? Wenn
er herauf sah, lächelte, nickte, mich grüßte, war es euch
zuwider? Fandet ihr euch nicht selbst in eurer Tochter
geehrt?
MUTTER Mache mir noch Vorwürfe.

CLARE *gerührt* Wenn er nun öfter die Straße kam, und wir wohl fühlten daß er um meinetwillen den Weg machte bemerktet ihrs nicht selbst mit heimlicher Freude? Rieft ihr mich ab wenn ich hinter den Scheiben stand und ihn erwartete?

MUTTER Dachte ich daß es soweit kommen sollte.

CL. *mit stockender Stimme und zurückgehaltnen Tränen* Und wie er uns Abends in den Mantel eingehüllt bei der Lampe überraschte, wer war geschäftig ihn zu empfangen? da ich auf meinem Stuhl wie angekettet und staunend sitzen blieb.

MUTTER Und konnte ich fürchten daß diese unglückliche Liebe das kluge Clärgen sobald hinreißen würde. Ich muß es nun tragen daß meine Tochter –

CL. *mit ausbrechenden Tränen* Mutter! Ihr wollts nun! Ihr habt eure Freude mich zu ängstigen.

MUTTER *Weinend* Weine noch gar! mache mich noch elender durch deine Betrübnis! Ist mir's nicht Kummer genug daß meine einzige Tochter ein verworfnes Geschöpf ist.

CL. *aufstehend und kalt* Verworfen! Egmonts Geliebte, verworfen? – Welche Fürstin neidete nicht das arme Clärchen um den Platz an seinem Herzen! O Mutter – meine Mutter, so redetet ihr sonst nicht. Liebe Mutter, seid gut! – Das Volk was das denkt, die Nachbarinnen was die murmeln! – Diese Stube dieses kleine Haus ist ein Himmel seit Egmonts Liebe drin wohnt.

MUTTER Man muß ihm hold sein! das ist wahr. Er ist immer so freundlich, frei und offen.

CL. Es ist keine falsche Ader an ihm. Seht Mutter und er ist doch der große Egmont. Und wenn er zu mir kommt, wie er so lieb ist so gut wie er mir seinen Stand seine Tapferkeit gerne verbürge wie er um mich besorgt ist, so nur Mensch, nur Freund, nur Liebster.

MUTTER Kommt er wohl heute?

CL. Habt ihr mich nicht oft ans Fenster gehen sehn? Habt ihr nicht bemerkt wie ich horche wenns an der Türe rauscht – ob ich schon weiß daß er vor Nacht nicht kommt vermut ich ihn doch jeden Augenblick von Morgens an wenn ich aufstehe. Wär' ich nur ein Bube, und könnte immer mit ihm gehen, zu Hofe und überall hin! Könnt ihm die Fahne nachtragen in der Schlacht.

MUTTER Du warst immer so ein Springinsfeld, als ein kleines Kind schon bald toll bald nachdenklich. Ziehst du dich nicht ein wenig besser an?

CL. Vielleicht Mutter! Wenn ich Langeweile habe. – Gestern, denkt, gingen von seinen Leuten vorbei, und sangen Lobliedchen auf ihn. Wenigstens war sein Name in den Liedern, das übrige konnt ich nicht verstehn. Das Herz schlug mir bis an den Hals – Ich hätte sie gern zurückgerufen, wenn ich mich nicht geschämt hätte.

MUTTER Nimm dich in Acht! Dein heftiges Wesen, verdirbt noch alles, du verratst dich offenbar vor den Leuten. Wie neulich bei dem Vetter, wie du den Holzschnitt und die Beschreibung fandst, und mit einem Schrei riefst Graf Egmont! – Ich ward feuerrot.

CL. Hätt' ich nicht schreien sollen? Es war die Schlacht bei Gravelingen, und ich finde oben im Bilde den Buchstaben C. und suche unten in der Beschreibung C. steht da: Graf Egmont dem das Pferd unter dem Leibe totgeschossen wird. Mich überliefs – und hernach mußt ich lachen über den Holzgeschnitzten Egmont, der so groß war als der Turn von Gravelingen gleich dabei und die englischen Schiffe an der Seite. – Wenn ich mich manchmal erinnre wie ich mir sonst eine Schlacht vorgestellt und was ich mir als Mädchen für ein Bild vom Grafen Egmont machte, wenn sie von ihm erzählten und von allen Grafen und Fürsten – und wie mirs jetzt ist!

*Brackenburg kommt*

CL. Wie stehts?

BR. Man weiß nichts gewisses. In Flandern soll neuerdings ein Tumult entstanden sein, die Regentin soll besorgen, er möchte sich hierher verbreiten. Das Schloß ist stark besetzt, die Burger sind zahlreich an den Toren, das Volk summt in den Gassen. – Ich will nur schnell zu meinem alten Vater.

*als wollt er gehen*

CL. Sieht man euch morgen. Ich will mich ein wenig anziehen. Der Vetter kommt, und ich sehe gar zu liederlich aus. Helft mir einen Augenblick Mutter – Nehmt das

Buch mit Brackenburg und bringt mir wieder so eine
Historie.
MUTTER Lebt wohl.
BR. *seine Hand reichend* Eure Hand!
CL. *ihre Hand versagend* Wenn ihr wiederkommt.
*Mutter und Tochter ab*
BRACKENBURG *allein* Ich hatte mir vorgenommen grade
wieder fort zu gehn, und da sie es dafür aufnimmt und
mich gehn läßt; möcht ich rasend werden. – Unglücklicher und dich rührt deines Vaterlandes Geschick nicht?
der wachsende Tumult nicht – und gleich ist dir Landsmann oder Spanier und wer regiert und wer recht hat. –
War ich doch ein andrer Junge als Schulknabe! – wenn da
ein Exercitium aufgegeben war: Brutus Rede für die
Freiheit, zur Übung der Redekunst, da war doch immer
Fritz der erste, und der Rektor sagte, wenns nur ordentlicher wäre, nur nicht alles so übereinander gestolpert –
damals kocht es und trieb! – Jetzt schlepp ich mich an den
Augen des Mädchens so hin. Kann ich sie doch nicht
lassen! Kann sie mich doch nicht lieben! – Ach – Nein –
Sie – Sie kann mich nicht ganz verworfen haben – – Nicht
ganz – und halb und nichts! – Ich duld' es nicht länger! – –
Sollte es wahr sein was mir ein Freund neulich ins
Ohr sagte? daß sie Nachts einen Mann heimlich zu sich einläßt, da sie mich, züchtig, immer vor Abend aus dem
Hause treibt. Nein es ist nicht wahr, es ist eine Lüge, eine
schändliche, verleumderische Lüge! Clärchen ist so unschuldig als ich unglücklich bin – Sie hat mich verworfen,
hat mich von ihrem Herzen gestoßen – – Und ich soll so
fortleben? Ich duld, ich duld es nicht. – – Schon wird
mein Vaterland von innerm Zwiste heftiger bewegt, und
ich sterbe unter dem Getümmel nur ab! Ich duld es nicht!
– Wenn die Trompete klingt! Ein Schuß fällt, mir fährts
durch Mark und Bein! Ach es reizt mich nicht, es fordert
mich nicht auch mit einzugreifen, mit zu retten, zu
wagen. – Elender, schimpflicher Zustand. Es ist besser
ich end' auf einmal. Neulich stürzt ich mich in s Wasser,
ich sank – aber die geängstete Natur war stärker, ich
fühlte daß ich schwimmen konnte und rettete mich wider
Willen – – Könnt ich der Zeiten vergessen, da sie mich

liebte, mich zu lieben schien – Warum hat mir's Mark und Bein durchdrungen das Glück? Warum haben mir diese Hoffnungen allen Genuß des Lebens aufgezehrt, indem sie mir ein Paradies von weiten zeigten. – Und jener erste Kuß! Jener einzige! – Hier *die Hand auf den Tisch legend* Hier waren wir allein – sie war immer gut und freundlich gegen mich gewesen – da schien sie sich zu erweichen, sie sah mich an – alle Sinne gingen mir um und ich fühlte ihre Lippen auf den meinigen – Und – und nun – Stirb Armer! Was zauderst du? *er zieht ein Fläschchen aus der Tasche* Ich will dich nicht umsonst aus meines Bruder Doktors Kästchen gestohlen haben, heilsames Gift! Du sollst mir dieses Bangen! diese Schwindel! diese Todesschweiße auf einmal verschlingen und lösen.

## Zweiter Aufzug

### Platz in Brüssel

*Jetter und ein Zimmermeister treten zusammen.*

ZIMM. Sagt ich's nicht voraus! Noch vor acht Tagen auf der Zunft sagt ich, es würden schwere Händel geben.
JETTER Ists denn wahr daß sie die Kirchen in Flandern geplündert haben.
ZIMM. Ganz und gar zu Grunde gerichtet haben sie Kirchen und Kapellen. Nichts als die vier nackte Wände haben sie stehen lassen. Lauter Lumpengesindel! und das macht unsre gute Sache schlimm. Wir hätten eher, in der Ordnung, und standhaft unsre Gerechtsame der Regentin vortragen und drauf halten sollen. Reden wir jetzt, versammeln wir uns jetzt; so heißt es wir gesellen uns zu den Aufwieglern.
JETTER Ja so zuerst denkt jeder: was sollst du mit deiner Nase voran, hängt doch der Hals gar nah damit zusammen.
ZIMM. Mir ists bange wenns einmal unter dem Pack zu lärmen anfängt, unter dem Volk das nichts zu verlieren

hat, die brauchen das zum Vorwande, worauf wir uns
auch berufen müssen, und bringen das Land in Unglück.
SOEST *tritt dazu* Guten Tag ihr Herrn! Was gibts neues?
Ists wahr daß die Bilderstürmer gerade hierher ihren Lauf
nehmen.
ZIMM. Hier sollen sie nichts anrühren.
SOEST Es trat ein Soldat bei mir ein Tobak zu kaufen, den
fragt ich aus. Die Regentin so eine wackre kluge Frau sie
bleibt, diesmal ist sie auseinander, sie ist außer Fassung.
Es muß sehr arg sein daß sie sich so grade zu hinter ihre
Wache versteckt. Die Burg ist scharf besetzt. Man meint
sogar sie wolle aus der Stadt flüchten.
ZIMM. Hinaus soll sie nicht! Ihre Gegenwart beschützt uns,
und wir wollen ihr mehr Sicherheit verschaffen, als ihre
Stutzbärte. Und wenn sie uns unsere Rechte und Freihei-
ten aufrecht erhält; so wollen wir sie auf den Händen
tragen.
SEIFENSIEDER *tritt dazu* Garstige Händel! Üble Händel!
Es wird unruhig und geht schief aus! – Hütet euch daß ihr
still bleibt, daß man euch nicht auch für Aufwiegler hält.
SOEST Da kommen die sieben Weisen aus Griechenland.
SEIFENS. Ich weiß da sind viele die es heimlich mit den
Kalvinisten halten, die auf die Bischöfe lästern, die den
König nicht scheuen. Aber ein treuer Untertan, ein auf-
richtiger Katholike! –
*es gesellt sich nach und nach allerlei Volks zu ihnen und
horcht*
VANSEN *tritt dazu* Gott grüß euch, Herren! Was neues?
ZIMM. Gebt euch mit dem nicht ab, das ist ein schlechter
Kerl.
JETTER Ist es nicht ⟨der⟩ Schreiber beim Doktor Wiets?
ZIMM. Er hat schon viele Herrn gehabt. Erst war er Schrei-
ber und wie ihn ein Patron nach dem andern fortjagte,
Schelmstreiche halber; pfuscht er jetzt Notaren und Ad-
vokaten ins Handwerk und ist ein Branntweinzapf.
*es kommt mehr Volks zusammen und steht truppweise*
VANSEN Ihr seid auch versammelt, steckt die Köpfe zusam-
men. Es ist immer redenswert.
SOEST Ich denk auch.
VANSEN Wenn jetzt einer oder der andre Herz hätte. und

einer oder der andre den Kopf dazu, wir könnten die
spanischen Ketten auf einmal sprengen.
SOEST Herre! So müßt ihr nicht reden! Wir haben dem
König geschworen.
VANSEN Und der König uns. Merkt das.
JETTER Das läßt sich hören! Sagt eure Meinung.
EINIGE ANDRE Horch der verstehts! Der hat Pfiffe.
VANSEN Ich hatte einen alten Patron, der besaß Pergamente
und Briefe, von uralten Stiftungen, Kontrakten und Gerechtigkeiten, er hielt auf die rarsten Bücher. In einem
stund unsre ganze Verfassung: wie uns Niederländer
zuerst einzelne Fürsten regierten, alles nach hergebrachten Rechten, Privilegien und Gewohnheiten; wie unsre
Vorfahren alle Ehrfurcht für ihren Fürsten gehabt, wenn
er sie regiert wie er sollte, und wie sie sich gleich vorsahen
wenn er über die Schnur hauen wollte. Die Staaten waren
gleich hinterdrein, denn jede Provinz, so klein sie war
hatte ihre Staaten ihre Landstände.
ZIMM. Haltet euer Maul! Das weiß man lang. Ein jeder
rechtschaffner Bürger ist, so viel er braucht von der
Verfassung unterrichtet.
JETTER Laßt ihn reden, man erfährt immer etwas mehr.
SOEST Er hat ganz recht.
MEHRERE Erzählt! erzählt! So was hört man nicht alle Tage.
VANSEN So seid ihr Bürgersleute! Ihr lebt nur so in den Tag
hin und wie ihr euer Gewerb von euern Eltern überkom-
men habt; so laßt ihr auch das Regiment über euch
schalten und walten wie es kann und mag. Ihr fragt nicht
nach dem Herkommen, nach der Historie, nach dem
Recht eines Regenten, und über das Versäumnis haben
euch die Spanier das Netz über die Ohren gezogen.
SOEST Wer denkt dadran, wenn einer nur das tägliche Brot
hat.
JETTER Verflucht! Warum tritt auch keiner in Zeiten auf,
und sagt einem so etwas.
VANSEN Ich sag es euch jetzt. Der König in Spanien der
die Provinzen durch gut Glück zusammen besitzt, darf
doch nicht drin schalten und walten, anders als die
kleinen Fürsten die sie ehmals einzeln besaßen. Begreift
ihr das?

JETTER Erklärts uns!
VANSEN Es ist so klar als die Sonne. Müßt ihr nicht nach euren Landrechten gerichtet werden? Woher käme das?
EIN BÜRGER Wahrlich
VANSEN Hat der Brüsseler nicht ein ander Recht als der Antwerper? der Antwerper als der Gendter? Woher käme denn das?
ANDRER BÜRGER Bei Gott!
VANSEN Aber wenn ihr's so fort laufen laßt; wird mans euch bald anders weisen. Pfui! was Karl der Kühne, Friedrich der Krieger, Carl der fünfte nicht konnten, das tut nun Philipp durch ein Weib.
SOEST Ja, ja die alten Fürsten habens auch schon probiert.
VANSEN Freilich! – Unsre Vorfahren paßten auf, wie sie einem Herren gram wurden; fingen sie ihm etwa seinen Sohn und Erben weg, hielten ihn bei sich, und gaben ihn nur auf die beste Bedingungen heraus. Unsre Väter waren Leute! Die wußten was ihnen Nutz war! Die wußten etwas zu fassen und festzusetzen! Rechte Männer dafür sind aber auch unsre Privilegien so deutlich, unsre Freiheiten so versichert.
SEIFENS. Was sprecht ihr von Freiheiten?
DAS VOLK Von unsern Freiheiten, von unsern Privilegien! Erzählt noch was von unsern Privilegien.
VANSEN Wir Brabanter besonders, obgleich alle Provinzen ihre Vorteile haben, wir sind am herrlichsten versehen. Ich habe alles gelesen.
SOEST Sagt an.
JETTER Laßt hören.
EIN BÜRGER Ich bitt' euch.
VANSEN Erstlich steht geschrieben: Der Herzog von Brabant soll uns ein guter und getreuer Herr sein.
SOEST Gut? steht das so?
JETTER Getreu? Ist das wahr?
VANSEN Wie ich euch sage. Er ist uns verpflichtet wie wir ihm. Zweitens: Er soll keine Macht oder eignen Willen an uns beweisen, merken lassen, oder gedenken zu gestatten, auf keinerlei Weise.
JETTER Schön! Schön! nicht beweisen.
SOEST Nicht merken lassen.

EIN ANDRER Und nicht gedenken zu gestatten! Das ist der Hauptpunkt. Niemand gestatten, auf keinerlei Weise.
VANSEN Mit ausdrücklichen Worten.
JETTER Schafft uns das Buch.
EIN BÜRGER Ja wir müssen's haben.
ANDRE Das Buch! Das Buch!
EIN ANDRER Wir wollen zu der Regentin gehen mit dem Buche.
ANDRER Ihr sollt das Wort führen Herr Doktor.
SEIFENSIEDER O die Tropfen.
ANDRE Noch etwas aus dem Buche!
SEIFENS. Ich schlage ihm die Zähne in den Hals wenn er noch ein Wort sagt.
DAS VOLK Wir wollen sehen wer ihm etwas tut. Sagt uns was von den Privilegien! Haben wir noch mehr Privilegien.
VANSEN Mancherlei und sehr gute, sehr heilsame. Da steht auch: Der Landsherr soll den geistlichen Stand nicht verbessern, oder mehren ohne Verwilligung des Adels und der Stände! Merkt das! Auch den Staat des Landes nicht verändern.
SOEST Ist das so?
VANSEN Ich will's euch geschrieben zeigen von zwei, drei hundert Jahren her.
BÜRGER Und wir leiden die neuen Bischöfe! Der Adel muß uns schützen, wir fangen Händel an!
ANDRE Und wir lassen uns von der Inquisition ins Bockshorn jagen?
VANSEN Das ist eure Schuld.
DAS VOLK Wir haben noch Egmont! Noch Oranien⟨!⟩ die sorgen für unser Bestes.
VANSEN Eure Brüder in Flandern haben das gute Werk angefangen.
SEIFENS. Du Hund! *er schlägt ihn*
ANDRE *widersetzen sich und rufen* Bist du auch ein Spanier?
EIN ANDRER Was? den Ehrenmann?
ANDRER Den Gelahrten?
*sie fallen den Seifensieder an*
ZIMMERM. Ums Himmels willen, ruht!

*andre mischen sich in den Streit*
ZIMMERM. Bürger was soll das?
*Buben pfeifen, werfen mit Steinen, hetzen Hunde an, Bürger stehn und gaffen, Volk läuft zu, andre gehn gelassen auf und ab, andre treiben allerlei Schabernack und Schalkspossen, schreien und jubilieren*
Freiheit und Privilegien! Privilegien und Freiheit!
*Egmont tritt auf, mit Begleitung*
EGMONT Ruhig! ruhig Leute! Was gibts? Ruhe! Bringt sie auseinander.
ZIMM. Gnädiger Herr! ihr kommt wie ein Engel des Himmels. Stille! seht ihr nichts? Graf Egmont! dem Grafen Egmont Reverenz.
EGMONT Auch hier? Was fangt ihr an? Bürger gegen Bürger! Hält sogar die Nähe unsrer königlichen Regentin diesen Unsinn nicht zurück. Geht auseinander, geht an euer Gewerbe. Es ist ein übel Anzeigen wenn ihr an Werkeltagen feiert. Was wars?
*der Tumult stillt sich nach und nach und alle stehn um ihn herum*
ZIMMERMANN Sie schlagen sich um ihre Privilegien.
EGM. Die sie noch mutwillig zertrümmern werden. – und wer seid ihr? Ihr scheint mir rechtliche Leute.
ZIMM. Das ist unser Bestreben.
EGM. Eures Zeichens?
ZIMM. Zimmermann und Zunftmeister.
EGM. Und ihr?
SOEST Krämer.
EGM. Ihr?
JETTER Schneider.
EGMONT Ich erinnre mich, ihr habt mit an den Livreen für meine Leute gearbeitet. Euer Name ist Jetter.
JETTER Gnade daß ihr euch dessen erinnert.
EGM. Ich vergesse niemanden leicht den ich einmal gesehen und gesprochen habe. – Was an euch ist Ruhe zu erhalten, Leute, das tut, ihr seid übel genug angeschrieben. Reizt den König nicht mehr, er hat zuletzt doch die Gewalt in Händen. Ein ordentlicher Bürger, der sich ehrlich und fleißig nährt, hat überall so viel Freiheit als er braucht.

ZIM. Ach wohl! Das ist eben unsre Not! Die Tagdiebe, die Söffer, die Faullenzer, mit Ew. Gnaden Verlaub, die stänkern aus Langerweile und scharren aus Hunger nach Privilegien und lügen den Neugierigen und Leichtgläubigen was vor, und um eine Kanne Bier bezahlt zu kriegen, fangen sie Händel an, die viel tausend Menschen unglücklich machen. Das ist ihnen eben recht. Wir halten unsre Häuser und Kasten zu gut verwahrt, da möchten sie gern uns mit Feuerbränden davon treiben.

EGM. Allen Beistand sollt ihr finden, es sind Maßregeln genommen dem Übel kräftig zu begegnen. Steht fest gegen die fremde Lehre und glaubt nicht durch Aufruhr befestige man Privilegien. Bleibt zu Hause, leidet nicht daß sie sich auf den Straßen rotten. Vernünftige Leute können viel tun.

*Indessen hat sich der größte Haufe verlaufen*

ZIMM. Danken Ew. Exzell. danken für die gute Meinung! Alles was an uns liegt.

*Egmont ab*

Ein gnädger Herr! der echte Niederländer, gar so nichts spanisches.

JETTER Hätten wir ihn nur zum Regenten, man folgt' ihm gerne.

SOEST Das läßt der König wohl sein, den Platz besetzt er immer mit den Seinigen.

JETTER Hast du das Kleid gesehen? das war nach der neusten Art, nach spanischem Schnitt.

ZIMM. Ein schöner Herr!

JETTER Sein Hals wär ein rechtes Fressen für einen Scharfrichter.

SOEST Bist du toll? Was kommt dir ein?

JETTER Dumm genug daß einem so etwas einfällt. – Es ist mir nun so. Wenn ich einen schönen langen Hals sehe, muß ich gleich wider Willen denken: der ist gut köpfen. – Die verfluchten Exekutionen! man kriegt sie nicht aus dem Sinne. Wenn die Bursche schwimmen und ich seh einen nackten Buckel, gleich fallen sie mir zu dutzenden ein, die ich habe mit Ruten streichen sehn. Begegnet mir ein rechter Wanst, mein ich den säh ich schon am Pfahl braten. Des Nachts im Traume zwickt mich's an allen

Gliedern, Man wird eben keine Stunde froh. Jede Lustbarkeit jeden Spaß hab ich bald vergessen, die fürchterlichen Gestalten sind mir wie vor die Stirne gebrannt.


Egmonts Wohnung

SEKRETÄR *an einem Tische mit Papieren. er steht unruhig auf* Er kommt immer nicht und ich warte schon zwei Stunden, die Feder in der Hand, die Papiere vor mir. Und eben heute möcht ich gern so zeitig fort. Es brennt mir unter den Sohlen! Ich kann für Ungeduld kaum bleiben. Sei auf die Stunde da, befahl er mir noch eh er wegging, nun kommt er nicht. Es ist so viel zu tun ich werde vor Mitternacht nicht fertig. Freilich sieht er einem auch einmal durch die Finger. Doch hielt ich's besser wenn er strenge wäre und ließ einen auch wieder zur bestimmten Zeit. Man könnte sich einrichten. Von der Regentin ist er nun schon zwei Stunden weg, wer weiß wen er unterwegs angefaßt hat.

EGMONT *tritt auf* Wie siehts aus?

SEKR. Ich bin bereit und drei Boten warten.

EGM. Ich bin dir wohl zu lang geblieben du machst ein verdrießlich Gesicht.

SEKR. Eurem Befehl zu gehorchen wart ich schon lange. Hier sind die Papiere!

EGMONT Donna Elvira wird böse auf mich werden wenn sie hört daß ich dich abgehalten habe.

SEKR. Ihr scherzt.

EGM. Nein, nein! Schäme dich nicht. Du zeigst einen guten Geschmack. Sie ist hübsch und es ist mir ganz recht daß du auf dem Schlosse eine Freundin hast. Was sagen die Briefe?

SEKR. Mancherlei und wenig erfreulichs.

EGM. Da ist gut daß wir die Freude zu Hause haben und sie nicht von auswärts zu erwarten brauchen. Ist viel gekommen?

SEKR. Genug und drei Boten warten.

EGM. Sag an! Das nötigste.

SEKR. Es ist alles nötig.

EGM. Eins nach dem andern, nur geschwind.
SEKR. Hauptmann Breda schickt die Relation was weiter in Gent und der umliegenden Gegend vorgefallen. Der Tumult hat sich meist gelegt –
EGM. Er schreibt wohl noch von einzelnen Ungezogenheiten und Tollkühnheiten?
SEKR. Ja! Es kommt noch manches vor.
EGM. Verschone mich damit.
SEKR. Noch sechse sind eingezogen worden die bei Verwich das Marienbild umgerissen haben. Er fragt an: ob er sie soll auch wie die andern hängen lassen.
EGM. Ich bin des Hängens müde. Man soll sie durchpeitschen und sie mögen gehn.
SEKR. Es sind zwei Weiber dabei soll er die auch durchpeitschen?
EGM. Die mag er verwarnen und laufen lassen.
SEKR. Brinck von Bredes Compagnie will heiraten. Der Hauptmann hofft ihr werdets ihm abschlagen. Es sind soviele Weiber bei den Haufen, schreibt er, daß, wenn wir ausziehen, es keinem Soldaten Marsch, sondern einem Zigeuner Geschleppe ähnlich sehn wird.
EGM. Dem mags noch hingehn! Es ist ein schöner junger Kerl, er bat mich noch gar dringend eh ich wegging. Aber nun solls keinem mehr gestattet sein. So leid mir s tut den armen Teufeln die ohnedies geplagt genug sind ihren besten Spaß zu versagen.
SEKR. Zwei von euren Leuten, Seter und Hart haben einem Mädel, einer Wirtstochter übel mitgespielt. Sie kriegten sie allein und die Dirne konnte sich ihrer nicht erwehren.
EGM. Wenn es ein ehrlich Mädchen ist und sie haben Gewalt gebraucht; so soll er sie drei Tage hintereinander mit Ruten streichen lassen, und wenn sie etwas besitzen, soll er soviel davon einziehen daß dem Mädchen eine Ausstattung gereicht werden kann.
SEKR. Einer von den fremden Lehrern ist heimlich durch Kommine gegangen und entdeckt worden. Er schwört, er sei im Begriff nach Franckreich zu gehen. Nach dem Befehl soll er enthauptet werden.
EGM. Sie sollen ihn in der Stille an die Grenze bringen und ihn versichern daß er das zweite mal nicht so wegkommt.

SEKR. Ein Brief von Eurem Einnehmer. Er schreibt es komme wenig Geld ein, er könne auf die Woche die verlangte Summe schwerlich schicken, der Tumult habe in alles die größte Konfusion gebracht.

EGM. Das Geld muß herbei, er mag sehen wie er es zusammen bringt.

SEKR. Er sagt, er werde sein möglichstes tun, und wolle endlich den Raymond der euch so lange schuldig ist, verklagen und in Verhaft nehmen lassen.

EGM. Der hat ja versprochen zu bezahlen.

SEKR. Das letztemal setzte er sich selbst vierzehn Tage.

EGM. So gebe man ihm noch vierzehn Tage und dann mag er gegen ihn verfahren.

SEKR. Ihr tut wohl es ist nicht Unvermögen es ist böser Wille. Er macht gewiß Ernst, wenn er sieht ihr spaßt nicht. – Ferner sagt der Einnehmer, er wolle den alten Soldaten, den Witwen und einigen andern denen ihr Gnaden Gehalte gebt, die Gebühr einen halben Monat zurück halten, man könne indessen Rat schaffen, sie möchten sich einrichten.

EGM. Was ist da einzurichten? Die Leute brauchen das Geld nötiger als ich. Das soll er bleiben lassen.

SEKR. Woher befehlt ihr denn daß er das Geld nehmen soll.

EGM. Darauf mag er denken, es ist ihm im vorigen Briefe schon gesagt.

SEKR. Deswegen tut er die Vorschläge.

EGM. Die taugen nicht. Er soll auf was anders sinnen. Er soll Vorschläge tun die annehmlich sind und vor allem soll er das Geld schaffen.

SEKR. Ich habe den Brief des Grafen Oliva wieder hierher gelegt. Verzeiht daß ich euch daran erinnre. Der alte Herr verdient vor allen andern eine ausführliche Antwort. Ihr wolltet ihm selbst schreiben. Gewiß er liebt Euch wie ein Vater.

EGMONT Ich komme nicht dazu. Und unter viel verhaßtem ist mir das Schreiben das verhaßteste. Du machst meine Hand ja so gut nach, schreib in meinem Namen. Ich erwarte Oranien. Ich komme nicht dazu und wünschte selbst daß ihm auf seine Bedenklichkeiten was recht beruhigendes geschrieben würde.

SEKR. Sagt mir nur ohngefähr Eure Meinung, ich will die Antwort schon aufsetzen und sie Euch vor legen. Geschrieben soll sie werden daß sie vor Gericht für eure Hand gelten kann.

EGM. Gib mir den Brief! *nachdem er hinein gesehen* Guter ehrlicher Alter! Warst du in deiner Jugend auch wohl so bedächtig? Erstiegst du nie einen Wall? Bliebst du in der Schlacht, wo es die Klugheit anrät, hinten? – Der treue, sorgliche! Er will mein Leben und mein Glück, und fühlt nicht daß der schon tot ist, der um seiner Sicherheit willen lebt. – Schreib ihm: er möge unbesorgt sein. Ich handle wie ich soll, ich werde schon mich wahren, sein Ansehn bei Hofe soll er zu meinen Gunsten brauchen und meines vollkommnen Danks gewiß sein.

SEKR. Nichts weiter? O er erwartet mehr!

EGM. Was soll ich mehr sagen? Willst du mehr Worte machen; so stehts bei dir. Es dreht sich immer um den Einen Punkt, ich soll leben wie ich nicht leben mag. Daß ich fröhlich bin, die Sachen leicht nehme, rasch lebe, das ist mein Glück und ich vertausch es nicht gegen die Sicherheit eines Toten-Gewölbes. Ich habe nun zu der spanischen Lebensart nicht einen Blutstropfen in meinen Adern, nicht Lust meine Schritte nach der neuen bedächtigen Hof Cadenz zu mustern. Leb ich nur um aufs Leben zu denken? Soll ich den gegenwärtigen Augenblick nicht genießen damit ich des folgenden gewiß sei? und diesen wieder mit Sorgen und Grillen verzehren.

SEKR. Ich bitt euch Herr, seid nicht so harsch und rauh gegen den guten Mann. Ihr seid ja sonst gegen alle freundlich. Sagt mir ein gefällig Wort das den edlen Freund beruhige seht wie sorgfältig er ist, wie leis er euch berührt.

EGM. Und doch berührt er immer diese Seite. Er weiß von Alters her wie verhaßt mir diese Ermahnungen sind, sie machen nur irre, sie helfen nichts. Und wenn ich ein Nachtwandler wäre und auf dem gefährlichen Gipfel eines Hauses spazierte; ist es freundschaftlich, mich beim Namen zu rufen und mich zu warnen, zu wecken und zu töten? Laßt jeden seines Pfades gehn, er mag sich wahren.

SEKR. Es ziemt euch nicht zu sorgen, aber wer euch kennt und liebt –
EGM. *in den Brief sehend* Da bringt er wieder die alten Märchen auf, was wir an einem Abend in leichtem Übermut der Geselligkeit und des Weins getrieben und gesprochen und was man draus für Folgen und Beweise durchs ganze Königreich gezogen und geschleppt. – Nun gut, wir haben Schellenkappen, Narrenkutten auf unsre Diener Ärmel sticken lassen und haben diese tolle Zierde nachher in einen Bündel Pfeile verwandelt, ein noch gefährlicher Symbol für alle die deuten wollen wo nichts zu deuten ist. Wir haben die und jene Torheit in einem lustigen Augenblick empfangen gleich und geboren; sind Schuld daß eine ganze edle Schar mit Bettelsäcken und mit einem selbst gewählten Unnamen dem Könige seine Pflicht mit spottender Demut ins Gedächtnis rief, sind schuld – was ists nun weiter? Ist ein Faßnachtsspiel gleich Hochverrat? Sind uns die kurzen bunten Lumpen zu mißgönnen die ein jugendlicher Mut, eine angefrischte Phantasie um unsers Lebens arme Blöße hängen mag. Wenn ihr das Leben gar zu ernsthaft nehmt, was ist denn dran? Wenn uns der Morgen nicht zu neuen Freuden weckt, am Abend uns keine Lust zu hoffen übrig bleibt; Ists wohl des An und Ausziehens wert? Scheint mir die Sonne heut um das zu überlegen was gestern war, und um zu raten, zu verbinden, was nicht zu erraten nicht zu verbinden ist, das Schicksal eines kommenden Tags. Schenke mir diese Betrachtungen, wir wollen sie Schülern und Höflingen überlassen, sie mögen sinnen und aussinnen, wandeln und schleichen, gelangen wohin sie können, erschleichen was sie können. – Kannst du von allem diesem etwas brauchen daß deine Epistel kein Buch wird; so ist mir's recht. Dem guten Alten scheint alles viel zu wichtig. So drückt ein Freund der lang unsre Hand gehalten sie stärker noch einmal wenn er sie lassen will.
SEKR. Verzeiht mir es wird dem Fußgänger schwindlich, der einen Mann mit rasselnder Eile daher fahren sieht.
EGM. Kind! Kind! nicht weiter! Wie von unsichtbaren Geistern gepeitscht gehen die Sonnenpferde der Zeit mit unsers Schicksals leichtem Wagen durch, und uns bleibt

nichts als mutig gefaßt die Zügel zu erhalten, und bald rechts, bald links vom Steine hier, vom Sturze da die Räder wegzulenken. Wohin es geht, wer weiß es? Erinnert er sich kaum woher er kam.

SEKR. Herr! Herr!

EGM. Ich stehe hoch und kann und muß noch höher steigen, ich fühle mir Hoffnung, Mut und Kraft. Noch hab ich meines Wachstums Gipfel nicht erreicht und steh ich droben einst; so will ich fest, nicht ängstlich stehen. Soll ich fallen; so mag ein Donnerschlag, ein Sturmwind, ja ein selbst verfehlter Schritt mich abwärts in die Tiefe stürzen, da lieg ich mit viel tausenden. Ich habe nie verschmäht mit meinen guten Kriegsgesellen um kleinen Gewinst das blutge Los zu werfen und sollt ich knickern, wenns um den ganzen freien Wert des Lebens geht.

SEKR. O Herr! Ihr wißt nicht was für Worte ihr sprecht! Gott erhalt euch.

EGM. Nimm deine Papiere zusammen. Oranien kommt. Fertige aus was am nötigsten ist, daß die Boten fortkommen eh die Tore geschlossen werden. Das andre hat Zeit. Den Brief an den Grafen laß bis Morgen. Versäume nicht Elviren zu besuchen und grüße sie von mir. – Horche wie sich die Regentin befindet, sie soll nicht wohl sein ob sie's gleich verbirgt.

*Sekr. ab*
*Oranien kommt*

EGM. Willkommen, Oranien, Ihr scheint mir nicht ganz frei.

OR. Was sagt ihr zu unsrer Unterhaltung mit der Regentin.

EGM. Ich fand in ihrer Art uns aufzunehmen nichts außerordentliches. Ich habe sie schon mehr so gesehen. Sie schien mir nicht ganz wohl.

OR. Merket ihr nicht daß sie zurückhaltender war. Erst wollte sie unser Betragen bei dem neuen Aufruhr des Pöbels gelassen billigen, nachher merkte sie an was sich doch auch für ein falsches Licht darauf werfen lasse, wich dann mit dem Gespräche zu ihrem alten gewöhnlichen Diskurs: daß man ihre liebevolle, gute Art, ihre Freundschaft zu uns Niederländern, nie genug erkannt, zu leicht behandelt habe, daß nichts einen erwünschten Ausgang nehmen wolle, daß sie am Ende wohl müde werden, der König sich zu andern Maßregeln entschließen müsse. Habt ihr das gehört?

EGMONT Nicht alles, ich dachte unterdessen an was anders. Sie ist ein Weib, guter Oranien, und die möchten immer gern, daß sich alles unter ihr sanftes Joch gelassen schmiegte, daß jeder Herkules, die Löwenhaut ablegte und ihren Kunkelhof vermehrte. Daß, weil sie friedlich gesinnt sind die Gärung die ein Volk ergreift, der Sturm den mächtige Nebenbuhler gegen einander erregen sich durch Ein freundlich Wort beilegen ließe und die widrigsten Elemente sich zu ihren Füßen in sanfter Eintracht vereinigten. Das ist ihr Fall, und da sie es dahin nicht bringen kann, so hat sie keinen Weg als launisch zu werden, sich über Undankbarkeit, Unweisheit zu beklagen, mit schröcklichen Aussichten in die Zukunft zu drohen, und zu drohen daß sie fortgehn will.

ORANIEN Glaubt ihr diesmal nicht daß sie ihre Drohung erfüllt?

EGM. Nimmermehr! Wie oft habe ich sie schon reisefertig gesehen. Wo will sie denn hin? Hier Statthalterin, Königin, glaubst du daß sie es unterhalten wird am Hofe ihres Bruders unbedeutende Tage abzuhaspeln, oder nach Italien zu gehn und sich in alten Familien Verhältnissen herumzuschleppen.

OR. Man hält sie dieser Entschließung nicht fähig, weil ihr sie habt zaudern, weil ihr sie habt zurücktreten sehn, dennoch liegts wohl in ihr, neue Umstände treiben sie zu dem lang verzögerten Entschluß. Wenn sie ginge? und der König schickte einen andern?

EGM. Nun der würde kommen und würde eben auch zu tun finden. Mit großen Planen, Projekten und Gedanken würde er kommen, wie er alles zurecht rücken, unterwerfen und zusammen halten wolle, und würde heut mit dieser Kleinigkeit, morgen mit einer andern zu tun haben, übermorgen jene Hindernis finden, Einen Monat mit Entwürfen, einen andern mit Verdruß über fehlgeschlagne Unternehmen, ein halb Jahr in Sorgen über eine einzige Provinz zu bringen. Auch ihm wird die Zeit vergehn, der Kopf schwindeln und die Dinge wie zuvor ihren Gang halten, daß er, statt weite Meere nach einer vorgezognen Linie zu durchsegeln Gott danken mag wenn er sein Schiff in diesem Sturme vom Felsen hält.

OR. Wenn man nun aber dem König zu einem Versuch riete?

EGM. Der wäre?

OR. Zu sehen was der Rumpf ohne Haupt anfinge.

EGM. Wie.

OR. Egmont, ich trage viele Jahre her alle unsre Verhältnisse am Herzen, ich stehe immer wie über einem Schachspiele und halte keinen Zug des Gegners für unbedeutend; und wie müßige Menschen mit der größten Sorgfalt sich um die Geheimnisse der Natur bekümmern; so halt ich es für Pflicht für Beruf eines Fürsten die Gesinnungen, die Ratschläge aller Parteien zu kennen. Ich habe Ursache einen Ausbruch zu befürchten, der König hat lang nach gewissen Grundsätzen gehandelt er sieht daß er damit nicht auskommt, was ist wahrscheinlicher als daß er es auf einem andern Weg versucht.

EGM. Ich glaubs nicht. Wenn man alt wird und hat so viel versucht und es will in der Welt nie zur Ordnung kommen muß man es endlich wohl genug haben.

OR. Eins hat er noch nicht versucht.

EGM. Nun?

OR. Das Volk zu schonen und die Fürsten zu verderben.

EGM. Wie viele haben das schon lang gefürchtet. Es ist keine Sorge.

OR. Sonst wars Sorge, nach und nach ist mir s Vermutung zuletzt Gewißheit geworden.

EGM. Und hat der König treure Diener als uns?

OR. Wir dienen ihm auf unsre Art, und untereinander können wir gestehen, daß wir des Königs Rechte und die unsrigen wohl abzuwägen wissen.

EGM. Wer tuts nicht? Wir sind ihm untertan und gewärtig in dem was ihm zukommt.

OR. Wenn er sich nun aber mehr zuschriebe, und Treulosigkeit nennte, was wir heißen auf unsre Rechte halten.

EGM. Wir werden uns verteidigen können. Er rufe die Ritter des Vlieses zusammen, wir wollen uns richten lassen.

OR. Und was wäre ein Urteil vor der Untersuchung, eine
    Strafe vor dem Urteil.
EGM. Eine Ungerechtigkeit der sich Philipp nie schuldig
    machen wird und eine Torheit die ich ihm und seinen
    Räten nicht zutraue.
OR. Und wenn sie nun ungerecht und törig wären?
EGM. Nein, Oranien, es ist nicht möglich. Wer sollte wagen
    Hand an uns zu legen? – Uns gefangen zu nehmen wär ein
    verloren und fruchtloses Unternehmen. Nein sie wagen
    nicht das Panier der Tyrannei so hoch aufzustecken. Der
    Windhauch der diese Nachricht übers Land brächte
    würde ein ungeheures Feuer zusammen treiben. Und
    wohinaus wollten sie? Richten und verdammen kann
    nicht der König allein, und wollten sie meuchelmördrisch
    an unser Leben? – Sie können nicht wollen. Ein schröck-
    licher Bund würde in einem Augenblick das Volk vereini-
    gen. Haß und ewige Trennung vom spanischen Namen
    würde sich gewaltsam erklären.
OR. Die Flamme wütete dann über unserm Grabe und das
    Blut unsrer Feinde flösse zum leeren Sühnopfer. Laß uns
    denken Egmont.
EGM. Wie sollten sie aber.
OR. Alba ist unterwegs.
EGM. Ich glaubs nicht.
OR. Ich weiß es.
EGM. Die Regentin wollte nichts wissen.
OR. Um desto mehr bin ich überzeugt. Die Regentin wird
    ihm Platz machen. Seinen Mordsinn kenn' ich, und ein
    Heer bringt er mit.
EGM. Aufs neue die Provinzen zu belästigen? das Volk wird
    höchst schwürig werden.
OR. Man wird sich der Häupter versichern.
EGM. Nein! Nein!
OR. Laß uns gehen. Jeder in seine Provinz, dort wollen wir
    uns verstärken, mit offner Gewalt fängt er nicht an.
EGM. Müssen wir ihn nicht begrüßen wenn er kommt?
OR. Wir zögern.
EGM. Und wenn er uns im Namen des Königs bei seiner
    Ankunft fordert.
OR. Suchen wir Ausflüchte.

EGM. Und wenn er dringt.
OR. Entschuldigen wir uns.
EGM. Und wenn er drauf besteht.
OR. Kommen wir um so weniger.
EGMONT Und der Krieg ist erklärt, und wir sind die Rebellen. Oranien laß dich nicht durch Klugheit verführen, ich weiß daß Furcht dich nicht weichen macht. Bedenke den Schritt.
OR. Ich hab ihn bedacht.
EGM. Bedenke wenn du dich irrst, woran du Schuld bist, an dem verderblichsten Kriege der je ein Land verwüstet hat. Dein Weigern ist das Signal das die Provinzen mit einemmale zu den Waffen ruft, das jede Grausamkeit rechtfertigt wozu Spanien von jeher nur gern den Vorwand gehascht hat. Was wir lange mühselig gestillt haben wirst du mit Einem Winke zur schröcklichsten Verwirrung aufhetzen. Denk an die Städte, die Edlen, das Volk, an die Handlung, den Feldbau! die Gewerbe! und denke die Verwüstung, den Mord! – Ruhig sieht der Soldat wohl im Felde seinen Kameraden neben sich hinfallen – Aber den Fluß herunter werden dir die Leichen der Bürger, der Kinder, der Jungfrauen entgegen schwimmen, daß du mit Entsetzen dastehst und nicht mehr weißt wessen Sache du verteidigst, da die zu Grunde gehen für deren Freiheit du die Waffen ergriffst. Und wie wird dirs sein, wenn du dir still sagen mußt: für meine Sicherheit ergriff ich sie.
OR. Wir sind nicht einzelne Menschen Egmont. Ziemt es sich uns für tausende hinzugeben: so ziemt es sich auch uns für tausende zu schonen.
EGM. Wer sich schont muß sich selbst verdächtig werden.
OR. Wer sich kennt kann sicher vor und rückwärts gehn.
EGM. Das Übel das du fürchtest wird gewiß durch deine Tat.
OR. Es ist klug und kühn dem unvermeidlichen Übel entgegen zu gehn.
EGM. Bei so großer Gefahr kommt die leichteste Hoffnung in Anschlag.
OR. Wir haben nicht für den leisesten Fußtritt Platz mehr, der Abgrund liegt hart vor uns.

EGM. Ist des Königs Gunst ein so schmaler Grund.
OR. So schmal nicht aber schlüpfrig.
EGM. Bei Gott man tut ihm Unrecht. Ich mag nicht leiden daß man ungleich von ihm denkt! Er ist Karls Sohn und keiner Niedrigkeit fähig.
OR. Die Könige tun nichts niedriges.
EGM. Man sollte ihn kennen lernen.
OR. Eben diese Kenntnis rät uns eine gefährliche Probe nicht abzuwarten.
EGM. Keine Probe ist gefährlich zu der man Mut hat.
OR. Du wirst aufgebracht Egmont.
EGM. Ich muß mit meinen Augen sehen.
OR. O sähst du diesmal nur mit meinen. Freund weil du sie offen hast, glaubst du du siehst. Ich gehe! Warte du Albas Ankunft ab, und Gott sei bei dir. Vielleicht rettet dich mein Weigern. Vielleicht daß der Drache nichts zu fangen glaubt wenn er uns nicht beide auf einmal verschlingt. Vielleicht zögert er um seinen Anschlag sichrer auszuführen und vielleicht, bis dahin siehst du die Sache in ihrer wahren Gestalt. Aber dann schnell! schnell! Rette! Rette dich! – Leb wohl – Laß deiner Aufmerksamkeit nichts entgehen, wie viel Mannschaft er mitbringt, wie er die Stadt besetzt, was für Macht die Regentin behält, wie deine Freunde gefaßt sind. Gib mir Nachricht. – – – Egmont! –
EGM. Was willst du?
OR. *ihn bei der Hand fassend* Laß dich überreden! Geh mit!
EGM. Wie? Tränen Oranien?
ORANIEN Einen Verlornen zu beweinen ist auch männlich.
EGM. Du wähnst mich verloren.
OR. Du bists. Bedenke! Dir bleibt nur eine kurze Frist. Leb wohl.

*ab*

EGMONT *allein* Daß andrer Menschen Gedanken solchen Einfluß auf uns haben! Mir wäre es nie eingekommen, und dieser Mann trägt seine Sorglichkeit in mich herüber. – Weg! – das ist ein fremder Tropfen in meinem Blute. Gute Natur wirf ihn wieder heraus! Und von meiner Stirne die sinnenden Runzeln wegzubaden, gibt es ja wohl noch ein freundlich Mittel.

## Dritter Aufzug

Palast der Regentin

MARGARETHE VON PARMA Ich hätte mirs vermuten sollen. Ha! Wenn man in Mühe und Arbeit vor sich hinlebt, denkt man immer man tue das möglichste, und der von weiten zusieht und befiehlt glaubt er verlange nur das mögliche. – O die Könige! – Ich hätte nicht geglaubt daß es mich so verdrießen könnte. Es ist so schön zu herrschen! – und abzudanken? – Ich weiß nicht wie mein Vater es konnte; aber ich will es auch.

*Machiavell erscheint im Grunde*

REGENTIN Tretet näher Machiavell. Ich denke hier über den Brief meines Bruders.

MACH. Ich darf wissen was er enthält?

REG. Soviel zärtliche Aufmerksamkeit für mich, als Sorgfalt für seine Staaten. Er rühmt die Standhaftigkeit, den Fleiß und die Treue womit ich bisher für die Rechte seiner Majestät in diesen Landen gewacht habe. Er bedauert mich daß mir das unbändige Volk soviel zu schaffen mache. Er ist von der Tiefe meiner Einsichten so vollkommen überzeugt, mit der Klugheit meines Betragens so außerordentlich zufrieden, daß ich fast sagen ⟨muß,⟩ der Brief ist für einen König zu schön geschrieben, für einen Bruder gewiß.

MACH. Es ist nicht das erstemal daß er euch seine gerechte Zufriedenheit bezeigt.

REG. Aber das erstemal daß es rednerische Figur ist.

MACH. Ich versteh euch nicht.

REG. Ihr werdet. – Denn er meint, nach diesem Eingange: ohne Mannschaft, ohne eine kleine Armee werde ich immer hier eine üble Figur spielen; wir hätten sagt er unrecht getan, auf die Klagen der Einwohner, unsre Soldaten aus den Provinzen zu ziehen; eine Besatzung meint er die dem Bürger auf dem Nacken lastet, verbiete ihm durch ihre Schwere große Sprünge zu machen.

MACH. Es würde die Gemüter äußerst aufbringen.

REG. Der König meint aber, hörst du. – Er meint daß ein tüchtiger General, so einer der gar keine Räson annimmt, gar bald mit Volk und Adel, Bürgern und Bauern fertig werden könne – und schickt deswegen mit einem starken Heere – den Herzog von Alba.

MACH. Alba?

REG. Du wunderst dich?

MACH. Ihr sagt: er schickt. Er fragt wohl ob er schicken soll?

REG. Der König fragt nicht. Er schickt.

MACH. So werdet ihr einen erfahrnen Krieger in euren Diensten haben.

REG. In meinen Diensten? Rede grad heraus Machiavell.

MACH. Ich möcht euch nicht vorgreifen.

REG. Und ich möchte mich verstellen. Es ist mir empfindlich, sehr empfindlich. Ich wollte lieber mein Bruder sagte wie ers denkt, als daß er förmliche Episteln unterschreibt, die ein Staatssekretär aufsetzt.

MACH. Sollte man nicht einsehen? –

REG. Und ich kenne sie inwendig und auswendig. Sie möchtens gern gesäubert und gekehrt haben, und weil sie selbst nicht zugreifen; so findet ein jeder Vertrauen, der mit dem Besen in der Hand kommt. O mir ists als wenn ich den König und sein Conseil auf dieser Tapete gewürkt sähe.

MACH. So lebhaft?

REG. Es fehlt kein Zug. Es sind gute Menschen drunter. Der ehrliche Rodrich, der so erfahren und mäßig ist, nicht zu hoch will und doch nichts fallen läßt, der grade Alonzo, der fleißige Freneda, der feste las Vargas und noch einige, die mitgehen wenn die gute Partie mächtig wird. Da sitzt aber der hohläugige Toledaner mit der ehrnen Stirne und dem tiefen Feuerblick, murmelt zwischen den Zähnen von Weibergüte, unzeitigem Nachgeben und daß Frauen wohl von zugerittnen Pferden sich tragen lassen, selbst aber schlechte Stallmeister sind, und solche Späße die ich ehmals von den politischen Herrn habe mit durchhören müssen.

MACH. Ihr habt zu dem Gemälde einen guten Farbentopf gewählt.

REG. Gesteht nur Machiavell, in meiner ganzen Schattierung, aus der ich allenfalls malen könnte, ist kein Ton so gelbbraun gallen schwarz wie Albas Gesichtsfarbe, und als die Farbe aus der *er* malt. Jeder ist bei ihm gleich ein Gotteslästerer, ein Majestätenschänder, denn aus diesem Kapitel kann man sie alle sogleich, rädern, pfählen, vierteilen und verbrennen. – Das Gute was ich hier getan habe sieht gewiß in der Ferne wie nichts aus, eben weils gut ist – Da hängt er sich an jeden Mutwillen der vorbei ist, erinnert jede Unruhe die gestillt ist, und es wird dem Könige vor den Augen so voll Meuterei, Aufruhr und Tollkühnheit, daß er sich vorstellt sie fräßen sich hier einander auf, wenn eine flüchtig vorübergehende Ungezogenheit eines rohen Volks bei uns lange vergessen ist. Da faßt er einen recht herzlichen Haß auf die armen Leute, sie kommen ihm abscheulich, ja wie Tiere und Ungeheuer vor, er sieht sich nach Feuer und Schwert um und wähnt, so bändige man Menschen.

MACH. Ihr scheint mir zu heftig, ihr nehmt die Sache zu hoch. Bleibt ihr nicht Regentin?

REG. Das kenn ich. Er wird eine Instruktion bringen – Ich bin in Staatsgeschäften alt genug geworden, um zu wissen wie man einen verdrängt ohne ihm seine Bestallung zu nehmen. – Erst wird er eine Instruktion bringen, die wird unbestimmt und schief sein, er wird um sich greifen, denn er hat die Gewalt, und wenn ich mich beklage, wird er eine geheime Instruktion vorschützen; wenn ich sie sehen will wird er mich herumziehen; wenn ich drauf bestehe, wird er mir ein Papier zeigen, das ganz was anders enthält und wenn ich mich da nicht beruhige gar nicht mehr tun als wenn ich redete. – Indes wird er was ich fürchte getan und was ich wünsche weit abwärts gelenkt haben.

MACH. Ich wollt, ich könnt euch widersprechen.

REG. Was ich mit unsäglicher Geduld beruhigte, wird er durch Härte und Grausamkeiten wieder aufhetzen, ich werde vor meinen Augen mein Werk verloren sehn und über dies noch seine Schuld zu tragen haben.

MACH. Erwartens Ew. Hoheit.

REG. So viel Gewalt hab ich über mich um stille zu sein. Laß ihn kommen, ich werde ihm mit der besten Art Platz machen, eh er mich verdrängt.

MACH. So rasch diesen wichtigen Schritt.
REG. Schwerer als du denkst. Wer zu herrschen gewohnt ist, wers hergebracht hat daß jeden Tag das Schicksal von Tausenden in seiner Hand liegt, steigt vom Throne wie ins Grab. Aber besser so, als einem Gespenste gleich unter den Lebenden bleiben und mit hohlem Ansehn einen Platz behaupten wollen den ihm ein andrer abgeerbt hat und nun besitzt und genießt.

### Clärchens Wohnung

*Clärchen. Mutter*

MUTTER So eine Liebe wie Brackenburgs hab ich nie gesehen, ich glaubte sie sei nur in Heldengeschichten.
CLÄRCHEN *geht in der Stube auf und ab, ein Lied zwischen den Lippen hummend*
    Glücklich allein
    ist die Seele die liebt.
MUTTER Er vermutet deinen Umgang mit Egmont und ich glaube wenn du ihm ein wenig freundlich tätest, wenn du wolltest; er heiratete dich noch.
CLÄRCHEN *singt*
    Freudvoll
    und leidvoll,
    gedankenvoll sein,
    Langen
    und bangen
    in schwebender Pein,
    Himmelhoch jauchzend
    zum Tode betrübt,
    Glücklich allein
    ist die Seele die liebt.
MUTTER Laß das Heiopopeio.
CLÄRCHEN Scheltet mirs nicht, es ist ein kräftig Lied, hab ich doch schon manchmal ein großes Kind damit schlafen gewiegt.
MUTTER Du hast doch nichts im Kopfe als deine Liebe. Vergäßest du nur nicht alles über das Eine. Den Bracken-

burg solltest du in Ehren halten, sag ich dir! Er kann dich
noch einmal glücklich machen.
CLÄRCHEN Er?
MUTTER O ja! es kommt eine Zeit! – Ihr Kinder seht nichts
voraus, und überhorcht unsre Erfahrungen. Die Jugend
und die schöne Liebe, alles hat sein Ende und es kommt
eine Zeit wo man Gott dankt wenn man irgendwo unter-
kriechen kann.
CLÄRCHEN *schaudert schweigt und fährt auf* Mutter laßt
die Zeit kommen wie den Tod. Dran vorzudenken ist
schröckhaft! – Und wenn er kommt! Wenn wir müssen –
dann – wollen wir uns gebärden wie wir können! –
Egmont – ich dich entbehren! – *in Tränen* Nein! Es ist
nicht möglich, nicht möglich.
*Egmont in einem Reutermantel, den Hut ins Gesicht ge-
drückt*
EGMONT Clärchen!
CLÄRCHEN *tut einen Schrei fährt zurück* Egmont! *sie eilt
auf ihn zu* Egmont! *sie umarmt ihn und ruht an ihm* O
du guter, lieber, süßer! Kommst du? Bist du da?
EGMONT Guten Abend Mutter!
MUTTER Gott grüß euch edler Herr! Meine Kleine ist fast
vergangen, daß ihr so lang aus bleibt, sie hat wieder den
ganzen Tag von euch geredet und gesungen.
EGMONT Ihr gebt mir doch ein Nachtessen.
MUTTER Zu viel Gnade. Wenn wir nur etwas hätten.
CLÄRCHEN Freilich! Seid nur ruhig Mutter, ich habe schon
alles darauf eingerichtet, ich habe etwas zubereitet. Ver-
ratet mich nicht Mutter.
MUTTER Schmal genug.
CLÄRCHEN Wartet nur! Und dann denk ich: wenn er bei
mir ist, hab ich gar keinen Hunger, da sollte er auch
keinen großen Appetit haben wenn ich bei ihm bin.
EGMONT Meinst du?
*Clärchen stampft mit dem Fuße und kehrt sich unwillig um*
EGMONT Wie ist dir?
CL. Wie seid ihr heute so kalt! Ihr habt mir noch keinen Kuß
angeboten. Warum habt ihr die Arme in den Mantel
gewickelt wie ein Wochenkind. Ziemt keinem Soldaten
noch Liebhaber die Arme eingewickelt zu haben.

EGM. Zu Zeiten, Liebchen, zu Zeiten. Wenn der Soldat auf der Lauer steht und dem Feinde etwas ablisten möchte, da nimmt er sich zusammen, faßt sich selbst in seine Arme und kaut seinen Anschlag reif. Und ein Liebhaber –
MUTTER Wollt ihr euch nicht setzen? Es euch nicht bequem machen. Ich muß in die Küche. Clärchen denkt an nichts wenn ihr da seid. Ihr müßt vorlieb nehmen.
EGM. Euer guter Wille ist die beste Würze.
*Mutter ab*
CLÄRCHEN Und was wäre denn meine Liebe!
EGM. Soviel du willst.
CL. Vergleicht sie wenn ihr das Herz habt.
EGM. Zuvörderst also. *er wirft den Mantel ab und steht in einem prächtigen Kleide da*
CL. O je!
EGM. Nun hab ich die Arme frei: *er herzt sie*
CL. Laßt! Ihr verderbt euch. *sie tritt zurück* Wie prächtig, da darf ich euch nicht anrühren.
EGM. Bist du zufrieden! Ich versprach dir einmal spanisch zu kommen.
CL. Ich bat euch zeither nicht mehr drum, ich dachte ihr wolltet nicht. – Ach und das guldne Vlies!
EGM. Da siehst du's nun.
CL. Das hat dir der Kaiser umgehängt?
EGM. Ja Kind! Und Kette und Zeichen geben dem der sie trägt die edelsten Freiheiten. Ich erkenne auf Erden keinen Richter über meine Handlungen als den Großmeister des Ordens mit dem versammelten Kapitel der Ritter.
CL. O du dürftest die ganze Welt über dich richten lassen. – Der Sammet ist gar zu herrlich, und die Passement-Arbeit! und das Gestickte. – Man weiß nicht wo man anfangen soll.
EGM. Sieh dich nur satt.
CLÄRCHEN Und das goldne Vlies! Ihr erzähltet mir die Geschichte und sagtet es sei ein Zeichen alles Großen und Kostbaren was man mit Müh und Fleiß verdient und erwirbt. Es ist sehr kostbar – Ich kanns deiner Liebe vergleichen – ich trage sie eben so am Herzen. – und hernach –

EGM. Was willst du sagen?
CL. Hernach vergleicht sich s auch wieder nicht.
EGM. Wie so?
CL. Ich habe sie nicht mit Müh und Fleiß erworben. Nicht verdient.
EGM. In der Liebe ist es anders. Du verdienst sie weil du dich nicht darum bewirbst – und die Leute erhalten sie auch meist allein die nicht darnach jagen.
CL. Hast du das von dir abgenommen? Hast du diese stolze Anmerkung über dich selbst gemacht? Du den alles Volk liebt.
EGM. Hätt' ich nur etwas für sie getan, könnt ich etwas für sie tun! Es ist ihr guter Wille mich zu lieben.
CL. Du warst gewiß heute bei der Regentin.
EGM. Ich war bei ihr.
CL. Bist du gut mit ihr?
EGM. Es sieht einmal so aus. Wir sind einander freundlich und dienstlich.
CL. Und im Herzen.
EGM. Will ich ihr wohl. Jedes hat seine eigne Absichten. Das tut nichts zur Sache. Sie ist eine treffliche Frau, kennt ihre Leute und sähe tief genug wenn sie auch nicht argwöhnisch wäre. Ich mache ihr viel zu schaffen weil sie hinter meinem Betragen immer Geheimnisse sucht und ich keine habe.
CL. So gar keine?
EGM. Eh nun! einen kleinen Hinterhalt. Jeder Wein setzt Weinstein in den Fässern an mit der Zeit. Oranien ist doch noch eine bessere Unterhaltung für sie und eine immer neue Aufgabe. Er hat sich in den Credit gesetzt daß er immer etwas geheimes vorhabe, und nun sieht sie immer nach seiner Stirne was er wohl denken, auf seine Schritte wohin er sie wohl richten möchte.
CL. Verstellt sie sich?
EG. Regentin und du fragst?
CL. Verzeiht ich wollte fragen: ist sie falsch?
EGM. Nicht mehr und nicht weniger als jeder der seine Absichten erreichen will.
CL. Ich könnte mich in die Welt nicht finden. Sie hat aber auch einen männlichen Geist, sie ist ein ander Weib als

wir Nähtrinnen und Köchinnen. Sie ist groß, herzhaft, entschlossen.

EGM. Ja, wenns nicht gar zu bunt geht. Diesmal ist sie doch ein wenig auseinander.

CL. Wie so?

EGM. Sie hat auch ein Bärtchen auf der Oberlippe und manchmal einen Anfall vom Podagra. Eine rechte Amazone!

CLÄRCHEN Eine Majestätische Frau! Ich scheute mich vor sie zu treten.

EGM. Du bist doch sonst nicht zaghaft – Es wäre auch nicht Furcht, nur jungfräuliche Scham.

*Clärchen schlägt die Augen nieder nimmt seine Hand und lehnt sich an ihn*

EGM. Ich verstehe dich! liebes Mädchen! Du darfst die Augen aufschlagen.

*er küßt ihre Augen*

CL. Laß mich schweigen! Laß mich dich halten. Laß mich dir in die Augen sehn. Alles drin finden, Trost und Hoffnung und Freude und Kummer. *sie umarmt ihn und sieht ihn an* Sag mir! Sage! ich begreife nicht! Bist du Egmont? Der Graf Egmont? Der große Egmont, der so viel Aufsehn macht, von dem in den Zeitungen steht, an dem die Provinzen hängen.

EGM. Nein Clärchen das bin ich nicht.

CL. Wie?

EGM. Siehst du Clärchen! – Laß mich sitzen! *er setzt sich, sie kniet sich vor ihn auf einen Schemmel, legt ihre Arme auf seinen Schoß und sieht ihn an* Jener Egmont ist ein verdrießlicher, steifer, kalter Egmont. Der an sich halten, bald dieses bald jenes Gesicht machen muß, geplagt, verkannt, verwickelt ist wenn ihn die Leute für froh und fröhlich halten. Geliebt von einem Volke das nicht weiß was es will, geehrt und in die Höhe getragen von einer Menge mit der nichts anzufangen ist, umgeben von Freunden denen er sich nicht überlassen darf, beobachtet von Menschen die ihm auf alle Weise beikommen möchten, arbeitend und sich bemühend, oft ohne Zweck, meist ohne Lohn – o laß mich schweigen wie es dem ergeht, wie es dem zu Mute ist. Aber dieser, Clärchen,

der ist ruhig, offen, glücklich, geliebt und gekannt, von
dem besten Herzen das auch er ganz kennt und mit voller
Liebe und Zutrauen an das seine drückt. *er umarmt sie*
Das ist dein Egmont!
CL. So laß mich sterben! Die Welt hat keine Freuden auf
diese!

VIERTER AUFZUG

Straße

*Jetter, Zimmermann*

JETTER He! pst! He, Nachbar ein Wort!
ZIMM. Geh deines Pfads, und sei ruhig.
JETTER Nur ein Wort! Nichts neues?
ZIMM. Nichts als daß uns vom neuen zu reden verboten ist.
JETTER Wie?
ZIMM. Tretet hier ans Haus an. Hütet euch! Der Herzog
von Alba, hat gleich bei seiner Ankunft einen Befehl
ausgehen lassen, dadurch zwei oder drei, die auf der
Straße zusammen sprechen, des Hochverrats ohne Untersuchung schuldig erklärt sind.
JETTER O Weh!
ZIMM. Bei ewiger Gefangenschaft ist verboten von Staatssachen zu reden.
JETTER O unsre Freiheit.
ZIMM. Und bei Todesstrafe soll niemand die Handlungen
der Regierung mißbilligen.
JETTER O unsre Köpfe.
ZIMM. Und mit großem Versprechen, werden Väter, Mütter, Kinder, Verwandte, Freunde, Dienstboten eingeladen, was in dem innersten des Hauses vorgeht bei dem
besonders niedergesetzten Gerichte zu offenbaren.
JETTER Gehn wir nach Hause.
ZIMM. Und den Folgsamen ist versprochen daß sie weder
an Leibe, noch Ehre, noch Vermögen einige Kränkung
erdulden sollen.
JETTER Wie gnädig! War mirs doch gleich weh, wie der

Herzog in die Stadt kam. Seit der Zeit ist mirs als wäre der Himmel mit einem schwarzen Flor überzogen und hing so tief herunter daß man sich bücken müsse um nicht dran zu stoßen.

ZIMM. Und wie haben dir seine Soldaten gefallen? Gelt das ist eine andre Art von Krebsen als wir sie sonst gewohnt waren.

JETTER Pfui! Es schnürt einem das Herz ein, wenn man so einen Haufen die Gassen hinabmarschieren sieht. Kerzengrad, mit unverwandtem Blick, Ein Tritt soviel ihrer sind, und wenn sie auf der Schildwache stehn und du gehst an einem vorbei; ist s als wenn er dich durch und durch sehen wollte, und sieht so steif und mürrisch aus, daß du auf allen Ecken einen Zuchtmeister zu sehen glaubst. Sie tun mir gar nicht wohl. Unsre Miliz war doch noch ein lustig Volk, sie nahmen sich was heraus, stunden mit ausgekrätschten Beinen da, hatten den Hut überm Ohr, lebten und ließen leben; diese Kerle aber sind wie Maschinen, in denen ein Teufel sitzt.

ZIMM. Wenn so einer ruft: Halt! und anschlägt, meinst du man hielte?

JETTER Ich wäre gleich des Todes.

ZIMM. Gehn wir nach Hause.

JETTER Es wird nicht gut. Adieu.

SOEST *tritt dazu* Freunde! Genossen!

ZIMM. Still! Laß uns gehen.

SOEST Wißt ihr?

JETTER Nur zu viel!

SOEST Die Regentin ist weg.

JETTER Nun gnad' uns Gott.

ZIMM. Die hielt uns noch.

SOEST Auf einmal und in der Stille. Sie konnte sich mit dem Herzog nicht vertragen. Sie ließ dem Adel melden, sie komme wieder. Niemand glaubts.

ZIMM. Gott verzeihs dem Adel daß er uns diese neue Geißel über den Hals gelassen hat. Sie hätten es abwenden können. Unsre Privilegien sind hin.

JETTER Um Gottes willen nichts von Privilegien. Ich wittre den Geruch von einem Exekutionsmorgen, die Sonne will nicht hervor die Nebel stinken.

SOEST Oranien ist auch weg.

ZIMM. So sind wir denn ganz verlassen!

SOEST Graf Egmont ist noch da.

JETTER Gott sei Dank! Stärken ihn alle Heiligen, daß er sein Bestes tut, der ist allein was vermögend.

VANSEN *tritt auf* Find ich endlich ein Paar die noch nicht untergekrochen sind!

JETTER Tut uns den Gefallen und geht fürbaß.

VANSEN Ihr seid nicht höflich.

ZIMM. Es ist gar keine Zeit zu Komplimenten. Juckt euch der Buckel wieder? Seid ihr schon durchgeheilt?

VANSEN Fragt einen Soldaten nach seinen Wunden! Wenn ich auf Schläge was gegeben hätte; wäre sein Tage nichts aus mir geworden.

JETTER Es kann ernstlicher werden.

VANSEN Ihr spürt von dem Gewitter, das aufsteigt, eine erbärmliche Mattigkeit in den Gliedern scheints.

ZIMM. Deine Glieder werden sich bald wo anders eine Motion machen, wenn du nicht ruhst.

VANSEN Armselige Mäuse, die gleich verzweifeln wenn der Hausherr eine neue Katze anschafft! Nur ein Bißchen anders, aber wir treiben unser Wesen vor wie nach seid nur ruhig.

ZIMM. Du bist ein verwegner Taugenichts.

VANSEN Gevatter Tropf! Laß du den Herzog nur gewähren. Der alte Kater sieht aus als wenn er Teufel statt Mäusen gefressen hätte und könnte sie nun nicht verdauen. Laßt ihn nur erst er muß auch essen, trinken, schlafen wie andre Menschen. Es ist mir nicht bange wenn wir unsre Zeit recht nehmen. Im Anfang gehts rasch, nachher wird er auch finden daß in der Speisekammer, unter den Speckseiten besser leben ist und des Nachts zu ruhen, als auf dem Fruchtboden einzelne Mäuschen zu erlisten. Geht nur ich kenne die Statthalter.

ZIMM. Was so einem Menschen alles durchgeht, wenn ich in meinem Leben so etwas gesagt hätte hielt ich mich keine Minute für sicher.

VANSEN Seid nur ruhig. Gott im Himmel erfährt nichts von euch Würmern, geschweige der Regent.

JETTER Lästermaul.

VANSEN Ich weiß andre denen es besser wäre sie hätten statt ihres Helden Muts eine Schneider Ader im Leibe.
ZIMM. Was wollt ihr damit sagen.
VANSEN Hm! den Grafen mein ich.
JETTER Egmonten. Was soll der fürchten?
VANSEN Ich bin ein armer Teufel und könnte ein ganzes Jahr leben, von dem was er in Einem Abende verliert. Und doch könnt er mir sein Einkommen eines ganzen Jahrs geben, wenn er meinen Kopf auf eine Viertelstunde hätte.
JETTER Du denkst dich was rechts. Egmonts Haare sind gescheuter als dein Hirn.
VANSEN Redt ihr! Aber nicht feiner. Die Herren betrügen sich am ersten. Er sollte nicht trauen.
JETTER Was er schwätzt! So ein Herr!
VANSEN Eben weil er kein Schneider ist.
JETTER Ungewaschen Maul!
VANSEN Dem wollt ich eure Courage nur eine Stunde in die Glieder wünschen, daß sie ihm da Unruh machte und ihn solang neckte und juckte bis er aus der Stadt müßte.
JETTER Ihr redet recht unverständig, er ist so sicher wie der Stern am Himmel.
VANSEN Hast du nie einen sich schneuzen gesehen? Weg war er!
ZIMM. Wer will ihm denn was tun?
VANSEN Wer will? Willst du s etwa hindern? willst du einen Aufruhr erregen, wenn sie ihn gefangen nehmen.
JETTER Ah!
VANSEN Wollt ihr eure Rippen ⟨für⟩ ihn wagen?
SOEST Eh!
VANSEN *sie nachäffend* Ih! Oh! Uh! Verwundert euch durchs ganze Alphabet. So ist's und bleibts! Gott bewahre ihn.
JETTER Ich erschröcke über eure Unverschämtheit. So ein edler rechtschaffner Mann sollte was zu befürchten haben?
VANSEN Der Schelm sitzt überall im Vorteil. Auf dem Armen-Sünder-Stühlchen hält er den Richter fürn Narren, auf dem Richterstuhl macht er den Inquisiten mit Lust zum Verbrecher. Ich habe so ein Protokoll abzu-

schreiben gehabt, wo der Commissarius schwer Lob und Geld von Hofe erhielt, weil er einen ehrlichen Teufel an den man wollte zum Schelmen verhört hatte.

ZIMM. Das ist wieder frisch gelogen was wollen sie denn heraus verhören wenn einer unschuldig ist.

VANSEN O Spatzenkopf! Wo nichts heraus zu verhören ist, da verhört man hinein. Ehrlichkeit macht unbesonnen auch wohl trotzig: Da fragt man erst sachte weg und der Gefangne ist stolz auf seine Unschuld, wie sie s heißen, und sagt alles grad zu was ein Verständiger verbürge. Dann macht der Inquisitor aus den Antworten wieder Fragen, und paßt ja auf wo irgend ein Widersprüchelchen erscheinen will, da knüpft er seinen Strick an und läßt sich der dumme Teufel betreten daß er hier etwas zu viel, dort etwas zu wenig gesagt, oder wohl aus Gott weiß was für einer Grille einen Umstand verschwiegen hat, auch wohl irgend an einem Ende sich hat schröcken lassen, dann sind wir auf dem rechten Weg! Und ich versichre euch, mit mehr Sorgfalt suchen die Bettelweiber nicht die Lumpen aus dem Kehrigt, als so ein Schelmenfabrikant aus kleinen, schiefen, verschobnen, verrückten, verdrückten, geschloßnen, bekannten, geleugneten Anzeigen und Umständen sich endlich einen strohlumpenen Vogelscheu zusammenkünstelt, um wenigstens seinen Inquisiten in effigie hängen zu können. Und Gott mag der arme Teufel danken wenn er sich noch kann hängen sehn.

JETTER Der hat eine geläufige Zunge.

ZIMM. Mit Fliegen mag das angehn. Die Wespen lachen eures Gespinstes.

VANSEN Nachdem die Spinnen sind. Seht der lange Herzog hat euch so ein rein Ansehn von einer Kreuzspinne, nicht einer dickbäuchigen, die sind weniger schlimm, aber so einer langfüßigen schmalleibigen, die vom Fraße nicht feist wird und recht dünne Fäden zieht aber desto zähere.

JETTER Egmont ist Ritter des goldnen Vlieses, wer darf Hand an ihn legen? Nur von seines Gleichen kann er gerichtet werden nur vom gesamten Orden. Dein loses Maul, dein böses Gewissen verführen dich zu solchem Geschwätze.

VANSEN Will ich ihm darum übel? Mir kanns recht sein. Es

ist ein trefflicher Herr! Ein Paar meiner guten Freunde,
die anderwärts schon wären gehangen worden hat er mit
einem Buckelvoll Schläge verabschiedet. Nun geht!
Geht! Ich rat' es euch selbst. Dort seh ich wieder eine
Runde antreten, die sehen nicht aus als wenn sie sobald
Brüderschaft mit uns trinken würden. Wir wollens abwarten, und nur sachte zu sehen. Ich hab' ein Paar
Nichten, und einen Gevatter Schenkwirt, wenn sie von
denen gekostet haben und werden dann nicht zahm; so
sind sie ausgepichte Wölfe.


Der Culenburgische Palast,
Wohnung des Herzog von Alba

*Silva und Gometz begegnen einander*

SILVA Hast du die Befehle des Herzogs ausgerichtet?
GOMETZ Pünktlich. Alle tägliche Runden sind beordert zur
bestimmten Zeit an verschiednen Plätzen einzutreffen,
die ich ihnen bezeichnet habe; sie gehen indes, wie gewöhnlich, durch die Stadt um Ordnung zu erhalten.
Keiner weiß von dem andern, jeder glaubt, der Befehl
gehe ihn allein an, und in einem Augenblick kann alsdann
der Cordon gezogen und alle Zugänge zum Palast können besetzt sein. Weißt du die Ursache dieses Befehls?
SILVA Ich bin gewohnt blindlings zu gehorchen. Und wem
gehorcht sich's leichter als dem Herzoge, da bald der
Ausgang beweist daß er recht befohlen hat.
GOMETZ Gut! Gut! Auch scheint es mir kein Wunder, daß
du so verschlossen und einsilbig wirst wie er, da du
immer um ihn sein mußt. Mir kommt es fremd vor, da ich
den leichteren italiänischen Dienst gewohnt bin. An
Treue und Gehorsam bin ich der Alte, aber ich habe mir
das schwätzen und raisonieren angewöhnt, ihr schweigt
alle und laßt es euch nie wohl sein. Der Herzog gleicht
mir einem ehrnen Turn ohne Pforte, wozu die Besatzung
Flügel hätte. Neulich hört ich ihn bei Tafel, von einem
frohen freundlichen Menschen sagen: er sei wie eine
schlechte Schenke mit einem ausgesteckten Branntwein

Zeichen, um Müßiggänger, Bettler und Diebe herein zu locken.

SILVA Und hat er uns nicht schweigend hierher geführt.

GOMETZ Dagegen ist nichts zu sagen. Gewiß! Wer Zeuge seiner Klugheit war, wie er die Armee aus Italien hier herbrachte, der hat etwas gesehen. Wie er sich durch Freund und Feind, durch die Franzosen, königlichen und Ketzer, durch die Schweitzer und Verbundne gleichsam durchschmiegte, die strengste Mannszucht hielt und einen Zug den man so gefährlich achtete, leicht und ohne Anstoß zu leiten wußte! – Wir haben was gesehen, was lernen können.

SILVA Auch hier! Ist nicht alles still und ruhig als wenn kein Aufstand gewesen wäre?

GOMETZ Nun es war auch schon meist still als wir herkamen.

SILVA In den Provinzen ist es viel ruhiger geworden, und wenn sich noch einer bewegt; so ist es zu entfliehen; aber auch diesen wird er die Wege bald versperren, denk ich.

GOMETZ Nun wird er erst die Gunst des Königs gewinnen.

SILVA Und uns bleibt nichts angelegner als uns die seinige zu erhalten. Wenn der König hierher kommt bleibt gewiß der Herzog und jeder den er empfiehlt nicht unbelohnt.

GOMETZ Glaubst du daß der König kommt?

SILVA Es werden so viele Anstalten gemacht, daß es höchst wahrscheinlich ist.

GOMETZ Mich überreden sie nicht.

SILVA So rede wenigstens nicht davon. Denn wenn des Königs Absicht ja nicht sein sollte zu kommen; so ist sie's doch wenigstens gewiß daß man es glauben soll.

FERDINAND *Albas natürlicher Sohn* Ist mein Vater noch nicht heraus?

SILVA Wir warten auf ihn.

FERDIN. Die Fürsten werden bald hier sein.

GOMETZ Kommen sie heute?

FERDINAND Oranien und Egmont.

GOMETZ *leise zu Silva* Ich begreife etwas.

SILVA So behalt es für dich.

*Herzog von Alba wie er herein und hervor tritt treten die andern zurück*

ALBA Gometz!

GOMETZ *tritt vor* Herr!

ALBA Du hast die Wachen verteilt und beordert.

GOM. Aufs genauste. Die täglichen Runden –

ALBA Genug. Du wartest in der Galerie. Silva wird dir den Augenblick sagen wenn du sie zusammen ziehen, die Zugänge nach den Palaste besetzen sollst. Das übrige weißt du.

GOMETZ Ja Herr! *ab*

ALBA Silva!

SILVA Hier bin ich.

ALBA Alles was ich von jeher an dir geschätzt habe, Mut, Entschlossenheit, unaufhaltsames Ausführen, das zeige heut.

SILVA Ich danke Euch daß ihr mir Gelegenheit gebt zu zeigen daß ich der Alte bin.

ALBA Sobald die Fürsten bei mir eingetreten sind, dann eile gleich Egmonts Geheimschreiber gefangen zu nehmen. Du hast alle Anstalten gemacht, die übrigen welche bezeichnet sind zu fahen?

SILVA Vertrau auf uns ihr Schicksal wird sie, wie eine wohlberechnete Sonnenfinsternis, pünktlich und schröcklich treffen.

ALBA Hast du sie genau beobachten lassen?

SILVA Alle. Egmonten vor andern. Er ist der Einzige der seit du hier bist sein Betragen nicht geändert hat. Den ganzen Tag von einem Pferd aufs andre, lädt Gäste, ist immer lustig und unterhaltend bei Tafel, würfelt, schießt und schleicht Nachts zum Liebchen. Die andern haben dagegen eine merkliche Pause in ihrer Lebensart gemacht, sie bleiben bei sich, vor ihrer Türe sichts aus als wenn ein Kranker im Hause wäre.

ALBA Drum rasch, eh sie uns wider Willen genesen.

SILVA Ich stelle sie. Auf deinen Befehl überhäufen wir sie mit dienstfertigen Ehren. Ihnen grauts, politisch geben sie uns einen ängstlichen dank, fühlen das rätlichste sei zu entfliehen, keiner wagt einen Schritt, sie zaudern, können sich nicht vereinigen und einzeln etwas kühnes zu tun hält sie der Gemein-Geist ab. Sie möchten gern sich jedem Verdacht entziehen, und machen sich immer verdächtiger. Schon seh ich mit Freuden deinen ganzen Anschlag ausgeführt.

ALBA Ich freue mich nur über das Geschehne, und über das nicht leicht, denn es bleibt stets noch übrig was uns zu denken und zu sorgen gibt. Das Glück ist eigensinnig oft das Gemeine das Nichtswürdige zu adlen und wohlüberlegte Taten mit einem gemeinen Ausgang zu entehren. Verweile bis die Fürsten kommen, dann gib Gometz die Ordre die Straßen zu besetzen und eile selbst Egmonts Schreiber und die übrigen gefangen zu nehmen die dir bezeichnet sind; ist es getan; so komm hierher und meld es meinem Sohne daß er mir in den Rat die Nachricht bringe.

SILVA Ich hoffe diesen Abend vor dir stehn zu dürfen.

*Alba geht nach seinem Sohne der bisher in der Galerie gestanden*

SILVA Ich traue mir es nicht zu sagen aber meine Hoffnung schwankt, ich fürchte es wird nicht werden wie er denkt. Ich sehe Geister vor mir die still und sinnend auf schwarzen Schalen das Geschick der Fürsten und vieler tausende wägen. Langsam wankt das Züngleín auf und ab, tief scheinen die Richter zu sinnen, zuletzt sinkt diese Schale, steigt jene angehaucht vom Eigensinn des Schicksals und entschieden ists. *ab*

*Alba mit seinem Sohne hervortretend*

ALBA Wie fandst du die Stadt?

SOHN Es hat sich alles gegeben. Ich ritt als wie zum Zeitvertreib Straß auf, Straß ab. Eure wohlverteilten Wachen halten die Furcht so angespannt daß sie sich nicht zu lispeln untersteht. Die Stadt sieht einem Felde ähnlich wenn das Gewitter von weiten leuchtet, man erblickt keinen Vogel, kein Tier als das eilend nach einem Schutzorte schlüpft.

ALBA Ist dir nichts weiter begegnet.

SOHN Egmont kam mit einigen auf den Markt geritten, wir grüßten uns, er hatte ein rohes Pferd das ich ihm loben mußte. Laßt uns eilen Pferde zuzureiten wir werden sie bald brauchen! rief er mir entgegen. Er werde mich noch heute wiedersehn, sagte er, und komme auf euer Verlangen mit euch zu ratschlagen.

ALBA Er wird dich wiedersehn.
SOHN Unter allen Rittern die ich hier kenne gefällt er mir am besten. Es scheint wir werden Freunde sein.
ALBA Du bist noch immer zu schnell und wenig behutsam, immer erkenn ich in dir den Leichtsinn deiner Mutter der mir sie unbedingt in die Arme lieferte. Zu mancher gefährlichen Verbindung lud dich der Anschein voreilig ein.
SOHN Euer Wille findet mich bildsam.
ALBA Ich vergebe deinem jungen Blute dies leichtsinnige Wohlwollen, diese unachtsame Fröhlichkeit. Nur vergiß nicht zu welchem Werke ich gesandt bin und welchen Teil ich dir daran geben möchte.
SOHN Erinnert mich und schont mich nicht wo ihr es nötig haltet.
ALBA *nach einer Pause* Mein Sohn!
SOHN Mein Vater!
ALBA Die Fürsten kommen bald, Oranien und Egmont kommen. Es ist nicht Mißtraun daß ich dir erst jetzt entdecke was geschehen soll. Sie werden nicht wieder von hinnen gehn.
SOHN Was sinnst du?
ALBA Es ist beschlossen, sie festzuhalten. Du erstaunst. Was du zu tun hast, höre, die Ursachen sollst du wissen wenn es geschehn ist, jetzt bleibt keine Zeit sie auszulegen. Mit dir allein wünscht ich das Größte das Geheimste zu besprechen, ein starkes Band hält uns zusammen gefesselt, du bist mir wert und lieb, auf dich möcht ich alles häufen. Nicht die Gewohnheit zu gehorchen allein möcht ich dir einprägen, auch den Sinn auszudenken, zu befehlen, auszuführen wünscht ich in dir fortzupflanzen, dir ein großes Erbteil dem Könige den brauchbarsten Diener zu hinterlassen, dich mit dem Besten was ich habe auszustatten, daß du dich nicht schämen dürfest unter deine Brüder zu treten.
SOHN Was werd ich nicht dir für diese Liebe schuldig die du mir allein zu wendest indem ein ganzes Reich vor dir zittert.
ALBA Nun höre was zu tun ist. Sobald die Fürsten eingetreten sind, wird jeder Zugang zum Palaste besetzt. Dazu

hat Gometz die Ordre. Silva wird eilen Egmonts Schreiber mit den verdächtigsten gefangen zu nehmen. Du hältst die Wache am Tore und in den Höfen in Ordnung. Vor allen Dingen besetze diese Zimmer hier neben mit den sichersten Leuten, dann warte auf der Galerie bis Silva wiederkommt und bringe mir irgend ein unbedeutend Blatt herein zum Zeichen daß sein Auftrag ausgerichtet ist. Dann bleib im Vorsaale bis Oranien weggeht, folg ihm ich halte Egmont hier als ob ich ihm noch was zu sagen hätte. Am Ende der Galerie fordre Oraniens Degen rufe die Wache an, verwahre schnell den gefährlichsten Mann, und ich faß Egmont hier.

SOHN Ich gehorche mein Vater, zum erstenmal mit schwerem Herzen und mit Sorge.

ALBA Ich verzeihe dirs, es ist der erste große Tag den du erlebst.

SILVA *tritt herein* Ein Bote von Antwerpen. Hier ist Oraniens Brief! Er kommt nicht.

ALBA Sagt es der Bote.

SILVA Nein, mir sagts das Herz.

ALBA Aus dir spricht mein böser Genius.

*nachdem er den Brief gelesen, winkt er beiden und sie ziehen sich in die Galerie zurück, er bleibt allein auf dem Vorderteile*

Er kommt nicht! Bis auf den letzten Augenblick verschiebt er sich zu erklären. Er wagt es *nicht* zu kommen. So war denn diesmal wider Vermuten der Kluge klug genug nicht klug zu sein. – Es rückt die Uhr! Noch einen kleinen Weg des Seigers und ein großes Werk ist getan oder versäumt, unwiederbringlich versäumt, denn es ist weder nachzuholen noch zu verheimlichen. Längst hatt' ich alles reiflich abgewogen und mir auch diesen Fall gedacht, mir festgesetzt was auch in diesem Falle zu tun sei, und jetzt da es zu tun ist wehr ich mir kaum daß nicht das für und wieder mir aufs neue durch die Seele schwankt Ists rätlich die andern zu fangen wenn er mir entgeht? – Schieb ich es auf und laß Egmont mit den seinigen, mit sovielen entschlupfen die nun, vielleicht nur heute noch in meinen Händen sind. So zwingt dich das Geschick denn auch du Unbezwinglicher! Wie lang ge-

dacht! Wie wohl bereitet! Wie groß wie schön der Plan! Wie nah die Hoffnung ihrem Ziele! Und nun im Augenblicke des Entscheidens bist du zwischen zwei Übel gestellt, wie in einen Lostopf greifst du in die dunkle Zukunft, was du fassest ist noch zugerollt dir unbewußt sei's Treffer oder Fehler!
*er wird aufmerksam wie einer der etwas hört und tritt ans Fenster*
Er ist es! Egmont! – Trug dich dein Pferd so leicht herein und scheute vor dem Blutgeruche nicht, und vor dem Geiste mit dem blanken Schwerte, der an der Pforte dich empfängt? – Steig ab! – So bist du mit dem Einen Fuß im Grab! und so mit beiden! – Ja streichl' es nur und klopfe für seinen mutgen Dienst zum letztenmal den Nacken ihm – Und mir bleibt keine Wahl, in der Verblendung wie hier Egmont naht, kann er dir nicht zum zweitenmal sich liefern! – Hört!

*Sohn und Silva treten eilig herbei*

Ihr tut was ich befahl, ich ändre meinen Willen nicht. Ich halte wie es gehn will Egmont auf bis du mir von Silva die Nachricht gebracht hast. Dann bleib in der Nähe. Auch dir raubt das Geschick das große Verdienst, des Königs größten Feind mit eigner Hand gefangen zu haben.

*zu Silva* Eile!

*zum Sohne* Geh ihm entgegen.

*Alba bleibt einige Augenblicke allein und geht schweigend auf und ab*

EGMONT *tritt auf* Ich komme die Befehle des Königs zu vernehmen, zu hören welchen Dienst er von unsrer Treue verlangt, die ihm ewig ergeben bleibt.

ALBA Er wünscht vor allen Dingen Euren Rat zu hören.

EGM. Über welchen Gegenstand? Kommt Oranien auch? Ich vermutete ihn hier.

ALBA Mir tut es leid daß er uns eben in dieser wichtigen Stunde fehlt. Euren Rat, eure Meinung wünscht der König wie diese Staaten wieder zu befriedigen. Ja er hofft ihr werdet kräftig mitwürken, diese Unruhen zu stillen, und die Ordnung der Provinzen völlig und dauerhaft zu gründen.

EGM. Ihr könnt besser wissen als ich daß schon alles genug beruhigt ist, ja noch mehr beruhigt war eh die Erscheinung der neuen Soldaten wieder mit Furcht und Sorge die Gemüter bewegte.

ALBA Ihr scheinet andeuten zu wollen, das rätlichste sei gewesen, wenn der König mich gar nicht in den Fall gesetzt hätte Euch zu fragen.

EGM. Verzeiht! Ob der König das Heer hätte schicken sollen, ob nicht vielmehr die Macht seiner majestätischen Gegenwart allein stärker gewürkt hätte, ist meine Sache nicht zu beurteilen, das Heer ist da, er nicht. Wir aber müßten sehr undankbar, sehr vergessen sein wenn wir uns nicht erinnerten was wir der Regentin schuldig sind. Bekennen wir! sie brachte durch ihr so kluges als tapfres Betragen die Aufrührer mit Gewalt und Ansehn, mit Überredung und List zur Ruhe und führte zum Erstaunen der Welt, ein rebellisches Volk in wenigen Monaten zu seiner Pflicht zurück.

ALBA Ich leugne es nicht. Der Tumult ist gestillt, und jeder scheint in die Grenzen des Gehorsams zurück gebannt. Aber hängt es nicht von eines jeden Willkür ab, sie zu verlassen. Wer will das Volk hindern loszubrechen? Wo ist die Macht sie abzuhalten? Wer bürgt uns daß sie sich ferner treu und untertänig zeigen werden? Ihr guter Wille ist alles Pfand das wir haben.

EG. Und ist der gute Wille eines Volks nicht das sicherste, das edelste Pfand? Bei Gott! Wann darf sich ein König sicherer halten als wenn sie alle für Einen, einer für alle stehn? Sicherer, gegen innre und äußere Feinde?

ALBA Wir werden uns doch nicht überreden sollen daß es jetzt hier so steht.

EGM. Der König schreibe einen General Pardon aus, er beruhige die Gemüter und bald wird man sehen wie Treue und Liebe mit dem Zutrauen wieder zurückkehrt.

ALBA Und jeder der die Majestät des Königs, der das Heiligtum der Religion geschandet, ginge frei und ledig hin und wieder! Lebte, den andern zum bereiten Beispiel daß ungeheure Verbrechen straflos sind.

EGM. Und ist ein Verbrechen des Unsinns, der Trunkenheit nicht eher zu entschuldigen, als grausam zu bestrafen?

Besonders wo so sichre Hoffnung, wo Gewißheit ist, daß die Übel nicht wiederkehren werden. Waren Könige darum nicht sichrer? Werden sie nicht von Welt und Nachwelt gepriesen, die eine Beleidigung ihrer Würde vergeben, bedauren, verachten konnten? Werden sie nicht eben deswegen Gott gleich gehalten der viel zu groß ist, als daß ihn jede Lästrung reichen sollte.

ALBA Und eben darum soll der König für die Würde Gottes und der Religion, wir sollen für das Ansehn des Königes streiten. Was der Obere abzulehnen verschmäht, ist unsre Pflicht zu rächen. Ungestraft soll wenn ich rate kein Schuldiger sich freuen.

EGM. Glaubst du daß du sie alle reichen wirst? Hört man nicht täglich daß die Furcht sie hie und dahin, sie aus dem Lande treibt? Die Reichsten werden ihre Güter, sich, ihre Kinder und Freunde flüchten, der Arme wird seine nützliche Hände dem Nachbar zu bringen.

ALBA Sie werden, wenn man sie nicht verhindern kann. Darum verlangt der König Rat und Tat von jedem Fürsten, Ernst von jedem Statthalter; nicht nur Erzählung wie es ist, was werden könnte, wenn man alles gehen ließe wie's geht. Einem großen Übel zu sehen, sich mit Hoffnung schmeicheln, der Zeit vertrauen, etwa einmal drein schlagen wie im Faßnachtsspiel, daß es klatscht und man doch etwas zu tun scheint wenn man nichts tun möchte; heißt das nicht sich verdächtig machen, als sehe man dem Aufruhr mit Vergnügen zu, den man nicht erregen, wohl aber hegen möchte.

EGM. *im Begriff aufzufahren nimmt sich zusammen, und spricht, nach einer kleinen Pause, gesetzt* Nicht jede Absicht ist offenbar und manches Mannes Absicht ist zu mißdeuten. Muß man doch auch von allen Seiten hören: es sei des Königs Absicht weniger die Provinzen nach einförmigen und klaren Gesetzen zu regieren, die Majestät der Religion zu sichern und einen allgemeinen Frieden seinem Volke zu geben; als vielmehr, sie unbedingt zu unterjochen, sie ihrer alten Rechte zu berauben, sich Meister von ihren Besitztümern zu machen, die schönen Rechte des Adels einzuschränken, um derentwillen der Edle allein ihm dienen, ihm Leib und Leben widmen mag. Die Religion sagt man sei nur ein prächtiger Teppich hinter dem man jeden gefährlichen Anschlag nur desto leichter ausdenkt. Das Volk liegt auf den Knieen, betet die heiligen gewürkten Zeichen an und hinten lauscht der Vogelsteller, der sie berücken will.

ALBA Das muß ich von dir hören.

EGM. Nicht meine Gesinnungen! Nur was bald hier bald da von großen und von kleinen, klugen und Toren gesprochen, laut verbreitet wird. Die Niederländer fürchten ein doppeltes Joch und wer bürgt ihnen ihre Freiheit.

ALBA Freiheit! Ein schönes Wort wers recht verstünde. Was wollen sie für Freiheit? Was ist des freisten Freiheit? – Recht zu tun! – und daran wird sie der König nicht hindern. Nein! nein! sie glauben sich nicht frei wenn sie sich nicht selbst und andern schaden können. Wäre es nicht besser abzudanken, als ein solches Volk zu regieren. Wenn auswärtige Feinde drängen, an die kein Bürger denkt, der mit dem Nächsten nur beschäftigt ist, und der König verlangt Beistand; dann werden sie uneins unter sich und verschwören sich gleichsam mit ihren Feinden. Weit besser ists sie einzuengen, daß man sie wie Kinder halten wie Kinder zu ihrem Besten leiten kann. Glaube nur, ein Volk wird nicht alt, nicht klug ein Volk bleibt immer kindisch.

EGM. Wie selten kommt ein König zu Verstand. Und sollen sich viele nicht lieber vielen vertrauen als Einem, und nicht einmal dem Einen sondern den Wenigen des Einen, dem Volke das an den Blicken seines Herrn altert, das hat wohl allein das Recht klug zu werden.

ALBA Vielleicht eben darum weil es sich nicht selbst überlassen ist.

EGM. Und darum niemand gern sich selbst überlassen möchte. Man tue was man will, ich habe auf deine Frage geantwortet, und wiederhole: es geht nicht! Es kann nicht gehn! Ich kenne meine Landsleute. Es sind Männer, wert Gottes Boden zu betreten, ein jeder rund für sich ein kleiner König, fest, rührig, fähig, treu, an alten Sitten hangend. Schwer ists ihr Zutraun zu verdienen, leicht zu erhalten. Starr und fest! Zu drucken sind sie nicht zu unterdrucken.

ALBA *der sich indes einigemale umgesehn hat* Solltest du das alles in des Königs Gegenwart wiederholen?

EGM. Desto schlimmer wenn mich seine Gegenwart abschröckte! Desto besser für ihn für sein Volk, wenn er mir Mut machte, wenn er mir Zutraun einflößte noch weit mehr zu sagen.

ALBA Was nützlich ist kann ich hören wie er.

EGMONT Ich würde ihm sagen: Leicht kann der Hirt eine ganze Herde Schafe vor sich hintreiben, der Stier zieht seinen Pflug ohne Widerstand; aber dem edlen Pferde das du reiten willst, mußt du seine Gedanken ablernen, du mußt nichts unkluges nichts unklug von ihm verlangen. Darum wünscht der Bürger seine alte Verfassung zu behalten, von seinen Landsleuten regiert zu sein, weil er weiß wie er geführt wird, weil er von ihnen Uneigennutz, Teilnehmung an seinem Schicksal hoffen kann.

ALBA Und sollte der Regent nicht Macht haben dieses alte Herkommen zu verändern, und sollte nicht eben dies sein schönstes Vorrecht sein. Was ist bleibend auf dieser Welt? Und sollte eine Staatseinrichtung bleiben können? Muß nicht in einer Zeitfolge sich jedes Verhältnis verändern, und eben darum eine alte Verfassung die Ursache von tausend Übeln werden, weil sie den gegenwärtigen Zustand des Volkes nicht umfaßt. Ich fürchte diese alten Rechte sind darum so angenehm weil sie Schlupfwinkel bilden, in welchen der Kluge, der Mächtige zum Schaden des Volks zum Schaden des Ganzen sich verbergen, durchschleichen kann.

EGM. Und diese willkürliche Veränderungen, diese unbeschrankten Eingriffe der höchsten Gewalt, sind sie nicht Vorboten daß Einer tun will was Tausende nicht tun sollen. Er will sich allein frei machen, jeden seiner Wünsche befriedigen, jeden seiner Gedanken ausführen zu können. Und wenn wir uns ihm, einem guten weisen König ganz vertrauten sagt er uns für seine Nachkommen gut? daß keiner ohne Rücksicht ohne Schonung regieren werde? Wer rettet uns als dann von völliger Willkür, wenn er uns seine Diener, seine Nächsten sendet, die ohne Kenntnis des Landes und seiner Bedürfnisse nach Belieben schalten und walten, keinen

Widerstand finden, und sich von jeder Verantwortung frei wissen.

ALBA *der sich indes wieder umgesehen hat* Es ist nichts natürlicher als daß ein König durch sich zu herrschen gedenkt und denen seine Befehle am liebsten aufträgt, die ihn am besten verstehen, verstehen wollen, die seinen Willen unbedingt ausrichten.

EGM. Und eben so natürlich ists daß der Bürger von dem regiert sein will, der mit ihm geboren und erzogen ist, der gleichen Begriff mit ihm von Recht und Unrecht gefaßt hat, den er als seinen Bruder ansehn kann.

ALBA Und doch hat der Adel mit diesen seinen Brüdern sehr ungleich geteilt.

EGM. Das ist vor Jahrhunderten geschehen und wird jetzt ohne Neid geduldet. Würden aber neue Menschen ohne Not gesendet, die sich zum zweitenmale auf Unkosten der Nation bereichern wollten, sähe man sich einer strengen, kühnen, unbedingten Habsucht ausgesetzt, das würde eine Gärung machen, die sich nicht leicht in sich selbst auflöste.

ALBA Du sagst mir was ich nicht hören sollte. Auch ich bin fremd.

EGM. Daß ich dirs sage zeigt dir daß ich dich nicht meine.

ALBA Und auch so, wünscht ich es nicht von dir zu hören. Der König sandte mich mit Hoffnung daß ich hier den Beistand des Adels finden würde. Der König *will* seinen Willen. Der König hat nach tiefer Überlegung gesehen was dem Volke frommt, es kann nicht bleiben und gehen wie bisher. Des Königs Absicht ist: sie selbst zu ihrem eignen Besten einzuschränken ihr eigen Heil, wenns sein muß ihnen aufzudringen, die schädlichen Bürger aufzuopfern damit die übrigen Ruhe finden, des Glücks einer weisen Regierung genießen können. Dies ist sein Entschluß, diesen dem Adel kund zu machen habe ich Befehl und Rat verlang ich in seinem Namen *wie* es zu tun sei, nicht *was*, denn das hat er beschlossen.

EGM. Leider rechtfertigen deine Worte die Furcht des Volks, die allgemeine Furcht! So hat er denn beschlossen was kein Fürst beschließen sollte! Die Kraft seines Volks, ihr Gemüt, den Begriff den sie von sich selbst haben, will

er schwächen, niederdrucken, zerstören, um sie bequem
regieren zu können. Er will den innern Kern ihrer Eigenheit verderben, gewiß in der Absicht sie glücklicher zu
machen. Er will sie vernichten damit sie Etwas werden,
ein ander Etwas. O, wenn seine Absicht gut ist; so wird
sie mißgeleitet! Nicht dem König widersetzt man sich,
man stellt sich nur dem Könige entgegen der einen falschen Weg zu wandeln, die ersten unglücklichen Schritte
macht.

ALBA Wie du gesinnt bist scheint es ein vergebner Versuch
uns vereinigen zu wollen. Du denkst gering vom König,
verächtlich von seinen Räten, wenn du zweifelst das alles
sei nicht schon gedacht, geprüft, gewogen worden. Ich
habe keinen Auftrag jedes Für und Wider noch einmal
durchzugehn. Gehorsam fordr' ich von dem Volke – und
von Euch, ihr ersten edelsten Rat und Tat, als Bürgen
dieser unbedingten Pflicht.

EGM. Fordr' unsre Häupter; so ist es auf einmal getan. Ob
sich der Nacken diesem Joche biegen, ob er sich vor dem
Beile drucken soll kann einer edlen Seele gleich sein.
Umsonst hab ich so viel gesprochen, die Luft hab ich
erschüttert weiter nichts gewonnen.

SOHN *kommt* Verzeiht daß ich euer Gespräch unterbre-
che. Hier ist ein Brief, dessen Überbringer die Antwort
dringend macht.

ALBA Erlaubt mir daß ich sehe was er enthält.
*tritt an die Seite*

SOHN *zu Egm.* Es ist ein schönes Pferd das Eure Leute
gebracht haben Euch abzuholen.

EGM. Es ist nicht das schlimmste. Ich hab es schon eine
Weile, ich denk es wegzugeben, wenn es euch gefällt; so
werden wir vielleicht des Handels einig.

SOHN Gut wir wollen sehn.

*Alba winkt seinem Sohne der sich in den Grund zurückzieht*

EGM. Lebt wohl! entlaßt mich denn ich wüßte bei Gott
nicht mehr zu sagen.

ALBA Glücklich hat dich der Zufall verhindert deinen Sinn
noch weiter zu verraten. Unvorsichtig entwickelst du die
Falten deines Herzens und klagst dich selbst weit strenger
an, als ein Widersacher gehässig tun könnte.

EGM. Dieser Vorwurf rührt mich nicht, ich kenne mich selbst genug und weiß wie ich dem König angehöre. Weit mehr als viele die in seinen Dienst sich selber dienen. Ungern scheid ich aus diesem Streite ohne ihn beigelegt zu sehen, und wünsche nur daß uns der Dienst des Herren das Wohl des Landes bald vereinigen möge. Es würkt vielleicht ein wiederholtes Gespräch, die Gegenwart der übrigen Fürsten die heute fehlen, in einem glücklichern Augenblick was heut unmöglich scheint. Mit dieser Hoffnung entfern ich mich.

ALBA *der zugleich dem Sohne ein Zeichen gibt* Halt Egmont! – Deinen Degen! –

*die Mitteltüre öffnet sich, man sieht die Galerie mit Wache besetzt, die unbeweglich bleibt*

EGMONT *der staunend eine Weile geschwiegen* Dies war die Absicht? Dazu hast du mich berufen?

*nach dem Degen greifend als wenn er sich verteidigen wollte*

Bin ich denn wehrlos?

ALBA Der König befiehlts, du bist mein Gefangner.

*zugleich treten von beiden Seiten Gewaffnete herein*

EGMONT *nach einer Stille* Der König? – – Oranien! Oranien!

*nach einer Pause seinen Degen hingebend*

So nimm ihn er hat weit öfter des Königs Sache verteidigt, als diese Brust beschützt.

*er geht durch die Mitteltüre ab, die Gewaffneten die im Zimmer sind folgen ihm ingleichen Albas Sohn. Alba bleibt stehen, der Vorhang fällt*


FÜNFTER AUFZUG

Straße

Dämmrung

*Clärchen, Brackenburg, Bürger*

BR. Liebchen, um Gotteswillen! was nimmst du vor?

CL. Komm mit, Brackenburg! Du mußt die Menschen nicht kennen, wir befreien ihn gewiß. Denn was gleicht ihrer

Liebe zu ihm? Jeder fühlt, ich schwöre es, in sich die
Brennende Begier ihn zu retten, die Gefahr von einem
kostbaren Leben abzuwenden und dem freisten die Freiheit wieder zu geben. Komm! Es fehlt nur an der Stimme
die sie zusammenruft. In ihrer Seele lebt noch ganz frisch,
was sie ihm schuldig sind! Und daß sein mächtiger Arm,
allein von ihnen das Verderben abhält wissen sie. Um
seinet und ihrentwillen müssen Sie alles wagen. Und was
wagen wir? Zum höchsten unser Leben das zu erhalten
nicht der Mühe wert ist wenn er umkommt.

BR. Unglückliche! Du siehst nicht die Gewalt, die uns mit
ehrnen Banden gefesselt hat.

CL. Sie scheint mir nicht unüberwindlich. Laß uns nicht
lang vergebliche Worte wechseln. Hier kommen von den
alten, redlichen wackern Männern! Hört Freunde! Nachbarn hört! – Sagt wie ist es mit Egmont.

ZIMMERM. Was will das Kind? Laß sie schweigen!

CL. Tretet näher daß wir sachte reden bis wir einig sind und
stärker. Wir dürfen nicht einen Augenblick versäumen!
Die freche Tyrannei die es wagt ihn zu fesseln, zuckt
schon den Dolch ihn zu ermorden. O Freunde mit jedem
Schritt der Dämmrung werd ich ängstlicher. Ich fürchte
diese Nacht. Kommt! Wir wollen uns teilen. Mit schnellem Lauf von Quartier zu Quartier rufen wir die Bürger
heraus. Ein jeder greife zu seinen alten Waffen. Auf dem
Markte treffen wir uns wieder und unser Strom reißt
einen jeden mit sich fort. Die Feinde sehen sich umringt
und überschwemmt und sind erdrückt. Was kann uns
eine Handvoll Knechte widerstehn. Und er in unsrer
Mitte kehrt zurück, sieht sich befreit und kann uns
einmal danken, uns die wir ihm so tief verschuldet worden. Er sieht vielleicht! Gewiß er sieht das Morgenrot am
freien Himmel wieder.

ZIMM. Wie ist dir Mädchen?

CL. Könnt ihr mich mißverstehn? Vom Grafen sprech' ich!
Ich spreche von Egmont.

JETTER Nennt den Namen nicht! Er ist Tödlich.

CL. Den Namen nicht! Wie! Nicht diesen Namen? Wer
nennt ihn nicht bei jeder Gelegenheit? Wo steht er nicht
geschrieben? In diesen Sternen hab ich oft mit allen sei-

nen Lettern ihn gelesen. Nicht nennen? Was soll das? Freunde! Gute teure Nachbarn, ihr träumt besinnt euch! Seht mich nicht so starr und ängstlich an! Blickt nicht schüchtern hie und da bei Seite. Ich ruf euch ja nur zu was jeder wünscht. Ist meine Stimme nicht eures Herzens eigne Stimme? Wer würfe sich in dieser bangen Nacht, eh er sein unruhvolles Bette besteigt nicht auf die Knie ihn mit ernstlichem Gebet vom Himmel zu erringen. Fragt euch einander! frage jeder sich selbst! und wer spricht mir nicht nach: Egmonts Freiheit oder den Tod.

JETTER Gott bewahr uns da gibts ein Unglück.

CL. Bleibt! Bleibt und drückt euch nicht vor seinem Namen weg, dem ihr euch sonst so froh entgegen drängtet! – Wenn der Ruf ihn ankündigte, wenn es hieß Egmont kommt! Er kommt von Gendt; da hielten die Bewohner der Straßen sich glücklich durch die er reiten mußte. Und wenn ihr seine Pferde schallen hörtet, warf jeder seine Arbeit hin, und über die bekümmerten Gesichter, die ihr durchs Fenster stecktet fuhr wie ein Sonnenstrahl von seinem Angesichte ein Blick der Freude und Hoffnung. Da hobt ihr eure Kinder auf der Türschwelle in die Höhe und deutetet ihnen: Sieh das ist Egmont, der größte da! Er ists! Er ists von dem ihr beßre Zeiten als eure armen Väter lebten einst zu erwarten habt. Laßt eure Kinder nicht dereinst euch fragen: wo ist er hin? Wo sind die Zeiten hin die ihr verspracht. – Und so wechseln wir Worte? sind müßig, verraten ihn.

SOEST Schämt euch Brackenburg! Laßt sie nicht gewähren! Steuert dem Unheil!

BR. Lieb Clärchen! wir wollen gehen! Was wird die Mutter sagen? Vielleicht! –

CL. Meinst du ich sei ein Kind oder wahnsinnig! Was kann vielleicht? – Von dieser schröcklichen Gewißheit bringst du mich mit keiner Hoffnung weg. – Ihr sollt mich hören und ihr werdet, denn ich seh's ihr seid bestürzt und könnt euch selbst in eurem Busen nicht wieder finden. Laßt durch die gegenwärtige Gefahr nur einen Blick in das Vergangne dringen, das kurz Vergangne. Wendet eure Gedanken nach der Zukunft. Könnt ihr denn leben? Werdet ihr wenn er zu Grunde geht? Mit seinem Atem flieht der letzte Hauch der Freiheit. Was war er euch? Für wen übergab er sich der dringendsten Gefahr? Seine Wunden flossen und heilten nur für Euch. Die große Seele, die euch alle trug beschränkt ein Kerker, und Schauer tückischen Mordes schweben um sie her. Er denkt vielleicht an euch, er hofft auf euch, er der nur zu geben nur zu erfüllen gewohnt war.

ZIMMERM. Gevatter kommt.

CL. Und ich habe nicht Arme, nicht Mark wie ihr; doch hab ich was euch allen eben fehlt Mut und Verachtung der Gefahr. Könnt euch mein Atem doch entzünden, könnt ich an meinen Busen drückend euch erwärmen und beleben. Kommt! In eurer Mitte will ich gehen! – Wie eine Fahne wehrlos ein edles Heer von Kriegern wehend anführt; so soll mein Geist um eure Häupter flammen und Liebe und Mut das schwankende zerstreute Volk zu einem fürchterlichen Heer vereinigen.

JETTER Schaff sie beiseite, sie dauert mich.

*Bürger ab*

BR. Clärchen! Siehst du nicht wo wir sind?

CL. Wo? Unter dem Himmel, der so oft sich herrlicher zu wölben schien, wenn der Edle unter ihm herging. Aus diesen Fenstern haben sie herausgesehn, vier fünf Köpfe über einander, an diesen Türen haben sie geschart und genickt wenn er auf die Memmen herabsah. O ich hatte sie so lieb wie sie ihn ehrten. Wäre er Tyrann gewesen möchten sie vor seinem Falle seitwärts gehn. Aber sie liebten ihn! – O ihr Hände die ihr an die Mützen grifft, zum Schwert könnt ihr nicht greifen – Brackenburg, und wir? – Schelten wir sie? – Diese Arme die ihn so oft festhielten, was tun sie für ihn? – List hat in der Welt soviel erreicht – Du kennst Wege und Stege, kennst das alte Schloß. Es ist nichts unmöglich, gib mir einen Anschlag.

BR. Wenn wir nach Hause gingen!

CL. Gut!

BR. Dort an der Ecke seh ich Albas Wache, laß doch die Stimme der Vernunft dir zu Herzen dringen. Häl⟨t⟩st du mich für feig? Glaubst du nicht daß ich um deinetwillen sterben könnte? Hier sind wir beide toll, ich so gut wie

du. Siehst du nicht das Unmögliche? Wenn du dich
faßtest! Du bist außer dir.
CL. Außer mir! Abscheulich, Brackenburg, ihr seid außer
euch. Da ihr laut den Helden verehrtet, ihn Freund und
Schutz und Hoffnung nanntet, ihm Vivat rieft wenn er
kam, da stand ich in meinem Winkel, schob das Fenster
halb auf, verbarg mich lauschend und das Herz schlug
mir höher als euch allen. Jetzt schlägt mir's wieder höher
als euch allen! Ihr verbergt euch da es Not ist, verleugnet
ihn, und fühlt nicht daß ihr untergeht wenn er verdirbt.
BR. Komm nach Hause.
CL. Nach Hause?
BRACKENBURG Besinne dich nur! Sieh dich um! Dies sind
die Straßen die du nur sonntäglich betratst, durch die du
sittsam gefaltet nach der Kirche gingst; wo du übertrieben ehrbar zürntest wenn ich mit einem freundlichen
grüßenden Wort mich zu dir gesellte. Du stehst und
redest, handelst vor den Augen der offnen Welt besinne
dich Liebe! Zu was hilft es uns.
CL. Nach Hause. Ja ich besinne mich. Komm Brackenburg
nach Hause! Weißt du wo meine Heimat ist? *ab*

## Gefängnis

*Durch eine Lampe erhellt, ein Ruhebett im Grunde*

EGMONT Alter Freund! immer getreuer Schlaf, fliehst du
mich auch wie die übrigen Freunde? Wie willig senktest
du dich auf mein freies Haupt herunter und kühltest wie
ein schöner Myrtenkranz der Liebe meine Schläfe. Mitten unter Waffen, auf der Woge des Lebens ruht ich leicht
atmend, wie ein aufquellender Knabe in deinen Armen.
Wenn Stürme durch Zweige und Blätter sausten, sich Ast
und Wipfel knirrend bewegten blieb innerst doch der
Kern des Herzens ungeregt. Was schüttelt dich nun? was
erschüttert den festen, treuen Sinn? Ich fühls, es ist der
Klang der Mordaxt, die an meiner Wurzel nascht. Noch
steh ich aufrecht und ein innrer Schauer durchfährt mich.
Ja sie überwindet, die verrätrische Gewalt, sie untergräbt
den festen hohen Stamm, und eh die Rinde dorrt, stürzt
krachend und zerschmetternd deine Krone.

Warum denn jetzt, der du so oft gewaltge Sorgen gleich Seifenblasen dir vom Haupte weggewiesen, warum vermagst du nicht die Ahndung zu verscheuchen, die tausendfach in dir sich auf und niedertreibt? Seitwenn begegnet der Tod dir fürchterlich? mit dessen wechselnden Bildern wie mit den übrigen Gestalten der gewohnten Erde du gelassen lebtest. – Auch ist er's nicht der rasche Feind dem die gesunde Brust wetteifernd sich entgegen sehnt, der Kerker ist's, des Grabes Vorbild, dem Helden, wie dem Feigen widerlich. Unleidlich ward mir's schon auf meinem gepolsterten Stuhle wenn in statlicher Versammlung die Fürsten, was leicht zu entscheiden war, mit widerkehrenden Gesprächen überlegten und zwischen düstern Wänden eines Saals, die Balken der Decke mich erdrückten. Da eilt ich fort sobald es möglich war, und rasch aufs Pferd mit tiefem Atemzug. Und frisch hinaus da wo wir hingehören, ins Feld wo aus der Erde dampfend jede nächste Wohltat der Natur und durch die Himmel wehend alle Segen der Gestirne einhüllend uns umwittern. Wo wir dem erdgebornen Riesen gleich, von der Berührung unsrer Mutter kräftiger uns in die Höhe reißen, wo wir die Menschheit ganz und menschliche Begier in allen Adern fühlen, wo das Verlangen vorzudringen zu besiegen, zu erhaschen, seine Faust zu brauchen, zu besitzen, zu erobern durch die Seele des jungen Jägers glüht, wo der Soldat sein angeboren Recht auf alle Welt mit raschem Schritt sich anmaßt und in fürchterlicher Freiheit wie ein Hagelwetter durch Wiese, Feld und Wald verderbend streicht und keine Grenzen kennt, die Menschenhand gezogen.

Du bist nur Bild, Erinnrungstraum des Glücks das ich solang besessen, wo hat dich das Geschick verrätrisch hingeführt? Versagt es dir den nie gescheuten Tod vorm Angesicht der Sonne rasch zu gönnen um dir des Grabes Vorgeschmack im eklen Moder ⟨zu⟩ bereiten? Wie haucht er mich aus diesen Steinen widrig an. Schon starrt das Leben und fürm Ruhebette wie für dem Grabe scheut der Fuß. –

O Sorge! Sorge! die du vor der Zeit den Mord beginnst, laß ab – Seit wann ist Egmont denn allein, so ganz allein in

dieser Welt? Dich macht der Zweifel hülflos nicht das
Glück. Ist die Gerechtigkeit des Königs, der du lebenslang vertraut, ist der Regentin Freundschaft, die fast, du
darfst es dir gestehn, fast Liebe war, sind sie auf einmal
wie ein glänzend Feuerbild der Nacht verschwunden und
lassen dich allein auf dunklem Pfad zurück? Wird an der
Spitze deiner Freunde Oranien nicht wagend sinnen?
Wird nicht ein Volk sich sammeln und mit anschwellen-
der Gewalt, den alten Freund rächend erretten?
O haltet Mauern die ihr mich einschließt so vieler Geister
wohlgemeintes Drängen nicht von mir ab, und welcher
Mut aus meinen Augen sonst sich über sie belebend ergoß
der kehre nun aus ihrem Herzen in meines wieder. O ja,
sie rühren sich zu tausenden, sie kommen! stehen mir zur
Seite. Ihr frommer Wunsch eilt dringend zu dem Himmel, er bittet um ein Wunder. Und steigt zu meiner
Rettung nicht ein Engel nieder; so seh ich sie nach Lanz
und Schwertern greifen. Die Tore spalten sich, die Gitter
springen, die Mauer stürzt vor ihren Händen ein, und der
Freiheit des einbrechenden Tages steigt Egmont fröhlich
entgegen. Wie manch bekannt Gesicht empfängt mich
jauchzend. Ach Clärchen, wärst du Mann; so säh ich dich
gewiß auch hier zuerst und dankte dir, was einem Könige
zu danken hart ist, Freiheit.

### Clärchens Haus

CLÄRCHEN *kommt mit einer Lampe und einem Glas Wasser
aus der Kammer sie setzt das Glas auf den Tisch und tritt
ans Fenster* Brackenburg? Seid ihrs? Was hört ich denn?
noch niemand? Es war niemand! Ich will die Lampe ins
Fenster setzen daß er sieht ich wache noch, ich warte
noch auf ihn. Er hat mir Nachricht versprochen, Nach-
richt! entsetzliche Gewißheit! – Egmont verurteilt! –
Welch Gericht darf ihn fordern? und sie verdammen ihn!
Der König verdammt ihn? oder der Herzog? Und die
Regentin entzieht sich! Oranien zaudert und alle seine
Freunde! – – Ist dies die Welt? Von deren Wankelmut,
Unzuverlässigkeit ich viel gehört und nichts empfunden.

Ist dies die Welt? – Wer wäre bös genug den Teuren
anzufeinden? Wäre Bosheit mächtig genug den allgemein
erkannten schnell zu stürzen. Doch ist es so – es ist – O
Egmont, sicher hielt ich dich vor Gott und Menschen wie
in meinen Armen! Was war ich dir? Du hast mich dein
genannt, mein ganzes Leben widmet ich deinem Leben. –
Was bin ich nun? Vergebens streck ich nach der Schlinge
die dich faßt die Hand aus. Du hülflos und ich frei! – Hier
ist der Schlüssel zu meiner Türe. An meiner Willkür
hängt mein Gehen und mein Kommen, und dir bin ich zu
nichts! – – O bindet mich damit ich nicht verzweifle, und
werft mich in den tiefsten Kerker, daß ich das Haupt an
feuchte Mauren schlage, nach Freiheit winsle, träume wie
ich ihm helfen wollte wenn Fesseln mich nicht lähmten,
wie ich ihm helfen würde. – Nun bin ich frei! Und in der
Freiheit liegt die Angst der Ohnmacht. – Mir selbst
bewußt, nicht fähig ein Glied nach seiner Hülfe zu
rühren. Ach leider, auch der kleine Teil von deinem
Wesen, dein Clärchen ist wie du gefangen und regt
getrennt im Todeskrampfe nur die letzten Kräfte. – Ich
höre schleichen husten – Brackenburg – er ists! – Elender
guter Mann, dein Schicksal bleibt sich immer gleich, dein
Liebchen öffnet dir die nächtliche Türe, und ach zu welch
unseeliger Zusammenkunft.
*Brackenburg tritt auf*
CLÄRCHEN Du kommst so bleich und schüchtern, Brak-
kenburg, was ists?
BR. Durch Umwege und Gefahren such ich dich auf. Die
großen Straßen sind besetzt, durch Gäßchen und durch
Winkel hab ich mich zu dir gestohlen.
CLÄRCHEN Erzähl, wie ists?
BR. *indem er sich setzt* Ach Cläre laß mich weinen. Ich
liebt ihn nicht. Er war der reiche Mann und lockte des
Armen einziges Schaf zur bessern Weide herüber. Ich hab
ihn nie verflucht, Gott hat mich treu geschaffen und
weich. In Schmerzen floß mein Leben von mir nieder,
und zu verschmachten hofft ich jeden Tag.
CL. Vergiß das Brackenburg! Vergiß dich selbst! Sprich mir
von ihm! Ists wahr! Ist er verurteilt?
BR. Er ists ich weiß es ganz genau.

CL. Und lebt noch
BR. Ja, er lebt noch.
CL. Wie willst du das versichern? – Die Tyrannei ermordet in der Nacht den Herrlichen, vor allen Augen verborgen fließt sein Blut. Ängstlich im Schlafe liegt das betäubte Volk, und träumt von Rettung, träumt ihres ohnmächtigen Wunsches Erfüllung. Indes unwillig über uns sein Geist die Welt verläßt. Er ist dahin! – Täusche mich nicht! Dich nicht.
BR. Nein gewiß er lebt! – Und leider es bereitet der Spanier; dem Volke das er zertreten will ein fürchterliches Schauspiel, gewaltsam jedes Herz das nach Freiheit sich regt, auf ewig zu zerknirschen.
CL. Fahr fort, und sprich gelassen auch mein Todesurteil aus! Ich wandle den seligen Gefilden schon näher und näher, mir weht der Trost aus jenen Gegenden des Friedens schon herüber. Sag an.
BR. Ich konnt es an den Wachen merken, aus Reden die bald da bald dorten fielen, daß auf dem Markte geheimnisvoll ein Schröcknis zubereitet werde. Ich schlich durch Seitenwege, durch bekannte Gänge nach meines Vettern Haus und sah aus einem Hinterfenster nach dem Markte. – Es wehten Fackeln in einem weiten Kreise spanischer Soldaten hin und wieder. Ich schärfte mein ungewohntes Auge und aus der Nacht stieg mir ein schwarzes Gerüst entgegen, geräumig, hoch, mir grauste vor dem Anblick. Geschäftig waren viele rings umher bemüht, was noch von Holzwerk weiß und sichtbar war mit schwarzem Tuche einhüllend zu verkleiden. Die Treppen deckten sie zuletzt auch schwarz ich sah es wohl. Sie schienen die Weihe eines gräßlichen Opfers, vorbereitend zu begehn. Ein weißes Kruzifix das durch die Nacht wie Silber blinkte ward an der einen Seite hoch aufgesteckt. Ich sah, und sah die schröckliche Gewißheit immer gewisser. Noch wankten Fackeln hie und da herum, allmählig wichen sie und löschten. Auf einmal war die scheußliche Geburt der Nacht, in ihrer Mutter Schoß zurückgekehrt.
CL. Still Brackenburg! Nun still! laß diese Hülle auf meiner Seele ruhn. Verschwunden sind die Gespenster und du holde Nacht leih deinen Mantel der Erde die in sich gärt,

sie trägt nicht länger die abscheuliche Last, reißt ihre tiefe Spalten grausend auf, und knirscht das Mordgerüst hinunter. Und irgend einen Engel sendet der Gott den sie zum Zeugen ihrer Wut geschändet, vor des Boten heiliger Berührung lösen sich Riegel und Bande und er umgießt den Freund mit mildem Schimmer er führt ihn durch die Nacht zur Freiheit sanft und still. Und auch mein Weg geht heimlich in dieser Dunkelheit ihm zu begegnen.

BR. *sie aufhaltend* Mein Kind wohin was wagst du?

CL. Leise, lieber, daß niemand erwache! Daß wir uns selbst nicht wecken. Kennst du dies Fläschchen Brackenburg, ich nahm dir's scherzend als du mit übereiltem Tod, oft ungeduldig drohtest – und nun mein Freund –

BR. In aller Heilgen Namen!

CL. Du hinderst nichts. Tod ist mein Teil! und gönne mir den sanften schnellen Tod, den du dir selbst bereitetest. Gib mir deine Hand! – Im Augenblick da ich die dunkle Pforte eröffne aus der kein Rückweg ist, könnt ich mit diesem Händedruck dir sagen: wie sehr ich dich geliebt, wie sehr ich dich bejammert. Mein Bruder starb mir jung, dich wählt ich seine Stelle zu ersetzen, es widersprach dein Herz und quälte sich und mich, verlangtest heiß und immer heißer was dir nicht beschieden war. Vergib mir und leb wohl. Laß mich dich Bruder nennen! Es ist ein Name der viel Namen in sich faßt. Nimm die letzte schöne Blume der Scheidenden mit treuem Herzen ab – nimm diesen Kuß – der Tod vereinigt alles Brackenburg uns denn auch.

BR. So laß mich mit dir sterben! Teile! Teile! Es ist genug zwei Leben auszulöschen.

CL. Bleib! du sollst leben, du kannst leben. – Steh meiner Mutter bei, die ohne dich in Armut sich verzehren würde. Sei ihr was ich ihr nicht mehr sein kann, lebt zusammen, und beweint mich. Beweint das Vaterland, und den der es allein erhalten konnte. Das heutige Geschlecht wird diesen Jammer nicht los, die Wut der Rache selbst vermag ihn nicht zu tilgen. Lebt ihr Armen die Zeit noch hin, die keine Zeit mehr ist. Heut steht die Welt auf einmal still, es stockt ihr Kreislauf und mein Puls schlägt kaum noch wenige Minuten! Leb wohl!

BR. O lebe du mit uns, wie wir für dich allein! du tötest uns in dir, o leb und leide. Wir wollen unzertrennlich dir zu beiden Seiten stehn, und immer achtsam soll die Liebe den schönsten Trost in ihren lebendigen Armen dir bereiten. Sei unser! Unser! Ich darf nicht sagen mein.
CL. Leise, Brackenburg, du fühlst nicht was du rührst. Wo Hoffnung dir erscheint ist mir Verzweiflung.
BR. Teile mit den Lebendigen die Hoffnung! Verweil' am Rande des Abgrunds, schau hinab – und sieh auf uns zurück.
CL. Ich hab überwunden, ruf mich nicht wieder zum Streit.
BR. Du bist betäubt gehüllt in Nacht suchst du die Tiefe. Noch ist nicht jedes Licht verloschen, noch mancher Tag –!
CL. Weh! über dich Weh! Weh! grausam zerreißest du den Vorhang vor meinem Auge. Ja er wird grauen der Tag! Vergebens alle Nebel um sich ziehn und wider Willen grauen. Furchtsam schaut der Bürger aus seinem Fenster, die Nacht läßt einen schwarzen Flecken zurück, er schaut und fürchterlich wächst im Lichte das Mordgerüst – Neuleidend wendet das entweihte Gottesbild, sein flehend Aug zum Vater auf. Die Sonne wagt sich nicht hervor, sie will die Stunde nicht bezeichnen in der er sterben soll. Träg gehn die Zeiger ihren Weg, und eine Stunde nach der andern schlägt. Halt! Halt! nun ist es Zeit mich scheucht des Morgens Ahndung in das Grab. *sie tritt ans Fenster als sähe sie sich um und trinkt heimlich*
BR. Cläre! Cläre!
CL. *sie geht nach dem Tische und trinkt das Wasser* Hier ist der Rest! Ich locke dich nicht nach. Tu was du darfst, leb wohl. Lösche diese Lampe still und ohne Zaudern, ich geh zur Ruhe. Schleiche dich sachte weg, ziehe die Türe nach dir zu. Still! Wecke meine Mutter nicht! Geh rette dich! Rette dich! Wenn du nicht mein Mörder scheinen willst. *ab*
BR. Sie läßt mich zum letztenmale wie immer. O könnte eine Menschenseele fühlen wie sie ein liebend Herz zerreißen kann. Sie läßt mich stehn, mir selber überlassen und Tod und Leben ist mir gleich verhaßt. – Allein zu sterben! – Weint ihr Liebenden! Kein härter Schicksal ist

als meins! Sie teilt mit mir den Todestropfen und schickt mich weg! von ihrer Seite weg. Sie zieht mich nach, und stößt ins Leben mich zurück. O Egmont, welch preiswürdig Los fällt dir! Sie geht voran, der Kranz des Siegs aus ihrer Hand ist dein, sie bringt den ganzen Himmel dir entgegen! – Und soll ich folgen? wieder seitwärts stehn? Den unauslöschlichen Neid, in jene Wohnungen hinüber tragen? – Auf Erden ist kein Bleiben mehr für mich, und Höll und Himmel bieten gleiche Qual. Wie wäre der Vernichtung Schröckenshand dem Unglückseligen willkommen.

*Brackenb. geht ab, das Theater bleibt einige Zeit unverändert. Eine Musik, Clärchens Tod bezeichnend, beginnt, die Lampe, welche Br. auszulöschen vergessen flammt noch einigemale auf, dann verlischt sie. Bald verwandelt sich der Schauplatz in das*

### Gefängnis

*Egmont, liegt schlafend auf dem Ruhebette, es entsteht ein Gerassel von Schlüsseln und die Türe tut sich auf, Diener mit Fackeln treten herein, ihnen folgt Ferdinand Albas Sohn und Silva, begleitet von Gewaffneten. Egmont fährt aus dem Schlafe auf*

EGMONT Wer seid ihr? Die ihr mir unfreundlich den Schlaf von den Augen schüttelt. Was künden eure trotzigen unsichern Blicke mir an? Warum diesen fürchterlichen Aufzug? Welchen Schröckenstraum kommt ihr der halberwachten Seele vorzulügen?

SILVA Uns schickt der Herzog dir dein Urteil anzukündigen.

EGM. Bringst du den Henker auch mit es zu vollziehn?

SILVA Vernimm es; so wirst du wissen was deiner wartet.

EGM. So ziemt es euch und eurem schändlichen Beginnen! In Nacht gebrütet und in Nacht vollführt. So mag diese freche Tat der Ungerechtigkeit sich verbergen! – Tritt kühn hervor der du das Schwert verhüllt unter dem Mantel trägst, hier ist mein Haupt, das freiste, das je die Tyrannei vom Rumpf gerissen.

SILVA Du irrst! Was gerechte Richter beschließen werden sie vorm Angesicht des Tages nicht verbergen.

EGM. So übersteigt die Frechheit jeden Begriff und Gedanken.

SILVA *nimmt einem dabeistehenden das Urteil ab, entfaltets und liest* Im Namen des Königs, und Kraft besonderer, von seiner Majestät uns übertragnen Gewalt alle seine Untertanen wes Standes sie seien, zugleich die Ritter des goldnen Vlieses zu richten. Erkennen wir –

EGMONT Kann die der König übertragen?

SILVA Erkennen wir nach vorgängiger genauer gesetzlicher Untersuchung, dich Heinrichen Grafen Egmont, Prinzen von Gaure des Hochverrates schuldig, und sprechen das Urteil: daß du mit der Frühe des einbrechenden Morgens aus dem Kerker auf den Markt geführt und dort, vorm Angesicht des Volks, zur Warnung aller Verräter mit dem Schwerte vom Leben zum Tod gebracht werden sollest. Gegeben Brüssel am *Datum und Jahrzahl werden undeutlich gelesen, so daß sie der Zuhörer nicht versteht*

Ferdinand Herzog von Alba
Vorsitzer des Gerichts der Zwölfer.

Du weißt nun dein Schicksal, es bleibt dir wenige Zeit dich drein zu ergeben, dein Haus zu bestellen und von den Deinigen Abschied zu nehmen.

*Silva mit dem Gefolge geht ab es bleibt Ferdinand und zwei Fackeln. Das Theater ist mäßig erleuchtet.*

EGMONT *hat eine Weile in sich versenkt stille gestanden und Silva ohne sich umzusehen abgehn lassen. Er glaubt sich allein und da er die Augen aufhebt erblickt er Albas Sohn* Du stehst und bleibst? Willst du mein Erstaunen mein Entsetzen noch durch deine Gegenwart vermehren? Willst du noch etwa die willkommne Botschaft deinem Vater bringen daß ich unmännlich verzweifle! Geh! Sag ihm! Sag ihm daß er weder mich noch die Welt belügt. Ihm, dem Ruhmsüchtigen wird man es erst hinter den Schultern leise lispeln, dann laut und lauter sagen und wenn er einst von diesem Gipfel herabsteigt werden tausend Stimmen es ihm entgegen rufen: Nicht das Wohl

des Staats, nicht die Würde des Königs, nicht die Ruhe
der Provinzen haben ihn hierher gebracht. Um sein selbst
willen hat er Krieg geraten, daß der Krieger im Kriege
gelte, er hat diese ungeheure Verwirrung erregt damit
man seiner bedürfe. Und ich falle ein Opfer seines niedrigen Hasses, seines kleinlichen Neides. Ja ich weiß es und
ich darf es sagen, der sterbende, der tödlich verwundete
kann es sagen: mich hat der Eingebildete beneidet mich
wegzutilgen hat er lang gesonnen und gedacht.
Schon damals als wir noch jünger mit Würfeln spielten,
die Haufen Goldes, einer nach dem andern, von seiner
Seite zu mir herüber eilten; da stand er grimmig, log
Gelassenheit und innerlich verzehrt ihn die Ärgernis
mehr über mein Glück als über seinen Verlust. Noch
erinnre ich mich des funklenden Blicks, der verrätrischen
Blässe als wir an einem öffentlichen Feste vor vielen
tausend Menschen um die Wette schossen. Er forderte
mich auf und beide Nationen standen, die Spanier die
Niederländer, wetteten und wünschten. Ich überwand
ihn, seine Kugel irrte, die meine traf, ein lauter Freuden-
schrei der Meinigen durchbrach die Luft. Nun trifft mich
sein Geschoß. Sag ihm, daß ich's weiß, daß ich ihn kenne,
daß die Welt jede Siegszeichen verachtet die ein kleiner
Geist erschleichend sich aufrichtet. Und du, wenn einem
Sohne möglich ist von der Sitte des Vaters zu weichen,
übe beizeiten die Scham indem du dich für den schämst,
den du gerne von ganzem Herzen verehren möchtest.

FERDINAND Ich höre dich an ohne dich zu unterbrechen!
Deine Vorwürfe lasten wie Keulschläge auf einen Helm,
ich fühle die Erschütterung aber ich bin bewaffnet, du
triffst mich, du verwundest mich nicht, fühlbar ist mir
allein der Schmerz, der mir den Busen zerreißt. Wehe
mir! Wehe! Zu einem solchen Anblick bin ich aufgewach-
sen, Zu einem solchen Schauspiele bin ich gesendet!

EGM. Du brichst in Klagen aus? Was rührt, was bekümmert
dich? Ist es eine späte Reue? daß du der schändlichen
Verschwörung deinen Dienst geliehen. Du bist so jung
und hast ein glückliches Ansehn. Du warst so zutraulich,
so freundlich gegen mich, so lang ich dich sah war ich mit
deinem Vater versöhnt. Und eben so verstellt, verstellter

als er lockst du mich in das Netz. Du bist der Abscheuliche! Wer ihm traut mag er es auf seine Gefahr tun, wer fürchtete Gefahr dir zu vertrauen? Geh! Geh! Raube mir nicht die wenigen Augenblicke! Geh daß ich mich sammle, die Welt, und dich zuerst vergesse!

FERDINAND Was soll ich dir sagen? Ich stehe und sehe dich an, und sehe dich nicht und fühle mich nicht. Soll ich mich entschuldigen? Soll ich dich versichern daß ich erst spät, erst ganz zuletzt des Vaters Absichten erfuhr, daß ich als ein gezwungnes, ein lebloses Werkzeug seines Willens handelte. Was fruchtets welche Meinung du von mir haben magst? Du bist verloren und ich unglücklicher stehe nur da um dich s zu versichern, dich zu bejammern.

EGM. Welche sonderbare Stimme welch ein unerwarteter Trost begegnet mir auf dem Weg zum Grabe. Du, Sohn meines ersten meines fast einzigen Feindes, du bedauerst mich, du bist nicht unter meinen Mördern? Sag? Rede! Für wen soll ich dich halten?

FERD. Grausamer Vater! Ja ich erkenne dich in diesem Befehle! Du kanntest mein Herz meine Gesinnung, die du so oft als Erbteil einer zärtlichen Mutter schaltest. Mich dir gleich zu bilden, sandtest du mich hierher. Diesen Mann am Rande des jähnenden Grabes, in der Gewalt eines willkürlichen Todes zu sehen zwingst du mich, daß ich den tiefsten Schmerz empfinde, daß ich taub gegen alles Schicksal, daß ich unempfindlich werde es geschehe mir was wolle.

EGM. Ich erstaune! Fasse dich! Stehe, rede wie ein Mann.

FERD. O daß ich ein Weib wäre! Daß man mir sagen könnte: was rührt dich? was ficht dich an? Sage mir ein größeres ein ungeheureres Übel, mache mich zum Zeugen einer schröcklicheren Tat, ich will dir danken ich will sagen es war nichts.

EGM. Du verlierst dich. Wo bist du?

FERD. Laß diese Leidenschaft rasen, laß mich losgebunden klagen! Ich will nicht standhaft scheinen wenn alles in mir zusammenbricht. Dich soll ich hier sehn? – dich – es ist entsetzlich! du verstehst mich nicht! Und sollst du mich verstehen? Egmont! Egmont! *ihm um den Hals fallend*

EGM. Löse mir das Geheimnis.

FERDIN. Kein Geheimnis.
EGM. Wie bewegt dich so tief das Schicksal eines fremden Mannes?
FERDIN. Nicht fremd! Du bist mir nicht fremd. Dein Name wars der mir in meiner ersten Jugend gleich einem Stern des Himmels entgegen leuchtete. Wie oft hab ich nach dir gehorcht, gefragt! Des Kindes Hoffnung ist der Jüngling, des Jünglings der Mann. So bist du vor mir her geschritten, immer vor und ohne Neid sah ich dich vor und schritt dir nach und fort und fort. Nun hofft ich endlich dich zu sehen und sah dich und mein Herz flog dir entgegen. Dich hatt' ich mir bestimmt und wählte dich aufs neue da ich dich sah. Nun hofft ich erst mit dir zu sein, mit dir zu leben, dich zu fassen, dich – das ist nun alles weggeschnitten und ich sehe dich hier!
EGM. Mein Freund, wenn es dir wohl tun kann; so nimm die Versichrung, daß im ersten Augenblicke mein Gemüt dir entgegen kam. Und höre mich, laß uns ein ruhiges Wort untereinander wechseln. Sage mir: ist es der strenge, ernste Wille deines Vaters mich zu töten?
FERD. Er ists.
EGM. Dieses Urteil wäre nicht ein leeres Schröckbild mich zu ängstigen, durch Furcht und Drohung zu strafen, mich zu erniedrigen, und dann mit königlicher Gnade mich wieder aufzuheben?
FERD. Nein ach leider nein! Anfangs schmeichelte ich mir mit dieser ausweichenden Hoffnung, und schon da empfand ich Angst und Schmerz dich in diesem Zustande zu sehen. Nun ist es würklich, ist gewiß. Nein ich regiere mich nicht. Wer gibt mir eine Hülfe wer einen Rat dem Unvermeidlichen zu entgehen.
EGM. So höre mich! Wenn deine Seele so gewaltsam dringt mich zu retten, wenn du die Übermacht verabscheust die mich gefesselt hält; so rette mich! Die Augenblicke sind kostbar. Du bist des Allgewaltigen Sohn und selbst gewaltig. – Laß uns entfliehen! Ich kenne die Wege, die Mittel können dir nicht unbekannt sein. Nur diese Mauern, nur wenige Meilen entfernen mich von meinen Freunden, löse diese Bande, bringe mich zu ihnen und sei unser. Gewiß der König dankt dir dereinst meine Ret-

tung. Jetzt ist er überrascht und vielleicht ist ihm alles unbekannt. Dein Vater wagt und die Majestät muß das Geschehne billigen wenn sie sich auch dafür entsetzt. Du denkst? O denke mir den Weg der Freiheit aus! Sprich und nähre die Hoffnung der lebendigen Seele.

FERD. Schweig! o schweige! Du vermehrst mit jedem Worte meine Verzweiflung. Hier ist kein Ausweg kein Rat, keine Flucht. – Das quält mich, das greift und faßt mir wie mit Klauen die Brust. Ich habe selbst das Netz zusammen gezogen ich kenne die strengen festen Knoten, ich weiß wie jeder Kühnheit jeder List die Wege verrennt sind, ich fühle mich mit dir und mit allen andern gefesselt. Würde ich klagen hätte ich nicht alles versucht. Zu seinen Füßen habe ich gelegen, geredet und gebeten. Er schickte mich hier her um alles was von Lebenslust und Freude mit mir lebt in diesem Augenblicke zu zerstören.

EGM. Und keine Rettung?

FERD. Keine!

EGM. *mit dem Fuße stampfend* Keine Rettung! – – Süßes Leben! schöne freundliche Gewohnheit des Daseins und Würkens, von dir soll ich scheiden? So gelassen scheiden! Nicht im Tumulte der Schlacht, unter dem Geräusch der Waffen, in der Zerstreuung des Getümmels gibst du mir ein flüchtiges Lebewohl, du nimmst keinen eiligen Abschied, verkürzest nicht den Augenblick der Trennung. Ich soll deine Hand fassen, dir noch einmal in die Augen sehn, deine Schöne, deinen Wert recht lebhaft fühlen und dann mich entschlossen losreißen und sagen: Fahre hin.

FERD. Und ich soll darneben stehn, zusehn, dich nicht halten, nicht hindern können! O welche Stimme reichte zur Klage? Welches Herz flösse nicht aus seinen Banden für diesem Jammer.

EGM. Fasse dich!

FERD. Du kannst dich fassen, du kannst entsagen, den schweren Schritt an der Hand der Notwendigkeit Heldenmäßig gehn. Was kann ich? Was soll ich? Du über windest dich selbst und uns, du überstehst, ich überlebe dich und mich selbst. Bei der Freude des Mahls hab ich mein Licht, im Getümmel der Schlacht meine Fahne verloren. Schal, verworren, trüb scheint mir die Zukunft.

EGM. Junger Freund, den ich durch ein sonderbares Schicksal zugleich gewinne und verliere, der für mich die Todesschmerzen empfindet, für mich leidet, sieh mich in diesen Augenblicken an, du verlierst mich nicht. War dir mein Leben ein Spiegel in welchem du dich gerne betrachtetest, so sei es auch mein Tod. Die Menschen sind nicht nur zusammen, wenn sie beisammen sind, auch der Entfernte, der Abgeschiedne lebt uns. Ich lebe dir, und habe mir genug gelebt. Eines jeden Tages hab ich mich gefreut, an jedem Tage mit rascher Würkung meine Pflicht getan wie mein Gewissen mir sie zeigte. Nun endigt sich das Leben wie es sich früher früher, schon auf dem Sande von Gravelingen hätte endigen können ich höre auf zu leben, aber ich habe gelebt, so leb auch du mein Freund gern und mit Lust und scheue den Tod nicht.

FERD. Du hättest dich für uns erhalten können, sollen. Du hast dich selber getötet. Oft hört ich wenn kluge Männer über dich sprachen, feindselige, wohlwollende, sie stritten lang über deinen Wert, doch endlich vereinigten sie sich, keiner wagt' es zu leugnen jeder gestand: ja er wandelt einen gefährlichen Weg. Wie oft wünscht ich dich warnen zu können! Hattest du denn keine Freunde?

EGM. Ich war gewarnt.

FERDINAND Und wie ich Punktweis alle diese Beschuldigungen wieder in der Anklage fand und deine Antworten! Gut genug dich zu entschuldigen, nicht triftig genug dich von der Schuld zu befreien –

EGM. Dies sei Beiseite gelegt. Es glaubt der Mensch sein Leben zu leiten, sich selbst zu führen und sein Innerstes wird unwiderstehlich nach seinem Schicksale gezogen. Laß uns darüber nicht sinnen, dieser Gedanken entschlag ich mich leicht. Schwerer der Sorge für dieses Land, doch auch dafür wird gesorgt sein. Kann mein Blut für viele fließen, meinem Volk Friede bringen, so fließt es willig. Leider wirds nicht so werden. Doch es ziemt dem Menschen nicht mehr zu grüblen wo er nicht mehr würken soll. Kannst du die verderbende Gewalt deines Vaters aufhalten, lenken; so tus. Wer wird das können? – Lebwohl.

FERD. Ich kann nicht gehn.

EGM. Laß meine Leute dir aufs beste empfohlen sein! Ich habe gute Menschen zu Dienern, daß sie nicht zerstreut nicht unglücklich werden. Wie steht es um Richard meinen Schreiber.

FERD. Er ist dir vorangegangen. Sie haben ihn als Mitschuldigen des Hochverrats enthauptet.

EGM. Arme Seele. – Noch eins, und dann leb wohl, ich kann nicht mehr. Was auch den Geist gewaltsam beschäftigt fordert die Natur zuletzt unwiderstehlich ihre Rechte und wie ein Kind umwunden von der Schlange des erquickenden Schlafs genießt; so legt der Müde sich noch einmal vor der Pforte des Todes nieder und ruht tief aus, als ob er einen weiten Weg zu wandern hätte. – Noch eins – Ich kenn ein Mädchen, du wirst sie nicht verachten weil sie mein war. Nun ich sie dir empfehle sterb ich ruhig. Du bist ein edler Mann, ein Weib das den findet ist geborgen. Lebt mein alter Adolph? ist er frei.

FERD. Der muntre Greis, der euch zu Pferde immer begleitete?

EGM. Derselbe.

FERD. Er lebt, er ist frei.

EGM. Er weiß ihre Wohnung, laß dich von ihm führen und lohn ihm bis an sein Ende daß er dir den Weg zu diesem Kleinod zeigt – Leb wohl.

FERD. Ich gehe nicht.

EGM. *ihn nach der Türe drängend* Leb wohl.

FERD. O laß mich noch!

EGM. Freund keinen Abschied.

*er begleitet Ferdinanden bis an die Türe und reißt sich dort von ihm los, Ferd. betäubt entfernt sich eilend*

EGMONT *allein* Feindseliger Mann! Du glaubtest mir diese Wohltat nicht durch deinen Sohn zu erzeigen. Durch ihn bin ich der Sorgen los, und der Schmerzen, der Furcht und jedes ängstlichen Gefühls. Sanft und dringend fordert die Natur ihren letzten Zoll. Es ist vorbei, es ist beschlossen und was die letzte Nacht mich ungewiß auf meinem Lager wachend hielt, das schläfert nun mit unbezwinglicher Gewißheit meine Sinnen ein.

*er setzt sich aufs Ruhebett. Musik*

Süßer Schlaf! Du kommst wie ein reines Glück ohngebe-

ten, ohnerfleht am willigsten. Du lösest die Knoten der
strengen Gedanken, vermischest alle Bilder der Freude
und des Schmerzens, ungehindert fließt der Kreis innerer
Harmonien, und eingehüllt in gefälligen Wahnsinn, ver-
sinken wir und hören auf zu sein.

*er entschläft, die Musik begleitet seinen Schlummer, hinter
seinem Lager scheint sich die Mauer zu eröffnen, eine
glänzende Erscheinung zeigt sich. Die Freiheit in Himmlischem Gewand von einer Klarheit umflossen ruht auf einer
Wolke. Sie hat die Züge von Clärchen und neigt sich gegen
den schlafenden Helden. Sie druckt eine bedaurende Empfindung aus, sie scheint ihn zu beklagen. Bald faßt sie sich,
und mit aufmunternder Gebärde zeigt sie ihm das Bündel
Pfeile, dann den Stab mit dem Hute. Sie heißt ihn froh sein
und indem sie ihm bedeutet daß sein Tod den Provinzen die
Freiheit verschaffen werde, erkennt sie ihn als Sieger und
reicht ihm einen Lorbeerkranz. Wie sie sich mit dem Kranze
dem Haupte naht macht Egmont eine Bewegung wie eines
der sich im Schlafe rührt, dergestalt daß er mit dem Gesichte
aufwärts gegen sie zu liegen kommt. Sie hält den Kranz über
seinem Haupte schwebend man hört ganz von weiten eine
kriegrische Musik von Trommeln und Pfeifen, bei dem
leisesten Laut derselben verschwindet die Erscheinung. Der
Schall wird stärker Egmont erwacht, das Gefängnis wird
vom Morgen mäßig erhellt. Seine erste Bewegung ist nach
dem Haupte zu greifen, er steht auf und sieht sich um, indem
er die Hand auf dem Haupte behält*

Verschwunden ist der Kranz! Du schönes Bild das
Licht des Tages hat dich verscheucht! Ja sie waren's, sie
waren vereint die beiden süßten Freuden meines Herzens. Die göttliche Freiheit, von meiner Geliebten
borgte sie die Gestalt, das reizende Mädchen kleidete
sich in der Freundin himmlisches Gewand. In einem
ernsten Augenblick erscheinen sie vereinigt, ernster als
lieblich. Mit blutbefleckten Sohlen trat sie vor mir auf,
die wehenden Falten des Saumes mit Blut befleckt. Es
war mein Blut und vieler Edlen Blut. Nein es ward
nicht umsonst vergossen. Schreitet durch! Braves Volk!
Die Siegesgöttin führt dich an! Und wie das Meer
durch eure Dämme bricht; so brecht, so reißt den Wall

der Tyrannei zusammen und schwemmt ersäufend sie
von ihrem Grunde, den sie sich anmaßt hinweg.
*Trommeln näher*
Horch! Horch! Wie oft rief mich dieser Schall zum
freien Schritt nach dem Felde des Streits und des Siegs!
Wie munter traten die Gefährten auf der gefährlichen
rühmlichen Bahn. Auch ich schreite einem ehrenvollen
Tode aus diesem Kerker entgegen, ich sterbe für die
Freiheit für die ich lebte und focht, und der ich mich
jetzt leidend opfre.
*Der Hintergrund wird mit einer Reihe Spanischer Soldaten*
*besetzt welche Halparten tragen*
Ja führt sie nur zusammen! Schließt eure Reihen, ihr
schreckt mich nicht. Ich bin gewohnt vor Speeren
gegen Speere zu stehen und rings umgeben von dem
drohenden Tod das mutige Leben nur doppelt rasch zu
fühlen.
*Trommeln*
Dich schließt der Feind von allen Seiten ein! Es blinken
Schwerter, Freunde höhern Mut! im Rücken habt ihr
Eltern, Weiber, Kinder!
*auf die Wache zeigend*
und diese treibt ein hohles Wort des Herrschers nicht
ihr Gemüt. Schützt eure Güter! Und euer Liebstes zu
erretten, fallt freudig wie ich euch ein Beispiel gebe.
*Trommeln. Wie er auf die Wache los und auf die Hintertüre*
*zu geht fällt der Vorhang, die Musik fällt ein und schließt*
*mit einer Siegessymphonie das Stück*

# ERWIN UND ELMIRE

*Ein Singspiel*

⟨Zweite Fassung⟩

*Personen*

ERWIN
ELMIRE
ROSA
VALERIO

## Erster Aufzug

*Ein Garten, mit einer Aussicht auf Land-
und Lusthäuser.*

### Erster Auftritt

*Rosa und Valerio
kommen mit einander singend aus der Ferne.*

ROSA Wie schön und wie herrlich, nun sicher einmal
Im Herzen des Liebsten regieren!
VALERIO
Wie schön und wie fröhlich, durch Feld und durch Tal
Sein Liebchen am Arme zu führen!
ROSA Man siehet mit Freude die Wolken nun ziehn, 5
Die Bäche mit Ruhe nun fließen!
VALERIO Die Bäume nun grünen, die Blumen nun blühn,
Kann alles gedoppelt genießen!
BEIDE Die Tage der Jugend sie glänzen und blühn;
O laß uns der Jugend genießen! 10
ROSA Ich drücke meine Freude dir, Geliebter,
Mit keinen holden, süßen Worten aus.

Ja, du bist mein! Ja, ich erkenne nun
Dein treues, einzig-treues Herz! Verzeih',
15 Wenn ich mit Eifersucht dich jemals quälte.
Daß du mir wert bist, zeigt dir meine Sorge.
VALERIO Ja, ich bin dein, und nichts soll mich von dir,
So lang' mein Atem wechselt, je entfernen.
Vergib, wenn ich aus angeborner Neigung,
20 Mit einem jeden gut und froh zu sein,
Mich dir verdächtig machte. Sieh mir nach;
Denn du allein besitzest dieses Herz.
ROSA So sei es! Deine Hand! Vergiß, und ich
Will auch vergessen.
VALERIO            O bekämpfe ja
25 Das Übel, das in deinen Busen sich
Auch wider deinen eignen Willen schleicht.
Jung sind wir, glücklich, und die nahe Hoffnung,
Auf immer uns verbunden bald zu freuen,
Macht diese Gegend einem Paradiese
30 Mit allen seinen Seligkeiten gleich.
Gewiß, gewiß! Ich fühl' es ganz; und schweben
Wohltät'ge Geister um uns her, die uns
Dies Glück bereitet, so erfreuen sie
Sich ihres Werkes. Laß uns ungekränkt
35 Vor ihren Augen der gegönnten Lust
Mit stets entzückter Dankbarkeit genießen.

    Ein Schauspiel für Götter,
    Zwei Liebende zu sehn!
    Das schönste Frühlingswetter
40     Ist nicht so warm, so schön.

    Wie sie stehn! nach einander sehn!
    In vollen Blicken
    Ihre ganze Seele strebt!
    In schwebendem Entzücken
45     Zieht sich Hand nach Hand,
    Und ein schaudervolles Drücken
    Knüpft ein dauernd Seelenband.

*Valerio, der die Pantomime zu dieser Arie gegen seine
Geliebte ausgedrückt hat, faßt sie zuletzt in den Arm, und
sie umschließt ihn mit dem ihrigen.*

>  Wie um uns ein Frühlingswetter
>  Aus der vollen Seele quillt!
>  Das ist euer Bild, ihr Götter! 50
>  Götter, das ist euer Bild.
>  *Zu zwei.*
>  Das ist euer Bild, ihr Götter!
>  Sehet, Götter, euer Bild!

*Sie gehen nach dem Grunde des Theaters, als wenn sie
abtreten wollten, und machen eine Pause. Dann scheinen sie
sich zu besinnen, und kommen, gleichsam spazierengehend,
wieder hervor.*

ROSA Doch laß uns auch an unsre Freundin denken.
 Ich sehe sie am Fenster nicht, auch nicht 55
 Auf der Terrasse. Bleibt die Arme wohl
 An diesem schönen Tage still bei sich
 Verschlossen? oder wandelt sie im Walde
 Gedankenvoll, betrübt, allein?
VALERIO       Sie ist
 Wohl zu beklagen. Seit der gute Jüngling, 60
 Der sie so sehr geliebt, und dem sie selbst
 Sich heimlich widmete,
 Durch Kälte, scheinende Verachtung viel
 Gequält, zuletzt es nicht mehr trug und fort
 In alle Welt, Gott weiß wohin, entfloh; 65
 Seitdem verfolgt und foltert der Gedanke
 Ihr Innerstes, welch eine Seele sie
 Gequält, und welche Liebe sie verscherzt.
ROSA Sie kommt. O laß uns mit ihr gehen! sie
 Mit fröhlichen Gesprächen unterhalten. 70
 Es ziemt uns wohl, da wir so glücklich sind,
 Den Schmerzen andrer lindernd beizustehn.

## Zweiter Auftritt

*Elmire. Die Vorigen.*

ROSA *und* VALERIO *ihr entgegen gehend, zu zwei.*
    Liebes Kind, du siehst uns wieder!
    Komm, begleite diese Lieder!
    Diesen Tag, so schön, so schön,
    Laß im Garten uns begehn.

ELMIRE
    Liebe Freunde, kommt ihr wieder?
    Ach mich hält der Kummer nieder.
    Sei der Tag auch noch so schön,
    Kann ihn nicht mit euch begehn.

ROSA und VALERIO
    Und das Verlangen,
    Und das Erwarten:
    »Blühten die Blumen!
    Grünte mein Garten!«
    Kaum erst erfüllt
    Ist schon gestillt?

ELMIRE
    Und das Verlangen
    Und das Erwarten:
    »Säh' ich den Liebsten
    Wieder im Garten!«
    Ist nicht erfüllt,
    Wird nicht gestillt.

ROSA und VALERIO
    Soll umsonst die Sonne scheinen?

ELMIRE
    Laßt, o Liebe, laßt mich weinen!

ROSA und VALERIO
    Sieh', die Blumen blühen all!
    Hör', es schlägt die Nachtigall!

ELMIRE
    Leider, sie verblühen all!
    Traurig schlägt die Nachtigall!
       *Zu drei.*
    Töne, töne, Nachtigall!

ELMIRE         Meiner Klagen  } Wiederhall.
ROSA u. VALERIO Neuer Freuden }
ROSA O süße Freundin! Will denn keine Lust
  Mit diesem Frühlingstage dich besuchen?
VALERIO Ist dieser Schmerz so eingewohnt zu Haus,
  Daß er auf keine Stunde sich entfernet?
ELMIRE Ach leider, ach! bestürmen dieses Herz
  Der Liebe Schmerzen, das Gefühl der Reue,
  Verlaßt mich, meine Freunde; denn was hilft's?
  Die liebe Gegenwart, die tröstliche,
  Bringt keine Freude, keinen Trost zu mir.
  Bin ich allein; so darf ich wiederholen,
  Ins tausendfache wiederholen, was
  Euch nur verdrießlich oft zu hören wäre.
VALERIO Im Busen eines Freundes wiederhallend
  Verliert sich nach und nach des Schmerzens Ton.
ELMIRE Ich lausche gern dem schmerzlichen Gesang,
  Der wie ein Geisterlied das Ohr umschwebt.
ROSA Die Freuden andrer locken nach und nach
  Uns aus uns selbst zu neuen Freuden hin.
ELMIRE Wenn andre sich ihr Glück verdienen, hab'
  Ich meine Schmerzen mir gar wohl verdient.
  Nein, nein! Verlaßt mich, daß im stillen Hain
  Mir die Gestalt begegne, die Gestalt
  Des Jünglings, den ich mir so gern entgegen
  Mit seiner stillen Miene kommen sah.
  Er blickt mich traurig an, er naht sich nicht,
  Er bleibt von fern an einem Seitenwege
  Wie unentschlossen stehn. So kam er sonst,
  Und drang sich nicht wie jeder andre mir
  Mit ungestümen Wesen auf. Ich sah
  Gar oft nach ihm, wenn ich nach einem andern
  Zu sehen schien; er merkt' es nicht, er sollt'
  Es auch nicht merken. Scheltet mich, und scheltet
  Mich nicht. Ein tief Gefühl der Jugendfreuden,
  Der Jugendfreiheit, die wir nur zu bald
  Verscherzen, um die lange, lange Wandrung
  Auf gutes Glück, mit einem Unbekannten
  Verbunden, anzutreten; dies Gefühl
  Hielt mich zurück, zu sagen wie ich liebte.

140 Und doch auch so! Ich hätte können zärter
Mit dieser guten Seele handeln. Nur
Zu nah liegt eine freche Kälte neben
Der heißesten Empfindung unsrer Brust.
ROSA Wenn du es willst; so gehn wir nach den Buchen,
145 Wo heute die Gesellschaft sich versammelt.
ELMIRE Ich halt' euch nicht, gewiß nicht ab. Ihr geht,
Ich bleibe hier, ich mag mich nicht zerstreuen.
VALERIO So werden wir gewiß dich nicht allein
Mit deinem Kummer im Gespräche lassen.
150 ELMIRE Wenn ihr mich liebt und mit mir bleiben wollt;
So schmeichelt meiner Trauer, stört sie nicht.
ROSA Beliebt es dir zu singen? VALERIO    Wenn du magst – ?
ELMIRE
Recht gern! Ich bitte lass't uns jenes Lied
Zusammen singen, das Erwin so oft
155 Des Abends sang, wenn unter meinem Fenster
Er seine Zither rührte, hoch und höher
Die Nacht sich über seinen Klagen wölbte.
ROSA Verzeih!
VALERIO   Es gibt so viele, viele Lieder!
ELMIRE Das eine wünsch' ich, ihr versagt mir's nicht.
ROSA
160   Ein Veilchen auf der Wiese stand
  Gebückt in sich und unbekannt,
  Es war ein herzigs Veilchen.
VALERIO
  Da kam eine junge Schäferin
  Mit leichtem Schritt und munterm Sinn
165   Daher! daher!
  Die Wiese her und sang.
ELMIRE
  Ach, denkt das Veilchen, wär' ich nur
  Die schönste Blume der Natur,
  Ach nur ein kleines Weilchen;
170   Bis mich das Liebchen abgepflückt
  Und an dem Busen matt gedrückt!
  Ach nur! Ach nur
  Ein Viertelstündchen lang!

ROSA
>    Ach aber ach! das Mädchen kam
>    Und nicht in Acht das Veilchen nahm,
>    Ertrat das arme Veilchen.

VALERIO
>    Und sank und starb und freut' sich noch:
>    »Und sterb' ich denn, so sterb' ich doch
>    Durch sie, durch sie,
>    Zu ihren Füßen doch!«
>
>    *Zu drei.*
>    »Und sterb' ich denn; so sterb' ich doch
>    Durch sie, durch sie,
>    Zu ihren Füßen doch!«

ELMIRE Und dieses Mädchen, das auf seinem Wege
>    Unwissend eine Blume niedertritt,
>    Sie hat nicht Schuld; ich aber, ich bin schuldig.
>    Oft hab' ich ihn, ich muß es doch gestehn,
>    Oft hab' ich ihn gereizt, sein Lied gelobt,
>    Ihn wiederholen lassen, was er mir
>    Ins Herz zu singen wünschte; dann auch wohl
>    Ein andermal getan, als wenn ich ihn
>    Nicht hörte. Mehr noch, mehr hab' ich verbrochen.

VALERIO Du klagst dich streng', geliebte Freundin, an.
ELMIRE Weit strenger klagt mich an des Treuen Flucht.
ROSA Die Liebe bringt ihn dir vielleicht zurück.
ELMIRE Sie hat vielleicht ihn anderwärts entschädigt.
>    Ich bin nicht bös geboren; doch erst jetzt
>    Erstaun' ich, wie ich lieblos ihn gemartert.
>    Man schonet einen Freund, ja man ist höflich
>    Und sorgsam, keinen Fremden zu beleid'gen;
>    Doch den Geliebten, der sich einzig mir
>    Auf ewig gab, den schont' ich nicht, und konnte
>    Mit schadenfroher Kälte den betrüben.

VALERIO Ich kenne dich in deiner Schildrung nicht.
ELMIRE Und eben da lernt' ich mich selbst erst kennen.
>    Was war es anders, als er einst zwei Pfirschen
>    Von einem selbstgepfropften Bäumchen frisch
>    Gebrochen brachte, da wir eben spielten.
>    Die stille Freude seiner Augen, nun
>    Dies erste Paar der lang' erwarteten,

Gepflegten Frucht, gleich einer Gottheit mir
Zu überreichen, sah ich nicht; ich sah
Sie damals nicht, – doch hab' ich sie gesehn;
Wie könnt' ich sonst des Ausdrucks mich erinnern?
Ich dankt' ihm leicht und nahm sie an, und gleich
Bot ich sie der Gesellschaft freundlich hin,
Er trat zurück, erblaßte; seinem Herzen
War es ein Todesstoß. Es sind die Pfirschen,
Die Früchte sind es nicht. Ach, daß mein Herz
So stolz und kalt und übermütig war!
VALERIO Wenn es auch edel ist, sich seiner Fehler
Erinnern, sie erkennen, und sich selbst
Verbessern; o so kann es keine Tugend,
Nicht lobenswürdig sein, mit der Erinn'rung
Die Kraft des Herzens tief zu untergraben.
ELMIRE Befreie mich von allen diesen Bildern,
Vom Bilde jeder Blume, die er mir
Aus seinem Garten brachte, von dem Blick
Mit dem er noch mich ansah, als er schon
Beschlossen hatte, sich von mir zu reißen.

>Erwin! o schau, du wirst gerochen;
>Kein Gott erhöret meine Not.
>Mein Stolz hat ihm das Herz gebrochen,
>O Liebe! gib mir den Tod.

>So jung, so sittsam zum Entzücken!
>Die Wangen, welches frische Blut!
>Und ach! in seinen nassen Blicken,
>Ihr Götter, welche Liebesglut!

>Erwin! o schau, du wirst gerochen;
>Kein Gott erhöret meine Not.
>Mein Stolz hat ihm das Herz gebrochen,
>O Liebe! gib mir den Tod.

*Rosa und Valerio bemühen sich während dieses Gesanges sie zu trösten, besonders Valerio. Gegen das Ende der Arie wird Rosa still, tritt an die Seite, sieht sich manchmal nach den beiden unruhig und verdrießlich um.*

ROSA *für sich*
Ich komme hier mir überflüssig vor;
Der Freund scheint auf die Freundin mehr zu wirken,
Als eine Freundin. Gut, ich kann ja wohl 245
Allein durch diese Gänge wandeln, finde
Auch einen Freund, die Zeit mir zu verkürzen.
*Sie geht ab, sich noch einigemal umsehend. Elmire und*
*Valerio, welche mit einander fortsprechen, bemerken nicht,*
*daß sie sich entfernt.*
VALERIO Ich lasse dich nicht mehr, und leide nicht,
Daß diese Schmerzen ewig wiederkehren.
Es *fehlt* der Mensch; und darum hat er Freunde. 250
Es haben gute, weise Menschen sich
Dazu gebildet, daß sie den Gefallnen
Mit leichter Hand erheben, Irrende
Dem rechten Wege leitend näher bringen.
Ich habe selbst auch viele Schmerzenszeiten 255
Erleben müssen, wer erlebt sie nicht?
Die angeborne Heftigkeit und Hast,
Die ich nun eher bändigend beherrsche,
Ergriff mich oft, und trieb mich ab vom Ziel.
Da führte mich zu einem alten, edeln 260
Und klugen Manne mein Geschick. Er hörte
Mich liebreich an; und die verworrnen Knoten
Des wild verknüpften Sinnes lös't' er leicht
Und bald, mit wohlerfahrner treuer Hand.
Ja, lebt er noch, denn lange hab' ich ihn 265
Nicht mehr gesehn, so sollst du zu ihm hin,
Ich führe dich, und Rosa geht mit uns.
ELMIRE Wo ist sie hin?
VALERIO          Ich sehe sie dort unten
Im Schatten gehn.
ELMIRE            Wo wohnt der teure Mann?
VALERIO Nicht allzu weit von hier, in dem Gebirge. 270
Du weißt, wir gingen neulich durch den Wald,
Und an dem Berge weg, bis zu dem Orte,
Wo eine Felsenwand am Flusse still
Uns stehen hieß. Der kleine Steg, der sonst
Hinüberführt, war von dem Strom vor kurzem 275
Hinweg gerissen; doch wir finden ihn

Jetzt wieder hergestellt. Dies ist der Weg,
Wir folgen einem Pfade durchs Gebüsch;
Und auf der Wiese kennen wir gar leicht
280 Den Fußsteg linker Hand, und dieser führt
Uns stets am Flusse hin, um Wald und Fels,
Durch Busch und Tal; man kann nicht weiter irren.
Zuletzt wirst du die Hütte meines Freundes
Auf einem Felsen sehn; es wird dir wohl
285 Auf diesem Wege werden, wohler noch,
Wenn du dies Heiligtum erreichst.
ELMIRE O bring' mich hin! Der Tag ist lang, ich sehne
Mich nach dem stillen Gange, nach den Worten
Des guten Greises, dem ich meine Schuld
290 Und meine Not gar gern bekennen werde.
VALERIO Und trügt mich nicht, was ich an ihm bemerkt;
So weiß er mehr, als andre Menschen wissen.
Sein ungetrübtes freies Auge schaut
Die Ferne klar, die uns im Nebel liegt.
295 Die Melodie des Schicksals, die um uns
In tausend Kreisen klingend sich bewegt,
Vernimmt sein Ohr; und wir erhaschen kaum
Nur abgebrochne Töne hier und da.
Betrüg' ich mich nicht sehr, so wird der Mann
300 Dir mit dem Trost zugleich auch Hülfe reichen.
ELMIRE O laß uns fort! Wie oft sind wir um nichts
Berg-auf, Berg-ab gestiegen, sind gegangen
Nur um zu gehen. Laß uns dieses Ziel,
So bald als möglich ist, erreichen. Rosa! Wo
305 Ist unsre Freundin?
VALERIO            Gleich! Ich hole sie.
Auch wünsch' ich sehr, daß sie ihn einmal sehe,
Aus seinem Mund ein heilsam Wort vernehme.
Sie bleibt mir ewig wert; doch fürcht' ich stets,
Sie macht mich elend: denn die Eifersucht
310 Nagt ihre Brust wie eine Krankheit, die
Wir nicht vermögen auszutreiben, nicht
Ihr zu entfliehen. Oft, wenn sie die Freuden,
Die reinsten mir vergällt, verzweifl' ich fast,
Und der Entschluß sie zu verlassen, steigt
315 Wie ein Gespenst in meinem Busen auf.

ELMIRE Geschwind, geschwind, daß uns der weise Mann
Zusammen rate, Trost und Hülfe gebe,
Wenn ihm die Kraft vom Himmel zugeteilt ist.
*Indem sie dringend Valerios Hände nimmt.*
        Ich muß, ich muß ihn sehen,
        Den göttergleichen Mann. 320
VALERIO *der ihre Hände festhält und ihre Freundlichkeit erwiedert.*
        Ich will mit Freude sehen,
        Wie schön er trösten kann.
ROSA *die ungesehen herbeikommt und sie beobachtet, für sich.*   Was muß, was muß ich sehen!
        Du böser, falscher Mann!
ELMIRE *wie oben*
        Der Trost aus seinem Munde 325
        Wird Nahrung meinem Schmerz.
VALERIO *wie oben*
        Er heilet deine Wunde,
        Beseliget dein Herz.
ROSA *wie oben*
        O welche tiefe Wunde!
        Es bricht, es bricht mein Herz! 330
ELMIRE *wird sie gewahr*
Komm mit, Geliebte! Laß uns eilend gehen
Und unsre Sonnenhüte nehmen. Du
Bist doch zufrieden, daß wir neue Wege,
Geleitet von Valerio, betreten?
ROSA Ich dächte fast, ihr gingt allein, vermiedet 335
Der Freundin unbequeme Gegenwart.
ELMIRE Wie, Rosa? Mich?
VALERIO         Mein Kind, bedenke doch,
Mit wem du redest, was du mir so heilig
Vor wenig Augenblicken noch versprachst.
ROSA Bedenk' es selbst, Verräter! Nein, ich habe 340
Mit diesen meinen Augen nichts gesehn.
VALERIO Das ist zu viel, zu viel! Du siehst mich hier
Mit warmem Herzen einer edeln Freundin
In trüber Stunde beizustehn bemüht.
Ist dies Verrat?
ROSA         Und sie scheint sehr getröstet. 345

ELMIRE Kann deine Leidenschaft mich auch verkennen?
VALERIO Beleid'ge, Rosa, nicht das schöne Herz.
  Geh' in dich selbst, und höre was dein Freund,
  Was dein Geliebter sagt, und was dir schon
350 Dein eigen Herz statt meiner sagen sollte.
ROSA *weinend und schluchzend, indem Valerio sich um sie bemüht*
      Nein, nein, ich glaube nicht,
      Nein, nicht den Worten.
      Worte, ja Worte habt ihr genug.
      Liebe und lieble dorten nur, dorten!
355   Alles erlogen, alles ist Trug.
*Sie wendet sich von ihm ab; und da sie sich auf die andere Seite kehrt, kommt ihr Elmire entgegen, sie zu besänftigen.*
      Freundin, du Falsche,
      Solltest dich schämen!
      Laßt mich! Ich will nicht,
      Will nichts vernehmen.
360   Doppelte Falschheit,
      Doppelter Trug.
VALERIO So ist es denn nicht möglich, daß du dich
  Bemeistern kannst? Doch ach, was red' ich viel!
  Wenn dieser falsche Ton in einem Herzen
365 Nun einmal klingt, und immer wieder klingt;
  Wo ist der Künstler, der es stimmen könnte?
  In diesem Augenblick verwundest du
  Mich viel zu tief, als daß es heilen sollte.
  Wie? diese redliche Bemühung eines Freundes,
370 Der Freundin beizustehen, die Erfüllung
  Der schönsten Pflicht, du wagst sie mißzudeuten?
  Was ist mein Leben, wenn ich andern nicht
  Mehr nutzen soll? Und welches Wirken ist
  Wohl besser angewandt, als einen Geist,
375 Der, leidenschaftlich sich bewegend, gern
  Sein eignes Haus zerstörte, zu besänft'gen?
  Nein! Nein, ich folge jenem Trieb', der mir
  Schon lang' den Weg zur Flucht gezeigt, schon lange
  Mich deiner Tyrannei auf ewig zu
380 Entziehen hieß. Leb' wohl. Es ist geschehn!
  Zerschlagen ist die Urne, die so lang'

>            Der Liebe Freuden und der Liebe Schmerzen
>            In ihrem Busen willig faßte; rasch
>            Entstürzet das Gefühl sich der Verwahrung,
>            Und fließt, am Boden rieselnd und verbreitet, 385
>            Zu deinen Füßen nun versiegend hin.
>
>                        Höret alle mich, ihr Götter,
>                        Die ihr auf Verliebte schauet:
>                        Dieses Glück, so schön gebauet,
>                        Reiß' ich voll Verzweiflung ein. 390
>
>                        Ach, ich hab' in deinen Armen,
>                        Mehr gelitten als genossen!
>                        Nun es sei! Es ist beschlossen!
>                        Ende, Glück, und ende Pein! *ab.*

ELMIRE
>            Hörst du, er hat geschworen; 395
>            Ich fürcht', er macht es wahr.

ROSA
>            Sie sind nicht alle Toren,
>            Wie dein Geliebter war.

ELMIRE
>            Gewiß, er muß dich hassen;
>            Kannst du so grausam sein? 400

ROSA
>            Und kann er mich verlassen,
>            So war er niemals mein.

*Es kommt ein Knabe, der ein versiegeltes Blättchen an Rosa bringt.*

ELMIRE    Welch ein Blättchen bringt der Knabe?
>            Knabe, sage mir, wer gab dir's?
>            Doch er schweigt und eilet fort. 405

ROSA *Elmiren das Blatt gebend*
>            Ach, an mich ist's überschrieben!
>            Liebe Freundin, lies, o lies es,
>            Und verschweige mir kein Wort.

ELMIRE *liest*
>            »Ich flieh', ich fliehe,
>            Dich zu vermeiden, 410
>            Und mit den Schmerzen

Und mit den Freuden
Nicht mehr zu kämpfen.
Siehst mich nicht wieder;
Schon bin ich fort!«

ROSA *auf das Blatt sehend*

O weh' o wehe!
Was muß ich hören!
Was muß ich leiden!
Aus meinem Herzen
Entfliehn die Freuden;
Es flieht das Leben
Mit ihnen fort.

ELMIRE

Komm, ermanne dich, Geliebte!
Noch ist alles nicht verloren,
Nein, du wirst ihn wiedersehn.

ROSA

Laß, o laß die tief Betrübte;
Nein, er hat, er hat geschworen,
Ach, es ist um mich geschehn.

ELMIRE

Ich weiß ein Plätzchen
Und eine Wohnung;
Ich wett', er eilet,
Ich wett', er fliehet
An diesen Ort.

ROSA

O was versprech' ich
Dir für Belohnung!
O eil' o eile!
Er flieht, er fliehet
Wohl weiter fort.

ELMIRE

Bin bereit mit dir zu eilen;
Dort, den eignen Schmerz zu heilen,
Find' ich einen heilgen Mann.

ROSA

O Geliebte, laß uns eilen,
Diese Schmerzen bald zu heilen,
Die ich nicht ertragen kann.

ELMIRE
>Zwei Mädchen suchen 445
>Mit Angst und Sorgen,
>Die Vielgeliebten
>Zurück zu finden;
>Es fühlet jede
>Was sie verlor. 450

ROSA
>O laß die Buchen
>Am stillen Morgen,
>O laß die Eichen
>Den Weg uns zeigen!
>Es finde jede 455
>Den sie erkor.

BEIDE
>Und zwischen Felsen
>Und zwischen Sträuchen,
>O trag', o Liebe,
>Die Fackel vor! 460


## Zweiter Aufzug

*Waldig-buschige Einöde, zwischen Felsen eine
Hütte mit einem Garten dabei.*


### Erster Auftritt

ERWIN
>Ihr verblühet, süße Rosen,
>Meine Liebe trug euch nicht;
>Blühtet, ach, dem Hoffnungslosen,
>Dem der Gram die Seele bricht!
>
>Jener Tage denk' ich trauernd, 465
>Als ich, Engel, an dir hing,
>Auf das erste Knöspchen lauernd
>Früh zu meinem Garten ging,

Alle Blüten, alle Früchte
Noch zu deinen Füßen trug,
Und vor deinem Angesichte
Hoffnung in dem Herzen schlug.

Ihr verblühet, süße Rosen,
Meine Liebe trug euch nicht;
Blühet, ach, dem Hoffnungslosen,
Dem der Gram die Seele bricht!

So ist es denn vergebens, jenes Bild
Aus meiner Stirne wegzutilgen. Hell
Bleibt die Gestalt und glänzend vor mir stehn.
Je tiefer sich die Sonne hinter Wolken
Und Nebel bergen mag, je trüber sich
Der Schmerz um meine Seele legt; nur heller
Und heller glänzt im Innersten dies Bild,
Dies Angesicht hervor, ich seh', ich seh's! –
Sie wandelt vor mir hin, und blickt nicht her.
O welch ein Wuchs! o welch ein stiller Gang!
Sie tritt so gut und so bescheiden auf,
Als sorgte sie zu zeigen: »Seht ich bin's.«
Und doch geht sie so leis' und leicht dahin,
Als wüßte sie von ihrer eignen Schönheit
So wenig, als der Stern der uns erquickt.
Aber bald wächst das Gefühl in meinem Busen;
Diese stille Betrachtung, heftiger, heftiger
Wendet sie Schmerzen tief in der Brust.
Unwiderstehlich faßt mich das Verlangen
Zu ihr! zu ihr! und diese Gegenwart
Des schönen Bilds vor meiner Seele flieht
Nur mehr und mehr, je mehr ich nach ihm greife.
    *Gegen Hütte und Garten gekehrt.*
O teurer Mann, den ich in dieser Öde,
So still und glücklich fand, der manche Stunde
Mir Frieden in das Herz gesprochen, der
Zu früh nach jenen seligen Gefilden
Hinüber wandelte. Von deinem Grabe,
Das ich mit Blumen kränzte, sprich zu mir;
Und kannst du mich nicht retten, zieh mich nach.

Welch ein Lispeln, welch ein Schauer
Weht vom Grabe des Geliebten!
Ja, es wehet dem Betrübten
Sanften Frieden in das Herz.
*Gegen die andre Seite gekehrt.*
Schweige, zarte liebe Stimme! 510
Mit den sanften Zaubertönen
Lockst du mich, vermehrst das Sehnen,
Marterst mit vergebnem Schmerz.
*Wie oben.*
Welch ein Lispeln, welch ein Schauer
Weht vom Grabe des Geliebten! 515
Ja, es wehet dem Betrübten
Sanften Frieden in das Herz.


Wer kommt am Flusse her, und steigt behende
Den Fels herauf? Erkenn' ich diesen Mann,
So ist's Valerio. Welch ein Geschick 520
Führt ihn auf diese Spur? Ich eile schnell
Mich zu verbergen. – Was beschließ' ich? Was
Ist hier zu tun? – Geschwind' in deine Hütte!
Dort kannst du horchen, überlegen dort.


## Zweiter Auftritt

VALERIO *eine blonde Haarlocke in der Hand tragend*
Nein, es ist nicht genug die Welt zu fliehn! 525
Die schönen Locken hab' ich gleich entschlossen
Vom Haupte mir geschnitten, und es ist
An keine Wiederkehr zu denken. Hier
Weih' ich der Einsamkeit den ganzen Rest
Von meinem Leben. Felsen und Gebüsch, 530
Du hoher Wald, du Wasserfall im Tal,
Vernehmet mein Gelübde, nehmt es an!

Hier! Es ist mein fester Wille,
Euch, ihr Nymphen dieser Stille,
Weih' ich dieses schöne Haar! 535

Alle Locken, alle Haare,
Zierden meiner jungen Jahre,
Bring' ich euch zum Opfer dar.

*Er legt die Locke auf den Felsen.*

DRITTER AUFTRITT

*Valerio. Erwin.*

VALERIO *ohne Erwin zu sehen*
Mein Herz ist nun von aller Welt entfernt,
Ich darf mich wohl dem heilgen Manne zeigen.
ERWIN *in der Tür der Hütte*
Vergebens will ich fliehn; sie zieht mich an,
Die Stimme, die mich sonst so oft getröstet.
VALERIO Er kommt! O Heiliger, vergib, du siehst –
*Er erstaunt und tritt zurück.*
ERWIN
Vergib, mein Freund, du siehst nur seinen Schüler.
VALERIO Ist's möglich? welche Stimme! welches Bild!
ERWIN Hat ihn der Gram nicht ganz und gar entstellt?
VALERIO
Er ist's! er ist's! mein Freund! Erwin mein Freund!
ERWIN Der Schatten deines Freundes ruft dich an.
VALERIO O komm an meine Brust, und laß mich endlich
Des süßten Traumes noch mich wachend freuen.
ERWIN Du bringst mir eine Freude, die ich nie
Mehr hoffen konnte; ja nicht hoffen wollte.
Mein treuer, bester Freund, ich schließe dich
Mit Lust an meinen Busen, fühle jetzt,
Daß ich noch lebe. Irrend schlich Erwin,
Verbannten Schatten gleich, um diese Felsen:
Allein er lebt! Er lebt! – O teurer Mann,
Ich lebe nur um wieder neu zu bangen.
VALERIO O sage mir! O sage viel, und sprich:
Wo ist der Mann, der Edle, der dies Haus
So lang' bewohnte?
ERWIN                    Diese kleine Hütte,

Sein Körper und sein Kleid sind hier geblieben;
Er ist gegangen! – Dorthin! wohin ich ihm
Zu folgen noch nicht wert war. Siehst du, hier,
Bedeckt mit Rosen, blüht des Frommen Grab. 565
VALERIO Ich wein' ihm keine Träne: denn die Freude,
Dich hier zu finden, hat mir das Gefühl
Von Schmerz und Tod aus meiner Brust gehoben.
ERWIN Ich selbst erkenne mich für schuldig; oft
Weint' ich an seinem Grabe Tränen, die 570
Den edeln Mann nicht galten. Freund, o Freund!
VALERIO Was hab' ich dir zu sagen!
ERWIN                              Rede nicht! –
Warum bist du gekommen? sag' mir an!
VALERIO Die Eifersucht der Liebsten trieb mich fort.
Es konnte diese Qual mein treues Herz 575
Nicht länger tragen.
ERWIN                 So verscheuchte dich
Ein allzu großes Glück von ihrer Seite.
Ach wehe! weh! – Wie bringt die Gegenwart
Des alten Freundes, diese liebe Stimme,
Der Blick, der tröstend mir entgegen kam, 580
Wenn sich mein Herz verzweifelnd spalten wollte,
Wie bringst du, teurer Mann, mir eine Welt
Von Bildern, von Gefühlen in die Wüste! –
Wo bist du hin auf einmal, süßer Friede,
Der dieses Haus und dieses Grab umschwebte? 585
Auf einmal faßt mich die Erinnrung an,
Gewaltig an; ich widerstehe nicht
Dem Schmerz, der mich ergreift und mich zerreißt.
VALERIO
Geliebter Freund, vernimm in wenig Worten
Mehr Trost und Glück, als du dir hoffen darfst. 590
ERWIN
Die Hoffnung hat mich lang genug getäuscht;
Wenn du mich liebst, so schweig' und laß mich los.

    Rede nicht! Ich darf nicht fragen.
    Schweig' o schweig'! Ich will nichts wissen.
    Ach was werd' ich hören müssen! 595
    Ja, sie lebt, und nicht für mich!

>               Doch, was hast du mir zu sagen?
>               Sprich! ich will, ich will es hören.
>               Soll ich ewig mich verzehren?
> 600           Schlage zu und töte mich!

VALERIO *der zuletzt, anstatt Erwinen zuzuhören und auf*
  *seine Leidenschaft zu merken, mit Staunen nach der*
  *Seite hingesehen, wo er hereingekommen*
  Ich schweige, wenn du mich nicht hören willst.
ERWIN Wo blickst du hin? Was siehst du in dem Tale?
VALERIO Zwei Mädchen seh' ich, die den steilen Pfad
  Mit Mühe klimmen. Ich betrachte schon
605 Sie mit Erstaunen eine Weile. Sanft
  Regt sich der Wunsch im Busen: »Möchte doch
  Auf diesen Pfaden die Geliebte wandeln!«
  Mein unbefestigt Herz wird mehr und mehr
  Durch deine Gegenwart, o Freund, erschüttert.
610 Ich finde dich statt jenes edeln Weisen;
  Ich weiß die Freude, die noch deiner wartet;
  Ich fühle, daß ich noch der Welt gehöre;
  Entfliehen konnt' ich, ihr mich nicht entreißen.
ERWIN *nach der Seite sehend*
  Sie kommen g'rad herauf; sie sind gekleidet
615 Wie Mädchen aus der Stadt; und wie verloren
  Sie sich in das Gebirg'? Es folgt von weitem
  Ein Diener nach; sie scheinen nicht verirrt.
  Herein! Herein! mein Freund, ich lasse mich
  Vor keinem Menschen sehn, der aus der Stadt
  Zu kommen scheint.
620 VALERIO             Sie irren doch vielleicht;
  Es wäre hart, sie nicht zurecht zu weisen. –
  O Himmel, trügt mein Auge? – Retter Amor!
  Wie machst du es mit deinen Dienern gut!
  Sie sind es!
ERWIN       Wer?
VALERIO         Sie sind es! freue dich!
625 Das Ende deines Leidens ist gekommen.
ERWIN Du täuschest mich.
VALERIO             Die allerliebsten Mädchen,
  Rosette, mit – Elmiren!

ERWIN                    Welch ein Traum!
VALERIO Sieh' hin! Erkennst du sie?
ERWIN                                Ich seh' und sehe
  Mit offnen Augen nichts; so blendet mich
  Ein neues Glück, das mir den Sinn verwirrt.                     630
VALERIO Elmire steht an einem Felsen still.
  Sie lehnt sich an und sieht hinab ins Tal;
  Ihr tiefer Blick durchwandelt Wies' und Wald;
  Sie denkt; gewiß, Erwin, gedenkt sie dein.
  Erwin! Erwin!
ERWIN *aus tiefen Gedanken*
                         O wecke mich nicht auf.                  635
VALERIO Rosette schreitet heftiger voraus.
  Geschwind, Erwin, verberge dich; ich bleibe,
  Erschrecke sie mit diesem kurzen Haar,
  Mit Ernst und Schweigen. Mag der kleine Gott
  Uns alle dann mit schöner Freude kränzen!                       640


## Vierter Auftritt

*Valerio an der Seite auf einem Felsen
sitzend. Rosa.*


ROSA Hier ist der Platz! – O Himmel, welch ein Glück!
  Valerio! Er ist's! So hat mein Herz,
  Elmire hat mich nicht betrogen. Ja!
  Ich find' ihn wieder. – Freund, mein teurer Freund,
  Was machst du hier? Was hab' ich zu erwarten?                   645
  Du hörest meine Stimme, wendest nicht
  Dein Angesicht nach deiner Liebsten um?
  Doch ja, du siehst mich an, du blickst nach mir,
  O komm herab, o komm in meinen Arm!
  Du schweigst und bleibst? O Himmel, seh' ich recht!             650
  Dein schönes Haar hast du vom Haupt geschnitten,
  O was vermut' ich! was errat' ich nun!

       Kannst du nicht besänftigt werden?
       Bleibst du still und einsam hier?

655 Ach, was sagen die Gebärden,
Ach, was sagt dein Schweigen mir?

Hast du dich mit ihm verbunden,
Ist dir nicht ein Wort erlaubt;
Ach so ist mein Glück verschwunden,
660 Ist auf ewig mir geraubt.

VALERIO Du jammerst mich, und doch vermag ich nicht,
Betrübtes Kind, dir nun zu helfen. Nur
Zum Troste sag' ich dir: Noch ist nicht alles,
Was du zu fürchten scheinst, getan; noch bleibt
665 Die Hoffnung mir und dir. Allein ich muß
In diesem Augenblick den Druck der Hand
Und jeden liebevollen Gruß versagen.
Entferne dich dorthin, und setze dich
Auf jenen Felsen; bleibe still und nähre
670 Den festen Vorsatz, dich und den Geliebten
Nicht mehr zu quälen, dort, bis wir dich rufen.
ROSA Ich folge deinen Winken, drücke nicht
Die Freude lebhaft aus, daß du mir wieder
Gegeben bist. Dein freundlich-ernstes Wort,
675 Dein Blick gebietet mir; ich geh' und hoffe.

### FÜNFTER AUFTRITT

*Valerio. Erwin.*

VALERIO Erwin! Erwin!
ERWIN                Mein Freund, was hast du mir
Für Schmerzen zubereitet! Sage mir,
Was soll ich denken? Denn von ungefähr
Sind diese Frauen nicht hieher gekommen.
680 Grausamer Freund, du hast die stille Wohnung
Doch endlich ausgespäht, und kommst mit List,
Mit glatten Worten, mit Verstellung, mich
Erst einzuwiegen; führest dann ein Bild
Vor meinen Augen auf, das jeden Schmerz
685 Aufs neue regt, das weder Trost noch Hülfe
Mir bringen kann und mir Verzweiflung bringt.

VALERIO Nur stille, lieber Mann; ich sage dir
Bis auf das Kleinste, wie es zugegangen.
Nur jetzt ein Wort! – Sie liebt dich –
ERWIN                    Nein, ach nein!
Laß mich nicht hoffen, daß ich nicht verzweifle.
VALERIO Du sollst sie sehen.
ERWIN                    Nein, ich fliehe sie.
VALERIO Du sollst sie sprechen!
ERWIN                    Ich verstumme schon.
VALERIO Ihr vielgeliebtes Bild wird vor dir stehn.
ERWIN Sie nähert sich. Ihr Götter, ich versinke!
VALERIO Vernimm ein Wort. Sie hofft, den weisen Alten
Hier oben zu besuchen. Hast du nicht
Ein Kleid von ihm?
ERWIN                    Ein neues Kleid ist da;
Man schenkt' es ihm zuletzt, allein er wollte
In seinem alten Rock begraben sein.
VALERIO Verkleide dich.
ERWIN                    Wozu die Mummerei?
Was er verließ, bleibt mir verehrungswert.
VALERIO Es ist kein Scherz; du sollst nur Augenblicke
Verborgen vor ihr stehn, sie sehn, sie hören,
Ihr innres Herz erkennen, wie sie liebt,
Und wen?
ERWIN    Was soll ich tun?
VALERIO                    Geschwind, geschwind!
ERWIN Doch mein Gesicht, mein glattes Kinn wird bald
Den Trug entdecken; soll ich dann beschämt,
Verloren vor ihr stehn?
VALERIO                    Zum guten Glück
Hat meine Leidenschaft des holden Schmuckes
Der Jugend mich beraubt. Das blonde Haar,
  *Er nimmt das Haar vom Felsen.*
Ans Kinn gepaßt, macht dich zum weisen Mann.
ERWIN Noch immer wechselst du mit Ernst und Scherz.
VALERIO Vergnügter hab' ich nie den Sinn geändert.
Sie kommt, geschwind.
ERWIN                    Ich folge; sei es nun
Zum Leben oder Tod; es ist gewagt.
  *Sie gehen in die Hütte.*

## Sechster Auftritt

ELMIRE *allein*

 Mit vollen Atemzügen
 Saug' ich, Natur, aus dir
 Ein schmerzliches Vergnügen.
 Wie lebt,
 Wie bebt,
 Wie strebt
 Das Herz in mir!

 Freundlich begleiten
 Mich Lüftlein gelinde.
 Flohene Freuden
 Ach, säuseln im Winde,
 Fassen die bebende,
 Die strebende Brust.
 Himmlische Zeiten!
 Ach, wie so geschwinde
 Dämmert und blicket
 Und schwindet die Lust.

 Du lachst mir, angenehmes Tal,
 Und du, o reine Himmelssonne,
 Erfüllst seit langer Zeit zum erstenmal
 Mein Herz mit süßer Frühlingswonne.
 Weh mir! Ach, sonst war meine Seele rein,
 Genoß so friedlich deinen Segen;
 Verbirg dich, Sonne, meiner Pein!
 Verwildre dich, Natur, und stürme mir entgegen.

 Die Winde sausen,
 Die Ströme brausen,
 Die Blätter rascheln
 Dürr ab ins Tal
 Auf steiler Höhe,
 Am nackten Felsen,
 Lieg' ich und flehe;
 Auf öden Wegen,

> Durch Sturm und Regen,
> Fühl' ich und flieh' ich 750
> Und suche die Qual.
>
> Wie glücklich, daß in meinem Herzen
> Sich wieder neue Hoffnung regt!
> O wende, Liebe, diese Schmerzen,
> Die meine Seele kaum erträgt. 755

## Siebenter Auftritt

*Elmire. Valerio.*

VALERIO Welch eine Klage tönet um das Haus?
ELMIRE Welch eine Stimme tönet mir entgegen?
VALERIO Es ist ein Freund, der hier sich wieder findet.
ELMIRE So hat mich die Vermutung nicht betrogen.
VALERIO Ach, meine Freundin, heute gab ich dir 760
    Den besten Trost, belebte deine Hoffnung
    In einem Augenblicke, da ich nicht
    Bedachte, daß ich selbst des Trostes bald
    Auf immer mangeln würde.
ELMIRE               Wie, mein Freund?
VALERIO
    Die Haare sind vom Scheitel abgeschnitten, 765
    Ich von der Welt.
ELMIRE        O ferne sei uns das!
VALERIO Ich darf nur wenig reden, nur das wenige
    Was nötig ist. Du willst den Edeln sehen,
    Der hier nun glücklicher als ehmals wohnt.
    Er saß in seiner Hütte still, und sah 770
    Die Ankunft zwei bedrängter Herzen schon
    In seinem stillen Sinn voraus. Er kommt.
    Sogleich will ich ihn rufen.
ELMIRE             Tausend Dank!
    O ruf' ihn her, wenn ich mich zu der Hütte
    Nicht wagen darf. Mein Herz ist offen; nun 775
    Will ich ihm meine Not und meine Schuld
    Mit hoffnungsvoller Reue gern gestehn.

## ACHTER AUFTRITT

*Elmire. Erwin in langem Kleide mit weißem Barte tritt aus der Hütte.*

ELMIRE *kniet*

    Sieh mich, Heilger, wie ich bin,
    Eine arme Sünderin.
*Er hebt sie auf, und verbirgt die Bewegungen seines Herzens.*
    Angst und Kummer, Reu' und Schmerz
    Quälen dieses arme Herz.
    Sieh' mich vor dir unverstellt,
    Herr, die Schuldigste der Welt.

    Ach, es war ein junges Blut,
    War so lieb, er war so gut!
    Ach, so redlich liebt' er mich!
    Ach, so heimlich quält' er sich!
    Sieh' mich, Heilger, wie ich bin,
    Eine arme Sünderin.

    Ich vernahm sein stummes Flehn,
    Und ich konnt' ihn zehren sehn;
    Hielte mein Gefühl zurück,
    Gönnt' ihm keinen holden Blick.
    Sieh mich vor dir unverstellt,
    Herr, die Schuldigste der Welt.

    Ach, so drängt' und quält' ich ihn;
    Und nun ist der Arme hin.
    Schwebt in Kummer, Mangel, Not,
    Ist verloren, er ist tot.
    Sieh mich, Heilger, wie ich bin,
    Eine arme Sünderin.

*Erwin zieht eine Schreibtafel heraus und schreibt mit zitternder Hand einige Worte, schlägt die Tafel zu, und gibt sie Elmiren. Eilig will sie die Blätter aufmachen; er hält sie ab und macht ihr ein Zeichen, sich zu entfernen. Diese Pantomime wird von Musik begleitet, wie alles das Folgende.*

ELMIRE Ja, würd'ger Mann, ich ehre deinen Wink,
Ich überlasse dich der Einsamkeit,
Ich störe nicht dein heiliges Gefühl
Durch meine Gegenwart. Wann darf ich, wann 805
Die Blätter öffnen? wann die heilgen Züge
Mit Andacht schauen, küssen, in mich trinken?
*Er deutet in die Ferne.*
An jener Linde? Wohl! So bleibe dir
Der Friede stets, wie du ihn mir bereitest.
Leb' wohl! Mein Herz bleibt hier mit ewgem Danke. 810
*ab.*
ERWIN *schaut ihr mit ausgestreckten Armen nach, dann reißt er den Mantel und die Maske ab.*

    Sie liebt mich!
    Sie liebt mich!
    Welch schreckliches Beben!
    Fühl' ich mich selber?
    Bin ich am Leben? 815
    Sie liebt mich!
    Sie liebt mich!

    Ach! rings so anders!
    Bist du's noch, Sonne?
    Bist du's noch, Hütte? 820
    Trage die Wonne,
    Seliges Herz!
    Sie liebt mich!
    Sie liebt mich!

## Neunter Auftritt

*Erwin. Valerio. Nachher Elmire.
Nachher Rosa.*

VALERIO
    Sie liebt dich! Sie liebt dich! 825
    Siehst du, die Seele
    Hast du betrübet,

Die dich nur immer,
Immer geliebet!

ERWIN

Ich bin so freudig,
Fühle mein Leben!
Ach, sie vergibt mir,
Sie hat vergeben!

VALERIO

Nein, ihre Tränen
Tust ihr nicht gut.

ERWIN

Sie zu versöhnen
Fließe mein Blut!
Sie liebt mich!

VALERIO

Sie liebt dich!
Wo ist sie hin?

ERWIN Ich schickte sie hinab
Nach jener Linde, daß mir nicht das Herz
Für Füll' und Freude brechen sollte. Nun
Hat sie auf einem Täfelchen, das ich
Ihr in die Hände gab, das Wort gelesen:
»Er ist nicht weit!«

VALERIO Sie kommt! geschwind, sie kommt.
Nur einen Augenblick in dies Gesträuch!
*Sie verstecken sich.*

ELMIRE

Er ist nicht weit!
Wo find' ich ihn wieder?
Er ist nicht weit!
Mir beben die Glieder.
O Hoffnung! O Glück!
Wo geh' ich, wo such' ich,
Wo find' ich ihn wieder?
Ihr Götter, erhört mich,
O gebt ihn zurück!
Erwin! Erwin!

ERWIN *hervortretend*
Elmire!

ELMIRE Weh mir!

ERWIN *zu ihren Füßen* Ich bin's.
ELMIRE *an seinem Halse*       Du bist's!
VALERIO *hereintretend*
>O schauet hernieder!
>Ihr Götter dies Glück!     860
>Da hast du ihn wieder!
>Da nimm sie zurück! *ab*

ERWIN
>Ich habe dich wieder!
>Hier bin ich zurück.
>Ich sinke darnieder,     865
>Mich tötet das Glück.

ELMIRE
>Ich habe dich wieder!
>Mir trübt sich der Blick.
>O schauet hernieder,
>Und gönnt mir das Glück!     870

ROSA *welche schon, während Elmirens voriger Strophe, mit Valerio hereingetreten und ihre Freude, Verwunderung und Versöhnung mit dem Geliebten pantomimisch ausgedrückt.*
>Da hab' ich ihn wieder!
>Du hast ihn zurück!
>O schauet hernieder!
>Ihr Götter, dies Glück!

VALERIO
>Eilet, gute Kinder, eilet,     875
>Euch auf ewig zu verbinden.
>Dieser Erde Glück zu finden
>Suchet ihr umsonst allein.

ALLE
>Laßt uns eilen, eilen, eilen,
>Uns auf ewig zu verbinden!     880
>Dieser Erde Glück zu finden
>Müsset ihr zu Paaren sein.

ERWIN
>Es verhindert mich die Liebe,
>Mich zu kennen, mich zu fassen.
>Ohne Träne kann ich lassen     885
>Diese Hütte, dieses Grab.

ELMIRE. ROSA. VALERIO
>Oft, durch unser ganzes Leben
Bringen wir der stillen Hütte
Neuen Dank und neue Bitte,
Daß uns bleibe, was sie gab.

ALLE

>Laßt uns eilen, eilen, eilen!
Dank auf Dank sei unser Leben.
Viel hat uns das Glück gegeben,
Es erhalte, was es gab!

# CLAUDINE VON VILLA BELLA

*Ein Singspiel*

⟨Zweite Fassung⟩

*Personen*

ALONZO, *Herr von Villa Bella.*
CLAUDINE, *seine Tochter.*
LUCINDE, *seine Nichte.*
PEDRO VON CASTELLVECCHIO, *unter dem Namen Pedro von Rovero.*
CARLOS VON CASTELLVECCHIO, *unter dem Namen Rugantino.*
BASCO, *ein Abenteurer.*
LANDVOLK.
VAGABUNDEN.
BEDIENTE ALONZOS.
BEDIENTE PEDROS.
GARDEN DES FÜRSTEN VON ROCCA BRUNA.

*Der Schauplatz ist in Sicilien.*

## Erster Aufzug

*Ein Gartensaal mit offnen Arkaden, durch welche man in einen geschmückten Garten hinaussieht. Zu beiden Seiten des Saales sind Kleider, Stoffe, Gefäße, Geschmeide, mit Geschmack aufgehängt und gestellt.*
*Lucinde, mit zwei Mädchen, beschäftigt sich noch hie und da etwas in Ordnung zu bringen; zu ihr Alonzo, der alles durchsieht und mit der Anordnung zufrieden scheint.*

ALONZO
>Das hast du wohl bereitet;
>Verdienst den besten Lohn!
>Bekränzet und begleitet
>Naht sich Claudine schon.
>Heut bin ich zu beneiden,
>Wie's kaum sich denken läßt!
>Ein Fest der Vaterfreuden
>Ist wohl das schönste Fest.

LUCINDE
>Ihr habt mir wohl vertrauet,
>Ich habe nicht geprahlt;
>Herr Onkel, schaut nur, schauet,
>Hier ist was ihr befahlt.
>Ihr habt nicht mehr getrieben,
>Als ich mich selber trieb;
>Ihr könnt die Tochter lieben,
>Mir ist die Nichte lieb.
>>*Zu Zwei.*

ALONZO
>Heut bin ich zu beneiden,
>Wie's kaum sich denken läßt.

LUCINDE
>Heut seid ihr zu beneiden,
>Wie sich's empfinden läßt.

ALONZO und LUCINDE
>Ein Fest der Vaterfreuden
>Ist wohl das größte Fest.

PEDRO *kommt*
>Gewiß, ich will nicht fehlen,
>Ich hab' es wohl bedacht!

          Von Gold und von Juwelen 25
          Habt ihr genug gebracht.
          Die Blumen in dem Garten,
          Sie waren mir zu stolz;
          Die zärtesten zu wählen
          Ging ich durch Wies' und Holz. 30
          *Zu Drei.*

ALONZO
          Heut bin ich zu beneiden.

LUCINDE *zu Pedro*
          Heut ist er zu beneiden.

PEDRO *zu Alonzo*
          Heut seid ihr zu beneiden.

ALONZO, LUCINDE, PEDRO
          Wie sich's nicht sagen läßt.
          Ein Fest der Vaterfreuden 35
          Ist wohl das größte Fest.

*Der herannahende Zug wird durch eine ländliche Musik angekündigt. Landleute von verschiednem Alter, die Kinder voran, treten paarweise durch den mittlern Bogen in den Saal, und stellen sich an beide Seiten hinter die Geschenke. Zuletzt kommt Claudine, begleitet von einigen Frauenzimmern, festlich, nicht reich gekleidet, herein. Kurz eh' sie eintritt, fällt der Gesang ein.*

ALONZO, LUCINDE, PEDRO *mit den Landleuten.*
          Fröhlicher,
          Seliger,
          Herrlicher Tag!
          Gabst uns Claudinen, 40
          Bist uns so glücklich,
          Uns wieder erschienen,
          Fröhlicher,
          Seliger,
          Herrlicher Tag! 45

EIN KIND
          Sieh, es erscheinen,
          Alle die Kleinen;
          Mädchen und Bübchen
          Kommen, o Liebchen,

                Binden mit Bändern
                Und Kränzen dich an.

ALLE, *außer Claudinen*
                Nimm sie, die herzlichen
                Gaben, sie an.

ALONZO
                Nur von dem Deinen
                Bring ich die Gabe:
                Denn was ich habe,
                Das all ist dein.
                Nimm diese Kleider,
                Nimm die Gefäße,
                Nimm die Juwelen,
                Und bleibe mein.

ALLE, *außer Claudinen*
                Sieh, wie des Tages wir
                All' uns erfreun!

LUCINDE
                Rosen und Nelken,
                Zieren den Schleier,
                Den ich zur Feier
                Heute dir reiche.
                Blühen erst werden sie,
                Wenn er dich schmückt.
                Wenn du des Tages dich
                Wandelnd vergnügtest,
                Wenn du in Träumen
                Die Nächte dich wiegtest,
                Hab' ich mit eigener
                Hand ihn gestickt.

ALLE, *außer Claudinen*
                Nimm ihn, und trag' ihn,
                Und bleibe beglückt.

PEDRO
                Blumen der Wiese,
                Dürfen auch diese
                Hoffen und wähnen?
                Ach, es sind Tränen –
                Noch sind die Tränen
                Des Taues daran.

ALLE, *außer Claudinen*
            Nimm sie, die herzlichen
            Gaben, sie an.                                85
CLAUDINE
            Tränen und Schweigen
            Mögen euch zeigen,
            Wie ich so fröhlich
            Fühle, so selig,
            Alles, was alles                              90
            Ihr für mich getan.
ALLE, *außer Claudinen*
            Nimm sie, die Gaben,
            Die herzlichen, an.
CLAUDINE *ihren Vater umarmend*
            Könnt' ich mein Leben,
            Vater, dir geben!                             95
        *Zu Lucinden und den übrigen*
            Könnt' ich ohn' Schranken
            Allen euch danken!
        *Sie wendet sich schüchtern zu Pedro.*
            Könnt' ich –
*Sie hält an, die Musik macht eine Pause, der Gesang fällt ein.*
ALLE
            Fröhlicher,
            Seliger,                                      100
            Herrlicher Tag!
        *Der Zug geht unter dem Gesange ab; es bleiben
        Claudine, Lucinde, Alonzo, Pedro.*
CLAUDINE Vergebet meinem Schweigen: denn ich kann
    Nicht reden, wie ich fühle. Diese Gaben
    Erfreuen mich, wie ihr es wünscht; doch mehr
    Entzückt mich eure Liebe. Laßt mir Raum,         105
    Mich erst zu fassen; dann vielleicht vermag
    Die Lippe nach und nach zu sprechen, was
    Das Herz auf einmal fühlt, und kaum erträgt.
ALONZO Geliebte Tochter, ja dich kenn' ich wohl.
    Verzeih' des lauten Festes Vater-Torheit!        110
    Ich weiß, du liebst im Stillen wahr zu sein,
    Und einer Liebe Zeugnis zu empfangen,
    Die, weder vorbereitet noch geschmückt,

Sich desto treuer zeigt. Leb' wohl. Du sollst
115 Nach deiner Lust in Einsamkeit genießen,
Was eine laut gewordne Liebe dir
Mit fröhlichem Getümmel brachte. Komm,
O teurer Pedro, werter Sohn des ersten,
Des besten Freundes meiner Jugend! Wenn
120 Er nun auch von uns weggeschieden ist;
So ließ er mir in dir sein Ebenbild.
Doch leider, daß du mich an diesem Tage
Mit deinem Scheiden noch betrüben willst.
Ist's denn nicht möglich, daß du bleiben kannst?
125 Nur diese Woche noch, sie endet bald.
PEDRO Vermehre nicht durch deinen Wunsch die Trauer,
Die ich in meinem Busen schon empfinde.
Mein Urlaub geht zu Ende. Fehlt' ich jetzt;
So fehlt' ich sehr, und könnte leicht des Königs
130 Und meiner Obern Gunst verscherzen. Ja,
Du weißt es wohl, ich habe mich verstohlen
Und unter fremden Namen hergeschlichen,
Dich zu besuchen. Denn so eben kam
Der Fürst von Rocca Bruna, der so viel
135 Bei Hofe gilt, auf seine Güter; nie
Würd' es der stolze Mann verzeihen können,
Daß ich ihn nicht besuchte, nicht verehrte.
So treibt mich fort die enge Zeit der Pflicht,
Und jene Sorge, hier entdeckt zu werden.
140 ALONZO Ich fasse mich, und danke, daß du freundlich
Uns diesen Tag noch zugegeben! Komm!
Ich habe manches Wort dir noch zu sagen,
Eh' du uns scheidend, zwar ich hoffe nur
Auf kurze Zeit, betrübst; komm mit! Lebt wohl!
*Alonzo und Pedro ab.*

*Claudine. Lucinde.*
145 LUCINDE Er geht, Claudine, geht; du hältst ihn nicht?
CLAUDINE Wer gabe mir das Recht ihn aufzuhalten?
LUCINDE Die Liebe, die gar viele Rechte gibt.
CLAUDINE Verschon', o Gute, mich mit diesem Scherze!
LUCINDE Du willst, o Freundin, mir es nicht gestehn.
150 Vielleicht hast du noch selbst dir's nicht gestanden.

Die Gegenwart des jungen Mannes bringt
Dich außer Fassung. Wie dein erster Blick
Ihn zog, und hielt, und dir vielleicht auf ewig
Ein schönes Herz erwarb: denn er ist brav!
Als er auf seine Güter ging, und hier 155
Nur einen Tag sich hielt, war er sogleich
Von dir erfüllt; ich konnt' es leicht bemerken.
Nun macht er einen Umweg, kommt geschwind'
Und unter fremden Namen wieder her,
Läßt seinen Urlaub fast verstreichen, geht 160
Mit Widerwillen fort, und kehret bald,
Geliebtes Kind, zurück, um ohne dich
Nicht wieder fort zu reisen. Komm, gesteh!
Du gingst viel lieber gleich mit ihm davon.
CLAUDINE
Wenn du mich liebst, so laß mir Raum und Zeit, 165
Daß mein Gemüt sich selbst erst wieder kenne.
LUCINDE Um dir es zu erleichtern, was du mir
Zu sagen hast, vertrau' ich kurz und gut
Dir ein Geheimnis.
CLAUDINE          Wie? Lucinde, du,
Geheimnis? 170
LUCINDE    Ja, und zwar ein eignes, neues.
Claudine, sieh mich an! Ich, liebes Kind,
Bin auch verliebt.
CLAUDINE          Was sagst du da? Es macht
Mich doppelt lachen, daß du endlich auch
Dich überwunden fühlst, und daß du mir
Es g'rade so gestehst, als hättest du 175
Ein neues Kleid dir angeschafft, und kämst
Vergnügt zu einer Freundin, sie zu fragen,
Wie dich es kleidet. Sage mir geschwind:
Wer? Wen? Wie? Wo? Gewiß es ist wohl eigen,
Ganz neu! Lucinde, du? ein frohes Mädchen, 180
Vom Morgen bis zur Nacht geschäftig, munter,
Das Mütterchen des Hauses, bist du auch
Wie eine Müßiggängerin gefangen?
LUCINDE Und was noch schlimmer ist –
CLAUDINE                    Noch schlimmer? Was?
LUCINDE Ja! ja! ich bin gefangen, und von wem? 185

Von einem Unbekannten, einem Fremden,
Und irr' ich mich nicht sehr –
CLAUDINE   Du seufzest lächelnd?
LUCINDE Von einem Abenteurer!
CLAUDINE   Seh' ich nun,
Daß du nur spottest.
LUCINDE   Höre mich! Genug,
190 Es nenne niemand frei und weise sich
Vor seinem Ende! Jedem kann begegnen,
Was Erd' und Meer von ihm zu trennen scheint.
Du siehst den Fall, und du verwunderst dich?
Das klügste Mädchen macht den dümmsten Streich.

195   Hin und wieder fliegen Pfeile;
   Amors leichte Pfeile fliegen
   Von dem schlanken goldnen Bogen;
   Mädchen, seid ihr nicht getroffen?
   Es ist Glück! Es ist nur Glück.

200   Warum fliegt er so in Eile?
   Jene dort will er besiegen;
   Schon ist er vorbei geflogen;
   Sorglos bleibt der Busen offen;
   Gebet Acht! Er kommt zurück!

205 CLAUDINE Doch ich begreife nicht, wie du so leicht
Das alles nimmst.
LUCINDE   Das überlaß nur mir!
CLAUDINE Doch sage schnell, wie ging es immer zu?
LUCINDE Was weißt du dran! Genug, es ist geschehn.
Wenn ich auch sagte, daß an einem Abend
210 Ich durch das Wäldchen ging, nichts weiter denkend,
Daß sich ein Mann mir in den Weg gestellt,
Und mich gegrüßt und angesehen, wie
Ich ihn, und daß er bald mich angeredet,
Und mir gesagt: er folge hier und da
215 Auf meinen Schritten mir schon lange nach,
Und liebe mich, und wünsche, daß ich ihn
Auch lieben möge. Nicht? das klingt denn doch
Sehr wunderbar?
CLAUDINE   Gewiß!

LUCINDE                    Und doch so ist's.
   Er stand vor mir; ich sah ihn an, wie ich
   Die Männer anzusehn gewohnt bin, dachte
   Denn doch, es sei das klügste, nach dem Schlosse
   Zurückzugehn, und unterm Überlegen
   Sah ich ihn an, und es gefiel mir so
   Ihn anzusehn. Ich fragt' ihn, wer er sei?
   Er schwieg ein Weilchen; dann versetzt' er lächelnd:
   »Nichts bin ich, wenn du mich verachtest; viel,
   Wenn du mich lieben könntest. Mache nun
   Aus deinem Knechte was du willst!« Ich sah'
   Ihn wieder an, und weiß doch nicht, was ich
   An ihm zu sehen hatte. G'nug, ich sah'
   Hinweg, und wieder hin, als wenn ich mehr
   An ihm zu sehen fände.
CLAUDINE                    Nun, was ward
   Aus Sehn und Wiedersehn?
LUCINDE                    Ja, daß ich nun
   Ihn stets vor Augen habe, wo ich gehe.
CLAUDINE Erzähle mir zuerst, wie kamst du los?
LUCINDE Er faßte meine Hände, die ich schnell
   Zurückzog. Ernst und trocken sagt' ich ihm:
   »Ein Mädchen hat dem Fremden nichts zu sagen,
   Verlaßt mich! Wagt es nicht mir nachzufolgen!«
   Ich ging, er stand. Ich seh' ihn immer stehen,
   Und blicke da und dorthin, ob er nicht
   Mir irgendwo begegnen will.
CLAUDINE                    Wie sah
   Er aus?
LUCINDE Genug, genug! und laß, Geliebte,
   Mich meine Schuldigkeit nicht heut versäumen.
   Dein Vater will, daß alle seine Leute
   Mit einem Tanz und Mahl sich heute freun.
   Er hat mir aufgetragen, wohl zu sorgen,
   Daß alles werde wie er gerne mag.
   Es wäre schlimm, wenn ich an deinem Feste
   Zuerst die Pflicht versäumte, die ich lang'
   Mit froher Treue leisten konnte. Nun,
   Leb' wohl. Ein andermal! – Nun sieh dich um!
   Wie bist du denn? Du hast die schönen Sachen

Kaum eines Blicks gewürdigt. Hier ist Stoff,
Ein Dutzend Mädchen lang' zu unterhalten.
*ab.*
CLAUDINE *allein*
*Sie besieht unter dem Ritornell die Geschenke, und tritt zuletzt mit Pedros Strauß, den sie die ganze Zeit in der Hand gehalten, hervor.*
Alle Freuden, alle Gaben,
Die mir heut gehuldigt haben,
Sind nicht diese Blumen wert.
Ehr' und Lieb' von allen Seiten,
Kleider, Schmuck, und Kostbarkeiten,
Alles was mein Herz begehrt;
Aber alle diese Gaben
Sind nicht diese Blumen wert.
Und darfst du diesen Undank dir verzeihen?
Was ein geliebter Vater heut gereicht,
Was Freunde geben, was ein kleines Volk
Unschuldig bringt, das alles ist wie nichts,
Verschwindet vor der Gabe dieses neuen
Noch unbekannten Fremden. Ja es ist,
Es ist geschehn! Es ruht mein ganzes Herz
Nun auf dem Bilde dieses Jünglings; nun
Bewegt sich's nur in Hoffnung oder Furcht,
Ihn zu besitzen oder zu verlieren.
PEDRO Verzeih', daß ich dich suche: denn es ist
Nicht Schuld, noch Wille. Jene strenge Macht,
Die alle Welt beherrscht, und die ich nur
Von Dichtern mir beschreiben ließ, ergreift
Mich nun, und führt mich, wie der Sturm
Die Wolken, ohne Rast zu deinen Füßen.
CLAUDINE Ihr kommt nicht ungelegen; mit Entzücken
Betracht' ich hier die Gaben, die mir heut
So schöne Zeugen sind der reinsten Liebe.
PEDRO Glücksel'ge Blumen, welcher schöne Platz
Ist euch gegönnt! Ihr bleibt, und ich muß gehn.
CLAUDINE Sie welken, da ihr geht.
PEDRO                     Was sagst du mir!
CLAUDINE Ich wollte, daß ich viel zu sagen hätte,
Allein es ist umsonst. Mein Vater hält

Euch länger nicht; er glaubt vielleicht, ihr solltet
Recht eilen. Nun er ist ein Mann; er hat
Gelernt, sich eine Freude zu versagen, 290
Doch wir, wir andre Mädchen, möchten gern
Uns eurer Gegenwart noch lange freuen.
Es ist ein ander, froher Leben, seit
Ihr zu uns kamt. Ist's denn gewiß,
Gewiß so nötig, daß ihr geht? 295

PEDRO                    Es ist.
Und würd' ich eilen, wenn ich bleiben könnte?
Mein Vater starb; ich habe seine Güter
Auf dieser schönen Insel nun bereis't.
Er sah sie lang' nicht mehr, seitdem der König
Ihn mit besondrer Gnade festgehalten. 300
Ich darf nicht meinen Urlaub überschreiten:
Schon kenn' ich alles was das Haus besitzt;
Ich wäre reich, wenn nach des Vaters Willen
Ich alles für das Meine halten könnte.
Allein ich bin der älteste nicht, und nicht 305
Der einzige des Hauses. Denn es schwärmt
Ein ältrer Bruder, den ich kaum gesehen,
Im Reich' herum, und führt, so viel man weiß,
Ein töricht Leben.

CLAUDINE            Gleicht er euch so wenig?
PEDRO Mein Vater war ein strenger rauher Mann. 310
Ich habe niemals recht erfahren können,
Warum er ihn verstieß; auch scheint mein Bruder
Ein harter Kopf zu sein. Er hat sich nie
In diesen Jahren wieder blicken lassen.
Genug, mein Vater starb, und hinterließ 315
Mir alles, was er jenem nur entziehn
Nach den Gesetzen konnte; und der Hof
Bestätigte den Willen. Doch ich mag
Das nicht besitzen, was ein fremder Mann
Aus Unvorsichtigkeit, aus Leichtsinn einst 320
Verlor; geschweige denn mein eigner Bruder.
Ich sucht' ihn auf. Denn hie und da erscholl
Der Ruf, er habe sich mit frechen Menschen
In einen Bund gegeben, schwärme nun
Mit losgebundnem Mute, seiner Neigung 325

Mit unverwandtem Auge folgend, froh-
Und leicht-gesinnt am Rande des Verderbens.
CLAUDINE So habt ihr nichts von ihm erfahren?
PEDRO                                Nichts.
Ich folgte jeder Spur, die sich mir zeigte;
Allein umsonst. Und nun verzweifl' ich fast
Ihn je zu finden, glaube ganz gewiß,
Er ist schon lang' mit einem fremden Schiffe
In alle Welt, und lebt vielleicht nicht mehr.
CLAUDINE So wird denn auch ein Meer uns trennen; bald
Wird euch der Glanz des Hofes diese stille
Verlaßne Wohnung aus den Augen blenden.
Ich möchte gern nichts sagen, möchte nicht
An euch zu zweifeln scheinen.
PEDRO                      Nein, o nein!
Mein Herz bleibt hier; und wenn ich eilen muß,
So eil' ich gern, um schnell zurück zu kehren.
Ich sage dir kein Lebewohl; kein Ach
Sollst du vernehmen: denn du siehst mich bald,
Und würdiger vor dir. Und was ich bin,
Was ich erlange, das ist dein. Geliebte,
Ich dränge mich zur Gnade nicht für mich!
Nimm deinem Freunde nicht den sichern Mut,
Sich deiner wert zu machen. Der verdient
Die Liebe nur, der um der Ehre willen
Im süßen Augenblicke von der Liebe
Entschlossen-hoffend sich entfernen kann.


Es erhebt sich eine Stimme;
Hoch und höher schallen Chöre;
Ja es ist der Ruf der Ehre,
Und die Ehre rufet laut:


»Säume nicht, du frische Jugend!
Auf die Höhe, wo die Tugend
Mit der Ehre
Sich den Tempel aufgebaut.«


Aber aus dem stillen Walde,
Aus den Büschen

>     Mit den Düften,
>     Mit den frischen
>     Kühlen Lüften,
>     Fuhret Amor,
>     Bringet Hymen
>     Mir die Liebste, mir die Braut.
>
>     Jenes Rufen! Dieses Lispeln! –
>     Soll ich folgen? Soll ich's hören?
>     Soll ich bleiben? Soll ich gehn?
>
>     Ach, wenn Götter uns betören,
>     Können Menschen widerstehn?

*ab.*

CLAUDINE Er flieht! Doch es ist nicht das letzte Wort;
Ich weiß, er wird vor Abends nicht verreisen.
O werter Mann! Es bleiben mir die Freunde,
Das teure Paar, zu meinem Trost zurück,
Die holde Liebe mit der seltnen Treue.
Sie sollen mich erhalten wenn du gehst,
Und mich von dir beständig unterhalten.

>     Liebe schwärmt auf allen Wegen;
>     Treue wohnt für sich allein.
>     Liebe kommt euch rasch entgegen;
>     Aufgesucht will Treue sein.

*Sie geht singend ab.*


Einsame Wohnung im Gebirge.

*Rugantino mit einer Zither, auf und ab gehend, den Degen an der Seite, den Hut auf dem Kopfe. Vagabunden am Tische, mit Würfeln spielend.*

RUGANTINO
>     Mit Mädeln sich vertragen,
>     Mit Männern 'rumgeschlagen,
>     Und mehr Credit als Geld;
>     So kommt man durch die Welt.

VAGABUNDEN
        Mit vielem läßt sich schmausen;
        Mit wenig läßt sich hausen;
        Daß wenig vieles sei,
        Schafft nur die Lust herbei.
RUGANTINO
        Will sie sich nicht bequemen,
        So müßt ihr's eben nehmen.
        Will einer nicht vom Ort,
        So jagt ihn g'rade fort.
VAGABUNDEN
        Laßt alle nur mißgönnen,
        Was sie nicht nehmen können,
        Und seid von Herzen froh;
        Das ist das A und O.
RUGANTINO *erst allein, dann mit den übrigen.*
        So fahret fort zu dichten,
        Euch nach der Welt zu richten.
        Bedenkt in Wohl und Weh
        Dies goldne A B C.
RUGANTINO Laßt nun, ihr lieben Freunde, den Gesang
Auf einen Augenblick verklingen. Leid
Ist mir's, daß Basco sich nicht sehen läßt;
Er darf nicht fehlen: denn die Tat ist kühn.
Ihr wißt, daß in dem Schloß von Villa Bella
Ein Mädchen wohnt, Verwandte des Alonzo.
Ich liebe sie; der Anblick dieser Schöne
Hat mich, wie keiner je, gefesselt. Streng'
Beherrscht mich Amor, und ich muß sie bald
An meinen Busen drücken; sonst zerstört
Ein innres Feuer meine Brust. Ihr habt
Mir alles ausgespürt; ich kenne nun
Das ganze Schloß durch eure Hülfe gut.
Ich dank' euch das, und werde tätig danken.
Zerstreuet euch nicht weit, und auf den Abend
Seid hier beisammen; wir besprechen dann
Die Sache weiter. Bis dahin lebt wohl.
        *Die Vagabunden ab.*
        *Basco tritt auf.*
RUGANTINO Willkommen, Basco; dich erwart' ich lang'.

BASCO Sei mir gegrüßt; dich such' ich eben auf.
RUGANTINO So treffen wir ja recht erwünscht zusammen.
Heut fühl' ich erst, wie sehr ich dein bedarf.
BASCO Und deine Hülfe wird mir doppelt nötig.
Sag' an, was willst du? Sprich, was hast du vor? 425
RUGANTINO
Ich will heut Nacht zum Schloß von Villa Bella
Mich heimlich schleichen, will versuchen, ob
Lucinde mich am Fenster hören wird.
Und hört sie mich; erhört sie mich wohl auch,
Und läßt mich ein. Unmöglich ist's ihr nicht; 430
Ich weiß, sie kann die eine Seitentüre
Des Schlosses öffnen.
BASCO                Gut, was brauchst du da
Für Hülfe? Wer sich was erschleichen will,
Erschleiche sich's auf seinen eignen Zeh'n.
RUGANTINO
Nicht so, mein Freund! Läßt sie mich in das Haus, 435
Beglückt sie meine Liebe, –
BASCO                Nun, so schleicht
Der Fuchs vom Taubenschlage wie es tagt,
Und hat den Weg gelernt und geht ihn wieder.
RUGANTINO Du rätst es nicht: denn du begreifst es nicht –
BASCO Wenn es vernünftig ist, begreif' ich's wohl. 440
RUGANTINO So laß mich reden! Du begreifst es nicht,
Wie sehr mich dieses Mädchen angezogen.
Ich will nicht ihre Gunst allein genießen;
Ich will sie ganz und gar besitzen.
BASCO                Wie?
RUGANTINO Entführen will ich sie. 445
BASCO                Ha! Bist du toll?
RUGANTINO Toll, aber klug! Läßt sie mich einmal ein,
Dann droh' ich ihr mit Lärm und mit Verrat,
Mit allem was ein Mädchen fürchten muß,
Und geb' ihr gleich die allerbesten Worte,
Wie mich mein Herz es heißt. Sie fühlt gewiß, 450
Wie ich sie liebe; kann aus meinen Armen
Sich selbst nicht reißen. Nein, sie widersteht
Der Macht der Liebe nicht, wenn ich ihr zeige,
Wie ich sie liebe, wie ich mehr und mehr

455 Sie ewig schätzen werde. Ja, sie folgt
Aus dem Palast mir in die Hütte, läßt
Ein töricht Leben, das ich selbst verlassen;
Genießt mit mir in diesen schönen Bergen,
Im Aufenthalt der Freiheit, erst ihr Leben.
460 Dazu bedarf ich euer, wenn sie sich
Entschließen sollte, wie ich ganz und gar
Es hoffen muß, daß ihr am Fuß des Berges
Euch finden lasset; daß ihr eine Trage
Bereitet, sie den Pfad herauf zu bringen;
465 Daß ihr bewaffnet mir den Rücken sichert,
Wenn ja ein Unglück uns verfolgen sollte.
BASCO Versteinert bleib' ich stehn, und sehe kaum,
Und glaube nicht zu hören. Rugantino!
Du bist besessen. Farfarellen sind
470 Dir in den Leib gefahren! Was? du willst
Ein Mädchen rauben? Statt die Last dem andern
Zu überlassen, klüglich zu genießen,
Zu gehen und zu kommen, willst du dir
Und deinen Freunden diesen schweren Bündel
475 Auf Hals und Schultern laden? Nein, es ist
Kein Mensch so klug, daß er nicht eben toll
Bei der gemeinsten Sache werden könnte.
Sieh doch die Schafe nur; sie weiden dir
Den Klee ab, wo er steht, und sammeln nicht
480 In Scheunen auf. An jedem Berge stehn
Der Blumen viel für unsre Herden; viel
Sind Mädchen übers ganze Land gesät,
Von einem Ufer bis zum andern. Nein,
Es ist nicht möglich. Schleiche dich zu ihr,
485 Und schleiche wieder weg, und danke Gott,
Daß sie dich lassen kann und lassen muß.
RUGANTINO
Nicht weiter, Basco, denn es ist beschlossen.
BASCO Ich seh' es, teurer Freund, noch nicht getan.
RUGANTINO Du sollst ein Zeuge sein, wie es gerät.
490 BASCO Nur heute wird's unmöglich dein zu sein.
RUGANTINO
Was kann euch hindern, wenn ich euch gebiete?
BASCO Bedenke, Freund, wir sind einander gleich.

RUGANTINO Verwegner! Rede schnell, was hast du vor?
BASCO Es ist gewiß, der Fürst von Rocca Bruna,
Der uns bisher geduldet, hat zuletzt
Von seinen Nachbarn sich bereden lassen.
Er fürchtet, daß es laut bei Hofe werde;
Er ist vor wenig Tagen selbst gekommen,
Und seine Gegenwart treibt uns gewiß
Aus dieser Gegend weg, ich weiß es schon.
Es kommt gewiß uns morgen der Befehl,
Sogleich aus diesen Bergen abzuscheiden.
Wenn er sich nur nicht gar gelüsten läßt,
Sich unsrer werten Häupter zu versichern.
RUGANTINO Nun gut, so führen wir noch heute Nacht
Den Anschlag aus, der mir das Mädchen eignet.
BASCO O nein! Ich muß noch Geld zur Reise schaffen.
RUGANTINO Was soll das geben? Sage, was es gibt?
BASCO
Gehst du nicht mit; so brauchst du's nicht zu wissen.
RUGANTINO Dir ziemt es gegen mich geheim zu sein?
BASCO Uns ziemt der Raub noch besser als die Liebe.
Du hast mit keinem Knaben hier zu tun.
RUGANTINO So lang' ich euch ernährte, ließet ihr
Nur gar zu gern euch meine Kinder nennen.
BASCO Wie glücklich, daß wir nun erwachsen sind,
Da deine Renten sehr ins Stocken kommen!
RUGANTINO
Was unser Fleiß und unsre List und Klugheit
Den Männern und den Weibern abgelockt,
Das konnten wir mit frohem Mut verzehren.
Es soll auch künftig keinem fehlen; zwar
Ist's diese Tage schmal geworden –
BASCO                                           Ja!
Warum denn diese Tage? Weil du dich
Mit einem Abenteur beschäftigst, das
Nichts fruchtet und die schöne Zeit verzehrt.
RUGANTINO
So willst du denn zum Abschied noch den Fürsten,
Die ganze Nachbarschaft verletzen?
BASCO                                            Du
Hast nichts besonders vor! Ein edles Mädchen

Aus einem großen Hause rauben, ist
Wohl eine Kleinigkeit, die niemand rügt.
Wer ist der Tor?
RUGANTINO   Wer glaubst denn du zu sein,
Daß du mich schelten willst, du Kürbis?
BASCO                                       Ha!
Du Kerze! Wetterfahne du! Es sollen
Die Männer nicht zu deinen Possen dienen.
Ich gehe mit den Meinen, heut zu tun
Was allen nützt, und willst du deine Schöne
Zu holen gehn; so wird es uns erfreuen,
In unsrer Küche sie zu finden. Laß
Von ihrer zarten Hand ein feines Mahl,
Ich bitte dich, bereiten, wenn ihr früher
Zu Hause seid als wir; und sei gewiß,
Wir wollen ihr aufs beste dankbar sein,
Wenn sie nur nicht die guten Freunde trennt.
RUGANTINO
Was hält mich ab, daß ich mit dieser Faust,
Mit diesem Degen, Frecher, dich nicht strafe.
BASCO
Die andre Faust von gleicher Stärke hier,
Ein andrer Degen hier von gleicher Länge.
VAGABUNDEN *treten auf*
        Horchet doch, was soll das geben,
        Daß man hier so heftig spricht?
RUGANTINO
        Deinem Willen nachzugeben!
        Frecher, mir vom Angesicht!
BASCO
        Nur als Knecht bei dir zu leben!
        Junger Mann, du kennst mich nicht.
VAGABUNDEN
        Was soll das geben?
        Was soll das sein?
        Zwei solche Männer
        Die sich entzwein!
RUGANTINO
        Es ist gesprochen!
        Es ist getan!

**BASCO**
 So sei's gebrochen!
 So sei's getan! 560
**VAGABUNDEN**
 Aber was soll aus uns werden?
 Den zerstreuten, irren Herden
 Im Gebirge gleichen wir.
**RUGANTINO** und **BASCO**
 Kommt mit mir! Kommt mit mir!
 Euer Führer stehet hier. 565
**VAGABUNDEN**
 Euer Zwist, er soll nicht währen;
 Keinen wollen wir entbehren.
**RUGANTINO** und **BASCO**
 Euer Führer stehet hier.
**VAGABUNDEN**
 Wer gibt Rat? Wer hilft uns hier?
**RUGANTINO**
 Die Ehre, das Vergnügen, 570
 Sie sind auf meiner Seite;
 Ihr Freunde, folget mir.
**BASCO**
 Der Vorteil nach den Siegen,
 Die Lust bei guter Beute,
 Sie finden sich bei mir. 575
**RUGANTINO**
 Wem hab' ich schlimm geraten?
 Wen hab' ich schlecht geführt?
**BASCO**
 Bedenket meine Taten,
 Und was ich ausgeführt.
**BEIDE**
 Tretet her auf diese Seite. 580
**RUGANTINO** Ehr' und Lust!
**BASCO**        Lust und Beute!
**BEIDE**
 Kommt herüber! folget mir.
*Die Vagabunden teilen sich. Ein Dritteil stellt sich auf Rugantinos, zwei Dritteile auf Bascos Seite.*

VAGABUNDEN
>> Ich begebe mich zu dir.

VAGABUNDEN *auf Bascos Seite.*
>> Kommt herüber!

VAGABUNDEN *auf Rugantinos Seite*
>> Nein, wir bleiben;
>> Kommt herüber!

VAGABUNDEN *auf Bascos Seite*
585 >> Nein, wir bleiben.

VAGABUNDEN
>> Kommt herüber; wir sind hier.

RUGANTINO
>> Du hast, du hast gewonnen,
>> Wenn du die Stimmen zählest;
>> Allein, mein Freund, du fehlest,
590 >> Die Besten sind bei mir.

BASCO
>> Du hast, du hast gewonnen,
>> Wenn du die Mäuler zählest;
>> Allein, mein Freund, du fehlest,
>> Die Arme sind bei mir.

ALLE
595 >> Laßt uns sehen, laßt uns warten,
>> Was wir schaffen, was wir tun.

BASCO *und die Seinen*
>> Geht nur, gehet in den Garten,
>> Sehet, wo die Nymphen ruhn.

RUGANTINO *und die Seinen*
>> Geht und mischet eure Karten;
600 >> Wer gewinnt, der hat zu tun.

ALLE
>> Laßt uns sehen, laßt uns warten,
>> Was wir schaffen, was wir tun.

## Zweiter Aufzug

Nacht und Mondschein.

*Terrasse des Gartens von Villa Bella, im Mittelgrunde des Theaters. Eine doppelte Treppe führt zu einem eisernen Gitter, das die Gartentür schließt. An der Seite Bäume und Gebüsch.*

*Rugantino mit seinem Teil Vagabunden.*

RUGANTINO
Hier, meine Freunde, dieses ist der Platz!
Hier bleibet, und ich suche durch den Garten
Gelegenheit, dem Fenster mich zu nahn, 605
Wo meine Schöne ruht. Sie schläft allein,
In einem Seitenflügel dieses Schlosses.
So viel ist mir bekannt. Ich locke sie
Mit meiner Saiten Ton ans Fenster. Dann
Geb' Amor Glück und Heil, der stets geschäftig 610
Und wirksam ist, wo sich ein Paar begegnet.
Nur bleibet still und wartet, bis ich euch
Hier wieder suche. Eilet mir nicht nach,
Wenn ihr auch Lärm und Händel hören solltet;
Es wäre denn, ich schösse; dann geschwind'! 615
Und sehet, wie ihr durch Gewalt und List
Mir helfen könnt. Lebt wohl. – Allein wer kommt?
Wer kommt so spät mit Leuten? – Still – es ist –
Ja es ist Don Rovero, der ein Gast
Des Hauses war. Er geht mir recht gelegen 620
Schon diese Nacht hinweg. Wenn er nur nicht
Den andern in die Hände fällt, die sich
Am Wege lagern, wildes Abenteuer
Unedel zu begehn. – Versteckt euch nur.
PEDRO *zu seinen Leuten*
Ihr geht voran; in einem Augenblick 625
Folg' ich euch nach. Ihr wartet an der Eiche,
Da wo die Pferde stehn; ich komme gleich.

Lebet wohl, geliebte Bäume,
Wachset in der Himmels-Luft:

Tausend liebevolle Träume
Schlingen sich durch euren Duft.

Doch was steh' ich und verweile?
Wie so schwer, so bang' ist's mir?
Ja, ich gehe! Ja, ich eile!
Aber ach mein Herz bleibt hier.
*ab.*

RUGANTINO *hervortretend*
Er ist hinweg! ich gehe! – Still doch! Still!
Im Garten seh' ich Frauen auf und nieder
Im Mondschein wandern. Still! Verbergt euch nur.
Wir müssen sehen, was das geben kann.
Vielleicht ist mir das Liebchen nah', und näher,
Als ich es hoffen darf. Nur fort! Bei Seite!
CLAUDINE *auf der Terrasse.*
   In dem stillen Mondenscheine,
   Wandl' ich schmachtend und alleine.
   Dieses Herz ist liebevoll,
   Wie es gern gestehen soll.
RUGANTINO *unten und vorne für sich*
In dem stillen Mondenscheine,
Singt ein Liebchen! Wohl das meine?
Ach so süß, so liebevoll,
Wie die Zither locken soll.
   *Mit der Zither sich begleitend, und sich nähernd*
Cupido, loser, eigensinniger Knabe;
Du batst mich um Quartier auf einige Stunden!
Wie viele Tag' und Nächte bist du geblieben,
Und bist nun herrisch und Meister im Hause geworden.

*Claudine hat eine Zeit lang auf die Zither gehört, und ist vorübergegangen. Es tritt Lucinde von der andern Seite auf die Terrasse.*

LUCINDE
Hier im stillen Mondenscheine,
Ging ich freudig sonst alleine;
Doch halb traurig und halb wild
Folgt mir jetzt ein liebes Bild.

RUGANTINO *unten und vorne, für sich*
    In dem stillen Mondenscheine
    Geht das Liebchen nicht alleine,
    Und ich bin so unruhvoll,
    Was ich tun und lassen soll.
  *Sich mit der Zither begleitend und sich nähernd*
    Von meinem breiten Lager bin ich vertrieben;
    Nun sitz' ich an der Erde, Nächte gequälet;
    Dein Mutwill' schüret Flamm' auf Flamme des
                                                Herdes,
    Verbrennet den Vorrat des Winters und senget mich
                                                Armen.
*Indes ist Claudine auch wieder herbeigekommen, und hat mit Lucinden dem Gesange Rugantinos zugehört.*
CLAUDINE *und* LUCINDE
    Das Klimpern hör' ich
    Doch gar zu gerne.
    Käm' sie nur näher,
    Sie steht so ferne;
    Nun kommt sie näher,
    Nun ist sie da.
RUGANTINO *zugleich mit ihnen*
    Es scheint, sie hören
    Das Klimpern gerne.
    Ich trete näher,
    Ich stand zu ferne;
    Nun bin ich näher,
    Nun bin ich da.
RUGANTINO *sich begleitend*
  Du hast mir mein Gerät verstellt und verschoben.
  Ich such', und bin wie blind und irre geworden;
  Du lärmst so ungeschickt; ich fürchte, das Seelchen
  Entflieht, um dir zu entfliehn, und räumet die Hütte.

*Rugantino ist unter der letzten Strophe immer näher getreten und nach und nach die Treppe hinaufgestiegen. Die Frauenzimmer haben sich von innen an die Gittertür gestellt; Rugantino steigt die Treppen immer sachte hinauf, daß er endlich ganz nah bei ihnen an der Seite der Tür steht.*

PEDRO *mit gezognem Degen*
>    Sie sind entflohn!
>    Entflohen, die Verwegnen!
>    Mich dünkt, mich dünkt,
>    Sie sind hieher entflohn.

RUGANTINO *indem er Pedro hört, und die Frauenzimmer zugleich zurücktreten, eilig die Treppe herunter*
>    O doch verflucht!
>    Verflucht! was muß begegnen?
>    Pedro! Er ist's!
>    Den glaub' ich ferne schon.

CLAUDINE *und* LUCINDE, *die sich wieder auf der Terrasse sehen lassen*
>    Trete zurück!
>    Zurück! Was muß begegnen!
>    Männer und Lärm!
>    Mich dünkt, sie streiten schon.

*Die Vagabunden sind indes zu Rugantino getreten, er steht mit ihnen an der einen Seite.*

RUGANTINO
>    Hinter der Eiche,
>    Kommt, laßt uns lauschen!

PEDRO
>    Hier im Gesträuche
>    Hör' ich ein Rauschen! –
>    Wer da! Wer ist's?
>    Seid ihr nicht Memmen,
>    Tretet hervor.

RUGANTINO *zu den Seinigen*
>    Bleibet zurück!
>    Der soll bei Seite,
>    Droht er, der Tor!

ALLE Horch! Horch! Still! Still!

CLAUD *u.* LUCINDE    Sie sind auf einmal stille!
PEDRO    Es wird auf einmal stille!
RUGANT. *u.* VAGAB.    Er ist auf einmal stille!
⟨ALLE⟩    Was das nur werden will?

PEDRO Wer da?

RUGANTINO Eine Degenspitze!

PEDRO Sie sucht ihres Gleichen!
Hier!
                    *Sie fechten.*
CLAUDINE *und* LUCINDE
                    Ich höre Degen
                    Und Waffen klingen;
                    O eil', o eile!                              715
PEDRO
                    Es soll dein Degen
                    Mich nicht zum Weichen,
                    Zum Wanken bringen.
RUGANTINO
                    Dich soll mein Degen,
                    Willst du nicht weichen,                     720
                    Zur Ruhe bringen.
VAGABUNDEN
                    Ich höre Degen
                    Und Waffen klingen,
                    Ganz in der Nähe.
CLAUDINE und LUCINDE
                    O ruf' den Vater,                            725
                    Und hol' die Leute;
                    Es gibt ein Unglück;
                    Was kann geschehn!
VAGABUNDEN
                    Hier sind die Deinen,
                    Bewährte Leute,                              730
                    In jedem Falle
                    Dir beizustehn.
PEDRO
                    Ich steh' alleine;
                    Doch steh' ich feste.
                    Ihr wißt zu rauben,                          735
                    Und nicht zu stehn.
RUGANTINO
                    Laßt mich alleine,
                    Ich steh' ihm feste;
                    Du sollst nicht Räuber,
                    Sollst Männer sehn.                          740

*Während dieses Gesangs fechten Rugantino und Pedro, mit
wiederholten Absätzen. Zuletzt entfernen sich die Frauen-
zimmer; die Vagabunden stehen an der Seite. Pedro, der in
den rechten Arm verwundet wird, nimmt den Degen in die
Linke, und stellt sich gegen Rugantino.*
RUGANTINO Laßt ab, ihr seid verwundet!
PEDRO                           Noch genug
Ist Stärk' in diesem Arm, dir zu begegnen.
RUGANTINO Laßt ab und fürchtet nicht!
PEDRO                           Du redest menschlich.
Wer bist du? Willst du meinen Beutel? Hier!
/45    Du kannst ihn nehmen; dieses Leben sollst
Du teuer zahlen.
RUGANTINO      Nimm bereite Hülfe,
Du Fremdling, an, und wenn du mir nicht traust,
So laß die Not dir raten, die dich zwingt.
PEDRO Weh mir! ich schwanke! Blut auf Blut entströmt
750   Zu heftig meiner Wunde. Haltet mich,
Wer ihr auch seid! Ich fühle mich gezwungen,
Von meinen Feinden Hülfe zu begehren.
RUGANTINO Hier! unterstützt ihn, und verbindet ihn,
Bringt ihn zu unsrer Wohnung schnell hinauf.
755 PEDRO Bringt mich hinein nach Villa Bella.
          *Er wird ohnmächtig.*
RUGANTINO               Nicht!
Er soll nicht hier herein. Tragt ihn hinauf,
Und sorgt für ihn aufs beste. Diese Nacht
Ist nun verdorben durch die Schuld und Torheit
Der zu verwegnen Raubgesellen. Geht,
760   Ich folge bald.
          *Vagabunden mit Pedro ab.*
          Ich muß mich um das Schloß
Noch einmal leise schleichen; denn ich kann
Der Hoffnung nicht entsagen, noch vor Morgen
Mein Abenteuer, wenn nicht zu vollführen,
Doch anzuknüpfen. Warte, Basco, wart'!
765   Ich denk' es dir, du ungezähmter Tor!
ALONZO *und* BEDIENTE *inwendig an der Gartentür.*
ALONZO
Schließt auf! und macht mir schnell die ganze Runde

Des Schlosses; wen ihr findet, nehmt gefangen.
RUGANTINO Ein schöner Fall! Nun gilt es mutig sein.
ALONZO Die Frauen haben ein Geräusch der Waffen,
Ein Ächzen tönen hören. Sehet nach;
Ich bleibe hier, bis ihr zurücke kehrt.
*Bediente ab, ohne Rugantino zu bemerken.*
RUGANTINO Am besten ist's, der drohenden Gefahr
Ins Angesicht zu sehen. Laßt mich erst
Durch meine Zither mich verkünd'gen. Still,
So sieht es dann recht unverdächtig aus. 775
Cupido, kleiner loser, schelmischer Knabe.
ALONZO Was hör' ich! Eine Zither! Laßt uns sehen.
*herabtretend.*
Wer seid ihr, daß ihr noch so spät zu Nacht
In dieser Gegend schleicht, wo alles ruht.
RUGANTINO Ich schleiche nicht, ich wandle nur für mich, 780
Wie's mir gefällt, auf breiter freier Straße.
ALONZO Um unsre Mauern lieben wir nicht sehr
Das Nachtgeschwärm'; es ist uns zu verdächtig.
RUGANTINO Mir wär' es lieber, eure Mauern ständen
Wo anders, die mir hier im Wege stehen. 785
ALONZO *für sich*
Es ist ein grober Gast, doch spricht er gut.
RUGANTINO
Er möchte gern an mich, und traut sich nicht.
ALONZO Habt ihr nicht ein Geschrei vernommen? Nicht
Hier Streitende gefunden?
RUGANTINO                Nichts dergleichen.
ALONZO *für sich*
Der kommt von ungefähr, so scheint es mir. 790
RUGANTINO *für sich*
Ich will doch höflich sein, vielleicht gerät's.
ALONZO Ihr tut nicht wohl, daß ihr um diese Stunde
Allein auf freien Straßen wandelt; sie
Sind jetzt nicht sicher.
RUGANTINO            O sie sind's für mich.
Gesang und Saitenspiel, die größten Freunde 795
Des Menschenlebens, schützen meinen Weg
Durch die Gefilde, die der Mond beleuchtet.
Es wagt kein Tier, es wagt kein wilder Mensch

Den Sänger zu beleid'gen, der sich ganz
Den Göttern, der Begeist'rung übergab.
Nur aus Gewohnheit trag' ich diesen Degen;
Denn selbst im Frieden ziert er seinen Mann.
ALONZO Ihr haltet euch in dieser Gegend auf?
RUGANTINO Ich bin ein Gast des Prinzen Rocca Bruna.
ALONZO Wie? meines guten Freundes? Seid willkommen.
Ich frage nicht, ob ihr ein Fremder seid;
Mir scheint es so.
RUGANTINO           Ein Fremder hier im Lande.
Doch hab' ich auch das Glück, daß mich der König
Zu seinen letzten Dienern zählen will.
ALONZO *bei Seite*
Ein Herr vom Hof'! So kam es gleich mir vor.
RUGANTINO Ich darf euch wohl um eine Güte bitten?
Ich bin so durstig; denn schon lange treibt
Die Lust zu wandeln mich durch diese Felder.
Ich bitt' euch, mir durch einen eurer Diener
Nur ein Glas Wasser freundlich zu gewähren.
ALONZO Mit nichten so. Was? glaubt ihr, daß ich euch
Vor meiner Türe lasse? Kommt herein.
Nur einen Augenblick Geduld. Hier kommen
Die Leute, die ich ausgeschickt. Man hatte
Nah' an dem Garten Lärm gehört, das Klirren
Der Waffen, ein Geschrei von Fechtenden.
DIE BEDIENTEN *kommen*
Was gibt's? Ihr hörtet niemand? fandet keinen?
*Die Bedienten machen verneinende Zeichen.*
Es ist doch sonderbar, was meine Frauen
Für Geister sah'n? Wer weiß es, was die Furcht
Den guten Kindern vorgebildet. Kommt!
Ihr sollt euch laben, sollet anders nicht
Als wohl begleitet, mir von hinnen scheiden.
Und wenn ihr bleiben wollt; so findet ihr
Ein gutes Bett und einen guten Willen,
RUGANTINO
Ihr macht mich ganz beschämt, und zeiget mir
Mit wenig Worten euern edeln Sinn.
*Für sich.*
Welch Glück der Welt vermag so viel zu tun,

Als dieses Unglück mir verschafft!
            *Laut.* Ich komme.
      *Beide durch die Gartentür ab.*


         Wohl erleuchtetes Zimmer in dem Schlosse
                    von Villa Bella.

                   *Claudine. Lucinde.*

CLAUDINE Wo bleibt mein Vater? Käm' er doch zurück!
Ich bin voll Sorge. Freundin, wie so still? 835
LUCINDE Ich denke nach, und weiß nicht wie mir ist;
Ich weiß nicht ob mir träumte. Ganz genau
Glaubt' ich zuletzt die Stimme des Geliebten
Im Lärm und Streit zu hören.
CLAUDINE                    Wie? des deinen?
Ich hörte Pedros Stimme ganz genau. 840
Ich kann für Angst nicht bleiben; laß uns hin,
Laß uns zum Garten.
LUCINDE            Still! Es kommt dein Vater.
         *Alonzo. Rugantino. Bediente.*
ALONZO Hier bring' ich einen späten Gast, ihr Kinder,
Empfangt ihn wohl, er scheint ein edler Mann.
RUGANTINO *zu Alonzo*
Ich bin beschämt von eurer Güte;
            *Zu den Damen.*       bin 845
Betäubt von eurer Gegenwart. Mich faßt
Das Glück ganz unerwartet an, und hebt
Mich heftig in die Höhe, daß mir schwindelt.
CLAUDINE
Seid uns willkommen. War't ihr bei dem Streite?
ALONZO Er weiß von keinem Streit. Ich fand ihn singend, 850
Als ich zur Türe kam, und alles still.
LUCINDE *für sich*
Er ist's! O Gott! Er ist's! Verberge dich,
Gerührtes Herz. Mir zittern alle Glieder.
*Claudine spricht mit Alonzo, im Hintergrunde auf und ab
                        gehend.*

RUGANTINO *heimlich zu Lucinden*
  So find' ich mich an deiner Seite wieder;
855  Beschließe mir nun Leben oder Tod.
LUCINDE Ich bitt' euch, still! Verschonet meine Ruhe,
  Verschonet meinen Namen, still! nur still!
ALONZO *zu den Bedienten*
  Ein Glas gekühltes Wasser bringt herauf,
  Bringt eine Flasche Wein von Syracus.
    *Zu Rugantino.*
860  Auf alle Fälle, wackrer Fremdling, nehmt
  Euch künftig mehr in Acht, und naht so spät
  Nicht mehr allein. Wir sind in dieser Gegend
  Sehr übel dran; es ist uns ganz nicht möglich,
  Das Raubgesind, das liederliche Volk
865  Von unsern Straßen zu vertreiben. Denken
  Auch zwei, drei Nachbarn überein, und halten
  In ihren Grenzen Ordnung; ja so schützt
  Gleich im Gebirg' ein andrer Herr die Schelmen;
  Und diese schweifen, wenn sie auch des Tags
870  Nicht sicher sind, bei Nacht herum und treiben
  Solch einen Unfug, daß ein Ehrenmann
  In doppelter Gefahr sich findet.
RUGANTINO Gewiß gehorch' ich euerm guten Rat.
ALONZO Ich hoff', es soll mit nächstem besser werden.
875  Der Prinz von Rocca Bruna hat beschlossen,
  Was nur verdächtiges Gesindel sich
  In seinen Bergen lagert, zu vertreiben.
  Ihr werdet es von ihm erfahren haben;
  Denn er ist selbst gekommen, den Befehl
880  Des Königs und der Nachbarn alte Wünsche
  Mit strenger Eil' und Vorsicht zu vollbringen.
RUGANTINO Ich weiß, er denkt mit Ernst an diese Sache,
    *Für sich.*
  Das hatte Basco richtig ausgespürt.
CLAUDINE
  So habt ihr keinen Streit und nichts vernommen?
885 RUGANTINO Nicht einen Laut, als jenen Silberton
  Der zarten Grillen, die das Feld beleben,
  Und einem Dichter lieb wie Brüder sind.
LUCINDE Ihr dichtet auch ein Lied?

RUGANTINO                    Wer dichtet nicht?
Dem diese schöne reine Sonne scheint,
Der diesen Hauch des Lebens in sich zieht?
            *Leise zu Lucinden.*
Dem es beschert war, nur ein einzigmal
In dieses Aug' zu sehen. Draußen stand ich,
Vor deiner Türe, draußen vor der Mauer,
Und weinte jammernd in mein Saitenspiel.
Der Tau der Nacht benetzte meine Kleider,
Der hohe Mond schien tröstend zu verweilen;
Da sah' mich Amor und erbarmte sich.
Hier bin ich nun, und wenn du dich nicht mein
In dieser Nacht erbarmen willst –
LUCINDE                              Ihr seid
Verwegen-dringend. Ihr verkennt mich sehr;
Nun schweigt!
RUGANTINO      Ich soll verzweifeln. Mir ist's ein's,
Zu leben oder gleich zu sterben, wenn
Du mir ein Zeichen deiner Gunst versagst.
CLAUDINE *die indessen mit ihrem Vater gesprochen, und wieder herbeitritt*
So gebt uns doch ein Lied, ich bitte sehr,
Ein stilles Lied zur guten Nacht.
RUGANTINO                              Wie gern!
Das rauschende Vergnügen lieb' ich nicht,
Die rauschende Musik ist mir zuwider.
*Bald gegen Claudinen bald gegen Lucinden gekehrt, und sich mit der Zither begleitend.*

    Liebliches Kind!
    Kannst du mir sagen,
    Sagen, warum
    Zärtliche Seelen
    Einsam und stumm
    Immer sich quälen,
    Selbst sich betrügen,
    Und ihr Vergnügen
    Immer nur ahnden
    Da wo sie nicht sind?
    Kannst du mir's sagen,
    Liebliches Kind?

ALONZO *hat während der Arie mit einigen Bedienten im Hintergrunde ernstlich gesprochen. Man konnte aus ihren Gebärden sehen, daß von Rugantino die Rede war, indem sie auf ihn deuteten, und ihrem Herrn etwas zu beteuern schienen. Gegen das Ende der Arie tritt Alonzo hervor und hört zu; da sie geendigt ist, spricht er:*
920 Die Frage scheint verfänglich; doch es möchte
Sich ein und andres drauf erwiedern lassen.
*Er geht wieder zu den Bedienten, und spricht mit ihnen an der einen Seite des Theaters; indes Rugantino und die beiden Frauenzimmer sich an der andern Seite unterhalten.*
ALONZO *zu den Bedienten*
So seid ihr ganz gewiß, daß er es sei,
Der Rädelsführer jener Vagabunden?
Ja, ja, er kam mir gleich verdächtig vor.
925 Du kennst ihn ganz genau? Gestehst mir nun,
Selbst unter ihm gedient zu haben? Gut!
Dir soll's nicht schaden, daß du es gestehst.
Seht ihn noch einmal an, daß ihr mich nicht
Zu einem falschen Tritt verleitet. Still!
930 Ich will die Kinder singen machen, daß
Wir schicklich noch zusammen bleiben können.
*Er tritt zu den andern.*
Wie geht es? Habt ihr's ausgemacht? Ich dächte,
Ihr gäbt ihm das zurück als kluge Mädchen!
*Die Bedienten beobachten den Rugantino heimlich und genau, und versichern von Zeit zu Zeit ihrem Herren, daß sie der Sache gewiß sind; indes singen*
CLAUDINE *und* LUCINDE
Ein zärtlich Herz hat viel,
935 Nur allzu viel zu sagen.
Allein auf deine Fragen
Läßt sich ein Wörtchen sagen:
Es fehlt, es fehlt der Mann,
Dem man vertrauen kann.
RUGANTINO
940 Um einen Mann zu schätzen, muß man ihn
Zu prüfen wissen.
LUCINDE   Ein Versuch geht eher
Für einen Mann, als für ein Mädchen an.

ALONZO *zu den Bedienten*
  Ihr bleibt dabei? Nun gut, ich will es wagen:
  Denn hab' ich ihn; so sind die andern bald
  Von selbst zerstreut. Du feiner Vogel, kommst
  Du mir zuletzt ins Haus? Ich halt' ihn hier,
  Geb' ihm ein Zimmer ein, das schon so gut
  Als ein Gefängnis ist und doch nicht scheint.
            *Laut.*
  Mein Herr, ihr bleibt heut Nacht bei uns. Ich lasse
  Euch nicht hinweg, ihr sollt mir sicher ruhen,
  Und morgen gibt der Tag euch das Geleite.
RUGANTINO
  Ich danke tausendmal. Schlaft, werte Freunde,
  Aufs ruhigste nach einem frohen Tag.
            *Zu Lucinden.*
  Entschließe dich! Mir brennt das Herz im Busen:
  Und sagst du mir nicht eine Hoffnung zu;
  So bin ich meiner selbst nicht mächtig, bin
  Im Falle, toll und wild das äußerste zu wagen.
LUCINDE *für sich*
  Er macht mir bang'! Ich fühle mich verlegen,
  Ich will ihm leider nur schon allzu wohl.
RUGANTINO *für sich*
  Ich muß noch suchen, alle sie zusammen
  Im Saal zu halten; meine Schöne gibt
  Zuletzt wohl nach. O Glück! O süße Freude!
            *Laut.*
  Ich denke nach, ihr Schönen, was ihr sangt.
  Ihr habt gewiß die Männer sehr beleidigt;
  Ihr glaubt, es gebe keinen treuen Mann;
  Allein wie viel Geschichten könnt' ich euch
  Von ewig-unbegrenzter Liebe sagen!
  Die Erde freut sich einer treuen Seele,
  Der Himmel gibt ihr Segen und Gedeihn;
  Indes die schwarzen Geister in der Gruft
  Der falschen Brust, der lügenhaften Lippe,
  Wohl-ausgedachte Qualen zubereiten.
  Vernehmt mein Lied. Es schwebt die tiefe Nacht
  Mit allen ihren Schauern um uns her.
  Ich lösche diese Lichter aus; und eines

Ganz ferne hin, daß in der Dunkelheit
Sich mein Gemüt mit allen Schrecken fülle,
Daß mein Gesang den Abscheu meiner Seele
Zugleich mit jenen schwarzen Taten melde.

*Das Theater ist verfinstert bis auf Ein Licht im Hintergrunde. Die Damen setzen sich, Claudine zunächst an die Szene, Lucinde nach der Mitte des Theaters. Alonzo geht auf und ab, und steht meist an der andern Seite des Theaters. Rugantino steht bald zwischen den Frauenzimmern, bald an Lucindens Seite. Er flüstert ihr zwischen den Strophen geschickt einige Worte zu; sie scheint verlegen. Claudine, wie durch die ganze Szene, nachdenklich und abwesend. Alonzo nachdenklich und aufmerksam. Kein Bedienter ist auf dem Theater.*

RUGANTINO

Es war ein Buhle frech genung,
War erst aus Frankreich kommen,
Der hatt' ein armes Mädel jung
Gar oft in Arm genommen,
Und liebgekos't und liebgeherzt,
Als Bräutigam herumgescherzt,
Und endlich sie verlassen.

Das braune Mädel das erfuhr,
Vergingen ihr die Sinnen.
Sie lacht' und weint' und bet' und schwur;
So fuhr die Seel' von hinnen.
Die Stund' als sie verschieden war,
Wird bang' dem Buben graus't sein Haar,
Es treibt ihn fort zu Pferde.

Er gab die Sporen kreuz und quer,
Und ritt auf alle Seiten.
Hinüber, herüber, hin und her;
Kann keine Ruh' erreiten;
Reit sieben Tag' und sieben Nacht,
Es blitzt und donnert, stürmt und kracht,
Die Fluten reißen über.

Und reit im Blitz und Wetterschein
Gemäuerwerk' entgegen,
Bindt's Pferd Haus-an und kriecht hinein,
Und duckt sich vor dem Regen.
Und wie er tappt, und wie er fühlt, 1005
Sich unter ihm die Erd' erwühlt;
Er stürzt wohl hundert Klafter.

Und als er sich ermannt vom Schlag',
Sieht er drei Lichtlein schleichen:
Er rafft sich auf, und krapelt nach; 1010
Die Lichtlein ferne weichen,
Irrführen ihn die Quer und Läng',
Trepp-auf Trepp-ab, durch enge Gäng',
Verfallne wüste Keller.

Auf einmal steht er hoch im Saal, 1015
Sieht sitzen hundert Gäste,
Hohläugig grinsen allzumal,
Und winken ihm zum Feste.
Er sieht sein Schätzel unten an,
Mit weißen Tüchern angetan; 1020
Die wend't sich –
*Der Gesang wird durch die Ankunft von Alonzos Bedienten
unterbrochen.*

ZWEI BEDIENTE ALONZOS
Herr, o Herr, es sind zwei Männer
Von Don Pedros braven Leuten,
Vor der Türe sind sie hier,
Und verlangen sehr nach dir. 1025
ALONZO
Himmel, was soll das bedeuten!
Führet sie geschwind zu mir.
ZWEI BEDIENTE PEDROS
*Die Lichte werden wieder angezündet und der Saal erhellt.*
Ganz verwirrt und ganz verlegen,
Voller Angst und voller Sorgen,
Kommen wir durch Nacht und Nebel, 1030
Hülf' und Rettung rufen wir.

ALONZO und CLAUDINE
  Redet, redet!
RUGANTINO und LUCINDE
      Saget, saget.
        *Zu vier.*
  Saget an, was soll das hier?
PEDROS BEDIENTE
  Von verwegnem Raubgesindel
1035 Diesen Abend überfallen,
  Haben wir uns wohl verteidigt;
  Doch vergebens widerstanden
  Wir der überlegnen Macht.
  Wir vermissen unsern Herren;
1040 Er verlor sich in die Nacht.
CLAUDINE
  Welch ein Unheil! Welche Schmerzen!
  Ach, ich kann mich nicht verbergen.
  Eilet, Vater, eilet, Leute,
  Unserm Freunde beizustehn.
ALONZO
1045 Wo ergriffen euch die Räuber?
BEDIENTE
  Noch im Wald' von Villa Bella.
CLAUDINE
  Wo verlor't ihr euern Herren?
BEDIENTE
  Er verfolgte die Verwegnen.
LUCINDE
  Habt ihr ihm denn nicht gerufen?
BEDIENTE
1050 O gewiß, und laut und öfter.
RUGANTINO
  Habt ihr das Gepäck gerettet?
BEDIENTE
  Alles wird verloren sein.
ALONZO *für sich*
  So sehr mich das bestürzt,
  So sehr es mich verdrießt,
1055 So nutz' ich doch,
  Gebrauch' ich die Gelegenheit.

    Es ist die schönste, höchste Zeit,
    Daß ich erst diesen Vogel fange!
CLAUDINE
    O bedenkt euch nicht so lange!
ALONZO
    Liebes Kind, ich geh', ich gehe! 1060
LUCINDE
    Eilt! Er ist wohl in der Nähe.
RUGANTINO
    Laßt mich euern Zweiten sein.
ALONZO *zu den Bedienten*
    Alle zusammen! Sattelt die Pferde!
    Holet Pistolen! Holet Gewehre!
    Eilig versammelt euch hier in dem Saal!
        *Die Bedienten gehen meistens ab.*
RUGANTINO
    Ich bin bewaffnet, hier ist mein Degen!
    Hier sind Pistolen, hier wohnt die Ehre!
    Meine Geschäftigkeit zeig' ich einmal.
ALONZO *indem er die Terzerolen dem Rugantino abnimmt*
    Ach wozu nützen diese Pistölchen!
    Nur euch zu hindern schlaudert der Degen. 1070
        *Zu den Bedienten.*
    Bringt ein Paar andre, bringet ein Schwert.
RUGANTINO
    Dankbar und freudig, daß ihr mich waffnet.
    Jegliche Wehre, die ihr getragen,
    Doppelt und dreifach ist sie mir wert.
ALONZO *Lucinden die Terzerolen gebend*
    Hebt die Pistolen auf bis an den Morgen. 1075
    Nehmet den Degen, gehet, verwahrt ihn.
RUGANTINO *indem er Lucinden den Degen gibt*
    Liebliche Schönen, wenn ihr entwaffnet,
    Laß' ich's geschehen; aber erbarmt euch
    Euers entwaffneten zärtlichen Knechts.
*Lucinde geht mit den Waffen ab, Alonzo und Rugantino treten zurück und sprechen leise mit einander, wie auch mit den Bedienten die sich nach und nach im Grunde versammeln.*

CLAUDINE *für sich*
>Voller Angst und auf und nieder
>Steigt der Busen; kaum noch halten
>Mich die Glieder. Ach ich sinke!
>Meine kranke Seele flieht.

LUCINDE, *die wieder hereinkommt und zu Claudinen tritt.*
>Nein gewiß, du siehst ihn wieder:
>Ach ich teile deine Schmerzen.
>*Bei Seite, heimlich nach Rugantino sich umsehend.*
>Ach daß ich ihn gleich verliere!
>Wenn ihm nur kein Leid's geschieht!

RUGANTINO *zwischen beide hineintretend*
>Trauet nur! Er kommt euch wieder.
>Ja, wir schaffen den Geliebten.
>*Heimlich zu Lucinden.*
>Ach, ich bin im Paradiese,
>Wenn dein Auge freundlich sieht.
>*Zu drei, jedes für sich.*

CLAUDINE
>Ach schon decken mich die Wogen!
>Nein! Wer hilft – wer tröstet mich?

RUGANTINO
>Nein, ich hab' mich nicht betrogen;
>Ja, sie liebt – sie lebt für mich.

LUCINDE
>Ach! wie bin ich ihm gewogen;
>Ach wie schön – Wie liebt er mich!

*Indessen haben sich alle Bedienten bewaffnet im Hintergrunde versammelt.*

ALONZO *zu den Bedienten*
>Seid ihr zusammen? Seid ihr bereit?

BEDIENTE
>Alle zusammen, alle bereit.

ALONZO
>Horcht den Befehlen, folget sogleich! –
>*Auf Rugantino deutend.*
>Diesen, hier diesen nehmet gefangen.

CLAUDINE und LUCINDE
>Himmel, was hör' ich?

ALONZO
                    Nehmt ihn gefangen.
RUGANTINO
    Ha, welche Schändlichkeit
    Wird hier begangen!
    Haltet!
ALONZO *zum Chor*
    Gehorchet mir.
RUGANTINO         Haltet!
BEDIENTE *zu Alonzo*
                    Gehorchen dir. 1105
    *Zu Rugantino.*
  Gib dich!
RUGANTINO *zu Alonzo*
          Verräter, nahmst mir die Waffen!
  Sage, was hab' ich mit dir zu schaffen?
  Sage, was soll das?
ALONZO *zu den Bedienten*
            Greifet ihn an!
RUGANTINO
  Haltet!
    *Nach einer Pause.*
    Ich gebe mich! Es ist getan. 1110
*Für sich, indes die andern alle suspendiert stehn.*
    Noch ist ein Mittel, ich will es fassen!
    Sie sollen beben und mich entlassen.
    Gefangen? – Nimmer! Ich duld' es nie!
*Pause. Rugantino zieht einen Dolch hervor, faßt Claudinen
bei der Hand, und setzt ihr den Dolch auf die Brust.*
    ⟨*Zu Alonzo.*⟩
  Entlaß mich! oder ich töte sie!
ALLE *außer Rugantino*
  Götter! 1115
RUGANTINO *zu Alonzo*
    Du siehst dein Blut
    Aus diesem Busen rinnen.
      *Zu drei.*
ALONZO und LUCINDE
    Schreckliche Wut!
    Fürchterliches Beginnen!

CLAUDINE

Schone mein Blut!
Wirst du, was wirst du gewinnen?

RUGANTINO Zurück! Zurück!

ALLE *außer Rugantino*

Götter!

ALONZO. CLAUDINE. LUCINDE

Ach wer rettet, wer erbarmet
Sich der Not? Wer steht uns bei?

RUGANTINO

Du siehst dein Blut
Aus diesem Busen rinnen!
*Zu drei.*

ALONZO und LUCINDE

Schreckliche Wut!
Fürchterliches Beginnen!

CLAUDINE

Schone mein Blut!
Wirst du, was wirst du gewinnen?

RUGANTINO

Zurück! Zurück!

ALLE *außer Rugantino*

Götter!
Ach wer rettet, wer erbarmet
Sich der Not? wer steht uns bei?

CLAUDINE

Laß ihn, Vater, laß ihn fliehen,
Wär' er auch schuldig; und mache mich frei.

RUGANTINO

Sprich ein Wort! Mir ist's gelungen!
Laß mich los, und sie ist frei.

LUCINDE

Du so grausam? Du nicht edel?
Sei ein Mensch, und gib sie frei.

ALONZO

Ach, wozu bin ich gezwungen!
Nein! – Doch ja, ich laß' ihn frei.

ALLE *außer Rugantino*

Ach wer rettet? Wer erbarmet
Sich der Not? Wer steht uns bei?

RUGANTINO *zu Alonzo*
>Ja du rettest, du erbarmest
>Dich dein selbst, und machst sie frei.

ALONZO Verwegner!
>Ja, gehe!
>Entferne dich eilend,
>Ja, fliehe nur fort.
>Du hast mich gebunden,
>Du hast überwunden,
>Da hast du mein Wort!

RUGANTINO *noch Claudinen haltend*
>Ja, ich traue deinem Worte,
>Das du mir gewiß erfüllst;
>Und versprich, daß zu der Pforte
>Du mich selbst begleiten willst.

ALONZO Traue, traue meinem Worte,
>Wenn du auch dein Wort erfüllst;
>Und ich führe dich zur Pforte,
>Wenn du mir *sie* lassen willst.

RUGANTINO
>Dies Versprechen, diese Worte
>Sind ihr Leben, sind dein Glück.
>>*Zu Lucinden.*
>Bring' sogleich mir meine Waffen,
>Bring', o Schöne, sie zurück.

LUCINDE
>Ach, ich weiß mich kaum zu finden,
>Welch ein Unheil! Welches Glück!

CLAUDINE *zu Alonzo*
>Ach, ich kehr' zu deinen Armen
>Aus der Hand des Tod's zurück.

ALONZO
>Meine Liebe, deine Kühnheit
>Ist dein Vorteil, ist dein Glück.

ALLE
>Diese Liebe, diese Kühnheit
>Ist sein Vorteil, ist sein Glück.

RUGANTINO
>Diese Liebe, diese Kühnheit
>Ist mein Vorteil, ist mein Glück!

ALLE

        Ein grausames Wetter
        Hat all' uns umzogen;
        Es rollen die Donner,
        Es brausen die Wogen;
        Wir schweben in Sorge,
        In Not und Gefahr.
        Es treiben die Stürme
        Bald hin uns, bald wieder;
        Es schwanken die Füße,
        Es beben die Glieder;
        Es pochen die Herzen,
        Es sträubt sich das Haar.

*Indessen hat Lucinde die Waffen dem Rugantino zurückgegeben, Alonzo begleitet ihn hinaus, die Bedienten folgen und die Frauenzimmer gehen durch eine Seitentür ab.*


## DRITTER AUFZUG

Wohnung der Vagabunden im Gebirge.

PEDRO *allein*

        Langsam weichen mir die Sterne,
        Langsam naht die Morgenstunde:
        Blicke mit dem Rosenmunde
        Mich, Aurora, freundlich an.

Wie sehnlich harr' ich auf das Licht des Tages!
Wie sehnlich auf den Boten, der mir Nachricht
Von Villa Bella schleunig bringen soll.
Ich bin bewacht von sonderbaren Leuten;
Sie scheinen wild und roh und guten Mut's.
Den einen hab' ich leicht bestechen können,
Daß er ein Briefchen der Geliebten bringe.
Nach seiner Rechnung könnt' er wieder hier
Schon eine Viertelstunde sein. Er kommt.

VAGABUND *tritt herein und gibt Pedro ein Billet.*

PEDRO

Du hast den Auftrag redlich ausgerichtet:

Ich seh's an diesem Blatt. O liebe Hand,
Die zitternd diesen Namen schrieb! Ich küsse
Dich tausendmal. Was wird sie sagen? Was?
*Er liest.*
»Mit Angst und Zittern schreib' ich dir, Geliebter.
Wie sehr erschreckt mich deine Wunde! Niemand
Ist in dem Hause: denn mein Vater folgt
Mit allen Leuten deinen Feinden nach.
Wir Mädchen sind allein. Ach, alles wagt
Die Liebe! Gern möcht' ich mich zu dir wagen,
Um dich zu pflegen, zu befrein, Geliebter.
Zerrissen ist mein Herz; es heilet nur
In deiner Gegenwart. Was soll ich tun?
Es eilt der Bote; keinen Augenblick
Will er verweilen. Lebe wohl! Ich kann
Von diesem Blatt, ich kann von dir nicht scheiden.«
O süßes Herz! Wie dringt ein Morgenstrahl
In diesen öden Winkel der Gebirge!
Sie weiß nun wo ich bin; ihr Vater kommt
Nun bald zurück; man sendet Leute her,
Ich bleibe ruhig hier und wart' es ab.
*Zum Vagabund.*
Du stehst, mein Freund, du wartest, ach verzeih!
Nimm deinen Lohn! Für Freude hab' ich dich
Und deinen Dienst vergessen. Hier! Entdecke
Mir, wer ihr seid, und wer der junge Mann
Am Wege war, der mich verwundete.
Ich lohne gut, und kann noch besser lohnen.
Ich höre Leute kommen. Laß uns gehen
Und insgeheim ein Wort zusammen sprechen.
*Beide ab.*
*Basco mit seinen Vagabunden, welche Mantelsäcke und
allerlei Gepäcke tragen.*

BASCO

    Herein mit den Sachen,
    Herein, nur herein!
    Das alles ist euer,
    Das alles ist mein.
    So haben die andern
    Gar treulich gesorgt;

               Wir haben es wieder
               Von ihnen geborgt.
               Wie sorglich gefaltet!
1240           Wie zierlich gesackt!
               Auf unsere Reise
               Zusammengepackt.
*Die Vagabunden wollen die Bündel eröffnen, Basco hält sie ab.*
    Nein, Freunde, lassen wir es noch zusammen,
    Und geben uns nicht ab, hier auszukramen.
1245 Wir machen sichrer gleich uns auf den Weg.
    Ich kenne zwei, drei Orte, wo wir gut
    Und sicher wohnen; dort verteilen wir
    Die Beute, wie es Los und Glück bestimmt.
    Laßt uns noch wenig Augenblicke warten,
1250 Ob Rugantino sich nicht zeigen will.
    Und kommt er nicht, so könnt ihr immer gehen;
    Ich warte hier auf ihn, er komme nun
    Mit einem Weibchen oder nur allein.
    Wir müssen ihn nicht lassen; sind wir schon
1255 Nicht immer gleicher Meinung, ist er doch
    Ein braver Mann, den wir nicht missen können.
    PEDRO, *der hereintritt*
    Was seh' ich! Meine Sachen! Welch Geschick!
    BASCO *für sich*
    Was will uns Der? Beim Himmel! Don Rovero.
    Wie kommt er hier herauf? Das gibt ein' Handel:
1260 Nur gut, daß wir die Herrn zu Hause sind.
    PEDRO
    Wer ihr auch seid, so muß ich leider schließen,
    Daß ihr die Männer seid, die mich beraubt.
    Ich sehe dies Gepäck; es ist das meine,
    Hier diese Bündel, diese Decken hier.
    BASCO
1265 Es kann wohl sein, daß es das eure war;
    Doch jetzt, vergönnt es nur, gehört es uns.
    PEDRO
    Ich will mit euch nicht rechten, kann mit euch
    Verwundet und allein nicht streiten. Besser
    Für mich und euch, wir finden uns in Güte.
1270 BASCO Sagt eure Meinung an, ob sie gefällt.

PEDRO Hier sind viel Sachen, die euch wenig nutzen,
Und die ich auf der Reise nötig brauche.
Laßt uns das Ganze schätzen, und ich zahle
Euch, wie und wo ihr wollt, die Summe. – Hier
Reich' ich die Hand, ich gebe Treu' und Wort: 1275
Daß ich, was ich verspreche, pünktlich halte.
BASCO Das läßt sich hören; nur ist hier der Platz
Zu der Verhandlung nicht; ihr müßt mit uns
Noch eine Meile gehn.
PEDRO                Warum denn das?
BASCO Es ist nicht anders, und bequemt euch nur. 1280
PEDRO Zuvörderst sagt mir an: Es hing am Pferde
Von Leder eine Tasche, die allein
Mir etwas wert ist. Briefe, Dokumente
Führt' ich in ihr, die ihr nur gradezu
Ins Feuer werfen müßtet. Schafft mir sie; 1285
Ich gebe dreißig Unzen, sie zu haben.
BASCO *zu den Seinen*
Wo ist die Tasche? Gab ich sie nicht dir
Noch auf dem Wege zu den andern Sachen?
Wo ist sie?
PEDRO         Daß sie nicht verloren wäre!
BASCO
Geht, eilt und sucht, sie nutzt dem jungen Mann, 1290
Und bringt uns dreißig Unzen in den Beutel.
RUGANTINO *mit der Brieftasche, welche er eröffnet hat,
und die Papiere ansieht*
Kaum trau' ich meinen Augen. Diese Briefe,
An meinen Bruder les' ich sie gerichtet.
Es kann nicht fehlen: denn wer nennt sich Pedro
Von Castellvecchio noch als er? Wie kann 1295
Er in der Nähe sein? Ich bin bestürzt.
PEDRO *zu Basco*
Da kommt er eben recht mit meiner Tasche.
Ist dieser von den Euern?
BASCO                     Ja, der beste,
Möcht' ich wohl sagen, wenn ich selbst nicht wäre.
*Laut.*
Du fandest glücklich diese Tasche wieder; 1300
Hier, diesem jungen Mann gehört sie zu.

RUGANTINO *zu Pedro*
  Gehört sie dir?
PEDRO         Du hast in deinem Blick,
  In deinem Wesen, was mein Herz zu dir
  Eröffnen muß; ja ich gesteh' es dir:
1305 Ich bin vom Hause Castellvecchio.
RUGANTINO             Du?
PEDRO Der zweite Sohn. Doch still, ich sage dir,
  Warum ich mich mit einem fremden Namen
  Auf dieser Reise nennen lasse, gern.
RUGANTINO
  Ich will es gern vernehmen. Nimm die Tasche,
1310 Und laß mich hier allein.
PEDRO           O sage mir,
  Wie komm' ich aus den Händen dieser Männer?
RUGANTINO Du sollst es bald erfahren. Laß mich nur.
      *Pedro ab.*
RUGANTINO *zu Basco*
  Das sind die Sachen dieses Fremden?
BASCO                 Ja.
  Sie waren unser, und sie sind nun wieder
1315 Auf leidliche Bedingung sein geworden.
RUGANTINO Schon gut, laß mich allein; ich rufe dir.
BASCO Hier ist nicht lang' zu zaudern; fort! nur fort!
  Ich fürchte sehr, der Fürst von Rocca Bruna
  Schickt seine Garden aus, noch eh' es tagt.
1320 RUGANTINO Noch eh' es tagt, sind wir gewiß davon.
      *Allein.*
  Mein Bruder! Welch Geschick führt ihn hierher?
  In diesen Augenblicken, da die Liebe
  Mich jede Torheit, die ich je beging,
  Bereuen läßt. Er scheint ein edler Mann;
1325 Er wird mich gern erkennen, wird es leicht.
      *Nach einigem Schweigen.*
  Ihr Zweifel! Weg! Laßt meiner Freude Raum,
  Daß ich sie ganz, daß ich sie recht genieße.
      *Gegen die Szene gekehrt.*
  Ich rufe dich, o Fremder, auf ein Wort.
PEDRO, *der auftritt*
  Sag' an, was du verlangst; ich höre gern.

RUGANTINO Mir war vor wenig Zeit ein junger Mann  1330
Gar wohl bekannt, er lebte hier mit uns.
Gewöhnlich nannten wir ihn Rugantino,
Und zwar mit Recht; er war ein wilder Mensch;
Allein gewiß aus einem edeln Hause.
Und mir vertraut' er, denn wir lebten sehr  1335
In Einigkeit, er sei von Castellvecchio,
Er sei der Älteste des Hauses, Carlos
Mit Namen! Solltest du sein Bruder sein?
PEDRO
O Himmel! welche Nachricht gibst du mir!
O schaff' ihn her, und schaffe die Versichrung,  1340
Daß er es sei; du sollst den schönsten Lohn
Von seinem Bruder haben: denn ich bin's.
Wie lange such' ich ihn! Der Vater starb,
Und ich besitze nun die Güter, die
Ich gern und willig mit ihm teile, wenn  1345
Ich ihn an diesen Busen drücken, dann
Zurück zu unsern Freunden bringen mag.
Du stehst in dich gekehrt? O welch ein Licht
Scheint mir durch diese Nacht! O sieh mich an.
Wo ist er? Sage mir, wo ist er?
CARLOS                                  Hier!  1350
Ich bin's!
PEDRO      Ist's möglich!
CARLOS                 Die Beweise geb'
Ich dir und die Gewißheit leicht genug.
Hier ist der Ring, den meine Mutter trug,
Die nur zu früh für ihren Carlos starb;
Hier ist ihr Bild.
PEDRO            Ihr Götter, ist's gewiß?  1355
CARLOS Ja, zweifle nur so lang', bis ich den letzten
Von deinen Zweifeln glücklich heben kann.
Ich habe dir Geschichten zu erzählen,
Die niemand weiß als du und ich; mir bleibt
Noch manches Zeugnis.
PEDRO               Laß mich hören.
CARLOS                            Komm!  1360
*Sie gehen nach dem Grunde, und sprechen leise unter lebhaften Gebärden.*

BASCO Was haben die zusammen? Wie vertraut!
Ich fürchte fast, das nimmt ein böses Ende.
Die Leidenschaft des Toren zu Lucinden
War schon der lieben Freiheit sehr gefährlich.
1365 Und wie man sonst ein theatralisch Werk
Mit Trauung oder Tod zu enden pflegt;
So, fürcht' ich, unser schwärmend lustig Leben
Wird sich mit einer schalen Ordnung schließen.
Ihr Herrn, was gibt's? Vergeßt ihr, daß der Tag
1370 Zu grauen schon beginnt, und daß der Fürst
Die Räuber, den Beraubten mit einander,
Die Schwärmer, die Verliebten holen wird?
CARLOS O teile meine Freude, fürchte nichts!
Dies ist mein Bruder.
BASCO              Hättest ihn schon lang',
1375 Wenn du ihn suchen wollen, finden können.
Das ist ein rechtes Glück!
CARLOS                    Du sollst es teilen.
BASCO Und wie?
CARLOS         Ich werfe mich, von ihm geleitet,
Zu meines Königs Füßen; die Vergebung
Versagt er nicht, wenn sie mein Bruder bittet.
1380 Lucinde wird die Meine. Du, mein Freund,
Sollst dann mit mir, wenn es der König fordert,
In seinem Dienste zeigen, was wir sind.
BASCO Das Zeigen kenn' ich schon und auch den Dienst.
Nein, nein, lebt wohl! Ich scheide nun von euch.
1385 Sagt an, wie ihr die Sachen lösen wollt?
Nur kurz; denn hier ist jedes Wort zu viel.
PEDRO Eröffne diesen Mantelsack; du wirst
Hier an der Seite funfzig Unzen finden.
Scheint dieses dir genug, daß du den Rest
1390 Uns frei und ungepfändet lassen magst?
BASCO, *der indes den Mantelsack eröffnet und das Geld herausgenommen hat*
Ich dächte, Herr, ihr legtet etwas zu.
CARLOS Ich dächte, Herr, und ihr begnügtet euch.
BASCO Gedenkt an euer Schätzchen! Dieser Mann
Hat es mit mir zu tun.
PEDRO *einen Beutel aus der Tasche ziehend*

                         In diesem Beutel
Sind ferner zwanzig Unzen. Ist's genug?                          1395
CARLOS Es muß und soll! Es ist, bei Gott, zu viel.
BASCO
  Nun, nun, es sei! Lebt wohl, ihr Herrn! Lebt wohl!
  Leb' wohl, Freund Rugantino! Dich zu lassen,
  Verdröß' mich sehr; du bist ein wackrer Mann,
  Wenn dich die Liebe nicht zu ihrem Sklaven           1400
  Schnell umgemeistert hätte. Fahre wohl.
  Ich geh', mit freien Leuten Freiheit finden.
CARLOS Leb' wohl, du alter Trotzkopf! Denke mein.
*Basco geht mit seinen Vagabunden ab, zu den übrigen, die*
                       *bleiben, spricht*
CARLOS Ihr folgt uns beiden; wir versprechen euch
  Vergebung, Sicherheit; an Unterhalt                  1405
  Soll's auch nicht fehlen. Traget diese Sachen,
  Und eilet nur auf Villa Bella zu.
PEDRO Ihr Freunde, laßt uns eilen: denn mir selbst
  Ist viel daran gelegen, daß uns nicht
  Der Fürst von Rocca Bruna fangen lasse.              1410
  Geschwind nach Villa Bella! Kommt nur, kommt.


                      Wald und Dämmerung.


CLAUDINE
              Ich habe Lucinden,
              Die Freundin, verloren.
              Ach, hat es mir Armen
              Das Schicksal geschworen?                1415
              Lucinde, wo bist du?
              Lucinde! Lucinde!
              Wie still sind die Gründe,
              Wie öde, wie bang'!

              Ach, hat es mir Armen                    1420
              Das Schicksal geschworen?
              Ich ruf' um Erbarmen,
              Ihr Götter, um Gnade!

Wer zeigt mir die Pfade?
Wer zeigt mir den Gang?
*Sie geht nach dem Grunde.*
BASCO *mit den Seinigen*
Ihr kennt das Schloß, wo wir in Sicherheit
Auf eine Weile bleiben können; so
Versprach's der Pachter, und er hält's gewiß.
Tragt diese Sachen hin; ich gehe nur
Nach einer guten Freundin, die vom Wege
Nicht ferne wohnt, zu sehn. Am frischen Morgen
Hat Amor mir die Leber angezündet,
Als er mit seiner Mutter aus dem Meere,
Die über jenen Bergen leuchtet, stieg.
Ich folge bald; es wird ein froher Tag.
*Die Vagabunden gehen; er erblickt Claudinen.*
Was seh' ich dort? Wird mir ein Morgentraum
Vors Aug' geführt? Ein Mädchen ist's gewiß:
Ein schönes zartes Bildchen. Laßt uns sehen,
Ob es wohl greifbar und genießbar ist?
Mein Kind!
CLAUDINE  Mein Herr! Seid ihr ein edler Mann,
So zeiget mir den Weg nach einer Wohnung;
Sie kann nicht weit hier im Gebirge liegen.
Es ward ein junger Mann verwundet; er
Ward hier herauf gebracht. Wißt ihr davon?
BASCO Ich hab' an eignen Sachen g'nug zu tun,
Und kümmre mich um nichts, was andre treiben.
CLAUDINE Dort seh' ich eine Wohnung; ist's die eure?
BASCO Die meine nicht; sie steht nicht weit von hier
Um diese Felsen. Kommt! Noch schläft mein Weib;
Sie wird euch gut empfangen, und ich frage
Bald den Verwund'ten aus, nach dem ihr bangt.
*Da er im Begriff ist sie wegzuführen, kommen*
*Carlos, Pedro.*
CARLOS Nur diesen Pfad! Er geht ganz grad' hinab.
PEDRO Was sieht mein Auge! Götter, ist's Claudine!
CLAUDINE Ich bin es, teurer Freund.
PEDRO                    Wie kommst du her?
O Himmel! Du, hierher!
CLAUDINE           Die Sorge trieb

Mich aus dem Schlosse, dich zu suchen. Niemand
War in dem Hause mehr! Der alte Pförtner
Allein verwahrt' es; alle folgten schnell
Dem Vater, der nach deinen Räubern jagt.
PEDRO Ich fasse mich und meine Freude nicht. 1460
CARLOS Mein wertes Fräulein!
CLAUDINE                    Muß ich euch erblicken!
PEDRO Daß ich dich habe!
CLAUDINE                 Daß ich zeigen kann,
Wie ich dich liebe.
PEDRO              Himmel, welch ein Glück!
CLAUDINE O geht und sucht! Lucinde kam mit mir;
Ich habe sie verloren.
CARLOS               Wie, Lucinde? 1465
CLAUDINE Sie irrt in Männertracht, nicht weit von hier,
Auf diesen Pfaden. Mutig legte sie
Ein Wämschen an; es ziert ein Federhut,
Es schützt ein Degen sie. O geht und sucht.
CARLOS Ich fliege fort! Ihr Götter, welch ein Glück! 1470
PEDRO Wir warten hier, daß wir euch nicht verfehlen.
            *Carlos ab.*
BASCO *für sich*
Ich gehe nach, und fällt sie mir zuerst
In meine starke Hände; soll sie nicht
So leicht entschlüpfen. Eine muß ich haben;
Es gehe wie es wolle. Nur geschwind! *ab.* 1475
CLAUDINE Ich fürchte für Lucinden! Jener Mann,
Der nach ihr ging, hat unser Haus mit Schrecken
Und Sorgen diese Nacht gefüllt. Wer ist's?
PEDRO Was dir unglaublich scheinen wird; mich ließ
In ihm das Glück den Bruder Carlos finden. 1480
CLAUDINE Es drängt ein Abenteuer sich aufs andre.
PEDRO Der wilden Nacht folgt ein erwünschter Tag.
CLAUDINE
Und deine Wunde? Götter! Freud' und Dank!
Ist nicht gefährlich?
PEDRO               Nein, Geliebte! Nein!
Und deine Gegenwart nimmt alle Schmerzen 1485
Mir aus den Gliedern; jede Sorge flieht.
Du bist auf ewig mein.

CLAUDINE  Es kommt der Tag!
PEDRO An diesem Baum erkenn' ich's; ja wir sind
Auf deines Vaters Grund und Boden; hier
1490 Ist von den Garden nichts zu fürchten, die
Der Fürst von Rocca Bruna streifen läßt.
CLAUDINE
O Himmel, welch Gefühl ergreift mich nun,
Da sich die Nacht von Berg' und Tälern hebt!
Bin ich es selbst? Bin ich hierher gekommen?
1495 Es weicht die Finsternis; die Binde fällt,
Die mir ums Haupt der kleine Gott geschlungen;
Ich sehe mich, und ich erschrecke nun
Mich hier zu sehn. Was hab' ich unternommen?
Mich umfängt ein banger Schauer,
1500 Mich umgeben Qual und Trauer;
Welchen Schritt hab' ich getan!
PEDRO

Laß, Geliebte, laß die Trauer!
Dieses Bangen, diese Schauer
Deuten Lieb' und Glück dir an.
CLAUDINE
1505 Kann ich vor dem Vater stehen?
PEDRO

Laß uns nur zusammen gehen.
BEIDE

Ja, es bricht der Tag heran.
CLAUDINE

Ach, wo verberg' ich mich
Tief in den Bergen?
PEDRO
1510 Hier in dem Busen dich
Magst du verbergen.
CLAUDINE

Ja dir, o Grausamer,
Dank' ich die Qual.
PEDRO

Ich bin ein Glücklicher
1515 Endlich einmal.

CLAUDINE

    Fasse fasse dich, Geliebte,
    Ja bedenke, daß die Liebe
    Alle deine Qualen heilt.

    Es ermannt sich die Betrübte,
    Höret auf das Wort der Liebe;
    Ja schon fühl' ich mich geheilt.

BEIDE

    Nun geschwind, in diesen Gründen
    Unsre Freundin aufzufinden,
    Die uns nur zu lang' verweilt.

    Sei gegrüßet, neue Sonne,
    Sei ein Zeuge dieser Wonne!
    Sei ein Zeuge, wie die Liebe
    Alle bange Qualen heilt.
      *ab.*

Felsen und Gebüsch.

*Lucinde in Mannskleidern. Voraus Basco,
beide mit bloßen Degen.*

LUCINDE

    Lege, Verräter, nieder die Waffen!
    Hier zu den Füßen lege sie mir.

BASCO *weichend*

    Junker, wo anders mach' dir zu schaffen.
      *Für sich.*
    Liebliches Vögelchen, hab' ich dich hier?

LUCINDE

    Wandrern zu drohen wagst du verwegen;
    Doch wie ein Bübchen
    Fliehst du den Streit.

BASCO *der sich stellt*

    Zwischen den Fingern brennt mich der Degen;
    Wir sind, o Liebchen,
    Noch nicht so weit.

*Sie fechten. Lucinde wird entwaffnet und steht in sich
gekehrt und bestürzt da.*

**BASCO**
    Sieh, wir wissen Rat zu schaffen,
    Haben Mut und haben Glück.

**LUCINDE**
    Ohne Freund und ohne Waffen,
    Armes Mädchen, welch Geschick!

**BASCO**
    Sieh, wir wissen
    Rat zu schaffen.
    Laß dich küssen.
    Seht den Affen! –
    Welch Entsetzen,
    Welch ein Blick!

**LUCINDE**
    Möcht' ich wissen
    Rat zu schaffen.
    Ach, zu missen
    Meine Waffen,
    Welch Entsetzen,
    Welch Geschick!

**CARLOS** *tritt eilig auf*
    Hab' ich, o Engel, dich wieder gefunden!
    Ich bin ein glücklicher Sterblicher heut.

**LUCINDE**
    Seltenes Schicksal! Gefährliche Stunden!
    Hat mich vom Wilden der Wilde befreit?

*Pedro und Claudine.*

**CLAUDINE**
    Hast du sie glücklich hier wieder gefunden?
    Alles gelinget den Glücklichen heut.

**PEDRO**
    Kaum ist der Bruder mir wieder gefunden,
    Ist ihm auch eine Geliebte nicht weit.

*Pantomime, wodurch sie sich unter einander erklären, indessen singt*

**BASCO**
    Hat sich das Völkchen zusammen gefunden?
    Friede mißlingt, es mißlingt mir der Streit.

CLAUDINE. PEDRO. LUCINDE. CARLOS
>Weilet, o weilet, ihr selige Stunden! 1565
>Eilet, o eilet, verbindet uns heut.

BASCO *mit ihnen bei Seite*
>Weilet nicht länger, verdrießliche Stunden!
>Eil' ich und eil' ich und trage mich weit.


*Die Garden des Fürsten Rocca Bruna.*

DER ANFÜHRER
>Eilet euch umher zu stellen!
>Hier, hier find' ich die Gesellen; 1570
>Haben wir die Schelmen nun!

DIE GARDEN *indem sie anschlagen*
>Wage keiner der Gesellen
>Hier zur Wehre sich zu stellen;
>Schon gefangen seid ihr nun.

DIE ÜBRIGEN PERSONEN
>Hier auf fremdem Grund und Boden 1575
>Habt ihr Herren nichts zu tun.

DER ANFÜHRER
>Denkt ihr wieder nur zu flüchten?
>Nein, ihr Frevler, nein mit nichten!
>Denn der Fürst von Rocca Bruna,
>Und der Herr von Villa Bella, 1580
>Beide sind nun einig worden,
>Beide Herren wollen so.

DIE ÜBRIGEN PERSONEN
>Weh o Weh! Was ist geworden!
>Weh o Weh! Wer hilft uns flüchten!
>Nimmer werd' ich wieder froh. 1585

*Da sie den Alonzo kommen sehen, treten sie mit bestürzter
Gebärde nach dem Grunde des Theaters. Die Garden stellen
sich an die Seiten, der Anführer tritt hervor.*

ALONZO *mit Gefolge, alle bewaffnet*
>Habt ihr, Freunde, sie gefangen?
>Brav, das war ein gutes Stück!

DER ANFÜHRER
>Sie zusammen hier gefangen;
>Wohl, es war ein gutes Glück!

CARLOS, LUCINDE, *die den Hut in die Augen drückt, und* BASCO *treten vor Alonzo.*

                Werter Herr, laßt euch erweichen!
                Lasset, lasset uns davon.

ALONZO

                O von allen euern Streichen
                Kennen wir die Pröbchen schon.

*Jene drei Personen treten zurück, Pedro kommt hervor.*

PEDRO

                Lieber Vater, darf sich zeigen
                Euer Freund und euer Sohn?

ALONZO *nach einer Pause*

                Ach, die Freude macht mich schweigen.
                  *Ihn umarmend.*
                Lieber Freund und lieber Sohn.

CARLOS, LUCINDE. BASCO
*Die eilig nach einander hervorkommen, indes Claudine auf einem Felsen im Grunde in Ohnmacht liegt.*

                Ach Hülf' und Hülfe!
                Sie liegt in Ohnmacht;
                Was ist geschehn!
                  *Sie kehren eilig wieder um.*

PEDRO

                Ach helfet, helfet!
                Sie liegt in Ohnmacht;
                Was ist geschehn!
                  *Er eilt nach dem Grunde.*

ALONZO

                Wem ist zu helfen?
                Wer liegt in Ohnmacht? –
                Was muß ich sehn?

*Indessen hat sich Claudine erholt; sie wird langsam hervorgeführt.*

CLAUDINE  Ja du sichst, du siehst Claudinen:
                Willst du noch dein Kind erkennen,
                Das sich hier verloren gibt?

ALONZO

                Kind erheitre deine Mienen!
                Laß dich meine Liebe nennen!
                Sage, saget, was es gibt.

LUCINDE *die sich entdeckt*
>Ja, ich muß mich schuldig nennen;
>Ich bestärkte selbst Claudinen,
>Den zu suchen den sie liebt.

PEDRO
>Ja, ich darf mich glücklich nennen!
>Kann ich, kann ich es verdienen?
>Du verzeihst uns, wie sie liebt.

CARLOS
>Laß, o Herr, mich auch erkühnen
>Carlos mich vor dir zu nennen,
>Der Lucinden heftig liebt.

BASCO *für sich*
>Könnt' ich irgend mir verdienen,
>Von dem Volke mich zu trennen,
>Das mir lange Weile gibt.

*Diese ganze Entwicklung, welche die Poesie nur kurz andeuten darf und die Musik weiter ausführt, wird durch das Spiel der Akteurs erst lebendig. Alonzos Erstaunen, und wie er nach und nach, von den Umständen unterrichtet, sich faßt, erst von Verwundrung zu Verwundrung, endlich zur Ruhe übergeht, die Zärtlichkeit Pedros und Claudinens, die lebhaftere Leidenschaft Carlos und Lucindens, welche sich nicht mehr zurückhält, die Gebärden Pedros, der seinen Bruder dem Alonzo vorstellt, der Verdruß Bascos nicht von der Stelle zu dürfen: alles werden die Schauspieler lebhaft, angemessen und übereinstimmend ausdrücken und durch eine studierte Pantomime den musikalischen Vortrag beleben.*

ALONZO *zu den Garden*
>Diese Gefangenen
>Geben sich willig.
>Es ist ein Irrtum
>Heute geschehen.
>Dies ist mein Boden:
>Alle sie führ' ich
>Eilig nach Hause.
>Grüßet den Fürsten,
>Ich wart' ihm auf.

*Die Garden entfernen sich.*

ALLE

Welch ein Glück und welche Wonne!
Nach den Stürmen bringt die Sonne
Uns den schönsten Tag heran.
Und es tragen Freud' und Wonne
Unsre Seelen himmelan.

# KÜNSTLERS APOTHEOSE

*Drama*

*Es wird eine prächtige Gemäldegalerie vorgestellt. Die Bilder aller Schulen hängen in breiten goldenen Rahmen. Es gehen mehrere Personen auf und ab. An einer Seite sitzt ein Schüler, und ist beschäftiget, ein Bild zu kopieren.*

SCHÜLER *indem er aufsteht, Palette und Pinsel auf den Stuhl legt, und dahinter tritt*
Da sitz' ich hier schon Tage lang,
Mir wird's so schwül, mir wird's so bang',
Ich male zu und streiche zu,
Und sehe kaum mehr was ich tu'.
Gezeichnet ist es durchs Quadrat; 5
Die Farben, nach des Meisters Rat,
So gut' mein Aug' sie sehen mag,
Ahm' ich nach meinem Muster nach;
Und wenn ich dann nicht weiter kann,
Steh' ich wie ein genestelter Mann, 10
Und sehe hin und sehe her,
Als ob's getan mit Sehen wär';
Ich stehe hinter meinem Stuhl
Und schwitze wie im Schwefelpfuhl –
Und dennoch wird zu meiner Qual 15
Nie die Kopie Original.
Was dort ein freies Leben hat,
Das ist hier trocken, steif und matt;
Was reizend steht und sitzt und geht,
Ist hier gewunden und gedreht; 20
Was dort durchsichtig glänzt und glüht,
Hier wie ein alter Topf aussieht,
Und überall es mir gebricht,
Als nur am guten Willen nicht,
Und bin nur eben mehr gequält, 25
Daß ich recht sehe was mir fehlt.

## KÜNSTLERS APOTHEOSE

EIN MEISTER *tritt hinzu*
   Mein Sohn, das hast du wohl gemacht,
   Mit Fleiß das Bild zu Stand gebracht!
   Du siehst, wie wahr ich stets gesagt:
30 Je mehr als sich ein Künstler plagt,
   Je mehr er sich zum Fleiße zwingt,
   Um desto mehr es ihm gelingt.
   Drum übe dich nur Tag für Tag,
   Und du wirst sehn, was das vermag!
35 Dadurch wird jeder Zweck erreicht,
   Dadurch wird manches Schwere leicht,
   Und nach und nach kommt der Verstand
   Unmittelbar dir in die Hand.
SCHÜLER Ihr seid zu gut und sagt mir nicht,
40 Was alles diesem Bild gebricht.
MEISTER Ich sehe nur mit Freuden an,
   Was du, mein Sohn, bisher getan.
   Ich weiß, daß du dich selber treibst,
   Nicht gern auf Einer Stufe bleibst.
45 Will hier und da noch was gebrechen,
   Wollen wir's ein andermal besprechen.
              *Entfernt sich*
SCHÜLER *das Bild ansehend*
   Ich habe weder Ruh' noch Rast,
   Bis ich die Kunst erst recht gefaßt.
EIN LIEBHABER *tritt zu ihm*
   Mein Herr, mir ist verwunderlich,
50 Daß Sie hier Ihre Zeit verschwenden,
   Und auf dem rechten Wege Sich
   Schnurstracks an die Natur nicht wenden.
   Denn die Natur ist aller Meister Meister!
   Sie zeigt uns erst den Geist der Geister,
55 Läßt uns den Geist der Körper sehn,
   Lehrt jedes Geheimnis uns verstehn.
   Ich bitte, lassen Sie Sich raten!
   Was hilft es, immer fremden Taten
   Mit größter Sorgfalt nachzugehn?
60 Sie sind nicht auf der rechten Spur;
   Natur, mein Herr! Natur! Natur!
SCHÜLER Man hat es mir schon oft gesagt.

Ich habe kühn mich dran gewagt;
Es war mir stets ein großes Fest:
Auch ist mir dies und jen's geglückt;
Doch öfters ward ich mit Protest,
Mit Scham und Schande weggeschickt.
Kaum wag' ich es ein andermal;
Es ist nur Zeit, die man verliert:
Die Blätter sind zu kolossal,
Und ihre Schrift gar seltsam abbreviert.
LIEBHABER *sich wegwendend*
Nun seh' ich schon das Wo und Wie;
Der gute Mensch hat kein Genie!
SCHÜLER *sich niedersetzend*
Mich dünkt, noch hab' ich nichts getan;
Ich muß ein andermal noch dran.
EIN ZWEITER MEISTER *tritt zu ihm, sieht seine Arbeit an
und wendet sich um, ohne etwas zu sagen.*
SCHÜLER Ich bitt' euch, geht so stumm nicht fort,
Und sagt mir wenigstens ein Wort.
Ich weiß, ihr seid ein kluger Mann,
Ihr könntet meinen Wunsch am allerersten stillen.
Verdien' ich's nicht durch alles was ich kann,
Verdien' ich's wenigstens durch meinen guten Willen.
MEISTER Ich sehe was du tust, was du getan,
Bewundernd halb und halb voll Mitleid an.
Du scheinst zum Künstler mir geboren,
Hast weislich keine Zeit verloren:
Du fühlst die tiefe Leidenschaft,
Mit frohem Aug' die herrlichen Gestalten
Der schönen Welt begierig fest zu halten;
Du übst die angeborne Kraft,
Mit schneller Hand bequem dich auszudrücken;
Es glückt dir schon und wird noch besser glücken;
Allein –
SCHÜLER Verhehlt mir nichts!
MEISTER                    Allein du übst die Hand,
Du übst den Blick, nun üb' auch den Verstand.
Dem glücklichsten Genie wird's kaum einmal gelingen,
Sich durch Natur und durch Instinkt allein
Zum Ungemeinen aufzuschwingen:

Die Kunst bleibt Kunst! Wer sie nicht durchgedacht,
Der darf sich keinen Künstler nennen;
Hier hilft das Tappen nichts; eh' man was Gutes macht,
100 Muß man es erst recht sicher kennen.
SCHÜLER
Ich weiß es wohl, man kann mit Aug' und Hand
An die Natur, an gute Meister gehen;
Allein, o Meister, der Verstand,
Der übt sich nur mit Leuten die verstehen.
105 Es ist nicht schön, für sich allein
Und nicht für andre mit zu sorgen:
Ihr könntet vielen nützlich sein,
Und warum bleibt ihr so verborgen?
MEISTER Man hat's bequemer heut zu Tag,
110 Als unter meine Zucht sich zu bequemen:
Das Lied, das ich so gerne singen mag,
Das mag nicht jeder gern vernehmen.
SCHÜLER O sagt mir nur, ob ich zu tadeln bin,
Daß ich mir diesen Mann zum Muster auserkoren?
*Er deutet auf das Bild, das er kopiert hat.*
115 Daß ich mich ganz in ihn verloren?
Ist es Verlust, ist es Gewinn,
Daß ich allein an ihm mich nur ergetze,
Ihn weit vor allen andern schätze,
Als gegenwärtig ihn, und als lebendig liebe,
120 Mich stets nach ihm und seinen Werken übe?
MEISTER Ich tadl' es nicht, weil er fürtrefflich ist;
Ich tadl' es nicht, weil du ein Jüngling bist:
Ein Jüngling muß die Flügel regen,
In Lieb' und Haß gewaltsam sich bewegen.
125 Der Mann ist vielfach groß, den du dir auserwählt,
Du kannst dich lang' an seinen Werken üben;
Nur lerne bald erkennen, was ihm fehlt:
Man muß die Kunst, und nicht das Muster lieben.
SCHÜLER Ich sähe nimmer mich an seinen Bildern satt,
130 Wenn ich mich Tag für Tag damit beschaft'gen sollte.
MEISTER Erkenne, Freund, was er geleistet hat,
Und dann erkenne, was er leisten wollte:
Dann wird er dir erst nützlich sein,
Du wirst nicht alles neben ihm vergessen.

Die Tugend wohnt in keinem Mann allein; 135
Die Kunst hat nie ein Mensch allein besessen.
SCHÜLER So redet nur auch mehr davon!
MEISTER Ein andermal, mein lieber Sohn.
GALERIEINSPEKTOR *tritt zu ihnen*
Der heut'ge Tag ist uns gesegnet,
O, welch ein schönes Glück begegnet! 140
Es wird ein neues Bild gebracht,
So köstlich, als ich keins gedacht.
MEISTER Von wem?
SCHÜLER Sagt an, es ahndet mir.
*Auf das Bild zeigend, das er kopiert.*
Von diesem?
INSPEKTOR Ja, von diesem hier.
SCHÜLER Wird endlich doch mein Wunsch erfüllt! 145
Die heiße Sehnsucht wird gestillt!
Wo ist es? Laßt mich eilig gehn.
INSPEKTOR Ihr werdet's bald hier oben sehn.
So köstlich, als es ist gemalt,
So teuer hat's der Fürst bezahlt. 150
GEMÄLDEHÄNDLER *tritt auf*
Nun kann die Galerie doch sagen,
Daß sie ein einzig Bild besitzt.
Man wird einmal in unsern Tagen
Erkennen, wie ein Fürst die Künste liebt und schützt.
Es wird sogleich herauf getragen; 155
Es wird erstaunen wer's erblickt.
Mir ist in meinem ganzen Leben
Noch nie ein solcher Fund geglückt.
Mich schmerzt es fast es wegzugeben:
Das viele Gold, das ich begehrt, 160
Erreicht noch lange nicht den Wert.
*Man bringt das Bild der Venus Urania herein und setzt es
auf eine Staffelei.*
Hier! wie es aus der Erbschaft kam,
Noch ohne Firnis, ohne Rahm.
Hier braucht es keine Kunst noch List,
Seht, wie es wohl erhalten ist! 165
*Alle versammeln sich davor.*
ERSTER MEISTER Welch eine Praktik zeigt sich hier!

ZWEITER MEISTER Das Bild, wie ist es überdacht!
SCHÜLER Die Eingeweide brennen mir!
LIEBHABER Wie göttlich ist das Bild gemacht!
170 HÄNDLER In seiner trefflichsten Manier.
INSPEKTOR Der goldne Rahm wird schon gebracht.
　　Geschwind herbei! geschwind herein!
　　Der Prinz wird bald im Saale sein.
*Das Bild wird in den Rahmen befestiget und wieder aufge-*
　　　　　　　　　　　*stellt.*
DER PRINZ *tritt auf und besieht das Gemälde*
　　Das Bild hat einen großen Wert;
175　Empfanget hier, was ihr begehrt.
*Der Cassier hebt den Beutel mit den Zechinen auf den Tisch*
　　　　　　　　*und seufzet.*
HÄNDLER *zum Cassier*
　　Ich prüfe sie erst durchs Gewicht.
CASSIER *aufzählend*
　　Es steht bei euch, doch zweifelt nicht.
*Der Fürst steht vor dem Bilde, die andern in einiger Entfer-*
*nung. Der Plafond eröffnet sich, die Muse, den Künstler an*
　　　*der Hand führend, auf einer Wolke.*
KÜNSTLER Wohin, o Freundin, führst du mich?
MUSE Sieh nieder und erkenne dich!
180　Dies ist der Schauplatz deiner Ehre.
KÜNSTLER Ich fühle nur den Druck der Atmosphäre.
MUSE Sieh nur herab, es ist ein Werk von dir,
　　Das jedes andre neben sich verdunkelt,
　　Und zwischen vielen Sternen hier
185　Als wie ein Stern der ersten Größe funkelt.
　　Sieh, was dein Werk für einen Eindruck macht,
　　Das du in deinen reinsten Stunden
　　Aus deinem innern Selbst empfunden,
　　Mit Maß und Weisheit durchgedacht,
190　Mit stillem treuem Fleiß vollbracht!
　　Sieh, wie noch selbst die Meister lernen!
　　Ein kluger Fürst, er steht entzückt,
　　Er fühlt sich im Besitz von diesem Schatz beglückt;
　　Er geht und kommt, und kann sich nicht entfernen.
195　Sieh diesen Jüngling, wie er glüht,
　　Da er auf deine Tafel sieht!

In seinem Auge glänzt das herzliche Verlangen,
Von deinem Geist den Einfluß zu empfangen.
So wirkt mit Macht der edle Mann
Jahrhunderte auf seines Gleichen: 200
Denn was ein guter Mensch erreichen kann,
Ist nicht im engen Raum des Lebens zu erreichen.
Drum lebt er auch nach seinem Tode fort,
Und ist so wirksam als er lebte;
Die gute Tat, das schöne Wort, 205
Es strebt unsterblich, wie er sterblich strebte.
So lebst auch du durch ungemeßne Zeit.
Genieße der Unsterblichkeit!

KÜNSTLER Erkenn' ich doch, was mir im kurzen Leben
Zevs für ein schönes Glück gegeben, 210
Und was er mir in dieser Stunde schenkt;
Doch er vergebe mir, wenn dieser Blick mich kränkt.
Wie ein verliebter junger Mann
Unmöglich doch den Göttern danken kann,
Wenn seine Liebste fern und eingeschlossen weint; 215
Wer wagt es, ihn beglückt zu nennen?
Und wird er wohl sich trösten können,
Weil Eine Sonne ihn und sie bescheint?
So hab' ich stets entbehren müssen,
Was meinen Werken nun so reichlich widerfährt; 220
Was hilft's, o Freundin, mir, zu wissen,
Daß man mich nun bezahlet und verehrt?
O hätt' ich manchmal nur das Gold besessen,
Das diesen Rahm jetzt übermäßig schmückt!
Mit Weib und Kind mich herzlich satt zu essen, 225
War ich zufrieden und beglückt.
Ein Freund, der sich mit mir ergetzte,
Ein Fürst, der die Talente schätzte,
Sie haben leider mir gefehlt;
Im Kloster fand ich dumpfe Gönner; 230
So hab' ich, emsig, ohne Kenner
Und ohne Schüler mich gequält. –
    *Hinab auf den Schüler deutend.*
Und willst du diesen jungen Mann,
Wie er's verdient, dereinst erheben,
So bitt' ich, ihm bei seinem Leben, 235

So lang' er selbst noch kau'n und küssen kann,
Das Nötige zur rechten Zeit zu geben!
Er fühle froh, daß ihn die Muse liebt,
Wenn leicht und still die frohen Tage fließen.
240 Die Ehre, die mich nun im Himmel selbst betrübt,
Laß ihn dereinst, wie mich, doch freudiger genießen.

# TORQUATO TASSO

*Ein Schauspiel*

Personen

ALPHONS, DER ZWEITE, *Herzog von Ferrara.*
LEONORE VON ESTE, *Schwester des Herzogs.*
LEONORE SANVITALE, *Gräfin von Scandiano.*
TORQUATO TASSO
ANTONIO MONTECATINO, *Staatssekretär.*

*Der Schauplatz ist auf Belriguardo, einem Lustschlosse.*

## Erster Aufzug

### Erster Auftritt

Gartenplatz, mit Hermen der epischen Dichter geziert.
Vorn an der Szene zur Rechten Virgil, zur Linken Ariost.

*Prinzessin. Leonore.*

PRINZESSIN Du siehst mich lächelnd an, Eleonore,
　Und siehst dich selber an und lächelst wieder.
　Was hast du? Laß es eine Freundin wissen!
　Du scheinst bedenklich, doch du scheinst vergnügt.
LEONORE Ja, meine Fürstin, mit Vergnügen seh' ich
　Uns beide hier so ländlich ausgeschmückt.
　Wir scheinen recht beglückte Schäferinnen
　Und sind auch wie die Glücklichen beschäftigt.
　Wir winden Kränze. Dieser, bunt von Blumen,
　Schwillt immer mehr und mehr in meiner Hand,
　Du hast mit höherm Sinn und größerm Herzen
　Den zarten schlanken Lorbeer dir gewählt.

PRINZESSIN Die Zweige, die ich in Gedanken flocht,
  Sie haben gleich ein würdig Haupt gefunden,
15 Ich setze sie Virgilen dankbar auf.
    *Sie kränzt die Herme Virgils.*
LEONORE So drück' ich meinen vollen frohen Kranz
  Dem Meister Ludwig auf die hohe Stirne –
    *Sie kränzt Ariostens Herme.*
  Er, dessen Scherze nie verblühen, habe
  Gleich von dem neuen Frühling seinen Teil.
20 PRINZESSIN Mein Bruder ist gefällig daß er uns
  In diesen Tagen schon aufs Land gebracht,
  Wir können unser sein und stundenlang
  Uns in die goldne Zeit der Dichter träumen.
  Ich liebe Belriguardo, denn ich habe
25 Hier manchen Tag der Jugend froh durchlebt,
  Und dieses neue Grün und diese Sonne
  Bringt das Gefühl mir jener Zeit zurück.
LEONORE Ja es umgibt uns eine neue Welt!
  Der Schatten dieser immer grünen Bäume
30 Wird schon erfreulich. Schon erquickt uns wieder
  Das Rauschen dieser Brunnen, schwankend wiegen
  Im Morgenwinde sich die jungen Zweige.
  Die Blumen von den Beeten schauen uns
  Mit ihren Kinderaugen freundlich an.
35 Der Gärtner deckt getrost das Winterhaus
  Schon der Zitronen und Orangen ab,
  Der blaue Himmel ruhet über uns
  Und an dem Horizonte lös't der Schnee
  Der fernen Berge sich in leisen Duft.
40 PRINZESSIN Es wäre mir der Frühling sehr willkommen,
  Wenn er nicht meine Freundin mir entführte.
LEONORE Erinnre mich in diesen holden Stunden,
  O Fürstin, nicht wie bald ich scheiden soll.
PRINZESSIN Was du verlassen magst, das findest du
45 In jener großen Stadt gedoppelt wieder.
LEONORE Es ruft die Pflicht, es ruft die Liebe mich
  Zu dem Gemahl der mich so lang' entbehrt.
  Ich bring' ihm seinen Sohn, der dieses Jahr
  So schnell gewachsen, schnell sich ausgebildet,
50 Und teile seine väterliche Freude.

Groß ist Florenz und herrlich, doch der Wert
Von allen seinen aufgehäuften Schätzen
Reicht an Ferraras Edelsteine nicht.
Das Volk hat jene Stadt zur Stadt gemacht,
Ferrara ward durch seine Fürsten groß. 55
PRINZESSIN
Mehr durch die guten Menschen, die sich hier
Durch Zufall trafen und zum Glück verbanden.
LEONORE Sehr leicht zerstreut der Zufall was er sammelt.
Ein edler Mensch zieht edle Menschen an
Und weiß sie fest zu halten, wie ihr tut. 60
Um deinen Bruder und um dich verbinden
Gemüter sich, die eurer würdig sind,
Und ihr seid eurer großen Väter wert.
Hier zündete sich froh das schöne Licht
Der Wissenschaft, des freien Denkens an, 65
Als noch die Barbarei mit schwerer Dämmrung
Die Welt umher verbarg. Mir klang als Kind
Der Name Hercules von Este schon,
Schon Hyppolit von Este voll ins Ohr.
Ferrara ward mit Rom und mit Florenz 70
Von meinem Vater viel gepriesen! Oft
Hab' ich mich hingesehnt; nun bin ich da.
Hier ward Petrarch bewirtet, hier gepflegt,
Und Ariost fand seine Muster hier.
Italien nennt keinen großen Namen, 75
Den dieses Haus nicht seinen Gast genannt.
Und es ist vorteilhaft den Genius
Bewirten: gibst du ihm ein Gastgeschenk,
So läßt er dir ein schöneres zurück.
Die Stätte, die ein guter Mensch betrat, 80
Ist eingeweiht; nach hundert Jahren klingt
Sein Wort und seine Tat dem Enkel wieder.
PRINZESSIN Dem Enkel, wenn er lebhaft fühlt wie du.
Gar oft beneid' ich dich um dieses Glück.
LEONORE Das du, wie wenig andre, still und rein 85
Genießest. Drängt mich doch das volle Herz
Sogleich zu sagen was ich lebhaft fühle,
Du fühlst es besser, fühlst es tief und – schweigst.
Dich blendet nicht der Schein des Augenblicks,

| | Der Witz besticht dich nicht, die Schmeichelei |
|---:|---|
| 90 | Schmiegt sich vergebens künstlich an dein Ohr: |
| | Fest bleibt dein Sinn und richtig dein Geschmack, |
| | Dein Urteil g'rad, stets ist dein Anteil groß |
| | Am Großen, das du wie dich selbst erkennst. |
| 95 | PRINZESSIN Du solltest dieser höchsten Schmeichelei |
| | Nicht das Gewand vertrauter Freundschaft leihen. |
| | LEONORE Die Freundschaft ist gerecht, sie kann allein |
| | Den ganzen Umfang deines Werts erkennen. |
| | Und laß mich der Gelegenheit, dem Glück |
| 100 | Auch seinen Teil an deiner Bildung geben, |
| | Du hast sie doch, und bist's am Ende doch, |
| | Und dich mit deiner Schwester ehrt die Welt |
| | Vor allen großen Frauen eurer Zeit. |
| | PRINZESSIN Mich kann das, Leonore, wenig rühren, |
| 105 | Wenn ich bedenke wie man wenig ist, |
| | Und was man ist, das blieb man andern schuldig. |
| | Die Kenntnis alter Sprachen und des Besten, |
| | Was uns die Vorwelt ließ, dank' ich der Mutter; |
| | Doch war an Wissenschaft, an rechtem Sinn |
| 110 | Ihr keine beider Töchter jemals gleich; |
| | Und soll sich eine ja mit ihr vergleichen, |
| | So hat Lucretia gewiß das Recht. |
| | Auch kann ich dir versichern hab' ich nie |
| | Als Rang und als Besitz betrachtet, was |
| 115 | Mir die Natur, was mir das Glück verlieh. |
| | Ich freue mich, wenn kluge Männer sprechen, |
| | Daß ich verstehen kann wie sie es meinen. |
| | Es sei ein Urteil über einen Mann |
| | Der alten Zeit und seiner Taten Wert; |
| 120 | Es sei von einer Wissenschaft die Rede, |
| | Die, durch Erfahrung weiter ausgebreitet, |
| | Dem Menschen nutzt indem sie ihn erhebt, |
| | Wohin sich das Gespräch der Edlen lenkt |
| | Ich folge gern, denn mir wird leicht zu folgen. |
| 125 | Ich höre gern dem Streit der Klugen zu, |
| | Wenn um die Kräfte, die des Menschen Brust |
| | So freundlich und so fürchterlich bewegen, |
| | Mit Grazie die Rednerlippe spielt; |
| | Gern, wenn die fürstliche Begier des Ruhms, |

Des ausgebreiteten Besitzes Stoff 130
Dem Denker wird, und wenn die feine Klugheit,
Von einem klugen Manne zart entwickelt,
Statt uns zu hintergehen uns belehrt.
LEONORE Und dann nach dieser ernsten Unterhaltung
Ruht unser Ohr und unser innrer Sinn 135
Gar freundlich auf des Dichters Reimen aus,
Der uns die letzten lieblichsten Gefühle
Mit holden Tönen in die Seele flößt.
Dein hoher Geist umfaßt ein weites Reich,
Ich halte mich am liebsten auf der Insel 140
Der Poesie in Lorbeerhainen auf.
PRINZESSIN In diesem schönen Lande, hat man mir
Versichern wollen, wächst vor andern Bäumen
Die Myrte gern. Und wenn der Musen gleich
Gar viele sind, so sucht man unter ihnen 145
Sich seltner eine Freundin und Gespielin,
Als man dem Dichter gern begegnen mag,
Der uns zu meiden, ja zu fliehen scheint,
Etwas zu suchen scheint das wir nicht kennen,
Und er vielleicht am Ende selbst nicht kennt. 150
Da wär' es denn ganz artig, wenn er uns
Zur guten Stunde träfe, schnell entzückt
Uns für den Schatz erkennte, den er lang'
Vergebens in der weiten Welt gesucht.
LEONORE Ich muß mir deinen Scherz gefallen lassen, 155
Er trifft mich zwar, doch trifft er mich nicht tief.
Ich ehre jeden Mann und sein Verdienst
Und ich bin gegen Tasso nur gerecht.
Sein Auge weilt auf dieser Erde kaum;
Sein Ohr vernimmt den Einklang der Natur; 160
Was die Geschichte reicht, das Leben gibt,
Sein Busen nimmt es gleich und willig auf:
Das weit zerstreute sammelt sein Gemüt,
Und sein Gefühl belebt das Unbelebte.
Oft adelt er was uns gemein erschien, 165
Und das Geschätzte wird vor ihm zu nichts.
In diesem eignen Zauberkreise wandelt
Der wunderbare Mann und zieht uns an
Mit ihm zu wandeln, Teil an ihm zu nehmen:

170 Er scheint sich uns zu nahn, und bleibt uns fern;
Er scheint uns anzusehn, und Geister mögen
An unsrer Stelle seltsam ihm erscheinen.
PRINZESSIN
Du hast den Dichter fein und zart geschildert,
Der in den Reichen süßer Träume schwebt.
175 Allein mir scheint auch ihn das Wirkliche
Gewaltsam anzuziehn und fest zu halten.
Die schönen Lieder, die an unsern Bäumen
Wir hin und wieder angeheftet finden,
Die, goldnen Äpfeln gleich, ein neu Hesperien
180 Uns duftend bilden. Erkennst du sie nicht alle
Für holde Früchte einer wahren Liebe?
LEONORE Ich freue mich der schönen Blätter auch.
Mit mannigfalt'gem Geist verherrlicht er
Ein einzig Bild in allen seinen Reimen.
185 Bald hebt er es in lichter Glorie
Zum Sternenhimmel auf, beugt sich verehrend
Wie Engel über Wolken vor dem Bilde;
Dann schleicht er ihm durch stille Fluren nach
Und jede Blume windet er zum Kranz.
190 Entfernt sich die Verehrte, heiligt er
Den Pfad, den leis' ihr schöner Fuß betrat.
Versteckt im Busche, gleich der Nachtigall,
Füllt er aus einem liebekranken Busen
Mit seiner Klagen Wohllaut Hain und Luft:
195 Sein reizend Leid, die sel'ge Schwermut lockt
Ein jedes Ohr und jedes Herz muß nach –
PRINZESSIN Und wenn er seinen Gegenstand benennt,
So gibt er ihm den Namen Leonore.
LEONORE Es ist dein Name wie es meiner ist.
200 Ich nähm' es übel wenn's ein andrer wäre.
Mich freut es daß er sein Gefühl für dich
In diesem Doppelsinn verbergen kann.
Ich bin zufrieden daß er meiner auch
Bei dieses Namens holdem Klang gedenkt.
205 Hier ist die Frage nicht von einer Liebe,
Die sich des Gegenstands bemeistern will,
Ausschließend ihn besitzen, eifersüchtig
Den Anblick jedem andern wehren möchte.

>      Wenn er in seliger Betrachtung sich
>      Mit deinem Wert beschäftigt, mag er auch
>      An meinem leichtern Wesen sich erfreun.
>      Uns liebt er nicht, – verzeih daß ich es sage! –
>      Aus allen Sphären trägt er was er liebt
>      Auf einen Namen nieder den wir führen,
>      Und sein Gefühl teilt er uns mit; wir scheinen
>      Den Mann zu lieben, und wir lieben nur
>      Mit ihm das höchste was wir lieben können.
>
> PRINZESSIN Du hast dich sehr in diese Wissenschaft
>      Vertieft, Eleonore, sagst mir Dinge,
>      Die mir beinahe nur das Ohr berühren
>      Und in die Seele kaum noch übergehn.
>
> LEONORE Du? Schülerin des Plato! nicht begreifen?
>      Was dir ein Neuling vorzuschwatzen wagt.
>      Es müßte sein daß ich zu sehr mich irrte,
>      Doch irr' ich auch nicht ganz, ich weiß es wohl.
>      Die Liebe zeigt in dieser holden Schule
>      Sich nicht, wie sonst, als ein verwöhntes Kind:
>      Es ist der Jüngling der mit Psychen sich
>      Vermählte, der im Rat der Götter Sitz
>      Und Stimme hat. Er tobt nicht frevelhaft
>      Von einer Brust zur andern hin und her;
>      Er heftet sich an Schönheit und Gestalt
>      Nicht gleich mit süßem Irrtum fest, und büßet
>      Nicht schnellen Rausch mit Ekel und Verdruß.
>
> PRINZESSIN
>      Da kommt mein Bruder, laß uns nicht verraten
>      Wohin sich wieder das Gespräch gelenkt,
>      Wir würden seinen Scherz zu tragen haben,
>      Wie unsre Kleidung seinen Spott erfuhr.

## Zweiter Auftritt

*Die Vorigen. Alphons.*

ALPHONS Ich suche Tasso, den ich nirgends finde,
240  Und treff' ihn – hier sogar bei euch nicht an.
    Könnt ihr von ihm mir keine Nachricht geben?
PRINZESSIN Ich sah' ihn gestern wenig, heute nicht.
ALPHONS Es ist ein alter Fehler, daß er mehr
    Die Einsamkeit als die Gesellschaft sucht.
245  Verzeih' ich ihm, wenn er den bunten Schwarm
    Der Menschen flieht, und lieber frei im Stillen
    Mit seinem Geist sich unterhalten mag,
    So kann ich doch nicht loben daß er selbst
    Den Kreis vermeidet den die Freunde schließen.
250 LEONORE Irr' ich mich nicht, so wirst du bald, o Fürst,
    Den Tadel in ein frohes Lob verwandeln.
    Ich sah' ihn heut' von fern; er hielt ein Buch
    Und eine Tafel, schrieb und ging und schrieb.
    Ein flüchtig Wort das er mir gestern sagte
255  Schien mir sein Werk vollendet anzukünden.
    Er sorgt nur kleine Züge zu verbessern,
    Um deiner Huld, die ihm so viel gewährt,
    Ein würdig Opfer endlich darzubringen.
ALPHONS Er soll willkommen sein *wenn* er es bringt
260  Und losgesprochen sein auf lange Zeit.
    So sehr ich Teil an seiner Arbeit nehme,
    So sehr in manchem Sinn das große Werk
    Mich freut und freuen muß, so sehr vermehrt
    Sich auch zuletzt die Ungeduld in mir.
265  Er kann nicht enden, kann nicht fertig werden,
    Er ändert stets, ruckt langsam weiter vor,
    Steht wieder still, er hintergeht die Hoffnung;
    Unwillig sieht man den Genuß entfernt
    In späte Zeit, den man so nah' geglaubt.
270 PRINZESSIN Ich lobe die Bescheidenheit, die Sorge,
    Womit er Schritt vor Schritt zum Ziele geht.
    Nur durch die Gunst der Musen schließen sich
    So viele Reime fest in eins zusammen;
    Und seine Seele hegt nur diesen Trieb

Es soll sich sein Gedicht zum Ganzen ründen. 275
Er will nicht Märchen über Märchen häufen,
Die reizend unterhalten und zuletzt
Wie lose Worte nur verklingend täuschen.
Laß ihn, mein Bruder! denn es ist die Zeit
Von einem guten Werke nicht das Maß; 280
Und wenn die Nachwelt mit genießen soll,
So muß des Künstlers Mitwelt sich vergessen.
ALPHONS Laß uns zusammen, liebe Schwester, wirken,
Wie wir zu beider Vorteil oft getan!
Wenn ich zu eifrig bin, so lindre du: 285
Und bist du zu gelind, so will ich treiben.
Wir sehen dann auf einmal ihn vielleicht
Am Ziel, wo wir ihn lang' gewünscht zu sehn.
Dann soll das Vaterland, es soll die Welt
Erstaunen, welch ein Werk vollendet worden. 290
Ich nehme meinen Teil des Ruhms davon,
Und er wird in das Leben eingeführt.
Ein edler Mensch kann einem engen Kreise
Nicht seine Bildung danken. Vaterland
Und Welt muß auf ihn wirken. Ruhm und Tadel 295
Muß er ertragen lernen. Sich und andre
Wird er gezwungen recht zu kennen. Ihn
Wiegt nicht die Einsamkeit mehr schmeichelnd ein.
Es *will* der Feind – es *darf* der Freund nicht schonen:
Dann übt der Jüngling streitend seine Kräfte, 300
Fühlt was er ist und fühlt sich bald ein Mann.
LEONORE So wirst du, Herr, für ihn noch alles tun,
Wie du bisher für ihn schon viel getan.
Es bildet ein Talent sich in der Stille,
Sich ein Charakter in dem Strom der Welt. 305
O daß er sein Gemüt wie seine Kunst
An deinen Lehren bilde! Daß er nicht
Die Menschen länger meide, daß sein Argwohn
Sich nicht zuletzt in Furcht und Haß verwandle!
ALPHONS
Die Menschen fürchtet nur wer sie nicht kennt, 310
Und wer sie meidet wird sie bald verkennen.
Das ist sein Fall, und so wird nach und nach
Ein frei Gemüt verworren und gefesselt.

So ist er oft um meine Gunst besorgt
315 Weit mehr als es ihm ziemte; gegen viele
Hegt er ein Mißtraun, die, ich weiß es sicher,
Nicht seine Feinde sind. Begegnet ja
Daß sich ein Brief verirrt, daß ein Bedienter
Aus seinem Dienst in einen andern geht,
320 Daß ein Papier aus seinen Händen kommt,
Gleich sieht er Absicht, sieht Verräterei
Und Tücke die sein Schicksal untergräbt.
PRINZESSIN Laß uns, geliebter Bruder, nicht vergessen
Daß von sich selbst der Mensch nicht scheiden kann.
325 Und wenn ein Freund, der mit uns wandeln sollte,
Sich einen Fuß beschädigte, wir würden
Doch lieber langsam gehn und unsre Hand
Ihm gern und willig leihen?
ALPHONS                    Besser wär's,
Wenn wir ihn heilen könnten, lieber gleich
330 Auf treuen Rat des Arztes eine Kur
Versuchten, dann mit dem Geheilten froh
Den neuen Weg des frischen Lebens gingen.
Doch hoff' ich, meine Lieben, daß ich nie
Die Schuld des rauhen Arztes auf mich lade.
335 Ich tue was ich kann um Sicherheit
Und Zutraun seinem Busen einzuprägen.
Ich geb' ihm oft in Gegenwart von Vielen
Entschiedne Zeichen meiner Gunst. Beklagt
Er sich bei mir, so laß ich's untersuchen;
340 Wie ich es tat, als er sein Zimmer neulich
Erbrochen glaubte. Läßt sich nichts entdecken,
So zeig' ich ihm gelassen wie ich's sehe;
Und da man alles üben muß, so üb' ich,
Weil er's verdient, an Tasso die Geduld:
345 Und ihr, ich weiß es, steht mir willig bei.
Ich hab' euch nun aufs Land gebracht und gehe
Heut' Abend nach der Stadt zurück. Ihr werdet
Auf einen Augenblick Antonio sehen,
Er kommt von Rom und holt mich ab. Wir haben
350 Viel auszureden, abzutun. Entschlüsse
Sind nun zu fassen, Briefe viel zu schreiben,
Das alles nötigt mich zur Stadt zurück.

PRINZESSIN Erlaubst du uns daß wir dich hinbegleiten?
ALPHONS Bleibt nur in Belriguardo, geht zusammen
Hinüber nach Consandoli! Genießt 355
Der schönen Tage ganz nach freier Lust.
PRINZESSIN
Du kannst nicht bei uns bleiben? die Geschäfte
Nicht hier so gut als in der Stadt verrichten?
LEONORE Du führst uns gleich Antonio hinweg,
Der uns von Rom so viel erzählen sollte? 360
ALPHONS
Es geht nicht an, ihr Kinder; doch ich komme
Mit ihm so bald als möglich ist, zurück:
Dann soll er euch erzählen und ihr sollt
Mir ihn belohnen helfen, der so viel
In meinem Dienst aufs neue sich bemüht. 365
Und haben wir uns wieder ausgesprochen,
So mag der Schwarm dann kommen, daß es lustig
In unsern Gärten werde, daß auch mir,
Wie billig, eine Schönheit in dem Kühlen
Wenn ich sie suche gern begegnen mag. 370
LEONORE Wir wollen freundlich durch die Finger sehen.
ALPHONS Dagegen wißt ihr daß ich schonen kann.
PRINZESSIN *nach der Szene gekehrt*
Schon lange seh' ich Tasso kommen. Langsam
Bewegt er seine Schritte, steht bisweilen
Auf einmal still, wie unentschlossen, geht 375
Dann wieder schneller auf uns los, und weilt
Schon wieder.
ALPHONS              Stört ihn, wenn er denkt und dichtet,
In seinen Träumen nicht, und laßt ihn wandeln.
LEONORE Nein, er hat uns gesehn, er kommt hierher.


DRITTER AUFTRITT

*Die Vorigen. Tasso.*

TASSO *mit einem Buche in Pergament geheftet*
Ich komme langsam dir ein Werk zu bringen, 380
Und zaudre noch es dir zu überreichen.

Ich weiß zu wohl, noch bleibt es unvollendet,
Wenn es auch gleich geendigt scheinen möchte.
Allein, war ich besorgt es unvollkommen
385 Dir hinzugeben, so bezwingt mich nun
Die neue Sorge: Möcht' ich doch nicht gern
Zu ängstlich, möcht' ich nicht undankbar scheinen.
Und wie der Mensch nur sagen kann: Hie bin ich!
Daß Freunde seiner schonend sich erfreuen:
390 So kann ich auch nur sagen: Nimm es hin!
*Er übergibt den Band.*
ALPHONS Du überraschest mich mit deiner Gabe
Und machst mir diesen schönen Tag zum Fest.
So halt' ich's endlich denn in meinen Händen,
Und nenn' es in gewissem Sinne mein!
395 Lang' wünscht' ich schon, du möchtest dich entschließen
Und endlich sagen: Hier! es ist genug.
TASSO Wenn Ihr zufrieden seid, so ist's vollkommen;
Denn euch gehört es zu in jedem Sinn.
Betrachtet' ich den Fleiß den ich verwendet,
400 Sah' ich die Züge meiner Feder an;
So konnt' ich sagen: dieses Werk ist mein.
Doch seh' ich näher an, was dieser Dichtung
Den innren Wert und ihre Würde gibt,
Erkenn' ich wohl, ich hab' es nur von euch.
405 Wenn die Natur der Dichtung holde Gabe
Aus reicher Willkür freundlich mir geschenkt,
So hatte mich das eigensinn'ge Glück
Mit grimmiger Gewalt von sich gestoßen:
Und zog die schöne Welt den Blick des Knaben
410 Mit ihrer ganzen Fülle herrlich an,
So trübte bald den jugendlichen Sinn
Der teuren Eltern unverdiente Not.
Eröffnete die Lippe sich zu singen,
So floß ein traurig Lied von ihr herab,
415 Und ich begleitete mit leisen Tönen
Des Vaters Schmerzen und der Mutter Qual.
Du warst allein der aus dem engen Leben
Zu einer schönen Freiheit mich erhob;
Der jede Sorge mir vom Haupte nahm,
420 Mir Freiheit gab, daß meine Seele sich

Zu mutigem Gesang entfalten konnte;
Und welchen Preis nun auch mein Werk erhält,
Euch dank' ich ihn, denn Euch gehört es zu.
ALPHONS Zum zweitenmal verdienst du jedes Lob
Und ehrst bescheiden dich und uns zugleich.
TASSO O könnt' ich sagen wie ich lebhaft fühle
Daß ich von Euch nur habe was ich bringe!
Der tatenlose Jüngling – nahm er wohl
Die Dichtung aus sich selbst? Die kluge Leitung
Des raschen Krieges – hat er die ersonnen?
Die Kunst der Waffen, die ein jeder Held
An dem beschiednen Tage kräftig zeigt,
Des Feldherrn Klugheit und der Ritter Mut
Und wie sich List und Wachsamkeit bekämpft,
Hast du mir nicht, o kluger tapfrer Fürst,
Das alles eingeflößt als wärest du
Mein Genius, der eine Freude fände
Sein hohes, unerreichbar hohes Wesen
Durch einen Sterblichen zu offenbaren?
PRINZESSIN Genieße nun des Werks das uns erfreut!
ALPHONS Erfreue dich des Beifalls jedes Guten.
LEONORE Des allgemeinen Ruhms erfreue dich.
TASSO Mir ist an diesem Augenblick genug.
An euch nur dacht' ich wenn ich sann und schrieb,
Euch zu gefallen war mein höchster Wunsch,
Euch zu ergetzen war mein letzter Zweck.
Wer nicht die Welt in seinen Freunden sieht
Verdient nicht daß die Welt von ihm erfahre.
Hier ist mein Vaterland, hier ist der Kreis
In dem sich meine Seele gern verweilt.
Hier horch' ich auf, hier acht' ich jeden Wink.
Hier spricht Erfahrung, Wissenschaft, Geschmack;
Ja, Welt und Nachwelt seh' ich vor mir stehn.
Die Menge macht den Künstler irr' und scheu:
Nur wer Euch ähnlich ist, versteht und fühlt,
Nur der allein soll richten und belohnen!
ALPHONS Und stellen wir denn Welt und Nachwelt vor,
So ziemt es nicht nur müßig zu empfangen.
Das schöne Zeichen, das den Dichter ehrt,
Das selbst der Held, der seiner stets bedarf,

Ihm ohne Neid ums Haupt gewunden sieht,
Erblick' ich hier auf deines Ahnherrn Stirne.
*Auf die Herme Virgils deutend.*
Hat es der Zufall, hat's ein Genius
Geflochten und gebracht? Es zeigt sich hier
465 Uns nicht umsonst. Virgilen hör' ich sagen:
Was ehret ihr die Toten? Hatten die
Doch ihren Lohn und Freude da sie lebten;
Und wenn ihr uns bewundert und verehrt,
So gebt auch den Lebendigen ihr Teil.
470 Mein Marmorbild ist schon bekränzt genug,
Der grüne Zweig gehört dem Leben an.
*Alphons winkt seiner Schwester, sie nimmt den Kranz von der Büste Virgils und nähert sich Tasso. Er tritt zurück.*
LEONORE
Du weigerst dich? Sieh welche Hand den Kranz,
Den schönen unverwelklichen, dir bietet!
TASSO O laßt mich zögern, seh' ich doch nicht ein
475 Wie ich nach dieser Stunde leben soll.
ALPHONS In dem Genuß des herrlichen Besitzes,
Der dich im ersten Augenblick erschreckt.
PRINZESSIN *indem sie den Kranz in die Höhe hält*
Du gönnest mir die seltne Freude, Tasso,
Dir ohne Wort zu sagen wie ich denke.
480 TASSO Die schöne Last aus deinen teuren Händen
Empfang' ich knieend auf mein schwaches Haupt.
*Er kniet nieder, die Prinzessin setzt ihm den Kranz auf.*
LEONORE *applaudierend*
Es lebe der zum erstenmal bekränzte!
Wie zieret den bescheidnen Mann der Kranz!
*Tasso steht auf.*
ALPHONS Es ist ein Vorbild nur von jener Krone,
485 Die auf dem Capitol dich zieren soll.
PRINZESSIN
Dort werden lautere Stimmen dich begrüßen,
Mit leiser Lippe lohnt die Freundschaft hier.
TASSO O nehmt ihn weg von meinem Haupte wieder,
Nehmt ihn hinweg! Er sengt mir meine Locken!
490 Und wie ein Strahl der Sonne, der zu heiß
Das Haupt mir träfe, brennt er mir die Kraft

Des Denkens aus der Stirne. Fieberhitze
Bewegt mein Blut. Verzeiht! Es ist zu viel!
LEONORE Es schützet dieser Zweig vielmehr das Haupt
Des Manns, der in den heißen Regionen
Des Ruhms zu wandeln hat, und kühlt die Stirne.
TASSO Ich bin nicht wert die Kühlung zu empfinden,
Die nur um Heldenstirnen wehen soll.
O hebt ihn auf, ihr Götter, und verklärt
Ihn zwischen Wolken, daß er hoch und höher
Und unerreichbar schwebe! Daß mein Leben
Nach diesem Ziel ein ewig Wandeln sei!
ALPHONS Wer früh erwirbt, lernt früh den hohen Wert
Der holden Güter dieses Lebens schätzen;
Wer früh genießt, entbehrt in seinem Leben
Mit Willen nicht was er einmal besaß;
Und wer besitzt, der, muß gerüstet sein.
TASSO Und wer sich rüsten will, muß eine Kraft
Im Busen fühlen die ihm nie versagt.
Ach! sie versagt mir eben jetzt! Im Glück
Verläßt sie mich, die angeborne Kraft,
Die standhaft mich dem Unglück, stolz dem Unrecht
Begegnen lehrte. Hat die Freude mir,
Hat das Entzücken dieses Augenblicks
Das Mark in meinen Gliedern aufgelös't?
Es sinken meine Kniee! Noch einmal
Siehst du, o Fürstin, mich gebeugt vor dir!
Erhöre meine Bitte; nimm ihn weg!
Daß wie aus einem schönen Traum erwacht
Ich ein erquicktes neues Leben fühle.
PRINZESSIN Wenn du bescheiden ruhig das Talent,
Das dir die Götter gaben, tragen kannst,
So lern' auch diese Zweige tragen, die
Das schönste sind was wir dir geben können.
Wem einmal, würdig, sie das Haupt berührt,
Dem schweben sie auf ewig um die Stirne.
TASSO So laßt mich denn beschämt von hinnen gehn!
Laßt mich mein Glück im tiefen Hain verbergen,
Wie ich sonst meine Schmerzen dort verbarg.
Dort will ich einsam wandeln, dort erinnert
Kein Auge mich ans unverdiente Glück.

Und zeigt mir ungefähr ein klarer Brunnen
In seinem reinen Spiegel einen Mann,
Der wunderbar bekränzt im Wiederschein
Des Himmels zwischen Bäumen, zwischen Felsen
Nachdenkend ruht: so scheint es mir, ich sehe
Elysium auf dieser Zauberfläche
Gebildet. Still bedenk' ich mich und frage,
Wer mag der Abgeschiedne sein? Der Jüngling
Aus der vergangnen Zeit? So schön bekränzt?
Wer sagt mir seinen Namen? Sein Verdienst?
Ich warte lang' und denke: käme doch
Ein andrer und noch einer, sich zu ihm
In freundlichem Gespräche zu gesellen!
O säh' ich die Heroen, die Poeten
Der alten Zeit um diesen Quell versammelt!
O säh' ich hier sie immer unzertrennlich,
Wie sie im Leben fest verbunden waren!
So bindet der Magnet durch seine Kraft
Das Eisen mit dem Eisen fest zusammen,
Wie gleiches Streben Held und Dichter bindet.
Homer vergaß sich selbst, sein ganzes Leben
War der Betrachtung zweier Männer heilig,
Und Alexander in Elysium
Eilt den Achill und den Homer zu suchen.
O daß ich gegenwärtig wäre, sie
Die größten Seelen nun vereint zu sehen!
LEONORE Erwach! Erwache! Laß uns nicht empfinden
Daß du das Gegenwärt'ge ganz verkennst.
TASSO Es ist die Gegenwart die mich erhöht,
Abwesend schein' ich nur, ich bin entzückt.
PRINZESSIN Ich freue mich, wenn du mit Geistern redest,
Daß du so menschlich sprichst und hör' es gern.
*Ein Page tritt zu dem Fürsten und richtet leise etwas aus.*
ALPHONS Er ist gekommen! recht zur guten Stunde.
Antonio! – Bring ihn her – Da kommt er schon!

## Vierter Auftritt

*Die Vorigen. Antonio.*

ALPHONS Willkommen! der du uns zugleich dich selbst
Und gute Botschaft bringst.
PRINZESSIN                  Sei uns gegrüßt!
ANTONIO Kaum wag' ich es zu sagen welch Vergnügen
In eurer Gegenwart mich neu belebt.
Vor euren Augen find' ich alles wieder                570
Was ich so lang' entbehrt. Ihr scheint zufrieden
Mit dem was ich getan, was ich vollbracht,
Und so bin ich belohnt für jede Sorge,
Für manchen bald mit Ungeduld durchharrten,
Bald absichtsvoll verlornen Tag. Wir haben          575
Nun was wir wünschen, und kein Streit ist mehr.
LEONORE Auch ich begrüße dich, wenn ich schon zürne.
Du kommst nur eben da ich reisen muß.
ANTONIO
Damit mein Glück nicht ganz vollkommen werde,
Nimmst du mir gleich den schönen Teil hinweg.       580
TASSO Auch meinen Gruß! Ich hoffe mich der Nähe
Des vielerfahrnen Mannes auch zu freun.
ANTONIO Du wirst mich wahrhaft finden, wenn du je
Aus deiner Welt in meine schauen magst.
ALPHONS Wenn du mir gleich in Briefen schon gemeldet 585
Was du getan und wie es dir ergangen;
So hab' ich doch noch manches auszufragen
Durch welche Mittel das Geschäft gelang?
Auf jenem wunderbaren Boden will der Schritt
Wohl abgemessen sein, wenn er zuletzt               590
An deinen eignen Zweck dich führen soll.
Wer seines Herren Vorteil rein bedenkt,
Der hat in Rom gar einen schweren Stand:
Denn Rom will Alles nehmen, geben Nichts;
Und kommt man hin um etwas zu erhalten,             595
Erhält man nichts, man bringe denn was hin,
Und glücklich, wenn man da noch 'was erhält.
ANTONIO Es ist nicht mein Betragen, meine Kunst,
Durch die ich deinen Willen, Herr, vollbracht.

600 Denn welcher Kluge fänd' im Vatican
Nicht seinen Meister? Vieles traf zusammen
Das ich zu unserm Vorteil nutzen konnte.
Dich ehrt Gregor und grüßt und segnet dich.
Der Greis, der würdigste dem eine Krone
605 Das Haupt belastet, denkt der Zeit mit Freuden,
Da er in seinen Arm dich schloß. Der Mann
Der Männer unterscheidet, kennt und rühmt
Dich hoch! Um deinetwillen tat er viel.
ALPHONS Ich freue seiner guten Meinung mich,
610 So fern sie redlich ist. Doch weißt du wohl,
Vom Vatican herab sieht man die Reiche
Schon klein genug zu seinen Füßen liegen,
Geschweige denn die Fürsten und die Menschen.
Gestehe nur was dir am meisten half!
615 ANTONIO Gut! wenn du willst: der hohe Sinn des Papsts.
Er sieht das Kleine klein, das Große groß.
Damit er einer Welt gebiete, gibt
Er seinen Nachbarn gern und freundlich nach.
Das Streifchen Land, das er dir überläßt,
620 Weiß er, wie deine Freundschaft, wohl zu schätzen.
Italien soll ruhig sein, er will
In seiner Nähe Freunde sehen, Friede
Bei seinen Grenzen halten, daß die Macht
Der Christenheit, die er gewaltig lenkt,
625 Die Türken da, die Ketzer dort vertilge.
PRINZESSIN
Weiß man die Männer, die er mehr als andre
Begünstigt, die sich ihm vertraulich nahn?
ANTONIO Nur der erfahrne Mann besitzt sein Ohr,
Der tätige sein Zutraun, seine Gunst.
630 Er, der von Jugend auf dem Staat gedient,
Beherrscht ihn jetzt und wirkt auf jene Höfe,
Die er vor Jahren als Gesandter schon
Gesehen und gekannt und oft gelenkt.
Es liegt die Welt so klar vor seinem Blick
635 Als wie der Vorteil seines eignen Staats.
Wenn man ihn handeln sieht, so lobt man ihn
Und freut sich, wenn die Zeit entdeckt was er
Im Stillen lang bereitet und vollbracht.

Es ist kein schönrer Anblick in der Welt
Als einen Fürsten sehn der klug regiert; 640
Das Reich zu sehn, wo jeder stolz gehorcht,
Wo jeder sich nur selbst zu dienen glaubt
Weil ihm das Rechte nur befohlen wird.
LEONORE Wie sehnlich wünscht' ich jene Welt einmal
Recht nah zu sehn!
ALPHONS           Doch wohl um mit zu wirken? 645
Denn bloß beschaun wird Leonore nie.
Es wäre doch recht artig, meine Freundin,
Wenn in das große Spiel wir auch zuweilen
Die zarten Hände mischen könnten – Nicht?
LEONORE *zu Alphons*
Du willst mich reizen, es gelingt dir nicht. 650
ALPHONS Ich bin dir viel von andern Tagen schuldig.
LEONORE Nun gut, so bleib' ich heut in deiner Schuld!
Verzeih' und störe meine Fragen nicht.
*Zu Antonio.*
Hat er für die Nipoten viel getan?
ANTONIO Nicht weniger noch mehr als billig ist. 655
Ein Mächtiger, der für die Seinen nicht
Zu sorgen weiß, wird von dem Volke selbst
Getadelt. Still und mäßig weiß Gregor
Den Seinigen zu nutzen, die dem Staat
Als wackre Männer dienen, und erfüllt 660
Mit Einer Sorge zwei verwandte Pflichten.
TASSO Erfreut die Wissenschaft, erfreut die Kunst
Sich seines Schutzes auch? und eifert er
Den großen Fürsten alter Zeiten nach?
ANTONIO Er ehrt die Wissenschaft, so fern sie nutzt, 665
Den Staat regieren, Völker kennen lehrt;
Er schätzt die Kunst, so fern sie ziert, sein Rom
Verherrlicht, und Palast und Tempel
Zu Wunderwerken dieser Erde macht.
In seiner Nähe darf nichts müßig sein! 670
Was gelten soll, muß wirken und muß dienen.
ALPHONS Und glaubst du, daß wir das Geschäfte bald
Vollenden können? daß sie nicht zuletzt
Noch hie und da uns Hindernisse streuen?
ANTONIO Ich müßte sehr mich irren, wenn nicht gleich 675

Durch deinen Namenszug, durch wenig Briefe
Auf immer dieser Zwist gehoben wäre.
ALPHONS So lob' ich diese Tage meines Lebens
Als eine Zeit des Glückes und Gewinns.
Erweitert seh' ich meine Grenze, weiß
Sie für die Zukunft sicher. Ohne Schwertschlag
Hast du's geleistet, eine Bürgerkrone
Dir wohl verdient. Es sollen unsre Frauen
Vom ersten Eichenlaub am schönsten Morgen
Geflochten dir sie um die Stirne legen.
Indessen hat mich Tasso auch bereichert;
Er hat Jerusalem für uns erobert,
Und so die neue Christenheit beschämt;
Ein weit entferntes, hoch gestecktes Ziel
Mit frohem Mut und strengem Fleiß erreicht.
Für seine Mühe siehst du ihn gekrönt.
ANTONIO Du lösest mir ein Rätsel. Zwei Bekränzte
Erblickt' ich mit Verwundrung da ich kam.
TASSO Wenn du mein Glück vor deinen Augen siehst;
So wünscht' ich, daß du mein beschämt Gemüt
Mit eben diesem Blicke schauen könntest.
ANTONIO Mir war es lang' bekannt, daß im Belohnen
Alphons unmäßig ist, und du erfährst
Was jeder von den Seinen schon erfuhr.
PRINZESSIN Wenn du erst siehst was er geleistet hat,
So wirst du uns gerecht und mäßig finden.
Wir sind nur hier die ersten stillen Zeugen
Des Beifalls, den die Welt ihm nicht versagt,
Und den ihm zehnfach künft'ge Jahre gönnen.
ANTONIO Er ist durch euch schon seines Ruhms gewiß.
Wer dürfte zweifeln, wo Ihr preisen könnt?
Doch sage mir, wer druckte diesen Kranz
Auf Ariostens Stirne?
LEONORE             Diese Hand.
ANTONIO Und sie hat wohl getan! Er ziert ihn schön,
Als ihn der Lorbeer selbst nicht zieren würde.
Wie die Natur die innig reiche Brust
Mit einem grünen, bunten Kleide deckt,
So hüllt er alles was den Menschen nur
Ehrwürdig, liebenswürdig machen kann,

Ins blühende Gewand der Fabel ein. 715
Zufriedenheit, Erfahrung und Verstand
Und Geisteskraft, Geschmack und reiner Sinn
Fürs wahre Gute, geistig scheinen sie
In seinen Liedern und persönlich doch
Wie unter Blüten-Bäumen auszuruhn, 720
Bedeckt vom Schnee der leicht getragnen Blüten,
Umkränzt von Rosen, wunderlich umgaukelt
Vom losen Zauberspiel der Amoretten.
Der Quell des Überflusses rauscht darneben,
Und läßt uns bunte Wunderfische sehn. 725
Von seltenem Geflügel ist die Luft,
Von fremden Herden Wies' und Busch erfüllt,
Die Schalkheit lauscht im Grünen halb versteckt,
Die Weisheit läßt von einer goldnen Wolke
Von Zeit zu Zeit erhabne Sprüche tönen, 730
Indes auf wohl gestimmter Laute wild
Der Wahnsinn hin und her zu wühlen scheint
Und doch im schönsten Takt sich mäßig hält.
Wer neben diesem Mann sich wagen darf,
Verdient für seine Kühnheit schon den Kranz. 735
Vergebt, wenn ich mich selbst begeistert fühle,
Wie ein Verzückter weder Zeit noch Ort,
Noch was ich sage wohl bedenken kann;
Denn alle diese Dichter, diese Kränze,
Das seltne festliche Gewand der Schönen 740
Versetzt mich aus mir selbst in fremdes Land.
PRINZESSIN
Wer Ein Verdienst so wohl zu schätzen weiß,
Der wird das andre nicht verkennen. Du
Sollst uns dereinst in Tassos Liedern zeigen
Was wir gefühlt und was nur du erkennst. 745
ALPHONS Komm mit, Antonio! manches hab' ich noch,
Worauf ich sehr begierig bin, zu fragen.
Dann sollst du bis zum Untergang der Sonne
Den Frauen angehören. Komm! Lebt wohl.
*Dem Fürsten folgt Antonio, den Damen Tasso.*

## Zweiter Aufzug

### Erster Auftritt

Saal

*Prinzessin. Tasso.*

TASSO Unsicher folgen meine Schritte dir,
O Fürstin, und Gedanken ohne Maß
Und Ordnung regen sich in meiner Seele.
Mir scheint die Einsamkeit zu winken, mich
Gefällig anzulispeln: komm, ich löse
Die neu erregten Zweifel deiner Brust.
Doch werf' ich einen Blick auf dich, vernimmt
Mein horchend Ohr ein Wort von deiner Lippe,
So wird ein neuer Tag um mich herum
Und alle Bande fallen von mir los.
Ich will dir gern gestehn, es hat der Mann,
Der unerwartet zu uns trat, nicht sanft
Aus einem schönen Traum mich aufgeweckt;
Sein Wesen, seine Worte haben mich
So wunderbar getroffen, daß ich mehr
Als je mich doppelt fühle, mit mir selbst
Aufs neu' in streitender Verwirrung bin.
PRINZESSIN Es ist unmöglich, daß ein alter Freund,
Der lang' entfernt ein fremdes Leben führte,
Im Augenblick da er uns wiedersieht
Sich wieder gleich wie ehmals finden soll.
Er ist in seinem Innern nicht verändert;
Laß uns mit ihm nur wenig Tage leben,
So stimmen sich die Saiten hin und wieder,
Bis glücklich eine schöne Harmonie
Aufs neue sie verbindet. Wird er dann
Auch näher kennen was du diese Zeit
Geleistet hast: so stellt er dich gewiß
Dem Dichter an die Seite, den er jetzt
Als einen Riesen dir entgegen stellt.
TASSO Ach meine Fürstin, Ariostens Lob
Aus seinem Munde hat mich mehr ergetzt

Als daß es mich beleidigt hätte. Tröstlich
Ist es für uns den Mann gerühmt zu wissen,
Der als ein großes Muster vor uns steht.
Wir können uns im stillen Herzen sagen:  785
Erreichst du einen Teil von seinem Wert,
Bleibt dir ein Teil auch seines Ruhms gewiß.
Nein, was das Herz im tiefsten mir bewegte,
Was mir noch jetzt die ganze Seele füllt,
Es waren die Gestalten jener Welt,  790
Die sich lebendig, rastlos, ungeheuer
Um Einen großen, einzig klugen Mann
Gemessen dreht und ihren Lauf vollendet,
Den ihr der Halbgott vorzuschreiben wagt.
Begierig horcht' ich auf, vernahm mit Lust  795
Die sichern Worte des erfahrnen Mannes;
Doch ach! je mehr ich horchte, mehr und mehr
Versank ich vor mir selbst, ich fürchtete
Wie Echo an den Felsen zu verschwinden,
Ein Wiederhall, ein Nichts mich zu verlieren.  800

PRINZESSIN
Und schienst noch kurz vorher so rein zu fühlen,
Wie Held und Dichter für einander leben,
Wie Held und Dichter sich einander suchen,
Und keiner je den andern neiden soll?
Zwar herrlich ist die liedeswerte Tat,  805
Doch schön ist's auch, der Taten stärkste Fülle
Durch würd'ge Lieder auf die Nachwelt bringen.
Begnüge dich aus einem kleinen Staate,
Der dich beschützt, dem wilden Lauf der Welt,
Wie von dem Ufer, ruhig zuzusehn.  810

TASSO Und sah' ich hier mit Staunen nicht zuerst,
Wie herrlich man den tapfern Mann belohnt?
Als unerfahrner Knabe kam ich her,
In einem Augenblick, da Fest auf Fest
Ferrara zu dem Mittelpunkt der Ehre  815
Zu machen schien! O! welcher Anblick war's!
Den weiten Platz, auf dem in ihrem Glanze
Gewandte Tapferkeit sich zeigen sollte,
Umschloß ein Kreis, wie ihn die Sonne nicht
So bald zum zweitenmal bescheinen wird.  820

Es saßen hier gedrängt die schönsten Frauen,
Gedrängt die ersten Männer unsrer Zeit.
Erstaunt durchlief der Blick die edle Menge;
Man rief: Sie alle hat das Vaterland,
825 Das Eine, schmale, meerumgebne Land,
Hierher geschickt. Zusammen bilden sie
Das herrlichste Gericht, das über Ehre,
Verdienst und Tugend je entschieden hat.
Gehst du sie einzeln durch, du findest keinen,
830 Der seines Nachbarn sich zu schämen brauche! –
Und dann eröffneten die Schranken sich.
Da stampften Pferde, glänzten Helm und Schilde,
Da drängten sich die Knappen, da erklang
Trompetenschall, und Lanzen krachten splitternd,
835 Getroffen tönten Helm und Schilde, Staub,
Auf einen Augenblick, umhüllte wirbelnd
Des Siegers Ehre, des Besiegten Schmach.
O laß mich einen Vorhang vor das ganze,
Mir allzu helle Schauspiel ziehen, daß
840 In diesem schönen Augenblicke mir
Mein Unwert nicht zu heftig fühlbar werde.
PRINZESSIN Wenn jener edle Kreis, wenn jene Taten
Zu Müh und Streben damals dich entflammten,
So konnt' ich, junger Freund, zu gleicher Zeit
845 Der Duldung stille Lehre dir bewähren.
Die Feste, die du rühmst, die hundert Zungen
Mir damals priesen und mir manches Jahr
Nachher gepriesen haben, sah' ich nicht.
Am stillen Ort, wohin kaum unterbrochen
850 Der letzte Wiederhall der Freude sich
Verlieren konnte, mußt' ich manche Schmerzen
Und manchen traurigen Gedanken leiden.
Mit breiten Flügeln schwebte mir das Bild
Des Todes vor den Augen, deckte mir
855 Die Aussicht in die immer neue Welt.
Nur nach und nach entfernt' es sich, und ließ
Mich, wie durch einen Flor, die bunten Farben
Des Lebens, blaß doch angenehm, erblicken.
Ich sah' lebend'ge Formen wieder sanft sich regen.
860 Zum erstenmal trat ich, noch unterstützt

Von meinen Frauen, aus dem Krankenzimmer,
Da kam Lukretia voll frohen Lebens
Herbei und führte dich an ihrer Hand.
Du warst der erste, der im neuen Leben
Mir neu und unbekannt entgegen trat. 865
Da hofft' ich viel für dich und mich, auch hat
Uns bis hierher die Hoffnung nicht betrogen.
TASSO Und ich, der ich betäubt von dem Gewimmel
Des drängenden Gewühls, von so viel Glanz
Geblendet, und von mancher Leidenschaft 870
Bewegt, durch stille Gänge des Palasts
An deiner Schwester Seite schweigend ging,
Dann in das Zimmer trat, wo du uns bald
Auf deine Frau'n gelehnt erschienest – Mir
Welch ein Moment war dieser! O! Vergib! 875
Wie den Bezauberten von Rausch und Wahn
Der Gottheit Nähe leicht und willig heilt;
So war auch ich von aller Phantasie,
Von jeder Sucht, von jedem falschen Triebe
Mit Einem Blick in deinen Blick geheilt. 880
Wenn unerfahren die Begierde sich
Nach tausend Gegenständen sonst verlor,
Trat ich beschämt zuerst in mich zurück,
Und lernte nun das Wünschenswerte kennen.
So sucht man in dem weiten Sand des Meers 885
Vergebens eine Perle, die verborgen
In stillen Schalen eingeschlossen ruht.
PRINZESSIN Es fingen schöne Zeiten damals an,
Und hätt' uns nicht der Herzog von Urbino
Die Schwester weggeführt, uns wären Jahre 890
Im schönen ungetrübten Glück verschwunden.
Doch leider jetzt vermissen wir zu sehr
Den frohen Geist, die Brust voll Mut und Leben,
Den reichen Witz der liebenswürd'gen Frau.
TASSO Ich weiß es nur zu wohl, seit jenem Tage 895
Da sie von hinnen schied, vermochte dir
Die reine Freude niemand zu ersetzen.
Wie oft zerriß es meine Brust! Wie oft
Klagt' ich dem stillen Hain mein Leid um dich!
Ach! rief ich aus, hat denn die Schwester nur 900

Das Glück, das Recht, der Teuern viel zu sein?
Ist denn kein Herz mehr wert, daß sie sich ihm
Vertrauen dürfte, kein Gemüt dem ihren
Mehr gleich gestimmt? Ist Geist und Witz verloschen?
905 Und war die Eine Frau, so trefflich sie
Auch war, denn alles? Fürstin! o verzeih'!
Da dacht' ich manchmal an mich selbst und wünschte
Dir etwas sein zu können. Wenig nur,
Doch etwas, nicht mit Worten, mit der Tat
910 Wünscht' ich's zu sein, im Leben dir zu zeigen,
Wie sich mein Herz im Stillen dir geweiht.
Doch es gelang mir nicht, und nur zu oft
Tat ich im Irrtum was dich schmerzen mußte,
Beleidigte den Mann, den du beschütztest,
915 Verwirrte unklug was du lösen wolltest,
Und fühlte so mich stets im Augenblick,
Wenn ich mich nahen wollte, fern und ferner.
PRINZESSIN Ich habe, Tasso, deinen Willen nie
Verkannt, und weiß wie du dir selbst zu schaden
920 Geschäftig bist. Anstatt daß meine Schwester
Mit jedem, wie er sei, zu leben weiß,
So kannst du selbst nach vielen Jahren kaum
In einen Freund dich finden.
TASSO                        Tadle mich!
Doch sage mir hernach, wo ist der Mann?
925 Die Frau? mit der ich wie mit dir
Aus freiem Busen wagen darf zu reden.
PRINZESSIN
Du solltest meinem Bruder dich vertraun.
TASSO
Er ist mein Fürst! – Doch glaube nicht, daß mir
Der Freiheit wilder Trieb den Busen blähe.
930 Der Mensch ist nicht geboren frei zu sein,
Und für den Edeln ist kein schöner Glück,
Als einen Fürsten, den er ehrt, zu dienen.
Und so ist er mein Herr, und ich empfinde
Den ganzen Umfang dieses großen Worts.
935 Nun muß ich schweigen lernen wenn er spricht,
Und tun wenn er gebietet, mögen auch
Verstand und Herz ihm lebhaft widersprechen.

PRINZESSIN Das ist der Fall bei meinem Bruder nie.
Und nun, da wir Antonio wieder haben,
Ist dir ein neuer kluger Freund gewiß. 940
TASSO Ich hofft' es ehmals, jetzt verzweifl' ich fast.
Wie lehrreich wäre mir sein Umgang, nützlich
Sein Rat in tausend Fällen! Er besitzt,
Ich mag wohl sagen, alles was mir fehlt.
Doch – haben alle Götter sich versammelt 945
Geschenke seiner Wiege darzubringen?
Die Grazien sind leider ausgeblieben,
Und wem die Gaben dieser Holden fehlen,
Der kann zwar viel besitzen, vieles geben,
Doch läßt sich nie an seinem Busen ruhn. 950
PRINZESSIN Doch läßt sich ihm vertraun, und das ist viel.
Du mußt von Einem Mann nicht alles fordern,
Und dieser leistet was er dir verspricht.
Hat er sich erst für deinen Freund erklärt,
So sorgt er selbst für dich wo du dir fehlst. 955
Ihr müßt verbunden sein! Ich schmeichle mir
Dies schöne Werk in kurzem zu vollbringen.
Nur widerstehe nicht wie du es pflegst!
So haben wir Lenoren lang' besessen,
Die fein und zierlich ist, mit der es leicht 960
Sich leben läßt; auch dieser hast du nie,
Wie sie es wünschte, näher treten wollen.
TASSO Ich habe dir gehorcht, sonst hätt' ich mich
Von ihr entfernt anstatt mich ihr zu nahen.
So liebenswürdig sie erscheinen kann, 965
Ich weiß nicht wie es ist, konnt' ich nur selten
Mit ihr ganz offen sein, und wenn sie auch
Die Absicht hat, den Freunden wohlzutun,
So fühlt man Absicht und man ist verstimmt.
PRINZESSIN Auf diesem Wege werden wir wohl nie 970
Gesellschaft finden, Tasso! Dieser Pfad
Verleitet uns durch einsames Gebüsch,
Durch stille Täler fortzuwandern; mehr
Und mehr verwöhnt sich das Gemüt, und strebt
Die goldne Zeit, die ihm von außen mangelt, 975
In seinem Innern wieder herzustellen,
So wenig der Versuch gelingen will.

TASSO O welches Wort spricht meine Fürstin aus!
Die goldne Zeit wohin ist sie geflohn?
Nach der sich jedes Herz vergebens sehnt!
Da auf der freien Erde Menschen sich
Wie frohe Herden im Genuß verbreiteten;
Da ein uralter Baum auf bunter Wiese
Dem Hirten und der Hirtin Schatten gab,
Ein jüngeres Gebüsch die zarten Zweige
Um sehnsuchtsvolle Liebe traulich schlang;
Wo klar und still auf immer reinem Sande
Der weiche Fluß die Nymphe sanft umfing;
Wo in dem Grase die gescheuchte Schlange
Unschädlich sich verlor, der kühne Faun
Vom tapfern Jüngling bald bestraft entfloh;
Wo jeder Vogel in der freien Luft
Und jedes Tier durch Berg und Täler schweifend
Zum Menschen sprach: erlaubt ist was gefällt.

PRINZESSIN
Mein Freund, die goldne Zeit ist wohl vorbei:
Allein die Guten bringen sie zurück;
Und soll ich dir gestehen wie ich denke,
Die goldne Zeit, womit der Dichter uns
Zu schmeicheln pflegt, die schöne Zeit, sie war,
So scheint es mir, so wenig als sie ist,
Und war sie je, so war sie nur gewiß,
Wie sie uns immer wieder werden kann.
Noch treffen sich verwandte Herzen an
Und teilen den Genuß der schönen Welt;
Nur in dem Wahlspruch ändert sich, mein Freund,
Ein einzig Wort: erlaubt ist was sich ziemt.

TASSO O wenn aus guten, edlen Menschen nur
Ein allgemein Gericht bestellt entschiede,
Was sich denn ziemt! Anstatt daß jeder glaubt,
Es sei auch schicklich was ihm nützlich ist.
Wir sehn ja, dem Gewaltigen, dem Klugen
Steht alles wohl, und er erlaubt sich alles.

PRINZESSIN Willst du genau erfahren was sich ziemt;
So frage nur bei edlen Frauen an.
Denn ihnen ist am meisten dran gelegen,
Daß alles wohl sich zieme was geschieht.

Die Schicklichkeit umgibt mit einer Mauer
Das zarte leicht verletzliche Geschlecht.
Wo Sittlichkeit regiert, regieren sie,
Und wo die Frechheit herrscht, da sind sie nichts.
Und wirst du die Geschlechter beide fragen:
Nach Freiheit strebt der Mann, das Weib nach Sitte.
TASSO Du nennest uns unbändig, roh, gefühllos?
PRINZESSIN
Nicht das! Allein ihr strebt nach fernen Gütern,
Und euer Streben muß gewaltsam sein.
Ihr wagt es, für die Ewigkeit zu handeln,
Wenn wir ein einzig nah beschränktes Gut
Auf dieser Erde nur besitzen möchten,
Und wünschen, daß es uns beständig bliebe.
Wir sind von keinem Männerherzen sicher,
Das noch so warm sich einmal uns ergab.
Die Schönheit ist vergänglich, die ihr doch
Allein zu ehren scheint. Was übrig bleibt,
Das reizt nicht mehr, und was nicht reizt, ist tot.
Wenn's Männer gäbe, die ein weiblich Herz
Zu schätzen wüßten, die erkennen möchten,
Welch einen holden Schatz von Treu' und Liebe
Der Busen einer Frau bewahren kann,
Wenn das Gedächtnis einzig schöner Stunden
In euren Seelen lebhaft bleiben wollte,
Wenn euer Blick, der sonst durchdringend ist,
Auch durch den Schleier dringen könnte, den
Uns Alter oder Krankheit überwirft,
Wenn der Besitz, der ruhig machen soll,
Nach fremden Gütern euch nicht lüstern machte:
Dann wär' uns wohl ein schöner Tag erschienen,
*Wir* feierten dann unsre goldne Zeit.
TASSO Du sagst mir Worte, die in meiner Brust
Halb schon entschlafne Sorgen mächtig regen.
PRINZESSIN Was meinst du, Tasso? rede frei mit mir.
TASSO Oft hört' ich schon, und diese Tage wieder
Hab' ich's gehört, ja hätt' ich's nicht vernommen,
So müßt' ich's denken: edle Fürsten streben
Nach deiner Hand! Was wir erwarten müssen,
Das fürchten wir und möchten schier verzweifeln,

Verlassen wirst du uns, es ist natürlich;
Doch wie wir's tragen wollen, weiß ich nicht.
PRINZESSIN Für diesen Augenblick seid unbesorgt!
Fast möcht' ich sagen: unbesorgt für immer.
Hier bin ich gern und gerne mag ich bleiben;
Noch weiß ich kein Verhältnis, das mich lockte;
Und wenn ihr mich denn ja behalten wollt,
So laßt es mir durch Eintracht sehn, und schafft
Euch selbst ein glücklich Leben, mir durch euch.
TASSO O lehre mich das Mögliche zu tun!
Gewidmet sind dir alle meine Tage.
Wenn dich zu preisen, dir zu danken sich
Mein Herz entfaltet, dann empfind' ich erst
Das reinste Glück, das Menschen fühlen können.
Das göttlichste erfuhr ich nur in dir.
So unterscheiden sich die Erdengötter
Vor andern Menschen, wie das hohe Schicksal
Vom Rat und Willen selbst der klügsten Männer
Sich unterscheidet. Vieles lassen sie,
Wenn wir gewaltsam Wog' auf Woge sehn,
Wie leichte Wellen, unbemerkt vorüber
Vor ihren Füßen rauschen, hören nicht
Den Sturm, der uns umsaus't und niederwirft,
Vernehmen unser Flehen kaum, und lassen,
Wie wir beschränkten armen Kindern tun,
Mit Seufzern und Geschrei die Luft uns füllen.
Du hast mich oft, o Göttliche, geduldet,
Und wie die Sonne, trocknete dein Blick
Den Tau von meinen Augenlidern ab.
PRINZESSIN Es ist sehr billig, daß die Frauen dir
Aufs freundlichste begegnen, es verherrlicht
Dein Lied auf manche Weise das Geschlecht.
Zart oder tapfer, hast du stets gewußt
Sie liebenswert und edel vorzustellen:
Und wenn Armide hassenswert erscheint,
Versöhnt ihr Reiz und ihre Liebe bald.
TASSO Was auch in meinem Liede wiederklingt,
Ich bin nur Einer, Einer alles schuldig!
Es schwebt kein geistig unbestimmtes Bild
Vor meiner Stirne, das der Seele bald

Sich überglänzend nahte, bald entzöge.
Mit meinen Augen hab' ich es gesehn,
Das Urbild jeder Tugend, jeder Schöne;
Was ich nach ihm gebildet, das wird bleiben;
Tancredens Heldenliebe zu Chlorinden, 1100
Erminiens stille nicht bemerkte Treue,
Sophroniens Großheit und Olindens Not.
Es sind nicht Schatten, die der Wahn erzeugte,
Ich weiß es, sie sind ewig, denn sie sind.
Und was hat mehr das Recht, Jahrhunderte 1105
Zu bleiben und im Stillen fortzuwirken,
Als das Geheimnis einer edlen Liebe,
Dem holden Lied bescheiden anvertraut?
PRINZESSIN Und soll ich dir noch einen Vorzug sagen,
Den unvermerkt sich dieses Lied erschleicht? 1110
Es lockt uns nach und nach, wir hören zu,
Wir hören und wir glauben zu verstehn,
Was wir verstehn, das können wir nicht tadeln,
Und so gewinnt uns dieses Lied zuletzt.
TASSO Welch einen Himmel öffnest du vor mir, 1115
O Fürstin! Macht mich dieser Glanz nicht blind,
So seh' ich unverhofft ein ewig Glück
Auf goldnen Strahlen herrlich niedersteigen.
PRINZESSIN Nicht weiter, Tasso! Viele Dinge sind's,
Die wir mit Heftigkeit ergreifen sollen: 1120
Doch andre können nur durch Mäßigung
Und durch Entbehren unser eigen werden.
So, sagt man, sei die Tugend, sei die Liebe,
Die ihr verwandt ist. Das bedenke wohl!


## ZWEITER AUFTRITT

TASSO Ist dir's erlaubt die Augen aufzuschlagen? 1125
Wagst du's umherzusehn? Du bist allein!
Vernahmen diese Säulen was sie sprach?
Und hast du Zeugen, diese stumme Zeugen
Des höchsten Glücks zu fürchten? Es erhebt
Die Sonne sich des neuen Lebenstages, 1130
Der mit den vorigen sich nicht vergleicht.

Hernieder steigend hebt die Göttin schnell
Den Sterblichen hinauf. Welch neuer Kreis
Entdeckt sich meinem Auge, welches Reich!
Wie köstlich wird der heiße Wunsch belohnt!
Ich träumte mich dem höchsten Glücke nah,
Und *dieses* Glück ist über alle Träume.
Der Blindgeborne denke sich das Licht,
Die Farben wie er will, erscheinet ihm
Der neue Tag, ist's ihm ein neuer Sinn.
Voll Mut und Ahndung, freudetrunken, schwankend
Betret' ich diese Bahn. Du gibst mir viel,
Du gibst, wie Erd' und Himmel uns Geschenke
Mit vollen Händen übermäßig reichen,
Und forderst wieder, was von mir zu fordern
Nur eine solche Gabe dich berechtigt.
Ich soll entbehren, soll mich mäßig zeigen,
Und *so* verdienen, daß du mir vertraust.
Was tat ich je, daß sie mich wählen konnte?
Was soll ich tun, um ihrer wert zu sein?
Sie konnte dir vertraun und dadurch bist du's.
Ja, Fürstin, deinen Worten, deinen Blicken
Sei ewig meine Seele ganz geweiht!
Ja, fordre was du willst, denn ich bin dein!
Sie sende mich, Müh' und Gefahr und Ruhm
In fernen Landen aufzusuchen, reiche
Im stillen Hain die goldne Leier mir,
Sie weihe mich der Ruh' und ihrem Preis:
Ihr bin ich, bildend soll sie mich besitzen;
Mein Herz bewahrte jeden Schatz für Sie.
O hätt' ein tausendfaches Werkzeug mir
Ein Gott gegönnt, kaum drückt' ich dann genug
Die unaussprechliche Verehrung aus.
Des Malers Pinsel und des Dichters Lippe,
Die süßeste, die je von frühem Honig
Genährt war, wünscht' ich mir. Nein, künftig soll
Nicht Tasso zwischen Bäumen, zwischen Menschen
Sich einsam, schwach und trübgesinnt verlieren!
Er ist nicht mehr allein, er ist mit Dir.
O daß die edelste der Taten sich
Hier sichtbar vor mich stellte, rings umgeben

Von gräßlicher Gefahr! Ich dränge zu
Und wagte gern das Leben, das ich nun
Von ihren Händen habe – forderte
Die besten Menschen mir zu Freunden auf, 1175
Unmögliches mit einer edeln Schar
Nach Ihrem Wink und Willen zu vollbringen.
Voreiliger, warum verbarg dein Mund
Nicht das was du empfandst, bis du dich wert
Und werter ihr zu Füßen legen konntest? 1180
Das war dein Vorsatz, war dein kluger Wunsch.
Doch sei es auch! Viel schöner ist es, rein
Und unverdient ein solch Geschenk empfangen,
Als halb und halb zu wähnen, daß man wohl
Es habe fordern dürfen. Blicke freudig, 1185
Es ist so groß, so weit, was vor dir liegt!
Und hoffnungsvolle Jugend lockt dich wieder
In unbekannte, lichte Zukunft hin.
– Schwelle Brust! – O Witterung des Glücks
Begünst'ge diese Pflanze doch einmal! 1190
Sie strebt gen Himmel, tausend Zweige dringen
Aus ihr hervor, entfalten sich zu Blüten.
O daß sie Frucht, o daß sie Freuden bringe!
Daß eine liebe Hand den goldnen Schmuck
Aus ihren frischen reichen Ästen breche! 1195


## Dritter Auftritt

*Tasso. Antonio.*

TASSO Sei mir willkommen, den ich gleichsam jetzt
Zum erstenmal erblicke! Schöner ward
Kein Mann mir angekündigt. Sei willkommen!
Dich kenn' ich nun und deinen ganzen Wert,
Dir biet' ich ohne Zögern Herz und Hand, 1200
Und hoffe, daß auch du mich nicht verschmähst.
ANTONIO Freigebig bietest du mir schöne Gaben,
Und ihren Wert erkenn' ich wie ich soll,
Drum laß mich zögern eh' ich sie ergreife.

1205 Weiß ich doch nicht, ob ich dir auch dagegen
Ein gleiches geben kann. Ich möchte gern
Nicht übereilt und nicht undankbar scheinen:
Laß mich für beide klug und sorgsam sein.
TASSO Wer wird die Klugheit tadeln? Jeder Schritt
1210 Des Lebens zeigt wie sehr sie nötig sei;
Doch schöner ist's, wenn uns die Seele sagt
Wo wir der feinen Vorsicht nicht bedürfen.
ANTONIO Darüber frage jeder sein Gemüt,
Weil er den Fehler selbst zu büßen hat.
1215 TASSO So sei's! Ich habe meine Pflicht getan,
Der Fürstin Wort, die uns zu Freunden wünscht,
Hab' ich verehrt und mich dir vorgestellt.
Rückhalten durft' ich nicht, Antonio; doch gewiß,
Zudringen will ich nicht. Es mag denn sein.
1220 Zeit und Bekanntschaft heißen dich vielleicht
Die Gabe wärmer fodern, die du jetzt
So kalt bei Seite lehnst und fast verschmähst.
ANTONIO Der Mäßige wird öfters kalt genannt
Von Menschen, die sich warm vor andern glauben,
1225 Weil sie die Hitze fliegend überfällt.
TASSO Du tadelst was ich tadle, was ich meide.
Auch ich verstehe wohl, so jung ich bin,
Der Heftigkeit die Dauer vorzuziehn.
ANTONIO Sehr weislich! Bleibe stets auf diesem Sinne.
1230 TASSO Du bist berechtigt mir zu raten, mich
Zu warnen, denn es steht Erfahrung dir
Als lang' erprobte Freundin an der Seite.
Doch glaube nur, es horcht ein stilles Herz
Auf jedes Tages, jeder Stunde Warnung,
1235 Und übt sich insgeheim an jedem Guten,
Das deine Strenge neu zu lehren glaubt.
ANTONIO Es ist wohl angenehm, sich mit sich selbst
Beschäft'gen, wenn es nur so nützlich wäre.
Inwendig lernt kein Mensch sein Innerstes
1240 Erkennen. Denn er mißt nach eignem Maß
Sich bald zu klein und leider oft zu groß.
Der Mensch erkennt sich nur im Menschen, nur
Das Leben lehret jedem was er sei.
TASSO Mit Beifall und Verehrung hör' ich dich.

**ANTONIO**
    Und dennoch denkst du wohl bei diesen Worten
    Ganz etwas anders, als ich sagen will.
**TASSO** Auf diese Weise rücken wir nicht näher.
    Es ist nicht klug, es ist nicht wohl getan,
    Vorsätzlich einen Menschen zu verkennen,
    Er sei auch wer er sei. Der Fürstin Wort
    Bedurft' es kaum, leicht hab' ich dich erkannt:
    Ich weiß, daß du das Gute willst und schaffst.
    Dein eigen Schicksal läßt dich unbesorgt,
    An Andre denkst du, Andern stehst du bei,
    Und auf des Lebens leicht bewegter Woge
    Bleibt dir ein stetes Herz. So seh' ich dich.
    Und was wär' ich, ging ich dir nicht entgegen?
    Sucht' ich begierig nicht auch einen Teil
    An dem verschloßnen Schatz, den du bewahrst?
    Ich weiß, es reut dich nicht, wenn du dich öffnest;
    Ich weiß, du bist mein Freund, wenn du mich kennst:
    Und eines solchen Freunds bedurft' ich lange.
    Ich schäme mich der Unerfahrenheit
    Und meiner Jugend nicht. Still ruhet noch
    Der Zukunft goldne Wolke mir ums Haupt.
    O nimm mich, edler Mann, an deine Brust,
    Und weihe mich, den Raschen, Unerfahrnen,
    Zum mäßigen Gebrauch des Lebens ein.
**ANTONIO** In Einem Augenblicke forderst du,
    Was wohlbedächtig nur die Zeit gewährt.
**TASSO** In Einem Augenblick gewährt die Liebe,
    Was Mühe kaum in langer Zeit erreicht.
    Ich bitt' es nicht von dir, ich darf es fodern.
    Dich ruf' ich in der Tugend Namen auf,
    Die gute Menschen zu verbinden eifert.
    Und soll ich dir noch einen Namen nennen?
    Die Fürstin hofft's, Sie will's – Eleonore,
    Sie will mich zu dir führen, dich zu mir.
    O laß uns ihrem Wunsch entgegen gehn!
    Laß uns verbunden vor die Göttin treten,
    Ihr unsern Dienst, die ganze Seele bieten,
    Vereint für sie das Würdigste zu tun.
    Noch einmal! – Hier ist meine Hand! Schlag' ein!

Tritt nicht zurück und weigre dich nicht länger,
O edler Mann, und gönne mir die Wollust,
Die schönste guter Menschen, sich dem Bessern
Vertrauend ohne Rückhalt hinzugeben!
ANTONIO Du gehst mit vollen Segeln? Scheint es doch,
Du bist gewohnt zu siegen, überall
Die Wege breit, die Pforten weit zu finden.
Ich gönne jeden Wert und jedes Glück
Dir gern, allein ich sehe nur zu sehr,
Wir stehn zu weit noch von einander ab.
TASSO Es sei an Jahren, an geprüftem Wert:
An frohem Mut und Willen weich' ich keinem.
ANTONIO Der Wille lockt die Taten nicht herbei;
Der Mut stellt sich die Wege kürzer vor.
Wer angelangt am Ziel ist, wird gekrönt,
Und oft entbehrt ein Würd'ger eine Krone.
Doch gibt es leichte Kränze, Kränze gibt es
Von sehr verschiedner Art, sie lassen sich
Oft im Spazierengehn bequem erreichen,
TASSO Was eine Gottheit diesem frei gewährt
Und jenem streng versagt, ein solches Gut
Erreicht nicht jeder wie er will und mag.
ANTONIO Schreib' es dem Glück vor andern Göttern zu,
So hör' ich's gern, denn seine Wahl ist blind.
TASSO Auch die Gerechtigkeit trägt eine Binde
Und schließt die Augen jedem Blendwerk zu.
ANTONIO Das Glück erhebe billig der Beglückte!
Er dicht' ihm hundert Augen fürs Verdienst
Und kluge Wahl und strenge Sorgfalt an,
Nenn' es Minerva, nenn' es wie er will,
Er halte gnädiges Geschenk für Lohn,
Zufälligen Putz für wohlverdienten Schmuck.
TASSO Du brauchst nicht deutlicher zu sein. Es ist genug!
Ich blicke tief dir in das Herz und kenne
Fürs ganze Leben dich. O kennte so
Dich meine Fürstin auch! Verschwende nicht
Die Pfeile deiner Augen, deiner Zunge!
Du richtest sie vergebens nach dem Kranze,
Dem unverwelklichen, auf meinem Haupt.
Sei erst so groß, mir ihn nicht zu beneiden!

Dann darfst du mir vielleicht ihn streitig machen.
Ich acht' ihn heilig und das höchste Gut: 1325
Doch zeige mir den Mann, der das erreicht,
Wornach ich strebe, zeige mir den Helden,
Von dem mir die Geschichten nur erzählten;
Den Dichter stell' mir vor, der sich Homeren,
Virgilen sich vergleichen darf, ja, was 1330
Noch mehr gesagt ist, zeige mir den Mann,
Der dreifach diesen Lohn verdiente, den
Die schöne Krone dreifach mehr als mich
Beschämte: dann sollst du mich knieend sehn
Vor jener Gottheit, die mich so begabte; 1335
Nicht eher stünd' ich auf, bis sie die Zierde
Von meinem Haupt auf seins hinüber drückte.
ANTONIO Bis dahin bleibst du freilich ihrer wert.
TASSO Man wäge mich, das will ich nicht vermeiden,
Allein Verachtung hab' ich nicht verdient. 1340
Die Krone, der mein Fürst mich würdig achtete,
Die meiner Fürstin Hand für mich gewunden,
Soll keiner mir bezweifeln noch begrinsen!
ANTONIO Es ziemt der hohe Ton, die rasche Glut
Nicht dir zu mir, noch dir an diesem Orte. 1345
TASSO Was du dir hier erlaubst, das ziemt auch mir.
Und ist die Wahrheit wohl von hier verbannt?
Ist im Palast der freie Geist gekerkert?
Hat hier ein edler Mensch nur Druck zu dulden?
Mich dünkt hier ist die Hoheit erst an ihrem Platz, 1350
Der Seele Hoheit! Darf sie sich der Nähe
Der Großen dieser Erde nicht erfreun?
Sie darf's und soll's. Wir nahen uns dem Fürsten
Durch Adel nur, der uns von Vätern kam;
Warum nicht durchs Gemüt, das die Natur 1355
Nicht jedem groß verlieh, wie sie nicht jedem
Die Reihe großer Ahnherrn geben konnte.
Nur Kleinheit sollte hier sich ängstlich fühlen,
Der Neid, der sich zu seiner Schande zeigt:
Wie keiner Spinne schmutziges Gewebe 1360
An diesen Marmorwänden haften soll.
ANTONIO
Du zeigst mir selbst mein Recht dich zu verschmähn!

Der übereilte Knabe will des Mann's
Vertraun und Freundschaft mit Gewalt ertrotzen?
1365 Unsittlich wie du bist hältst du dich gut?
TASSO Viel lieber was ihr euch unsittlich nennt,
Als was ich mir unedel nennen müßte.
ANTONIO Du bist noch jung genug, daß gute Zucht
Dich eines bessern Wegs belehren kann.
1370 TASSO Nicht jung genug, vor Götzen mich zu neigen,
Und Trotz mit Trotz zu länd'gen, alt genug.
ANTONIO Wo Lippenspiel und Saitenspiel entscheiden,
Ziehst du als Held und Sieger wohl davon.
TASSO Verwegen wär' es meine Faust zu rühmen,
1375 Denn sie hat nichts getan, doch ich vertrau' ihr.
ANTONIO Du traust auf Schonung, die dich nur zu sehr
Im frechen Laufe deines Glücks verzog.
TASSO Daß ich erwachsen bin, das fühl' ich nun;
Mit dir am wenigsten hätt' ich gewünscht
1380 Das Wagespiel der Waffen zu versuchen:
Allein du schürest Glut auf Glut, es kocht
Das inn're Mark, die schmerzliche Begier
Der Rache siedet schäumend in der Brust.
Bist du der Mann der du dich rühmst, so steh' mir.
1385 ANTONIO Du weißt so wenig wer, als wo du bist.
TASSO Kein Heiligtum heißt uns den Schimpf ertragen.
*Du* lästerst, *du* entweihest diesen Ort,
Nicht ich, der ich Vertraun, Verehrung, Liebe,
Das schönste Opfer, dir entgegen trug.
1390 Dein Geist verunreint dieses Paradies
Und deine Worte diesen reinen Saal,
Nicht meines Herzens schwellendes Gefühl,
Das braus't, den kleinsten Flecken nicht zu leiden.
ANTONIO Welch hoher Geist in einer engen Brust!
1395 TASSO Hier ist noch Raum dem Busen Luft zu machen.
ANTONIO Es macht das Volk sich auch mit Worten Luft.
TASSO Bist du ein Edelmann wie ich, so zeig' es.
ANTONIO Ich bin es wohl, doch weiß ich wo ich bin.
TASSO Komm mit herab, wo unsre Waffen gelten.
1400 ANTONIO Wie du nicht fordern solltest, folg' ich nicht.
TASSO Der Feigheit ist solch Hindernis willkommen.
ANTONIO Der Feige droht nur, wo er sicher ist.

TASSO Mit Freuden kann ich diesem Schutz entsagen.
ANTONIO Vergib dir nur, dem Ort vergibst du nichts.
TASSO Verzeihe mir der Ort daß ich es litt. 1405
*Er zieht den Degen.*
Zieh' oder folge, wenn ich nicht auf ewig,
Wie ich dich hasse, dich verachten soll.


## Vierter Auftritt

*Alphons. Die Vorigen.*

ALPHONS In welchem Streit treff' ich euch unerwartet?
ANTONIO Du findest mich, o Fürst, gelassen stehn
　Vor einem, den die Wut ergriffen hat. 1410
TASSO Ich bete dich als eine Gottheit an,
　Daß du mit Einem Blick mich warnend bändigst.
ALPHONS Erzähl', Antonio, Tasso, sag' mir an,
　Wie hat der Zwist sich in mein Haus gedrungen?
　Wie hat er euch ergriffen, von der Bahn 1415
　Der Sitten, der Gesetze kluge Männer
　Im Taumel weggerissen? Ich erstaune.
TASSO Du kennst uns beide nicht, ich glaub' es wohl:
　Hier dieser Mann, berühmt als klug und sittlich,
　Hat roh und hämisch, wie ein unerzogner, 1420
　Unedler Mensch sich gegen mich betragen.
　Zutraulich naht' ich ihm, er stieß mich weg;
　Beharrlich liebend drang ich mich zu ihm,
　Und bitter, immer bitt'rer ruht' er nicht,
　Bis er den reinsten Tropfen Bluts in mir 1425
　Zu Galle wandelte. Verzeih'! Du hast mich hier
　Als einen Wütenden getroffen. Dieser
　Hat alle Schuld, wenn ich mich schuldig machte.
　Er hat die Glut gewaltsam angefacht,
　Die mich ergriff und mich und ihn verletzte. 1430
ANTONIO Ihn riß der hohe Dichterschwung hinweg!
　Du hast, o Fürst, zuerst mich angeredet,
　Hast mich gefragt: es sei mir nun erlaubt,
　Nach diesem raschen Redner auch zu sprechen.

TASSO O ja, erzähl', erzähl' von Wort zu Wort,
Und kannst du jede Sylbe, jede Miene
Vor diesen Richter stellen, wag' es nur!
Beleidige dich selbst zum zweitenmale,
Und zeuge wider dich! dagegen will
Ich keinen Hauch und keinen Pulsschlag leugnen.
ANTONIO Wenn du noch mehr zu reden hast, so sprich:
Wo nicht, so schweig' und unterbrich mich nicht.
Ob ich, mein Fürst, ob dieser heiße Kopf
Den Streit zuerst begonnen? wer es sei,
Der Unrecht hat? ist eine weite Frage,
Die wohl zuvörderst noch auf sich beruht.
TASSO Wie das? Mich dünkt, das ist die erste Frage,
Wer von uns beiden Recht und Unrecht hat.
ANTONIO Nicht ganz, wie sich's der unbegrenzte Sinn
Gedenken mag.
ALPHONS          Antonio!
ANTONIO                    Gnädigster,
Ich ehre deinen Wink, doch laß ihn schweigen;
Hab' ich gesprochen, mag er weiter reden;
Du wirst entscheiden. Also sag' ich nur:
Ich kann mit ihm nicht rechten, kann ihn weder
Verklagen, noch mich selbst verteid'gen, noch
Ihm jetzt genug zu tun mich anerbieten.
Denn wie er steht, ist er kein freier Mann.
Es waltet über ihm ein schwer Gesetz,
Das deine Gnade höchstens lindern wird.
Er hat mir hier gedroht, hat mich gefodert;
Vor dir verbarg er kaum das nackte Schwert.
Und tratst du, Herr, nicht zwischen uns herein,
So stünde jetzt auch ich als pflichtvergessen,
Mitschuldig und beschämt vor deinem Blick.
ALPHONS *zu Tasso*
Du hast nicht wohl getan.
TASSO                    Mich spricht, o Herr,
Mein eigen Herz, gewiß auch deines frei.
Ja, es ist wahr, ich drohte, forderte,
Ich zog. Allein wie tückisch seine Zunge
Mit wohlgewählten Worten mich verletzt,
Wie scharf und schnell sein Zahn das feine Gift

Mir in das Blut geflößt, wie er das Fieber
Nur mehr und mehr erhitzt – Du denkst es nicht!
Gelassen, kalt, hat er mich ausgehalten,
Aufs höchste mich getrieben. O! du kennst,
Du kennst ihn nicht und wirst ihn niemals kennen! 1475
Ich trug ihm warm die schönste Freundschaft an;
Er warf mir meine Gaben vor die Füße;
Und hätte meine Seele nicht geglüht,
So war sie deiner Gnade, deines Dienstes
Auf ewig unwert. Hab' ich des Gesetzes 1480
Und dieses Orts vergessen, so verzeih.
Auf keinem Boden darf ich niedrig sein,
Erniedrigung auf keinem Boden dulden.
Wenn dieses Herz, es sei auch wo es will,
Dir fehlt und sich, dann strafe, dann verstoße, 1485
Und laß mich nie dein Auge wiedersehn.
ANTONIO Wie leicht der Jüngling schwere Lasten trägt
Und Fehler wie den Staub vom Kleide schüttelt!
Es wäre zu verwundern, wenn die Zauberkraft
Der Dichtung nicht bekannter wäre, die 1490
Mit dem Unmöglichen so gern ihr Spiel
Zu treiben liebt. Ob du auch so, mein Fürst,
Ob alle deine Diener diese Tat
So unbedeutend halten, zweifl' ich fast.
Die Majestät verbreitet ihren Schutz 1495
Auf jeden, der sich ihr wie einer Gottheit
Und ihrer unverletzten Wohnung naht.
Wie an dem Fuße des Altars, bezähmt
Sich auf der Schwelle jede Leidenschaft.
Da blinkt kein Schwert, da fällt kein drohend Wort, 1500
Da fordert selbst Beleid'gung keine Rache.
Es bleibt das weite Feld ein offner Raum
Für Grimm und Unversöhnlichkeit genug.
Dort wird kein Feiger drohn, kein Mann wird fliehn.
Hier diese Mauern haben deine Väter 1505
Auf Sicherheit gegründet, ihrer Würde
Ein Heiligtum befestigt, diese Ruhe
Mit schweren Strafen ernst und klug erhalten;
Verbannung, Kerker, Tod ergriff den Schuldigen.
Da war kein Ansehn der Person, es hielt 1510

Die Milde nicht den Arm des Rechts zurück;
Und selbst der Frevler fühlte sich geschreckt.
Nun sehen wir nach langem schönem Frieden
In das Gebiet der Sitten rohe Wut
1515 Im Taumel wiederkehren. Herr, entscheide,
Bestrafe! denn wer kann in seiner Pflicht
Beschränkten Grenzen wandeln, schützet ihn
Nicht das Gesetz und seines Fürsten Kraft?
ALPHONS Mehr als ihr beide sagt und sagen könnt,
1520 Läßt unparteiisch das Gemüt mich hören.
Ihr hättet schöner eure Pflicht getan,
Wenn ich dies Urteil nicht zu sprechen hätte.
Denn hier sind Recht und Unrecht nah verwandt.
Wenn dich Antonio beleidigt hat,
1525 So hat er dir auf irgend eine Weise
Genugzutun, wie du es fordern wirst.
Mir wär' es lieb ihr wähltet mich zum Austrag.
Indessen, dein Vergehen macht, o Tasso,
Dich zum Gefangnen. Wie ich dir vergebe:
1530 So lindr' ich das Gesetz um deinetwillen.
Verlaß uns, Tasso! bleib' auf deinem Zimmer,
Von dir und mit dir selbst allein bewacht.
TASSO Ist dies, o Fürst, dein richterlicher Spruch?
ANTONIO Erkennest du des Vaters Milde nicht?
TASSO *zu Antonio*
1535 Mit dir hab' ich vorerst nichts mehr zu reden.
*Zu Alphons.*
O Fürst, es übergibt dein ernstes Wort
Mich Freien der Gefangenschaft. Es sei!
Du hältst es Recht. Dein heilig Wort verehrend,
Heiß' ich mein innres Herz im tiefsten schweigen.
1540 Es ist mir neu, so neu, daß ich fast dich
Und mich und diesen schönen Ort nicht kenne.
Doch diesen kenn' ich wohl – Gehorchen will ich,
Ob ich gleich hier noch manches sagen könnte,
Und sagen sollte. Mir verstummt die Lippe.
1545 War's ein Verbrechen? Wenigstens es scheint,
Ich bin als ein Verbrecher angesehn.
Und, was mein Herz auch sagt, ich bin gefangen.
ALPHONS Du nimmst es höher, Tasso, als ich selbst.

TASSO Mir bleibt es unbegreiflich wie es ist;
　　Zwar unbegreiflich nicht, ich bin kein Kind;
　　Ich meine fast, ich müßt' es denken können.
　　Auf einmal winkt mich eine Klarheit an,
　　Doch augenblicklich schließt sich's wieder zu,
　　Ich höre nur mein Urteil, beuge mich.
　　Das sind zu viel vergebne Worte schon!
　　Gewöhne dich von nun an zu gehorchen;
　　Ohnmächt'ger! du vergaßest wo du standst;
　　Der Götter Saal schien dir auf gleicher Erde,
　　Nun überwältigt dich der jähe Fall,
　　Gehorche gern, denn es geziemt dem Manne,
　　Auch willig das Beschwerliche zu tun.
　　Hier nimm den Degen erst, den du mir gabst,
　　Als ich dem Kardinal nach Frankreich folgte,
　　Ich führt' ihn nicht mit Ruhm, doch nicht mit Schande,
　　Auch heute nicht. Der hoffnungsvollen Gabe
　　Entäußr' ich mich mit tief gerührtem Herzen.
ALPHONS Wie ich zu dir gesinnt bin fühlst du nicht.
TASSO Gehorchen ist mein Los und nicht zu denken!
　　Und leider eines herrlichern Geschenks
　　Verleugnung fordert das Geschick von mir.
　　Die Krone kleidet den Gefangnen nicht:
　　Ich nehme selbst von meinem Haupt die Zierde,
　　Die für die Ewigkeit gegönnt mir schien.
　　Zu früh war mir das schönste Glück verliehen,
　　Und wird, als hätt' ich sein mich überhoben,
　　Mir nur zu bald geraubt.
　　Du nimmst dir selbst, was keiner nehmen konnte
　　Und was kein Gott zum zweitenmale gibt.
　　Wir Menschen werden wunderbar geprüft;
　　Wir könnten's nicht ertragen, hätt' uns nicht
　　Den holden Leichtsinn die Natur verliehn.
　　Mit unschätzbaren Gütern lehret uns
　　Verschwenderisch die Not gelassen spielen:
　　Wir öffnen willig unsre Hände, daß
　　Unwiederbringlich uns ein Gut entschlüpfe.
　　Mit diesem Kuß vereint sich eine Träne,
　　Und weiht dich der Vergänglichkeit! es ist
　　Erlaubt das holde Zeichen unsrer Schwäche.

Wer weinte nicht, wenn das Unsterbliche
1590 Vor der Zerstörung selbst nicht sicher ist?
Geselle dich zu diesem Degen, der
Dich leider nicht erwarb, um ihn geschlungen
Ruhe, wie auf dem Sarg der Tapfern, auf
Dem Grabe meines Glücks und meiner Hoffnung!
1595 Hier leg' ich beide willig dir zu Füßen;
Denn wer ist wohl gewaffnet, wenn du zürnst?
Und wer geschmückt, o Herr, den du verkennst?
Gefangen geh' ich, warte des Gerichts.
*Auf des Fürsten Wink, hebt ein Page den Degen mit dem
Kranze auf und trägt ihn weg.*


## Fünfter Auftritt

*Alphons. Antonio.*

ANTONIO
Wo schwärmt der Knabe hin? Mit welchen Farben
1600 Malt er sich seinen Wert und sein Geschick?
Beschränkt und unerfahren hält die Jugend
Sich für ein einzig auserwähltes Wesen,
Und alles über alle sich erlaubt.
Er fühle sich gestraft, und strafen heißt
1605 Dem Jüngling wohltun, daß der Mann uns danke.
ALPHONS Er ist gestraft, ich fürchte, nur zu viel.
ANTONIO Wenn du gelind mit ihm verfahren magst,
So gib, o Fürst, ihm seine Freiheit wieder,
Und unsern Zwist entscheide dann das Schwert.
1610 ALPHONS Wenn es die Meinung fordert, mag es sein.
Doch sprich, wie hast du seinen Zorn gereizt?
ANTONIO Ich wüßte kaum zu sagen, wie's geschah.
Als Menschen hab' ich ihn vielleicht gekränkt,
Als Edelmann hab' ich ihn nicht beleidigt.
1615 Und seinen Lippen ist im größten Zorne
Kein sittenloses Wort entflohn.
ALPHONS    So schien
Mir euer Streit, und was ich gleich gedacht,
Bekräftigt deine Rede mir noch mehr.

Wenn Männer sich entzweien, hält man billig
Den Klügsten für den Schuldigen. Du solltest 1620
Mit ihm nicht zürnen; ihn zu leiten stünde
Dir besser an. Noch immer ist es Zeit:
Hier ist kein Fall, der euch zu streiten zwänge.
So lang' mir Friede bleibt, so lange wünsch' ich
In meinem Haus ihn zu genießen. Stelle 1625
Die Ruhe wieder her, du kannst es leicht.
Lenore Sanvitale mag ihn erst
Mit zarter Lippe zu besänft'gen suchen:
Dann tritt zu ihm, gib ihm in meinem Namen
Die volle Freiheit wieder, und gewinne 1630
Mit edeln, wahren Worten sein Vertraun.
Verrichte das, so bald du immer kannst;
Du wirst als Freund und Vater mit ihm sprechen.
Noch eh' wir scheiden, will ich Friede wissen,
Und dir ist nichts unmöglich, wenn du willst. 1635
Wir bleiben lieber eine Stunde länger,
Und lassen dann die Frauen sanft vollenden,
Was du begannst; und kehren wir zurück,
So haben sie von diesem raschen Eindruck
Die letzte Spur vertilgt. Es scheint, Antonio, 1640
Du willst nicht aus der Übung kommen! Du
Hast Ein Geschäft kaum erst vollendet, nun
Kehrst du zurück und schaffst dir gleich ein neues.
Ich hoffe, daß auch dieses dir gelingt.
ANTONIO Ich bin beschämt, und seh' in deinen Worten, 1645
Wie in dem klarsten Spiegel, meine Schuld!
Gar leicht gehorcht man einem edlen Herrn,
Der überzeugt, indem er uns gebietet.

## Dritter Aufzug

### Erster Auftritt

PRINZESSIN *allein*
   Wo bleibt Eleonore? Schmerzlicher
1650 Bewegt mir jeden Augenblick die Sorge
   Das tiefste Herz. Kaum weiß ich was geschah,
   Kaum weiß ich wer von beiden schuldig ist.
   O daß sie käme! Möcht' ich doch nicht gern
   Den Bruder nicht, Antonio nicht sprechen,
1655 Eh' ich gefaßter bin, eh' ich vernommen,
   Wie alles steht und was es werden kann.

### Zweiter Auftritt

*Prinzessin. Leonore.*

PRINZESSIN Was bringst du, Leonore? sag mir an:
   Wie steht's um unsre Freunde? Was geschah?
LEONORE Mehr als wir wissen hab' ich nicht erfahren.
1660 Sie trafen hart zusammen, Tasso zog,
   Dein Bruder trennte sie: allein es scheint,
   Als habe Tasso diesen Streit begonnen.
   Antonio geht frei umher und spricht
   Mit seinem Fürsten, Tasso bleibt dagegen
1665 Verbannt in seinem Zimmer und allein.
PRINZESSIN Gewiß hat ihn Antonio gereizt,
   Den Hochgestimmten kalt und fremd beleidigt.
LEONORE Ich glaub' es selbst. Denn eine Wolke stand,
   Schon als er zu uns trat, um seine Stirn.
1670 PRINZESSIN Ach daß wir doch dem reinen stillen Wink
   Des Herzens nachzugehn so sehr verlernen!
   Ganz leise spricht ein Gott in unsrer Brust,
   Ganz leise, ganz vernehmlich, zeigt uns an,
   Was zu ergreifen ist und was zu fliehn.
1675 Antonio erschien mir heute früh
   Viel schroffer noch als je, in sich gezogner.

Es warnte mich mein Geist, als neben ihn
Sich Tasso stellte. Sieh das Äußre nur
Von beiden an, das Angesicht, den Ton,
Den Blick, den Tritt! es widerstrebt sich alles, 1680
Sie können ewig keine Liebe wechseln.
Doch überredete die Hoffnung mich,
Die Gleisnerin, sie sind vernünftig beide,
Sind edel, unterrichtet, deine Freunde;
Und welch ein Band ist sichrer als der Guten? 1685
Ich trieb den Jüngling an; er gab sich ganz;
Wie schön, wie warm ergab er ganz sich mir!
O hätt' ich gleich Antonio gesprochen!
Ich zauderte; es war nur kurze Zeit;
Ich scheute mich, gleich mit den ersten Worten 1690
Und dringend ihm den Jüngling zu empfehlen,
Verließ auf Sitte mich und Höflichkeit,
Auf den Gebrauch der Welt, der sich so glatt
Selbst zwischen Feinde legt; befürchtete
Von dem geprüften Manne diese Jähe 1695
Der raschen Jugend nicht. Es ist geschehn.
Das Übel stand mir fern, nun ist es da.
O gib mir einen Rat! was ist zu tun?
LEONORE Wie schwer zu raten sei, das fühlst du selbst
Nach dem was du gesagt. Es ist nicht hier 1700
Ein Mißverständnis zwischen Gleichgestimmten;
Das stellen Worte, ja im Notfall stellen
Es Waffen leicht und glücklich wieder her.
Zwei Männer sind's, ich hab' es lang gefühlt,
Die darum Feinde sind, weil die Natur 1705
Nicht Einen Mann aus ihnen beiden formte.
Und wären sie zu ihrem Vorteil klug,
So würden sie als Freunde sich verbinden;
Dann stünden sie für Einen Mann, und gingen
Mit Macht und Glück und Lust durchs Leben hin. 1710
So hofft' ich selbst, nun seh' ich wohl umsonst.
Der Zwist von heute, sei er wie er sei,
Ist beizulegen; doch das sichert uns
Nicht für die Zukunft, für den Morgen nicht.
Es wär' am besten, dächt' ich, Tasso reis'te 1715
Auf eine Zeit von hier; er könnte ja

Nach Rom, auch nach Florenz sich wenden; dort
Träf' ich in wenig Wochen ihn, und könnte
Auf sein Gemüt als eine Freundin wirken.
1720 Du würdest hier indessen den Antonio,
Der uns so fremd geworden, dir aufs neue
Und deinen Freunden näher bringen; so
Gewährte das, was itzt unmöglich scheint,
Die gute Zeit vielleicht, die vieles gibt.
1725 PRINZESSIN Du willst dich in Genuß, o Freundin, setzen,
Ich soll entbehren; heißt das billig sein?
LEONORE Entbehren wirst du nichts, als was du doch
In diesem Falle nicht genießen könntest.
PRINZESSIN So ruhig soll ich einen Freund verbannen?
1730 LEONORE Erhalten, den du nur zum Schein verbannst.
PRINZESSIN
Mein Bruder wird ihn nicht mit Willen lassen.
LEONORE Wenn er es sieht wie wir, so gibt er nach.
PRINZESSIN
Es ist so schwer, im Freunde sich verdammen.
LEONORE Und dennoch rettest du den Freund in dir.
1735 PRINZESSIN Ich gebe nicht mein Ja, daß es geschehe.
LEONORE So warte noch ein größres Übel ab.
PRINZESSIN
Du peinigst mich, und weißt nicht ob du nützest.
LEONORE Wir werden bald entdecken, wer sich irrt.
PRINZESSIN Und soll es sein, so frage mich nicht länger.
LEONORE
1740 Wer sich entschließen kann, besiegt den Schmerz.
PRINZESSIN Entschlossen bin ich nicht, allein es sei,
Wenn er sich nicht auf lange Zeit entfernt –
Und laß uns für ihn sorgen, Leonore,
Daß er nicht etwa künftig Mangel leide,
1745 Daß ihm der Herzog seinen Unterhalt
Auch in der Ferne willig reichen lasse.
Sprich mit Antonio, denn er vermag
Bei meinem Bruder viel, und wird den Streit
Nicht unserm Freund und uns gedenken wollen.
1750 LEONORE Ein Wort von dir, Prinzessin, gälte mehr.
PRINZESSIN Ich kann, du weißt es, meine Freundin, nicht
Wie's meine Schwester von Urbino kann,

Für mich und für die Meinen was erbitten.
Ich lebe gern so stille vor mich hin,
Und nehme von dem Bruder dankbar an, 1755
Was er mir immer geben kann und will.
Ich habe sonst darüber manchen Vorwurf
Mir selbst gemacht, nun hab' ich überwunden.
Es schalt mich eine Freundin oft darum:
Du bist uneigennützig, sagte sie, 1760
Das ist recht schön; allein du bist's so sehr,
Daß du auch das Bedürfnis deiner Freunde
Nicht recht empfinden kannst. Ich laß' es gehn,
Und muß denn eben diesen Vorwurf tragen.
Um desto mehr erfreut es mich, daß ich 1765
Nun in der Tat dem Freunde nützen kann;
Es fällt mir meiner Mutter Erbschaft zu,
Und gerne will ich für ihn sorgen helfen.
LEONORE Und ich, o Fürstin, finde mich im Falle,
Daß ich als Freundin auch mich zeigen kann. 1770
Er ist kein guter Wirt; wo es ihm fehlt,
Werd' ich ihm schon geschickt zu helfen wissen.
PRINZESSIN
So nimm ihn weg, und, soll ich ihn entbehren,
Vor allen andern sei er dir gegönnt!
Ich seh' es wohl, so wird es besser sein. 1775
Muß ich denn wieder diesen Schmerz als gut
Und heilsam preisen? Das war mein Geschick
Von Jugend auf, ich bin nun dran gewöhnt.
Nur halb ist der Verlust des schönsten Glücks,
Wenn wir auf den Besitz nicht sicher zählten. 1780
LEONORE Ich hoffe, dich so schön du es verdienst
Glücklich zu sehn!
PRINZESSIN        Eleonore! Glücklich?
Wer ist denn glücklich? – Meinen Bruder zwar
Möcht' ich so nennen, denn sein großes Herz
Trägt sein Geschick mit immer gleichem Mut; 1785
Allein was er verdient, das ward ihm nie.
Ist meine Schwester von Urbino glücklich?
Das schöne Weib, das edle große Herz!
Sie bringt dem jüngern Manne keine Kinder;
Er achtet sie, und läßt sie's nicht entgelten, 1790

Doch keine Freude wohnt in ihrem Haus.
Was half denn unsrer Mutter ihre Klugheit?
Die Kenntnis jeder Art, ihr großer Sinn?
Konnt' er sie vor dem fremden Irrtum schützen?
1795 Man nahm uns von ihr weg; nun ist sie tot,
Sie ließ uns Kindern nicht den Trost, daß sie
Mit ihrem Gott versöhnt gestorben sei.
LEONORE O blicke nicht nach dem, was jedem fehlt,
Betrachte, was noch einem jeden bleibt!
1800 Was bleibt nicht Dir, Prinzessin?
PRINZESSIN             Was mir bleibt?
Geduld, Eleonore! üben konnt' ich die
Von Jugend auf. Wenn Freunde, wenn Geschwister
Bei Fest und Spiel gesellig sich erfreuten,
Hielt Krankheit mich auf meinem Zimmer fest,
1805 Und in Gesellschaft mancher Leiden mußt'
Ich früh entbehren lernen. Eines war,
Was in der Einsamkeit mich schön ergetzte,
Die Freude des Gesangs; ich unterhielt
Mich mit mir selbst, ich wiegte Schmerz und Sehnsucht
1810 Und jeden Wunsch mit leisen Tönen ein.
Da wurde Leiden oft Genuß, und selbst
Das traurige Gefühl zur Harmonie.
Nicht lang' war mir dies Glück gegönnt, auch dieses
Nahm mir der Arzt hinweg; sein streng Gebot
1815 Hieß mich verstummen; leben sollt' ich, leiden,
Den einz'gen kleinen Trost sollt' ich entbehren.
LEONORE So viele Freunde fanden sich zu dir,
Und nun bist du gesund, bist lebensfroh.
PRINZESSIN
Ich bin gesund, das heißt, ich bin nicht krank;
1820 Und manche Freunde hab' ich, deren Treue
Mich glücklicht macht. Auch hatt' ich einen Freund –
LEONORE Du hast ihn noch.
PRINZESSIN             Und werd' ihn bald verlieren.
Der Augenblick, da ich zuerst ihn sah,
War viel bedeutend. Kaum erholt' ich mich
1825 Von manchen Leiden; Schmerz und Krankheit waren
Kaum erst gewichen: still bescheiden blickt' ich
Ins Leben wieder, freute mich des Tags

Und der Geschwister wieder, sog beherzt
Der süßen Hoffnung reinsten Balsam ein.
Ich wagt' es vorwärts in das Leben weiter
Hinein zu sehn, und freundliche Gestalten
Begegneten mir aus der Ferne. Da,
Eleonore, stellte mir den Jüngling
Die Schwester vor; er kam an ihrer Hand,
Und, daß ich dir's gestehe, da ergriff
Ihn mein Gemüt und wird ihn ewig halten.
LEONORE O meine Fürstin, laß dich's nicht gereuen!
Das Edle zu erkennen, ist Gewinst,
Der nimmer uns entrissen werden kann.
PRINZESSIN Zu fürchten ist das Schöne das Fürtreffliche,
Wie eine Flamme, die so herrlich nützt,
So lange sie auf deinem Herde brennt,
So lang' sie dir von einer Fackel leuchtet,
Wie hold! wer mag, wer kann sie da entbehren?
Und frißt sie ungehütet um sich her,
Wie elend kann sie machen! Laß mich nun.
Ich bin geschwätzig, und verbärge besser
Auch selbst vor dir, wie schwach ich bin und krank.
LEONORE Die Krankheit des Gemütes löset sich
In Klagen und Vertraun am leicht'sten auf.
PRINZESSIN Wenn das Vertrauen heilt, so heil' ich bald;
Ich hab' es rein und hab' es ganz zu dir.
Ach, meine Freundin! Zwar ich bin entschlossen,
Er scheide nur! allein ich fühle schon
Den langen ausgedehnten Schmerz der Tage, wenn
Ich nun entbehren soll, was mich erfreute.
Die Sonne hebt von meinen Augenlidern
Nicht mehr sein schön verklärtes Traumbild auf;
Die Hoffnung ihn zu sehen füllt nicht mehr
Den kaum erwachten Geist mit froher Sehnsucht;
Mein erster Blick hinab in unsre Gärten
Sucht ihn vergebens in dem Tau der Schatten.
Wie schön befriedigt fühlte sich der Wunsch
Mit ihm zu sein an jedem heitern Abend!
Wie mehrte sich im Umgang das Verlangen
Sich mehr zu kennen, mehr sich zu verstehn,
Und täglich stimmte das Gemüt sich schöner

Zu immer reinern Harmonien auf.
Welch eine Dämmrung fällt nun vor mir ein!
Der Sonne Pracht, das fröhliche Gefühl
Des hohen Tags, der tausendfachen Welt
Glanzreiche Gegenwart, ist öd' und tief
Im Nebel eingehüllt, der mich umgibt.
Sonst war mir jeder Tag ein ganzes Leben;
Die Sorge schwieg, die Ahndung selbst verstummte,
Und glücklich eingeschifft trug uns der Strom
Auf leichten Wellen ohne Ruder hin:
Nun überfällt in trüber Gegenwart
Der Zukunft Schrecken heimlich meine Brust.
LEONORE Die Zukunft gibt dir deine Freunde wieder,
Und bringt dir neue Freude, neues Glück.
PRINZESSIN Was ich besitze, mag ich gern bewahren:
Der Wechsel unterhält, doch nutzt er kaum.
Mit jugendlicher Sehnsucht griff ich nie
Begierig in den Lostopf fremder Welt,
Für mein bedürfend unerfahren Herz
Zufällig einen Gegenstand zu haschen.
Ihn mußt' ich ehren, darum liebt' ich ihn;
Ich mußt' ihn lieben, weil mit ihm mein Leben
Zum Leben ward, wie ich es nie gekannt;
Erst sagt' ich mir, entferne dich von ihm!
Ich wich und wich und kam nur immer näher,
So lieblich angelockt, so hart bestraft!
Ein reines, wahres Gut verschwindet mir,
Und meiner Sehnsucht schiebt ein böser Geist
Statt Freud' und Glück verwandte Schmerzen unter.
LEONORE Wenn einer Freundin Wort nicht trösten kann;
So wird die stille Kraft der schönen Welt,
Der guten Zeit dich unvermerkt erquicken.
PRINZESSIN Wohl ist sie schön die Welt! in ihrer Weite
Bewegt sich so viel Gutes hin und her.
Ach daß es immer nur um Einen Schritt
Von uns sich zu entfernen scheint,
Und unsre bange Sehnsucht durch das Leben
Auch Schritt vor Schritt bis nach dem Grabe lockt!
So selten ist es, daß die Menschen finden,
Was ihnen doch bestimmt gewesen schien,

So selten, daß sie das erhalten, was
Auch einmal die beglückte Hand ergriff!
Es reißt sich los, was erst sich uns ergab, 1910
Wir lassen los, was wir begierig faßten.
Es gibt ein Glück, allein wir kennen's nicht:
Wir kennen's wohl, und wissen's nicht zu schätzen.

## Dritter Auftritt

LEONORE *allein*
Wie jammert mich das edle, schöne Herz!
Welch traurig Los, das ihrer Hoheit fällt! 1915
Ach sie verliert – und denkst du zu gewinnen?
Ist's denn so nötig, daß er sich entfernt?
Machst du es nötig, um allein für dich
Das Herz und die Talente zu besitzen,
Die du bisher mit einer andern teilst 1920
Und ungleich teilst? Ist's redlich so zu handeln?
Bist du nicht reich genug? Was fehlt dir noch?
Gemahl und Sohn und Güter, Rang und Schönheit,
Das hast du alles, und du willst noch ihn
Zu diesem allen haben? Liebst du ihn? 1925
Was ist es sonst, warum du ihn nicht mehr
Entbehren magst? Du darfst es dir gestehn.
Wie reizend ist's, in seinem schönen Geiste
Sich selber zu bespiegeln! Wird ein Glück
Nicht doppelt groß und herrlich, wenn sein Lied 1930
Uns wie auf Himmels-Wolken trägt und hebt?
Dann bist du erst beneidenswert! Du bist,
Du hast das nicht allein, was viele wünschen,
Es weiß, es kennt auch jeder, was du hast!
Dich nennt dein Vaterland und sieht auf dich, 1935
Das ist der höchste Gipfel jedes Glücks.
Ist *Laura* denn allein der Name, der
Von allen zarten Lippen klingen soll?
Und hatte nur Petrarch allein das Recht,
Die unbekannte Schöne zu vergöttern? 1940
Wo ist ein Mann, der meinem Freunde sich
Vergleichen darf? Wie ihn die Welt verehrt,

So wird die Nachwelt ihn verehrend nennen.
Wie herrlich ist's, im Glanze dieses Lebens
Ihn an der Seite haben! so mit ihm
Der Zukunft sich mit leichtem Schritte nahn!
Alsdann vermag die Zeit, das Alter nichts
Auf dich, und nichts der freche Ruf,
Der hin und her des Beifalls Woge treibt:
Das was vergänglich ist, bewahrt sein Lied.
Du bist noch schön, noch glücklich, wenn schon lange
Der Kreis der Dinge dich mit fortgerissen.
Du mußt ihn haben, und ihr nimmst du nichts:
Denn ihre Neigung zu dem werten Manne
Ist ihren andern Leidenschaften gleich.
Sie leuchten, wie der stille Schein des Monds
Dem Wandrer spärlich auf dem Pfad zu Nacht;
Sie wärmen nicht, und gießen keine Lust
Noch Lebensfreud' umher. Sie wird sich freuen,
Wenn sie ihn fern, wenn sie ihn glücklich weiß,
Wie sie genoß, wenn sie ihn täglich sah.
Und dann, ich will mit meinem Freunde nicht
Von ihr und diesem Hofe mich verbannen;
Ich komme wieder, und ich bring' ihn wieder.
So soll es sein! – Hier kommt der rauhe Freund;
Wir wollen sehn, ob wir ihn zähmen können.

### VIERTER AUFTRITT

*Leonore. Antonio.*

**LEONORE**
Du bringst uns Krieg statt Frieden; scheint es doch,
Du kommst aus einem Lager, einer Schlacht,
Wo die Gewalt regiert, die Faust entscheidet,
Und nicht von Rom, wo feierliche Klugheit
Die Hände segnend hebt, und eine Welt
Zu ihren Füßen sieht, die gern gehorcht.
**ANTONIO** Ich muß den Tadel, schöne Freundin, dulden,
Doch die Entschuld'gung liegt nicht weit davon.
Es ist gefährlich, wenn man allzu lang'

  Sich klug und mäßig zeigen muß. Es lauert
Der böse Genius dir an der Seite,
Und will gewaltsam auch von Zeit zu Zeit
Ein Opfer haben. Leider hab' ich's diesmal
Auf meiner Freunde Kosten ihm gebracht.     1980
LEONORE Du hast um fremde Menschen dich so lang'
Bemüht und dich nach ihrem Sinn gerichtet:
Nun, da du deine Freunde wieder siehst,
Verkennst du sie, und rechtest wie mit Fremden.
ANTONIO Da liegt, geliebte Freundin, die Gefahr!    1985
Mit fremden Menschen nimmt man sich zusammen,
Da merkt man auf, da sucht man seinen Zweck
In ihrer Gunst, damit sie nutzen sollen.
Allein bei Freunden läßt man frei sich gehn,
Man ruht in ihrer Liebe, man erlaubt      1990
Sich eine Laune, ungezähmter wirkt
Die Leidenschaft, und so verletzen wir
Am ersten die, die wir am zärtsten lieben.
LEONORE In dieser ruhigen Betrachtung find' ich dich
Schon ganz, mein teurer Freund, mit Freuden wieder.  1995
ANTONIO Ja, mich verdrießt – und ich bekenn' es gern –
Daß ich mich heut so ohne Maß verlor.
Allein gestehe, wenn ein wackrer Mann
Mit heißer Stirn von saurer Arbeit kommt,
Und spät am Abend in ersehnten Schatten    2000
Zu neuer Mühe auszuruhen denkt,
Und findet dann von einem Müßiggänger
Den Schatten breit besessen, soll er nicht
Auch etwas menschlich's in dem Busen fühlen?
LEONORE
Wenn er recht menschlich ist, so wird er auch    2005
Den Schatten gern mit einem Manne teilen,
Der ihm die Ruhe süß, die Arbeit leicht
Durch ein Gespräch, durch holde Töne macht.
Der Baum ist breit, mein Freund, der Schatten gibt,
Und keiner braucht den andern zu verdrängen.    2010
ANTONIO Wir wollen uns, Eleonore, nicht
Mit einem Gleichnis hin und wieder spielen.
Gar viele Dinge sind in dieser Welt,
Die man dem andern gönnt und gerne teilt;

| 2015 | Jedoch es ist ein Schatz, den man allein
| | Dem Hochverdienten gerne gönnen mag,
| | Ein andrer, den man mit dem Höchstverdienten
| | Mit gutem Willen niemals teilen wird –
| | Und fragst du mich nach diesen beiden Schätzen;
| 2020 | Der Lorbeer ist es und die Gunst der Frauen.
| | LEONORE Hat jener Kranz um unsers Jünglings Haupt
| | Den ernsten Mann beleidigt? Hättest du
| | Für seine Mühe, seine schöne Dichtung
| | Bescheid'nern Lohn doch selbst nicht finden können.
| 2025 | Denn ein Verdienst, das außerirdisch ist,
| | Das in den Lüften schwebt, in Tönen nur,
| | In leichten Bildern unsern Geist umgaukelt,
| | Es wird denn auch mit einem schönen Bilde,
| | Mit einem holden Zeichen nur belohnt;
| 2030 | Und wenn er selbst die Erde kaum berührt,
| | Berührt der höchste Lohn ihm kaum das Haupt.
| | Ein unfruchtbarer Zweig ist das Geschenk,
| | Das der Verehrer unfruchtbare Neigung
| | Ihm gerne bringt, damit sie einer Schuld
| 2035 | Aufs leicht'ste sich entlade. Du mißgönnst
| | Dem Bild des Märtyrers den goldnen Schein
| | Ums kahle Haupt wohl schwerlich; und gewiß,
| | Der Lorbeerkranz ist, wo er dir erscheint,
| | Ein Zeichen mehr des Leidens als des Glücks.
| 2040 | ANTONIO Will etwa mich dein liebenswürd'ger Mund
| | Die Eitelkeit der Welt verachten lehren?
| | LEONORE Ein jedes Gut nach seinem Wert zu schätzen,
| | Brauch' ich dich nicht zu lehren. Aber doch,
| | Es scheint von Zeit zu Zeit bedarf der Weise,
| 2045 | So sehr wie andre, daß man ihm die Güter,
| | Die er besitzt, im rechten Lichte zeige.
| | Du, edler Mann, du wirst an ein Phantom
| | Von Gunst und Ehre keinen Anspruch machen.
| | Der Dienst, mit dem du deinem Fürsten dich,
| 2050 | Mit dem du deine Freunde dir verbindest,
| | Ist wirkend, ist lebendig, und so muß
| | Der Lohn auch wirklich und lebendig sein.
| | Dein Lorbeer ist das fürstliche Vertraun,
| | Das auf den Schultern dir, als liebe Last,

    Gehäuft und leicht getragen ruht; es ist 2055
    Dein Ruhm das allgemeine Zutraun.
ANTONIO Und von der Gunst der Frauen sagst du nichts,
    Die willst du mir doch nicht entbehrlich schildern?
LEONORE
    Wie man es nimmt. Denn du entbehrst sie nicht,
    Und leichter wäre sie dir zu entbehren, 2060
    Als sie es jenem guten Mann nicht ist.
    Denn sag', geläng' es einer Frau, wenn sie
    Nach ihrer Art für dich zu sorgen dächte,
    Mit dir sich zu beschäft'gen unternähme?
    Bei dir ist alles Ordnung, Sicherheit; 2065
    Du sorgst für dich, wie du für andre sorgst,
    Du hast, was man dir geben möchte. Jener
    Beschäftigt uns in unserm eignen Fache.
    Ihm fehlt's an tausend Kleinigkeiten, die
    Zu schaffen eine Frau sich gern bemüht. 2070
    Das schönste Leinenzeug, ein seiden Kleid
    Mit etwas Stickerei, das trägt er gern.
    Er sieht sich gern geputzt, vielmehr, er kann
    Unedlen Stoff, der nur den Knecht bezeichnet,
    An seinem Leib nicht dulden, alles soll 2075
    Ihm fein und gut und schön und edel stehn.
    Und dennoch hat er kein Geschick, das alles
    Sich anzuschaffen, wenn er es besitzt,
    Sich zu erhalten; immer fehlt es ihm
    An Geld, an Sorgsamkeit, bald läßt er da 2080
    Ein Stück, bald eines dort. Er kehret nie
    Von einer Reise wieder, daß ihm nicht
    Ein Dritteil seiner Sachen fehle. Bald
    Bestiehlt ihn der Bediente. So, Antonio,
    Hat man für ihn das ganze Jahr zu sorgen. 2085
ANTONIO Und diese Sorge macht ihn lieb und lieber.
    Glücksel'ger Jüngling, dem man seine Mängel
    Zur Tugend rechnet, dem so schön vergönnt ist,
    Den Knaben noch als Mann zu spielen, der
    Sich seiner holden Schwäche rühmen darf! 2090
    Du müßtest mir verzeihen, schöne Freundin,
    Wenn ich auch hier ein wenig bitter würde.
    Du sagst nicht alles, sagst nicht was er wagt,

Und daß er klüger ist, als wie man denkt.
Er rühmt sich zweier Flammen! knüpft und lös't
Die Knoten hin und wieder, und gewinnt
Mit *solchen* Künsten *solche* Herzen! Ist's
Zu glauben?
LEONORE    Gut! Selbst das beweis't ja schon,
Daß es nur Freundschaft ist, was uns belebt.
Und wenn wir denn auch Lieb' um Liebe tauschten,
Belohnten wir das schöne Herz nicht billig,
Das ganz sich selbst vergißt und hingegeben
Im holden Traum für seine Freunde lebt?
ANTONIO Verwöhnt ihn nur und immer mehr und mehr,
Laßt seine Selbstigkeit für Liebe gelten,
Beleidigt alle Freunde, die sich euch
Mit treuer Seele widmen, gebt dem Stolzen
Freiwilligen Tribut, zerstöret ganz
Den schönen Kreis geselligen Vertrauns!
LEONORE Wir sind nicht so parteiisch wie du glaubst,
Ermahnen unsern Freund in manchen Fällen;
Wir wünschen ihn zu bilden, daß er mehr
Sich selbst genieße, mehr sich zu genießen
Den andern geben könne. Was an ihm
Zu tadeln ist, das bleibt uns nicht verborgen.
ANTONIO Doch lobt ihr vieles, was zu tadeln wäre.
Ich kenn' ihn lang', er ist so leicht zu kennen,
Und ist zu stolz sich zu verbergen. Bald
Versinkt er in sich selbst, als wäre ganz
Die Welt in seinem Busen, er sich ganz
In seiner Welt genug, und alles rings
Umher verschwindet ihm. Er läßt es gehn,
Läßt's fallen, stößt's hinweg und ruht in sich –
Auf einmal, wie ein unbemerkter Funke
Die Mine zündet, sei es Freude, Leid,
Zorn oder Grille, heftig bricht er aus:
Dann will er Alles fassen, Alles halten,
Dann soll geschehn, was er sich denken mag;
In einem Augenblicke soll entstehn,
Was Jahre lang bereitet werden sollte,
In einem Augenblick gehoben sein,
Was Mühe kaum in Jahren lösen könnte.

> Er fordert das Unmögliche von sich,
> Damit er es von andern fordern dürfe.
> Die letzten Enden aller Dinge will
> Sein Geist zusammen fassen; das gelingt
> Kaum Einem unter Millionen Menschen,
> Und er ist nicht der Mann: er fällt zuletzt,
> Um nichts gebessert, in sich selbst zurück.

LEONORE Er schadet andern nicht, er schadet sich.

ANTONIO Und doch verletzt er andre nur zu sehr.
> Kannst du es leugnen, daß im Augenblick
> Der Leidenschaft, die ihn behend ergreift,
> Er auf den Fürsten, auf die Fürstin selbst,
> Auf wen es sei, zu schmähn, zu lästern wagt?
> Zwar augenblicklich nur, allein genug
> Der Augenblick kommt wieder: er beherrscht
> So wenig seinen Mund als seine Brust.

LEONORE Ich sollte denken, wenn er sich von hier
> Auf eine kurze Zeit entfernte, sollt'
> Es wohl für ihn und andre nützlich sein.

ANTONIO
> Vielleicht, vielleicht auch nicht. Doch eben jetzt
> Ist nicht daran zu denken. Denn ich will
> Den Fehler nicht auf meine Schultern laden;
> Es könnte scheinen, daß ich ihn vertreibe,
> Und ich vertreib' ihn nicht. Um meinetwillen
> Kann er an unserm Hofe ruhig bleiben;
> Und wenn er sich mit mir versöhnen will,
> Und wenn er meinen Rat befolgen kann,
> So werden wir ganz leidlich leben können.

LEONORE
> Nun hoffst du selbst auf ein Gemüt zu wirken,
> Das dir vor kurzem noch verloren schien.

ANTONIO Wir hoffen immer, und in allen Dingen
> Ist besser hoffen als verzweifeln. Denn
> Wer kann das Mögliche berechnen? Er
> Ist unserm Fürsten wert. Er muß uns bleiben.
> Und bilden wir dann auch umsonst an ihm,
> So ist er nicht der einz'ge, den wir dulden.

LEONORE So ohne Leidenschaft, so unparteiisch
> Glaubt' ich dich nicht. Du hast dich schnell bekehrt.

ANTONIO Das Alter muß doch Einen Vorzug haben,
Daß, wenn es auch dem Irrtum nicht entgeht,
Es doch sich auf der Stelle fassen kann.
Du warst, mich deinem Freunde zu versöhnen,
2175 Zuerst bemüht. Nun bitt' ich es von dir.
Tu' was du kannst, daß dieser Mann sich finde,
Und alles wieder bald im Gleichen sei.
Ich gehe selbst zu ihm, so bald ich nur
Von dir erfahre, daß er ruhig ist,
2180 So bald du glaubst, daß meine Gegenwart
Das Übel nicht vermehrt. Doch was du tust,
Das tu' in dieser Stunde; denn es geht
Alphons heut' Abend noch zurück, und ich
Werd' ihn begleiten. Leb' indessen wohl.

### Fünfter Auftritt.

LEONORE *allein*
2185 Für diesmal, lieber Freund, sind wir nicht eins,
Mein Vorteil und der deine gehen heut
Nicht Hand in Hand. Ich nütze diese Zeit
Und suche Tasso zu gewinnen. Schnell!

## Vierter Aufzug

### Erster Auftritt

Zimmer.

TASSO *allein*
Bist du aus einem Traum erwacht, und hat
2190 Der schöne Trug auf einmal dich verlassen?
Hat dich nach einem Tag der höchsten Lust
Ein Schlaf gebändigt, hält und ängstet nun
Mit schweren Fesseln deine Seele? Ja,
Du wachst und träumst. Wo sind die Stunden hin,

Die um dein Haupt mit Blumenkränzen spielten? 2195
Die Tage, wo dein Geist mit freier Sehnsucht
Des Himmels ausgespanntes Blau durchdrang?
Und dennoch lebst du noch, und fühlst dich an,
Du fühlst dich an, und weißt nicht ob du lebst.
Ist's meine Schuld, ist's eines andern Schuld, 2200
Daß ich mich nun als schuldig hier befinde?
Hab' ich verbrochen, daß ich leiden soll?
Ist nicht mein ganzer Fehler ein Verdienst?
Ich sah ihn an, und ward vom guten Willen,
Vom Hoffnungswahn des Herzens übereilt: 2205
Der sei ein Mensch, der menschlich Ansehn trägt.
Ich ging mit off'nen Armen auf ihn los,
Und fühlte Schloß und Riegel, keine Brust.
O hatt' ich doch so klug mir ausgedacht,
Wie ich den Mann empfangen wollte, der 2210
Von alten Zeiten mir verdächtig war!
Allein was immer dir begegnet sei,
So halte dich an *der* Gewißheit fest:
Ich habe *sie* gesehn! Sie stand vor mir!
Sie sprach zu mir, ich habe sie vernommen! 2215
Der Blick, der Ton, der Worte holder Sinn,
Sie sind auf ewig mein, es raubt sie nicht
Die Zeit, das Schicksal, noch das wilde Glück,
Und hob mein Geist sich da zu schnell empor,
Und ließ ich allzu rasch in meinem Busen 2220
Der Flamme Luft, die mich nun selbst verzehrt,
So kann mich's nicht gereun, und wäre selbst
Auf ewig das Geschick des Lebens hin.
Ich widmete mich ihr, und folgte froh
Dem Winke, der mich ins Verderben rief. 2225
Es sei! So hab' ich mich doch wert gezeigt
Des köstlichen Vertrauns, das mich erquickt,
In dieser Stunde selbst erquickt, die mir
Die schwarze Pforte langer Trauerzeit
Gewaltsam öffnet. – Ja, nun ist's getan! 2230
Es geht die Sonne mir der schönsten Gunst
Auf einmal unter; seinen holden Blick
Entziehet mir der Fürst, und läßt mich hier
Auf düstrem, schmalen Pfad verloren stehn.

2235 Das häßliche zweideutige Geflügel,
Das leidige Gefolg' der alten Nacht,
Es schwärmt hervor und schwirrt mir um das Haupt.
Wohin, wohin beweg' ich meinen Schritt?
Dem Ekel zu entfliehn, der mich umsaust,
2240 Dem Abgrund zu entgehn, der vor mir liegt?


ZWEITER AUFTRITT

*Leonore. Tasso.*

LEONORE Was ist begegnet? Lieber Tasso, hat
Dein Eifer dich, dein Argwohn so getrieben?
Wie ist's geschehn? Wir alle stehn bestürzt.
Und deine Sanftmut, dein gefällig Wesen,
2245 Dein schneller Blick, dein richtiger Verstand,
Mit dem du jedem gibst was ihm gehört,
Dein Gleichmut, der erträgt, was zu ertragen
Der Edle bald, der Eitle selten lernt,
Die kluge Herrschaft über Zung' und Lippe? –
2250 Mein teurer Freund, fast ganz verkenn' ich dich.
TASSO Und wenn das alles nun verloren wäre?
Wenn einen Freund, den du einst reich geglaubt,
Auf einmal du als einen Bettler fändest?
Wohl hast du recht, ich bin nicht mehr ich selbst,
2255 Und bin's doch noch so gut als wie ich's war.
Es scheint ein Rätsel, und doch ist es keins.
Der stille Mond, der dich bei Nacht erfreut,
Dein Auge, dein Gemüt mit seinem Schein
Unwiderstehlich lockt, er schwebt am Tage
2260 Ein unbedeutend blasses Wölkchen hin.
Ich bin vom Glanz des Tages überschienen,
Ihr kennet mich, ich kenne mich nicht mehr.
LEONORE
Was du mir sagst, mein Freund, versteh' ich nicht
Wie du es sagst. Erkläre dich mit mir.
2265 Hat die Beleidigung des schroffen Mann's
Dich so gekränkt, daß du dich selbst und uns
So ganz verkennen magst? Vertraue mir.

TASSO Ich bin nicht der Beleidigte, du siehst
  Mich ja bestraft, weil ich beleidigt habe.
  Die Knoten vieler Worte lös't das Schwert
  Gar leicht und schnell, allein ich bin gefangen.
  Du weißt wohl kaum – erschrick nicht, zarte Freundin –
  Du triffst den Freund in einem Kerker an.
  Mich züchtiget der Fürst wie einen Schüler.
  Ich will mit ihm nicht rechten, kann es nicht.
LEONORE Du scheinest mehr, als billig ist, bewegt.
TASSO Hältst du mich für so schwach, für so ein Kind,
  Daß solch ein Fall mich gleich zerrütten könne?
  Das was geschehn ist, kränkt mich nicht so tief,
  Allein das kränkt mich, was es mir bedeutet.
  Laß meine Neider meine Feinde nur
  Gewähren! Frei und offen ist das Feld.
LEONORE Du hast gar manchen fälschlich in Verdacht,
  Ich habe selbst mich überzeugen können.
  Und auch Antonio feindet dich nicht an,
  Wie du es wähnst. Der heutige Verdruß –
TASSO Den laß' ich ganz bei Seite, nehme nur
  Antonio wie er war und wie er bleibt.
  Verdrießlich fiel mir stets die steife Klugheit,
  Und daß er immer nur den Meister spielt.
  Anstatt zu forschen, ob des Hörers Geist
  Nicht schon für sich auf guten Spuren wandle,
  Belehrt er dich von manchem, das du besser
  Und tiefer fühltest, und vernimmt kein Wort,
  Das du ihm sagst, und wird dich stets verkennen.
  Verkannt zu sein, verkannt von einem Stolzen,
  Der lächelnd dich zu übersehen glaubt!
  Ich bin so alt noch nicht und nicht so klug,
  Daß ich nur duldend gegenlächeln sollte.
  Früh oder spat, es konnte sich nicht halten,
  Wir mußten brechen; später wär' es nur,
  Um desto schlimmer worden. Einen Herrn
  Erkenn' ich nur, den Herrn der mich ernährt,
  Dem folg' ich gern, sonst will ich keinen Meister.
  Frei will ich sein im Denken und im Dichten,
  Im Handeln schränkt die Welt genug uns ein.
LEONORE Er spricht mit Achtung oft genug von dir.

TASSO Mit Schonung willst du sagen, fein und klug.
Und das verdrießt mich eben; denn er weiß
So glatt und so bedingt zu sprechen, daß
Sein Lob erst recht zum Tadel wird, und daß
Nichts mehr, nichts tiefer dich verletzt, als Lob
Aus seinem Munde.
LEONORE           Möchtest du, mein Freund,
Vernommen haben, wie er sonst von dir
Und dem Talente sprach, das dir vor vielen
Die gütige Natur verlieh. Er fühlt gewiß,
Das was du bist und hast, und schätzt es auch.
TASSO O glaube mir, ein selbstisches Gemüt
Kann nicht der Qual des engen Neid's entfliehen.
Ein solcher Mann verzeiht dem andern wohl
Vermögen, Stand und Ehre; denn er denkt,
Das hast du selbst, das hast du wenn du willst,
Wenn du beharrst, wenn dich das Glück begünstigt.
Doch das, was die Natur allein verleiht,
Was jeglicher Bemühung, jedem Streben
Stets unerreichbar bleibt, was weder Gold,
Noch Schwert, noch Klugheit, noch Beharrlichkeit
Erzwingen kann, das wird er nie verzeihn.
Er gönnt es mir? Er, der mit steifem Sinn
Die Gunst der Musen zu ertrotzen glaubt?
Der, wenn er die Gedanken mancher Dichter
Zusammenreiht, sich selbst ein Dichter scheint?
Weit eher gönnt er mir des Fürsten Gunst,
Die er doch gern auf sich beschränken möchte,
Als das Talent, das jene Himmlischen
Dem armen, dem verwais'ten Jüngling gaben.
LEONORE O sähest du so klar, wie ich es sehe!
Du irrst dich über ihn, so ist er nicht.
TASSO Und irr' ich mich an ihm, so irr' ich gern!
Ich denk' ihn mir als meinen ärgsten Feind,
Und wär' untröstlich, wenn ich mir ihn nun
Gelinder denken müßte. Töricht ist's
In allen Stücken billig sein; es heißt
Sein eigen Selbst zerstören. Sind die Menschen
Denn gegen uns so billig? Nein, o nein!
Der Mensch bedarf in seinem engen Wesen

Der doppelten Empfindung, Lieb' und Haß.
Bedarf er nicht der Nacht als wie des Tag's?
Des Schlafens wie des Wachens? Nein, ich muß
Von nun an diesen Mann als Gegenstand 2350
Von meinem tiefsten Haß behalten; nichts
Kann mir die Lust entreißen schlimm und schlimmer
Von ihm zu denken.
LEONORE         Willst du, teurer Freund,
Von deinem Sinn nicht lassen, seh' ich kaum,
Wie du am Hofe länger bleiben willst. 2355
Du weißt, wie viel er gilt und gelten muß.
TASSO Wie sehr ich lang', o schöne Freundin, hier
Schon überflüssig bin, das weiß ich wohl.
LEONORE
Das bist du nicht, das kannst du nimmer werden!
Du weißt vielmehr, wie gern der Fürst mit dir, 2360
Wie gern die Fürstin mit dir lebt; und kommt
Die Schwester von Urbino, kommt sie fast
So sehr um dein't- als der Geschwister willen.
Sie denken alle gut und gleich von dir,
Und jegliches vertraut dir unbedingt. 2365
TASSO O Leonore, welch Vertraun ist das?
Hat er von seinem Staate je ein Wort,
Ein ernstes Wort mit mir gesprochen? Kam
Ein eigner Fall, worüber er sogar
In meiner Gegenwart mit seiner Schwester, 2370
Mit andern sich beriet, mich fragt' er nie.
Da hieß es immer nur: Antonio kommt!
Man muß Antonio schreiben! fragt Antonio!
LEONORE
Du klagst anstatt zu danken. Wenn er dich
In unbedingter Freiheit lassen mag, 2375
So ehrt er dich, wie er dich ehren kann.
TASSO Er läßt mich ruhn, weil er mich unnütz glaubt.
LEONORE Du bist nicht unnütz, eben weil du ruhst.
So lange hegst du schon Verdruß und Sorge,
Wie ein geliebtes Kind, an deiner Brust. 2380
Ich hab' es oft bedacht, und mag's bedenken
Wie ich es will, auf diesem schönen Boden,
Wohin das Glück dich zu verpflanzen schien,

Gedeihst du nicht. O Tasso! – rat' ich dir's?
2385 Sprech' ich es aus? – Du solltest dich entfernen!
TASSO Verschone nicht den Kranken, lieber Arzt!
Reich' ihm das Mittel, denke nicht daran,
Ob's bitter sei. – Ob er genesen könne,
Das überlege wohl, o kluge, gute Freundin!
2390 Ich seh' es alles selbst, es ist vorbei!
Ich kann ihm wohl verzeihen, er nicht mir;
Und sein bedarf man, leider! meiner nicht.
Und er ist klug, und leider! bin ich's nicht.
Er wirkt zu meinem Schaden, und ich kann,
2395 Ich mag nicht gegenwirken. Meine Freunde
Sie lassen's gehn, sie sehen's anders an,
Sie widerstreben kaum, und sollten kämpfen.
Du glaubst, ich soll hinweg, ich glaub' es selbst –
So lebt denn wohl! ich werd' auch das ertragen.
2400 Ihr seid von mir geschieden – werd' auch mir
Von euch zu scheiden, Kraft und Mut verliehn!
LEONORE Ach in der Ferne zeigt sich alles reiner,
Was in der Gegenwart uns nur verwirrt.
Vielleicht wirst du erkennen, welche Liebe
2405 Dich überall umgab, und welchen Wert
Die Treue wahrer Freunde hat, und wie
Die weite Welt die Nächsten nicht ersetzt.
TASSO Das werden wir erfahren! Kenn' ich doch
Die Welt von Jugend auf, wie sie so leicht
2410 Uns hülflos, einsam läßt, und ihren Weg
Wie Sonn' und Mond und andre Götter geht.
LEONORE
Vernimmst du mich, mein Freund, so sollst du nie
Die traurige Erfahrung wiederholen.
Soll ich dir raten, so begibst du dich
2415 Erst nach Florenz, und eine Freundin wird
Gar freundlich für dich sorgen. Sei getrost,
Ich bin es selbst. Ich reise, den Gemahl
Die nächsten Tage dort zu finden, kann
Nichts freudiger für ihn und mich bereiten,
2420 Als wenn ich dich in unsre Mitte bringe.
Ich sage dir kein Wort, du weißt es selbst,
Welch einem Fürsten du dich nahen wirst,

Und welche Männer diese schöne Stadt
In ihrem Busen hegt, und welche Frauen.
Du schweigst? Bedenk' es wohl! Entschließe dich.

TASSO Gar reizend ist, was du mir sagst, so ganz
Dem Wunsch gemäß, den ich im Stillen nähre;
Allein es ist zu neu: ich bitte dich
Laß mich bedenken, ich beschließe bald.

LEONORE Ich gehe mit der schönsten Hoffnung weg
Für dich und uns und auch für dieses Haus.
Bedenke nur, und wenn du recht bedenkst,
So wirst du schwerlich etwas bessers denken.

TASSO Noch eins, geliebte Freundin! sage mir,
Wie ist die Fürstin gegen mich gesinnt?
War sie erzürnt auf mich? Was sagte sie? –
Sie hat mich sehr getadelt? Rede frei.

LEONORE
Da sie dich kennt, hat sie dich leicht entschuldigt.

TASSO Hab' ich bei ihr verloren? schmeichle nicht.

LEONORE
Der Frauen Gunst wird nicht so leicht verscherzt.

TASSO Wird sie mich gern entlassen, wenn ich gehe?

LEONORE Wenn es zu deinem Wohl gereicht, gewiß.

TASSO Werd' ich des Fürsten Gnade nicht verlieren?

LEONORE In seiner Großmut kannst du sicher ruhn.

TASSO Und lassen wir die Fürstin ganz allein?
Du gehst hinweg; und wenn ich wenig bin,
So weiß ich doch, daß ich ihr etwas war.

LEONORE Gar freundliche Gesellschaft leistet uns
Ein ferner Freund, wenn wir ihn glücklich wissen.
Und es gelingt, ich sehe dich beglückt,
Du wirst von hier nicht unzufrieden gehn.
Der Fürst befahl's, Antonio sucht dich auf.
Er tadelt selbst an sich die Bitterkeit,
Womit er dich verletzt. Ich bitte dich,
Nimm ihn gelassen auf, so wie er kommt.

TASSO Ich darf in jedem Sinne vor ihm stehn.

LEONORE Und schenke mir der Himmel, lieber Freund,
Noch eh' du scheidest, dir das Aug' zu öffnen:
Daß niemand dich im ganzen Vaterlande
Verfolgt und haßt, und heimlich druckt und neckt!

Du irrst gewiß, und wie du sonst zur Freude
Von andern dichtest, leider dichtest du
In diesem Fall ein seltenes Gewebe,
Dich selbst zu kränken. Alles will ich tun,
2465 Um es entzwei zu reißen, daß du frei
Den schönen Weg des Lebens wandeln mögest.
Leb' wohl! Ich hoffe bald ein glücklich Wort.


## Dritter Auftritt

TASSO *allein*
Ich soll erkennen, daß mich niemand haßt,
Daß niemand mich verfolgt, daß alle List
2470 Und alles heimliche Gewebe sich
Allein in meinem Kopfe spinnt und webt!
Bekennen soll ich, daß ich unrecht habe,
Und manchem unrecht tue, der es nicht
Um mich verdient! Und das in einer Stunde,
2475 Da vor dem Angesicht der Sonne klar
Mein volles Recht, wie ihre Tücke, liegt!
Ich soll es tief empfinden, wie der Fürst
Mit offner Brust mir seine Gunst gewährt,
Mit reichem Maß die Gaben mir erteilt,
2480 Im Augenblicke, da er, schwach genug,
Von meinen Feinden sich das Auge trüben
Und seine Hand gewiß auch fesseln läßt!

Daß er betrogen ist, kann er nicht sehen,
Daß sie Betrüger sind, kann ich nicht zeigen,
2485 Und nur damit er ruhig sich betrüge,
Daß sie gemächlich ihn betrügen können,
Soll ich mich stille halten, weichen gar!

Und wer gibt mir den Rat? Wer dringt so klug
Mit treuer, lieber Meinung auf mich ein?
2490 Lenore selbst, Lenore Sanvitale,
Die zarte Freundin! Ha, dich kenn' ich nun!
O warum traut' ich ihrer Lippe je!

Sie war nicht redlich, wenn sie noch so sehr
Mir ihre Gunst, mir ihre Zärtlichkeit
Mit süßen Worten zeigte! Nein, sie war 2495
Und bleibt ein listig Herz, sie wendet sich
Mit leisen klugen Tritten nach der Gunst.

Wie oft hab' ich mich willig selbst betrogen,
Auch über sie; und doch im Grunde hat
Mich nur – die Eitelkeit betrogen. Wohl! 2500
Ich kannte sie, und schmeichelte mir selbst.
So ist sie gegen andre, sagt' ich mir,
Doch gegen dich ist's offne treue Meinung.
Nun seh' ich's wohl, und seh' es nur zu spät:
Ich war begünstigt, und sie schmiegte sich 2505
So zart – an den Beglückten. Nun ich falle,
Sie wendet mir den Rücken wie das Glück.

Nun kommt sie als ein Werkzeug meines Feindes,
Sie schleicht heran und zischt mit glatter Zunge,
Die kleine Schlange, zauberische Töne. 2510
Wie lieblich schien sie! Lieblicher als je!
Wie wohl tat von der Lippe jedes Wort!
Doch konnte mir die Schmeichelei nicht lang'
Den falschen Sinn verbergen; an der Stirne
Schien ihr das Gegenteil zu klar geschrieben 2515
Von allem was sie sprach. Ich fühl' es leicht,
Wenn man den Weg zu meinem Herzen sucht
Und es nicht herzlich meint. Ich soll hinweg?
Soll nach Florenz, sobald ich immer kann?

Und warum nach Florenz? Ich seh' es wohl. 2520
Dort herrscht der Municeer neues Haus,
Zwar nicht in offner Feindschaft mit Ferrara,
Doch hält der stille Neid mit kalter Hand,
Die edelsten Gemüter aus einander.
Empfang' ich dort von jenen edlen Fürsten 2525
Erhabne Zeichen ihrer Gunst, wie ich
Gewiß erwarten dürfte, würde bald
Der Höfling meine Treu' und Dankbarkeit
Verdächtig machen. Leicht geläng' es ihm.

Ja, ich will weg, allein nicht wie ihr wollt;
Ich will hinweg, und weiter als ihr denkt.

Was soll ich hier? Wer hält mich hier zurück?
O ich verstund ein jedes Wort zu gut,
Das ich Lenoren von den Lippen lockte!
Von Sylb' zu Sylbe nur erhascht' ich's kaum,
Und weiß nun ganz wie die Prinzessin denkt –
Ja, ja, auch das ist wahr, verzweifle nicht!
»Sie wird mich gern entlassen, wenn ich gehe,
Da es zu meinem Wohl gereicht.« O! fühlte
Sie eine Leidenschaft im Herzen, die mein Wohl
Und mich zu Grunde richtete! Willkommner
Ergriffe mich der Tod, als diese Hand,
Die kalt und starr mich von sich läßt. – Ich gehe! –
Nun hüte dich, und laß dich keinen Schein
Von Freundschaft oder Güte täuschen! Niemand
Betrügt dich nun, wenn *du* dich nicht betrügst.


## Vierter Auftritt

*Antonio. Tasso.*

ANTONIO Hier bin ich, Tasso, dir ein Wort zu sagen,
Wenn du mich ruhig hören magst und kannst.
TASSO Das Handeln, weißt du, bleibt mir untersagt,
Es ziemt mir wohl zu warten und zu hören.
ANTONIO Ich treffe dich gelassen, wie ich wünschte,
Und spreche gern zu dir aus freier Brust.
Zuvörderst lös' ich in des Fürsten Namen
Das schwache Band, das dich zu fesseln schien.
TASSO Die Willkür macht mich frei, wie sie mich band;
Ich nehm' es an und fordre kein Gericht.
ANTONIO Dann sag' ich dir von mir: Ich habe dich
Mit Worten, scheint es, tief und mehr gekränkt,
Als ich, von mancher Leidenschaft bewegt,
Es selbst empfand. Allein kein schimpflich Wort
Ist meinen Lippen unbedacht entflohen;

Zu rächen hast du nichts als Edelmann,
Und wirst als Mensch Vergebung nicht versagen.
TASSO Was härter treffe, Kränkung oder Schimpf,
Will ich nicht untersuchen; jene dringt
Ins tiefe Mark, und dieser reizt die Haut.
Der Pfeil des Schimpfs kehrt auf den Mann zurück,
Der zu verwunden glaubt, die Meinung andrer
Befriedigt leicht das wohl geführte Schwert –
Doch ein gekränktes Herz erholt sich schwer.
ANTONIO Jetzt ist's an mir, daß ich dir dringend sage:
Tritt nicht zurück, erfülle meinen Wunsch,
Den Wunsch des Fürsten, der mich zu dir sendet.
TASSO Ich kenne meine Pflicht und gebe nach.
Es sei verziehn, so fern es möglich ist!
Die Dichter sagen uns von einem Speer,
Der eine Wunde, die er selbst geschlagen,
Durch freundliche Berührung heilen konnte.
Es hat des Menschen Zunge diese Kraft;
Ich will ihr nicht gehässig widerstehn.
ANTONIO Ich danke dir, und wünsche, daß du mich
Und meinen Willen dir zu dienen gleich
Vertraulich prüfen mögest. Sage mir,
Kann ich dir nützlich sein? Ich zeig' es gern.
TASSO Du bietest an, was ich nur wünschen konnte.
Du brachtest mir die Freiheit wieder, nun
Verschaffe mir, ich bitte, den Gebrauch.
ANTONIO Was kannst du meinen? Sag' es deutlich an.
TASSO Du weißt, geendet hab' ich mein Gedicht;
Es fehlt noch viel, daß es vollendet wäre.
Heut überreicht' ich es dem Fürsten, hoffte
Zugleich ihm eine Bitte vorzutragen.
Gar viele meiner Freunde find' ich jetzt
In Rom versammelt; einzeln haben sie
Mir über manche Stellen ihre Meinung
In Briefen schon eröffnet: vieles hab' ich
Benutzen können, manches scheint mir noch
Zu überlegen; und verschiedne Stellen
Möcht' ich nicht gern verändern, wenn man mich
Nicht mehr, als es geschehn ist, überzeugt.
Das alles wird durch Briefe nicht getan;

      Die Gegenwart lös't diese Knoten bald.
      So dacht' ich heut den Fürsten selbst zu bitten:
      Ich fand nicht Raum; nun darf ich es nicht wagen,
2605  Und hoffe diesen Urlaub nun durch dich.
      ANTONIO Mir scheint nicht rätlich, daß du dich entfernst
      In dem Moment, da dein vollendet Werk
      Dem Fürsten und der Fürstin dich empfiehlt.
      Ein Tag der Gunst ist wie ein Tag der Ernde;
2610  Man muß geschäftig sein, sobald sie reift.
      Entfernst du dich, so wirst du nichts gewinnen,
      Vielleicht verlieren, was du schon gewannst.
      Die Gegenwart ist eine mächt'ge Göttin;
      Lern' ihren Einfluß kennen, bleibe hier!
2615  TASSO Zu *fürchten* hab' ich nichts; Alphons ist edel,
      Stets hat er gegen mich sich groß gezeigt:
      Und was ich *hoffe*, will ich seinem Herzen
      Allein verdanken, keine Gnade mir
      Erschleichen; nichts will ich von ihm empfangen,
2620  Was ihn gereuen könnte daß er's gab.
      ANTONIO So fordre nicht von ihm, daß er dich jetzt
      Entlassen soll; er wird es ungern tun,
      Und ich befürchte fast, er tut es nicht.
      TASSO Er wird es gern, wenn recht gebeten wird,
2625  Und du vermagst es wohl, sobald du willst.
      ANTONIO Doch welche Gründe, sag' mir, leg' ich vor?
      TASSO Laß mein Gedicht aus jeder Stanze sprechen!
      Was ich gewollt ist löblich, wenn das Ziel
      Auch meinen Kräften unerreichbar blieb.
2630  An Fleiß und Mühe hat es nicht gefehlt.
      Der heitre Wandel mancher schönen Tage,
      Der stille Raum so mancher tiefen Nächte,
      War einzig diesem frommen Lied geweiht.
      Bescheiden hofft' ich, jenen großen Meistern
2635  Der Vorwelt mich zu nahen; kühn gesinnt
      Zu edlen Taten unsern Zeitgenossen
      Aus einem langen Schlaf zu rufen, dann
      Vielleicht mit einem edlen Christen-Heere,
      Gefahr und Ruhm des heil'gen Kriegs zu teilen.
2640  Und soll mein Lied die besten Männer wecken,
      So muß es auch der besten würdig sein.

Alphonsen bin ich schuldig was ich tat,
Nun möcht' ich ihm auch die Vollendung danken.
ANTONIO Und eben dieser Fürst ist hier, mit andern,
Die dich so gut als Römer leiten können. 2645
Vollende *hier* dein Werk, hier ist der Platz,
Und um zu wirken eile dann nach Rom.
TASSO Alphons hat mich zuerst begeistert, wird
Gewiß der letzte sein, der mich belehrt.
Und deinen Rat, den Rat der klugen Männer, 2650
Die unser Hof versammelt, schätz' ich hoch.
Ihr sollt entscheiden, wenn mich ja zu Rom
Die Freunde nicht vollkommen überzeugen.
Doch diese *muß* ich sehn. Gonzaga hat
Mir ein Gericht versammelt, dem ich erst 2655
Mich stellen muß. Ich kann es kaum erwarten.
Flaminio de' Nobili, Angelio
Da Barga, Antoniano, und Speron Speroni!
Du wirst sie kennen. – Welche Namen sind's!
Vertraun und Sorge flößen sie zugleich 2660
In meinen Geist, der gern sich unterwirft.
ANTONIO
Du denkst nur dich und denkst den Fürsten nicht.
Ich sage dir, er wird dich nicht entlassen;
Und wenn er's tut, entläßt er dich nicht gern.
Du willst ja nicht verlangen, was er dir 2665
Nicht gern gewähren mag. Und soll ich hier
Vermitteln, was ich selbst nicht loben kann?
TASSO Versagst du mir den ersten Dienst, wenn ich
Die angebotne Freundschaft prüfen will?
ANTONIO Die wahre Freundschaft zeigt sich im Versagen 2670
Zur rechten Zeit, und es gewährt die Liebe
Gar oft ein schädlich Gut, wenn sie den Willen
Des Fordernden mehr als sein Glück bedenkt.
Du scheinest mir in diesem Augenblick
Für gut zu halten, was du eifrig wünschest, 2675
Und willst im Augenblick, was du begehrst.
Durch Heftigkeit ersetzt der Irrende,
Was ihm an Wahrheit und an Kräften fehlt.
Es fordert meine Pflicht, so viel ich kann
Die Hast zu mäß'gen, die dich übel treibt. 2680

TASSO Schon lange kenn' ich diese Tyrannei
Der Freundschaft, die von allen Tyranneien
Die unerträglichste mir scheint. Du denkst
Nur anders, und du glaubst deswegen
Schon recht zu denken. Gern erkenn' ich an,
Du willst mein Wohl; allein verlange nicht,
Daß ich auf deinem Weg es finden soll.
ANTONIO Und soll ich dir sogleich mit kaltem Blut,
Mit voller, klarer Überzeugung schaden?
TASSO Von dieser Sorge will ich dich befrein!
Du hältst mich nicht mit diesen Worten ab.
Du hast mich frei erklärt, und diese Türe
Steht mir nun offen, die zum Fürsten führt.
Ich lasse dir die Wahl. Du oder ich!
Der Fürst geht fort. Hier ist kein Augenblick
Zu harren. Wähle schnell! Wenn du nicht gehst,
So geh' ich selbst, und werd' es wie es will.
ANTONIO Laß mich nur wenig Zeit von dir erlangen,
Und warte nur des Fürsten Rückkehr ab!
Nur heute nicht!
TASSO          Nein, diese Stunde noch,
Wenn's möglich ist! Es brennen mir die Sohlen
Auf diesem Marmorboden; eher kann
Mein Geist nicht Ruhe finden, bis der Staub
Des freien Wegs mich Eilenden umgibt.
Ich bitte dich! Du siehst, wie ungeschickt
In diesem Augenblick ich sei mit meinem Herrn
Zu reden; siehst – wie kann ich das verbergen –
Daß ich mir selbst in diesem Augenblick,
Mir keine Macht der Welt gebieten kann.
Nur Fesseln sind es, die mich halten können!
Alphons ist kein Tyrann, er sprach mich frei.
Wie gern gehorcht' ich seinen Worten sonst!
Heut kann ich nicht gehorchen. Heute nur
Laßt mich in Freiheit, daß mein Geist sich finde!
Ich kehre bald zu meiner Pflicht zurück.
ANTONIO Du machst mich zweifelhaft. Was soll ich tun?
Ich merke wohl, es steckt der Irrtum an.
TASSO Soll ich dir glauben, denkst du gut für mich,
So wirke was ich wünsche, was du kannst.

Der Fürst entläßt mich dann, und ich verliere
Nicht seine Gnade, seine Hülfe nicht.
Das dank' ich dir, und will dir's gern verdanken;
Doch hegst du einen alten Groll im Busen,
Willst du von diesem Hofe mich verbannen,
Willst du auf ewig mein Geschick verkehren,
Mich hülflos in die weite Welt vertreiben,
So bleib' auf deinem Sinn und widersteh!
ANTONIO Weil ich dir doch, o Tasso, schaden soll,
So wähl' ich denn den Weg, den du erwählst.
Der Ausgang mag entscheiden wer sich irrt!
Du willst hinweg! Ich sag' es dir zuvor,
Du wendest diesem Hause kaum den Rücken,
So wird dein Herz zurück verlangen, wird
Dein Eigensinn dich vorwärts treiben: Schmerz,
Verwirrung, Trübsinn harr't in Rom auf dich,
Und du verfehlest hier und dort den Zweck.
Doch sag' ich dies nicht mehr, um dir zu raten;
Ich sage nur voraus, was bald geschieht,
Und lade dich auch schon im voraus ein,
Mir in dem schlimmsten Falle zu vertraun.
Ich spreche nun den Fürsten, wie du's forderst.

### Fünfter Auftritt

TASSO *allein*

Ja gehe nur, und gehe sicher weg,
Daß du mich überredest was du willst.
Ich lerne mich verstellen, denn du bist
Ein großer Meister und ich fasse leicht.
So zwingt das Leben uns zu scheinen, ja
Zu sein wie jene, die wir kühn und stolz
Verachten konnten. Deutlich seh' ich nun
Die ganze Kunst des höfischen Gewebes!
Mich will Antonio von hinnen treiben,
Und will nicht scheinen, daß er mich vertreibt.
Er spielt den Schonenden, den Klugen, daß
Man nur recht krank und ungeschickt mich finde,
Bestellet sich zum Vormund, daß er mich

|2755| Zum Kind erniedrige, den er zum Knecht
Nicht zwingen konnte. So umnebelt er
Die Stirn des Fürsten und der Fürstin Blick.

Man soll mich halten, meint er; habe doch
Ein schön Verdienst mir die Natur geschenkt,
|2760| Doch leider habe sie mit manchen Schwächen
Die hohe Gabe wieder schlimm begleitet,
Mit ungebundnem Stolz, mit übertriebner
Empfindlichkeit und eignem düstern Sinn.
Es sei nicht anders, einmal habe nun
|2765| Den Einen Mann das Schicksal so gebildet,
Nun müsse man ihn nehmen wie er sei,
Ihn dulden, tragen und vielleicht an ihm
Was Freude bringen kann am guten Tage
Als unerwarteten Gewinst genießen,
|2770| Im übrigen, wie er geboren sei,
So müsse man ihn leben, sterben lassen.

Erkenn' ich noch Alphonsens festen Sinn?
Der Feinden trotzt und Freunde treulich schützt,
Erkenn' ich ihn, wie er nun mir begegnet?
|2775| Ja wohl erkenn' ich ganz mein Unglück nun!
Das ist mein Schicksal, daß nur gegen mich
Sich jeglicher verändert, der für andre fest
Und treu und sicher bleibt, sich leicht verändert
Durch einen Hauch, in einem Augenblick.

|2780| Hat nicht die Ankunft dieses Mann's allein
Mein ganz Geschick zerstört, in Einer Stunde?
Nicht dieser das Gebäude meines Glücks
Von seinem tiefsten Grund aus umgestürzt?
O muß ich das erfahren? Muß ich's heut?
|2785| Ja, wie sich alles zu mir drängte, läßt
Mich alles nun; wie jeder mich an sich
Zu reißen strebte, jeder mich zu fassen,
So stößt mich alles weg und meidet mich.
Und das warum? Und wiegt denn er allein
|2790| Die Schale meines Werts und aller Liebe,
Die ich so reichlich sonst besessen, auf?

Ja, alles flieht mich nun. Auch du! Auch du!
Geliebte Fürstin, du entziehst dich mir.
In diesen trüben Stunden hat sie mir
Kein einzig Zeichen ihrer Gunst gesandt. 2795
Hab' ich's um sie verdient? – Du armes Herz,
Dem so natürlich war sie zu verehren! –
Vernahm ich ihre Stimme, wie durchdrang
Ein unaussprechliches Gefühl die Brust!
Erblickt' ich sie, da ward das helle Licht 2800
Des Tag's mir trüb'; unwiderstehlich zog
Ihr Auge mich, ihr Mund mich an, mein Knie
Erhielt sich kaum, und aller Kraft
Des Geist's bedurft' ich, aufrecht mich zu halten,
Vor ihre Füße nicht zu fallen, kaum 2805
Vermocht' ich diesen Taumel zu zerstreun.
Hier halte fest, mein Herz! Du klarer Sinn,
Laß hier dich nicht umnebeln! Ja auch Sie!
Darf ich es sagen? und ich glaub' es kaum,
Ich glaub' es wohl, und möcht' es mir verschweigen. 2810
Auch Sie! auch Sie! Entschuldige sie ganz,
Allein verbirg' dir's nicht: auch Sie! auch Sie!

O dieses Wort, an dem ich zweifeln sollte,
So lang' ein Hauch von Glauben in mir lebt,
Ja, dieses Wort, es gräbt sich, wie ein Schluß 2815
Des Schicksals noch zuletzt am ehrnen Rande
Der vollgeschriebnen Qualentafel, ein.
Nun sind erst meine Feinde stark, nun bin ich
Auf ewig einer jeden Kraft beraubt.
Wie soll ich streiten, wenn *Sie* gegenüber 2820
Im Heere steht? Wie soll ich duldend harren,
Wenn *Sie* die Hand mir nicht von ferne reicht?
Wenn nicht *ihr* Blick dem Flehenden begegnet?
Du hast's gewagt zu denken, hast's gesprochen,
Und es ist wahr, eh' du es fürchten konntest! 2825
Und eh' nun die Verzweiflung deine Sinnen
Mit ehrnen Klauen aus einander reißt,
Ja, klage nur das bittre Schicksal an,
Und wiederhole nur, auch Sie! auch Sie!

## Fünfter Aufzug

### Erster Auftritt

Garten.

*Alphons. Antonio.*

ANTONIO Auf deinen Wink ging ich das zweitemal
Zu Tasso hin, ich komme von ihm her.
Ich hab' ihm zugeredet, ja gedrungen;
Allein er geht von seinem Sinn nicht ab,
Und bittet sehnlich, daß du ihn nach Rom
Auf eine kurze Zeit entlassen mögest.
ALPHONS Ich bin verdrießlich, daß ich dir's gestehe,
Und lieber sag' ich dir, daß ich es bin,
Als daß ich den Verdruß verberg' und mehre.
Er will verreisen; gut, ich halt' ihn nicht:
Er will hinweg, er will nach Rom; es sei!
Nur daß mir Scipio Gonzaga nicht,
Der kluge Medicis, ihn nicht entwende!
Das hat Italien so groß gemacht,
Daß jeder Nachbar mit dem andern streitet,
Die Bessern zu besitzen, zu benutzen.
Ein Feldherr ohne Heer scheint mir ein Fürst,
Der die Talente nicht um sich versammelt.
Und wer der Dichtkunst Stimme nicht vernimmt,
Ist ein Barbar, er sei auch wer er sei.
Gefunden hab' ich diesen und gewählt,
Ich bin auf ihn als meinen Diener stolz,
Und da ich schon für ihn so viel getan,
So möcht' ich ihn nicht ohne Not verlieren.
ANTONIO Ich bin verlegen, denn ich trage doch
Vor dir die Schuld von dem, was heut geschah;
Auch will ich meinen Fehler gern gestehn,
Er bleibet deiner Gnade zu verzeihn:
Doch wenn du glauben könntest, daß ich nicht
Das Mögliche getan ihn zu versöhnen,
So würd' ich ganz untröstlich sein. O! sprich
Mit holdem Blick mich an, damit ich wieder
Mich fassen kann, mir selbst vertrauen mag.

ALPHONS Antonio, nein, da sei nur immer ruhig,
Ich schreib' es dir auf keine Weise zu;
Ich kenne nur zu gut den Sinn des Mannes, 2865
Und weiß nur allzu wohl was ich getan,
Wie sehr ich ihn geschont, wie sehr ich ganz
Vergessen, daß ich eigentlich an ihm
Zu fordern hätte. Über vieles kann
Der Mensch zum Herrn sich machen, seinen Sinn 2870
Bezwinget kaum die Not und lange Zeit.
ANTONIO Wenn andre vieles um den Einen tun;
So ist's auch billig, daß der Eine wieder
Sich fleißig frage, was den andern nützt.
Wer seinen Geist so viel gebildet hat, 2875
Wer jede Wissenschaft zusammengeizt,
Und jede Kenntnis, die uns zu ergreifen
Erlaubt ist, sollte der sich zu beherrschen
Nicht doppelt schuldig sein? Und denkt er dran?
ALPHONS Wir sollen eben nicht in Ruhe bleiben! 2880
Gleich wird uns, wenn wir zu genießen denken,
Zur Übung unsrer Tapferkeit ein Feind,
Zur Übung der Geduld ein Freund gegeben.
ANTONIO
Die erste Pflicht des Menschen, Speis' und Trank
Zu wählen, da ihn die Natur so eng' 2885
Nicht wie das Tier beschränkt, erfüllt er die?
Und läßt er nicht vielmehr sich wie ein Kind
Von allem reizen, was dem Gaumen schmeichelt?
Wann mischt er Wasser unter seinen Wein?
Gewürze, süße Sachen, stark Getränke, 2890
Eins um das andre schlingt er hastig ein,
Und dann beklagt er seinen trüben Sinn,
Sein feurig Blut, sein allzu heftig Wesen.
Er schilt auf die Natur und das Geschick.
Wie bitter und wie töricht hab' ich ihn 2895
Nicht oft mit seinem Arzte rechten sehn;
Zum Lachen fast, wär' irgend lächerlich
Was einen Menschen quält und andre plagt.
»Ich fühle dieses Übel,« sagt er bänglich
Und voll Verdruß: »Was rühmt ihr eure Kunst? 2900
Schafft mir Genesung!« Gut versetzt der Arzt,

So meidet das und das – »Das kann ich nicht« –
So nehmet diesen Trank – »O nein! der schmeckt
Abscheulich, er empört mir die Natur« –
2905 So trinkt denn Wasser – »Wasser? nimmermehr!
Ich bin so wasserscheu als ein Gebißner –«
So ist euch nicht zu helfen – »Und warum?« –
Das Übel wird sich stets mit Übeln häufen,
Und, wenn es euch nicht töten kann, nur mehr
2910 Und mehr mit jedem Tag euch quälen – »Schön!
Wofür seid ihr ein Arzt? Ihr kennt mein Übel,
Ihr solltet auch die Mittel kennen, sie
Auch schmackhaft machen, daß ich nicht noch erst,
Der Leiden los zu sein, recht leiden müsse.«
2915 Du lächelst selbst und doch ist es gewiß,
Du hast es wohl aus seinem Mund gehört?
ALPHONS Ich hab' es oft gehört und oft entschuldigt.
ANTONIO Es ist gewiß, ein ungemäßigt Leben,
Wie es uns schwere, wilde Träume gibt,
2920 Macht uns zuletzt am hellen Tage träumen.
Was ist sein Argwohn anders als ein Traum?
Wohin er tritt, glaubt er von Feinden sich
Umgeben. Sein Talent kann niemand sehn,
Der ihn nicht neidet, niemand ihn beneiden,
2925 Der ihn nicht haßt und bitter ihn verfolgt.
So hat er oft mit Klagen dich belästigt:
Erbrochne Schlösser, aufgefangne Briefe,
Und Gift und Dolch! Was alles vor ihm schwebt!
Du hast es untersuchen lassen, untersucht,
2930 Und hast du was gefunden? Kaum den Schein.
Der Schutz von keinem Fürsten macht ihn sicher,
Der Busen keines Freundes kann ihn laben.
Und willst du einem solchen Ruh' und Glück,
Willst du von ihm wohl Freude *dir* versprechen?
2935 ALPHONS Du hättest Recht, Antonio, wenn in ihm
Ich meinen nächsten Vorteil suchen wollte!
Zwar ist es schon mein Vorteil, daß ich nicht
Den Nutzen g'rad' und unbedingt erwarte.
Nicht alles dienet uns auf gleiche Weise;
2940 Wer vieles brauchen will, gebrauche jedes
In seiner Art, so ist er wohl bedient.

Das haben uns die Medicis gelehrt,
Das haben uns die Päbste selbst gewiesen.
Mit welcher Nachsicht, welcher fürstlichen
Geduld und Langmut trugen diese Männer 2945
Manch groß Talent, das ihrer reichen Gnade
Nicht zu bedürfen schien und doch bedurfte!
ANTONIO
Wer weiß es nicht, mein Fürst? Des Lebens Mühe
Lehrt uns allein des Lebens Güter schätzen.
So jung hat er zu vieles schon erreicht, 2950
Als daß genügsam er genießen könnte.
O sollt' er erst erwerben, was ihm nun
Mit offnen Händen angeboten wird;
Er strengte seine Kräfte männlich an,
Und fühlte sich von Schritt zu Schritt begnügt. 2955
Ein armer Edelmann hat schon das Ziel
Von seinem besten Wunsch erreicht, wenn ihn
Ein edler Fürst zu seinem Hofgenossen
Erwählen will, und ihn der Dürftigkeit
Mit milder Hand entzieht. Schenkt er ihm noch 2960
Vertraun und Gunst, und will an seine Seite
Vor andern ihn erheben, sei's im Krieg,
Sei's in Geschäften oder im Gespräch;
So dächt' ich, könnte der bescheidne Mann
Sein Glück mit stiller Dankbarkeit verehren. 2965
Und Tasso hat zu allem diesem noch
Das schönste Glück des Jünglings: daß ihn schon
Sein Vaterland erkennt und auf ihn hofft.
O glaube mir, sein launisch Mißbehagen
Ruht auf dem breiten Polster seines Glücks. 2970
Er kommt, entlaß ihn gnädig, gib ihm Zeit,
In Rom und in Neapel, wo er will,
Das aufzusuchen, was er hier vermißt,
Und was er hier nur wiederfinden kann.
ALPHONS Will er zurück erst nach Ferrara gehn? 2975
ANTONIO Er wünscht in Belriguardo zu verweilen.
Das nötigste, was er zur Reise braucht,
Will er durch einen Freund sich senden lassen.
ALPHONS Ich bin's zufrieden. Meine Schwester geht
Mit ihrer Freundin gleich zurück, und reitend 2980

Werd' ich vor ihnen noch zu Hause sein.
Du folgst uns bald, wenn du für ihn gesorgt.
Dem Kastellan befiehl das Nötige,
Daß er hier auf dem Schlosse bleiben kann,
2985 So lang' er will, so lang' bis seine Freunde
Ihm das Gepäck gesendet, bis wir ihm
Die Briefe schicken, die ich ihm nach Rom
Zu geben Willens bin. Er kommt! Leb' wohl!

## Zweiter Auftritt

*Alphons. Tasso.*

TASSO *mit Zurückhaltung*
Die Gnade, die du mir so oft bewiesen,
2990 Erscheinet heute mir in vollem Licht.
Du hast verziehen, was in deiner Nähe
Ich unbedacht und frevelhaft beging,
Du hast den Widersacher mir versöhnt,
Du willst erlauben, daß ich eine Zeit
2995 Von deiner Seite mich entferne, willst
Mir deine Gunst großmütig vorbehalten.
Ich scheide nun mit völligem Vertraun,
Und hoffe still, mich soll die kleine Frist
Von allem heilen, was mich jetzt beklemmt.
3000 Es soll mein Geist aufs neue sich erheben,
Und auf dem Wege, den ich froh und kühn,
Durch deinen Blick ermuntert, erst betrat,
Sich deiner Gunst aufs neue würdig machen.
ALPHONS Ich wünsche dir zu deiner Reise Glück,
3005 Und hoffe, daß du froh und ganz geheilt
Uns wieder kommen wirst. Du bringst uns dann
Den doppelten Gewinst für jede Stunde,
Die du uns nun entziehst, vergnügt zurück.
Ich gebe Briefe dir an meine Leute,
3010 An Freunde dir nach Rom, und wünsche sehr,
Daß du dich zu den Meinen überall
Zutraulich halten mögest, wie ich dich
Als *mein*, obgleich entfernt, gewiß betrachte.

TASSO Du überhäufst, o Fürst, mit Gnade den,
Der sich unwürdig fühlt, und selbst zu danken
In diesem Augenblicke nicht vermag.
Anstatt des Danks eröffn' ich eine Bitte!
Am meisten liegt mir mein Gedicht am Herzen.
Ich habe viel getan und keine Mühe
Und keinen Fleiß gespart, allein es bleibt
Zu viel mir noch zurück. Ich möchte dort,
Wo noch der Geist der großen Männer schwebt,
Und wirksam schwebt, dort möcht' ich in die Schule
Aufs neue mich begeben; würdiger
Erfreute deines Beifalls sich mein Lied.
O gib die Blätter mir zurück, die ich
Jetzt nur beschämt in deinen Händen weiß.

ALPHONS
Du wirst mir nicht an diesem Tage nehmen,
Was du mir kaum an diesem Tag gebracht?
Laß zwischen dich und zwischen dein Gedicht
Mich als Vermittler treten; hüte dich
Durch strengen Fleiß die liebliche Natur
Zu kränken, die in deinen Reimen lebt,
Und höre nicht auf Rat von allen Seiten!
Die tausendfältigen Gedanken vieler
Verschiedner Menschen, die im Leben sich
Und in der Meinung widersprechen, faßt
Der Dichter klug in Eins, und scheut sich nicht
Gar manchem zu mißfallen, daß er manchem
Um desto mehr gefallen möge. Doch
Ich sage nicht, daß du nicht hie und da
Bescheiden deine Feile brauchen solltest;
Verspreche dir zugleich, in kurzer Zeit
Erhältst du abgeschrieben dein Gedicht.
Es bleibt von deiner Hand in meinen Händen,
Damit ich seiner erst mit meinen Schwestern
Mich recht erfreuen möge. Bringst du es
Vollkommner dann zurück; wir werden uns
Des höheren Genusses freun, und dich
Bei mancher Stelle nur als Freunde warnen.

TASSO Ich wiederhole nur beschämt die Bitte:
Laß mich die Abschrift eilig haben, ganz

Ruht mein Gemüt auf diesem Werke nun.
Nun muß es werden was es werden kann.
3055 ALPHONS Ich billige den Trieb der dich beseelt!
Doch, guter Tasso, wenn es möglich wäre,
So solltest du erst eine kurze Zeit
Der freien Welt genießen, dich zerstreuen,
Dein Blut durch eine Kur verbessern. Dir
3060 Gewährte dann die schöne Harmonie
Der hergestellten Sinne, was du nun
Im trüben Eifer nur vergebens suchst.
TASSO Mein Fürst, so scheint es; doch, ich bin gesund,
Wenn ich mich meinem Fleiß ergeben kann,
3065 Und so macht wieder mich der Fleiß gesund.
Du hast mich lang' gesehn, mir ist nicht wohl
In freier Üppigkeit. Mir läßt die Ruh'
Am mind'sten Ruhe. Dies Gemüt ist nicht
Von der Natur bestimmt, ich fühl' es leider,
3070 Auf weichem Element der Tage froh
Ins weite Meer der Zeiten hinzuschwimmen.
ALPHONS Dich führet alles, was du sinnst und treibst,
Tief in dich selbst. Es liegt um uns herum
Gar mancher Abgrund, den das Schicksal grub;
3075 Doch hier in unserm Herzen ist der tiefste,
Und reizend ist es sich hinab zu stürzen.
Ich bitte dich, entreiße dich dir selbst!
Der Mensch gewinnt, was der Poet verliert.
TASSO Ich halte diesen Drang vergebens auf,
3080 Der Tag und Nacht in meinem Busen wechselt.
Wenn ich nicht sinnen oder dichten soll,
So ist das Leben mir kein Leben mehr.
Verbiete du dem Seidenwurm zu spinnen,
Wenn er sich schon dem Tode näher spinnt.
3085 Das köstliche Geweb' entwickelt er
Aus seinem Innersten, und läßt nicht ab,
Bis er in seinen Sarg sich eingeschlossen.
O geb' ein guter Gott uns auch dereinst
Das Schicksal des beneidenswerten Wurms,
3090 Im neuen Sonnental die Flügel rasch
Und freudig zu entfalten!
ALPHONS             Höre mich!

Du gibst so vielen doppelten Genuß
Des Lebens, lern', ich bitte dich,
Den Wert des Lebens kennen das du noch
Und zehnfach reich besitzest. Lebe wohl! 3095
Je eher du zu uns zurücke kehrst,
Je schöner wirst du uns willkommen sein.

## Dritter Auftritt

TASSO *allein*
So halte fest, mein Herz, so war es recht!
Es wird dir schwer, es ist das erstemal,
Daß du dich so verstellen magst und kannst. 3100
Du hörtest wohl, das war nicht sein Gemüt,
Das waren seine Worte nicht; mir schien,
Als klänge nur Antonios Stimme wieder.
O gib nur Acht! Du wirst sie nun so fort
Von allen Seiten hören. Fest, nur fest! 3105
Um einen Augenblick ist's noch zu tun.
Wer spät im Leben sich verstellen lernt,
Der hat den Schein der Ehrlichkeit voraus,
Es wird schon gehn, nur übe dich mit ihnen.
*Nach einer Pause.*
Du triumphierst zu früh, dort kommt sie her! 3110
Die holde Fürstin kommt! O welch Gefühl!
Sie tritt herein, es lös't in meinem Busen
Verdruß und Argwohn sich in Schmerzen auf.

## Vierter Auftritt

*Prinzessin. Tasso. Gegen das Ende
des Auftritts die Übrigen.*

PRINZESSIN Du denkst uns zu verlassen, oder bleibst
Vielmehr in Belriguardo noch zurück, 3115
Und willst dich dann von uns entfernen, Tasso?
Ich hoffe, nur auf eine kurze Zeit.
Du gehst nach Rom?

TASSO         Ich richte meinen Weg
Zuerst dahin, und nehmen meine Freunde
Mich gütig auf, wie ich es hoffen darf,
So leg' ich da mit Sorgfalt und Geduld
Vielleicht die letzte Hand an mein Gedicht.
Ich finde viele Männer dort versammelt,
Die Meister aller Art sich nennen dürfen.
Und spricht in jener ersten Stadt der Welt
Nicht jeder Platz nicht jeder Stein zu uns?
Wie viele tausend stumme Lehrer winken
In ernster Majestät uns freundlich an!
Vollend' ich *da* nicht mein Gedicht, so kann
Ich's nie vollenden. Leider, ach, schon fühl' ich,
Mir wird zu keinem Unternehmen Glück!
Verändern werd' ich es, vollenden nie.
Ich fühl', ich fühl' es wohl, die große Kunst,
Die jeden nährt, die den gesunden Geist
Stärkt und erquickt, wird mich zu Grunde richten,
Vertreiben wird sie mich. Ich eile fort!
Nach Napel will ich bald!
PRINZESSIN         Darfst du es wagen?
Noch ist der strenge Bann nicht aufgehoben,
Der dich zugleich mit deinem Vater traf.
TASSO Du warnest recht, ich hab' es schon bedacht.
Verkleidet geh' ich hin, den armen Rock
Des Pilgers oder Schäfers zieh' ich an.
Ich schleiche durch die Stadt, wo die Bewegung
Der Tausende den Einen leicht verbirgt.
Ich eile nach dem Ufer, finde dort
Gleich einen Kahn mit willig guten Leuten,
Mit Bauern, die zum Markte kamen, nun
Nach Hause kehren, Leute von Sorrent;
Denn ich muß nach Sorrent hinüber eilen.
Dort wohnet meine Schwester, die mit mir
Die Schmerzensfreude meiner Eltern war.
Im Schiffe bin ich still, und trete dann
Auch schweigend an das Land, ich gehe sacht
Den Pfad hinauf, und an dem Tore frag' ich:
Wo wohnt Cornelia? Zeigt mir es an!
Cornelia Sersale? Freundlich deutet

>     Mir eine Spinnerin die Straße, sie
>     Bezeichnet mir das Haus. So steig' ich weiter.
>     Die Kinder laufen nebenher und schauen
>     Das wilde Haar, den düstern Fremdling an.
>     So komm' ich an die Schwelle. Offen steht
>     Die Türe schon, so tret' ich in das Haus –
> PRINZESSIN Blick' auf, o Tasso, wenn es möglich ist,
>     Erkenne die Gefahr, in der du schwebst!
>     Ich schone dich; denn sonst würd' ich dir sagen:
>     Ist's edel so zu reden, wie du sprichst?
>     Ist's edel nur allein an sich zu denken,
>     Als kränktest du der Freunde Herzen nicht?
>     Ist's dir verborgen wie mein Bruder denkt?
>     Wie beide Schwestern dich zu schätzen wissen?
>     Hast du es nicht empfunden und erkannt?
>     Ist alles denn in wenig Augenblicken
>     Verändert? Tasso! Wenn du scheiden willst,
>     So laß uns Schmerz und Sorge nicht zurück.
>         *Tasso wendet sich weg.*
> PRINZESSIN Wie tröstlich ist es einem Freunde, der
>     Auf eine kurze Zeit verreisen will,
>     Ein klein Geschenk zu geben, sei es nur
>     Ein neuer Mantel, oder eine Waffe!
>     Dir kann man nichts mehr geben, denn du wirfst
>     Unwillig alles weg, was du besitzest.
>     Die Pilgermuschel und den schwarzen Kittel,
>     Den langen Stab erwählst du dir, und gehst
>     Freiwillig arm dahin, und nimmst uns weg,
>     Was du mit uns allein genießen konntest.
> TASSO So willst du mich nicht ganz und gar verstoßen?
>     O süßes Wort, o schöner, teurer Trost,
>     Vertritt mich! Nimm in deinen Schutz mich auf! –
>     Laß mich in Belriguardo hier, versetze
>     Mich nach Consandoli, wohin du willst!
>     Es hat der Fürst so manches schöne Schloß,
>     So manchen Garten, der das ganze Jahr
>     Gewartet wird, und ihr betretet kaum
>     Ihn Einen Tag, vielleicht nur Eine Stunde.
>     Ja wählet den entferntsten aus, den ihr
>     In ganzen Jahren nicht besuchen geht,

Und der vielleicht jetzt ohne Sorge liegt,
Dort schickt mich hin! Dort laßt mich euer sein!
Wie will ich deine Bäume pflegen! Die Zitronen
Im Herbst mit Brettern und mit Ziegeln decken,
3200 Und mit verbund'nem Rohre wohl verwahren!
Es sollen schöne Blumen in den Beeten
Die breiten Wurzeln schlagen, rein und zierlich
Soll jeder Gang und jedes Fleckchen sein.
Und laßt mir auch die Sorge des Palastes!
3205 Ich will zur rechten Zeit die Fenster öffnen,
Daß Feuchtigkeit nicht den Gemälden schade;
Die schön mit Stukkatur verzierten Wände
Will ich mit einem leichten Wedel säubern,
Es soll das Estrich blank und reinlich glänzen,
3210 Es soll kein Stein, kein Ziegel sich verrücken,
Es soll kein Gras aus einer Ritze keimen!
PRINZESSIN Ich finde keinen Rat in meinem Busen,
Und finde keinen Trost für dich und – uns.
Mein Auge blickt umher, ob nicht ein Gott
3215 Uns Hülfe reichen möchte? Möchte mir
Ein heilsam Kraut entdecken, einen Trank,
Der deinem Sinne Frieden brächte, Frieden uns.
Das treuste Wort, das von der Lippe fließt,
Das schönste Heilungsmittel wirkt nicht mehr.
3220 Ich muß dich lassen, und verlassen kann
Mein Herz dich nicht.
TASSO           Ihr Götter, ist sie's doch,
Die mit dir spricht und deiner sich erbarmt?
Und konntest du das edle Herz verkennen?
War's möglich, daß in ihrer Gegenwart
3225 Der Kleinmut dich ergriff und dich bezwang?
Nein, nein, *du* bist's! und nun ich bin es auch,
O fahre fort, und laß mich jeden Trost
Aus deinem Munde hören! Deinen Rat
Entzieh' mir nicht! O sprich: was soll ich tun?
3230 Damit dein Bruder mir vergeben könne,
Damit du selbst mir gern vergeben mögest,
Damit ihr wieder zu den Euren mich
Mit Freuden zählen möget. Sag' mir an.
PRINZESSIN Gar wenig ist's, was wir von dir verlangen;

Und dennoch scheint es allzu viel zu sein. 3235
Du sollst dich selbst uns freundlich überlassen.
Wir wollen nichts von dir, was du nicht bist,
Wenn du nur erst dir mit dir selbst gefällst.
Du machst uns Freude, wenn du Freude hast,
Und du betrübst uns nur, wenn du sie fliehst; 3240
Und wenn du uns auch ungeduldig machst,
So ist es nur, daß wir dir helfen möchten,
Und, leider! sehn, daß nicht zu helfen ist;
Wenn du nicht selbst des Freundes Hand ergreifst,
Die, sehnlich ausgereckt, dich nicht erreicht. 3245
TASSO Du bist es selbst, wie du zum erstenmal,
Ein heil'ger Engel, mir entgegen kamst!
Verzeih' dem trüben Blick des Sterblichen,
Wenn er auf Augenblicke dich verkannt.
Er kennt dich wieder! Ganz eröffnet sich 3250
Die Seele, nur dich ewig zu verehren.
Es füllt sich ganz das Herz von Zärtlichkeit –
Sie ist's, sie steht vor mir. Welch ein Gefühl!
Ist es Verirrung, was mich nach dir zieht?
Ist's Raserei? Ist's ein erhöhter Sinn, 3255
Der erst die höchste, reinste Wahrheit faßt?
Ja, es ist das Gefühl, das mich allein
Auf dieser Erde glücklich machen kann,
Das mich allein so elend werden ließ,
Wenn ich ihm widerstand und aus dem Herzen 3260
Es bannen wollte. Diese Leidenschaft
Gedacht' ich zu bekämpfen; stritt und stritt
Mit meinem tiefsten Sein, zerstörte frech
Mein eignes Selbst, dem du so ganz gehörst.
PRINZESSIN Wenn ich dich, Tasso, länger hören soll, 3265
So mäßige die Glut, die mich erschreckt.
TASSO Beschränkt der Rand des Bechers einen Wein,
Der schäumend wallt und brausend überschwillt?
Mit jedem Wort' erhöhest du mein Glück,
Mit jedem Worte glänzt dein Auge heller. 3270
Ich fühle mich im innersten verändert,
Ich fühle mich von aller Not entladen,
Frei wie ein Gott, und alles dank' ich dir!
Unsägliche Gewalt, die mich beherrscht,

3275 Entfließet deinen Lippen; ja, du machst
Mich ganz dir eigen. Nichts gehöret mir
Von meinem ganzen Ich mir künftig an.
Es trübt mein Auge sich in Glück und Licht,
Es schwankt mein Sinn. Mich hält der Fuß nicht mehr.
3280 Unwiderstehlich ziehst du mich zu dir,
Und unaufhaltsam dringt mein Herz dir zu.
Du hast mich ganz auf ewig dir gewonnen,
So nimm denn auch mein ganzes Wesen hin.
*Er fällt ihr in die Arme und drückt sie fest an sich.*
PRINZESSIN *ihn von sich stoßend und hinweg eilend*
Hinweg!
LEONORE *die sich schon eine Weile im Grunde sehen lassen, herbei eilend*
Was ist geschehen? Tasso! Tasso!
*Sie geht der Prinzessin nach.*
TASSO *im Begriff ihnen zu folgen*
3285 O Gott!
ALPHONS *der sich schon eine Zeit lang mit Antonio genähert*
Er kommt von Sinnen, halt ihn fest.
*ab.*


FÜNFTER AUFTRITT

*Tasso. Antonio.*

ANTONIO O stünde jetzt, so wie du immer glaubst
Daß du von Feinden rings umgeben bist,
Ein Feind bei dir, wie würd' er triumphieren?
Unglücklicher, noch kaum erhol' ich mich!
3290 Wenn ganz was unerwartetes begegnet,
Wenn unser Blick was ungeheures sieht,
Steht unser Geist auf eine Weile still,
Wir haben nichts, womit wir das vergleichen.
TASSO *nach einer langen Pause*
Vollende nur dein Amt, ich seh' du bist's!
3295 Ja du verdienst das fürstliche Vertraun;

Vollende nur dein Amt, und martre mich,
Da mir der Stab gebrochen ist, noch langsam
Zu Tode! Ziehe! Zieh' am Pfeile nur,
Daß ich den Widerhaken grimmig fühle,
Der mich zerfleischt! 3300
Du bist ein teures Werkzeug des Tyrannen,
Sei Kerkermeister, sei der Marterknecht,
Wie wohl! wie eigen steht dir beides an!
*Gegen die Szene.*
Ja, gehe nur, Tyrann! Du konntest dich
Nicht bis zuletzt verstellen, triumphiere! 3305
Du hast den Sklaven wohl gekettet, hast
Ihn wohl gespart zu ausgedachten Qualen:
Geh' nur, ich hasse dich, ich fühle ganz
Den Abscheu, den die Übermacht erregt,
Die frevelhaft und ungerecht ergreift. 3310
*Nach einer Pause.*
So seh' ich mich am Ende denn verbannt,
Verstoßen und verbannt als Bettler hier?
So hat man mich bekränzt, um mich geschmückt
Als Opfertier vor den Altar zu führen!
So lockte man mir noch am letzten Tage 3315
Mein einzig Eigentum, mir mein Gedicht
Mit glatten Worten ab, und hielt es fest!
Mein einzig Gut ist nun in euren Händen,
Das mich an jedem Ort empfohlen hätte:
Das mir noch blieb vom Hunger mich zu retten! 3320
Jetzt seh' ich wohl, warum ich feiern soll.
Es ist Verschwörung, und du bist das Haupt.
Damit mein Lied nur nicht vollkommner werde,
Daß nur mein Name sich nicht mehr verbreite,
Daß meine Neider tausend Schwächen finden, 3325
Daß man am Ende meiner gar vergesse;
Drum soll ich mich zum Müßiggang gewöhnen,
Drum soll ich mich und meine Sinne schonen.
O werte Freundschaft, teure Sorglichkeit!
Abscheulich dacht' ich die Verschwörung mir, 3330
Die unsichtbar und rastlos mich umspann,
Allein abscheulicher ist es geworden.

          Und du, Sirene! die du mich so zart,
          So himmlisch angelockt, ich sehe nun
3335      Dich auf einmal! O Gott, warum so spät!

          Allein wir selbst betrügen uns so gern,
          Und ehren die Verworfnen, die uns ehren.
          Die Menschen kennen sich einander nicht;
          Nur die Galeerensklaven kennen sich,
3340      Die eng' an Eine Bank geschmiedet keuchen;
          Wo keiner was zu fordern hat und keiner
          Was zu verlieren hat, die kennen sich!
          Wo jeder sich für einen Schelmen gibt,
          Und seines Gleichen auch für Schelmen nimmt.
3345      Doch wir verkennen nur die andern höflich,
          Damit sie wieder uns verkennen sollen.

          Wie lang' verdeckte mir dein heilig Bild
          Die Buhlerin, die kleine Künste treibt.
          Die Maske fällt, Armiden seh' ich nun
3350      Entblößt von allen Reizen – ja, du bist's!
          Von dir hat ahndungsvoll mein Lied gesungen!

          Und die verschmitzte kleine Mittlerin!
          Wie tief erniedrigt seh' ich sie vor mir!
          Ich höre nun die leisen Tritte rauschen,
3355      Ich kenne nun den Kreis, um den sie schlich.
          Euch alle kenn' ich! Sei mir das genug!
          Und wenn das Elend alles mir geraubt,
          So preis' ich's doch; die Wahrheit lehrt es mich.
ANTONIO   Ich höre, Tasso, dich mit Staunen an,
3360      So sehr ich weiß, wie leicht dein rascher Geist
          Von einer Grenze zu der andern schwankt.
          Besinne dich! Gebiete dieser Wut!
          Du lästerst, du erlaubst dir Wort auf Wort,
          Das deinen Schmerzen zu verzeihen ist,
3365      Doch das du selbst dir nie verzeihen kannst.
TASSO     O sprich mir nicht mit sanfter Lippe zu,
          Laß mich kein kluges Wort von dir vernehmen!
          Laß mir das dumpfe Glück, damit ich nicht
          Mich erst besinne, dann von Sinnen komme.

Ich fühle mir das innerste Gebein 3370
Zerschmettert, und ich leb' um es zu fühlen.
Verzweiflung faßt mit aller Wut mich an,
Und in der Höllenqual, die mich vernichtet,
Wird Läst'rung nur ein leiser Schmerzenslaut,
Ich will hinweg! Und wenn du redlich bist, 3375
So zeig' es mir, und laß mich gleich von hinnen.
ANTONIO Ich werde dich in dieser Not nicht lassen;
Und wenn es dir an Fassung ganz gebricht,
So soll mir's an Geduld gewiß nicht fehlen.
TASSO So muß ich mich dir denn gefangen geben? 3380
Ich gebe mich, und so ist es getan;
Ich widerstehe nicht, so ist mir wohl –
Und laß es dann mich schmerzlich wiederholen,
Wie schön es war, was ich mir selbst verscherzte.
Sie gehn hinweg – O Gott! dort seh' ich schon 3385
Den Staub, der von den Wagen sich erhebt –
Die Reiter sind voraus – Dort fahren sie,
Dort gehn sie hin! Kam ich nicht auch daher?
Sie sind hinweg, sie sind erzürnt auf mich.
O küßt' ich nur noch einmal seine Hand! 3390
O daß ich nur noch Abschied nehmen könnte!
Nur einmal noch zu sagen: O verzeiht!
Nur noch zu hören: Geh', dir ist verziehn!
Allein ich hör' es nicht, ich hör' es nie –
Ich will ja gehn! Laßt mich nur Abschied nehmen, 3395
Nur Abschied nehmen! Gebt, o gebt mir nur
Auf einen Augenblick die Gegenwart
Zurück! Vielleicht genes' ich wieder. Nein,
Ich bin verstoßen, bin verbannt, ich habe
Mich selbst verbannt, ich werde diese Stimme 3400
Nicht mehr vernehmen, diesem Blicke nicht,
Nicht mehr begegnen –
ANTONIO Laß eines Mannes Stimme dich erinnern,
Der neben dir nicht ohne Rührung steht!
Du bist so elend nicht, als wie du glaubst. 3405
Ermanne dich! Du gibst zu viel dir nach.
TASSO Und bin ich denn so elend wie ich scheine?
Bin ich so schwach, wie ich vor dir mich zeige?
Ist alles denn verloren? Hat der Schmerz,

```
          Als schütterte der Boden, das Gebäude
3410      In einen grausen Haufen Schutt verwandelt?
          Ist kein Talent mehr übrig, tausendfältig
          Mich zu zerstreun, zu unterstützen?
          Ist alle Kraft verloschen, die sich sonst
3415      In meinem Busen regte? Bin ich Nichts,
          Ganz Nichts geworden?
          Nein, es ist alles da, und ich bin nichts;
          Ich bin mir selbst entwandt, sie ist es mir!
      ANTONIO
          Und wenn du ganz dich zu verlieren scheinst,
3420      Vergleiche dich! Erkenne was du bist!
      TASSO Ja, du erinnerst mich zur rechten Zeit! –
          Hilft denn kein Beispiel der Geschichte mehr?
          Stellt sich kein edler Mann mir vor die Augen,
          Der mehr gelitten, als ich jemals litt;
3425      Damit ich mich mit ihm vergleichend fasse?
          Nein, Alles ist dahin! – Nur Eines bleibt:
          Die Träne hat uns die Natur verliehen,
          Den Schrei des Schmerzens, wenn der Mann zuletzt
          Es nicht mehr trägt – Und mir noch über alles –
3430      Sie ließ im Schmerz mir Melodie und Rede,
          Die tiefste Fülle meiner Not zu klagen:
          Und wenn der Mensch in seiner Qual verstummt,
          Gab mir ein Gott, zu sagen wie ich leide.
              *Antonio tritt zu ihm und nimmt ihn bei der Hand.*
      TASSO O edler Mann! Du stehest fest und still,
3435      Ich scheine nur die sturmbewegte Welle.
          Allein bedenk', und überhebe nicht
          Dich deiner Kraft! Die mächtige Natur,
          Die diesen Felsen gründete, hat auch
          Der Welle die Beweglichkeit gegeben,
3440      Sie sendet ihren Sturm, die Welle flieht
          Und schwankt und schwillt und beugt sich schäumend
                                                        über.
          In dieser Woge spiegelte so schön
          Die Sonne sich, es ruhten die Gestirne
          An dieser Brust, die zärtlich sich bewegte.
3445      Verschwunden ist der Glanz, entflohn die Ruhe.
          Ich kenne mich in der Gefahr nicht mehr,
```

Und schäme mich nicht mehr es zu bekennen.
Zerbrochen ist das Steuer, und es kracht
Das Schiff an allen Seiten. Berstend reißt
Der Boden unter meinen Füßen auf! 3450
Ich fasse dich mit beiden Armen an!
So klammert sich der Schiffer endlich noch
Am Felsen fest, an dem er scheitern sollte.

# FAUST

*Ein Fragment*

## Nacht

*In einem hochgewölbten, engen, gotischen Zimmer, Faust unruhig auf seinem Sessel am Pulte.*

FAUST
Habe nun, ach! Philosophie,
Juristerei und Medizin,
Und leider auch Theologie
Durchaus studiert, mit heißem Bemühn!
Da steh' ich nun, ich armer Tor!
Und bin so klug als wie zuvor;
Heiße Magister, heiße Doktor gar,
Und ziehe schon an die zehen Jahr,
Herauf, herab und quer und krumm,
Meine Schüler an der Nase herum –
Und sehe, daß wir nichts wissen können!
Das will mir schier das Herz verbrennen.
Zwar bin ich gescheiter als alle die Laffen,
Doktoren, Magister, Schreiber und Pfaffen;
Mich plagen keine Skrupel noch Zweifel,
Fürchte mich weder vor Hölle noch Teufel –
Dafür ist mir auch alle Freud' entrissen,
Bilde mir nicht ein was rechts zu wissen,
Bilde mir nicht ein, ich könnte was lehren,
Die Menschen zu bessern und zu bekehren.
Auch hab' ich weder Gut noch Geld,
Noch Ehr' und Herrlichkeit der Welt.
Es möchte kein Hund so länger leben!
Drum hab' ich mich der Magie ergeben,
Ob mir, durch Geistes Kraft und Mund
Nicht manch Geheimnis würde kund;
Daß ich nicht mehr, mit saurem Schweiß,
Zu sagen brauche, was ich nicht weiß;

Daß ich erkenne, was die Welt
Im Innersten zusammen hält,
Schau' alle Wirkenskraft und Samen,
Und tu' nicht mehr in Worten kramen.

O sähst du, voller Mondenschein,
Zum letztenmal auf meine Pein,
Den ich so manche Mitternacht
An diesem Pult herangewacht:
Dann über Bücher und Papier,
Trübsel'ger Freund, erschienst du mir!
Ach könnt' ich doch auf Berges Höh'n,
In deinem lieben Lichte gehn,
Um Bergeshöhle mit Geistern schweben,
Auf Wiesen in deinem Dämmer weben,
Von allem Wissensqualm entladen,
In deinem Tau gesund mich baden!

Weh! steck' ich in dem Kerker noch?
Verfluchtes, dumpfes Mauerloch!
Wo selbst das liebe Himmelslicht
Trüb' durch gemalte Scheiben bricht.
Beschränkt mit diesem Bücherhauf,
Den Würme nagen, Staub bedeckt,
Den, bis ans hohe Gewölb' hinauf,
Ein angeraucht Papier umsteckt;
Mit Gläsern, Büchsen rings umstellt,
Mit Instrumenten vollgepfropft,
Urväter Hausrat drein gestopft –
Das ist deine Welt! Das heißt eine Welt!

Und fragst du noch, warum dein Herz
Sich bang' in deinem Busen klemmt?
Warum ein unerklärter Schmerz
Dir alle Lebensregung hemmt?
Statt der lebendigen Natur,
Da Gott die Menschen schuf hinein,
Umgibt in Rauch und Moder nur
Dich Tiergeripp und Totenbein.

<sup>65</sup>　　Flieh! auf! hinaus ins weite Land!
　　Und dies geheimnisvolle Buch,
　　Von Nostradamus eigner Hand,
　　Ist dir es nicht Geleit genug?
　　Erkennest dann der Sterne Lauf,
<sup>70</sup>　　Und wenn Natur dich unterweist,
　　Dann geht die Seelenkraft dir auf,
　　Wie spricht ein Geist zum andern Geist.
　　Umsonst, daß trocknes Sinnen hier
　　Die heil'gen Zeichen dir erklärt,
<sup>75</sup>　　Ihr schwebt, ihr Geister, neben mir,
　　Antwortet mir, wenn ihr mich hört!

*Er schlägt das Buch auf und erblickt das Zeichen des Makrokosmus.*

　　Ha! welche Wonne fließt, in diesem Blick,
　　Auf einmal mir durch alle meine Sinnen?
　　Ich fühle junges, heil'ges Lebensglück,
<sup>80</sup>　　Neuglühend mir durch Nerv' und Adern rinnen.
　　War es ein Gott, der diese Zeichen schrieb,
　　Die mir das innre Toben stillen,
　　Das arme Herz mit Freude füllen,
　　Und, mit geheimnisvollem Trieb,
<sup>85</sup>　　Die Kräfte der Natur rings um mich her enthüllen?
　　Bin ich ein Gott? Mir wird so licht!
　　Ich schau' in diesen reinen Zügen
　　Die wirkende Natur vor meiner Seele liegen.
　　Jetzt erst erkenn' ich was der Weise spricht:
<sup>90</sup>　　»Die Geisterwelt ist nicht verschlossen;
　　Dein Sinn ist zu, dein Herz ist tot!
　　Auf bade, Schüler, unverdrossen
　　Die ird'sche Brust im Morgenrot!«

*Er beschaut das Zeichen.*

　　Wie alles sich zum Ganzen webt!
<sup>95</sup>　　Eins in dem andern wirkt und lebt!
　　Wie Himmelskräfte auf und nieder steigen
　　Und sich die goldnen Eimer reichen!

Mit segenduftenden Schwingen
Vom Himmel durch die Erde dringen,
Harmonisch all das All durchklingen! 100

Welch Schauspiel! aber ach! ein Schauspiel nur!
Wo faß' ich dich, unendliche Natur?
Euch Brüste, wo? Ihr Quellen alles Lebens,
An denen Himmel und Erde hängt,
Dahin die welke Brust sich drängt – 105
Ihr quellt, ihr tränkt, und schmacht' ich so vergebens?

*Er schlägt unwillig das Buch um, und erblickt das Zeichen
des Erdgeistes.*

Wie anders wirkt dies Zeichen auf mich ein!
Du, Geist der Erde, bist mir näher;
Schon fühl' ich meine Kräfte höher,
Schon glüh' ich wie von neuem Wein. 110
Ich fühle Mut, mich in die Welt zu wagen,
Der Erde Weh, der Erde Glück zu tragen,
Mit Stürmen mich herum zu schlagen,
Und in des Schiffbruchs Knirschen nicht zu zagen.
Es wölkt sich über mir – 115
Der Mond verbirgt sein Licht –
Die Lampe schwindet!
Es dampft! – Es zucken rote Strahlen
Mir um das Haupt – Es weht
Ein Schauer vom Gewölb' herab 120
Und faßt mich an!
Ich fühl's, du schwebst um mich, erflehter Geist!
Enthülle dich!
Ha! wie's in meinem Herzen reißt!
Zu neuen Gefühlen 125
All meine Sinnen sich erwühlen!
Ich fühle ganz mein Herz dir hingegeben!
Du mußt! du mußt! und kostet' es mein Leben!

*Er faßt das Buch und spricht das Zeichen des Geistes ge-
heimnisvoll aus. Es zuckt eine rötliche Flamme, der Geist
erscheint in der Flamme.*

GEIST Wer ruft mir?
FAUST *abgewendet* Schreckliches Gesicht!
GEIST Du hast mich mächtig angezogen,
An meiner Sphäre lang gesogen,
Und nun –
FAUST    Weh! ich ertrag' dich nicht!
GEIST Du flehst eratmend mich zu schauen,
Meine Stimme zu hören, mein Antlitz zu sehn,
Mich neigt dein mächtig Seelenflehn,
Da bin ich! – Welch erbärmlich Grauen
Faßt Übermenschen dich! Wo ist der Seele Ruf?
Wo ist die Brust, die eine Welt in sich erschuf,
Und trug, und hegte? Die mit Freudebeben
Erschwoll, sich uns, den Geistern, gleich zu heben?
Wo bist du, Faust, des Stimme mir erklang?
Der sich an mich mit allen Kräften drang?
Bist *du* es? der, von meinem Hauch umwittert,
In allen Lebenstiefen zittert,
Ein furchtsam weggekrümmter Wurm!
FAUST Soll ich dir, Flammenbildung, weichen?
Ich bin's, bin Faust, bin deines gleichen!
GEIST In Lebensfluten, im Tatensturm
Wall' ich auf und ab,
Webe hin und her!
Geburt und Grab,
Ein ewiges Meer,
Ein wechselnd Weben,
Ein glühend Leben,
So schaff' ich am sausenden Webstuhl der Zeit,
Und wirke der Gottheit lebendiges Kleid.
FAUST Der du die weite Welt umschweifst,
Geschäftiger Geist, wie nah' fühl' ich mich dir!
GEIST Du gleichst dem Geist, den du begreifst,
Nicht mir!
                    *Verschwindet.*
FAUST *zusammenstürzend*
Nicht dir!
Wem denn?
Ich Ebenbild der Gottheit!
Und nicht einmal dir!

*Es klopft.*
O Tod! ich kenn's – das ist mein Famulus –
Es wird mein schönstes Glück zu nichte!
Daß diese Fülle der Gesichte
Der trockne Schleicher stören muß!
*Wagner im Schlafrocke und der Nachtmütze, eine Lampe in der Hand. Faust wendet sich unwillig.*

WAGNER
Verzeiht! ich hör' euch deklamieren;
Ihr las't gewiß ein Griechisch Trauerspiel?
In dieser Kunst möcht' ich was profitieren,
Denn heut zu Tage wirkt das viel.
Ich hab' es öfters rühmen hören,
Ein Komödiant könnt' einen Pfarrer lehren.

FAUST Ja, wenn der Pfarrer ein Komödiant ist;
Wie das denn wohl zu Zeiten kommen mag.

WAGNER Ach! wenn man so in sein Museum gebannt ist,
Und sieht die Welt kaum einen Feiertag,
Kaum durch ein Fernglas, nur von weiten,
Wie soll man sie durch Überredung leiten?

FAUST Wenn ihr's nicht fühlt, ihr werdet's nicht erjagen.
Wenn es nicht aus der Seele dringt,
Und mit urkräftigem Behagen
Die Herzen aller Hörer zwingt,
Sitzt ihr nur immer! leimt zusammen,
Braut ein Ragout von andrer Schmaus,
Und blas't die kümmerlichen Flammen
Aus eurem Aschenhäufchen aus!
Bewund'rung von Kindern und Affen,
Wenn euch darnach der Gaumen steht.
Doch werdet ihr nie Herz zu Herzen schaffen,
Wenn es euch nicht von Herzen geht.

WAGNER Allein der Vortrag macht des Redners Glück;
Ich fühl' es wohl, noch bin ich weit zurück.

FAUST Such' Er den redlichen Gewinn!
Sei Er kein schellenlauter Tor!
Es trägt Verstand und rechter Sinn
Mit wenig Kunst sich selber vor;
Und wenn's euch Ernst ist was zu sagen,
Ist's nötig Worten nachzujagen?

Ja, eure Reden, die so blinkend sind,
In denen ihr der Menschheit Schnitzel kräuselt,
Sind unerquicklich, wie der Nebelwind,
Der herbstlich durch die dürren Blätter säuselt!
WAGNER Ach Gott! die Kunst ist lang;
Und kurz ist unser Leben.
Mir wird, bei meinem kritischen Bestreben,
Doch oft um Kopf und Busen bang'.
Wie schwer sind nicht die Mittel zu erwerben,
Durch die man zu den Quellen steigt!
Und eh' man nur den halben Weg erreicht,
Muß wohl ein armer Teufel sterben.
FAUST Das Pergament, ist das der heil'ge Bronnen,
Woraus ein Trunk den Durst auf ewig stillt?
Erquickung hast du nicht gewonnen,
Wenn sie dir nicht aus eigner Seele quillt.
WAGNER Verzeiht! es ist ein groß Ergetzen,
Sich in den Geist der Zeiten zu versetzen;
Zu schauen, wie vor uns ein weiser Mann gedacht,
Und wie wir's dann zuletzt so herrlich weit gebracht.
FAUST O ja, bis an die Sterne weit!
Mein Freund, die Zeiten der Vergangenheit
Sind uns ein Buch mit sieben Siegeln.
Was ihr den Geist der Zeiten heißt,
Das ist im Grund der Herren eigner Geist,
In dem die Zeiten sich bespiegeln.
Da ist's dann wahrlich oft ein Jammer!
Man läuft euch bei dem ersten Blick davon.
Ein Kehrichtfaß und eine Rumpelkammer,
Und höchstens eine Haupt- und Staatsaktion,
Mit trefflichen, pragmatischen Maximen,
Wie sie den Puppen wohl im Munde ziemen!
WAGNER Allein die Welt! des Menschen Herz und Geist!
Mocht' jeglicher doch was davon erkennen.
FAUST Ja, was man so erkennen heißt!
Wer darf das Kind beim rechten Namen nennen?
Die wenigen, die was davon erkannt,
Die töricht g'nug ihr volles Herz nicht wahrten,
Dem Pöbel ihr Gefühl, ihr Schauen offenbarten,
Hat man von je gekreuzigt und verbrannt.

Ich bitt' euch, Freund, es ist tief in der Nacht,
Wir müssen's diesmal unterbrechen.
WAGNER Ich hätte gern bis morgen früh gewacht,
Um so gelehrt mit euch mich zu besprechen.
*ab.*
FAUST Wie nur dem Kopf nicht alle Hoffnung schwindet, 245
Der immerfort an schalem Zeuge klebt,
Mit gier'ger Hand nach Schätzen gräbt,
Und froh ist, wenn er Regenwürmer findet!

## Faust. Mephistopheles

FAUST — — — — — —
Und was der ganzen Menschheit zugeteilt ist,
Will ich in meinen innern Selbst genießen, 250
Mit meinem Geist das Höchst' und Tiefste greifen,
Ihr Wohl und Weh auf meinen Busen häufen,
Und so mein eigen Selbst zu Ihrem Selbst erweitern,
Und, wie sie selbst, am End' auch ich zerscheitern.
MEPHISTOPHELES
O glaube mir, der manche tausend Jahre 255
An dieser harten Speise kaut,
Daß in der Wieg' und auf der Bahre
Kein Mensch den alten Sauerteig verdaut!
Glaub' unser einem, dieses Ganze
Ist nur für einen Gott gemacht; 260
Er findet sich in einem ew'gen Glanze,
Uns hat er in die Finsternis gebracht,
Und euch taugt einzig Tag und Nacht.
FAUST Allein ich will!
MEPHISTOPHELES    Das läßt sich hören!
Doch nur vor Einem ist mir bang'; 265
Die Zeit ist kurz, die Kunst ist lang.
Ich dächt' ihr ließet euch belehren.
Assoziiert euch mit einem Poeten,
Laßt den Herrn in Gedanken schweifen,
Und alle edle Qualitäten 270
Auf euren Ehren-Scheitel häufen,
Des Löwen Mut,

Des Hirsches Schnelligkeit,
Des Italiäners feurig Blut,
275 Des Nordens Dau'rbarkeit.
Laßt ihn euch das Geheimnis finden,
Großmut und Arglist zu verbinden,
Und euch mit warmen Jugendtrieben
Nach einem Plane zu verlieben.
280 Möchte selbst solch einen Herren kennen,
Würd' ihn Herr Mikrokosmus nennen.
FAUST Was bin ich denn, wenn es nicht möglich ist
Der Menschheit Kronen zu erringen,
Nach der sich alle Sinne dringen?
285 MEPHISTOPHELES Du bist am Ende – was du bist.
Setz' dir Perücken auf von Millionen Locken,
Setz' deinen Fuß auf ellenhohe Socken,
Du bleibst doch immer was du bist.
FAUST Ich fühl's, vergebens hab' ich alle Schätze
290 Des Menschengeist's auf mich herbeigerafft,
Und wenn ich mich am Ende niedersetze,
Quillt innerlich doch keine neue Kraft;
Ich bin nicht um ein Haar breit höher,
Bin dem Unendlichen nicht näher.
295 MEPHISTOPHELES Mein guter Herr, ihr seht die Sachen,
Wie man die Sachen eben sieht;
Wir müssen das gescheiter machen,
Eh' uns des Lebens Freude flieht.
Was Henker! freilich Händ und Füße
300 Und Kopf und H-- die sind dein;
Doch alles was ich frisch genieße,
Ist das drum weniger mein?
Wenn ich sechs Hengste zahlen kann,
Sind ihre Kräfte nicht die meine?
305 Ich renne zu und bin ein rechter Mann,
Als hätt' ich vier und zwanzig Beine.
Drum frisch! laß alles Sinnen sein,
Und g'rad' mit in die Welt hinein.
Ich sag' es dir: ein Kerl, der spekuliert,
310 Ist wie ein Tier, auf einer Heide
Von einem bösen Geist im Kreis herum geführt,
Und rings umher liegt schöne grüne Weide.

FAUST Wie fangen wir das an?
MEPHISTOPHELES                     Wir gehen eben fort.
   Was ist das für ein Marterort?
   Was heißt das für ein Leben führen,
   Sich und die Jungens ennüyieren?
   Laß du das dem Herrn Nachbar Wanst!
   Was willst du dich das Stroh zu dreschen plagen?
   Das beste, was du wissen kannst,
   Darfst du den Buben doch nicht sagen.
   Gleich hör' ich einen auf dem Gange!
FAUST Mir ist's nicht möglich ihn zu sehn.
MEPHISTOPHELES
   Der arme Knabe wartet lange,
   Der darf nicht ungetröstet gehn.
   Komm, gib mir deinen Rock und Mütze;
   Die Maske muß mir köstlich stehn.
            *Er kleidet sich um.*
   Nun überlaß es meinem Witze!
   Ich brauche nur ein Viertelstündchen Zeit;
   Indessen mache dich zur schönen Fahrt bereit!
            *Faust ab.*
MEPHISTOPHELES *in Fausts langem Kleide*
   Verachte nur Vernunft und Wissenschaft,
   Des Menschen allerhöchste Kraft,
   Laß nur in Blend- und Zauberwerken
   Dich von dem Lügengeist bestärken,
   So hab' ich dich schon unbedingt –
   Ihm hat das Schicksal einen Geist gegeben,
   Der ungebändigt immer vorwärts dringt,
   Und dessen übereiltes Streben
   Der Erde Freuden überspringt.
   Den schlepp' ich durch das wilde Leben,
   Durch flache Unbedeutenheit,
   Er soll mir zappeln, starren, kleben,
   Und seiner Unersättlichkeit
   Soll Speis' und Trank vor gier'gen Lippen schweben;
   Er wird Erquickung sich umsonst erflehn,
   Und hätt' er sich auch nicht dem Teufel übergeben,
   Er müßte doch zu Grunde gehn!
            *Ein Schüler tritt auf.*

SCHÜLER Ich bin allhier erst kurze Zeit,
Und komme voll Ergebenheit,
Einen Mann zu sprechen und zu kennen,
350 Den alle mir mit Ehrfurcht nennen.
MEPHISTOPHELES Eure Höflichkeit erfreut mich sehr!
Ihr seht einen Mann wie andre mehr.
Habt ihr euch sonst schon umgetan?
SCHÜLER Ich bitt' euch, nehmt euch meiner an.
355 Ich komme mit allem guten Mut,
Leidlichem Geld und frischem Blut,
Meine Mutter wollte mich kaum entfernen,
Möchte gern 'was rechts hieraußen lernen.
MEPHISTOPHELES Da seid ihr eben recht am Ort.
360 SCHÜLER Aufrichtig, möchte schon wieder fort:
In diesen Mauern, diesen Hallen,
Will es mir keineswegs gefallen.
Es ist ein gar beschränkter Raum,
Man sieht nichts grünes, keinen Baum,
365 Und in den Sälen, auf den Bänken,
Vergeht mir Hören, Sehn und Denken.
MEPHISTOPHELES Das kommt nur auf Gewohnheit an.
So nimmt ein Kind der Mutter Brust
Nicht gleich im Anfang willig an,
370 Doch bald ernährt es sich mit Lust.
So wird's euch an der Weisheit Brüsten
Mit jedem Tage mehr gelüsten.
SCHÜLER An ihrem Hals will ich mit Freuden hangen;
Doch sagt mir nur, wie kann ich hingelangen?
375 MEPHISTOPHELES Erklärt euch, eh' ihr weiter geht,
Was wählt ihr für eine Fakultät?
SCHÜLER Ich wünschte recht gelehrt zu werden,
Und möchte gern, was auf der Erden
Und in den Himmel ist, erfassen,
380 Die Wissenschaft und die Natur.
MEPHISTOPHELES Da seid ihr auf der rechten Spur,
Doch müßt ihr euch nicht zerstreuen lassen.
SCHÜLER Ich bin dabei mit Seele und Leib;
Doch freilich würde mir behagen
385 Ein wenig Freiheit und Zeitvertreib
An schönen Sommerfeiertagen.

**MEPHISTOPHELES**
    Gebraucht der Zeit, sie geht so schnell von hinnen,
    Doch Ordnung lehrt euch Zeit gewinnen.
    Mein teurer Freund, ich rat' euch drum
    Zuerst Collegium Logicum.     390
    Da wird der Geist euch wohl dressiert,
    In Spanische Stiefeln eingeschnürt,
    Daß er bedächtiger so fort an
    Hinschleiche die Gedankenbahn,
    Und nicht etwa die kreuz und quer     395
    Irrlichteliere hin und her.
    Dann lehret man euch manchen Tag,
    Daß, was ihr sonst auf einen Schlag
    Getrieben, wie Essen und Trinken frei,
    Eins! Zwei! *Drei!* dazu nötig sei.     400
    Zwar ist's mit der Gedanken-Fabrik
    Wie mit einem Weber-Meisterstück,
    Wo Ein Tritt tausend Fäden regt,
    Die Schifflein herüber hinüber schießen,
    Die Fäden ungesehen fließen,     405
    Ein Schlag tausend Verbindungen schlägt:
    Der Philosoph der tritt herein,
    Und beweis't euch, es müßt' so sein.
    Das Erst' wär' so, das Zweite so,
    Und drum das Dritt' und Vierte so;     410
    Und wenn das Erst' und Zweit' nicht wär',
    Das Dritt' und Viert' wär' nimmermehr.
    Das preisen die Schüler aller Orten,
    Sind aber keine Weber geworden.
    Wer will 'was lebendig's erkennen und beschreiben,     415
    Sucht erst den Geist heraus zu treiben,
    Dann hat er die Teile in seiner Hand,
    Fehlt leider! nur das geistige Band.
    Encheiresin naturae nennt's die Chimie!
    Spottet ihrer selbst, und weiß nicht wie.     420
**SCHÜLER** Kann euch nicht eben ganz verstehen.
**MEPHISTOPHELES**
    Das wird nächstens schon besser gehen,
    Wenn ihr lernt alles reduzieren
    Und gehörig klassifizieren.

SCHÜLER Mir wird von allem dem so dumm,
Als ging' mir ein Mühlrad im Kopf herum.
MEPHISTOPHELES
Nachher vor allen andern Sachen
Müßt ihr euch an die Metaphysik machen!
Da seht, daß ihr tiefsinnig faßt,
Was in des Menschen Hirn nicht paßt;
Für, was drein geht und nicht drein geht,
Ein prächtig Wort zu Diensten steht.
Doch vorerst dieses halbe Jahr
Nehmt ja der besten Ordnung wahr.
Fünf Stunden habt ihr jeden Tag;
Seid drinne mit dem Glockenschlag!
Habt euch vorher wohl präpariert,
Paragraphos wohl einstudiert,
Damit ihr nachher besser seht,
Daß er nichts sagt, als was im Buche steht;
Doch euch des Schreibens ja befleißt,
Als diktiert' euch der Heilig' Geist!
SCHÜLER Das sollt ihr mir nicht zweimal sagen!
Ich denke mir wie viel es nützt;
Denn, was man schwarz auf weiß besitzt,
Kann man getrost nach Hause tragen.
MEPHISTOPHELES Doch wählt mir eine Fakultät!
SCHÜLER
Zur Rechtsgelehrsamkeit kann ich mich nicht bequemen.
MEPHISTOPHELES
Ich kann es euch so sehr nicht übel nehmen,
Ich weiß wie es um diese Lehre steht.
Es erben sich Gesetz' und Rechte,
Wie eine ew'ge Krankheit, fort,
Sie schleppen von Geschlecht sich zum Geschlechte,
Und rücken sacht von Ort zu Ort.
Vernunft wird Unsinn, Wohltat Plage;
Weh dir, daß du ein Enkel bist!
Vom Rechte, das mit uns geboren ist,
Von dem ist leider! nie die Frage.
SCHÜLER Mein Abscheu wird durch euch vermehrt.
O glücklich der, den ihr belehrt!
Fast möcht' ich nun Theologie studieren.

**MEPHISTOPHELES**
Ich wünschte nicht euch irre zu führen.
Was diese Wissenschaft betrifft,
Es ist so schwer den falschen Weg zu meiden,
Es liegt in ihr so viel verborgnes Gift, 465
Und von der Arzenei ist's kaum zu unterscheiden.
Am besten ist's auch hier, wenn ihr nur Einen hört,
Und auf des Meisters Worte schwört.
Im Ganzen – haltet euch an Worte!
Dann geht ihr durch die sichre Pforte 470
Zum Tempel der Gewißheit ein.
SCHÜLER Doch ein Begriff muß bei dem Worte sein.
**MEPHISTOPHELES**
Schon gut! Nur muß man sich nicht allzu ängstlich quälen,
Denn eben wo Begriffe fehlen,
Da stellt ein Wort zur rechten Zeit sich ein. 475
Mit Worten läßt sich trefflich streiten,
Mit Worten ein System bereiten,
An Worte läßt sich trefflich glauben,
Von einem Wort läßt sich kein Jota rauben.
SCHÜLER Verzeiht, ich halt' euch auf mit vielen Fragen, 480
Allein, ich muß euch noch bemüh'n.
Wollt ihr mir von der Medizin
Nicht auch ein kräftig Wörtchen sagen?
Drei Jahr' ist eine kurze Zeit,
Und, Gott! das Feld ist gar zu weit. 485
Wenn man einen Fingerzeig nur hat,
Läßt sich's schon eher weiter fühlen.
**MEPHISTOPHELES** *für sich*
Ich bin des trocknen Tons nun satt,
Muß wieder recht den Teufel spielen.
*Laut.*
Der Geist der Medizin ist leicht zu fassen; 490
Ihr durchstudiert die groß' und kleine Welt,
Um es am Ende gehn zu lassen,
Wie's Gott gefällt.
Vergebens daß ihr ringsum wissenschaftlich schweift,
Ein jeder lernt nur was er lernen kann. 495
Doch der den Augenblick ergreift,
Das ist der rechte Mann.

Ihr seid noch ziemlich wohl gebaut,
An Kühnheit wird's euch auch nicht fehlen,
Und wenn ihr euch nur selbst vertraut,
Vertrauen euch die andern Seelen.
Besonders lernt die Weiber führen;
Es ist ihr ewig Weh und Ach
So tausendfach
Aus Einem Punkte zu kurieren,
Und wenn ihr halbweg ehrbar tut,
Dann habt ihr sie all' unterm Hut.
Ein Titel muß sie erst vertraulich machen,
Daß eure Kunst viel Künste übersteigt,
Zum Willkomm' tappt ihr dann nach allen Siebensachen,
Um die ein andrer viele Jahre streicht,
Versteht das Pülslein wohl zu drücken,
Und fasset sie, mit feurig schlauen Blicken,
Wohl um die schlanke Hüfte frei,
Zu seh'n, wie fest geschnürt sie sei.
SCHÜLER
Das sieht schon besser aus! Man sieht doch wo und wie.
MEPHISTOPHELES Grau, teurer Freund, ist alle Theorie,
Und grün des Lebens goldner Baum.
SCHÜLER
Ich schwör' euch zu, mir ist's als wie ein Traum.
Dürft' ich euch wohl ein andermal beschweren,
Von eurer Weisheit auf den Grund zu hören?
MEPHISTOPHELES Was ich vermag, soll gern geschehn.
SCHÜLER
Ich kann unmöglich wieder gehn,
Ich muß euch noch mein Stammbuch überreichen.
Gönn' eure Gunst mir dieses Zeichen!
MEPHISTOPHELES Sehr wohl.
*Er schreibt und gibt's.*
SCHÜLER *liest*
Eritis sicut Deus scientes bonum et malum.
*Macht's ehrerbietig zu und empfiehlt sich.*
MEPHISTOPHELES Folg' nur dem alten Spruch und
    meiner Muhme der Schlange,
Dir wird gewiß einmal bei deiner Gottähnlichkeit bange!
*Faust tritt auf.*

FAUST Wohin soll es nun gehn?
MEPHISTOPHELES         Wohin es dir gefällt.
  Wir sehn die kleine, dann die große Welt.
  Mit welcher Freude, welchem Nutzen,
  Wirst du den Cursum durchschmarutzen!
FAUST Allein mit meinem langen Bart
  Fehlt mir die leichte Lebensart.
  Es wird mir der Versuch nicht glücken;
  Ich wußte nie mich in die Welt zu schicken.
  Vor andern fühl' ich mich so klein;
  Ich werde stets verlegen sein.
MEPHISTOPHELES
  Mein guter Freund, das wird sich alles geben,
  Sobald du dir vertraust, sobald weißt du zu leben.
FAUST Wie kommen wir denn aus dem Haus?
  Wo hast du Pferde, Knecht und Wagen?
MEPHISTOPHELES Wir breiten nur den Mantel aus,
  Der soll uns durch die Lüfte tragen.
  Du nimmst bei diesem kühnen Schritt
  Nur keinen großen Bündel mit.
  Ein Bißchen Feuerluft, die ich bereiten werde,
  Hebt uns behend von dieser Erde.
  Und sind wir leicht, so geht es schnell hinauf;
  Ich gratuliere dir zum neuen Lebenslauf.

## Auerbachs Keller in Leipzig

*Zeche lustiger Gesellen.*

FROSCH Will keiner trinken? keiner lachen?
  Ich will euch lehren Gesichter machen!
  Ihr seid ja heut wie nasses Stroh,
  Und brennt sonst immer lichterloh.
BRANDER Das liegt an dir; du bringst ja nichts herbei,
  Nicht eine Dummheit, keine Sauerei.
FROSCH *gießt ihm ein Glas Wein über den Kopf*
  Da hast du beides.
BRANDER         Doppelt Schwein!
FROSCH Ihr wollt' es ja, man soll es sein!
SIEBEL Zur Tür hinaus wer sich entzweit!

Mit offner Brust singt Runda, sauft und schreit!
Auf! Holla! ho!
ALTMAYER  Weh mir, ich bin verloren!
Baumwolle her! der Kerl sprengt mir die Ohren.
SIEBEL Wenn das Gewölbe wiederschallt,
565 Fühlt man erst recht des Basses Grundgewalt.
FROSCH So recht, hinaus mit dem der etwas übel nimmt!
A! tara lara da!
ALTMAYER A! tara lara da!
FROSCH  Die Kehlen sind gestimmt.
*Singt.*
Das liebe, heil'ge Röm'sche Reich,
570 Wie hält's nur noch zusammen?
BRANDER Ein garstig Lied! Pfui! ein politisch Lied
Ein leidig Lied! Dankt Gott mit jedem Morgen,
Daß ihr nicht braucht für's Röm'sche Reich zu sorgen!
Ich halt' es wenigstens für reichlichen Gewinn,
575 Daß ich nicht Kaiser oder Kanzler bin.
Doch muß auch uns ein Oberhaupt nicht fehlen;
Wir wollen einen Papst erwählen.
Ihr wißt, welch eine Qualität
Den Ausschlag gibt, den Mann erhöht.
FROSCH *singt*
580 Schwing' dich auf, Frau Nachtigall,
Grüß' mir mein Liebchen zehentausendmal.
SIEBEL
Dem Liebchen keinen Gruß! ich will davon nichts hören!
FROSCH
Dem Liebchen Gruß und Kuß! du wirst mir's nicht
 verwehren!
*Singt.*
Riegel auf! in stiller Nacht.
585 Riegel auf! der Liebste wacht.
Riegel zu! des Morgens früh.
SIEBEL Ja, singe, singe nur, und lob' und rühme sie;
Ich will zu meiner Zeit schon lachen.
Sie hat mich angeführt, dir wird sie's auch so machen.
590 Zum Liebsten sei ein Kobold ihr beschert,
Der mag mit ihr auf einem Kreuzweg schäkern;
Ein alter Bock, wenn er vom Blocksberg kehrt,

Mag im Galopp noch gute Nacht ihr meckern!
Ein braver Kerl von echtem Fleisch und Blut,
Ist für die Dirne viel zu gut.
Ich will von keinem Gruße wissen,
Als ihr die Fenster eingeschmissen!

BRANDER *auf den Tisch schlagend*
Paßt auf! paßt auf! Gehorchet mir!
Ihr Herrn gesteht, ich weiß zu leben,
Verliebte Leute sitzen hier,
Und diesen muß, nach Standsgebühr,
Zur guten Nacht ich was zum Besten geben.
Gebt Acht! Ein Lied vom neu'sten Schnitt!
Und singt den Rundreim kräftig mit.
*Er singt.*
  Es war eine Ratt' im Kellernest,
  Lebte nur von Fett und Butter,
  Hatte sich ein Ränzlein angemäst,
  Als wie der Doktor Luther.
  Die Köchin hatt' ihr Gift gestellt,
  Da ward's so eng' ihr in der Welt,
  Als hätte sie Lieb' im Leibe.

CHORUS *jauchzend*
  Als hätte sie Lieb' im Leibe.

BRANDER  Sie fuhr herum, sie fuhr heraus,
  Und soff aus allen Pfützen,
  Zernagt', zerkratzt' das ganze Haus,
  Wollte nichts ihr Wüten nützen,
  Sie tät gar manchen Ängstesprung,
  Bald hatte das arme Tier genung,
  Als hätt' es Lieb' im Leibe.

CHORUS
  Als hätt' es Lieb' im Leibe.

BRANDER
  Sie kam für Angst am hellen Tag
  Der Küche zugelaufen,
  Fiel an den Herd und zuckt' und lag,
  Und tät erbärmlich schnaufen.
  Da lachte die Vergifterin noch:
  Ha! sie pfeift auf dem letzten Loch,
  Als hätte sie Lieb' im Leibe.

CHORUS
              Als hätte sie Lieb' im Leibe.
SIEBEL Wie sich die platten Bursche freuen!
  Es ist mir eine rechte Kunst,
  Den armen Ratten Gift zu streuen!
BRANDER Sie steh'n wohl sehr in deiner Gunst?
ALTMAYER Der Schmerbauch mit der kahlen Platte!
  Das Unglück macht ihn zahm und mild;
  Er sieht in der geschwollnen Ratte
  Sein ganz natürlich Ebenbild.

*Faust und Mephistopheles.*

MEPHISTOPHELES Ich muß dich nun vor allen Dingen
  In lustige Gesellschaft bringen,
  Damit du siehst, wie leicht sich's leben läßt.
  Dem Volke hier wird jeder Tag ein Fest.
  Mit wenig Witz und viel Behagen
  Dreht jeder sich im engen Zirkeltanz,
  Wie junge Katzen mit dem Schwanz.
  Wenn sie nicht über Kopfweh klagen,
  So lang' der Wirt nur weiter borgt,
  Sind sie vergnügt und unbesorgt.
BRANDER Die kommen eben von der Reise,
  Man sieht's an ihrer wunderlichen Weise;
  Sie sind nicht eine Stunde hier.
FROSCH
  Wahrhaftig du hast Recht! Mein Leipzig lob' ich mir!
  Es ist ein klein Paris, und bildet seine Leute.
SIEBEL Für was siehst du die Fremden an?
FROSCH Laß mich nur gehn; bei einem vollen Glase,
  Zieh' ich, wie einen Kinderzahn,
  Den Burschen leicht die Würmer aus der Nase.
  Sie scheinen mir aus einem edlen Haus,
  Sie sehen stolz und unzufrieden aus.
BRANDER Marktschreier sind's gewiß, ich wette!
ALTMAYER Vielleicht!
FROSCH         Gib Acht, ich schraube sie.
MEPHISTOPHELES *zu Faust*
  Den Teufel spürt das Völkchen nie,
  Und wenn er sie beim Kragen hätte.
FAUST Seid uns gegrüßt, ihr Herrn!

SIEBEL                    Viel Dank zum Gegengruß.
  *Leise, Mephistopheles von der Seite ansehend.*
  Was hinkt der Kerl auf Einem Fuß?
MEPHISTOPHELES
  Ist es erlaubt uns auch zu euch zu setzen?
  Statt eines guten Trunks, den man nicht haben kann,    665
  Soll die Gesellschaft uns ergetzen.
ALTMAYER Ihr scheint ein sehr verwöhnter Mann.
FROSCH Ihr seid wohl spät von Rippach aufgebrochen?
  Habt ihr mit Herren Hans noch erst zu Nacht gespeis't?
MEPHISTOPHELES Heut sind wir ihn vorbei gereis't;    670
  Wir haben ihn das letztemal gesprochen.
  Von seinen Vettern wußt' er viel zu sagen,
  Viel Grüße hat er uns an jeden aufgetragen.
            *Er neigt sich gegen Frosch.*
ALTMAYER *leise*
  Da hast du's! Der versteht's!
SIEBEL                    Ein pfiffiger Patron!
FROSCH Nun, warte nur, ich krieg' ihn schon.    675
MEPHISTOPHELES Wenn ich nicht irrte, hörten wir
  Geübte Stimmen Chorus singen?
  Gewiß, Gesang muß trefflich hier
  Von dieser Wölbung wieder klingen!
FROSCH Seid ihr wohl gar ein Virtuos?    680
MEPHISTOPHELES
  O nein! Die Kraft ist schwach, allein die Lust ist groß.
ALTMAYER Gebt uns ein Lied!
MEPHISTOPHELES          Wenn ihr begehrt, die Menge.
SIEBEL Nur auch ein nagelneues Stück!
MEPHISTOPHELES Wir kommen erst aus Spanien zurück,
  Dem schönen Land des Weins und der Gesänge.    685
            *Singt.*
  Es war einmal ein König,
  Der hatt' einen großen Floh –
FROSCH
  Horcht! Einen Floh! Habt ihr das wohl gefaßt?
  Ein Floh ist mir ein saub'rer Gast.
MEPHISTOPHELES *singt*
  Es war einmal ein König,    690
  Der hatt' einen großen Floh,

                    Den liebt' er gar nicht wenig,
                    Als wie seinen eignen Sohn.
                    Da rief er seinen Schneider,
                    Der Schneider kam heran.
                    Da miß dem Junker Kleider,
                    Und miß ihm Hosen an.

BRANDER
    Vergeßt nur nicht dem Schneider einzuschärfen,
    Daß er mir aufs genauste mißt,
    Und daß, so lieb sein Kopf ihm ist,
    Die Hosen keine Falten werfen!

MEPHISTOPHELES
                    In Sammet und in Seide
                    War er nun angetan,
                    Hatte Bänder auf dem Kleide,
                    Hatt' auch ein Kreuz daran,
                    Und war sogleich Minister,
                    Und hatt' einen großen Stern.
                    Da wurden seine Geschwister
                    Bei Hof' auch große Herrn.
                    Und Herrn und Frau'n am Hofe,
                    Die waren sehr geplagt,
                    Die Königin und die Zofe
                    Gestochen und genagt,
                    Und durften sie nicht knicken,
                    Und weg sie jucken nicht.
                    Wir knicken und ersticken
                    Doch gleich wenn einer sticht.

CHORUS *jauchzend*
                    Wir knicken und ersticken
                    Doch gleich wenn einer sticht.

FROSCH Bravo! Bravo! das war schön!
SIEBEL So soll es jedem Floh ergehn!
BRANDER Spitzt die Finger und packt sie fein!
ALTMAYER Es lebe die Freiheit! Es lebe der Wein!
MEPHISTOPHELES
    Ich tränke gern ein Glas, die Freiheit hoch zu ehren,
    Wenn eure Weine nur ein Bißchen besser wären.
SIEBEL
    Wir mögen das nicht wieder hören.

MEPHISTOPHELES
    Ich fürchte nur der Wirt beschweret sich,
    Sonst gäb' ich diesen werten Gästen
    Aus unserm Keller 'was zum Besten.
SIEBEL Nun immer her, ich nehm's auf mich.
FROSCH
    Schafft ihr ein gutes Glas, so wollen wir euch loben.
    Nur gebt nicht gar zu kleine Proben;
    Denn wenn ich judizieren soll,
    Verlang' ich auch das Maul recht voll.
ALTMAYER *leise*
    Sie sind vom Rheine, wie ich spüre.
MEPHISTOPHELES Schafft einen Bohrer an.
BRANDER                        Was soll mit dem geschehn?
    Ihr habt doch nicht die Fässer vor der Türe?
ALTMAYER
    Dahinten hat der Wirt ein Körbchen Werkzeug stehn.
MEPHISTOPHELES *nimmt den Bohrer*
                        *Zu Frosch.*
    Nun sagt, was wünschet ihr zu schmecken?
FROSCH Wie meint ihr das? Habt ihr so mancherlei?
MEPHISTOPHELES Ich stell' es einem jeden frei.
ALTMAYER *zu Frosch*
    Aha! du fängst schon an die Lippen abzulecken.
FROSCH
    Gut, wenn ich wählen soll, so will ich Rheinwein haben.
    Das Vaterland verleiht die allerbesten Gaben.
MEPHISTOPHELES *indem er an dem Platz, wo Frosch sitzt, ein Loch in den Tischrand bohrt*
    Verschafft ein wenig Wachs, die Propfen gleich zu
                                                    machen.
ALTMAYER Ach das sind Taschenspielersachen.
MEPHISTOPHELES *zu Brander*
    Und ihr?
BRANDER Ich will Champagner Wein,
    Und recht mussierend soll er sein!
*Mephistopheles bohrt, einer hat indessen die Wachspfropfen*
                *gemacht und verstopft.*
BRANDER Man kann nicht stets das Fremde meiden,
    Das Gute liegt uns oft so fern.

Ein echter Deutscher Mann mag keinen Franzen leiden,
Doch ihre Weine trinkt er gern.
SIEBEL *indem sich Mephistopheles seinem Platze nähert*
Ich muß gestehn, den sauren mag ich nicht,
Gebt mir ein Glas vom echten süßen!
MEPHISTOPHELES *bohrt*
Euch soll sogleich Tokayer fließen.
ALTMAYER Nein, Herren, seht mir ins Gesicht!
Ich seh' es ein, ihr habt uns nur zum Besten.
MEPHISTOPHELES Ei! Ei! Mit solchen edlen Gästen
Wär' es ein Bißchen viel gewagt.
Geschwind! Nur g'rad' heraus gesagt!
Mit welchem Weine kann ich dienen?
ALTMAYER Mit jedem! Nur nicht lang' gefragt.
*Nachdem die Löcher alle gebohrt und verstopft sind,*
MEPHISTOPHELES *mit seltsamen Gebärden*
    Trauben trägt der Weinstock!
    Hörner der Ziegenbock;
    Der Wein ist saftig, Holz die Reben,
    Der hölzerne Tisch kann Wein auch geben.
    Ein tiefer Blick in die Natur!
    Hier ist ein Wunder glaubet nur!
    Nun zieht die Pfropfen und genießt.
ALLE *indem sie die Pfropfen ziehen, und jedem der verlangte Wein ins Glas läuft*
    O schöner Brunnen, der uns fließt!
MEPHISTOPHELES
    Nur hütet euch, daß ihr mir nichts vergießt.
    *Sie trinken wiederholt.*
ALLE *singen*
    Uns ist ganz kannibalisch wohl,
    Als wie fünf hundert Säuen.
MEPHISTOPHELES
    Das Volk ist frei, seht an, wie wohl's ihm geht!
FAUST Ich hätte Lust nun abzufahren.
MEPHISTOPHELES Gib nur erst Acht, die Bestialität
Wird sich gar herrlich offenbaren.
SIEBEL *trinkt unvorsichtig, der Wein fließt auf die Erde, und wird zur Flamme*
Helft! Feuer! helft! Die Hölle brennt!

MEPHISTOPHELES *die Flamme besprechend.*
  Sei ruhig, freundlich Element!
      *Zu dem Gesellen.*
  Für diesmal war es nur ein Tropfen Fegefeuer. 780
SIEBEL Was soll das sein? Wart! ihr bezahlt es teuer!
  Es scheinet, daß ihr uns nicht kennt.
FROSCH Laß er uns das zum zweitenmale bleiben!
ALTMAYER
  Ich dächt' wir hießen ihn ganz sachte seitwärts gehn.
SIEBEL Was Herr? Er will sich unterstehn, 785
  Und hier sein Hokuspokus treiben?
MEPHISTOPHELES Still, altes Weinfaß!
SIEBEL                          Besenstiel!
  Du willst uns gar noch grob begegnen?
BRANDER Wart nur! es sollen Schläge regnen.
ALTMAYER *zieht einen Pfropf aus dem Tisch, es springt ihm Feuer entgegen*
  Ich brenne! ich brenne!
SIEBEL                Zauberei! 790
  Stoßt zu! Der Kerl ist vogelfrei!
  *Sie ziehen die Messer und gehn auf Mephistopheles los.*
MEPHISTOPHELES *mit ernsthafter Gebärde*
  Falsch Gebild und Wort
  Verändern Sinn und Ort!
  Seid hier und dort!
      *Sie stehn erstaunt und sehn einander an.*
ALTMAYER Wo bin ich? Welches schöne Land! 795
FROSCH
  Weinberge! Seh' ich recht?
SIEBEL                Und Trauben gleich zur Hand
BRANDER Hier, unter diesem grünen Laube,
  Seht, welch ein Stock! Seht, welche Traube!
*Er faßt Siebeln bei der Nase, die andern tun es wechselseitig und heben die Messer.*
MEPHISTOPHELES *wie oben*
  Irrtum, laß los der Augen Band!
  Und merkt euch, wie der Teufel spaße. 800
*Er verschwindet mit Faust, die Gesellen fahren aus einander.*
SIEBEL Was gibt's?

ALTMAYER Wie?
FROSCH           War das deine Nase?
BRANDER *zu Siebel*
    Und deine hab' ich in der Hand!
ALTMAYER Es war ein Schlag, der ging durch alle Glieder!
    Schafft einen Stuhl, ich sinke nieder.
805 FROSCH Nein, sagt mir nur, was ist geschehn?
SIEBEL Wo ist der Kerl? Wenn ich ihn spüre,
    Er soll mir nicht lebendig gehn!
ALTMAYER Ich hab' ihn selbst hinaus zur Kellertüre
    Auf einem Fasse reiten sehn – –
810 Es liegt mir bleischwer in den Füßen.
        *Sich nach dem Tische wendend.*
    Mein! Sollte wohl der Wein noch fließen?
SIEBEL Betrug war alles, Lug und Schein.
FROSCH Mir deuchte doch als tränk' ich Wein.
BRANDER Aber wie war es mit den Trauben?
ALTMAYER
815 Nun sag' mir eins, man soll kein Wunder glauben!


## HEXENKÜCHE

*Auf einem niedrigen Herde steht ein großer Kessel über dem Feuer. In dem Dampfe, der davon in die Höhe steigt, zeigen sich verschiedne Gestalten. Eine Meerkatze sitzt bei dem Kessel und schäumt ihn, und sorgt, daß er nicht überläuft. Der Meerkater mit den Jungen sitzt darneben und wärmt sich. Wände und Decke sind mit dem seltsamsten Hexenhausrat ausgeschmückt.*

*Faust. Mephistopheles.*

FAUST Mir widersteht das tolle Zauberwesen!
    Versprichst du mir, ich soll genesen,
    In diesem Wust von Raserei?
    Verlang' ich Rat von einem alten Weibe?
820 Und schafft die Sudelköcherei
    Wohl dreißig Jahre mir vom Leibe?
    Weh mir, wenn du nichts bessers weißt!

Schon ist die Hoffnung mir verschwunden.
Hat die Natur und hat ein edler Geist
Nicht irgend einen Balsam ausgefunden? 825
MEPHISTOPHELES
Mein Freund, nun sprichst du wieder klug!
Dich zu verjüngen, gibt's auch ein natürlich Mittel;
Allein es steht in einem andern Buch,
Und ist ein wunderlich Kapitel.
FAUST Ich will es wissen. 830
MEPHISTOPHELES Gut! Ein Mittel, ohne Geld
Und Arzt und Zauberei zu haben:
Begib dich gleich hinaus aufs Feld,
Fang' an zu hacken und zu graben,
Erhalte dich und deinen Sinn
In einem ganz beschränkten Kreise, 835
Ernähre dich mit ungemischter Speise,
Leb' mit dem Vieh als Vieh, und acht' es nicht für Raub,
Den Acker, den du erndest, selbst zu düngen;
Das ist das beste Mittel, glaub'!
Auf achtzig Jahr dich zu verjüngen. 840
FAUST
Das bin ich nicht gewöhnt, ich kann mich nicht bequemen,
Den Spaten in die Hand zu nehmen,
Das enge Leben steht mir gar nicht an.
MEPHISTOPHELES So muß denn doch die Hexe dran.
*Die Tiere erblickend.*
Sieh, welch ein zierliches Geschlecht! 845
Das ist die Magd! Das ist der Knecht!
*Zu den Tieren.*
Es scheint die Frau ist nicht zu Hause?
DIE TIERE Beim Schmause,
Aus dem Haus
Zum Schorstein hinaus! 850
MEPHISTOPHELES
Wie lange pflegt sie wohl zu schwärmen?
DIE TIERE So lang' wir uns die Pfoten wärmen.
MEPHISTOPHELES *zu Faust*
Wie findest du die zarten Tiere?
FAUST
So abgeschmackt, als ich nur etwas sah!

MEPHISTOPHELES Nein, ein Diskurs wie dieser da,
Ist g'rade der, den ich am liebsten führe
DER KATER *macht sich herbei und schmeichelt dem Mephistopheles*
O würfle nur gleich,
Und mache mich reich,
Und laß mich gewinnen!
Gar schlecht ist's bestellt,
Und wär' ich bei Geld,
So wär' ich bei Sinnen.
MEPHISTOPHELES
Wie glücklich würde sich der Affe schätzen,
Könnt' er nur auch ins Lotto setzen!
*Indessen haben die jungen Meerkätzchen mit einer großen Kugel gespielt, und rollen sie hervor.*
DER KATER
Das ist die Welt;
Sie steigt und fällt
Und rollt beständig;
Sie klingt wie Glas;
Wie bald bricht das?
Ist hohl inwendig.
Hier glänzt sie sehr,
Und hier noch mehr,
Ich bin lebendig!
Mein lieber Sohn,
Halt dich davon!
Du mußt sterben!
Sie ist von Ton,
Es gibt Scherben.
MEPHISTOPHELES Was soll das Sieb?
DER KATER *holt es herunter*
Wärst du ein Dieb,
Wollt' ich dich gleich erkennen.
*Er läuft zur Kätzin und läßt sie durchsehen.*
Sieh durch das Sieb!
Erkennst du den Dieb,
Und darfst ihn nicht nennen?
MEPHISTOPHELES *sich dem Feuer nähernd*
Und dieser Topf?

KATER und KÄTZIN
  Der alberne Tropf!
  Er kennt nicht den Topf,
  Er kennt nicht den Kessel!
MEPHISTOPHELES Unhöfliches Tier!
DER KATER
  Den Wedel nimm hier 890
  Und setz' dich in Sessel!
  *Er nötigt den Mephistopheles zu sitzen.*
FAUST *welcher diese Zeit über vor einem Spiegel gestanden, sich ihm bald genähert, bald sich von ihm entfernt hat*
  Was seh' ich? Welch ein himmlisch Bild
  Zeigt sich in diesem Zauberspiegel!
  O Liebe, leihe mir den schnellsten deiner Flügel,
  Und führe mich in ihr Gefild. 895
  Ach wenn ich nicht auf dieser Stelle bleibe,
  Wenn ich es wage nah' zu gehn,
  Kann ich sie nur als wie im Nebel sehn! –
  Das schönste Bild von einem Weibe!
  Ist's möglich, ist das Weib so schön? 900
  Muß ich an diesem hingestreckten Leibe
  Den Inbegriff von allen Himmeln sehn?
  So etwas findet sich auf Erden?
MEPHISTOPHELES
  Natürlich, wenn ein Gott sich erst sechs Tage plagt,
  Und selbst am Ende Bravo sagt, 905
  Da mußt' es 'was gescheites werden.
  Für diesmal sieh dich immer satt;
  Ich weiß dir so ein Schätzchen auszuspüren,
  Und selig wer das gute Schicksal hat,
  Als Bräutigam sie heim zu führen! 910
*Faust sieht immerfort in den Spiegel. Mephistopheles, sich in den Sessel dehnend und mit dem Wedel spielend, fährt fort zu sprechen.*
  Hier sitz' ich wie der König auf dem Throne,
  Den Zepter halt' ich hier, es fehlt nur noch die Krone.
DIE TIERE *welche bisher allerlei wunderliche Bewegungen durch einander gemacht haben, bringen dem Mephistopheles eine zerbrochne Krone mit großem Geschrei*

O sei doch so gut,
Mit Schweiß und mit Blut
Die Krone zu leimen!
*Sie gehn ungeschickt mit der Krone um und zerbrechen sie in zwei Stücke, mit welchen sie herum springen.*
Nun ist es geschehn!
Wir reden und sehn,
Wir hören und reimen;
FAUST *gegen den Spiegel*
Weh mir! ich werde schier verrückt.
MEPHISTOPHELES *auf die Tiere deutend*
Nun fängt mir an fast selbst der Kopf zu schwanken.
DIE TIERE Und wenn es uns glückt,
Und wenn es sich schickt,
So sind es Gedanken!
FAUST *wie eben*
Mein Busen fängt mir an zu brennen!
Entfernen wir uns nur geschwind!
MEPHISTOPHELES *in obiger Stellung*
Nun wenigstens muß man bekennen,
Daß es aufrichtige Poeten sind.
*Der Kessel, welchen die Kätzin bisher außer Acht gelassen, fängt an überzulaufen; es entsteht eine große Flamme, welche zum Schorstein hinausschlägt. Die Hexe kommt durch die Flamme mit entsetzlichem Geschrei herunter gefahren.*
DIE HEXE Au! Au! Au! Au!
Verdammtes Tier! verfluchte Sau!
Versäumst den Kessel, versengst die Frau!
Verfluchtes Tier!
*Faust und Mephistopheles erblickend.*
Was ist das hier?
Wer seid ihr hier?
Was wollt ihr da?
Wer schlich sich ein?
Die Feuerpein
Euch ins Gebein!
*Sie fährt mit dem Schaumlöffel in den Kessel, und spritzt Flammen nach Faust, Mephistopheles und den Tieren. Die Tiere winseln.*

MEPHISTOPHELES *welcher den Wedel, den er in der Hand hält, umkehrt, und unter die Gläser und Töpfe schlägt*
Entzwei! entzwei!
Da liegt der Brei,
Da liegt das Glas! 940
Es ist nur Spaß,
Der Takt, du Aas,
Zu deiner Melodei!
*Indem die Hexe voll Grimm und Entsetzen zurücktritt.*
Erkennst du mich, Gerippe! Scheusal du!
Erkennst du deinen Herrn und Meister? 945
Was hält mich ab, so schlag' ich zu,
Zerschmettre dich und deine Katzen-Geister!
Hast du vorm roten Wams nicht mehr Respekt?
Kannst du die Hahnenfeder nicht erkennen?
Hab' ich dies Angesicht versteckt? 950
Soll ich mich etwa selber nennen?
DIE HEXE O Herr, verzeiht den rohen Gruß!
Seh' ich doch keinen Pferdefuß.
Wo sind denn eure beiden Raben?
MEPHISTOPHELES
Für diesmal kommst du so davon; 955
Denn freilich ist es eine Weile schon,
Daß wir uns nicht gesehen haben.
Auch die Kultur, die alle Welt beleckt,
Hat auf den Teufel sich erstreckt;
Das Nordische Phantom ist nun nicht mehr zu schauen, 960
Wo siehst du Hörner, Schweif und Klauen?
Und was den Fuß betrifft, den ich nicht missen kann,
Der würde mir bei Leuten schaden;
Darum bedien' ich mich, wie mancher junge Mann,
Seit vielen Jahren falscher Waden. 965
DIE HEXE *tanzend*
Sinn und Verstand verlier' ich schier,
Seh' ich den Junker Satan wieder hier!
MEPHISTOPHELES Den Namen, Weib, verbitt' ich mir.
DIE HEXE Warum? Was hat er euch getan?
MEPHISTOPHELES
Er ist schon lang' ins Fabelbuch geschrieben; 970

Allein die Menschen sind nichts besser dran,
Den Bösen sind sie los, die Bösen sind geblieben.
Du nennst mich Herr Baron, so ist die Sache gut;
Ich bin ein Kavalier, wie andre Kavaliere.
975 Du zweifelst nicht an meinem edlen Blut;
Sieh her, das ist das Wappen, das ich führe.
*Er macht eine unanständige Gebärde.*
DIE HEXE *lacht unmäßig*
Ha! Ha! Das ist in eurer Art!
Ihr seid ein Schelm, wie ihr nur immer war't!
MEPHISTOPHELES *zu Faust*
Mein Freund, das lerne wohl verstehn!
980 Dies ist die Art mit Hexen umzugehn.
DIE HEXE Nun sagt, ihr Herren, was ihr schafft.
MEPHISTOPHELES
Ein gutes Glas von dem bekannten Saft!
Doch muß ich euch ums ält'ste bitten:
Die Jahre doppeln seine Kraft.
985 DIE HEXE Gar gern! Hier hab' ich eine Flasche,
Aus der ich selbst zuweilen nasche,
Die auch nicht mehr im mind'sten stinkt;
Ich will euch gern ein Gläschen geben.
*Leise.*
Doch wenn es dieser Mann unvorbereitet trinkt,
990 So kann er, wißt ihr wohl, nicht eine Stunde leben.
MEPHISTOPHELES
Es ist ein guter Freund, dem es gedeihen soll;
Ich gönn' ihm gern das beste deiner Küche.
Zieh deinen Kreis, sprich deine Sprüche,
Und gib ihm eine Tasse voll!
DIE HEXE *mit seltsamen Gebärden, zieht einen Kreis und stellt wunderbare Sachen hinein; indessen fangen die Gläser an zu klingen, die Kessel zu tönen, und machen Musik. Zuletzt bringt sie ein großes Buch, stellt die Meerkatzen in den Kreis, die ihr zum Pult dienen und die Fackel halten müssen. Sie winkt Fausten, zu ihr zu treten.*
FAUST *zu Mephistopheles*
995 Nein! sage mir, was soll das werden?
Das tolle Zeug, die rasenden Gebärden,

> Der abgeschmackteste Betrug,
> Sind mir bekannt, verhaßt genug.

MEPHISTOPHELES Ei Possen! Das ist nur zum Lachen;
> Sei nur nicht ein so strenger Mann!
> Sie muß als Arzt ein Hokuspokus machen,
> Damit der Saft dir wohl gedeihen kann.

*Er nötigt Fausten in den Kreis zu treten. Die Hexe mit großer Emphase fängt an aus dem Buche zu deklamieren.*

>> Du mußt verstehn!
>> Aus Eins mach' Zehn,
>> Und Zwei laß gehn,
>> Und Drei mach' gleich,
>> So bist du reich.
>> Verlier' die Vier,
>> Aus Fünf und Sechs,
>> So sagt die Hex',
>> Mach' Sieben und Acht,
>> So ist's vollbracht:
>> Und Neun ist Eins,
>> Und Zehn ist keins.
>> Das ist das Hexen-Einmal-Eins!

FAUST Mich dünkt, die Alte spricht im Fieber.
MEPHISTOPHELES Das ist noch lange nicht vorüber,
> Ich kenn' es wohl, so klingt das ganze Buch;
> Ich habe manche Zeit damit verloren,
> Denn ein vollkommner Widerspruch
> Bleibt gleich geheimnisvoll für Kluge wie für Toren.
> Mein Freund, die Kunst ist alt und neu.
> Es war die Art zu allen Zeiten,
> Durch Drei und Eins, und Eins und Drei
> Irrtum statt Wahrheit zu verbreiten.
> So schwätzt und lehrt man ungestört!
> Wer will sich mit den Narr'n befassen?
> Gewöhnlich glaubt der Mensch, wenn er nur Worte hört,
> Es müsse sich dabei doch auch was denken lassen.

DIE HEXE *fährt fort*
>> Die hohe Kraft
>> Der Wissenschaft,
>> Der ganzen Welt verborgen!
>> Und wer nicht denkt,

                        Dem wird sie geschenkt,
                        Er hat sie ohne Sorgen.
FAUST Was sagt sie uns für Unsinn vor?
Es wird mir gleich der Kopf zerbrechen.
Mich dünkt, ich hör' ein ganzes Chor
Von hundert tausend Narren sprechen.
MEPHISTOPHELES Genug, genug, o treffliche Sybille!
Gib deinen Trank herbei, und fülle
Die Schale rasch bis an den Rand hinan;
Denn meinem Freund wird dieser Trunk nicht schaden:
Er ist ein Mann von vielen Graden,
Der manchen guten Schluck getan.
DIE HEXE *mit vielen Zeremonien, schenkt den Trank in eine Schale; wie sie Faust an den Mund bringt, entsteht eine leichte Flamme.*
MEPHISTOPHELES Nur frisch hinunter! Immer zu!
Es wird dir gleich das Herz erfreuen.
Bist mit dem Teufel du und du,
Und willst dich vor der Flamme scheuen?
              *Die Hexe löst den Kreis.*
              *Faust tritt heraus.*
MEPHISTOPHELES
Nun frisch hinaus! Du darfst nicht ruhn.
DIE HEXE Mög' euch das Schlückchen wohl behagen!
MEPHISTOPHELES *zur Hexe*
Und kann ich dir was zu Gefallen tun,
So darfst du mir's nur auf Walpurgis sagen.
DIE HEXE Hier ist ein Lied! wenn ihr's zuweilen singt,
So werdet ihr besondre Wirkung spüren.
MEPHISTOPHELES *zu Faust*
Komm nur geschwind und laß dich führen,
Du mußt notwendig transpirieren,
Damit die Kraft durch inn- und äußres dringt.
Den edlen Müßiggang lehr' ich hernach dich schätzen,
Und bald empfindest du mit innigem Ergetzen,
Wie sich Cupido regt und hin und wieder springt.
FAUST Laß mich nur schnell noch in den Spiegel schauen!
Das Frauenbild war gar zu schön!
MEPHISTOPHELES
Nein! Nein! Du sollst das Muster aller Frauen

> Nun bald leibhaftig vor dir seh'n.
> *Leise.*
> Du siehst, mit diesem Trank im Leibe,
> Bald Helenen in jedem Weibe.

## STRASSE
*Faust. Margarethe vorüber gehend.*

FAUST Mein schönes Fräulein, darf ich wagen,
Meinen Arm und Geleit Ihr anzutragen?
MARGARETHE Bin weder Fräulein, weder schön,
Kann ungeleitet nach Hause gehn.
*Sie macht sich los und ab.*
FAUST Beim Himmel, dieses Kind ist schön!
So etwas hab' ich nie gesehn.
Sie ist so sitt- und tugendreich,
Und etwas schnippisch doch zugleich.
Der Lippe Rot, der Wange Licht,
Die Tage der Welt vergeß' ich's nicht!
Wie sie die Augen niederschlägt,
Hat tief sich in mein Herz geprägt;
Wie sie kurz angebunden war,
Das ist nun zum Entzücken gar!
*Mephistopheles tritt auf.*
FAUST Hör, du mußt mir die Dirne schaffen!
MEPHISTOPHELES Nun, welche?
FAUST                    Sie ging just vorbei.
MEPHISTOPHELES Da die? Sie kam von ihrem Pfaffen,
Der sprach sie aller Sünden frei;
Ich schlich mich hart am Stuhl vorbei.
Es ist ein gar unschuldig Ding,
Das eben für nichts zur Beichte ging;
Über die hab' ich keine Gewalt!
FAUST Ist über vierzehn Jahr doch alt.
MEPHISTOPHELES
Du sprichst ja wie Hans Liederlich,
Der begehrt jede liebe Blum' für sich,
Und dünkelt ihm, es wär' kein' Ehr'
Und Gunst die nicht zu pflücken wär';
Geht aber doch nicht immer an.

FAUST Mein Herr Magister Lobesan,
  Laß er mich mit dem Gesetz in Frieden!
  Und das sag' ich ihm kurz und gut,
  Wenn nicht das süße junge Blut
1100 Heut' Nacht in meinen Armen ruht,
  So sind wir um Mitternacht geschieden.
 MEPHISTOPHELES Bedenkt was gehn und stehen mag!
  Ich brauche wenigstens vierzehn Tag'
  Nur die Gelegenheit auszuspüren.
1105 FAUST Hätt' ich nur sieben Stunden Ruh,
  Brauchte den Teufel nicht dazu,
  So ein Geschöpfchen zu verführen.
 MEPHISTOPHELES Ihr sprecht schon fast wie ein Franzos.
  Drum bitt' ich, laßt's euch nicht verdrießen
1110 Was hilft's nur gr'ade zu genießen?
  Die Freud' ist lange nicht so groß,
  Als wenn ihr erst herauf, herum,
  Durch allerlei Brimborium,
  Das Püppchen geknetet und zugericht',
1115 Wie's lehrt manche Welsche Geschicht'.
 FAUST Hab' Appetit auch ohne das.
 MEPHISTOPHELES Jetzt ohne Schimpf und ohne Spaß:
  Ich sag' euch, mit dem schönen Kind
  Geht's ein- vor allemal nicht geschwind.
1120 Mit Sturm ist da nichts einzunehmen;
  Wir müssen uns zur List bequemen.
 FAUST Schaff' mir etwas vom Engelsschatz!
  Führ' mich an ihren Ruheplatz!
  Schaff' mir ein Halstuch von ihrer Brust,
1125 Ein Strumpfband meiner Liebeslust!
 MEPHISTOPHELES Damit ihr seht, daß ich eurer Pein
  Will förderlich und dienstlich sein,
  Wollen wir keinen Augenblick verlieren,
  Will euch noch heut in ihr Zimmer führen.
1130 FAUST Und soll sie sehn? sie haben?
 MEPHISTOPHELES                         Nein!
  Sie wird bei einer Nachbarin sein.
  Indessen könnt ihr ganz allein
  An aller Hoffnung künft'ger Freuden
  In ihrem Dunstkreis satt euch weiden.

FAUST Können wir hin? 1135
MEPHISTOPHELES Es ist noch zu früh.
FAUST Sorg' du mir für ein Geschenk für sie.
*ab.*
MEPHISTOPHELES
Gleich schenken? Das ist brav! Da wird er reüssieren! –
Ich kenne manchen schönen Platz
Und manchen alt vergrabnen Schatz,
Ich muß ein Bißchen revidieren. 1140
*ab.*


ABEND

*Ein kleines reinliches Zimmer.*

MARGARETHE *ihre Zöpfe flechtend und aufbindend*
Ich gäb' was drum, wenn ich nur wüßt',
Wer heut' der Herr gewesen ist!
Er sah gewiß recht wacker aus,
Und ist aus einem edlen Haus,
Das konnt' ich ihm an der Stirne lesen – 1145
Er wär' auch sonst nicht so keck gewesen.
*ab.*
*Mephistopheles. Faust.*
MEPHISTOPHELES Herein, ganz leise, nur herein!
FAUST *nach einigem Stillschweigen*
Ich bitte dich, laß mich allein.
MEPHISTOPHELES *herumspürend*
Nicht jedes Mädchen hält so rein.
*ab.*
FAUST *rings aufschauend*
Willkommen süßer Dämmerschein, 1150
Der du dies Heiligtum durchwebst!
Ergreif mein Herz, du süße Liebespein,
Die du vom Tau der Hoffnung schmachtend lebst!
Wie atmet rings Gefühl der Stille,
Der Ordnung, der Zufriedenheit, 1155
In dieser Armut welche Fülle!
In diesem Kerker welche Seligkeit!

*Er wirft sich auf den ledernen Sessel am Bette.*
O nimm mich auf, der du die Vorwelt schon
Bei Freud' und Schmerz in offnen Arm empfangen!
Wie oft, ach! hat an diesem Väter-Thron
Schon eine Schar von Kindern rings gehangen!
Vielleicht hat, dankbar für den heil'gen Christ,
Mein Liebchen hier, mit vollen Kinderwangen,
Dem Ahnherrn fromm die welke Hand geküßt.
Ich fühl', o Mädchen, deinen Geist
Der Füll' und Ordnung um mich säuseln,
Der mütterlich dich täglich unterweis't,
Den Teppich auf den Tisch dich reinlich breiten heißt,
Sogar den Sand zu deinen Füßen kräuseln.
O liebe Hand! so göttergleich!
Die Hütte wird durch dich ein Himmelreich.
Und hier!
*Er hebt einen Bettvorhang auf.*
Was faßt mich für ein Wonnegraus!
Hier möcht' ich volle Stunden säumen.
Natur! Hier bildetest in leichten Träumen
Den eingebornen Engel aus;
Hier lag das Kind, mit warmen Leben
Den zarten Busen angefüllt,
Und hier mit heilig reinem Weben
Entwirkte sich das Götterbild!

Und du! Was hat dich hergeführt?
Wie innig fühl' ich mich gerührt!
Was willst du hier? Was wird das Herz dir schwer?
Armsel'ger Faust! ich kenne dich nicht mehr.

Umgibt mich hier ein Zauberduft?
Mich drang's so g'rade zu genießen,
Und fühle mich in Liebestraum zerfließen!
Sind wir ein Spiel von jedem Druck der Luft?

Und träte sie den Augenblick herein,
Wie würdest du für deinen Frevel büßen!
Der große Hans, ach wie so klein!
Läg', hingeschmolzen, ihr zu Füßen.

MEPHISTOPHELES
  Geschwind! ich seh' sie unten kommen.
FAUST Fort! Fort! Ich kehre nimmermehr!
MEPHISTOPHELES
  Hier ist ein Kästchen leidlich schwer,
  Ich hab's wo anders hergenommen.                1195
  Stellt's hier nur immer in den Schrein;
  Ich schwör' euch, ihr vergehn die Sinnen,
  Ich tat euch Sächelchen hinein,
  Um eine andre zu gewinnen.
  Zwar Kind ist Kind und Spiel ist Spiel.         1200
FAUST Ich weiß nicht, soll ich?
MEPHISTOPHELES          Fragt ihr viel?
  Meint ihr vielleicht den Schatz zu wahren?
  Dann rat' ich eurer Lüsternheit
  Die liebe schöne Tageszeit,
  Und mir die weitere Müh' zu sparen.             1205
  Ich hoff' nicht daß ihr geizig seid!
  Ich kratz' den Kopf, reib' an den Händen –
  *Er stellt das Kästchen in den Schrein und drückt das Schloß*
  *wieder zu.*
  Nur fort, geschwind –
  Um euch das süße junge Kind
  Nach Herzens Wunsch und Will' zu wenden;        1210
  Und ihr seht drein,
  Als solltet ihr in den Hörsaal hinein,
  Als stünd' leibhaftig vor euch da
  Physik und Metaphysika!
  Nur fort –                                      1215
          *ab.*
MARGARETHE *mit einer Lampe*
  Es ist so schwül, so dumpfig hie,
          *Sie macht das Fenster auf.*
  Und ist doch eben so warm nicht draus.
  Es wird mir so, ich weiß nicht wie –
  Ich wollt', die Mutter käm' nach Haus.
  Mir läuft ein Schauer über'n Leib –             1220
  Bin doch ein töricht furchtsam Weib!
  *Sie fängt an zu singen, indem sie sich auszieht.*

Es war ein König in Tule
Gar treu bis an das Grab,
Dem sterbend seine Buhle
Einen goldnen Becher gab.

Es ging ihm nichts darüber,
Er leert' ihn jeden Schmaus;
Die Augen gingen ihm über,
So oft er trank daraus.

Und als er kam zu sterben,
Zählt' er seine Städt' im Reich,
Gönnt' alles seinem Erben,
Den Becher nicht zugleich.

Er saß beim Königsmahle,
Die Ritter um ihn her,
Auf hohem Väter-Saale,
Dort auf dem Schloß am Meer.

Dort stand der alte Zecher,
Trank letzte Lebensglut,
Und warf den heiligen Becher
Hinunter in die Flut.

Er sah ihn stürzen, trinken
Und sinken tief ins Meer,
Die Augen täten ihm sinken,
Trank nie einen Tropfen mehr.

*Sie eröffnet den Schrein, ihre Kleider einzuräumen, und erblickt das Schmuckkästchen.*
Wie kommt das schöne Kästchen hier herein?
Ich schloß doch ganz gewiß den Schrein.
Es ist doch wunderbar! Was mag wohl drinne sein?
Vielleicht bracht's jemand als ein Pfand,
Und meine Mutter lieh darauf?
Da hängt ein Schlüsselchen am Band,
Ich denke wohl ich mach' es auf!
Was ist das? Gott im Himmel! schau,

So was hab' ich mein' Tage nicht gesehn!
Ein Schmuck! Mit dem könnt' eine Edelfrau      1255
Am höchsten Feiertage gehn!
Wie sollte mir die Kette stehn?
Wem mag die Herrlichkeit gehören?
  *Sie putzt sich damit auf und tritt vor den Spiegel.*
Wenn nur die Ohrring' meine wären!
Man sieht doch gleich ganz anders drein.      1260
Was hilft euch Schönheit, junges Blut?
Das ist wohl alles schön und gut,
Allein man läßt's auch alles sein.
Man lobt euch halb mit Erbarmen.
Nach Golde drängt,      1265
Am Golde hängt
Doch alles! Ach wir Armen!


## Spaziergang

*Faust in Gedanken auf und ab gehend.*
*Zu ihm Mephistopheles.*

MEPHISTOPHELES
  Bei aller verschmähten Liebe! Beim höllischen Elemente!
  Ich wollt' ich wüßte 'was ärgers, daß ich's fluchen könnte!
FAUST Was hast? was kneipt dich denn so sehr?      1270
  So kein Gesicht sah' ich in meinem Leben!
MEPHISTOPHELES
  Ich möcht' mich gleich dem Teufel übergeben,
  Wenn ich nur selbst kein Teufel wär'!
FAUST Hat sich dir 'was im Kopf verschoben?
  Dich kleidet's, wie ein Rasender zu toben!      1275
MEPHISTOPHELES
  Denkt nur, den Schmuck, für Grethchen angeschafft,
  Den hat ein Pfaff' hinweggerafft – –
  Die Mutter kriegt das Ding zu schauen,
  Gleich fängt's ihr heimlich an zu grauen;
  Die Frau hat gar einen feinen Geruch,      1280
  Schnuffelt immer im Gebetbuch,

Und riecht's einem jeden Möbel an,
Ob das Ding heilig ist oder profan;
Und an dem Schmuck da spürt sie's klar,
Daß dabei nicht viel Segen war.
Mein Kind, rief sie, ungerechtes Gut
Befängt die Seele, zehrt auf das Blut,
Wollen's der Mutter Gottes weihen,
Wird uns mit Himmels-Manna erfreuen!
Margrethlein zog ein schiefes Maul,
Ist halt, dacht' sie, ein geschenkter Gaul,
Und wahrlich gottlos ist nicht der,
Der ihn so fein gebracht hierher.
Die Mutter ließ einen Pfaffen kommen;
Der hatte kaum den Spaß vernommen,
Ließ sich den Anblick wohl behagen;
Er sprach: So ist man recht gesinnt!
Wer überwindet der gewinnt.
Die Kirche hat einen guten Magen,
Hat ganze Länder aufgefressen,
Und doch noch nie sich übergessen;
Die Kirch' allein, meine liebe Frauen,
Kann ungerechtes Gut verdauen.

FAUST Das ist ein allgemeiner Brauch,
Ein Jud' und König kann es auch.

MEPHISTOPHELES
Strich drauf ein Spange, Kett' und Ring,
Als wären's eben Pfifferling,
Dankt nicht weniger und nicht mehr,
Als ob's ein Korb voll Nüsse wär',
Versprach ihnen allen himmlischen Lohn –
Und sie waren sehr erbaut davon.

FAUST Und Gretchen?

MEPHISTOPHELES  Sitzt nun unruhvoll,
Weiß weder, was sie will noch soll,
Denkt ans Geschmeide Tag und Nacht,
Noch mehr an den, der's ihr gebracht.

FAUST Des Liebchens Kummer tut mir leid.
Schaff' du ihr gleich ein neu Geschmeid!
Am ersten war ja so nicht viel.

MEPHISTOPHELES O ja, dem Herrn ist alles Kinderspiel!

FAUST Und mach', und richt's nach meinem Sinn! 1320
  Häng' dich an ihre Nachbarin.
  Sei Teufel doch nur nicht wie Brei,
  Und schaff' einen neuen Schmuck herbei.
MEPHISTOPHELES Ja, gnäd'ger Herr, von Herzen gerne.
  *Faust ab.*
MEPHISTOPHELES So ein verliebter Tor verpufft 1325
  Euch Sonne, Mond und alle Sterne
  Zum Zeitvertreib dem Liebchen in die Luft.
  *ab.*

## Der Nachbarin Haus

MARTHE *allein*
  Gott verzeih's meinem lieben Mann,
  Er hat an mir nicht wohl getan!
  Geht da stracks in die Welt hinein, 1330
  Und läßt mich auf dem Stroh allein.
  Tät' ihn doch wahrlich nicht betrüben,
  Tät' ihn, weiß Gott, recht herzlich lieben.
    *Sie weint.*
  Vielleicht ist er gar tot! – O Pein! – –
  Hätt' ich nur einen Totenschein! 1335
    *Margarethe kommt.*
MARGARETHE Frau Marthe!
MARTHE              Grethelchen, was soll's?
MARGARETHE Fast sinken mir die Kniee nieder!
  Da find' ich so ein Kästchen wieder
  In meinem Schrein von Ebenholz,
  Und Sachen herrlich ganz und gar, 1340
  Weit reicher als das erste war.
MARTHE Das muß sie nicht der Mutter sagen,
  Tät's wieder gleich zur Beichte tragen.
MARGARETHE Ach seh' sie nur! ach schau' sie nur!
MARTHE *putzt sie auf*
  O du glücksel'ge Kreatur! 1345
MARGARETHE Darf mich, leider, nicht auf der Gassen,
  Noch in der Kirche mit sehen lassen.

MARTHE
>    Komm du nur oft zu mir herüber,
>    Und leg' den Schmuck hier heimlich an;
>    Spazier' ein Stündchen lang dem Spiegelglas vorüber,
>    Wir haben unsre Freude dran;
>    Und dann gibt's einen Anlaß, gibt's ein Fest,
>    Wo man's so nach und nach den Leuten sehen läßt,
>    Ein Kettchen erst, die Perle dann ins Ohr;
>    Die Mutter sieht's wohl nicht, man macht ihr auch 'was vor.

MARGARETHE
>    Wer konnte nur die beiden Kästchen bringen?
>    Es geht nicht zu mit rechten Dingen!

*Es klopft.*

MARGARETHE Ach Gott! mag das meine Mutter sein?

MARTHE *durchs Vorhängel guckend*
>    Es ist ein fremder Herr – Herein!

*Mephistopheles tritt auf.*

MEPHISTOPHELES Bin so frei g'rad' herein zu treten,
>    Muß bei den Frauen Verzeihn erbeten.

*Tritt ehrerbietig vor Margarethen zurück.*
>    Wollte nach Frau Marthe Schwerdlein fragen!

MARTHE Ich bin's, was hat der Herr zu sagen?

MEPHISTOPHELES *leise zu ihr*
>    Ich kenne Sie jetzt, mir ist das genug;
>    Sie hat da gar vornehmen Besuch.
>    Verzeiht die Freiheit die ich genommen,
>    Will nach Mittage wieder kommen.

MARTHE *laut*
>    Denk', Kind, um alles in der Welt!
>    Der Herr dich für ein Fräulein hält.

MARGARETHE Ich bin ein armes junges Blut;
>    Ach Gott! der Herr ist gar zu gut,
>    Schmuck und Geschmeide sind nicht mein.

MEPHISTOPHELES Ach! es ist nicht der Schmuck allein.
>    Sie hat ein Wesen, einen Blick so scharf!
>    Wie freu't mich's, daß ich bleiben darf.

MARTHE Was bringt Er denn? Verlange sehr –

MEPHISTOPHELES Ich wollt' ich hätt' eine frohere Mär'!
>    Ich hoffe, Sie läßt mich's drum nicht büßen:
>    Ihr Mann ist tot und läßt Sie grüßen.

MARTHE Ist tot? das treue Herz! O weh! 1380
　Mein Mann ist tot! Ach ich vergeh'!
MARGARETHE Ach! liebe Frau, verzweifelt nicht!
MEPHISTOPHELES So hört die traurige Geschicht'!
MARGARETHE Ich möchte drum mein' Tag' nicht lieben,
　Würde mich Verlust zu Tode betrüben. 1385
MEPHISTOPHELES
　Freud' muß Leid, Leid muß Freude haben.
MARTHE Erzählt mir seines Lebens Schluß!
MEPHISTOPHELES Er liegt in Padua begraben,
　Beim heiligen Antonius,
　An einer wohlgeweihten Stätte 1390
　Zum ewig kühlen Ruhebette.
MARTHE Habt ihr sonst nichts an mich zu bringen?
MEPHISTOPHELES Ja, eine Bitte, groß und schwer:
　Laß Sie doch ja für ihn drei hundert Messen singen!
　Im übrigen sind meine Taschen leer. 1395
MARTHE Was! nicht ein Schaustück? Kein Geschmeid'?
　Was jeder Handwerksbursch im Grund des Säckels spart,
　Zum Angedenken aufbewahrt,
　Und lieber hungert, lieber bettelt!
MEPHISTOPHELES Madam, es tut mir herzlich leid; 1400
　Allein er hat sein Geld wahrhaftig nicht verzettelt.
　Auch er bereute seine Fehler sehr,
　Ja, und bejammerte sein Unglück noch viel mehr.
MARGARETHE
　Ach! daß die Menschen so unglücklich sind!
　Gewiß ich will für ihn manch Requiem noch beten. 1405
MEPHISTOPHELES
　Ihr wäret wert, gleich in die Eh' zu treten:
　Ihr seid ein liebenswürdig Kind.
MARGARETHE Ach nein, das geht jetzt noch nicht an.
MEPHISTOPHELES
　Ist's nicht ein Mann, sei's derweil' ein Galan.
　Es ist eine der größten Himmelsgaben, 1410
　So ein lieb Ding im Arm zu haben.
MARGARETHE Das ist des Landes nicht der Brauch.
MEPHISTOPHELES
　Brauch oder nicht! Es gibt sich auch.
MARTHE Erzählt mir doch!

MEPHISTOPHELES         Ich stand an seinem Sterbebette,
Es war was besser als von Mist,
Von halb gefaultem Stroh; allein er starb als Christ,
Und fand, daß er weit mehr noch auf der Zeche hätte.
Wie, rief er, muß ich mich von Grund aus hassen,
So mein Gewerb, mein Weib so zu verlassen!
Ach die Erinnerung tötet mich.
Vergäb' sie mir nur noch in diesem Leben!
MARTHE *weinend*
Der gute Mann! ich hab' ihm längst vergeben.
MEPHISTOPHELES
Allein, weiß Gott! sie war mehr Schuld als ich.
MARTHE
Das lügt er! Was! am Rand des Grab's zu lügen!
MEPHISTOPHELES Er fabelte gewiß in letzten Zügen,
Wenn ich nur halb ein Kenner bin.
Ich hatte, sprach er, nicht zum Zeitvertreib zu gaffen,
Erst Kinder, und dann Brot für sie zu schaffen,
Und Brot im allerweit'sten Sinn,
Und konnte nicht einmal mein Teil in Frieden essen.
MARTHE Hat er so aller Treu', so aller Lieb' vergessen,
Der Plackerei bei Tag und Nacht!
MEPHISTOPHELES
Nicht doch, er hat euch herzlich dran gedacht.
Er sprach: Als ich nun weg von Malta ging,
Da betet' ich für Frau und Kinder brünstig;
Uns war denn auch der Himmel günstig,
Daß unser Schiff ein Türkisch Fahrzeug fing,
Das einen Schatz des großen Sultans führte.
Da ward der Tapferkeit ihr Lohn,
Und ich empfing denn auch, wie sich's gebührte,
Mein wohlgemeßnes Teil davon.
MARTHE
Ei wie? Ei wo? Hat er's vielleicht vergraben?
MEPHISTOPHELES
Wer weiß, wo nun es die vier Winde haben.
Ein schönes Fräulein nahm sich seiner an,
Als er in Napel fremd umher spazierte;
Sie hat an ihm viel Lieb's und Treu's getan,
Daß er's bis an sein selig Ende spürte.

MARTHE Der Schelm! Der Dieb an seinen Kindern!
  Auch alles Elend, alle Not
  Konnt' nicht sein schändlich Leben hindern!          1450
MEPHISTOPHELES Ja seht! dafür ist er nun tot.
  Wär' ich nun jetzt an euerm Platze,
  Betraurt' ich ihn ein züchtig Jahr,
  Visierte dann unterweil' nach einem neuen Schatze.
MARTHE Ach Gott! wie doch mein erster war,             1455
  Find' ich nicht leicht auf dieser Welt den andern!
  Es konnte kaum ein herz'ger Närrchen sein.
  Er liebte nur das allzuviele Wandern,
  Und fremde Weiber, und fremden Wein,
  Und das verfluchte Würfelspiel.                      1460
MEPHISTOPHELES
  Nun, nun, so konnt' es gehn und stehen,
  Wenn er euch ungefähr so viel
  Von seiner Seite nachgesehen.
  Ich schwör' euch zu, mit dem Beding
  Wechselt' ich selbst mit euch den Ring.              1465
MARTHE O es beliebt dem Herrn zu scherzen!
MEPHISTOPHELES *für sich*
  Nun mach' ich mich bei Zeiten fort!
  Die hielte wohl den Teufel selbst beim Wort.
              *Zu Grethchen.*
  Wie steht es denn mit Ihrem Herzen?
MARGARETHE Was meint der Herr damit?                   1470
MEPHISTOPHELES *für sich*
              Du gut's, unschuldig's Kind!
              *Laut.*
  Lebt wohl ihr Frauen!
MARGARETHE         Lebt wohl!
MARTHE                    O sagt mir doch geschwind!
  Ich möchte gern ein Zeugnis haben,
  Wo, wie und wenn mein Schatz gestorben und begraben.
  Ich bin von je der Ordnung Freund gewesen,
  Möcht' ihn auch tot im Wochenblättchen lesen.        1475
MEPHISTOPHELES
  Ja, gute Frau, durch zweier Zeugen Mund
  Wird allerwegs die Wahrheit kund;
  Habe noch gar einen feinen Gesellen,

Den will ich euch vor den Richter stellen.
Ich bring' ihn her.
MARTHE              O tut das ja.
MEPHISTOPHELES Und hier die Jungfrau ist auch da?
Ein braver Knab'! ist viel gereis't,
Fräuleins alle Höflichkeit erweis't.
MARGARETHE Müßte vor dem Herren schamrot werden.
MEPHISTOPHELES Vor keinem Könige der Erden.
MARTHE Da hinterm Haus in meinem Garten
Wollen wir der Herrn heut' Abend warten.


STRASSE

*Faust. Mephistopheles.*

FAUST Wie ist's? Will's fördern? Will's bald gehn?
MEPHISTOPHELES Ah bravo! Find' ich euch im Feuer?
In kurzer Zeit ist Grethchen euer.
Heut' Abend sollt' ihr sie bei Nachbars Marthen sehn:
Das ist ein Weib wie auserlesen
Zum Kuppler- und Zigeunerwesen!
FAUST So recht!
MEPHISTOPHELES Doch wird auch was von uns begehrt.
FAUST Ein Dienst ist wohl des andern wert.
MEPHISTOPHELES
Wir legen nur ein gültig Zeugnis nieder,
Daß ihres Ehherrn ausgereckte Glieder
In Padua an heil'ger Stätte ruhn.
FAUST
Sehr klug! Wir werden erst die Reise machen müssen!
MEPHISTOPHELES
Sancta simplicitas! Darum ist's nicht zu tun;
Bezeugt nur ohne viel zu wissen.
FAUST
Wenn Er nichts bessers hat, so ist der Plan zerrissen.
MEPHISTOPHELES O heil'ger Mann! Da wär't ihr's nun!
Ist es das erstemal in euerm Leben,
Daß ihr falsch Zeugnis abgelegt?
Habt ihr von Gott, der Welt und was sich d'rin bewegt,

> Vom Menschen, was sich ihm in Kopf und Herzen regt,
> Definitionen nicht mit großer Kraft gegeben,
> Mit frecher Stirne, kühner Brust?
> Und wollt ihr recht ins Innre gehen, 1510
> Habt ihr davon, ihr müßt es g'rad' gestehen,
> So viel als von Herrn Schwerdleins Tod gewußt!
>
> FAUST Du bist und bleibst ein Lügner, ein Sophiste.
> MEPHISTOPHELES
> Ja, wenn man's nicht ein Bißchen tiefer wüßte.
> Denn morgen wirst in allen Ehren 1515
> Das arme Grethchen nicht betören,
> Und alle Seelenlieb' ihr schwören.
> FAUST Und zwar von Herzen.
> MEPHISTOPHELES          Gut und schön!
> Dann wird von ewiger Treu' und Liebe,
> Von einzig überallmächt'gem Triebe – 1520
> Wird das auch so von Herzen gehn?
> FAUST Laß das! Es wird! – Wenn ich empfinde,
> Für das Gefühl, für das Gewühl
> Nach Namen suche, keinen finde,
> Dann durch die Welt mit allen Sinnen schweife, 1525
> Nach allen höchsten Worten greife,
> Und diese Glut, von der ich brenne,
> Unendlich, ewig, ewig nenne,
> Ist das ein teuflisch Lügenspiel?
> MEPHISTOPHELES Ich hab' doch Recht!
> FAUST                    Hör' – merk' dir dies, 1530
> Ich bitte dich, und schone meine Lunge –
> Wer Recht behalten will und hat nur eine Zunge,
> Behält's gewiß.
> Und komm, ich hab' des Schwätzens Überdruß,
> Denn du hast Recht, vorzüglich weil ich muß. 1535

## GARTEN

*Margarethe an Faustens Arm. Marthe mit Mephistopheles
auf und ab spazierend.*

MARGARETHE
 Ich fühl' es wohl, daß mich der Herr nur schont,
 Herab sich läßt, mich zu beschämen.
 Ein Reisender ist so gewohnt
 Aus Gütigkeit fürlieb zu nehmen,
 Ich weiß zu gut, daß solch' erfahrnen Mann
 Mein arm Gespräch nicht unterhalten kann.
FAUST Ein Blick von dir, Ein Wort mehr unterhält,
 Als alle Weisheit dieser Welt.
  *Er küßt ihre Hand.*
MARGARETHE
 Inkommodiert euch nicht! Wie könnt' ihr sie nur küssen,
 Sie ist so garstig, ist so rauh!
 Was hab' ich nicht schon alles schaffen müssen!
 Die Mutter ist gar zu genau.
  *Gehn vorüber.*
MARTHE Und ihr, mein Herr, ihr reis't so immer fort?
MEPHISTOPHELES
 Ach, daß Gewerb' und Pflicht uns dazu treiben!
 Mit wie viel Schmerz verläßt man manchen Ort,
 Und darf doch nun einmal nicht bleiben!
MARTHE In raschen Jahren geht's wohl an,
 So um und um frei durch die Welt zu streifen;
 Doch kömmt die böse Zeit heran,
 Und sich als Hagestolz allein zum Grab' zu schleifen,
 Das hat noch keinem wohl getan.
MEPHISTOPHELES Mit Grausen seh' ich das von weiten.
MARTHE Drum, werter Herr, beratet euch in Zeiten.
  *Gehn vorüber.*
MARGARETHE Ja, aus den Augen aus dem Sinn!
 Die Höflichkeit ist euch geläufig;
 Allein ihr habt der Freunde häufig,
 Sie sind verständiger als ich bin.
FAUST O Beste! glaube, was man so verständig nennt,
 Ist oft mehr Eitelkeit und Kurzsinn.

MARGARETHE                               Wie?
FAUST Ach, daß die Einfalt, daß die Unschuld nie                1565
　Sich selbst und ihren heil'gen Wert erkennt!
　Daß Demut, Niedrigkeit, die höchsten Gaben
　Der liebevoll austeilenden Natur –
MARGARETHE
　Denkt ihr an mich ein Augenblickchen nur,
　Ich werde Zeit genug an euch zu denken haben.             1570
FAUST Ihr seid wohl viel allein?
MARGARETHE Ja, unsre Wirtschaft ist nur klein,
　Und doch will sie versehen sein.
　Wir haben keine Magd; muß kochen, fegen, stricken
　Und nähn, und laufen früh und spat;                            1575
　Und meine Mutter ist in allen Stücken
　So akkurat!
　Nicht daß sie just so sehr sich einzuschränken hat;
　Wir könnten uns weit eh' als andre regen:
　Mein Vater hinterließ ein hübsch Vermögen,              1580
　Ein Häuschen und ein Gärtchen vor der Stadt.
　Doch hab' ich jetzt so ziemlich stille Tage:
　Mein Bruder ist Soldat,
　Mein Schwesterchen ist tot.
　Ich hatte mit dem Kind wohl meine liebe Not;              1585
　Doch übernähm' ich gern noch einmal alle Plage,
　So lieb war mir das Kind.
FAUST                          Ein Engel, wenn dir's glich.
MARGARETHE Ich zog es auf, und herzlich liebt' es mich.
　Es war nach meines Vaters Tod geboren.
　Die Mutter gaben wir verloren,                                   1590
　So elend wie sie damals lag,
　Und sie erholte sich sehr langsam, nach und nach.
　Da konnte sie nun nicht d'ran denken
　Das arme Würmchen selbst zu tränken,
　Und so erzog ich's ganz allein,                                   1595
　Mit Milch und Wasser; so ward's mein,
　Auf meinem Arm, in meinem Schoß
　War's freundlich, zappelte, ward groß.
FAUST Du hast gewiß das reinste Glück empfunden.
MARGARETHE
　Doch auch gewiß gar manche schwere Stunden.          1600

Des Kleinen Wiege stand zu Nacht
An meinem Bett, es durfte kaum sich regen,
War ich erwacht;
Bald mußt' ich's tränken, bald es zu mir legen,
1605 Bald, wenn's nicht schwieg, vom Bett' aufstehn,
Und tänzelnd in der Kammer auf und nieder gehn,
Und früh am Tage schon am Waschtrog stehn;
Dann auf dem Markt und an dem Herde sorgen,
Und immer fort wie heut so morgen.
1610 Da geht's, mein Herr, nicht immer mutig zu;
Doch schmeckt dafür das Essen, schmeckt die Ruh.
*Gehn vorüber.*
MARTHE
Sagt g'rad', mein Herr, habt ihr noch nichts gefunden?
Hat sich das Herz nicht irgendwo gebunden?
MEPHISTOPHELES Das Sprichwort sagt: Ein eigner Herd,
1615 Ein braves Weib, sind Gold und Perlen wert.
MARTHE Ich meine: ob ihr niemals Lust bekommen?
MEPHISTOPHELES
Man hat mich überall recht höflich aufgenommen.
MARTHE
Ich wollte sagen: ward's nie Ernst in euerm Herzen?
MEPHISTOPHELES
Mit Frauen soll man sich nie unterstehn zu scherzen.
1620 MARTHE Ach, ihr versteht mich nicht!
MEPHISTOPHELES             Das tut mir herzlich leid!
Doch ich versteh' – daß ihr sehr gütig seid.
*Gehn vorüber.*
FAUST Du kanntest mich, o kleiner Engel, wieder,
Gleich als ich in den Garten kam?
MARGARETHE
Saht ihr es nicht? Ich schlug die Augen nieder.
1625 FAUST Und du verzeih'st die Freiheit, die ich nahm?
Was sich die Frechheit unterfangen,
Als du jüngst aus dem Dom gegangen?
MARGARETHE
Ich war bestürzt, mir war das nie geschehn;
Es konnte niemand von mir übels sagen.
1630 Ach, dacht' ich, hat er in deinem Betragen
Was freches, unanständiges gesehn?

Es schien ihn gleich nur anzuwandeln,
Mit dieser Dirne g'rade hin zu handeln.
Gesteh' ich's doch! Ich wußte nicht was sich
Zu euerm Vorteil hier zu regen gleich begonnte;   1635
Allein gewiß, ich war recht bös' auf mich,
Daß ich auf euch nicht böser werden konnte.
FAUST Süß Liebchen!
MARGARETHE      Laßt einmal.
*Sie pflückt eine Sternblume und zupft die Blätter ab, eins
nach dem andern.*
FAUST                    Was soll das? Einen Strauß?
MARGARETHE
Nein, es soll nur ein Spiel.
FAUST              Wie?
MARGARETHE                     Geht! ihr lacht mich aus.
*Sie rupft und murmelt.*
FAUST Was murmelst du?
MARGARETHE *halb laut* Er liebt mich – liebt mich nicht.   1640
FAUST Du holdes Himmels-Angesicht!
MARGARETHE *fährt fort*
Liebt mich – Nicht – Liebt mich – Nicht –
*Das letzte Blatt ausrupfend, mit holder Freude.*
Er liebt mich!
FAUST Ja, mein Kind! Laß dieses Blumenwort
Dir Götter-Ausspruch sein. Er liebt dich!   1645
Verstehst du, was das heißt? Er liebt dich!
*Er faßt ihr beide Hände.*
MARGARETHE Mich überläuft's!
FAUST O schaudre nicht! Laß diesen Blick,
Laß diesen Händedruck dir sagen,
Was unaussprechlich ist:   1650
Sich hinzugeben ganz und eine Wonne
Zu fühlen, die ewig sein muß!
Ewig! – Ihr Ende würde Verzweiflung sein.
Nein, kein Ende! Kein Ende!
*Margarethe drückt ihm die Hände, macht sich los und läuft
weg. Er steht einen Augenblick in Gedanken, dann folgt er
ihr.*
MARTHE *kommend*
Die Nacht bricht an.   1655

MEPHISTOPHELES   Ja, und wir wollen fort.
MARTHE Ich bät' euch länger hier zu bleiben,
   Allein es ist ein gar zu böser Ort.
   Es ist als hätte niemand nichts zu treiben
   Und nichts zu schaffen,
1660   Als auf des Nachbarn Schritt und Tritt zu gaffen,
   Und man kommt ins Gered' wie man sich immer stellt.
   Und unser Pärchen?
MEPHISTOPHELES   Ist den Gang dort aufgeflogen.
   Mutwill'ge Sommervögel!
MARTHE                Er scheint ihr gewogen.
MEPHISTOPHELES
Und sie ihm auch. Das ist der Lauf der Welt.


## Ein Gartenhäuschen

*Margarethe springt herein, steckt sich hinter die Tür, hält die Fingerspitze an die Lippen, und guckt durch die Ritze.*
1665 MARGARETHE Er kommt!
FAUST *kommt*         Ach Schelm, so neckst du mich!
   Treff' ich dich!
            *Er küßt sie.*
MARGARETHE *ihn fassend und den Kuß zurück gebend*
            Bester Mann! Von Herzen lieb' ich dich!
MEPHISTOPHELES *klopft an.*
FAUST *stampfend*
   Wer da?
MEPHISTOPHELES
       Gut Freund!
FAUST         Ein Tier!
MEPHISTOPHELES       Es ist wohl Zeit zu scheiden.
MARTHE Ja, es ist spät, mein Herr.
FAUST            Darf ich euch nicht geleiten?
MARGARETHE Die Mutter würde mich – Lebt wohl!
FAUST                Muß ich denn gehn?
1670 Lebt wohl!
MARTHE   Ade!
MARGARETHE   Auf baldig Wiedersehn!
       *Faust und Mephistopheles ab.*

MARGARETHE Du lieber Gott! was so ein Mann
Nicht alles alles denken kann!
Beschämt nur steh' ich vor ihm da,
Und sag' zu allen Sachen ja.
Bin doch ein arm unwissend Kind, 1675
Begreife nicht was er an mir find't.
*ab.*


## GRETHCHENS STUBE

GRETHCHEN *am Spinnrade allein*

        Meine Ruh' ist hin,
        Mein Herz ist schwer,
        Ich finde sie nimmer
        Und nimmermehr. 1680

        Wo ich ihn nicht hab'
        Ist mir das Grab,
        Die ganze Welt
        Ist mir vergällt.

        Mein armer Kopf 1685
        Ist mir verrückt,
        Mein armer Sinn
        Ist mir zerstückt.

        Meine Ruh' ist hin,
        Mein Herz ist schwer, 1690
        Ich finde sie nimmer
        Und nimmermehr.

        Nach ihm nur schau' ich
        Zum Fenster hinaus,
        Nach ihm nur geh' ich 1695
        Aus dem Haus.

        Sein hoher Gang,
        Sein' edle Gestalt,

                    Seines Mundes Lächeln,
                    Seiner Augen Gewalt,

                    Und seiner Rede
                    Zauberfluß,
                    Sein Händedruck,
                    Und ach sein Kuß!

                    Meine Ruh' ist hin,
                    Mein Herz ist schwer,
                    Ich finde sie nimmer
                    Und nimmermehr.

                    Mein Busen drängt
                    Sich nach ihm hin,
                    Ach dürft' ich fassen
                    Und halten ihn!
                    Und küssen ihn
                    So wie ich wollt',
                    An seinen Küssen
                    Vergehen sollt'!


           MARTHENS GARTEN

           *Margarethe. Faust.*

MARGARETHE Versprich mir, Heinrich!
FAUST                              Was ich kann!
MARGARETHE Nun sag', wie hast du's mit der Religion?
    Du bist ein herzlich guter Mann,
    Allein ich glaub' du hält'st nicht viel davon.
FAUST Laß das, mein Kind! Du fühlst ich bin dir gut;
    Für meine Lieben ließ' ich Leib und Blut,
    Will niemand sein Gefühl und seine Kirche rauben.
MARGARETHE
    Das ist nicht recht, man muß d'ran glauben!
FAUST Muß man?
MARGARETHE    Ach! wenn ich etwas auf dich könnte!
    Du ehrst auch nicht die heil'gen Sakramente.

FAUST Ich ehre sie.
MARGARETHE    Doch ohne Verlangen.
Zur Messe, zur Beichte bist du lange nicht gegangen.
Glaubst du an Gott?
FAUST                Mein Liebchen, wer darf sagen,
Ich glaub' an Gott? 1730
Magst Priester oder Weise fragen,
Und ihre Antwort scheint nur Spott
Über den Frager zu sein.
MARGARETHE            So glaubst du nicht?
FAUST Mißhör' mich nicht, du holdes Angesicht!
Wer darf ihn nennen? 1735
Und wer bekennen,
Ich glaub' ihn?
Wer empfinden?
Und sich unterwinden
Zu sagen, ich glaub' ihn nicht? 1740
Der Allumfasser,
Der Allerhalter,
Faßt und erhält er nicht
Dich, mich, sich selbst?
Wölbt sich der Himmel nicht dadroben? 1745
Liegt die Erde nicht hierunten fest?
Und steigen freundlich blickend
Ewige Sterne nicht herauf?
Schau' ich nicht Aug' in Auge dir,
Und drängt nicht alles 1750
Nach Haupt und Herzen dir,
Und webt in ewigem Geheimnis
Unsichtbar sichtbar neben dir?
Erfüll' davon dein Herz, so groß es ist,
Und wenn du ganz in dem Gefühle selig bist, 1755
Nenn' es dann wie du willst,
Nenn's Glück⟨!⟩ Herz! Liebe! Gott!
Ich habe keinen Namen
Dafür! Gefühl ist alles;
Name ist Schall und Rauch, 1760
Umnebelnd Himmelsglut.
MARGARETHE Das ist alles recht schön und gut;
Ungefähr sagt das der Pfarrer auch,

Nur mit ein Bißchen andern Worten.
FAUST Es sagen's aller Orten
Alle Herzen unter dem himmlischen Tage,
Jedes in seiner Sprache;
Warum nicht ich in der meinen?
MARGARETHE
Wenn man's so hört, möcht's leidlich scheinen,
Steht aber doch immer schief darum;
Denn du hast kein Christentum.
FAUST Lieb's Kind!
MARGARETHE Es tut mir lang' schon weh,
Daß ich dich in der Gesellschaft seh'.
FAUST Wie so?
MARGARETHE Der Mensch, den du da bei dir hast,
Ist mir in tiefer inn'rer Seele verhaßt:
Es hat mir in meinem Leben
So nichts einen Stich ins Herz gegeben,
Als des Menschen widrig Gesicht.
FAUST Liebe Puppe, fürcht' ihn nicht!
MARGARETHE Seine Gegenwart bewegt mir das Blut.
Ich bin sonst allen Menschen gut;
Aber wie ich mich sehne dich zu schauen,
Hab' ich vor dem Menschen ein heimlich Grauen,
Und halt' ihn für einen Schelm dazu!
Gott verzeih' mir's, wenn ich ihm Unrecht tu'!
FAUST Es muß auch solche Käuze geben.
MARGARETHE
Wollte nicht mit seines Gleichen leben!
Kommt er einmal zur Tür herein,
Sieht er immer so spöttisch drein,
Und halb ergrimmt,
Man sieht, daß er an nichts keinen Anteil nimmt;
Es steht ihm an der Stirn' geschrieben,
Daß er nicht mag eine Seele lieben.
Mir wird's so wohl in deinem Arm,
So frei, so hingegeben warm,
Und seine Gegenwart schnürt mir das Inn're zu.
FAUST Du ahndungsvoller Engel du!
MARGARETHE Das übermannt mich so sehr,
Daß, wo er nur mag zu uns treten,

Mein' ich sogar, ich *liebte* dich nicht mehr.
Auch wenn er da ist, könnt' ich nimmer beten,
Und das frißt mir ins Herz hinein;
Dir, Heinrich, muß es auch so sein.
FAUST Du hast nun die Antipathie!
MARGARETHE Ich muß nun fort.
FAUST                         Ach kann ich nie
Ein Stündchen ruhig dir am Busen hängen,
Und Brust an Brust und Seel' in Seele drängen?
MARGARETHE Ach wenn ich nur alleine schlief!
Ich ließ dir gern heut' Nacht den Riegel offen;
Doch meine Mutter schläft nicht tief,
Und würden wir von ihr betroffen,
Ich wär' gleich auf der Stelle tot!
FAUST Du Engel, das hat keine Not.
Hier ist ein Fläschchen, drei Tropfen nur
In ihren Trank umhüllen
Mit tiefem Schlaf gefällig die Natur.
MARGARETHE Was tu' ich nicht um deinetwillen?
Es wird ihr hoffentlich nicht schaden!
FAUST Würd' ich sonst, Liebchen, dir es raten?
MARGARETHE Seh' ich dich, bester Mann, nur an,
Weiß nicht was mich nach deinem Willen treibt;
Ich habe schon so viel für dich getan,
Daß mir zu tun fast nichts mehr über bleibt.
*ab.*
*Mephistopheles tritt auf.*
MEPHISTOPHELES Der Grasaff'! ist er weg?
FAUST                        Hast wieder spioniert?
MEPHISTOPHELES
Ich hab's ausführlich wohl vernommen.
Herr Doktor wurden da katechisiert;
Hoff' es soll Ihnen wohl bekommen.
Die Mädels sind doch sehr interessiert,
Ob einer fromm und schlicht nach altem Brauch.
Sie denken, duckt er da, folgt er uns eben auch.
FAUST Du, Ungeheuer, siehst nicht ein,
Wie diese treue liebe Seele
Von ihrem Glauben voll,
Der ganz allein

|1835| Ihr selig machend ist, sich heilig quäle,
Daß sie den liebsten Mann verloren halten soll.
MEPHISTOPHELES Du übersinnlicher, sinnlicher Freier,
Ein Mägdelein nasführet dich.
FAUST Du Spottgeburt von Dreck und Feuer!
MEPHISTOPHELES
|1840| Und die Physiognomie versteht sie meisterlich;
In meiner Gegenwart wird's ihr sie weiß nicht wie,
Mein Mäskchen da weissagt verborgnen Sinn;
Sie fühlt, daß ich ganz sicher ein Genie,
Vielleicht wohl gar der Teufel bin.
|1845| Nun heute Nacht –?
FAUST            Was geht dich's an?
MEPHISTOPHELES Hab' ich doch meine Freude d'ran.


## AM BRUNNEN

*Grethchen und Lieschen mit Krügen.*

LIESCHEN Hast nichts von Bärbelchen gehört?
GRETHCHEN
Kein Wort. Ich komm' gar wenig unter Leute.
LIESCHEN Gewiß, Sibille sagt' mir's heute!
|1850| Die hat sich endlich auch betört.
Das ist das Vornehmtun!
GRETHCHEN            Wie so?
LIESCHEN                  Es stinkt!
Sie füttert zwei, wenn sie nun ißt und trinkt.
GRETHCHEN Ach!
LIESCHEN So ist's ihr endlich recht ergangen.
Wie lange hat sie an dem Kerl gehangen!
|1855| Das war ein Spazieren,
Auf Dorf und Tanzplatz führen,
Mußt' überall die erste sein,
Curtesiert' ihr immer mit Pastetchen und Wein;
Bild't sich was auf ihre Schönheit ein,
|1860| War doch so ehrlos sich nicht zu schämen
Geschenke von ihm anzunehmen.
War ein Gekos' und ein Geschleck';
Da ist denn auch das Blümchen weg!

GRETHCHEN Das arme Ding!
LIESCHEN                Bedauerst sie noch gar!
  Wenn unser eins am Spinnen war,
  Uns Nachts die Mutter nicht hinunter ließ;
  Stand sie bei ihrem Buhlen süß,
  Auf der Türbank und im dunkeln Gang
  Ward ihnen keine Stunde zu lang.
  Da mag sie denn sich ducken nun,
  Im Sünderhemdchen Kirchbuß' tun!
GRETHCHEN Er nimmt sie gewiß zu seiner Frau.
LIESCHEN Er wär' ein Narr! Ein flinker Jung'
  Hat anderwärts noch Luft genung.
  Er ist auch fort.
GRETHCHEN       Das ist nicht schön!
LIESCHEN Kriegt sie ihn, soll's ihr übel gehn.
  Das Kränzel reißen die Buben ihr
  Und Häckerling streuen wir vor die Tür!
           *ab.*
GRETHCHEN *nach Hause gehend*
  Wie konnt' ich sonst so tapfer schmälen,
  Sah ich ein armes Mägdlein fehlen!
  Wie konnt' ich über andrer Sünden
  Nicht Worte g'nug der Zunge finden!
  Wie schien mir's schwarz, und schwärzt's noch gar,
  Mir's immer doch nicht schwarz g'nug war,
  Und segnet' mich und tat so groß,
  Und bin nun selbst der Sünde bloß!
  Doch – alles was mich dazu trieb,
  Gott! war so gut! ach war so lieb!


## WALD UND HÖHLE

FAUST *allein*

  Erhabner Geist, du gabst mir, gabst mir alles,
  Warum ich bat. Du hast mir nicht umsonst
  Dein Angesicht im Feuer zugewendet.
  Gabst mir die herrliche Natur zum Königreich,
  Kraft sie zu fühlen, zu genießen. Nicht
  Kalt staunenden Besuch erlaubst du nur,

1895 Vergönnest mir in ihre tiefe Brust,
Wie in den Busen eines Freund's, zu schauen.
Du führst die Reihe der Lebendigen
Vor mir vorbei, und lehrst mich meine Brüder
Im stillen Busch, in Luft und Wasser kennen.
1900 Und wenn der Sturm im Walde braus't und knarrt,
Die Riesenfichte, stürzend, Nachbaräste
Und Nachbarstämme, quetschend, nieder streift,
Und ihrem Fall dumpf hohl der Hügel donnert;
Dann führst du mich zur sichern Höhle, zeigst
1905 Mich dann mir selbst, und meiner eignen Brust
Geheime tiefe Wunder öffnen sich:
Und steigt vor meinem Blick der reine Mond
Besänftigend herüber, schweben mir
Von Felsenwänden, aus dem feuchten Busch
1910 Der Vorwelt silberne Gestalten auf,
Und lindern der Betrachtung strenge Lust.

O daß dem Menschen nichts Vollkomm'nes wird,
Empfind' ich nun. Du gabst zu dieser Wonne,
Die mich den Göttern nah' und näher bringt,
1915 Mir den Gefährten, den ich schon nicht mehr
Entbehren kann, wenn er gleich, kalt und frech,
Mich vor mir selbst erniedrigt, und zu Nichts,
Mit einem Worthauch, deine Gaben wandelt.
Er facht in meiner Brust ein wildes Feuer
1920 Nach jenem schönen Bild geschäftig an.
So tauml' ich von Begierde zu Genuß,
Und im Genuß verschmacht' ich nach Begierde.

*Mephistopheles tritt auf.*

MEPHISTOPHELES
Habt ihr nun bald das Leben g'nug geführt?
Wie kann's euch in die Länge freuen?
1925 Es ist wohl gut, daß man's einmal probiert!
Dann aber wieder zu was neuen.
FAUST Ich wollt', du hättest mehr zu tun,
Als mich am guten Tag zu plagen.
MEPHISTOPHELES Nun nun! ich laß' dich gerne ruhn,
1930 Du darfst mir's nicht im Ernste sagen.

> An dir Gesellen unhold, barsch und toll,
> Ist wahrlich wenig zu verlieren.
> Den ganzen Tag hat man die Hände voll!
> Was ihm gefällt und was man lassen soll,
> Kann man dem Herrn nie an der Nase spüren.

FAUST Das ist so just der rechte Ton!
> Er will noch Dank, daß er mich ennüyiert.

MEPHISTOPHELES
> Wie hätt'st du, armer Erdensohn,
> Dein Leben ohne mich geführt?
> Vom Kribskrabs der Imagination
> Hab' ich dich doch auf Zeiten lang kuriert;
> Und wär' ich nicht, so wär'st du schon
> Von diesem Erdball abspaziert.
> Was hast du da in Höhlen, Felsenritzen
> Dich wie ein Schuhu zu versitzen?
> Was schlurfst aus dumpfen Moos und triefendem Gestein,
> Wie eine Kröte, Nahrung ein?
> Ein schöner, süßer Zeitvertreib!
> Dir steckt der Doktor noch im Leib.

FAUST Verstehst du was für neue Lebenskraft,
> Mir dieser Wandel in der Öde schafft?
> Ja würdest du es ahnden können,
> Du wärest Teufel g'nug mein Glück mir nicht zu gönnen.

MEPHISTOPHELES Ein überirdisches Vergnügen!
> In Nacht und Tau auf den Gebirgen liegen,
> Und Erd' und Himmel wonniglich umfassen,
> Zu einer Gottheit sich aufschwellen lassen,
> Der Erde Mark mit Ahndungsdrang durchwühlen,
> Alle sechs Tagewerk' im Busen fühlen,
> In stolzer Kraft ich weiß nicht was genießen,
> Bald liebewonniglich in alles überfließen,
> Verschwunden ganz der Erdensohn,
> Und dann die hohe Intuition –
>> *Mit einer Gebärde.*
> Ich darf nicht sagen wie – zu schließen.

FAUST Pfui über dich!

MEPHISTOPHELES    Das will euch nicht behagen,
> Ihr habt das Recht gesittet pfui zu sagen.
> Man darf das nicht vor keuschen Ohren nennen,

Was keusche Herzen nicht entbehren können.
Und kurz und gut, ich gönn' Ihm das Vergnügen,
Gelegentlich sich etwas vorzulügen;
Doch lange hält Er das nicht aus.
Du bist schon wieder abgetrieben,
Und, währt es länger, aufgerieben
In Tollheit oder Angst und Graus.
Genug damit! Dein Liebchen sitzt dadrinne,
Und alles wird ihr eng' und trüb'.
Du kommst ihr gar nicht aus dem Sinne,
Sie hat dich übermächtig lieb.
Erst kam deine Liebeswut übergeflossen,
Wie vom geschmolznen Schnee ein Bächlein übersteigt;
Du hast sie ihr ins Herz gegossen,
Nun ist dein Bächlein wieder seicht.
Mich dünkt, anstatt in Wäldern zu thronen,
Ließ es dem großen Herren gut,
Das arme affenjunge Blut
Für seine Liebe zu belohnen.
Die Zeit wird ihr erbärmlich lang;
Sie steht am Fenster, sieht die Wolken ziehn
Über die alte Stadtmauer hin.
Wenn ich ein Vöglein wär'! So geht ihr Gesang
Taglang, halbe Nächte lang.
Einmal ist sie munter, meist betrübt,
Einmal recht ausgeweint,
Dann wieder ruhig, wie's scheint,
Und immer verliebt.

FAUST Schlange! Schlange!

MEPHISTOPHELES *für sich*
Gelt! daß ich dich fange!

FAUST Verruchter, hebe dich von hinnen,
Und nenne nicht das schöne Weib!
Bring' die Begier zu ihrem süßen Leib
Nicht wieder vor die halb verrückten Sinnen!

MEPHISTOPHELES
Was soll es dann? Sie meint, du seist entfloh'n,
Und halb und halb bist du es schon.

FAUST Ich bin ihr nah', und wär' ich noch so fern,
Ich kann sie nie vergessen und verlieren;

Ja, ich beneide schon den Leib des Herrn,
　　Wenn ihre Lippen ihn indes berühren.
MEPHISTOPHELES
　　Gar wohl, mein Freund! Ich hab' euch oft beneidet
　　Ums Zwillingspaar, das unter Rosen weidet.
FAUST Entfliehe, Kuppler!
MEPHISTOPHELES
　　Schön! Ihr schimpft und ich muß lachen.
　　Der Gott, der Bub' und Mädchen schuf,
　　Erkannte gleich den edelsten Beruf,
　　Auch selbst Gelegenheit zu machen.
　　Nur fort, es ist ein großer Jammer!
　　Ihr sollt in eures Liebchens Kammer,
　　Nicht etwa in den Tod.
FAUST Was ist die Himmelsfreud' in ihren Armen?
　　Laß mich an ihrer Brust erwarmen!
　　Fühl' ich nicht immer ihre Not?
　　Bin ich der Flüchtling nicht, der Unbehaus'te,
　　Der Unmensch ohne Zweck und Ruh,
　　Der wie ein Wassersturz von Fels zu Felsen braus'te
　　Begierig wütend nach dem Abgrund zu?
　　Und seitwärts sie, mit kindlich dumpfen Sinnen,
　　Im Hüttchen auf dem kleinen Alpenfeld,
　　Und all ihr häusliches Beginnen
　　Umfangen in der kleinen Welt.
　　Und ich, der Gottverhaßte, hatte nicht genug,
　　Daß ich die Felsen faßte
　　Und sie zu Trümmern schlug!
　　Sie, ihren Frieden mußt' ich untergraben!
　　Du, Hölle, mußtest dieses Opfer haben!
　　Hilf, Teufel, mir die Zeit der Angst verkürzen,
　　Was muß geschehn, mag's gleich geschehn!
　　Mag ihr Geschick auf mich zusammenstürzen
　　Und sie mit mir zu Grunde gehn!
MEPHISTOPHELES
　　Wie's wieder siedet, wieder glüht!
　　Geh' ein und tröste sie, du Tor!
　　Wo so ein Köpfchen keinen Ausgang sieht,
　　Stellt er sich gleich das Ende vor.
　　Es lebe wer sich tapfer hält!

Du bist doch sonst so ziemlich eingeteufelt.
Nichts abgeschmackters find' ich auf der Welt,
Als einen Teufel der verzweifelt.


## ZWINGER

*In der Mauerhöhle ein Andachtsbild der
Mater dolorosa, Blumenkrüge davor.*

GRETHCHEN *steckt frische Blumen in die Krüge*

2045 Ach neige,
Du Schmerzenreiche,
Dein Antlitz gnädig meiner Not!

Das Schwert im Herzen,
Mit tausend Schmerzen
2050 Blickst auf zu deines Sohnes Tod.
Zum Vater blickst du,
Und Seufzer schickst du
Hinauf um sein' und deine Not.

Wer fühlet,
2055 Wie wühlet
Der Schmerz mir im Gebein?
Was mein armes Herz hier banget,
Was es zittert, was verlanget,
Weißt nur du, nur du allein!

2060 Wohin ich immer gehe,
Wie weh, wie weh, wie wehe
Wird mir im Busen hier!
Ich bin ach kaum alleine,
Ich wein', ich wein', ich weine,
2065 Das Herz zerbricht in mir.

Die Scherben vor meinem Fenster
Betaut' ich mit Tränen, ach!
Als ich am frühen Morgen
Dir diese Blumen brach.

>     Schien hell in meine Kammer
>     Die Sonne früh herauf,
>     Saß ich in allem Jammer
>     In meinem Bett' schon auf.
>
>     Hilf! rette mich von Schmach und Tod!
>     Ach neige,
>     Du Schmerzensreiche,
>     Dein Antlitz gnädig meiner Not!

## DOM

*Amt, Orgel und Gesang.*

*Grethchen unter vielem Volke. Böser Geist hinter Grethchen.*

**BÖSER GEIST**
Wie anders, Gretchen, war dir's,
Als du noch voll Unschuld
Hier zum Altar trat'st,
Aus dem vergriffnen Büchelchen
Gebete lalltest,
Halb Kinderspiele,
Halb Gott im Herzen.
Grethchen!
Wo steht dein Kopf?
In deinem Herzen,
Welche Missetat?
Bet'st du für deiner Mutter Seele, die
Durch dich zur langen, langen Pein hinüber schlief?
– Und unter deinem Herzen
Regt sich's nicht quillend schon,
Und ängstet dich und sich
Mit ahndungsvoller Gegenwart?
**GRETHCHEN** Weh! Weh!
Wär' ich der Gedanken los,
Die mir herüber und hinüber gehen
Wider mich!

CHOR Dies irae dies illa
Solvet Saeclum in favilla.
*Orgelton.*
BÖSER GEIST Grimm faßt dich!
Die Posaune tönt!
Die Gräber beben!
Und dein Herz,
Aus Aschenruh'
Zu Flammenqualen
Wieder aufgeschaffen,
Bebt auf!
GRETHCHEN Wär' ich hier weg!
Mir ist als ob die Orgel mir
Den Atem versetzte,
Gesang mein Herz
Im tiefsten lös'te.
CHOR Iudex ergo cum sedebit,
Quidquid latet adparebit,
Nil inultum remanebit.
GRETHCHEN Wie wird so eng'!
Die Mauern-Pfeiler
Befangen mich!
Das Gewölbe,
Drängt mich! – Luft!
BÖSER GEIST Verbirg dich! Sünd' und Schande
Bleibt nicht verborgen.
Luft? Licht?
Weh dir.
CHOR Quid sum miser tunc dicturus?
Quem patronum rogaturus?
Cum vix justus sit securus.
BÖSER GEIST Ihr Antlitz wenden
Verklärte von dir ab.
Die Hände dir zu reichen,
Schauert's den Reinen.
Weh!
CHOR Quid sum miser tunc dicturus?
GRETHCHEN Nachbarin! Euer Fläschchen! –
*Sie fällt in Ohnmacht.*

# ANHANG

# EINFÜHRUNG

Goethes Reise durch Italien pflegt Assoziationen des Glücklich-Heiteren, des Klassizistisch-Bedeutsamen auszulösen. Man hat den Dichter im Hinblick auf die Art, wie er seine Reise dargestellt hat, zum Schöpfer eines Italien-Mythos für die deutsche Kultur erklärt. Man hat aber auch, wohl öfter noch, in seiner italienischen Reise selbst einen Mythos gesehen. Dazu hat sicher das berühmte Bild von Wilhelm Tischbein beigetragen, das einen sozusagen monumentalisierten Goethe zeigt, der in majestätischer Pose über die Landschaft der Campagna sinnend hinwegblickt. Und stößt man nicht auch bei Goethe selbst bis in die Zeit des höchsten Alters immer wieder auf Äußerungen, in denen »jener operosen Zeit« (an Wilhelm von Humboldt, 19. Oktober 1830) in höchsten Tönen gedacht wird?

Was späterer Betrachtung als Basisarbeit für die Auftürmung der ›Weimarer Klassik‹ erscheint, dieses sowohl ästhetischen wie humanistischen Gipfels der deutschen Literatur, das war zunächst einmal – hält man sich an die individuellen Motive und Erlebnisreflexe des Reisenden selbst – eine Flucht, eine Flucht aus quälend gewordenen Weimarer Verhältnissen. Als Flucht stellt das für Charlotte von Stein geführte *Reise-Tagebuch* den nächtlichen Aufbruch aus Karlsbad am 3. September 1786 hin – nicht anders das ab 1813 auf Grund der Originaldokumente redigierte Buch der *Italienischen Reise*. Hier wie dort hat das Wort vom »nordischen Flüchtling« eine leitmotivische Bedeutung, in der nicht nur Klimatisches im engeren Sinne anklingt.

Halten wir uns erst einmal an die greifbaren Fakten: Goethe reiste über den Brenner zunächst zum Gardasee, dann über Verona und Vicenza nach Venedig. Die Ankunft in der legendären »Inselstadt« wird im *Reise-Tagebuch* nicht nur registriert, sondern am 28. September 1786 beinahe als schicksalsgelenkter Vorgang gefeiert. Über Ferrara, Bologna, Florenz (nur drei Stunden Aufenthalt!), Perugia und Assisi geht es weiter nach Rom, dem eigent-

lichen Reise- und Sehnsuchtsziel. Dort trifft Goethe am
29. Oktober ein, nimmt Verbindung mit deutschen Malern
auf – und ändert sein Pseudonym, sein »wunderliches
und vielleicht grillenhaftes Halbinkognito«. Als Johann
Philipp Möller, Kaufmann aus Leipzig, hatte er sich zunächst
in Italien ausgegeben. Im ›Stato delle Anime‹ der
Pfarrei S. Maria del Popolo trug er sich als Filippo Miller
ein, »tedesco, pittore 32 ⟨anni⟩«.

Im Februar 1787 reiste Goethe nach Neapel und von dort
aus Ende März zu Schiff nach Sizilien: ein Vorstoß, der
ursprünglich gar nicht geplant gewesen war. Hier glaubte
er, auf dem Boden der ›Magna Graecia‹, die homerische
Landschaft und den »Schlüssel« für das ganze Phänomen
Italien vor Augen zu haben. Über Neapel kehrte Goethe im
Juni nach Rom zurück, wo er bis zum April 1788 blieb.
Hatte er bisher vornehmlich beobachtet, die Präsenz der
Dinge auf sich wirken lassen, dabei nicht bloß Gemälden
und Skulpturen seine Aufmerksamkeit geschenkt, sondern
auch Bauten wie dem Amphitheater in Verona, dem Minervatempel
in Assisi oder den römischen Aquädukten und
Kaiserpalästen, so stand sein zweiter römischer Aufenthalt
stärker im Zeichen eigener künstlerischer Aktivität im Modellieren.

Das Buch, das Goethes Italien-Reise zum literarischen
Ereignis machte, erschien erst Jahre später, 1816/17 die
ersten beiden Bände, 1829 der *Zweite Römische Aufenthalt*
als dritter Teil. Die literarische Behandlung der Reise war
für den alten Goethe in neue Kontexte gerückt, in die – aus
Gründen der Chronologie freilich ungenannte – Auseinandersetzung
mit der Romantik, gegen die er die Präsentation
der klassischen Antike setzte, schließlich in den Zusammenhang
des eigenen Altersdenkens, das dem Individuum
›Entsagung‹ auferlegte (s. Bd. 15). Wenn man das *Reise-Tagebuch*,
das nur bis zum 30. Oktober 1786 geführt ist,
mit den entsprechenden Partien des späteren Buchs vergleicht,
dann wird bei kaum veränderter Inhaltlichkeit der
Stilwandel um so deutlicher.

## Drei erforschte »Regionen«

Was die knapp zwei Italien-Jahre ihm gebracht haben, faßt Goethe an eher entlegener Stelle bündig zusammen. Die Retrospektive des 68jährigen finden wir in dem 1817 publizierten Aufsatz *Schicksal der Handschrift*, einer Beigabe zur Studie *Die Metamorphose der Pflanzen* (zuerst 1789/90 ausgearbeitet unter dem Titel *Versuch die Metamorphose der Pflanzen zu erklären*). Hier legt Goethe dar, in welchen »Regionen« sich seine italienische Reise bewegt, worauf sich sein Interesse gerichtet hat: »Wie die begünstigte griechische Nation verfahren um die höchste Kunst im eignen Nationalkreise zu entwickeln, hatte ich bis auf einen, gewissen Grad einzusehen gelernt, so daß ich hoffen konnte nach und nach das Ganze zu überschauen, und mir einen reinen, vorurteilsfreien Kunstgenuß zu bereiten. Ferner glaubte ich der Natur abgemerkt zu haben wie sie gesetzlich zu Werke gehe, um lebendiges Gebild, als Muster alles künstlichen, hervorzubringen. Das dritte was mich beschäftigte waren die Sitten der Völker. An ihnen zu lernen, wie aus dem Zusammentreffen von Notwendigkeit und Willkür, von Antrieb und Wollen, von Bewegung und Widerstand ein drittes hervorgeht, was weder Kunst noch Natur, sondern beides zugleich ist, notwendig und zufällig, absichtlich und blind. Ich verstehe die menschliche Gesellschaft« (Bd. 12, S. 69).

Das also sind die drei »Regionen«, die »drei großen Weltgegenden«, die Goethe als Schule des Sehens und Denkens, als Gegenstand der Forschung und Medium der Selbstbildung in Italien beschäftigt haben. Dabei handelt es sich nicht um streng separierte Sphären. In der Beobachtung der »Natur« glaubt Goethe die Grundlage zu gewinnen für ein Verständnis nicht nur der Naturphänomene im engeren Sinne, sondern auch für die Welt des Humanen, Sozialen und Geschichtlichen. In dem berühmten – und vielzitierten – Lobpreis auf das Lebendige (»Wie abgemessen zu seinem Zustande, wie wahr! wie *seiend*!«), anläßlich der in Venedig gesehenen »Wirtschaft der Seeschnecken, Patellen ⟨...⟩ der Taschenkrebse« (*Reise-Tagebuch*, 9. Oktober 1786) spricht sich das Interesse des Naturforschers noch dithyrambisch aus. Die sizilianischen und neapolitanischen Spekulationen um die »Urpflanze« zeigen die Leitintention Goethes deutlicher: Es gelte das »Gesetz« zu erschließen, das »sich auf alles übrige lebendige anwenden« lasse (an Charlotte von Stein, 9. Juni 1787). Man sieht in Wendungen zur Morphologie und Metamorphosen-Lehre die Genese von Goethes Naturwissenschaft aus dem Geist glücklicher Naturbeobachtung.

Der gleiche »Beobachtungsgeist« (*Reise-Tagebuch*, 11. September 1786) gilt – als zweiter »Region« – der Kunst, die Italien dem Reisenden in wahrhaft verschwenderischer Fülle vor das Auge bringt. Wohlweislich nimmt er sich vor, an das Sehen »ruhig« heranzugehen, »damit die Gegenstände keine erhöhte Seele finden, sondern die Seele erhöhen« (*Reise-Tagebuch*, 24. September 1786). So sieht Goethe bewundernd auf die großen Werke der Malerei und Bildhauerkunst, läßt sich in Bologna zu einem Ausfall gegen die christlich stigmatisierten »Süjets« hinreißen (*Reise-Tagebuch*, 19. Oktober 1786), sieht die gewaltigen Schöpfungen der Renaissance sozusagen als Durchgangstor zur antiken Kunstwelt, als deren Gipfel ihm – wie schon Winckelmann – in der vatikanischen Antikensammlung der Apoll von Belvedere erscheint. Der Bewunderer ist immer zugleich Forscher, dem es um die Kunstgesetze zu tun ist. Er versucht sie aus der »Kunst der Griechen«, aus der Verfahrensweise jener »unvergleichlichen Künstler« zu erschließen, und bald schon äußert er in Rom jene »Vermutung«, welche die zunächst getrennt wahrzunehmenden »Regionen« im Innersten zusammenführt: daß die spezifischen Kunstgesetze auf die Bildungsgesetze der Natur selbst zurückführen (*Ital. Reise*, 28. Januar 1787; Bd. 15). Diese Koinzidenz wird das Italien-Buch mehrfach variieren, z. B. in der prägnanten Formulierung: »Diese hohen Kunstwerke sind zugleich als die höchsten Naturwerke von Menschen nach wahren und natürlichen Gesetzen hervorgebracht worden. Alles Willkürliche, Eingebildete fällt zusammen, da ist die Notwendigkeit, da ist Gott« (*Ital. Reise*, 6. September 1787).

Daneben laufen teils spielerische, teils durchaus ambitiöse Versuche in eigener künstlerischer Praxis. Von den ca.

1500 erhaltenen Zeichnungen Goethes ist mehr als ein Drittel in Italien entstanden: auch sie gehören zur Sehschule, zum Kunststudium. Wir wissen, daß am Ende dieser Ambition der »Verzicht« auf das Ausüben der bildenden Kunst stand, wir wissen aber auch, daß Goethe seine zeichnerische Augenschulung zu Recht seiner Dichtung zugute geschrieben hat: »Daß ich zeichne und die Kunst ⟨bildende Kunst⟩ studiere, hilft dem Dichtungsvermögen auf, statt es zu hindern ⟨...⟩« (*Ital. Reise*, 21. Dezember 1787). Und als weiteres Exempel dafür, wie sich ein Irrweg lebensgeschichtlich als Glücksweg enthüllen kann, nennt der Dichter des *Wilhelm Meister* im Alter »seine praktische Tendenz zur bildenden Kunst ⟨...⟩ eine falsche«, fügt aber hinzu: »Die Gegenständlichkeit meiner Poesie ⟨...⟩ bin ich denn doch jener großen Aufmerksamkeit und Übung des Auges schuldig geworden ⟨...⟩« (Gespräch mit Eckermann, 20. April 1825; Bd. 19, S. 140).

Allerdings bleibt die Frage, ob der Gleichlauf von Naturerfahrung, Kunstbeschreibung und zeichnerischer Praxis, wie ihn Goethe für seine ›italienische‹ Periode geltend macht, näherer Überprüfung standhält. So hat man in Goethes sowohl deskriptiven wie praktischen Bemühungen um die bildende Kunst mancherlei klassizistische oder akademisch-konventionelle Vorgaben nachgewiesen, die der von ihm doch proklamierten Wahrnehmungsästhetik widerstreiten (vgl. Werner Busch: Die »große, simple Linie« und die »allgemeine Harmonie« der Farben. Zum Konflikt zwischen Goethes Kunstbegriff, seiner Naturerfahrung und seiner künstlerischen Praxis auf der italienischen Reise, in: GJb 105, 1988, S. 144–164). Wer wollte bestreiten, daß der Klassizismus, wie ihn Goethe in Italien und vor allem in den späteren Jahren vertritt, Merkmale des Dogmatischen aufweist! Andererseits muß die Hinwendung zur »Natur«, auf die es Goethe ankommt (und die er z. B. bei Claude Lorrain geleistet sieht), wohl unterschieden werden von avancierten Theorien der Wahrnehmung und künstlerischer Gegenstands-Präsentation. Daß die Goethesche Dichtung an bildsprachlicher Kraft durch die Schulung vor und in der bildenden Kunst gewonnen hat, bleibt zweifellos bestehen.

Die dritte »Region«, die Goethe gemäß seinem Rückblick von 1817 in Italien erforscht hat, sind »die Sitten der Völker«. Man übersieht am *Reise-Tagebuch* wie am späteren Italien-Buch dieses durchgängige Thema häufig, weil es gegenüber »Kunststudium« und »Autorwesen« (*Ital. Reise*, 28. August 1787) zurückzutreten scheint. Doch sind es wichtige Akzente, die Goethe in dieser Blickrichtung setzt, sei es in Betrachtung des Amphitheaters in Verona, in das er sich »das Volk« hineindenkt (*Reise-Tagebuch*, 16. September 1786), sei es angesichts des öffentlichen Treibens in Venedig (*Reise-Tagebuch*, 4. Oktober 1786), sei es schließlich – um nur noch dieses bekannte Beispiel aufzugreifen – die Art, wie er die Lebensweise der Neapolitaner aus ihren Naturbedingungen heraus zu verstehen sucht (*Ital. Reise*, 28. Mai 1787). Gewiß, auch angesichts dieser Beschreibungen kann man Fragen stellen – und hat es des öfteren getan –, ob nämlich der Blick des Reisenden das schon im 18. Jahrhundert unübersehbare soziale Elend des Mezzogiorno nicht willentlich ausgelassen habe. Es gehört offensichtlich zu den Intentionen des Italien-Buchs, *diese* Seite Italiens nicht näher zu beleuchten (während ein in hohem Alter – am 28. Juni 1831 – an Karl Friedrich Zelter geschriebener Brief sogar mit dem im Buch verherrlichten Sizilien einen »unangenehmen Eindruck« verbindet).

Worum es Goethe geht, das sind die menschlichen Verhaltensweisen in Familie und Gesellschaft, die Lebensformen, wie sie sich in einem bestimmten klimatischen Raum abweichend von den Verhältnissen in der ›nordischen‹ Heimat entwickeln: Verlagerung des Privaten ins Öffentliche, größere Transparenz von Naturformen des Lebens usw. Indem Goethe, dabei durchaus im Einklang mit der gängigen Klimatologie des 18. Jahrhunderts, den Bildungsgesetzen der Gesellschaft unter spezifischen Naturbedingungen nachforscht, sammelt er Materialien zu einem Stück angewandter Naturwissenschaft. Nicht von ungefähr hat er später, gemeinsam mit Johann Heinrich Meyer, eine Art Italien-Enzyklopädie geplant, die – über Vorarbeiten nicht hinausgediehen – offenbar Naturforschung als Basisarbeit auch für das Verständnis der »Kultur« leisten sollte (vgl. den Brief an Meyer vom 16. November 1795). Schon während der Reise hat Goethe Italien als ein Buch erlebt, bei dessen »Lesung« richtig verfahren werden müsse (*Reise-Tagebuch*, 27. Oktober 1786).

## Literarische Rekapitulation

Auf seiner Reise ist Goethe auch mit der eigenen Dichtung beschäftigt. Vieles war in den ersten Weimarer Jahren angefangen worden, aber unvollendet liegen geblieben wie der *Tasso*, der *Elpenor*, auch die *Iphigenie*, die nur in eine vorläufige Prosaform hatte gebracht werden können. Andere Werke mit großer Intention lagen schon seit der Frankfurter Zeit unfertig da: *Faust* und *Egmont*. Auch der Theaterroman um Wilhelm Meister war Fragment geblieben. Alle diese literarischen Arbeiten, den inzwischen versunkenen *Elpenor* ausgenommen, hatte Goethe im Reisegepäck: es galt für die ab 1787 bei Göschen in Leipzig erscheinenden *Schriften* Bände zu füllen.

Goethe nimmt zunächst die Versifizierung der *Iphigenie* in Angriff. Diese konnte er erst vier Monate nach der Karlsbader Hegire abschließen, weil ihm der Blankvers noch nicht glatt von der Hand ging und schließlich in Italien viel Sehenswertes um keinen Preis zu versäumen war. Die Arbeit an der *Iphigenie* bildet sein Frühpensum auf der Reise nach Rom, die Arbeitsspuren weisen auf das Glücksgefühl, daß das Drama »unter diesem Himmel reif geworden, wo man den ganzen Tag nicht an seinen Körper denkt sondern wo es einem gleich wohl ist« (*Reise-Tagebuch*, 24. September 1786). Und wo sich die literarischen Assoziationen wie von selbst zu ergeben scheinen: Eine andere Erwähnung der *Iphigenie* führt den Dichter auf sein 1774 skizziertes Stück *Der ewige Jude* zurück und auf »einen Plan zu einem Trauerspiel Ulysses auf Phää« (*Reise-Tagebuch*, 22. Oktober 1786). Goethe selbst findet es »unglaublich«, wie ihn acht Wochen Italien »auf Haupt und Grund begriffe des Lebens so wohl, als der Kunst geführt haben« (ebd.).

Wie »Kunst« und »Leben« einander beleben und wechselseitig fördern, das wird in Goethes Kommentierung seiner literarischen Abschlüsse in Italien stärker spürbar als die Mühen, die dabei natürlich – auch in »dieser leichten Existenz« (*Reise-Tagebuch*, 10. Oktober 1786) – aufgewendet werden mußten. So hält ein erster großer Rechenschaftsbericht zu diesem Punkt fest: »Daß ich meine älteren Sachen fertig arbeite, dient mir erstaunend. Es ist eine Rekapitulation meines Lebens und meiner Kunst, und indem ich gezwungen bin, mich und meine jetzige Denkart, meine neuere Manier, nach meiner ersten zurückzubilden, das was ich nur entworfen hatte nun auszuführen; so lern ich mich selbst und meine Engen und Weiten recht kennen« (an Herzog Carl August, 11. August 1887). Die »Rekapitulation« führt über die Arbeit an den »älteren Sachen« der Kunst zu einer Selbsterkenntnis, ohne daß diese mit dem pathologischen Zug der ›Hypochondrie‹ (der übersteigerten Innenbezüglichkeit des Subjekts) erkauft werden müßte.

So kann Goethe den Gedanken der Selbstrekapitulation im Hinblick auf »Kunst« und »Leben« auch zu einem zuversichtlichen Blick in die Zukunft fortentwickeln: »Dieses Summa Summarum meines Lebens gibt mir Mut und Freude, wieder ein neues Blatt zu eröffnen« (an Herzog Carl August, 16. Februar 1788). Die spätere *Italienische Reise* wird, aus der Position eines sich mittlerweile selbst historisch sehenden Autors angelegt, die in den Originalbriefen prospektiv anklingende Selbstperiodisierung der literarischen Entwicklung in dem Bewußtsein darstellen, *daß* mittlerweile in der Tat »ein neues Blatt« eröffnet worden ist. Zum antizipierten Abschluß von *Tasso* und *Faust* sieht man den Autobiographen resümieren: »Ich habe alsdann eine Hauptepoche zurückgelegt, rein geendigt, und kann wieder anfangen und eingreifen, wo es nötig ist« (*Ital. Reise*, 11. August 1787; vgl. den Originalbrief an Herzog Carl August vom gleichen Datum). Wo immer Goethe Früheres abschließt oder sammelt, ist der Gedanke meist nicht fern, daß dadurch »eine neue Epoche« mit ihm angehe (*Ital. Reise*, 27. Oktober 1787).

Die erstaunlichste Vollendung gelingt in Italien mit dem *Egmont*. Noch in Frankfurt hat Goethe das Stück um den niederländischen Freiheitskampf in Angriff genommen und nach seiner späteren Erinnerung sogar »beinahe« abgeschlossen (*Dichtung und Wahrheit* IV / 20; Bd. 16, S. 825). Das Wenige, das nur noch gefehlt haben kann, ließ sich in Weimar nicht zwingen, weil Amtspflichten, Geselligkeiten und andere künstlerische Prioritäten hindernd dazwischentraten. In Italien erhält das Stück, das einst im Zeichen des ›Sturm und Drang‹ begonnen worden ist, seine Vollendung in einem Sinnbildstil, in den die neuen Kunstlektionen und Bildimpressionen merklich eingegangen sind. Der Bogen spannt sich von den Volksszenen, wie sie in dieser Lebens- und Stimmenfülle für das deutsche Drama ohne Beispiel sind, zu einer die Innenwelt des Helden sichtbar machenden Traumpantomime, an der sich seit Schillers berühmter Kritik die Geister bis heute scheiden. Immerhin: Was Goethe meint, wenn er von »Rekapitulation« spricht, das wird in diesem Drama besonders anschaulich.

In Italien werden auch die älteren Frankfurter Singspiele *Erwin und Elmire* und *Claudine von Villa Bella* gemäß den neueren Kunstanschauungen umgearbeitet, sprachlich-stilistisch einheitlich und – mit rezitativischen Überleitungen zwischen den musikalischen ›Nummern‹ – durchkomponierbar gestaltet. Ein neuer Versuch im Singspiel bahnte sich in Sizilien an, wo Goethe Recherchen in Sachen Cagliostros anstellte, jenes – in seiner Sicht – epochentypischen Abenteurers und Scharlatans, der überall in Europa Anhänger und Verehrer gefunden hatte. Goethe skizzierte eine opera buffa zu diesem (für die Vorgeschichte der Französischen Revolution höchst signifikanten!) Thema, stellte die Oper aber zugunsten der zunächst abzuschließenden »älteren Sachen« zurück und konnte sie, wieder in Weimar, nach der ursprünglichen Konzeption nicht mehr ausgestalten. Das zweite italienische Dramenfragment, unter den Titeln *Ulysses auf Phäa* und *Nausikaa* ins Auge gefaßt, ließ sich außerhalb der sizilianischen Natureligkeit und Homer-Stimmung nicht festhalten, sondern verflüchtigte sich wie ein Traum.

Auch der *Tasso*, nach *Iphigenie* und *Egmont* die dritte der nun endlich abgeschlossenen großen dramatischen Arbeiten, gehört in den Umkreis der ›italienischen‹ Rekapitulation, obwohl die Vollendung erst nach der Rückkehr in

Weimar im Sommer 1789 erreicht wird. Das Drama um die Probleme des ›Dichters bei Hofe‹ konnte Goethe nach den Anfängen 1780 erst aus der Distanz zu Weimar schlüssig konzipieren – und dies geschah im Frühjahr 1787 während der Schiffsreise nach Sizilien. In Goethes Autobiographik läßt sich noch ein weiteres Indiz dafür ausmachen, das Künstlerdrama mit allen seinen innovatorischen Zügen im älteren Zusammenhang zu sehen: in der *Campagne in Frankreich 1792* heißt es, daß der *Tasso* »noch abgeschlossen« worden sei, bevor »die weltgeschichtliche Gegenwart« (das französische Ereignis!) den Autor okkupiert habe (Bd. 14, S. 510).

Ein Sonderfall ist der *Faust*, auf das Ganze seines schöpferisch reichen Lebens gesehen doch wohl das »Hauptgeschäft« des Dichters. Nach dem Abschluß des *Egmont* glaubte Goethe das in noch länger zurückliegenden Frankfurter Jahren begonnene Drama um den Grenzgänger und Teufelsbündner im Zuge der »Rekapitulation« in absehbarer Zeit vollenden zu können (an Herzog Carl August, 11. August 1787). Doch begnügte er sich 1790 im siebten Band der *Schriften* mit einer »Fragment«-Fassung, diesmal noch vor den Dimensionen des Themas und vor den Anforderungen der Gestaltung künstlerisch weise resignierend. In der italienischen Zeit ist die zweite Hälfte der Paktszene (noch ohne den Pakt mit Mephistopheles selbst), die Hexenküche und die Szene ›Wald und Höhle‹, neu ausgearbeitet worden. Mit dieser Fortführung des ›nordischen‹ Stoffs unter südlichem Himmel hat Goethe manchen Interpreten zum Staunen und Rätseln gebracht. Umgekehrt läßt sich auch feststellen, daß Goethe in der ›italienischen‹ Phase seiner großen Lebensdichtung zu jener Distanz findet, mit der er Faust und seine Welt – als Sphäre des ›Nordischen‹ – in späteren Jahren spürbar behandelt hat (vgl. u. a. die Briefe an Schiller im Juni/Juli 1797).

## Krise und »Wiedergeburt«

Im brieflichen Rechenschaftsbericht an Herzog Carl August (aus Rom am 25. Januar 1788) nennt Goethe noch vor dem »heißen Durst nach wahrer Kunst« als »Hauptabsicht« seiner Reise die Heilung »von den phisisch moralischen Übeln«, die ihn zu Hause »quälten« und »zuletzt unbrauchbar machten«. Der Duktus des Andeutens läßt immerhin durchscheinen, daß sich der hohe Weimarer Staatsdiener und berühmte Dichter als einen pathologischen Fall hinstellt – eine Selbstdiagnose, die dem Herzog so offeriert wird, als könne sie ihn eigentlich nicht überraschen. Für Charlotte von Stein, die er nicht in seine Reisepläne eingeweiht hatte, schrieb er den Satz nieder: »Hätt ich nicht den Entschluß gefaßt den ich jetzt ausführe; so wär ich rein zu Grunde gegangen und zu allem unfähig geworden ⟨...⟩« (*Reise-Tagebuch*, 10. Oktober 1786).

Die Hegire ist die Reaktion auf eine tiefgreifende Schaffens- und Lebenskrise, der Versuch, sie durch einen Ausbruch ins Freie zu lösen. Natürlich ist zunächst daran zu denken, daß der Dichter zunehmend an einer Situation litt, in der seine politisch-praktische Bewährung immer nur zu Lasten seiner poetischen Produktivität gehen konnte (so daß sich zwar Singspiele und Gelegenheitsarbeiten, nicht aber Werke wie *Egmont* und *Tasso* zwingen ließen). Aber bot denn die Politik überhaupt ein Äquivalent? Sehr bald mußte Goethe die Erfahrung machen, daß sich Reformbestrebungen im sehr begrenzten Herzogtum Sachsen-Weimar kaum durchsetzen ließen. Die Euphorie schlug in Resignation um (vgl. z. B. den Brief an Johann Kaspar Lavater vom 6. März 1780). Auch wenn man die von Hans Mayer aufgestellte These, die Erfahrung des politischen Scheiterns sei das verdeckte Hauptmotiv für Goethes Flucht nach Italien, von den biographischen Belegen her nicht recht stützen kann: einen psychologischen Ausgleich hat der politische Pflichtenkreis dem verhinderten Künstler in den ersten Weimarer Jahren sicher nicht geboten.

So war es auch schwer, das Existenzmodell des ›Doppellebens‹ mit distinkter Unterscheidung des Politisch-Gesellschaftlichen vom Moralisch-Poetischen (vgl. den Brief an Carl Ludwig von Knebel vom 21. November 1782) faktisch durchzuhalten. Daß Goethe diese Lösung als künstliche Konstruktion durchschauen mußte, zeigen diverse Äußerungen auf der italienischen Reise. So sagt er auf Vorhaltungen von Charlotte von Stein geradezu beschwörend: »⟨...⟩ ich habe nur *Eine* Existenz, diese hab ich diesmal *ganz* gespielt und spiele sie noch« (Brief aus Rom, 20. Januar 1787). Das klingt wie eine Zurücknahme des bisherigen Lebenskonzepts. Das ganze Ausmaß von Goethes ›italienischer‹ Gesundung mag ein gutes Jahr später die Konstatierung bezeichnen, er sei inzwischen »ganz auf das Niveau meiner eignen Existenz zurückgebracht« (*Ital. Reise*, 1. März 1788). An Hand des wieder vorgenommenen *Faust* wird ihm die Kontinuität des eigenen Lebens wieder erfahrbar – die künstliche Trennung ist aufgehoben.

Für die Krise in Goethes erstem Weimarer Jahrzehnt, die im Sommer 1786 unabweisbar zur Lösung drängte, hat es im Ganzen seines Lebensspektrums und Künstlertums zweifellos mehrere Ursachen gegeben. Eine davon ist in seinem Verhältnis zu Charlotte von Stein zu finden, der geliebten Frau, für die er das *Reise-Tagebuch* führt, um sie an seinen Eindrücken und Glücksgefühlen teilhaben zu lassen, die er als »Schutzgeist« apostrophiert und mit der Aussicht auf ein gemeinsames Leben beglücken will (27. Oktober 1786) – und derentwegen er doch diese Flucht nicht zuletzt angetreten hat. Charlotte von Stein war für Goethe in seinen ersten Weimarer Jahren die »Einzige« gewesen, Mutter, Schwester und Geliebte in einer Person (wie er Lavater im September 1780 wissen ließ), auf sie hatte er sein Leben orientiert, an sie hatte er viele seiner schönsten Gedichte gerichtet, sie stand ihm vor Augen bei Iphigenie, der Prinzessin Leonore und anderen großen weiblichen Gestalten seiner Poesie. Daß sich das durch ein Distanzgebot der Frau – und wohl auch ein komplementäres Distanzbedürfnis des Mannes – geschützte Seelenbündnis nicht fortleben ließ, war ihm unter allen »phisisch moralischen Übeln« (s. S. 601) seiner Weimarer Existenz das unerträglichste.

Unter den Vorzeichen von Distanz und Lösung behandelt Goethe das Verhältnis zu Frau von Stein in Italien zwar so, als wäre es noch das alte, wie es das Anamnesis-Gedicht einst unvergleichlich zu ergründen versucht hat (Bd. 2.1, S. 20–23) – aber keine intime Tagebuch-Zuwendung kann darüber hinwegtäuschen, *daß* innere Abstände eingetreten sind (die sich in der Korrespondenz in dem Maße vergrößern, wie immer wieder auf Klagen und Vorwürfe aus Weimar eingegangen werden mußte). Goethes italienische Reise ist auch ein Ausbruch aus den Rollenzuweisungen, die zwischen Charlotte von Stein und ihm eingespielt waren. Er suchte in der Flucht vor ihr Befreiung, ja Heilung auch im Erotisch-Sexuellen. Die Faustina der *Römischen Elegien* mag sich einer literarischen Fiktion verdanken, ihre ›reale‹ Identifikation schwierig bleiben (und der ganze biographische Bezug nicht unbedingt den größten Aufwand verdienen). Doch daß der briefliche Bericht an Herzog Carl August vom 16. Februar 1788 mit seiner Andeutung »von einigen anmutigen Spaziergängen« und der spielerisch vorgetragenen Einräumung, »daß eine dergleichen mäßige Bewegung, das Gemüt erfrischt und den Körper in ein köstliches Gleichgewicht bringt«, unter allen geschickt aufgezogenen Wort-Girlanden die ›Botschaft‹ eines sexuellen Initial-Erlebnisses bietet, läßt sich wohl auch ohne psychoanalytische Dechiffrierung entdecken. Natürlich ließ sich der versierte Kurt R. Eissler den Fall nicht entgehen (vgl.: Goethe. Eine psychoanalytische Studie 1775–1786. 1963, dt. 1983/85. Bd. 2, S. 1154ff.).

Mit der Ausleuchtung psychischer Vorgänge und Substrukturen ist sicher nicht der Universalschlüssel für das Goethe-Verständnis zu gewinnen. Es läßt sich andererseits aber nicht übersehen, daß der italienischen Reise – gerade unter dem Gesichtspunkt der Krisensymptomatik – ein Komplex des Untergründigen, nicht unmittelbar Ausgesprochenen, aber doch Erschließbaren zugehört, ohne den diese Flucht und Selbsterziehung, dieser grandiose Versuch einer Selbstheilung nicht recht verstehbar wäre. Vielleicht ist es das mehrfach bei Goethe auftauchende Wort von der »Stockung«, das auf diese Zusammenhänge am deutlichsten anspielt. Wir finden es in einem Brief an Charlotte von Stein vom 18. April 1787, der ihre »letzte Zeit« in Weimar so charakterisiert, und in einer späteren Notiz zur *Italienischen Reise* mit Bezug auf den Besuch des Gardasees: »Heilsam und gesegnet, daß auf eine lange Stockung wieder eine Lebensregung sich rührt« (Bd. 15). Es ist eine Rekapitulation wiederum zur

Seite des Lebens wie der Kunst, wenn Goethe nach der Rückkehr in Weimar feststellen kann: »Ich war in Italien sehr glücklich, es hat sich so mancherlei in mir entwikkelt, das nur zulange stockte, Freude und Hoffnung ist wieder ganz in mir lebendig geworden« (an Friedrich Heinrich Jacobi, 21. Juli 1788).

Was ihm in Italien geschehen ist, die Erfrischung der ›stockenden‹ Lebenskräfte: Goethe hat diese Genesung vornehmlich mit dem Wort »Wiedergeburt« festlich ausgedrückt, wohl wissend, daß er damit die Vorstellung einer pietistischen Erneuerung wachruft. Wir finden das Wort erstmals – »⟨...⟩ ich zähle einen zweiten Geburtstag, eine wahre Wiedergeburt ⟨...⟩« – mit Bezug auf die Ankunft in Rom (an das Ehepaar Herder, 2. Dezember 1786). Aus der Korrespondenz geht es unverändert in die *Italienische Reise* (s. 3. Dezember 1786) ein und erlangt dort, sorgfältig variiert, den Rang eines Leit- und Grundwortes. Eine knappe Auswahl aus einer Fülle von Belegen: »Die Wiedergeburt, die mich von innen heraus umarbeitet ⟨...⟩« (20. Dezember 1786). – »⟨...⟩ es wäre besser, ich käme gar nicht wieder, wenn ich nicht wiedergeboren zurückkommen kann« (22. März 1787). – »⟨...⟩ ich bin wirklich umgeboren und erneuert und ausgefüllt« (23. August 1787). – »⟨...⟩ ein Geburtstag für mich zu einem neuen Leben« (3. September 1787). – »In Rom hab' ich mich selbst zuerst gefunden, ich bin zuerst übereinstimmend mit mir selbst glücklich und vernünftig geworden ⟨...⟩« (14. März 1788).

Wiedergeburt, neues Leben, Selbstfindung, Glück: so oder ähnlich gliedern sich die Assoziationsketten, wenn es die Vorfreude auf Rom, den Aufenthalt dort oder die Erinnerung daran auszudrücken gilt. Die Vorfreude kennt Goethe seit der Kindheit, seit den römischen Prospekten im väterlichen Haus zu Frankfurt, seit der Italien-Reise des Vaters (1740) und ihrer wohl 1762 beginnenden umständlichen Darstellung, dem ›Viaggio per l'Italia‹ (s. *Dichtung und Wahrheit* I/1; Bd. 16, S. 15). Die Sehnsucht nach Italien – das »Italienweh« (Wilhelm Heinse) – ist seit den frühesten Jahren in Goethe lebendig (s. *Reise-Tagebuch*, 17. Oktober 1786), mit dem Zug nach Rom erfüllt er sich endlich einen Jugendtraum, tritt er die Vater-Nachfolge an

– ein Feld, das wiederum den Psychologen begreiflicherweise anlockt.

Unzählig die Zeugnisse, aus denen hervorgeht, wie Goethe seine römische Existenz als eine Zeit der Genesung und Erneuerung – eben der »Wiedergeburt« – glücklich erfahren hat. Tischbeins Aquarell, das ihn von rückwärts am Fenster seiner Wohnung am Corso zeigt, entspannt in der Körperhaltung (bis in den wippenden Fuß hinein), hat dieses Lebensgefühl aufbewahrt. Die Zeichnung illustriert in der Tat die nun bald einsetzenden Glücksbotschaften: »⟨...⟩ so mein' ich, bis aufs innerste Knochenmark verändert zu sein« (*Ital. Reise*, 2. Dezember 1786). Oder: »Ich bin von einer ungeheuren Leidenschaft und Krankheit geheilt, wieder zum Lebensgenuß ⟨...⟩ genesen ⟨...⟩« (an den Freundeskreis, 6. Januar 1787). Auf der Rückreise nennt Goethe in einem Brief an Herder, der sich zur Italien-Reise anschickte, dessen Ziel Rom, um gleich hinzuzufügen: »⟨...⟩ wo ich in meinem Leben das erstemal unbedingt glücklich war« (5. Juni 1788). 40 Jahre später äußert sich Goethe nicht anders: »⟨...⟩ ich bin, mit meinem Zustande in Rom verglichen, eigentlich nachher nie wieder froh geworden« (zu Eckermann, 9. Dezember 1828; Bd. 19, S. 261).

Wenn es wahr ist, daß Goethe – wie Caroline Herder aus einem Gespräch berichtet (an ihren Mann, 7. August 1788) – 14 Tage vor seiner Abreise aus Rom täglich wie ein Kind geweint hat, dann waren es wohl ahnungsvolle Abschiedsschmerzen, weil die zu Ende gehende Glückszeit unwiederholbar bleiben mußte. Doch das »Fundament«, das Goethe in Italien als »Baumeister« seines Lebens – wie seiner Kunst – gelegt hat (s. an Charlotte von Stein, 29. Dezember 1786), erwies sich wahrhaft als tragfähig. Als fast 80jähriger kann er mit Blick auf das Folgende resümieren, daß durch die italienische Reise »der Grund meines ganzen nachherigen Lebens sich befestigt und gestaltet hat« (an Carl Wilhelm Göttling, 8. November 1828).

# KOMMENTAR

*Abkürzungen*

| | |
|---|---|
| A | Goethes Werke. 13 Bde. Tübingen 1806–1810 |
| AlH | Ausgabe letzter Hand |
| B | Goethes Werke. 20 Bde. Stuttgart und Tübingen 1815–1819 |
| BA | Goethe. Berliner Ausgabe. 22 Bde. Berlin/Weimar 1960–1978 |
| Bode | Goethe in vertraulichen Briefen seiner Zeitgenossen. Zusammengestellt von Wilhelm Bode. Neu hg. von Regine Otto und Paul-Gerhard Wenzlaff. 3 Bde. München 1982 |
| Bradish | Joseph A. von Bradish: Goethes Beamtenlaufbahn. New York 1937 |
| Braun | Goethe im Urteile seiner Zeitgenossen. Hg. von Julius W. Braun. Berlin 1884. Nachdr. Hildesheim 1969 |
| $C^1$ | Goethes Werke. Vollständige Ausgabe letzter Hand. 40 Bde. Stuttgart und Tübingen 1827–1830. – Ergänzend: Goethes nachgelassene Werke, hg. von Johann Peter Eckermann und Friedrich Wilhelm Riemer. 20 Bde. 1832–1842 (›Taschenausgabe‹) |
| $C^3$ | Goethes Werke. Vollständige Ausgabe letzter Hand. 40 Bde. Stuttgart und Tübingen 1827–1830. Ergänzend: Goethes nachgelassene Werke, hg. von Johann Peter Eckermann und Friedrich Wilhelm Riemer. 20 Bde. 1832–1842 (›Oktavausgabe‹) |
| CA | Goethe. Gesamtausgabe der Werke und Schriften. Abt. I: Werke, Abt. II: Schriften. 22 Bde. Stuttgart 1949–1963 |
| CGZ | Corpus der Goethezeichnungen, hg. von Gerhard Femmel u.a., 7 Bde, Leipzig 1958–1973. 2. Aufl. München 1972–1981 |
| DWb | Jacob und Wilhelm Grimm: Deutsches Wörterbuch. 33 Bde. Leipzig/Berlin 1854–1971 |
| ED | Erstdruck |
| FDH | Freies Deutsches Hochstift, Frankfurt/Main |
| FrA | Johann Wolfgang Goethe. Sämtliche Werke. Briefe, Tagebücher und Gespräche. 40 Bde. Frankfurt/M. 1985 ff. (›Frankfurter Ausgabe‹) |

| | |
|---|---|
| GaS | Goethes amtliche Schriften. Veröffentlichung des Staatsarchivs Weimar. Hg. von Willy Flach (Bd. 1) und Helma Dahl (Bd. 2–4). Weimar 1950–1987 |
| GJb | Goethe-Jahrbuch |
| Gräf | Goethe über seine Dichtungen. Hg. von Hans Gerhard Gräf. 3 Teile in 9 Bdn. Frankfurt/M. 1901 bis 1914. (Nachdr. Darmstadt 1968) |
| Grawe | Goethe: Torquato Tasso. Erläuterungen und Dokumente, hg. von Christian Grawe. Stuttgart 1981 |
| Grumach | Goethe. Begegnungen und Gespräche. Begründet von Ernst Grumach und Renate Grumach, hg. von Renate Grumach. Berlin 1956ff. |
| GSA | Goethe- und Schiller-Archiv, Weimar |
| H³ | Sammelhandschrift von Gedichten als Grundlage für die (nicht erhaltene) Druckvorlage zu Bd. 8 der *Schriften* (1789); GSA 25/I,3 |
| H⁴ | Sammelhandschrift von Gedichten als Grundlage für die (nicht erhaltene) Druckvorlage zu Bd. 8 der *Schriften* (1789); GSA 25/I,4 |
| HA, Briefe an G. | Briefe an Goethe. Hamburger Ausgabe in 2 Bänden. Hg. von Karl Robert Mandelkow. 2. Aufl. München 1982 |
| Hagen | Die Drucke von Goethes Werken. Bearbeitet von Waltraud Hagen. 2., durchges. Aufl. Berlin 1971 (Lizenzausg. Weinheim 1971) |
| Hecker | Max Hecker: Nachwort und Erläuterungen zur Faksimile-Ausgabe der Handschrift von Goethes Römischen Elegien. Leipzig 1920 |
| Herwig | Goethes Gespräche. Eine Sammlung zeitgenössischer Berichte aus seinem Umgang. Aufgrund der Ausgabe und des Nachlasses von Flodoard Freiherrn von Biedermann ergänzt und hg. von Wolfgang Herwig. Bd. 1–5. Zürich, Stuttgart, (ab Bd. 4) München 1965–1987 |
| Hs. | Handschrift |
| HzM | Hefte *Zur Morphologie* |
| JbFDH | Jahrbuch des Freien Deutschen Hochstifts |
| JbGG | Jahrbuch der Goethe-Gesellschaft |
| LA | Goethe. Die Schriften zur Naturwissenschaft. Vollständige mit Erläuterungen versehene Ausgabe, hg. im Auftrage der Deutschen Akademie der Naturforscher (Leopoldina) zu Halle, begründet von Karl Lothar Wolf und Wilhelm Troll, hg. von Dorothea Kuhn und Wolf von Engelhardt. Weimar 1947 ff. |

| | |
|---|---|
| Leitzmann | Goethes Römische Elegien. Nach der ältesten Handschrift. Hg. von Albert Leitzmann. Bonn 1912 |
| Mandelkow | Goethe im Urteil seiner Kritiker. Dokumente zur Wirkungsgeschichte Goethes in Deutschland. Hg. von Karl Robert Mandelkow. 4 Bde. München 1975–1984 |
| N | Goethes neue Schriften. 7 Bde. Berlin 1792–1800 |
| o.D. | ohne Datum |
| Q | Goethes poetische und prosaische Werke in zwei Bdn. ⟨zu je zwei Abteilungen⟩. Hg. von Johann Peter Eckermann und Friedrich Wilhelm Riemer. Stuttgart und Tübingen 1836/37 (›Quartausgabe‹) |
| RA | Briefe an Goethe. Gesamtausgabe in Regestform. Hg. von Karl-Heinz Hahn. Weimar 1980 ff. |
| Ruppert | Goethes Bibliothek. Katalog. Bearbeitet von Hans Ruppert. Weimar 1958 |
| S | Goethes Schriften. 8 Bde. Leipzig 1787–1790 |
| SchrGG | Schriften der Goethe-Gesellschaft |
| SL | Goethe. Schriften zur Literatur. Historisch-kritische Ausgabe. Hg. von der Deutschen Akademie der Wissenschaften der DDR, bearb. von Edith Nahler u. a. 7 Bde. Berlin 1970–1982 |
| SNA | Schillers Werke. Nationalausgabe. Weimar 1943 ff. |
| STA | Staatsarchiv Weimar |
| UB | Universitätsbibliothek |
| WA | Goethes Werke. Abteilungen I, II, III, IV. Hg. im Auftrage der Großherzogin Sophie von Sachsen. 133 in 143 Bdn. Weimar 1887–1919 (›Weimarer Ausgabe‹) |

# TAGEBUCH DER
# ITALIENISCHEN REISE
# FÜR FRAU VON STEIN
# 1786

## Die Abreise

Seit dem 27. Juni 1786 hatte sich G. in Karlsbad aufgehalten, in Begleitung Charlotte von Steins, des Ehepaars Herder, des Herzogs Carl August und einer kleineren, ihm halb befreundeten Hofgesellschaft. Eine nicht ungewöhnliche Konstellation im Jahresrhythmus des weimarischen Staatsministers. Am 14. August, wenige Tage vor seinem 37. Geburtstag, war Charlotte von Stein abgereist. G. hatte sie über das Erzgebirge bis nach Schneeberg begleitet, um danach die dortigen Bergwerke zu besichtigen. Vier Tage später wurde – auch das nicht außergewöhnlich – G.s Geburtstag in Karlsbad im engen Kreis der Freunde gefeiert. Daß dabei in einer artigen Allegorie die Schar seiner unvollendeten Werke auftrat und ihn um Fertigstellung anflehte, kann G. in dieser Umgebung kaum feindselig oder irritierend berührt haben. So sehr war er sich der Tatsache bewußt, daß sich unter den Werken, die er für die Aufnahme in die erste Sammlung seiner Schriften bei Göschen zur Subskription gestellt hatte, eine ganze Reihe groß gedachter, aber als Torso liegengelassener Schöpfungen befand, an deren Fertigstellung unter den gegebenen Belastungen kaum zu denken war. Der Herzog reiste noch am gleichen Tag ab, von G. um einen »unbestimmten Urlaub« gebeten (an Carl August, 2. September 1786). Wenige Tage danach, am 3. September, stahl sich G. aus Karlsbad weg. Nur seinen Diener Philipp Seidel in Weimar hatte er instruiert, um nicht gänzlich ohne Ausrüstung auf eine längere Reise zu gehen. Die letzten Tage vor seiner Flucht hatte er auf das Schreiben seiner Abschiedsbriefe verwendet, in denen er aber niemandem auch nur eine Andeutung seines Ziels gab. War die Reise von längerer Hand vorbereitet? Hatte G. nur mit dem Gedanken gespielt, ohne vor sich selbst auf seine Einlösung zu dringen? Die Briefe aus den letzten Augusttagen geben keinen Hinweis auf seine Pläne. So schreibt er an Charlotte unter dem 27. August:

»Meiner lieben schicke ich durch Wagnern den Umriß und die kleine Zeichnung an der ich weiter nichts gemacht habe. Mehr soll folgen und noch mehr, sobald ich meine vier Bände eingesiegelt habe. Morgen geht der Herzog über Töplitz und so weiter, ich denke die Tour wird länger als er sich sie vorsetzt. Wenns ihm nur wohl dabei ist, er war zuletzt noch recht vergnügt.

Ich bleibe noch acht Tage und solang hab ich noch zu tun; Herder hilft mir treulich, noch wird an Iphigenien viel getan. Es macht sich und ich hoffe es soll leidlich werden.

Liebe mich und grüße die deinigen. Deinen Brief habe ich nach acht Tagen erhalten. Ich danke dir. Brauchen sie Ernsten den Magensaft? bestehe doch drauf, und laß einmal wo möglich ein Conseil mit Lodern halten. Grüße Fritzen ich danke ihm seinen Brief. Eh ich von hier weg gehe schreib ich dir noch und hoffentlich mit freier Seele, daß alles abgetan ist. Adieu.

d. 27. Aug. 86                                G.«

Und drei Tage später noch, unter dem Eindruck der Geburtstagsfeier, bei der das Fräulein von Asseburg es übernommen hatte, in Anspielung auf G.s erfolgreiche Aristophanes-Bearbeitung *Die Vögel* (am 21. August in Karlsbad mit »unsäglichem Glück« vorgelesen), dem Papagei eine wohlgesetzte Rede in den Mund zu legen – so Herder in einem Kollektivschreiben an den Herzog vom 8. September –, spricht G. in seinem Brief an Frau von Stein nur von einer kürzeren Trennung:

»d. 30. Aug.

Nun geht es mit mir zu Ende meine Liebste, Sonntag d. 3ten Sept. denk ich von hier wegzugehn. Die übrige Gesellschaft bleibt wohl noch bis d. 11ten und dann geht alles miteinander. Sie haben meinen Geburtstag gefeiert, die Waldner soll dir alles erzählen wie es war und die Gedichte und Geschenke mitbringen; du hebst mir sie auf bis ich wiederkomme. Die Asseburg hat im Namen der Vögel, als Papagei, eine recht artige Gratulation gemacht, die einen guten Ton hat und überhaupt wohl geraten ist.

Sonst sind wir fleißig, Herder hilft treulich und bis den Sonnabend ist alles fertig; mir wird recht wohl sein wenn ich im Wagen sitze. Zuletzt wards zu toll, das Pensum war zu groß. An der Iphigenie ist viel geändert worden. Sie wird noch einmal abgeschrieben. Ich bin recht wohl, die andern meist auch. Die Waldner hat bessere Hoffnung.

Wann werd ich nun wieder von dir hören. Ich bin mit ganzem Gemüte dein und freue mich des Lebens nur in dir. Von hieraus schreib ich dir noch einmal. Grüße Fritzen und die deinen.

G.«

Am 1. September schreibt G. dann, in lakonischer Bedrückung, seinen Abschiedsbrief an die Geliebte, als ersten einer Reihe von

Schreiben, in denen er seinem überstürzten Aufbruch den Anschein von Ordnung zu geben sucht.
»Nun noch ein Lebewohl von Carlsbad aus, die Waldner soll dir dieses mitbringen; von allem was sie erzählen kann sag ich nichts; das wiederhol ich dir aber daß ich dich herzlich liebe, daß unsre letzte Fahrt nach Schneeberg mich recht glücklich gemacht hat und daß deine Versichrung: daß dir wieder Freude zu meiner Liebe aufgeht, mir ganz allein Freude ins Leben bringen kann. Ich habe bisher im Stillen gar mancherlei getragen, und nichts so sehnlich gewünscht als daß unser Verhältnis sich so herstellen möge, daß keine Gewalt ihm was anhaben könne. Sonst mag ich nicht in deiner Nähe wohnen und ich will lieber in der Einsamkeit der Welt bleiben, in die ich jetzt hinaus gehe. Wenn meine Rechnung nicht trügt; kannst du Ende September ein Röllgen Zeichnungen von mir haben, die du aber niemanden auf der Welt zeigen mußt. Du sollst alsdann erfahren wohin du mir schreiben kannst. Lebe wohl! Gib Fritzen inliegendes. Grüße Ernsten, Steinen, die Schwester und laß niemand merken daß ich länger außenbleibe. Liebe mich, und sage mirs damit ich mich des Lebens freuen könne.
   d. 1. Sept. 86                                                G.
Die vier ersten Bände recht auszuputzen hat noch viele Mühe gemacht; sogar Iphigenien nehm ich noch auf die Reise mit. Herder hat sehr treulich geholfen, und über das Ende Werthers ist die Sache auch entschieden. Nachdem es Herder einige Tage mit sich herumgetragen hatte, ward dem Neuen der Vorzug eingeräumt. Ich wünsche daß dir die Veränderung gefallen und das Publikum mich nicht schelten möge. Liebe mich herzlich und mit Freude mein ganz Gemüt ist dein. Du hörst bald von mir, Adieu.«
Die Reihe der offiziellen Abschiedsbriefe vom 2. September wird angeführt von dem langen Rechtfertigungsschreiben an den Herzog Carl August:
»Verzeihen Sie daß ich beim Abschiede von meinem Reisen und Außenbleiben nur unbestimmt sprach, selbst jetzt weiß ich noch nicht was aus mir werden soll.
   Sie sind glücklich, Sie gehen einer gewünschten und gewählten Bestimmung entgegen, Ihre häusliche Angelegenheiten sind in guter Ordnung, auf gutem Wege, und ich weiß Sie erlauben mir auch daß ich nun an mich denke, ja Sie haben mich selbst oft dazu aufgefodert. Im Allgemeinen bin ich in diesem Augenblicke gewiß entbehrlich, und was die besondern Geschäfte betrifft die mir aufgetragen sind, diese hab ich so gestellt, daß sie eine Zeitlang bequem ohne mich fortgehen können; ja ich dürfte

sterben und es würde keinen Ruck tun. Noch viele Zusammenstimmungen dieser Konstellation übergehe ich, und bitte Sie nur um einen unbestimmten Urlaub. Durch den zweijährigen Gebrauch des Bades hat meine Gesundheit viel gewonnen und ich hoffe auch für die Elastizität meines Geistes das Beste, wenn er eine Zeitlang, sich selbst gelassen, der freien Welt genießen kann.

Die vier ersten Bände sind endlich in Ordnung, Herder hat mir unermüdlich treu beigestanden, zu den vier letzten bedarf ich Muße und Stimmung, ich habe die Sache zu leicht genommen und sehe jetzt erst was zu tun ist, wenn es keine Sudelei werden soll. Dieses alles und noch viele zusammentreffende Umstände dringen und zwingen mich in Gegenden der Welt mich zu verlieren, wo ich ganz unbekannt bin, ich gehe ganz allein unter einem fremden Namen und hoffe von dieser etwas sonderbar scheinenden Unternehmung das beste. Nur bitt ich lassen Sie niemanden nichts merken, daß ich außenbleibe. Alle die mir *mit* und *unter*geordnet sind, oder sonst mit mir in Verhältnis stehen, erwarten mich von Woche zu Woche, und es ist gut daß das also bleibe und ich auch abwesend, als ein immer erwarteter, würke.

Hier schick ich Riedels Brief, wenn es Ihnen um ihn Ernst ist; so lassen Sie etwa durch Schmidten mit ihm handeln. Das beste wäre, dünkt mich, da er ohnedies den Grafen verlassen will, Sie ließen ihn kommen, bezahlten ihm die Reise, ließen ihn ein wenig prüfen, durch Herdern und sonst, und sähen wie Sie alsdann mit ihm einig würden.

Imhofs Jahr geht auch zu Ende, ich habe auf alle Fälle dem Rat Götze gesagt er solle 300 rh. bei Seite legen, vielleicht würden sie Ew. Durchl. gegen eigenhändige Quittung abholen lassen. Sonst fällt mir nichts ein was ich zu erinnern hätte.

Leben Sie wohl das wünsch ich herzlich, behalten Sie mich lieb und glauben Sie: daß, wenn ich wünsche meine Existenz ganzer zu machen, ich dabei nur hoffe sie mit Ihnen und in dem Ihrigen, besser als bisher zu genießen.

Mögten Sie in allem was Sie unternehmen Glück haben und Sich eines guten Ausganges erfreuen. Wenn ich meiner Feder den Lauf ließe mögte sie wohl noch viel sagen, nur noch ein Lebe wohl und eine Bitte mich Ihrer Frau Gemahlin angelegentlich zu empfehlen.

Carlsbad d. 2. Sept. 86. G.

Noch ein Wort! Ich habe den Geheimen Assistenz Rat Schmidt bei meiner Abreise wie gewöhnlich gebeten sich der Kriegskommissions Sachen anzunehmen, er pflegt aber alsdann nur pressante Sachen abzutun und läßt die übrigen liegen. Wollten Sie

ihn wohl veranlassen daß er die kurrenten wie sie einkommen sämtlich expediert, ich habe ihm ohnedies geschrieben daß ich Sie um verlängerten Urlaub gebeten. Seeger ist von allem genau unterrichtet und Schmidt tut es gerne.«
Dem Verleger Göschen wird noch die Abschrift des Kontraktes zur Unterzeichnung geschickt, um die Verhandlungen über die Gesamtausgabe der Werke unter Dach und Fach zu bringen. An den Diener Seidel ergehen zwei Briefe mit detaillierten Anweisungen, umsichtig in aller Hast des Aufbruchs und pedantisch-fürsorglich im Tonfall gegenüber dem Vertrauten. Dann folgen die Briefe an die beiden Herders, denen er für die Fahrt nach Italien die Rolle der anderen Adressaten seiner Reise-Briefe zugedacht hatte, an den Ziehsohn Fritz von Stein und schließlich noch einmal, nächtlich vor Antritt der Fahrt, an die Geliebte.

*Goethe an J. G. und Caroline Herder. Karlsbad, 2. September 1786:*
Ich lasse Euch meinen besten Dank, Wunsch und Segen zurück indem ich im stillen scheide. Ich muß enden und eilen um der Witterung und anderer Umstände willen. Wohin ich auch gehe werdet Ihr mich begleiten und das Andenken Eurer Liebe und Treue. Lebet recht wohl! ich freue mich Euch wieder zu sehn. Grüßet und küsset den guten Gustel und kommt glücklich nach Hause. Saget den Überbleibenden viel Schönes und wo möglich etwas Vernünftiges in meinem Namen, damit sie mir den heimlichen Abschied verzeihen.

Nun mag ich noch ein kurzes Wort von dem hamburger Ruf sagen. Das Pro und Contra erwähn' ich nicht, das kennen wir beide. Nur Eine Betrachtung sag ich: Die zehen Weimarische Jahre sind dir nicht verloren wenn du bleibst, wohl wenn du änderst, denn du mußt am neuen Ort doch wieder von vorne anfangen und wieder würken und leiden bis du dir einen Würkungskreis bildest; ich weiß daß bei uns viel, wie überhaupt, auch dir unangenehm ist, indessen hast du doch einen gewissen Fuß und Standort den du kennst u. s. w. Es kommt doch am Ende darauf an daß man aushält und die andern ausdauert. Wieviel Fälle sind nicht möglich, da sich das Gesicht unsrer Existenz ins Beßre verändern kann.

Genug das ist heut und immer meine Meinung wenn von meiner Meinung die Rede ist. Ein andres wäre wenn du dich sicher sehr verbessertest und ein ruhigeres, freieres, deinen Gesinnungen angemesseneres Leben vor dir sähst.

Die Sache werden zu lassen halt ich für gut, damit nur einige Bewegung in die Schicksale komme, dem Ruf zu folgen aber kann ich nie raten. Dies noch zum Abschied. Das übrig möge Euch Euer Geist sagen.

Lebt noch und nochmals wohl und behaltet mich lieb. Bald hört Ihr wieder von mir.

d. 2. Sept. 86 G.

*Goethe an Friedrich von Stein. Karlsbad, 2. September 1786:*
Eh' ich aus Carlsbad gehe, muß ich dir noch ein Wort schreiben. Ich habe dich sehr vermißt, und wollte, ich hätte dich bei mir, auch jetzt, da ich noch meinen Weg weiter mache. Ich bin recht wohl und hoffe, du sollst es sein und bleiben. Ich bin auch sehr fleißig gewesen, und die vier ersten Bände meiner Schriften sind in Ordnung. Der August soll dir viel erzählen; gehe manchmal zu Herders und mit Augusten spazieren, er ist ein gar gutes Kind. Du sollst Holz haben, wenn deines noch nicht angekommen ist, gedenke meiner am Kamin. Lebe wohl, wenn ich zurückkomme, erzähle ich dir viel.

Carlsbad, den 2. September 1786. G.

*Goethe an Charlotte von Stein. Karlsbad, 2. September 1786:*
Morgen Sonntags d.3ten Sept. geh ich von hier ab, niemand weiß es noch, niemand vermutet meine Abreise so nah.

Ich muß machen daß ich fortkomme, es wird sonst zu spät im Jahr.

Die Gesellschaft ist noch recht artig hier, die Lanthieri gar gut und brav. Sonst geh ich nicht aus, und habe mich der Prinzeß nur Einmal präsentiert. Der Herdern hab ich die *Philinen* Silhouette recht ernstlich gezeigt und sie sehr neugierig gemacht. Verrate es ja nicht.

Wenn du ein Paket oder eine Rolle von mir erhälst; so mache sie nicht in Gegenwart andrer auf, sondern verschließ dich in dein Kämmerlein. Vogel bringt dir noch ein Päckgen mit, von dem gilt es noch nicht.

Nachts eilfe
Endlich, endlich bin ich fertig und doch nicht fertig denn eigentlich hätte ich noch acht Tage hier zu tun, aber ich will fort und sage auch dir noch einmal Adieu! Lebe wohl du süßes Herz! ich bin dein.

d. 2. Sept. 86 G.

## Die halbgeplante Flucht

Kaum im Wagen, ist sich G. der Richtigkeit seiner Entscheidung bewußt. Er ist geflohen, er hat sich seiner Bindungen und seiner Verpflichtungen entledigt, den Schnitt offenlassend bis zuletzt.

Dann aber erweist es sich, daß G. für die Fahrt innerlich Vorkehrungen getroffen hat: Am ersten Tag beginnt er mit den Aufzeichnungen in seinem *Reise-Tagebuch* für die zurückgelassene Geliebte. Es sind vorab nüchterne Zusammenstellungen von Reisestationen, Tagesnotizen, exakte Angaben über Gesteinsformationen, Naturalienkabinette und Witterungserfahrungen, in einem betont einfachen Briefstil, der aber unversehens, durch einen Gedanken aufgerüttelt, wie in einer Augenblickserkenntnis weite Perspektiven um sich öffnen kann. Kein Zweifel, der reisende G. sieht sich am Anfang seines Italienabenteuers in der ihm von Kindheit an zugedachten Rolle des bürgerlichen Kavaliers, der auf die *grand tour* geht, um im Studium der welschen Natur, Landwirtschaft, Staatsverfassung, Volkseigentümlichkeit und Kunst der eigenen Erziehung den letzten Schliff zu geben. Wie die Heerzüge der Italienreisenden vor und neben ihm geht er mit einer systematischen Erwartung und Vorkenntnis nach dem Süden, ohne die ihm eine solche Begegnung im vorhinein fast unsinnig vorgekommen wäre. Das Tagebuch, auch wenn es das Gespräch mit Charlotte über einen ungewissen Zeitraum fortführen sollte, hatte doch vor allem den Sinn, die Kette der Ereignisse und Einsichten so, in sich erweiternden Kreisen und in wechselseitigen Spiegelungen, festzuhalten, daß dem Erleben am Ende die Erkenntnis als ein objektiv vom Ich ablösbarer Gewinn zurückbleiben konnte.

Aus *Dichtung und Wahrheit* wissen wir, wieweit in seine Kindheit zurück G.s Sehnsucht reichte, wie sein Vater nach Italien zu reisen. »Innerhalb des Hauses«, heißt es dort zu Beginn des Ersten Buchs (Bd. 16, S. 17), »zog meinen Blick am meisten eine Reihe römischer Prospekte auf sich, mit welchen der Vater einen Vorsaal ausgeschmückt hatte, gestochen von einigen geschickten Vorgängern des *Piranese*, die sich auf Architektur und Perspektive wohl verstanden, und deren Nadel sehr deutlich und schätzbar ist. Hier sah ich täglich die Piazza del Popolo, das Coliseo, den Petersplatz, die Peterskirche von außen und innen, die Engelsburg und so manches andere. Diese Gestalten drückten sich tief bei mir ein, und der sonst sehr lakonische Vater hatte wohl manchmal die Gefälligkeit, eine Beschreibung des Gegenstandes vernehmen zu lassen. Seine Vorliebe für die italienische Sprache und für alles was sich auf jenes Land bezieht, war sehr ausgesprochen. Eine kleine Marmor- und Naturaliensammlung, die er von dorther mitgebracht, zeigte er uns auch manchmal vor, und einen großen Teil seiner Zeit verwendete er auf seine italienisch verfaßte Reisebeschreibung, deren Abschrift und Redaktion er eigenhändig, heftweise, langsam und genau ausfertigte.«

Die heimlichen Vorbereitungen für die Flucht nach Italien, die Genauigkeit der Buchführung über das Erlebte und Gesehene vor allem auf den ersten Etappen der Reise nach Rom, die doppelte Zielrichtung, im Süden an den Kunstschätzen seit der Antike *und* an den Beobachtungen der Natur eine tiefere Einsicht in die Gesetzmäßigkeit der Welt zu gewinnen, die gewissenhafte Ergänzung der eigenen Notizen durch Sammlungen von Naturalien, Gipsabgüssen, Büchern und Stichen – alles das läßt den tiefen Eindruck spüren, den der trockene Enthusiasmus und die sorgsam bewahrte Italienerinnerung seines Vaters auf ihn gemacht haben. Dessen ausführlicher Reisebericht, in gravitätischem Italienisch abgefaßt, um der wohl behüteten südlichen Gegenwelt ihre eigene Aura zu lassen, besticht noch heute durch die Schärfe der Beobachtung und die selbstgewisse Sicherheit des Urteils, auch wenn man sie neben die ausführlicheren, geistreicheren und besser erzählenden Werke der Zeitgenossen hält. 1768 waren die Niederschrift und Redaktion abgeschlossen. In den sechs Jahren, die der Jurist »nach seiner Entfernung von Geschäften« auf die Nachzeichnung seiner Italienerfahrungen verwandt hatte, müssen seinem Sohn Johann Wolfgang die Landschaften und Städte, die Platzanlagen und Bauten, die Vegetation und die ganz andere Alltäglichkeit des Südens aus vielen Äußerungen des Vaters anschaulich geworden sein. Das war bei dem lehrhaften Grundzug im Wesen Johann Caspar Goethes ganz unvermeidlich. Für diesen war der lange Aufenthalt in Italien ein Doppeltes: eine vergönnte Epoche des eigenen Lebens, in der er unter heiterem Himmel in einer hesperischen Natur und unter den Zeugnissen bedeutender Denkmäler des Altertums wie der Renaissance zu einem inneren Ausgleich mit sich gelangen konnte – darin zeigen sich durchaus vorromantische Züge in der rigiden Pflichterfüllung des reisenden Melancholikers – und die Kavaliersreise eines Bürgerlichen, der sich dieser Ausnahmesituation jeden Augenblick stolz bewußt war, während er den seit langem vorgeschriebenen Bahnen der großen Tour durch Italien aufmerksam und nach den ebenfalls vorgegebenen Regeln der Apodemik oder Reisekunst folgte. Daß Johann Caspar Goethe seinem Sohn immer wieder einschärfte, daß erst diese Reise seine Erziehung ganz abschließen könne, ist von dem Zugleich beider Erfahrungen getragen, und Johann Wolfgang hat bis in die Zeit der Ausarbeitung des dritten Bandes der *Italienischen Reise* (1829) an diesen väterlichen Auffassungen ohne größere Abstriche festgehalten.

Zweimal war G. nahe daran, in jungen Jahren noch den Plan einer Italienfahrt auszuführen. »Hier oben«, erinnert er sich denn auch auf der Höhe des Brenners in seinem *Reise-Tagebuch*, als er am 9. September 1786 endlich an der Schwelle nach Süden innehält, »in einem wohlgebauten, reinlichen, bequemen Hause seh ich nun noch einmal nach dir zurück. Von hier fließen die Wasser nach Deutschland und nach Welschland diesen hoff ich morgen zu folgen. Wie sonderbar daß ich schon zweimal auf so einem Punkte stand, ausruhte und nicht hinüber kam! Auch glaub ich es nicht eher als bis ich drunten bin« (S. 28). Am 23. Juni 1775 hatte G. das erste Mal auf dem Gotthard-Paß in der Schweiz gestanden und sehnsüchtig den Weg nach Süden mit den Augen verfolgt. Eine Zeichnung hielt damals den Ausblick und den Moment für G. fest. Im Herbst des Jahres hatte ihn dann die Einladung an den Weimarer Hof aus den Vorbereitungen zu einer Italien-Reise gerissen. Als die Kutsche, die ihn aus Frankfurt abholen sollte, zu lange auf sich warten ließ, war G. überstürzt nach Italien aufgebrochen. Daß ihn dann Weimar auf den ersten Wegstrecken noch einholte, mußte für ihn Erleichterung und Enttäuschung in einem sein. Die bewegten Worte am Ende von *Dichtung und Wahrheit* halten diese Stimmung bis heute lebendig. Und das Schlußzitat aus dem *Egmont* verdeutlicht, wie schwer G. an diesem Schicksalsvertrauen zu tragen hatte, das ihn damals statt nach Arkadien in die kleine, ärmliche, an den Nachwirkungen der Kriegszeit leidende Residenz Weimar geführt hatte. Als Alternative war die Italien-Reise in G.s Bewußtsein haften geblieben, als ein niemals ganz aufgehobener Plan.

Das zweite Mal war G. mit dem Herzog Carl August auf seiner zweiten Schweizer-Reise noch einmal an den St. Gotthard gelangt. Diesmal war es die unwirtliche Jahreszeit – es war der 13. November 1779 –, die jeden Gedanken an eine Weiterreise von Anfang an verhinderte. Gemeinsam war all diesen Momenten, daß G. mit Italien die Vorstellung einer Flucht aus bestehenden Verhältnissen und Pflichten verband. Wie für seinen Vater war auch für ihn die hesperische Welt Italiens die Gegenwirklichkeit zur Kälte und Enge des Nordens, aber stärker als für den aufgeklärt-nüchternen Patrizier war für seinen Sohn der Traum vom mediterranen Süden von Nervenzuständen und von innerstem Widerstand gegen die sonst willig übernommene Tagesgewöhnung besetzt, die ihm die sorgfältige und gewissenhafte Vorplanung der Kavaliersreise gar nicht zuließ. Natürlich ging G. nicht ohne alle Vorstudien, nicht ohne Programm und Reiseführer in das Land, dessen Städte und Bauten er so lange aus Bildern und Berichten kannte. Aber das Jähe, das Improvisierte und Heimliche gehören von Anfang an zu seiner Italienreise dazu.

Seit Beginn des 16. Jh.s war die Reise nach Italien beinahe unabdingbarer Bestandteil der adligen Erziehung. Die großen

Städte, die aufblühende Kunst, die wiederentdeckten »sprechenden Ruinen« des Altertums – *ruine parlanti* nannte G. B. Piranesi (1720–1778) im Vorwort seiner ersten Radierungsfolge (1743) die erhaltenen Riesen-Monumente der römischen Antike –, der Zustand des Handels und der Landwirtschaft, aber auch die Festlichkeiten, wie der Karneval in Venedig oder die Osterwoche in Rom, zogen die jungen Adligen, begleitet von ihren Präzeptoren, Tanz- und Fechtmeistern, in Scharen nach dem Süden. Frankreich gab dabei zunächst den Ton an: Reisehandbücher beschreiben als bequemste Zufahrtswege von Paris aus die Routen über den Mont Cenis und über den Kleinen St. Gotthard-Paß nach Savoyen und nach Mailand. Der französische Hof ist es auch, der später unter dem Einfluß der engen politisch-kulturellen Beziehungen zu Italien und besonders zu Florenz das Italien-Erlebnis für den jungen Herrn von Stand, aber auch für den Künstler, verbindlich machte. Die von Richelieu gegründete Akademie in Rom blieb bis weit ins 19. Jh. hinein das eigentliche Zentrum der Kunst- und Ästhetikbewegungen in Europa. Die Engländer zogen nur langsam nach, zumal im 17. Jh. die Puritaner-Herrschaft für einen längeren Zeitraum eine *grand tour* nach dem Kontinent sehr erschwert hatte. Erst die Söhne der whigistischen *gentry*, die 1687 in der Glorreichen Revolution an die Macht gekommen waren, knüpften an die Italien-Reisen wieder an, die im Ausgang des 16. Jh.s hochadlige Sammler wie den Herzog von Arundel (1585–1646) oder Architekten wie Inigo Jones (1573–1652) in die Hauptstätten der Kunst und des Humanismus geführt hatten. Im 18. Jh. sind dann die Engländer in Florenz, Rom und Neapel so verbreitet wie früher die Franzosen, erst in weitem Abstand gefolgt von den reisenden Kavalieren aus Österreich, Rußland und Polen. Die *milordi* werden zu stehenden Figuren der italienischen Komödien und Satiren. Mag sein, daß Horace Walpoles Ausspruch berechtigt war, daß damals nur *der* Lord Mitglied einer der berühmten Gesellschaften zur Erforschung der Altertümer werden konnte, der auf seiner obligaten Kavaliersreise zu betrunken war, um auch nur eines der Monumente zu sehen. Tatsache bleibt, daß seit Joseph Addisons Reisebuch von 1705 die Engländer – im allgemeinen wohlinstruiert und auf den Antiken-Kauf erpicht – in Italien den Ton angaben. Die Neuentdeckung Andrea Palladios, die Wiederbelebung des Interesses an der griechischen Kunst und die Klärung ihres Verhältnisses zu Rom, der Kult des vom Ausnahmekünstler garantierten Eklektizismus, die Mischung der Stillagen, die Aufwertung des Sublimen und Erhabenen in der Landschaftswahrnehmung – alle diese Wandlungen des europäischen Geschmacks werden wesentlich von den reisenden Engländern im

18. Jh. und ihrer Italien-Begeisterung getragen. Eine ausdrückliche Beschränkung auf den Adel gab es bei diesen Reisen nicht. Aber bei den außerordentlichen Kosten eines solchen Unternehmens, bei den schwer zu kalkulierenden Risiken und der langen Zeitdauer der *grand tour* blieb der bürgerliche Italien-Enthusiast die auf das Patriziat beschränkte Ausnahme. Auch waren – Künstler einmal beiseite gesetzt – die auf Postkutschen und Fußreisen angewiesenen Wanderer, wie Karl Philipp Moritz und später Johann Gottfried Seume, nicht allzu gefragt. Für alle Reisenden aber galten seit jeher die gleichen, über die Epochen hin kaum veränderten Grundregeln. Der französische Finanzminister Ludwigs XIV., der große, selbst aus dem Bürger- und Beamtentum zur Macht aufgestiegene Colbert, faßte diese Regeln in dem Instruktionsschreiben an seinen Sohn vor dessen Italienreise in unübertrefflicher Kürze zusammen:

»Die beiden wichtigsten Gesichtspunkte, nach denen diese Reise unternommen werden soll, sind Sorgfalt und Fleiß: Sorgfalt, um bald die Befähigung zu erreichen, dem König in den Obliegenheiten meines Amtes zu dienen; Fleiß, um aus der Reise Nutzen zu ziehen und sie vorteilhaft dazu anzuwenden, um die einzelnen Fürstenhöfe und Staaten, die in einem immerhin beträchtlichen Teil der Welt wie Italien bestehen sowie die verschiedenen Regierungsformen, Sitten und Bräuche, die man dort trifft, kennenzulernen, um sich in den Stand zu setzen, dem König in allen wichtigen Angelegenheiten, die sich im Lauf seines Lebens ergeben sollten, behilflich sein zu können ... Er möge vor allem die Städte, ihre Lage, ihre Machtstellung, ihre Einwohnerzahl beachten; ferner die Größe der Staaten, Zahl und Namen ihrer Städte, Marktflecken und Dörfer, die Einwohnerzahl und die Regierungsform ... Er möge alle öffentlichen Anlagen zu Wasser und zu Lande besichtigen, sodann die Paläste, die öffentlichen Bauten und überhaupt alles, was in den Städten und im ganzen Staat von Bedeutung ist ... Ebenso möge er sich über die an die von ihm besuchten Staaten angrenzenden Länder informieren; er wird dadurch erfahren, ob es zwischen ihnen Meinungsverschiedenheiten oder Streitigkeiten gibt, sei es über die Grenzen oder andere Fragen und sich eine Meinung über die Standpunkte beider Parteien bilden ... Auf der ganzen Reise möge er sich jedem gegenüber gesittet, ehrbar und höflich verhalten und doch einen Unterschied zwischen den Personen machen; vor allem soll er es sich nicht in den Kopf setzen, bevorzugt behandelt zu werden, und möge sich darüber klar sein, daß man in Italien um so besser behandelt wird, je mehr man sich zurückhält. Er möge sich eines klugen und zurückhaltenden Benehmens befleißigen, denn nichts kann ihn so sehr bei den Italienern in Ansehen bringen; das soll ihm am meisten am Herzen liegen ... Was die Aufenthaltsdauer betrifft, so werden zwei Tage für Genua, zwei für Florenz, acht für Rom, drei oder vier für Neapel und seine Umgebung genügen. Nach der Rückkehr nach Rom dort weitere acht Tage, die womöglich mit der Heiligen Woche zusammenfallen sollen. Abreise am Ostermontag nach Loreto, von wo aus er die wichtigsten Städte der Romagna, Ravenna, Faenza, Rimini und andere, besuchen möge; ein halber Tag wird für jede einzelne genügen. In Venedig zwei oder drei Tage; für die anderen Städte des venezianischen Gebiets je einen halben Tag; in Mailand, Mantua und Turin einen bis zwei Tage ... In Rom möge er den Papst, den Kardinalnepoten, die Familie seiner Heiligkeit und die anwesenden Kardinäle der französischen Partei aufsuchen, ferner die K. Akademie und den Cav. Bernini und die in Arbeit befindliche Statue des Königs in Augenschein nehmen. Während seiner ganzen Reise möge er die Architektur studieren und Geschmack an Bildhauerei und Malerei gewinnen, um womöglich eines Tags mein Amt als Oberintendant der Bauten zu übernehmen, was ihm beim König manchen Vorteil einbringen wird. Falls er wirklich Geschmack annimmt und einen Maler wünscht, um das zu zeichnen, was er auf der Reise schön findet, schreibe ich an Herrn Errard, ihm jemanden beizugeben, der ihn bis Turin begleiten und sodann nach Rom zurückkehren kann. Wenn er sich Mühe gibt, seinen Sinn für Architektur, Plastik und Malerei zu bilden, so soll er sich mit ihm unterhalten, oft fragen und sich erklären lassen, warum das Schöne und Hervorragende als solches eingeschätzt wird; er möge wenig sprechen und andere zum Reden veranlassen. Damit glaube ich alles Notwendige für die Reise gesagt zu haben. Ich bitte schließlich Gott, daß er ihm mit seiner Heiligen Vorsehung und Segen beistehe und daß er in ebenso guter Gesundheit und ebenso ehrsam zurückkomme, wie ich es wünsche. Ich empfehle ihm, immer seiner Pflichten Gott gegenüber eingedenk zu sein und seine Andacht in Loreto zu verrichten.«

(Zit. in der Übersetzung von Ludwig Schudt aus dessen unschätzbarem Quellenwerk: Italienreisen im 17. und 18. Jahrhundert. Wien, München 1959, S. 143, der französische Originaltext ebd. S. 141–143)

So blieb nicht nur die Reise-Route – das war auch ein Problem der Fahrverbindungen! –, es blieben auch die Zeiteinteilung und die Themen die gleichen, ob man in Michel de Montaignes Tagebuch (1533–1592) seiner 1580 angetretenen Erholungsreise nachliest oder in den hundertfünfzig Jahre später geschriebenen Reisebriefen des Charles de Brosses (1709–1777), dem schönsten aller Reisebücher über Italien. Das Auge und der Verstand sind vorab geschult, jede Wahrnehmung unter die Kategorien der Apodemik subsumiert: Die Annäherung an eine Stadt, das Verhältnis der landwirtschaftlich genutzten Flächen zu Wäldern und unbearbeiteten Wiesen, die Außenerscheinung einer Ansiedlung oder eines Bauwerks, die nachgetragene Lokalgeschichte etc. – alles das hat der Reisende für sich zu registrieren und mit dem Vorrat seiner Kenntnisse zu vergleichen, der darum entsprechend reich sein muß. So versteht man G.s Seufzer auf dem St. Gotthard, er sei für eine Reise nach Italien noch nicht genügend vorbereitet. Das Bildungserlebnis, auf das es bei diesen Kavaliersreisen durchaus ankam, war objektiv. Der junge Adlige sollte den letzten Anschauungsunterricht in allen Fragen der Agrikultur wie der Wissenschaften, der schönen Künste und des gebildeten Umgangs mit fremden Menschen der gleichen Schicht sich aneignen, um den Rest seines Lebens davon zu zehren. Daß manche Reisende aus ihren Briefen und Berichten die eigene Persönlichkeit heller hervortreten lassen, als das üblicherweise in den Fußnoten zu dem mitgebrachten, vor Ort erworbenen Wissen auch dem Geistreichsten möglich war, ist noch kein Ausweis einer im 18. Jh. veränderten Grundauffassung. In all seinem Witz, in all seinem Erfindungs-Übermut ist auch Charles de Brosses ein brillanter Schriftsteller, der einen erschöpfenden Bericht über das Italien seiner Zeit zusammenstellen will. G.s Vater, auf dessen Bericht der Anfang des Vierten Stücks ausdrücklich hinweist, gehört ganz entschieden in die gleiche Tradition. Als daher der Sohn in seinem Überraschungscoup dem Weimarer Umfeld entflieht – »Der Hr. Geheime Rat von Goethe ist ein deserteur den ich gern nach aller Strenge des Krieges Rechts behandeln möchte. Er hat sich saisiert ohne von uns Abschied zu nehmen, ohne im geringsten seinen Entschluß vermuten zu lassen. Das war wirklich recht häßlich!: Bald möchte ich sagen à la françoise. Nein! wir Preußen überlisten unsre Feinde, nie aber benutzen wir List gegen unsre Freunde«, schreibt Frl. von der Asseburg (SchrGG 2, S. 370) –, mußte er doch die Sicherheit haben, daß er jetzt über genügende Kenntnisse verfüge, um den Anforderungen einer Kavaliersreise nach dem Süden vor sich selbst zu genügen. Schon, daß er am ersten Tag mit der Niederschrift seines Tagebuchs beginnt, zeigt ihn höchst überraschend auf den Spuren der Apodemik, der er zunächst in der Gewißheit folgt, darüber die eigenständige Reflexion und den Gewinn für sich selbst zu finden. Der Ablauf der Reise, wie er aus den Eintragungen sich rekonstruieren läßt, bestätigt den Eindruck einer wohl-

überlegten Mischung aus Planung und Improvisation: Für die
ersten Stationen beschränkt sich G. auf die Beobachtungen, die
sich für jeden Durchreisenden in einer fremden Stadt halb von
selbst ergeben, und auf seine Kenntnisse als Naturwissenschaftler.
Außer den drei Bänden von Volkmanns ›Historisch-kritischen
Nachrichten von Italien‹ hatte er offenbar keine weitere Reiseliteratur bei sich. Erst unterwegs erwirbt er sich, was er darüber
hinaus zum Verständnis einer Stadt, eines Museums oder eines
Künstlers braucht oder in Buchhandlungen angeboten findet.
Volkmann aber garantiert ihm – und das trotz seiner strengen
Ausrichtung auf die Welt der Kunst – die umfassendere Belehrung
über jeden Ort und jede Sehenswürdigkeit. Die *grand tour* war so
für ihn, gewissermaßen in der zeitgemäßen Abbreviatur, als Forderung immer gegenwärtig.

Bis zur Krise in Bologna sucht sich G. diesem Ideal einer
umfassend bildenden Kavaliersreise immer mehr anzugleichen. In
Verona sehen wir ihn bemüht, aus der eigenen Anschauung das
Fremde auf den Begriff zu bringen und beliebige Anregungen beim
Spazierengehen ins Typische und Gültige zu verwandeln. Der
geistreiche Einfall, das Amphitheater als den Ort zu bestimmen, an
dem das Volk seiner selbst ansichtig wird, und die Weiterführung
dieses Gedankens zur Erklärung der Bauform aus dem Zulauf der
Neugierigen bei einem Spektakel führen G. zu jener Aufmerksamkeit für das Verhältnis von Volk und Stadt, die er dann an jedem
neuen Ort spielerisch überprüft. In Vicenza ist die mitgebrachte
Begeisterung für die Kunst Andrea Palladios dann Anlaß genug,
sich unter fremder Anleitung, durch Erwerb und Studium grundlegender Editionen und Handbücher, ein objektives Bild dieser
unbekannten Welt zu verschaffen. Neben den Einfall und die
überraschend gewonnene Einsicht tritt jetzt, ganz hingerissen von
der Möglichkeit, in die Phantasie eines anderen Künstlers einzudringen, das genaueste Studium der Bauwerke und Bilder, die
sorgsame Interpretation des fremden Gedankengangs. Dabei entdeckt G. – in einer Art erster Enttäuschung – die Diskrepanz
zwischen Erwartung und Erkenntniswillen einerseits und dem
geschichtlich-gegenwärtigen Befund andererseits. Seufzend führt
er das zum Ende seines Vicenza-Aufenthalts im Tagebuch-Eintrag
vom 25. September 1786 aus:

»Jeder denkt doch eigentlich für sein Geld auf der Reise zu
*genießen*. Er erwartet alle die Gegenstände von denen er so vieles
hat reden hören, nicht zu finden, wie der Himmel und die
Umstände wollen, sondern so rein wie sie in seiner Imagination
stehen und fast nichts findet er so, fast nichts kann er so
genießen. Hier ist etwas zerstört, hier was angekleckt, hier

stinkts, hier rauchts, hier ist Schmutz pp so in den Wirtshäusern, mit den Menschen pp.

Der Genuß auf einer Reise ist wenn man ihn rein haben will, ein abstrakter Genuß, ich muß die Unbequemlichkeiten, Widerwärtigkeiten, das was mit mir nicht stimmt, was ich nicht erwarte, alles muß ich bei Seite bringen, in dem Kunstwerk nur den Gedanken des Künstlers, die erste Ausführung, das Leben der ersten Zeit da das Werk entstand heraussuchen und es wieder rein in meine Seele bringen, abgeschieden von allem was die Zeit, der alles unterworfen ist und der Wechsel der Dinge darauf gewürkt haben. Dann hab ich einen reinen bleibenden Genuß und um dessentwillen bin ich gereist, nicht um des Augenblicklichen Wohlseins oder Spaßes willen. Mit der Betrachtung und dem Genuß der Natur ists eben das. Trifts dann aber auch einmal zusammen daß alles paßt, dann ists ein großes Geschenk, ich habe solche Augenblicke gehabt.« (S. 82f.)
Grundeinsichten sind in einer solchen Bemerkung angelegt: die Wahrnehmung als Rekonstruktion des Ursprünglichen, das Aufspüren der schöpferischen Intention als abstrakte Begegnung über den Fortgang der Geschichte hinweg, das Herausarbeiten des Charakteristischen zum Typischen, in der Kunst wie in der Natur, im Volksleben wie in der Pflanzenwelt. Nicht der Genuß macht das Reisen verdienstlich, nicht die getäuschte Hoffnung auf die Bestätigung hochgestimmter Erwartungen, sondern die Arbeit an der Erkenntnis. G. hat später selbst das protestantische Ethos dieser angenommenen Haltung belächelt. Aber vorerst ging er noch einen Schritt weiter; denn in Padua und Venedig verwandelt er sein Journal in eine langgesponnene Folge von Anmerkungen zu den Bauwerken, Altertümern, Bildern und Einrichtungen, auf die er durch Volkmann hingewiesen sah. Bis zum Ende der Reise nach Rom bedient sich G. dieser bequemen Form der flüchtig notierten Nebenbemerkung zu einer durchlaufenden Reiseschilderung, deren Kenntnis er bei Charlotte von Stein voraussetzte, um sein Gespräch auf zwei Ebenen zu führen. Aber nach dem energisch unternommenen, dann um so mißmutiger aufgegebenen Versuch, in Bologna ganz im gelehrten *und* schöpferischen Verständnis der großen Malerei aufzugehen, haben diese Verweise – in Assisi etwa, in Spoleto und Terni – nur mehr den Charakter von Kürzeln. Sie sind der Hast dieser spätesten Reiseetappen angeglichen.

## Hesperische Gegenwelt

Zweimal während seiner Rom-Reise hat G. an die zurückgebliebenen Freunde in Weimar geschrieben. Beide Male geschah das am Ende einer für ihn abgeschlossenen Etappe: am 18. September vor der Abfahrt aus Verona und am 14. Oktober in der Nacht, ehe er Venedig verließ. Beide Male werden die Briefe – an Charlotte von Stein, an das Ehepaar Herder, an den Herzog – einem Schreiben an den getreuen Seidel beigefügt, der als einziger das Ziel kannte und deshalb auch über die ersten Aufenthaltsorte unterrichtet werden konnte. Daß Charlotte das so auffassen mußte, als wäre sie in den Weimarer Freundeskreis zurückgestoßen, war auch von G.s Seite sicher nur zum Teil als ein Mißverständnis zu widerlegen: Zwar blieb er Tag für Tag in enger, auch leidenschaftlicher Zwiesprache mit ihr durch sein Tagebuch, auf dessen Existenz er lebhaft hinwies (Brief vom 2. September), aber die gleiche Terminierung der Briefe und die gleiche Überantwortung der Verteilung vor Ort an seinen Diener macht deutlich, daß der aus Weimar Geflohene alle ihm wichtigen Verhältnisse dort als einen einheitlichen, ihm ferngerückten Lebenskreis ansah. Es ist der eben angesprochene »Freundeskreis in Weimar«, dem bezeichnenderweise der erste Brief aus Rom gilt, ein Hort des Vertrauens in die Fortdauer der eigenen Existenz, aber zugleich eine mit Namen benennbare Weimarer Sphäre, der die südliche Welt, wie sie sich ihm täglich weiter erschließt, als eine andere, neue, beglückende Welt entgegengestellt wird. In Verona hatte G. jeden Eindruck, den er der Begegnung mit der Stadt verdankte, als ein mögliches Thema der Italien-Erfahrung zu fassen gesucht: das Amphitheater und die naturgegebene Gültigkeit der antiken Bauprinzipien; das Volk, das in freiem Müßiggang auf der Piazza Brà oder im neugierigen Übereinandersteigen beim ungewöhnlichen Spektakel seiner selbst als einer bestimmenden Lebensmacht ansichtig wird; der pflegende und schöpferische Umgang mit der künstlerischen Überlieferung des Orts, das Nebeneinander von klassizistischer Attitüde im Umgang mit der lokalen Überlieferung bei Scipione Maffei und die Fremdartigkeit der erstmals an ihn herantretenden Renaissance-Malerei Venedigs; das alltägliche Treiben in den ehrwürdigen Straßen der antiken Stadt und das Staunen vor den Zypressen in dem »Garten Giusti« (S. 64) oder vor den Petrefakten aus dem nahegelegenen Bolca – jedesmal führt G. die Beobachtung unangestrengt bis zu dem Punkt, an dem das Urteil des Wahrnehmenden herausgefordert wird. Zwanglos sollten sich dann die Eindrücke der nächsten Stationen anreihen (die Eigenart des Lebens und der Geschichte der Städte oder Landschaften immer berücksichtigt!), damit so aus den sich verwandelnden Erkenntnissen wie von selbst Zusammenhänge sich bilden, das aus der offenen und zwanglosen Beobachtung gewonnene Bild einer in sich geschlossenen Gegenwelt. An diesem aufmerksamen Eindringen in diese *terra incognita* wiederum wollte dann der Reisende nicht nur sich bilden, sondern in der Anstrengung aller Sinne und Gedanken auch schöpferisch verjüngen. Die Briefe aus Verona, die eng in den Bildungszusammenhang der Italien-Reise und des Tagebuchs gehören, atmen noch ganz das Vertrauen in die Durchführbarkeit dieses Vorsatzes. Noch läßt G. seinen Aufenthaltsort im Dunkel. Das Geheimnis ist ihm Teil seiner Genesung. Nur Seidel gegenüber nennt er Verona als Adresse.

*Goethe an Philipp Seidel. Verona, 18. September 1786:*
Du erhältst Gegenwärtiges aus Verona von wo ich heute abgehen werde. Es ist mir alles nach Wunsch geglückt, und wenn die Reise durchaus so fortgeht; so erreiche ich meinen Zweck vollkommen. Vorbereitet wie ich zu allem bin kann ich gar viel in kurzer Zeit sehn.

Von Venedig erhälst du wieder einen Brief, auch werd ich von dort die Iphigenia abschicken; sie kann vor Ende Oktbr. bequem in Weimar sein. Auch noch eine Stelle in der *Stella* zu ändern.

In beiliegenden Briefen ist kein Ort angegeben, auch durch nichts angedeutet wo ich sei, laß dich auch indem du sie bestellst weiter nicht heraus.

Du schickst mir nichts nach, es wäre denn höchst nötig, denn ich will *Rom* ohne Erwartung nordischer Nachrichten betreten. Von Rom schreib ich gleich und dann ist es Zeit.

Diese Reise ist würklich wie ein reifer Apfel der vom Baum fällt, ich hätte sie mir ein halb Jahr früher nicht wünschen mögen.

Lebe wohl! Ich bin fleißig im Aufschreiben und notieren.

Es ist mir eine gute Übung allein zu sein, da ich für mich selbst sorgen, alles selbst tun muß, nachdem ich mich solange habe gängeln und bedienen lassen.

Leb wohl. d. 18. Sept. 86.
G.

Eingeschlossen waren in diesen Brief außer einem Schreiben an seinen Weimarer Amtskollegen Christian Gottlob Voigt, der nachträgliche Instruktionen über den Ilmenauer Bergbau erhielt, drei kürzere Billets, die das in der Nachricht für Seidel angedeutete neue Lebensgefühl – mit geringfügigen, von Adressat zu Adressat abgestuften Variationen des Zufalls – zur Begründung der Flucht umschreiben.

*Goethe an Charlotte von Stein. Verona, 18. September 1786:*
Auf einem ganz kleinen Blättchen geb ich meiner Geliebten ein Lebenszeichen, ohne ihr doch noch zu sagen wo ich sei. Ich bin wohl und wünschte nur das Gute was ich genieße mit dir zu teilen, ein Wunsch der mich oft mit Sehnsucht überfällt.

Ich habe ein treues Tagbuch geführt und das Vornehmste was ich gesehn was ich gedacht aufgeschrieben und nach meiner Rechnung kannst du es in der Mitte Oktbr. haben. Du wirst dich dessen gewiß freuen, und diese Entfernung wird dir mehr geben als oft meine Gegenwart. Auch wirst du einige Zeichnungen dabei finden. In der Folge mehr. Sag aber niemanden etwas von dem was du erhältst. Es ist vorerst ganz allein für dich. An der Iphigenie wird stark gearbeitet und ich hoffe auch denen zu Dank die das Alte liebten. Ich habe soviel zu erzählen und darf nichts sagen, damit ich mich nicht verrate, noch bekenne. Du bist in Kochberg und dort besuchen dich meine Gedanken. Grüße mir Fritzen! Es betrübt mich oft daß er nicht mit mir ist, hätt ich gewußt was ich jetzt weiß, ich hätt ihn doch mitgenommen. Ich bin auf gutem Wege und diese Reise bringt mir auf einmal große Vorteile. Lebe wohl, ich freue mich herzlich dich wiederzusehen, und dir zu erzählen.

Denn was der Studente sagte: was wäre das Haus wenn ich's nicht sähe; das kann ich besser anwenden, wenn ich sage: wozu säh ich das alles wenn ich dir es nicht mitteilen könnte. Lebe Tausendmal wohl grüße Stein, die Imhof und die Kleine. Den Ernst nicht zu vergessen an den ich oft denke.

18. Sept. 86.                                        G.

*Goethe an J. G. und Caroline Herder. 18. September 1786:*
Ein kleines Blättchen soll zu Euch kommen, und sagen daß ich wohl bin. Wo ich auch sei gedenk ich Eurer, und jetzo da mir es gut geht möcht ich nicht so allein sein als ich bin. An der Iphigenie wird gearbeitet, nach meiner Rechnung soll sie Ende Oktbr. aufwarten, ich wünsche nur daß die Musterbilder von Versen viele ihres Gleichen mögen hervorgebracht haben. Nachdem mir das lang mutwillig verschloßne Ohr endlich aufgegangen, so verjagt nun eine Harmonische Stelle die nächste unharmonische und so wird hoffentlich das ganze Stück rein. Du wirst es von meiner Hand geschrieben erhalten. Grüßet mir Gusteln, manchmal mach ich mir bei Gegenständen den Spaß, mir vorzusagen was er dabei sagen würde. Wenn alles gut geht wünsch ich ihn wohl auf eine Stunde zu mir.

Ich halte mir den Mund zu um nichts weiter zu sagen. Bei dem Besten was mir wiederfährt hoff ich auf eine glückliche Wiederkehr zu Euch und hoffe wiedergeboren zurückzukommen.

Gedenkt an mich recht fleißig. Ich habe Göschen geschrieben wenn beim Druck etwas zweifelhaftes vorkäme solle er dich fragen, auch dir die Aushängebogen zuschicken, du verzeihst und vollendest deine Wohltat.

Grüßt die Kinder. G.

*Goethe an Carl August. 18. September 1786:*
Aus der Einsamkeit und Entfernung einen Gruß und gutes Wort! Ich bin wohl und wünsche daß Sie glücklich mögen in dem Ihrigen angelangt sein.

Ich bin fleißig, und arbeite die Iphigenie durch, sie quillt auf, das stockende Sylbenmaß wird in fortgehende Harmonie verwandelt. Herder hat mir dazu mit wunderbarer Geduld die Ohren geräumt. Ich hoffe glücklich zu sein.

Alsdann gehts an die Zueignung und ich weiß selbst noch nicht was ich denen Avibus sagen werde. Und dann soll es immer so weiter gehn.

Wo ich bin verschweig ich noch eine kleine Zeit. Es geht mir so gut daß mich es nur oft betrübt das Gute nicht teilen zu können.

Schon fühl ich in meinem Gemüt, in meiner Vorstellungsart gar merklichen Unterschied und ich habe Hoffnung einen wohl ausgewaschnen, wohl ausstaffierten Menschen wieder zurück zu bringen.

Manchmal wünscht ich denn doch zu wissen wie es in Berlin geht und wie der neue Herr sich beträgt? was Sie für Nachricht haben? Was Sie für Teil daran nehmen? Leben Sie wohl und empfehlen mich Ihrer Frau Gemahlin, die ich mir mit dem Kleinen gerne wohl denke, aufs beste. Es wäre möglich daß der Fall käme da ich Sie unter fremdem Namen etwas zu bitten hätte. Erhalten Sie einen Brief von meiner Hand, auch mit fremder Unterschrift; so gewähren Sie die Bitte die er enthält.

Zwischen die erste und zweite Brieflieferung schiebt sich in G.s Italienreise der dichtgefüllte Monat, in dem er zwischen Vicenza und Venedig der Welt Andrea Palladios begegnet. Die schöpferisch ordnende Hand dieses Genius, der als Architekt und Architekturtheoretiker die Antike aus neuem Geist für seine Gegenwart hatte wiedererstehen lassen, war allenthalben im Stadtbild seiner Vaterstadt und in der Villenkultur des Umlands bemerkbar. Und was der Reisende an Vorkenntnissen über die Alpen mitgebracht hatte, hier bestätigte und verwandelte es sich ganz wie von selbst in der Begegnung vor Ort. Während G. auf dem Hauptplatz die Herrlichkeiten der Basilika mit dem freien Spiel aus Struktur und Dekor an den gegenüber aufgerichteten vier Jochen des unvollen-

deten Palazzo del Capitano verglich, während er die Straßen der
reichen Handelsstadt von Palazzi gesäumt fand und die Hügel
besetzt von den Villen eines bedeutenden Patriziats, erschloß
sich ihm zum ersten Mal eine Commune des Südens aus tiefemp-
fundener Wahlverwandtschaft. Hier fühlte er sich frei und wie
zu Hause in der Behaglichkeit eines »immer öffentlichen« Lebens: Das Tagebuch wiederholt fast beschwörend diese Empfindung der Zugehörigkeit zum Fremden. Er wolle wohl längere
Zeit verweilen, »aber freilich nicht im Wirtshause, aber gut eingerichtet irgendwo und sich's dann wohl sein lassen« (Eintrag
vom 20. September 1786, S. 74); einen Monat dazubleiben und
»bei dem alten Scamozzi einen schnellen Lauf der Architektur«
zu machen (Eintrag vom 22. September 1786, S. 76), das entspräche seiner Neigung am meisten; auch kehre er gern mit der
Geliebten in diese Gegend zurück (Eintrag vom 25. September
abends), die er denn auch Mignon zur Heimat zu geben beschloß.
Die vollständige Durchdringung des Lebens und der hohen Kunst
in dieser einheitlich und geschlossen zusammengewachsenen Stadt
hat es ihm angetan. Das Weiterwirken der Renaissance in der
städtischen Kultur der Gegenwart, in den Theateraufführungen
und geselligen Reunionen, berührt ihn auf das angenehmste. Nirgends weiß er sich in der Richtigkeit des eingeschlagenen Weges so
geborgen wie hier, wo er sich denn auch ständig grundsätzlich
Rechenschaft abnötigt über die Zuverlässigkeit seiner Erkennt-
nisse, über das Verhältnis von erstem Eindruck und rekonstru-
ierender Wahrnehmung, über die Möglichkeiten, auch unterschiedliche Beobachtungen sinnvoll aufeinander zu beziehen etc.
Nie wieder auf seiner Reise ist er so überzeugt vom Nutzen der
Apodemik. Man darf nur ihre Anleitungen nicht pedantisch nehmen, sondern muß sich ihrer mit aller Gelassenheit bedienen:
»Meine Bemerkungen über Menschen, Volk, Staat, Regierung«,
schreibt er wie in Antwort auf Colberts Instruktionen an seinen Sohn (Eintrag vom 21. September 1786): »Natur, Kunst, Gebrauch, Geschichte gehn immer fort und ohne daß ich im mindsten
aufgespannt bin hab ich den schönsten Genuß und gute Betrachtung. Du weißt was die Gegenwart der Dinge zu mir spricht und
ich bin den ganzen Tag in einem Gespräche mit den Dingen.«
(S. 75)

Ganz verläßt ihn auch hier das Unbehagen nicht. Ihn beunru-
higt der Gedanke, daß keine Beobachtung und kein gegründetes
Urteil ausreiche, um den Dingen ganz auf den Grund zu kommen,
daß jeder Reisende am Ende stets aus dem Paradies wieder vertrieben werde, daß der Fremde nur um die Preisgabe der Distanz und
damit des Urteils zum Einheimischen werden kann. Aber alles in

allem fügt sich für G. in Vicenza die Fülle der bisherigen Beobachtungen unter den neuen Eindrücken zu einer ersten Summe. Von dort aus scheint es ihm nun auch möglich, das nahegelegene Padua, das er nur bei der Durchfahrt besichtigen kann, leidenschaftlich seiner Erkenntnis zu unterwerfen. Padua widerstrebte ihm. Das Vorwalten des Mittelalters, der morgenländische Charakter der Hauptkirchen im Stadtbild, das Fehlen einer geschlossenen Commune, wie er es in Vicenza bewundert hatte – das alles war ihm innerlich fremd. Aus seinen aufmerksamen, scharfsinnigen Bemerkungen spricht Pflicht, nicht Neigung. Er hält sich darum lieber an die Malerei als an die Baukunst, die »noch unendlich weit von mir ab« (S. 88) steht, geht lieber in den Prato della Valle oder in den Botanischen Garten statt in den Santo oder in die trutzigen Paläste. Nicht von ungefähr war es in Padua, wo G. zuerst Volkmanns ›Historisch-kritische Nachrichten von Italien‹ (1770) die Verantwortung für alles bloß Informative übertrug, historisch wie kunstgeschichtlich, um sich besser auf den genau gefaßten Einzelpunkt konzentrieren zu können. Die pointierte Anmerkung wird zur neuen Verständigungsform mit Charlotte von Stein. Der Reisebericht verzichtet auf die Autonomie der Darstellung, die bis dahin von G. noch intendiert war. Aber in diesem Rahmen einer flüchtigeren, diffuseren Stadtwahrnehmung vertieft sich der Reisende mit kaum glaublicher Wendigkeit und Intensität in das Studium der Grabmonumente in San Antonio, in die Malereien aus der Scuola del Santo, aber auch in die ungewohnte Frührenaissance-Welt des Andrea Mantegna, dessen realistisch-wahrhaftige Imagination niemand vor ihm so genau aufgefaßt hat, und in die Gestaltung des anatomischen Theaters der Paduaner Universität. Als er nach nur zwei Tagen weiterfährt, um über die Brenta Venedig zu gewinnen wie viele Reisende vor ihm, konnte er der sicheren Überzeugung sein, daß sich so, zwischen rasch aufgefaßten Beobachtungen zur Naturwissenschaft und zur Kunsttopographie, eine geeignete Wahrnehmungsweise für die nur flüchtig berührten Stationen seiner Reise wie von selbst eingestellt habe. Von Verona und Vicenza konnte er, im Vorgriff auf Venedig bereits, behaupten (Eintrag vom 2. September 1786):

»Ich habe nun erst die zwei Italiänischen Städte gesehn, *Töchter* Städte (um nicht zu sagen ProvinzStädte) und habe noch fast mit keinem Menschen gesprochen aber ich kenne meine Italiäner schon gut. Sie sind wie die Hofleute, die sich fürs erste Volk der Welt halten und bei gewissen Vorteilen die sie haben, sichs ungestraft und bequem einbilden können.

Überhaupt aber eine recht gute Nation, man muß nur die Kinder und die gemeinen Leute sehn, wie ich sie jetzt sehe und sehen kann, da ich ihnen immer exponiert bin und mich ihnen exponiere.« (S. 77)

Für das in wenigen und angestrengten Stunden besichtigte Padua konnten diese Sätze nicht in gleichem Maße gelten. Aber auch hier mochte die Maxime gelten, die Aufmerksamkeit werde im Ausschnitt das Ganze schon treffen, und die nächste Station gebe dem Gesehenen Bestätigung oder erweitere in der Korrektur den ersten Eindruck. In der Tat: In Venedig angelangt und zu längerem Verweilen in der Lagunenstadt von Anfang an entschlossen, sucht G. auf seinen Gondelfahrten und Wanderungen durch die Labyrinthe der Stadt die Bemerkungen über Menschen, Volk, Natur und Kunst, die er auf der *terra ferma* der Republik gemacht hatte, zu einer höheren Einheit zu verdichten. Er beobachtet bewußt das Treiben auf den Straßen, das Publikum in den Opern- und Komödienaufführungen, die von allen Italien-Reisenden geschilderten Feste und Aufführungen in den Kirchen und Waisenhäusern. Mit geschärften Sinnen will er sehen, unbefangen das Neue sich aneignen. Aber zugleich führen seine Notizen konsequent die Stichworte aus Verona und Vicenza weiter. Er hält an dem in Padua entwickelten Annotations-Verfahren fest, um der Stoffülle noch Herr zu bleiben. Die Hinweise auf Volkmann werden hier – in der Stadt, die eine ganz für sich stehende Welt bildet – zu Hinweiszeichen für die spätere Ausarbeitung. Die Geliebte soll sich mit den im Reiseführer gegebenen Stichworten begnügen, wie es der Tagebuchschreiber bei seinem Aufenthalt, der zu systematischem Studium der venezianischen Geschichte und Kunst herausfordert und es zugleich über den täglich neuen Eindrücken verhindert, auch tut. G. weiß dabei wohl, daß eine so einzigartige, in ihrer Entwicklung so besondere Stadt wie Venedig weder ganz erfaßt, noch auf den Begriff gebracht werden kann. So füllen sich die Einträge im Tagebuch mit Seitenverweisen, mit kurzen Anmerkungen, mit rasch hingeworfenen Zeichnungen. Als G. nach knapp drei Wochen weiterreiste – für Reisende auf der *grand tour* eine ungewöhnlich kurze Zeit, um sich in Venedig aufzuhalten! –, war er dennoch ganz sicher, die erste Etappe seiner Hegire erfolgreich abgeschlossen zu haben: Die Annäherung an Italien war vollzogen, der Einzugsbereich der Lagunenstadt war, im ungezwungenen Umgang mit den Dingen, assimiliert worden. Aufatmend konnte sich G. auf den Weg nach Rom machen.

Nicht daß er, auch unter den ganz anderen Aspekten seiner Zeit, Venedig erschöpfend gesehen hätte! Schon die Leser der *Italienischen Reise* wunderten sich später über die Lücken in G.s Stadtbeschreibung: kaum vorstellbar etwa, daß ihm Andrea Verrocchios Reiterstandbild des Colleoni vor S. Giovanni e Paolo entgangen sein könnte! Mächtig den Platz überragend, die Statue eines berittenen Condottiere inmitten dieser Stadt der Kanäle und Lagunen, und dieses imponierende Paradox auf einem unübersehbaren, von jedem Reisenden mehrfach zu überquerenden Platz im Zentrum der Stadt! Aber auch andere Aussparungen überraschen: Kaum ein Wort gilt dem Canale Grande und der Wunderwelt seiner Paläste, obwohl G. am ersten Tag bereits in der Gondel an ihnen vorübergleitet! Daß er das mittelalterliche Venedig meidet, liegt durchaus im Rahmen seiner und der Zeit Kunstauffassung. Daß er aber auch Jacopo Sansovinos Libreria an der Piazzetta, dem Dogenpalast gegenüber, nicht beachtete, von der doch niemand geringerer als der so bewunderte Palladio gesagt hatte, sie sei vielleicht »das reichste und am schönsten geschmückte Bauwerk, das seit den Alten und bis heute gebaut wurde«, stimmt schlecht zur eigenen Leidenschaft für die Wiederentdeckung des Altertums in der neuzeitlichen Architektur. Und wundern mag man sich auch, daß er so wenige der mit Hauptwerken venezianischer Malerei übersäten Kirchen sich ganz zu eigen gemacht hat, nicht die Gesuiti mit Tizians Laurentius-Marter, nicht die Madonna dell'Orto mit Tintorettos Gemälden, nicht S. Sebastiano samt seiner unvergleichlichen Ausstattung durch Paolo Veronese. Gegen die Achtlosigkeit, gegen die innere Abwehr des Zuviel, auch wenn es zum Zweck der Selbstbildung nützen mochte, haben sich die Kunstkenner unter seinen Freunden, die gelehrten Kritiker unter den Zeitgenossen wie Barthold Hinrich Niebuhr (vgl. dessen ›Lebensnachrichten‹, Bd. 2, S. 288 f.) so verwundert wie verärgert gewandt. Schon Erich Schmidt hat ihnen, in der Einleitung zum Erstdruck des *Tagebuchs*, entgegengehalten, daß die meisten Unterlassungen G.s nicht auf ein Desinteresse des Reisenden, sondern auf gezielte Aussparungen in der Niederschrift schließen lassen: Vollständigkeit konnte und wollte er nicht anstreben. So hat jeder Bau, jede Antike und jedes Gemälde, über die sich G. Gedanken machte, stellvertretenden Charakter. Aufgenommen in das Selbstgespräch des Tagebuchs konnte nur werden, was diesem Gespräch integrierbar war. Darum vielleicht der Verzicht auf Verrocchios Reiterstandbild, darum die scheinbare Blindheit vor der Architektur Sansovinos, die auch andere Reisende als fremd in der venezianischen Umgebung empfanden. Bei der Malerei, die an Fülle und Herrlichkeit ihm hier zuerst deutlich wurde, war er sich zugleich selber der Lückenhaftigkeit des Gesehenen bewußt; denn bei seinem zweiten Aufenthalt in Venedig im Jahr 1790 studiert er gründlich und systematisch den Zusammenhang der Werke, bis ihn der gänzliche Überdruß an der erworbenen Kennerschaft überfällt.

Für diesmal bleibt G. bei seinem im einzelnen schwer nachzuprüfenden Prinzip der halb vom Zufall bestimmten Auswahl der Gegenstände, an denen er dann durch immer wiederholte Besuche und auf seinen langen Spaziergängen durch das Labyrinth der Straßen beharrlich festhält: Den allgemeinen Überblick über den Charakter der Stadt gewinnt er wie immer vom höchsten Punkt, hier dem Campanile über Piazza und Piazzetta von S. Marco, auf daß ihn die Einzelheiten in Zukunft nicht verwirren können. Dann folgt als Korrektiv das planlose Umherwandern in den entlegensten Vierteln, durch enge Gassen und über nicht enden wollende Folgen von Brücken. Erst danach öffnet sich G. ganz den Einzelheiten, die von allen Seiten auf ihn einströmen. Während er an der Niederschrift der *Iphigenie* als disziplinierender Tätigkeit festhält, wendet er sich, täglich ein Stück mehr, der Kunststadt Venedig zu, mit Vorbehalten der Architektur, mit offener Leidenschaft der Malerei. »Morgen will ich anfangen einiges zu besehn. Ich bin nun mit dem Ganzen bekannt das einzelne wird mich nicht mehr konfus machen, und ich werde ein sichres Bild von Venedig mit fortnehmen«, heißt es am 1. Oktober (S. 99). Andrea Palladio ist seine Richtschnur: Redentore und S. Giorgio geben ihm, nach dem Studium der Architekturprinzipien und Bauten, einen unvergeßlichen Begriff, wie sich der moderne Genius, in Freiheit und Unterordnung, den gültigen Prinzipien einer vergangenen Epoche angleichen kann. Darum vor allem war ihm der nur in kleinen Teilen verwirklichte Plan der Carità seit der ersten Begegnung das wichtigste Erlebnis seiner Reise bis dahin. Nirgends fand er sich dem Ideal näher als hier, wo die Vollkommenheit der Anlage und die Akkuratesse der Ausführung so schmerzlich gegen das Unfertige und Verwahrloste des gegenwärtigen Bauzustands abstachen. Da überdies Palladios Kirchenbauten eindringlich die Silhouette der Lagunenstadt mitbestimmen – vergleichbar nur Baldassare Longhenas Kuppelbau der Salute, der G. auch Beifall spendet! –, konnte für den Reisenden die Besprechung dieser Bauten zugleich als Beitrag zur atmosphärischen Aufnahme Venedigs gelten. Im übrigen aber sind es nicht die Statuen, auch nicht die wenigen antiken, die sich in die Stadt verirrt hatten, sondern es ist die Malerei, die ihn ganz gefangen nimmt. Vorbereitet durch das eigene Staunen in Padua, versenkt G. sich jetzt in die Werke der venezianischen Renaissance. Vor allem Tizians Hauptwerke und die verwegenen Bilderfindungen Tintorettos ziehen ihn an, während er den Werken des ausgehenden Quattrocento gegenüber indifferent bleibt. Niemand hat den Rang Tintorettos vor ihm so lebhaft empfunden wie G., niemand hat freilich auch schärfer herausgearbeitet, daß die manieristische Kühnheit des Entwurfs mit dem Ungenügen an den christlichen Gegenständen der Malerei zusammenhängen könnte. In die Bewunderung Tintorettos mischt sich, vor allem im Tagebucheintrag über die Scuola di S. Rocco (8. Oktober 1768, S. 118), der spätere Abscheu vor der christlichen Ikonographie. Im Zeichen Andrea Palladios studiert G. die Architektur, in der Erweiterung seiner ersten Einsichten aus Verona und Padua erschließt er sich konsequent die venezianische Malerei. Aber auch das andere Hauptthema seiner ersten Reisewochen wird systematisch wieder aufgenommen: das Verhältnis von Volk, republikanischer Freiheit, geselliger Öffentlichkeit und Kunst. Hinreißend schon die Eingangsthese, wie sich, aus glücklichem Einklang mit dem geschichtlichen Kairos die Venezianer auf die Inseln der Lagune geflüchtet hatten! Wieder und wieder nimmt G. wie von ungefähr den Gedanken auf: »Die Haupt Idee die sich mir wieder hier aufdringt ist wieder *Volk*. Große Masse! und ein notwendiges unwillkürliches Dasein. Dieses Geschlecht hat sich nicht zum Spaß auf diese Inseln geflüchtet, es war keine Willkür die andere trieb sich mit ihnen zu vereinigen, es war Glück das ihre Lage so vorteilhaft machte, es war Glück daß sie zu einer Zeit klug waren da noch die ganze nördl. Welt im Unsinn gefangen lag, ihre Vermehrung ihr Reichtum war notwendige Folge.« (Eintrag vom 29. September 1786, S. 90f.) Diese Haupt-Idee ist immer präsent: im Getümmel der Gassen und Plätze, auf der Bühne und im Zuschauerraum der Komödie, im Selbstbewußtsein der Macht, wie es das Arsenal darstellt, und im Zauber der Machtverklärung, für den der Bucentauro und die Vermählung mit dem Meer einstehen. In der Beschreibung von Goldonis Lokalkomödie über die Raufhändel in Chioggia läßt er den Zusammenhang zwischen Bühne und Stadt lebendig werden. In den Zeichnungen von der Gerichtsverhandlung um den Advokaten Reccaini macht er umgekehrt den Alltag als Komödie sichtbar. (Hier brauchte er für die *Italienische Reise* später nur noch die Zeichnungen in erzählte Handlung umzusetzen, so war der ursprüngliche Zweck bruchlos erreicht.) Und auch das schönste Kapitel des Tagebuchs, die Schilderung des nächtlichen Gesangs der Gondolieri, gehört in diese »Haupt Idee« mit hinein; denn daß die Schiffer, die seit den Anfängen die eigentlichen Repräsentanten der Lagunenstadt sind, ihre Lieder über die sehnsüchtig-melancholischen Verse Torquato Tassos singen, unterstreicht ja noch einmal, wie sehr alle Kunstübung hier volkstümlich ist und alles Subjektive öffentlich. G. hat nicht alles gesehen. Er hat sich von aller kunstkennerhaften Vollständigkeit bewußt ferngehalten. Aber als er sich zur Weiterreise anschickte, durfte er vor sich überzeugt sein, aus der Begegnung mit Venedig einen zutreffenden, in aller Detailanschauung als kohärent erwiesenen Begriff dieser Stadt mitzunehmen. Mit Venedig schloß sich für ihn alles Bisherige zu einer Etappe zusammen. Darum schickt er erleichtert die nächste Runde seiner Briefe nach Weimar, die an die Freunde legte er dem Schreiben an seinen Diener Seidel wie stets bei.

*Goethe an Philipp Seidel. Venedig, 14. Oktober 1786:*
Hier wieder Briefe die das nötige enthalten. Was Dich betrifft du tust vor wie nach als wüßtest du nicht wo ich sei.

Heute d. 14. Oktbr. geh ich von Venedig. Ich habe diese wundervolle Stadt recht wohl gesehn. Du erhälst mit der Fahrenden ein Paket das du der Fr. v. Stein zustellst und eine Kiste, die du eröffnest und die darin enthaltnen Sachen nach der dabei befindlichen Anweisung austeilst. Die Kiste wird später kommen.

Ich bin wohl und sehe auf *diese* Art fast mehr, als wenn ich mit mehreren Umständen und Empfehlungen reiste. Mit Lohnbedienten besonders hier bin ich sehr glücklich.

Von Florenz aus schreib ich mehr und dann auch wohin du mir schreiben und schicken sollst.

In der *Stella* ist noch etwas zu verändern wenn es nicht schon Herder bemerkt hat. Auch diese Veränderung soll mit der Iphigenie kommen, die ich hier nicht habe beendigen können. Es kommt auf einige glückliche Tage an; so ist sie fertig. Auch hat es gewiß keine Eile; denn an Werther und Götz von Berlichingen p haben sie eine Weile zu drucken. Lebe wohl. Genieße und gebrauche der Zeit. Meine Einsamkeit bekommt mir wohl, doch freu ich mich nach so langem Fasten, des guten Tischbeins in Rom.

Ich habe die Briefe nur sauber geleimet und nicht gesiegelt, sieh zu daß du etwa eine saubre Antike findest und siegle jeden hübsch in die Mitte des breitsten Überschlags und sende sie an die Behörden.

NB das Paket was mit der Fahrenden ankommen sollte kömmt auch erst mit der Kiste und zwar ist es nicht drinnen, sondern in der Emballage, in Wachstuch eingewickelt, versiegelt, und mit meiner Adresse versehn. Wenn du also das äußere Tuch abnimmst wirst du es unter dem Stroh finden.

Die Sachen in der Kiste sind alle beschrieben und du wirst sie darnach austeilen und ausheben.

Sage der Frau von Stein: das versprochene Tagebuch würde später kommen, weil es nicht mit der Post, sondern mit Fuhrleuten ginge.

Hrn. Commercien Rat Paulsen kannst du melden Hr. Möller habe in Venedig von Reck und Lamnit 167 französische Livres und 14 Scudi erhalten.

Lebe wohl. Grüße Fritzen und sag ihm er solle nun auch ehstens ein Briefchen von mir erhalten.

Meinen Brief von Verona vom 18. Sept. (glaub ich) mit den Einschlüssen wirst du erhalten haben.

Schreibe mir alles hübsch sorgfältig zu seiner Zeit.

An natürlichen Gegenständen so wie der Kunst halt ich reiche Ernte. Lebe wohl.

Das entspannte Gefühl, in Venedig dem inneren Verständnis Italiens am fremdartigsten Ort sehr nahegekommen zu sein, prägt sich wie in den letzten Tagebucheintragungen auch in den drei Briefen an die Getreuen aus, die G. unmittelbar vor seinem Aufbruch nach Bologna noch geschrieben hat: Sie sind alle drei ausführlicher, gesprächsoffener als die kurzen Mitteilungen aus Verona.

*Goethe an Charlotte von Stein. 14. Oktober 1786:*
Wieder ein kleines Lebenszeichen von deinem Liebenden und ich hoffe und weiß Geliebten. Mein erstes auf einem ähnlichen Blättchen wirst du erhalten haben. Ich bin wohl, habe das schönste Wetter und geht mir alles glücklich. Mein Tagebuch ist zum erstenmal geschlossen, du erhälst ehstens die genaue Geschichte jedes Tags seitdem ich dich verließ, alles was ich getan gedacht und empfunden habe. Behalt es aber für dich, wie es nur für dich geschrieben ist, wir wollen bei meiner Rückkunft, jedem daraus das seinige mitteilen. Bald meld ich auch wohin du mir schreiben kannst, und wie freu ich mich von dir zu hören und deine Hand wieder zu sehen. Fritzen wünsch ich hundertmal zu mir. Ich habe das schönste Wetter. Ich fürchte nur aus allerlei Symptomen und Nachrichten daß es euch übel geht.

Ich habe dir zeither soviel gesagt, dir so alles aufs Papier gesetzt, daß ich dir nichts hinzuzutun weiß. Du mußt nur noch vom Empfang dieses Briefs etwa 14 Tage Geduld haben; so hast du alles.

Anfangs gedacht ich mein Tagebuch allgemein zu schreiben, dann es an dich zu richten und das *Sie* zu brauchen damit es kommunikabel wäre, es ging aber nicht es ist allein für dich. Nun will ich dir einen Vorschlag tun.

Wenn du es nach und nach abschriebst, in Quart, aber gebrochne Blätter, verwandeltest das *Du* in *Sie* und ließest was dich allein angeht, oder du sonst denkst weg; so fänd ich wenn ich wiederkomme gleich ein Exemplar in das ich hinein korrigieren und das Ganze in Ordnung bringen könnte.

Du müßtest aber doch daraus nicht vorlesen, noch kommunizieren, denn sonst hab ich nichts zu erzählen wenn ich zurückkomme. Auch sagst du nicht daß du es hast, denn es soll noch niemand wissen, wo ich sei und wie es mit mir sei.

Lebe wohl. Behalte mich lieb. Meine Hoffnung ist dich wieder zu sehn. Ich verliere keine Stunde und bleibe nicht länger aus als nötig ist. Lebe wohl. Grüße Fritzen ich kann ihm heute nicht schreiben. Ich freue mich seiner in Hoffnung.   G.

*Goethe an J. G. Herder. 14. Oktober 1786:*
  Η πολλα βροτοις εστιν ιδουσι
  γνωναι πριν ιδειν δ', ουδεις μαντις
  των μελλοντων ό, τι πραξει.
Über diesen Text mein Bester mögt ich viel verhandeln, aber es ist noch zu früh, und ich sende nur ein Blättchen wieder zum Lebenszeichen und zur Versichrung daß mirs wohl und nach Wünschen geht. Ich verlange nicht daß alles Genuß sei, ich suche nur alles zu nützen und das gerät mir. An der Iphigenie hab ich noch zu tun. Sie neigt sich auch zur völligen Krystallisation. Der vierte Akt wird fast ganz neu. Die Stellen die am *fertigsten* waren plagen mich am meisten. ich mögte ihr zartes Haupt unter das Joch des Verses beugen ohne ihnen das Gnick zu brechen. Doch ists sonderbar daß mit dem Sylbenmaß sich auch meist ein besserer Ausdruck verbindet.

Die Stunden des Wegs, des Wartens bring ich mit dieser Arbeit angenehm zu. Sonst hab ich viel zu sehn und zu lernen. Gott sei Dank vorbereitet bin ich genug – und möcht es doch noch mehr sein. In wieviel Dinge man doch recht kindisch pfuscht, ohne einen Begriff davon zu haben.

So lange hab ich nun von niemand ein Wort gehört der mir lieb wäre. Ich übe meinen Rategeist wie es euch gehn mögte.

Die Frau ist recht herzlich von mir gegrüßt, und die Kinder. Wenn man nur seine Leute zur rechten Stunde immer herbeiholen könnte, ich hätte manches zu teilen, manchmal verdrießts mich daß ich so allein bin und manchmal seh ich denn doch daß es notwendig war.

Dabei lern ich denn auch, alles wohl berechnet, daß es nicht gut ist daß der Mensch allein sei, und sehne mich recht herzlich zu den meinigen. Die Fremde hat ein fremdes Leben und wir können es uns nicht zu eigen machen, wenn es uns gleich als Gästen gefällt.

Lebt wohl und bleibt mir. Bald laß ich wieder von mir hören. Grüßt Gusteln.

Ich habe das schönste Wetter, ich fürchte ihr habt es nicht. Die Zeitungen sagen mir in Böhmen hab es geschneit. Was wirds bei euch sein. Lebt wohl.

*Goethe an Carl August. 14. Oktober 1786:*
Noch ein freundliches, frohes Wort aus der Ferne, ohne Ort und Zeit. Bald darf ich den Mund öffnen und sagen wie wohl mir's geht. Ich bin gesund und hoffe von Ihnen und den Ihrigen das Beste, wie wird mich's freuen auch wieder ein Wort von Ihnen zu sehen.

Wie sonderbar unser Zusammensein im Carlsbad mir vorschwebt, kann ich nicht sagen. Daß ich in Ihrer Gegenwart gleichsam Rechenschaft von einem großen Teil meines vergangnen Lebens ablegen mußte, und was sich alles anknüpfte. Und daß ich meine Hegire just von Ihrem Geburtstag datiere. Alles dieses läßt mich abergläubischen Menschen die wunderlichsten Erscheinungen sehn. Was Gott zusammengefügt hat, soll der Mensch nicht scheiden.

Die Zeitungen lehren mich etwas spät, wie es in der Welt bunt zugeht. Görz im Haag, der Statthalter und die Patrioten in Waffen, der neue König für Oranien erklärt! Was wird das werden? an allen Ecken und Enden saust das Menschengeschlecht wieder einmal. Und ich indes, mitten in dem was der Krieg erwarb (Fleiß und Klugheit nicht ausgeschlossen) genieße der schönsten Gaben des Friedens. Wie oft wünsch ich Sie zu mir um Sie manches Guten teilhaftig zu sehn.

Leben Sie recht wohl, bleiben Sie mir, empfehlen Sie mich Ihrer Frau Gemahlin. Ehstens mehr und, wie man zu sagen pflegt, ein vernünftig Wort.

Leben Sie recht wohl. Es versteht sich daß man glaubt Sie wissen wo ich sei.

### *Flucht aus der Flucht: die Bologneser Krise*

Die Nervosität meldet sich im Brief an die beiden Herders verdeckt zu Wort. G. äußert sich dem alten Lehrmeister gegenüber über seine neue Studienzeit mit einem Seufzer der Erleichterung: »Gott sei Dank vorbereitet bin ich genug – und möcht es doch noch mehr sein. In wieviel Dinge man doch recht kindisch pfuscht, ohne einen Begriff davon zu haben« (S. 636). Der Balanceakt zwischen toter Gelehrsamkeit und pfuschendem Dilettantismus – in Venedig schien er ihm geglückt zu sein. Aber wann ist man ausreichend vor einem Fehlurteil geschützt? Wann muß die Last der immer neuen Eindrücke den Reisenden unter sich begraben? Konnten wirklich die Etappen so aufeinander folgen wie bisher, daß jede Veränderung eine Erweiterung bedeutete? Vor ihm lagen mit Bologna, Florenz und Siena oder Perugia Etappen, die jede für sich eine eigene Kunstlandschaft bildeten, dazu Dutzende kleinerer Stationen und Wegpunkte, die Aufmerksamkeit für sich forderten. Bei der ersten dieser Stationen bereits bricht denn auch G.s Nervosität durch. Mißmutig läuft er an den Kirchen und Palästen »der großen, schönen, entvölkerten Stadt, wo Ariost begraben liegt und Taßo unglücklich ward« (S. 130) als ein Fremder vorbei. Nichts von dem Glück, den Ort mit den seit der Jugend bewunderten Meistern der italienischen Renaissance-Dichtung zu teilen. Nichts von diesem Glück, das G. im Anfang seines *Torquato Tasso* aus nördlicher Ferne so sicher zu beschwören wußte. Ferrara ist ihm eine Totenstadt, mit ihren Dichtern nur durch Unglück und Sterblichkeit verbunden, nicht durch den die Geschichte überdauernden Glanz ihres Musenhofs, den doch G. selbst in so leuchtenden Farben beschrieben hatte. Zu Lodovico Ariostos kluger Weltvergessenheit und spielerischer Imagination, an der sich seit dem ersten Erscheinen des ›Orlando Furioso‹ 1516 Generationen von Künstlern gelabt hatten, besaß G. nie einen näheren Zugang. Die Verehrung für den als wahlverwandt empfundenen Torquato Tasso dagegen reichte bei ihm bis in seine Kindertage zurück. In der Bibliothek seines Vaters hatte er Johann Friedrich Kopps ›Versuch einer poetischen Übersetzung des Tassoischen Heldengedichts genannt »Gottfried oder das Befreite Jerusalem«‹ (Leipzig 1744) kennengelernt und darin das 1575 zuerst gedruckte Epos: ›La Gerusalemme liberata‹, nach Ausweis der Autobiographie, »fleißig durchgelesen und teilweise memoriert« (Bd. 16, S. 86). Der Übersetzung war eine Einleitung vorangestellt, in der die hauptsächlichen Ereignisse von Tassos unglücklichem Leben mitgeteilt wurden. Später hat dann G., wie seine Zeitgenossen, Giovanni Battista Mansos Biographie von 1619 und die neuere Darstellung von Lodovico Antonio Muratori (zuerst gedruckt in der venezianischen Ausgabe des Tasso von 1735) gelesen, dazu die 1774 in der ›Iris‹ veröffentlichten Aufsätze Johann Jakob Heinses, der selbst eine glänzende Prosaübersetzung des Epos geliefert hat. Alle diese Schilderungen zeichneten ein aus Wahrheit und Legende wunderlich-tiefsinnig gewirktes Bild des Dichters und seiner Zeit. Alle stellten die von Glück und Ruhm überstrahlte Jugend dieses an sich und der Welt leidenden Dichters den furchtbaren Jahren der Erkrankung, Verfolgung und Einkerkerung entgegen. Beides aber, Glück und Elend, waren in unzähligen Haupt- und Nebenpunkten mit der Geschichte Ferraras und des Hofs der Este verbunden. In seinem Gepäck führte G. die ersten Akte seines in Prosa geschriebenen Künstlerdramas mit sich. Er hatte nicht nur jahrelang sich in Torquato Tasso gespiegelt gesehen. Er hatte aus seiner gegründeten Vorstellung der Zeit heraus ein Bild Ferraras, der höfischen Gesellschaft, der adlig-freien Umgebung der Stadt und der historischen Personen entworfen, die in Tassos Lebensdrama verstrickt waren. Für keine Station seiner Reise war daher G. – im Sinne seines an Herder gerichteten Stoßseufzers – von langer Hand besser gerüstet als für Ferrara.

Aber die Stadt verdrießt ihn. Er begnügt sich mit der Rekapitulation Volkmanns und ein paar dürren Anmerkungen zu einzelnen Bildwerken. Das anmutige, aus patrizischem Selbstgefühl errichtete Haus, in dem Ariost viele Jahre gelebt und geschrieben hatte, das trotzige Kastell und die Renaissance-Palazzi haben seine Neugierde nicht geweckt. Auf Torquato Tassos Spuren ist er nicht gegangen. Nur eine schaudernde Bemerkung über den Holzstall oder das Gewölbe, das sicher nicht Tassos Gefängnis gewesen sei, deutet der Adressatin an, daß der Aufenthalt in Ferrara für G. mit Tassos Leben verbunden war. Wie irritiert der Reisende war, geht im übrigen nicht aus diesem, sondern erst aus dem nächsten Tagebucheintrag unmißverständlich hervor: »In einer bessern Stimmung als gestern Abend schreib ich dir heute aus Guercins Vaterstadt« (S. 131), heißt es da am 17. Oktober aus Cento. Vielleicht nicht von ungefähr der Hinweis auf die Vaterstadt des Malers; denn für den unscheinbaren Ort mochte es ein Ehrentitel sein, einen der größten Maler des 17. Jh.s hervorgebracht zu haben, von dem noch immer Meisterwerke für jeden durchreisenden Enthusiasten Zeugnis gaben. Zwischen den Bauten und Gemälden, die Künstler in einer Stadt hinterlassen haben, und dem neugierigen Kunstkenner stellt sich ein unbefangenes Verhältnis her. Nicht aber zwischen dem Anblick einer Stadt und der geschichtlichen Reminiszenz, wie sehr diese immer in der Phantasie lebendig wiederhergestellt sein mag. Die erste Konsequenz, die G. für seine weitere Italienreise aus dem knappen Ferrara-Aufenthalt zieht, ist der feste Entschluß, historische Stätten zu meiden oder mindestens alle Überlagerung der Wahrnehmung durch die geschichtliche Erinnerung zu unterbinden. Die andere war – noch undeutlich während der ersten beiden Tage nach Venedig in der Gereiztheit der Nerven angelegt –, auf die systematische Annäherung an Rom zu verzichten, allen Erkenntniswillen des reisenden Herrn von Stand dem Drang nach der Selbstbegegnung im Zeichen Roms unterzuordnen und die fremden Stadtwelten ihrem eigenen geschichtlichen Ambiente zu überlassen.

Aus der Rückschau bedeutete das nichts anderes, als daß alle geschlossenen, sorgfältig aufeinander bezogenen Abschnitte des Tagebuchs wieder in den Zustand der Vorläufigkeit versetzt werden. Der angestrebte Ausgleich zwischen objektiver Einsicht in die Besonderheit Italiens und der subjektiven Erfahrung des Reisenden als eines Bildungsvorgangs löst sich unversehens wieder auf. Während der Italienreise mochte G. sich auf später vertrösten: auf die ruhigere Rückreise, auf das Regulativ, das von dem Erlebnis Roms ausgehen müsse, auf die Überarbeitung der Aufzeichnungen nach der Heimkehr. In Wirklichkeit war die Zäsur einschneidender, grundsätzlicher, als er es damals wahrhaben wollte: Bologna sollte nach dem inneren Reiseplan die nächste Stufe der Einweihung bringen. Im Zeichen Raffaels sollte hier die italienische Malerei des hohen Stils sich ihm erschließen. Hatte er, durch Vicenza eingestimmt, Venedig noch in der Bewunderung des Architekten Palladio erwandert und darüber unvermerkt die Malerei Tizians und Tintorettos für sich entdeckt, so war er in Bologna von Anfang an gewillt, die Baukunst links liegenzulassen und alles Augenmerk auf die Göttergestalten der neueren Malerei zu wenden: die Brüder Carracci, den Guercino, vor allem aber Guido Reni, den seit je bewunderten zweiten Raffael. Keine Etappe seiner Reise, Rom einmal ausgenommen, muß G. im vorhinein so für sich eingenommen haben wie Bologna. Hier sollten sich dem Schüler Winckelmanns und Adam Friedrich Oesers die Geheimnisse der Malkunst ganz erschließen. Die berühmte Passage in seinem langen Tagebucheintrag vom 19. Oktober 1786, in der er Palladio und Raffael als die beiden großen Menschen schlechthin nebeneinander stellt, ist denn auch ein Versuch, *post festum* die Etappe Bologna mit der Etappe Vicenza und Venedig zu verbinden: »Zwei Menschen denen ich das Beiwort *groß* ohnbedingt gebe, hab ich näher kennen lernen Palladio und Raphael. Es war an ihnen nicht ein Haarbreit *willkürliches*, nur daß sie die Grenzen und Gesetze ihrer Kunst im Höchsten Grade kannten und mit leichtigkeit sich darin bewegten, sie ausübten, macht sie so groß.« (S. 136f.)

Die aus freiester Anschauung entstandene Dithyrambe über Raffaels ›Heilige Caecilie‹ war der Anlaß. Nach der Begeisterung für die zuerst gesehenen Gemälde des Guercino schien es nun ein Leichtes, von Raffael aus sich das Gesetz der in seinem Namen begründeten Bologneser Malschule anzuverwandeln. G. eilt durch die Kirchen und Sammlungen, ganz so wie in Venedig, ganz hingegeben an das Gespräch mit den Dingen. Er nimmt unzählige Details auf, um in seinen Aufzeichnungen den eigenen Stichworten Dichte und Reichtum zu geben. So schien es ihm möglich, Raffael als Künstler und als geistige Erscheinung gleichermaßen zur Richtschnur zu nehmen, an der sich alles in Bologna bewähren und öffnen könne. Ganz so, wie es ihm seit Vicenza mit Palladio gelungen war. Aber der Versuch hat etwas Apologetisches; denn einmal steht er gegen Ende jener heftigen Diatribe gegen die christlichen Bildthemen, die auch den größten Künstlern die Frei-

heit der Gestaltung verwehrt habe, zum andern geht schon dem
Enthusiasmus für Raffael der Entschluß voraus, die Anreise nach
Rom drastisch abzukürzen und alles Störende beiseite zu räumen.
Um in die Besonderheiten der Bolognesischen Kunst einzudringen, hätte G. das Mehrfache der Zeit gebraucht, die er sich gönnen
wollte. Die fremde Welt dieser Stadt, ihre geschichtliche Entwicklung und ihre artistischen Eigenheiten, so sich anzueignen, wie er
das in Vicenza für den Reisenden postuliert hatte, waren die
wenigen Tage nicht ausreichend, die er seiner Ungeduld noch
abzwang. Drei Tage nur, dann war er aus Bologna getrieben
worden, um vor Rom nicht einmal mehr ruhig innezuhalten.
Mehreres war da zusammengekommen, die krankhafte Sehnsucht
nach Rom als Jungbrunnen für die eigene Existenz, die Angst, sich
in Kennerschaft zu verzetteln, das lähmende Ungenügen an der
eigenen Kunsteinsicht, so weit sie ihn nicht im Innersten ergreifen
wollte, und damit der Zweifel am Sinn einer nach apodemischen
Gesichtspunkten unternommenen Kavaliersreise. Vor allem aber
war es das Erschrecken, in Bologna statt des erhofften Paradieses
einer nach dem höchsten Ideal strebenden Malerei einer geschichtlich bedrückten und verkümmerten Kunstübung zu begegnen, die
ihm in ihrer zeitlichen Bedingtheit zuwider sein mußte. Alles
Gesehene behält seinen Wert, der nachts leuchtende Bologneser
Schwefelspat und die Altarbilder Guido Renis, aber nur als unterschiedliche Momente der Irritation in seinem Innern. Ihnen auch
einen verbindlichen äußeren Rahmen der Erkenntnis zu geben,
kann er sich nicht aufraffen. Von da an hat denn die Reise den
Charakter einer Flucht aus der Flucht, den das Tagebuch in seinen
immer flüchtigeren Einträgen spiegelt, aber nicht mehr zur verbindlichen Gestalt werden läßt. Charakteristisch, daß G. bei der
Redaktion des Textes hier gelegentlich erzählerisch nachbessern
mußte, um aus dem Abstand des Autobiographen den Stellenwert
der einzelnen Erlebnisse und Besichtigungen zu rekonstruieren.
Florenz und Perugia werden rasch durchlaufen. Erst im Tal des
Tiber, als die Route erkennbar auf Rom weist, arbeitet G. einzelne
Stationen zu selbständigen Teilstücken seines Berichts aus: so die
herrliche Schilderung des römischen Tempels in Assisi, in der er
sich mit der großen Geste der Verwerfung von der Welt des
heiligen Franziskus und damit auch derjenigen Giottos und der
anderen Meister der italienischen Protorenaissance abwendet, um
dagegen das Altertum aufleuchten zu lassen, das Idyll um den
sogenannten Tempel des Clitumnus und schließlich die Landschaftsvedute von Narni. Jeweils ist es ein Relikt des Altertums,
das seine beschreibende Phantasie anregt. Und jedes Mal ist es, in
Korrektur aller früheren Überlegungen (und in Assisi auch als

Korrektur des kanonischen Antiken-Konzepts seines Lehrmeisters Palladio) ein Vorgriff auf die eigentliche Erfahrung des Zusammenklangs von Natur und antiker Kunst, dessen er in Rom gewärtig ist. Das gibt den Schlußseiten seines Manuskripts ein hohes Maß an erzählerischer Dichte. Zugleich aber bilden diese Seiten den inneren Schluß dessen, was zusammenhängend in einem Tagebuch beschreibbar war. Nach der in Bologna aufgebrochenen Krise war vorerst an ein erzählerisches Werk über Italien nicht länger zu denken. Konsequent brach daher G. die Niederschrift mit der Ankunft in Rom ab. Briefe an Charlotte von Stein und an die Weimarer Freunde treten an seine Stelle. Bis dahin nur persönliche Bekenntnisse in Ergänzung der Niederschrift, übernehmen diese Briefe jetzt die erzählerische Funktion, ohne den Charakter des Briefs ganz preiszugeben. Die Tagebuchnotizen, die sich G. weiterhin in unregelmäßigen Abständen gemacht haben mag, tragen von da an den Charakter der bloßen Gedächtnisstütze. Jedenfalls sind die wenigen Bruchstücke, die das Autodafé nach der Fertigstellung der *Italienischen Reise* überdauert haben – ein paar Seiten mit Einträgen von der sizilianischen Rundreise – nichts anderes als unverbundene Stichworte, die nur im Rahmen der Vorarbeiten zum fertigen Text des späteren Reisebuchs Interesse beanspruchen können. Mit der ersten Runde seiner Briefe aus Rom, die das Geheimnis seines italienischen Aufenthalts lösen, endete für G. vorerst der Versuch, die Hegire in den Süden in eine erzählerische Reisebeschreibung zu verwandeln.

*Goethe an den Freundeskreis in Weimar:*

Rom d. 1. Nov. 1786
Endlich bin ich in dieser Hauptstadt der alten Welt angelangt! Wenn ich sie in guter Begleitung, angeführt von einem recht verständigen Manne, vor funfzehn Jahren gesehn hätte, wollte ich mich glücklich preisen. Sollte ich sie aber allein, mit eignen Augen sehen und besuchen; so ist es gut daß mir diese Freude so spät zu Teil ward.

Über das Tyroler Gebirg bin ich gleichsam weggeflogen, Verona, Vicenz, Padua, Venedig habe ich gut, Ferrara, Cento, Bologna flüchtig und Florenz kaum gesehn. Die Begierde nach Rom zu kommen war so groß, wuchs so sehr mit jedem Augenblicke, daß kein Bleibens mehr war, und ich mich nur drei Stunden in Florenz aufhielt.

Nun bin ich hier und ruhig und wie es scheint auf mein ganzes Leben beruhigt.

Denn es geht, man darf wohl sagen, ein neues Leben an, wenn man das Ganze mit Augen sieht, das man Teilweise in und auswendig kennt. Alle Träume meiner Jugend seh ich nun lebendig, die ersten Kupferbilder deren ich mich erinnre (mein Vater hatte die Prospekte von Rom auf einem Vorsaale aufgehängt) seh ich nun in Wahrheit, und alles was ich in Gemälden und Zeichnungen, Kupfern und Holzschnitten in Gyps und Kork schon lange gekannt steht nun beisammen vor mir, wohin ich gehe find ich eine Bekanntschaft in einer neuen Welt, es ist alles wie ich mir's dachte und alles neu.

Eben so kann ich von meinen Beobachtungen von meinen Ideen sagen. Ich habe keinen ganz neuen Gedanken gehabt, nichts ganz fremd gefunden, aber die alten sind so bestimmt, so lebendig, so zusammenhängend geworden, daß sie für neu gelten können.

Da Pygmalions Elise, die er sich ganz nach seinen Wünschen geformt, und ihr soviel Wahrheit und Dasein gegeben hatte, als der Künstler vermag, endlich auf ihn zukam und sagte: *ich bins!* wie anders war die Lebendige, als der gebildete Stein.

Wie moralisch heilsam ist mir es dann auch, unter einem ganz sinnlichen Volke zu leben, über das so viel Redens und Schreibens ist, das jeder Fremde nach dem Maßstabe beurteilt den er mitbringt. Ich verzeihe jedem der sie tadelt und schilt, sie stehen zu weit von uns ab und als Fremder mit ihnen zu verkehren ist beschwerlich und kostspielig.

Für mich ist es ein Glück daß Tischbein ein schönes Quartier hat, wo er mit noch einigen Malern lebt. Ich wohne bei ihm und bin in ihre eingerichtete Haushaltung mit eingetreten, wodurch ich Ruh und Häuslichen Frieden in einem fremden Lande genieße. Die Hausleute sind ein redliches altes Paar, die alles selbst machen und für uns wie für Kinder sorgen. Sie waren gestern untröstlich als ich von der Zwiebel Suppe nicht aß, wollten gleich eine andre machen u. s. w. Wie wohl mir dies aufs Italiänische Wirtshausleben tut, fühlt nur der der es versucht hat. Das Haus liegt im Corso, keine 300 Schritte von der Porta del Popolo.

Die merkwürdigsten Ruinen des alten Roms, St. Peter, die Plätze, den Papst und die Kardinäle in der Pauls Capelle am heutigen Feste, die Villa Borghese habe ich gesehen und nun soll täglich etwas neues vorgenommen werden. Ich bin wohl und empfehle mich durch diesen eilig und vorläufig geschriebnen Brief. Durchl. dem Herzoge, Durchl. der reg. Herzogin, Durchl. der Herzogin Mutter, Durchl. Prinzen August, Hrn. und Fr. v. Stein, Hrn. und Fr. General Superintendent Herder, Hrn. v. Knebel mit Bitte, mir ein gnädiges und freundschaftliches Andenken zu erhalten und vorerst den Ort meines Aufenthaltes niemanden zu entdecken.

G.

*Goethe an Carl August:*
Rom d. 3. Nov.

Endlich kann ich den Mund auftun und Sie mit Freuden begrüßen, verzeihen Sie das Geheimnis und die gleichsam unterirdische Reise hierher. Kaum wagte ich mir selbst zu sagen wohin ich ging, selbst unterwegs fürchtete ich noch und nur unter der Porta del Popolo war ich mir gewiß Rom zu haben.

Und lassen Sie mich nun auch sagen daß ich tausendmal, ja beständig an Sie denke, in der Nähe *der* Gegenstände, die ich ohne Sie zu sehen niemals glaubte. Nur da ich Sie mit Leib und Seele in Norden gefesselt, alle Anmutung nach diesen Gegenden verschwunden sah, konnte ich mich entschließen einen langen einsamen Weg zu machen und die Gegenstände zu suchen, nach denen mich ein unwiderstehliches Bedürfnis hinzog. Ja die letzten Jahre wurd es eine Art von Krankheit, von der mich nur der Anblick und die Gegenwart heilen konnte. Jetzt darf ich es gestehen Zuletzt durft ich kein Lateinisch Buch mehr ansehn, keine Zeichnung einer italiänischen Gegend. Die Begierde dieses Land zu sehn war überreif, da sie befriedigt ist, werden mir Freunde und Vaterland erst wieder recht aus dem Grunde lieb, und die Rückkehr wünschenswert. Wird es dann in der FolgeZeit möglich, es auch mit Ihnen zu sehen und Ihnen durch die Kenntnisse die ich jetzt erwerbe, hier, und indes zu Hause, nützlich zu werden; so bleibt mir fast kein Wunsch übrig.

Die Dauer meines gegenwärtigen Aufenthalts wird von Ihren Winken, von den Nachrichten von Hause abhängen, bin ich einige Zeit entbehrlich; so lassen Sie mich das gut vollenden was gut angefangen ist und was jetzt mit Einstimmung des Himmels getan scheint.

Aber zugleich bitte ich: schreiben Sie mir sobald als möglich, von Sich, den Ihrigen und was vorgeht und wie es in Norden aussieht. Seit dem Halben Oktober bin ich zurück, hier hab ich noch an keine Zeitung denken können. Denn auch auf der Reise hab ich fast zuviel aufgepackt, zuviel angegriffen, daß es mir zuletzt lästig ward.

In Vicenz hab ich mich an den Gebäuden des Palladio höchlich geweidet und mein Auge geübt. Seine Vier Bücher der Baukunst, ein köstliches Werk, und den Vitruv des Galiani hab ich mir angeschafft und schon fleißig studiert, hier werd ich in Gesellschaft eines guten Architekten, die Reste der alten, die Gebäude der neuen Zeit besehen und nicht allein meinen Geschmack bilden, sondern auch im Mechanischen mir Kenntnisse erwerben, denn eins kann ohne das andre nicht bestehen. Haben Sie die Güte mir zu schreiben: wieviel Bände sie von denen in Vicenz herausgekommnen Gebäuden des Palladio besitzen? ich glaube zwei; Es sind ihrer aber jetzt *fünfe* die man alle haben muß. Wenn ich weiß was fehlt will ich die andern zu kaufen suchen, sie sind jetzt schon rar geworden.

Gemälde und Statuen zu sehen hilft mir des Hofrat Reifenstein lange Praktik und Tischbeins Künstler Auge. und ich sehe denn nur so hin.

Überhaupt bleibt nun meinen Wünschen nichts übrig als daß Sie mir Ihre Liebe erhalten, damit ich zurückkehrend eines neuen Lebens, das ich in der Fremde erst schätzen lerne, mit Ihnen genießen möge. Leben Sie recht wohl. Aus Mangel der Zeit und damit der Posttag nicht vorbeigehe hab ich beiliegendes Cirkularschreiben verfaßt und bitte es denen am Ende benannten Personen mitzuteilen.

G.

*Goethe an Katharina Elisabeth Goethe:*
Rom d. 4. Nov. 86
Vor allem andern muß ich Ihnen sagen liebe Mutter daß ich glücklich und gesund hier angelangt bin. Meine Reise die ich ganz im Stillen unternahm hat mir viel Freude gemacht. Ich bin durch Bayern, Tyrol über Verona, Vicenz, Padua, Venedig, Ferrara, Bologna, und Florenz hier hergekommen, ganz allein und unbekannt, auch hier observiere ich eine Art Inkognito.

Wie wohl mir's ist daß sich soviele Träume und Wünsche meines Lebens auflösen, daß ich nun die Gegenstände in der Natur sehe die ich von Jugend auf in Kupfer sah, und von denen ich den Vater so oft erzählen hörte, kann ich Ihnen nicht ausdrücken.

Alle diese Dinge seh ich freilich ein wenig späte, doch mit desto mehr Nutzen und viel in kurzer Zeit.

Wie lang ich bleibe weiß ich noch nicht, es wird darauf ankommen wie es zu Hause aussieht. Auf alle Fälle geh ich über die Schweitz zurück und besuche Sie. Da wollen wir uns was rechts zu Gute tun, doch das bleibt alles unter uns.

Heute hab ich nicht Zeit viel zu sagen, nur wollt ich daß Sie schnell die Freude mit mir teilten. Ich werde als ein neuer Mensch zurückkommen und mir und meinen Freunden zu größerer Freude leben.

Inliegenden Brief schicken Sie an die Bethmanner ohne daß diese eben erfahren daß der Brief durch Sie gegangen ist. Die Bethmänner haben mir ohne es selbst zu wissen unter einem fremden Namen Kredit gemacht.

Schreiben Sie mir bald und viel wie es Ihnen geht und sonst was Neues, in der Fremde ist alles von Freunden und Lieben interessant.

Auch wann dieser Brief ankommt damit ich mich danach richten kann. Leben Sie wohl und lieben mich.

G.

*Goethe an den Freundeskreis in Weimar:*

Rom d. 7. Nov. 86

Ich bin nun zehen Tage hier und nach und nach tut sich vor mir der allgemeine Begriff dieser Stadt auf. Wir gehen fleißig auf und ab, ich mache mir den Plan des alten und des neuen Roms bekannt, betrachte die Ruinen, die Gebäude, besuche ein und die andre Ville, alsdann nehmen wir die größten Merkwürdigkeiten ganz langsam, ich tue nur die Augen auf und sehe und gehe und komme wieder. Der Menschen wird auch nicht vergessen und so macht sich's nach und nach. Denn gewiß man kann sich nur in Rom auf Rom bereiten.

Das menschlich interessanteste was ich auf der Reise fand, war die Republik Venedig, nicht mit Augen des Leibs sondern des Geists gesehen. Das größte Werk der innern Großheit nach die Rotonde, das größte dem Maße nach, die Peterskirche (wie denn wohl nun kein größer Gebäude in der Welt steht) und das genialischte, daß man sagen muß es scheint unmöglich, ist der Apoll von Belvedere. Denn so viel ich auch Abgüsse gesehn habe, selbst ein gutes Bruststück besitze; so glaubt man doch die Statue nie gesehn zu haben. Des übrigen vielen Guten und Herrlichen nicht zu gedenken.

Die Logen von Raphael und die großen Gemälde der Schule von Athen pp hab ich nur erst einmal gesehn und da ists als wenn man den Homer aus einer zum Teil verloschnen, beschädigten Handschrift herausstudieren sollte. Das Vergnügen des ersten Eindrucks ist unvollkommen. Nur wenn man nach und nach alles recht durchgesehn und studiert hat wird der Genuß ganz. Am erhaltensten sind die Deckenstücke der Logen, die Biblische Geschichten vorstellen, so frisch wie gestern gemalt, zwar die wenigsten von Raphaels eigner Hand doch gar trefflich nach seinen Zeichnungen und unter seiner Aufsicht. Tischbein der immer an mich gedacht und für mich gesorgt hat, hat mir ein Paar durch einen jungen geschickten Künstler kopieren lassen, die ich schon hier fand und mir viel Freude machen. Auch hat er die Steine recht gründlich studiert, wobei ihm sein Künstler Auge und die Künstler Lust an sinnlichen Dingen sehr geholfen hat. Ich schrieb ihm einmal darum und das bracht ihn darauf. Ich bin nun auf diesen Teil ziemlich vorbereitet und es vermehrt das Vergnügen, alle die Kostbarkeiten mit Unterscheidung und Kenntnis an zusehn.

Bei Angelika Kaufmann bin ich zweimal gewesen, sie ist gar angenehm und man bleibt gern bei ihr.

Hofrat Reifenstein erzeigt mir viel Gefälligkeit.

An Trippeln hab ich einen sehr braven Künstler kennen lernen.

Und nicht genug kann ich sagen was Tischbein ein guter und natürlich verständiger Mensch ist. Er gibt sich viel Mühe und ist gewiß auf einem guten Wege der Kunst.

Ein saures und trauriges Geschäfte ist es, das alte Rom aus dem neuen heraus zu suchen, und doch muß man es und es gibt die beste Freude. Man trifft Spuren einer Herrlichkeit und einer Zerstörung die beide über unsre Begriffe gehn. Was die Barbaren stehen ließen, haben die Baumeister des neuen Roms verwüstet.

Zum Schluß nenn ich nur noch das Colisee und die Bäder des Diokletians als Gegenstände der stillen und ernstesten Bewunderung und das neue Museum als ein kostbares schönes Institut. Für diesmal das beste Lebe wohl.

G.

Auf die Euphorie in den römischen Anfangstagen ein ernüchtertes Lebewohl. Natürlich klingt der Ton im Brief an Charlotte – ihr gelte das letzte, hier abgedruckte Briefzeugnis! – anders, leidenschaftlicher, eindringlicher.

*Goethe an Charlotte von Stein:*

Rom d. 7. Nov. 86

Laß dich's nicht verdrießen meine Beste daß dein Geliebter in die Ferne gegangen ist, er wird dir besser und glücklicher wiedergegeben werden. Möge mein Tagebuch das ich bis Venedig schrieb, bald und glücklich ankommen, von Venedig bis hierher ist noch ein Stück geworden das mit der Iphigenie kommen soll, hier wollt ich es fortsetzen allein es ging nicht. Auf der Reise rafft man auf was man kann, jeder Tag bringt etwas und man eilt auch darüber zu denken und zu urteilen. Hier kommt man in eine gar große Schule, wo Ein Tag soviel sagt und man doch von dem Tage nichts zu sagen wagt.

Auf dem beiliegenden Blatte hab ich etwas geschrieben, das du auch den Freunden mitteilen kannst, für dich allein behalte die Versicherung daß ich immer an dich denke und von Herzen dein bin. Ein großes Glück ist mir mit Tischbein zu leben und bei ihm zu wohnen, in treuer Künstlergesellschaft, in einem sichern Hause, denn zuletzt hat ich doch des Wirtshauslebens satt.

Wenn du mit deinem Auge und mit der Freude an Künsten, die Gegenstände hier sehn solltest, du würdest die größte Freude haben, denn man denkt sich denn doch mit aller erhöhenden und verschönernden Imagination das Wahre nicht.

Ich bin recht wohl. Das Wetter ist wie die Römer sagen brutto, es geht ein Mittagwind (Sirocco) der täglich mehr oder weniger Regen bringt. Mir aber ist diese Witterung nicht unangenehm, es ist warm dabei, wie bei uns im Sommer regnichte Tage nicht sind.

Rom ist nur ein zu sonderbarer und verwickelter Gegenstand um in kurzer Zeit gesehen zu werden, man braucht Jahre um sich recht und mit Ernst umzusehn. Hätte ich Tischbein nicht der so lange hier gelebt hat und als ein herzlicher Freund von mir, so lange mit dem Wunsche hier gelebt hat mir Rom zu zeigen; so würde ich auch das weder genießen noch lernen, was mir in der kurzen Zeit beschert zu sein scheint; und doch seh ich zum voraus daß ich wünschen werde anzukommen wenn ich weggehe. Was aber das größte ist und was ich erst hier fühle; wer mit Ernst sich hier umsieht und Augen hat zu sehen muß *solid* werden, er muß einen Begriff von Solidität fassen der ihm nie so lebendig ward. Mir wenigstens ist es so als wenn ich alle Dinge dieser Welt nie so richtig geschätzt hätte als hier. Welche Freude wird mirs sein dich davon zu unterhalten.

Nun warte ich sehnlich auf einen Brief von dir und werde dir öfters schreiben du nimmst mit wenigem vorlieb, denn Abends ist man müde und erschöpft vom Laufen und Schauen des Tags. Bemerkungen zeichne ich besonders auf und die sollst du auch zu seiner Zeit erhalten.

Wo man geht und steht ist ein Landschaft Bild, aller Arten und Weisen. Paläste und Ruinen, Gärten und Wildnis, Fernen und Engen, Häusgen, Ställe, Triumphbögen und Säulen, oft alles zusammen auf Ein Blatt zu bringen. Doch werd ich wenig zeichnen, die Zeit ist zu kostbar, ob ich gleich lernen und manches mitbringen werde.

Leb wohl. Der Herzog wird nun einen Brief von mir haben und du auch, die d. 4ten abgegangen sind.

Leb wohl. Grüße die deinen. Liebe mich. Empfiehl mich dem Herzog und der Herzogin.

Geht ab d. 11. Nov.                                                              G.

*Überlieferung*

Das für Frau von Stein geschriebene *Reise-Tagebuch*, das ihr G. mit dem Brief vom 31. August 1788 samt den Briefen aus Italien abverlangt hatte, fand sich bei der Öffnung des Nachlasses zusammen mit den Briefen an Frau von Stein und an Herder (bis zum

Aufenthalt in Neapel) und einer Reihe anderer Dokumente zur
*Italienischen Reise.* Über viele Jahre waren die Tagebücher und
Briefe ganz unberührt geblieben. Als G. dann an die Redaktion
seiner Aufzeichnungen für die Buchveröffentlichung ging, griff er
zwar heftig in die äußere Gestalt der Briefe ein, die er auseinander-
riß, in Streifen zerschnitt und mit Bleistift und Feder korrigierte,
das Reise-Journal aber ließ er fast unverändert, vielleicht weil er
schon bald nach seiner Rückkehr eine Abschrift des Tagebuchs –
von Frau von Stein? – hatte anfertigen lassen, die als Grundlage der
Überarbeitung dienen konnte. Das Äußere des schön gebundenen
Originals beschreibt Frédéric-Jacques Soret (1795–1865) in seiner
Unterhaltung mit G. am 31. Januar 1830: »Nachdem er mir das
Manuskript des Götz gezeigt hatte, legte er uns das der italienischen Reisen vor, das tägliche Aufzeichnungen von seiner Hand
enthielt und ebenso sorgfältig wie der Götz geschrieben war (...).
Alles ist sicher, klar und sauber in diesem Tagebuche; da sind keine
Korrekturen, alles ist gleichmäßig. Eine Ausnahme macht nur das
dazu verwendete Papier mit seinen verschiedenen Formaten. Man
sieht, daß der Ausführung eine sorgfältige Überlegung vorausging,
daß er sich das ›Eile mit Weile‹ zur Regel machte. Alles stimmt
darin zusammen. Das Papier wechselt, sagte ich, weil es doch aus
dem Orte stammte, wo der Autor sich gerade befand; so in Italien,
wo man eine bemerkenswerte Differenz entdeckt. Die Rippen (im
Papier) sind klein (eng auseinander), und die Fugen sehr in die
Augen fallend, die übrigens nicht wie gewöhnlich quer über das
Papier, sondern der Länge nach, von oben nach unten, gehen.«
(Zit. nach Goethes Unterhaltungen mit Friedrich Soret, hg. von
C. A. H. Burckhardt. Weimar 1905, S. 74). Von G. bei der Redaktion der Reisebeschreibung absichtlich übergangene Blätter
druckte dann Friedrich Wilhelm Riemer in den Nachlaßbänden
der Ausgabe letzter Hand ab. Der gleiche Riemer legte sich auch
doppelte Auszüge aus dem Reise-Journal an, aus denen er dann in
seinen ›Mitteilungen über Goethe‹ (Berlin 1841, Bd. 2, S. 208 ff.)
umfangreichere Partien publizierte. Vollständig abgedruckt wurde
das Reise-Journal im Bd. 2 der Schriften der Goethe-Gesellschaft
(Weimar 1886), herausgegeben und kommentiert von Erich
Schmidt: ›Tagebücher und Briefe Goethes aus Italien an Frau von
Stein und Herder‹. Danach erschien das Tagebuch der italienischen
Reise innerhalb der Gesamtausgabe von Goethes Tagebüchern im
ersten Band der III. Abteilung der Weimarer Ausgabe (1887),
herausgegeben wiederum von Erich Schmidt, dort S. 143–342.

*Textgrundlage:* Handschriften GSA 27/9 (s. WA III 1, S. 363) und
GSA 25/XXVI, E, 5 (s. WA III 1, S. 369).

### Neuere Ausgaben des Reise-Tagebuchs

Goethe: Tagebücher, Bd. 1 (1770–1810), Hg. G. Baumann, in Bd. 11 der neuen Gesamtausgabe der Werke und Schriften (Stuttgart 1956, S. 149–311).

Goethes Briefe an Charlotte von Stein, Hg. Jonas Fränkel, Umgearbeitete Neuausgabe der 1908 im Verlag Eugen Diederichs zu Jena in 3 Bdn. erschienenen Edition (3 Bde. Berlin 1960; das Reise-Tagebuch, nach der Handschrift verglichen in Bd. 2, S. 173–304, Kommentar in Bd. 3, S. 160–191).

Goethe: Tagebuch der Italienischen Reise für Frau von Stein, hg. und komm. von H.-H. Reuter, in Bd. 14 der Berliner Ausgabe: Autobiographische Schriften II, Italienische Reise (Berlin 1961, S. 7–153, resp. S. 889–942).

Goethe: Tagebücher, Hg. Peter Boerner, Ergänzungsband zur Artemis-Gedenkausgabe (Zürich 1964), vgl. dort S. 122–198 (Auswahl aus dem Text) und das Register.

Goethe: Reise-Tagebuch von Karlsbad nach Rom. 1786. Hg. Eberhard Haufe (Weimar 1971).

Goethe: Tagebuch der Italienischen Reise 1786. Notizen und Briefe aus Italien. Mit Skizzen und Zeichnungen des Autors. Hg. und erl. v. Christoph Michel (Frankfurt am Main 1976).

Die Ausgaben von Jonas Fränkel und Christoph Michel bringen den Text in einer sorgfältig an der Handschrift kontrollierten Fassung.

Für die Kommentierung wurden außer den Erläuterungen in den vorstehend genannten Ausgaben von E. Schmidt, J. Fränkel, H.-H. Reuter und Christoph Michel auch die kommentierten Ausgaben der *Italienischen Reise* von Herbert von Einem (Hamburger Ausgabe, Bd. 11, nach der 9. Auflage, München 1978; darin auch ein erschöpfendes Verzeichnis der Quellen und der Sekundärliteratur zu Goethes *Italienischer Reise*) und von H.-H. Reuter (im o. zit. Bd. 14 der Berliner Ausgabe) benutzt.

### Zum Kommentar

Die Anmerkungen zum *Reise-Tagebuch* beschränken sich auf die zum Verständnis des Tagebuchs notwendigen Sacherklärungen. Vollständig kommentiert wird die Reise von Karlsbad nach Rom im Rahmen der *Italienischen Reise* (Bd. 15), dort auch eingehende Behandlung der Abweichungen, die G. bei der Redaktion am Text des Tagebuchs für Frau von Stein vorgenommen hat. Die Beschränkung der Kommentierung auf Sacherklärungen betrifft vor allem die weiterführende Diskussion grundlegender Fragestellungen der Kunstgeschichte und Ästhetik, der G.schen Kunst- und Naturauffassung, schließlich auch seiner inneren Entwicklung in Italien, die er bei der Überarbeitung seines Tagebuchs und seiner Briefe für die Buchausgabe dieses Teils seiner Autobiographie gemacht hat. Ausführlicher dagegen werden hier die Abschnitte erläutert und dokumentiert, die in der wesentlich späteren Buchfassung nicht mehr mit aufgenommen oder dort von Grund auf umgearbeitet wurden: Der Auseinandersetzung mit Johann Jacob Volkmanns ›Historisch-kritischen Nachrichten von Italien‹ (3 Bde., Leipzig 1770–1771) wird hier erstmals breiter Raum gegeben, da G. immer wieder im Text Charlotte von Stein ausdrücklich auf Stichworte oder ganze Abschnitte dieses seines Reiseführers verweist. Überraschenderweise führte G. das Werk in seiner ersten Ausgabe mit sich, nicht in der verbesserten und ergänzten zweiten Auflage von 1777, die viel verbreiteter war. Wir geben die Zitate nach der von G. benutzten Erstausgabe – die in den meisten Fällen textlich von der späteren nicht abweicht –, fügen aber in Klammern die Seitenzahlen der Fundstellen für die zweite Auflage bei, um das Nachschlagen in dieser, auch heute zumeist leichter zugänglichen Fassung zu ermöglichen. (Andreas Beyer, Mitherausgeber bei der *Italienischen Reise*, hat sich um diese Vergleichung der Ausgaben für unsere Edition sehr verdient gemacht.) G. steht oft auch dort unter dem Einfluß von Volkmanns Informationen und Meinungen, wo er sich nicht direkt auf ihn stützt. Zum anderen wird in den Anmerkungen jeder Augenblick eindringlicher festgehalten, der für G.s unmittelbares Italien-Erleben und für die Metamorphose seiner Anschauungen wichtig ist. Es galt, den fließenden, nach Ziel und Zukunft offenen Charakter des *Reise-Tagebuchs* auch im Kommentar sichtbar zu machen. Ein Verzeichnis der neueren Ausgaben des *Reise-Tagebuchs* und ein Verweis auf die benutzten Ausgaben der *Italienische Reise* – gerade sie und die zu ihr hinführenden Materialien sind mehrfach und vorzüglich kommentiert worden – findet sich am Schluß der einführenden Bemerkungen.

### Reise-Tagebuch/Erstes Stück

10 *14 Lat. 1:* latus primum (d. h. Seite 1). – *21 Gräfin L⟨anthieri⟩:* Die aus Grätz stammende Aloysia Lanthieri, geb. von Wagensperg, gehörte zu G.s Karlsbader Freundeskreis und hatte

wenige Tage zuvor bei der Feier zu G.s 37. Geburtstag mitgewirkt. Über die Geburtstagsfeier am 28. August 1786 wissen wir in Umrissen durch ein von Herder mitverfaßtes »Kollektivschreiben« an den Herzog Carl August Bescheid, das Erich Schmidt im Anhang zur Erstausgabe des *Reise-Tagebuchs* aus dem damaligen Großherzoglichen Hausarchiv zuerst veröffentlicht hat:

»Gnädigster Herr, Die Damen haben mir aufgetragen, der ungeschickte Prologus einer Dankadresse zu sein, mit der sie sich noch vor ihrer Abreise aus dem Karlsbade, das durch Euer Durchlaucht rastlose Güte ihnen so angenehm ward, in Ihr Andenken bringen und demselben auch außerhalb dem Tal der Töpel empfehlen wollen. Ich kann also dieser Rolle nicht besser ein Gnüge tun, als wenn ich nach Art des Prologus *historisch* verfahre und gleich von dem Augenblicke anfange, da wir an jenem schönen Morgen auf der Höhe jenes saubern hirschgerechten Wirtshauses Euer Durchlaucht das Lebewohl sagten, Sie sich auf Ihr Roß schwingen sahen und gleich darauf wieder zur Stadt herabrollten. Daß Euer Durchlaucht unser Gespräch waren und daß wir Ihnen unendlich viel Gutes auf den Weg nachsandten verstehet sich von selbst: der Weg war uns so kurz geworden, daß wir, ehe wirs uns versahen, vor der Tür des Evangelisten Markus ⟨Goethe, Bruder Markus in den *Geheimnissen*⟩ angelangt waren und sein höchstes Erstaunen erweckten, da er uns vor 7. Uhr Morgens um den Tisch sitzen sah und um Frühstück pochen hörte. Da es eben Göthens Geburtstag war, so sann man auf Feierlichkeiten zu demselben, denen zu gut meine Frau von der Begleitung zurückgeblieben war, um in aller Frühe ein prächtiges Gemälde zu bestellen, das die Hauptdekoration sein sollte. Auf demselben sollte der feierliche Schuhu nebst dem beredten Papagei und andern Vögeln zu schauen sein, den schwarzen Adler nicht ausgenommen und die Fräulein Asseburg übernahm es, dem Papagei eine wohlgesetzte Rede in den Mund zu geben, wie sie sich für den Epops maximus zur Feier dieses Tages schickte. Sie hielt Wort: das Gemälde langte an, an welchem nichts bedauert wurde, als daß der Papagei zu klein geraten war und nun gings an die Fabrik des Altars. Die Baumeisterin desselben war meine Frau, die zwo prächtige von oben bis unten mit unverwelklichem Laube umwundene Säulen zu Stande brachte, über die insonderheit die Anne Marie ⟨Name für die Lanthieri?⟩ mit lautem Geschrei auffuhr und voll Verwunderung ausrief: vna colonna! vna colonna! bellissima colonna! alle übrige Zierraten, Kränze, Devisen und dgl. waren in großem Geschmack und derselben würdig. Nun legten die Damen ihre Geschenke und Sprüche auf den Altar: das Schattenbild des Gebornen paradierte in der Mitte. Das treffliche Gemälde der Vögel nebst der erhabnen Rede des Papageien prangten als Altarblätter drüber: vier Schneeweiße Priesterinnen mit Eichenlaub bekränzt, unter welchen die Gräfin Lanthieri die Hohepriesterin war, standen sanft verschlungen zu beiden Seiten des Altars: Augustulus Momyllus ‹der kleine August H.› war als Meßknabe zugeordnet und so ward der Neugeborne am hohen Mittage in den Elephanten geführt und bei Leibesleben vor den Altar gestellt, vor welchem ihm sehr viele Artigkeiten gesagt wurden. Man schritt, wie es bei religiösen Handlungen gewöhnlich ist, bald darauf zur Mahlzeit, bei welcher die Priesterinnen sich aber ihre Kränze nicht rauben ließen, sondern mit vielen heiligen Segenswünschen, bei welchen Euer Durchlaucht auch nicht vergessen wurden, die Tafel zierten« (SchrGG 2, 1886, S. 368 f.).

G. selbst ergänzt in der *Italienischen Reise* unter dem 8. September 1786 diesen Bericht aus der Erinnerung: »Die Feier meines Geburtstages bestand hauptsächlich darin, daß ich mehrere Gedichte erhielt, im Namen meiner unternommenen aber vernachlässigten Arbeiten, worin sich jedes nach seiner Art über mein Verfahren beklagte.« – *25 Zwota:* G. meint Zwodau (Zvatava), einen kleinen Flecken bei Falkenau an der Eger. – *No. 1:* Die Nummern beziehen sich auf Zeichnungen, die G. den Lieferungen des *Reise-Tagebuchs* beigegeben hatte und die sich heute in einer Mappe des Goethe- und Schiller-Archivs in Weimar befinden. Diese Zeichnungen sind, soweit eine Reproduktion möglich schien, unserer Ausgabe beigefügt und auf Grund der Beschreibungen im ›Corpus der Goethezeichnungen‹, das Gerhard Femmel vortrefflich betreut hat, erläutert. Im Text des Journals hat G. übrigens nach der No. 4 auf die Numerierung verzichtet, während er auf den Zeichnungen selbst die Reihenfolge noch weiter bis zur No. 11 beibehalten hat. – *31 in der Note a fol.:* G. hat in der Handschrift eine Lücke zum Einsetzen der Seitenzahl gelassen. Gemeint ist die Bemerkung »Gedanken über die Witterung« am Ende des ersten Tagebuchstücks (S. 28). – *36 Plaine:* Ebene. – *37 Stift Waldsassen:* bei Tirschenreuth, ein Zisterzienserkloster, das 1133 von Markgraf Diepold gegründet wurde. Es wurde 1803 säkularisiert. G. sah den von 1681 bis 1704 errichteten Barockbau.

11 *16 Weyda:* Weiden. – *19 Posten:* Poststationen. – *25 Polder:* eingedeichtes Land. – *27 Regenspurg:* G. wohnte im Gasthaus zum ›Weißen Lamm‹ am Donauufer. – *29 possessioniert:* mit Besitz versehen. – *34 Stadt am Hof:* auf dem nördlichen Ufer der Donau, also der Altstadt von Regensburg gegenüberliegender Stadtteil. – *36 jährliches Schauspiel:* Aufführungen von anonymen Jesuiten-

dramen. Am 4. und 6. September wurden im Jesuitenkolleg das Singspiel: ›Der lieblose Knecht‹ (nach Matth. 18,21–35: ›Der Schalksknecht‹) und danach ›Die sogenannte Menschenliebe, ein bürgerliches Trauerspiel in dreien Aufzügen‹ aufgeführt. Erstmals melden sich hier bei G. unzeitgemäße Sympathien für den Jesuiten-Orden. Fraenkel verweist dazu auf eine Notiz im Konvolut der Aufzeichnungen zur zweiten Reise nach Italien (1790): »besonders wenn ich eine Spur von Jesuiten habe wird mirs gleich wohl. Nicht weil ich selbst die Menschen gern zum Besten habe sondern weil ich das größte auf Instinkt, Kenntnis, Bedürfnis, Lebens-Lust Behagen gegründete Talent erkenne die Menschen zum Besten zu haben. Was einer für eine Kunst treibt ist mir gleich nur muß er Meister sein diese waren Meister ⟨...⟩« (WA I 32, S. 491).

12 *11 Fritzen:* Charlotte von Steins damals vierzehnjähriger Sohn Friedrich (1772–1844), um dessen Erziehung sich G. zeitweilig intensiv bemüht hatte. Er war ab 1794 Kammerjunker in Weimar, wurde 1798 preußischer Kriegs- und Domänenrat in Breslau und dort 1810 Generallandschaftsrepräsentant. – *28 publice:* lat. ›in der Öffentlichkeit‹.

15 *3 mit dem Genio Säkuli:* lat. ›mit dem Geist des Jahrhunderts‹. – *9 Coffregen:* Köfferchen, von frz. coffre. – *18 Ein Ladenbedienter, aus der Montagischen Buchhandlung:* In Regensburg, früher in der Hoffmannischen Buchhandlung am Markt in Weimar (gegr. 1711) tätig. – *24 Pastor Schäfer:* Jakob Christian Schäffer (1718–1790) war Superintendent in Regensburg und hatte sich als Naturforscher einen Namen gemacht. Er besaß eine Sammlung von Schwämmen und Insekten und hatte einige Werke zu Fragen der Botanik und der Zoologie herausgebracht. Besonders bekannt gemacht hatte ihn seine Schrift: ›Versuche, das Pflanzenreich zum Papiermachen und andern Sachen wirtschaftsnützlich zu gebrauchen‹. – *25 Möller:* G.s Pseudonym auf der italienischen Reise; er nennt sich Jean Philippe Moeller oder Giovanni Filippo Moeller. Der Pfarrer von Sta. Maria del Popolo trägt in den ›Stato delle anime‹, das Personenstandsregister der Pfarrei, in der Fastenzeit 1787 ein »Filippo Miller, tedesco pittore 32 ⟨anni⟩«. – *29 Totliegendes:* die (meist rote, daher auch »Rotes Totliegendes«) nicht erzführende Gesteinsschicht unter Kupferschieferflözen. – *39 Aburch:* Abbach an der Donau. – *40 Saale:* Saal.

16 *12 Bildergalerie:* Kurfürst Karl Theodor (1724–1799) hatte 1780/81 an der Nordseite des Münchner Hofgartens durch den Architekten Carl Albert von Lespilliez eine dem Publikum zugängliche ›Kurfürstliche Galerie‹ errichten lassen, die die von Karl Theodor aus Mannheim nach München gebrachten Gemälde be-

herbergte. Nach der Einweihung der Alten Pinakothek (1836) gingen die Bilder in den Bestand dieses Museums über. - *14 Skizzen von Rubens:* 1621 war Rubens beauftragt worden, für das Palais du Luxembourg in Paris Gemälde aus dem Leben der Maria de' Medici, der Witwe König Heinrichs IV. und Mutter Ludwigs XIII., auszuführen; sie befinden sich heute im Louvre in einem eigenen Saal. Der Zyklus besteht aus 21 Bildern; 15 der 16 Münchner Skizzen sind detaillierte eigenhändige Entwürfe zu den unter Mitwirkung der Werkstatt 1622-1625 entstandenen Gemälden. Eine der Münchner Skizzen kam nicht zur Ausführung. Zwei weitere Skizzen aus dem Zyklus sind alte Kopien. - *15 Colonna Trajana:* 1774-1780 hatten Lodovico Valadier und Bartolomeo Hecher in Rom ein Modell der Trajanssäule hergestellt, das Kurfürst Karl Theodor 1783 für die Münchner Residenz erworben hatte; heute in der Schatzkammer der ehemaligen Residenz. - *17 Archenholz spricht davon:* Johann Wilhelm von Archenholz (1743-1812) aus hannöverschem Adelsgeschlecht, preußischer Hauptmann im Siebenjährigen Krieg, verfaßte ›England und Italien‹, ein Werk, das auf seinen Beobachtungen während eines langen Aufenthalts in beiden Ländern fußt und in zwei Teilen 1785 in Leipzig erschien. 1787 bereits erfolgte eine fünfteilige Neuausgabe. Das Buch gehörte sehr schnell zu den meistgelesenen Länderbeschreibungen seiner Zeit. Wegen seiner Kritik an den Verhältnissen in Italien wurde der Verfasser in eine öffentliche Kontroverse verwickelt. Der Weimarer Bibliothekar Jagemann, selbst Autor von ›Briefen über Italien‹ veröffentlichte im ›Teutschen Museum‹ eine »Ehrenrettung Italiens wider die Anmerkungen des Hauptmann von Archenholtz«, auf die dieser mit einer scharfen Replik in der gleichen Zeitschrift antwortete. (Vgl. G.s Anmerkung vom 2. Dezember 1786 in der *Italienischen Reise.*) In Bd. 2, S. 264 ff. beschreibt Archenholz die Münchner Replik der Trajanssäule. - *19 Im Antiquario:* Der Antikensaal der Münchner Residenz war als eine der ersten Altertümer-Sammlungen nördlich der Alpen eingerichtet worden. Der Architekt Lambert Sustris hatte das Antiquarium, das 1569 unter Herzog Albrecht V. begonnen wurde, in den Jahren 1586-1600 für Wilhelm V. in der heutigen Gestalt umgebaut. Da in heiterer Pedanterie die antiken Büsten zu Familiengruppen der römischen Kaiserfamilien angeordnet wurden, war und ist es für den Besucher leicht, die Herrschergestalten zu identifizieren. - *29 Naturalienkabinet:* Es befand sich in dem unter Wilhelm V. errichteten Jesuitenkolleg im damaligen Westen der Münchner Altstadt. - *30 durch Knebeln:* Carl Ludwig von Knebel (1744-1834), Freund G.s und Erzieher des Prinzen Constantin in Weimar, hatte 1785 München und Tirol besucht. Vgl.

den Brief G.s an Knebel vom 18. November 1785: »Deine Beschreibungen haben mir große Lust gemacht auch Tirol einmal zu sehen.« Der Scherz mit der Ähnlichkeit zur Cäsar-Büste in der Redaktion der *Italienischen Reise* später gestrichen. – *40 Bei Kobeln:* Franz Kobell (1749–1822), Landschaftsmaler, der sich nach sechsjährigem Italienaufenthalt in München niedergelassen hatte. Knebel hatte G. 1786 Zeichnungen von Kobell mitgebracht (Brief an Charlotte von Stein vom 1. März 1786).

19 *12 den reisenden Franzosen:* Kaspar Riesbeck (1754–1786) war der Verfasser der ›Briefe eines reisenden Franzosen über Deutschland an seinen Bruder in Paris, übersetzt von K. R.‹ (2 Bde. 1783), einem zu Unrecht vergessenen, sehr scharfsichtigen und gesellschaftskritischen Bericht über die deutschen Verhältnisse. In Bd. 1 findet sich auf S. 180 ff. eine enthusiastische Schilderung der Stadt Salzburg. In Weimar hatte das Buch Aufsehen und Ärgernis erregt, da in dem Kapitel über die Stadt der Herzog Carl August, G., Herder und Wieland unfreundlich behandelt, ja zum Teil karikiert dargestellt wurden. – *14 Halle:* Hall in Tirol. – *25 Turm von dem sich die Fräulein herabstürzte:* einer der beiden Türme der Frauenkirche. Die »Fräulein« war das siebzehnjährige Freifräulein Fanni von Ickstatt, die sich aus Liebeskummer 1785 das Leben genommen hatte. Ihr Selbstmord erregte großes Aufsehen und wurde literarisch als Wertheriade dargestellt. Nesselrodes ›Leiden der jungen Fanny‹ sind ein Beispiel dafür (GJb 9, S. 239). – *29 an den alten Turm:* in der Kaufinger Straße, wo G. im ›Schwarzen Adler‹ abgestiegen war. – *34 die Iphigenie:* G. hatte die mehrfach umgearbeitete Prosa-Fassung seiner *Iphigenie in Tauris* im Reisegepäck; die endgültige Versfassung, an der er während der Reise nach Rom immer wieder zu arbeiten versuchte, wurde erst dort vollendet. Sie erschien im dritten Band von G.s *Schriften*.

20 *18 Siehe rückwärts fol. :* In der geologischen Note (vgl. S. 34) kam G. auf diesen Punkt nicht mehr zu sprechen. – *Wohlfahrtshausen:* Wolfratshausen. – *40 Haquet:* Belsazar Hacquet (1739–1815), Professor in Lemberg; er war Mediziner, Mineraloge und Botaniker. 1785 erschien in Leipzig von ihm die ›Physikalischpolitische Reise auf die Dinarischen, Julischen, Kärntner, Rhätischen und Norischen Alpen, gemacht in den Jahren 1781 und 1783‹ in vier Bänden.

23 *4 Wallensee:* Walchensee. – *30 Mittelwald:* Mittenwald.

24 *21 Marien Tag:* der 8. September, das Fest Mariae Geburt. – *22 an der Martins Wand vorbei:* westlich von Innsbruck. Hier hatte sich Kaiser Maximilian I., der »letzte Ritter«, mit dessen Gestalt und mit dessen geschichtlicher Wirkung G. sich schon in

der *Geschichte Gottfriedens von Berlichingen mit der eisernen Hand*, dramatisiert (1771) eingehend beschäftigt hatte, auf der Jagd so verstiegen, daß er erst nach Tagen durch einen Bergknappen gerettet werden konnte. Die Sage hat aus dem Bergknappen einen Engel gemacht. – *31 Söller:* So heißt der betrügerische Schwiegersohn des Wirts in G.s Lustspiel *Die Mitschuldigen* (1769) (Bd. 1.1, S. 311). Der Held des Stückes fällt G. um so leichter ein, da er es erst 1783 für die dritte Fassung (auch für die *Schriften*, Bd. 2, 1787) umgearbeitet hatte. – *34 Wilden:* in der heute zu Innsbruck gehörenden Ortschaft Wilten an der zum Brenner führenden Straße. Hier ist nicht an das bedeutende Prämonstratenserstift zu denken, um das die Gemeinde gruppiert ist, sondern des Marienfests wegen wohl an die Pfarrkirche Mariae Empfängnis, die 1751–55 von Franz de Paula Penz als Rokokobau mit einer imposanten Doppelturmfassade neu errichtet worden war.

27 *11 Zu meiner Weltschöpfung:* Immer wieder seit seinen Weimarer Anfängen beschäftigte G. der Plan, seine Naturauffassungen dichterisch in einem »Roman über das Weltall« als Lehrgedicht festzuhalten. Erst in der Zeit des *West-östlichen Divan*, als G. sich selber historisch zu werden und darum von den früheren Epochen seines Schaffens zu lösen begann, wird auch dieser Plan aufgegeben. Seine Ideen über die »Bildungsepoquen der Welt«, die er im Brief an Charlotte von Stein vom 5. Oktober 1784 aus Ilmenau erwähnt, haben sich wenigstens fragmentarisch in Notizen zu einer Geschichte des Kosmos erhalten. Das 1804 unter dem Titel *Weltschöpfung* (später in *Weltseele* umbenannt) veröffentlichte Gedicht enthält vermutlich den Grundriß dieses kosmogonischen Romans. – *13 geträumt von dem Modell:* Christoph Michel vermutet eine Anspielung auf das später in *Tag- und Jahres-Hefte zu 1804* und *zu 1807* erwähnte geologische Modell: »Geognostische Erfahrungen, geologische Gedanken in ein folgerechtes Anschauen einzuleiten, gedachte man an ein Modell, das beim ersten Anblick eine anmutige Landschaft vorstellen, deren Unebenheiten bei dem Auseinanderziehen des Ganzen durch die innerlich angedeuteten verschiedenen Gebirgsarten rationell werden sollten. Eine Anlage im Kleinen ward gemacht« (Bd. 14, S. 121). – »Es sollte auf der Oberfläche eine Landschaft vorstellen, die aus dem flachen Lande bis in das höchste Gebirg sich erhob. Hatte man die Durchschnittsteile auseinander gerückt, so zeigte sich an den innern Profilen das Fallen, Streichen und was sonst verlangt werden mochte. Diesen ersten Versuch bewahrte ich lange, und bemühte mich ihm von Zeit zu Zeit mehr Vollständigkeit zu geben.« (Bd. 14, S. 185) Vielleicht ist aber auch an das Modell der

Urpflanze gedacht (vgl. die Gleichsetzung des Wortes im Brief an Charlotte von Stein vom 8. Juni 1787), mit dem sich G. in Gedanken während der ganzen italienischen Reise beschäftigt hat. Zwar lautet das Wort in der originalen Schreibweise der Handschrift »Model«, was auch Hohl- oder Prägeform beim Eisenguß, Grundmuster für den Stoffdruck heißen könnte. Doch ist es wahrscheinlich, daß hier das Modell als wissenschaftstheoretischer Grundbegriff G.s gemeint ist, der im übrigen für ihn auch über den Bereich seiner botanischen Studien hinaus Relevanz besitzt. – *26 Gasthaus:* die Poststation auf dem Brenner.

28  *13 auf so einem Punkte:* Gemeint ist der St. Gotthard-Paß in der Schweiz. G. erreichte ihn am 21. Juni 1775, kurz bevor er nach Weimar übersiedelte, und gelangte am 13. November 1779 auf seiner zweiten Reise in die Schweiz noch einmal dorthin. Jedesmal kehrte G. an dieser Stelle auf seiner Reise um: »Endlich sind wir auf dem Gipfel unsrer Reise glücklich angelangt! Hier, ist's beschlossen, wollen wir stille stehen und uns wieder nach dem Vaterlande zuwenden. Ich komme mir sehr wunderbar hier oben vor; wo ich mich vor vier Jahren mit ganz andern Sorgen ⟨...⟩ einige Tage aufhielt, und mein künftiges Schicksal unvorahnend, durch ein ich weiß nicht was bewegt, Italien den Rücken zukehrte und meiner jetzigen Bestimmung ⟨dem Weimarer Leben⟩ unwissend entgegen ging.« (*Briefe aus der Schweiz*, II. Abteilung, Eintrag vom 13. November 1779; Bd. 2.2, S. 643)

31  *38 Duft:* hier, wie öfter bei G., Dunst.

32  *32 Polhöhe:* Breitengrad.

33  *10 Pfirschen:* Pfirsiche. – *11 Türkisch Korn:* ital. granturco ›Mais‹. – *13 Blende:* Polenta, Buchweizen; vgl. auch S. 55,37 ff. – *17 Zirbel:* Kiefernart. – *19 Hieracium:* Habichtskraut. – *25 Gentiana:* Berg-Enzian.

34  *35 Ellenbogen:* Elbogen oder Elnbogen, tschech. Loket, Stadt auf einem von der Eger umflossenen Granitmassiv; G. hat sie von Karlsbad aus häufig besucht. – *No :* Lücke in der Handschrift; die hier einzusetzende Zahl ⟨4⟩ verweist auf die Zeichnung ›Am Walch See‹ (S. 22).

# Reise-Tagebuch/zweites Stück

37  *28 Etsch Fluß:* Gemeint ist hier und S. 38 nicht die Etsch (ital. Adige), sondern der vom Brenner aus ihr zuströmende Eisack (ital. Isarco). – *31 Everdingen:* Allaert van Everdingen (1621–1675), niederländischer Maler, dessen Landschaftsbilder von den Erfahrungen einer Reise nach Nordeuropa 1640–1644

nachhaltig geprägt waren, tätig in Harlem, später in Amsterdam. Er malte häufig einsame Gebirgsgegenden, stille Waldtäler und verfallene Mühlen. Er war auch ein bekannter Radierer und hatte eine Ausgabe des ›Reinecke Fuchs‹ illustriert, die in Gottscheds Übertragung in zweiter Auflage 1752 erschienen war. G. hatte im Mai 1781 über 100 Radierungen erworben, die er über alles stellte, was die Landschaftskunst neben Ruysdael in den Niederlanden geschaffen hat. Die 1783 gekauften Blätter zum »Reineke Fuchs« (vgl. den Brief an Breitkopf vom 20. Februar 1782) haben den Anlaß zur Beschäftigung mit der Tierfabel und damit zur Entstehung des Epos *Reineke Fuchs* gegeben.

**38** *13 Über lange niedrige Lauben:* Dazu hat G. in der Handschrift zwei kleine, nicht sehr deutliche Bleistiftskizzen von Rebenlauben an den Rand gezeichnet. – *23 zaseliche:* faserige. – *33 Comme les peches ⟨...⟩ dit Salomon:* Übersetzung nach Christian Schuchardt: Goethes Italienische Reise. Stuttgart 1862, S. 71:
So wie die Pfirschen und Melonen
Sind für den Schnabel der Baronen,
Sind Geißel und Stock der Narren Los,
Wie's steht in den Sprüchen Salomos.
(Vgl. Sprüche Salomonis 26,3)

**40** *2 Attich:* Zwergholunder. – *13 Heinrich Roos:* Johann Heinrich Roos (1631–1685), Maler, der nach seiner Ausbildung in Amsterdam für einige Zeit nach Italien reiste. Seine hauptsächlichen Themen sind Landschaften, Schäferstücke und Ruinen in der Manier von Karel Dujardin (1622–1678). Da er lange in Frankfurt tätig war, war G. mit seinen Werken von früher Jugend an vertraut.

**43** *2 In der Kirche hängt ein Bild:* Gemeint ist die Kirche Sta. Maria Maggiore, in der zeitweise das Tridentiner Konzil seine Tagungen abhielt. Das von Elia Naurizio stammende Bild aus dem Jahre 1633 hängt heute an der rechten Wand der Chors zwischen den Fenstern. – *6 die JesuitenKirche:* nicht identisch mit der vorhergenannten Sta. Maria Maggiore; von Andrea Pozzo mit dem dazu gehörenden Jesuiten-Seminar gegen Ende des 17. Jh.s am Ende der Straße errichtet, die sich auf den Domplatz von Trient öffnet. – *20 Jesuiten herausgetrieben:* 1759 wurden die Jesuiten aus Portugal, 1767 aus Spanien vertrieben, in Frankreich durfte der Orden seit 1764 nicht mehr tätig sein; 1773 wurde er schließlich von Papst Clemens XIV. aufgehoben. 1814 wurde er von Pius VII. in seiner alten Form wieder hergestellt. – *39 Teufelshaus:* der Palazzo Galasso in der Contrada longa (heute in der Via Roma), 1602 im Auftrag Georg Fuggers nach einem Entwurf von Pietro Maria Bagnado gebaut. Der Beiname ›del diavolo‹ bezieht sich auf eine Legende, nach der der Teufel das Haus für den Kaufmann in einer Nacht errichtet habe.

47 *2 Nach fünfen:* stimmt nicht mit den Zeitangaben im Stationenverzeichnis G.s überein. – *3 Adige:* ital. für ›Etsch‹. – *13 Gräfin Lanthieri:* s. zu S. 10,22. – *24 Volckmann:* Johann Jacob Volkmann (1732–1803), verfaßte das vielbenutzte Reisehandbuch ›Historisch-kritische Nachrichten von Italien, welche eine genaue Beschreibung dieses Landes, der Sitten und Gebräuche, der Regierungsform, Handlung, Ökonomie, des Zustands der Wissenschaften und insonderheit der Werke der Kunst nebst einer Beurteilung derselben enthalten. Aus den neuesten französischen und englischen Reisebeschreibungen und aus eigenen Anmerkungen zusammengetragen.‹ (3 Bde., Leipzig 1770–1771, ²1777), das den meisten deutschen Italienreisenden – außer G. gehörten dazu auch Lessing und Herder – als Reiseführer diente. Volkmann setzte den älteren Reise-Kompendien, vor allem den beiden von ihm selbst hochgeschätzten Folianten von Johann Georg Keyssler: Neueste Reisen durch Deutschland, Böhmen, Ungarn, die Schweiz, Italien ⟨...⟩ (Hannover 1746, ²1751), ein aus dem Geist des europäischen Neoklassizismus hervorgegangenes Reisewerk entgegen. Volkmann war es um Originalität seiner Ansichten und Schilderungen nicht zu tun. Nur an ganz wenigen Stellen seiner drei Bände entlockt ihm der überwältigende Anblick eines Naturschauspiels wie das der Wasserfälle bei Terni oder ein überragendes Kunstwerk wie die ›Heilige Cäcilie‹ des Raffael eine schwungvollere Beschreibung. Im übrigen bleibt er bei seiner bedächtigen, trockenen, aber in den Bewertungskriterien einheitlich durchgehaltenen Beschreibungsmanier. In der Vorrede zur ersten Auflage seines Werks räumt er freimütig ein, daß er in der Reiseroute, in der Anlage der Schilderungen und oft auch im Wortlaut dem Werk des berühmten Astronomen Joseph-Jérôme Le Français de Lalande (1732–1807) folge:

»Die obgedachte Reise des Herrn la Lande ist dabei zum Grunde gelegt, und sein Plan, und die Ordnung der Reise völlig beibehalten worden. Italien läßt sich auf verschiedne Wege durchreisen, ein jeder muß sich den, der ihm am bequemsten scheint, wählen. Die Route des la Lande ist für einen, der Italien genau besehen, und alle Örter besuchen will, die vollständigste. Es wird nicht leicht ein merkwürdiger Ort fehlen; der Reisende darf nur diejenigen, welche ihm nicht gelegen, oder zu speziell scheinen, übergehen. Im Register läßt sich der Ort, wo er sich jedes Mal aufhält, leicht finden.

Da Herr la Lande einmal eine so gute Beschreibung geliefert hat, so wäre es eine doppelte Mühe gewesen, eine neue auszuarbeiten. Inzwischen habe ich doch, um das Buch noch nutzbarer zu machen, keinen bloßen Übersetzer abgeben wollen. ⟨...⟩ Ich hatte mir bereits auf der Reise einen Plan in Gedanken entworfen, wie man eine gute Beschreibung von Italien einrichten könnte. Diesen hat la Lande ohngefähr auf eben die Art ausgeführt. Ich habe ihn also völlig zum Grunde gelegt, und teils frei übersetzt, teils viele Dinge, die einem Franzosen wichtiger sind, als einem Deutschen, oder die mir sonst entbehrlich geschienen, herausgelassen, teils andere hinzugefügt, die ich angenehm und nützlich zu sein geglaubt. ⟨...⟩ Jedoch will ich mir hierdurch den Fleiß des la Lande nicht zueignen, sondern räume ihm den Vorzug willig ein, daß noch keiner so gründlich von Italien geschrieben hat.

Vielleicht machen einige den Einwurf, daß man auf diese Art nicht wisse, ob man den la Lande lese, oder nicht. Ich glaube aber, daß es denen, die diese Nachrichten gebrauchen wollen, einerlei sein kann, wenn sie nur ein zuverlässiges und brauchbares Handbuch auf der Reise haben.«

*28 teque/Fluctibus ⟨...⟩ Benace marino:* vgl. die ›Georgica‹, das Lehrgedicht vom Landbau, des Publius Vergilius Maro (70–19 v. Chr.) II,159f. Vollständig lauten die beiden Verse: »Te Lari maxime, teque / Fluctibus et fremitu assurgens Benace marino.« (Soll ich dich rühmend erwähnen, dich, großer Larius ⟨Comersee⟩, und dich, der sich mit Wogen und dumpfem Getöse des Meeres erhebt, Benacus ⟨Gardasee⟩). – *38 an der Iphigenie gearbeitet:* Der Vergleich zwischen der dritten Prosa-Stufe der *Iphigenie* und der endgültigen Vers-Fassung erlaubt den Rückschluß auf die am Gardasee geschriebenen Abschnitte:

Denn ach mich trennt das Meer von den Geliebten,
Und an dem Ufer steh' ich lange Tage,
Das Land der Griechen mit der Seele suchend;
Und gegen meine Seufzer bringt die Welle
Nur dumpfe Töne brausend mir herüber.
(Verse 10–14, S. 161)

Diese Verse entsprechen G.s eigener Situation »im Angesichte des Sees« (S. 47). Vgl. auch den Rückblick auf die Umarbeitung der *Iphigenie* in der *Italienischen Reise* unter dem 6. Januar 1787: »Am Gardasee, als der gewaltige Mittagswind die Wellen ans Ufer trieb, wo ich wenigstens so allein war als meine Heldin am Gestade von Tauris, zog ich die ersten Linien der neuen Bearbeitung« (Bd. 15).

48 *14 Der Gasthof.* Casa Alberti. – *21 qui abasso* ⟨...⟩ *dove vuol:* ›Hier unten! Sie können sich bedienen! – Wo? – Überall, wo Sie wollen!‹ – *31 10/ m f:* 10 000 Gulden. (›m‹ steht für mille, ›f‹ steht für Florin oder Gulden).

51 *31 ein echter Pendant zu dem böhmischen:* Gemeint ist der Turmfels zu Neideck, den G. eben erst, am 20. August, gezeichnet hatte, als er Charlotte von Stein auf der Rückreise von Karlsbad begleitet hatte. *- 34 Grenze:* zwischen dem habsburgischen Tirol und der Republik Venedig. *- 35 Treufreund:* eine Figur, nämlich der Athener Peithetairos (eigtl.: Ratefreund), aus den ›Vögeln‹ des Aristophanes; erreicht durch seine Redegewandtheit und Energie die Gründung einer Vogelstadt. G. hatte das Stück 1780 bearbeitet und zu einer zeitsatirischen, gegen Klopstock und Bodmer gerichteten Literaturkomödie gemacht. Es wurde in seiner Regie auf der Ettersburger Bühne aufgeführt, G. selbst spielte den Treufreund. Daß G. das Stück in Karlsbad erfolgreich vorgelesen hat und daß dann in seiner Geburtstagsfeier immer wieder auf Treufreund und die Gesellschaft der Vögel ausführlich eingegangen wurde, ist schon in der Einleitung S. 610 und in der Anmerkung zu S. 10, 21 erwähnt worden. G. fühlte sich während der ganzen Reise als Treufreund und spricht mehr als einmal vom Publikum als von den Vögeln. *- 36 haranguiert:* beschwatzt (von frz. haranguer ›feierlich anreden, eine Rede halten‹).

52 *12 des Brescianischen Ufers:* des gegen Brescia gelegenen westlichen Ufers. *- 17 Verdom:* Hörfehler für ›Gardone‹?

53 *27 Höherauch:* nebelähnlicher Dunst.

54 *7 Färbers Reise nach Italien:* Johann Jakob Ferber (1743-1790), Professor der Naturgeschichte in Mitau, veröffentlichte 1773 in Prag seine ›Briefe aus Wälschland über natürliche Merkwürdigkeiten dieses Landes‹. *- 26 Voigtische Cabinetchen:* Johann Carl Wilhelm Voigt (1752-1821), Bergsekretär in Ilmenau und Autor etlicher mineralogischer Schriften, stellte kleine tragbare Mustersammlungen aus der Mineralogie mit dazugehörigen Kommentaren zusammen. Er wurde von G. gefördert. ›Drei Briefe über die Gebirgslehre‹ veröffentlichte er in den ersten drei Heften des ›Teutschen Merkur‹ 1785, angekündigt durch Wieland im Januarheft des Jahres. *- 36 Parallelepipedische Base:* Ein Parallelepipedon ist ein von drei Paaren paralleler Ebenen begrenzter Raumteil, also eine Art Quader.

55 *36 Bildung:* Gestalt. *- 38 Haiden:* Buchweizen.

56 *2 dicker Brei:* die am italienischen Alpenrand und in Venetien verbreitete Polenta. *- 8 kachecktische Farbe:* von schlechter Ernährung herrührende Farbe. *- 26 Pauper ubique jacet:* Aus den ›Fasti‹, dem Gedicht über die römischen Festtage, des Publius Ovidius Naso (43 v. Chr. - um 17 n. Chr.), I, 5,218. In der Beilage zu einem Billett an Charlotte von Stein (vom 22. November 1784) hatte G. das Epigramm und die Anekdote, die sich um diesen Ovid-Vers gesponnen hatte, in ein Gelegenheitsgedicht verwan-

delt: »Ich bitte um den Blechkasten und schicke dir das versprochne. Eine Anekdote liegt zum Grunde. Ich glaube es war Königin Christina der ein Bettler die Antwort soll gegeben haben. ⟨...⟩«

Du verachtest den Armen, er lehne sich überall nieder,
Schöne Königin, wohl lieg ich bald hier und bald dort;
Aber fändest du ihn erwachend einst in dem Arme:
Du beriefst ihn mit Recht: Lehnt er doch überall an.
(Bd. 2.1, S. 97)

Fraenkel ist der Quelle nachgegangen. Danach war es nicht die schwedische Königin Christina, sondern Elisabeth von England, der ein armer Poet diese Umdeutung des Verses entgegengehalten habe. Jedenfalls berichtet Johann Michael Moscherosch (1601–1669) in seinem Hauptwerk: ›Wunderliche und wahrhaftige Gesichte des Philanders von Sittewald‹ (1. Tl., 1640, 3. Gesicht): »Jener arme Poet, der von der Königin Elisabet ein steur bate, und sie aus erbärmbde sagte: *Pauper ubique jacet*, der Arme muß allenthalben liegen; gab ihr alsbald diese vernünftige Antwort:

In thalamis Regina tuis hac nocte cubarem,
Si foret hoc verum: Pauper ubique jacet.«

Der Sinnspruch ging dann, mit und ohne Anekdote, in die Sammlungen der folgenden Jahrzehnte ein, so in Zinckgrefs ›Apophthegmata‹ (1683; 3, S. 336) oder in Berckenmeyers ›Neuvermehrten curieusen Antiquarius« (1738 und 1746, S. 204f.).

## Reise-Tagebuch/Drittes Stück

57 *18 das Format* ⟨...⟩ *ändert sich:* Die beiden ersten Stücke waren auf der rechten Hälfte gebrochener Quartbögen niedergeschrieben. Die folgenden drei Stücke sind auf ungebrochenen Blättern mit schmalem Rand geschrieben. Insofern ändert sich weniger die Blattgröße als das Schriftfeld. – *21 Bibliothek:* die 1761 auf Wunsch der Herzogin Anna Amalia umgebaute Bibliothek im Weimarer Schloß mit damals über 60.000 Bänden. Dort ist nur die 2. Auflage des Volkmann vorhanden. – *35 Das Amphitheater:* eines der größten und besterhaltenen, im zweiten Viertel des 1. Jh.s nach Chr. erbaut, diente im Mittelalter als Festung und wurde 1183 und 1223 bei Erdbeben schwer beschädigt. Dabei stürzte die äußere Ringmauer ein. Im 18. Jh. errichtete man in der Arena ein beliebtes Komödientheater, außerdem war es Schauplatz von Volksbelustigungen bei Staatsbesuchen und an hohen Feiertagen. – *37 Ein Buch das nachkommt:* vermutlich das Werk ›Degli Anfiteatri e singolarmente del Veronese libri due‹ (Verona 1728,

dann als IV. Tl. in das Hauptwerk des Verfassers, ›Verona illustrata‹, 1731, übernommen) des aus der Stadt gebürtigen Patriziers, Dichters, Kunsttheoretikers und Geschichtsschreibers Francesco Scipione Maffei (1675–1755; im *Reise-Tagebuch* S. 60 erwähnt). Volkmann III, S. 685 (755) hatte G. auf beide Werke hingewiesen. Ursprünglich hatte G. geschrieben: »Ein schlechtes Kupfer liegt bei, bessere werden sich auf der Bibliothek finden.«

58 *2 wie es der Kaiser und der Papst gesehen haben:* Zu Ehren Kaiser Josephs II. 1771 und aus Anlaß der Reise von Papst Pius VI. nach Wien 1782 hatten die Veroneser jeweils einen Stierkampf im Amphitheater veranstaltet. Eine bereits damals angebrachte Marmortafel erinnert an dieses Doppelereignis. – *35 Stück der äußeren Mauer:* Die Frage, ob »sie ganz umhergegangen«, wird bei Volkmann III, S. 686f. (760f.) aufgeworfen: »An der einen Seite fängt zwar eine Mauer mit drei Säulenordnungen über einander an, welche *ala dell' Arena* heißt, es scheint aber, daß solche nie weiter ausgeführt worden.«

59 *1 Ballon:* (ital. Pallone) In der *Italienischen Reise* wird das Ballschlagen der Veroneser gegen die Vicentiner unter dem Datum des 16. September 1786 ausführlich geschildert. – *17 Porta Stupa oder del Palio:* von Veronas berühmtestem Architekten der Renaissance, Michele Sanmicheli (1484–1559), in den Jahren 1542–1557 errichtetes, dreischiffiges, breitgelagertes Tor mit einem Portikus auf der Stadtseite. Es wurde von Giorgio Vasari (1511–1574), dem Florentiner Maler, Architekten und ersten Kunstgeschichtsschreiber der Renaissance, als das »miracolo del Sanmicheli«, als Sanmichelis Wunderbau, bezeichnet. Vgl. Volkmann III, S. 687f. (756):

»Verona hat vier Tore, welche von guter Architektur sind. Das fünfte und schönste von allen ist beständig geschlossen, und heißt Porta Stupa oder del Pallio«.

Dazu die Anmerkung:

»Von dem Pferderennen, welches dabei gehalten wird. Der darauf gesetzte Preis heißt im Italienischen *Pallio*.«

Zu G.s Zeit war im übrigen Sanmichelis Hauptwerk noch durch keine späteren Aufbauten in seiner Wirkung beeinträchtigt. – *29 Nobili:* der Stadtadel.

60 *7 Theater und Museum:* das Teatro Filarmonico und das Museo Lapidario, heute Museum Maffeianum genannt. Scipione Maffei (s. zu S. 61,6) hatte im Vorhof des 1718 an der Piazza Brà erbauten Theaters durch den Architekten Pompei 1744 eine weiträumige Anlage mit einem dorischen Säulen-Portikus an drei Seiten errichten lassen, um Antiken aus Verona und Umgebung ausstellen zu können. Da etliche Stücke aus den levantinischen

Besitzungen Venedigs stammten, wurde G. hier mit griechischen Originalen konfrontiert. Vgl. Volkmann III, S. 693 (762):

»Von den Galerien geht man in das Theater, dessen auswendige Vorderseite eine schöne Kolonnade von sechs großen ionischen Säulen hat. Sie ist mit dem Bildnisse des um sein Vaterland, in Ansehung der Altertümer, so verdienten Marquis Maffei geziert. Man setzte ihm solches während seiner Abwesenheit im Jahre 1727 mit der Unterschrift: ›Marchioni Scipioni Maffeio adhuc viventi Academia Philarmonica Decreto et aere publico‹. Er ließ es aus Bescheidenheit wieder wegnehmen und es ward erst nach seinem Tode wieder hingestellt.«

– *32 kannelierten:* Kanneluren sind die senkrechten, konkav eingeschnittenen Vertiefungen an den Säulen und Pfeilern der klassischen Ordnungen. Bei der dorischen Ordnung stoßen sie unmittelbar aufeinander und bilden einen Grat, bei den anderen Ordnungen bleiben sie durch Stege getrennt. Da die dorische Ordnung in der Architekturtheorie des Vitruv bei mehrgeschossigen Fassaden die monumentale Basis zu vertreten hat, auf der die elegantere ionische Ordnung aufbaut, sind »dorische Zwerge«, ordnungswidrig neben »glatten Jonischen Riesen«, Beispiele einer gestörten Harmonie. Besonders auffallend ist dieser Gegensatz hier, da aus unterschiedlicher Baugesinnung die gedrückten Galerien des Vorhofs, in dem das Lapidarium untergebracht war, gegen den anspruchsvollen Portikus des Theaters stehen.

61 *1 Basreliefs:* Flachreliefs. – *6 in dem Werke des Maffei:* Gemeint ist dessen umfangreiches Werk: ›Museum Veronense‹ (Verona 1749), das die Sammlung eingehend beschreibt und mit Stichen illustriert. Francesco Scipione Maffei (1675–1755), Sammler, Archäologe, Stadthistoriker und ein in mehreren Sprachen veröffentlichender Dichter. Er war das geistige Zentrum Veronas im 18. Jh. und ein weit über die italienischen Sprachgrenzen hinaus wirkender Denker der Aufklärung. Seine Verstragödie ›Merope‹ (1713), die Voltaire zu einem Gegenentwurf und zu einer längeren ästhetischen Auseinandersetzung herausforderte und die Lessing im 40. Stück der ›Hamburgischen Dramaturgie‹ ausführlich würdigte, aber auch das oft nachgedruckte und nachgeahmte Pastorale ›La Fida Ninfa‹ machten ihn zum herausragenden Vertreter des italienischen Dramas seiner Zeit. Darüber hinaus schrieb er eine größere Anzahl umfangreicher Werke über klassische Altertümer (besonders die seiner Vaterstadt Verona), machte seine Sammlung öffentlich zugänglich und griff als Politiker fördernd und kritisch in die Stadtentwicklung ein. – *8 Interkolumnien:* die Zwischenräume der Säulen. – *13 Ein ganz trefflicher Dreifuß:* heute nicht

mehr im Museum, da er mit anderen Kunstwerken und Altertümern während der Feldzüge Napoleons 1797 nach Paris verschleppt wurde. Dort nicht mehr einwandfrei auszumachen. – *14 worauf Genii sind:* 1517 schuf Raffael (1483–1520) mit seinen Schülern Giulio Romano (um 1495–1546) und Giovanni da Udine (1494–1561) in der Villa Farnesina zu Rom den Freskenzyklus mit der Geschichte von Amor und Psyche. Der Zyklus galt dem 18. Jh. als eine der größten Schöpfungen Raffaels. G. hatte eine Folge kolorierter Stiche nach den Originalen in seinem Besitz. Die Eroten oder Amoretten auf diesen Stichen erinnerten ihn offenbar an die waffentragenden Genien, als er jetzt in Verona vor den antiken Monumenten stand. – *16 die Grabmäler:* Scipione Maffei ergänzte die erste, noch aus dem Jahr 1497 stammende Sammlung der Altertümer durch zahlreiche Stücke aus der von Venedig beherrschten Ägäis: aus Korinth, Korfu und von den griechischen Inseln hatten die Kaufleute vereinzelte Altertümer nach Venedig gebracht. So sieht und erkennt G. hier zum erstenmal griechische Originale, wenn auch dritten oder vierten Ranges. Die Inschriften haben ihn bei seiner ersten Italienreise noch nicht interessiert. Er erwähnt sie erst 1790 beim zweiten venezianischen Aufenthalt. – *25 kein geharnischter Mann auf den Knien:* Auf dem Grabmal des Götz von Berlichingen im Kloster Schöntal an der Jagst kniet der verstorbene Ritter und blickt mit gefalteten Händen zum Himmel auf. Darunter steht der Satz eingemeißelt: »Und er wartet alhie einer fröllichen Auferstehung.« G. kannte die Abbildung aus der ›Lebensbeschreibung‹ des Götz von Berlichingen in der Ausgabe von 1731, auf die er sein Jugenddrama gestützt hatte. – *35 Diomed mit dem Palladio:* eine Darstellung, die den Raub des Palladions, des Schutzbildes der griechischen Göttin Athene, zeigt. Die beiden Helden Diomedes und Odysseus führten – durch einen Orakelspruch dazu aufgefordert – den Raub des Schutzbildes aus, da die Griechen die Stadt Troja erst erobern konnten, wenn sie im Besitz des Palladions waren (Apollodor, ›Epitome‹ 5,13). Die Szene wurde in der Antike häufiger dargestellt. Sie war auch Charlotte von Stein vertraut aus Abbildungen antiker Gemmen. Auch diese von G. erwähnte Gruppe, abgebildet bei Maffei (›Museum Veronense‹, S. LXXV), ist seit der Eroberung durch die Franzosen 1797 verschollen. – *37 viel an Herdern gedacht:* Herder hatte 1774 eine Abhandlung: ›Wie die Alten den Tod gebildet‹ veröffentlicht, die eben in neuer Textfassung im zweiten Band der ›Zerstreuten Blätter‹ wieder erschienen war.

62 *6 Dom:* Sta. Maria Matricolare, um 1140 begonnen, spätgotisch umgebaut. – *7 der Titian:* die ›Himmelfahrt Mariens‹ aus den späten dreißiger Jahren des 16. Jh.s auf dem ersten Altar des linken

Seitenschiffs. – *9 nicht hinaufwärts:* wie bei der berühmten ›Assunta‹ in der Frari-Kirche zu Venedig, die G. aus Abbildungen seit langem vertraut war. – *12 St. Giorgio:* (in Braidu) am linken Etsch-Ufer, bis heute eine Pinakothek der oberitalienischen Malerei des 16. Jh.s. Der von Felice Brusasorci d. J. (1546–1605) begonnene ›Mannaregen‹ wurde von seinen Schülern Pasquale Ottino da Verona (1570–1630) und Alessandro Turchi, gen. L'Orbetto (1578–1649) vollendet. Das ›Wunder der fünf Brote‹ stammt von Paolo Farinati (1524–1606). Die ›Heilige Ursula‹ ist ein Spätwerk des Francesco Caroto (um 1480–1546) aus dem Jahre 1545. Da Volkmann III, S. 697 (765) das Bild nicht erwähnt, hat G. für den ihm unbekannten Maler Francesco Caroto in der Handschrift eine Lücke gelassen. Daß er in dieser Kirche kaum umhin konnte, Meisterwerke des Paolo Veronese und des Moretto da Brescia zu sehen, erwähnt G. nicht. – *23 m:* ital. mille ›tausend‹.

63 *6 Malborrouh:* »Malbrough s'en va-t-en querre«, ein Spottlied auf den britischen Feldherrn des Spanischen Erbfolgekriegs, Herzog von Marlborough, der 1709 die Schlacht von Malplaquet gewonnen hatte. Es wurde als Volkslied in ganz Italien, halb französisch, halb italienisch gesungen und verspottet den Staatsmann, der auf dem Kontinent den militärischen Sieg errungt, während er in seiner Heimat politisch unterliegt. Vgl. *Volksgesang* (Bd. 3.2, S. 201) und die zweite der *Römischen Elegien* (Bd. 3.2, S. 39). – *10 Vorgefühl:* vielleicht, wie Erich Schmidt annimmt, Schreibfehler für »Vollgefühl«.

64 *3 una dopo notte:* eine Stunde nach Einbruch der Nacht. – *5 auf dem Bra:* den weiten Platz vor dem Amphitheater. – *9 Z. E.:* zum Exempel. – *24 aus dem Garten Giusti:* Der auf dem linken Etsch-Ufer gelegene Giardino Giusti steigt terrassenförmig zu einem Renaissance-Pavillon auf. Er wurde 1580 von dem aus Florenz stammenden Grafen Agostino Giusti angelegt. Unter dem Vorsitz des Scipione Maffei traf sich hier die literarisch-künstlerische Gesellschaft der ›Arcadier‹.

65 *1 die Fiera:* eine steinerne Markthalle. Vgl. Volkmann III, S. 699 (768):

»La Fiera oder das Gebäude, wo die beiden Jahrmärkte im Mai und November gehalten werden, ist auch eine von den schönen Anstalten des Marquis Maffei, als er Proveditore der Stadt war. Es sind eigentlich viele Häuser und Buden, die nach einen regulären Plan sehr bequem eingerichtet sind. Der Platz hieß sonst *Campus Martius*, und war zu allerlei Wettrennen bestimmt.«

– *2 Pal. Gherhardini:* Volkmann beschreibt die dortige Gemäldegalerie III, S. 700 (768):

»Bei dem letzteren ‹dem Marquis Gherardini› trifft man insonderheit vortreffliche Stücke vom Alessandro l'Orbetto an, worunter die Anbetung der Könige ein Meisterstück ist.« Volkmann schätzte die Werke des zu S. 62 erwähnten Schülers von Felice Brusasorci sehr hoch ein: III, S. 696 (765). Die Sammlung ist heute wie die meisten erwähnten Privatsammlungen verstreut. Orbettos ›Simson und Delila‹ befindet sich im Louvre zu Paris. – *14 Im Pal. Canossa:* ein schon manieristisch erscheinender Bau des Michele Sanmicheli am heutigen Corso Cavour 44, entstanden um 1530, im 18. Jh. verändert. Die ›Danae‹ ist nicht mehr nachweisbar. – *15 Schöne Fische vom Bolka:* Die Fische von Bolca sind Versteinerungen, die nach dem Fundort am Monte Bolca benannt sind. Dazu Volkmann III, S. 705 f. (775 f.):

»Die versteinerten Fische, welche eine andere Merkwürdigkeit von Verona sind, finden sich auf dem Berge Bolca. Das Dorf dieses Namens ist achtzehn Meilen gegen Morgen von Verona entfernt, und liegt an der Grenze zwischen dem Gebiete dieser Stadt und dem von Vicenza, auf dem Rücken eines Berges, wo man Spuren antrifft, daß er ehemals Feuer gespien. Eine Meile von hier ist ein Steinbruch, wo schöne Platten gebrochen werden, welche lastare di Bolca heißen, und in diesen finden sich die Abdrücke von Fischen. Die ganze Gegend gehört den Erben des Marquis Maffei, welcher sie einige Jahre vor seinem Tode kaufte.«

– *23 Der angefangene Palast des Proveditor:* vgl. Volkmann III, S. 692 (760):

»Der weitläufige Platz ‹...› heißt Bra –; man hat angefangen, auf selbigen auch ein schönes Gebäude für den Proveditore aufzuführen.«

Gemeint ist das erst später ausgebaute Rathaus von Verona, das Municipio. – *34 Inschrift:* Sie stammt aus dem Jahr 1569: »Hieronymo Marmereo V. C. cuius incredibili studio, dum urbi praeest, quod temporis iniuria huic amphitheatro perierat, reddi coeptum est, Veronenses P. P. MDLXIX.« (Zu Ehren des Hieronymus Marmoreus ‹G. liest fälschlich Maurigenus›, durch dessen unglaublichen Fleiß, während er der Stadt vorstand, begonnen wurde, diesem Amphitheater zurückzugeben, was durch das Unrecht der Zeit zugrundegegangen war, die Bürger von Verona 1569). – *38 Notte, die 24ste Stunde:* 7 Uhr abends (zwischen dem 15. und 30. September).

66 *18 Casa Bevi l'aqua:* von Michele Sanmicheli in den dreißiger Jahren des 18. Jh.s erbaut. Volkmann III, S. 700 (768) erwähnt außer mehreren heute im Castel Vecchio ausgestellten Werken des Paolo Veronese vor allem »die Skizze von dem großen Gemälde

des jüngsten Gerichts im großen Ratssaal zu Venedig«. G. hielt dieses Bild des I. Jacopo Robusti, gen. Il Tintoretto (1518–1594), noch in Venedig für ein Jugendwerk des Malers. In Wirklichkeit handelt es sich bei diesem Werk um den Entwurf, der 1579 für den Wettbewerb der Venezianischen Signoria angefertigt wurde. Diese Skizze befindet sich heute ebenfalls im Pariser Louvre. Zum Verhältnis des Bildes aus dem Palazzo Bevi l'aqua zu dem monumentalen Wandbild in der Sala del Maggior Consiglio des Dogen-Palasts äußert sich G. ausführlich S. 105. – *32 Ein Paar Portraits von Paolo Veronese:* Von den hier erwähnten Bildern befindet sich die ›Junge Frau mit einem Knaben an der Hand‹ wiederum im Pariser Louvre. – Paolo Caliari, gen. il *Veronese* (1528–1588): Schüler des Antonio Badile, von Tizian beeinflußt, ehe er zu seinem eigenen festlich-visionären Stil fand. Seine vielfigurigen Kompositionen, sein prachtvolles Kolorit und die geistreiche Verbindung von geschichtlichem Sujet und Gegenwartsnähe in seinen Bildern machten ihn schon zu Lebzeiten, vor allem aber im 18. Jh., zu einem der gefeiertsten Künstler der venezianischen Renaissance. – *34 Endymion:* in der griechischen Mythologie der Geliebte der Mondgöttin, die ihn des Nachts besucht und im Schlaf küßt. Er wünschte sich von Zeus ewigen Schlaf und ewige Jugend. G. korrigierte den Eindruck des Schlafs später in den des Todes, als er in dieser Figur einen der sterbenden Söhne der Niobe aus der bekannten Skulpturengruppe zu erkennen glaubte: »hingestreckter Sohn der Niobe« – so nennt er die Figur in der *Italienischen Reise* unter dem gleichen Datum. Sie befindet sich heute in der Glyptothek zu München. – *36 August mit der Corona civica:* ›Augustus mit der Bürgerkrone‹. Befindet sich seit 1815 ebenfalls in der Münchner Glyptothek. Die Bürgerkrone, ein Kranz aus Eichenlaub, entspricht dem im Tatenbericht des Augustus, dem ›Monumentum Ancyranum‹, erwähnten Ehrenzeichen, das ihm 27 v. Chr. zur Beendigung der Bürgerkriege und Neuordnung beziehungsweise Wiederherstellung des Staatsgefüges verliehen worden war.

68 *40 Cimmerier:* am äußersten Weltende im Westen in ewiger Finsternis wohnendes Volk der griechischen Mythologie. Vgl. Homers ›Odyssee‹ XI,14–19.

69 *7 die ⟨...⟩ Nacht macht ⟨...⟩ Epoche:* Sie macht einen Einschnitt (von griech. ἐποχή ›Abschnitt‹). – *11 intrinsec:* frz. intrinsèque ›innerlich, innig‹. In der *Italienischen Reise* verdeutscht: »innigst«. – *17 Ave Maria della sera:* das abendliche Ave Maria.

70 *2 Po tal:* die Po-Ebene südlich von Verona. – *7 Kirche des Heil. Zeno:* Die Kirche des ehemaligen Benediktinerklosters, das

zahlreichen deutschen Königen auf dem Weg nach Rom Gastfreundschaft gewährte, ist einer der bedeutendsten mittelalterlichen Bauten in Norditalien. Die Taten des Heiligen sind im Tympanon des Portals und unterhalb dessen auf einem Fries dargestellt. – *19 Verzeichnis der mitgenommenen Steine:* schließt an die frühere Aufzählung (S. 55) an, aber unter Auslassung der Nummer 25. Das Versehen ist auch in die späteren Abschriften übergegangen. – *39 das Olympische Theater:* Das Teatro Olimpico, ein Hauptwerk des Andrea Palladio (1508–1580), des letzten der großen, sich hauptsächlich an der Antike orientierenden italienischen Architekten. G. hatte sich schon vor der Reise nach Italien ausführlich mit Palladio auseinandergesetzt und an seiner Bewunderung für ihn bis in die Auseinandersetzung mit den deutschen Romantikern nach 1815 festgehalten. Palladios theoretisches Werk, ›I Quattro libri dell' Architettura‹ (Venedig 1570), und seine Bauten in Venedig und den Festlandsterritorien waren von überragendem Einfluß auf die Architektur des 18. Jh.s, nicht zuletzt in den protestantischen Ländern Nordeuropas. Die Olympische Akademie in Vicenza, deren Mitglied Palladio war, beauftragte diesen mit der Errichtung des Theaters. Die Arbeiten wurden im Februar 1580 begonnen und nach Palladios Tod im August von seinem Sohn Silla fortgeführt. Die Architekturkulissen für eine Aufführung des ›König Ödipus‹ von Sophokles stammen von Palladios Mitarbeiter Vincenzo Scamozzi (1552–1616). Das Teatro Olimpico ist eine Wiederbelebung des antiken Theaters, in dem ein um die Orchestra gelegtes Halboval von stufenartig ansteigenden Sitzreihen einem als klassische Architektur gestalteten Szenenaufbau auf der Bühne gegenüberliegt. – *40 die Gebäude des Palladio:* G.s besonderes Interesse für die palladianische Architektur zeigte sich schon in seiner Bewunderung für die zeitgenössischen deutschen Vertreter des Palladianismus. Er kannte den Architekten Friedrich Wilhelm von Erdmannsdorff (1736–1800) von einer Begegnung 1777 im Juni in Weimar und einer weiteren bei der Leipziger Frühjahrsmesse 1780. Erdmannsdorffs Hauptwerk, das Schloß in Wörlitz, errichtet 1768–1773, kannte G. von mehreren Besuchen. – *Von der Bibliothek:* Das erwähnte Buch in der Weimarer Bibliothek ist: ›Del Teatro Olimpico di Andrea Palladio in Vicenza. Discorso del Signor Conte Giovanni Montenari‹, das 1733 in Padua erschienen war.

71 *6 Säulenordnungen:* Zu allen theoretischen Überlegungen G.s in diesem Zusammenhang empfiehlt sich der Vergleich mit G.s Aufsätzen *Von deutscher Baukunst* (1772) und *Baukunst* (1795). So hat sich G. in seinem Aufsatz aus Straßburg, jenem Hymnus auf Erwin von Steinbach, vehement gegen die »Unschicklichkeit des

Säuleneinmauerns« (Bd. 1.2, S. 417) gewandt. Seine jetzige Bemerkung greift unmittelbar auf den früheren Text zurück. – *13 Force:* frz. ›Kraft‹. – *16 Theater der Alten:* Das Teatro Olimpico steht in seiner aus den Vorbildern der Antike konzipierten Form in Gegensatz zu den Logentheatern des 17. und 18. Jh.s. – *32 die Vögel:* Das italienische Publikum wird hier wieder mit den Vögeln des Aristophanes verglichen; G. greift damit die Assoziationskette aus seiner Beschäftigung mit der Bearbeitung des Stückes wieder auf. Vgl. zu S. 51. – *39 Basilika:* Palladio wurde als noch unbekannter Architekt 1549 mit der Umgestaltung des mittelalterlichen Stadtpalastes (Palazzo della raggione) in Vicenza beauftragt, dessen Struktur hinter der Ummantelung durch die elegante Doppelreihe der gleichmäßig den Bau umziehenden Arkaden erkennbar bleibt. Auch der freistehende Campanile hält den mittelalterlichen Charakter der Stadtarchitektur für den Betrachter bewußt gegenwärtig. Das äußere Bild dieses ersten größeren Werks des Vicentiner Baumeisters wird durch die Gestalt der übereinander aufbauenden Arkaden bestimmt. Hier verwendet er zuerst ein später nach ihm benanntes Motiv in der Architektur: eine Rundbogenarkade, die sich aus zwei rechteckigen Seitenfeldern durch eingestellte Säulen eindringlich hervorhebt. Die Bezeichnung ›Palladio-Motiv‹ ist irreführend; denn dieser hat das architektonische Muster von Sebastiano Serlio (1475–1554) übernommen, der in seinem Buch: ›L'Architettura‹ (1537–1551) die Architekturprinzipien der Hochrenaissance beschrieben hatte. Die Verwendung dieses Motivs bei der Gestaltung der Basilika gestatte aber eine ungewöhnlich dichte Verbindung von klassischer Monumentalität mit harmonischer Eleganz. Der Umbau des Stadtpalastes zu einer Basilika – die Bezeichnung stammt von Palladio selbst – zu einem öffentlichen Gebäude nach dem Vorbild der antiken Gerichtshallen wurde erst im zweiten Jahrzehnt des 17. Jh.s vollendet.

*72 12 Festons:* Nachbildungen von Girlanden aus Blumen, Zweigen oder Früchten in der bildenden Kunst und Architektur. – *18 einem bachischen Triumphwagen:* Der Triumph des Bacchus, das heißt des Gottes Dionysos, der den Wein und den Rausch mit sich bringt, ist ein häufiges Motiv in der Kunst und bei theatralischen Festen. – *21 Sorgo:* in der *Italienischen Reise* mit »Sörgel« übersetzt. Nach Grimm, DWb, ist darunter eine Getreideart zu verstehen, die dort mit Mohrenhirse oder Sorgsamen benannt wird. – *30 drei Sultaninnen:* ›Les trois sultanes ou Soliman II‹ ist eine oft gespielte und oft nachgeahmte Verskomödie des erfolgreichen französischen Dramatikers Charles-Simon Favart (1710–1792), der eine Erzählung aus den ›Contes moraux‹ des Jean-Francois Marmontel (1723–1799) zugrunde liegt. Lessing hat darüber im 33. Stück seiner ›Hamburgischen Dramaturgie‹ gehandelt. – *31 Entführung aus dem Serail:* Mozarts bekanntes Singspiel aus dem Jahr 1782. – *35 an Steinen:* G. spielt darauf an, daß Ernst Josias Friedrich Freiherr von Stein (1735–1793), der Ehemann Charlottens, an solchen Liebhaber-Balletten teilgenommen hat. – *39 Wilhelm:* der Titelheld des Romanprojekts, das damals noch *Wilhelm Meisters theatralische Sendung* hieß. G.s Italienaufenthalt führte zu einer bis 1794 dauernden Unterbrechung der Arbeit, die dann unter gänzlich veränderten, aber in Italien vorbereiteten Bedingungen weitergeführt wird.

73 *2 Capitan grande:* Gouverneur der zur Terra ferma von Venedig gehörenden Stadt Vicenza. – *33 Madonna del Monte:* die Wallfahrtskirche auf dem Monte Berico. Das Santuario della Madonna wurde 1688–1703, nach Abriß eines Vorgängerbaus, zu dem Palladio wesentlich beigetragen hatte, von Carlo Borella neu errichtet. Der heute ihre Fernwirkung prägende Glockenturm stammt erst aus dem frühen 19. Jh. – *40 des Palasts des Capitan:* die Loggia del Capitano, ein Fragment gebliebenes Projekt Palladios gegenüber der Basilika.

74 *5 zwei Büchlein:* eines davon wohl Montenaris schon erwähnter Diskurs über das Olympische Theater (s. zu S. 70). – *7 Rotonda:* Die Villa Rotonda vor den Toren der Stadt ist ein Hauptwerk des Palladio, der sie 1550–1553 für Paolo Almerico errichtete. Seit 1591 im Besitz der Marchesi Capra. Endgültig vollendet wurde sie allerdings erst 1606 durch Vincenzo Scamozzi (1552–1616). Palladio hat hier das Ideal eines Zentralbaus verwirklicht, der sich von innen nach außen im Grundriß aus einem runden Kuppelsaal über das Quadrat der üblichen Räumlichkeiten zu einem repräsentativen Villenbau mit vier gleichberechtigten Fassaden entwickelt. Die volle Würdigung erfährt Palladios Schöpfung erst in der Redaktion der *Italienischen Reise* (vgl. den Eintrag vom 21. September, abends). – *14 Madonna del Monte:* s. zu S. 73,33. – *27 Scamozzi:* Durch Volkmann wurde G. auf die Werke des Ottavio Bertotti-Scamozzi (1719–1790) hingewiesen. Aus der Weimarer Bibliothek kannte G. die ersten beiden Bände von: ›Le fabbriche e i disegni di Andrea Palladio‹, 1776–1783 in vier Bänden zu Vicenza erschienen. In Venedig kaufte er kurz darauf Scamozzis ›Il forestiere istruito delle cose più rare di architettura e di alcune pitture della città di Vicenza 〈...〉 Dialogo‹, erschienen 1761 in Vicenza. Scamozzi war als Architekt und Architekturhistoriker ein einflußreicher Vertreter der von England auf Italien zurückgreifenden Bewegung des Neopalladianismus. – *30 Landhaus des Conte Tiene:* sicher nicht, wie öfter vermutet, das mittelalterliche Castello Porto-Colleoni in Thiene, etwa 20 Kilometer von Vicenza

entfernt, das im 15. Jh. zu einer Villa umgebaut worden war; denn aus dem Text geht unmißverständlich hervor, daß es sich um ein neues Gebäude handelt, das während G.s Anwesenheit noch im Bau war, und das nach einem älteren, vielleicht palladianischen Riß aufgeführt wurde. Nach liebenswürdiger Auskunft des besten Kenners der Vicentiner Villen, Renato Cevese, handelt es sich bei der von Goethe beschriebenen Villa, die bei Tiene nach einem alten Riß eben neu aufgeführt wurde, um die Villa bei Sarcedo, die Orazio Claudio Capra für sich und sein berühmtes Haus um die Jahrhundertmitte hatte errichten lassen (vgl. auch Renato Cevese: Ville della Provincia di Vicenza. Milano 1971, Bd. 2, S. 579ff.). Das Datum 1764, das sich auf einem Fries des Portals zur Rechten der Loggia findet, muß nicht den Abschluß der Arbeit bezeichnen. Sehr wahrscheinlich ist es, daß sich die Arbeit an der Innenausstattung zwischen 1764 und 1790 noch hinzog. Die beiden von G. erwähnten Wasserläufe sind auf dem von Cevese gegebenen Lageplan (vgl. ebd., S. 580) eingetragen. Der Hinweis auf den alten Entwurf im Text scheint für einen Zweifel keinen Raum zu lassen. Die von einem Dreiecksgiebel überhöhte ionische Vorhalle macht kategorisch klar, daß dieser Bau auf klassische Vorlagen gezielt zurückgreift. Deshalb muß es G. ein besonderes Vergnügen gewesen sein, hier in dem Entwurf des Kenners und Liebhabers Orazio Claudio Capra unmißverständliche Spuren der auch von ihm proklamierten Renaissance des Palladio zu erkennen. (Herzlich danke ich Renato Cevese für diese ergänzenden Bemerkungen zu seiner früheren Darstellung.) – *33 Casa di Palladio:* Die Casa Cogollo aus der Mitte des 16. Jh.s hat keinerlei Bezug zu Palladio und diente ihm auch nicht als Wohnung. – *38 humilem personam:* bescheidene Person. – *39 illuminieren:* eine Zeichnung kolorieren.

75 *11 der Heil. Ludwig:* König Ludwig IX. von Frankreich, geb. 1215, regierte von 1226–1270. Er führte ein Leben von extremer Bescheidenheit und Frömmigkeit in franziskanischem Geist. – *13 Dr. Tura:* ein Arzt und Botaniker in Vicenza, den Volkmann erwähnt. Antonio Turra (1730–1796) besaß nicht nur das erwähnte Herbarium, sondern außer dieser Pflanzen- auch eine Mineraliensammlung. 1780 hatte er ›Prodromus Florae Italicae‹ veröffentlicht, einen Wegweiser zu Italiens Blumen. Auf ihn war G. durch Volkmann III, S. 685 (748) hingewiesen worden:

»Es ist hier eine Accademia d'Agricoltura errichtet, welche die ganze Landwirtschaft und den Seidenbau, der in Vicenza sehr getrieben wird, zum Gegenstande hat. Ihr beständiger Sekretär ist der gelehrte Doctor Medic. Anton Turra, welcher eine schöne Sammlung von Fossilien aus den vientinischen Salzgebirgen, vornehmlich vom Berge Brendola und Bolca besitzt, ferner eine Sammlung von Insekten, und ein treffliches Herbarium, wie er denn auch eine *Floram Italicam* zum Drucke fertig hat.«

— *39 Frontons:* Giebel.

**76** *1 Marcus Capra ⟨...⟩ abstinent:* ›Marcus Capra, Sohn des Gabriel, / der dieses Gebäude dem nächsten Grad ⟨d. h.⟩ der Erstgeburt übergeben hat. / Zusammen mit allen Einnahmen, Äckern, Tälern, Hügeln dieseits der großen Straße, / es andauerndem Gedenken anvertrauend, während er duldet / und sich enthält‹. Das »sustinet ac abstinet« ist ein stoischer Grundsatz. Die Inschrift wird in *Wilhelm Meisters Lehrjahren* VIII,9 für den Roman nutzbar gemacht. — *27 Akademie der Olympier:* eine literarisch künstlerische Gesellschaft, zu deren Mitbegründern 1555 auch Andrea Palladio gehört hatte. Sie hat bis heute ihren Sitz in dem großen Gebäudekomplex, zu dem auch das Teatro Olimpico gehört. Die ursprüngliche Aufgabe hatte der Wiederherstellung der antiken Tragödien und ihrer Aufführung in der Stadt gegolten.

**77** *6 Franceschini:* vgl. Volkmann III, S. 678 f. (746):

»Seit einigen Jahren hat ein gewisser Franceschini hier eine beträchtliche Seidenfabrik angelegt, worin auf funfzehn hundert Menschen arbeiten. Er versteht die Sache sehr gründlich, und man sieht mit Vergnügen die artige Einrichtung, wie er einen kleinen Bach zu nutzen gewußt hat. Die Haspel und Mühle sind alle mit solchem Vorteil angelegt, daß so wenig Hände, als möglich, dazu gebraucht werden. Ein einziges Rad treibt vier tausend Haspel, um die Seide zu drehen, und zwei Personen sind hinlänglich, statt der vollen Haspel neue aufzustecken, und die zerissenen Fäden anzuknoten. Man verfertigt zu Vicenza viel seidene Zeuge, welche in Italien und Deutschland vertrieben werden.«

— *15 Sophism:* Spitzfindigkeiten. — *17 sentiert:* angehört, wohl aufgenommen. — *31 exponiert:* ausgesetzt. — *36 dem Mignon:* hier noch in der männlichen Form, wie oft in der *Theatralischen Sendung*. Die endgültige Heimat Mignons wurde die Gegend um Arona am Lago Maggiore.

**78** *12 Zueignung:* In seinem Abschiedsbrief an den Verleger Göschen (vom 2. September aus Karlsbad) hatte G. ihm für den ersten Band der *Schriften* eine »Zueignung ans Publikum, die aber höchstens einen Bogen stark und ganz zuletzt mit dem Titel gedruckt werden kann«, versprochen. Im Brief an den Herzog Carl August aus Verona vom 18. September hatte es dann, sich selbst vertröstend, geheißen, die Arbeit an der *Iphigenie* schreite fort. »Alsdann gehts an die Zueignung und ich weiß selbst noch nicht was ich denen *Avibus* sagen werde.« In diesem Hinweis auf die ›Vögel‹

wirkt noch einmal die Erinnerung an die letzten Karlsbader Tage nach (s. zu S. 10,21). Seitdem sah er sich gern als Ratefreund und seine Freunde oder, wie hier, die Leser seiner Bücher als »Vögel«. Schließlich gab G. den Plan doch auf und stellte der ersten seiner Gesamtausgaben – wie allen späteren Ausgaben – den ursprünglichen Anfang der *Geheimnisse* als Geleit voraus.

79 *28 Campo Marzo:* das Marsfeld im Süden von Vicenza. – *34 Villa Valmarana:* Der 1669 errichtete Hauptbau der Villa ist bekannt durch einen Freskenzyklus, der 1757 von Giambattista Tiepolo (1696–1770) gemalt wurde. Es sind Szenen aus Homers ›Ilias‹, Vergils ›Aeneis‹ und den beiden großen italienischen Renaissance-Epen, Lodovico Ariostos ›Orlando Furioso‹ (1516–1521, vollst. 1532) und Torquato Tassos ›Gerusalemme liberata‹ (1575) dargestellt. Tiepolos Sohn Giandomenico (1727–1804) stattete die Foresteria, das Gästehaus der Villa, mit für den Geschmack des Rokoko typischen Genrebildern, Theaterszenen, Blicken in das Leben auf dem Lande und Chinoiserien aus. G. hat zwei der Hintergrundlandschaften Giandomenicos nachgezeichnet, um sich im Repertoire der südlichen Landschaftsgliederung zu üben (CGZ II, 20 und 21). Auf die Bedeutung der Unterscheidung zwischen einem *hohen* und einem *natürlichen* Stil (statt der zeitüblichen, ständisch und ästhetisch festgelegten Trennung zwischen *hohem* und *niedrigem* oder *komischem* Stil) hat Herbert von Einem hingewiesen. (Vgl. die Anm. zu dieser Stelle in seinem Kommentar zur *Italienischen Reise*, S. 595.) G. trifft damit aber nicht nur die modernen Intentionen der beiden Tiepolos und ihrer ästhetischen Berater, zu denen ein einflußreicher Kenner wie Francesco Algarotti (1712–1764) gehörte, er bereitet auch seiner eigenen Naturauffassung in Italien den Weg. Später hat G., unter dem Einfluß der negativen Beurteilung G. B. Tiepolos durch seinen Kunstberater Johann Heinrich Meyer, sich distanzierter verhalten: In der *Italienischen Reise* wird er nicht mehr erwähnt.

80 *37 Bibliothek:* die 1702 gegründete Bibliothek des Seminars (Biblioteca Comunale Bertoliana). – *des berühmten Juristen:* Bartolus de Sassoferrato (1314–1357) lehrte in Bologna, Pisa und Perugia beide Rechte. Er verfaßte die ersten grundlegenden Kommentare zum römischen Recht, vor allem zum Corpus iuris civilis.

81 *2 Iphigenie:* Die Statue in S. Corona, der 1259 begonnenen Dominikanerkirche von Vicenza, wird bei Volkmann III, S. 678 (745) so gedeutet. Sie wird dort unter den wenigen Resten der Antike, die sich in Vicenza erhalten haben, mitangeführt. – *14 P P.:* Abkürzung für patres ›Väter‹. – *Serviten:* ein 1233 in Florenz von sieben Kaufleuten zur Verehrung der Maria gestifteter Mönchsorden. Die Wallfahrtsstätte der Madonna del Monte Be-

rico wurde von ihnen betreut. – *vieles aber nicht viel:* ironische Umdrehung des lateinischen Sprichworts: »non multa sed multum« (›nicht vieles, sondern viel‹ in der Fassung Lessings, ›Emilia Galotti‹ I,5). – *17 Foresteria:* Gästehaus.

82 *22 Anbetung der 3 Könige:* Gemälde des Paolo Veronese (s. zu S. 66,30).

83 *23 Chaischen:* deutsche Verkleinerungsform an das frz. ›chaise‹ angefügt, um das ital. ›sediola‹ als Stühlchen nachzubilden. – *27 Vetturin:* Fuhrmann. – *30 Gebirge von Este:* die Euganeischen Hügel (colli Euganei), die nördlich von Este liegen und vulkanischen Ursprungs sind. – *38 Volckmann:* S. 638 (702) des III. Bds. beginnt Volkmann mit der umfangreichen Schilderung Paduas.

84 *5 erschreckliche Erdbeben:* vgl. Volkmann III, S. 639 (703): »Die Stadt ist verschiedene Mal abgebrannt, insonderheit bei den innerlichen Unruhen im Jahre 1174, und zuletzt durch eine unbekannte Ursache im Jahre 1420. Drei Mal ist sie durch erschreckliche Erdbeben heimgesucht worden. Bei diesen Unglücksfällen darf man sich nicht wundern, daß Padua nach und nach von dem ehemaligen blühenden Zustande herunter gekommen ist.«

– *12 Benachbarte Hügel:* vgl. Volkmann III, S. 639 (704): »Padua liegt in einer angenehmen fruchtbaren Ebene, und ist mit vielen Landhäusern, zumal an der Brenta umgeben. Die Luft wird für sehr gesund gehalten. Die benachbarten Hügel bringen den schönsten Wein und Öl hervor.«

– *13 vom Observatorio:* der Sternwarte der Universität, an der Galileo Galilei (1564–1642) von 1592 bis 1610 gelehrt und geforscht hat. – *25 Tubus:* stehendes Fernrohr. – *28 Das Pflaster der Stadt pp:* vgl. Volkmann III, S. 641 (705):

»Das Pflaster der Stadt besteht aus dunkelgrauen Steinen mit weißen Punkten oder kleinen Löchern, durch welche sich die weiße Materie gedrungen hat. Sie werden in der Nachbarschaft von Padua gebrochen. Man trifft unter den Pflastersteinen, zumal in den Gängen unter den Gebäuden, viele von rotem Marmor von Verona an«.

– *32 Marie von Giotto:* vgl. Volkmann III, S. 642 (706):

»Im rechten Kreuzgange sieht man eine Maria von Giotto, dem Wiederhersteller der Malerkunst. Petrarch besaß es ehemals, wie er Domherr an dieser Kirche war, und vermachte es durch sein Testament dem Franciscus de Carrara.«

Vermutlich ist das von Volkmann angegebene Madonnenbild identisch mit dem Tafelbild auf dem ersten Altar der linken Seite, das dem Stephanus Patavinus oder Stefano dell' Arcere zugeschrieben wird. – *33 Sakristei:* ebd.:

»In der Sakristei sind viele gute Gemälde anzutreffen, unter andern eine Maria vom Tizian, ein kräftiges und mit einem markigen Pinsel ausgeführtes Bild. Der heilige Hieronymus und Franciscus von Jacob Palma, und das Bildnis des Petrarchs unter andern Domherren. In der Bibliothek des Kapitels sind viele gute Handschriften und seltene Ausgaben. Sie kommt teils vom Petrarch, teils von einem Paar Bischöfen her.«

*– 34 St. Antonio:* In der ausführlichen Beschreibung des Santo, der berühmtesten Kirche der Stadt, bei Volkmann III, S. 642–648 (707–713) heißt es über die Errichtung des Bauwerks einleitend:

»Die Kirche des heiligen Antonius von Padua, den man nur kurzweg il Santo, und die Kirche del Santo nennt, ist dem Range nach die zwote, aber eine sehr berühmte Kirche. Dieser große Heilige der katholischen Kirche war 1195. zu Lissabon geboren, trat in den Franziskanerorden, und machte sich durch Predigen, Bekehren und Wundertun so berühmt, daß er nach seinem im sechs und dreißigsten Jahre erfolgten Tode im nächstfolgenden Jahre gleich kononisiert wurde. Die Kirche ist auf den Ruinen eines alten Tempels gebauet, und bereits im Jahre 1255. vom Nicolaus von Pisa angefangen. Sie gehört zu den merkwürdigsten Orten, welche fromme Seelen in Italien besuchen, und wohin Wallfahrten getan werden.

Die Kirche des heiligen Antonius ist von alter gotischer Bauart, fast wie die Marcuskirche in Venedig. Sie hat inwendig sechs Kuppeln, deren zwo im Schiffe liegen.«

*36 Kardinal Bembo:* so das Stichwort am Rand in Volkmanns Bericht: III, S. 646 (711):

»Am dritten Pfeiler rechter Hand sieht man das Monument des Kardinals Bembo, der durch seine Geschichte von Venedig, und durch seine Gedichte bekannt ist\*). Er war aus einer alten venezianischen Familie, Sekretär vom Papste Leo X, und liegt in Rom begraben. Sein marmornes Brustbild hat Cataneo von Carrara, des Sansovino Schüler, verfertigt. Dieser Cataneo war auch ein guter Dichter, welcher gli Amori di Marfisa geschrieben hat.«

Dazu die Fußnote, auf die G. sich in seinem Stichwort und in der späteren Anspielung (S. 85) bezieht:

»\*) Man sagt von ihm, daß er sich viel auf seinen lateinischen Stil eingebildet, welchen gleichwohl Scaliger und Lipsius getadelt haben. Er las nicht gern in der Bibel, und in seinem Breviario, um kein schlechtes Latein daraus zu lernen.«

Sanmicheli hat 1547 das Monument geschaffen, die Büste des

Kardinals aus dem gleichen Jahr stammt von Danese Cattaneo (um 1509-1573). Der herausragende Platz des Grabmals im Mittelschiff des Santo entsprach dem Ruhm des Kardinals. Der aus Venedig stammende Pietro Bembo (1470-1547) war einer der berühmtesten Dichter der Renaissance, ein bedeutender humanistischer Gelehrter und Historiograph, der als Theologe und Kirchenpolitiker zum Kardinal und Sekretär des Papstes Leo X. aufstieg. In seiner Jugend stand er dem Künstler- und Dichterkreis um Catarina Cornaro in Asolo nahe, dem er in den lyrischen Dialogen ›Gli Asolani‹ ein Denkmal setzte (1505). Als Dichter erneuerte er die Tradition Francesco Petrarcas und begründete zugleich als Theoretiker das Prinzip der Nachahmung aus antikem Geist neu. Als humanistischer Philosoph und Historiker war er einer der bedeutendsten Meister des lateinischen Stils. Von ihm das lateinische Grabgedicht auf Raffael im Pantheon zu Rom.

85 *2 von dem Grabmal des Porto in Vicenz (s. p. 677) nachgeahmt scheinen:* Hinweis auf Volkmann III, S. 677 (745):

»Im Chor der Kirche des heiligen Laurentius (zu Vicenza) sieht man das vom Palladio angegebene Grabmal des Leonardo Porto ⟨gest. 1562⟩. Die Anordnung ist simpel und zierlich, sie hat ionische Säulen.«

Das Grabmal des Leonardo da Porto in der Kirche San Lorenzo wurde Palladio zugeschrieben. Es ist vermutlich das Werk eines unbekannten Meisters aus der Umgebung des Michele Sanmicheli, der dem sogenannten strengen Stil der Vicentiner Schule zugerechnet werden muß. – *6 Petri Bembi Card.* ⟨...⟩ *desideretur:* ›Das Bildnis des Kardinals Petrus Bembo / ließ Hieronymus Quirinus, Sohn des Ismenus, / Öffentlich aufstellen, / damit er, dessen Geistes- / Werke ewig sind / auch körperlich im Gedächtnis / der Nachwelt weiterlebe.‹ – *18 Helena Cornara:* Die Anmerkung Volkmanns III, S. 647 (711 f.), gehört zum Verständnis von G.s Überlegung dazu:

»In einer Nische von gelbem Marmor sieht man das Brustbild der Helena Cornara Piscopia, einer sehr gelehrten venezianischen Dame, welche in Padua den Doktorhut in der Philosophie erhielt, aber eigentlich in der Kirche S. Giustina begraben liegt \*).«

Dazu folgende Fußnote:

»\*) Sie sollte auch Doktorin in der Theologie werden, allein der Bischof von Padua wollte es nicht zugeben, weil keine Frau nach dem Apostel Paulus in der Gemeine lehren soll. Sie gelobte bereits im eilften Jahre eine beständige Keuschheit, weswegen man den artigen Einfall gehabt, auf dem Reverse einer mit ihrem Brustbilde versehenen Medaille einen Lorbeerbaum mit der Umschrift zu setzen: Etiam infoecunda perennat, um dadurch auf ihren Ruhm bei der Nachwelt zu deuten.«

Wegen dieses Doktorhutes nennt G. sie eine Minerva-Geweihte, denn Minerva ist die Göttin der Weisheit. Die Werke der Helena Cornara Piscopia, Abhandlungen, Lobreden und Briefe, wurden 1688 in Parma veröffentlicht. – *21 Hl. Agathe von Tiepolo:* vgl. Volkmann III, S. 644 (708):

»Hinter dem Chor hängt in einer Kapelle die Marter der heiligen Agatha, ein gutes Gemälde von Tiepolo \*)«

Dazu die Anmerkung:

»\*) Cochin lobt es sehr, desgleichen der Graf Algarotti. Er sagt in seinem Saggio sopra la pittura, daß man in dem Gesichte den Schmerz und die Hoffnung der künftigen Seligkeit lese.«

Das Bild wurde 1734–1736 von Giovanni Battista Tiepolo für den Santo in Padua gemalt. Es stellt das Martyrium der Heiligen aus Catania dar und befindet sich noch an seinem Platz in der zweiten Seitenkapelle des rechten Schiffs. Es gehört zu den Werken Tiepolos aus dem Übergang vom Barock zu einer mehr neoklassizistischen Haltung, die alle Ausdrucksnuancen neu aus dem Bildthema interpretieren. – *26 Enthauptung Joh. von Piazetta:* vgl. Volkmann III, S. 647 (712):

»In der fünften Kapelle linker Hand hat Piazzetta die Enthauptung des Johannis von großer Wirkung ausgeführt. Das Kolorit ist pikant, ohne sehr natürlich zu sein. Der Charakter in der Figur des Johannes ist nicht schön.«

Der venezianische Maler Giovanni Battista Piazzetta (1683–1754), ein Schüler A. Molinaris in Venedig und G. M. Crespis in Bologna, hatte sich an den Werken Guercinos (s. zu S. 86,13) weitergebildet. Piazzetta wurde zum Begründer der venezianischen Malerei des 18. Jh.s, der das Frühwerk Tiepolos nachhaltig beeinflußt hat. Die ›Enthauptung Johannes des Täufers‹ von 1744 befindet sich heute in dem zum Komplex des Santo gehörenden Museo Antoniano in Padua. – *40 Scuola del Santo:* vgl. Volkmann III, S. 648 (713):

»La Scuola del Santo ist ein Bethaus einer Brüderschaft über der Kirche, worin sechzehn merkwürdige Gemälde anzutreffen sind. Das vierte auf der rechten Seite, und das sechste und siebente zur Linken sind Freskomalereien vom Tizian. Sie stellen Mirakel des heiligen Antonius vor, und brachten den Tizian in solchen Ruf, daß der Rat zu Venedig ihm den Saal des großen Rats zu malen auftrug, welcher durch das Feuer verdorben ist. Es gibt einige gute Köpfe in diesem Stücke, sie sind aber etwas hart.«

Das Gebäude wurde 1430 für die Bruderschaft des hl. Antonius errichtet. Der bedeutende Freskenzyklus, an dem auch Tizian mit drei Fresken aus der Geschichte des Heiligen beteiligt war (1. Das Zeugnis des neugeborenen Kindes, 2. Die Heilung des jähzornigen Jünglings, 3. Der eifersüchtige Ehemann, alle 1511 gemalt), entstand nach 1510.

86 *7 Marter d. Heil. Justina von Paul Ver.:* vgl. Volkmann III, S. 649 (714):

»Es fehlt dieser Kirche auch nicht an schönen Malereien, worunter die Marter der heiligen Justina als eines der besten Stücke vom Paul Veronese berühmt ist. Inzwischen ist die Glorie etwas unordentlich, und der untere Teil des Gemäldes mittelmäßig angeordnet. Die Heilige ist nicht schön, die Lokalfarben sind etwas scharf, und weil der Hintergrund die Farbe ganz verloren hat, so kann man die Wirkung nicht recht beurteilen \*).« Dazu die Anmerkung:

»\*) Augustin Carracci hat das Bild durch einen Kupferstich auf zwei Bogen verewigt.«

Das wohl unter Mitwirkung der Werkstatt entstandene Altarbild von 1575 galt dem 18. Jh. als eine der hervorragendsten Schöpfungen dieses Malers. – *13 Zimmer des Abts:* Der Hinweis bei Volkmann III, S. 650 (750):

»Die ehemals hier befindlich gewesene Himmelfahrt der Maria vom Paul Veronese hängt jetzt nebst andern von Tizian, Tintorett, Maratti, Solimena u. s. w. in den Zimmern des Abts.«

Die von G. erwähnte Allegorie hängt noch heute in den Abt-Zimmern des Klosters. G. sieht hier zum ersten Mal ein Werk des Giovanni Francesco Barbieri, gen. Il Guercino (1591–1666), des aus Cento stammenden Malers der Bologneser Schule, der in seiner Reifezeit stark von Guido Reni beeinflußt war. G. war in seiner Auffassung der Malerei von beiden Künstlern geprägt, noch ehe er nach Italien ging. – *15 Auserlesne Bücher:* Volkmann ebd.:

»Die Bibliothek ist nicht nur wegen des schönen Saals und der hölzernen Bildhauerarbeit, sondern auch wegen der auserlesenen Wahl der Bücher, sehenswert. Das Kloster hat seit kurzem die Bibliothek des berühmten Mathematikers, des Marquis Poleni, welche einen Schatz von mathematischen und physikalischen Werken enthält, angekauft.«

– *19 Prato della valle:* Auf dem großen Platz südlich der Stadt entstand 1775–76 eine ovale, von einem Kanal umflossene Parkinsel. Beide Ufer des Kanals wurden mit auf hohen runden Postamenten stehenden Statuen geschmückt. Bei Volkmann III, S. 650 (715) heißt es dazu:

»Der große Platz vor der Kirche, Prato della valle, hieß ehemals Campus Martius, und soll daselbst viel Märtyrerblut vergossen sein. Die paduanischen Schriftsteller sagen, daß hier auch ein Theater gestanden, dessen man sich bei den Spielen, welche Antenor alle dreißig Jahre zu halten angeordnet hatte, bediente. Sonst wurden hier, zum Andenken der Befreiung von dem grausamen Tyrannen Ezzelin, Pferderennen gehalten, welche Gelegenheit gegeben, daß andere italienische Städte solche in der Folge nachgeahmt haben. Man trifft wenig solche große Plätze als diesen an, daher er sich zu der großen Messe, oder dem Jahrmarkte, welcher jährlich den 12ten Junius hier gehalten wird, sehr gut schickt.«

*25 Abnehmung vom Kreuz:* vgl. Volkmann III, S. 655 (720): »In der Kirche hängt eine berühmte Abnehmung vom Kreuze, von Bassano«. Das 1574 entstandene Bild des Jacopo da Ponte, nach seinem Geburtsort Il Bassano genannt (1515–1592), der von Tizian, seinem Lehrer Pordenone und Lorenzo Lotto beeinflußt war, befindet sich in Santa Maria in Vanzo. – *27 Salone:* vgl. Volkmann III, S. 655 (720):

»Il Salone oder der Audienzsaal des Rathauses in Padua ist vielleicht der größte Saal in der Welt. Er ist dreihundert Fuß lang, hundert Fuß breit, und inwendig eben so hoch. Er ruhet inwendig auf neunzig Pilastern in der Wand. Dieser Saal wurde im Jahre 1172 angefangen, aber erst im Jahre 1306 gewölbet; im Jahre 1756 stürzte das Gewölbe bei einem Sturme ein, der Rat zu Venedig ließ es aber durch einen geschickten Künstler Bartholomäus Ferracino, welcher auch die Meridianlinie gezogen, wieder aufführen. Man sieht in diesem Saale die zwölf Zeichen des Tierkreises, die Apostel und verschiedene andere geistliche Malereien, welche Giotto gemalt und Zannoni im Jahre 1762 wieder hergestellt hat, so daß die alte Manier ziemlich geblieben ist.«

Der nach dem Brand von 1420 im Rathaus oder Stadtpalast, dem Palazzo della Ragione eingerichtete Saal, 79 m lang, 24 m breit und 27 m hoch, ist der größte und großartigste mittelalterliche Saal Italiens. – *29 il Bo:* vgl. Volkmann III, S. 658 (723 f.):

»Das Universitätsgebäude, il Bo genannt, ist von einer majestätischen Bauart, und hat eine Vorderseite mit vier kannelierten dorischen Säulen. Der innere Hof, von der Architektur des Sansovino, ist mit einer Galerie von zwei Stockwerken versehen.«

Die Universität von Padua war 1222 gegründet worden. Das mehrfach umgebaute Gebäude wurde 1492 auf dem Platz eines dazu abgerissenen Stadtviertels begonnen, das im Zeichen des

Stiers stand (›bue‹), daher der Dialektausdruck: ›Il Bó‹. – *31 das Anatomische Theater:* Volkmann III, S. 658 (724):
»Das anatomische Theater wurde im Jahre 1594 errichtet.«
– *34 Der Botanische Garten:* vgl. Volkmann III, S. 661 ff. (726ff.):
»Der botanische Garten, welcher auch zur Universität gehört, liegt in einer andern Gegend der Stadt, zwischen den Kirchen des heiligen Antonius und der heiligen Justina, und wurde bereits im Jahre 1545 auf Kosten der Republik Venedig angelegt. An der einen Seite des Eingangs wohnt der Professor und an der andern der Gärtner. Auf jener Seite liegen die Treibhäuser und ein kleiner Garten für die ausländischen Gewächse, auf der andern ein Wäldchen, welches sehr ordentlich und artig angelegt ist, und alle Arten von Bäumen und Stauden enthält.

Der Garten ist schön, wohl eingerichtet, und nach einem angenehmen Plan angelegt. Er hat eine runde Form, und ist mit einer Mauer und einem Säulengeländer eingeschlossen. Zwei Hauptalleen durchschneiden ihn kreuzweis, und endigen sich mit vier Türen. Die dadurch entstehenden vier Parterren sind in fünf hundert Beeten abgeteilt, welche die Gestalt von Rosen und Sternen haben, und in den Wendungen der Peripherie sind deren noch mehrere angebracht. Alles ist mit Pflanzen besetzt, welche nach dem System des jetzigen Professors Marsili angeordnet sind. Außer den beiden zur Promenade dienenden Hauptalleen geht eine andere rings umher. Wo sich die beiden Hauptalleen durchschneiden, da liegt eine Fontäne, und hin und wieder ist Wasser im Garten, teils zum Nutzen, teils zum Vergnügen angebracht.

Auf dem Geländer um den Garten stehen die Busten des Salomon, Dioscorides, Fabius Colonna, Prosper Aspinus und Pontedera, wovon die letzteren Professoren der Botanik in Padua gewesen.«

Über seinen Besuch berichtet G. später in seinem Aufsatz: *Der Verfasser teilt die Geschichte seiner botanischen Studien mit* (1817 und 1827–1831), den er 1831 der deutsch-französischen Ausgabe seines *Versuchs über die Metamorphose der Pflanzen* beigab (Bd. 18). Darin wird auf den Einfluß seiner beiden Besuche im botanischen Garten von Padua auf die Ausbildung seiner naturgeschichtlichen Auffassungen ausdrücklich hingewiesen.

87 *16 die Werke des Palladio:* ›I quattro libri dell' architettura‹ waren 1570 zuerst in Venedig erschienen. Das Faksimile dieser Ausgabe, das der um die Verbindung der englischen und venezianischen Kunst so ungewöhnlich verdiente Konsul Joseph Smith (s. zu S. 111,35) in Venedig herausgegeben hatte, war zwischen 1770

und 1780 hergestellt worden. Hier in Padua weiß G. noch nichts über den englischen Geschäftsträger bei der Republik Venedig. Der Herausgeber ist für ihn »ein Engländer«. Wie G. sich im übrigen nach Palladios Original sehnte, das er viel später auch erwerben konnte, zeigt am deutlichsten die Tatsache, daß sich nur der Erstdruck und nicht das Faksimile in seiner Bibliothek erhalten hat (Fränkel). – *23 Partikuliers:* Privatleute. – *24 König von Schweden:* Gustav III. (1746–1792) für Gustav II. Adolf (1594–1632), den Helden des Dreißigjährigen Kriegs. – *26 Leopold:* Gemeint ist der Großherzog der Toscana und habsburgische Thronfolger Leopold (1747–1792), der 1790 nach dem Tod seines Bruders Joseph II. deutscher Kaiser wurde. Von 1765 bis 1790 regierte er in Florenz und setzte hier in Padua zwei berühmten Toscanern ein Denkmal, die beide in enger Beziehung zu Padua gestanden hatten: Francesco Petrarca aus Arezzo (1304–1374) hatte in Padua studiert und seine letzten Jahre im benachbarten Arquà verbracht und ist dort auch begraben; Galileo Galilei aus Pisa (1564–1642) hatte 18 Jahre in Padua an der Universität Astronomie und Mathematik gelehrt. – *35 Kirche der Hl. Justina:* ursprünglich eine Kirche des 5. und 6. Jh.s, nach einem Erdbeben 1119 neu aufgebaut. Diese Kirche wurde 1502 abgerissen und in den Jahren 1518–1587 neu errichtet. Es ist eine Basilika von ungewöhnlichen Ausmaßen und ungewöhnlicher Architektur, deren Erscheinungsbild von acht Kuppeln geprägt ist. Volkmann schreibt dazu III, S. 649 (713):

»Die Kirche der heiligen Giustina ist eine von den herrlichsten in ganz Italien, und gehört den Benediktinern von Monte Cassino, welche hundert tausend Dukaten Einkünfte haben sollen. Andreas Riccio hat solche im Jahre 1520 nach seinen Rissen auf dem Platze eines alten Tempels der Eintracht zu bauen angefangen. Sie ist vier hundert und fünf und achtzig Fuß lang, hundert und achte hoch, hundert und neun und zwanzig breit, und in dem Kreuzgange drei hundert und zwei und dreißig breit. Ihr Ansehen ist prächtig, majestätisch, und die Proportionen nach den schärfsten Regeln gut gewählt. Sie hat eine einzige ionische Säulenordnung auf einem niedrigen Postement, wodurch sie ein noch edleres Ansehen bekommt. Das Chor liegt um neun Stufen höher, als das Schiff, welches eine gute Wirkung tut. Die Kirche hat acht Kuppeln, von denen die höchste bis an das Gewölbe hundert und fünf und siebenzig Fuß, auswendig aber mit der oben drauf gesetzten Statue der heiligen Justina zwei hundert und zwei und dreißig Fuß hoch ist. Diese Kuppel trägt zur Erleuchtung der Kirche viel bei.«

88 *5 Schöne Bestätigungen meiner botanischen Ideen:* In der

*Italienischen Reise* (Bd. 15) führt G. an dieser Stelle unter dem Datum des 27. September aus, daß ihm hier in Padua die Idee der Urpflanze zum ersten Mal lebendiger vor das Bewußtsein getreten sei: »Bei gewohnten Pflanzen, so wie bei andern längst bekannten Gegenständen, denken wir zuletzt gar nichts, und was ist Beschauen ohne Denken. Hier in dieser neu mir entgegen tretenden Mannigfaltigkeit, wird jener Gedanke immer lebendiger: daß man sich alle Pflanzengestalten vielleicht aus Einer entwickeln könne. Hiedurch würde es allein möglich werden, Geschlechter und Arten wahrhaft zu bestimmen, welches, wie mich dünkt, bisher sehr willkürlich geschieht. Auf diesem Punkte bin ich in meiner botanischen Philosophie stecken geblieben und ich sehe noch nicht, wie ich mich entwirren will. Die Tiefe und Breite dieses Geschäfts scheint mir völlig gleich.« – *14 Kirche der Eremitaner:* die 1276–1360 erbaute Kirche der Augustiner-Eremiten. In der Cappella Ovetari (Cappella Santi Jacopo e Cristoforo) befand sich ein (im 2. Weltkrieg fast vollständig zerstörter) Freskenzyklus zu den Legenden des heiligen Jakobus des Älteren und des heiligen Christophorus. Andrea Mantegna (1431–1506), der bei Vicenza geborene Frührenaissance-Maler, Schüler des Francesco Squarcione in Padua, geriet später unter den Einfluß seines Schwiegervaters Jacopo Bellini, ehe er aus humanistischer Bildung und visionärer Anschauungskraft seinen eigenen Stil entwickelte. Der Zyklus wurde 1448–1456 von ihm, Nicolo Pizzolo (1421–1453), Giovanni d'Allemagna (gest. 1450) und Antonio Vivarini (um 1415–1484) geschaffen. Die Fresken, die sich durch scharfen Realismus und klassische Würde auszeichneten und deren illusionistische Perspektive bis dahin unerreicht waren, machten den stärksten Eindruck auf die Malerei ihrer Zeit. Auch deutsche Maler der Renaissance wie Michael Pacher zeigen in ihren Werken Mantegnas prägenden Einfluß. G. war durch einen Hinweis bei Volkmann III, S. 653 (718) auf die Bilder aufmerksam geworden:

»Die Kapelle des rechten Kreuzganges hat Frescomalereien von Andreas Mantegna. Sie sind zwar gotisch und sehr manieriert, doch ist auch viel Natürliches und eine gute Perspektive in der Architektur der Hintergründe.«

Während Volkmann noch an dem klassizistischen Urteil: »gotisch und sehr manieriert« festhält, gelingt es G. hier, die eigentümliche Kraft und Größe Mantegnas zu erkennen und geschichtlich richtig einzuordnen. Noch viele Jahre später kommt er in den *Tag- und Jahres-Heften* zu 1820 und in dem zweiteiligen Aufsatz: *Julius Caesars Triumphzug, gemalt von Mantegna,* erschienen 1823 in *Kunst und Altertum* (Bd. 13), ausführlich darauf zurück und begegnet in ihm »einem der außerordentlichsten Menschen«.

## Reise-Tagebuch/Viertes Stück

**89** *13 Brenta:* der Fluß, der bei Fusina in die Lagune von Venedig mündet; an seinen Ufern zahlreiche Villen und Landhäuser des Patriziats beider Städte. Die Fahrt entlang der Brenta gehört zu den berühmtesten Ausflügen für jeden Reisenden des 18. Jh.s; die venezianischen Landschaftszeichner und Veduten-Radierer wetteiferten in Stichserien, um ›Le Delizie del Fiume Brenta‹ – so der Titel einer verbreiteten Radierungsfolge von 1748 – anschaulich zu machen. Das eindringlichste Bild dieser aus alltäglichem Treiben am Fluß, prächtiger Architektur in den herrschaftlichen Sommerresidenzen und anmutigen Ausblicken in die Natur zusammengesetzten Zauberlandschaft hat Antonio Canale, gen. Il Canaletto (1697–1768) in der Folge seiner ›Vedute altre prese da i luoghi, altre ideate‹ (um 1745) gegeben. – *22 Mein Vater:* vgl. die Vorbemerkungen zu diesem Kommentar S. 604, 615 f. – *32 Königin von England:* im Palazzo Molin-Querini am Rio Memmo, nordwestlich vom Markusplatz; »Brücke« und »Gäßgen«, die G. erwähnt, sind der Ponte und der Calle dei Fuseri. Bis vor kurzem als ›Albergo Victoria‹ weiter als Hotel geführt.

**90** *6 die Volckm. p. 636 gut beschreibt:* vgl. Volkmann III, S. 636 (702):

»Von Venedig bis Padua werden fünf und zwanzig italienische Meilen gerechnet, welche sich bequem in einem Tage zurück legen lassen. Die Merkwürdigkeiten auf dem Wege können zugleich besehen werden. Man nimmt entweder eine Gondel und läßt sich bis an das feste Land bringen, und fährt alsdenn mit einem Vetturino zu Lande nach Padua, oder man geht mit dem ordinären Schiffe, welches sehr wohlfeil ist, oder man mietet eine besondere Barke (Burchiello) für die ganze Reise. Diese Barken haben ein gutes Ansehen, sie sind ziemlich groß, und mit einem geräumigen Zimmer versehen, welches Glasfenster hat, und mit Malereien oder Tapeten behangen ist. Der Preis für die Fahrt ist gemeiniglich zwei Zechinen. Sie werden durch zwei kleine Schiffe mit vier Rudern durch die Lagunen fünf Meilen weit bis nach Fusina gezogen. Der Weg, den sie zu nehmen haben, ist durch Stangen angezeigt, weil sie sonst leicht auf Untiefen in den Lagunen sitzen bleiben konnten. Nach einer Fahrt von einer Stunde, nimmt man zu Fusina zwei Pferde, welche die Barke durch den Kanal la Brenta bis Padua nach Art der holländischen Treckschüyten ziehen.

So lange man sich in den Lagunen befindet, hat man eine schöne und außerordentliche Aussicht. Auf der einen Seite zeigt sich Venedig mit seiner sonderbaren Lage, und auf der

andern liegt eine angenehme Küste, welche mit Häusern
gleichsam besäet ist. Kommt man in den Kanal der Brenta, so
fährt man auf beiden Seiten durch eine ununterbrochene
Reihe von Dörfern, Lusthäusern, Palästen, Gärten und schönen Wiesen. Es gibt wenig solche reizende Ufer, und die so
stark bewohnt sind.«
Dann folgt die Beschreibung der einzelnen Ortschaften und größeren Villen: Palast Foscari, Mira, Dolo, Strà mit der Villa Pisani und
schließlich Noventa. – *37 Volk:* Die einleitenden Bemerkungen
G.s zur Entstehung der Stadt Venedig und zur geschichtlichen
Entfaltung des Volks der Inselrepublik nehmen die Beschreibung
des Volks in Verona und vor allem seine Theorie zur Entstehung
des Amphitheaters wieder auf, vgl. S. 622.

91 *19 St Giorgio:* Insel mit der ins Auge springenden Fassade
des Benediktiner-Klosters, an der Einfahrt des Canal Grande dem
Dogenpalast gegenüber gelegen. – *20 Giudecca:* die langgestreckte
Insel gegenüber dem eigentlichen Venedig. – *21 Dogana:* welche
die Einfahrt des Canal Grande beherrscht. G. erfaßt hier die
Zusammenwirkung von Architekturen, die das Bacino di San
Marco, den vor dem Dogenpalast liegenden Teil der Lagune, die
Struktur eines gestalteten Binnenraums annehmen läßt. – *22 Plan
von Venedig:* Es ist nicht gesichert, welchen der älteren Stadtpläne
G. benutzt hat. Daß es der bekannte, 1500 unter Beteiligung
Albrecht Dürers in Holz geschnittene und viel verbreitete Plan des
Jacobo de'Barbari war, geht aus der Beschreibung nicht hervor. –
*24 aus den zwei Säulen des Markus Platzes:* s. S. 93 und die Anm. –
*36 proportionierlich:* proportional, verhältnismäßig. – *37 Ponte
Rialto:* die Rialto-Brücke, die das ökonomische Zentrum der Stadt
markiert. Seit 1264 eine Holzbrücke, gewann der Ponte Rialto
seine heutige Gestalt in den Jahren 1588–1592.

92 *6 Insel der Heil. Clara:* südwestlich des heutigen Bahnhofs
Santa Lucia, als Insel nicht mehr erkennbar. – *27 p. 509:* Volkmanns Beschreibung der Markus-Kirche, III, S. 509 (568), beginnt
so:

»Die Kirche S. Marco war sonst nur die Kirche des herzoglichen Palasts, sie ist aber, der Patriarchatskirche ungeachtet,
welche am Ende der Stadt bei dem Arsenal liegt, die vornehmste in der Stadt geworden. Sie gehört weder zu den größten
noch zu den schönsten von Venedig, es herrscht vielmehr ein
schlechter gotischer Geschmack darin, sie ist aber gleichwohl
die reichste und berühmteste. Sie führt den Namen von dem
Evangelisten, dessen Sinnbild der Löwe ist, daher trifft man
ihn allenthalben in der Kirche an, zumal da er auch das
Sinnbild der Republik ist.«

Zur Fassade schreibt er III, S. 514 (574):

»Die Marcuskirche verdient auch von außen einige Aufmerksamkeit. Die Vorderseite ist zwar gotisch, aber mit erstaunlicher Arbeit gemacht. Fünf große Bogen in einem halben Circul ruhen auf zweihundert und zwei und neunzig Säulen, worunter achte von Porphyr und die übrigen von Marmor sind. Darüber läuft eine Galerie an drei Seiten der Kirche herum, welche aus dreihundert und vier und sechzig Säulen besteht. Über dieser kommen abermals fünf Bogen, welche auf porphyrnen Säulen ruhen. Die Bogen sind mit Zierraten von Mosaik und Bildhauerarbeit versehen.«

Die ehemalige Palastkapelle des Dogenpalastes entstand in der heutigen Form im wesentlichen während des 11. Jh.s als ein von fünf Kuppeln bekrönter Bau in Form eines griechischen (gleichschenkligen) Kreuzes. Die Fassade stammt in ihrem spätgotischen Erscheinungsbild vor allem aus dem 15. Jh. – *34 Alte Pferde:* vgl. Volkmann III, S. 513 (572):

»Auf jedem Bogen steht eine große marmorne Statue, und auf dem mittelsten, als dem höchsten, der heilige Marcus, und darunter ein Löwe von Bronze acht Fuß lang. Über dem Haupteingange bemerkt man antike Pferde von Bronze (2. Aufl.: Kupfer und nicht von Bronze, wie Winkelmann versichert). Wenn sie auch gleich nicht, wie man vorgibt, von der Hand des berühmten Lysippus sind, so hält sie doch Winkelmann für die schönsten aus dem Altertum. (Geschichte der Kunst. S. 188) Man glaubt, daß sie auf dem Bogen des Augusts gestanden. Sebastian Erizzo vermeint sie auf einer Münze des Nero zu finden, deren Revers einen Triumphbogen und darauf vier Pferde vorstellt. Sie stunden nachgehends auf dem Bogen des Domitians, Trajans und Constantins. Letzterer ließ sie nebst dem Sonnenwagen nach Constantinopel führen, und in seiner Rennbahn aufstellen. Die Venezianer brachten sie nach der Eroberung dieser Stadt im Jahre 1206. zum andern male nach Italien. Weil sie so hoch stehen, scheinen sie nur eine natürliche Größe zu haben. Petrarch rühmt sie in einem seiner Briefe, bei Gelegenheit einer Feierlichkeit auf dem Marcusplatze, als die kostbarsten Reste des Altertums; andere finden in ihrer Stellung etwas Steifes und Hölzernes.«

Die vier vergoldeten Bronzepferde über dem Hauptportal sind Werke der frühen römischen Kaiserzeit. Sie wurden 1204 bei der von den Venezianern angeordneten Plünderung Konstantinopels durch das Kreuzfahrerheer in die Lagunenstadt verbracht.

93 *4 Der herzogliche Palast:* ausführliche Darstellung des 1340

begonnenen, erst Ende des 16. Jh.s abgeschlossenen Bauwerks und seiner Innenausstattung bei Volkmann III, S. 515-527 (573-586). Er geht bei seiner Schilderung kaum auf die Außenarchitektur des Bauwerks ein. – *7 Mündlich mehr:* Davor ist der folgende Satz gestrichen: »Kein Seetier hat so eine kapretiose Schale hervorgebracht und kriecht nicht mit wunderbaren Scheren und Zangen herum als dieses Gebäude dasteht.« Der Satz ist vermutlich gestrichen, weil G. ein ähnliches Bild wenig vorher zur Charakterisierung Venedigs verwendet hat, vgl. S. 92,30f. – *25 Taille:* Zuschnitt. – *26 Säulen auf der Piazzetta:* vgl. Volkmann III, S. 528 (587):

»Die beiden Säulen von Granit, welche am Ende dieses Platzes gegen das Meer stehen, wurden im Jahre 1174 aus Griechenland gebracht. Die Kapitäle sind zwar gotisch, sie geben aber doch dem Platze ein edles Ansehen. Auf der einen steht ein Löwe, und auf der andern die Statue des heiligen Theodorus, welcher ehemals der Patron der Republik war, ehe ihn der heilige Marcus verdrängte. Zwischen diesen Kolonnen werden alle Todesurtel vollstreckt, daher man in Venedig als ein Sprichwort sagt: Guardati dell' Intercolonnio, welches so viel heißt: Nimm dich in Acht, der Kopf steht darauf. Seitdem der Doge Falieri hier enthauptet worden, halten die Nobili es für schimpflich zwischen diesen Säulen durchzugehen. Wenn man zu Wasser von Ferrara oder aus der See kommt, geben diese Säulen dem Platze ein herrliches Ansehen.«

– Von den beiden griechischen Säulen wird die niedrigere von dem geflügelten Löwen gekrönt, der das Sinnbild des Evangelisten Markus ist, die höhere trägt eine Statue des heiligen Theodor, der vor dem heiligen Markus der Stadtpatron Venedigs war. Die ›komposite‹ Ordnung verbindet im Kapitell ionische (Voluten an den Ecken) mit korinthischen (Akanthusblätter) Formen.

94 *11 wie notwendig die Bettler:* In Homers ›Odyssee‹ verbirgt sich Odysseus bei seiner Heimkehr nach Ithaka, durch die Hilfe Athenes, in der Gestalt eines Bettlers. G. denkt wohl besonders an den Auftritt bei den Freiern, als Odysseus sich mit dem rivalisierenden Bettler Iros in einen Kampf einlassen muß (vgl. dort XVIII, 1ff.). Mit der »Geschichte vom reichen Manne« spielt G. natürlich auf das Bibel-Gleichnis vom reichen und armen Lazarus an, vgl. Luk. 16,19ff. Christoph Michel erklärt G.s »notwendig« so: »In beiden Beispielen sind die Bettler Kontrast zur herrschenden Schicht; auf ihre (passive) Komplementär-Funktion im Sozialgefüge wie in der literarischen Komposition dürfte G.s *nothwendig* zu beziehen sein.« – *26 Perspektiv:* tragbares Fernglas. – *28 p 532:*

Bei Volkmann III, S. 532 (591) ist an dieser Stelle vom Campanile auf dem Markusplatz die Rede:
»Der große Glockenturm auf dem Marcusplatze ist dreihundert und achtzehn Fuß hoch, und hat eine bequeme Treppe, die auch Maulesel hinauf gehen können. Man gibt unten dem Wärter eine Kleinigkeit, wird aber dafür reichlich wegen der herrlichen Aussicht belohnt. Man sieht von oben auf die gleichsam auf dem Wasser schwimmende Stadt hinab, und über dieselbe auf der einen Seite in das weite Meer, und auf der andern nach dem festen Lande. Der darauf stehende hölzerne und vergoldete Engel, welcher statt der Windfahne dienet, ist vierzehn Fuß hoch. Auf der Galerie dieses Turms hat der berühmte Galilei in Gegenwart des Doge und vieler Vornehmen astronomische Betrachtungen angestellt.«
*32 Ritter Emo:* Angelo Emo war damals der Admiral, der die venezianische Flotte im Kampf gegen den Bey von Tunis befehligte. – *35 Abend und Mitternacht:* Westen und Norden.

95 *6 ein angenehmer Spaziergang:* entlang der Riva degli Schiavoni, die in geschwungenem Bogen vom Markusplatz nach dem Arsenal führt. – *7 einen geringen Kerl:* Die Szene hat G. später poetisch bearbeitet in der *Ersten Epistel*, die er für die mit Schiller herausgegebenen ›Horen‹ verfaßte. Vgl. in dem am 26. Oktober 1794 abgeschlossenen Briefgedicht die Verse 56 ff. (Bd. 4.1, S. 662 f.). – *17 Opera Buffa:* im Gegensatz zur hohen Gattung der ›opera seria‹ die freiere komische Oper. Sie stand in Venedig, besonders seit dem Wirken des Komödiendichters Carlo Goldoni (s. zu S. 124,5) auch für dieses Genre, in der Nähe der charakterisierenden Komödie, die sich das bürgerliche und das Volksleben der Stadt Venedig zum Sujet wählen durfte. Daneben aber hielten sich in der Buffa – vor allem in Neapel, aber auch zum Teil in Venedig – die burlesken und phantastischen Züge der alten Stegreif- und Maskenkomödie auch auf dem Musiktheater. – *24 Jagemann:* Christian Joseph Jagemann (1735–1804), der Bibliothekar der Herzogin Anna Amalia in Weimar. 1778–1780 erschienen seine ›Briefe über Italien‹ in zwei Bänden. Er verfaßte Aufsätze über Italien, gab eine italienische Anthologie und eine Dante-Übersetzung heraus, eine Sprachlehre und ein Wörterbuch. Er hatte siebzehn Jahre lang ein abenteuerliches Leben in Italien geführt.

96 *15 daß Palladio zu einer Brücke 〈...〉 einen Riß gemacht hat:* die Entwürfe zum Neubau der Rialto-Brücke in Palladios ›Quattro libri‹ (1570), Buch III, Kap. 13. – *39 Kirche der Mendicanti:* San Lazzaro dei Mendicanti, Ospedale und Spitalkirche, die 1601–1631 von Vincenzo Scamozzi (1552–1616) erbaut worden

ist. Die palladianische Fassade von 1673 stammt von Giuseppe Sardi. Vgl. Volkmann III, S. 563 (623): »I Mendicanti. Diesen Namen führt ein Hospital für alte Leute und arme Mädchen. Es ist eines von den vieren, wo man an Sonn- und Festtagen die herrlichsten Kirchenmusiken umsonst höret. Sie werden ganz allein von den dazu abgerichteten Mädchen aufgeführt. Einige sind große Virtuosinnen sowohl im Singen als im Spielen.« Im Kapitel über die venezianischen Festlichkeiten und Schauspiele kommt Volkmann III, S. 616 (676f.) noch einmal auf diese Aufführungen zu sprechen:

»Nach Neapel ist die Musik zu Venedig am meisten im Flor. Ehe wir von den andern Schauspielen reden, müssen wir der herrlichen Kirchenmusiken in den Hospitälern gedenken. Wir haben bereits bei der Beschreibung der Stadt derselben beiläufig erwähnt. Es sind eigentlich vier Hospitäler, wo alle Sonn- und Festtage nach Tische die schönsten Kirchenmusiken aufgeführt werden. Sie heißen: la Pieta, l'Ospedaletto, I Mendicanti, und gli Incurabili. In den drei letzten werden viel Waisenkinder aufgenommen; in allen vieren aber die Mädchen von Jugend auf in allerlei Vokal- und Instrumentalmusik unterrichtet. Die Pieta ist in Ansehung der Musik selbst und der Instrumente am berühmtesten, und bei den Mendicanti sind die schönsten Stimmen. An dem letzten Orte sang vor wenig Jahren die berühmte Paduana eine der besten Stimmen in ganz Italien. Sie haben ihre eigene Komponisten, und die Mädchen führen, ohne Hülfe von Mannspersonen, die größten Motetten und Oratorien auf, wobei alle Mal eine mit der Hand dirigiert. Der Stil dieser Musiken ist abwechselnd, meistenteils munter, und von der theatralischen wenig unterschieden. Ein Freund der Musik wird nicht versäumen, während seines Aufenthalts diese Örter zu besuchen.«

99 *1 Oratorium:* Viele Reisende haben diese – jeweils am Sonntag stattfindenden – Aufführungen beschrieben, am glänzendsten vielleicht Jean Jacques Rousseau (1712–1778) im VII. Buch seiner postum veröffentlichten ›Confessions‹ (1780). Für die deutschen Reisenden ist ein Bericht wie der des Romandichters und Kunstkritikers Wilhelm Heinse (1746–1803) charakteristisch, in dem der lange in Italien heimische Autor an Friedrich Jacobi berichtet (Brief vom 26. Januar 1781): »Man sollte Mühe haben in manchen halbdutzend Städten nur so viel *auserlesene* Sängerinnen aufzustellen, als hier allein in dem einzigen Waisenhause alle Mendicanti sich befinden 〈...〉 Ich wenigstens habe noch nichts von der Art gehört, und ich habe nie geglaubt, daß der Mensch so könne entzückt werden.«

100 *6 St Giorgio:* Die Kirche des Benediktinerklosters ist ein Hauptwerk des Palladio. Das Holzmodell wurde 1565 geschaffen, der Bau bis gegen 1575 vollendet. Die Fassade wurde 1607–1611 errichtet, lange Jahre dem Vincenzo Scamozzi zugeschrieben. Umstritten ist, ob die heutige Fassade einem Entwurf Palladios folgt oder ob dieser Plan bei der späten Bauausführung verdorben wurde, für die möglicherweise als ausführender Architekt Smeraldi in Betracht kommt. Bei Volkmann III, S. 569–572 (628–631) die ausführliche Schilderung:

»Die vortreffliche Benediktinerkirche S. Giorgio Maggiore, liegt dem Marcusplatze fast gerade gegen über auf einer hundert und fünf und siebenzig Klaftern langen Insel, worauf nichts weiter als die Kirche, das Kloster und die dazu gehörigen Gebäude stehen. Der Doge Memmo schenkte die Insel bereits den Benedictinern von Monte Cassino im Jahre 982. Sie wird, nebst der großen Insel la Giudecca (auf Venezianisch la Zuecca) von dem eigentlichen Venedig durch den Kanal della Giudecca abgesondert.

Der berühmte Palladio hat die Kirche und die ganz von Marmor aufgeführte Vorderseite im Jahre 1556. angegeben. Sie ist eine der schönsten, wo nicht die vornehmste Kirche in Venedig, und ihre herrliche Lage gibt der Stadt eine große Zierde. Das Portal ist ansehnlich, und mit einer großen römischen und kleinern korinthischen Ordnung geziert. Auf solchen ruhet ein prächtiger Giebel, welcher mit drei Statuen besetzt ist. Es ist Schade, daß das Gebälke der großen Ordnung sich nicht besser vor dem von der kleinen hebt. Es nimmt sich auch schlecht aus, daß der Giebel der kleinern Ordnung an dem Seitengebäude gleichsam durch die Kolonnen, welche den Hauptgiebel tragen, unterbrochen wird, und sich an diese stützt. Die Haupttüre ist auch zu hoch und zu schmal, dem ungeachtet bleibt es alle Mal eine schöne Vorderseite. Die sieben Statuen derselben sind von der Hand des Albanese aus Vicenza. In dem Zwischenraume der Seitengebäude zwischen den Pilastern sind zwei Grabmale von ein Paar Dogen angebracht, welche gar wohl hätten wegbleiben können, weil sie sich dahin gar nicht schicken.

Inwendig ist die Kirche groß und von edler Form, obgleich das Schiff und die Kuppel etwas größer sein können. Das Chor ist artig verziert, die Statuen geben demselben ein schönes Aussehen.«

*9 Carita:* Das Zitat bei Volkmann III, S. 566 (625 f.) geht auf die Architektur überhaupt nicht ein! Die Kirche S. Maria della Carità, der Konvent und die Scuola Grande della Carità, an die sich schließlich noch der Konvent der Lateranensischen Kanoniker anschließt, bilden seit 1806, als das Kloster von Napoleon aufgehoben wurde, gemeinsam einen umfangreichen Gebäudekomplex. Heute ist darin die Accademia di belle arti mit ihrer Gemäldegalerie untergebracht. Den Konvent erbaute Palladio 1560 im Stil antiker Palastbauten. Nach einem verheerenden Brand von 1630 war nur mehr wenig von dieser Architektur übriggeblieben: eine Seite des Kreuzgangs mit der Loggia, ein Saal und eine Wendeltreppe. Der schon damals fast zerstörte Rest des monumentalen Entwurfs, die römische Architektur aus neuen, christlichen Aufgabenstellungen zurückzugewinnen, ist heute durch die Umbauten des frühen 19. Jh.s vollends verwischt. G. bezieht sich bei den Bemerkungen zur Architektur, die er von den beiden Besuchen des von ihm enthusiastisch gefeierten Baus mitbrachte, auf die Darstellung und die Risse in den ›Quattro libri‹ des Palladio (II, 6). Auf die Schilderung der Wendeltreppe kommt er bei seinem zweiten Besuch ausdrücklich noch einmal zu sprechen, vgl. S. 125. – *23 p. 530. Bibliothek vielmehr Antiken saal:* Bei Volkmann III, S. 529–531 (588 f.) heißt es:

»Die andere Seite des kleinen Platzes, dem herzoglichen Palast gegen über, nimmt ein schönes langes Gebäude von der Architektur des Sansovino ein. Die untersten Arkaden haben dorische Säulen, und die darüber stehen, ionische. In dem Ganzen herrscht ein männlicher edler Geschmack. In diesem Gebäude sind die Procuratie nuove und die Bibliothek. Zur Bibliothek hat der berühmte Petrarch den Grund gelegt. Der Kardinal Bessarion vermachte ihr einen ansehnlichen Vorrat griechischer Manuskripte, welche er in Griechenland und Constantinopel gesammlet hatte; diesem Beispiele sind noch einige andere Kardinäle gefolgt. Von allen in Venedig gedruckten Büchern muß ein Exemplar hieher geliefert werden. Sie steht zu gewissen Stunden offen, und hat zween Vorsteher ⟨...⟩.

Die schöne Treppe führt zugleich in die Procuratie nuove. Ehe man in die Bibliothek tritt, geht man durch einen in gutem Geschmack verzierten Vorsaal, worin eine Sammlung von antiken Statuen aufbewahret wird. Sie sind der Republik meistens von zwei Personen aus der Familie Grimani, deren einer Patriarch von Aquileja, der andere Kardinal war, vermacht. Keine darunter ist in Lebensgröße, sondern sie sind meistens drei bis vier Fuß hoch, auch noch kleiner. Am meisten wird eine Leda und ein Ganymedes geschätzt. Eine Agrippine, ein Silen, ein Paar schön gearbeitete dreieckige Altäre, und ein Basrelief über der Türe, welches die Suovetaurilia vorstellt, verdienen bemerkt zu werden. Die Decke hat Tizian gemalt. Die Bibliothek hat auch ein gutes Deckenstück.«

G. sah die Antiken noch in der von Jacopo Sansovino (1486–1570) errichteten Libreria vecchia an der Piazzetta. Heute sind die meisten der angeführten Skulpturen im Museo di scultura Antica der Procuratie Nuove untergebracht. Jacob Burckhardt äußerte sich später in ›Der Cicerone. Eine Anleitung zum Genuß der Kunstwerke Italiens‹ (1855) durchaus ungünstig über die beiden bekanntesten Stücke: den Ganymed – die Statue des Knaben, den Zeus als seinen Liebling entführte und zum Mundschenk der Götter machte – nennt er »eine mittelmäßige römische Arbeit«. Und die »gemeinste aller Leden« hält er gar für eine Fälschung des 16. Jh.s. Vermutlich ist die Gruppe mit Leda, die von Zeus in Gestalt eines Schwans verführt wird, eine römische Kopie eines hellenistischen Originals. – *27 Phidias:* Mit dem Namen des berühmtesten Bildhauers der griechischen Kunst, der im 5. Jh. v. Chr. wirkte, verband sogar das Mittelalter herausragende Skulpturen des Altertums, die sich über die Zeiten hin erhalten hatten, z. B. die Rossebändiger, die heute vor dem Laterans-Palast stehen. Seit dann Winckelmann in der ›Geschichte der Kunst des Altertums‹ 1763 die Zeit des Phidias zum Höhepunkt der klassischen Kunst der Antike erklärt hatte, wetteiferten die Antiquare und Kunstkenner in Versuchen, Skulpturen des Altertums willkürlich mit seinem Namen in Verbindung zu bringen. G.s Skepsis in der Kommentierung von Volkmanns Ausführungen ist unüberhörbar, auch wo er kein dezidiertes Urteil abgibt. – *36 Gestern Abend Oper a St. Moisé:* »denn die Theater haben ihren Namen von der Kirche der sie am nächsten liegen«, so paraphrasiert G. später in der *Italienischen Reise* unter dem Datum des 3. Oktober Volkmanns Notizen zu den venezianischen Theatern, vgl. III, S. 617f. (678):

»So bald die Zeit der Spektakel da ist, nämlich zu Anfange des Novembers, werden sieben Theater eröffnet. Ob sie gleich alle ziemlich groß sind, und täglich, ausgenommen Freitags, gebraucht werden, so sind sie doch meistens beständig voll, woraus man abnehmen kann, was die Venezianer für eine außerordentliche Neigung zu Schauspielen haben. Die Theater haben ihre Benennung nach den Kirchen der Heiligen, in deren Nachbarschaft sie liegen. Viere sind für die ernsthafte und komische Oper, S. Moise, S. Samuele, S. Benedetto und Cassano; drei hingegen für die Komödie bestimmt, nämlich S. Luca, S. Crysostomo, und S. Angelo. 〈...〉

Die große Oper ist so, wie aller Orten in Italien, der

Sammelplatz, wo sich die Leute von Stande einander in den Logen Besuche geben, daher ist auch das gewöhnliche Getöse darin, welches den Liebhabern der Musik sehr beschwerlich fällt. In den andern kleinen Operntheatern versammlet sich der Adel nicht so sehr, ausgenommen in der Opera buffa, welche stark besucht, und von vielen wegen der mehrern Abwechselung und des Lächerlichen vorgezogen wird.«

101 *3 gätlich:* passend, appetitlich, von G. gern gebrauchter und als besonders anschaulich empfundener Mundartausdruck. – *11 eine andre Komödie:* Erst in der *Italienischen Reise* hat G. die Szene vor Gericht ausführlich beschrieben, in der, fett und leidenschaftlich, der Advokat Reccaini mit weit ausgreifenden Armbewegungen sich in den Vortrag des Gerichtsschreibers eindrängt (vgl. den Eintrag, der wie hier unter dem 3. Oktober gegeben wird). Die an Ort und Stelle angefertigte Zeichnung wird S. 98 reproduziert. – *16 Buffo caricato:* die ins Groteske überzogene komische Figur sowohl in der Komödie wie auch in der opera buffa. – *31 I Scalzi:* vgl. Volkmann III, S. 565 (625):

»I Scalzi. Die Karmeliterkirche ist, in Ansehung des Marmors und der Statuen, eine der prächtigsten Kirchen in Venedig. Der Graf Covazza hat die ganze Vorderseite aus carrarischem Marmor bauen, und mit Statuen, Säulen und Basreliefs bis zum Überflusse versehen lassen.«

Die am Canal Grande, in der Nähe der heutigen Bahnstation gelegene Kirche S. Maria di Nazareth wird ›I Scalzi‹ oder ›die Barfüßer‹ genannt, weil sie die Kirche des Karmeliter- oder Barfüßerordens ist. Die Fassade, die an römische Barockfassaden anknüpft, wurde 1683–89 von Guiseppe Sardi errichtet. – *35 La Salute:* Volkmann III, S. 566 f. (626 f.) führt aus:

»La Salute liegt am Ausgange des großen Kanals, eine prächtige Kirche der Padri Somaschi, welche der Rat als ein Gelübde nach der Pest von 1630 bauen lassen. Der Grundstein wurde den 25sten März als dem Tage, woran auch der Anfang von der Erbauung der Stadt gemacht sein soll, gelegt. Man lieset deswegen auf dem Fußboden der Kirche, welcher künstlich mit Marmor eingelegt ist: unde origo inde Salus. 1631. Diesem Gelübde zu folge hält der Doge mit dem Rate, allen geistlichen Orden und Bruderschaften jährlich am 21sten November eine feierliche Prozession nach dieser Kirche.

Das Gebäude hat Longhena in einem edlen Geschmacke angegeben. Die in- und auswendig angebrachten Säulen tun eine gute Wirkung.«

1687 vollendet, ist S. Maria della Salute das Hauptwerk der venezianischen Architektur des Seicento. Den Grundriß der Votivkirche entwickelte Baldassare Longhena (1598–1682) aus einem Oktogon (»das mittelste Gefäß«), über dem die hohe Kuppel errichtet ist (»worauf der Dom ruht«). – *40 Hochzeit zu Kana:* Bei Volkmann III, S. 567 (627) heißt es:

»In der Sakristei hat Tintorett die Hochzeit zu Kanaan gemalt, und darin das Licht glücklich verteilt. Unter den weiblichen Köpfen sind verschiedene sehr gefällig: es ist nur Schade, daß der Hintergrund so schwarz geworden. An der Decke hat Tizian den Tod Abels, das Opfer Abrahams, und den David, welcher Gott, wegen der Erlegung des Goliaths, ein Dankopfer bringt, gemalt, und das Kolorit hat sich durchgängig vortrefflich erhalten.«

Das auch im Stich mehrfach verbreitete Riesenbild von der Kanaanitischen Hochzeit schuf Tintoretto (s. zu S. 66,18) 1561 für das Kloster der Crociferi. Die vier Deckenbilder von Tizian (nach 1477–1576) wurden zwischen 1540 und 1544 für S. Spirito in Isola gemalt und 1656, nach der Aufhebung dieser Kirche, in die Salute gebracht. Dort finden wir sie jetzt in der großen Sakristei. Die übrigen Gemälde Tizians in der Salute hat G. offenbar nicht gesehen.

**102** *11 p. 577:* irrtümlich in der Hs. für »p. 572«. – *Il Redentore:* vgl. Volkmann III, S. 572 f. (632):

»Die Insel Zuecca oder Giudecca wird durch den Kanal S. Giorgio von der vorigen abgesondert, und hat außer der Kirche del Redentore nichts Merkwürdiges. Sie gehört den Kapuzinern und die Republik ließ sie als ein Gelübde nach der Pest von 1576. nach des Palladio Rissen bauen. Die Vorderseite ist ganz von Marmor und von schöner Proportion. Sie hat einen Giebel und darüber eine Attike. Vor der Halle liegt eine Treppe von siebenzehn Stufen, welche so hoch als die Postemente der Säulen gehen, und von diesen tritt man in die Halle, über welche der auf Kolonnen ruhende Giebel weggeht, welches der Kirche das Ansehen eines römischen Tempels gibt. Das Inwendige der Kirche zeigt den edlen Geschmack des Architekten, alles hat ein schönes Verhältnis, so wohl das Ganze überhaupt, als die Teile unter einander. Palma, Tintorett und Bassano haben verschiedene Denkmale der Geschicklichkeit ihres Pinsels in dieser Kirche hinterlassen. Alle Jahre am dritten Julii kommt der Doge nebst dem ganzen Rat in einer feierlichen Prozession in diese Kirche, zum Andenken der Pest.«

Der zweite Kirchenbau des Palladio, S. Giorgio, entstand zwischen 1565 und 1610. Vgl. Volkmann dazu III, S. 569 (628). –

*35 Dem Hl. Franziskus zu Ehren:* am Vortag seines Namenstages (4. Oktober).
103 *15 Gesuati:* vgl. Volkmann III, S. 573 (632f.):

> »Auf dem Rückwege von dieser Kirche kann man eine andere jenseits des Kanals schräg gegen über liegende besehen. Sie gehört seit 1621. den Dominikanern, heißt aber noch I Gesuati, weil sie den Jesuiten vor ihrer Verjagung im Jahre 1669. gehörte. Sie ist prächtig und reich. Viele Altäre sind mit dem schönsten Marmor und Jaspis incrustiert. Sie hat auch gute Gemälde. Auf dem ersten Altar zur Rechten hat Tiepolo die Maria, welche mit drei Nonnen umgeben ist, wovon eine das Kind Jesu liebkoset, in einem lieblichen Kolorit gemalt. Die Bibliothek des Klosters ist sehr ansehnlich, zumal da die Sammlung des bekannten Dichters Apostolo Zeno, welcher vor einigen Jahren verstorben, nunmehr damit vereinigt worden.«

Die Dominikanerkirche S. Maria del Rosario, die von einem älteren, 367 gegründeten, später aufgelösten Orden, den ›Gesuati‹, den gebräuchlichen Namen übernommen hat, liegt Palladios Redentore in etwa gegenüber am Giudecca-Kanal. Die Kirche wurde 1726–1736 nach Plänen Giorgio Massaris (gest. um 1760) errichtet. Die Fassade ist am Vorbild Palladios orientiert. Die Deckengemälde von Tiepolo (von 1739) stellen die Stiftung des Rosenkranzes durch den hl. Dominicus und die Glorie dieses Heiligen dar. – *30 Theatro S. Luca:* das spätere Teatro Goldoni am Canal Grande. – *31 Stück in Masken:* Nur zeitweilig hatte Carlo Goldoni (s. zu S. 124,5) Erfolg mit seinem Versuch, die venezianische Komödie nach dem Vorbild Molières und des französischen Theaters der Aufklärung in eine regelgerechte, ausformulierte Charakterkomödie zu verwandeln. Dann triumphierte das alte Stegreiftheater der Commedia dell'arte mit ihren feststehenden, durch Masken geprägten Figuren. Für sie schrieb der venezianische Graf Carlo Gozzi (1720–1806) eine Anzahl phantastischer Märchenstücke nach morgenländischen Sujets, die zehn ›Fiabe drammatiche‹, von denen ›Prinzessin Turandot‹ und ›König Hirsch‹ bis heute im allgemeinen Bewußtsein geblieben sind. Dann versuchte er, die Masken auch mit dem bürgerlichen Rührstück und sogar mit der Tragödie zu verbinden. G. hatte bereits früher drei der ›Fiabe drammatiche‹ Carlo Gozzis inszeniert (1778 und 1783) und selbst die Rolle des Trufaldino gespielt. Neben dieser literarischen Umformung des Stegreiftheaters hielt sich aber auch das ältere Improvisationstheater, in dem die einzelnen Masken über einen fast beliebigen Spielvorwurf ihr von der Rolle vorgegebenes Gegen- und Miteinander dem Publikum vorführten. *Pantalone* ist dabei der leicht zu übertölpelnde Alte, der mißtrauische venezianische Kaufmann, Vater und Vormund junger, eifersüchtig überwachter Mädchen und dabei selbst immer lüstern hinter den Dienstmädchen her. – *34 der Gr. Lanthieri:* s. zu S. 10,21. – *36 Ein tolles Sujet:* In der *Italienischen Reise* ergänzt G. unter dem 4. Oktober: »demjenigen ähnlich, das bei uns unter dem Titel *Der Verschlag* behandelt ist«. Er spielt dabei auf das Lustspiel von Christian Bock: ›Der Verschlag oder: Hier wird Versteckens gespielt‹ von 1781 an, die Bearbeitung einer Komödie von Calderon.

104 *15 In dem Hause Farsetti:* Nach dem Sturz der Republik 1797 wurde die Sammlung des Filippo Farsetti in seinem aus dem 12. und 13. Jh. stammenden Palazzo an der Riva del Carbon (heute das Municipio oder Rathaus) zerstreut und die meisten der Abgüsse zerstört. Die Reste gelangten in die Accademia di belle arti und ins Museo di scultura Antica. Eine Anzahl der wichtigsten dieser Abgüsse hat G. wenig später in Rom und Florenz im Original gesehen, so die in der Deutung des Themas schon von Winckelmann angezweifelte Kleopatra, die sich in den Vatikanischen Museen befindet. Sie gilt als eine hellenistische Darstellung der schlafenden Ariadne aus dem 2. Jh. v. Chr. Die Niobe wiederum gehört in eine Gruppe von Skulpturen. Dargestellt ist, wie die lydische Königin Niobe, die sich ihrer vielen, schön geratenen Kinder gegen die Göttin Artemis gerühmt hatte, von dieser Göttin durch den Tod aller ihrer Kinder bestraft wurde. Die meisten Skulpturen der Niobiden – römische Kopien eines hellenistischen Werks – befinden sich seit der Mitte des 16. Jh.s in den Florentiner Uffizien. – *17 von Mannheim her:* In *Dichtung und Wahrheit* (11. Buch, Bd. 16, S. 535 f.) hat G. seinen Besuch im Antikensaal geschildert, der 1767 im Mannheimer Schloß eingerichtet worden war, um für die dortige Zeichenschule in Abgüssen die wichtigsten Skulpturen der Antike bereitzustellen. Schon 1769 war G. ein erstes Mal dagewesen, noch vor seiner Straßburger Zeit. Dem zweiten Besuch gab er dann den ganzen Enthusiasmus seines ersten. –*19 Aspis:* (in der Hs. fälschlich »Aspic«) die Natter, die Kleopatra wie ein Armband trägt, weil sie sich durch den Biß einer Schlange den Tod gab. – *22 eines sitzenden und stehenden Marius:* Nicht ohne Überzeugungskraft hat Erich Schmidt in der ersten Veröffentlichung des *Reise-Tagebuchs* hier die Konjektur »Mars« vorgeschlagen. Diese Konjektur würde jedoch nicht erklären, warum G. selbst bei der Redaktion für die *Italienische Reise* die offensichtliche Unstimmigkeit des Textes durch eine andere Änderung: »sitzende und stehende Philosophen« zu bessern gesucht hatte. – *30 Jakob Böhme:* In der Lebensbeschreibung des Philosophen und Mystikers Jakob Böhme (1575–1624) berichtet sein

Schüler Abraham von Franckenberg, dieser sei »Anno 1600, als im 25. Jahre seines Alters, zum andernmal vom Göttlichen Lichte ergriffen, und mit seinem gestirnten Seelen-Geiste durch einen gählichen Anblick eines Zinnernen Gefäßes (als des lieblich Joviali-schen Scheins) zu dem innersten Grunde oder Centro der geheimen Natur eingeführet; Da er als in etwas zweifelhaft, um solche vermeinte Phantasey aus dem Gemüte zu schlagen zu Görlitz vor dem Neyßtore (allwo er an der Brücken seine Wohnung gehabt) ins Grüne gegangen, und dort nichts destoweniger solchen empfangenen Blick je länger je mehr und klarer empfunden, als daß er vermittelst der angebildeten Signaturen oder Figuren, Lineamenten und Farben, allen Geschöpfen gleichsam in das Herz und in die innerste Natur hinein sehen können ..., wodurch er mit großen Freuden überschüttet, stille geschwiegen, Gott gelobet, seiner Haus-Geschäfte und Kinder-Zucht wahrgenommen, und mit jedermann fried- und freundlich umgegangen, und von solchem seinem empfangenen Lichte, und innern Wandel mit GOtt und der Natur, wenig oder nichts gegen jemanden gedacht«. (Zit. nach ›Herrn Abraham von Frankenberg, auf Ludwigsdorf, eines Gottseligen Schlesischen von Adel und vertrauten Freundes des sel. Autoris. Gründlicher und wahrhafter Bericht von dem Leben und Abschied des in GOtt selig-ruhenden Jacob Böhmens, dieser Theosophischen Schriften eigentlichen Autoris und Schreibers‹, Kap. 7, in ›Theosophia revelata. Oder: Alle Göttliche Schriften Jacob Böhmens, von Altseidenberg‹. 1730, Bd. 10, S. 8f.) – Der Bericht wurde, zur Anekdote verkürzt, in pietistischen und Herrnhuter Kreisen häufig nacherzählt. Daß G. sich näher mit Jakob Böhme beschäftigt hat, geht aus dem Zitat dieser Anekdote nicht hervor. – *36 des Carnises:* der Krönung des Dachgesimses. – *Tempel des Antonins und der Faustina:* Der Tempel des Kaisers Antoninus Pius und seiner Gattin Faustina wurde nach deren Tod 141 n. Chr. errichtet und beim Tod des Kaisers 161 n. Chr. geweiht. Er steht an der Ostseite der Via sacra auf dem Forum Romanum in Rom. Die Fassade zum Forum ist weitgehend erhalten; im 11. Jh. wurde der Tempel in die Kirche San Lorenzo in Miranda umgewandelt. G. kannte den Bau nur aus den Abbildungen bei Palladio und vielleicht aus der einen oder anderen Rom-Vedute.

105 *5 solenne Messe:* Missa solemnis ›feierliche Messe‹. – *Hl. Justina:* Santa Giustina am Rio Santa Giustina, mit einer Fassade von Longhena, beherbergt heute das Istituto tecnico. – *der Doge:* Paolo Renieri (1779–1789) war der vorletzte der 120 Dogen der Republik. Seine Gemahlin Margarete Dalmaz wurde vom Senat als Dogaressa nicht anerkannt, weil sie früher Seiltänzerin gewesen

war. – *6 in Pontifikalibus:* in feierlicher Amtskleidung. – *11 Paradies von Tintoret:* vgl. Volkmann III, S. 523 (582):
»Über dem Thron sieht man ein erstaunlich großes Gemälde von Jacob Tintorett, welches das Paradies vorstellt. Er hat es im Alter gemalt, es bleibt aber in Ansehung der Kunst und des Fleißes bei der Menge von Gegenständen eines seiner besten Bilder.«
1588–1590 wurde das riesige Gemälde von Tintoretto im Auftrag des Senats geschaffen, nachdem er zehn Jahre zuvor mit dem schon erwähnten, in der Casa Bevi l'acqua zu Vicenza aufbewahrten Modello den 1579 ausgeschriebenen Wettbewerb für sich entschieden hatte. Die Änderungen in dem ausgeführten Riesengemälde, das im 18. Jh. restauriert werden mußte, gehen nicht auf spätere Modifikationen, sondern auf Forderungen der Auftraggeber zurück. Irrig ist G.s geäußerte Meinung, in Vicenza handle es sich um ein Jugendwerk des Malers. Vgl. S. 66,18 und die Anm. dazu. – *38 Wende:* Christian Benjamin Wende (1722–1797) war seit 1778 Diener im herzoglichen Stallamt in Weimar.

106 *1 Tabarro mit den Apartinentien:* ein weiter, ärmelloser, pelerinenartiger Mantel für die Maskenzeit mit den dazugehörigen Masken. – *5 Vitruv:* Marcus Vitruvius Pollo, aus dem 1. Jh. v. Chr. stammender römischer Architekt und Architekturtheoretiker, begann nach 33 v. Chr. die Abfassung seines Werks über die Architektur ›De architectura libri decem‹. Als der wichtigste Architekturtheoretiker der Antike war er, seit der Florentiner Humanist Gian Francesco Poggio Bracciolini (1380–1459) in der Klosterbibliothek von St. Gallen eine Abschrift des Werks wiederentdeckt hatte, Vorbild für alle Baumeister der Renaissance. Bereits im Mittelalter muß das Buch wenigstens auszugsweise bekannt gewesen sein. Die eigentliche Wirkungsgeschichte aber beginnt um die Mitte des 15. Jh.s. Schon Leone Battista Albertis (1404–1472) berühmter Architekturtraktat: ›De re aedificatoria‹ stützte sich in Anordnung und Argumentation auf Vitruv. Die erste Buchausgabe von Vitruvs Werk aus dem Jahre 1487 gehört zu den Wiegendrucken der neubegründeten Druckerkunst in Italien. Im 16. Jh. wird dann Vitruv durch die Architekten kanonisiert und seine Schrift unzählige Male mit immer neuen Kommentaren herausgegeben. Auch Palladios ›Quattro libri‹ verstehen sich als eine zusammenhängende und kommentierende Darstellung der Prinzipien des Vitruv, angewandt auf die Architektur der Gegenwart. G. hatte sich die 1758 f. in Neapel erschienene zweisprachige Ausgabe mit der italienischen Übersetzung des Marchese Venado Galiani erworben. Sie befindet sich noch in seiner Bibliothek (Ruppert 1461). – *18 alle haben etwas gemeines:* Mit Bleistift in

»gemein« verändert, bei der Redaktion für die *Italienische Reise* wurde dafür »Gemeinsames« gesetzt. *– 25 die Figur eines Advokaten:* vgl. S. 101,16, die Anm. dazu und die Abb. S. 98. G. kam auf die von ihm zeichnerisch festgehaltene Szene im Gespräch mit dem Altphilologen Friedrich August Wolf vom 28. Mai 1795 und – ganz spät noch – in seiner Unterhaltung mit Soret vom 31. Januar 1820 zurück. – *28 Francesco alle vigne:* Franziskanerkirche im Nordosten Venedigs, nach Plänen Jacopo Sansovinos gebaut, 1534 begonnen, die Fassade 1568–1572 von Andrea Palladio. *– 30 Antiphone:* Wechselgesang. *– akkompagniert:* begleitet. *– 36 Theater St Chrysostomo:* das heutige Teatro Malibran. *– 39 p. 520:* Volkmann beschreibt III, S. 520 (579) ausführlich die Decken- und Wandgemälde der im oberen Stock des Dogenpalastes 1545–1553 eingerichteten Sala del Consiglio di Dieci. Mit keinem Wort werden von ihm dabei Gemälde des Raffael oder Albrecht Dürers erwähnt. Mit dem von G. für Dürer reklamierten ›Ecce homo‹-Bild könnte ein heute dem niederländischen Maler Quentin Massys zugeschriebenes Gemälde gemeint sein.

107 *3 Avogadoren:* Bei Volkmann III, S. 589 (649) liest man: »Die Avogadori sind gleichsam die Verteidiger des Volks, wie die Tribuni plebis der Römer. Sie müssen die Klagen anhören, und sich eines jeden annehmen. Es sind deren drei, welche alle Wochen mit einander abwechseln.«

*– 8 die 3 Staats Inquisitoren:* die obersten Richter der Republik. – *14 Arsenal:* Staatswerft und Zeughaus der venezianischen Kriegsflotte, von Volkmann III, S. 547–563 (606–612) umständlich beschrieben. Das gilt auch für die Schilderung des Staatsschiffes der Republik, des von G. bewunderten ›Bucentaur‹ S. 551 f. (610). Die Vermählung des Dogen mit dem Meer wird dagegen wesentlich später bei der Charakterisierung der Geselligkeit und der öffentlichen Feste abgehandelt; vgl. Volkmann III, S. 612 ff. (672 ff.). – *23 Riva de Sciavoni:* der Kai zwischen Dogenpalast und Arsenal. – *32 Mineralogische und Oryktologische Kenntnis:* die Lehre von der Zusammensetzung und dem Vorkommen der Steine. Später hat G. den Vorsatz verwirklicht und für seine nach der Italienreise geschriebenen Aufsätze einen Beitrag ausgearbeitet, wie die verschiedenen Steinarten Aufschluß über die Baukunst geben. Vgl. Bd. 3.2, S. 164 ff., vgl. auch G.s Brief an C. G. Heyne vom 24. Juli 1788.

108 *3 Asträa:* in der griechischen Mythologie eine Tochter des Zeus und der Themis, Sternbild der Jungfrau. Dike oder Astraia war die Göttin der Gerechtigkeit, die mit dem Beginn des eisernen Zeitalters die Erde verlassen hat und die als Sternbild ans Firmament versetzt wurde. – *6 einen klugen Engländer:* Zur Bildung

eines jungen englischen Adligen gehörte die Kavalierstour, eine Bildungsreise durch Europa, hauptsächlich Italien. – *28 Bucentaur:* Der ›Bucentoro‹ war das Staatsschiff der Republik, von dem aus der Doge jährlich die rituelle Vermählung der Stadt mit der Adria vornahm. Das letzte dieser Schiffe, das G. sah, war 1728 gebaut worden; es wurde 1797 bei der Einnahme Venedigs durch französische Revolutionstruppen zerstört.

110 *2 Tragödie:* Die Handlung wird in der *Italienischen Reise* unter dem 5. Oktober angedeutet: »Zwei Väter, die sich hassen, Söhne und Töchter aus diesen getrennten Familien, leidenschaftlich übers Kreuz verliebt, ja das eine Paar heimlich verheiratet.« – *4 Matadors:* Versatzstücke, häufig gebrauchte Bühnenerfindungen. – *11 fuora:* ›hervor‹. *15 i morti!:* ›die Toten! Die Toten sollen kommen!‹. – *17 bravi i morti!:* ›Bravo für die Toten!‹. – *27 ihre Eilfsylbige Jamben:* Der Endecasillabo war in der italienischen Metrik, die den Vers streng nach der Zahl der Silben regelt, der bevorzugte Dialogvers in der Tragödie, der viel beweglicher und freier zu handhaben war als sein französisches Pendant, der Alexandriner. – *22 Felicissima notte!:* Die Stelle hat G. in der *Italienischen Reise* ausgeführt (Eintrag vom 5. Oktober): »Gute Nacht! so können wir Nordländer zu jeder Stunde sagen, wenn wir im Finstern scheiden, der Italiäner sagt: Felicissima notte! nur einmal, und zwar wenn das Licht in das Zimmer gebracht wird, indem Tag und Nacht sich scheiden, und da heißt es denn etwas anderes. So unübersetzlich sind die Eigenheiten jeder Sprache: denn vom höchsten bis zum tiefsten Wort bezieht sich alles auf Eigentümlichkeiten der Nation, es sei nun in Charakter, Gesinnungen, oder Zuständen.« – *28 wie klug Gozzi die Masken mit den Tragischen Figuren verbunden hat:* G. sah ›La punizione del prezipizio‹ (Der bestrafte Ruin) des Grafen Carlo Gozzi (1720–1806), eines der vielen späteren Stücke des Dichters (1768), in denen er versucht hatte, die Masken der Commedia dell'arte auch in ernsten Stücken wirkungsvoll einzusetzen. Zwar war bereits 1777 eine fünfbändige Ausgabe der ›Theatralischen Werke‹ Gozzis in der Übersetzung von J. A. Werthes erschienen, eine eigene Wirkungsgeschichte in Deutschland setzte aber erst mit der 2. Auflage dieser Übersetzung (1795) und mit den durch sie hervorgerufenen Nachbildungen und Übersetzungen (z. B. Schillers ›Turandot‹ oder Brentanos ›Lustige Musikanten‹) ein. G. war einer der ersten, der die Bühnenmöglichkeiten einer so holzschnittartigen, in ihrer Phantastik der Moritat oft genug angenäherten Dramatik erkannte.

111 *6 das Dissertieren pro und contra:* Die aus der Gerichtsrede übernommene Formulierung soll die streitende Wechselrede in der griechischen Tragödie bezeichnen, wie sie besonders von Euripi-

des gepflegt wurde. – *24 Dintenfisch:* ital. Seppia; aus dem Saft der Moluske wurde die nach dem italienischen Wort bezeichnete, schwarzbraune Farbe gewonnen. – *30 grißelich:* körnig, rauh. – *Bister:* braune Rußfarbe, manganbraun, in der Zeichnung für Schattierungen, in der Malerei für Grundierungen verwendet. – *34 weiter hin:* weiter auseinander: Der protestantische und der jüdische Friedhof lagen nicht beisammen. – *35 das Grab des edlen Consul Smith:* Viele Jahre hatte Joseph Smith (1682–1770) als englischer Konsul in der Republik Venedig gewirkt, eng verbunden mit den künstlerischen Strömungen sowohl in England wie in Italien. Ein Freund berühmter Künstler und Kritiker wie Canaletto, Tiepolo oder Francesco Algarotti, zu Hause in England von großem Einfluß auf die reichen Mäzene, hatte er seine Hand bei fast allen Ereignissen im Spiel, die für die Wandlungen des europäischen Geschmacks entscheidend waren: die neopalladianische Richtung der Architektur in Venedig nach 1730, die Subskription zur Griechenland-Reise der englischen Architekten James »Athenian« Stuart und Nicholas Revett, die folgenreichen Reisen Antonio Canalettos nach London etc. sind ohne seine Mitwirkung nicht denkbar. Über Jahrzehnte war er in Venedig eine Institution. Als G. in Padua den Faksimile-Druck von Palladios ›Quattro libri‹ (s. S. 87,16 und die Anm.) erwarb, wußte er offenbar noch nicht, wer sich unter dem »Engländer« verbarg.

112 *2 Minerva:* in den ersten Büchern der ›Odyssee‹, ebenso in François de Salignac de la Motthe Fénelons (1651–1715) berühmtem Erziehungsroman ›Les Aventures de Télémaque‹ (1699) beschützt die Göttin Athene den jungen Telemach, den einzigen Sohn des Odysseus, vor den drohenden Gefahren in der Gestalt seines Erziehers Mentor. – *14 mastig:* gedrungen. – *28 Cabinet:* Museum. – *35 des Doge Zimmer:* Gemeint ist wiederum Paolo Renieri, vgl. S. 105,5. – *38 ein Bild von Titian:* wahrscheinlich das Votivbild: ›La Fede‹ des Dogen A. Grimani (1521–1523), das von Marco Vecellio vollendet wurde, in der Sala delle quattro porte.

113 *15 Mosaische Arbeit:* Mosaiken. – *16 Carton:* Entwurf, Vorzeichnung. – *28 Elecktra von Crebillon:* Prosper Jolyot de Crébillon (1674–1762), der für seine übersteigerten Effekte und für seine heftige Sprache als »der Schreckliche« berüchtigte Dramatiker, schrieb diese Tragödie, eines seiner in ganz Europa verbreiteten Hauptwerke, im Jahre 1709. – *35 die Bechtolsheim:* Juliane Freifrau von Bechtolsheim (1752–1847), eine Dichterin, die mit G. seit einiger Zeit korrespondierte, von Wieland als »Psyche« verherrlicht.

114 *11 Euripides:* G. deutet in seiner Bemerkung über den dritten der großen attischen Tragiker (um 480–406 v. Chr.), des-

sen ›Elektra‹ 413 v. Chr. aufgeführt wurde, in zeitüblicher Weise den Verfall der Tragödie an (im Vergleich zu den älteren Aischylos und Sophokles). Erst wesentlich später nahm er den Dramatiker, mit dem er sich eben noch auf der Reise nach Italien kritisch und schöpferisch auseinandergesetzt hatte, vor seinen modernen Kritikern in Schutz. (Vgl. das Gespräch mit Eckermann vom 28. März 1827; Bd. 19, S. 459). – *25 wegen eines alten Türcken Sieges:* Jahrestag der Seeschlacht von Lepanto, bei der am 7. Oktober 1571 die venezianische, spanische und päpstliche Flotte die Vorherrschaft der Türken im Mittelmeer beendet hatten. – *26 in der Kirche der heil. Justina:* Gemeint ist Sta. Giustina (am Rio gleichen Namens) im Osten der Stadt, nach Napoleons Einzug zur Kaserne profaniert, heute Sitz des Istituto Tecnico. – *33 Savii:* vgl. Volkmann III, S. 583 (642f.):

»Auf die drei Collegia und den Doge beruhet die Verwaltung aller Geschäfte der Republik. Außerdem sind die sechs Savii gleichsam die Consulenten des Staats, welche die Sachen vorher in Ordnung bringen, und zum Vortrag bereiten. Sie haben auch den Vorsitz, ihr Amt dauert aber nicht länger als sechs Monate. Einer von ihnen hat nach der Reihe alle Mal eine Woche. An ihn gelangen alle Schriften, Memoriale und dergleichen, und er bringt solche, nachdem er sie zuvor durchgesehen, in die Versammlung der Savii. Bei streitigen Sachen bleibt man gemeiniglich bei seiner Meinung, weil er die Sache, als Referent, am besten inne hat. Folglich hat der Savio, bei dem die Woche ist, den meisten Einfluß auf die Geschäfte der Stadt, wie der Großpensionarius in Holland. Der Rat wählt die Savii, und diese berufen hingegen die Ratsversammlung zusammen.«

115 *13 Mütze:* die einer Mitra ähnlich gestaltete phrygische Mütze, die zur Amtstracht des Dogen gehört. – *23 Die Brüderschaften:* die im Venezianischen Scuole genannten Laienvereinigungen, die sich religiösen und sozialen Aufgaben widmeten. Sie waren ursprünglich auf sechs beschränkt, die sog. Scuole grandi. Doch kamen später zahlreiche kleinere Vereinigungen hinzu. Es waren bürgerliche Vereinigungen, zu denen dem Stadtadel der Zugang verwehrt blieb. Ihre Patronatskirchen und Versammlungshäuser wurden von den Mitgliedsbeiträgen vor allem im 16. und 17. Jh. prachtvoll ausgebaut. – *28 Palast Pisani:* barocker Palast am Campo S. Stefano, begonnen 1614, fertiggestellt im 18. Jh. (heute Sitz des Liceo musicale). – *33 Degagements:* Freiheiten.

116 *1 Scuola di St. Marco:* neben der Dominikanerkirche von SS. Giovanni e Paolo, für die 1260 gegründete Bruderschaft zwi-

schen 1485 und 1495 gebaut, 1533 bis 1546 erweitert, mit einer prächtigen illusionistischen Renaissancefassade, die zu den Hauptwerken der venezianischen Frührenaissance gehört. – *Schöne Gemälde von Tintoret:* Tintorettos berühmter Zyklus der Markus Legende entstand in den Jahren 1548–1564. Drei der vier Bilder befinden sich heute in der Accademia in Venedig (›Die Errettung der Sklaven‹ 1548, ›Die Bergung des Leichnams des hl. Markus‹ 1562f., ›Der Traum des hl. Markus‹ 1563 f.), das vierte: ›Die Auffindung der Leiche des hl. Markus‹ (1563 f.) ist auf französischen Umwegen in der Mailänder Brera gelandet. – *6 Gesang der Schiffer:* G. hat bald nach seiner Rückkehr diesen Abschnitt umgearbeitet in den Aufsatz: *Volksgesang* (vgl. Bd. 3.2, S. 198). Die Schilderung in *Wilhelm Meisters Wanderjahren* (II,7) geht ebenfalls auf diesen Abschnitt des Tagebuchs zurück. – *7 Tasso und den Ariost:* s. zu S. 130,9 f. – *11 durch Rousseau:* Anspielung auf eine Nummer in Jean Jacques Rousseaus (s. zu S. 99,1) postum erschienener und rasch berühmt gewordener Liedersammlung: ›Les Consolations des Misères de ma vie ou Recueil d'Airs, Romances et Duos‹ (Paris 1780). – *40 é singolare ⟨...⟩ cantato:* ›Es ist sonderbar, wie dieser Gesang weich stimmt, und umso mehr, je besser gesungen wird!‹

117 *2 Malamocco und Palestrina:* Malamocco und Pellestrina sind Inseln südlich des Lido. G. schreibt versehentlich, in Verwechslung mit einer bekannten Stadt südlich von Rom, »Palestrina«. – *30 Palazzo Pisani Moretta:* am linken Ufer des Canal Grande, aus der Mitte des 15. Jh.s. – *Ein Paolo Veronese:* ›Die Familie des Darius vor Alexander‹, um 1560 entstanden, heute in der National Gallery in London. G. beschreibt es in der *Italienischen Reise* unter dem gleichen Datum.

118 *3 Scuola di St. Rocco:* Scuola Grande di San Rocco, in der Nähe der Frari-Kirche, 1515–1560 gebaut; sie birgt den bedeutendsten Gemäldezyklus des Tintoretto, 56 Bilder, die in drei Zeitabschnitten, 1564–1567, 1576–1581 und 1583–1587, entstanden sind. Volkmann beschreibt die Scuola und Tintorettos Gemälde eingehend S. 554–556 (614–617):

»Die Scuola di S. Rocco ist unter allen mit dem Namen Scuola belegten Brüderschaften die wichtigste. Die Gesellschaft besteht aus ansehnlichen Kaufleuten und Bürgern, und hat über vierzig tausend Taler Einkünfte von Stiftungen, die zu Almosen und Ausstattung armer Mädchen verwendet werden. In dringenden Fällen hat sie dem Staate oft große Summen vorgestreckt. Die Stiftung nahm ihren Anfang, als der Körper des heiligen Rochus aus Deutschland in die benachbarte Kirche gebracht wurde, und als die Pest im Jahre 1576 aufhörte.

Das Gebäude der Brüderschaft hat gute Säulen und Basreliefs, das beste aber sind die drei Zimmer, worin Tintorett sich verewigt hat. Sie stellen das Leben Christi von der Verkündigung an, bis zur Himmelfahrt vor. Der Meister machte im Jahre 1560 den Anfang mit der schönen Figur des heiligen Rochus am Gewölbe des Albergo, und erhielt dadurch den Vorzug vor andern, mit denen er in die Wette malen mußte.

Im untersten Saale sind acht Stücke von seiner Hand. Linker Hand bei dem Eingange ist die Verkündigung von einer pikanten Wirkung.

Die obere Kapelle pranget mit zehn großen Stücken von Tintorett. ⟨...⟩ Das heilige Abendmal ist gar nicht edel angeordnet. Das Altargemälde ist mittelmäßig, und stellt den heiligen Rochus vor, wie er für die Kranken an der Pest bittet.

In dem großen Saale, wo die Brüderschaft ihre Versammlungen hält, nimmt die Kreuzigung Christi und der beiden Schächer die ganze Hinterwand ein. Hier hat sich Tintorett als einen Meister in der Zusammensetzung, und in der Kunst, die Handlungen der Figuren natürlich vorzustellen, bewiesen. Die Gruppen sind wohl angeordnet und gut mit einander verbunden: die Haltung verdient nicht weniger Lob, kurz, es ist eines der schönsten Stücke dieses Meisters.«

9 *Santissima Vergine:* heiligste Jungfrau. – 26 *Danae:* in der griechischen Mythologie die Geliebte des Zeus, der er sich als Goldregen näherte und mit der er den Perseus zeugte.

119 5 *Sodezza:* Entschlossenheit, Festigkeit. – 20 *Vaghezza:* Anmut. – 21 *Judenquartier:* Ghetto vecchio und Ghetto nuovo im Nordwesten, noch hinter dem Armenviertel Cannareggio. – 32 *Rekommandations Briefen:* Empfehlungsschreiben. – 37 *Il paroit* ⟨...⟩ *votre tems:* ›Es scheint, daß Sie Ihre Zeit nicht vergeudet haben.‹ – 38 *Testimonium:* Zeugnis.

120 7 *Palästrina:* wieder irrtümlich für ›Pellestrina‹. – *Chiozza:* Chioggia, Stadt auf dem Festland am Südufer der Lagune von Venedig. – *die großen Baue:* gemeint sind die im 18. Jh. errichteten *murazzi,* riesige Steinwälle (15 m breit und 10 m hoch), die die Lagune gegen das Meer schützen sollten.

121 9 *hat Venedig nichts zu besorgen:* Christoph Michel weist darauf hin, daß G.s Bemerkung sich gegen Archenholz (s. zu S. 16,17) richtet, der in seinem Italien-Werk (Bd. 2, S. 50) behauptet hatte, Venedig werde in zwei Jahrhunderten nicht mehr bewohnbar sein. – 22 *Carreaus:* viereckige Platten.

122 20 *inrotuliert:* ordnungsgemäß verschnürt, um von einer niedrigen Instanz an eine höhere übergeben zu werden. – 31 *das Vltramontano:* das jenseits der Alpen Gelegene.

**123** *8 und mit welcher Andacht les ich den Vitruv:* In der *Italienischen Reise* (Eintrag vom 12. Oktober 1786) macht G. den Grund seines Enthusiasmus für das trockene Werk des Architekturtheoretikers deutlich: »Da Palladio alles auf Vitruv bezieht, so habe ich mir auch die Ausgabe des Galliani angeschafft« (vgl. zu S. 106,5). – *15 Spinoza:* Herder hatte G. und Charlotte von Stein die lateinische Ausgabe der ›Ethik‹ des von ihm seit seiner Jugendzeit verehrten Philosophen Baruch Spinoza (1632–1677) zu Weihnachten 1784 geschenkt. – *18 die Wielandische Übersetzung der Satyren:* Christoph Martin Wielands (1733–1813), des Freundes und dichterischen Weggefährten, Übersetzung der Satiren des Quintus Horatius Flaccus (65–8 v. Chr.) war im Sommer 1786 erschienen. Erst in Rom konnte sich G. in Muße mit dem Werk beschäftigen, das er nach Italien mitgenommen hatte (vgl. seinen Brief an Wieland vom 17. November 1786).

**124** *5 Le baruffe chiozzotte:* ›Die Rauf- und Schreibhändel von Chiozza‹ übersetzte G. später in der *Italienischen Reise* den Titel von Goldonis später Komödie, uraufgeführt 1762, kurz ehe er durch den Streit mit Gozzi gezwungen war, Venedig zu verlassen. Das Stück um die Wirkungen des herbstlichen, an den Nerven zerrenden Winds auf die Zwistigkeiten der Fischerfamilien in dem Venedig benachbarten Hafen Chioggia repräsentiert auf glänzende Weise den von Goldoni geschaffenen Typus einer Komödie, die um einen Ort oder ein Ambiente in der Topographie der Stadt gruppiert ist und die diesen Platz oder dieses Stadtviertel durch Figuren und Intrigen sichtbar werden läßt. G. kannte Goldoni seit langem. Am Weimarer Liebhabertheater war die ›Locandiera‹ (die Herbergswirtin) im Winter 1777 erfolgreich aufgeführt worden. Allerdings war Goldoni nicht, wie G. in Italien annahm, seit langem tot. Er lebte vielmehr seit 1764, geachtet und seiner scharfen Urteile wegen auch gefürchtet, in Paris, wo er erst 1793 während der Revolution starb. Seine eigene Inhaltsangabe des Stücks gibt G. in der *Italienischen Reise* unter dem Datum des 10. Oktober 1786. – *17 bon mot:* frz. gutes Wort, ›scherzhafte Redensart‹. – *35 (siehe p. 13$^b$ dieses Stücks):* s. S. 100,9.

**125** *22 Dessau:* Am Wörlitzer Schloß (vgl. zu S. 69,40) hat Erdmannsdorff die von G. erwähnten Details nach palladianischem Vorbild verwendet. – *30 la quale riesce mirabilmente:* ›welche wunderbar geraten ist‹. G.s freie Abwandlung einer Bemerkung in Palladios ›Quattro libri‹ (II,6): »la quala riesce molto commoda e vaga« (›welche sehr bequem und anmutig geraten ist‹).

**126** *20 l'Inglisismo in Italia:* ›Die Engländerei in Italien‹, offenbar eine der nicht seltenen satirischen Darstellungen auf der Bühne, in denen die reisenden englischen ›milordi‹ und ihre verderbliche Wirkung auf Redlichkeit und Sitte der Italiener als Zeitkrankheit behandelt wurden. – *30 Sachi:* Antonio Sacchi (1708–1786), berühmt als Arlecchino, leitete viele Jahre in Venedig erfolgreich eine Schauspielertruppe des Stegreiftheaters. Carlo Gozzi schrieb seine Märchenstücke *und* seine späten Versuche einer Verschmelzung des ausgearbeiteten, wortgebundenen Dramas und der freien Improvisationskunst der Masken für ihn und seine Mitspieler. Lessing erwähnt Sacchi in seinem italienischen Reisetagebuch von 1775 (Lessing, Werke, hg. von Herbert G. Göpfert, Bd. 6: München 1974, S. 844f.). Als G. nach Venedig kam, war Sacchi eben gestorben. Noch spät kommt er in einem Gespräch mit Eckermann vom 14. Februar 1830 auf Sacchi zurück, vgl. Bd. 19, S. 647. Allerdings hat Eckermann hier wohl den Sinn etwas mißverstanden. Vgl. ergänzend dazu G.s Gespräch über die Masken auf dem Theater, das er mit Soret ebenso am 14. Februar 1830 geführt hat. In der *Italienischen Reise* hat er den im Text des Tagebuchs S. 126 ausgesprochenen Vorsatz, über die Masken und »dergleichen dezidierte Figuren« auf der Reise oder im Anschluß daran, jedenfalls »in der Folge mehr« zu schreiben, nicht eingelöst. – *31 Smeraldina* ⟨...⟩ *Brighella:* zwei Charaktermasken der Commedia dell'arte, die Kammerzofe und der gewitzte akrobatische Diener. – *34 dezidierte Figuren:* feststehende Typen, in Italien schon früh als »tipifissi« bezeichnet.

127 *22 der regier. Herzogin:* gemeint ist die Hessen-Darmstädtische Prinzessin Luise (1757–1830), die seit 1775 mit dem Herzog Carl August verheiratet war.

128 *11 ad. pag. 43:* vgl. S. 120,7. Die Zeichnung stellt einen Querschnitt durch das Mauerprofil bei Pellestrina dar. – Beischriften G.s. »Profil der Mauern bey Palestrina«; darüber: »ohngefähr 50 Fuß.«; links: »Seite gegen die Lagunen«; rechts: »Seiten gegen das Meer.«. – *18 Vitruv gedenkt seiner:* vgl. ›De architectura‹ II,5. – *24 Traß:* Lavagestein.

### Reise-Tagebuch/Fünftes Stück

129 *19 due ore dopo Notte:* ›zwei Stunden nach Einbruch der Nacht‹. – *21 Courierschiff:* Dieser Weg war von Volkmann III, S. 481 (553) empfohlen: »wegen der angenehmen Aussichten des Po«. – *Ferrara:* ein blühendes urbanes Zentrum im 15. und 16. Jh., die Hauptstadt der Familie der Este und durch deren Mäzenatentum ein kultureller Mittelpunkt des damaligen Italien. 1579, nach dem Tod Alfonsos II., wurde die Stadt päpstlich; im nordwestlichen Winkel des Kirchenstaats gelegen, verfiel sie im

Lauf der Jahrzehnte und wurde zu einem unbedeutenden Landstädtchen, das Ende des 18. Jh.s nur noch wenige Tausend Einwohner hatte. Die Beschreibung der Stadt bei Volkmann III, S. 484 ff. (540 ff.).

130 *9 wo Ariost begraben liegt:* Lodovico Ariosto (1474 bis 1533), der schon zu Lebzeiten berühmteste Dichter Italiens, stand beinahe sein ganzes Leben lang im Dienst der in Ferrara herrschenden herzoglichen Familie der Este. Für den Kardinal Ippolito d'Este schrieb er sein großes Epos ›Orlando Furioso‹ (1516). Er ist in Ferrara zur Schule gegangen und verbrachte dort zurückgezogen auch die letzten Jahre seines Lebens nach 1525. Sein Grab in der Benediktinerkirche San Benedetto wurde 1573 in den Kirchenneubau gleichen Namens verlegt. 1801 wurde es auf französisches Geheiß in die Bibliothek von Ferrara übertragen. – *10 und Taßo unglücklich ward:* Torquato Tasso (1544–1595), Lyriker und epischer Dichter, der mit dem frühvollendeten Epos ›La Gerusalemme liberata‹ (1575 in erster Fassung) sogar Ariost in die Schranken fordern durfte. G. hat das Gegeneinander beider Dichter in der Anfangsszene des Dramas *Torquato Tasso* dargestellt, dessen unvollendete Prosafassung er nach Italien mit sich führte. Jäh wurde der glanzvolle Aufstieg des Dichters aus ungeklärten Gründen unterbrochen. Nach dem Ausbruch seiner geistigen Erkrankung wurde er im Kastell und dann im Hospital S. Anna sieben Jahre als Wahnsinniger gefangengehalten. Um seine vorgebliche Liebe zur Schwester des Herzogs Eleonora bildeten sich früh Legenden, die G. zur Grundlage seines Stücks machte. – *13 Der Weg hierher:* Er führte mit dem Schiff ›Procaccio‹ von Venedig aus durch die Lagune nach Malamocco und über Chioggia durch die Kanäle und den Mündungsbereich des Adige schließlich zum Po. Die Reise hatte am 14. Oktober kurz vor Mitternacht begonnen und dauerte bis zum 16. Oktober morgens. – *18 alberne Wasserbaue:* die auch von Volkmann erwähnten zu niedrigen Deiche. – *24 Dido:* in der römischen Mythologie die Gründerin Karthagos. Ihr war so viel Land geschenkt worden, wie man mit einer Kuhhaut umspannen könne. Der Sage nach schnitt sie daraufhin die Kuhhaut in ganz feine Streifen und konnte so ein großes Gebiet Landes ihr eigen nennen. Vgl. Vergils ›Aeneis‹ IV, 365 ff. – *27 was Volckmann von ⟨...⟩ anzeigt:* vgl. Volkmann III, S. 484–489 (540–547); aus der Beschreibung Ferraras heben wir die von G. erwähnten Abschnitte heraus.

»Ferrara ist eigentlich eine ansehnliche Stadt, da sie aber nur einige tausend Einwohner hat, so kann man sich vorstellen, daß sie sehr öde sein, und unendlich viel von ihrem ehemaligen Wohlstande unter den Herzogen aus dem Hause Este verloren haben muß. Ariost macht eine große Lobeserhebung von Ferrara, um zugleich eine Schmeichelei auf die Herzoge Namens Hercules, welche zu Anfange des sechzehnten Jahrhunderts regierten, anzubringen. 〈...〉 Allein diese poetischen Träume sind schlecht eingetroffen. Wer von Bologna durch das Tor des heiligen Benedicts anlangt, bekommt einen vorteilhaften Begriff von der Stadt, indem die Gasse des heiligen Benedicts bis an das andere Tor dreitausend Schritte in gerader Linie fortläuft. Dieses ist ein Teil der neuen Stadt, welche Hercules, zweiter Herzog von Ferrara, der als ein Freund der Wissenschaften und Beschützer der Gelehrten bekannt ist, anlegte. Gedachte Gasse wird durch eine andere ebenfalls sehr lange bei den Palästen Villa und Pallavicini rechtwinklicht durchschnitten. Die Zitadelle liegt gegen Abend, und hat eine päpstliche Besatzung von dreihundert Mann, nebst einem Arsenal für vierzehn tausend Mann, und vieler Artillerie.

In der Augustinerkirche liegt Laura Eustochia, Maitresse des letzten Herzogs von Ferrara, Alphonsus II. insgemein La Berettara genannt, begraben. Clemens VIII. erklärte ihre Kinder zur Nachfolge unfähig. Dieses Herzogs und seiner Maitresse Bildnis sieht man in der Kirche des heiligen Benedictus und zwar in der ersten Kapelle rechter Hand, unter dem Bilde des Herodes und der Herodias von Bononi vorgestellt. In eben dieser Kirche ist auch eine heilige Familie von Dossi, und das Grabmal des berühmten Dichters Ariosto zu bemerken. Man lieset auf seinem ansehnlichen marmornen Monumente zur Rechten des großen Altars eine lange Aufschrift in Prosa und in Versen. 〈...〉

In dem Hospital S. Anna zeigt man noch den Ort, wo der berühmte Tasso sieben Jahre unter dem Vorwande des Wahnwitzes in Verwahrung gehalten worden. Der Dichter mochte mit der Schwester des Herzogs Alphonsus, Eleonora, eine mehr als poetische Bekanntschaft gehabt haben, deswegen ließ dieser ihn bei Seite schaffen, ob er gleich durch ihn in der Stelle des befreiten Jerusalems, welcher anfängt: Tu magnanimo Alfonso, verewigt worden war. Des Tasso Gesundheit litte durch die lange Gefangenschaft, daher er auch bald nach seiner Befreiung 1595 starb, als er eben in Rom angekommen war, und auf Befehl Clemens VIII. öffentlich auf dem Kapitol gekrönt werden sollte.«

28 *Herodes und Herodias:* von Carlo Bononi (1569–1632). –
36 *Ariosts Grabmal:* wie erwähnt seit 1801 auf Befehl des französischen Generals Miollis in die Universitätsbibliothek überführt. –

*37 Taßos Gefängnis:* im Ospedale S. Anna. – *40 einem schönen Akademischen Institut:* Gemeint ist die 1391 gegründete Universität, die sich seit 1586 im Palazzo Paradiso o delle Scienze befand; der Kardinal war Francesco Carafa, seit 1778 Kardinallegat Pius' VI. Römische und frühchristliche Sarkophage sind dort bis heute ausgestellt.

131 *8 aus Guercins Vaterstadt:* Für G. wie für seine Zeitgenossen war Francesco Barbieri, gen. Il Guercino (1591–1666), unbestritten einer der bedeutendsten Maler seit der Wiederherstellung der Künste im 16. Jh. G. besaß selbst ein Gemälde und mehrere Zeichnungen von ihm. Der von Volkmann III, S. 481 (538) empfohlene Umweg (»Die Liebhaber der Malerei werden es aber nicht bereuen, über Cento sechs italienische Meilen umzufahren«) kam G.s eigenen Hoffnungen entgegen, hier dem von ihm lange bewunderten Künstler in den Werken zu begegnen, die er für seine Vaterstadt gemalt hatte. Guercino hatte 1623–1646 in Cento eine Werkstatt unterhalten. Eine Reihe wichtiger Arbeiten von ihm sind dort erhalten geblieben. – *9 Siehe Volckm. p.  :* G. hat hier die Seitenzahlen III, S. 482–484 (538–540) einzutragen verabsäumt. An der entsprechenden Stelle heißt es bei Volkmann über Guercinos Werke:

»Im ehemaligen Jesuitercollegium, wobei eine artige neue Kirche gebauet worden, trifft man einen heiligen Hieronymus und eine Maria mit dem Kinde an der Brust an. Guercino hatte seinen Erben befohlen diese beiden Stücke niemals zu verkaufen, und auch nicht kopieren zu lassen. Der heilige Hieronymus hat einen Engel, der durch ihn beschattet wird, hinter sich. Der Schatten ist mit vieler Kunst geworfen. Die Jesuiten besitzen auch noch einen alten Mann von ihm, und verschiedene Stücke von Gennari, der ein Vetter und beständiger Gehülfe des Guercino bei seinen meisten Arbeiten war, und daher viel von des Lehrmeisters Manier annahm. Insonderheit verdient unter den letzten der Elisa, welcher den Sohn einer Sunamitin vom Tode auferweckt, bemerkt zu werden. Der Schmerz der Mutter und das edle Wesen des Propheten sind meisterhaft ausgedruckt.

In der Kirche del Rosario wird ein Christus, ein heiliger Hieronymus, ein Johannes der Täufer und ein heiliger Thomas von ihm gezeigt. Zu S. Magdalena ein Bild von dieser Heiligen, welches durch Gewissenhaftigkeit eines Erzbischofs von Bologna etwas verdorben worden. Dieser nahm ein Ärgernis an der reizenden Brust der Sünderin, und ließ solche durch ihre Haarlocken bedecken.

Die Kirche del Nome di Dio pranget mit dem besten Bilde,

welches Cento vom Guercino besitzt. Es stellt Christum vor,
wie er seiner Mutter nach der Auferstehung erscheint.
⟨...⟩ bei den Kapuzinern außer der Stadt die Jünger zu
Emaus und eine Madonna, unter deren Bilde Guercino seine
Geliebte abgemalt hat.«
Die meisten der Bilder, darunter auch das Hauptwerk ›Der auferstandene Christus‹ von 1629, befinden sich heute in der Pinacoteca civica.

132 *5 Strange:* Robert Strange (1721–1792), englischer Kupferstecher und Zeichner, der lange erfolgreich in Italien gewirkt hat. Er wurde von Winckelmann und seinem Freundeskreis außerordentlich geschätzt. – *21 die Cezilia von Raphael:* s. S. 134,20 und zu S. 134,15.

133 *13 Siehe nunmehr Volkmanns erster Teil, ⟨...⟩:* Da Volkmann S. 375–443 (426–507) in der Verteilung seines Stoffs der von Lalande vorgegebenen Reiseroute folgte (vgl. dazu zu S. 47,24), gehört die Schilderung Bolognas in den ersten Teil, der den Weg der aus Frankreich kommenden Reisen nach Rom schildert. – *15 Madonna di Galliera:* vgl. Volkmann I, S. 402 (456f.):
»Madonna di Galliera gehört dem Orden von St. Philippus
Neri, und ist im Jahr 1470 durch den Baumeister Joh. Bapt.
Torri nach korinthischer Ordnung aufgeführt. In der ersten
Kapelle linker Hand sieht man den heiligen Philippus in der
Entzückung von Guercino, aber nicht aus seiner besten Zeit;
⟨...⟩ Die Sakristei ist mit einigen herrlichen Gemälden versehen, worunter insonderheit eine Verkündigung von Hannibal
Caracci zu bemerken. Die Figur des Engels ist gefällig und gut
drapiert; der Kopf hat viel Ausdruck: die Maria kommt dieser
Figur lange nicht bei. Die andern Gemälde sind von Guido,
Guercino und Albani.«
In der 1479 errichteten Kirche begegnete G. zuerst einem Innenraum in Bologna, an dem fast alle großen Meister der Bologneser Schule gearbeitet hatten. Wie Guercino waren auch die übrigen Maler dieses Umkreises jedem Gebildeten in Europa selbstverständlich aus Schilderungen und Stichwerken vertraut: Annibale Carracci (1560–1609), das eigentliche Haupt der Schule, ehe er nach Rom ging, um dort durch seine Fresken im Palazzo Farnese eine neue Epoche in der römischen Malerei einzuleiten, Guido Reni (1575–1642), der bis weit ins 19. Jh. als der zweite Raffael galt; aber auch ein kleinerer, durch seine Landschafts- und Kinderbilder mehr noch als durch seine religiösen Werke bekannter Künstler wie Francesco Albani (1578–1660) galten G. und seinen Zeitgenossen als unübertreffbare Meister, die der Vollkommenheit der Antike auch aus einem christlich geprägten und damit unfreie-

ren Zeitalter gleichrangig gegenübertreten konnten. – *16 Giesu e Maria:* vgl. Volkmann I, S. 403 (458):

> »Die kleine artige Kirche Giesu e Maria hat Bonifacio Sacchi aufgeführt. ⟨...⟩ Der Hauptaltar prangt mit der berühmten Beschneidung von Guercino. Die Anordnung ist unverbesserlich und der Ausdruck in der Maria meisterhaft. Das Kind Jesus ist mittelmäßig und die Zeichnung an den Händen dessen, der beschneidet, fehlerhaft. Die Behandlung fällt etwas ins trockne und das Kolorit zu sehr ins rötliche. Die Italiener, deren Malerbücher mit Großprahlereien und übertriebenen Lobeserhebungen von ihren Meistern angefüllt sind, erzählen, das erste Gemälde sei zwar gut geraten, aber für den Platz zu groß gewesen, deswegen habe Guercino dieses in einer Nacht angefangen und vollendet.«

1646 malte Guercino das Bild für den Hochaltar, der obere Teil mit der Darstellung Gottvaters befindet sich heute in der Pinakothek in Bologna, der Hauptteil des Bildes hängt in Lyon. *– 21 Pal. Tanari:* aus dem 17. Jh. *– Der Kopf der Maria:* vgl. Volkmann I, S. 425 (482):

> »Maria mit dem Kinde Jesus an der Brust von Guido. Sie ist sitzend und über Lebensgröße vorgestellt. Das Bild ist meisterhaft, in einer großen Manier, mit schönen Mitteltinten gemalt; insonderheit kann man die sanfte bescheidne Miene der Maria nicht genug bewundern.«

Noch Stendhal hat die heute nicht mehr nachweisbare Madonna 1816 an der gleichen Stelle hängen sehen; vgl. sein Reisebuch ›Rome, Naples et Florence‹ (unter dem Eintrag vom 27. Dezember 1816). *– 24 ⟨aus⟩:* fehlt in der Handschrift. *– 35 Ich war im Institute:* Bei Volkmann I gehören der Schilderung des Instituts die S. 387–401 (440–553):

> »Das Institut ist nicht nur das Merkwürdigste in Bologna, sondern auch eine der vortrefflichsten Anstalten in ganz Italien. Das Gebäude, welches diesen Namen führt, ist von der Architektur des Pellegrino Tibaldi, und so wohl von innen als von außen gut eingerichtet. ⟨...⟩ Der Rat kaufte diesen Palast im Jahr 1714 von der Familie Cellesi, um alle Merkwürdigkeiten der Natur und Kunst, welche der Graf Marsigli der Stadt geschenkt hatte, hier aufzustellen. Nach der Zeit ist noch viel dazu gekommen, daß man über den Vorrat aller Merkwürdigkeiten erstaunen muß. Über dem Eingange des Palastes lieset man:
>
> Bononiense scientiarum et artium institutum,
> ad publicum totius orbis vsum.
>
> In diesem Institut trifft man eine Akademie der Wissenschaf-

ten, eine Bibliothek, eine Sternwarte, ein schönes Naturalienkabinet, viele Maschinen, Modelle, eine Antiquitätensammlung, eine Malerakademie u. s. w. an; jede Wissenschaft hat ihre Lehrer, die zu bestimmten Stunden des Tages lesen, und bei einem mittelmäßigen Gehalt sich eine Ehre daraus machen. Die Einkünfte des Instituts belaufen sich nicht viel über zwei tausend fünf hundert Taler. Über die ganze Anstalt ist ein Collegium von sechs ⟨2. Aufl.: sieben⟩ Senatoren gesetzt, welches die Assunteria genannt wird. Benedictus XIV. hat große Summen auf dieses Institut verwendet, teils aus einer allgemeinen Liebe zu den Wissenschaften, teils aus Neigung für seine Vaterstadt. ⟨...⟩ Das Institut ist von der Universität unterschieden. Auf der letztern wird bloß die Grammatik, Rhetorik, Philosophie, Theologie, Medizin und Jurisprudenz gelehrt. Sie ist vor jetzo die berühmteste und auch die älteste in Italien.

Die Akademie der Wissenschaften ist mit dem Institut verknüpft, und auch unter keinem andern Namen als die Akademie des Instituts bekannt.«
Der mächtige Palast neben der Kirche S. Petronio hat später, nach 1803, auch die Universität noch mit aufgenommen. In G.s Exemplar des ›Volkmann‹ sind folgende Punkte angestrichen: Sternwarte und Bibliothek, Accouchementssaal, Chymie, Naturaliencabinet, Botanischer Garten, Physik, Campanis Ferngläser.

134 *4 den Plan zur Iphigenie auf Delphos:* Erst in der *Italienischen Reise* wird dieser Plan aus der Erinnerung mitgeteilt (unter dem 19. Oktober). Die falsche Form »Delphos« war von Herder schon im Text der *Iphigenie auf Tauris* (Vers 723) korrigiert worden. – *8 das Tramontane:* jenseits des Berges. – *15 Der Anblick des Raphaels:* die ›Heilige Cäcilie‹, das 1515 in Rom entstandene Gemälde des Raffaelo Santi (1483–1524), damals in der Kirche San Giovanni in Monte, heute in der Pinakothek zu Bologna. 1798 wurde sie von den Franzosen nach Paris verbracht und erst nach Napoleons Sturz an Bologna zurückgegeben. Auffallend, daß G. hier auf jeden Hinweis auf Volkmann verzichtet hat. Dabei berühren sich seine Überlegungen zur Bologneser Schule sehr eng mit dem hier ungewöhnlich entschiedenen Gedankengang seines klassizistischen Reisebegleiters. Vgl. Volkmann I, S. 415f. (469f.):
»Die berühmte heilige Cäcilia vom Raphael hängt in der achten Kapelle zur Linken, welche der Familie Bentivoglio gehört. Dieses Bild hat große Schönheiten; die Köpfe sind in der Zeichnung und im Ausdruck meisterhaft, die Gewänder wohl gefaltet und natürlich, die Behandlung ist vortrefflich, wenn gleich das Kolorit etwas ins Gelbe fällt. Mit einem

Worte, es ist eines der größten Meisterstücke Raphaels. Einige behaupten, daß es viel zur Bildung der bolognesischen Schule beigetragen, und daß die Caracci und ihre Schüler durch fleißiges Studieren nach demselben so große Meister geworden. Man erzählt, Raphael habe es an den Francia mit der Bitte, wenn er Fehler darin fände, solche zu verbessern, geschickt; dieser habe anfangs das Bild bewundert, sich aber über den Vorzug Raphaels für ihn zu Tode gegrämet. Man muß die Cäcilia lange betrachten, um alle Schönheiten zu bemerken; jemehr man sie ansieht, desto besser gefällt sie. Die Anordnung in dem Gemälde scheint etwas fehlerhaft, denn die heilige Cäcilia, der heilige Johannes und Paulus stehen in einer Linie. Man stößt sich auch an die Unwahrscheinlichkeit, weil diese Personen nicht zu einer Zeit gelebt haben; ein gemeiner Fehler der italienischen Maler.

Die größten Meister lebten unglücklicher Weise zu einer Zeit, wo alles voll von blindem Aberglauben war; anstatt daß man sie ihrem Genie in Ausführung edler historischer Gegenstände hätte überlassen sollen, mußten sie Heilige in den Kirchen malen, und zwar oft solche, die nach der historischen Wahrheit nie zu einer Zeit gelebt haben. Die Klöster wollten die Heiligen, die sie besonders verehrten, auf einem Bilde beisammen sehen; der Meister behielt nicht einmal die Erlaubnis, eine einzige Heiligengeschichte vorzustellen, sondern sahe sich genötiget, vier oder fünf Heilige neben einander ohne Verbindung hinzustellen, wodurch die Zusammensetzung notwendig frostig werden mußte. Man sieht davon unzählige Beispiele in Italien. In dieser Verlegenheit fand sich auch Raphael bei der heiligen Cäcilia. Die Figuren stehen da, um eine Musik der Engel im Himmel anzuhören. Zu den Füßen der Cäcilia liegen ihre Noten und Instrumente, weil sie durch die himmlische Musik den Geschmack an der irdischen verloren. Durch diesen sinnreichen Einfall hat Raphael seinem Gemälde Ausdruck zu geben gewußt.«

*24 Melchisedech:* der Priesterkönig von Salem aus der Bibel, 1. Mos. 14,18–20, von dem im Hebräerbrief gesagt wird, er ist »ohne Vater, ohne Mutter, ohne Stammbaum und hat weder Anfang der Tage noch Ende des Lebens« (Hebr. 7,3). – *34 Fünf Heilige:* Paulus, Johannes der Evangelist, Augustinus und Maria Magdalena, die schützend die heilige Cäcilie in ihre Mitte genommen haben. Zu ihren Füßen liegen die zerbrochenen Musikinstrumente, die die vergebliche Hochzeitsmusik symbolisieren, die Cäcilie nicht von dem Entschluß, ihre Keuschheit zu bewahren, abbringen konnte. Da Volkmann nichts von Auftrag und Auftraggeberin, Elena Duglioli dall' Oglio, weiß, die in der Ehe ihre Keuschheit bewahrt wissen wollte, erklärt sich daraus zum Teil sein kritisches Urteil. Das Thema des Anachronismus in der italienischen Renaissance-Malerei wird im 7. Brief von G.s »Familiengemälde in Briefen« (G. an J. H. Meyer am 27. November 1798), dem Aufsatz: *Der Sammler und die Seinigen* (1799 in den *Propyläen* II,2 erschienen), wiederaufgenommen, vgl. Bd. 6.2, S. 119 ff. – *40 Francesko di Francia:* Francesco Raibolini, gen. Il Francia (um 1450–1518), Bologneser Maler, der in seinen späten Werken von Perugino und Raffael beeinflußt war. Damals befand sich eines seiner Meisterwerke, die Madonna Felicini, in San Giacomo Maggiore, heute in der Pinakothek in Bologna.

135 *1 Peter Perugin:* Pietro Vannucci, gen. il Perugino (1445–1523), Vollender der umbrischen Maltradition und Lehrer Raffaels. In San Giovanni in Monte sah G. die um 1500 entstandene Madonna in Gloria e Santi, die sich heute in Bologna in der Pinakothek befindet. Die Bemerkung G.s »eine ehrliche deutsche Haut« mutet prophetisch an, da sich die deutschen Maler, die sich Anfang des folgenden Jh.s in Rom niederließen, die Nazarener, vor allem Perugino zum Vorbild nahmen. Beide älteren Meister werden an dieser Stelle von Volkmann nicht genannt. – *3 Albert Dürern:* G. kannte das 1779 in Nürnberg veröffentlichte Tagebuch des Albrecht Dürer (1471–1528), das dieser auf seiner Reise in die Niederlande mitgeführt hatte. Er trägt unter dem 18. Februar 1780 in sein eigenes Tagebuch ein: »Ich blieb ⟨in Tiefurt⟩ wir lasen Dürers Reise.« In Dürers trockenem Bericht wird die hier angeführte Begebenheit erzählt, wie er von einem »Portialesen« oder »Maranen« (Schimpfname für im 15. Jh. zwangsweise getaufte spanische Juden) in Antwerpen für eine Anzahl seiner Holzschnitte und Radierungen, darunter die drei Passionen, das Marienleben und die Apokalypse, einen kleinen grünen Papagei geschenkt bekommen habe. (Vgl.: Dürers schriftlichen Nachlaß, hg. von Heinrich Wölfflin, Berlin 1908, S. 46.) Damals wußte G. noch nichts von Dürers Aufenthalt in Venedig aus dem Jahre 1500. In der *Italienischen Reise* hat er die Stelle unter dem 18. Oktober deshalb so geändert: »Hätte doch das Glück Albrecht Dürern tiefer nach Italien geführt! In München habe ich ein paar Stucke von ihm gesehen von unglaublicher Großheit. Der arme Mann, wie er sich in Venedig verrechnet und mit den Pfaffen einen Aktkord macht, bei dem er Wochen und Monate verliert! Wie er auf seiner niederländischen Reise gegen seine herrlichen Kunstwerke, womit er sein Glück zu machen hoffte, Papageien eintauscht und, um das Trinkgeld zu sparen, die Domestiken porträtiert, die ihm einen Teller Früchte bringen!« – *4 In München:* die ›Beweinung

Christi‹ (um 1500), den ›Paumgartner-Altar‹ (1504), die ›Lucretia‹ (1518) und die ›Vier Apostel‹ (1526); außerdem das Porträt von Jakob Fugger, das sich heute in Augsburg befindet. – *10 Fasanen Traum:* vgl. *Italienische Reise* (Bologna, den 19. Oktober abends): »Indem ich mich nun in dem Drang einer solchen Überfüllung des Guten und Wünschenswerten geängstigt fühle, so muß ich meine Freunde an einen Traum erinnern, der mir, es wird eben ein Jahr sein, bedeutend genug schien. Es träumte mir nämlich: ich landete mit einem ziemlich großen Kahn an einer fruchtbaren, reich bewachsenen Insel, von der mir bewußt war, daß daselbst die schönsten Fasanen zu haben seien. Auch handelte ich sogleich mit den Einwohnern um solches Gefieder, welches sie auch sogleich häufig, getötet, herbeibrachten. Es waren wohl Fasanen, wie aber der Traum alles umzubilden pflegt, so erblickte man lange farbig beaugte Schweife, wie von Pfauen oder seltenen Paradiesvögeln. Diese brachte man mir schockweise ins Schiff, legte sie mit den Köpfen nach innen, so zierlich gehäuft, daß die langen bunten Federschweife, nach außen hängend, im Sonnenglanz den herrlichsten Schober bildeten, den man sich denken kann und zwar so reich, daß für den Steuernden und die Rudernden kaum hinten und vorn geringe Räume verblieben. So durchschnitten wir die ruhige Flut und ich nannte mir indessen schon die Freunde, denen ich von diesen bunten Schätzen mitteilen wollte. Zuletzt in einem großen Hafen landend, verlor ich mich zwischen ungeheuer bemasteten Schiffen, wo ich von Verdeck auf Verdeck stieg, um meinem kleinen Kahn einen sichern Landungsplatz zu suchen.

An solchen Wahnbildern ergetzen wir uns, die, weil sie aus uns selbst entspringen, wohl Analogie mit unserm übrigen Leben und Schicksalen haben müssen.«

Im Freundeskreis war der Traum allgemein bekannt, und G. spielt in mehreren Briefen aus Italien an die Familie Herder darauf an (Briefe vom 13. Dezember 1786 und vom 17. Februar 1787). – *14 Im Palast.* : In der Handschrift hat G. hier (und ebenso bei der Seitenzahl aus Volkmann auf der nächsten Seite des Manuskripts) eine Lücke gelassen. Aus anderen Reiseberichten (vgl. z. B. Friedrich Leopold Graf zu Stolberg: Reise in Deutschland, der Schweiz, Italien und Sicilien in den Jahren 1791 und 1792, 4 Bde. Königsberg und Leipzig 1794) geht hervor, daß der Palazzo Ranuzzi gemeint ist: »Im Palaste Ranuzzi ist eine heilige Agatha Rafel« (Ausgabe 1794, Bd. 1, Brief 40; zit. nach Ausgabe Mainz 1877, Bd. 1, S. 272). Das Bild der heiligen Agathe ist in Bologna nicht mehr nachweisbar. Bei Volkmann wird auf das damals Raffael zugeschriebene Gemälde nicht hingewiesen. – *23 als da sich die*

*Kinder Gottes mit den Töchtern der Menschen:* vgl. 1. Mos. 6,4 in der Vorgeschichte der Sintflut. – *31 Rabenstein:* Galgenberg, Hinrichtungsstätte.
  136 *1 Der große Guido p.* : vgl. Volkmann I, S. 404 (458):
»Unter allen Kirchen ist die von den Mendicanti di Dentro in Ansehung der Malereien die vornehmste. ⟨...⟩
  Der große Guido auf dem Hauptaltar wird für eines der besten Stücke dieses Meisters gehalten. Durch die Anordnung der Figuren teilt es sich gleichsam in zwei Stücke. Oben ist die Maria mit dem toten Leichnam Christi und zween Engeln; unten kniet der heilige Carolus mit dem Kruzifix in der Hand, nebst einigen Schutzpatronen von Bologna, und betet Christum an. In der Zusammensetzung, so sonderbar sie auch scheint, sind schöne Partien. Die Maria hat einen edlen Ausdruck; und der Engel zur Linken viel Gefälliges. Die Köpfe der untersten Figuren sind zwar etwas einförmig, aber doch vortrefflich. Am meisten tadelt man die Figur Christi, weil sie einer Statüe ähnlich sieht. Bei dem heiligen Carolus ist man ungewiß, ob er kniet oder steht.«
Guido Reni (1575–1642), der den Künstlern und Kennern des 18. Jh.s nach Raffael als die größte Offenbarung der neueren Kunst galt, war seit 1622 in Bologna tätig und hat dort zahlreiche Werke hinterlassen. Die ›Madonna della Pietà‹ von 1616 befindet sich heute in der Pinakothek. Der obere Teil des Bildes zeigt Maria mit dem Leichnam Christi und zwei Engeln, im unteren sind die Schutzheiligen Bolognas Proculus, Dominicus, Franziskus, Carl Borromäus und Petronius dargestellt, außerdem ein Modell der Stadt und vier kleine Engel (»himmlische Kinder«), die mit Bischofsstab und Hellebarde, mit Lilie und Palmzweig spielen. – *14 ein Johannes in der Wüsten ein Sebastian:* der ›Sebastian‹ des Guido Reni, damals in der Sakristei von S. Salvatore, wie Volkmann I, S. 407 (461) beschreibt:
»S. Salvatore, eine der schönsten Kirchen von Bologna, ist nach der Angabe des Barnabiten, Magenta, der auch den Plan zur Kathedralkirche gemacht, gebauet. Die Architektur ist edel, besonders vom Schiffe, welches mit kannelierten korinthischen Säulen versehen ist. ⟨...⟩ In der Sakristei hangt ein schön gezeichneter, aber schlecht gestellter, S. Sebastian vom Guido.«
Das Bild hängt heute ebenso in der Pinakothek wie der ›Johannes in der Wüste‹ aus dem Palazzo Zambeccari, den schon Volkmann I, S. 421 (478) nicht Guido, sondern dem »Simon da Pesaro, des Guido Schüler« zuschreibt und dessen Zeichnung und »ins Graue« fallendes Kolorit er bemängelt. Heute gilt das Werk allge-

mein als Schöpfung dieses Simone Cantarini di Pesaro (1612–1648).

**137** *4 auf dem Turm:* Torre degli Asinelli, aus dem 12. Jh., 97,6 m hoch und 1,23 m überhängend. – *22 Zimmerien:* Kimmerien; nach der griechischen Mythologie eine Gegend, in der überwiegend Finsternis herrscht. – *29 Der hängende Turm:* Torre Garisenda, noch wesentlich schiefer als sein Nachbar, ebenfalls aus dem 12. Jh., 48,16 m hoch, 3,22 m überhängend. Beide sind Geschlechtertürme, wie sie das Bild der mittelalterlichen Städte Italiens prägten.

**138** *20 Bologneser Stein:* G. kannte den Bologneser Schwerspat schon länger, vgl. seine Bemerkung in *Die Leiden des jungen Werthers* (1774), 1. Tl., Brief vom 18. Juli: »Man erzählt von dem Bononischen Stein, daß er, wenn man ihn in die Sonne legt, ihre Strahlen anzieht und eine Weile bei Nacht leuchtet.« (Bd. 1.2, S. 227) In einer nicht ausgeführten Szene zum *Faust I* sollte das »Bolognesische Feuer« gleichfalls eine poetische Rolle spielen (Bd. 6.1, S. 1054). Weitere Erwähnungen des Phänomens in der *Farbenlehre* (Bd. 10, S. 183, 204, 640) und dazugehörigen Vorarbeiten (Bd. 4.2, S. 315; Bd. 6.2, S. 804) sowie in dem geologischen Aufsatz *Über den Ausdruck Porphyrartig* (Bd. 9, S. 894). Vor allem aber in G.s naturwissenschaftlichen Schriften. Nach Paterno als Fundstelle des Schwerspats wies ihn Volkmann I, S. 440 f. (503 f.):

»In der Gegend von Bologna findet man Bergkrystall und bei Castello Crespellano viele Versteinerungen. Was die hiesige Gegend aber in Ansehung der Naturhistorie besonders merkwürdig macht, ist der so genannte leuchtende oder bologneser Stein. Man findet diesen Stein, so viel bekannt ist, nirgends als in der Gegend des Berges Paderno, und er ist der einzige, der durch die bloße Calcination die Eigenschaft erhält, daß er, wenn man ihn ein Paar Minuten ans Tageslicht legt, dasselbe in sich zieht, und nachgehends im Finstern eine halbe Viertelstunde leuchtet. Man verkauft ihn uncalciniert Pfundweise, die calcinierten Stücke sind aber teuerer. Der Stein verliert nach ein Paar Jahren diese Eigenschaft, erhält sie aber wieder, wenn man ihn aufs neue calciniert. Er ist eine Art von Spat oder durchscheinenden Talk und führt viele Schwefelteile bei sich, diese werden durch das Tageslicht, welches aus den subtilesten Strahlen des aus der Sonne kommenden Feuers besteht, entzündet und leuchtet im Finstern, bis sie sich nach und nach verzehren. Diese Eigenschaft der Lichtstrahlen läßt sich am besten mit dem Feuer, das eine Kohle glühend macht, vergleichen. Die Sonnenstrahlen sind zu heftig, deswegen legt

man ihn lieber ans bloße Tageslicht. Wenn der Stein recht gut ist, so kann ein brennendes Licht seine Schwefelteile leuchtend machen, der Mondenschein tut aber keine Wirkung darauf.«
Die Eigenschaft des Bologneser Schwerspats, nach vorheriger Sonneneinstrahlung im Dunklen zu leuchten, hatte der Bologneser Schuhmacher Vincenzo Casciorolas um 1600 entdeckt. Ein in G.s Nachlaß erhaltenes Verzeichnis der vom Ausflug nach Paterno mitgebrachten mineralogischen Stücke enthält mehr Steine, als hier im Brief mit Nummern angegeben sind (vgl. WA II 13, S. 379). –
*21 Gypsspat:* blättrig getrockneter Gips. – *23 Fraueneis:* Marienglas (durchsichtiger, kristallisierter Gips). – *31 Letten:* weiche, im Wasser aufquellende Schiefertone.

139 9 NB *auch findet sich reiner Gypsspat. 9.:* Dieser Satz ist mit Bleistift am unteren Rand des Textes nachgetragen. – *16 Selenit:* Mondstein.

140 *2 Giredo:* Eine Poststation dieses Namens gab es nicht; G. meint wohl Ponte del Ghiereto, südlich des Futa-Passes. Dort wohnte er in der Herberge Locanda alle Maschere. – *31 Plan zu dem großen Gedicht:* In der *Italienischen Reise* berichtet G. unter dem 27. Oktober (!) ausführlich über den Anlaß für seine Überlegungen und über die Wiederaufnahme des frühen, im Sturm und Drang (1774) begonnenen Gedichts vom ewigen Juden (vgl. Bd. 1.1, S. 238 ff.): »Die Gunst der Musen, wie die der Dämonen, besucht uns nicht immer zur rechten Zeit. Heute ward ich aufgeregt etwas auszubilden, was gar nicht an der Zeit ist. Dem Mittelpunkte des Katholizismus mich nähernd, von Katholiken umgeben, mit einem Priester in eine Sedie eingesperrt, indem ich mit reinstem Sinn die wahrhafte Natur und die edle Kunst zu beobachten und aufzufassen trachte, trat mir so lebhaft vor die Seele, daß vom ursprünglichen Christentum alle Spur verloschen ist, ja wenn ich mir es in seiner Reinheit vergegenwärtigte, so wie wir es in der Apostelgeschichte sehen, so mußte mir schaudern, was nun auf jenen gemütlichen Anfängen ein unförmliches, ja barockes Heidentum lastet. Da fiel mir der ewige Jude wieder ein, der Zeuge aller dieser wundersamen Ent- und Aufwicklungen gewesen, und so einen wunderlichen Zustand erlebte, daß Christus selbst, als er zurückkommt, um sich nach den Früchten seiner Lehre umzusehen, in Gefahr gerät zum zweitenmal gekreuzigt zu werden. Jene Legende: venio iterum crucifigi, sollte mir bei dieser Katastrophe zum Stoff dienen.« Noch in Rom war G. längere Zeit mit diesem Plan beschäftigt, eine Skizze aus dieser Zeit lautet:
   »Ewger J⟨ude⟩.
   P⟨ius⟩ VI. Schönster der Menschenkinder. Neid

Will ihn einsperren ihn nicht weglaßen wie
ihn der Kayser
Staatsgef⟨angen⟩ im Vatikan behalten
al Gesu JesuitenTroß. Lob des unge-
rechten Haushalters.«
(Akademie-Ausgabe, Epen, Komm. S. 42, Nr. 15)
*39 Ulysses auf Phäa:* Odysseus auf der Insel der Phäaken, an deren
Gestade ihn nach der Flucht von der Insel der Zauberin Calypso
der Sturm verschlägt; erstes Auftauchen des Nausikaa-Plans, zu
dem G. seine Anregung aus der Lektüre von Homers ›Odyssee‹
(V,423 ff.) gewonnen hatte. Erst in Sizilien, unter dem Eindruck
der griechisch-homerischen Landschaft, trat ihm dann dieser Plan
deutlicher vor Augen. Vgl. dazu in diesem Band die Fragmente des
Werks, S. 222 f. und die Anm.

141 *5 Einen Johannes und noch eine heil Familie von Raphael:*
Das heute in der Pinakothek aufbewahrte Bild des Johannes galt
schon Jakob Burckhardt nur als eine »alte Schulkopie«; bei der
›Heiligen Familie‹ handelt es sich um ein heute nicht mehr sicher
nachweisbares Bild aus dem Palazzo Bovi. Vgl. Volkmann I, S. 428
(485): »Man sieht hier ⟨...⟩ eine herrliche heilige Familie, und der
Herzog von Urbino von Raphael.« – *11 Einige Köpfe von dem
Spanier Velasquetz sind hier:* in der Reiseliteratur der Zeit nicht
erwähnt, auch im heutigen Bestand der Bologneser Sammlungen
kein Bild des großen spanischen Malers Diego Velasquez
(1599–1670). Allerdings hatte dieser Bologna zweimal besucht (auf
seinen Reisen nach Rom in den Jahren 1629 und 1649). – *13 Andromeda:* Sie wird in der griechischen Sage als Sühneopfer von ihrem
Vater einem Meerungeheuer ausgeliefert. Perseus gelingt es, das
Untier zu töten und die Unglückliche zu befreien. – *18 nur gegenwärtig supponiert:* nur für den Augenblick niedergehalten. –
*34 Florenz:* Auf dem Rückweg blieb G. zwei Wochen in der Stadt
der Medici, ohne daß die bei diesem Aufenthalt gesammelten
Beobachtungen und Einsichten der Redaktion dieser Passage des
Tagebuchs in der *Italienischen Reise* nennenswert zugute gekommen wären. Auf dem Hinweg – immer noch angestrengt und durch
die zum Teil nur mühsam ertragene Strapaze des Malerei-Studiums
in Bologna in seiner Kunstbegeisterung irritiert – beschränkte sich
G. auf drei Stunden, in denen er – diesmal ohne Reiseführer –
durch die Stadt lief. – *38 Lustgarten Bovoli:* Giardini di Boboli, die
im 16. Jh. errichteten Gärten hinter dem Palazzo Pitti auf dem
linken Arno-Ufer, berühmt wegen ihrer großen Alleen, Grotten,
Fontänen und Statuen, in denen die Kunst mit der Natur auf
besonders annehmliche Weise verbunden schien. – *39 Dom:* Santa
Maria del Fiore, von Arnolfo di Cambio 1296 begonnen, mit der

Wölbung der Kuppel von Brunelleschi 1421–1434 fertiggestellt. – *Batisterium:* der Dom-Fassade gegenüber, ein achteckiger romanischer Zentralbau mit den berühmten Bronzetüren des Lorenzo Ghiberti aus der ersten Hälfte des 15. Jh.s.

142 *18 Sotteln:* Ackerbeete. – *29 keinen Erdschollen:* in der *Italienischen Reise* durch die Femininform ersetzt. – *39 Splint:* Holzschicht unter der Rinde, Kern.

143 *21 Dogan Einrichtung:* Zollbehörde. G. war durch die unter der Regierung des Erzherzogs Leopold musterhaft verwaltete Toscana von einem Teil des Kirchenstaats in einen anderen gereist. Der Weg an der Adria entlang, über Loreto, wie ihn zwei Jahre später Herder wählte, hätte ihm den Grenzübergang erspart. – *25 Graf Cesare:* Francesco Torquato Graf Cesarei. – *27 che pensa?:* ›Was denken Sie. Der Mensch darf niemals denken, wenn er denkt, altert er. – Der Mensch darf nicht bei einer einzigen Sache stehenbleiben, weil er dann verrückt wird, man muß tausend Sachen haben, eine Konfusion im Kopf‹. – *33 Mambres:* Anspielung auf Voltaires Märchen ›Le taureau blanc‹ (Der weiße Stier, 1774), in dem der Magier Mambrès als Gegenspieler des Moses auftritt. G. hatte sich seit 1780 öfter im Freundeskreis scherzhaft wie hier mit diesem greisen Mambrès gleichgesetzt »immer in tiefen Gedanken« (toujours faisant de profondes réflexions). Dabei spielte er auf einen Satz im vorletzten Kapitel der Erzählung an: »Jamais le sage Mambrès n'avait fait des réflexions si profondes.« Der Scherz begegnet auch in einigen Briefen an Charlotte von Stein. So heißt es im Schreiben vom 7. und 8. September aus Ilmenau: »O Weiser Mambres, wann werden deine Spekulationen aufhören?« oder im Brief vom 2. April 1782 aus Eisenach: »Der Weise Mambres nährt sich von Gedanken, du sollst alles hören wenn mich die guten Stunden zu dir führen.« etc. etc.

144 *22 Der See von Perugia:* der Trasimenische See. – *34 Ixions Rad:* Ixion, der die Göttin Hera begehrte, wurde zur Strafe in der Unterwelt auf ein glühendes Rad gebunden. – *35 Tischbein:* Wilhelm Tischbein (1751–1829), deutscher Maler, der sich seit 1783 mit einem durch G. vermittelten Stipendium des Herzogs Ernst II. von Gotha im Rom aufhielt und seitdem mit G. in Briefwechsel stand.

145 *8 per non invecchiarsi:* ›um nicht zu altern‹. – *9 Beschreibung eines Vetturin Fuhrwerks:* ausgeführt in der *Italienischen Reise* an der gleichen Stelle (im Anschluß an die Eintragung unter dem 25. Oktober). – *26 Fuligno:* kleine, in der Ebene gelegene Handelsstadt in Umbrien, seit einer Feudalfehde 1439 in den Kirchenstaat eingegliedert, frühes Zentrum der Buchkunst und aus der gleichen Zeit mit bedeutenden Zeugnissen der Renaissance

versehen, darunter bis ins 19. Jh. ein berühmtes Madonnen-Bild Raffaels. Vgl. dazu S. 153,16 und die Anm. – *27 in einer Homerischen Haushaltung:* G. denkt hier wohl weniger an das stattliche Haus des Hirten Eumaios, der Odysseus bei seiner Rückkehr nach Ithaka Schutz gewährte, als an die in der ›Odyssee‹ beschriebenen Fürstensitze der Helden und Könige Alkinous, Nestor und Menelaos, die ebenfalls ihre ganze Hofhaltung rund um das offene Feuer des großen Saales, des Megaron, scharten. – *29 wie die Hochzeit von Cana gemalt wird:* auf dem von G. bewunderten Bild des Tintoretto aus der Scuola di S. Rocco in Venedig, vgl. S. 101,40 und die Anm. – *36 Mein Volckmann:* Dieser beschreibt die Stadt Assisi III, S. 386ff. (429–435). – *37 bei Madonna del Angelo:* In der Ebene nahe der heutigen Bahnstation und an der Hauptstraße nach Rom wurde 1569–1640 über einer Anzahl der heiligen Stätten des Franz von Assisi, zu denen u. a. die von ihm in Gottes Auftrag wiederhergestellte Portiuncula-Kapelle, der Rosengarten und die Sterbezelle des Heiligen gehören, ein mächtiger, von einer Kuppel überragter Basilikabau errichtet. – *39 Il Gran Convento:* Kirche und Kloster, die über dem Grab des heiligen Franziskus errichtet worden waren, 1228, zwei Jahre nach dem Tod des Ordensstifters durch Fra Elia begonnen, ein Schatzhaus der italienischen Kunst vom 13. bis zum 16. Jh. mit Giottos Freskenzyklus aus dem Leben des Franz von Assisi (Ende des 13. Jh.s). Bei Volkmann, auf den G. durch sein Stichwort ausdrücklich hinweist, liest man über San Francesco III, S. 387f. (430f.):

»Il Sagro Convento ist die Patriarchalkirche oder der Hauptsitz des ganzen Ordens, wo zugleich auch die Gebeine des Stifters ruhen. In dem Kloster halten sich achtzig Mönche von der Art Franziskaner auf, die minori Conventuali heißen. Die Kirche wurde von Gregorius IX. zu einer Patriarchalkirche erklärt, und seit der Zeit steht sie unmittelbar unter dem päpstlichen Stuhle. Es liegen hier drei Kirchen über einander. In der mittelsten wird der Gottesdienst gehalten, die oberste wird wenig besucht, und in der untersten liegt der heilige Franciscus begraben. Der zweite General des Ordens, Elias, ließ solche durch einen deutschen Architekten Lappo bauen, und zwei Jahre vor dem Tode des heiligen Franciscus den Grund dazu legen.

Das Kloster ist ein weitläuftiges Gebäude, das auf erstaunlichen Gewölben und Grundmauern ruhet. Man übersieht aus den Fenstern desselben eine weitläuftige und sehr anmutige Ebene. Die Mauern der Kirche sowohl als des inwendigen Klosterganges sind von den ersten Wiederherstellern der Malerkunst Cimabue, Giotto, Giottino u. a. m. bemalt. Inson-

derheit bewundert man ein großes Gemälde, daran Friedrich Baroccio sieben Jahre gearbeitet hat. Das Gebäude ist auf dem Platze, wo sonst der Galgen stund, aufgerichtet, weil der heilige Franciscus aus besonderer Demut, so zu sagen, unter dem Galgen begraben zu werden befohlen hat«.
Auch bei Volkmann gibt es keinen Hinweis darauf, daß doch Giorgio Vasari (s. zu S. 59,17), der große Historiograph der Renaissance, in seiner Lebensbeschreibung des Giotto schon früh auf die zentrale Wichtigkeit der Bilderzyklen in Assisi aufmerksam gemacht hat, in denen sich die Wiedergeburt des antiken Geschmacks zuerst gezeigt habe. – *40 Galgenberg:* Der heilige Franziskus hatte gewünscht, unter dem Galgen begraben zu werden.

146 *2 wie der Kardinal Bembo:* s. S. 84,36 und die Anm. – *4 nach der Maria della Minerva:* Die Kirche wurde 1539 aus den im Mittelalter umgestalteten Resten eines römischen Tempels aus dem 1. Jh. n. Chr. errichtet. Eigentlich S. Maria sopra (über) Minerva. Die Front des Tempels, sechs Säulen, Giebel und Fries, blieben dabei erhalten und vermitteln nach außen den Eindruck eines intakten antiken Bauwerks. Volkmann III, S. 388 (431) schreibt dazu:

»Die den Philippinern zugehörige Kirche S. Maria di Minerva ist der schönste Überrest aus dem Altertum, den man zu Assisi und der ganzen umliegenden Gegend siehet. Die Vorderseite besteht aus sechs kannelierten korinthischen Säulen, die wohl erhalten und von gutem Geschmack sind. Der jetzige Name der Kirche scheint ein Beweis zu sein, daß hier ehemals ein der Minerva gewidmeter Tempel gestanden. Außer dieser Vorderseite ist die Kirche neu, und mit reichen Zierraten versehen. Die Buchstaben von Bronze, welche vormals zur Inschrift an dem Friese des Tempels gehört haben, sind vermutlich von den Barbaren abgerissen worden, man sieht aber noch die Löcher der Nägel, womit solche in der Mauer befestigt worden.«

– *18 der Platz:* das antike Forum, zu dem der Tempel gehörte. – *35 Fassade:* In seinem Aufsatz *Baukunst* von 1795 hat G. sich noch einmal mit dem Tempel von Assisi beschäftigt und Palladio heftig kritisiert, weil dieser die Säulen falsch gezeichnet habe. In der *Italienischen Reise* kommt G. an der gleichen Stelle aus dem Abstand noch einmal zurück. – *39 Model:* gemeint ist das lateinische, bei Vitruv häufig angeführte Grundmaß des *modulus,* nach dem die Proportion eines Gebäudes berechnet wurde.

149 *22 dein Kochberg:* Großkochberg, der thüringische Sitz der Familie von Stein. – *33 an einem Berg hin:* entlang dem Hang des Monte Subasio, der Weg von Volkmann empfohlen.

150 *29 auf dem Aquedukt der zugleich Brücke* ⟨...⟩ *ist:* der Ponte delle Torri, der in zehn riesigen Arkaden über mehr als 200 m und in einer Höhe von 80 m die Schlucht des Tessino vor den Toren Spoletos überspannt. In der heutigen Gestalt stammt die Brücke mit ihrer Wasserleitung aus der zweiten Hälfte des 14. Jh.s. Sie wurde vielleicht an der Stelle und mit Materialien eines römischen Aquaedukts von wesentlich bescheideneren Ausmaßen errichtet, der unter den Langobarden im 7. Jh. erneuert worden war.
– *38 Weisenstein:* das Oktogon über dem Park von Schloß Wilhelmshöhe (urspr. Weißenstein) bei Kassel. Der unbewohnbare Riesenpalast, der von der Statue des Herkules bekrönt wird, wurde 1714 vollendet.

153 *8 St. Crucifisso:* Gemeint ist der kleine Tempelbau neben der Straße nach Rom, der als Kirche S. Salvatore geweiht ist und in dem viele der gelehrten Antiquare im 18. Jh., da das Bauwerk in unmittelbarer Nähe der Heilquellen des Clitumnus liegt, einen diesem Quellgott geweihten Tempel gesehen haben. Bei Volkmann III, S. 383 f. (427) steht über dieses im 18. Jh. sehr berühmte, oft abgebildete und geschilderte Bauwerk:

»Die Gegend von Spoletto nach der folgenden Station alle Vene ist ein angenehmes Tal, welches viel ähnliches mit dem Wege bei Pisa und Florenz hat. Außerhalb des Tors von der letztgedachten Station liegt linker Hand vom Wege ein kleiner Tempel, nicht weit vom Ursprunge des Clitumnus, welcher aus drei Quellen entspringt, und, nachdem er die Heerstraße durchschnitten, nach Bevagna läuft und in den Topino fällt. Man hat eine Kapelle daraus gemacht, und ihr den Namen S. Salvatore gegeben. Die Einwohner glauben, der Tempel sei ehemals dem Flußgott geheiliget gewesen. Er scheint nicht sehr alt zu sein, fällt aber von ferne artig und malerisch in die Augen. Die Form ist ein langes Viereck, dessen Vorderseite vier korinthische Säulen und zwei Pilaster hat. Die Mauern sind bis an die Pilaster verlängert. Er hatte sonst zwei Eingänge auf den Seiten, weil die Vorderseite auf der steilen Seite des Berges steht, sind solche aber verfallen. Die Baukunst an dem Tempel und die Verzierungen verdienen wegen des guten Geschmacks Beifall; die Schäfte sind gestreift, und das Laubwerk ist leicht und artig gearbeitet. Der Fuß oder Untersatz, worauf der ganze Tempel steht, gibt ihm ein besseres Ansehen. Inwendig steht ein gotischer Altar, worauf Messe gelesen wird.

Unten an diesem Gebäude findet sich ein Loch, in welches man hinein kriechen und die Worte bemerken kann: T. Septimus Plebeius. Am Friese stehen christliche Inschriften, welche es glaublich machen, daß das Gebäude von Christen aufgeführt worden. Denn daß es der Tempel des Flußgottes Clitumnus gewesen, ist deswegen nicht glaublich, weil dieses Gebäude nur ein paar hundert Schritte von seinem Ursprunge entfernt liegt, und Plinius der Jüngere in dem angeführten Briefe ihn ausdrücklich in eine Gegend setzt, wo der Fluß schiffbar zu werden anfängt. Es kann aber eine von den kleinen Kapellen sein, welche nach seinem Bericht in dieser Gegend anzutreffen waren.«

Der kleinformatige Stich des Tempio di Clitumno, den Giovanni Battista Piranesi (1720–1788) in einem der Blätter seiner ›Alcune Vedute ‹...)‹ von 1748 veröffentlicht hat, gibt eine anschauliche Vorstellung, wie emphatisch dieser in idyllischer Einsamkeit gelegene Tempel als Zeugnis einer halb mythischen Vorvergangenheit bewundert wurde. Vielleicht sind auch zwei erst in Rom fertiggewordene Zeichnungen G.s, die beide bereits Tischbeins Einfluß zeigen, entfernter Reflex seiner flüchtigen Begegnung mit dem angeblichen Tempel des Clitumnus. Die neueren Untersuchungen des so wunderlich zusammengesetzten und mit Schmuckformen überladenen Bauwerks haben einwandfrei ergeben, daß es sich nicht um ein antikes Bauwerk, sondern um einen Kirchenbau aus der zweiten Hälfte des 8. Jh.s handelt, der sich nur von fern noch und in vielen Mißverständnissen an antike Bauformen anlehnt. –
*16 In Fuligno konnt ich das Gemälde Raphaels nicht sehn:* Volkmann III, S. 385 (427) beschreibt die Madonna di Foligno, die heute in der Pinakothek des Vatikan aufbewahrt wird, auf der gleichen Seite wie den Tempel des Clitumnus:

»Das Vornehmste in Foligno ist das Kloster delle Contezze, wegen eines darin befindlichen berühmten Gemäldes vom Raphael, welches ein päpstlicher Sekretär, Sigismundus de Comitibus, für seine im Kloster lebende Nichte verfertigen lassen. Es stellt die Maria mit dem Kinde in einer Glorie und in den Wolken, welche auf einem Regenbogen ruhen, vor.«

Das Bild stammt aus dem Jahr 1512. – *18 hier die Wasserfälle:* vgl. Volkmann III, S. 369 (412 f.), der sich in seinem mit ungewöhnlichem Schwung der Beschreibung vorgetragenen Text zum Teil unmittelbar an Lalande anlehnt:

»Der berühmte Wasserfall zu Terni, caduta delle marmore genannt, entsteht durch den Velino, welcher sich über zweihundert Fuß hoch senkrecht in die Nera herabstürzt. Außer dem Fall des Niagara in Amerika weiß man in der jetzt bekannten Welt keinen, der mit diesem zu vergleichen wäre. Er ist vier italienische Meilen von Terni entfernt, es wird aber keinem Reisenden gereuen, diesen Weg zu machen. Man nimmt Postpferde, um dahin zu reiten, weil wegen der engen und krummen Wege nicht anders fortzukommen ist. Sie sind hin und wieder sehr schmal und abhängig, und die Steine so glatt, daß man leicht hinabstürzen kann, und besser tut abzusteigen. Der Fluß Velino entspringt auf dem apenninischen Gebirge, vierzehn Meilen von Terni, und ergießt sich, nachdem er verschiedene Flüsse und kleine Seen zu sich genommen, in den Lago delle Marmore. Von hier soll er ehemals nach der Meinung einiger Gelehrten einen andern Lauf gehabt haben, und durch ein Tal linker Hand geflossen sein. Weil dieser Lauf der Stadt Terni aber gefährlich war, so leitete man ihn auf den Abgrund, in den er sich jetzt hinabstürzt.«

Die Beschreibung des Falles selbst findet sich zwei Seiten später: »Der Velino fließt, in Ansehung der Stadt Terni, sehr hoch, ist aber mit noch viel höhern Bergen umgeben, und verliert seinen Namen, wenn er in die Nera hinabgestürzt ist. Sobald er aus dem See delle Marmore, (wovon der Fall den Namen Cascata delle Marmore erhalten) gekommen, wird er wegen der abhängigen Gegend reißender, bis er an den Fall selbst kommt, welcher eigentlich aus drei nahe bei einander liegenden Kaskaden besteht. Die letzte ist die vornehmste, und über zweihundert Fuß in senkrechter Linie hoch. Die Gewalt des Wassers hat die Steine des obern Randes, über welchen es herabfällt, ganz glatt poliert, daher sie einen weißlichen Schein von sich geben. Man begibt sich auf eine hervorragende Spitze auf der linken Seite, wo man der Kaskade beinahe gegen über steht, und ihren Fall mit Muße betrachten kann. Das Wasser stürzt mit einer solchen Gewalt auf einander hinab, daß man nichts anders dafür hören kann, und Augen und Ohren geraten in ein fürchterliches und zugleich angenehmes Erstaunen. Die Höhe macht, daß das Wasser durch den Widerstand der Luft geteilt, und in einen Regen und Schaum verwandelt wird, welcher, indem er mit der größten Gewalt auf die untern Felsen abprallet, als ein weißer Rauch, in Gestalt einer großen Wolke, empor steigt. Bei hellem Wetter brechen sich die Sonnenstrahlen darin und bilden den schönsten Regenbogen. Die ganze Luft wird mit dem feinsten Staubregen angefüllt, welcher sich weit über die Höhe des Berges erhebet, die Zuschauer, wenn der Wind solchen hertreibt, ganz naß macht, und gleichsam in eine Wolke von feinem Regen einhüllet. Die umher stehenden Pflanzen und Blätter der Bäume sind mit einem ungemein zarten weißen Staube, der sich leicht abwischen läßt, überzogen. Wahrscheinlicher Weise entsteht dieser von den durch den Fall abgewaschenen Teilchen des Marmorfelsens, welche mit dem Wasser in die Höhe getrieben werden, und zugleich mit dem feinen Staubregen auf die Pflanzen fallen; der Regen trocknet ab, und die feinen Teilchen bleiben zurück.

Es ist aber auch der Mühe wert, diesen fürchterlichen Anblick von unten auf zu betrachten, wo man die allmählige Verdünnung des Wasserstroms und die Verwandlung in große Tropfen, und zuletzt in Schaum deutlich wahrnehmen kann. Hier zeigt sich kein glatter Rücken von sanft, wie ein krumm gebogner Spiegel, hinabfallendem Wasser, dergleichen man bei den künstlichen Kaskaden in den Gärten wahrnimmt; sondern man sieht hier dieses schreckliche Element in seiner ganzen Gewalt, die ihm die Natur verliehen hat.«

Ins Romantische umgedeutet, hat Lord Byron dann im vierten Gesang von ›Childe Harold's Pilgrimage‹ (1819), Strophen 69 ff., den Wasserfall so beschrieben, wie er für die Maler, die Reiseenthusiasten und die Ästhetiker des Erhabenen ein vielbewundertes Beispiel für das Sublime in der Natur war. – *22 wenn uns der Engel des Herrn:* vgl. 2. Kön. 19,35. – *34 Flöz:* flache Schicht. – *36 Trevi:* kleiner Ort auf dem Weg von Foligno nach Terni; wahrscheinlich verschrieben für »Terni« (in der *Italienischen Reise* diese Stelle so korrigiert). – *40 Volkm⟨ann⟩ sagts:* hinter Narni, vor allem aber bei Città Castellana. Vgl. Volkmann III, S. 362 (405). Dazu G. selbst auf der folgenden Seite der Handschrift: »Die Stadt steht auf vulkanischem Tuff, der wie gewöhnlich aus Asche, Bimssteinen, Lavastücken besteht, in der Nähe der Stadt habe ich jene Lava nicht wiedergesehen.«

154 *25 Narni ⟨...⟩ die Brücke:* die Brücke, die die Via Flaminia in vier hohen Bögen über die Nera führte, Augustus-Brücke genannt, aus dem ersten vorchristlichen Jh. Ein Bogen ist bis heute erhalten geblieben. Dazu Volkmann III, S. 365 (408):

»Am Fuße der Stadt Narni linker Hand bemerkt man die Überbleibsel einer prächtigen Brücke, welche Augustus zur Vereinigung beider Hügel und den Weg nach Perugia zu erleichtern, führen lassen. Man muß zu dem Ende einen unwegsamen Hügel hinunter steigen, welche Mühe einem Freunde der Altertümer aber belohnt wird. Es ist am besten sie bei der Abreise zu besehen, damit der Wagen unten auf der Landstraße warte, und man nicht nötig habe den beschwerlichen Berg wieder hinan zu klettern. Der mittelste Bogen hält nur drei und achtzig Fuß, ob ihn gleich einige Reisebeschreiber hundert und sechzig angeben. Der andere, welcher noch steht, und unter dem der Weg durchgeht, hat sechzig und die Pfeiler haben acht und zwanzig Fuß in der Dicke. Das Gewölbe ist eines der kühnsten, welches die Architektur aufzuweisen hat, und der Brücke Rialto in Venedig weit vorzuziehen. Man sieht, daß das Erdreich vermutlich durch ein Erdbeben nachgegeben hat, sonst würde ein so festes und schön gebautes Werk noch unverändert stehen. Die Brücke ist ohne Mörtel aus bloßen Quaderstücken, welche aus dem Berge der Stadt Narni gebrochen sind, gebauet. Der Stein gleicht dem weißen Marmor, er hat nur nicht solche weiß glänzende Punkte, wie dieser, insonderheit der Marmo Saligno.«

*32 über die Brücke pag.* : vgl. Volkmann III, S. 362 (405); in der Handschrift fehlt die Seitenangabe. Gemeint ist nicht die eben erwähnte Augustus-Brücke über die Nera, sondern der 1589 unter Papst Sixtus V. errichtete Ponte felice über den Tiber bei Borghetto, kurz hinter Otricoli.

157 *1 Schloß:* die von Antonio Sangallo il Vecchio für Cesare Borgia 1494–1500 errichtete Rocca. – *Der Berg S. Oreste (Sorackte):* Der Mons Sorakte ist ein einzeln stehendes, weithin sichtbares Bergmassiv aus Kalkstein, das 690 m hoch aufragt. In der antiken Literatur wird der dem Apoll heilige Berg mit Verehrung erwähnt, vgl. z. B. Vergil in der ›Aeneis‹ XI,785 ff. und Horaz, Oden I,9,2. – *3 Kalkberg:* danach in der Handschrift gestrichen: »der als ein Vorposten in den ungeheueren vulkanischen Bewegungen stehen *blieb.*« – *21 Tischbein war bei mir:* in der noch heute bestehenden Locanda dell' Orso an der Ecke der gleichnamigen Straße mit der Via di Monte Brianzo. In ihr war 1580 bereits Montaigne abgestiegen. Tischbein schreibt aus der Erinnerung an G. (Brief vom 14. Mai 1821): »Nie habe ich größere Freude empfunden als damals wo ich Sie zum erstenmal sah, in der Locanda auf dem Wege nach St. Peter. Sie saßen in einem grünen Rock am Kamin, gingen mit entgegen und sagten: Ich bin Goethe!« – *28 initiiert:* eingeführt, durch Ritual in einen Geheimkult aufgenommen. – *29 Ich bin zu Tischbein gezogen:* an den Corso, dem Palazzo Rondanini gegenüber, kurz hinter der Piazza del Popolo, von der aus sich jedem aus Norden ankommenden Reisenden die Stadt zuerst erschloß. Die Wohnung war an eine ganze Gesellschaft von Malern vermietet: Außer Tischbein waren damals noch der G. aus Frankfurt vertraute Georg Schütz und Friedrich Bury aus Hanau Mitbewohner. So stimmte es zum Ambiente, wenn G. sich auch hier als »Filippo Miller, pittore 30 ⟨anni⟩« ins Anmelderegister eintrug.

# DRAMA UND THEATER

## IPHIGENIE AUF TAURIS

Die Entstehung der *Iphigenie* zog sich über acht Jahre hin. Was G. dazu veranlaßt hat, den in Antike und Neuzeit häufig behandelten Stoff aufzugreifen, ist seinen vielen Äußerungen über dieses Drama und auch den Berichten anderer nicht zu entnehmen. Möglicherweise war das Stück zunächst als höfisches Festspiel gedacht, und zwar zum ersten (für den 14. März 1779 vorgesehenen) Kirchgang der Herzogin Luise nach der Geburt der Prinzessin Luise Auguste Amalie (am 3. Februar 1779). Die Uraufführung der *Iphigenie*, an der G. von Mitte Februar bis Ende März gearbeitet hatte, fand am 6. April 1779 statt: Corona Schröter spielte die Titelrolle, G. trat als Orest auf (zu dieser ersten Phase der Entstehungsgeschichte s. Bd. 2.1, S. 650ff.).

Der Dichter hielt sein Werk in dieser ersten, in Prosa ausgeführten Fassung noch nicht für vollendet; er sprach von einer »Skizze« (an Charlotte von Stein, 4. März 1779) und rückblickend von einem »Entwurf« (an Philipp Seidel, 15. Mai 1787). In den Jahren 1780 und 1781 hat G. einige Versuche unternommen, die Prosa in eine rhythmisierte Form zu bringen und damit der stilistischen Norm der Verssprache anzunähern. Bei diesen Bemühungen wurde er von seinen Weimarer Freunden Johann Gottfried Herder und Christoph Martin Wieland angetrieben und unterstützt. G. glaubte den letzten Feinschliff an seinem Drama im Sommer 1786 anbringen zu können, als er für die geplante Göschen-Ausgabe seine unveröffentlichten, meist für das Weimarer Liebhabertheater geschriebenen Dramen durchging. Jedoch gelang ihm die ›Versifikation‹ bis zum Ende des Karlsbader Aufenthalts Anfang September 1786 nicht.

Die folgende ›italienische‹ Phase der Entstehungsgeschichte ist in G.s Briefen nach Weimar und in der – allerdings erst drei Jahrzehnte später auf der Basis der originalen Briefe und Aufzeichnungen zusammengestellten – *Italienischen Reise* reichhaltig dokumentiert. G. wollte die Arbeit an der *Iphigenie* bis Ende Oktober abgeschlossen sehen (an das Ehepaar Herder, 18. September 1786), widmete sich zunächst auch regelmäßig in den ersten Morgenstunden »dieser süßen Bürde« (*Ital. Reise,* 19. Oktober 1786; Bd. 15), konnte die Versgestaltung aber nicht in der erwünschten

Schnelligkeit durchführen. Erst nach der Ankunft in Rom wurde die Umarbeitung von Anfang Dezember 1786 bis Anfang Januar 1787 beendet.

Eine in Rom hergestellte Abschrift des Manuskripts ging am 13. Januar 1787 nach Weimar an Herder ab. Dieser wurde autorisiert, bei einigen Verswendungen dem »Wohlklange nachzuhelfen« und nach Gutdünken stilistische Verbesserungen anzubringen. Die Druckvorlage für die Göschen-Ausgabe, in der das Stück im Juni 1787 erschienen ist, hat also nicht G. selbst, sondern Herder eingerichtet. Diese Druckvorlage ist nicht erhalten, wohl aber G.s eigene Handschrift mit etlichen Spuren seiner ›italienischen‹ Arbeit am Drama (als Faksimile-Druck 1938, hg. von Hans Wahl).

Über die ersten Reaktionen auf die ›neue‹ *Iphigenie* zeigte sich G. nicht sonderlich beglückt: In Rom, wo er das Werk einem Kreis deutscher Maler vorlas (die »etwas Berlichingisches« erwarteten und sich »in den ruhigen Gang nicht gleich finden« konnten), und aus Weimar (wo man die Veränderung der bisherigen Form mit einigem Befremden quittierte) begegneten ihm verständnislose Reaktionen. Noch nach Jahrzehnten hielt er in der *Italienischen Reise* seinen damaligen Unmut fest (unter dem 16. März 1787). Nach der Publikation überwogen die zustimmenden, ja bewundernden Stimmen bei weitem: Wieland, Schiller, Hegel und andere haben den künstlerischen Rang des Werks gerühmt und seine spätere Kanonisierung als Humanitäts-Festspiel angebahnt.

### *Zur Stoffgeschichte und Quellenbenutzung*

Mit der Gestalt Iphigenies, der Tochter des Agamemnon und der Klytemnestra, verbinden sich seit antiker Zeit drei Handlungs- bzw. Sagenkreise: der aulische, der taurische und der delphische.

Die Geschichte der Iphigenie in Aulis behandelt ihre Hinopferung durch den eigenen Vater. Damit sollte die von ihm beleidigte Göttin Artemis (lat. Diana) günstig gestimmt, der griechischen Flotte die Weiterfahrt nach Troja ermöglicht werden. In einem – nicht erhaltenen – Drama stellt der Tragiker Aischylos den Vorgang so dar, daß Iphigenie tatsächlich auf dem Altar stirbt. Sein Nachfolger Euripides bietet demgegenüber eine Version, in der Artemis Iphigenie rettet, indem sie ihr auf dem Altar eine Hirschkuh unterschiebt.

Im taurischen Stoffkreis geht es um das Schicksal der Iphigenie bei den Skythen, einem kaukasischen Barbarenvolk, zu dem Artemis sie entrückt hat. Dort findet sich ihr Bruder Orestes aufgrund eines Orakelspruchs ein; die Geschwister planen eine gemeinsame Flucht. Einen Streit mit dem taurischen König Thoas, der um das Kultbild der Artemis geführt wird, schlichtet – im Drama des Euripides – die Göttin Athene: Die Geschwister sollen dahinziehen, damit Orest in Attika einen Tempel für den Artemis-Kult gründen kann, dem Iphigenie zeitlebens als Priesterin zu dienen hat.

Der delphische Handlungskreis hat die Ankunft der Geschwister mit dem Artemis-Bild in Delphi zur Voraussetzung. Dort sucht ihre Schwester Elektra Rat, nachdem Aletes, der Sohn des von Orest getöteten Aigisthos, den mykenischen Thron bestiegen hat. Aufgrund falscher Berichte und Deutungen hält Elektra ihren Bruder Orest für tot und Iphigenie für seine Mörderin. Den drohenden Rachemord an Iphigenie verhindert Orest im letzten Augenblick, die Geschwister erkennen einander und sind wieder vereint. Ein Drama auf dieser Handlungsbasis hat G. in Italien konzipiert (s. *Ital. Reise*, 19. Oktober 1786; Bd. 15), aber nicht ausgeführt, weil die Vollendung der älteren Arbeit Vorrang haben mußte (vgl. ebd. 16. Februar 1787). Der Stoff geht auf den nur fragmentarisch erhaltenen ›Aletes‹ des Sophokles zurück und wurde durch den römischen Mythographen Hyginus tradiert, dem G. in seinem Plan offenkundig folgt.

Die neuzeitliche Stoffgeschichte der aulischen und der taurischen Iphigenie setzt im 16./17. Jh. in Frankreich ein. Jean Racine hat in seiner ›Iphigénie en Aulide‹ (1674) die Handlung so geführt, daß Iphigenies Opferung vermieden und Agamemnon von der Schuld an dem drohenden Tod der Tochter entlastet werden konnte (freilich das Vertrauen in die väterliche Autorität erschüttert werden mußte). Racines vorher entstandene ›Iphigénie en Tauride‹ war Fragment geblieben. Hier wird ein Sohn des Thoas eingeführt, der Iphigenie liebt und damit in eine Spannung zum Vater gerät. In La Grange Chancels Drama ›Oreste et Pylade ou Iphigénie en Tauride‹ (1697) ist es Thoas selbst, der um die griechische Artemis-Priesterin wirbt.

Der deutsche Klassizist Johann Elias Schlegel (1719–1749), der den Stoff in ›Die Geschwister in Taurien‹ (1737) – später umgearbeitet unter dem Titel ›Orest und Pylades‹ – aufgegriffen hat, verzichtet auf die Liebesepisode und stellt die Motive der Geschwisterbindung und Freundschaft in den Vordergrund. Iphigenie zeigt hier, wie im Drama von Guimond de la Touche (1757), im Verhalten zu Thoas eine Aufrichtigkeit, die schon auf G.s Drama vorausweist. Bei La Touche wird Thoas durch Pylades getötet, während bei Schlegel ein Orakel, das Menschenopfer verbietet, die Lösung und Rettung bringt.

Im 18. Jh. wurde der Iphigenie-Stoff häufig auch von Opernkomponisten behandelt, u. a. von Domenico Scarlatti (1713/14), Giuseppe Maria Orlandini (1719), Leonardo Vinci (1725), Niccolo Jommelli (1751) und schließlich von Christoph Willibald Gluck, der einer ›Iphigénie en Aulide‹ (1774) eine ›Iphigénie en Tauride‹ (1779) folgen ließ, deren Libretto auf La Touche zurückging, am Ende allerdings wieder eine Dea ex machina (Diana) erscheinen ließ. Wieland hatte in seinem ›Versuch über das deutsche Singspiel und einige dahin einschlagende Gegenstände‹ (1775) einen Hinweis auf Glucks erste Iphigenien-Oper gegeben. Es ist denkbar, daß G. auf diesem Wege eine stoffliche Anregung für seine *Iphigenie* empfangen hat.

Inwieweit G. die neuere Stoffgeschichte berücksichtigt hat, läßt sich nicht feststellen. Es gibt auch keine Anhaltspunkte für eine faktische Rezeption Racines oder der deutschen Übersetzung seiner ›Iphigénie en Aulide‹ durch Johann Christoph Gottsched (1732). In der Handlungsführung seines Dramas folgt G. seinem antiken Vorbild, der ›Iphigeneia bei den Taurern‹ des Euripides (um 412 v. Chr. aufgeführt), die er wahrscheinlich nicht im Original gelesen, sondern zuerst in der freieren französischen Prosa-Übertragung des Jesuiten Pierre Brumoy (›Le Théâtre des Grecs‹, Paris 1730) kennengelernt hat. Eine lateinische Prosa-Übersetzung des Euripides durch Josua Barnes lag seit 1694 vor und war 1778 neu herausgegeben worden. Sicher ist auch – darauf lassen Details der von Iphigenie im 1. Akt erzählten Tantaliden-Geschichte schließen –, daß G. die um die Zeit Christi aufgezeichneten ›Fabulae‹ des Hyginus (Neuausgabe Leyden 1742) herangezogen hat.

Daneben kommen weitere Quellen in Betracht, die weniger für die Handlungsführung der *Iphigenie,* mehr für ihren mythologisch-heroischen Hintergrund von Belang sind, zumal die Geschichte Iphigenies als Teil der Atriden- bzw. sogar der Tantaliden-Geschichte eine Tiefenstaffelung bis in imaginäre Fernen erhält. Diese Geschehenskomplexe werden in der antiken Erzähl- und Dramentradition wiederholt und teilweise unterschiedlich dargeboten. So gibt es in Homers ›Odyssee‹ etliche Reflexe der Atriden-Geschichte, den Bericht über die Ermordung des Agamemnon durch Aigisthos (4. Gesang, Verse 512–37; 11. Gesang, Verse 387–461), ferner den Bericht, wie Aigisthos – und Klytemnestra – durch Orestes der blutigen Rache verfiel (3. Gesang, Verse 303–10): eine Tat, die Athene gegenüber Odysseus' Sohn Telemachos als Ruhmestat preist (1. Gesang, Verse 298–300). Hindeutungen auf den Iphigenien-Mythos und die Atriden-Geschichte konnte G. auch bei Pindar (in der 11. ›Pythischen Ode‹) oder Ovid

(›Metamorphosen‹, 12. Buch) finden, erzählerisch ausgeführt bei Hyginus (s. o.), zum enzyklopädischen Referat zusammengezogen bei Benjamin Hederich (›Gründliches mythologisches Lexicon‹, Neuauflage Leipzig 1770).

Nicht zuletzt sind für G.s Neugestaltung neben der ›Iphigeneia bei den Taurern‹ des Euripides weitere antike Dramen zum Atriden-Stoffkreis als Quellen und für Detailanregungen anzunehmen. Den Tragikern dienten die ›Kyprien‹ (ein Epos zum trojanischen Sagenkreis) als Vorlage; hier findet sich erstmals die Geschichte von Iphigenies Opferung und Apotheose. Euripides hat auch den aulischen Handlungskreis dramatisch dargestellt (›Iphigeneia in Aulis‹, aufgeführt 405 v. Chr.), ferner ein Orestes-Drama geschrieben (408 v. Chr.), das die Gewissensprobleme und Verzweiflungshandlungen des Muttermörders, der Schwester Elektra und des Freundes Pylades behandelt. Die Ermordung der Klytemnestra und des Aigisthos durch Orestes und das Mitspiel von Freund und Schwester an dieser von Apollo befohlenen Rachehandlung stellt Euripides in der ›Elektra‹ (413 v. Chr.) dar. Den gleichen Mythos bietet, mit charakteristischen Differenzen, Sophokles in seinem Spätwerk ›Elektra‹ (um 415 v. Chr.). In manchen Aspekten bezieht sich G. auch auf die monumentale ›Oresteia‹ des Aischylos (aufgeführt 458 v. Chr.), in der die Opferung Iphigenies – ohne den Ausblick auf ihre Entrückung nach Tauris – mehrfach berichtet und bedacht wird.

## Die Aufnahme der antiken Überlieferung

Um G.s Behandlung des Stoffs, der antiken Erzählungen bzw. Mythologeme und sein Verhältnis zu den griechischen Dramen zu kommentieren, ist zunächst die Atriden-Geschichte nach der antiken Überlieferung in ihren genealogischen Sequenzen knapp zu skizzieren (ohne daß allen Varianten nachgegangen werden kann). In Mykene herrschte das Geschlecht, das sich nach Atreus, aber auch nach Tantalos, Pelops oder Pleisthenes nennt und in dessen Geschichte sich die Greuel- und Freveltaten häufen. Die Atriden-Geschichte gehört in die hellenische Frühzeit vor der Dorischen Wanderung (die um 1200 v. Chr. beginnt) und ist in ihrer ältesten, allerdings schon nicht mehr ursprünglichen Form im homerischen Epos (s. o.) tradiert. Mit dem Tantalos-Schicksal reicht sie in die mythische Dimension des Kampfs der Götter mit den Titanen, auf die G. in seinem Drama ausdrücklich verweist und die er später (in *Dichtung und Wahrheit*; Bd. 16) als den »Hintergrund« der *Iphigenie* bezeichnet hat.

1) Tantalos: Der Ahnherr des Geschlechts war König im kleinasiatischen Lydien. Als seine Mutter galt die Nymphe Pluto, eine Tochter des Kronos; als sein Vater wurde der Berg Tmolos, aber auch Zeus selbst genannt. Tantalos, kein Sterblicher, dennoch dem Menschengeschlecht zugerechnet, saß am Tisch der Götter und wurde von Zeus ins Vertrauen gezogen. Er soll den Sterblichen den Genuß der Göttergaben Nektar und Ambrosia verschafft und ihnen die Geheimnisse der Unsterblichkeit verraten haben. Nach einer anderen Erzählung wollte Tantalos die Allwissenheit seiner göttlichen Gäste prüfen: er schlachtete seinen kleinen Sohn Pelops, zerstückelte ihn und ließ das Fleisch in einem Kessel kochen, um den Göttern davon vorzusetzen. Zur Strafe für dieses – und andere – Vergehen muß er ewige Qualen in der Unterwelt leiden. Von einem riesigen Felsblock bedroht, der über seinem Kopf schwebt, ist er unaufhörlich von Hunger und Durst gequält, kann aber nicht essen und trinken, da das Wasser, das ihm bis zum Hals reicht, zurückweicht, sobald er zu trinken versucht, und die Früchte über ihm davonschnellen, sobald er nach ihnen greifen möchte.

2) Pelops und Hippodameia: Den hingeschlachteten Sohn des Tantalos ließen die Götter lebendig aus dem Kessel auferstehen, schöner als je zuvor. Pelops warb um Hippodameia, die Tochter des Oinomaos, des Königs von Pisa, der seine Tochter nur dem Bewerber zur Frau geben wollte, der ihn zuvor im Wagenrennen besiegt hatte. Das gelang Pelops im Einverständnis mit dem Wagenlenker des Oinomaos durch eine List, die den König das Leben kostete (die legendäre Gründertat, die dazu führte, daß das von Pelops beherrschte Land den Namen ›Peloponnesos‹ erhielt). Pelops und Hippodameia hatten mehrere Söhne, darunter Atreus und Thyestes. Aus einer früheren Verbindung des Pelops mit der Nymphe Astyoche (oder auch mit Danais) stammte Chrysippos, der vom Vater begünstigt und für die Thronfolge vorgesehen war. Atreus und Thyestes ermordeten ihren älteren Halbbruder, angestiftet – wie es hieß – von Hippodameia. Pelops beschuldigte die Gattin des Mordes und schickte sie in die Verbannung, in der sie Selbstmord begangen haben soll. Er verfluchte Atreus und Thyestes, die darauf die Flucht ergriffen, doch nach einigen Jahren zurückkehrten und zunächst gemeinsam die Stadt Mykene regierten.

3) Atreus und Thyestes: Lange währte ihre Gemeinsamkeit nicht, bald brach Streit zwischen ihnen aus. Das Zepter eines griechischen Großkönigs hatte Pelops im Auftrag des Zeus von Hermes erhalten und an Atreus weitergegeben. Macht und Glück des mykenischen Herrscherhauses hingen des weiteren von einem

verhängnisvollen Wundertier ab, einem goldenen Widder (dessen Mythos auch auf die Sage vom Goldenen Vlies ausgestrahlt hat). Um den Besitz dieses Wundertiers ging der Streit der Brüder unter dem Vorzeichen des väterlichen Fluchs. Atreus war mit Aerope verheiratet, die den glückbringenden Widder in einer Truhe hütete. Sie betrog ihren Mann jedoch mit seinem Bruder Thyestes und händigte ihm das Wundertier aus. Thyestes mußte fliehen, wurde aber später – im Besitz des goldenen Widders – von den Mykenäern zum König bestimmt.

Um sich zu rächen, sandte Thyestes den Pleisthenes mit einem Mordauftrag zu Atreus. Pleisthenes war ein Sohn des Atreus aus einer früheren Liebschaft (mit Kleola). Thyestes hatte ihn wie ein eigenes Kind aufgezogen und in die Verbannung mitgenommen. Atreus deckte den Mordanschlag auf und ließ Pleisthenes hinrichten, zu spät erkennend, daß er in ihm seinen eigenen Sohn getötet hatte. (Nach einigen Genealogen ist nicht Atreus, sondern der früh gestorbene Pleisthenes als Gatte der Aerope der Vater von Agamemnon und Menelaos.) Zur Rache ersann Atreus etwas Entsetzliches: Er versöhnte sich zum Schein mit dem Bruder, lud ihn zum Mahl und ließ ihm das Fleisch seiner kleinen Söhne vorsetzen – die Wiederholung der Greueltat des Tantalos, eine heilige Opferhandlung in einer unheiligen Ausführung, mit der Thyestes selbst unheilig gemacht werden sollte (vgl. Karl Kerényi: Die Mythologie der Griechen, Bd. 2: Die Heroengeschichten, München 1966, S. 239). Thyestes erbrach das Gegessene und verfluchte sein Geschlecht.

Die Geschichte dieser Familiengreuel ging noch weiter: Thyestes vergewaltigte, ohne sie als solche zu erkennen, seine Tochter Pelopia und zeugte dadurch den Aigisthos. Später heiratete Atreus Pelopia, ohne um ihre Abstammung zu wissen, und zog Aigisthos als seinen eigenen Sohn auf. Er gab ihm den Befehl, Thyestes zu ermorden, den er wiederum nach Mykene gelockt und eingekerkert hatte. Thyestes erkannte jedoch den Aigisthos als seinen Sohn und verleitete ihn umgekehrt dazu, den Atreus zu töten. So geschah es. Pelopia, die Schwester und Mutter des Aigisthos, verübte angesichts der nun aufgedeckten Blutschande Selbstmord. Thyestes bestieg wieder den Königsthron in Mykene, bis er von Agamemnon und Menelaos, den aus der Verbannung zurückgekehrten Söhnen des Atreus, vertrieben wurde.

4) Agamemnon, Klytemnestra und Aigisthos: Von Tyndareos erbte Menelaos das Königtum von Sparta und heiratete die von Zeus gezeugte Helena, deren Schönheit weltweit gerühmt wurde und Freier ohne Zahl auf den Plan rief. Helenas Entführung durch den Prinzen Paris führte zum Ausbruch des Trojanischen Krieges.

Stärker noch wurde des Menelaos älterer Bruder Agamemnon von dem Fluch getroffen, der auf dem Geschlecht lastete. Er hatte von Thyestes das Zepter des Großkönigtums übernommen, heiratete Helenas Schwester Klytemnestra, nachdem er seinen Rivalen Tantalos, einen Sohn des Thyestes, aus dem Weg geräumt hatte – und wurde später von Klytemnestra ermordet.

Für den Krieg gegen die Trojaner wählten die griechischen Heerführer in Aulis (an der Küste Euböas) Agamemnon zum Oberbefehlshaber. Die Flotte konnte jedoch nicht nach Troja auslaufen, weil die Göttin Artemis eine Windstille verhängt hatte (bzw. nach einer anderen Überlieferung einen Sturm ausbrechen ließ, der eine Schiffahrt ausschloß). Agamemnon soll die Göttin dadurch erzürnt haben, daß er in ihrem Hain ein Hirschkalb erlegt und dazu noch eine unbedachte Bemerkung – nach Sophokles ein »Prahlwort« – fallen ließ, womit er ihre Macht in Zweifel zu ziehen schien. Durch den Mund des Priesters Kalchas forderte sie von Agamemnon ein Sühneopfer: die Tochter Iphigeneia, die ihm besonders teuer war. Unter dem Vorwand, sie solle mit Achilleus vermählt werden, ließ Agamemnon, erpicht auf den Ruhm des Feldherrn und also auf baldigen Kriegsbeginn, Iphigeneia ins Lager bringen. Sie wurde auf den Opferaltar gelegt, von Artemis jedoch gerettet, in eine Wolke gehüllt und nach Taurien entrückt.

Nach dem Ende des Trojanischen Krieges kehrte Agamemnon zehn Jahre später in das heimatliche Mykene zurück. Der Sieger von Troja wurde von Klytemnestra freudig begrüßt. Aber das war nur Schein: Als Agamemnon ein Bad nahm, warf ihm die Gattin ein Netz über, in dem er sich wehrlos verfing – nach einer anderen Überlieferung war es ihr Buhle Aigisthos (der Sohn des Thyestes), der Agamemnon ermordete. Neben der Buhlschaft mit Aigisthos hatte Klytemnestra zwei weitere Motive für den Mord: daß Agamemnon selbst mit der Seherin Kassandra (die sie gleichfalls tötete) eine Geliebte aus Troja mitgebracht und, vor allem, daß er zuvor ihre Tochter Iphigeneia hingeopfert hatte (von deren Rettung niemand wußte). Aigisthos regierte fortan an der Seite Klytemnestras in Mykene.

5) Iphigeneia und ihre Geschwister: Agamemnon hatte mit Klytemnestra vier Kinder, die Töchter Iphigeneia, Elektra sowie Chrysothemis (die in der ›Elektra‹ des Sophokles eine Rolle spielt) und den Sohn Orestes. Dieser wurde von Elektra nach dem Mord am Vater nach Phokis gebracht, wo er bei seinem Onkel Strophios lebte und mit dessen Sohn Pylades Freundschaft schloß. Zum Jüngling herangewachsen, erhielt er von Apollon durch das delphische Orakel den Befehl, den Tod des Vaters zu rächen. Von Pylades begleitet, kam er nach Mykene, wo Aigisthos inzwischen

sieben Jahre geherrscht hatte. Mit der List, er bringe die Urne mit der Asche des verstorbenen Orestes, verschaffte er sich Zutritt zu Klytemnestra und Aigisthos und vollzog an der Mutter und ihrem Geliebten die tödliche Rache.

Durch den Muttermord hatte Orestes jedoch die Erinnyen aufgereizt, die furchtbaren Rächerinnen eines Mords unter Blutsverwandten, vor deren Zugriff ihn auch Apollon nicht schützen konnte. Auch vor dem obersten Athener Gericht blieb der Fall der muttermörderischen Vaterrache umstritten, obwohl Apollon die Verantwortung für die Tat des Orestes auf sich nahm. Bei Stimmengleichheit der Richter gab das Votum der Göttin Athene den Ausschlag für den Angeklagten – in entwicklungsgeschichtlicher Sicht war damit das alte Mutterrecht vom Patriarchat verdrängt worden, das seine Ordnungsregel aus der Vaterfigur ableitet. Manche der Erinnyen, die als Erscheinungsformen der Erdmutter dem Ur-Gesetz die Treue hielten, verfolgten Orestes weiter. In seiner unaufhörlichen Qual bat er Apollon vor dem Altar in Delphi um weitere Hilfe. Er erhielt die Weisung, die vom Himmel herabgefallene Statue der Artemis von der Taurischen Halbinsel nach Athen zu bringen.

Bei den Taurern diente Iphigeneia – ihr Name ist ein Beiname der Artemis – der Göttin als Priesterin. Zu ihren kultischen Pflichten gehörten auch Menschenopfer. So war jeder Fremde vom Tode bedroht, schwebten auch Orestes und Pylades (der den Freund begleitet hatte) in höchster Gefahr. Die Schwester stand dicht davor, den unerkannten Bruder zu töten und damit die Familiengreuel der Atriden fortzusetzen. Die rechtzeitige Erkennung verhinderte jedoch die Katastrophe. Iphigeneia, Orestes und Pylades wurden vom taurischen König Thoas bedroht, konnten das Land aber, von der Göttin Athene geschützt, unversehrt mit dem Artemis-Bild verlassen.

In Delphi trafen sie ihre Schwester Elektra wieder. Diese vermählte sich mit Pylades. Iphigeneia ging als Priesterin der Artemis nach Attika. Orestes aber kehrte, von den Erinnyen nicht mehr gepeinigt, als König nach Mykene zurück, wo er lange Zeit glücklich regierte und erst im 90. Lebensjahr starb. »Von seinen Begebenheiten waren ehemals alle Schaubühnen voll« (Hederich, Sp. 1801) – und zeigten sich auch spätere Dramatiker immer wieder fasziniert.

6) Wie sich G. »in das Atreuische Haus ⟨...⟩ eingesiedelt« hat (an Karl Friedrich Zelter, 23. Februar 1817): Er läßt in seiner *Iphigenie* von der noch mit vielen weiteren Motiven angereicherten Überlieferung beiseite, was nach dem Maßstab der dramatischen Ökonomie nur stofflicher Ballast sein konnte, doch die düstere

Tantaliden-Konstellation nicht mehr schärfer hätte ins Bild bringen können. Es entfallen Details wie die Namen des Chrysippos und des Pleisthenes, die in allen vorangegangenen Prosastufen des Dramas noch angeführt sind (Bd. 2.1, S. 253 f.), oder die Mitschuld der Hippodameia am Tod ihres Stiefsohns, es entfallen auch die Wiederholungen des Geschlechterfluchs für Pelops (durch den von ihm bestochenen, dann getöteten Wagenlenker), durch Pelops (für seine Söhne Atreus und Thyestes), schließlich durch Thyestes (nach dem ihm aufgezwungenen Kinder-Kannibalismus).

Es fällt auf, daß Aigisthos bei G. nicht ausdrücklich als Tantalide vorgeführt wird, so daß seine Verbindung mit Klytemnestra, ebenso wie seine Mitwirkung an der Ermordung des Agamemnon, nicht als Auswirkung des Geschlechterfluchs erscheint. Auch für seine spektakuläre, bei Hyginus ausgiebig dargestellte Geburtsgeschichte war in den berichtenden Partien der Iphigenie kein Raum. Die Tantaliden-Herkunft des Aigisthos wird von Aischylos betont (im ›Agamemnon‹, dem ersten Teil der ›Oresteia‹), spielt auch eine Rolle in der Motivation des Euripides (in der ›Elektra‹) und wird bei Hyginus wie bei Hederich vermerkt. G. hat diesen Zug, mit dem das Netz noch dichter hätte geknüpft werden können, wohl deshalb nicht aufgenommen, weil Iphigenie, die für Thoas die blutige Geschichte ihrer Familie enthüllt, die Rolle des Aigisthos noch nicht kennen kann, später aber – im Bericht des Pylades über die neueren Geschehnisse in Mykene – kein Raum mehr war, um Figur und Rolle näher zu bezeichnen (vgl. die Verse 880–917). Denn da stand Klytemnestra, Iphigenies Mutter, natürlich im Vordergrund, und bei der Abwägung ihrer Mordmotive erhielt das edelste von ihnen, der Gedanke an die Opferung der Tochter, den Vorrang. Immerhin ist es in G.s Drama Ägisth, der den tötenden Schlag gegen Agamemnon führt.

In G.s Version der Tantaliden-Geschichte fehlt auch der goldene Widder, das zwischen Atreus und Thyestes umkämpfte Macht- und Glückssymbol. Vor allem in den Dramen des Euripides wird dieser Widder als das eigentliche Objekt des Streits der Brüder hingestellt (so in ›Elektra‹, aber auch in ›Iphigeneia bei den Taurern‹), dieser Streit auch als jenes »alte Mißgeschick« genannt, durch das das Glück des Hauses ins Unheil gewendet worden sei (so in ›Orestes‹). G. konnte die Widder-Episode – mit ihr freilich auch die Andeutung des Motivs der Machtpolitik – um so eher beiseite lassen, als er schon mit der Gestalt des Ahnherrn Tantalos jenen Ur-Frevel eingeführt hatte, der alles weitere Unheil bis zur Generation der Iphigenie und des Orest nach sich zog. Damit ergeben sich für den Sinnzusammenhang wichtige Unterschiede zu den antiken Tragikern.

Wie Euripides läßt auch Aischylos die Greueltaten der Atriden nicht aus dem Tantalos-Schicksal oder aus dem »Haß« der Götter (*Iphigenie,* Vers 326) entspringen. Er führt die Ermordung Agamemnons und dann Klytemnestras einerseits auf die Flucht Helenas nach Troja und auf die – im Zusammenhang des griechischen Vergeltungskriegs zu sehende – Opferung Iphigeneias, andererseits auf die Schreckenstat des Atreus zurück: die eine Reihe mündet in Klytemnestras, die andere in Aigisthos' Rache. Von Tantalos ist dabei keine Rede. Bei Euripides fällt der Name zwar, aber er läßt nur eine sagenhafte Ungreifbarkeit assoziieren. Es erscheint als unglaubwürdige Fabel, daß Tantalos den Göttern das Fleisch seines eigenen Sohnes vorgesetzt haben soll (›Iphigeneia bei den Taurern‹). G. spart die Zerstückelung des Pelops einfach aus, was darauf schließen läßt, daß ihm an einer Nobilitierung des Tantalos gelegen ist.

In den Worten des Thoas und der Iphigenie (Verse 308–25) erhält der ehemalige, dann gestürzte Günstling der Götter auch im Horizont der erinnernden Erzählung sehr anschauliche Konturen, des weiteren in Orests Hadesvision (III/2) und in Iphigenies Parzenlied (IV/5). Der Ahnherr des Geschlechts wird mit titanisch-prometheischen Zügen ausgestattet, die auch auf Iphigenie ausstrahlen: in jener bedeutsamen reflexiven Vorbereitung des Parzenliedes (Verse 1712–17), die in der Jambenfassung neu hinzugekommen ist. Mit dem Perspektivismus auf Tantalos wird die Atriden-Geschichte in ein religiöses Spannungsfeld gesetzt, in dem es um die Frage geht, ob der Mensch die Götter wegen ihrer absolutistischen Willkür zu fürchten hat oder ob er sie auf sein eigenes Bild von den guten Göttern innerlich verpflichten kann.

Neuere Interpretationsversuche haben den Blick für diese Dimension des Dramas geschärft, vor allem Wolfdietrich Rasch, der es auf das Prinzip menschlicher Autonomie zurückführt und in den Kontext der Aufklärung, der Religionskritik zu stellen versucht (›Goethes Iphigenie auf Tauris als Drama der Autonomie‹, München 1979). Man kann allerdings dem Text nicht ein einheitliches, auf Kritik abgestelltes Götterbild entnehmen: Die gleiche Iphigenie, die in ihrem Tantaliden-Bericht den Anteil der Götter an der Entbindung destruktiver Leidenschaften bei den Menschen einschärft (vgl. Verse 330–35), wird an ihrem Schicksal endlich doch ein freundliches Walten der Götter erfahren können, weil ihre eigene Präfiguration der höheren Wesen eine andere ist als bei den früheren Nachkommen des Tantalos.

### Iphigenie und Orest, antik und modern

Mit der Problematisierung des göttlichen Einwirkens auf den Menschen führt G. gegenüber der antiken Dramatik keineswegs einen neuen thematischen Ansatz ein. Bei Aischylos und Sophokles wird im menschlichen Leiden die göttliche Macht bestätigt, die es verhängt hat. Bei Euripides hingegen führt die Ergebung in den Götterwillen weiter zum Zweifel an seiner Gerechtigkeit, zum Verdacht auf Nichtexistenz oder, besonders charakteristisch, zum Protest gegen ein willkürliches Weltregime. Dieser ›emanzipatorische‹ Gestus ist auch rhetorisch stärker ausgeprägt als im G.schen Drama.

So vertraut Orestes (in der ›Elektra‹) dem Geheiß des Apollon, das ihm den Muttermord auferlegt. Aber er zeigt sich auffällig schnell bereit, dem Glauben an die Götter abzuschwören, wenn seine gerechte Sache der Ungerechtigkeit des Aigisthos und der Klytemnestra zu erliegen droht. Der göttliche Kastor, der Orestes am Ende in seiner Gewissenspein nach vollbrachtem Muttermord beisteht, bezeichnet Apollons Weisung als ungerecht, ja als töricht. Auch im ›Orestes‹ bricht ein ungezügelter Protest gegen Apollon durch, der den Täter »zum gräßlich Ungeheuren« getrieben habe (»Er hat gesündigt, und nicht ich«) – die Anklage wird von Orestes allerdings am Ende zurückgezogen und mit seiner eigenen Verwirrung entschuldigt, nachdem Apollon alle Verwicklungen aufgelöst hat. Eine solche Tragik des Protests zeigt sich auch in der ›Iphigeneia bei den Taurern‹, als sich Iphigeneia durch einen Traum (der auf den Tod des Bruders hinzudeuten schien) getäuscht glaubt und Orestes ›aufklärerisch‹ bemerkt: »⟨...⟩ auch die Götter, die der Mensch allweise nennt, / Sind lügenhaft, beschwingten Traumgebilden gleich« (nach der Übersetzung von J. J. Donner).

Auch Iphigeneia selbst bekundet bei Euripides eine unverhüllte Protestbereitschaft: Sie hadert mit dem götterverhängten Schicksal, ihr Leben unter »Barbarenhorden« verbringen zu müssen (wobei sie sich allerdings keiner unwillkommenen Werbung des Thoas zu erwehren hat), sie beklagt ihre Situation in der »Wildnis« ohne Kind und Gatten, ohne Freund und Heimat. Und spürbar geht sie auf Distanz zu Artemis, der Göttin, der sie dienen muß (und »welche schön von Namen nur«) – sie durchschaut das Barbarische der ihr abverlangten Menschenopfer, ohne indes an diesem Blutkult etwas ändern zu können oder zu wollen. Euripides spitzt dieses Motiv sogar noch zu, indem er Iphigeneia gegenüber den beiden griechischen Fremdlingen, die sich bei den Taurern eingefunden haben, im Angedenken an die ihr einst selbst vom eigenen Vater aufgezwungene Opferrolle sogar zu besonderer Grausamkeit motiviert zeigt. (In dem später entstandenen, die Vorgeschichte behandelnden Drama ›Iphigeneia in Aulis‹ hat Euripides ihren Protestimpuls in den versöhnlichen Gedanken aufgelöst, einen Opfertod für Hellas zu sterben. Die beiden Iphigeneia-Dramen des Euripides sind, nicht zyklisch verbunden, auch in anderen pragmatischen Details nicht aufeinander abgestimmt.)

Die G.sche Iphigenie wirkt dagegen verinnerlicht, gedämpft im Ausdruck von Leidenschaften und auch noch im aufkeimenden Protest gegen den göttlichen Ratschluß – bezeichnend dafür im Eingangsmonolog das Wort vom »stille⟨n⟩ Widerwillen« (Vers 36) –: eine idealische Gestalt, geformt durch die pietistische Seelenkultur, und insofern eine Vorgängerin der »schönen Seele« im späteren *Wilhelm Meister* (6. Buch; Bd. 5). Die Klage über ihre Situation bei den Taurern gilt der Ferne von Familie und Heimat, nicht – wie bei Euripides – auch der Gatten- und Kinderlosigkeit. Die Reaktion auf die Werbung des Thoas zeigt, ihrer göttlichen Bezugsfigur Diana (Artemis) entsprechend, eine gewisse Sprödigkeit und leitet nicht zu der Klage über, als Frau unausgefüllt zu bleiben. Sehr bezeichnend in diesem Zusammenhang ist G.s Vergleich der Iphigenie mit Raffaels St. Agatha in Bologna (19. Oktober 1786): Auch seiner Dramengestalt werden damit die Züge des Idealen und Heiligen zugewiesen, die sich mit der Ausstrahlung einer »Jungfräulichkeit ⟨...⟩ ohne Reiz«, doch auch »ohne Kälte und Roheit« verbinden.

Zur Liebenden ist diese Iphigenie nicht berufen. Wohl aber zur Schwester: Während sie Thoas kühl und eher peinlich berührt abweist, gibt sich Iphigenie im Verhältnis zum Bruder empfindsam, gewinnt ihre Sprache durchaus die Wärme und Farbe der Leidenschaft (vgl. die Verse 1180–87, 1389–93). Dieser Perspektivismus der Gestaltung (das Gefühl läßt den fremden Werber aus und findet zum Bruder hin) erinnert an den Einakter *Die Geschwister* (1776) und läßt sich bis zu einem gewissen Grade wohl psychologisch entziffern: aus G.s Verhältnis zu Charlotte von Stein, wohl auch aus der Erinnerung an seine 1777 gestorbene Schwester Cornelia. Die besondere Intensität der Bruder-Schwester-Szenen resultiert dramaturgisch aus der höchst kunstvollen Gestaltung der Anagnorisis (Erkennung), als sei die Auszeichnung, die Aristoteles in der ›Poetik‹ (Kap. 14) dem Pathos des euripideischen Dramas zuteil werden läßt, für G. ein besonderer Ansporn gewesen.

Bei Euripides ist es Iphigeneia, die sich zuerst zu erkennen gibt. Sie begegnet dem Griechen, der sich als ihren Bruder bezeichnet, zunächst mit Mißtrauen und erst nach der Ausräumung der Zweifel als liebende Schwester. Bei G. ist die Anagnorisis umgekehrt gestaltet. Iphigenie weiß eingangs noch nicht, daß es der eigene Vater gewesen ist, der ihre Opferung in Aulis befohlen hat. Sie erfährt dies und alles, was seit dem Aufbruch der Griechen nach Troja geschehen ist, erst durch Pylades (Ausgang des Trojanischen Krieges, Ermordung des Agamemnon) und durch Orest (Ermordung der Klytemnestra, Verfolgung durch die Erinnyen). Hier ist es Orest, der sich zuerst nennt, und hier muß Iphigenie dem Mißtrauen und dann dem Fatalismus des Bruders entgegenwirken. Das Drama bringt darin sein Inbild zur Erscheinung: den leidenden Bruder und die heilende Schwester. Schillers spätere Empfehlung, damit auch noch ein Motiv der äußeren Handlung (Thoas und Arkas) zu verbinden (an G., 22. Januar 1802), ist zwar dramaturgisch plausibel, setzt sich aber über die besonderen Gegebenheiten der *Iphigenie* wohl hinweg.

Die Gestaltung des Orest durch G. entspricht in mancher Hinsicht auch den antiken Vorbildern, vor allem in seiner Drangsalierung durch die rächenden Erinnyen und ihre innerseelischen Korrelate Zweifel, Reue und Gewissensdruck. In den ›Eumeniden‹ des Aischylos (dem Schlußteil der ›Oresteia‹) werden die ›Racheweiber‹, vom Schatten Klytemnestras aufgehetzt, in ihrer gräßlichen Erscheinung vorgeführt. Orestes hat die gorgonengleichen Schreckensgestalten, schwarz verhüllt und mit Schlangen im Haar, erstmals nach vollbrachtem Muttermord (am Ende der ›Choephoroi‹, des Mittelteils der Trilogie) erblickt: sie werden zunächst nur für ihn, den Schuldigen, sichtbar, nicht für die anderen. Diese Präsenz der Erinnyen hat G. für sein Drama gewählt, also das zerrüttete Gemüt des Orest zum Ort ihres Wirkens gemacht (ohne freilich ihre objektive Gegenständlichkeit explizit aufzuheben). Darin war ihm schon Euripides vorangegangen, in dessen Orestes-Darstellung die Erinnyen gleichfalls nicht mehr unmittelbar sichtbar werden, sondern eine psychologische Realität erhalten.

So führt der euripideische Orestes (im gleichnamigen Drama) die visionäre Präsenz der »Schlangenjungfraun mit dem blutrot glühnden Blick« in ihrer Wirkung auf die Seele vor, verbindet mit den Symptomen von Krankheit und Wahnsinn jedoch schon die ›aufklärende‹ Diagnose: »Gewissensnot« sei es, was ihn eigentlich peinige. Schillers vom Theaterinstinkt diktiertes Bedenken (an G., 22. Januar 1802), »ohne Furien« sei »kein Orest« möglich, trifft mithin als Bestandsaufnahme der gesamten antiken Orest-Dramatik nicht zu – was Schiller als einem Kenner des Euripides, dessen ›Iphigeneia bei den Taurern‹ er in seiner 1789 publizierten G.-Rezension ausgiebig paraphrasiert hat, eigentlich hätte gegenwärtig sein müssen.

An G.s Orest ist nicht allein eine antikische Stilisierung bemerkbar – wobei sich im Verhältnis zu den Göttern bei aller Schuldqual der Protestimpuls der euripideischen Figur deutlich abschwächt –, sondern auch der Reflex einer ›modernen‹, bis ins Biographische zu verfolgenden Problematik. Daß G. die Rolle bei der legendären Uraufführung im April 1779 im Weimarer Liebhabertheater gespielt hat, ist nicht als bloßer Zufall zu betrachten (wie andere Rollenübernahmen in dieser Zeit). Schon im Sommer 1775 hatte er, noch in Frankfurt, »die unsichtbare Geißel der Eumeniden« – also das Orest-Motiv – auf die eigene Lebensentwicklung bezogen (an Anna Luise Karsch, 17.–28. August 1775). Als ihn der Maler Tischbein, dem er Ende 1786 in Rom aus seinem Stück vorliest, »über den Zustand in welchem ich es geschrieben aufklärte«, fühlt G. ein Erschrecken (an Charlotte von Stein, 13.–16. Dezember 1786). Offenbar hatte Tischbein die Orest-Situation als den Schreibanlaß erkannt – G. aber mußte sich in seinem persönlichen Geheimnis durchschaut sehen.

Orest steht für den Komplex von Hypochondrie und Melancholie: ein Dichtungsthema, das G. seit dem *Werther* beschäftigt und das er auch in den ersten Weimarer Jahren wiederholt behandelt hat, so in der Posse *Der Triumph der Empfindsamkeit* und in dem therapeutischen Singspiel *Lila*. Manche Züge gehen aus diesen mit leichter Hand hingeworfenen Gelegenheits-Dichtungen in das antikisierende Schauspiel ein (Bd. 2.1, S. 652 u. 669). Und Orest fügt sich auch unübersehbar in den Umriß des pathologischen Selbstbildnisses, das G. im Frühjahr 1776 in dem großen Anamnesis-Gedicht für Charlotte von Stein entworfen hat. Er beschwört dabei die Heilkraft der zur »Schwester« stilisierten Adressatin in einer Art und Weise, daß sich von hier aus der Vorgang im Drama und die sakrale Apostrophierung Iphigenies zwanglos aufklären. Wenn Orest die Schwester, die ihn geheilt hat, als »Heilige« (Vers 2119) preist, dann erschließt sich solches Sprechen eher vom Formulierungsmuster des Gedichts her als über die Vorstellung von »pathetischer Zweckrhetorik« (Rasch).

Die Entsühnung und Heilung des Orest hat G. strukturell in den Mittelpunkt seines Dramas gerückt. Der Vorgang selbst, wie der schuldbeladene Jüngling aus der Todessehnsucht zu neuem Leben erwacht, wirft hinsichtlich seiner Kausalität sicherlich einige Interpretationsprobleme auf. Man hat von einem Heilschlaf gesprochen, von einer in die dramatische Binnenstruktur hineingezogenen Katharsis nach aristotelischem Muster (einer Gemütsreinigung durch Entlastung von schädlich-übermäßigen Affekten), von einer Befreiung nach dem Vorbild des pietistischen Bußerlebnisses oder von einer »innern Absolution«, eine Begriffsprägung, die G. später in *Dichtung und Wahrheit* (Bd. 16, S. 556) zur Absetzung von der kirchlich-sakramentalen Buße vornimmt. Aus der Sicht der orthodoxen Theologie muß sich die Entsühnung ohne priesterliche Autorität als ein Skandalon ausnehmen: So hat der bekannte Theologe Ernst Wilhelm Hengstenberg 1862 in scharfem Einspruch gegen »die Lehre von der Genugsamkeit der menschlichen Reue zur Vergebung der Sünden« G.s *Iphigenie* eine antichristliche Gesinnung vorgeworfen (zit. bei Rasch, S. 23).

Beim Durchdenken dieser komplexen Problematik sollte man nicht übersehen, welche Deutung Orest selbst seiner Entsühnung (von Schuld) und Heilung (vom Wahnsinn) gibt, wenn er am Schluß zu Iphigenie sagt: »Von dir berührt / War ich geheilt⟨!⟩; in deinen Armen faßte / Das Übel mich mit allen seinen Klauen / Zum letztenmal, und schüttelte das Mark / Entsetzlich mir zusammen; dann entfloh's / Wie eine Schlange zu der Höhle. Neu / Genieß' ich nun durch dich⟨!⟩ das weite Licht / Des Tages« (Verse 2119–26). Man muß dabei nicht an Magie oder Mystifikation denken. Es ist die Gegenwart der Schwester, die den Bann gelöst hat, und es ist »der reinen Schwester Segenswort« (Vers 1166), von dem nach gemeinsamer Heimkehr die Entsühnung des väterlichen Hauses in Mykene erhofft werden kann.

Die G.sche Iphigenie stellt sich demgemäß auch darin über ihre antike Vorgängerin, daß sie die Menschenopfer, die die Göttin – oder der barbarische Sinn der Skythen – zu fordern scheint, sogleich abgeschafft hat. Aus dem Abscheu, den auch schon die euripideische Iphigeneia angesichts ihres »menschenmordenden Geschäfts« empfindet, ist Praxis geworden. Auch im Verhalten zum »Barbaren« Thoas zeigt sich die Differenzlinie zwischen der alten und der neuen *Iphigenie*. Euripides führt den Skythenkönig mit Zügen des Komischen, des Tölpelhaften seinem griechischen Publikum vor – bei G. wird Thoas nobilitiert und auch dann ausdrücklich in den Kreis der Menschlichkeit einbezogen, wenn »die Stimme / Der Wahrheit und der Menschlichkeit« (Vers 1937/ 38) erklingt. Iphigenie wagt statt der taktischen List, statt des Vertrauensbruchs die Wahrheit in dem Bewußtsein, daß sie von Thoas einen schmerzlichen Verzicht fordert – und sie muß auch hier ihr »Vertrau'n« nicht bereuen (vgl. Vers 350). Die Frage ist allerdings kaum abzuweisen, was wohl geschehen wäre, wenn der Barbarenkönig nicht insgeheim selbst schon die Schule der Humanität absolviert hätte.

In aller Deutlichkeit tritt der Unterschied zwischen dem antiken und dem neueren Drama am Schluß hervor. Euripides erreichte die unblutige Lösung nur durch die Dea ex machina (Athene) und setzte ans Ende den Ausblick auf den Götterkult der Artemis

Tauropolos an der Ostküste Attikas. G. dagegen unterwarf das leitende Orakel einer kühnen Deutung (oder Umdeutung), die das Götterwort ganz ins Menschliche wendet. Diese Wendung ist nur möglich, weil Iphigenie das große Beispiel einer ethischen Bewährung gegeben hat, als Mensch und vor allem als Frau (vgl. Vers 1892/93), die »Gewalt und List« als die spezifisch männlichen Handlungsmuster (vgl. Verse 2142–44) unter sich läßt. G. hat ein Frauenstück geschrieben, wie es in der Antike völlig undenkbar gewesen wäre. Der Ausblick, der hier gegeben wird, gilt einem freien Austausch zwischen den Griechen und den Taurern im Bewußtsein gemeinsamer Menschlichkeit.

Die Abwägung antiker und moderner Züge in G.s *Iphigenie* hat die zeitgenössische Rezeption naturgemäß vielfach beschäftigt. Viele Stimmen betonten die ›Griechheit‹ des Werks; August Wilhelm Schlegel sprach, mit einem abwertenden Unterton, von einem gedämpften »Nachgesang« der »antiken Tragödie«. Sein Kritiker Karl Wilhelm Ferdinand Solger (1780–1819) sah, darin wohl schärfer blickend, das Verdienst des Dramas in seinen modernen, von den antiken Vorbildern abweichenden Eigenschaften. Schiller glaubte das Stück in der ersten Annäherung »von einem gewissen Geiste des Altertums« durchwaltet (in seiner Rezension von 1789). Doch 1802 sah er die *Iphigenie* »so erstaunlich modern und ungriechisch daß man nicht begreift, wie es möglich war, sie jemals einem griechischen Stücke zu vergleichen« (an Körner, 21. Januar 1802) – womit er den eigenen früheren Verständnisansatz annulliert. Das Eigentümliche des Werks faßt er nun, mit Folgen für die Interpretationsgeschichte, in dem Wort »Seele« (an G., 22. Januar 1802).

Wieland, der an Herausbildung und Vollendung der *Iphigenie* einen nicht unerheblichen Anteil hatte, stellte 1787 in einer kurzen ›Anzeige‹ die ›griechischen‹ Merkmale (in der »Vorstellungsart der Personen«, im »Costum« und »vornehmlich in der Sprache«) heraus. Wenn er aber den antiken Charakter des Werks eine »Täuschung« (im Sinne von ›Illusion‹) nennt, dann steckt darin implizit das Votum für seinen modernen Kunstgeist. Tatsächlich fehlen Belege dafür, daß G. die antike Dramenform hätte nachahmen oder auch nur eine prinzipielle Auseinandersetzung mit der antiken Welt hätte beginnen wollen. Vermutlich hat er sich in der griechischen Mythologie und bei den alten Tragikern, voran Euripides, lediglich den Stoff geholt, der seinem eigenen Kunstbedürfnis und seinem eigenen wunschpsychologischen Antrieb (Idealisierung einer schwesterlichen Retterin) gemäß war.

Daß G. von Euripides zunächst gar keine genaueren Vorstellungen hatte, läßt sich wohl der Bemerkung im *Reise-Tagebuch* für

Frau von Stein (Venedig, 7. Oktober 1786) entnehmen, er fange »nun an zu begreifen wie Euripides von der reinen Kunst seiner Vorfahren herunter stieg und den unglaublichen Beifall erhielt« (S. 114). Und eine spätere Bemerkung, die Riemer aus dem Jahre 1811 überliefert hat, führt die *Iphigenie* auf ein »Studium der griechischen Sachen« zurück, das G. nach mittlerweile gewonnenen Kenntnissen als »unzulänglich« bewertet. So erscheint der klassizistische Charakter, den man dem Humanitätsdrama immer wieder zugesprochen hat, keineswegs als Resultat einer programmatischen Ambition des Dichters, wie sich eigentlich auch keine konkrete Verbindung der *Iphigenie* mit dem Antikenbild Winckelmanns herstellen läßt. Eine solche Sichtweise ist dennoch nicht unbegründet – sie geht auf die sprachlich-metrische Umgestaltung zurück, die G. seinem Drama in den ersten Monaten der italienischen Reise hat angedeihen lassen.

## Metrik, Stil und Form

Wenn die *Iphigenie* in sieben Weimarer Jahren nicht zu dem von G. gewünschten Abschluß gebracht werden konnte, so hatte das zwei Gründe: einmal die Beanspruchung des Dichters durch seine politischen Pflichten im Herzogtum Sachsen–Weimar–Eisenach, die größere literarische Arbeiten nicht reifen ließ, sodann die damals noch herrschende Unsicherheit in der ›deutschen Prosodie‹, den metrisch-rhythmischen Normen für die Verssprache.

Im ersten Anlauf war das Drama in Prosa niedergeschrieben worden. Diese Prosa wies von vornherein gewisse rhythmische Qualitäten auf wie andere vergleichbare Arbeiten aus dem ersten Weimarer Jahrzehnt *(Proserpina* oder der fragmentarische *Elpenor).* Ermuntert von Herder und Wieland, versuchte G. die Sprache der *Iphigenie* noch stärker zu rhythmisieren, ohne aber die erwünschte Stilform zu erreichen. Nach einem Brief G.s an Herder (vom 13. Januar 1787) ist es Wieland gewesen, »der zuerst die schlotternde Prosa in einen gemeßnern Schritt richten wollte«. Wenn Wieland 1784 öffentlich von der *Iphigenie* »in Jamben« sprach (Bd. 2.1, S. 661), dann war damit wohl das Ziel genannt, das G. mit seinen Umarbeitungsversuchen ansteuerte bzw. ansteuern sollte.

Wieland hatte bereits etliche Jahre vorher sein Trauerspiel ›Lady Johanna Gray, oder Der Triumph der Religion‹ (1758) in Jamben abgefaßt. In seinem Singspiel ›Alceste‹ (1773) hatte er für die Dialogpartien jambische Verse (allerdings in wechselnder Länge), für die gesungenen Teile Kurzverse in wechselnden Rhythmen gewählt. Man darf annehmen, daß er G. auf das Vorbild der ›Alceste‹ verwiesen hat – tatsächlich läßt sich die *Iphigenie* in ihrer endgültigen Gestalt noch als Konsequenz einer solchen Empfehlung auffassen: die Dialogpartien in Jamben (allerdings mit wenigen Ausnahmen in solchen von regelmäßiger Länge), einige monologisch-melodramatische Stücke (wie Iphigenies Besinnung zu Beginn des vierten Aktes oder ihr Parzenlied) in freier rhythmisierten Kurzversen. Wirkungsgeschichtlich gesehen, hat G.s Drama nach und neben Lessings ›Nathan der Weise‹ (1779) und Schillers ›Don Karlos‹ (Thalia-Fassung ab 1785) den Blankvers (also den fünfhebigen Jambus) für das deutsche Versdrama durchgesetzt.

Der Weg dahin führte über mancherlei Verzögerungen und Schwierigkeiten. Aus Karlsbad berichtete G. im Sommer 1786, daß die *Iphigenie* »in Verse geschnitten« worden sei (an Charlotte von Stein, 23. August 1786). Demnach hat er den Prosatext durch Zeilen-Abteilungen optisch gegliedert, die so gewonnenen »Verse« dann einer rhythmisierenden Überarbeitung unterziehen wollen. Aber dann mußte er Herder (Ende August 1786) melden, er sei »in große Not geraten«: Nach Lektüre des sophokleischen ›Elektra‹ mit ihren »langen Jamben« (sechsfüßigen Versen, also Trimetern) berührten ihn »die kurzen Zeilen der Iphigenie ganz höckerig, übelklingend und unlesbar«. Er bat den in Fragen der Metrik versierten Freund um eine »Lektion«, konnte dem Übel aber nicht mehr schnell abhelfen und mußte das Manuskript ins Gepäck für die Italienreise stecken.

Die Sophokles-Lektüre hatte G. vor Augen geführt, wie schwierig die zu bewältigende Aufgabe im noch ungesicherten Gelände der Metrik war. Seine Reaktion läßt darauf schließen, daß die Vertrautheit mit den antiken Texten bis zu diesem Zeitpunkt noch nicht sehr intim gewesen ist – sonst hätte ihn die Erkenntnis seines Notstands nicht so bestürzend treffen können. Es fehlten damals noch Standard-Übertragungen der griechischen Dichter; man las sie überwiegend in lateinischen oder deutschen Prosa-Transkriptionen. Erst allmählich erschienen deutsche Vers-Übersetzungen (etwa des Homer durch Johann Heinrich Voß, die ›Odyssee‹ 1781 und die ›Ilias‹ 1793), die dem von Klopstock bzw. dem Sturm und Drang durchgesetzten Sprach- und Stilwandel Rechnung trugen. G. selbst wirkte auf eine solche Übersetzung griechischer Dramen hin: Er veranlaßte Georg Christoph Tobler, der 1781 Sophokles-Übertragungen veröffentlicht hatte, im gleichen Jahr bei seinem Besuch in Weimar, auch andere griechische Dramen (des Aischylos und des Euripides) in gebundener Sprache zu übertragen.

Die ›italienische‹ Arbeit an der *Iphigenie* führte nicht zum jambischen Trimeter (der im Deutschen schwer nachzubilden ist), auch nicht zu Toblers Lösung (Wechsel zwischen fünf- und sechshebigen Jamben), sondern zum Blankvers als metrischer Grundform mit den schon skizzierten »Veränderungen des Sylbenmaßes« (an Herder, 13. Januar 1787). Die Bekenntnisse des Dichters, er habe sich an dem Stück »so müde« (ebd.) bzw. »ganz stumpf gearbeitet« (*Ital. Reise,* 10. Januar 1787), sind durchaus ernstzunehmen. G. hat Herder das Manuskript in einem Status übersandt, den er selbst nicht für abgeschlossen erklären konnte. In einem späteren Brief an seinen Sekretär Philipp Seidel (15. Mai 1787) beklagte er den Zeitmangel bei der allmählichen Ausarbeitung des Dramas über acht Jahre. Und noch bei der redaktionellen Arbeit an der *Italienischen Reise* versah er die – inzwischen gerühmte und bewunderte – *Iphigenie* mit der Einschränkung: »So eine Arbeit wird eigentlich nie fertig ⟨...⟩« (unter dem 16. März 1787).

Wie G. die jambische Umgestaltung seines Dramas vorgenommen hat, geht aus seinem Bericht in der *Italienischen Reise* (unter dem 6. Januar 1787; Bd. 15) hervor. Er hat die Verse beim Abschreiben der schon rhythmisierten Prosa gebildet und sich dabei, laut mitlesend, an einem inneren Klangbild orientiert. Das war sein tägliches Frühpensum in Vicenza, dann wieder in Rom (Tischbein, bei dem G. Quartier genommen hatte, am 9. Dezember 1786 an Johann Kaspar Lavater: »Da sitzet er nun und arbeitet des Morgens an seiner Iphigenia fertig zu machen, bis um 9 Uhr, dann gehet er aus ⟨...⟩«) – bevor er sich in Kirchen, Museen und vor Baudenkmälern in die ›Sehschule‹ begab.

Was die ›Versifikation‹ bezwecken sollte, geht aus G.s Berichten und Kommentaren klar hervor: Es gelte, der *Iphigenie* »mehr Harmonie im Stil zu verschaffen« (an Lavater, 13. Oktober 1780), das »stockende Sylbenmaß ⟨...⟩ in fortgehende Harmonie« zu verwandeln (an Herzog Carl August, 18. September 1786), der Sprache zum »Wohlklange« zu verhelfen (an Herder, 13. Januar 1787). Die Bemühung, sein Drama formal dem klassizistischen Stilideal anzunähern, ist offenkundig. Jede auch nur oberflächliche Deskription wird auf die entsprechenden Merkmale stoßen: die Tendenz zur distanzierenden Metapher, zur objektivierenden Sentenz, die Dämpfung auch und gerade der aufwallenden Affekte usw. Allerdings sind diese Kennzeichen allesamt schon in den Prosa-Versionen der *Iphigenie* angelegt, auch die Stichomythien als antikisierendes Dialogelement haben dort ihre Vorform (vgl. etwa zu den Versen 172 ff. oder 493 ff.). Manche Gräzismen, die man an der Jambenfassung unterstrichen hat wie etwa den Ausdruck »Mitgeborne« (Vers 21) für Geschwister oder die homerische Wendung von »Trojas umgewandten Mauern« (Vers 47), finden sich bereits in der ersten Prosafassung. Auch bleibt es bei den latinisierten oder ›französierten‹ Namen für Götter, Helden und Heroinen mit der einen Ausnahme, daß Diana in Iphigenies Eingangsmonolog von der »Tochter Jovis« zur »Tochter Zeus« (Vers 43) umbenannt wird.

Trotz der immensen Schwierigkeit bei der Schlußredaktion bleibt der Abstand zwischen der letzten Prosastufe (von 1781) und der Endfassung (von 1786/87) verhältnismäßig gering. Nicht ohne Grund spricht G. akzentuiert davon, daß er das Stück »umgeschrieben« und »nicht umgearbeitet« habe (an Philipp Christoph Kayser, 6. Februar 1787; ähnlich an Seidel, 15. Mai 1787). Das sollte einer allzu emsigen Betriebsamkeit im Entdecken von ›Unterschieden‹ Zügel anlegen. Einschneidende, den Sinn verändernde Eingriffe sind kaum nachzuweisen – am ehesten noch in der titanisch-prometheischen Überleitung zum Parzenlied (Verse 1712–17), die erst zuletzt dazukommt, und auch in der schon erwähnten Apostrophierung Iphigenies als »Heilige« (Vers 2119) und »hohe Seele« (Vers 2143) in Orests großer Rede an Thoas.

G. hat für sein »Schmerzenskind« (*Ital. Reise*, 10. Januar 1787; Bd. 15) nie den Anspruch erhoben, eine zeitenthobene Kunstnorm aufgestellt zu haben. Schon für 1792 notierte er (in der *Campagne in Frankreich*), er fühle sich »dem zarten Sinne« des Stücks »entfremdet« (Bd. 14, S. 465). Im Umkreis einer für 1800 geplanten, aber erst 1802 realisierten Wiederaufführung der *Iphigenie* in Weimar fällt das seitdem vielzitierte Wort, das die Übersendung »des gräzisierenden Schauspiels« an Schiller (am 19. Januar 1802) begleitet: es sei »ganz verteufelt human«. Ob man in der ad-hoc-Formulierung auf der Linie neuerer Auslegungen einen anti-theologischen Sinn autonomer Humanität, ausgedrückt durch ein Spiel mit dem Standpunkt des Gegners, finden kann, muß dahingestellt bleiben. Wahrscheinlich drückt der Dichter nur die inzwischen gewonnene Distanz zu dem früheren Versuch aus, Humanität durch eine dichterische Wunschprojektion über idealisierte Gestalten und ausgesuchte Konstellationen als real möglich zu suggerieren.

Die 1827 verfaßten Widmungsverse an den Schauspieler Wilhelm Krüger sind noch einmal der authentischen Aura des Werks nachempfunden: »Alle menschliche Gebrechen / Sühnet reine Menschlichkeit.« Man würde den Sinn dieser Sentenz hinwegreflektieren, wollte man annehmen, hier sei von ›bloßer‹ Menschlichkeit die Rede. Doch gerade in der ganzen Schwingungsweite dieses Verses zeigt sich auch sein voluntaristischer Grundzug. Demgegenüber behält eine frühere Tagebuch-Notiz G.s vom 13. Mai 1780 (also aus der Iphigenie-Zeit) ihre ernüchternde Wahrheit des Korrektivs: »Die Menschlichen Gebrechen sind rechte Bandwürmer, man reißt wohl einmal ein Stück los und der Stock bleibt immer sitzen.« Es ist möglich, daß G. das Fragile seines mit der *Iphigenie* gedichteten Humanitätstraums durch den 1781 begonnenen *Elpenor* kontrapunktieren wollte, ein Drama, das an die Stelle des edlen Thoas mit Lykus offenbar einen verbrecherischen Gewaltherrscher setzen und also die Auseinandersetzung mit der politischen Wirklichkeit riskieren sollte (Bd. 2.1, S. 699 ff.).

G.s spätere Rede vom »gräzisierenden Schauspiel« (s. o.) enthält die logische Implikation, daß das Stück ›an sich‹ gar nicht griechisch ist, sondern sich nur griechisch gibt. Seine Wiederaufführung, so ließ der Dichter den Freund auch wissen, bedeute die Heraufkunft »eines, für mich, mehr als vergangenen Zustandes« (an Schiller, 11. Mai 1802). Noch im Gestus des Verhüllens, des Abwehrens verrät sich, daß die *Iphigenie* ihre Größe und Grenze aus einer bestimmten biographisch-psychologischen Konstellation empfangen hat, an die besser nicht mehr gerührt wird. G.s späteres Abrücken von der einst so ambitiös gedichteten, auf den ersten Blick so ›objektiv‹ stilisierten *Iphigenie* läßt darauf schließen, daß dieses Drama für ihn ein Dokument des Persönlichen geblieben ist, dessen einstige seelische Aktualität nicht mehr zurückzuholen war.

In der zeitgenössischen Rezeption hat die *Iphigenie* auch gattungspoetologische Diskussionen ausgelöst. Schiller, 1797 im Gespräch mit G. um die Aufstellung von Normen für die epische und dramatische Dichtung bemüht, rügt an der *Iphigenie* das »Annähern ans epische« als »Fehler«: »ein zu ruhiger Gang, ein zu großer Aufenthalt«, das Fehlen einer »Katastrophe«. K. W. F. Solger dagegen, der das neuere Drama geschichtsphilosophisch im »Geiste« des Epischen fundiert sieht (und darum G.s *Wahlverwandtschaften* eine paradigmatische Bedeutung für die Gestaltung des Tragischen zuerkannt hat; Bd. 9, S. 1235 ff.), kam aus ähnlichen Beobachtungen zu einer positiven Bewertung. In der Tat ist das Titanisch-Heroische als die eigentliche Domäne des Dramatischen gleichsam zur Erinnerung geworden, seine Bewältigung und Mäßigung durch das menschliche Gemüt macht die Gegenwart der *Iphigenie* aus.

Unübersehbar zeigt die Sprache auch einen lyrisch-melodramatischen Stilzug, besonders naturgemäß in den monologischen Partien der Iphigenie selbst. In ihm tradiert das Werk die Singspiel-Nähe seiner Anfänge bis in die klassizistische Formulierung hinein. Wieland hatte die Form des Singspiels als »lyrisches Theater« bezeichnet und in der – ebenfalls dem Euripides nachgestalteten – ›Alceste‹ ein Muster aufgestellt, das noch durch manche

Partien der *Iphigenie* (Orests Hadesvision, das Parzenlied als
›arioser‹ Höhepunkt) hindurchscheint (Bd. 2.1, S. 652 f.). G.s
dichterischer Wunschtraum vom Sieg des Guten ist auch dies: eine
lyrische Imagination, ein ins Wort-Deklamatorische versetztes
Singspiel.

*Dokumente zur Entstehung, Kommentierung und
zeitgenössischen Rezeption nach dem 6. September 1786*

*G. in der ›Italienischen Reise‹ (Redaktion 1814–17). Auf dem
Brenner, 8. September 1786 (s. Bd. 15)*
Das Stück, wie es gegenwärtig liegt, ist mehr Entwurf als Ausführung, es ist in poetischer Prosa geschrieben, die sich manchmal in
einen jambischen Rhythmus verliert, auch wohl andern Sylbenmaßen ähnelt. Dieses tut freilich der Wirkung großen Eintrag, wenn
man es nicht sehr gut liest, und durch gewisse Kunstgriffe die
Mängel zu verbergen weiß. Er (Herder) legte mir dieses so dringend ans Herz, und da ich meinen größeren Reiseplan ihm wie
allen verborgen hatte, so glaubte er, es sei nur wieder von einer
Bergwanderung die Rede, und weil er sich gegen Mineralogie und
Geologie immer spöttisch erwies, meinte er, ich sollte, anstatt
taubes Gestein zu klopfen, meine Werkzeuge an diese Arbeit
wenden. Ich gehorchte so vielen wohlgemeinten Andrängen; bis
hierher aber war es nicht möglich, meine Aufmerksamkeit dahin
zu lenken. Jetzt sondere ich Iphigenien aus dem Paket, und nehme
sie mit in das schöne, warme Land als Begleiterin. Der Tag ist so
lang, das Nachdenken ungestört, und die herrlichen Bilder der
Umwelt verdrängen keineswegs den poetischen Sinn, sie rufen ihn
vielmehr, von Bewegung und freier Luft begleitet, nur desto
schneller hervor.

*G. an Johann Gottfried Herder und seine Frau. Verona, 18.
September 1786*
An der Iphigenie wird gearbeitet, nach meiner Rechnung soll sie
Ende Oktbr. aufwarten, ich wünsche nur daß die Musterbilder von
Versen viele ihres Gleichen mögen hervorgebracht haben. Nach
dem mir das lang mutwillig verschloßne Ohr endlich aufgegangen,
so verjagt nun eine Harmonische Stelle die nächste unharmonische
und so wird hoffentlich das ganze Stück rein. Du wirst es von
meiner Hand geschrieben erhalten.

*G. an Herzog Carl August. Verona, 18. September 1786*
Ich bin fleißig, und arbeite die Iphigenie durch, sie quillt auf, das

stockende Sylbenmaß wird in fortgehende Harmonie verwandelt.
Herder hat mir dazu mit wunderbarer Geduld die Ohren geräumt.
Ich hoffe glücklich zu sein.

*G. im Reise-Tagebuch für Charlotte von Stein. Vicenza, 24. September 1786* (s. S. 79)

*G. im Reise-Tagebuch für Charlotte von Stein. Venedig, 7. Oktober 1786* (s. S. 113 f.)

*G. an J. G. Herder. Venedig, 14. Oktober 1786*
An der Iphigenie hab ich noch zu tun. Sie neigt sich auch zur
völligen Kristallisation. Der vierte Akt wird fast ganz neu. Die
Stellen die am *fertigsten* waren plagen mich am meisten. Ich mögte
ihr zartes Haupt unter das Joch des Verses beugen ohne ihnen das
Gnick zu brechen. Doch ists sonderbar daß mit dem Sylbenmaß
sich auch meist ein besserer Ausdruck verbindet.

*G. im Reise-Tagebuch für Charlotte von Stein. Bologna, 19. Oktober 1786* (s. S. 135)

*G. in der ›Italienischen Reise‹. Bologna, 19. Oktober 1786*
(s. Bd. 15)
Da ich nun wieder einmal dieser süßen Bürde ⟨der *Iphigenie*⟩
gedenke, die ich auf meiner Wanderung mit mir führe, so kann ich
nicht verschweigen, daß, zu den großen Kunst- und Naturgegenständen, durch die ich mich durcharbeiten muß, noch eine wundersame Folge von poetischen Gestalten hindurch zieht, die mich
beunruhigen. Von Cento herüber wollte ich meine Arbeit an
Iphigenia fortsetzen, aber was geschah, der Geist führte mir das
Argument der Iphigenia von Delphi vor die Seele, und ich mußte es
ausbilden. So kurz als möglich sei es hier verzeichnet:

Electra, in gewisser Hoffnung, daß Orest das Bild der Taurischen Diana nach Delphi bringen werde, erscheint in dem Tempel
des Apoll, und widmet die grausame Axt, die so viel Unheil in
Pelops Hause angerichtet, als schließliches Sühnopfer dem Gotte.
Zu ihr tritt, leider, einer der Griechen, und erzählt wie er Orest
und Pylades nach Tauris begleitet, die beiden Freunde zum Tode
führen sehen und sich glücklich gerettet. Die leidenschaftliche
Electra kennt sich selbst nicht, und weiß nicht ob sie gegen Götter
oder Menschen ihre Wut richten soll.

Indessen sind Iphigenie, Orest und Pylades gleichfalls zu Delphi
angekommen. Iphigeniens heilige Ruhe kontrastiert gar merkwürdig mit Electrens irdischer Leidenschaft, als die beiden Gestalten

wechselseitig unerkannt zusammentreffen. Der entflohene Grieche erblickt Iphigenien, erkennt die Priesterin welche die Freunde geopfert, und entdeckt es Electren. Diese ist im Begriff mit demselbigen Beil, welches sie dem Altar wieder entreißt, Iphigenien zu ermorden, als eine glückliche Wendung dieses letzte schreckliche Übel von ⟨den⟩ Geschwistern abwendet. Wenn diese Szene gelingt, so ist nicht leicht etwas Größeres und Rührenderes auf dem Theater gesehen worden. Wo soll man aber Hände und Zeit hernehmen, wenn auch der Geist willig wäre! ⟨Dieser Plan ist erst bei der späteren redaktionellen Arbeit in die *Italienische Reise* eingeschoben worden. Das ursprüngliche *Reise-Tagebuch* erwähnt ihn nur knapp unter dem 18. Oktober 1786, S. 134.⟩

*G. an das Ehepaar Herder. Rom, 2. Dezember 1786*
Alle Morgen eh ich aufstehe wird an der Iphigenie geschrieben, täglich erobre ich eine Stelle und das Ganze macht sich. Ich bin ganz nah fertig zu sein.

*G. an Charlotte von Stein. Rom, 13.–16. Dezember 1786*
Ich las Tischbeinen meine Iphigenie vor die nun bald fertig ist. Die sonderbare, originale Art wie dieser das Stück ansah und mich über den Zustand in welchem ich es geschrieben aufklärte, erschröckte mich. Es sind keine Worte wie fein und tief er den Menschen unter dieser Helden Maske empfunden. ⟨Bei dem Maler Johann Heinrich Wilhelm Tischbein (1751–1829) hatte G. in Rom Quartier genommen. Von ihm stammen das bekannte Bildnis G.s in der Campagna (1786/87) und die Tuschzeichnung, die den Dichter am Fenster seiner römischen Wohnung zeigt (1787).⟩

*G. an Herder. Rom, 29./30. Dezember 1786*
Endlich kann ich dir mit Freuden melden daß meine Iphigenie fertig ist, daß zwei Abschriften davon auf meinem Tische liegen. Wenige Verse möcht ich noch verbessern und dazu will ich sie noch eine Woche behalten, dann übergeb ich sie dir mit völliger Macht und Gewalt darin nach Belieben zu korrigieren.

*G. in der ›Italienischen Reise‹. Rom, 6. Januar 1787* (s. Bd. 15)
Als ich den Brenner verließ, nahm ich sie ⟨*Iphigenie*⟩ aus dem größten Paket und steckte sie zu mir. Am Garda-See, als der gewaltige Mittagswind die Wellen ans Ufer trieb, wo ich wenigstens so allein war, als meine Heldin am Gestade von Tauris, zog ich die ersten Linien der neuen Bearbeitung, die ich in Verona, Vicenz, Padua, am fleißigsten aber in Venedig fortsetzte. Sodann aber geriet die Arbeit in Stocken, ja ich ward auf eine neue Erfindung

geführt, nämlich Iphigenia auf Delphi zu schreiben, welches ich auch sogleich getan hätte, wenn nicht die Zerstreuung und ein Pflichtgefühl gegen das ältere Stück mich abgehalten hätte.

In Rom aber ging die Arbeit in geziemender Stetigkeit fort. Abends, beim Schlafengehen bereitete ich mich aufs morgende Pensum, welches denn sogleich beim Erwachen angegriffen wurde. Mein Verfahren dabei war ganz einfach, ich schrieb das Stück ruhig ab, und ließ es Zeile vor Zeile, Period vor Period, regelmäßig erklingen. Was daraus entstanden ist werdet ihr ⟨der Weimarer Freundeskreis⟩ beurteilen. Ich habe dabei mehr gelernt als getan.

*G. in der ›Italienischen Reise‹. Rom, 10. Januar 1787* (s. Bd. 15)
Hier folgt denn also das Schmerzenskind, denn dieses Beiwort verdient Iphigenia, aus mehr als einem Sinne. Bei Gelegenheit daß ich sie unsern Künstlern ⟨einigen deutschen Malern⟩ vorlas, strich ich verschiedene Zeilen an, von denen ich einige nach meiner Überzeugung verbesserte, die andern aber stehen lasse, ob vielleicht Herder ein Paar Federzüge hineintun will. Ich habe mich daran ganz stumpf gearbeitet.

Denn warum ich die Prosa seit mehreren Jahren bei meinen Arbeiten vorzog, daran war doch eigentlich schuld, daß unsere Prosodie in der größten Unsicherheit schwebt, wie denn meine einsichtigen, gelehrten, mitarbeitenden Freunde, die Entscheidung mancher Fragen, dem Gefühl, dem Geschmack anheim gaben, wodurch man denn doch aller Richtschnur ermangelte.

Iphigenia in Jamben zu übersetzen hätte ich nie gewagt, wäre mir in Moritzens Prosodie nicht ein Leitstern erschienen. Der Umgang mit dem Verfasser, besonders während seines Krankenlagers hat mich noch mehr darüber aufgeklärt, und ich ersuche die Freunde, darüber mit Wohlwollen nachzudenken.

Es ist auffallend daß wir in unserer Sprache nur wenige Sylben finden, die entschieden kurz oder lang sind. Mit den andern verfährt man nach Geschmack, oder Willkür. Nun hat Moritz ausgeklügelt, daß es eine gewisse Rangordnung der Sylben gebe, und daß die dem Sinne nach bedeutendere, gegen eine wenig bedeutendere lang sei, und jene kurz mache, dagegen aber auch wieder kurz werden könne, wenn sie in die Nähe von einer andern gerät, welche mehr Geistesgewicht hat. Hier ist denn doch ein Anhalten, und wenn auch damit nicht alles getan wäre, so hat man doch indessen einen Leitfaden an dem man sich hinschlingen kann. Ich habe diese Maxime öfters zu Rate gezogen und sie mit meiner Empfindung übereinstimmend getroffen.

Da ich oben von einer Vorlesung sprach, so muß ich doch auch, wie es damit zugegangen, kürzlich erwähnen. Diese jungen Männer, an jene früheren, heftigen, vordringenden Arbeiten gewöhnt, erwarteten etwas Berlichingisches, und konnten sich in den ruhigen Gang nicht gleich finden, doch verfehlten die edlen und reinen Stellen nicht ihre Wirkung. Tischbein, dem auch diese fast gänzliche Entäußerung der Leidenschaft kaum zu Sinne wollte, brachte ein artiges Gleichnis oder Symbol zum Vorschein. Er verglich es einem Opfer, dessen Rauch, von einem sanften Luftdruck niedergehalten, an der Erde hinzieht, indessen die Flamme freier nach der Höhe zu gewinnen sucht. Er zeichnete dies sehr hübsch und bedeutend. Das Blättchen lege ich bei. ⟨Es ist verloren gegangen.⟩

Und so hat mich denn diese Arbeit, über die ich bald hinauszukommen dachte, ein völliges Vierteljahr unterhalten und aufgehalten, mich beschäftigt und gequält. Es ist nicht das erstemal, daß ich das Wichtigste nebenher tue, und wir wollen darüber nicht weiter grillisieren und rechten. ⟨Der Zusammenhang zwischen dem Erscheinen von Karl Philipp Moritz' (1756–1793) ›Versuch einer deutschen Prosodie‹ (Berlin 1786) und G.s Entschluß, die *Iphigenie* jambisch umzugestalten, ist erst in der redaktionellen Arbeit an der *Italienischen Reise* hergestellt worden. Erst nach dem Zusammentreffen G.s mit Moritz in Rom, vermutlich Mitte November 1786, können Moritz' Auffassungen über die metrisch-rhythmische Behandlung der deutschen Sprache Einfluß auf G. gewonnen haben. Die wichtigsten Ratgeber für die Umgestaltung der *Iphigenie* bleiben zweifellos Wieland und vor allem Herder. Moritz war nach einem Reitunfall durch einen Armbruch ans »Krankenlager« gefesselt; vgl. G.s Brief an Charlotte von Stein vom 8. Dezember 1786.⟩

*G. an Herder. Rom, 13. Januar 1787*
Hier mein lieber wenn man etwas widmen und weihen kann die Iphigenie, dir gewidmet und geweiht. Ich habe gemacht was Zeit und Umstände erlaubten und habe dabei mehr gelernt als getan. Nimm vorlieb und freue dich wenigstens über einen folgsamen Schüler. ⟨...⟩

Du hast nun auch hier einmal wieder mehr was ich gewollt, als was ich getan habe! Wenn ich nur dem Bilde, das du dir von diesem Kunstwerke machtest, näher gekommen bin. Denn ich fühlte wohl bei deinen freundschaftlichen Bemühungen um dieses Stück, daß du mehr das daran schätztest was es sein könnte als was es war.

Möge es dir nun harmonischer entgegen kommen. Lies es zuerst als ein ganz neues, ohne Vergleichung, dann halt es mit dem alten zusammen wenn du willst. Vorzüglich bitt ich dich hier und da dem Wohlklange nachzuhelfen. Auf den Blättern die mit resp. ⟨respektiv: jeweilig, jedesmalig⟩ Ohren bezeichnet sind, finden sich Verse mit Bleistift angestrichen die mir nicht gefallen und die ich doch jetzt nicht ändern kann. Ich habe mich an dem Stücke so müde gearbeitet. Du verbesserst das mit einem Federzuge. Ich gebe dir volle Macht und Gewalt. Einige halbe Verse habe ich gelassen, wo sie vielleicht gut tun, auch einige Veränderungen des Sylbenmaßes mit Fleiß angebracht. Nimm es nun hin und laß ihm deine unermüdliche Gutheit heilsam werden. Lies es mit der Frauen, laß es Fr⟨au⟩ v. Stein sehen und gebt euren Segen dazu. Auch wünscht ich daß es Wieland ansähe der zuerst die schlotternde Prosa in einen gemeßnern Schritt richten wollte und mir die Unvollkommenheit des Werks nur desto lebendiger fühlen ließ. Macht damit was ihr wollt, dann laßt es abschreiben ⟨...⟩.

*G. an Charlotte von Stein. Rom, 13. Januar 1787*
Ich schicke dir ein Blatt mit den Freunden zu teilen, heute geht auch Iphigenie ab, o mögtest du fühlen wie viel Gedanken zu dir herüber und hinüber gegangen sind bis das Stück so stand.

*G. an Charlotte von Stein. Rom, 20. Januar 1787*
Gestern Abend verlangte Angelika daß ich ihr etwas aus der Iphigenie läse, ich sagte ihr daß ich verlegen sei wegen der Seltsamkeit des Versuchs den ich mit diesem Stücke gewagt. Dagegen erzählt ich ihr und ihrem alten italiänischen Gemahl den Plan und Gang des Stücks, sie hatten viel Freude daran. Du hättest sehn sollen wie der Alte alles so gut sentierte ⟨empfand, beurteilte⟩, von *ihr* versteht sichs von selbst. ⟨Angelica Kauffmann (1741–1807), eine bekannte Schweizer Porträtmalerin, gehörte dem Künstlerkreis an, mit dem G. in Rom verkehrte. Mit dem Maler Antonio Zucchi (geb. 1726) war sie seit 1782 verheiratet. G. hat ihr, die er als seine »beste Bekanntschaft hier in Rom« rühmte, die *Iphigenie* später noch einmal vorgelesen; vgl. seinen Brief an Charlotte von Stein vom 19. Februar 1787.⟩

*G. an Charlotte von Stein. Rom, 2. Februar 1787*
Wie verlangts mich auf Nachricht der Aufnahme Iphigeniens und ob ihr Freude aus der Mühe, aus dem Fleiße habt schöpfen können, den ich noch an das Stück gewendet habe.

*G. an Philipp Christoph Kayser. Rom, 6. Februar 1787*
Wenn Sie auf Ostern meine vier ersten Bände in die Hand nehmen werden Sie Iphigenien *umgeschrieben* finden (warum ich nicht *umgearbeitet* sage werden Sie am Stücke sehn).

*Carl Ludwig von Knebel an Herder. Jena, 2. März 1787* (Bode, Bd. 1, S. 329)
Sie ⟨die *Iphigenie*⟩ hat mir ein unaussprechlich süßes Vergnügen gemacht, da der vollen, reifen Frucht nun nichts zu vergleichen ist. Es liegt für den Liebhaber der Kunst bei Vergleichung mit dem ersten Originale ein Begriff von Ausbildung darinnen, der den Dichter so hoch stellt als beinahe die Erschaffung des Werkes selbsten. ⟨Dies als Begleitbrief zur Rücksendung des Manuskripts. Mit dem »ersten Original« ist die erste Prosafassung des Stücks von 1779 gemeint.⟩

*G. in der ›Italienischen Reise‹. Neapel, 13. März 1787* (s. Bd. 15)
Angelika ⟨Kauffmann⟩ hat aus meiner Iphigenie ein Bild zu malen unternommen; der Gedanke ist sehr glücklich und sie wird ihn trefflich ausführen. Den Moment da sich Orest in der Nähe der Schwester und des Freundes wiederfindet. Das was die drei Personen hinter einander sprechen, hat sie in eine gleichzeitige Gruppe gebracht und jene Worte in Gebärden verwandelt. Man sieht auch hieran wie zart sie fühlt und wie sie sich zuzueignen weiß, was in ihr Fach gehört. Und es ist wirklich die Achse des Stücks. ⟨Vgl. *Iphigenie* III/3, Verse 1310ff. und S.759. – Die Zeichnung wurde im Weimarer G.-Haus ausgehängt. Vgl. auch G.s Briefe an Charlotte von Stein vom 8. Juni sowie an den Verleger Göschen vom 15. August und 27. Oktober 1787.⟩

*G. in der ›Italienischen Reise‹. Caserta, 16. März 1787* (s. Bd. 15)
Ich merke wohl daß es meiner Iphigenie wunderlich gegangen ist, man war die erste Form so gewohnt, man kannte die Ausdrücke die man sich bei öfterm Hören und Lesen zugeeignet hatte, nun klingt das alles anders und ich sehe wohl daß im Grunde mir niemand für die unendlichen Bemühungen dankt. So eine Arbeit wird eigentlich nie fertig, man muß sie für fertig erklären wenn man nach Zeit und Umständen das Möglichste getan hat. ⟨Bezieht sich auf distanzierte Äußerungen aus dem Kreis der Weimarer »Freundinnen«.⟩

*G. an Philipp Seidel. Neapel, 15. Mai 1787*
Was du von meiner Iphigenie sagst ist in gewissem Sinne leider wahr. Als ich mich um der Kunst und des Handwerkes willen entschließen mußte das Stück umzuschreiben, sah ich voraus daß die besten Stellen verlieren mußten wenn die schlechten und mittlern gewannen. Du hast zwei Szenen genannt, die offenbar verloren haben. Aber wenn es gedruckt ist, dann lies es noch

einmal ganz gelassen, und du wirst fühlen was es als Ganzes gewonnen hat.

Doch liegt das Hauptübel in der wenigen Zeit die ich darauf verwenden können. Den ersten Entwurf schrieb ich unter dem Rekrouten Auslesen und führte ihn aus auf einer Italiänischen Reise. Was will daraus werden. Wenn ich Zeit hätte das Stück zu bearbeiten, so solltest du keine Zeile der ersten Ausgabe vermissen.

*Christoph Martin Wieland in einer Anzeige von ›Goethes Schriften‹ Bd. 1–4. In: Anzeiger des Teutschen Merkur, September 1787, S. CXXIII.*

*Iphigenie* scheint bis zur Täuschung, sogar eines mit den Griechischen Dichtern wohl bekannten Lesers, ein alt griechisches Werk zu sein; der Zauber dieser Täuschung liegt teils in der Vorstellungsart der Personen und dem genau beobachteten Costum, teils und vornehmlich in der Sprache; der Verf. scheint sich aus dem Griechischen eine Art von Ideal 〈...〉 gebildet und nach selbigem gearbeitet zu haben.

*Frans Hemsterhuis an die Fürstin Gallitzin. den Haag, 18. März 1788 (Goethe und der Kreis von Münster. Hg. von Erich Trunz. Münster 1971, S. 62)*

Pour l'Iphig: je ne conçois pas comment Göthe a sçu attraper aussi parfaitement le ton d'Euripide, à moins qu'il n'ait eu un temps dans sa vie, où il ait lu le Grec comme sa langue. Sa Pièce vaut mieux que celle d'Euripide, et il a sauvé bien des sottises à Thoas. Je voudrois qu'il entre en lice avec Euripide dans une Iphigénie en Aulide. 〈Was die *Iphigenie* angeht, so begreife ich nicht, wie G. so vollkommen den Ton des Euripides hat treffen können, wenn es nicht eine Zeit in seinem Leben gegeben hat, in der er das Griechische wie seine Muttersprache beherrschte. Sein Stück ist besser als das von Euripides, und er hat Thoas etliche Dummheiten erspart. Ich wünschte, er träte mit Euripides mit einer ›Iphigenie in Aulis‹ in Wettstreit.〉 〈Der niederländische Philosoph F. Hemsterhuis (1721–90) hatte gemeinsam mit der Fürstin Amalia v. Gallitzin, einer geborenen Gräfin Schmettau aus Deutschland, 1785 Weimar besucht. Er lernte G. als Schriftsteller erst 1788 durch die Göschen-Ausgabe kennen.〉

*Friedrich Schiller an Cornelius Ridel. Volksstätt, 7. Juli 1788 (SNA 25, S. 77)*

Die Iphigenia hat mir wieder einen recht schönen Tag gemacht, obschon ich das Vergnügen, das sie mir gibt, mit der niederschla-

Wo ist sie, auch schon Sarah gestorban?

Angelica Kauffmann
Szene aus Goethes »Iphigenie«

genden Empfindung büßen muß, nie etwas ähnliches hervorbringen zu können.

*Schiller in einer umfangreichen, aber nicht zu Ende geführten Besprechung der ›Iphigenie‹ aufgrund der Veröffentlichung in ›Goethes Schriften, Bd. 3‹. In: Kritische Übersicht der neuesten schönen Literatur der Deutschen, 1789 (SNA 22, S. 212 f.)*
Man kann dieses Stück nicht lesen, ohne sich von einem gewissen Geiste des Altertums angeweht zu fühlen, der für eine bloße, auch die gelungenste Nachahmung viel zu wahr, viel zu lebendig ist. Man findet hier die imponierende große *Ruhe,* die jede Antike so unerreichbar macht, die Würde, den schönen Ernst, auch in den höchsten Ausbrüchen der Leidenschaft – dies allein rückt dieses Produkt aus der gegenwärtigen Epoche hinaus, daß der Dichter gar nicht nötig gehabt hätte, die Illusion noch auf eine andere Art – die fast an Kunstgriffe grenzt – zu suchen, nämlich durch den Geist der Sentenzen, durch eine Überladung des Dialogs mit Epitheten (adjektivischen Beifügungen), durch eine oft mit Fleiß schwerfällig gestellte Wortfolge und dergleichen mehr – die freilich auch an Altertum und oft allzustark an seine Muster erinnern, deren Er aber um so eher hätte entübrigt sein können, da sie wirklich nichts zur Vortrefflichkeit des Stücks beitragen und ihm ohne Notwendigkeit den Verdacht zuziehen, als wenn er sich mit den Griechen in ihrer ganzen Manier hätte messen wollen. ⟨...⟩

⟨Zu Orests Hadesvision, Verse 1258 ff.:⟩ Hätte die neuere Bühne auch nur dieses einzige Bruchstück aufzuweisen, so könnte sie damit über die alte triumphieren. Hier hat das Genie eines Dichters, der die Vergleichung mit keinem alten Tragiker fürchten darf, durch den Fortschritt der sittlichen Kultur und den mildern Geist unsrer Zeiten unterstützt, die feinste edelste Blüte moralischer Verfeinerung mit der schönsten Blüte der Dichtkunst zu vereinigen gewußt und ein Gemälde entworfen, das mit dem entschiedensten Kunstsiege auch den weit schönern Sieg der Gesinnungen verbindet und den Leser mit *der* höheren Art von Wollust durchströmt, an der der ganze Mensch teilnimmt, deren sanfter wohltätiger Nachklang ihn lange noch im Leben begleitet. Die wilden Dissonanzen der Leidenschaft, die uns bis jetzt im Charakter und in der Situation des Orest zuweilen widrig ergriffen haben, lösen sich hier mit einer unaussprechlichen Anmut und Delikatesse in die süßeste Harmonie auf, und der Leser glaubt mit Oresten aus der kühlenden Lethe zu trinken. ⟨...⟩

Was für ein glücklicher Gedanke, den *einzig möglichen* Platz, den Wahnsinn, zu benutzen, um die schönere Humanität unsrer neueren Sitten in eine griechische Welt einzuschieben und so das

Maximum der Kunst zu erreichen, ohne seinem Gegenstand die
geringste Gewalt anzutun. – Vor und nach dieser Szene sehen wir
den edlen Griechen; nur in dieser einzigen Szene erlaubt sich der
Dichter, und mit allem Rechte, eine höhere Menschheit uns gleichsam zu avancieren!

*G. in der ›Campagne in Frankreich 1792‹ (geschrieben 1820–22).
Pempelfort, November 1792 (s. Bd. 14, S. 465)*
Meine Freunde ⟨...⟩ versuchten mancherlei, um frühere Gefühle
durch ältere Arbeiten wieder hervorzurufen, und gaben mir Iphigenien zur abendlichen Vorlesung in die Hand; das wollte mir aber
gar nicht munden, dem zarten Sinne fühlt' ich mich entfremdet,
auch von andern vorgetragen war mir ein solcher Anklang lästig.
Indem aber das Stück gar bald zurückgelegt ward, schien es, als
wenn man mich durch einen höhern Grad von Folter zu prüfen
gedenke. Man brachte Oedipus auf Colonos, dessen erhabene
Heiligkeit meinem gegen Kunst, Natur und Welt gewendeten,
durch eine schreckliche Campagne verhärteten Sinn ganz unerträglich schien; nicht hundert Zeilen hielt ich aus.

*Wilhelm von Humboldt an Christian Gottfried Körner. Paris, 21.
Dezember 1797. (W. v. H.s Briefe an C. G. K. Hg. von Albert
Leitzmann. Berlin 1940, S. 51 f.)*
⟨...⟩ Göthens Iphigenie. An dieser ist es recht klar, wie anders wir,
und wie anders die Alten dichteten. Hier nun ist der Stoff ganz
antik, großenteils sogar die Charaktere und Ideen, und der Deutsche Dichter hat dem Stück gar keine Pracht, gar keinen äußern
Glanz gegeben. Er hat alles allein in den inneren Gehalt gelegt;
lassen Sie sie von den besten, auf die malerische Darstellung
geübtesten Schauspielern spielen, und sie wird von dieser Seite
kaum nur soviel Wirkung machen, als eine irgend gute und treue
Übersetzung eines Griechischen Stücks, der Eindruck wird durch
dies Spiel verstärkt werden, aber nicht eigentlich modifiziert, nicht
in seinem Wesentlichen umgeändert, die hohe, stille und bescheidene Größe des Innern wird immer ihr Recht behaupten, nur sie
allein wird zur Seele des Zuschauers sprechen, und nur ihr wird
seine tiefe Rührung huldigen. Um noch jene Wirkung damit zu
verbinden, hätte sie anders gearbeitet sein müssen. Gerade diese
Art aber ist Göthen fremd, den äußern Glanz der Diktion, den
Reichtum der Bilder, die Fülle der Harmonie vermißt man nicht
selten bei ihm. Er scheut nicht einen prosaischen Ausdruck,
fürchtet sich nicht vor dem, was in einer einzelnen Stelle matt
genannt werden könnte, und hat wenigstens nicht von Natur und
beim ersten Wurf den reinen und vollen Rhythmus, der unleugbar

mit zu den Elementen gehört, die ein vollendetes Gedicht bilden. Aber in Göthen (und darum verweile ich hier bei diesem Punkt, weil es die Eigentümlichkeit unserer Dichtungsart, unserer Nation und Zeit zeigt, die ich in Göthen in ihrem schönsten Lichte dargestellt finde) entsteht dies in der Tat nur durch die Vortrefflichkeit seiner Natur, nur dadurch daß er im eminentesten Verstande des Worts Dichter ist. Die poetische Welt, die seine Einbildungskraft ihm bildet, hat eine Wahrheit, einen Zusammenhang, eine Wirklichkeit, wie die reelle um ihn her, von der sie sich nur durch ihre Idealität unterscheidet. Er lebt in ihr, wie in seiner Heimat; die Bilder stehen lebendig vor ihm da, alle seine Aufmerksamkeit, alles sein Streben ist nur auf sie gerichtet. Sie möchte er, ohne Verlust, ohne das Mindeste ihrer Wahrheit aufzuopfern, vor die Phantasie des Zuhörers stellen und gern würde er der Worte entbehren, wenn er eine andere Sprache kennte, das auszudrücken, was Er in der Seele trägt.

*Schiller an G. Jena, 26. Dezember 1797* (s. Bd. 8)
Ihr *Hermann* ⟨G.s 1796/97 entstandenes Epos *Hermann und Dorothea*⟩ hat wirklich eine gewisse Hinneigung zur Tragödie, wenn man ihm den reinen strengen Begriff der Epopee gegenüber stellt. ⟨...⟩ Umgekehrt schlägt Ihre Iphigenie offenbar in das epische Feld hinüber, sobald man ihr den strengen Begriff der Tragödie entgegenhält. Von dem Tasso will ich gar nicht reden. Für eine Tragödie ist in der Iphigenie ein zu ruhiger Gang, ein zu großer Aufenthalt, die Katastrophe nicht einmal zu rechnen, welche der Tragödie widerspricht. Jede Wirkung, die ich von diesem Stücke teils an mir selbst teils an andern erfahren, ist generisch poetisch, nicht tragisch gewesen, und so wird es immer sein wenn eine Tragödie, auf epische Art, verfehlt wird. Aber an Ihrer Iphigenia ist dieses Annähern ans epische ein Fehler, nach meinem Begriff, an Ihrem Hermann ist die Hinneigung zur Tragödie offenbar kein Fehler, wenigstens dem Effekte nach ganz und gar nicht. Kommt dieses etwa davon, weil die Tragödie zu einem *bestimmten*, das Epische Gedicht zu einem allgemeinen und freien Gebrauche da ist?

*Schiller an G. Weimar, 7. Januar 1800* (s. Bd. 8)
Ich habe heute Ihre Iphigenie durchgesehen und zweifle gar nicht mehr an einem guten Erfolg der Vorstellung. Es braucht nur gar weniges an dem Text zu diesem Gebrauch verändert zu werden, besonders in Hinsicht auf den Mythologischen Teil, der für das Publikum in Massa zu kalt ist. Auch ein paar Gemeinsprüche würde ich dem dramatischen Interesse aufzuopfern raten ob sie

gleich ihren Platz sehr wohl verdienen. Mündlich mehr. ⟨G.s Stück wurde erst 1802 auf dem Weimarer Hoftheater aufgeführt.⟩

*G. an Schiller. Jena, 19. Januar 1802* (s. Bd. 8)
Hiebei kommt die Abschrift des gräzisierenden Schauspiels. Ich bin neugierig was Sie ihm abgewinnen werden. Ich habe hie und da hineingesehen, es ist ganz verteufelt human. Geht es halbweg, so wollen wir's versuchen ⟨mit einer Aufführung⟩: denn wir haben doch schon öfters gesehen daß die Wirkungen eines solchen Wagestücks für uns und das Ganze inkalkulabel sind.

*Schiller an G. Weimar, 20. Januar 1802* (s. Bd. 8)
Ich werde nunmehr die Iphigenia mit der gehörigen Hinsicht auf ihre neue Bestimmung lesen, und jedes Wort vom Theater herunter, und mit dem Publikum zusammen, hören. Das, was Sie das *Humane* darin nennen, wird diese Probe besonders gut aushalten und davon, rate ich, nichts wegzunehmen.

*Schiller an Körner. Weimar, 21. Januar 1802* (SNA 31, S. 89 f.)
Hier wollen wir im nächsten Monat Goethens Iphigenia aufs Theater bringen: Bei diesem Anlaß habe ich sie aufs neue mit Aufmerksamkeit gelesen, weil Goethe die Notwendigkeit fühlt, einiges darin zu verändern. Ich habe mich sehr gewundert, daß sie auf mich den günstigen Eindruck nicht mehr gemacht hat wie sonst, ob es gleich immer ein seelenvolles Produkt bleibt. Sie ist aber so erstaunlich modern und ungriechisch daß man nicht begreift, wie es möglich war, sie jemals einem griechischen Stücke zu vergleichen. Sie ist ganz nur sittlich, aber die sinnliche Kraft, das Leben, die Bewegung und alles was ein Werk zu einem echten dramatischen spezifiziert, geht ihr sehr ab. Goethe selbst hat mir schon längst zweideutig davon gesprochen, aber ich hielt es nur für eine Grille, wo nicht gar für Ziererei; bei näherm Ansehen aber hat es sich mir auch so bewährt. Indessen ist dieses Produkt in dem Zeitmoment, wo es entstand, ein wahres Meteor gewesen, und das Zeitalter selbst, die Majorität der Stimmen, kann es auch jetzt noch nicht übersehen; auch wird es durch die allgemeinen hohen poetischen Eigenschaften, die ihm ohne Rücksicht auf seine dramatische Form zukommen, bloß als ein poetisches Geisteswerk betrachtet, in allen Zeiten unschätzbar bleiben.

*Schiller an G. Weimar, 22. Januar 1802* (s. Bd. 8)
Ich habe, wie Sie finden werden, weniger Verheerungen in dem Mskrpt angerichtet, als ich selbst erwartet hatte, vornehmen zu

müssen; ich fand es von der Einen Seite nicht nötig und von einer andern nicht wohl tunlich. Das Stück ist an sich gar nicht zu lang, da es wenig über 2000 Verse enthält, und jetzt werden die 2000 nicht einmal voll sein, wenn Sie es zufrieden sind, daß die bemerkten Stellen wegbleiben. Aber es war auch nicht gut tunlich, weil dasjenige was den Gang des Stücks verzögern könnte, weniger in einzelnen Stellen, als in der Haltung des Ganzen liegt, die für die dramatische Foderung zu reflektierend ist. (...)

Da überhaupt in der Handlung selbst zuviel moralische Kasuistik herrscht, so wird es wohl getan sein, die sittlichen Sprüche selbst und dergleichen Wechselreden etwas einzuschränken.

Das Historische und Mythische muß unangetastet bleiben, es ist ein unentbehrliches Gegengewicht des Moralischen, und was zur Phantasie spricht, darf am wenigsten vermindert werden.

*Orest* selbst ist das Bedenklichste im Ganzen; ohne Furien ist kein Orest, und jetzt da die Ursache seines Zustands nicht in die Sinne fällt, da sie bloß im Gemüt ist, so ist sein Zustand eine zu lange und zu einförmige Qual, ohne Gegenstand; hier ist eine von den Grenzen des alten und neuen Trauerspiels. Möchte Ihnen etwas einfallen, diesem Mangel zu begegnen, was mir freilich bei der jetzigen Ökonomie des Stücks kaum möglich scheint; denn was ohne Götter und Geister daraus zu machen war, das ist schon geschehen. Auf jeden Fall aber empfehl ich Ihnen die Orestischen Szenen zu verkürzen.

Ferner gebe ich Ihnen zu bedenken, ob es nicht ratsam sein möchte, zur Belebung des dramatischen Interesse, sich des Thoas und seiner Taurier, die sich zwei ganze Akte durch nicht rühren, etwas früher zu erinnern und beide Aktionen, davon die eine jetzt zu lange ruht, in gleichem Feuer zu erhalten. Man hört zwar im 2ten und 3ten Akt von der Gefahr des Orest und Pylades, aber man *sieht* nichts davon, es ist nichts sinnliches vorhanden, wodurch die drangvolle Situation zur Erscheinung käme. Nach meinem Gefühle müßte in den 2 Akten, die sich jetzt nur mit Iphigenien und dem Bruder beschäftigen, noch ein Motiv *ad extra* eingemischt werden, damit auch die äußere Handlung stetig bliebe und die nachherige Erscheinung des Arkas mehr vorbereitet würde. Denn so wie er jetzt kommt, hat man ihn fast ganz aus den Gedanken verloren.

Es gehört nun freilich zu dem eigenen Charakter dieses Stücks, daß dasjenige, was man eigentlich Handlung nennt, hinter den Kulissen vorgeht, und das Sittliche, was im Herzen vorgeht, die Gesinnung, darin zur Handlung gemacht ist und gleichsam vor die Augen gebracht wird. Dieser Geist des Stücks muß erhalten werden, und das Sinnliche muß immer dem Sittlichen nachstehen; aber ich verlange auch nur so viel von Jenem, als nötig ist um Dieses ganz darzustellen.

Iphigenia hat mich übrigens, da ich sie jetzt wieder las, tief gerührt, wiewohl ich nicht leugnen will, daß etwas Stoffartiges dabei mit unterlaufen mochte. *Seele* möchte ich es nennen, was den eigentlichen Vorzug davon ausmacht.

*Körner an Schiller. Dresden, 30. Januar 1802* (Briefwechsel zwischen Schiller und Körner. Hg. von Klaus L. Berghahn. München 1973, S. 317)

Was Du über Goethens Iphigenia schreibst, ist mir aus dem Gang, den Deine eigene poetische Ausbildung genommen hat, sehr begreiflich. Dies Werk von Goethe hat dadurch eben etwas Merkwürdiges, daß es sich *Deiner* frühern Manier nähert. Es fehlt ihm allerdings das Sinnliche, was wir in den Griechen finden, und nach dem Du jetzt strebst. Verstand und Gefühl finden reichen Genuß, aber die Phantasie wird vielleicht nicht befriedigt. Wohl dem Zeitalter, wenn es unsern Dichtern gelingt, mit einem solchen sittlichen und geistigen Gehalt das höchste sinnliche Leben zu verbinden. Opfer von einer oder der andern Art werden wohl unvermeidlich sein, und es möchte immer zweierlei Kunstwerke nebeneinander geben, wo entweder das Griechische oder das Moderne das Übergewicht hätte.

*G. an Schiller. Jena, 19. März 1802* (s. Bd. 8)
Mit der Iphigenie ist mir unmöglich etwas anzufangen. Wenn Sie nicht die Unternehmung wagen, die paar zweideutigen Verse korrigieren und das Einstudieren dirigieren wollen, so glaube ich nicht daß es gehen wird, und doch wäre es in der jetzigen Lage recht gut und sie würde denn vielleicht für andere Theater verlangt, wie es ja schon mit dem Nathan gegangen ist.

*Schiller an G. Weimar, 20. März 1802* (s. Bd. 8)
Gern will ich das Mögliche tun, um die Iphigenia zur theatralischen Erscheinung zu bringen, es ist bei einem solchen Geschäft immer viel zu lernen und an dem Erfolg zweifle ich nicht, wenn unsre Leute das ihrige leisten. Es ist mir neulich sogar aus Dresden geschrieben worden, daß man die Iphigenia dort auf die Bühne bringen will, und gewiß werden noch andre Theater nachfolgen.

*Schiller an G. Weimar, 5. Mai 1802* (s. Bd. 8)
Iphigenie wäre auf keinen Fall auf den nächsten Sonnabend zu zwingen gewesen, weil die Hauptrolle sehr groß und schwer einzulernen ist. Es war schlechterdings nötig der Vohsin (der

Schauspielerin Friederike Margarete Vohs (1777–1860)⟩ Zeit dazu zu geben. Ich hoffe übrigens das Beste für dieses Stück, es ist mir nichts vorgekommen, was die Wirkung stören könnte. Gefreut hat es mich, daß die eigentlich poetisch schönen Stellen und die lyrischen besonders auf unsere Schauspieler immer die höchste Wirkung machten. Die Erzählung von den Thyestischen Greueln und nachher der Monolog des Orests, wo er dieselben Figuren wieder in Elisium friedlich zusammen sieht, müssen als zwei sich aufeinander beziehende Stücke und als eine aufgelöste Dissonanz vorzüglich herausgehoben werden. Besondes ist alles daran zu wenden, daß der Monolog gut exekutiert werde, weil er auf der Grenze steht, und wenn er nicht die höchste Rührung erweckt, die Stimmung leicht verderben kann. Ich denke aber er soll eine sublime Wirkung machen.

*G. an Schiller. Jena, 11. Mai 1802* (s. Bd. 8)
Ob noch Sonnabend den 15. Iphigenie wird sein können, hoffe ich durch Ihre Güte morgen zu erfahren, und werde alsdann eintreffen, um, an Ihrer Seite, einige der wunderbarsten Effekte zu erwarten, die ich in meinem Leben gehabt habe: die unmittelbare Gegenwart eines, für mich, mehr als vergangenen Zustandes.

*Schiller an G. Weimar, 12. Mai 1802* (s. Bd. 8)
Die Vorstellung der Iphigenia auf den Sonnabend wird keine Schwierigkeit haben, obgleich uns der *Titus* ⟨Mozarts Oper⟩ gestern und heut das Theater wegnahm. Morgen und übermorgen aber werden die TheaterProben mit Ernst vorgenommen werden, und ich hoffe, daß Sie über Ihr Werk nicht erschrecken sollen. Wohl glaube ich, daß die sinnliche Erscheinung dieses Stücks manche vergangene Zustände in Ihnen erwecken wird, sowohl in Formen und Farben Ihres eignen Gemüts, als auch der Welt mit der Sie sich damals zusammen fühlten, und in letzterer Rücksicht wird es mehreren hiesigen Freunden und Freundinnen merkwürdig sein.

*August Wilhelm Schlegel in den 1809–11 veröffentlichten ›Vorlesungen über dramatische Kunst und Literatur‹. Wien 1808* (A. W. Schlegel: Sämtliche Werke. Hg. von Eduard Böcking. Bd. 6. Leipzig 1846. Nachdr. Hildesheim 1971, S. 413–417)
Überhaupt war es Goethen vor Allem darum zu tun, seinen Genius in seinen Werken auszusprechen, und neue poetische Lebensregung in die Zeit zu bringen; die Form galt ihm dabei gleich, wiewohl er meistens die dramatische vorzog. ⟨...⟩ Späterhin suchte er eine Ausgleichung zwischen seinen Kunstabsichten, und den

üblichen dramatischen Formen, auch den untergeordneten, zu finden, die er fast sämtlich mit einzelnen Versuchen durchgegangen hat. In seiner Iphigenia drückte er den Geist der antiken Tragödie aus, wie er ihn besonders von Seiten der Ruhe, Klarheit und Idealität gefaßt hatte. 〈...〉
Man muß wohl eingestehn, daß Goethe zwar unendlich viel dramatisches, aber nicht eben so viel theatralisches Talent besitzt. Ihm ist es weit mehr um die zarte Entfaltung als um rasche äußre Bewegung zu tun; selbst die milde Grazie seines harmonischen Geistes hielt ihn davon ab, die starke demagogische Wirkung zu suchen. Iphigenia auf Tauris ist zwar dem griechischen Geiste verwandter, als vielleicht irgend ein vor ihr gedichtetes Werk der Neueren, aber es ist nicht sowohl eine antike Tragödie, als Widerschein derselben, Nachgesang: die gewaltsamen Katastrophen jener stehen hier nur in der Ferne als Erinnerung, und Alles löst sich leise im Innern der Gemüter auf.

*Karl Wilhelm Ferdinand Solger in einer 1819 erschienenen Besprechung von Schlegels ›Vorlesungen‹* (K. W. F. Solger: Nachgelassene Schriften und Briefwechsel. Hg. von Ludwig Tieck und Friedrich von Raumer. 2 Bde. Leipzig 1826. Faksimiledr. Heidelberg 1973. Bd. 2, S. 615)
Bei der *Iphigenia* sollte man nicht das Vorurteil unterstützen, daß ihr Charakter so ganz griechisch sei, wenngleich der Verfasser sie nur einen Nachhall der griechischen Tragödie nennt. Ihr eigentümliches und ohne Zweifel höchst preiswürdiges Verdienst findet Rez〈ensent〉 in dem, was gerade recht modern ist, in den inneren Beziehungen der Gemüter zu einander, und der sich von selbst bloß durch diese Charakterverhältnisse einstellenden Auflösung. Dieses Element gehört ursprünglich dem Roman, in dessen Geiste sich bisher unser Drama vorzugsweise gestaltete, und besonders nach des Rez〈ensenten〉 Meinung das Göthische.

*G. im Gespräch mit Friedrich Wilhelm Riemer. Jena, 20. Juli 1811* (Herwig, Bd. 2, S. 677)
Das Unzulängliche ist produktiv. Ich schrieb meine Iphigenia, aus einem Studium der griechischen Sachen, das aber unzulänglich war. Wenn es erschöpfend gewesen wäre, so wäre das Stück ungeschrieben geblieben.

*G. in ›Dichtung und Wahrheit‹ (15. Buch, geschrieben 1813) über seine früheren Bemühungen um ein Prometheus-Drama* (s. Bd. 16, S. 682)
Der Titanisch-gigantische, himmelstürmende Sinn 〈...〉 verlieh

meiner Dichtungsart keinen Stoff. Eher ziemte sich mir, darzustellen jenes friedliche, plastische, allenfalls duldende Widerstreben, das die Obergewalt anerkannt, aber sich ihr gleichsetzen möchte. Doch auch die kühneren jenes Geschlechts, Tantalus, Ixion, Sisyphus, waren meine Heiligen. In die Gesellschaft der Götter aufgenommen, mochten sie sich nicht untergeordnet genug betragen, als übermütige Gäste ihres wirtlichen Gönners Zorn verdient und sich eine traurige Verbannung zugezogen haben. Ich bemitleidete sie, ihr Zustand war von den Alten schon als wahrhaft tragisch anerkannt, und wenn ich sie als Glieder einer ungeheuren Opposition im Hintergrunde meiner *Iphigenie* zeigte, so bin ich ihnen wohl einen Teil der Wirkung schuldig, welche dieses Stück hervorzubringen das Glück hatte.

*Germaine de Staël in ›De l'Allemagne‹; abgeschlossen 1810, publiziert 1813* (Germaine de Staël: Über Deutschland. Nach der Übersetzung von Robert Habs hg. von Sigrid Metken. Stuttgart 1962, S. 250–253)
Man spielte in Deutschland bürgerliche Schauspiele, Melodramen und Spektakelstücke, in denen an Pferden und Rittern kein Mangel war. Goethe wollte die antike Strenge und Einfachheit wieder in die Literatur einführen und schrieb *Iphigenie auf Tauris,* das Meisterwerk der klassischen Poesie bei den Deutschen. Die Tragödie erregt jenen eigentümlichen Eindruck, den man bei der Betrachtung griechischer Statuen empfängt ⟨…⟩

Der Stoff ⟨…⟩ ist so bekannt, daß es schwer war, ihn auf neue Weise zu behandeln. Dennoch ist dies Goethe gelungen, indem er seiner Heldin einen wahrhaft bewunderungswerten Charakter gab. ⟨…⟩ Iphigenie hat nicht weniger Achtung vor der Wahrheit als Antigone ⟨bei Sophokles⟩, aber sie vereinigt die Ruhe eines Philosophen mit der Glut einer Priesterin; der keusche Kult der Diana und das Asyl in einem Tempel reichen für das träumerische Dasein aus, das die Sehnsucht nach der fernen Heimat, nach Griechenland, sie leben läßt. ⟨…⟩ ihre Seele ist mit einer starken und doch zarten Ergebung in den höheren Willen erfüllt, einer Ergebung, die sozusagen zwischen Stoizismus und Christentum die Mitte hält. ⟨…⟩

Goethe hat den Thoas zum Wohltäter der Iphigenie gemacht. Ein Wüterich, als welchen ihn mehrere Schriftsteller dargestellt haben, würde nicht zur Grundfarbe des Stückes stimmen: er würde seine Harmonie gestört haben. ⟨…⟩

Ohne Zweifel ist der Stoff in dieser Fassung durchaus rein und edel, und es wäre sehr zu wünschen, daß man die Zuschauer schon durch ein derartiges Thema – Bedenklichkeit aus Zartsinn – rüh-

ren und ergreifen könnte; vielleicht aber genügt das für die Bühne
doch nicht, und daher interessiert das Stück mehr, wenn man
es liest, als wenn man es aufführen sieht. Die Bewunderung, nicht
das Pathetische, bildet die Triebkraft einer solchen Tragödie: wenn
man *Iphigenie* anhört, glaubt man den Gesang eines epischen
Dichters zu vernehmen, und die Ruhe, die in dem Ganzen
herrscht, erstreckt sich beinahe sogar auf Orest. Die Erkennungs-
szene zwischen Iphigenie und Orest ist nicht die bewegteste, aber
vielleicht die poetischste, die es gibt. Die Erinnerungen der Familie
Agamemnons sind hier mit bewunderungswürdigem Geschick
heraufbeschworen, so daß man die Bilder, mit denen Sage und
Geschichte das Altertum bereichert haben, leibhaft vor sich zu
sehen glaubt.

*Karl Friedrich Zelter an G. Berlin, 11.–14. Februar 1817* (s. Bd. 20)
Wer nicht wüßte, wie er Dich lieben soll, mag die Iphigenie sehn;
sie ist soeben gespielt worden. Alle Wahrheit und Güte der Natur
hat sich über dies Stück ausgegossen. Es sind Menschen, an denen
man die Menschheit, ja sich selbst verehrt, ohne sich geschmeichelt
zu finden. Es ist ein religiöses Stück; es hat mich in Tränen gebadet
und erbauet, wie viele andere. Das Haus war zum Erdrücken voll
und der Beifall unsäglich.

*Zelter an G. Berlin, 15. Juli 1824* (s. Bd. 20)
Was Du das Humane an Deiner Iphigenia nennst, wollte ich mir
gern klar machen; da mußte ich denn erst das Stück wieder lesen,
und so geriet ich tiefer hinein und zurück. Euripides, Sophokles,
Aeschylos mußten herhalten. Beide Iphigenien, Orest, die Eumeniden, Elektra, Agamemnon. Diese sind Griechen; Deine Leute
sind Menschen, dazu gehöre ich und will so zu bleiben suchen.
⟨...⟩
Da ich die Griechen wieder lese, kann ich Deine Iphigenie nur
allein mit sich selber vergleichen. Sie ist ein Segen der Väter und
enthält uralte ewige Wahrheit und den Wendepunkt fort und fort
zum Rechten und Schönen zurückzukehren. Dem kolossalen,
übermenschlichen Gliederbau jener Alten hast Du zartes Men-
schenfleisch, der rauhen, virtuosen Tugend die himmlische Liebe
angetan. Die Nachwelt wird's nicht glauben wollen, daß diesen
unsern Tagen das Herrlichste entwachsen können.

*Georg Wilhelm Friedrich Hegel in seinen ›Vorlesungen über Ästhe-
tik‹ (Berlin 1818 u. ö.) mit Beziehung auf Homer* (G. W. F. Hegel:
Vorlesungen über Ästhetik. Hg. von Friedrich Bassenge. Berlin,
Weimar o. J. Bd. 1, S. 225–227)

Das macht überhaupt die Heiterkeit der Homerischen Götter und die Ironie in der Verehrung derselben aus, daß ihre Selbständigkeit und ihr Ernst sich ebensosehr wieder auflösen, insofern sie sich als die eigenen Mächte des menschlichen Gemüts dartun und dadurch den Menschen in ihnen bei sich selber sein lassen.

Doch wir brauchen uns nach einem vollständigen Beispiel der Umwandlung solcher bloß äußerlichen Göttermaschinerie in Subjektives, in Freiheit und sittliche Schönheit so weit nicht umzusehen. Goethe hat in seiner ›Iphigenie auf Tauris‹ das Bewunderungswürdigste und Schönste geleistet, was in dieser Rücksicht möglich ist. Bei Euripides raubt Orest mit Iphigenien das Bild der Diana. Dies ist nichts als ein Diebstahl. Thoas kommt herzu und gibt den Befehl, sie zu verfolgen und das Bildnis der Göttin ihnen abzunehmen, bis dann am Ende in ganz prosaischer Weise Athene auftritt und dem Thoas innezuhalten befiehlt, da sie ohnehin Orest schon dem Poseidon empfohlen und ihr zulieb dieser ihn weit ins Meer hinausgebracht habe. Thoas gehorcht sogleich, indem er auf die Ermahnung der Göttin erwidert (Vers 1442ff.): »Herrin Athene, wer der Götter Worten, sie hörend, nicht gehorcht, ist nicht rechten Sinnes. Denn wie wär es mit den mächtigen Göttern zu streiten schön.«

Wir sehen in diesem Verhältnis nichts als einen trocknen äußerlichen Befehl von Athenes, ein ebenso inhaltloses bloßes Gehorchen von Thoas' Seite. Bei Goethe dagegen wird *Iphigenie* zur Göttin und vertraut der Wahrheit in ihr selbst, in des Menschen Brust. In diesem Sinne tritt sie zu Thoas und sagt:

> Hat denn zur unerhörten Tat der Mann
> Allein das Recht? drückt denn Unmögliches
> Nur er an die gewalt'ge Heldenbrust?

Was bei Euripides der *Befehl* Athenes zuwege bringt, die Umkehrung des Thoas, sucht Goethes Iphigenie durch tiefe Empfindungen und Vorstellungen, welche sie ihm entgegenhält, zu bewirken und bewirkt sie in der Tat. ⟨...⟩

⟨Zu den Versen 2127–34:⟩ In dieser heilenden, versöhnenden Weise hat Iphigenie sich durch die Reinheit und sittliche Schönheit ihres innigen Gemüts schon früher in betreff auf Orestes bewährt. Ihr Erkennen versetzt ihn zwar, der keinen Glauben an Frieden mehr in seinem zerrissenen Gemüte hegt, in Raserei, aber die reine Liebe der Schwester heilt ihn ebensosehr von aller Qual der inneren Furien ⟨...⟩

*G. im Gespräch mit Johann Peter Eckermann. Weimar, 27. März 1825* (s. Bd. 19, S. 513)
Ich hatte wirklich einmal den Wahn, als sei es möglich, ein deutsches Theater zu bilden. Ja ich hatte den Wahn, als könne ich selber dazu beitragen und als könne ich zu einem solchen Bau einige Grundsteine legen. Ich schrieb meine Iphigenie und meinen Tasso und dachte in kindischer Hoffnung, so würde es gehen. Allein es regte sich nicht und rührte sich nicht und blieb Alles wie zuvor. – Hätte ich Wirkung gemacht und Beifall gefunden, so würde ich Euch ein ganzes Dutzend Stücke wie die Iphigenie und den Tasso geschrieben haben. An Stoff war kein Mangel. Allein, wie gesagt, es fehlten die Schauspieler, um dergleichen mit Geist und Leben darzustellen, und es fehlte das Publikum, dergleichen mit Empfindung zu hören und aufzunehmen.

*G.s Widmungsverse für Wilhelm Krüger. Weimar, 31. März 1827* (s. Bd. 18)
> Was der Dichter diesem Bande
> Glaubend, hoffend anvertraut,
> Werd' im Kreise deutscher Lande
> Durch des Künstlers Wirken laut.
> Liebevoll verkünd' es weit:
> Alle menschliche Gebrechen
> Sühnet reine Menschlichkeit.

⟨Der Berliner Schauspieler Wilhelm Krüger (1791–1841) gastierte an diesem Tage als Orest am Weimarer Hoftheater. G. schrieb die Verse in ein Buch-Exemplar der *Iphigenie*. Er besuchte die Vorstellung nicht, ließ sich jedoch von Eckermann einen ausführlichen Bericht über Krügers Spiel geben.⟩

*G. im Gespräch mit Eckermann. Weimar, 1. April 1827* (s. Bd. 19, S. 549 f.)
Das Stück ⟨...⟩ hat seine Schwierigkeiten. Es ist reich an *innerem* Leben, aber arm an äußerem. Daß aber das innere Leben hervorgekehrt werde, darin liegt's. Es ist voll der wirksamsten Mittel, die aus den mannigfaltigsten Greueln hervorwachsen, die dem Stück zu Grunde liegen. Das gedruckte Wort ist freilich nur ein matter Widerschein von dem Leben, das in mir bei der Erfindung rege war. Aber der Schauspieler muß uns zu dieser ersten Glut, die den Dichter seinem Sujet gegenüber beseelte, wieder zurückbringen. Wir wollen von der Meerluft frisch angewehte, kraftvolle Griechen und Helden sehen, die, von mannigfaltigen Übeln und Gefahren geängstigt und bedrängt, stark herausreden, was ihnen das Herz im

Busen gebietet. Aber wir wollen keine schwächlich empfindenden Schauspieler, die ihre Rollen nur so obenhin auswendig gelernt haben; am wenigsten aber solche, die ihre Rollen nicht einmal können.

Ich muß gestehen, es hat mir noch nie gelingen wollen, eine vollendete Aufführung meiner Iphigenie zu erleben. Das war auch die Ursache, warum ich gestern nicht hineinging. Denn ich leide entsetzlich, wenn ich mich mit diesen Gespenstern herumschlagen muß, die nicht so zur Erscheinung kommen, wie sie sollten.

*Ludwig Tieck in ›Göthe und seine Zeit‹ (1828)* (L. Tieck: Kritische Schriften. 2. Bd. Leipzig 1848. Nachdr. Berlin, New York 1974, S. 213)
Wollten wir die Schönheit des Gemütes einem zeigen, der sie noch nie geschaut hat, so dürften wir ihm nur die Iphigenie nennen. Was dieses Gedicht so hoch stellt und mit süßem Reiz durchdringt, ist eben, daß es nicht griechisch, sondern ganz deutsch und Goethisch ist. Der Anklang der Vorzeit, die Mythe und das Fremde ist eben nur benutzt, um das Eigentümliche zu geben. Eine Nation, die ein solches Werk wahrhaft fühlt, ohne Heuchelei und ohne der Mode zu folgen, braucht nicht geringe von sich zu denken.

Indem das Werk ganz auf dem Gemüte ruht, Entschluß und Entwickelung aus diesem hervorgeht und ein Unsichtbares darstellt, das gleichsam aller Tat und Handlung entgegengesetzt ist, so ist es eben durch seine größte Schönheit undramatisch, wenn auch manche Szenen von dramatischer Wirkung sind.

*G. im Gespräch mit Johann Christian Mahr. Ilmenau, 29. August 1831* (Herwig, Bd. 3, S. 814)
⟨...⟩ fragte mich Goethe: »Ob das kleine Haus auf dem Schwalbenstein noch stände?« Leider mußte ich ihm bemerken, daß solches nicht mehr existiere, doch konnte ich ihm eine Zeichnung davon vorlegen. Er bemerkte darauf, daß ihm in diesem kleinen Hause, in welchem er sich sonst oft aufgehalten habe, die erste Idee zur Iphigenie auf Tauris gekommen sei. ⟨Vermutlich hat die innere Vorgeschichte des Dramas bereits 1776 begonnen.⟩

## Zur Textgestalt

*Textgrundlage und Erstdruck:* S 3 (1787), ohne Cartons, S. 1–136. – Im Faksimiledruck der Göschen-Ausgabe (Zürich 1968) haben materialbedingte und drucktechnische Unregelmäßigkeiten in der Vorlage mehrfach zu nicht eindeutiger und auch verfälschter Wiedergabe – vor allem im Bereich der Umlaut- und Satzzeichen – geführt. Alle fraglichen Stellen wurden mit Original-Exemplaren von S der Bayerischen Staatsbibliothek München (Rar. P. o. germ. 483ᵃᶜ) und des Freien Deutschen Hochstifts in Frankfurt/Main (IIIB-11 und IIIB-11/2) kollationiert und – wo nötig – verbessert. – Zwei Emendationen wurden nach der Handschrift (s. WA I 10, S. 389f.: H) vorgenommen: V. 1006 *möchte*. (möchte? ED), V. 1355 *in* (an ED). – V. 1648 wurde am Versende der Punkt ergänzt.

Der folgende Stellenkommentar gibt Sacherläuterungen, die sich auch auf die erste Prosafassung beziehen, wie umgekehrt der in Bd. 2.1, S. 665–672, gebotene Stellenkommentar hier heranzuziehen ist: in der Markierung thematisch-motivischer Zusammenhänge mit weiteren Dichtungen G.s in den ersten Weimarer Jahren, sodann in der Dokumentation von Entwicklungslinien zur Endfassung.

161 *Tauris:* die Halbinsel Krim im Schwarzen Meer, die sich G. vermutlich als Insel vorgestellt hat; benannt nach dem skythischen Stamm der Taur(i)er, einem kaukasischen Bergvolk, das dort gesiedelt hat. Der Name ›Tauris‹ ist nach dem französischen ›Tauride‹ (wie ›Aulis‹ nach ›Aulide‹) schon vor G. gebildet worden. – *Arkas:* Der Name stammt nicht aus der antiken Überlieferung, sondern aus der französischen Tragödie (Arcas heißt z. B. der Vertraute des Agamemnon in Racines ›Iphigénie en Aulide‹). – *Hain:* älteres Wort, im 18. Jh. durch Klopstock und seinen Kreis (›Göttinger Hain‹) wiederbelebt; hier in der Bedeutung ›gehegter, einer Gottheit geweihter Wald‹.

162 *8 Ein hoher Wille:* der Göttin Diana (vgl. Verse 35 ff.). – *16 Ihm zehrt* ⟨...⟩ *weg:* im Vergleich mit den Prosa-Vorstufen ein stärkerer Anklang an das sprichwörtliche Hades-Martyrium des Tantalus. – *18 abwärts:* nach älterem Sprachgebrauch im Sinne von ›weg von hier‹. – *21 Mitgeborne:* wörtliche Übertragung von griech. σύγγονοι: Verwandte, Gleichaltrige, hier gemeint: Geschwister. – *47 umgewandten:* von oben nach unten gewendeten, also: zerstörten. Iphigenie weiß noch nichts vom Sieg der Griechen in Troja, sondern hofft lediglich darauf (und auf eine Rückkehr des Vaters wie auch ihrer selbst). – *49 Die Gattin:* Klytemnestra. – *den Sohn:* Orest. – *50 Die schönen Schätze:* nicht etwa wörtlich zu verstehen (als Reichtümer), sondern metaphorisch: als Apposition zu Vers 49.

163 *54 beut:* Archaismus (›bietet‹), wie die indirekte Anrede Iphigenies (Verse 55, 63 ff.) Kennzeichen zeremonieller Sprech-

## IPHIGENIE AUF TAURIS

weise. – *81 gesellt und lieblich:* aus »in lieblicher Gesellschaft« (alle Prosastufen). – *84 Ein fremder Fluch:* Andeutung ihres Aulis-Schicksals (s. S. 730), das Iphigenie in seinen Zusammenhängen noch nicht durchschaut. Die Prosa-Fassungen lassen Iphigenie hier noch von der Verwicklung in »das Elend meines Hauses« sprechen, also auf den Tantaliden-Geschlechterfluch anspielen.

164 *93 Dank habt ihr stets:* zu ergänzen: ›von mir erhalten‹. – *96 dem Wirte:* dem Hausherrn, Gastgeber (s. auch Verse 263 u. 1316). – *108 Gleich* ⟨...⟩ *Grab:* gemäß dem griechischen Glauben, daß die Seelen Verstorbener, die ein Schattendasein in der Unterwelt führen, an manchen Tagen ihr eigenes Grab aufsuchen. – *113 dem Ufer Lethes:* Lethe ist der Fluß in der Unterwelt, aus dem die Seelen der Verstorbenen trinken, um ihr Erdenleben zu vergessen – *114 feiert:* hier im Sinne von ›tatenlos verdämmert‹. – *116 vor allen:* gemeint ist: ›vor allen anderen denkbaren Frauenschicksalen‹ (Prosastufe 1781: »Gewöhnlich ist dies eines Weibes Schicksal und vor allen meins.«). – *120 getan:* erreicht, bewirkt (vgl. *Torquato Tasso,* Vers 654).

165 *131 mit frohem Fluge* ⟨...⟩ *der Sieg:* Zugrunde liegt das Bild der geflügelten Siegesgöttin Nike (lat. Victoria). Vgl. im *Egmont* die umdeutende Verwandlung der Freiheits-»Erscheinung« (innerhalb der Traumvision) zur »Siegesgöttin« (S. 328). – *140 ein Gott:* eine Gottheit (so daß auch Diana gemeint sein kann). – *142 unwirtbaren Todes-Ufer:* im Hinblick darauf, daß die Taurier nach altem Brauch alle Fremden, die zu ihnen verschlagen werden, der Diana opfern. Das Wort »unwirtbar«, aus den Prosa-Vorstufen übernommen (obwohl es nach Johann Christoph Adelungs ›Versuch eines vollständigen grammatisch-kritischen Wörterbuchs‹, Leipzig 1774–86, nicht einmal in stilvoller Prosa Verwendung finden sollte) im Sinne von lat. inhospitalis ›ungastlich‹. – *149 hebt:* erhebt. – *161 Folger:* Nachfolger; die Verkürzung des üblichen Kompositums häufig nicht nur aus Gründen des Verszwangs, sondern als bewußtes Stilelement. – *164ff. Der Scythe* ⟨...⟩ *fein zu lenken:* eine typisch griechische Sicht auf die ›Barbaren‹, die Arkas übernimmt; Thoas entspricht in seiner Gesprächskultur dieser Vorzeichnung nur bedingt. Das Imperativisch-Direkte des Königs wird sich in der folgenden Szene daran zeigen, daß er, statt das Gespräch »fein zu lenken«, gleich (und wieder!) auf seinen Heiratswunsch lossteuert (vgl. Verse 226–50).

166 *200 Jungfrau einer Jungfrau:* Diana, die Göttin der Jagd, ist auch die Schützerin von Keuschheit und Jungfräulichkeit. Ihre Sprödigkeit gegen alle männliche Werbung ist die Eigenschaft, über die sich Iphigenie – bei einigem Dissens (s. schon Vers 36) – mit ihrer Göttin identifiziert. – *204 Schluß:* Beschluß.

**167** *214 Der Frauen:* hier alte Form des Genitiv Singular (wie in den Versen 966 u. 1965). – *223 Fülle:* Erfüllung. – *237 gerochen:* das alte, stark flektierte (und im 18. Jh. gebräuchliche) Partizip Perfekt zu ›rächen‹.

**168** *255 Abkunft:* im Sinne von ›Herkunft‹, ›Abstammung‹. In den Prosastufen: »Ankunft« (was ›Ankommen‹ meinen, aber gleichfalls in der älteren Bedeutung von ›Herkunft‹, ›Ursprung‹ gebraucht sein kann). – *256 dem Letzten:* dem Niedrigsten der Taurier (im Gegensatz zu Thoas als ihrem König). – *258 das Gesetz ⟨...⟩ die Not:* Thoas rechtfertigt die Menschenopfer also nicht nur aus dem traditionellen Diana-Kult (»Gesetz«), sondern auch als Abschreckungs- und Schutzmaßnahme gegen fremde Eroberer (Verse 2102–06). »Not« bedeutet hier so viel wie ›Notwendigkeit‹. – *268 verwünschtes Haupt:* vom Geschlechterfluch her, der auf den Tantaliden liegt (Verse 306 ff.). – *275 Wandrung:* im Sinne von ›Reise‹, ›Entfernung von der Heimat‹. – *276 Elend:* in der älteren Bedeutung von ›Ausland‹, ›heillose Fremde‹.

**169** *279 Rat der Götter:* hier nicht in der Bedeutung von ›Empfehlung‹, ›Vorschlag‹, sondern von ›Beschluß‹, ›schicksalhafter Ratschluß‹, s. auch Vers 603. – *280 gedenken:* zudenken (in bezug auf das weitere Schicksal). – *284 möchte:* Konjunktiv zu ›mögen‹, hier nicht optativ, sondern als Potentialis (›könnte‹) verwendet. – *303 ff. Einmal vertraut ⟨...⟩ oder nützt:* Das rede- und handlungshemmende Argument geht in Schillers ›Wallenstein‹ über (›Wallensteins Tod‹, Verse 186–91), bevor es G. (über Schiller?) wieder in der *Natürlichen Tochter* aufgreift (Bd. 6.1, S. 253, Verse 411 ff.). – *306–432 Ich bin aus Tantalus Geschlecht ⟨...⟩ die mit dir spricht:* die bis zu Iphigenies Entrückung aus Aulis geführte Tantaliden-Geschichte. Zu den antiken Überlieferungen und G.s Umgang mit ihnen s. S. 733 ff. Bei Aischylos (im ›Agamemnon‹) fällt es der trojanischen Seherin Kassandra zu, an die vergangenen Atriden-Greuel (beginnend mit Atreus' Kinderschlachtung) zu erinnern und die künftigen (Agamemnons Ermordung und Orestes' Rache) vorherzusagen. G. überträgt Iphigenie diese Kassandra-Funktion unter Abzug der prophetischen Fähigkeit und der zugehörigen Ekstase. – *309 Hochbegnadigten:* Hochbegnadeten.

**170** *321 Des großen Donn'rers:* Jupiters (Vers 311). – *324 Jovis:* Genitiv von Jupiter. – *325 Schmach des alten Tartarus:* Genitivus explicativus (Tartarus als Ort der Schmach). Der Tartarus (auch Orkus, Erebus) ist entweder der Name für die ganze Unterwelt (so in Vers 1360) oder – wie hier – im Totenreich für den Ort der tiefsten Verdammnis, in den – während die Frommen über den Lethestrom in die ewige Glückseligkeit des Elysiums eingehen –

die Frevler zu ewigen Qualen hinabgestoßen werden. – *328 die gewalt'ge Brust:* ›gewaltig‹ hier nicht nur Bezeichnung der Größendimension, sondern im Sinne von ›gewaltsam‹, ›mächtig handelnd‹ (vgl. Verse 336, 837, 1888 u. a.). – *330 Gewisses Erbteil:* ›gewiß‹ hier nicht als ›unbestimmt‹, sondern in der Bedeutung von ›unfehlbar‹ (vgl. Vers 568). – *331 ein ehern Band:* ›ehern‹ ist Adjektiv zu Erz, im Drama meist der Sphäre des Schicksalszwangs, der menschlichen Unfreiheit (s. auch Verse 1309, 1680f. u. a.), aber auch den Erinnyen (Verse 1129 u. 1361) zugewiesen. – *332 Rat:* im Sinne von ›Überlegung‹, ›Vorsicht‹. – *339 Des Önomaus Tochter:* in der AlH aus metrischen Gründen (um die griech. Betonung ›Oinómaos‹ zu wahren!) umgeändert in: »Önomaus' Erzeugte«. – *345 die erste Tat:* die erste Bluttat (worin impliziert ist: daß ihr noch mehrere folgten).

171 *360 der Stadt:* Mykene. – *390 So wendete ⟨...⟩ ew'gen Gleise:* Die kosmische Störung steht in der antiken Überlieferung in anderer Beziehung zum Streit zwischen Atreus und Thyest (s. S. 734f.). Dieser hatte sich durch Betrug in den Besitz des Wundertiers mit dem goldenen Vlies und damit auch des Königszepters gesetzt. Deshalb soll Zeus (Jupiter) den Gang der Gestirne verändert und Helios den Sonnenwagen umgewendet haben. Dann erst kam es zum schrecklichen Kindermahl (vgl. zu dieser Geschehnisfolge die euripideischen Dramen ›Elektra‹ und ›Orestes‹). Bei G. wird aus dem Zeichen des göttlichen Unwillens eine Störung der Naturordnung, die das Maß für die Greueltat des Atreus gibt – wie auch Thoas »schaudernd« sein Gesicht abwendet (Vers 389).

172 *412 dem sichern Hause:* ›sicher‹ im Sinne von ›sich sicher fühlend‹. – *429 Erkannt' ich mich:* ›sich erkennen‹ nicht als kognitive Introspektion, sondern in der Bedeutung von ›sich zurechtfinden‹, ›zu sich kommen‹.

173 *447 bat:* erbat; vgl. die Prosastufen: »bat ich sie ⟨die Göttin⟩ längst um Zeichen«. – *458 lispelt:* flüstert. – *468 ihnen:* bezieht sich trotz der Pluralform auf »Weib« (Vers 465).

174 *479 sollt':* in der Bedeutung eines Irrealis gebraucht; vgl. die Prosastufe von 1781: »doch hätt ich alles erwarten sollen«. – *484 Glaub' es:* in G.s Hs.: »Glaub' mir«; die Korrektur wohl von Herder aus metrischen Gründen vorgenommen (da die Eliminierung des auslautenden -e nur zur Vermeidung eines Hiatus, des Zusammentreffens zweier Vokale, erlaubt ist). Dadurch entsteht eine rhythmische Störung, weil das jambische Versmaß, das dem »es« eine Hebung aufzwänge, um der ›natürlichen‹ Betonung willen suspendiert werden muß. – *496 der Sturm:* Gemeint ist »der Sturm der Leidenschaft« (alle Prosastufen). – *499ff. Dein heilig Amt ⟨...⟩ Wilden:* ironisch gesprochen, eine Anspielung auf die

griechischen Prätentionen gegenüber allen nichtgriechischen »Wilden«; vgl. auch Verse 1936ff.

175 *517ff. Das Murren meines Volks* ⟨...⟩ *dringend fordert:* eine Vorspiegelung des Thoas, mit der Iphigenie unter Druck gesetzt werden soll. Nach dem späteren Votum des Arkas (Verse 1466ff.) sind die Taurier unter Iphigenies Einfluß »dem blut'gen Dienste« längst entwöhnt. – *523 ff. Der mißversteht* ⟨...⟩ *Begierden an:* vgl. schon im Drama des Euripides die Überzeugung von Iphigeneia, daß »dieses Volk hier, weil es selbst nach Blute giert, / Wohl eigne Schuld auf unsre Gottheit überträgt« (›Iphigeneia bei den Taurern‹; nach der Übersetzung von J. J. Donner). Zur sophistischen Verknüpfung der menschlichen »Begierden« (bzw. »Wünsche«) mit einem göttlichen Ratschluß vgl. auch den Verdacht des Orest (Vers 740f.). – *538–560 Du hast Wolken* ⟨...⟩ *gönnen und lassen:* Iphigenies Gebet nach dem Vorbild der antiken Tragödie in einer gegen die Grundform fühlbar abgesetzten metrischen Gestaltung, in meist vierhebigen, dabei freier rhythmisierten Versen. – *546ff. dein Blick* ⟨...⟩ *ruhet und waltet:* erst in der Schlußredaktion gedichtet. Diana wird hier als Mondgöttin apostrophiert, von der Iphigenie einen wohltätigen, die Verwicklungen lösenden Einfluß ersehnt. Vgl. Verse 1317–24. – *549 enthalte:* transitiv gebraucht, also: ›halte ab‹, ›halte zurück‹. – *551 zufällig:* im Wortsinn: ›das, was einem zufällt, zustößt‹ (also nicht bloß zur Benennung eines anscheinend sinnlosen Geschehens).

176 *552 unwilligen:* widerwilligen, unfreiwilligen. – *556 fristen:* in der älteren, transitiven Bedeutung: ›eine Frist gewähren‹, ›erhalten‹. – *563 das gräßliche Geleit der Rachegeister:* die Erinnyen (lat. Furien), unterirdische Rachegöttinnen mit schrecklichem Aussehen (s. S. 742), die vor allem Verbrechen unter Blutsverwandten verfolgen; oft – wie schon in der ›Oresteia‹ des Aischylos – euphemistisch ›Eumeniden‹ (Holde) genannt (bei G. nur Vers 1359). – *566 Schwester:* Diana (Artemis); s. Verse 1317ff. u. Anm. – *568 Gewissen:* s. Vers 330 u. Anm. – *576ff. Soll ich* ⟨...⟩ *Meuchelmörder stellt:* Orest stellt die Art, wie sein Vater Agamemnon ermordet worden ist, als eine Art Tieropfer hin. Einer solchen Opferung durch ›Nahverwandte‹ (nämlich Klytemnestra, die Agamemnon ein Netz überwarf; Verse 894ff.) zöge Orest für sich einen Opfertod am Altar vor (wie er Iphigenie in Aulis beschieden gewesen ist). – *581 ff. ihr Unterird'schen* ⟨...⟩ *spürend hetzt:* die Erinnyen; der Vergleich mit Hunden auf der Jagd nach dem Wild mehrfach bei Aischylos, etwa in ›Die Eumeniden‹: »⟨...⟩ wie der Spürhund einem angeschoss'nen Reh, / So wittern, seinem Schweiß und Blut nach, wir ihn aus!« (Nach der Übersetzung von J. G. Droysen).

177 *588 Larven:* nach römischem Glauben die bösen Geister Verstorbener, die nächtlich als Gespenster umgehen. – *592 meines Banns:* Nach seiner Bluttat gegen die Mutter war Orest von den Mykenäern verbannt worden. – *598ff. die verworrnen Pfade* ⟨...⟩ *aufzuwinden:* die Bildvorstellung des Labyrinths, aus dem Theseus nach der Sage durch den Faden der Ariadne herausfand. – *601 Ich denke nicht den Tod:* ›denken‹ als transitives Verb, mit dem bloßen Akkusativobjekt (statt einem Präpositionalobjekt); ein seit Klopstock häufigeres Stilelement der poetischen Sprache, auch schon in allen Prosa-Vorstufen der *Iphigenie*. – *609 Unmut:* Mutlosigkeit; so auch Vers 614. – *613 Der Götter Worte* ⟨...⟩ *wähnt:* Wie in der antiken Dramatik gibt Pylades auch bei G. das »Exempel eines wahrhaftig treuen Freundes« (Hederich) ab: hilfsbereit, listig und optimistisch. So nennt ihn Orestes im gleichnamigen Drama des Euripides »den teuersten der Menschen«, weil er ihm auch in der größten Not beisteht; ähnlich rühmt ihn G.s Orest (vgl. Vers 1013f.). Die menschliche Vortrefflichkeit ist hier wie dort gestützt vom Vertrauen auf die göttliche Leitung, auf das Pylades auch Orest festzulegen sucht (vgl. Verse 742–48). In den ›Choephoroi‹ des Aischylos fällt nur eine einzige Äußerung von ihm: die Mahnung, die vom Gott befohlene Rache in der Überwindung aller Scheu an der Mutter zu vollstrecken. Den an der Tat leidenden Freund versucht Pylades dann wiederum unter Hinweis auf den göttlichen Ratschluß bzw. Apollons Versprechen für das Leben zurückzugewinnen. Weil er das Pragmatische zu besorgen hat, für das der melancholische Orest zunächst ausfällt, gewinnt Pylades in G.s Drama im Unterschied zu dem Taurer-Drama des Euripides oder gar zur ›Elektra‹ des Sophokles (wo ihm die Rolle des stummen Begleiters zugewiesen ist) eine wichtige Funktion für die äußere Handlung. – *615ff. Des Lebens dunkle Decke* ⟨...⟩ *ihrem Buhlen:* in Abweichung von der antiken Überlieferung, nach der Orest schon seit frühester Kindheit bei Pylades' Vater Strophios lebte. G. stellt damit eine psychologische Motivation für Orests Handeln (wachsende Spannung zu Klytemnestra und ihrem »Buhlen« Ägisth) und seine melancholische Disposition her, die sich in seinem Hang zu dunkel gefärbten Bildern der Trauer und des Todes – die Unterwelt als »Trauerland« (Vers 593) – zeigt.

178 *636 unwillig:* gegen seinen Willen. – *Orkus:* der lat. Name für die Unterwelt (griech. Hades); gelegentlich auch mit christlichen Vorstellungen – »Höllengeister« (Vers 629), »Hölle« (Vers 1143 u. 1165), »Höllenschwefel« (Vers 1154) – assoziiert. – *645 Vater:* Strophios; bei G.: Strophius (Vers 1010). – *656 das Ängstliche:* ›ängstlich‹ im Sprachgebrauch der Zeit nicht auf die

Person, sondern auf die Sache (hier das »Schicksal«) bezogen, also: ›das Beängstigende‹.

**179** *670 dem hohen Ahnherrn gleich:* Die folgende motivische Ausmalung (Vers 671 f.) würde eher zu Herakles oder Theseus passen (die aber als Nicht-Tantaliden nicht gemeint sein können) als zu Tantalus. In den Prosa-Vorfassungen: »unsern Ahnherrn« (Plural); also wohl ein antikisierender Singular ohne Personalisierung.

**180** *707ff. Mich haben sie ⟨...⟩ zu Grund' gerichtet:* Daraus geht klar hervor, daß Orest auch bei G. im Muttermord einem göttlichen Gebot folgt (zu »Wink« vgl. Heraklit, Fragment 93), nicht vordringlich dem eigenen Racheantrieb. Gegenüber den Prosa-Vorstufen wird die Andeutung einer Hemmung vor der Mordtat durch die Hinzufügung des »doch verehrten« verstärkt. Damit wird die Szene der bei Aischylos (in den ›Choephoroi‹) unmittelbar dargestellten und, in seinem Gefolge, bei Euripides (in ›Elektra‹ und ›Orestes‹) breit berichteten Mordszene noch näher gerückt: Klytemnestra entblößt ihre Brust, um den Sohn zum Einhalten zu bewegen, und steigert mit dieser Gebärde der Mütterlichkeit sein Schuldgefühl. Bei Euripides hat Orest die Tat überhaupt nur vollbringen können, indem er sich sein Gewand über beide Augen warf. – *709 rächend:* bezieht sich über das Personalpronomen »sie« (Vers 707) auf die Götter (Vers 699) als das grammatisch-logische Satzsubjekt. Gegenüber den Prosa-Vorstufen (»Mich haben sie zum Schlächter auserkoren, ⟨...⟩ zum unerhörten Rächer unerhörter Schandtat«) wird die Instrumentalisierung Orests durch die Götter noch stärker akzentuiert. – *711 gerichtet:* im Sinne von ›es abgesehen haben‹. – *717 Es erbt der Eltern Segen:* ›erben‹ zeitüblich intransitiv gebraucht, in der Bedeutung von ›sich vererben‹. Die Prosa-Vorfassung: »Segen ist erblich, nicht Fluch.« – *723 Delphis:* Delphi, die Kultstätte Apollons am Parnassos, in einer deklinierten latinisierten Form. Diese Zielangabe stammt nicht aus der antiken Überlieferung, sondern ist G.s Erfindung. Bei Euripides geht der Auftrag an Orest erst nach Athen, am Ende nach Halai (an der Ostküste Attikas). – *727 Unterird'schen:* s. zu den Versen 581–84.

**181** *747 Es siegt der Held ⟨...⟩ verehrt:* knappe Andeutung des Mythos von Herakles, der nach einem im Wahnsinn begangenen Kindermord die berühmten zwölf Taten vollbringt; als ›Buße‹, also gemäß dem Geist des Christentums aufgefaßt. – *762 Ulyssen:* die deklinierte, dem französischen ›Ulysse‹ nachgebildete Namensform des Odysseus, des Königs von Ithaka, Helden im Troja-Krieg und der nachtrojanischen Irrfahrten (die Homer in der ›Odyssee‹ erzählt). Sein Name steht für Klugheit, List und Beredsamkeit: Eigenschaften, die Orest an Pylades ausmacht. Dabei kann er Odysseus eigentlich nicht kennen (es sei denn indirekt aus Berichten über die Geschehnisse in Aulis, wo nach Euripides Agamemnons Erwägung, Iphigenie vor dem Opfertod zu retten, an der Vorstellung zerbrach, welchen Widerstand Odysseus einem solchen Versuch entgegensetzen würde). Der Vergleich des Pylades mit Odysseus findet sich auch im ›Orestes‹ des Euripides. – *772 ein fremdes, göttergleiches Weib:* bezeichnend für die ›Ausstrahlung‹ Iphigenies (vgl. Vers 951). – *777 Amazonen:* kriegerisches Frauenvolk, hier unter dem Vorzeichen des Sagenhaften. Vgl. Iphigenies spätere Distanzierung (Verse 1910–12). In anderer Perspektive behandelt G. das Amazonen-Thema in den *Wilhelm Meister*-Romanen (Bde. 2.2 u. 5).

182 *801 Gefährlich ist die Freiheit, die ich gebe:* Das Abnehmen der Fesseln deutet auf den bevorstehenden Opfertod hin (vgl. auch Iphigenie zu Orest, Verse 926–30). – *802 wenden:* Optativ (›Die Götter mögen abwenden‹).

183 *824–841 Aus Kreta ‹...› segensvolle Hand erwarten:* Pylades bietet eine erfundene Geschichte mit fiktiven Namen, kristallisiert um die notorische Lügenhaftigkeit der Kreta-Bewohner. Gleichwohl deutet er darin, nach dem Vorbild des Odysseus (bei Homer), verschlüsselt die wahre Geschichte an (Tod nach der Rückkehr aus Troja, Verwandtenmord, Furienqual und Hoffnung aufgrund des delphischen Orakels). – *843 dargestellt:* im Sinne von ›bezeichnet‹, ›hingestellt‹; vgl. Vers 1221.

184 *857 bis du mir genug getan:* In den Prosa-Vorstufen kommt das Gemeinte deutlicher heraus (»bis du meiner Neugier genug getan«). – *862 Barbaren:* die griechische Benennung aller Nicht-Griechen, hier auf die Trojaner angewandt. – *863 Achill liegt dort mit seinem schönen Freunde:* dem Patroklos, dessen Tod Homer in der ›Ilias‹ (16. Gesang) schildert. Achills Tod in Troja wird im homerischen Epos nicht dargestellt: Der vielgerühmte griechische Held soll, in Liebe zu der trojanischen Königstochter Polyxena entbrannt, durch Paris mit einem Pfeilschuß in seine sprichwörtliche Ferse getötet worden sein. Nach anderen Erzählungen hat ihn Apollon selbst oder die Amazonen-Königin Penthesilea ums Leben gebracht (welche Überlieferung Kleist 1808 seiner Tragödie ›Penthesilea‹ zugrundegelegt hat). – *864 So seid ihr Götterbilder auch zu Staub:* Der Formulierung ist nicht zu entnehmen, ob sie eine persönliche Empfindung Iphigenies andeutet (denn nach antiker Überlieferung war sie unter dem Vorwand ihrer Vermählung mit Achill nach Aulis gelockt, in Wahrheit aber zum Opfer ausersehen worden; s. S. 730). – *865 Palamedes:* Der Sohn des Königs Nauplios von Euböa taucht nicht bei Homer, sondern

erst in den nachhomerischen Erzählungen im Zusammenhang des Trojanischen Krieges (und als Opponent von Odysseus, Agamemnon und Achill) auf. Er galt für einen »scharfsinnigen Kopf« (Hederich), dem etliche wissenschaftliche Entdeckungen zugeschrieben wurden. Über die Ursache seines Todes kursieren verschiedene Erzählungen von einem Pfeilschuß des Paris bis zu einer Intrige des Odysseus (so in Hyginus' ›Fabulae‹). – *Ajax Telamons:* Aias (lat. Ajax), der Sohn des Königs Telamon von Salamis, galt nach Achill als der gewaltigste unter den griechischen Helden. Nach dem Ende des Trojanischen Krieges soll er, im Streit um die Rüstung des Achill durch Odysseus überlistet, den Verstand verloren, erst gegen seine Herde gewütet und dann sich selbst getötet haben. – *869 liebes Herz:* Selbstanrede, Gräzismus (aus »süßes Herz« in der ersten Prosastufe); drückt Sympathie (mit dem Vater), nicht etwa Gefühlsegoismus aus. – *881 berückt:* Neben der Bedeutung ›täuschen‹, ›betören‹ ist auch der Anklang eines älteren Sinns noch vernehmbar, etwa: ›ein Netz über sein Opfer rücken‹ (bei der Jagd oder beim Vogelfang); vgl. dann Verse 894–98.

185 *892 Vom Bad'* ⟨...⟩ *stieg:* Die Version der Prosastufen (»da der König, aus dem Bade steigend, sein Gewand verlangte«) ist hier auf Kosten einer kleinen syntaktischen Unstimmigkeit zusammengezogen: Das Verb ›steigen‹ wird auch mit dem Präpositionalobjekt »vom Bad'« verbunden, das sich korrekt nur auf »erquickt und ruhig« bezieht. – *894ff. Warf die Verderbliche* ⟨...⟩ *dieser große Fürst:* vgl. im ›Agamemnon‹ des Aischylos Klytemnestras Bericht über die Mordtat – anders ist bei G. nur der Umstand, daß Ägisth die Tat ausführt. – *898 entwickeln:* ganz gegenständlich im Sinne von ›herauswickeln‹. – *908–917 Nach Aulis lockt' er sie* ⟨...⟩ *selbst umschlang:* s. dazu S. 730. In Pylades' Bericht wird Agamemnon als verantwortlich für die Opferung Iphigenies hingestellt – bisher glaubte sie an eine schicksalhafte Forderung Dianas, der ihr Vater nachkommen mußte (vgl. Vers 43 f.). Ihre Erschütterung zeigt sich an der Gebärde des Sichverhüllens (nach Vers 917).

186 *939 Folgerin:* Nachfolgerin (s. zu Vers 161). – *942 Herd der Vatergötter:* Die ›Vatergötter‹ sind die Familien- und Hausgötter (Di patrii), die bei den Römern häufig mit den Penaten gleichgesetzt wurden, deren Bilder in der Nähe des Herdes aufgestellt waren. Vgl. auch Verse 1611–15. – *952 kennen:* im Sinne von ›erkennen‹.

187 *963 Ilions:* Trojas. – *966 Frauen:* hier Genitiv Singular. – *968 Tantals Enkel:* Atreus und Thyest; s. dazu S. 734 f. – *970ff. Und gleich dem Unkraut* ⟨...⟩ *Wechselwut erzeugt:* vgl. dagegen die Prosa-Vorstufen: »⟨...⟩ und jedem ihrer Kinder wieder einen Mörder zur ewigen Wechselwut erzeugt!« Die Umwand-

lung der »Kinder« zu den »Kindes Kindern« (Vers 972), wohl um des Versrhythmus willen vorgenommen, schafft gewisse Schwierigkeiten. Die »Kinder« sind Agamemnon und Aigisthos, die »Kindes Kinder« wären Iphigenie, Orest und wiederum Aigisthos (der als Sohn des Thyest und dessen Tochter Pelopia zugleich auch Enkel des Thyest ist). Versteht man »Kindes Kinder« allgemeiner als ›Nachkommen‹, dann würde Iphigenies Aussage den Geschlechterfluch auf ihre eigene Generation fortschreiben. In personaler Bestimmtheit ist dies nicht möglich, da sie noch nicht weiß, daß Orest Rache genommen hat und daß in dem fremden Griechen, mit dem sie gerade spricht, eben ihr Bruder Orest als Opfer des Diana-Kults designiert ist. – *980 Avernus:* Der Averner See in der Nähe von Neapel, ein kreisförmiger Kratersee, galt bei den Römern als Eingang zur Unterwelt. Der Name kann aber auch die Unterwelt selbst bezeichnen. Die Netz-Metaphorik knüpft an Pylades' Bericht über die Ermordung Agamemnons an (s. Verse 894–98). – *996 Sie rettet* ⟨...⟩ *weder Furcht:* weder Hoffnung noch Furcht. In den Prosa-Vorstufen ist der Literalsinn deutlicher: »Die sei den Göttern überlassen. Hoffnung und Furcht hilft dem Verbrecher nicht.«

188 *1003–1038 So haben mich die Götter* ⟨...⟩ *durch Sohnes-Hand:* Die Erzählung von Klytemnestras Ermordung – nach Schillers Urteil »ein meisterhaftes Gemälde« (Rezension von 1789) – folgt im Pragmatischen den ›Choephoroi‹ des Aischylos sowie den Elektra-Dramen des Sophokles und des Euripides. Das gilt für die Silhouette der Elektra: ihre Erniedrigung durch Ägisth und Klytemnestra (bei Euripides ist sie sogar an einen Bauern verschachert worden), ihre von Maßlosigkeit bedrohte Leidenschaft. Aber in keiner antiken Dramatisierung ist es Elektra, die den zurückgekehrten Bruder zur Rachetat an Klytemnestra aufreizt. Orest ist durch den göttlichen Auftrag (daneben bei Aischylos durch den Gedanken an des »Vaters große Schmach« und das Bewußtsein der eigenen »Dürftigkeit«) von sich aus zu der Tat motiviert. Bei Sophokles bespricht er mit Elektra nur das Vorgehen, nicht aber, ob die Vergeltung überhaupt sein darf oder muß. G. gibt Elektra, deren leidenschaftliche Natur auch sein Planspiel zur ›Iphigenia von Delphi‹ erkennen läßt (s. S. 752f.), die Rolle der Antreiberin, um für Orest den Eindruck eines Mordmechanismus ohne persönliche Scheu gar nicht erst aufkommen zu lassen. – *1006 möchte:* in S und den späteren Drucken hier ein Fragezeichen. Konjektur nach G.s Hs., da es sich dem Dialogablauf nach nicht um eine fragende Vergewisserung des Orest handeln kann. – *1011 Schwäher:* veraltetes Wort für Schwiegervater oder, wie hier, Schwager. – *1017 Unversehen:* im Sinne von ›unversehens‹ (wie die

heutige Wortform lautet), ›unerwartet‹. – *1024 der Mutter heil'ger Gegenwart:* für die dem Sohn natürliche Pietät; vgl. zu Vers 1815. – *1035 stiefgeword'nen Mutter:* eine Wendung, die erst in der Jambenfassung hinzukommt. Klytemnestra ist durch den Mord am Gatten und durch die Verbindung mit Ägisth für ihre eigenen Kinder gleichsam zur Stiefmutter geworden. Elektra wurde durch sie erniedrigt, Orest von ihr – da sie in ihm den Vaterrächer fürchten mußte – potentiell bedroht. – *1036 jenen alten Dolch:* der antiken Stofftradition unbekannt; erst in der Jambenfassung hinzugekommen.

189 *1039–1049 Unsterbliche* 〈...〉 *tiefer fühlen sollte:* als Aparte zu denken, von Orest also nicht mitgehört. Erst nach dem Gedankenstrich in Vers 1049 kehrt Iphigenie in den Dialog zurück (»Sage mir 〈...〉«). – *1052–1059 Wie gärend stieg* 〈...〉 *schwarzen Höhlen:* die Aufreizung der Erinnyen durch den Schatten Klytemnestras nach dem Vorbild der ›Eumeniden‹ des Aischylos. Dort stellen sie sich auch als »die grausen Kinder aus der Urnacht Schoß« (nach der Übersetzung von J. G. Droysen) vor. – *1060 ihre Gefährten, / Der Zweifel und die Reue:* Im sprachlichen Gewand einer Mythisierung von Gewissensregungen nimmt G. damit, wie schon Euripides (s. S. 742), eine Psychologisierung von Orests Zustand vor. – *1062 Acheron:* einer der die Unterwelt umgebenden Flüsse, über die der Fährmann Charon die Seelen ins Totenreich setzt. – *1068 ein alter Fluch:* nicht etwa auf die ›Eumeniden‹ des Aischylos zurückzuführen, worin die Erinnyen als die ›Holden‹ (Eumeniden) von Athene ausdrücklich zu Ehren gebracht, als »Mitherrinnen« der Polis anerkannt werden, weil ohne die von ihnen ausgelöste Furcht keine Gesetzestreue gedeihen kann. G. mischt hier eine unantike Vorstellung ein (den »alten Fluch« erst in der Jambenfassung), vielleicht deshalb, weil er die gebräuchliche – und auch von ihm mehrfach verwendete – Apostrophierung der Erinnyen als ›Unterirdische‹ überinterpretiert hat.

190 *1094 Erfüllung, schönste Tochter / Des größten Vaters:* Anrufung wohl der Charis, der Göttin der Gnade und Gunst, gemäß der griechischen Mythologie personifiziert als Tochter des Zeus (Jupiter). Die Prosa-Vorstufen sprechen von »der Gnade, der schönsten Tochter Jovis«: eine Wendung, die wohl wegen ihrer christlichen Bedeutung im Zuge der antiken Stilisierung ausgeschieden wurde (ebenso wie »die Gnadenhand der Göttin«; Bd. 2.1, S. 272).

191 *1115 den Schatten / Des abgeschiednen Freundes:* möglicherweise auf Achill bezogen, von dessen Tod Iphigenie durch Pylades gehört hat (Vers 863 f. u. Anm.). In den Prosa-Vorstufen: »das Gespenst eines geschiednen Geliebten«. Die Anlage von G.s

Drama nötigt nicht dazu, hier einen eindeutigen personalen Bezug wahrzunehmen – zum Stil paßt auch die Hypothese von einem antikisierenden Singular vor dem Hintergrund der Nachrichten über die Todesfälle in der eigenen Familie. – *1116 eitel:* in der älteren Bedeutung von ›nichtig‹, ›gehaltlos‹ (wie auch in Vers 689). – *1126 der immer Wachen:* der Erinnyen.

192 *1156 Räuchwerk:* Stoff zum Räuchern beim Opfer (das Wort gebildet aus ›räuchen‹, einer älteren Form von ›räuchern‹). – *1160 Schreckensgötter:* Erinnyen.– *1162 Haupt der gräßlichen Gorgone* ⟨...⟩ *durch die Glieder:* Der Anblick der drei Gorgonen (darunter Medusa) läßt die Menschen versteinern. – *1176 Kreusas Brautkleid:* Kreusa, die Tochter des korinthischen Königs Kreon, erhielt zur Hochzeit mit Jason von Medea, die von Jason verlassen worden war, ein Gewand, das beim Anlegen in Flammen aufging und seine Trägerin verbrannte. In der ›Medea‹ des Euripides heißt Kreons Tochter Glauke. – *1178 Wie Herkules* ⟨...⟩ *sterben:* Herkules (griech. Herakles), legendärer Heros der griechischen Sagenwelt, erhielt von seiner Gattin Deianeira aus Wut über seine Untreue ein vergiftetes Gewand, das ihn dahinsiechen ließ. Dem Mythos nach ließ er sich auf dem Berg Oeta in einem Scheiterhaufen verbrennen. Den stoischen Zug, auf den Orest anspielt, erhält er in Senecas Drama ›Hercules Oetaeus‹. Es ist bezeichnend für Orests Verfinsterung, welchen Aspekt aus dem Herakles-Mythos er auf sich bezieht – im Unterschied zu Pylades (Vers 747 u. Anm.).

193 *1188 Lyäens Tempel* ⟨...⟩ *die Priesterin:* Lyaios ist ein Beiname des Dionysos (lat. Bacchus), den auf seinem Zug Bacchantinnen in ekstatischer Begeisterung begleiten. Der Beiname für den Weingott ist abgeleitet von griech. λύειν (lösen). – *1197 vom Parnaß die ew'ge Quelle:* Parnassos, an dessen Fuß Delphi liegt, heißt ein Gebirgszug, der Apollon und den Musen geweiht ist. Auf ihm entspringt der Kastalische Quell; hier als Bild freudiger Bewegung aufgerufen. – *1201 Schöne Nymphe:* Nymphen sind in der griechischen Mythologie eigentlich niedrige Naturgöttinnen, die oft im Gefolge des Dionysos-Bacchus oder der Artemis-Diana auftreten, tanzfreudig, gefällig und entgegenkommend. Im 18. Jh. wird die Bezeichnung in einem pejorativen Sinn gebraucht (liederliche Mädchen, Dirnen etc.) – was aus Orests Anrede keineswegs wegzudenken ist. – *1211 Weis' ihn zurecht:* Weise ihm den rechten Weg.

194 *1240ff. Mit solchen Blicken* ⟨...⟩ *ihre Brust:* vgl. die Verse 707ff. u. Anm. – *1243 Tritt auf, unwill'ger Geist:* s. Verse 1052ff.

195 *1258 Lethes Fluten:* s. zu Vers 113. – *1265 Sohn der Erde:*

aus der Perspektive der Unterwelt, in die sich Orest versetzt glaubt. – *1266 Gelispel:* Flüstern, leises Rauschen. – *1281–1316 Willkommen, Väter ⟨...⟩ den Wirt zu grüßen:* Übergang zu freier rhythmisierten vierhebigen Versen, dem befreiten Strömen der Vorstellungen gemäß.

196 *1297 des Mordes:* gehört zu »Losung«, also: Der Gruß kündigte einen zwangsläufig folgenden Mord an (wie z. B. bei Klytemnestra und Agamemnon). – *1307ff. es haben die Übermächt'gen ⟨...⟩ fest aufgeschmiedet:* Tantalus muß nach dem Willen der Götter ewig büßen – seine Qualen gleichen denen des Prometheus (der an einen Felsen geschmiedet ist, wo ihm ein Adler täglich die Leber frißt, die in der Nacht wieder nachwächst, so daß sein Leiden nie aufhört). Im Titanenbild ist aber auch die christliche Erbsünden-Vorstellung konnotiert, die als existentielle Konditionierung des Geschlechts theologisch abgesetzt werden muß von allen Sünden, die aus ihr folgen. – *1310 herabgekommen:* zum Hades, in den sich Orest durch seine Vision geführt glaubt. – *1315 Plutos Thron:* Pluto (griech. Hades) ist der Herrscher in der Unterwelt. – *1317–1324 Geschwister ⟨...⟩ sehnend still:* Zur Bruder-Schwester-Konstellation von Orest und Iphigenie wird die mythische Parallele (Apollon und Artemis-Diana) gesetzt. Das Bild Apollons fließt hier mit dem des Sonnengottes Helios zusammen; Diana wird als Mondgöttin angesprochen (s. auch Verse 546–48).

197 *1340 Parce:* Römischer Name für die Moiren, die Schicksalsgöttinnen, die für den Menschen den Lebensfaden spinnen (und im Tode abschneiden). – *1343–1354 mit flammender Gewalt ⟨...⟩ Wolken trennt:* Das Gewitterbild macht die Entfesselung der den Menschen schreckenden Gewalten als Vorstufe zu neuem Gedeihen, damit als Anlaß zu Freude und Dank deutlich – eine metaphorische Deutung der kathartischen Struktur von Orests Gemütsheilung (Entfesselung der lebensschädlichen Gefühle als Weg zu ihrer Eindämmung, damit zur seelischen Wiedergesundung). – *1353 Iris:* die Götterbotin des griechischen Mythos, auch die Personifizierung des Regenbogens. – *1360 Tartarus:* s. zu Vers 325. – *1362 dampft:* macht Dampf; transitiv gebraucht (so häufig bei G.) – *1364 Lebensfreud' und großer Tat:* womit sich Orest den früher (Verse 701ff.) melancholisch abgewehrten Aktivitäts-Appell des Pylades zum Zeichen seiner Genesung ganz zu eigen gemacht hat.

198 *1376 erziehen:* hier im Sinne von ›großziehen‹, auch: ›gewähren‹ (in den Prosa-Vorstufen: »geben«). – *1377 Stadt:* in der Heimat. – *1389 ihren:* bezieht sich auf »Seel'« (Vers 1386). – *1398 Und haben kluges Wort ⟨...⟩ Gegeben:* im Unterschied zur

›Taurischen Iphigeneia‹ des Euripides, die sich aktiv und versiert an der Intrige beteiligt (Orestes dort: »Im Ränkespinnen sind die Fraun doch gar geschickt!«).

199 *1403 hinterhalten:* verhehlen, seine wahre Absicht verbergen. – *1410 versagend:* etwa: ›den Dienst verweigernd‹ (aus der Sicht des Schützen). – *1423 folgte:* Irrealis. – *1428 vermelde:* eine schon im 18. Jh. veraltete Form: Kennzeichen des von Arkas gebrauchten Zeremonialstils; s. auch Vers 1570.

200 *1437 mit meinen Jungfraun:* zu den Tauriern verschlagene Griechinnen, die Iphigenie im Tempel dienen. Bei Euripides bilden sie den Chor, bei G. treten sie nicht selbst auf. – *1438 Der Göttin Bild mit frischer Welle netzend:* eine rituelle Waschung – nach der vorgegebenen Entheiligung durch die schuldbefleckten Griechen. Bei Euripides sollen auch Orestes und Pylades durch ein Bad im Meer reingewaschen werden (damit ihnen Gelegenheit zur Flucht auf das rettende Schiff gegeben wird). – *1443 eh':* eher. – *1448 Erdringe:* in der Bedeutung von ›erzwinge‹ (bei G. häufig). – *1455 des Treuen Rat:* dem König bereitwillig entgegenzukommen (vgl. Verse 150ff.) – *1459 hältst:* hältst für (älterer Sprachgebrauch ohne Präposition). S. auch Vers 1784.

201 *1492 Widerwillen:* Widerstreben, Abneigung (doch ohne den pejorativen Beiklang von ›Ekel‹).

202 *1511 eine Wolke wieder:* wie einst bei der Rettung in Aulis (Vers 427f.). – *1517 einziger:* ungeteilter, ausschließlicher. In den Prosa-Vorstufen: »Nur meinem Bruder zog das Herz sich nach ⟨...⟩«. – *1536ff. Den Felsenboden ⟨...⟩ wir merkten's nicht:* bezieht sich auf die Furcht, daß die Erinnyen außerhalb des geweihten Hains, den sie nicht zu betreten wagen (Vers 1129f.), Orest doch wieder zusetzen könnten (vgl. Verse 1412–14). Gegenüber den Prosa-Vorstufen wird der Aufwand verringert, die Illusion zu erzeugen, daß die Erinnyen in leibhaftiger Wirklichkeit präsent seien.

203 *1545 seine Retterin:* Erst in der Jambenfassung wird Iphigenie so genannt. In der Prosa-Fassung von 1781 preist Pylades »der schnellen Retter gnädig Walten« – womit er die Götter meint. – *1558 lispelnd:* leise rauschend. – *1567 verworren:* starkes Partizip Perfekt zu ›verwirren‹, im 18. Jh. gelegentlich auch auf Personen bezogen (s. ferner Vers 1659).

204 *1597 Gehört:* kommt zu, gebührt. – *1605 die Bedingung:* »daß wir die Schwester ihm nach Delphos bringen« (Prosa-Vorstufen) – ausgelegt auf das Kultbild der Diana. – *1607 Orest ist frei, geheilt:* »geheilt« ist (wie in Vers 1536) erst in der Jambenfassung hinzugekommen. – *1609 Felsen-Insel:* Gemeint ist Delphi, das sich G. als Insel dachte – wohl in einer Verwechslung mit der Insel

Delos, dem Geburtsort des Apollon. Die Stadt Delphi, mit der Kultstätte des Apollon, liegt am Fuß des Parnassos.

205 *1617 Entsühnst den Fluch:* Die Formulierung ersetzt: »⟨...⟩ wendest durch deine unbescholtne Gegenwart den Segen auf Atreus' Haus zurück« (alle Prosa-Vorstufen). Eine Sinnveränderung ist hier und in Vers 1702, wo das Wort ›entsühnen‹ ebenfalls in der Schlußredaktion hinzukommt, nicht festzustellen. Das Wort erscheint in bezug auf das väterliche Haus nicht erstmals in der Jambenfassung, sondern bereits in der ältesten Prosa-Vorstufe von 1779: Bd. 2,1, S. 287, Z. 8 (zu Vers 1969) u. S. 291, Z. 9 (zu Vers 2138). – *1624 Gewisse:* im Sinne von ›sicher‹, ›unbezweifelbar‹. – *1625 und still versinkt:* syntaktisch nicht ganz stimmig angeschlossen, da die Logik einen untergeordneten Konsekutivsatz fordert: ›so daß er ⟨der Einsame⟩ still versinkt‹. – *1638 Betrüglich schloß ⟨...⟩ enges Bündnis:* einfacher und eingängiger in den Prosa-Vorstufen: »Nur in der Furcht ist die Gefahr.« – *1646 entschuldigt's ⟨...⟩ dich gewiß:* syntaktische Härte, da das Prädikat ›entschuldigen‹ zuerst mit einem sachlichen (»es«), dann mit einem personalen Objekt (»dich«) verbunden ist. Von G. für A (1807) und alle folgenden Ausgaben geändert zu: »die Not entschuldigt«.

206 *1656 dies Geschlecht:* der Menschen. – *1663 schätzt:* nicht im Sinne von ›hoch schätzen‹, sondern einfach: ›einschätzen‹, ›beurteilen‹. – *1672 dein:* bis ins 19. Jh. üblicher Genitiv (›deiner‹). – *1676 Ein falsches Wort nicht einmal opfern:* eine für Pylades' Denkweise charakteristische Umschreibung von ›lügen‹. – *1680ff. die ehrne Hand ⟨...⟩ unberatne Schwester:* Die ›Not‹ (aus »Notwendigkeit« in den Prosa-Vorstufen) wird nach dem Bild der griechischen Ananke personifiziert und neben das ›Schicksal‹ (Tyche) gerückt, dem – als der Moira – selbst die Götter folgen müssen. – *1684 unberatne:* hier im Sinne von ›nicht mit sich reden (›raten‹) lassende‹. – *1688 Der Rettung schönes Siegel:* das Kultbild der Diana.

207 *1694 Soll dieser Fluch denn ewig walten?:* Mit dieser Zuspitzung in der Jambenfassung nimmt G. eine Frage auf, die sich auch schon bei Euripides durch die Mordserie im Hause der Atriden ergibt. Explizit gestellt wird sie von Klytemnestras Vater, dem alten Tyndareos, im ›Orestes‹. – *1706 Port:* veraltete poetische Bildung aus lat. portus ›Hafen‹; in der Bedeutung von ›Zufluchtsort‹. – *1707 Laster:* hier ›Vergehen‹, ›schmachvolle Tat‹. – *1716 Geierklauen:* ›Geier‹ ist im 18. Jh. Kollektivname für große Raubvögel. Daher ergibt sich die Assoziation zum Prometheus-Martyrium, fließen wiederum die Bilder von Tantalus und Prometheus (Verse 1307 ff. u. Anm.) zusammen; sie führen nunmehr zu einem mühsam gedämpften Protestimpuls bei Iphigenie selbst. –

*1717 rettet euer Bild in meiner Seele!:* zur Logik, die Götter auf ein von Menschen aufgestelltes moralisches Bild von ihnen zu verpflichten, vgl. die Ode *Das Göttliche* aus dem Jahre 1783 (Bd. 2.1, S. 90f.). – *1722 Sie litten mit dem edlen Freunde:* Tantalus ist in G.s Interpretation den »Titanen« zugewiesen, den »alten Götter⟨n⟩«, die von den olympischen Göttern unter der Führung von Zeus entthront und in den Tartarus gestürzt worden sind. Die Sympathie der Parzen – hier offenbar mit den Moiren, den Schicksalsgöttinnen, identifiziert – kann damit erklärt werden, daß sie nach G.s Auffassung ebenfalls zu den vorolympischen Göttern zählten; daher standen sie dem Titanen Tantalus nahe und haßten »grimmig« die Olympier. Ihr Lied bringt einen entschiedenen Protest gegen die Willkür-Herrschaft der Götter zum Ausdruck. Für Iphigenie drängt es sich in einer Situation auf, in der sie selbst an der Güte und der Gerechtigkeit der Götter zweifeln muß. – *1725 ich merkt' es:* zu ergänzen: ›mir‹.

208 *1734 Klippen:* in der allgemeinen Bedeutung von ›Felsen‹, also ohne topographische Fixierung an das Meer. – *1751 Erstickter Titanen:* Zeus soll auf den Kopf des Tantalus den Berg Sipylos gestürzt haben. Nach einer anderen Überlieferung hat er ihn von diesem Berg hinabgestürzt, so daß Tantalus den Hals brach. – *1760 Ahnherrn:* Tantalus (auch Verse 1762 u. 1764.).

209 *1765 Denkt:* denkt an (s.Vers 601 u. Anm.). – *1773 irgend:* in der alten Bedeutung ›irgendwo‹. – *1782: wie ihr pflegt:* ›zu tun‹ ist zu ergänzen. – *1784 hielt:* s. Vers 1459 u. Anm.

210 *1786 bildete:* hier im Sinne von ›veranlaßte‹, ›verleitete‹. – *1803 alt verjährtes:* lange schon bestehendes, zur Gewohnheit gewordenes. – *1811 solltest:* als Irrealis zu lesen.

211 *1815 Gegenwart:* Der temporale Sinn (im Unterschied zu Vergangenheit und Zukunft) ist hier nicht vordringlich. Etwa: ›Sphäre, die ein Anwesender um sich hat‹, auch: ›Wirkung, die von ihm ausgeht‹. Ähnlich in den Versen 1024, 1127 u. häufig bei G. – *1816 sinnt:* sinnt auf. – *1822 Agamemnons Tochter:* Die Selbstdeklaration Iphigenies als Königstochter entspricht dem vorangegangenen ›politischen Parzenlied‹ (Verse 1812–20), einer den Titanismus variierenden Absolutismus-Kritik. Einer »Fürstin« (Vers 1824) kann man nicht gebieten, sie nicht als Vollzugsorgan unmenschlicher Befehle behandeln. – *1827 folgsam fühlt' ich immer meine Seele / Am schönsten frei:* vgl. zum Verständnis die Wendung der Prosa-Vorstufen. »⟨...⟩ diese Folgsamkeit ist einer Seele schönste Freiheit ⟨...⟩«. – *1838 für:* vor (so auch seit A, 1807). – *1841 Red' oder schweig' ich:* vgl. die Prosa-Vorstufen: »Ob ich rede oder schweige ⟨...⟩« – *1845 ihnen:* bezieht sich auf »die Gefangnen« (Vers 1837).

212 *1867 hält:* s. Vers 1459 u. Anm. – *1868 Trutz:* hier bedeutungsgleich mit ›Trotz‹. – *1871 Bald:* schnell. – *verspätet:* ›verspäten‹ als transitives Verb in der Bedeutung von ›verzögern‹, ›hinhalten‹. – *1872 der Gewaltige:* s. zu Vers 328. – *1878 abzutreiben:* abzuwehren, wegzutreiben. – *1880 den anmut'gen Zweig:* Apposition zu »Die schöne Bitte«. Der mit weißer Wolle umwickelte Oliven- oder Lorbeerzweig ist nach antikem Brauch ein Zeichen der um Schutz Flehenden.

213 *1896 immer wiederholenden Erzähler:* Gemeint sind die von Ort zu Ort ziehenden Rhapsoden, die Dichtungen (vor allem von heroischem Gepräge) öffentlich vortrugen. – *1898 Der in der Nacht ⟨...⟩ mit Beute kehrt:* Anspielung auf eine Episode in Homers ›Ilias‹ (10. Gesang), die sogenannte Dolonie, mit Odysseus und Diomedes als Helden eines nächtlichen Überfalls auf das trojanische Lager. – *1899 überschleicht:* veraltetes Wort, das ›anschleichen‹ und ›überfallen‹ verbindet. – *1904ff. Wird der allein gepriesen ⟨...⟩ eine Gegend säub're:* Anspielung auf die Taten des Theseus, der auf dem langen Landweg nach Athen viele Gefahren zu überstehen, vor allem Angriffe durch Straßenräuber abzuwehren hatte. – *1916 Euch leg' ich's auf die Kniee:* homerische Wendung; soviel wie: eine Sache den Göttern dringlich zur Entscheidung nahelegen. – *1916ff. Wenn / Ihr wahrhaft seid ⟨...⟩ die Wahrheit:* s. zu Vers 1717. – *1917 wahrhaft:* Aus der Formulierung der Prosa-Vorstufen (»⟨...⟩ wenn ihr die Wahrhaftigen seid, wie ihr gepriesen werdet ⟨...⟩«) ist zu folgern, daß »wahrhaft« hier nur adverbial – und nicht auch doppelsinnig als Prädikatsnomen – zu verstehen ist. Es geht also um den Wahrheitswillen, nicht um das Sein der Götter; um ihre vom Menschen her antizipierte Moral, nicht darum, ob sie überhaupt ›sind‹. Zu einer ontologischen Lesart paßt der zugehörige Gliedsatz »wie ihr gepriesen werdet« nicht. – *1929ff. das Bild / Dianens ⟨...⟩ hinzubringen:* Der Inhalt des Orakels ist hier falsch wiedergegeben – wie auch schon im entsprechenden Passus der Prosa-Vorstufe (1781) die ›falsche‹ Auflösung auf Diana (als die »Schwester« Apollons) vorgenommen wird (»Apoll schickt sie ⟨Orest und Pylades⟩ von Delphos, das heilige Bild der Schwester hier zu rauben und dorthin zu bringen ⟨...⟩«). Iphigenie hat von Pylades nur eine zwielichtige und eine knappe Auskunft über das delphische Orakel erhalten, die eine innerhalb der Lügengeschichte (Verse 838ff.), die andere nach Orests Heilung (Vers 1605f.). Selbst wenn man noch ein Zwischenakt-Gespräch ergänzt: Sie, auf die hin das Orakel schließlich ausgelegt wird (Vers 2116f.), ist am schlechtesten über seinen Inhalt im Bilde. Ihr falsches Referat wirkt als Spannungsmoment, weil Thoas in der Meinung, es gehe in der Auseinandersetzung mit

den Griechen letztlich um das Diana-Bild, einer friedlichen Lösung nicht einfach zustimmen kann (s. auch Verse 2099 ff.).

214 *1936 darfst:* Neben der heutigen Bedeutung (›erlaubt sein‹) klingt eine ältere an: ›bedürfen‹, ›nötig haben‹. – *1937 Der rohe Scythe, der Barbar:* Thoas' ironische Replik nimmt wiederum (wie schon in den Versen 499–501) den griechischen Überlegenheitsdünkel gegenüber allen Nicht-Griechen (Barbaren) zum Ausgang. Die Gleichsetzung des ›Skythischen‹ mit dem Rohen, Unzivilisierten ist auch in der aischyleischen ›Oresteia‹ ganz selbstverständlich (vgl. ›Choephoroi‹, Vers 162; ›Eumeniden‹, Vers 703). Bei G. macht der »Barbar« im Gedenken an Atreus (s. auch Vers 389) die Gegenrechnung auf. – *1953 künstlich-dichtend:* geschickt erdenkend (was nicht wahr ist). – *1957 ff. Ich könnte ⟨…⟩ laß sie fallen:* vgl. die Prosa-Vorstufe 1781: »⟨…⟩ ich könnte hintergangen werden ⟨nämlich in anderen Fällen⟩, diesmal bin ich's nicht. Wenn sie Betrüger sind, so laß sie fallen.« – *1965 seiner Frauen:* Genitiv Singular.

215 *1974 Verlegen:* impliziert einen Konditionalsatz (›wenn er in einer Verlegenheit ist‹). – *1980 gischend:* aufschäumend, sprühend.

216 *2001 euerm Volke:* hier und im folgenden in der ursprünglichen Bedeutung von ›Kriegsvolk‹. – *2011 horche:* dem Sprachgebrauch des 18. Jh.s gemäß in der Bedeutung von ›gehorche‹.

217 *2023 Beschädige:* Die Anwendung des Verbs auch auf Personen ist in der G.-Zeit noch üblich. – *2035 dieser:* Genitiv des Demonstrativ-Pronomens; bezieht sich auf Iphigenie. – *2047 von:* wohl nicht temporal, sondern kausal – zur Betonung der Urheberschaft – gemeint (Prosa-Vorstufen: »So laß die edle Sitte durch uns hier beginnen.«).

218 *2050–2057 Und laß mich nicht allein ⟨…⟩ scheide jeglicher hinweg:* Dieser Passus, der die Auseinandersetzung um die Abschaffung der Menschenopfer ins Überpersönliche wendet und Iphigenies Vision eines freien menschlichen Austausches (Verse 2158–65) vorbereitet, ist erst in der Jambenfassung hinzugekommen. – *2068 Er falle gleich:* ›gleich‹ ist hier als nachgestelltes Element eines Konzessivsatzes zu verstehen: ›ob er gleich fällt‹, ›auch wenn er fällt‹. – *2087–2091 Sieh hier ⟨…⟩ Er ist's:* Die folgenden Erkennungszeichen sind G.s Erfindung aus dem Geist der antiken Tragödie. Ein Vorbild gibt es dafür nicht in der ›Taurischen Iphigeneia‹ des Euripides (wo sich die Geschwister vielmehr über gemeinsame Erinnerungen ihres Verhältnisses vergewissern), wohl aber in der ›Elektra‹, wo Orestes von der Schwester an einer Schramme erkannt wird, die von einem Sturz bei der Jagd herrührt.

219 *2091 Dreifuß:* dreifüßiges Tischgestell, bei Griechen und Römern sowohl im Alltag als auch im Kultdienst verwendet. – *2104 Dem goldnen Felle:* Anspielung auf das Goldene Vlies, das die Argonauten nach einer berühmten Sage aus Kolchis (am Schwarzen Meer!) raubten. – *2105 sie:* bezieht sich auf den Singular »Der Grieche« (Vers 2102), für den in den Prosa-Vorstufen noch der Plural »die Griechen« steht. – *2116 Apollens Schwester:* Diana. – *2117 Und er gedachte dich:* meinte dich; an Iphigenie gewandt. Die nach dem Bisherigen ebenso überraschende wie den zugespitzten Streit um das Götterbild entschärfende Orakel-Umdeutung – nach Schiller »eine ebenso einfache als scharfsinnige Wendung« – ist wohl nicht als dezidierte Aufkündigung der Loyalität zum Götterwillen, sondern als dessen kluge Befolgung (vgl. noch Vers 2025 f.) zu verstehen. Schon Euripides hat Iphigeneia in der Anrufung der Artemis und im Hinblick auf die Geschwisterliebe (zu Apollon bzw. zu Orestes) an den Punkt geführt, wo ihr eigenes Bild in dem der angerufenen Göttin hervorzutreten beginnt (vgl. ›Iphigeneia bei den Taurern‹, Vers 1401 f.). Auch bei G. wird die ›Übertragung‹ aus der Parallele zwischen der mythischen und der menschlichen Konstellation entwickelt (Verse 1317–24). Daß Orest kurz vorher Iphigenie als »Schwester« genannt hat (Vers 1996) und sie als »Schwester« sich hat nennen hören (Vers 2002), ist dabei weniger von Belang als das Bewußtsein, ihr entgegen der anscheinend vom Orakel vorgezeichneten Zeitfolge seine Rettung (Vers 1545), seine Heilung (Vers 2119 f.) zu verdanken. – *2117 Die strengen Bande / Sind nun gelös't:* nicht nur auf Orests eigene Pathologie, sondern auch auf die Tantaliden-Geschichte überhaupt bezogen (zum »Band« als Zeichen der immer wieder ins Unglück und Verbrechen bindenden schicksalhaften ›Verselbstung‹ s. Vers 331 u. ö.). – *2119 Von dir berührt / War ich geheilt:* aus »Durch deine Berührung sollt' ich wunderbar geheilt sein« (Prosa-Vorstufen) – auf Dianas Ratschluß (»sollt'«) bezogen, aber von und zu Iphigenie gesagt. Daß die Jambenfassung die Kausalität in eine konsekutive Verbindung von ›Berührung‹ und ›Heilung‹ einkapselt, muß nicht auf eine Sinnänderung schließen lassen – vermutlich hat der Verszwang zur Verkürzung der Aussage geführt. Zu Iphigenies ›kathartischer‹ Berührung des Bruders s. Verse 1194 f., 1205, 1341 f., 1392 f. u. 1703 ff. Die Heilung durch die liebende Zuwendung der menschlichen Schwester stellt eine Antithese zur aischyleischen ›Oresteia‹ her, in der Orestes nach dem Muttermord in seiner Qualvision der aufsteigenden Erinnyen eine Befreiung durch Apollon, also durch göttlichen Eingriff, verheißen wird: »Es gibt Entsühnung! Wenn dich Loxias ⟨Apollon⟩ berührt, / So wird er huldreich dieser Qualen dich

befrein!« (›Choephoroi‹, Vers 1059f.; nach der Übersetzung von J. G. Droysen). – *2127 Rat:* aus »Ratschluß« (in den Prosa-Vorstufen); so auch zu lesen. – *2127ff. Gleich einem heil'gen Bilde* ⟨...⟩ *gebannt ist:* im Hinblick darauf, daß griechische Städte ihr Wohl von Schutzgottheiten abhängig wissen, deren Bilder sie im Tempel aufbewahren und verehren. In Troja war dies das Palladium, ein vom Himmel gefallenes Bild der Athene. Die Eroberung der Stadt durch die Griechen war erst möglich, nachdem Diomedes das Palladium geraubt hatte. Der Vergleich Iphigenies mit dem »heil'gen Bilde« fügt sich zu der vorangegangenen Orakeldeutung und der sakralen Aura, die Orest um die Schwester breitet – wozu es in den Prosa-Vorstufen erst Ansätze gibt.

220 *2136ff. daß sie die Weihe* ⟨...⟩ *die alte Krone drücke:* im Gegensatz zur ›Elektra‹ des Sophokles, wo Orestes es ist, der – durch den vergeltenden Muttermord – zum Retter und Heilsbringer für das Haus der Atriden wird. Bei Euripides wird die Wiederaufrichtung des Vaterhauses zur Sache von Iphigeneia (›Iphigeneia bei den Taurern‹), ohne freilich – wie bei G. – an den Willen zur Entsühnung gebunden zu werden. – *2141 des nähern Rechtes:* als Bruder. – *2143 die Wahrheit dieser hohen Seele:* in den Prosa-Vorstufen: »die schöne Wahrheit«. Zu Iphigenies Wahrheitspathos vgl. die Verse 218f., 1403–11 u. 1916–19, zu Orest und der Diskussion einer bloß rhetorischen Steuerung seiner Schlußrede Verse 768 u. 1076–81 (auch hier schon, wie bereits entsprechend in den Prosa-Vorstufen, in Vers 1076 die Anrede an die noch unerkannte Iphigenie: »du große Seele«). Iphigenie stempelt der Schlußrede des Bruders dann ausdrücklich das Wahrheitssiegel auf (s. Vers 2146f.).

221 *2174 Lebt wohl!:* nicht eine konventionelle Grußformel, sondern durchaus das holde Abschiedswort (Vers 2169), der »Segen«, den Iphigenie von Thoas erbeten hat (Vers 2151f.). Die ursprüngliche Bedeutung (›wohl‹ als Adverb zu ›gut‹) wird im Abschiedswunsch noch hörbar.

## ULYSSES AUF PHÄA
## NAUSIKAA

In der *Italienischen Reise* (Bd. 15) stellt G. den Plan, die von Homer erzählte Begegnung des Odysseus mit der phäakischen Königstochter Nausikaa dramatisch zu gestalten, als Folge seines Erlebnisses der sizilianischen Landschaft dar. Ihn bezauberte schon bei der Anfahrt auf Palermo die »Reinheit der Conture, die Weichheit des Ganzen, das Auseinanderweichen der ⟨Farb-⟩Töne, die Harmonie von Himmel, Meer und Erde«, nicht minder dann die Landschaft selbst mit ihrer prächtigen Vegetation (Palermo, 3. April 1787). Der öffentliche Garten in der Nähe der Reede stellt sich ihm als »der wunderbarste Ort von der Welt« dar: »Regelmäßig angelegt, scheint er uns doch feenhaft; vor nicht gar langer Zeit gepflanzt, versetzt er ins Altertum. ⟨...⟩ alles rief mir die Insel der seligen Phäaken in die Sinne so wie ins Gedächtnis. Ich eilte sogleich einen Homer zu kaufen, jenen Gesang mit großer Erbauung zu lesen und eine Übersetzung aus dem Stegreif ⟨...⟩ vorzutragen ⟨...⟩« (ebd., 7. April 1787).

Sizilien hat demnach Homer-Assoziationen geweckt, zumal G. diese »Königin der Inseln« (ebd., 3. April 1787) – nach einer von Carl August Böttiger für 1795 überlieferten Gesprächsäußerung sogar das Ursprungsland der griechischen Kultur – der Magna Graecia zugehörig wußte. Die Erfahrung der sizilianischen Landschaft machte ihm die Antike gegenwärtig, so daß ihm im Giardino pubblico von Palermo immer noch der Garten des Alkinoos fortzublühen schien, den schon der homerische Odysseus bewundernd betrachtet hat. Der Plan zur *Nausikaa*, erstmals unter dem 3. April 1787 als »Denkmal dieser ⟨...⟩ glücklichen Stunden« angedeutet, erscheint als poetische Huldigung an Sizilien, an eine landschaftliche Natur, in der die Welt Homers gegenwärtig geblieben ist.

Daß in den homerischen Epen Naturformen des Lebens anschaubar sind, hat G. immer wieder in den verschiedensten Zusammenhängen betont. Schon der *Werther* kennt die beglückende Erinnerung an »die Züge patriarchalischen Lebens«, wie sie Homer überliefert hat (Bd. 1.2, S. 217). In den *Maximen und Reflexionen* sagt der alte G.: »Der für dichterische und bildnerische Schöpfungen empfängliche Geist fühlt sich dem Altertum gegenüber in den anmutigst-ideellen Naturzustand versetzt, und noch auf den heutigen Tag haben die Homerischen Gesänge die Kraft, uns wenigstens für Augenblicke von der furchtbaren Last zu befreien, welche die Überlieferung von mehrern tausend Jahren auf uns gewälzt hat« (Bd. 17, Nr. 662).

Das Sizilien-Erlebnis des Italien-Reisenden, der auf der blühenden Insel den »Schlüssel zu Allem« zu finden glaubt (*Ital. Reise;* Palermo, 13. April 1787), wird folglich zu einem Eintauchen in eine vorzivilisatorische Natur oder, was für G. keinen Unterschied ausmacht, zu einem Spurengang zur homerischen Welt. Die »Trümmerwüste« des von einem Erdbeben zerstörten Messina erhält in G.s Komposition schon eine homerische Aura, insofern sich darin das Porträt eines cholerischen Gouverneurs einzeichnen läßt, das auf den steineschleudernden Kyklopen im 9. Gesang der ›Odyssee‹ verweist. G. bringt sich bei dieser Schilderung so ins Bild, daß er vor einem Besuch beim glutäugigen Stadtherrscher »Odysseus den Patron« anruft und »seine Vorsprache bei Pallas-Athene« erbittet (*Ital. Reise,* Messina, 13. Mai 1787).

Die Eindrücke, die ihn in Sizilien an Homer denken lassen, rekapituliert G. im Italien-Buch noch einmal in einem Brief an Herder, wobei er das Poetische der alten Epen als »unsäglich natürlich« hinstellt: »Selbst die sonderbarsten, erlogenen Begebenheiten haben eine Natürlichkeit die ich nie so gefühlt habe als in der Nähe der beschriebenen Gegenstände.« Nach der Anschauung der sizilianischen Landschaft sei ihm die ›Odyssee‹ »ein lebendiges Wort« (Neapel, 17. Mai 1787). Ganz entsprechend äußerte sich G. später zu Schiller am 14. Februar 1798, indem er die Schwierigkeit für unsere »Imagination« benennt, den beschreibenden Partien der ›Odyssee‹ beizukommen: »In welchem Glanze aber dieses Gedicht vor mir erschien als ich Gesänge derselben in Neapel und Sicilien las! ⟨...⟩ Ich gestehe daß es mir aufhörte ein Gedicht zu sein, es schien die Natur selbst ⟨...⟩« (Bd. 8, S. 525 f.)

Von der *Nausikaa* ist in der *Italienischen Reise* noch mehrmals die Rede. Unter dem 16. April 1787 wird das Durchdenken des Plans erwähnt: »Dies alles ist, wo nicht mit großem Glück, doch mit vielem Behagen geschehen. Ich verzeichnete den Plan und konnte nicht unterlassen einige Stellen die mich besonders anzogen zu entwerfen und auszuführen.« Für den folgenden Tag notiert die *Italienische Reise* jedoch, daß die »dichterischen Träume« verdrängt worden seien durch den Gedanken an die Urpflanze, der G. seit längerem (»alte Grille«) beschäftigte: »Gestört war mein guter poetischer Vorsatz, der Garten des Alcinous war verschwunden, ein Weltgarten hatte sich aufgetan.«

Vom Dramenprojekt wird ein letztes Mal unter dem 7. ⟨*richtig:* 8.*⟩* Mai 1787 gehandelt. G.s Absicht ging danach auf »eine dramatische Konzentration der Odyssee«, die er »nicht für unmöglich« halte. Allerdings »müßte man den Grundunterschied des Drama und der Epopee recht ins Auge fassen«. Es folgt eine längere Inhaltsskizze der geplanten *Nausikaa,* die freilich erst 1817 verfaßt und durch eine distanzierende Überschrift von den eigentlichen Reise-Dokumenten abgesetzt wurde:

»Aus der Erinnerung

War ich nun durch die Gegenwart und Tätigkeit eines geschickten Künstlers ⟨des Malers Christoph Heinrich Kniep; 1755–1825⟩ und durch eigne, obgleich nur einzelne und schwä-

chere Bemühungen gewiß, daß mir von den interessantesten
Gegenden und ihren Teilen feste wohlgewählte Bilder, im Umriß und nach Belieben auch ausgeführt, bleiben würden; so gab
ich um so mehr einem nach und nach auflebenden Drange nach:
die gegenwärtige herrliche Umgebung, das Meer, die Inseln, die
Häfen, durch poetische würdige Gestalten zu beleben und mir
auf und aus diesem Local eine Komposition zu bilden, in einem
Sinne und in einem Ton, wie ich sie noch nicht hervorgebracht.
Die Klarheit des Himmels, der Hauch des Meeres, die Düfte,
wodurch die Gebirge mit Himmel und Meer gleichsam in ein
Element aufgelöst wurden; alles dies gab Nahrung meinen Vor-
sätzen, und indem ich in jenem schönen öffentlichen Garten
zwischen blühenden Hecken von Oleander, durch Lauben von
fruchttragenden Orangen- und Zitronenbäumen wandelte, und
zwischen andern Bäumen und Sträuchern, die mir unbekannt
waren, verweilte, fühlte ich den fremden Einfluß auf das aller-
angenehmste.

Ich hatte mir, überzeugt, daß es für mich keinen bessern
Kommentar zur Odyssee geben könne, als eben gerade diese
lebendige Umgebung, ein Exemplar verschafft und las es nach
meiner Art mit unglaublichem Anteil. Doch wurde ich gar bald
zu eigner Produktion angeregt, die, so seltsam sie auch im ersten
Augenblicke schien, mir doch immer lieber ward und mich
endlich ganz beschäftigte. Ich ergriff nämlich den Gedanken,
den Gegenstand der *Nausikaa* als Tragödie zu behandeln.

Es ist mir selbst nicht möglich abzusehen was ich daraus
würde gemacht haben, aber ich war über den Plan bald mit mir
einig. Der Hauptsinn war der: in der Nausikaa eine treffliche,
von vielen umworbene Jungfrau darzustellen, die, sich keiner
Neigung bewußt, alle Freier bisher ablehnend behandelt, durch
einen seltsamen Fremdling aber gerührt, aus ihrem Zustand
heraustritt und durch eine voreilige Äußerung ihrer Neigung
sich kompromittiert, was die Situation vollkommen tragisch
macht. Diese einfache Fabel sollte durch den Reichtum der
subordinierten Motive und besonders durch das Meer- und
Inselhafte der eigentlichen Ausführung und des besondern Tons
erfreulich werden.

Der erste Akt begann mit dem Ballspiel. Die unerwartete
Bekanntschaft wird gemacht und die Bedenklichkeit den Fremden nicht selbst in die Stadt zu führen, wird schon ein Vorbote
der Neigung.

Der zweite Akt exponierte das Haus des Alcinous, die Charaktere der Freier, und endigte mit Eintritt des Ulysses.

Der dritte war ganz der Bedeutsamkeit des Abenteurers

gewidmet, und ich hoffte in der dialogierten Erzählung seiner Abenteuer, die von den verschiedenen Zuhörern sehr verschieden aufgenommen werden, etwas Künstliches und Erfreuliches zu leisten. Während der Erzählung erhöhen sich die Leidenschaften, und der lebhafte Anteil Nausikaas an dem Fremdling wird durch Wirkung und Gegenwirkung endlich hervorgeschlagen.

Im vierten Akte betätigt Ulysses außer der Szene seine Tapferkeit, indessen die Frauen zurückbleiben und der Neigung, der Hoffnung und allen zarten Gefühlen Raum lassen. Bei den großen Vorteilen welche der Fremdling davon trägt, hält sich Nausikaa noch weniger zusammen und kompromittiert sich unwiderruflich mit ihren Landsleuten. Ulyß der halb schuldig, halb unschuldig dieses alles veranlaßt, muß sich zuletzt als einen scheidenden erklären und es bleibt dem guten Mädchen nichts übrig als im fünften Akte den Tod zu suchen.

Es war in dieser Komposition nichts was ich nicht aus eignen Erfahrungen nach der Natur hätte ausmalen können. Selbst auf der Reise, selbst in Gefahr Neigungen zu erregen, die, wenn sie auch kein tragisches Ende nehmen, doch schmerzlich genug, gefährlich und schädlich werden können; selbst in dem Falle in einer so großen Entfernung von der Heimat abgelegne Gegenstände, Reiseabenteuer, Lebensvorfälle zu Unterhaltung der Gesellschaft mit lebhaften Farben auszumalen, von der Jugend für einen Halbgott, von gesetzten Personen für einen Aufschneider gehalten zu werden, manche unverdiente Gunst, manches unerwartete Hindernis zu erfahren; das alles gab mir ein solches Attachement ⟨Antrieb, Interesse⟩ an diesen Plan, an diesen Vorsatz, daß ich darüber meinen Aufenthalt zu Palermo, ja den größten Teil meiner übrigen sicilianischen Reise verträumte. Weshalb ich denn auch von allen Unbequemlichkeiten wenig empfand, da ich mich auf dem überklassischen Boden in einer poetischen Stimmung fühlte, in der ich das, was ich erfuhr, was ich sah, was ich bemerkte, was mir entgegen kam, alles auffassen und in einem erfreulichen Gefäß bewahren konnte.

Nach meiner löblichen oder unlöblichen Gewohnheit schrieb ich wenig oder nichts davon auf, arbeitete aber den größten Teil bis aufs letzte Detail im Geiste durch, wo es denn, durch nachfolgende Zerstreuungen zurück gedrängt, liegen geblieben, bis ich gegenwärtig nur eine flüchtige Erinnerung davon zurückrufe.« (Bd. 15).

## Zur Entstehungsgeschichte

Allein aus der *Italienischen Reise* läßt sich die Entstehungsgeschichte des Fragments nicht rekonstruieren. Die später geschriebene Inhaltsskizze mit der Angabe, es sei von dem so lebhaft imaginierten Drama in Sizilien selbst »wenig oder nichts« aufgeschrieben worden, steht im Widerspruch zu der unter dem 16. April 1787 verzeichneten Mitteilung, es seien schon in den ersten Planspielen »einige Stellen« entworfen und ausgeführt worden. Auch ist der Gang der Handlung, den G. aus der Erinnerung gibt, nicht mit allen überlieferten Textstücken zur *Nausikaa* in Einklang zu bringen. Zweifellos hat G.s eigene Darstellung die wirkliche Entstehungsgeschichte des Fragments in einigen Hinsichten verzeichnet, um die *Nausikaa*-Ambition gleichsam als natürliches Gewächs der sizilianischen Homer-Landschaft stilisieren zu können.

Tatsächlich ist der Plan ein halbes Jahr älter: »Sagt ich dir schon daß ich einen Plan zu einem Trauerspiel Ulysses auf Phäa gemacht habe? Ein sonderbarer Gedanke der vielleicht glücken könnte« (*Reise-Tagebuch* für Charlotte von Stein; Giredo, 22. Oktober 1786; S. 140). Vor dem Besuch Siziliens hat G. demnach den Aufenthalt des Odysseus bei den Phäaken bereits als dramatischen Stoff ins Auge gefaßt. Seine erste Intention scheint auf eine antikisierende Tragödie im Stil der *Iphigenie* gegangen zu sein: Diese wird am gleichen Tage genannt, vier Tage vorher (Bologna, 18. Oktober) war vom »Plan zur Iphigenie auf Delphos« die Rede gewesen (S. 134).

Auch dieser erste Plan zu einem Nausikaa-Drama steht im Zeichen Homers. Schon bei der Beobachtung des venezianischen Volkstreibens assoziiert G. antike Lebensformen: »⟨...⟩ das lebt immer mit einander und wie notwendig die Bettler in diesen Tableaus sind. Wir hätten auch sonst die Odyssee nicht und die Geschichte vom reichen Manne nicht« (*Reise-Tagebuch*, 29. September 1786; S. 94). Er vergleicht sich mit Odysseus, insofern ihm »Minerva in Gestalt des alten Lohnbedienten zur Seite steht und geht« (ebd., 6. Oktober 1786; S. 112). In Foligno angekommen, sieht er sich »völlig in einer Homerischen Haushaltung, wo alles um ein Feuer in einer großen Halle versammelt ist und schreit, lärmt, an langen Tischen speist, wie die Hochzeit von Cana gemalt wird« (ebd., 26. Oktober 1786; S. 145).

Der Plan zum *Ulysses auf Phäa* ist demnach eingebettet in die Wahrnehmung homerischer Lebensformen bereits in Norditalien. Hinzu kommen wahrscheinlich Anregungen durch Werke der bildenden Kunst, die G. auf der Reise sah (wenn er auch im *Reise-*

*Tagebuch* und in der späteren *Italienischen Reise* darüber hinweggeht). So erwähnt er den Besuch des »Instituts« zu Bologna, der berühmten, weitläufig angelegten Maler-Akademie im Palazzo Cellesi (*Reise-Tagebuch*, 18. Oktober; *Ital. Reise*, 19. Oktober 1786). Dort sind etliche Fresken zu sehen, die Pellegrino Tibaldi (1527–1596) nach Motiven aus der ›Odyssee‹ geschaffen hat. Es ist durchaus denkbar, daß das kurze Zeit später mitgeteilte Planspiel eines Odysseus-Dramas solchen Kunstwahrnehmungen entspringt.

Bei der Redaktion der *Italienischen Reise* hat G. diese Spuren verwischt, die Homer-Assoziationen in Venedig (den *Ulysses auf Phäa* eingeschlossen) nicht aus dem originalen *Reise-Tagebuch* übernommen und nur die Impression, in Foligno »in einer völlig homerischen Haushaltung« zu sein, aufs neue anklingen lassen (*Ital. Reise*, 26. Oktober 1786). Ihm lag daran, das Ineinander von Homer-Erinnerung und Natur-Wahrnehmung an das Erlebnis Siziliens zu binden und seinen Plan zur *Nausikaa* aus diesem Zusammenhang hervorgehen zu lassen. Es sind also neben Ungenauigkeiten der Erinnerung kompositorische Absichten, die G. bei der späteren Einrichtung des Reisebuchs die tatsächliche Entstehungsgeschichte seines Dramenplans verschleiern lassen. Zwei Tagesregister zur *Italienischen Reise* (zum 15. und 16. April 1787) zeigen die kompositorische Linie von »Homer« über den »Garten des Alcinous« zu »Nausikaa« in aller Deutlichkeit (Paralipomena in WA I 31, Nr. 23, S. 339, und WA I 32, Nr. 38, S. 475).

Als G. den Boden Siziliens betrat, hat er mit dem Plan zur *Nausikaa* also keinen völlig neuen dramatischen Gedanken gefaßt, sondern die venezianische Assoziation vom Herbst des Vorjahrs wieder aufgegriffen, angeregt nun von der sizilianischen Landschaft. Er »eilte« auch nicht »sogleich einen Homer zu kaufen«, wie die *Italienische Reise* unter dem 7. April 1787 vermerkt: der Kauf der ›Odyssee‹ (›Odyssea, graece et latine‹, Patavii 1777) ist nach der Reinschrift von G.s Ausgabenliste (GSA 25/XXVII, N, 3 Bl. 1) auf den 15. April zu datieren. Das damals erstandene Exemplar der ›Odyssee‹ mit Anstreichungen G.s zwischen dem 6. und dem 13. Gesang – der Ankunft des Odysseus bei den Phäaken und seiner Heimkehr nach Ithaka – hat sich in seiner Bibliothek erhalten.

Daraus ergeben sich Folgerungen für die Entstehungs- und Textgeschichte der *Nausikaa*, die für die Anordnung der Fragmente zu berücksichtigen sind. G.s Arbeit an dem Drama begann nicht erst nach der erneuten Homer-Lektüre, also nach dem 15. April, sondern sie ist danach in ihre zweite Phase getreten. Schon vorher muß der Dichter einiges niedergeschrieben haben, wobei

die Erinnerungen an die ›Odyssee‹ ihn für nicht gerade unwichtige
Benennungen im Stich gelassen haben. Dazu gehört, daß er die
Insel der Phäaken, auf der der schiffbrüchige Odysseus landet,
zunächst als »Phäa« identifiziert hat (*Reise-Tagebuch*, 22. Oktober
1786; S. 140) – der richtige Name ist Scheria (›Odyssee‹ VI, 8). Und
sogar der Name der Königstochter, der Odysseus am Strand
begegnet, war ihm entfallen: Er nannte sie in den ersten Skizzen
nicht Nausikaa, sondern Arete, mit einem Namen, den bei Homer
die Mutter Nausikaas trägt. Auch sind Bruder und Amme der
Nausikaa nicht wie in der ›Odyssee‹ benannt. Erst nach der
sizilianischen Homer-Lektüre tauchen die richtigen Namen auf, so
Eurymedusa für die Vertraute und vor allem Nausikaa, wie in H$^2$
das ganze Textcorpus auch überschrieben ist (in der Form »Nausi-
caa«).

Es handelt sich in der Entstehungsgeschichte des Fragments
nicht nur um zwei verschiedene Phasen – vor und nach dem
Einfluß der neuen Homer-Lektüre –, sondern sogar um zwei
verschiedene Konzeptionen (vgl. Helmut Mainzer: Zu Goethes
Fragmenten Ulyß auf Phäa und Nausikaa, in: GJb 1963,
S. 167–181). Die aus der späteren »Erinnerung« gegebene Inhaltsskizze des Ganzen (s. S. 795 ff.) ist mit dem ursprünglichen Szenar
(s. S. 224–228) keinesweges in allen Einzelheiten kompatibel: Zunächst stand offenbar Odysseus im Mittelpunkt (und nicht Nausikaa, deren Name G. ja nicht einmal gegenwärtig war), während
sich der zweite Gestaltungsansatz deutlicher nach den Vorgaben
des Epos richtete und offenbar, dem Titel entsprechend, die
Gestalt der Nausikaa in den Mittelpunkt stellte.

*Tendenzen der Stoffbehandlung*

Die Nausikaa-Episode hat, gerade weil sie bei Homer recht kurz
gehalten ist, immer wieder zu Neugestaltungen angereizt, die eine
innere Liebesbindung zwischen Odysseus und der phäakischen
Königstochter unterstellt oder auch, als sei hier etwas nachzuholen, die von Odysseus wieder verlassene Retterin wenigstens mit
seinem Sohn Telemachos verbunden haben, so z. B. Johann Jakob
Bodmer (1698–1783) in seinem Versepos ›Telemach und Nausikaa‹, 1776. Bei Homer ist davon keine Rede. Er führt Nausikaa,
die Tochter des Alkinoos und der Arete, als schönes und reizendes
Mädchen ein, das vor seiner Hochzeit steht (ohne daß ein Bräutigam genannt würde). Pallas Athene erscheint ihr im Traum und
heißt sie, an den Strand zu gehen und für das bald bevorstehende
Fest ihre Kleidung zu waschen. Am Strand spielt sie mit ihren

Dienerinnen Ball und findet Odysseus, der nach seinem Schiffbruch erschöpft eingeschlafen ist.

Nausikaa ist dem fremden Mann behilflich, gibt ihm Kleidung und weist ihm den Weg zu ihren Eltern in der Stadt. Von Alkinoos und Arete sieht sich Odysseus, durch Pallas Athene geleitet, freundlich aufgenommen. Er bewährt sich im sportlichen Wettkampf und gibt sich schließlich auf Befragen des Gastgebers zu erkennen. Dann berichtet er ausführlich von seinen Irrfahrten und Abenteuern seit dem Ausgang des Trojanischen Krieges. Die Bitte, ihm die Heimkehr zu ermöglichen, wird erfüllt, und so besteigt Odysseus das Schiff, das ihm Alkinoos bereitgestellt hat. Für ihn ist der Wunsch nach Heimkehr dominierend; eine Versuchung zum Bleiben, die von der schönen jungen Königstochter ausginge, spürt er nicht und hat er also auch nicht in der Verpflichtung zur ehelichen Treue niederzukämpfen. Nausikaa, »geschmückt mit göttlicher Schönheit«, erhält von ihm nur ein Wort des Dankes und das Versprechen, ihrer täglich zu gedenken (›Odyssee‹ VIII,457ff.). Beim Abschied von Arete nennt er seine Retterin nicht einmal mehr namentlich (XIII,59ff.).

Nun weist Homers Darstellung allerdings auch Motiv-Partikel auf, die zu den Aus- und Umgestaltungen späterer Autoren, zum Substituieren einer Liebesgeschichte, förmlich einzuladen scheinen. Zweimal wird Odysseus von seiner Schutzherrin Pallas Athene mit einer besonderen Ausstrahlung versehen, die ihn »höher an Wuchs und jugendlicher« erscheinen läßt (VI,229ff. u. VIII,55ff.). Gleich regt sich in Nausikaa die Wunschphantasie: »Würde mir doch ein Gemahl von solcher Bildung bescheret ‹(...)« (VI,244). Auch Alkinoos wäre der Fremde als Schwiegersohn – und Erbe – durchaus recht (VII,311ff.). In solchen Worten spiegelt sich die Vortrefflichkeit des Odysseus und zugleich die Lenkung seines Schicksals durch Pallas Athene. Zur Seite der Nausikaa hin, die bei unklaren Heiratsaussichten immerhin eine Liebesregung zu Odysseus andeutet, schien Homers einsinnige Figurendarstellung einiges schuldig zu bleiben.

Sophokles hat zwei Tragödien (›Nausikaa‹ und ›Phäaken‹) aus den von Homer erzählten Begebenheiten entwickelt, über deren Anlage – beide sind nicht überliefert – allerdings kaum etwas zu sagen ist. Spätere Autoren haben das Nausikaa-Motiv als Topos einer Idylle gestaltet oder aufgerufen, so z. B. Adalbert Stifter (1805–1868) im ›Nachsommer‹ (1857), wo dem Helden »das schöne Bild Nataliens« nach seiner Homer-Lektüre als »die Nausikae von jetzt« erscheint. Schiller konzipierte im ›Demetrius‹ (1804/05) das Nausikaa-Motiv zur Eröffnung einer idyllischen Sphäre im Gegensatz zu den Notzwängen der politischen Welt:

Lodoiska, das polnische Landmädchen, taucht in seinem Planspiel ausdrücklich als »die Nausikaa des Stücks« auf.

G.s Intention zielt unverkennbar auf ein »Trauerspiel«. Das zeigt schon die erste Erwähnung seines Plans zu »Ulysses auf Phäa« im Oktober 1786. In der letzten von G. überlieferten Äußerung zu seinem Dramenprojekt (im Brief vom 4. Dezember 1817) rühmt er Sulpiz Boisserée (1783–1854), daß er »den Stoff 〈...〉 gleich als tragisch erkannt« habe, als fordere dies in Anbetracht seiner idyllischen Einkleidung einen besonderen Kennerblick. G. zeigt sich »auf neue« betrübt, daß er dies Projekt »damals« – nach dem Verlassen Siziliens im Frühjahr 1787 – habe fallen lassen: »Ich brauche Ihnen nicht zu sagen, welche rührende, herzergreifende Motive in dem Stoff liegen, die, wenn ich sie, wie ich in Iphigenie, besonders aber in Tasso tat, bis in die feinsten Gefäße verfolgt hätte, gewiß wirksam geblieben wären.«

Es ist anzunehmen, daß G. in der ersten Konzeption – also vor der über die richtigen Namen und Einzelheiten der Handlung aufklärenden Homer-Lektüre (seit dem 15. April 1787) – Odysseus in der Hoffnung auf baldige Heimkehr zeigen wollte, jedoch blind für die Gefühle, die er in seiner schönen jungen Retterin geweckt hat: ein schon gereifter Mann, der durch seine »attrativa« eine Neigung gewinnt, sie aber – unwissend – nicht erwidert und somit Unglück bewirkt. Der Gedanke, daß sein Sohn als Werber die Situation retten könnte, wird von Odysseus vergeblich ins Spiel gebracht. Mehr läßt sich über das Planspiel zu *Ulysses auf Phäa* anhand des Szenars kaum sagen, insbesondere nicht, ob die Aufzeichnung »Frage unverheuratet« (zum 4. Akt) Nausikaa zugedacht ist oder ob »unverheuratet« schon zur Antwort des Odysseus gehört (der dann eine glatte Lüge aussprüche, die ihn moralisch herabsetzen müßte). Die Königstochter sollte nach diesem Konzept, über die Identität des Odysseus schließlich aufgeklärt, aus enttäuschter Liebe in den Tod gehen.

Auf das zweite Konzept, nun *Nausikaa* überschrieben, beziehen sich G.s Hinweise, Erläuterungen und Reminiszenzen in der *Italienischen Reise* (Bd. 15). Es bleibt zwar bei der unerwiderten Liebe, der »Rührung eines weiblichen Gemüts durch die Ankunft eines Fremden«, wie G. den Motivkern der Nausikaa-Episode später umschreibt (an Schiller, 14. Februar 1798). Aber die Handlungskonstellation, die G.s spätere Inhaltsskizze erkennen läßt, hat sich gegenüber dem ersten Planspiel verändert. Die Anknüpfung an Homer ist deutlicher, Freier der Nausikaa treten auf den Plan, die Erzählung seiner Abenteuer durch Odysseus ist vorgesehen, desgleichen – in geänderter Reihenfolge gegenüber dem Epos – der sportliche Wettkampf, in dem sich Odysseus gegenüber jüngeren (und bei Homer teilweise großsprecherischen) Phäaken auszeichnet, nicht ohne Nausikaa in ihrer »Neigung«, ihrer »Hoffnung« und »allen zarten Gefühlen« zu bestärken (s. S. 797). Den »Hauptsinn« der von ihm ersonnenen Fabel bezeichnet G. so, daß »in der Nausikaa eine treffliche, von vielen umworbene Jungfrau« auftrete, »die, sich keiner Neigung bewußt, alle Freier bisher ablehnend behandelt, durch einen seltsamen Fremdling aber gerührt, aus ihrem Zustand heraustritt und durch eine voreilige Äußerung ihrer Neigung sich kompromittiert, was die Situation vollkommen tragisch macht« (s. S. 796).

Das gleiche Stichwort – »kompromittiert« – taucht in bezug auf Nausikaa ein zweites Mal in der Inhaltsskizze auf: Sie hält sich, als sie von den sportlichen Siegen des Odysseus hört, nicht zusammen und stellt sich bloß, indem sie den Phäaken ihre Neigung zu dem Fremden verrät. Damit verletzt sie das Gesetz des Schicklichen, gleichsam ein weibliches Pendant zu Tasso (mit dem sich G., das alte Dramenkonzept von 1780/81 überprüfend, auf der Schiffahrt nach Sizilien beschäftigt hatte). Von Odysseus sagt G., daß er die Katastrophe »halb schuldig, halb unschuldig (...) veranlaßt« habe: Während er sich »zuletzt als einen scheidenden erklären« muß, »bleibt dem guten Mädchen nichts übrig als im fünften Akte den Tod zu suchen«.

Diese Handlung wird von dem 30 Jahre später zurückschauenden Dichter wiederum mit Hinweisen verbunden, wie sehr die »Komposition« vom Landschaftserlebnis hätte zeugen, »das Meer- und Inselhafte der eigentlichen Ausführung und des besondern Tons« das ganze Werk hätte färben sollen. Außerhalb des sizilianischen Lebens-Augenblicks ließ sich das Projekt offenbar nicht weiter fördern, verblaßten die lebendigen Töne und Farben, die G.s Homer-Nachfolge ihr poetisches Leben versprachen. An eine Vollendung der *Nausikaa* hat G., am 14. Mai 1787 auf das Festland zurückgekehrt, nicht mehr gedacht, nachdem er die Reinschrift in Vers 65 abgebrochen hat (wahrscheinlich in Neapel, spätestens in Rom).

In den dramatischen Plan ist auch ein G.sches Lebensthema eingegangen: das der Wanderschaft, psychologisch verknüpft mit der Angst, in der Bindung an eine umgrenzte Lebenssphäre eine schädliche Begrenzung zu erleiden. Die spätere Inhaltsskizze deutet diese autobiographische Mitgift, eingehüllt in das Reise-Motiv, diskret und doch deutlich an und begründet das »Attachement an diesen Plan« auch von einer solchen Seite (s. S. 797). Als »Wanderer« wurde der junge G. von seinen Sturm- und-Drang-Genossen tituliert und stellt er sich selbst in dem gleichnamigen Gedicht von 1772 (Bd. 1.1, S. 202 ff.) wie auch später in *Dichtung und Wahrheit* dar (Bd. 16, S. 555f.). Friederike Brion (1752–1813) in Sesenheim hatte er geliebt, und mit Lili Schönemann (1758–1817) in Frankfurt war er verlobt: Bindungen, aus denen sich der junge G. gewaltsam losgerissen hat (Tagebuch vom 30. Oktober 1775: »Bin ich denn nur in der Welt mich in ewiger unschuldiger Schuld zu winden – – –«). Auch solche Fragen schwingen in dem Drama mit, das den Sizilien-Reisenden im Frühjahr 1787 träumerisch umschwebt hat.

## Zur Überlieferung und Textgestalt

(Zur Vermeidung weiterer Komplikationen soll an der – allerdings anfechtbaren – Zählung der WA festgehalten werden.) Es sind vier Handschriften von Belang, auf die jede Edition zurückgehen muß. Für die Textgeschichte unerheblich ist $H^1$, die Abschrift Kräuters, die als Druckvorlage für $C^1$ und $C^3$ gedient hat. Als $H^2$ wird ein G.sches Bruchstück geführt, das in einem Quartheft von zwölf Blättern enthalten ist, in dem sich des weiteren eine Abschrift der *Nausikaa*-Fragmente von $H^3$ befindet. Diese bietet ein Notizheft im Kleinoktavformat mit 21 Blättern von G.s Hand, neben »Notizen und Skizzen von der sicilischen Reise, zumeist aus Palermo« auch erste Skizzen und Schematisierungen zu den fünf Akten des geplanten Dramas (jene Stücke, die dann in $H^2$ übertragen wurden). $H^4$ besteht aus zwei Blättern, aus einem Heft herausgerissen, mit 34 Versen von der Szene I/3 des geplanten Dramas. $H^5$ enthält die beiden ersten Szenen in G.s Reinschrift und auf einem besonderen Blatt den Anfang von I/3 (vier Verse und zwei Worte).

*Textgrundlage:* Handschriften GSA 25/XIV,1–4 (in WA I 10, S. 410–412, mit $H^2$, $H^3$, $H^4$ und $H^5$ bezeichnet) sowie FDH Hs-5425 (der 1. Bogen von $H^5$, s. WA I 53, S. 565, und JbFDH 1984, S. 113).

Die einzelnen Handschriftenteile wurden wie folgt angeordnet:

| | |
|---|---|
| S. 222,5–227,7 | $H^2$ |
| S. 227,10–28 | $H^2$, lose eingelegter Quartbogen |
| S. 227,32–36 | $H^3$, Blatt $8^b$ |
| S. 227,38–228,4 | $H^3$, Blatt $4^b$ |
| S. 228,6–10 | $H^3$, Blatt $5^a$ |
| S. 229,5–231,9 | $H^5$ (FDH) |
| S. 231,12–20 | $H^5$ (GSA) |
| S. 231,24–232,19 | $H^4$ |
| S. 232,23–34 | $H^2$, lose eingelegtes Quartblatt |

*Erstdruck* der beiden Szenen I/1 und I/2 unter dem Titel *Nausikaa. Ein Trauerspiel* in C¹, Bd. 4 (1827) nach einer von G.s Sekretär Friedrich Theodor Kräuter angefertigten Druckvorlage. (Die originale Niederschrift der beiden ersten Szenen galt lange Zeit als verloren und wurde erstmals von Reinhold Steig in der ›Vossischen Zeitung‹ vom 14. November 1909 veröffentlicht.) Erstdruck der Paralipomena, allerdings unvollständig und in heute nicht mehr überzeugender Anordnung, durch Friedrich Wilhelm Riemer in der Quartausgabe, Bd. 1/2 (1836), S. 186–188. Erstdruck sämtlicher Paralipomena in geänderter Anordnung in WA I 10 (1889), S. 410–423.

Unser Text bietet die erste Phase von G.s Beschäftigung mit dem Nausikaa-Stoff *(Ulysses auf Phäa)* nach H³ und H² (ohne ein dort eingelegtes Quartblatt, das erst nach der Lektüre der ›Odyssee‹ beschrieben wurde). Die Anordnung von H² wurde bewahrt, wobei ein in H² eingelegter Quartbogen dem Inhalt des eigentlichen Quartheftes nachgestellt wurde; die aus H³ nicht in H² übertragenen Fragmente erscheinen im Anschluß daran. Die zweite Phase (nun auch nominell mit »Nausikaa« überschrieben) wird dokumentiert mit dem Abdruck nach H⁵, H⁴ und dem Quartblatt von H². Die Zuordnung der einzelnen Dialogentwürfe zu den von G. vorgesehenen dramatischen Figuren geschieht im Stellenkommentar.

222  *2 Ulysses auf Phäa:* Die Überschrift wurde aus dem *Reise-Tagebuch* für Frau von Stein (S. 140) übernommen. – *5 Nach dieser Seite:* Das Ballspiel der Mädchen ist eine Reminiszenz an den Vorgang bei Homer (vgl. ›Odyssee‹ VI,99ff.). – *14 Treche:* Der Name ist ungriechisch, vielleicht von G. nach dem Verb τρέχειν ›laufen‹ gebildet worden. In H¹ wurde dieser Name durch »Tyche« (so heißt auch die Glücksgöttin) ersetzt; diese Korrektur geht wahrscheinlich auf Carl Wilhelm Göttling (1793–1869) zurück (den G. als editorischen Sachwalter bei der AlH eingesetzt hatte). – *19 Nehmt vor Amors Pfeilen / euch nur in Acht:* weist schon auf Nausikaas Liebe zu Odysseus hin. – *26 reicht:* erreicht. – *36 Ulyß:* die im 18. Jh. noch gebräuchliche, dem französischen ›Ulysse‹ und dem lateinischen ›Ulixes‹ nachgebildete Namensform (auch ›Ulysses‹). Der griechische Name Odysseus setzte sich erst mit den Homer Übersetzungen von Friedrich Leopold Stolberg (1750–1819) und Johann Heinrich Voß (1751–1826) durch.

223  *6 Klage ‹...› soll:* noch nicht Rede des Ulyß, sondern Konzept G.s für eine solche. Zum Sachkommentar s. den Antrittsmonolog des Ulyß im zweiten Gestaltungsansatz (S. 230,11ff.). –

25 ff. *Und wie der arme* ⟨...⟩ *eingescharrt:* als Rede des Ulyß konzipiert; homerisches Bild (der Mann, der sich mit Blättern deckt, wird dem Funken verglichen, der unter der Asche fortglimmt; vgl. ›Odyssee‹ V,481 ff.). – *31 ff. Geliebte* ⟨...⟩ *sehn einander an:* Partikel, die für Nausikaa bzw. eine Szenenanweisung vorgesehen waren, die Rührung durch den Anblick des schiffbrüchigen Ulyß bezeichnend.

224 *5 Arete:* in den ersten Skizzen und Plänen noch der Name für die Königstochter (bei Homer der Name ihrer Mutter). G.s Erinnerungsfehler verbindet sich mit Namenssymbolik (griech. ἀρετή ›Tugend, Vollkommenheit‹). – *Xantha:* der Name der Vertrauten ist von G. wohl vom griechischen ξανθός ›blond‹ abgeleitet worden. – *9 Bekanntnis:* Bekenntnis (in bezug auf Ulyss, auch auf das anschließend fixierte Motiv »Bräutigams Zeit«). – *15 Vorsich⟨t⟩ seines Betragens:* entsprechend der Vorgabe Homers, daß sich Odysseus mit einer seine Identität verschleiernden Erzählung bei Nausikaa einführt (vgl. ›Odyssee‹ VI,149 ff.). – *18–36 In meines Vaters Garten* ⟨...⟩ *nach seinem Willen:* Worte Nausikaas, für die Szene I/4 vorgesehen; vgl. ›Odyssee‹ VII, 112 ff. Die Erinnerung an diese Beschreibung Homers hatte G. nicht verloren, so daß er im Giardino pubblico von Palermo auch den Garten des Alkinoos vor Augen zu haben glaubte (*Ital. Reise,* 7. u. 17. April 1787; Bd. 15).

225 *7 Neoros:* bei G. der Name für den Sohn des Alkinoos (bei Homer: »Laodamas«; s. ›Odyssee‹ VII,170). – *15 Ulyss als Gefährte des Ulyss:* gehört zur verschleiernden Selbstdarstellung. Auch bei Homer nennt Odysseus vor Alkinoos und Arete seinen Namen zunächst nicht (s. ›Odyssee‹ VII,146 ff.). – *20 Gegensatz* ⟨...⟩ *mit Schätzen kommt:* Dialogansatz für Ulyss, bezogen auf I/4 oder I/5 des Szenars. – *31 Eröffnung der Leidenschaft:* bezieht sich auf Arete (hier noch der Name für Nausikaa). – *37 Frage unverheuratet:* nicht eindeutig auf Arete (Nausikaa) und Ulyss zu beziehen: Gehört das »unverheuratet« noch zur Frage der Königstochter? – *Die Schön⟨e⟩ Gefangen⟨e⟩:* Arete (Nausikaa), gefangen in ihrer »Leidenschaft« für Ulyss.

226 *1 Du gäbst ihm gern den besten merk ich wohl:* wohl Neoros, dem Bruder, zugedacht, vielleicht ein »Scherz« (Szenar III/2), der auf Aretes (Nausikaas) Eifer zielt, den Fremden gemäß dem Willen des Vaters mit besonders kostbaren Kleidern und Geschenken auszustatten. – *3 ff. Was sagst du Tyche* ⟨...⟩ *wohl gefällt:* Frage der Arete (Nausikaa), wobei Z. 4 eine Variante zu Z. 3 zu sein scheint. Der Name »Tyche« ist wohl irrtümlich eingesetzt für »Xanthe« (Szenar III/1), die ältere Vertraute der Arete (Nausikaa). – *9 ff. Und nur* ⟨...⟩ *Auf kurze Zeit:* wohl dem

Ulyß für seine Lobrede auf das Phäakenland (s. Szenar III/4) zugedacht. – *31 die Leiche:* der Arete (Nausikaa), die hereingetragen wird, während Alkinoos und Ulyss die Möglichkeit bereden, daß Telemach die phäakische Königstochter heiraten könnte. – *33 ff. Scheiden ⟨...⟩ Wert:* »Scheiden. Dank« gehört zu Ulyss, »Tochter ⟨...⟩ Wert« gehört zu Alkinoos (im Szenar auch abgekürzt als »A«, »Al«, »Alkin«).

**227** *5 Ein Gottgesendet Übel:* der Tod der Arete (Nausikaa). Die Formel deutet an, daß Alkinoos nicht dem Ulyss die Schuld an dem Ereignis gibt. – *10–28 und allein ⟨...⟩ Geist und Hände:* Entwurf zum Antrittsmonolog des Ulyss (I/2). – *18 die schönste Helden Tochter:* Arete (Nausikaa). – *19 von bejahrtem Weibe:* Xantha (Xanthe). – *32–36 Zuerst verberg ich ⟨...⟩ Name jedes Knechts:* Entwurf für Ulyss (s. Szenar I/5).

**228** *4 ff. O Teurer Mann ⟨...⟩ wohl gepflegt sie:* Worte des Alkinoos, für die Szene V/4 vorgesehen, in der über eine Heirat zwischen Telemach und Arete (Nausikaa) beraten werden sollte. – *6–10 Der Mann ⟨...⟩ nach seinem Hause kehrt:* wohl ein Redeentwurf für Ulyss in der Szene V/4, vielleicht als Antwort auf die unmittelbar davor abgedruckte Klage des Alkinoos konzipiert. – *9 mit günstig⟨em⟩ Gott:* mit günstigem Schicksal, homerisch apostrophiert.

**229** *10 Aretens:* Der weitere Gebrauch des Namens wie in den ersten Skizzen braucht nicht zu bedeuten, daß G. auch nach der erneuten Homer-Lektüre einer Namensverwechslung unterliegt. Die »Jungfrauen«, die Nausikaa zum Strand begleitet haben, unterstehen der Königin Arete. G. hat in der ›Odyssee‹ Passagen markiert (VII,61 ff.), in denen Nausikaas Mutter vorgestellt wird. Möglicherweise sollte sie in dem neueren Plan gemäß der ›Odyssee‹ eine größere Bedeutung erlangen als im Erinnerungs-Rückblick von 1817 festgehalten.

**230** *11 Ulyss aus der Höhle tretend ⟨...⟩ dem klugen Sinn erscheint:* vgl. ›Odyssee‹ VI,119 ff. Gegenüber dem ersten Entwurf (s. S. 223) sind die Rückbezüge auf Homer deutlicher, wird auch der Grund für die Irrfahrten des Odysseus genannt: der Zorn Poseidons, des »Wellengottes« (Z. 20). – *17 hohe Rohr des Flusses:* Schilfrohr. – *20 der Zorn des Wellengottes:* rührt daher, daß Odysseus den Kyklopen Polyphemos, den Sohn des Poseidon, geblendet hat (vgl. ›Odyssee‹ I,68 ff. u. IX,565 ff.). – *23 von rohen, ungezähmten:* Anspielung auf die Abenteuer bei den Kyklopen (›Odyssee‹ IX,105 ff.) und bei den Lästrygonen (X,118 ff.), von denen Odysseus den Phäaken berichten wird. – *30 Städtebändiger:* homerischer Beiname des Odysseus (z. B. VIII,3). – *Sinnbezwinger:* ein G.scher Neologismus (s. Grimm DWb, Bd. 16, 1905,

Sp. 1153), abgeleitet vom homerischen Epitheton πολύμητις ›erfindungsreich‹ oder auch vom lebensrettenden Namensspiel (»Niemand«) in der Höhle des Polyphemos (s. ›Odyssee‹ IX,366ff.). – *31 Bettgenoß unsterblich schöner Frauen:* der verführerischen Zauberin Kirke (›Odyssee‹ X,134ff.) und der Nymphe Kalypso, die Odysseus sieben Jahre gefangen gehalten und zur Liebe gezwungen hat (V,152ff.). Bei den Phäaken legt er Wert darauf, in solchen Konstellationen innerlich standhaft geblieben zu sein (s. VII,258 u. IX,29ff.). – *32–37 versanken ⟨...⟩ die Geliebten:* Vom Verlust der letzten Gefährten, die frevelhaft die Rinder des Helios geschlachtet hatten, berichtet Odysseus den Phäaken (s. ›Odyssee‹ XII,339ff.). Nur er selbst hat den von Zeus entfachten Sturm überlebt.

231 *14 Nausikaa. Eurymedusa:* hier erstmals im ganzen Konvolut der richtige Name der phäakischen Königstochter und ihrer vertrauten Dienerin (s. ›Odyssee‹ VII,8), die im Szenar noch Xanthe (bzw. Xantha) hieß. – *24–33 Laß sie nur immer ⟨...⟩ zur Stadt:* Redepartie der Nausikaa, auf die Mägde (»sie«, Z. 24) bezogen. – *29 Gefalten:* Partizip Perfekt zu ›falten‹, nach älterem Sprachgebrauch stark gebildet. – *35–40 Ich gönne gern ⟨...⟩ ein Wunder:* der Eurymedusa zugewiesen. – *40 Schien mir ein Wunder:* hat mich verwundert.

232 *1–9 Gesteh ich dir ⟨...⟩ einem Wunsche gleicht:* Worte der Nausikaa. – *4f. unser weibliches / Geschäft:* das Waschen. – *5f. Roß und Wagen ⟨...⟩ mir erbeten:* nach ›Odyssee‹ VI,57ff. – *8 ein Traum:* nach ›Odyssee‹ VI,15ff. (Erscheinung der Pallas Athene). – *11ff. Erzähle mir ⟨...⟩ ums Haupt bewegt:* die Erwiderung der Eurymedusa, die gemäß antiker Auffassung den Morgenträumen eine besondere prophetische Bedeutung zuspricht. – *11 leer:* bedeutungslos. – *16ff. So war der meine ⟨...⟩ noch munter:* von Nausikaa gesprochen. – *23–31 Du bist nicht ⟨...⟩ mit sich fort:* Dieser Entwurf schließt sich an eine Rede des Alkinoos an, die G. in seinem Exemplar der ›Odyssee‹ angestrichen hat (XI,363ff.). – *33 Ein weißer Glanz ⟨...⟩ Äther ohne Wolken:* wie G.s Zeichnung der sizilianischen Landschaft gefärbt (s. *Ital. Reise*, 3. u. 7. April 1787; Bd. 15) und wohl für den Lobpreis des Ulyß auf das Phäakenland (im älteren Szenar III/4) vorgesehen. Das »duftend« bedeutet einen feinen Dunst.

## DER COPHTA
## ALS OPER ANGELEGT

Mehrfach hat G., freilich aus einigem zeitlichen Abstand, sein Erschrecken über die Pariser ›Halsbandaffäre‹ zum Ausdruck gebracht. Was dort im Jahre 1785 geschehen ist, die betrügerischen Machenschaften der Jeanne de La Motte-Valois bis hin zur Kompromittierung der nicht aktiv beteiligten Königin Marie Antoinette, das alles erschien ihm, getaucht noch in das Zwielicht der Scharlatanerie des Grafen Cagliostro, als ein Symptom für die Morbidität der Adelsgesellschaft. Auf die »düstre Vorbedeutung« folgte »die gräßlichste Erfüllung« (Bd. 14, S. 511), wie G. die Entwicklungslinien Jahrzehnte später im Wissen um die revolutionären und postrevolutionären Schreckensereignisse ausgezogen hat.

G. hat auf die ›Halsbandaffäre‹ zunächst mit einer lyrischen Invektive reagiert, in dem Gedicht *Neue Heilige* spöttisch jene Marie Lequay d'Oliva apostrophiert, die einem auf die Gunst der Königin erpichten Kardinal-Prinzen in einem nächtlichen Rendezvous als Marie Antoinette entgegengekommen war, später aber sich als mißbrauchtes Werkzeug hingestellt hatte (Bd. 2.1, S. 106). Den ganzen Vorgang hat er mit besonderer Akzentuierung des Betrügers Cagliostro später in dem Lustspiel *Der Groß-Cophta* behandelt, das im September 1791 abgeschlossen und am 17. Dezember des gleichen Jahres am Weimarer Hoftheater uraufgeführt wurde (s. dazu im einzelnen Bd. 4.1, S. 940 ff.).

Eine wichtige Zwischenphase dieser Inkubations- und Entstehungsgeschichte bildet der Plan, die ›Halsbandaffäre‹ und das Auftreten des Grafen Cagliostro (dessen Verstrickung in die Affäre allenfalls vermutet werden konnte) in der Form einer komischen Oper zu behandeln. G. hatte schon in den ersten Weimarer Jahren etliche Versuche auf dem Gebiet des Singspiels unternommen, ermuntert von Christoph Martin Wieland (1733–1813), der 1775 in einer einschlägigen Abhandlung zu Versuchen im »Lyrischen Theater« aufgefordert hatte. Dabei wirkte G. auf eine künstlerische Kooperation mit Philipp Christoph Kayser (1755–1823) hin, dem er in einem Brief am 4. Dezember 1785 lockende Theatererfolge vor Augen stellte (Bd. 2.1, S. 719). Auch ließ er den Komponisten seine ausgeprägte Neigung für »die Opera buffa der Italiäner« wissen (an Kayser, 28. Juni 1784): eine Form, der er zutraute, auch ernste Themen leicht und heiter zu behandeln (vgl. *Campagne in Frankreich 1792;* Bd. 14, S. 510 f.).

Auf seiner italienischen Reise in der Präferenz für die opera buffa durch lebendige Erfahrungen bestärkt, sah G. in dem Halsband-Cagliostro-Stoff eine gute Möglichkeit, sich nach manchen Weimarer Versuchen und Schwierigkeiten *(Scherz, List und Rache* sowie *Die ungleichen Hausgenossen)* erneut in dieser Stilform zu erproben. Er war auf Sizilien den Spuren Cagliostros nachgegangen, dessen dubioser Ruhm damals in ganz Europa verbreitet war. Schon in den Jahren 1781/82 hatte G. durch Johann Kaspar Lavater (1741–1801) von dem zwischen Magie und Scharlatanerie oszillierenden Abenteurer und seiner Proselytenmacherei erfahren und auf die Schilderungen des Freundes mit skeptischer Ablehnung reagiert (s. z. B. den Brief an Lavater vom 18. März 1781). In Palermo suchte er die Familie des vermeintlichen Grafen auf, unterrichtete sich über Herkunft und frühere Lebensumstände des Giuseppe Balsamo (1743–1795), wie Cagliostros wirklicher Name war, und verschaffte sich einen »Stammbaum«, der die wirkliche Identität des ›Wundermannes‹ enthüllte.

Seine Recherchen hat G. in einem Bericht zusammengefaßt, der 1792 unter dem Titel erschien: *Des Joseph Balsamo, genannt Cagliostro, Stammbaum mit einigen Nachrichten von seiner in Palermo noch lebenden Familie* (Bd. 4.2, S. 451–468). Diesen Bericht wiederum benutzte G. 1816/17 bei der Redaktion der *Italienischen Reise* als Grundlage für die Abfassung der Palermo-Cagliostro-Episoden, gekürzt um den Stammbaum selbst, einige Originalbriefe von Cagliostros Mutter und Schwester und um die abschließende Konstatierung, daß aus »einer guten Familie ⟨...⟩ eins der sonderbarsten Ungeheuer entsprungen ist, welche in unserm Jahrhundert erschienen sind« (Bd. 4.2, S. 468). Trotz gewisser Anklänge an den Magier Faust, der ihn 60 Jahre nicht losließ (und auch in Italien wieder in seinen Gesichtskreis trat), konnte G. offenbar in Cagliostro kein ernstzunehmendes Grenzphänomen des Menschlichen, auch keinen Beispielfall einer staunenswürdigen »attrativa« erkennen. Anders als Schiller, der den Stoff in seinem 1789 abgebrochenen Roman ›Der Geisterseher‹ aufgegriffen hat, plazierte G. den sizilianischen Hochstapler von vornherein im Gattungskontext des Lustspiels.

Im Cagliostro-Aufsatz von 1792 wird von dem »Verdruß« gesprochen, der »jeden Vernünftigen« befallen müsse, wenn er sieht, »daß Betrogene, Halbbetrogene und Betrüger diesen Menschen ⟨Cagliostro⟩ und seine Possenspiele Jahre lang verehrten, sich durch die Gemeinschaft mit ihm über andre erhoben fühlten und von der Höhe ihres gläubigen Dünkels den gesunden Menschenverstand bedauerten, wo nicht geringschätzten« (Bd. 4.2, S. 457; entsprechend noch: *Ital. Reise,* Palermo, den 13. und 14.

April 1787; Bd. 15). Der Siegeszug des wundertätigen Scharlatans in einem Europa, das sich doch der Aufklärung verschrieben hatte, wies in G.s Sicht schon als Ereignis Buffa-Niveau auf. Der Betrüger, dessen Erfolg die Betrogenen bloßstellte: das erinnerte den Dichter wohl an einschlägige frühere Farcen wie den *Pater Brey* (Bd. 1.1, S. 539 ff.).

Über seine Absichten mit »der neuen Oper«, die vorgesehenen Personen und die geplante Handlung äußerte sich G. am 14. August 1787 in einem Brief aus Rom gegenüber Kayser, den er für die Komposition zu gewinnen suchte: »Ich habe nichts weniger vor: *als die famose Halsbands Geschichte des Kard. Rohan, zur Opera Buffa zu machen*, zu welchem Zweck sie eigentlich geschehen zu sein scheint. ⟨...⟩ *Der Abbé* stellt den Kardinal vor. M. de Courville die M. la Motte. *Ihre Nichte* die Oliva. *Der Ritter* einen jungen Menschen der sein Glück machen will und der *Conte di Rostro impudente* ⟨etwa: Graf von Frechschnabel; von ital. rostro ›Schnabel‹⟩ den unverschämtesten aller Charlatane. Dabei kommt in verschiednen Szenen ein Chor und manchmal einzelne, ein wenig mehr charakterisierte, Personen des Chors vor, um zur rechten Zeit den Gesang vollstimmiger, aus einem Duett ein Quartett pp machen zu können. Sie sollen am Mechanischen sehen daß ich in Italien etwas gelernt habe und daß ich nun besser verstehe, die Poesie der Musik zu subordinieren. ⟨...⟩ Einige Pezzi ⟨Stücke⟩ Musik werden gewiß reüssieren. Der Anfang wo die Gesellschaft bei einem niedlichen Abendessen versammelt ist, ob ihr gleich der Graf geboten hat sich zu kasteien weil er ihr die Geister zeigen will. Ihre Freude wird durch die Ankunft des Grafen gestört der sie auf das Tyrannischte traktiert, sie heruntermacht, fortzugehn droht und sich nur durch allgemeines fußfälliges Bitten besänftigen läßt. Ferner die Szene wo *die Nichte* als eine innocente ⟨Unschuldige⟩ in einer gläsernen Kugel die Liebesschicksale des Abbés sehen muß. Dann die Schlußszene, wo das nächtliche Rendezvous vorgestellt wird und sie alle drüber in Verhaft genommen werden.«

Figurenkonstellation und Handlungsführung, wie sie G. im Sommer 1787 vorschwebten, sind mit geringen Abänderungen in den *Groß-Cophta* von 1791 eingegangen: Aus dem Abbé wurde ein Domherr, aus Madame de Courville eine Marquise, diese erhielt noch einen Ehemann beigegeben, der die moralische Korruption der Adelsgesellschaft mit einer weiteren Nuance vorführen sollte, dem lüsternen Trachten nach der hübschen Nichte.

## Zur Entstehungsgeschichte

Wann G., von Sizilien Mitte Mai 1787 auf das Festland zurückgekehrt, den Opernplan erstmals skizziert hat, ist nicht belegt. Es muß vor dem 14. August (Brief an Kayser) geschehen sein, in den bereits aus einer vorliegenden »Skizze des Plans« die konzipierten Einzelheiten eingegangen sind. Vermutlich wurde G.s künstlerische Phantasie schon bald nach der Rückkehr aus Sizilien von dem in Palermo gegenwärtig gewordenen Cagliostro-Thema zum Opernplan stimuliert, wahrscheinlich noch vor der Wiederaufnahme der Arbeit am *Egmont* (dessen Vollendung dann jedoch Vorrang erhielt). Die älteste Skizze ist ein in italienischer Sprache entworfenes Szenar, das auf eine fünfaktige Oper zielt (wobei der fünfte Akt noch nicht schematisiert war). Das zweite Szenar, auf eine dreiaktige Oper angelegt und mit dem Titel *Die Mystifizierten* überschrieben, ist vermutlich erst nach der Italien-Reise in Weimar entstanden. In einem Brief an Friedrich Justin Bertuch (1747–1822) hatte G. am 27. Oktober 1787 seine auf »eine größere komische Oper« gehende Ambition erwähnt – diese Auskunft läßt noch auf das erste Szenar schließen, das bereits dem Brief an Kayser zwei Monate vorher zugrunde gelegen hat.

In Weimar war G. zunächst vor allem um Förderung und Abschluß des *Tasso* bemüht, doch verlor er auch den aus Italien mitgebrachten Opernplan nicht aus den Augen. Er hatte zuerst an Johann Friedrich Kranz (1751–1807) als Komponisten gedacht, dann Kayser für das Projekt gewinnen wollen. Kayser war im November 1787 in Rom eingetroffen, hatte G. auf der Rückfahrt nach Weimar begleitet und hielt sich dort bis September 1788 auf. Wie in anderen Fällen auch – etwa beim *Egmont* – führte die Zusammenarbeit zwischen dem Dichter und dem von ihm protegierten Komponisten nicht zum erwünschten Ziel. Im April 1789 wandte sich G. an Johann Friedrich Reichardt (1752–1814), damals als Kapellmeister in Berlin tätig und bereits als Komponist G.scher Lieder und Singspiele hervorgetreten. Reichardt vertonte im November 1789 die beiden *Kophtischen Lieder* (Bd. 3.2, S. 9–11) und schrieb die Orchestermusik für die Hauptszene, den Auftritt des Grafen als Cophta.

Obwohl der Komponist sich für den Opernplan engagierte und G. zum Abschluß des Librettos drängte, verlor der Dichter das Interesse an den *Mystifizierten*. Wahrscheinlich war ihm sein »Versuch einer gelassen-heiteren Bearbeitung« (Bd. 4.1, S. 947) des Cagliostro-Halsband-Komplexes, an das ›italienische‹ Lebensgefühl gebunden, angesichts der Vorgänge in Frankreich inzwischen fragwürdig geworden. Am 25. Oktober 1790 schrieb G. an

Reichardt über den gemeinsamen Opernplan: »An den Conte hab ich nicht wieder gedacht. Es können die Geschöpfe sich nur in ihren Elementen gehörig organisieren. Es ist jetzt kein Sang und Klang um mich her.« Der Opernplan wurde im Winter 1790/91 endgültig aufgegeben, die Verbindung von ›Halsbandaffäre‹ und Cagliostro-Scharlatanerie führte zum Prosa-Lustspiel, dem *Groß-Cophta* als dem ersten Versuch, die Auseinandersetzung mit der Französischen Revolution als unterhaltsam-belehrendes Theater darzubieten. Die handschriftlichen Materialien zur vorher konzipierten Oper steckte G. in eine Mappe mit der Aufschrift: *Der Cophta. Als Oper angelegt.*

Im Vergleich mit dem ausgeführten Lustspiel, das nach fast einhellig vertretener Bewertung zu G.s schwächsten dramatischen Arbeiten gehört, lassen die dem vorherigen Opernplan zugehörigen Szenarien und Libretto-Partien keine markanten Unterschiede erkennen. Doch die Behandlungsart weicht, entsprechend der musiktheatralischen Zielsetzung, von den später im Prosa-Lustspiel gezogenen Linien etwas ab (vgl. Lieselotte Blumenthal: Goethes Großkophta, in: Weimarer Beiträge 7, 1961, S. 14ff.). Der Graf erscheint im Libretto als überlegener Drahtzieher von fast mephistophelischem Format und noch kaum, wie im späteren Lustspiel, als verwerflicher Scharlatan, als Personifikation der korrupten gesellschaftlichen Zustände. Zwar ist bei einem solchen Vergleich der Torso-Charakter des Librettos, der einen definitiven Schluß auf G.s Absichten kaum zuläßt, in Rechnung zu stellen, doch erscheint die Hypothese vertretbar, daß die Buffa-Form aufgegeben werden mußte, weil sie die von G. gesuchte satirisch-kritische Perspektive auf die Cagliostro-Scharlatanerie nicht realisieren konnte.

Dennoch bewahrte G. dem ursprünglichen Opernplan – vielleicht auch zur Kompensation des mit dem *Groß-Cophta* erzielten Mißerfolgs – eine gewisse Anhänglichkeit. So ließ er Reichardt am 29. Juli 1792, nachdem das Lustspiel aufgeführt und im Druck erschienen war, wissen: »Wie leicht würde es nun sein eine Oper daraus zu machen, da man nur auslassen und reimen dürfte, man brauchte, weil die Geschichte bekannt ist, wenig Exposition, und weil das Lustspiel schon Kommentar genug ist, wenig Ausführlichkeit.« In den *Tag- und Jahres-Heften* legte G. unter der Rubrik »1789« abermals seine Überzeugung dar, daß ihm die »reine Opernform« als die »vielleicht (...) günstigste aller dramatischen« gilt, und zwar unter dem Eindruck, daß »der Gegenstand« des *Groß-Cophta* (also die Verbindung von Cagliostro und »Halsbandgeschichte«) »vielleicht besser« zu »einer Oper (...) als zu einem Schauspiele getaugt hätte« (Bd. 14, S. 14).

Reichardt, mit dem sich G. später auch aus politischen Gründen überworfen hat (Bd. 14, S. 37f.), konnte die Art, wie G. den gemeinsamen Opernplan ohne ein klärendes Wort an ihn einschlafen ließ, nie ganz verwinden. Von Schiller um seine Komposition zu den beiden für den Musen-Almanach vorgesehenen *Kophtischen Liedern* gebeten, sprach er (im Brief vom 20. Juli 1795) von G.s »Unrecht ⟨...⟩, das er mir u. sich selbst antat, als er das ganz u. gar zur Oper zugeschnittene Stück während meine Seele mit dessen Komposition angefüllt war, in ein Schauspiel verwandelte«.

*Zur Überlieferung und Textgestalt*

Das Opernfragment ist in einer Handschrift G.s (H¹) erhalten, in der auf elf Doppelquartblättern neben ausgearbeiteten Partien größere Zwischenräume gelassen sind, die später hätten ausgefüllt werden sollen. Daneben sind sechs weitere Handschriften mit Bruchstücken und oft sehr flüchtigen Entwürfen überliefert. Im Apparat der WA zum *Groß-Cophta* werden alle verfügbaren Paralipomena, ungeachtet ihrer Handschriften-Provenienz, nach dem zweiten Szenar zusammengestellt (WA I 17, S. 372–394). Unsere Ausgabe übernimmt diese Anordnung, die Texte und Textentwürfe von sehr unterschiedlicher Durchbildung zusammenwürfelt, nicht, sondern bringt die Reinschrift des Librettos (H¹), soweit G. sie fertiggestellt hat, nach dem Vorbild der Akademie-Ausgabe. Dazu kommen die Handschriften der beiden Lieder (einschließlich der Rezitativ-Zeilen), die Jürgen Behrens (›Rezitativ und Cavatine. Zu einer mißverstandenen Goethe-Handschrift‹, JbFDH 1984, S. 113–127) eindeutig der Reinschrift des Opernentwurfs hat zuordnen können.

*Textgrundlage:* Erstes Szenar: Handschrift GSA 25/XXII,6,1b (s. WA I 17, S. 370f.: H²). – Zweites Szenar: Handschrift GSA 25/XXII,6,1c (s. WA I 17, S. 371: H³). – Reinschrift des Librettos: Handschrift GSA 25/XXII,6,1a (s. WA I 17, S. 370: H¹). – Rezitativ »Es sind der dummen Teufel ⟨...⟩« und die Lieder »Geh gehorche meinen Winken ⟨...⟩« sowie »Lasset Gelehrte sich zanken und streiten ⟨...⟩«: Faksimile der Handschrift FDH Hs-5427 (s. Jürgen Behrens: Rezitativ und Cavatine. Zu einer mißverstandenen Goethe-Handschrift, JbFDH 1984, S. 113–127).

*Erstdrucke:* Die beiden Kophtischen Lieder »Lasset Gelehrte sich zanken und streiten ⟨...⟩« (S. 238) und »Geh gehorche meinen Winken ⟨...⟩« (S. 237): Musen-Almanach für das Jahr 1796, S. 88

und 89. – Die übrige handschriftliche Überlieferung, soweit damals verfügbar: WA I 17 (1894), S. 372–394. – Das Rezitativ »Es sind der dummen Teufel ⟨...⟩« (S. 237): Vossische Zeitung Nr. 536, Sonntagsbeilage Nr. 46. Berlin, 14. November 1909 (Reinhold Steig: Neue Schiller- und Goethe-Handschriften aus des Grafen Schlitz Nachlaß, ebd. S. 363–368).

233 *10 Abbate:* Abt (Abbé). – *Cavalier:* Ritter. – *11 Innocenza:* die Unschuldige. – *12 detti:* die Vorigen. – *19 Smanie:* Raserei. – *22 Solo coi ritratti:* Allein mit den Bildern. – *24 Detti ed i Goüelleri:* Die Vorigen und die Juweliere (giojellieri). – *26 Loggia d'egitto:* Ägyptische Loge. – *Gran Cophta:* Großcophta. – *27 Apparitione:* Geisterschau. – *30 Solo:* Allein. – *34 ed essa:* und sie. – *36 Furie d'amore:* Liebesraserei. – *37 sola, disperata:* allein, verzweifelt.

234 *5 Soupé fin:* exquisites Abendessen. – *tutti:* alle. – *19 Niece:* Nichte.

235 *23 Grazien:* s. zu *Torquato Tasso,* Vers 947. – *24 Mit offenem Busen:* entblößt. Vgl. Benjamin Hederich über die Darstellung der Grazien in der bildenden Kunst der Antike: »Sie wurden als drei schöne Jungfrauen vorgestellet, und zwar entweder ganz nackend ⟨...⟩ oder auch mit einem dünnen durchsichtigen Zeuge bekleidet« (›Gründliches mythologisches Lexicon‹, 2. Aufl. Leipzig 1770, Sp. 1177/78). – *25 Musen:* eigentlich die Göttinnen der Künste, hier in den Kult für Venus und Bacchus (also von Liebes- und Trinkfreuden) einbezogen. – *30 Comus:* »der Gott der Gastereien, oder vielmehr der üppigen Fressereien« (Hederich, Sp. 769), mit Assoziationen des Bacchantischen und nächtlicher Lustbarkeit überhaupt.

237 *9f. Ich weiß ⟨...⟩ fürchten machen:* vgl. ein ebenfalls der Madame Courville zuzuweisendes Paralipomenon:

> Der Graf von Rostro
> kann entweder die Geister bannen
> Oder nicht.
> Kann ers so werden sie
> Von einem Glase Wein
> Von einem Kuß sich nicht verscheuchen lassen
> Und kann ers nicht so sind wir
> Grade so klug als wie zuvor.
> Drum.

*Textgrundlage:* Handschrift GSA 25/XXII,6,1d. Vgl. WA I 17 (1894), S. 377, Nr. 4.

**237** *9 Jauner:* Gauner (das Wort tauchte in der Form ›Jauner‹ erst im 18. Jh. auf, die heute gebräuchliche Form wurde von Adelung durchgesetzt). – *15 ff. Es sind der dummen Teufel* ⟨...⟩ *selber sorgen:* Die rezitativische Vorbereitung der folgenden Lieder stellt klar, daß G. in diesen nicht in eigener Sache spricht, sondern den Grafen mit rollengebundener Lyrik ausstattet, in der im Sinne des Freimaurer-Wesens die Lehre »des zweiten Grades« ausgesprochen wird (vgl. *Der Groß-Cophta* III/5; Bd. 4.1, S. 46 ff.). – *21 ff. Geh gehorche* ⟨...⟩ *Amboß oder Hammer sein:* vgl. das zweite *Kophtische Lied* (Bd. 3.2, S. 10). – *36 Lasset Gelehrte* ⟨...⟩ *auf Beßrung pp:* vgl. *Kophtisches Lied* (Bd. 3.2, S. 9 u. Kommentar).

**238** *23 ff. O schrecklich!* ⟨...⟩ *So fordert es nicht:* vgl. ein Paralipomenon:

> Ja ich gehorche
> Zitternd gehorch ich
> Stille! – Was hör ich.
> Nein! – Es war nichts.
> Ist das die große Welt
> Heute zum ersten mal
> Tret ich hinein
> Und es begegnen mir
> Sorge und Pein.

*Textgrundlage:* Handschrift GSA 25/XXII,6,1b. Vgl. WA I 17 (1894), S. 381 f., Nr. 11.

**238** *24 Ohnmögliche Pflicht:* Pflicht, die nicht zu erfüllen ist. – *40 Fehler:* durch den er die Gunst der Prinzessin bzw. des Hofes verloren hat. Worin der »Fehler« bestanden hat, wird auch im ausgeführten Lustspiel nur angedeutet (*Der Groß-Cophta* V/8; Bd. 4.1, S. 87 f.).

**239** *7 Freundin:* Madame de Courville, auf die sich das folgende Paralipomenon bezieht:

> Ihr seht es ist in meinen Händen
> Die Handschrift der Prinzessin!
> Ihr seid nun völlig überzeugt
> Die Fürstin will das Halsband haben

*Textgrundlage:* Handschrift GSA 25/XXII,6,1d Vgl. WA I 17 (1894), S. 383, Nr. 13.

**239** *15 f. Greif ich Schiffe* ⟨...⟩ *Heiden an:* eine komisch wirkende Aufwallung von Heroismus, die an einen Passus des *Tasso* (Verse 2635 ff.) erinnert.

**240** *22 Cophta:* Name eines ägyptischen Weisen und zaubermächtigen Geistes. Cagliostro soll sich als Sendling des ›großen Cophta‹ ausgegeben haben (so daß sich der Graf in G.s Opernplan wie im daraus entstandenen Lustspiel folgerichtig als Cophta enthüllen wird; Bd. 4.1, S. 57). – *31ff. In einem Zimmer* ⟨...⟩ *ich sehe –:* Dies und das anschließend ›Berichtete‹ ist in einem szenischen Kontext vorzustellen, den die Handlungsskizze vom August 1787 andeutet (s. S. 811), das spätere Lustspiel (III/9) ausführt. Die Nichte wird vom Grafen vor »eine erleuchtete Kugel« geführt, in der sie zu sehen vorgibt, was von ihr erheischt wird (Bd. 4.1, S. 60ff.).

241 *14 bedenklich:* nachdenklich. – *19 Anzug:* Kleid. – *22 Silber-Muschen:* Stickerei mit fliegenähnlichen Mustern, silbrig glänzend (nach frz. la mouche ›die Fliege‹).

243 *5 ihr Wesen:* wie es sich im Ausdruck, im Verhalten zeigt.

244 *10 erkennet sich der Tor:* vgl. ein für den dritten Akt vorgesehenes Paralipomenon, in dem das Betrügerische des Grafen, sein überlegenes Spiel mit den abergläubischen Menschen einen mephistophelischen Zug (vgl. *Faust I,* Verse 1349ff.; Bd. 6.1, S. 571f.) erhält.

> Hohe Nacht die ich verehre
>  Höre höre
> Deinen edlen treuen Sohn.
> Ganz vergebens prahl⟨t⟩ die Sonne
> Auf dem hohen Mittags Thron.
> Licht dringt in der Menschen Auge
> Nicht in das Gehirn hinein.
> Halte den Verstand in Ruh
> Daß der Kluge mit dem Dummen
> Immer spiele blinde Kuh.

*Textgrundlage:* Handschrift GSA 25/XXII,6,1d. Vgl. WA I 17 (1894), S. 391f., Nr. 17.

244 *28 du:* die Nichte (die sich inzwischen von der ganzen abgesprochenen Betrügerei distanziert hat). Für ein Duett von Nichte und Ritter im Finale vorgesehen waren wohl die beiden aus verschiedenen Entwürfen stammenden Paralipomena:

| ⟨Nichte⟩ | ⟨Ritter⟩ |
|---|---|
| War ich der Zeit | Wart ihr der Zeit |
| War ich der Tage | Wart ihr der Tage |
| Nur mir der lieblichen | Aller der lieblichen |
| Tage bewußt. | Tage bewußt. |

*Textgrundlage:* Handschrift GSA 25/XXII,6,1e. Vgl. WA I 17 (1894), S. 393, Nr. 19.

Im *Groß-Cophta* wird die Geschichte der beiden, die sich aus Falschmünzerei und Lächerlichkeit ein wenig herausheben, über die Bereitschaft zu Selbstkritik und Schuldbekenntnis im Zeichen gedämpfter Hoffnung zu Ende geführt (Bd. 4.1, S. 89ff.).

# EGMONT

In seiner späteren Autobiographie *Dichtung und Wahrheit* (Bd. 16) hat G. die Entstehungsgeschichte von *Egmont* eingehend geschildert und das Drama in einen Zusammenhang mit seiner Lebenssituation im Herbst 1775 gerückt: dem Warten auf den angekündigten Wagen, der ihn nach Weimar bringen sollte, den – vor allem vom Vater genährten – Zweifeln am bevorstehenden Fürstendienst und den Hoffnungen auf die neue Lebensepoche, den Fragen mithin, was denn nun das Schicksal bringen werde. Es führte den Dichter nach Weimar. Den Aufbruch dorthin (aus Heidelberg, der ersten Station einer in der Unsicherheit des Wartens beschlossenen Italienreise) markiert G. mit einem Zitat aus dem *Egmont*, dem Schicksalsbild des Wagenlenkers, der die Fahrtrichtung nicht bestimmen kann.

## Zur Entstehungsgeschichte

Nach dem Zeugnis von *Dichtung und Wahrheit* hat der Dichter das Stück um den niederländischen Freiheitskampf 1774 so weit konzipiert, daß es in seinem »Kopf« schon »fertig« war und nur noch niedergeschrieben werden mußte (Bd. 16, S. 815). Die Niederschrift sollte nach einer Ankündigung (am 23. Dezember 1774) an Heinrich Christian Boie (1744–1806) im Frühjahr 1775 beginnen. Vermutlich begann die Ausarbeitung jedoch erst im Herbst des Jahres auf das Drängen des Vaters hin (der an diesem Dramenprojekt ein außerordentliches Gefallen zeigte). In der Zeit des Wartens auf die herzogliche Kutsche hat G. am *Egmont* weitergearbeitet, das Drama laut *Dichtung und Wahrheit* in dieser Situation auch »beinahe zu Stande« gebracht (Bd. 16, S. 825).

Der Abschluß gelang dem Dichter erst zwölf Jahre später in Rom (vgl. *Ital. Reise,* 5. September 1787; Bd. 15). Nach der *Iphigenie* hat G. mit dem *Egmont* die zweite seiner »älteren Sachen« (an Herzog Carl August, 11. August 1787) in Italien fertigstellen können. Zwischen dem Frankfurter Beginn und der römischen Vollendung des Dramas liegen mehrere Anläufe in den Weimarer Jahren, von denen Spuren im Tagebuch und in der Korrespondenz zurückgeblieben sind, und zwar vom Frühjahr 1778 bis in den Herbst 1779, im Frühjahr 1780, im Winter 1781/82 und noch einmal im Frühjahr 1782. Die Reihe der entstehungsgeschichtlichen Zeugnisse im ersten Weimarer Jahrzehnt bricht ab mit der bezeichnenden Mitteilung: »Am Egmont ist nichts geschrieben die Zerstreuung läßts nicht zu« (an Charlotte von Stein, 6. April 1782) – wobei mit »Zerstreuung«, auf das Ganze gesehen, neben der höfischen Geselligkeit vor allem die Beanspruchung durch die politischen Pflichten zu assoziieren ist.

Welche Teile des Dramas wann entstanden bzw. nach späteren stilistischen Normen überformt worden sind, hat die Forschung seit einem ersten Versuch (1883) von Jakob Minor (1855–1912) verschiedentlich mit großer Anstrengung zu ermitteln versucht, ohne daß dabei mehr herausgekommen wäre als diskutable Hypothesen. Daß G. in Weimar einiges getan hat, um den Sturm-und-Drang-Charakter der ersten Frankfurter Niederschrift – besonders wohl in den Volksszenen – zu dämpfen, kann man aus seinem Bericht an Charlotte von Stein (20. März 1782) folgern, in dem von der »Würde des Gegenstands« akzentuiert die Rede ist. Andererseits berichtet G. aus Italien, daß er an »ganze Szenen im Stücke ⟨...⟩ nicht zu rühren brauche« (*Ital. Reise*, 5. Juli 1787), wie er auch rekapitulierend davon spricht, das Werk vollendet zu haben, »ohne es umzuschreiben« (*Ital. Reise*, 3. November 1787).

G. hat offenbar nicht linear fortlaufend an dem Drama gearbeitet, sondern sich – nach der Erinnerung von *Dichtung und Wahrheit* – bald an »die Hauptszenen« gemacht, ohne sich zunächst um den pragmatischen Nexus »zu bekümmern« (Bd. 16, S. 815). Dies würde heißen, daß die wichtigen Gespräche Egmonts mit Oranien und Alba (im zweiten und vierten Akt) zumindest in ersten Versionen gleich schon ausgearbeitet worden wären. Wenn G. jedoch in Weimar davon spricht, daß »der fatale vierte Akt« umgeschrieben werden müsse (an Charlotte von Stein, 12. Dezember 1781), dann kann er eigentlich nur den Dialog mit Alba meinen, jenen grundsätzlichen politischen Disput zwischen dem konservativen Freiheits-Repräsentanten und dem Absolutismus-Funktionär, an dessen Ende Egmonts Verhaftung steht. Offenbar hatte G. die Schwierigkeit gesehen, den verhaßten Alba nicht im verzerrenden Negativ-Klischee stecken lassen zu können, weil der Figur vieles von der ernüchternden politischen Erfahrung zugewachsen war, die er selbst im Weimarer Dienst hat machen müssen. In Italien wird diese schwierige Aufgabe, wie die Dokumente vom Juli/August 1787 erkennen lassen, ohne größere Verzögerung gelöst.

Briefe an Charlotte von Stein (vom Januar 1776 und Mai 1778), die entsprechende Zitat-Anspielungen enthalten, lassen vermuten, daß die erste Szene der Regentin Margarete von Parma mit ihrer herabgestimmten Einschätzung des politschen Handelns schon vor der Weimarer Zeit vorgelegen hat. Dagegen läßt sich die Clärchen-Szene am Ende des dritten Aktes nicht eindeutig einer bestimmten Phase der Entstehungsgeschichte zuweisen. Die überlieferten Dokumente erlauben auch für Egmonts Traumvision, in der die Verbindung Clärchens mit der Freiheit für den vor dem Tod stehenden Helden bühnensichtbar wird, keine verläßliche chronologische Hypothese. Als wahrscheinlich muß gelten, daß die beiden Szenen erst in Italien ihre (vorher schon konzipierte?) Form erhalten haben.

Wenn Karl Philipp Moritz (1756–1793) – nach einem Bericht Caroline Herders Ende 1788 – den perspektivischen Mittelpunkt des Dramas in der Clärchen-Egmont-Szene gesehen hat, so ist das Votum, an sich schon höchst erwägenswert, auch deshalb von Belang, weil es vor dem Hintergrund von Moritz' Begegnung mit G. in Italien gesehen werden muß. Die Hervorhebung gerade dieser Szene könnte bedeuten, daß sie in Italien diskutiert, vielleicht sogar von den ästhetischen Erörterungen zwischen G. und Moritz beeinflußt worden ist.

Diese entstehungsgeschichtliche Hypothese läßt sich zusätzlich durch Überlegungen stützen, die Kurt R. Eissler in seiner großen psychoanalytischen G.-Studie (Bd. 2, S. 1167) entwickelt hat. Die Clärchen-Szenen erscheinen in dieser Sicht als »ein inneres Probehandeln« des Dichters, als Antizipation jener Beziehung, die ihn später mit Christiane Vulpius verbunden hat. Daran hätte Charlotte von Stein, der G. im September 1779 alle fertigen Partien von *Egmont* geschickt hat, sicherlich Anstoß genommen, wie sie das nach dem Abschluß des Dramas (*Ital. Reise*, 8. Dezember 1787) und dann auch in Weimar offenbar getan hat. Wenn die Freundin so spät mit Wehmut auf das Stück reagiert hat (und in G.s Briefen an sie nicht schon vorher Clärchens Liebeshingabe und Egmonts Freude daran erörtert oder verteidigt wird), so liegt die Annahme nahe, daß diese Szenen erst in Italien entstanden sind.

*Die historischen Vorgänge*

In *Dichtung und Wahrheit* berichtet G. von einem fleißigen Studium der historischen »Quellen«, um sich Figuren und Geschehnisse des niederländischen Befreiungskampfes »lebendig« zu machen (Bd. 16, S. 820f.). In Briefen an Charlotte von Stein (20. u. 22. März 1782) finden sich Hinweise auf eine abermalige Arbeit an den Quellen. Dabei werden Stradas »gar treffliche Schilderungen von Personen« gerühmt. Famianus Strada (1572–1649), ein Jesuitenpater, stellt die Vorgänge um Egmont aus spanischer Sicht dar, aber so szenisch-lebendig, daß G. manches von ihm fast wörtlich übernehmen konnte (wie z. B. Egmonts Worte am Schluß des vierten Aktes). G. hatte Stradas lateinisch geschriebenes Buch ›De bello Belgico‹ (Der belgische Krieg), zuerst 1632 erschienen, in einem Mainzer Druck von 1651 benutzt.

Daneben zog er eine niederländische Darstellung heran, die die Vorgänge aus protestantischer Sicht, also mit spanienfeindlicher Tendenz, berichtet und wertet: die zuerst 1597 erschienene, dann 1604 ins Deutsche übersetzte ›Eigentliche und vollkommene historische Beschreibung des Niederländischen Kriegs‹ des Emanuel van Meteren (1535–1612). G. arbeitete mit einer deutschen Übersetzung, die 1627 in Amsterdam herausgekommen war. Er hielt sich mit einigen – für das historische Drama nicht ungewöhnlichen – zeitlichen Verschleifungen an das von den Quellen vorgegebene Datengerüst, wich aber in der poetischen Ausstattung Egmonts selbst erheblich von der historischen Realität ab (vgl. seine spätere Bemerkung zu Eckermann vom 31. Januar 1827; Bd. 19, S. 208).

Die Loslösung der Niederlande von der spanischen Oberherrschaft dauerte fast ein Jahrhundert. Sie war formell erst mit dem Westfälischen Frieden von 1648 erreicht, als Spanien die Unabhängigkeit der Vereinigten Niederlande anerkannte. Dazu gehörten Holland, Luxemburg, Belgien (das auch nach 1648 zunächst bei Spanien blieb und nach längerer Zugehörigkeit zu Österreich erst im 19. Jh. ein selbständiger Staat wurde) und ein Teil des heutigen Frankreich. G.s Drama, um das Schicksal des Grafen Egmont zentriert, bezieht sich nur auf die erste Phase des Befreiungskampfes bis zu Egmonts Hinrichtung 1568, antizipiert aber im visionären Schlußausblick des untergehenden Helden die weitere historische Entwicklung. Die Entrüstung über die Liquidierung des hohen Adligen (und des Grafen von Hoorne, dessen Figur und Schicksal G. ausblendet) stärkte die Widerstandskraft der Niederländer. 1579 schlossen sich die sieben nördlichen Provinzen zur Utrechter Union zusammen, 1581 erklärten sich die Generalstaaten für unabhängig. Die Regentschaft wurde Wilhelm von Oranien übertragen, der sich dem Zugriff des spanischen Herzogs Alba, wie von G. dargestellt, 1567 durch die Flucht auf seine deutschen Besitztümer entzogen hatte.

Im Konflikt zwischen der spanischen Krone und den auf alte ständische Rechte pochenden Niederländern ging es um machtpolitische Interessen, ökonomische Motive (aus den wirtschaftlich blühenden Provinzen flossen erhebliche Steuergelder nach Madrid), um kulturell-nationale Gegensätze und nicht zuletzt um die Religion. Nach der Abdankung Karls V. (1556) bestieg dessen Sohn Philipp II. den Thron. Er führte ein strenges absolutistisches Regime ein und verfolgte, unbeirrbar in seinem Glauben an die Autorität der Kirche, unnachsichtig alle, die sich im Politischen und im Religiösen in seinen Augen eines Abweichlertums verdächtig machten.

In den Niederlanden ließ er von Madrid aus, wo er seit 1559 residierte, mit besonderer Strenge durchgreifen. Um dem Protestantismus, der vor allem im Volk viele Anhänger gefunden hatte, ordnungspolitisch entgegenzutreten, vermehrte er die Zahl der Bistümer in den Niederlanden erheblich. Seiner Halbschwester, der Herzogin Margarete von Parma (1522–1586), die er zur Regentin in den Niederlanden eingesetzt hatte, gab er den Bischof von Arras, Antoine Perrenot de Granvelle (1517–1586), als Berater an die Seite. Dieser Kirchenmann, bald zum Kardinal erhoben, zeigte in der Verfolgung der ›Ketzer‹ härtesten Eifer. 1563 verlangten Wilhelm von Oranien sowie die Grafen Egmont und Hoorne, als Repräsentanten des niederländischen Hochadels auch Mitglieder des Staatsrates unter der Regentin, die Abberufung des im ganzen Land verhaßten Kardinals.

Philipp II. erfüllte diesen Wunsch, den auch Margarete von Parma unterstützt hatte, schließlich nach einigem taktischen Hinhalten, ohne daß diese Wendung eine Milderung seines absolutistischen Gewaltregimes in den Niederlanden eingeleitet hätte. Graf Egmont, Statthalter des spanischen Monarchen in Artois und Flandern, reiste 1565 nach Madrid, um eine größere politische Freiheit für die Niederlande, vor allem aber eine mildere Anwendung der geltenden Inquisitionsgesetze zu erreichen, für die sich Philipp II. auf das Trientiner Konzil (1545–1563) berufen konnte. Egmont sah sich in Madrid so zuvorkommend behandelt, daß er an einen Gesinnungswandel des spanischen Königs glaubte. Doch nach Brüssel zurückgekehrt, mußte er feststellen, daß er außer unverbindlichen Versprechungen nichts erhalten hatte.

Die Unruhen vermehrten sich nun im ganzen Land. Der niedere Adel schloß sich 1566 zu einem Geheimbund zusammen, der sich den Namen Geusen (von gueux ›Bettler‹) gab, womit eine aus spanischer Sicht verächtlich gemeinte Benennung gegensinnig aufgenommen wurde. Das Volk wurde von den lutherischen und vor allem von den calvinistischen Predigern in seinem Drang nach Religionsfreiheit bestärkt. Im Sommer 1566 kam es zu ersten Exzessen des Bildersturms: Kirchen in Ypern, Courtray und schließlich im ganzen Land wurden zerstört, barbarische Verwüstungen angerichtet, in denen sich der Unmut über die von der spanischen Krone verstärkten politisch-religiösen Repressionen gewaltsam Luft machte. Egmont und Oranien stellten sich angesichts dieser Ausbrüche auf die Seite der Ordnungsmacht, unterdrückten in den von ihnen verwalteten Provinzen die Unruhen, hofften aber mit Margarete von Parma auf eine Mäßigung der spanischen Politik, auf ein Mindestmaß an Religionsfreiheit.

Philipp II. war jedoch von jedem Entgegenkommen weit entfernt und zog die Schraube noch fester an: er ließ 1567 den Herzog von Alba mit einem großen Heer nach den Niederlanden einmarschieren, um im Sinne von Absolutismus und Katholizismus für Ruhe und Ordnung zu sorgen. Alba (eigentlich: Don Fernando Alvarez de Toledo, 1507–1582), schon unter Karl V. als Militär bewährt und von Philipp II. wegen seiner unbeugsamen Härte geschätzt, hatte geheime Vollmachten (die faktisch die Entmachtung der Regentin bedeuteten) und Todesurteile für alle niederländischen Adligen, die verdächtig zu sein schienen, erhalten. Während Wilhelm von Oranien sich durch die Flucht in Sicherheit brachte, ritt Egmont seinem einstigen Kriegsgenossen vertrauensvoll entgegen. Die Warnung Oraniens, sein Bleiben werde ihm den Tod bringen, hatte er in den Wind geschlagen.

Egmont wurde mit dem Grafen von Hoorne nach einer von Alba freundlich geführten Unterredung am 9. September 1567 verhaftet. Aus Entrüstung über diesen Gewaltakt legte die Regentin Ende 1567 ihr Amt nieder und zog sich auf ihre Besitzungen nach Parma zurück. Die gegen Egmont gerichtete Anklageschrift enthielt 90 verschiedene Klagepunkte. Das Gerichtsverfahren, von dem durch Alba eingesetzten ›Zwölferrat‹ durchgeführt, geriet zu einer juristischen Farce (zumal Egmont als Ritter des Goldenen Vlieses nur vom König selbst hätte gerichtet werden können). Der bekannte und allseits beliebte Volksheld wurde zum Tode verurteilt und am 5. Juni 1568 auf dem Großen Markt von Brüssel enthauptet.

Wenn sich G. im Stoffkreis des niederländischen Freiheitskampfes durch Egmonts »menschlich ritterliche Größe« am meisten angezogen fühlte (Bd. 16, S. 821), so befand er sich im Einklang mit der nationalgeschichtlichen Überlieferung bei Belgiern

und Niederländern, die Egmont in der Tat zum Märtyrer der
Freiheit, sein Leben und seinen Tod zur tragischen Legende
gemacht hat. Als aktiver politischer Kämpfer oder auch als kluger
politischer Taktiker (wie Wilhelm von Oranien) ist er angesichts
der historischen Wirklichkeit kaum auszuweisen. Wohl aber um-
strahlte ihn nach seinen heroischen Taten auf dem Schlachtfeld
zeitlebens eine Gloriole, so daß er bei allen Bemühungen um
Kompromisse, auch trotz nachweisbaren politischen Fehlein-
schätzungen seine Popularität nie eingebüßt hat. G. stellt ihn als
den genuinen Repräsentanten der niederländisch-freizügigen Lebensart dar: Der Tod des »echten Niederländers« (S. 271) wird am
Ende zum Fanal, das den Provinzen die Freiheit bringt.

Lamoral Graf von Egmont und Prinz von Gaure wurde am 15.
November 1522 geboren. Er diente in seiner frühen Jugend Karl V.
als Page, wurde 1541 bereits zum Feldherrn im spanischen Heer
ernannt und 1546, ein Jahr nach seiner Verheiratung mit Sabina
von Bayern (der Schwester des Kurfürsten Friedrich III. von der
Pfalz), in den Orden des Goldenen Vlieses aufgenommen. Unter
Philipp II. gewann er mit großen Siegen gegen das französische
Heer bei St. Quentin (1557) und Gravelingen (1558) militärischen
Ruhm, weniger wegen seiner Generalstabs-Fähigkeit als wegen
seiner persönlichen Tapferkeit. Alba, sein späterer Widersacher,
hatte nach dem Sieg von Gravelingen Egmonts Reiterangriff als
militärische Tollkühnheit bezeichnet.

Mit den ritterlich-heroischen Zügen, die er Egmont verlieh,
folgte G. den historischen Quellen. Doch verjüngte er ihn und
veränderte auch seine privaten Lebensumstände, verband ihn mit
Clärchen zu einem persönlichen Liebesglück ohne Aussicht auf
Heirat. Als der historische Egmont beim letzten Zusammentreffen
mit Oranien vor der Frage stand, ob er fliehen oder bleiben solle,
hatte er die Entscheidung als 44jähriger Vater von elf Kindern zu
treffen. Im Exil konnte er – zumal in finanziellen Nöten – nicht auf
ein standesgemäßes Leben für seine Familie, mußte er vielmehr mit
der blanken Not rechnen. Eine solche Motivation für sein Bleiben,
die Schiller als Kritiker von G.s Drama geltend macht, ist in diesem
preisgegeben zugunsten einer eigentümlichen Mischung von jugendlicher Sorglosigkeit, politischer Analyse (Bürgerkriegs-Me-
netekel!) und Schicksalsvertrauen.

Der *Egmont* ist nicht allein dem Stoff nach politisch-historisch
angelegt. In das Drama ist auch von seiten des Dramatikers eine
bestimmte Art des geschichtlichen Denkens eingegangen, die an
den vorangegangenen *Götz von Berlichingen* erinnert und auf
Justus Möser (1720–1794), den von G. hochgeschätzten Verfasser
der ›Patriotischen Phantasien‹, zurückweist. Wenn G. noch in der

Alterssicht auf sein Drama »festgegründete Zustände« im Konflikt mit »strenger gutberechneter Despotie« ausmacht (Bd. 16, S. 815), so erinnert diese Formulierung an Mösers Abhandlung ›Der jetzige Hang zu allgemeinen Gesetzen und Verordnungen ist der gemeinen Freiheit gefährlich‹ (1775 in den ›Patriotischen Phantasien‹). Wie Möser hier gegen einen nivellierenden Gesetzesformalismus votiert, der politisch den Despotismus bedeutet, und die Mannigfaltigkeit je spezifischer Lokalumstände und Traditionen gewahrt sehen will, so argumentiert auch Egmont gegen Alba für die alten ständischen Rechte und gegen den Absolutismus.

Es unterliegt keinem Zweifel, daß G. selbst hinter diesem konservativ-organologischen Geschichtsdenken steht. Der Dichter gibt sich in Briefen an Mösers Tochter Jenny von Voigts (vom 28. Dezember 1774 u. 21. Juni 1781) geradezu als Möser-Schüler, angeregt von seinen Arbeiten, auf sein Urteil erpicht. Noch in *Dichtung und Wahrheit* hat er den »herrlichen« Mann gepriesen, seine historische Behandlungsweise als »bewundernswürdig« hingestellt (Bd. 16, S. 629–31). G.s Drama, das einen konservativen Freiheitshelden dem ebenso fortschrittlichen wie verhaßten Absolutismus gegenüberstellt, wäre ohne die Grundlagen von Mösers Geschichtsdenken nicht vorstellbar.

Als G. im Sommer 1787 an die Vollendung des *Egmont* ging, sah er zu seiner Verwunderung – aber auch zur Bestätigung seines Geschichtsverständnisses –, »daß sie eben jetzt in Brüssel die Szene spielen, wie ich sie vor zwölf Jahren aufschrieb« (*Ital. Reise,* 9. Juli 1787). Er hatte in der Zeitung gelesen, daß die Brabanter, auf ihre alten Rechte pochend, gegen die staatliche und kirchliche Reformpolitik des Kaisers Joseph II. aufbegehrten. Das Volk hatte sich vor dem Palast der Regentin Marie Christine versammelt – die an die Rolle der Margarete von Parma erinnerte, wie die ganze Konstellation der *Egmont*-Handlung verblüffend ähnlich sah. Diese Koinzidenz macht das Drama nicht zum Zeitstück für das späte 18. Jh., mochte G. aber als Nachweis seiner diagnostischen Treffsicherheit auf dem Terrain von Staaten- und Weltgeschichte wichtig sein, so daß er sie später mehrfach betont hat (vgl. u. a. *Tag- und Jahreshefte;* Bd. 14, S. 13).

## *Tragik und Form*

Um das Tragische des *Egmont* zu fassen, bieten sich von G. selbst aus zwei Ansätze dar. In der Rede *Zum Schäkespears Tag* (1771) spricht der junge Dichter im Blick auf den gefeierten Dramatiker von dem »geheimen Punkt, ⟨...⟩ in dem das Eigentümliche unsres

Ichs, die prätendierte Freiheit unsres Wollens, mit dem notwendigen Gang des Ganzen zusammenstößt« (Bd. 1.2, S. 413). Wie Götz von Berlichingen unter den historischen Bedingungen des 16. Jh.s mit seiner im alten Rittertum wurzelnden Gesinnung, mit allen seinen menschlichen Vorzügen zu einer anachronistischen Figur geworden ist, so scheint auch Egmont mit dem ihn auszeichnenden menschlich-ritterlichen Ethos in einen tragischen Dissens zu seiner historischen Situation zu geraten. Er paßt nicht in die Welt des spanischen Absolutismus, aber sein Tod wird zum Vorzeichen der endlich doch erreichten nationalen Freiheit der Niederländer.

Der alte G. führt im Zusammenhang mit *Egmont* einen Namen ein, der einen schwierigen, ja rätselvollen Denkzusammenhang anzeigt: den des »Dämonischen« (zuerst 1810 in den Schemata zu *Dichtung und Wahrheit;* Bd. 16). In seiner Autobiographie legt er seine Erfahrung von diesem »furchtbaren Wesen« dar, das sich »nur in Widersprüchen« zu manifestieren scheint: »nicht göttlich«, da unvernünftig, »nicht menschlich«, da verstandlos, aber auch »nicht teuflisch«, da »wohltätig« – eine in Welt und Geschichte wirksame Macht, die das Sprechen über sie ständig in die Paradoxie treibt (Bd. 16, S. 820). In Egmont zeigt sich das »Dämonische« als »attrativa«, als »die Gabe alle Menschen an sich zu ziehn«: das Volk, die Regentin, Clärchen, ja sogar »den Sohn seines größten Widersachers«. Ausdrücklich wird das Drama von solchen Zusammenhängen her erschlossen: Das »Dämonische« sei »von beiden Seiten im Spiel« (also von Egmont und Alba aus), »in welchem Konflikt das Liebenswürdige untergeht und das Gehaßte triumphiert«, woraus sich »die Aussicht« auf »ein Drittes« ergibt, »das dem Wunsch aller Menschen entsprechen werde« (Bd. 16, S. 821).

Diese Winke des alten G. sind für das Verständnis des Dramas, das er als 26jähriger begonnen und als 38jähriger vollendet hat, von großer Bedeutung. Dennoch bleibt die Frage, inwieweit sein Altersdenken die frühere Schaffensepoche faßt oder nicht vielmehr umdeutet. Allerdings: Was Schiller in seiner ausführlichen *Egmont*-Rezension als Handeln »aus einem leichtsinnigen Selbstvertrauen« – und damit als dramatische Motivation – mißfiel, das stellt sich in der Beleuchtung, in die G.s Altersdenken sein Drama rückt, völlig anders dar. Die Sorglosigkeit, für das pragmatische Denken anstößig, führt auf Egmonts Existenz-Gesetz: Er kann nur als der leben, der er ist, wenn er nicht ständig aufs Leben reflektiert (S. 275), wenn er den Augenblick ergreift und erfüllt, ohne sich – wie es der Sorge entspräche – der Zeitspannung zur Zukunft auszuliefern.

So gibt das Drama, obwohl sein liebenswürdiger Held dem Untergang bestimmt ist, ein faszinierendes Bild der Lebenszuversicht. Das Vermächtnis Egmonts an Ferdinand lautet mit einer charakteristischen Inversion: »⟨...⟩ ich höre auf zu leben, aber ich habe gelebt ⟨...⟩« (S. 326). Egmont überwindet angesichts des unabänderlichen Schicksals seine Todesfurcht, verliert sich nicht mehr in ohnmächtige Rettungsphantasien – und schläft seiner Hinrichtung entgegen: ein in der dramatischen Weltliteratur wohl einmaliges Zeichen innerer Gelassenheit. Durch das Zeugnis des freundschaftlichen Gefühls, das ihm selbst der Sohn des lebensfeindlichen Melancholikers Alba entgegenbringt, ist Egmont »der Sorgen los« (S. 327), kann er sich selbst bejahen und seine entelechische Bestimmtheit (»Dämon« im Sinne der *Urworte. Orphisch* von 1817/20; Bd. 11) bewähren. Daß ihm die Geliebte tröstend im Traum erscheint, macht seinen inneren Sieg sichtbar.

Wie sich aus den Perspektiven des jungen und des alten G. unterschiedliche Deutungsmöglichkeiten für den *Egmont* ergeben (unterschiedliche Gattungsbestimmungen auch: historisches Drama oder nicht?), so läßt sich an Stil und Struktur des Werkes naturgemäß auch die lange Entstehungsgeschichte ablesen. Was als Drama aus dem Geist des Sturm und Drang begonnen worden ist, ging in den ersten Weimarer Jahren durch eine neue, zunächst produktionshemmende Erfahrung des Politischen und geriet in der Phase der ›italienischen‹ Vollendung in die Ausstrahlung eines neuen Kunst- und Künstlerbewußtseins. Die im letzten Akt gesteigert hervortretende Tendenz zum Sinnbild, zur Allegorie entsprang aus G.s ›italienischer‹ Ästhetik.

An den Stürmer und Dränger erinnern am stärksten noch die – schon von Schiller bewunderten – Volksszenen mit knapper, treffender Zeichnung der Charaktere und der Atmosphäre. Das Reiterbild, das Egmont begleitet, wird hingegen deutlicher ins Sinnbildliche gewendet: Es porträtiert den ritterlichen Helden, geht aber auch argumentativ in den politischen Disput mit Alba ein (S. 306) und hat zuvor schon, bei Egmonts Einreiten in den Hof des Culenburgischen Palasts, die Bedeutung einer Schicksals-Chiffre angenommen (S. 302). Solcher Sinnbildstil gilt auch für Clärchens Präsenz im Schlußakt: sie, der »Geist« des ohnmächtigen niederländischen Volks, kommuniziert mit dem gefangenen Geliebten über gemeinsame Bilder und Worte; das Verlöschen der Lampe bezeichnet ihren Tod.

Die Traumpantomime des Schlusses ist eine letzte, nach den Normen der Lessingschen Dramaturgie zweifellos gewagte Steigerung dieses Sinnbildstils: Die »göttliche Freiheit« erscheint in den Zügen von Clärchen und reicht dem schlafend-träumenden Helden einen »Lorbeerkranz«. Das Siegeszeichen deutet auf ein Zukünftiges: darauf, »daß sein Tod den Provinzen die Freiheit verschaffen werde« (S. 328). Diese Fügung, Abbreviatur und Antizipation in einem, galt schon der zeitgenössischen Kritik als strittig. Schiller sprach von einem »witzigen Einfall« (womit er eine künstlich-gezwungene Kombination von Heterogenem meinte), der die »Empfindung« störe, und von einem »Salto mortale in eine Opernwelt« (also von einem gewagten Sprung in eine andere Gattung bzw. Kunstsphäre). Spätere Interpreten wie Emil Staiger, der einen »Kulissenzauber« feststellte und ihn als »seltsame Ausflucht« bewertete (›Goethe‹, Bd. 1, Zürich/Freiburg i. Br. 1952, S. 291 f.), sind ihm gefolgt.

Man muß dabei bedenken, daß G. diesen Schluß in Italien unter dem überwältigenden Eindruck von bildender Kunst (aus Antike und Renaissance) konzipiert hat. Es fehlt auch keineswegs an sorgfältiger Vorbereitung dieses Versuchs, ein Bild dichterisch zu ›malen‹: Egmonts Rettungsphantasie von einem aus dem Himmel herniedersteigenden Engel geht voran (S. 315), die von Clärchen in der nächsten Szene aufgenommen wird (S. 318), an deren Ende Brackenburg die Traumerscheinung »fast zu unverschleiert« (Wolfgang Kayser) vorwegnimmt (S. 320). Als Sprung in eine andere Kunstsphäre kann diese Traumdarstellung aber nur aufgefaßt werden, wenn man nicht zur Kenntnis nimmt, daß schon das gesamte Drama Elemente des Musikalischen, des Opernhaften ausgebreitet hat, so daß auch von dieser Seite aus die Vorbereitung der musikalischen Pantomime nicht fehlt.

Es ist nicht zu belegen, daß G. schon während der Frankfurter und der Weimarer Arbeit am *Egmont* an eine musikalische Ergänzung gedacht hat. Während der italienischen Vollendung tat er es ganz auffällig. Das zeigen seine Versuche, den Komponisten Philipp Christoph Kayser (1755–1823), den G. aus seiner Frankfurter Zeit her kannte und in den ersten Weimarer Jahren zum musikalischen Mitschöpfer im Singspiel heranbilden wollte (Bd. 2.1, S. 672 f., 710 ff. u. 722 ff.), dazu zu bringen, eine geeignete Bühnenmusik für den *Egmont* zu komponieren. Im August 1787 teilte G. dem Komponisten (der drei Monate später nach Rom gekommen ist) dezidiert seine Kompositionswünsche mit: er solle »die Symphonie, die Zwischenakte, die Lieder und einige Stellen des fünften Akts, die Musik verlangen ⟨!⟩, komponieren«. Diese Erwartung des Dichters hat Kayser, wie in anderen Fällen auch, nicht erfüllen können, obwohl G. in der *Italienischen Reise* unter dem 9. Februar 1788 notiert: »Kayser geht ⟨...⟩ als ein wackrer Künstler zu Werke. Seine Musik zu Egmont avanciert stark.«

Es ist zu vermuten, daß die zeitgenössische Rezeption des

*Egmont* anders verlaufen wäre, wenn das Drama tatsächlich – wie es G. geplant hat – mit den erhofften Noten des Komponisten publiziert worden wäre. So bleibt als Spur der ursprünglichen, auf »das musikalische Theater« gerichteten Intention des Dichters (vgl. *Ital. Reise,* November 1787) die Publikations-Nachbarschaft des *Egmont* zu den Singspielen *Erwin und Elmire* und *Claudine von Villa Bella* in Bd. 5 der Göschen-Ausgabe (1788).

Während die von Kayser komponierten Stücke – von einer schon fertigen »Symphonie« ist bei G. die Rede – verschollen sind, hatte eine günstige Konstellation der späteren Jahre zur Folge, daß ein entsprechend disponiertes Bühnenwerk G.s einen Großen der Musik zu einer kongenialen Leistung stimuliert hat: Ludwig van Beethoven.

Den Kompositionsauftrag hatte Beethoven im Herbst 1809 vom Wiener Hoftheater-Direktor Hartl von Luchsenstein erhalten, der Schillers ›Wilhelm Tell‹ und G.s *Egmont* mit einer eigens dazu komponierten Musik aufführen wollte. Die Aufführung fand am 15. Juni 1810 im Hofburgtheater statt. G. erhielt davon Kenntnis, reagierte auf Beethovens Brief im Frühjahr 1811 auch wohlwollend, ließ aber nicht erkennen, daß er das Außergewöhnliche dieser späten musikalischen Beigabe zu seinem auf die Mitwirkung der Musik angelegten Drama zu würdigen vermocht hat. Beethoven, der in der Kerkerszene des ›Fidelio‹ (zuerst 1805) eine ähnliche Freiheitsvision wie G. im *Egmont* musikalisch gestaltet hat, schrieb seinem Verleger, er habe die *Egmont*-Musik »bloß aus Liebe zum Dichter« geschaffen. Er lieferte genau die Kompositionen, die G. einst von Kayser gewünscht hatte. Seine Musik hat dem originalen Drama überhaupt erst den Weg zur Bühne eröffnet, nachdem der *Egmont* – nach dem Weimarer Beispiel von 1796 (s. u.) – meist in der Bearbeitung Schillers aufgeführt worden war.

Eine eingehende Würdigung von Beethovens opus 84 hat 1813 E. T. A. Hoffmann (1776–1822) in einer Rezension gegeben, die zum Hymnus auf Beethoven geriet, der »ganz dem Sinne des Dichters« gefolgt sei. Ähnlich äußerte sich Marianne von Willemer (1784–1860), die im Juni 1821 an G. über Beethovens *Egmont*-Musik schrieb: »‹...› die ist himmlisch! – Er hat Sie ganz verstanden, ja man darf fast sagen: derselbe Geist, der Ihre Worte beseelt, belebt seine Töne.« Erst mit dieser Musik hat G.s Drama jene Verbindung von Wort und Tonsprache erreicht, die dem Dichter bei der ›italienischen‹ Vollendung des Werks vorgeschwebt hatte. Richard Wagner hat den *Egmont* als Vorläufer des von ihm theoretisierten musikalischen Dramas aufgefaßt und die Wendung »zum Wunder und zur Musik« als einen »ungemein bedeutungsvollen Zug von G.s höchster künstlerischer Wahrhaftigkeit« gerühmt

(›Oper und Drama‹, 1851, Tl. 2) und später noch einmal den ›musikalischen‹ Schlußakt ausgezeichnet (an Mathilde Wesendonk, 22. April 1859).

## Zur Rezeptionsgeschichte

Bald nach seinem Erscheinen wurde dem *Egmont* eine herbe Kritik zuteil, die in mancher Hinsicht einem Verriß gleichkam: Schiller, damals mit G. noch nicht freundschaftlich verbunden, formulierte 1788 massive Einwände gegen die Traumpantomime, darüber hinaus gegen den von G. gebildeten Motivationszusammenhang des Dramas. Indem der Dichter den Gatten und Familienvater, der für die Seinen Sorge zu tragen hat, in den jugendlich-leichtsinnigen Helden verwandelt, »zerstört er den ganzen Zusammenhang seines Verhaltens«. Ohne Not weiche er darin von der historischen Realität ab und mute dem Betrachter zu, sich von dem Schicksal eines Leichtfertigen, der seinen politischen Pflichten gar nicht gewachsen sei, rühren und erschüttern zu lassen. Aber: »Wir sind nicht gewohnt, unser Mitleid zu verschenken.«

Schillers Kritik orientiert sich an den von Lessing durchgesetzten dramaturgischen Normen: Um die rechte Wirkung zu erlangen, müsse das Zentrum des Dramas mit einem uns affizierenden Charakter besetzt sein, der auf eine einsichtige Weise zu Entschlüssen sowie Handlungen kommt und schließlich sein Schicksal findet. Darüber hinaus war Schiller aufgrund seiner historischen Studien im Zusammenhang seiner ebenfalls zuerst 1788 erschienenen ›Geschichte des Abfalls der vereinigten Niederlande von der Spanischen Regierung‹ mit dem Stoff wohlvertraut. Seine Darstellung des historischen Egmont, für die Wendungen wie »unbesonnene Tugend«, »natürliche Weichherzigkeit« oder »unglückselige Zuversicht« bezeichnend sind, liefert deutlich die Prämissen seiner Kritik von G.s Drama. Von denselben Quellen wie G. ausgehend, zeigte der Historiograph Schiller neben den populären und triumphalen Zügen Egmonts stärker noch seine Schwächen und Täuschungen auf. Seine historische Darstellung wirkt in manchen Passagen fesselnd – und dabei quellennah – wie eine dramatische Vorstudie.

Das gilt auch für den 1789 in der ›Rheinischen Thalia‹ veröffentlichten Aufsatz ›Des Grafen Lamoral von Egmont Leben und Tod‹, der Vorzüge und Schwächen des Helden (»törichte Zuversicht«) noch einmal prägnant zusammenfaßt, seine Verurteilung und Hinrichtung als einen Gewaltakt hinstellt, andererseits diesen Tod nicht prospektiv mit der späteren Selbstbefreiung der Niederländer in Verbindung bringt. (So hatte Voltaire 1728 im achten Gesang der ›Henriade‹ und 1756 im ›Essai sur les Moeurs et l'Esprit des Nations‹ Egmonts Schicksal aufgefaßt.) Für Schillers Wertung ist bezeichnend, wie er im ›Don Karlos‹, in dem es ja auch um den niederländischen Freiheitskampf und die absolutistischen Gegenmaßnahmen (wie die Vorbereitung von Albas Einmarsch) geht, König Philipp II. auf den Namen reagieren läßt, den er auf einer Schreibtafel findet: »Graf Egmont? / Was will der hier? – Der Sieg bei Saint Quentin / War längst verwirkt. Ich werf ihn zu den Toten.« (Verse 2834–36).

Schiller erhielt 1796 Gelegenheit, seine Kritik an G.s *Egmont* zu einem eigenständigen Gestaltungsansatz weiterzuführen: G. bat den Freund, als ein Gastspiel des berühmten Schauspielers August Wilhelm Iffland (1759–1814) in Weimar anstand, sein Stück einer Bühnenbearbeitung zu unterziehen. Schiller stellte diese Theaterfassung trotz einer Krankheit in 14 Tagen her; die Aufführung mit Iffland in der Titelrolle fand am 25. April 1796 statt. Schiller strich im Text einiges, zog die fünf Akte auf drei und die 13 Szenenbilder auf acht zusammen, nahm verschiedene Umgruppierungen vor und fügte auch neue Szenen hinzu. So ließ er in die Liebesszene mit Clärchen, die bei G. den dritten Akt beschließt, Egmonts Sekretär mit der Mahnung hineinplatzen, sein Herr solle vor Alba fliehen. Die Rolle der Regentin entfiel, ebenso die Traumerscheinung (von der nur Egmonts nachträgliche Erzählung blieb). Dafür fügte Schiller einen vielgescholtenen Theatercoup ein: er ließ Alba bei der Verkündigung des Todesurteils im Kerker vermummt anwesend sein; Egmont hatte ihm dann die Maske vom Gesicht zu reißen. (Es ist möglich, daß bei dieser Erfindung eine Reminiszenz an die frühere ›Geschichte des Abfalls der vereinigten Niederlande‹ nachwirkte: Bei der letzten Unterredung zwischen Egmont und Oranien in einem Dorf zwischen Brüssel und Antwerpen war einigen Quellen zufolge ein »Spion« im Schornstein des Zimmers versteckt, der das Gespräch belauscht und seinen Wortlaut überliefert hat.)

Schillers Umgestaltung hat dem *Egmont*, der zunächst auf dem Theater ohne Erfolg blieb (Aufführungen in Mainz und Frankfurt/Main 1789, in Weimar und Wien 1791 hatten keine Resonanz gefunden), immerhin zu einer nennenswerten theatralischen Rezeption verholfen. Auch in Weimar wurde Schillers Version nach seinem Tod verschiedentlich, freilich mit einigen Rückänderungen, gespielt. Dabei ist offenkundig, daß Schiller mit der Blickrichtung auf die sowohl politische als auch moralisch-idealistische Größe des dramatischen Charakters das Eigentümliche von G.s Dichtung nicht erfaßt hat: es fehlt der Sinn für das Schicksalsgläubige, das Dämonisch-Genialische des Charakters, aber auch für die Symbiose von Wort und Musik, von poetischen und ›opernhaften‹ Elementen, die G. anvisiert. Dessen Bemerkung über Schillers Rezension, sie habe »den sittlichen Teil des Stücks gar gut zergliedert«, doch »den poetischen Teil« nicht erschöpft (an Herzog Carl August, 1. Oktober 1788), deutet eine diskrete Selbstverteidigung gegen Schiller an. In einem Aufsatz *Über das deutsche Theater* (1815) und bei verschiedenen Gesprächsanlässen hat G. die »Redaktion« Schillers als »grausam« bezeichnet und für das eigene Stück (mit der Regentin und Clärchens »Lichterscheinung«) plädiert.

Erst in der Verbindung mit Beethovens Musik ist *Egmont* im späteren 19. Jh. in der originalen Gestalt auf den Bühnen häufiger gespielt worden. Eine zustimmende literarische Rezeption läßt sich im Umkreis der Romantik beobachten, etwa bei August Wilhelm Schlegel (1767–1845). E. T. A. Hoffmanns Hymnus auf Beethovens Bühnenmusik schließt die Begeisterung für G.s poetisches Kunstwerk ausdrücklich ein. Der Baron Friedrich de la Motte-Fouqué (1777–1843), Verfasser der ›Undine‹ (1811) und deklarierter Romantiker, drückte dem Dichter bei einem Weimar-Besuch Ende 1813 seine Bewunderung des ihm »vorzüglich teuern Meisterwerkes« aus. Gerade die von Schiller kritisierte Erscheinung Clärchens als »tröstende Freiheitsgöttin« hob er als ingeniöse poetische Erfindung hervor; zu Clärchen hinterließ er in Weimar ein Gedicht, über das sich G. nach Fouqués späterer Erinnerung »sehr zufrieden« geäußert hat. Erwähnenswert ist in diesem Zusammenhang auch die besondere Auszeichnung des *Egmont* durch den romantischen Theoretiker Adam Müller (1779–1829) in den ›Vorlesungen über die deutsche Wissenschaft und Literatur‹ (1806). Des weiteren nimmt Müller in seinen Vorlesungen ›Über die dramatische Kunst‹ (1806) *Egmont* als Beispielfall einer christlichen, die Tragik der Griechen überwindenden Schicksalsauffassung in Anspruch: Hier werde »die Katastrophe«, der »höhere Todesmoment«, durch einen »Himmelfahrtsmoment« überwunden.

Wie immer solche Konstruktionen zu bewerten sind, so bleibt doch festzuhalten, daß G. mit seinem *Egmont* der von ihm distanziert gesehenen, mitunter pathologisierten Romantik so nahe kommt wie sonst wohl nur im *Wilhelm Meister*. Wenn die Romantiker in Clärchens Traumapotheose die Manifestation einer göttlichen Unendlichkeit im Medium der Phantasie erblickten, so läßt sich dazu neben dem Drama selbst ein Kristallisationspunkt auch in G.s eigenen Kommentaren aufzeigen. Im November 1787 ist rückblickend davon die Rede, daß die Vollendung des *Egmont* »ohne eine ungemessene Freiheit des Lebens und des Gemüts« nicht möglich gewesen wäre (*Ital. Reise*, 3. November 1787; vgl. auch 10. November 1787). Gemütsfreiheit heißt aber in diesem Fall auch Gestaltungsfreiheit, und darin liegt – entsprechend dem Freiheitsthema des Dramas selbst – ein Dispens von den Gattungsnormen. Auch Schiller bringt dies, allerdings mit kritischem Vorbehalt, am Ende seiner *Egmont*-Rezension zum Ausdruck. Die Romantiker reagieren auf ein solches Gestaltungsphänomen, gemäß ihrer poetologischen Antizipation, mit Begeisterung.

G. hatte schon in den ersten nach Weimar gerichteten Kommentaren einige Mühe, seine freizügige Gestaltungsintention vor der Folie der geläufigen dramaturgischen Erwartungen (»Notdurft des dramatischen Pappen- und Lattenwerks«) zu verdeutlichen. Zwischen den klassizistisch stilisierten Nachbardramen *Iphigenie* und *Tasso* ist *Egmont* die große formale Ausnahme. Nur die Freiheit gegenüber dem älteren Kunstgedanken, der mit dem 1775 begonnenen Stück wieder aufstieg, hat die ›italienische‹ Vollendung ermöglicht, eine »Rekapitulation« des eigenen »Lebens« und der eigenen »Kunst« (an Herzog Carl August, 11. August 1787), die dennoch nicht bloß abschließt, sondern nach vorn weist: zur Romantik, zum Geschichtsdrama und zum späteren Musikdrama.

Auch die bildenden Künstler hat *Egmont* immer wieder angeregt. Das Titelkupfer zur Erstausgabe hat Johann Heinrich Lips (s. S. 840) nach einer Zeichnung von Angelica Kauffmann (s. S. 756) gestochen: Es zeigt Egmont und Clärchen in der Liebesszene des dritten Akts. Auch die Traumerscheinung, selbst wohl von G. aus der Faszination durch die bildende Kunst entworfen, wurde zum beliebten Motiv bei den Malern des Biedermeier, schon bei Wilhelm von Schadow (1788–1862), der sich von der Szene zu einer Aquarellzeichnung inspirieren ließ.

*Dokumente zur Entstehung, Kommentierung und zeitgenössischen Rezeption*

G. an Heinrich Christian Boie. Frankfurt, 23. Dezember 1774
Ich zeichne mehr als ich sonst was tue, liedere (mache Lieder) auch viel. Doch bereit ich alles, um mit Eintritt der Sonne in den Widder eine neue Produktion zu beginnen, die auch ihren eignen Ton haben soll.

G. an Charlotte von Stein. Weimar, 29. Januar 1776
Wir ⟨G. und Herzog Carl August⟩ haben heute viel guts gehandelt

über der Vergangenheit und Zukunft – Geht mir auch wie Margreten v. Parma: ich sehe viel voraus das ich nicht ändern kann.⟨Vgl. S. 255.⟩

*G. an Charlotte von Stein. Wörlitz, 14. Mai 1778*
Und ich scheine dem Ziele dramatischen Wesens immer näher zu kommen, da michs nun immer näher angeht wie die Großen mit den Menschen, und die Götter mit den Großen spielen. ⟨Vgl. S. 254.⟩

*G.s Tagebuch. Weimar, Anfang Dezember 1778*
Schrieb einige Szenen an Egmont.

*G.s Tagebuch. Weimar, 5. Dezember 1778*
⟨Morgens⟩ Alba und Sohn.

*G.s Tagebuch. Weimar, 13. Dezember 1778*
Früh Monolog Albas.

*G. an Charlotte von Stein. Weimar, 26. Mai 1779*
Mein Egmont rückt doch ob ich gleich d⟨en⟩ 1. Jun⟨i⟩ nicht fertig werde.

*G.s Tagebuch. Weimar, 15. Juni 1779*
⟨Nachmittags⟩ an Egmont geschrieben.

*G. an Charlotte von Stein. Weimar, 24. Juni 1779*
Gestern Abend hab ich noch eine Szene in Egmont geschrieben, die ich kaum wieder deschiffrieren kann.

*G. an Charlotte von Stein. Weimar, 7. September 1779*
Ich schicke Ihnen was von Egmont fertig ist, und alle meine andre Sachen, heben Sie mir sie auf. ⟨Vgl. auch Brief vom 23. Januar 1786.⟩

*G.s Tagebuch. Weimar, 16. März 1780*
⟨Vormittags⟩ spazieren an Egmont geschrieben.

*Georg Christoph Tobler an Johann Kaspar Lavater. Weimar, Mai 1781* (Bode, Bd. 1, S. 268–271)
Seine ⟨G.s⟩ »Befreiung von Holland« ⟨»Egmont«⟩ bis an den letzten Akt fertig – politisch voll herrlicher Gedanken. ⟨Tobler hatte von G. verschiedene Manuskripte zum Lesen erhalten.⟩

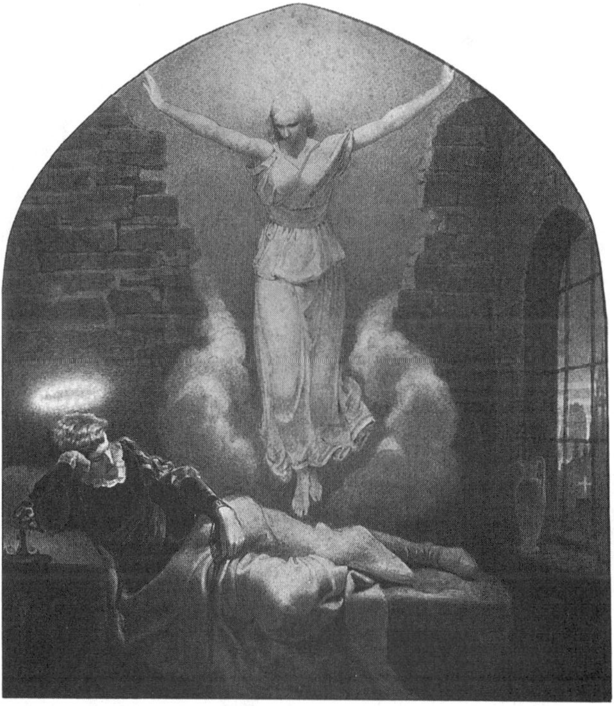

Friedrich Wilhelm von Schadow
DIE FREIHEIT IN DER GESTALT KLÄRCHENS ERSCHEINT
EGMONT IM TRAUM

*G. an Charlotte von Stein. Wilhelmsthal, 12. Dezember 1781*
⟨...⟩ es geht mir wohl, ich mag die Menschen leiden, und sie mich, ich bekümmre mich um nichts und schreibe Dramas. Mein Egmont ist bald fertig und wenn der fatale vierte Akt nicht wäre den ich hasse und notwendig umschreiben muß, würde ich mit diesem Jahr auch dieses lang vertrödelte Stück beschließen.

*G. an Charlotte von Stein. Dornburg, 16. März 1782*
Nun will ich über den Egmont und hoff ihn endlich zu zwingen.

*G. an Charlotte von Stein. Dornburg, 17. März 1782*
Ich bin ganz leise fleißig, ich möchte nun Egmont so gar gerne endigen, Und seh es möglich.

*G. an Charlotte von Stein. Weimar, 20. März 1782*
⟨Früh⟩ Mein Egmont ist die einzige frohe Aussicht auf die Acht Tage das einzige was ich zwischen mein Verlangen zu dir einschieben kann daß es mir nicht schmerzlich wird.

*G. an Charlotte von Stein. Buttstädt, 20. März 1782*
⟨Nachmittags⟩ Nun will ich mich hinsetzen und einen alten Geschichtschreiber durchlesen damit Egmont endlich lebendig werde, oder auch wenn du willst daß er zu Grabe komme. ⟨...⟩
⟨Abends⟩ Zum Egmont habe ich Hoffnung, doch wirds langsamer gehn als ich dachte. Es ist ein wunderbares Stück. Wenn ich's noch zu schreiben hätte schrieb ich es anders, und vielleicht gar nicht. Da es nun aber da steht so mag es stehen, ich will nur das allzuaufgeknöpfte, Studentenhafte der Manier zu tilgen suchen, das der Würde des Gegenstands widerspricht.

*G. an Charlotte von Stein. Kalbsried, 22. März 1782*
Im *Strada* der den alten Niederländischen Krieg geschrieben hat, finden sich gar treffliche Schilderungen von Personen die ich dir übersetzen will.

*G. an Charlotte von Stein. Gerstungen, 6. April 1782*
Am Egmont ist nichts geschrieben die Zerstreuung läßt nicht zu.

*G. an Philipp Seidel. Rom, 13. Januar 1787*
Nun gehts an Egmont und die andern Sachen, ich will nichts in Stücken geben.

*G. an Charlotte von Stein. Rom, 20. Januar 1787*
Ich habe Hoffnung Egmont, Tasso, Faust zu endigen, und neue Gedanken genug zum Wilhelm ⟨Meister⟩.

*G. in der ›Italienischen Reise‹ (Redaktion 1829). Rom, 5. Juli 1787*
(s. Bd. 15)
Egmont ist in der Arbeit, und ich hoffe er wird geraten. Wenigstens hab' ich immer unter dem Machen Symptome gehabt, die mich nicht betrogen haben. Es ist recht sonderbar, daß ich so oft bin abgehalten worden das Stück zu endigen, und daß es nun in Rom fertig werden soll. Der erste Akt ist ins Reine und zur Reife, es sind ganze Szenen im Stücke, an die ich nicht zu rühren brauche.

*G. in der ›Italienischen Reise‹. Rom, 9. Juli 1787* (s. Bd. 15)
Ich bin fleißig, mein Egmont rückt sehr vor. Sonderbar ist's, daß sie eben jetzt in Brüssel die Szene spielen, wie ich sie vor zwölf Jahren aufschrieb, man wird vieles jetzt für Pasquill ⟨spottende Anspielung⟩ halten.

*G. in der ›Italienischen Reise‹. Rom, 16. Juli 1787* (s. Bd. 15)
Egmont ist schon bis in den vierten Akt gediehen, ich hoffe er soll euch ⟨den Freunden in Weimar⟩ Freude machen. In drei Wochen denke ich fertig zu sein, und ich schicke ihn gleich an Herdern ab. ⟨Die Absendung erfolgte erst am 16. September.⟩

*G. in der ›Italienischen Reise‹. Rom, 30. Juli 1787* (s. Bd. 15)
Montag den 30sten blieb ich den ganzen Tag zu Hause und war fleißig. Egmont ruckt zum Ende, der vierte Akt ist so gut wie fertig. Sobald er abgeschrieben ist, schick' ich ihn mit der reitenden Post. Welche Freude wird mir's sein, von euch zu hören, daß ihr dieser Produktion einigen Beifall gebt. Ich fühle mich recht jung wieder, da ich das Stück schreibe; möchte es auch auf den Leser einen frischen Eindruck machen.

*G. in der ›Italienischen Reise‹. Rom, 1. August 1787* (s. Bd. 15)
Der vierte Akt von Egmont ist fertig, im nächsten Brief hoff' ich dir ⟨Herder?⟩ den Schluß des Stückes anzukündigen.

*G. an Charlotte von Stein. Rom, 4. August 1787*
Gestern, nach Sonnenuntergang ⟨...⟩ war ich in der Villa Borghese. ⟨...⟩ Auf eben dem Spaziergange machte ich Anstalten Egmont zu endigen. Wenn ich dran komme geht es geschwind.

*G. in der ›Italienischen Reise‹. Rom, 11. August 1787* (s. Bd. 15)
Egmont ist fertig und wird zu Ende dieses Monats abgehen können. Alsdann erwarte ich mit Schmerzen euer Urteil.

*G. an Philipp Christoph Kayser. Rom, 14. August 1787*
⟨...⟩ will ich Ihnen etwas zusenden, womit Sie sich vielleicht beschäftigen. Ich meine den *Egmont* im Manuskripte. Er kann auf dem Wege nach Deutschland bei Ihnen durchgehn. Wollten Sie alsdann etwa die Symphonie, die Zwischenakte, die Lieder und einige Stellen des fünften Akts, die Musik verlangen, komponieren; so könnte man es gleich mit der Ausgabe anzeigen, man gewöhnte sich Ihren Namen mit dem meinigen zu sehen, ⟨...⟩ Und es würde die Frage sein wie bald Sie so eine Arbeit zu liefern getrauten? und ob man sie gleich mit dem fünften Bande ⟨der Schriften G.s⟩ ins Publikum schicken könnte? daß Ihre Komposition gleich auf allen Theatern Fuß faßte, denn ich glaube Egmont wird gleich gespielt werden. Wenigstens hie und da.

*G. in der ›Italienischen Reise‹. Rom, 1. September 1787* (s. Bd. 15)
Heute kann ich sagen ist Egmont fertig geworden; ich habe diese Zeit her immer noch hier und da daran gearbeitet. Ich schicke ihn über Zürich, denn ich wünsche, daß Kayser Zwischenakte dazu und was sonst von Musik nötig ist komponieren möge. Dann wünsch' ich euch Freude daran.

*G. in der ›Italienischen Reise‹. Rom, 5. September 1787* (s. Bd. 15)
Ich muß an einem Morgen schreiben, der ein festlicher Morgen für mich wird. Denn heute ist Egmont eigentlich recht völlig fertig geworden. Der Titel und die Personen sind geschrieben, und einige Lücken, die ich gelassen hatte, ausgefüllt worden, nun freu' ich mich schon zum voraus auf die Stunde, in welcher ihr ihn erhalten und lesen werdet.

*G. in der ›Italienischen Reise‹. Rom, 3. November 1787* (s. Bd. 15)
Die Aufnahme meines Egmont macht mich glücklich, und ich hoffe, er soll beim Wiederlesen nicht verlieren, denn ich weiß was ich hineingearbeitet habe, und daß sich das nicht auf einmal herauslesen läßt. Das was ihr daran lobt, habe ich machen wollen; wenn ihr sagt, daß es gemacht ist, so habe ich meinen Endzweck erreicht. Es war eine unsäglich schwere Aufgabe, die ich ohne eine ungemessene Freiheit des Lebens und des Gemüts nie zu Stande gebracht hätte. Man denke, was das sagen will: ein Werk vornehmen, was zwölf Jahre früher geschrieben ist, es vollenden ohne es

umzuschreiben. Die besondern Umstände der Zeit haben mir die Arbeit erschwert und erleichtert. ⟨...⟩

Was du ⟨Herder?⟩ von Klärchen sagst, verstehe ich nicht ganz, und erwarte deinen nächsten Brief. Ich sehe wohl, daß dir eine Nüance zwischen der Dirne ⟨dem Mädchen⟩ und der Göttin zu fehlen scheint. Da ich aber ihr Verhältnis zu Egmont so ausschließlich gehalten habe; da ich ihre Liebe mehr in den Begriff der Vollkommenheit des Geliebten, ihr Entzücken mehr in den Genuß des Unbegreiflichen, daß *dieser* Mann ihr gehört, als in die Sinnlichkeit setze; da ich sie als Heldin auftreten lasse; da sie im innigsten Gefühl der Ewigkeit der Liebe ihrem Geliebten nachgeht, und endlich vor seiner Seele durch einen verklärenden Traum verherrlicht wird: so weiß ich nicht, wo ich die Zwischennüance hinsetzen soll, ob ich gleich gestehe, daß aus Notdurft des dramatischen Pappen- und Lattenwerks die Schattierungen, die ich oben hererzähle, vielleicht zu abgesetzt und unverbunden, oder vielmehr durch zu leise Andeutungen verbunden sind; vielleicht hilft ein zweites Lesen, vielleicht sagt mir dein folgender Brief etwas Näheres.

Angelica hat ein Titelkupfer zum Egmont gezeichnet, Lips gestochen, das wenigstens in Deutschland nicht gezeichnet, nicht gestochen worden wäre. ⟨Zu Angelica Kauffmann s. S. 756; Johann Heinrich Lips (1758–1817): Schweizer Maler und Kupferstecher, hielt sich von 1786 bis 1789 in Rom auf. Auf G.s Veranlassung wurde er Professor an der Zeichenakademie in Weimar (1789–94).⟩

*G. in der ›Italienischen Reise‹. Rom, 10. November 1787* (s. Bd. 15)
Daß mein Egmont Beifall erhält, freut mich herzlich. Kein Stück hab' ich mit mehr Freiheit des Gemüts und mit mehr Gewissenhaftigkeit vollbracht als dieses; doch fällt es schwer, wenn man schon anderes gemacht hat, dem Leser genug zu tun, er verlangt immer etwas, wie das Vorige war.

*G. an Herzog Carl August. Rom, 17. November 1787*
»Egmont ist nun in Weimar. Ich habe große Freude an der Art wie ihn die Freunde aufgenommen haben. Auch Ihnen und Ihresgleichen darf er sich hoffe ich präsentieren, denn ich möchte nun nichts mehr schreiben, was nicht Menschen die ein großes und bewegtes Leben führen und geführt haben, nicht auch lesen dürften und möchten.

*G. in der ›Italienischen Reise‹. Rom, 8. Dezember 1787*
Wie sehr es mich ergötzt, daß dir ⟨Charlotte von Stein⟩ mein

Liedchen (das Ständchen *Cupido, loser, eigensinniger Knabe*, in das Singspiel *Claudine von Villa Bella* eingefügt; s. S. 381) gefallen hat, glaubst du nicht, wie sehr es mich freut einen Laut hervorzubringen, der in deine Stimmung trifft. Eben das wünscht' ich Egmonten, von dem du so wenig sagst und eher daß dir daran etwas weh als wohl tut. O wir wissen genug, daß wir eine so große Komposition schwer ganz rein stimmen können, es hat doch im Grunde niemand einen rechten Begriff von der Schwierigkeit der Kunst als der Künstler selbst.

*G. an Herzog Carl August. Rom, 8. Dezember 1787*
Wenn Sie wieder zu Hause sind; bitte ich einen Abend am Kamin meinem Egmont zu widmen, könnte er Sie wieder in einer Tannröder Stimmung, welche meinem Wilhelm so günstig war (mit Beziehung auf Tannrode, ein Dorf an der Ilm, und G.s Lesung aus dem *Wilhelm Meister* im April 1786), antreffen; so würde ich mich recht glücklich fühlen. Es ist gar tröstlich für den Dichter, der sichs denn doch sauer werden läßt, wenn so eine Arbeit gleich das erstemal ihre Wirkung nicht verfehlt. Ich hoffe er soll Ihnen neu sein und zugleich alte Erinnerungen anmutig anschlagen. (...)
Kayser (...) komponiert alles was an Musik zum Egmont nötig ist und seine Studien darüber sind mir sehr unterrichtend.

*G. an Seidel. Rom, 8. Dezember 1787*
Die gute Meinung, die man von meinem Gehirne in Weimar hat, hoffe ich auf die Art zu widerlegen, wie Sophokles eine ähnliche Anklage ablehnte: er schrieb seinen Ödipus auf Colonus und ob ich gleich meinen Egmont nicht mit jenem Meisterstücke vergleichen will; so wird doch schon dieses Stück hinreichend sein, das Publikum zu überzeugen, daß ich noch bei Sinnen bin.

*G. in der ›Italienischen Reise‹. Rom, Dezember 1787 (s. Bd. 15)*
Schon die ersten Briefe aus Weimar über Egmont enthielten einige Ausstellungen (tadelnde Bemerkungen) über dieses und jenes; hiebei erneute sich die alte Bemerkung, daß der unpoetische, in seinem bürgerlichen Behagen bequeme Kunstfreund gewöhnlich da einen Anstoß nimmt, wo der Dichter ein Problem aufzulösen, zu beschönigen oder zu verstecken gesucht hat. Alles soll, so will es der behagliche Leser, im natürlichen Gange fortgehen; aber auch das Ungewöhnliche kann natürlich sein, scheint es aber demjenigen nicht, der auf seinen eigenen Ansichten verharrt. Ein Brief dieses Inhalts war angekommen, ich nahm ihn und ging in die Villa Borghese; da mußt' ich denn lesen, daß einige Szenen für zu lang gehalten würden. Ich dachte nach, hätte sie aber auch jetzt nicht zu

verkürzen gewußt, indem so wichtige Motive zu entwickeln waren. Was aber am meisten den Freundinnen tadelnswert schien, war das lakonische Vermächtnis, womit Egmont sein Clärchen an Ferdinand empfiehlt.

Ein Auszug aus meinem damaligen Antwortschreiben wird über meine Gesinnungen und Zustände den besten Aufschluß geben.

»Wie sehr wünscht' ich nun auch euren Wunsch erfüllen und dem Vermächtnis Egmonts einige Modifikation geben zu können! Ich eilte an einem herrlichen Morgen mit eurem Briefe gleich in die Villa Borghese, dachte zwei Stunden den Gang des Stücks, die Charaktere, die Verhältnisse durch und konnte nichts finden, das ich abzukürzen hätte. Wie gern möcht' ich euch alle meine Überlegungen, mein *pro* und *contra* schreiben, sie würden ein Buch Papier füllen und eine Dissertation über die Ökonomie meines Stücks enthalten. Sonntags kam ich zu Angelica ⟨Kauffmann⟩ und legte ihr die Frage vor. Sie hat das Stück studiert und besitzt eine Abschrift davon. Möchtest du ⟨Charlotte von Stein⟩ doch gegenwärtig gewesen sein, wie weiblich zart sie alles aus einander legte, und es darauf hinausging: daß das, was ihr noch mündlich von dem Helden erklärt wünschtet, in der Erscheinung *implicite* enthalten sei. Angelica sagte: da die Erscheinung nur vorstelle, was in dem Gemüte des schlafenden Helden vorgehe, so könne er mit keinen Worten stärker ausdrücken, wie sehr er sie liebe und schätze, als es dieser Traum tue, der das liebenswürdige Geschöpf nicht zu ihm herauf, sondern über ihn hinauf hebe. Ja es wolle ihr wohl gefallen, daß der, welcher durch sein ganzes Leben gleichsam wachend geträumt, Leben und Liebe mehr als geschätzt, oder vielmehr nur durch den Genuß geschätzt, daß dieser zuletzt noch gleichsam träumend wache, und uns still gesagt werde, wie tief die Geliebte in seinem Herzen wohne, und welche vornehme und hohe Stelle sie darin einnehme. – Es kamen noch mehr Betrachtungen dazu, daß in der Szene mit Ferdinand Clärchens nur auf eine subordinierte Weise gedacht werden konnte, um das Interesse des Abschieds von dem jungen Freunde nicht zu schmälern, der ohnehin in diesem Augenblicke nichts zu hören noch zu erkennen im Stande war.«

*G. an Herzog Carl August. Rom, 28. März 1788*
Ihr Brief mein bester Fürst und Herr, in welchem Sie mir Ihre Gedanken über Egmont eröffnen, hat das Verlangen nur vermehrt mich mit Ihnen über solche und andre Gegenstände mündlich zu unterhalten. Bemerkungen wie die, welche Sie mir schreiben, sind zwar für den *Autor* nicht sehr tröstlich, bleiben aber doch dem *Menschen* äußerst wichtig und wer beide in sich nie getrennt hat weiß solche Erinnerungen zu schätzen und zu nutzen. Einiges was

Ihnen nicht behagte liegt in der Form und Konstitution des Stücks und war nicht zu ändern ohne es aufzuheben. Andres z. B. die Bearbeitung des ersten Akts, hätte mit Zeit und Muße wohl nach Ihren Wünschen geschehen können. Noch andres, wie z. B. die Äußerung Machiavellens, war mit einem Federstrich ausgelöscht. Es war ein schweres Unternehmen, ich hätte nie geglaubt es zu vollenden, nun steht das Stück da, mehr wie es sein konnte als wie es sein sollte.

Gewiß auch konnte kein gefährlicherer Leser für das Stück sein als Sie. Wer selbst auf dem Punkte der Existenz steht um welchen der Dichter sich spielend dreht, dem können die Gaukeleien der Poesie, welche aus dem Gebiet der Wahrheit ins Gebiet der Lüge schwankt weder genug tun, weil er es besser weiß, noch können sie ihn ergötzen, weil er zu nah steht und es vor seinem Auge kein Ganzes wird. Doch alles sei auf die guten Stunden aufgespart, die ich mir neben Ihnen verspreche. 〈Der Brief des Herzogs mit wohl politischen Einwänden gegen *Egmont* ist nicht erhalten. Die Streichung einer Bemerkung Machiavells in der Hs. des Dramas ist nicht festzustellen.〉

*Friedrich Schiller in einer am 20. September 1788 anonym in der Jenaer ›Allgemeinen Literatur-Zeitung‹ veröffentlichten Rezension des ›Egmont‹ (Sp. 769–778)*

〈...〉 In diesem Trauerspiel 〈...〉 wird ein Charakter aufgeführt, der in einem bedenklichen Zeitlauf, umgeben von den Schlingen einer arglistigen Politik, in nichts als sein Verdienst eingehüllt, voll übertriebenen Vertrauens zu seiner gerechten Sache, die es aber nur für ihn allein ist, gefährlich wie ein Nachtwanderer auf jäher Dachspitze, wandelt. Diese übergroße Zuversicht, von deren Ungrund wir unterrichtet werden, und der unglückliche Ausschlag derselben sollen uns Furcht und Mitleiden einflößen, oder uns tragisch rühren – und diese Wirkung wird erreicht.

In der Geschichte ist Egmont kein *großer* Charakter, er ist es auch in dem Trauerspiele nicht. Hier ist er ein wohlwollender, heiterer und offener Mensch, Freund mit der ganzen Welt, voll leichtsinnigen Vertrauens zu sich selbst und zu andern, frei und kühn, als ob die Welt ihm gehörte, brav und unerschrocken wo es gilt, dabei großmütig, liebenswürdig und sanft, im Charakter der schöneren Ritterzeit, prächtig und etwas Prahler, sinnlich und verliebt, ein frohliches Weltkind – alle diese Eigenschaften in eine lebendige, menschliche, durchaus wahre und individuelle Schilderung verschmolzen, die der verschönernden Kunst nichts, auch gar nichts, zu danken hat. Egmont ist ein Held, aber auch ganz nur ein flämischer Held, ein Held des sechzehnten Jahrhunderts; Patriot, jedoch ohne sich durch das allgemeine Elend in seinen Freuden stören zu lassen; Liebhaber, ohne darum weniger Essen und Trinken zu lieben. Er hat Ehrgeiz, er strebt nach einem großen Ziele, aber das hält ihn nicht ab, jede Blume aufzulesen, die er auf seinem Wege findet, hindert ihn nicht des Nachts zu seinem Liebchen zu schleichen, das kostet ihm keine schlaflosen Nächte. Tolldreist wagt er bei St. Aventin ⟨richtig: Quentin⟩ und Gravelingen sein Leben, aber er möchte weinen, wenn er von dieser freundlichen süßen Gewohnheit des Daseins und Wirkens scheiden soll. ⟨...⟩ Durch seine schöne Humanität, nicht durch Außerordentlichkeit, soll dieser Charakter uns rühren; wir sollen ihn lieb gewinnen, nicht über ihn erstaunen. Diesem letztern scheint der Dichter so sorgfältig aus dem Wege gegangen zu sein, daß er ihm eine Menschlichkeit über die andere beilegt, um ja seinen Helden zu uns herab zu ziehen; – daß er ihm endlich nicht einmal so viel Größe und Ernst mehr übrig läßt, als unsrer Meinung nach unumgänglich erfodert wird, diesen Menschlichkeiten selbst das höchste Interesse zu verschaffen. Wahr ist es, solche Züge menschlicher Schwachheit ziehen oft unwiderstehlich an – in einem *Heldengemälde,* wo sie mit großen Handlungen in schöner Mischung zerfließen. Heinrich IV. von Frankreich kann uns nach dem glänzendsten Siege nicht interessanter sein, als auf einer nächtlichen Wanderung zu seiner Gabriele; – aber durch welche strahlende Tat, durch was für *gründliche* Verdienste hat sich Egmont bei uns das Recht auf eine ähnliche Teilnahme und Nachsicht erworben? Zwar heißt es, diese Verdienste werden als schon geschehen vorausgesetzt, sie leben im Gedächtnis der ganzen Nation, und alles, was er spricht, atmet den Willen und die Fähigkeit, sie zu erwerben. Richtig! Aber das ist eben das Unglück, daß wir seine *Verdienste* von *Hörensagen* wissen und auf Treu und Glauben anzunehmen gezwungen werden, – seine *Schwachheiten* hingegen mit unsern *Augen* sehen. Alles weiset auf diesen Egmont hin, als auf die letzte Stütze der Nation, und was tut er eigentlich großes, um dieses ehrenvolle Vertrauen zu verdienen? ⟨...⟩ Ein großer Mann soll er nicht sein, aber auch erschlaffen soll er nicht; eine relative Größe, einen gewissen Ernst verlangen wir mit Recht von jedem Helden eines Stückes; wir verlangen, daß er über dem Kleinen nicht das Große hintansetze, daß er die Zeiten nicht verwechsele. Wer wird z. B. folgendes billigen? Oranien ist eben von ihm gegangen; Oranien, der ihn mit allen Gründen der Vernunft auf sein nahes Verderben hingewiesen, der ihn, wie uns Egmont selbst gesteht, durch diese Gründe erschüttert hat. »Dieser Mann, sagt er, trägt seine Sorglichkeit in mich herüber. – Weg – das ist ein fremder Tropfen in meinem Blute. Gute Natur, wirf ihn wieder heraus. *Und von meiner Stirne die sinnenden Runzeln wegzubaden, gibt es ja wohl noch ein freundlich Mittel.*« Dieses freundliche Mittel nun, – wer es noch nicht weiß – ist kein andres, als ein Besuch beim Liebchen! Wie? Nach einer so ernsten Aufforderung keinen andern Gedanken als nach Zerstreuung? Nein guter Graf Egmont! Runzeln, wo sie hingehören, und freundliche Mittel, wo sie hingehören! Wenn es euch zu beschwerlich ist, euch eurer eignen Rettung anzunehmen; so mögt ihrs haben, wenn sich die Schlinge über euch zusammenzieht. Wir sind nicht gewohnt, unser Mitleid zu verschenken.

Hätte also die Einmischung dieser Liebesangelegenheit dem Interesse wirklich Schaden getan, so wäre dieses doppelt zu beklagen, da der Dichter noch obendrein der historischen Wahrheit Gewalt antun mußte, um sie hervorzubringen. In der Geschichte nämlich war Egmont verheiratet, und hinterließ neun (andre sagen eilf) Kinder, als er starb. Diesen Umstand konnte der Dichter wissen und nicht wissen, wie es sein Interesse mit sich brachte; aber er hätte ihn nicht vernachlässigen sollen, sobald er Handlungen, welche natürliche Folgen waren, in sein Trauerspiel aufnahm. Der wahre Egmont hatte durch eine prächtige Lebensart sein Vermögen äußerst in Unordnung gebracht, und *brauchte also* den König, wodurch seine Schritte in der Republik sehr gebunden wurden. Besonders aber war es seine Familie, was ihn auf eine so unglückliche Art in Brüssel zurückhielt, da fast alle seine übrigen Freunde sich durch die Flucht retteten. Seine Entfernung aus dem Lande hätte ihm nicht bloß die reichen Einkünfte von zwo Statthalterschaften gekostet; sie hätte ihn auch zugleich um den Besitz aller seiner Güter gebracht, die in den Staaten des Königs lagen, und sogleich dem Fiskus anheim gefallen sein würden. Aber weder Er selbst, noch seine Gemahlin, eine Herzogin von Bayern, waren gewohnt, Mangel zu ertragen; auch seine Kinder waren nicht dazu erzogen. Diese Gründe setzte er selbst bei mehreren Gelegenheiten dem Pr⟨inzen⟩ v⟨on⟩ O⟨ranien⟩, der ihn zur Flucht bereden wollte, auf eine rührende Art entgegen; diese Gründe waren es, die ihn so geneigt machten, sich an dem schwächsten Aste von Hoffnung zu halten, und sein Verhältnis zum König von der besten Seite zu nehmen. Wie zusammenhängend, wie menschlich wird nunmehr sein ganzes Verhalten! Er wird nicht mehr das Opfer einer blinden törichten Zuversicht, sondern der übertrieben ängstlichen Zärtlichkeit für die Seinigen. Weil er zu fein und zu edel denkt, um einer Familie, die er über alles liebt, ein hartes Opfer zuzumuten, stürzt er sich selbst ins Verderben. Und nun der Egmont im Trauerspiel! – Indem der Dichter ihm Gemahlin und Kinder *nimmt*, zerstört er den ganzen Zusammenhang seines

Verhaltens. Er ist ganz gezwungen, dieses unglückliche *Bleiben* aus einem leichtsinnigen Selbstvertrauen entspringen zu lassen, und verringert dadurch gar sehr unsre Achtung für den Verstand seines Helden, ohne ihm diesen Verlust von Seiten des Herzens zu ersetzen. Im Gegenteil – er bringt uns um das rührende Bild eines Vaters, eines liebenden Gemahls, – um uns einen Liebhaber von ganz gewöhnlichem Schlag dafür zu geben, der die Ruhe eines liebenswürdigen Mädchens, das ihn nie besitzen, und noch weniger seinen Verlust überleben wird, zu Grund richtet, dessen Herz er nicht einmal besitzen kann, ohne eine Liebe, die glücklich hätte werden können, vorher zu zerstören, der also, mit dem besten Herzen zwar, zwei Geschöpfe unglücklich macht, *um die sinnenden Runzeln von seiner Stirne wegzubaden.* Und alles dieses kann er noch außerdem erst, nur auf Unkosten der historischen Wahrheit, möglich machen, die der dramatische Dichter allerdings hintansetzen darf, um das Interesse seines Gegenstandes zu *erheben*, aber nicht um es zu *schwächen*. Wie teuer läßt er uns also diese Episode bezahlen, die, an sich betrachtet, gewiß eines der schönsten Gemälde ist, die in einer größern Komposition, wo sie von verhältnismäßig großen Handlungen aufgewogen würde, von der höchsten Wirkung würde gewesen sein.

Egmonts tragische Katastrophe fließt aus seinem politischen Leben, aus seinem Verhältnis zu der Nation und zu der Regierung. Eine Darstellung des damaligen politischbürgerlichen Zustandes der Niederlande mußte daher seiner Schilderung zum Grund liegen, oder vielmehr selbst einen Teil der dramatischen Handlung mit ausmachen. Betrachtet man nun, wie wenig sich Staatsaktionen überhaupt dramatisch behandeln lassen, und was für Kunst dazu gehöre, so viele zerstreute Züge in Ein faßliches, lebendiges Bild zusammenzutragen, und das Allgemeine wieder im Individuellen anschaulich zu machen, wie z. B. Shakespear in seinem J. Cäsar getan hat; betrachtet man ferner das Eigentümliche der Niederlande, die nicht Eine Nation, sondern ein Aggregat mehrerer kleinen sind, die unter sich aufs schärfste kontrastieren, so daß es unendlich leichter war, uns nach *Rom* als nach *Brüssel* zu versetzen; betrachtet man endlich, wie unzählig viele kleine Dinge zusammenwirkten, um den Geist jener Zeit und jenen politischen Zustand der Niederlande hervorzubringen; so wird man nicht aufhören können, das schöpferische Genie zu bewundern, das alle diese Schwierigkeiten besiegt, und uns mit einer Kunst, die nur von derjenigen erreicht wird, womit es uns selbst in zwei andern Stücken in die Ritterzeiten Deutschlands ⟨im *Götz von Berlichingen*⟩ und nach Griechenland ⟨in *Iphigenie in Tauris*⟩ versetzte, nun auch in diese Welt gezaubert hat. Nicht genug, daß wir diese

Menschen vor uns leben und wirken sehen, wir wohnen unter ihnen, wir sind alte Bekannte von ihnen. Auf der einen Seite die fröhliche Geselligkeit, die Gastfreundlichkeit, die Redseligkeit, die Großtuerei dieses Volks, der republikanische Geist, der bei der geringsten Neuerung aufwallt, und sich oft eben so schnell auf die seichtesten Gründe wieder gibt; auf der andern die Lasten, unter denen es jetzt seufzt, von den neuen Bischofsmützen an, bis auf die französischen Psalmen, die es nicht singen soll; – nichts ist vergessen, nichts ohne die höchste Natur und Wahrheit herbeigeführt. Wir sehen hier nicht bloß den gemeinen Haufen, der sich überall gleich ist; wir erkennen darin den Niederländer, und zwar den Niederländer dieses und keines andern Jahrhunderts; in diesem unterscheiden wir noch den Brüssler, den Holländer, den Friesen, und selbst unter diesen noch den Wohlhabenden und den Bettler, den Zimmermeister und den Schneider. So etwas läßt sich nicht wollen, nicht erzwingen durch Kunst. – Das kann nur der Dichter, der von seinem Gegenstand ganz durchdrungen ist. Diese Züge entwischen ihm, wie sie demjenigen, den er dadurch schildert, entwischen, ohne daß er es will oder gewahr wird; ein Beiwort, ein Komma zeichnet einen Charakter. ⟨...⟩

Die wenigen Szenen, wo sich die Bürger von Brüssel unterreden, scheinen uns das Resultat eines tiefen Studiums jener Zeiten und jenes Volks zu sein, und schwerlich findet man in so wenigen Worten ein schöneres historisches Denkmal für jene Geschichte.

Mit nicht geringerer Wahrheit ist derjenige Teil des Gemäldes behandelt, der uns von dem Geiste der Regierung und den Anstalten des Königs zu Unterdrückung des Niederländischen Volks unterrichtet. Milder und menschlicher ist doch hier alles und sehr veredelt ist besonders der Charakter der *Herzogin* von *Parma*. »Ich weiß, daß einer ein ehrlicher und verständiger Mann sein kann, wenn er gleich den nächsten und besten Weg zum Heil seiner Seele verfehlt hat.« konnte eine Zöglingin des Ignatius Loyola ⟨Gründer des Jesuitenordens; 1491–1556⟩ wohl nicht sagen. Besonders gut verstand es der Dichter, durch eine gewisse *Weiblichkeit*, die er aus ihrem sonst *männischen* Charakter sehr glücklich hervorscheinen läßt, das kalte Staatsinteresse, dessen Exposition er ihr anvertrauen mußte, mit Licht und Wärme zu beseelen, und ihm eine gewisse Individualität und Lebendigkeit zu geben. Vor seinem *Herzog* von *Alba* zittern wir, ohne uns mit Abscheu von ihm wegzukehren; es ist ein fester, starrer, unzugänglicher Charakter, »*ein eherner Turm ohne Pforte, wozu die Besatzung Flügel haben muß.*« Die kluge Vorsicht, womit er die Anstalten zu Egmonts Verhaftung trifft, ersetzt ihm an unsrer Bewunderung, was ihm an unserm Wohlwollen abgeht. Die Art, wie er uns in seine innerste

Seele hineinführt, und uns auf den Ausgang seines Unternehmens spannt, macht uns auf einen Augenblick zu Teilhabern desselben, wir interessieren uns dafür, als gält es etwas, das uns lieb ist. Meisterhaft erfunden und ausgeführt ist die Szene Egmonts mit dem jungen Alba im Gefängnis, und sie gehört dem Verf. ganz allein. Was kann rührender sein, als wenn ihm dieser Sohn seines Mörders die Achtung bekennt, die er längst im Stillen gegen ihn getragen. ⟨...⟩ Die übrigen Charaktere im Stück sind mit wenigem treffend gezeichnet; eine einzige Szene schildert uns den schlauen, wortkargen, alles verknüpfenden und alles fürchtenden Oranien. Alba sowohl als Egmont malen sich in den Menschen, die ihnen nahe sind; diese Schilderungsart ist vortrefflich. Um alles Licht auf den einzigen Egmont zu versammeln, hat der Dichter ihn ganz isoliert, darum auch der Graf von Hoorne, der Ein Schicksal mit ihm hatte, weggeblieben ist. Ein ganz neuer Charakter ist Brackenburg, Klärchens Liebhaber, den Egmont verdrängt hat. Dieses Gemälde des melancholischen Temperaments mit leidenschaftlicher Liebe wäre einer eigenen Auseinandersetzung wert. ⟨...⟩ Klärchen selbst ist unnachahmlich schön und wahr gezeichnet. Auch im höchsten Adel ihrer Unschuld noch das gemeine Bürgermädchen, und ein Niederländisches Mädchen – durch nichts veredelt als durch ihre Liebe, reizend im Zustand der Ruhe, hinreißend und herrlich im Zustand des Affekts. Aber wer zweifelt, daß der Verf. in einer Manier unübertrefflich sei, worin er sein eigenes Muster ist.

Je höher die Illusion in dem Stück getrieben ist, desto unbegreiflicher wird man es finden, daß der Verf. selbst sie mutwillig zerstört. Egmont hat alle seine Angelegenheiten berichtigt, und schlummert endlich, von Müdigkeit überwältigt, ein. Eine Musik läßt sich hören und hinter seinem Lager scheint sich die Mauer aufzutun, eine glänzende Erscheinung, die Freiheit in Klärchens Gestalt, zeigt sich in einer Wolke. – Kurz, mitten aus der wahrsten und rührendsten Situation werden wir durch einen Salto mortale in eine Opernwelt versetzt, um einen Traum – zu *sehen*. Lächerlich würde es sein, dem Vf. dartun zu wollen, wie sehr er sich dadurch an Natur und Wahrheit versündigt habe; das hat er so gut und besser gewußt, als wir, aber ihm schien die Idee, Klärchen und die Freiheit, Egmonts beide herrschende Gefühle, in Egmonts Kopf allegorisch zu verbinden, sinnreich genug um diese Freiheit allenfalls zu entschuldigen. Gefalle dieser Gedanke, wem er will – Rez. gesteht, daß er gern einen *witzigen Einfall* entbehrt hätte, um eine *Empfindung* ungestört zu genießen.

*G. an Herzog Carl August. Weimar, 1. Oktober 1788*
In der Literatur Zeitung steht eine Rezension meines Egmonts welche den sittlichen Teil des Stücks gar gut zergliedert. Was den poetischen Teil betrifft; möchte Rezensent andern noch etwas zurückgelassen haben.

*Christian Gottfried Körner an Schiller. Dresden, November 1788*
(Briefwechsel zwischen Schiller und Körner. Hg. von Klaus L. Berghahn. München 1973, S. 88f.)
In der Rezension des Egmont haben mich die vorausgeschickten Bemerkungen über die Einheit des Stückes sehr befriedigt. Auch ist es Dir gelungen, deucht mich, den rechten Ton der Kritik gegen einen verdienten Schriftsteller zu treffen – Strenge mit Achtung, ohne affektierte Schmeichelei. – Über Egmonts Liebe aber bin ich nicht mit Dir einverstanden. Du glaubst, daß das *Heroische* seines Charakters dadurch verliert, und das geb ich zu. Aber es fragt sich, ob dies ein Fehler ist. Muß es denn eben *Bewunderung* sein, was der Held eines Trauerspiels einflößt? Unsere *Liebe* bleibt Egmont immer bei allen seinen Fehlern; er ist ein Tom Jones ⟨Titelheld des berühmten Romans von Henry Fielding, 1749⟩ im Trauerspiel, und warum soll diese Gattung einen solchen Charakter ausschließen? Auch zweifle ich, ob das Stück durch mehr Übereinstimmung mit der Geschichte würde gewonnen haben. Ist es nicht schöner, Egmonts Sorglosigkeit zur Ursache seines Unglücks zu machen, als eine gewisse Unentschlossenheit zwischen Bleiben und Gehen, wo die Vermeidung eigener Gefahr mit Familienverhältnissen kollidiert? Hat die Sorge für Frau und Kinder und die Furcht, Vorteile des Überflusses zu entbehren, nicht etwas *Prosaisches;* wogegen man die Rolle von Clärchen und die schöne Szene mit Wilhelm ⟨von Oranien⟩ (die alsdann auch ganz anders sein müßte) nicht gern vertauschen möchte?

*G. an Friedrich von Stein. Jena, 16. November 1788*
Es freut mich, daß dir Egmont zum zweiten Male gefällt. Das Stück ist so oft durchdacht, daß man es auch wohl öfters wird lesen können. ⟨G. hatte den dritten Sohn der Frau von Stein 1783–86 in sein Haus aufgenommen und verfolgte auch seine spätere Entwicklung als Student und preußischer Beamter.⟩

*Caroline Herder an Johann Gottfried Herder. Weimar, 25. Dezember 1788* (Grumach, Bd. 3, S. 259)
⟨...⟩ wir kamen auf Goethens Werke; da sagte er ⟨Karl Philipp Moritz; in Weimar zu Besuch⟩ mir, wie er durch das Studium der Perspektive darauf gekommen sei, den Mittelpunkt in einem Stück

aufzusuchen; den müsse man nun nicht am Ende des Stücks, sondern in der Mitte suchen, so wie alle Radien vom Mittelpunkt ausgehen, und sich in den Anfang und Ende verlieren. So ist in Egmont der Mittelpunkt die Szene, da Clärchen vor Egmont kniet, und frägt: »Bist Du der Egmont etc.«, und er antwortet: »Nein, der Egmont bin ich nicht etc., Dein Egmont bin ich« und Clärchen: »So laß mich sterben! die Welt hat keine Freuden auf diese.« Hier sei der höchste Punkt des Stücks. *Er und Clärchen.* Politik ist ihm nichts gegen *dieses* Verhältnis; an dieser Szene hängt nun sein Tod und Clärchens freiwilliger Tod. ⟨...⟩ Mich dünkt, es sei eine gute und leichte Art, die Sache, worauf es ankommt, zu suchen. Er selbst hat hier nur erst den glücklichen Fund durch das Studium der Perspektive getan, und ist selbst darüber in seiner gehaltenen Gemütsart sehr zufrieden, weil Goethe ihm Recht gibt.

*Schiller an Caroline von Beulwitz. Weimar, 3. Januar 1789* (SNA 25, S. 177)
⟨...⟩ Moritz rechnet den *Egmont* sogar unter diese vollendete Produkte, welchen Goethe selbst hoffentlich nicht für vollkommen hält. ⟨Mit Beziehung auf M.s »Behauptung, daß ein Produkt aus dem Reiche des Schönen ein vollendetes Rundes Ganze sein müsse« (Schiller).⟩

*In einer Rezension von ›Goethes Schriften, Bd. 5‹ in der ›Nürnbergischen gelehrten Zeitung‹ vom 17. März 1789* (Braun, Bd. 2, S. 44 f.)
In diesem fünften Bande schenkt uns der große vaterländische Dichter ein Trauerspiel, *Egmont,* auf das wir und unsere Nachkommen stolz sein können, das fast alle dramatische Schönheiten in einem hohen Grade in sich vereiniget, und nicht bloß im Feuerdrange des Genie's hingeworfen, sondern auch mit dem Kunstmeißel des ruhig prüfenden Geschmacks bis in die kleinste Falte ausgearbeitet ist. Hier kann sich die Kritik über keine Regellosigkeit weder in der Anlage, noch in der Sprache beklagen, obgleich jeder Kenner die getreueste Wahrheit in den Charakteren, den Handlungen und dem Ausdruck, sowohl des großen, als des gemeinen Mannes, finden wird. Die Charaktere sind mit tiefer Menschenkenntnis entworfen, gegen einander gehalten und ausgeführt. ⟨...⟩ – Wie so ganz ist alles, Gedanke und Empfindung, aus der Seele und dem Charakter des Leidenden herausgeschrieben! Welche Sprache, welcher Wohllaut! In der letzten Szene wagt Hr. Göthe etwas auf dem Theater ganz Neues – eine allegorische Erscheinung. Egmont schläft. Musik begleitet seinen Schlummer. Hinter ihm öffnet sich die Mauer; die Freiheit, Klärchen ähnlich,

erscheint auf einer Wolke, neigt sich gegen den Helden, zeigt ihm das Bündel Pfeile und den Stab mit dem Hute, deutet ihm an, daß sein Tod den Provinzen die Freiheit verschaffen werde und reicht ihm als Sieger einen Lorbeerkranz. Egmont erwacht, und diese Erscheinung waffnet ihn gegen alle Furcht des Todes, weil er nun überzeugt ist, daß er für die Freiheit sterbe. Ein sehr feiner Kunstgriff, die allzutraurige Empfindungen über den Tod des unglücklichen Helden zu mildern, der besonders auf dem Theater große Wirkung tun muß.

*Ludwig Ferdinand Huber in einer Anzeige von G.s ›Schriften‹ in der Jenaer ›Allgemeinen Literatur-Zeitung‹ Nr. 294 vom 9. November 1792, Sp. 286*
Die A. L. Z. enthält bereits eine sehr geistreiche Rezension von Egmont. Der Rezensent ⟨Schiller⟩ scheint mit der Kunst so vertraut, und hat die Eigenheit des Hauptcharakters in diesem Schauspiel so gut gefaßt, daß es nicht ganz zu begreifen ist, welcher mit dem wahren Gesetz der Kunst verwechselten Convenienz zu liebe er statt des leichtherzigen Helden, welchen Göthe schilderte, den historischen Egmont, einen mit Vater- und Haussorgen bei seinem Unglück beladenen Mann, vorgezogen haben würde. Göthes Egmont ist ein Gewinst für die dramatische Kunst, ein Wagstück, das nur dem Geist, der es beschloß, gelingen konnte, und an welchem die Kritik sich nur belehren soll, weil es die Grenzen ihrer Erfahrungen erweitert. Zu bemerken ist indessen an diesem Schauspiel der Abstich zwischen den ersten und den letzten Akten, der plötzliche und fühlbare Übergang von einer populairen, der Natur unmittelbarer abgeborgten, zu einer lyrischen, schwereren Manier. Auch wird, bei aller Gefangennehmung der Vernunft unter den Glauben an eine so mächtige Phantasie, die Erscheinung der mit der Geliebten des Helden identifizierten Freiheit, immer ein *salto mortale* bleiben, eine Kühnheit, über welche wir von dem Dichter selbst Rechenschaft zu erhalten wünschten, weil weder die Einbildungskraft, noch der Verstand, noch die Illusion des Lesers oder des Zuschauers, ohne eine unmögliche Verwirrung der Gefühle und Begriffe, hinreichen, sie zu erklären oder zu gestatten.

*Schiller an seine Frau Charlotte. Weimar, 20. September 1794 (SNA 27, S. 49)*
Er ⟨G.⟩ hat mich gebeten, seinen Egmont für das Weimarische Theater zu korrigieren, weil er es selbst nicht wagt, und ich werde es auch tun.

*Anton Genast in einer späteren Erinnerung an eine Leseprobe G.s mit dem Weimarer ›Egmont‹-Ensemble im März 1796* (Grumach, Bd. 4, S. 215)
Goethe las den Egmont, und abgesehen davon, daß sein Vortrag etwas zu markiert war, habe ich nie den Egmont so *darstellen* sehen, wie er ihn *las;* Iffland stand weit hinter der Auffassung Goethes zurück.

*G. an August Wilhelm Iffland. Weimar, 30. März 1796*
Mit dem größten Vergnügen sehe ich ⟨...⟩ der Bearbeitung und Aufführung Egmonts entgegen. Es ist das Eigenste, was mir hätte begegnen können, daß ein Stück, auf das ich in mehr als einer Hinsicht längst Verzicht getan habe, mir durch Schillern und Sie so unerwartet wiedergeschenkt wird. ⟨Der Schauspieler Iffland (1759–1814) gastierte 1796 als Egmont (in Schillers Bearbeitung von G.s Drama) in Weimar.⟩

*Carl August Böttiger in einem Bericht über Ifflands Darstellung des Egmont. Weimar, 25. April 1796* (zit. nach: Graf Egmont. Historische Persönlichkeit und literarische Gestalt. Katalog der Ausstellung im Goethe-Museum Düsseldorf 29.5.–15.7.1979, S. 87)
Den Egmont, der dem genialischen Dichter bei der Verfertigung der schönsten Szenen dieses Schauspiels jenseits der Alpen vor Augen schwebte, der, um mich der Worte eines berühmten Kunstrichters (Schiller) zu bedienen, ein wohlwollender, heiterer und offener Mensch ist ⟨...⟩ konnte und wollte Iffland nicht geben, der eigentlich nie Chevalier- und erste Liebhaberrollen spielt, und seine Vorteile zu gut kennt ⟨...⟩ Er nahm ihm also etwas von jener leichten, schwebenden Unbefangenheit, und gab ihm dafür mehr männliche Festigkeit, tiefere Empfindung, strengeren Ernst ⟨...⟩

*Friedrich Schlegel im ›Gespräch über die Poesie‹ 1800* (Friedrich Schlegel: Kritische Schriften. Hg. von Wolfdietrich Rasch. München 1964, S. 522)
⟨...⟩ finde ich den *Egmont* jenem Werk ⟨nämlich dem *Tasso*⟩ ähnlich oder auf eine so symmetrische Art unähnlich, daß er auch dadurch ein Pendant desselben wird. Auch Egmonts Geist ist ein Spiegel des Weltalls; die andern nur ein Widerschein dieses Lichts. Auch hier unterliegt eine schöne Natur der ewigen Macht des Verstandes. Nur ist der Verstand im *Egmont* mehr ins Gehässige nuanciert, der Egoismus des Helden hingegen ist weit edler und liebenswürdiger als der des Tasso. Das Mißverhältnis liegt schon ursprünglich in diesem selbst, in seiner Empfindungsweise; die

andern sind mit sich selbst eins und werden nur durch den Fremdling aus höhern Sphären gestört. Im *Egmont* hingegen wird alles, was Mißlaut ist, in die Nebenpersonen gelegt. Clärchens Schicksal zerreißt uns, und von Brackenburgs Jammer – dem matten Nachhall einer Dissonanz – möchte man sich beinah wegwenden. Er vergeht wenigstens, Clärchen lebt im Egmont, die andern repräsentieren nur. Egmont allein lebt ein höheres Leben in sich selbst, und in seiner Seele ist alles harmonisch. Selbst der Schmerz verschmilzt in Musik, und die tragische Katastrophe gibt einen milden Eindruck.

*G. im Gespräch mit Johann Stephan Schütze. Weimar, 12. November 1806* (Herwig, Bd. 2, S. 154)
Um endlich doch auch etwas zu sagen, faßte ich ⟨Schütze⟩ mir ein Herz und äußerte gegen Goethe, da man seines Egmonts erwähnte, daß die Lichterscheinung Clärchens zuletzt dem Stück erst eine höhere Bedeutung gäbe, indem sie das Verdienst Egmonts um die ganze Nation der Niederländer in seinen Folgen ausspräche. Schiller hatte sich, wie bekannt, *gegen* die Erscheinung erklärt. Goethe lobte mich über mein Lob und sagte, daß er das Stück *auch* nicht ohne die Erscheinung sehen möchte. ⟨Der Literat Schütze (1771–1839) lebte seit 1804 in Weimar.⟩

*G. im Gespräch mit Heinrich Schmidt. Weimar, 24. Dezember 1806* (Herwig, Bd. 2, S. 183)
Zugleich bedauerte er, daß es nicht möglich gewesen sei, mich ⟨Schmidt⟩ während meines Aufenthalts seinen Egmont sehen zu lassen. Ich hätte dabei abnehmen können, auf welche sinn- und effektvolle Art Clärchens Erscheinung am Schlusse, die er nun beschrieb, plastisch bewirkt würde. Ich fragte ihn hierauf, ob das Stück noch mit den Abänderungen in Weimar gegeben würde, wie sie mir von Ifflands Gastspiel her, der 1796 den Egmont als Gast gab, erinnerlich waren. Goethe fragte, worin sie bestanden hätten. Ich erwähnte nur die eine, daß nämlich bei der Unterredung Egmonts mit Ferdinand im Kerker, im fünften Akt, auch Alba im weiten, schwarzen Gewande mit der Kapuze über den Kopf herabgezogen und dem Henkerschwert an der Seite gegenwärtig gewesen sei und daß dann Egmont bei einem Ausbruch seines Unmuts ⟨...⟩ noch die Worte hinzugefügt habe: »Ja ich darf es sagen, und wenn Herzog Alba selbst es hören sollte«, womit er Alba die Kapuze vom Gesicht herabriß und dieser in seines Nichts durchbohrendem Gefühle ⟨s. Schillers ›Don Karlos‹, Verse 1033 u. 1387/88⟩ dastand. »Ja«, erwiderte Goethe, »ich erinnere mich, daß es damals so arrangiert war, und zwar von Schiller selbst. In

Schillersche Stücke hätt' es auch wohl gepaßt; allein das ist mein Genre nicht.« ⟨Schmidt (1779–1857) war Schauspieler in Weimar und Wien, später Theaterdirektor in Eisenstadt.⟩

*Adam Müller in seinen ›Vorlesungen über die deutsche Wissenschaft und Literatur‹, Dresden 1806* (A. Müller: Kritische, ästhetische und philosophische Schriften. Hg. von Walter Schroeder und Werner Siebert. 2 Bde. Neuwied, Berlin 1967, Bd. 1, S. 122)
Ganz anders leitet *Egmont,* der neben *Tasso* betrachtet werden muß, zu derselben Höhe: der Ernst des Lebens, die bürgerliche Gesellschaft zeigt sich hier erschüttert und in Gärung: als Mittler zwischen Volk und Fürst drängt sich Egmont durch das Gewühl streitender Stände und Charaktere hindurch; er, den die Anbetung des Volks, die Liebe der Regentin, die Gunst des Königs zum versöhnenden, vermittelnden Herrscher zu bestimmen schien, wird ein Opfer seines liebreichen Willens. Das poetische Gemüt, das im *Tasso* die Ruhe der Welt zu *stören* schien, verzehrt sich hier in seinen *heilenden* Kräften und Absichten. In jugendliche Unbesonnenheit, in einen reizenden Rausch der Freiheit und der Liebe, in die unbefangene Zuversicht des Glücks, in die mutige Verschwendung überfließender Kraft kleidet sich in diesem Drama das Schicksal: in diesen unvermeidlichen Dissonanzen, denen alle irdische Schönheit unterworfen ist, geht Egmont unter: in diesem Feuer reinigt er sich zum Genius der Freiheit für sein geliebtes Vaterland.

*G. 1810 in den Schemata zu ›Dichtung und Wahrheit‹*
⟨Zu 1775⟩ Dämonisches, Egmont. ⟨...⟩
⟨...⟩ Konzeption des Dämonischen. Konzeption Egmonts ⟨...⟩
⟨Vgl. G.s Tagebuch, 4. April 1813, ferner: *Dichtung und Wahrheit,* 20. Buch (geschrieben 1813–1831), Bd. 16, S. 820–832.⟩

*G. im Gespräch mit Friedrich Wilhelm Riemer. Weimar, 1. November 1810* (Herwig, Bd. 2, S. 581)
Im Egmont sei die Partie des griechischen Chors unter die zwei Liebenden, unter Clärchen und Albas Sohn verteilt. Diese stellten denselben vor; das eigentliche Volk sei, wie gewöhnlich, ohne Teilnahme.

*Ludwig van Beethoven an G. Wien, 12. April 1811* (HA, Briefe an G., Bd. 2, S. 84)
Euer Exzellenz! ⟨...⟩ Bettine Brentano hat mich versichert daß Sie mich gütig ja sogar freundschaftlich aufnehmen würden, wie könnte ich aber an eine solche Aufnahme denken, indem ich nur

imstande bin, Ihnen mit der größten Ehrerbietung, mit einem unaussprechlichen tiefen Gefühl für Ihre herrlichen Schöpfungen zu nahen. – Sie werden nächstens die Musik zu Egmont von Leipzig durch Breitkopf und Härtel ⟨B.s Verlag⟩ erhalten, diesen herrlichen Egmont, den ich, indem ich ihn ebenso warm als ich ihn gelesen, wieder durch Sie gedacht, gefühlt und in Musik gegeben habe – ich wünsche sehr Ihr Urteil darüber zu wissen, auch der Tadel wird mir für mich und meine Kunst ersprießlich sein, und so gern wie das größte Lob aufgenommen werden –

Euer Exzellenz großer Verehrer Ludwig van Beethoven.

*G. an Beethoven. Karlsbad, 25. Juni 1811*
Die mir zugedachte Musik zu Egmont werde ich wohl finden, wenn ich nach Hause komme, und bin schon im Voraus dankbar; denn ich habe derselben bereits von mehrern rühmlich erwähnen hören; und gedenke sie auf unserm Theater zu Begleitung des gedachten Stückes diesen Winter geben zu können, wodurch ich sowohl mir selbst, als Ihren zahlreichen Verehrern in unserer Gegend einen großen Genuß zu bereiten hoffe.

*E. T. A. Hoffmann in einer 1813 in der ›Allgemeinen Musikalischen Zeitung‹ publizierten Rezension von Beethovens ›Egmont‹-Musik*
(E. T. A. Hoffmann: Sämtliche Werke. 5 Bde., Bd. 5 hg. von Friedrich Schnapp. München 1963, S. 170–178)
⟨...⟩ B. ⟨...⟩ hat bewiesen, daß er gewiß unter vielen Komponisten *der* war, welcher die zarte und zugleich kräftige Dichtung tief in seinem Innern auffaßte: jeder Ton, den der Dichter anschlug, klang in seinem Gemüte, wie auf gleichgestimmter, mitvibrierender Saite, wider, und so bildete sich die Musik, die nun, wie ein, aus strahlenden Tönen gewobenes, leuchtendes Band, das Ganze durchschlingt und verknüpft. Um so mehr ist diese Komposition ein hoher Gewinn für die Kunst, als wirklich, sonderbarer Weise, ein größeres Goethesches, für die Musik, oder auch nur für den musikalischen Schmuck berechnetes Werk, sich noch keiner gediegenen, klassischen Komposition zu erfreuen hat. ⟨...⟩

Das, was in Goethes *Egmont* eines jeden Gemüt vornehmlich tief anregen muß, ist Egmonts und Clärchens Liebe. Über ihre nächste Umgebung hoch erhaben, kann das herrliche Mädchen sich nur mit einer Inbrunst, die wahrhaft überirdisch, die kleinlichen Verhältnisse des Lebens verachtend, über alles Diesseits hinausschreitet, an den Helden des Vaterlandes fest anschließen – nur in *ihm* leben; und, ohne daß er es deutlich ahnet, ist sie ihm selbst das höhere Wesen, das das himmlische Feuer nährt, welches in seiner Brust für Freiheit und Vaterland lodert. Seinen Tod will das Verhängnis, wenn der höchste seiner Wünsche erfüllt werden soll: aber sie geht ihm voran, und in himmlischer Verklärung, als die Freiheit selbst, sichert sie ihm den herrlichen Lohn seines Märtyrertums zu. Er erkennt, daß die beiden süßesten Freuden seines Herzens vereinigt sind, daß er für die Freiheit stirbt, für die er lebte und focht, und mutig geht er dem Tode entgegen, da er noch kurz vorher von der »süßen, freundlichen Gewohnheit des Daseins und Wirkens« nicht scheiden mochte. Mancher Komponist hätte eine kriegerische, stolz daherschreitende Ouvertüre zum *Egmont* gesetzt: aber an jene tiefere, echt romantische Tendenz des Trauerspiels – kurz, an Egmonts und Clärchens Liebe, hat sich unser sinniger Meister in der Ouvertüre gehalten. In der düstern Tonart, F moll, spricht sich ebenso Clärchens schwärmerische Liebe aus, als in den verwandten Tonarten, As dur und Des dur, die überirdische Verklärung in hellem Leuchten erglänzt. ⟨...⟩

Die rührenste Klage spricht die Musik aus, welche Clärchens Tod bezeichnet. Es ist ein *Larghetto*, D moll, 9/8 Takt, welches die Hörner allein *pp* ⟨pianissimo; sehr leise⟩ anfangen. Dann treten Hoboen, Klarinetten, später die Fagotte, und erst im siebenten Takte die Saiteninstrumente hinzu. Beim Verlöschen der Lampe schlagen wieder die Hörner allein, und endlich zu dem von Hörnern und Klarinetten ausgehaltenen D moll-Akkord, die Saiteninstrumente einzelne Töne *pizzicato* an. Das Ganze ist in dem tiefsten Sinn des Dichters, der hier die Mitwirkung der Musik ausdrücklich in Anspruch nahm, aufgefaßt und dargestellt.

In der Schlußszene hat der Komponist, von der Stelle an, wo der Dichter Musik vorschreibt – nämlich, als Egmont sich aufs Ruhebett setzt, um zu schlafen – Egmonts Reden melodramatisch behandelt, und nach Rez. ⟨des Rezensenten⟩ Meinung, sehr wohl getan. Die musikalischen Phrasen, welche die Reden unterbrechen, sind, mit Einsicht, nicht im mindesten hervorstechend, sondern ganz den Worten sich anschmiegend, behandelt; von irgendeiner bunten Malerei ist gar nicht die Rede. Im lichtvollen A dur-Akkord, und zwar in Sechzehnteilen und Achteltriolen der Blasinstrumente, wird die himmlische, glänzende Erscheinung der Freiheit verkündigt. Die weitere Musik ist der vorgeschriebenen Pantomime angemessen, vorzüglich malerisch aber von da an, wo die Erscheinung dem schlafenden Helden andeutet, daß sein Tod den Provinzen die Freiheit verschaffen werde, und ihm den Lorbeerkranz des Siegers reicht. Die Trompete fällt ein und eine Art kriegerischen Marsches, jedoch in einfachen, gehaltenen Akkorden, drückt mit hohem Pathos die Apotheose des siegreich für die Freiheit fallenden Helden aus. Man hört die Trommel; bei dem *più allegro,* in dem die Bläser Achteltriolen anschlagen, verschwindet

die Erscheinung und der Satz zerfließt in einzelnen Noten. Ganz in dem Sinne des Dichters schließt der Komponist mit einer rauschenden Symphonie, die nur 55 Takte lang, und beinahe ganz aus Schlußfiguren gewebt ist. –
Man ist sonst in Beethovenscher Instrumentalmusik an eine reiche Ausbeute genialischer kontrapunktischer Wendungen, kühner Ausweichungen u.s.w. gewöhnt: wie sehr der Meister aber mit seinem Reichtum hauszuhalten und ihn zu recher Zeit zu spenden versteht, beweiset die hier in Rede stehende Komposition, die, ohne im mindesten für sich selbst glänzen zu wollen, ganz dem Sinne des Dichters folgt, und sich seiner Tendenz anschmiegt. ⟨...⟩

Die Klavier-Auszüge der Ouvertüre und der Zwischenakte sind zweckmäßig, mit Geschmack und Einsicht eingerichtet; sie verdienen in den Händen jedes sinnigen Liebhabers der Tonkunst zu sein, so wie jede Theaterdirektion, die den *Egmont* zu geben Willens ist, sich in den Besitz der Beethovenschen Musik setzen sollte, da sie, mit dem Ganzen so innig verschmolzen, und als wesentlicher Teil desselben, der durchaus nicht fehlen darf, anzusehen ist.

*Germaine de Staël in ›De l'Allemagne‹; abgeschlossen 1810, publiziert 1813* (Germaine de Staël: Über Deutschland. Nach der Übersetzung von Robert Habs hg. von Sigrid Metken. Stuttgart 1962, S. 246–250)
*Egmont* halte ich für Goethes schönste Tragödie. Zweifelsohne hat er sie um dieselbe Zeit geschrieben, als er den *Werther* verfaßte, denn in beiden Werken atmet dieselbe innere Glut, dieselbe Wärme des Gemüts. ⟨...⟩ Es ist leicht, ein geistreiches Bild von dem Helden eines Stückes zu entwerfen, mehr Talent ist schon nötig, um ihn diesem Bilde gemäß handeln und reden zu lassen, noch mehr aber, um ihn schon durch die Bewunderung, die er den Soldaten, dem Volk, den großen Herren, kurzum allen einflößt, die mit ihm in Berührung kommen, kenntlich zu machen. ⟨...⟩
Der Schluß der Goetheschen Tragödie steht mit den übrigen Teilen des Stücks nicht recht im Einklang. Egmont schlummert nämlich einige Minuten vor dem Gang zum Schafott ein, und das tote Clärchen erscheint ihm während dieses Schlummers, von himmlischem Glanz umgeben, und verkündet ihm, daß die Sache der Freiheit, der er gedient, eines Tages triumphieren werde. Diese märchenhafte Lösung ist in einem historischen Drama nicht am Platz. Die Deutschen sind überhaupt im großen und ganzen immer in Verlegenheit, wenn es sich darum handelt, ein Ende zu machen ⟨...⟩ Der zur Beendigung irgendeiner Sache unentbehrliche Geist ist undenkbar ohne eine gewisse Gewandtheit und ein Maßhalten,

das sich mit der ausschweifenden und unbestimmten Phantasie, welche die Deutschen in allen ihren Werken offenbaren, nicht recht verträgt. ⟨...⟩

Goethe ist nun zwar derjenige von den deutschen Schriftstellern, der die meisten Mittel besitzt, um die Gewandtheit mit der Kühnheit des Geistes in Einklang zu bringen, leider aber läßt er sich nicht dazu herbei, die dramatischen Situationen so anzubringen, daß sie theatralisch werden. Wenn sie nur an sich schön sind, so kümmert er sich nicht um das übrige.

G. in ›Dichtung und Wahrheit‹ (*19. Buch, geschrieben 1813–30;* s. Bd. 16, S. 815)
Nachdem ich im Götz von Berlichingen das Symbol einer bedeutenden Weltepoche nach meiner Art abgespiegelt hatte, sah' ich mich nach einem ähnlichen Wendepunkt der Staatengeschichte sorgfältig um. Der Aufstand der Niederlande gewann meine Aufmerksamkeit; im Götz war es ein tüchtiger Mann der untergeht, in dem Wahn: zu Zeiten der Anarchie sei der wohlwollende Kräftige von einiger Bedeutung. In Egmont waren es festgegründete Zustände die sich vor strenger gutberechneter Despotie nicht halten können. Meinen Vater hatte ich davon auf das lebhafteste unterhalten, was zu tun sei; was ich tun wolle, daß ihm dies so unüberwindliches Verlangen gab, dieses in meinem Kopf schon fertige Stück auf dem Papiere, es gedruckt, es bewundert zu sehen.

Hatt' ich in den frühern Zeiten, da ich noch hoffte Lili ⟨Schönemann, 1758–1817, Bankierstochter; G. hatte sich Ostern 1775 mit ihr verlobt und im Oktober von ihr getrennt⟩ mir zuzueignen, meine ganze Tätigkeit auf Einsicht und Ausübung bürgerlicher Geschäfte gewendet, so traf es gerade jetzt, daß ich die fürchterliche Lücke die mich von ihr trennte durch Geistreiches und Seelenvolles auszufüllen hatte. Ich fing also wirklich Egmont zu schreiben an, und zwar nicht wie den ersten Götz von Berlichingen in Reih und Folge, sondern ich griff nach der ersten Einleitung gleich die Hauptszenen an, ohne mich um die allenfallsigen Verbindungen zu bekümmern. Damit gelangte ich weit, indem ich bei meiner läßlichen Art zu arbeiten von meinem Vater, es ist nicht übertrieben, Tag und Nacht angespornt wurde, da er das so leicht Entstehende auch leicht vollendet zu sehen glaubte.

G. in ›Dichtung und Wahrheit‹ (*20. Buch;* s. Bd. 16, S. 820f. u. 825f.)
⟨...⟩ Dieses Wesen, das zwischen alle übrigen hineinzutreten, sie zu sondern, sie zu verbinden schien, nannte ich dämonisch nach dem Beispiel der Alten und derer die etwas Ähnliches gewahrt

hatten. Ich suchte mich vor diesem furchtbaren Wesen zu retten, indem ich mich, nach meiner Gewohnheit, hinter ein Bild flüchtete.

Unter die einzelnen Teile der Weltgeschichte die ich sorgfältiger studierte, gehörten auch die Ereignisse welche die nachher vereinigten Niederlande so berühmt gemacht. Ich erforschte die Quellen fleißig und suchte mich möglichst unmittelbar zu unterrichten und mir alles lebendig zu vergegenwärtigen. Höchst dramatisch erschienen mir die Situationen, und als Hauptfigur, um welche sich die übrigen am glücklichsten versammeln ließen, fiel mir Graf Egmont auf, dessen menschlich ritterliche Größe mir am meisten behagte. Allein zu meinem Gebrauche mußte ich ihn in einen solchen Charakter umwandeln, der solche Eigenschaften besaß, die einen Jüngling besser zieren als einen Mann in Jahren, einen Unbeweibten besser als einen Hausvater, einen unabhängigen mehr als einen, der, noch so frei gesinnt, durch mancherlei Verhältnisse begrenzt ist. Als ich ihn nun so in meinen Gedanken verjüngt und von allen Bedingungen losgebunden hatte, gab ich ihm die ungemessne Lebenslust, das grenzenlose Zutrauen zu sich selbst, die Gabe alle Menschen an sich zu ziehn (attrativa) und so die Gunst des Volks, die stille Neigung einer Fürstin, die ausgesprochene eines Naturmädchens, die Teilnahme eines Staatsklugen zu gewinnen; ja selbst den Sohn seines größten Widersachers für sich einzunehmen.

Die persönliche Tapferkeit, die den Helden auszeichnet, ist die Base auf der sein ganzes Wesen ruht, der Grund und Boden aus dem es hervorsproßt. Er kennt keine Gefahr, und verblendet sich über die größte die sich ihm nähert. Durch Feinde die uns umzingeln schlagen wir uns allenfalls durch; die Netze der Staatsklugheit sind schwerer zu durchbrechen. Das Dämonische was von beiden Seiten im Spiel ist, in welchem Konflikt das Liebenswürdige untergeht und das Gehaßte triumphiert, sodann die Aussicht, daß hieraus ein Drittes hervorgehe das dem Wunsch aller Menschen entsprechen werde. Dieses ist es wohl, was dem Stücke, freilich nicht gleich bei seiner Erscheinung, aber doch später und zur rechten Zeit die Gunst verschafft hat, deren es noch jetzt genießt. ⟨...⟩

⟨Nach einer Schilderung des Abschieds vom Frankfurter Freundeskreis und des Wartens auf den angekündigten, aber ausbleibenden herzoglichen Wagen, der G. nach Weimar bringen sollte:⟩ Weil aber die Einsamkeit und Enge jederzeit für mich etwas sehr günstiges hatte, indem ich solche Stunden zu nutzen gedrängt war, so schrieb ich an meinem Egmont fort und brachte ihn beinahe zu Stande. Ich las ihn meinem Vater vor, der eine ganz eigne Neigung

zu diesem Stück gewann, und nichts mehr wünschte, als es fertig
und gedruckt zu sehen, weil er hoffte daß der gute Ruf seines Sohns
dadurch sollte vermehrt werden. ⟨...⟩ Ich ⟨...⟩ freute mich über die
eingezogenen Stunden, die mir weder von Freunden, noch Fremden, noch sonst einer geselligen Zerstreuung verkümmert wurden,
und schrieb, wenn auch nicht ohne innere Agitation ⟨Unruhe,
Erregung⟩, am Egmont rüstig fort. Und diese Gemütsstimmung
mochte wohl dem Stück selbst zu Gute kommen, das von soviel
Leidenschaften bewegt nicht wohl von einem ganz Leidenschafts-
losen hätte geschrieben werden können.

G. *1815* in ›*Über das deutsche Theater*‹ (s. Bd. 11)
Die Gegenwart des vortrefflichen Iffland (1796) gab Gelegenheit
zu Abkürzung Egmonts, wie das Stück noch bei uns und an einigen
Orten gegeben wird.
Daß auch Schiller bei seiner Redaktion grausam verfahren,
davon überzeugt man sich bei Vergleichung nachstehender Szenenfolge mit dem gedruckten Stücke selbst. Die persönliche Gegenwart der Regentin zum Exempel vermißt unser Publikum
ungern; und doch ist in Schillers Arbeit eine solche Konsequenz,
daß man nicht gewagt hat, sie wieder einzulegen, weil andre
Mißverhältnisse in die gegenwärtige Form sich einschleichen würden. ⟨...⟩
Wegen der letzten Erscheinung Klärchens sind die Meinungen
geteilt; Schiller war dagegen, der Autor dafür; nach dem Wunsche
des hiesigen Publikums darf sie nicht fehlen.

G. *im Gespräch mit Johann Peter Eckermann und Hutton. Weimar, 10. Januar 1825* (s. Bd. 19, S. 122)
Das Gespräch lenkte sich auf den Egmont und Goethe sagte
darüber Folgendes: »Ich schrieb den Egmont im Jahre 1775, also
vor funfzig Jahren. Ich hielt mich sehr treu an die Geschichte und
strebte nach möglichster Wahrheit. Als ich darauf zehn Jahre
später in Rom war, las ich in den Zeitungen, daß die geschilderten
revolutionären Szenen in den Niederlanden sich buchstäblich wiederholten. Ich sah daraus, daß die Welt immer dieselbige bleibt
und daß meine Darstellung einiges Leben haben mußte.« ⟨Kapitän
Hutton: ein in Weimar lebender Engländer.⟩

G. *im Gespräch mit Eckermann. Weimar, 18. Januar 1825* (s.
Bd. 19, S. 130f.)
Schillers Talent war recht fürs Theater geschaffen. Mit jedem Stück
schritt er vor und ward er vollendeter; doch war es wunderlich, daß
ihm noch von den Räubern her ein gewisser Sinn für das Grausame

anklebte, der selbst in seiner schönsten Zeit ihn nie ganz verlassen wollte. So erinnere ich mich noch recht wohl, daß er im *Egmont* in der Gefängnisszene, wo diesem das Urteil vorgelesen wird, den Alba in einer Maske und in einen Mantel gehüllt im Hintergrunde erscheinen ließ, um sich an dem Effekt zu weiden, den das Todes-Urteil auf Egmont haben würde. Hiedurch sollte sich der Alba als unersättlich in Rache und Schadenfreude darstellen. Ich protestierte jedoch und die Figur blieb weg.

*G. im Gespräch mit Eckermann. Weimar, 25. Dezember 1825* (s. Bd. 19, S. 152)
Man kann über Shakespeare gar nicht reden, es ist alles unzulänglich. ⟨...⟩
 Er ist gar zu reich und zu gewaltig. Eine produktive Natur darf alle Jahr nur *ein* Stück von ihm lesen, wenn sie nicht an ihm zu Grunde gehen will. Ich tat wohl, daß ich durch meinen Götz von Berlichingen und Egmont ihn mir vom Halse schaffte, ⟨...⟩

*G. im Gespräch mit Eckermann. Weimar, 31. Januar 1827* (s. Bd. 19, S. 207f.)
Kein Dichter hat je die historischen Charaktere gekannt, die er darstellte, hätte er sie aber gekannt, so hätte er sie schwerlich so gebrauchen können. Der Dichter muß wissen, welche Wirkungen er hervorbringen will und danach die Natur seiner Charaktere einrichten. Hätte ich den Egmont so machen wollen, wie ihn die Geschichte meldet, als Vater von einem Dutzend Kindern, so würde sein leichtsinniges Handeln sehr absurd erschienen sein. Ich mußte also einen andern Egmont haben, wie er besser mit seinen Handlungen und meinen dichterischen Absichten in Harmonie stände; und dies ist, wie Clärchen sagt, *mein* Egmont.

*G. im Gespräch mit Eckermann. Weimar, 19. Februar 1829* (s. Bd. 19, S. 289f.)
Wir sprachen ⟨...⟩ viel über *Egmont,* der am Abend vorher, nach der Bearbeitung von *Schiller,* gegeben worden, und es kamen die Nachteile zur Erwähnung, die das Stück durch diese Redaktion zu leiden hat.
 Es ist in vielfacher Hinsicht nicht gut, sagte ich ⟨Eckermann⟩, daß die Regentin fehlt; sie ist vielmehr dem Stücke durchaus notwendig. Denn nicht allein, daß das Ganze durch diese Fürstin einen höheren, vornehmeren Charakter erhält, sondern es treten auch die politischen Verhältnisse, besonders in Bezug auf den spanischen Hof, durch ihre Dialoge mit Machiavell durchaus reiner und entschiedener hervor.

»Ganz ohne Frage, sagte Goethe. Und dann gewinnet auch Egmont an Bedeutung durch den Glanz, den die Neigung der Fürstin auf ihn wirft, so wie auch Clärchen gehoben erscheint, wenn wir sehen, daß sie, selbst über Fürstinnen siegend, Egmonts ganze Liebe allein besitzt. Dieses sind alles sehr delikate Wirkungen, die man freilich ohne Gefahr für das Ganze nicht verletzen darf.

⟨...⟩ Als ich das Stück schrieb, habe ich, wie Sie denken können, alles sehr wohl abgewogen, und es ist daher nicht zu verwundern, daß ein Ganzes sehr empfindlich leiden muß, wenn man eine Hauptfigur herausreißt, die ins Ganze gedacht worden und wodurch das Ganze besteht. Aber Schiller hatte in seiner Natur etwas Gewaltsames; er handelte oft zu sehr nach einer vorgefaßten Idee, ohne hinlängliche Achtung vor dem Gegenstande, der zu behandeln war.«

Man möchte auf Sie schelten, sagte ich, daß Sie es gelitten und daß Sie in einem so wichtigen Fall ihm so unbedingte Freiheit gegeben.

»Man ist oft gleichgültiger als billig, antwortete Goethe. Und dann war ich in jener Zeit mit anderen Dingen tief beschäftigt. Ich hatte so wenig ein Interesse für Egmont wie für das Theater; ich ließ ihn gewähren. Jetzt ist es wenigstens ein Trost für mich, daß das Stück gedruckt dasteht, und daß es Bühnen gibt, die verständig genug sind, es treu und ohne Verkürzung ganz so aufzuführen wie ich es geschrieben.«

*Christian Theodor Musculus an Eckermann. Weimar, 3. Juli 1838*
(zit. nach: Graf Egmont. Historische Persönlichkeit und literarische Gestalt. Katalog der Ausstellung im Goethe-Museum Düsseldorf 29. 5.–15. 7. 1979, S. 89 f.)

Mit der Darstellung des Egmont am Sonnabend konnte man im allgemeinen zufrieden sein. Die Hauptrollen wurden recht brav gespielt, besonders freute mich daß die Regentin wieder in ihre Rechte eingesetzt war und von Mad⟨ame⟩ Genast trefflich vorgestellt wurde. An der Bearbeitung des Stückes fürs Theater habe ich aber noch zu tadeln, daß an der Rolle Clärchens zu viel gestrichen, und diesem Mädchen Reden in den Mund gelegt worden, die Goethe nicht gedichtet hat. Sodann war auch Alba in den Mantel gehüllt wieder in der Kerkerszene gegenwärtig, wie Egmonten das Todesurteil verlesen wird. Egmont riß ihm den Mantel auseinander und warf ihm dabei den Hut vom Kopfe, worauf sich Alba schnell in die Coulissen zurückzog, und den Hut auf dem Theater liegen ließ ⟨...⟩.

## Zur Textgestalt

*Textgrundlage:* Faksimile von G.s Handschrift (der Reinschrift, die G. am 6. September 1787 aus Rom an Herder gesandt hat; s. WA I 8, S. 343–345: H¹), hg. im Auftrage der Deutsch-Niederländischen Gesellschaft von Wilhelm Hansen. Berlin 1939. Die Handschrift befindet sich heute in Berlin (Staatsbibliothek Preuß. Kulturbesitz Ms. germ. fol. 534).

Wie in der Jubiläums-Ausgabe (Bd. 11, 1905) und in der Akademie-Ausgabe (Textband 1957, ohne Apparat) wird *Egmont* in unserer Ausgabe nach G.s Handschrift gedruckt. Nur diese darf als authentischer Text gelten, da G. in diesem Falle – anders als bei der *Iphigenie* – Herder von Italien aus keine Autorisierung für eigenmächtige Veränderungen erteilt hat. Die Abweichungen gegenüber H¹, die der Erstdruck gleichwohl aufweist, gehen auf Herder zurück. Sie werden im Stellenkommentar verzeichnet.

*Erstdruck:* S 5 (1788), S. 1–198, nach einer durch Herder veranlaßten und von ihm korrigierten Abschrift (s. WA I 8, S. 345 f.: H²) von Vogels Hand, an einzelnen Stellen wiederum nach H¹ bzw. nach neuen (nicht überlieferten) redaktionellen Vorgaben Herders.

An folgenden (durch spitze Klammern gekennzeichneten) Stellen wurde der Text nach Vogels Abschrift (H²) oder dem Erstdruck ergänzt: 247,20; 253,28; 256,37; 259,23; 266,31; 269,30; 283,24; 294,29; 312,38; 314,35.

Folgende Emendationen wurden vorgenommen: 266,15 *unsere Rechte* (unsern Rechte H¹; unvollst. Korr. in der Hs. aus »bey unsern Rechten«); 278,9 *ergreift, der* (ergreift. der H¹); 293,25 *Vansen* (Jetter H¹); 294,18 *nur* (nur nur H¹); 303,3 *der* (des H¹ H²; korr. nach ED, in H² ein Zettel beigelegt mit der Frage »der neuen Soldaten?«); 303,21 *hängt es* (hängt es es H¹); 322,21 *der Meinigen* (der der Meinigen H¹); 325,29 *zusehn* (zu sehn H¹).

246 *13 Alba:* sprich ›Alwa‹. – *15 Machiavell:* ein Name, den G. wohl wegen des Anklangs an Niccolo Machiavelli (1469–1527), den Staatsdenker aus Florenz, gewählt hat und der Staatsräson, politische Klugheit assoziieren soll. Bei Strada wird ein Macchiavell im Umkreis der Regentin erwähnt, der in Wahrheit ein Geheimagent ihres Bruders Philipp II. ist. In Schillers ›Geschichte des Abfalls der vereinigten Niederlande‹ wird Macchiavell als »Geheimschreiber« der Regentin genannt, den sie Ende 1567 nach

Egmonts Verhaftung und Albas Repressionen an den Madrider Hof schickt, um ihre Entlassung zu betreiben (4. Buch). – *22 Soest:* sprich ›Soost‹. – *26 Buyck:* sprich ›Beuk‹. – *27 Ruysum:* sprich ›Rcußüm‹.

247 *18 den Schuß handl' ich euch ab:* übernehme ich an Eurer Stelle. – *19 traktiere:* bewirte. – *25 Pritschmeister Reverenz:* Der Pritschmeister ist der Spaßmacher der Schützengilde, die sich hier – wie in den Niederlanden gebräuchlich – zum Armbrustschießen versammelt hat. Er straft den schlechtesten Schützen mit Schlägen seiner Pritsche (einem Holzschwert), während er sich für jeden Treffer vor dem Schützen verbeugt. Zu dieser »Reverenz« (von lat. reverentia ›Achtungsbezeigung‹) fordert Buyck den Pritschmeister in der Gewißheit auf, einen erfolgreichen Schuß zu tun. – *29 Wäre Meister zu viel!:* Schon der Titel »Meister« (statt »König«) wäre übertrieben! – *39 rein schwarz geschossen:* in die Mitte der Scheibe (ins Schwarze) getroffen, um die die einzelnen Ringe herumgelegt sind, die von außen nach innen gezählt werden.

248 *5 Ich bin fremd ⟨...⟩ Herkommen nicht:* ein Hinweis auf Unterschiede im Volksbrauch, der unversehens auf den politischen Ernst hinführt, zu Philipp II., der »Gesetze und Herkommen« bei den Niederländern in der Tat nicht respektiert (wie Jetters Antwort verklausuliert andeutet). – *10 gastieren:* bewirten, freihalten. – *13 ohne Präjudiz:* ohne rechtliche Festlegung für die Zukunft (von lat. praeiudicium ›Vorentscheidung‹). Vgl. Schillers Hervorhebung der charakterisierenden Kraft eines solchen Details in der *Egmont*-Kritik von 1788: »Wer glaubt nicht, in diesem *doch ohne Präjudiz* den zähen, auf seine Vorrechte wachsamen Friesen zu erkennen, der sich auch bei der kleinsten Bewilligung noch durch eine Klausel verwahrt.« – *14 splendid:* großzügig, freigebig (von lat. splendidus ›glänzend‹). – *18 Versteht sich Eure Majestät:* betont den geltenden Brauch, den Schützenkönig entsprechend zu titulieren. – *31 verschrocken:* volkstümliche Form, in S normalisiert zu: »erschrocken«. – *34 wie er seinem Sohne das Regiment hier abtrat:* Am 25. Oktober 1555 dankte Karl V. in Brüssel in einer feierlichen Zeremonie ab und übertrug die Herrschaft seinem Sohn Philipp. Dieser war im Unterschied zu seinem Vater beim niederländischen Volk unbeliebt. Er verließ das Land am 20. August 1559 und residierte seitdem, ohnehin der spanischen ›Lebensart‹ zugeneigt, in Madrid.

249 *1 gedruckt:* gedrückt. – *5 kein Gemüt:* keine Neigung, Liebe (vgl. S. 307,40). – *17 St. Quintin:* Ort in Nordfrankreich, wo die Spanier und Engländer am 10. August 1557 die Franzosen besiegten. G. gab den französischen Ortsnamen St. Quentin wie seine Quelle in der lateinischen Form. – *18 Gravelingen:* Ort an

der französischen Küste (frz. Gravelines), wo die Spanier am 13. Juli 1558 abermals gegen die Franzosen siegreich waren, woran Egmont, dem Befehlshaber der Reiterei, ein besonderes Verdienst zugerechnet wurde. Die Beschreibung der Schlacht durch Buyck (S. 249) folgt bis in Einzelheiten der Darstellung van Meterens. – *26 die wälschen Hunde:* die Franzosen. – *30 Da ward Egmont ⟨...⟩ niedergeschossen:* vgl. Clärchens Bildbeschreibung S. 263,18 ff.

250 *6 beidlebig:* Verdeutschung von ›amphibisch‹, auf dem Wasser und auf dem Lande lebend; mit Bezug auf die Holländer als ein Seevolk. Grimm DWb (Bd. 1, 1854, Sp. 1367) gibt für »beidlebig« nur die angeführte *Egmont*-Wendung als Beleg, doch gebraucht auch Jean Paul in seinem 1791/92 entstandenen Roman-Erstling ›Die unsichtbare Loge‹ das Wort (im 35. ›Sektor‹). – *11 wälsche Majestät:* der französische König Heinrich II. (1519–1559). – *Friede machen:* der Friede von Château Cambrésis, am 3. April 1559 geschlossen. Dadurch war die Machtposition Philipps II. gefestigt worden. – *26 die vierzehn neue Bischofsmützen:* Unter Karl V. gab es in den Niederlanden vier – nicht drei (Z. 31) – Bistümer. Philipp II. veranlaßte den Papst, 14 weitere Bischofsstellen einzurichten. Diese Maßnahme führte in den Niederlanden zu großer Erbitterung, weil fremde Kleriker über die Köpfe der heimischen Stände hinweg in die lukrativen Ämter gesetzt wurden. Ferner diente die Bischofsvermehrung, wie sich bald herausstellte, der Effizienz der spanischen Inquisition. – *29 den Kapiteln:* Ein Kapitel ist die Versammlung der stimmberechtigten Mitglieder eines Klosters oder einer anderen geistlichen Organisation. – *39 die neuen Psalmen:* vom französischen Dichter Clément Marot (1496–1544) auf Veranlassung Calvins in Zürich geschrieben. Sie wurden von der Sorbonne als ›ketzerisch‹ inkriminiert, erfreuten sich aber beim Volk – auch in protestantischen und katholischen Gegenden – großer Beliebtheit.

251 *2 Schelmenlieder:* hier ›weltliche Lieder‹ (mit einem Beiklang des Gemeinen, Anstößigen) im Gegensatz zu ›geistlichen Liedern‹. – *4 ihrer doch auch gesungen:* altertümlicher Genitiv (»einige von ihnen«). – *20 Die Inquisition kommt nicht auf:* Die ›Ketzer‹-Verfolgung durch geistliche Gerichte war 1522 durch Karl V. in den Niederlanden eingeführt worden. Diese Inquisition wurde jedoch jahrzehntelang nicht mit aller Schärfe praktiziert (was erst unter Philipp II. geschah) – daher Soests zuversichtliche Prognose. – *26 humme:* lautmalendes, mundartlich (auch im Niederländischen) verbreitetes Wort, in der Bedeutung von ›summen‹, ›brummen‹. In S: »summe«. – *37 Geköch:* wörtlich: ›Gekochtes‹,

gemeint: die Predigt als ein Gericht, das der Gemeinde gleichsam zur Einverleibung vorgesetzt wird.

252 *11 Kannegießern:* substantiviertes Verb. ›Kannengießer‹ sind eigentlich Zinngießer; das Wort bezeichnet seit dem Lustspiel ›Der politische Kannengießer‹ (von Johann Ludvig Holberg, 1722) den Schwätzer, Biertisch-Strategen. Vgl. G.s Brief an Charlotte von Stein (aus Erfurt, 5. Mai 1780): »Wir haben gekannegießert und gegörzt ⟨politisiert⟩ ⟨...⟩«. In S: »Schwätzen«. – *13 Wall:* Schutzwall. – *25 ein Haufen:* Kompanie Soldaten.

253 *1 Spanischen Besatzungen los waren:* Die von Philipp II. nach dem Krieg gegen Frankreich widerrechtlich in den Niederlanden stationierten Truppen wurden 1561 auf Drängen der Regentin hin abgezogen. – *4 Vexier er sich:* Halte er sich selbst zum Narren (und nicht mich) – der Akzent liegt auf dem »sich«. – *23 Regentin:* im folgenden meist als »Margarethe« bezeichnet. Der Wechsel zwischen der politisch-formellen Rolle und der persönlichen Wirklichkeit zeigt sich auch in der Anrede an Machiavell, die S. 255,20 in das vertrauliche »du« übergeht. – *31 diese schröckliche Begebenheiten:* der Bildersturm (s. den näheren Bericht S. 254,23 ff.).

254 *2 mein Bruder:* Philipp II. Margarete war eine natürliche Tochter Karls V., also eigentlich eine Halbschwester des Königs. – *9 nach Hofe:* Madrid. – *23 die bilderstürmerische Wut:* im Anschluß an Stradas Schilderung, der die Vorgänge aus katholischer Sicht als Ausbruch des Vandalismus darstellt und hinter ihnen eine »ungeheure Verschwörung« (Z. 39) wittert.

255 *14 Ihr unterdrückt die neue Lehre nicht:* als Ratschlag, nicht als Feststellung gemeint. – *15 den Rechtgläubigen:* den Katholiken.

256 *2 anständiger ist:* besser ansteht. – *7 Offenheit, Gutherzigkeit, Nachgiebigkeit:* Hindeutung auf die Sphäre Egmonts und ihre Inkommensurabilität zur taktisch-sorgenbeherrschten Politik. – *33 über ihre Verfassung beruhigt:* Die Beunruhigung rührt von der Ungewißheit her, ob Philipp II., der die »Verfassung« einst beschworen hat, zu dieser Selbstverpflichtung auch steht (S. 267,3 ff.). – *38 daß es mehr um seine Besitztümer als um sein Wohl, um seiner Seelen Heil zu tun ist:* Damit wird Margaretes Votum über die Priorität Philipps II. unterlaufen, daß er »Ruhe und Einigkeit auf Kosten der Religion nicht hergestellt wissen will« (S. 255). Die ›ideologiekritische‹ Entlarvung der Religion als Vorwand, hinter dem es den Spaniern in Wahrheit um den materiellen Reichtum der Niederländer zu tun ist, wird von Egmont im Disput mit Alba am weitesten getrieben (s. S. 304). – *40 Pfründen:*

das Einkommen, das einem Geistlichen kraft seines Amtes zusteht (hier im Plural).

**257** *27 sein:* in S: »ihm«. – *32 Nie hat er einen Schein vermieden:* Nie hat er den Anschein erweckt (daß er der Meinung sei, er sei jemandem Rechenschaft schuldig). – *34ff. Graf Egmont ⟨...⟩ Prinz von Gaure:* Das Fürstentum Gaure (bei Gent) hatte Egmont von seiner Mutter geerbt. Lieber aber führte er den Grafentitel nach dem Stammsitz der Familie und der zugehörigen Ortschaft Egmond (einem Küstenstädtchen bei Amsterdam). Seine Vorfahren waren »Besitzer von Geldern«, hatten ihre fürstliche Stellung aber im 15. Jh. verloren. Die Regentin befürchtet offenbar, Egmonts Vorliebe für den alten Titel (ursprünglich: »Graf von Egmont und Herzog von Geldern«) solle die althergebrachten Ansprüche auf Geldern signalisieren.

**258** *6 Gesundheiten:* Trinksprüchen. – *10 die neuen Livreen ⟨...⟩ die törigen Abzeichen der Bedienten:* Um den verhaßten Kardinal Granvella, den mächtigen Berater der Regentin, zu verspotten, ließen einige niederländische Adlige nach Egmonts Vorschlag ihren Dienern neue Livreen schneidern, auf die rote Köpfe mit Narrenkappen gestickt wurden. Granvella ließ das Abzeichen verbieten. Es wurde daraufhin von den Adligen in ein Bündel Pfeile verwandelt, das als Symbol einer Verschwörung bzw. des Freiheitskampfes galt (s. auch S. 276,8 ff.). – *36 sein golden Vlies:* hoher spanischer Orden, nach dem goldenen Widderfell genannt, dem der sagenhafte Argonautenzug galt – von Philipp dem Guten (1396–1467), dem Herzog von Burgund, 1429 gestiftet. In den Orden wurden nur Mitglieder aus Königshäusern, Fürsten und vornehme Adlige aufgenommen; das Ordenskapitel durfte höchstens 31 Mitglieder umfassen. Die Mitglieder des Ordens unterstanden nur der Gerichtsbarkeit des Kapitels, wobei bei Stimmengleichheit dessen Vorsitzender, der Großmeister – für Egmont war das Philipp II. – den Ausschlag gab. Egmont war 1546 durch Karl V. als erst 24jähriger in den Orden aufgenommen worden, konnte sich als dessen Mitglied auch bei politischen Spannungen persönlich sicher fühlen. Das Ordenszeichen war ein goldenes Widderfell, an einer Kette getragen. Außerdem trugen die Ritter des Goldenen Vlieses ein prachtvolles Ordenskleid, in dem Egmont vor Clärchen erscheinen wird (s. S. 288,13 ff.).

**259** *1 den fremden Lehrern nachgesehn:* den calvinistischen und lutherischen Predigern. Egmont selbst war und blieb Katholik. – *7 den Rat:* den Staatsrat, das höchste Exekutivorgan der Niederlande, zu dem u. a. Egmont und Oranien gehörten. – *nach 19:* in H¹ folgt hier: »Margarethe allein« und ein größerer Freiraum; beides wurde mit Tinte durchgestrichen. Offenbar hatte G.

einen abschließenden Monolog erwogen, diesen aber nicht mehr ausgeführt. – *23 Clare:* später »Clärchen«, vergleichbar dem Nebeneinander von »Margarete« und »Gretchen« im *Faust*. – *31 Grillen:* Narrheiten, dumme Einfälle (s. S. 255,5). – *33 sekundiert:* singt die zweite Stimme. – *39 Leibstück:* Lieblingsstück.

260 *9 Wämslein:* Soldatenrock, weiblich-diminutiv apostrophiert. – *32 Haufen:* Truppen, Kompanien (s. S. 252,25).

261 *17 versorgt:* im Sinne der Mutter (vgl. S. 261,29 ff.); dagegen kennt Clärchen das Glück nur als das Glück des Augenblicks, ohne die bange Antizipation der »Zukunft« (s. S. 261,27). – *21 darf:* in der alten Bedeutung von ›brauchen‹. – *33 ließet:* ließet ⟨...⟩ zu.

262 *19 ein verworfnes Geschöpf:* im Sinne der damaligen Auffassung von Sittlichkeit, nach der sich ein unverheiratetes Mädchen keinem Mann hingeben darf. – *33 verbürge:* sozusagen als Bürgschaft gäbe (zum Zeichen seiner Wertschätzung Clärchens).

263 *3 Springinsfeld:* seit dem 30jährigen Krieg gebräuchlicher Name, der auf die Beweglichkeit, Leichtfüßigkeit, Koboldartigkeit seines Trägers verweist. – *7 gingen von seinen Leuten:* Genitivus partitivus, dem Französischen nachgebildet; zu ergänzen: einige. – *18 im Bilde den Buchstaben C.:* Die Hauptpersonen des Holzschnitts sind mit Buchstaben bezeichnet, die in der darunterstehenden »Beschreibung« aufgeschlüsselt werden. – *23 Turn:* Turm.

264 *14 Brutus Rede* ⟨...⟩ *Redekunst:* Marcus Junius Brutus (85–42 v. Chr.) war einer der Mörder von Julius Caesar. Seine Rede »für die Freiheit« – und gegen die Tyrannei – wird hier als rhetorisches Übungsstück zitiert, spiegelt aber auch die spezifische Thematik des Dramas. – *22 halb und nichts:* nicht ganz, also soviel wie gar nichts. – *32 ich sterbe unter dem Getümmel nur ab:* ich verliere ⟨...⟩ meine Teilnahme, werde immer apathischer.

265 *8 alle Sinne gingen mir um:* alle Sinne vergingen mir. – *24 auf der Zunft:* in der Versammlung der Zunftmitglieder. – *32 unsre Gerechtsame:* unsere Rechte. – *36 so zuerst denkt jeder:* in S: »so denkt jeder zuerst«. – *39 Pack* ⟨...⟩ *Volk das nichts zu verlieren hat:* eine für die Bürger typische Abgrenzung ›nach unten‹, gegen den »Pöbel« (s. auch S. 277,33 ff.).

266 *9 auseinander, sie ist außer Fassung:* in S zusammengezogen zu: »außer Fassung« (dem das »auseinander« semantisch entspricht). – *15 Stutzbärte:* spanische Soldaten (wegen ihrer Barttracht). – *21 die sieben Weisen aus Griechenland:* sieben Philosophen der griechischen Antike (6./7. Jh. v. Chr.), darunter Thales aus Milet und der athenische Gesetzgeber Solon, deren Lebensweisheit sprichwörtlich ist. Eine ironische Begrüßung des gerade

aufgetretenen Seifensieders. - *33 Patron:* eigentlich Gönner, Schutzherr; hier: Arbeitgeber. - *35 Branntweinzapf:* -säufer.

**267** *7 Pfiffe:* Kniffe, Finten, Kunstgriffe; ursprünglich beim Vogelstellen oder auch beim Gaunern. - *9 Briefe:* hier in der Bedeutung ›Urkunden‹. - *Gerechtigkeiten:* rechtsverbindlich verliehene Vorrechte. - *13 Privilegien:* Vorrechte bzw. Sonderrechte. - *16ff. Staaten ⟨...⟩ Landstände:* Gemeint sind jeweils die ständischen Vertretungen des Landes (Adel, Geistlichkeit und Stadtbürgertum), die dem Landesherrn gegenüber bestimmte Rechte hatten. - *27 Regiment:* Regierung. - *31 das Netz über die Ohren gezogen:* Das Bild verweist auf den Wild- und Vogelfang (s. auch S. 305,3 ff.). - *34 in Zeiten:* rechtzeitig. - *36ff. Der König ⟨...⟩ schalten und walten:* im Hinblick auf die ständische Verfassung, die Philipp II. bei der Übernahme der Regierung beschworen hatte.

**268** *10 Karl der Kühne:* 1432-1477; Herzog von Burgund, der die niederländischen Provinzen erobert hatte (so daß sie durch die Heirat seiner Tochter Maria mit Maximilian I. an das Haus Habsburg fielen), war mit seinen Versuchen gescheitert, die Sonderrechte der einzelnen Provinzen zu beseitigen. - *Friedrich der Krieger:* wohl Kaiser Friedrich III. (1415-1493), der 1488 seinen in Brügge gefangen gehaltenen Sohn Maximilian I. mit Gewalt befreite. Von daher kommt Vansen wohl auf den ansonsten in der Historiographie unbekannten Beinamen »der Krieger«. - *15 fingen sie ihm etwa seinen Sohn und Erben weg:* Vermutlich ist an die Gefangennahme Philipps des Schönen, des damals (1482) vierjährigen Sohns von Maria von Burgund (der Tochter Karls des Kühnen) und des späteren Kaisers Maximilian I., durch die Flamen gedacht. Beim Versuch, ihn zu befreien, geriet Maximilian selbst in Gefangenschaft (s. zu Z. 10). Vansen bleibt mit seiner agitatorischen Anspielung absichtlich im Vagen. - *20 unsre Privilegien ⟨...⟩ unsre Freiheiten:* vgl. den ins Chaotische treibenden Gesang S. 270,7. Der argumentative Kern der Agitation stammt von Justus Möser (1720-1794), der zu bedenken gibt, daß ein auf Allgemeingültigkeit zielendes Gesetzeswesen »alle ursprünglichen Kontrakte, alle Privilegien und Freiheiten, alle Bedingungen und Verjährungen« untergraben muß (›Der jetzige Hang zu allgemeinen Gesetzen und Verordnungen ist der gemeinen Freiheit gefährlich‹).

**269** *2 Niemand gestatten:* Niemand ist Akkusativ (S: »Niemanden«); etwa: ›an seiner Statt herrschen lassen‹. - *10 die Tropfen:* die Narren (Tröpfe). - *19 Verwilligung:* seit dem 15. Jh. belegte Nebenform zu ›Einwilligung‹. - *20 Staat:* hier soviel wie: ›Status‹, ›Verfassung‹.

**270** *5 Schabernack und Schalkspossen:* in S zusammengezogen zu: »Schalkspossen«. – *17 Es ist ein übel Anzeigen wenn ihr an Werkeltagen feiert:* in S: »Es ist ein übles Zeichen, wenn ihr an Werkeltagen feiert.« Inhaltlich knüpft G. hier an den Anfang von Shakespeares ›Julius Caesar‹ an, wo sich der Tribun Flavius ebenso mißmutig über feiernde »Handwerksleut' an Werkeltagen« (in der Übersetzung von August Wilhelm Schlegel) äußert. – *31 Ich erinnere mich* ⟨...⟩ *Jetter:* Diesen Zug, der Egmonts Personengedächtnis und seine Volksverbundenheit herauskehrt, überträgt Schiller auf Wallenstein in der Pappenheimer-Szene (›Wallensteins Tod‹, III/15; die Verse 1841f. ein fast wörtliches Zitat von *Egmont*, Z. 34f.). Vgl. Schillers Brief an Körner vom 10. April 1796, in dem er von seiner Theaterfassung des *Egmont* berichtet, die für den ›Wallenstein‹ »keine unnützliche Vorbereitung« gewesen sei. – *38ff. Ein ordentlicher Bürger* ⟨...⟩ *er braucht:* vgl. G. im Gespräch mit Eckermann 1827 im Zuge einer Darlegung, wie Schiller von der »Idee der Freiheit« bestimmt, ja bis zur physischen Selbstzerstörung überspannt worden sei: »Hat einer nur so viel Freiheit, um gesund zu leben und sein Gewerbe zu treiben, so hat er genug, und so viel hat leicht ein jeder« (Bd. 19, S. 195).

271 *2 Söffer:* Säufer. – *8 Kasten:* mit Wertsachen; auch: Geldkasten. – *38 mit Ruten streichen:* auspeitschen.

272 *12 für Ungeduld:* in S: »vor Ungeduld«. – *20 angefaßt:* im Sinne von ›angetroffen‹ (so daß er sich aufgehalten hat). – *36 von auswärts:* dafür in S: »auswärts her«.

273 *2 Relation:* Bericht, genaue Darstellung eines Sachverhalts. – *9 eingezogen:* in Haft genommen. – *12 Ich bin* ⟨...⟩ *sie mögen gehn:* Diese Generosität auch gegen ›Übeltäter‹ wird durch Vansens spätere Mitteilung (s. S. 296,1–3) bestätigt. – *31 mit Ruten streichen:* s. S. 271,38 u. Anm.

274 *18 Gnaden Gehalte:* gehört zusammen, so auch in S: »Gnadengehalte«. – *30 Brief des Grafen Oliva:* Daß selbst ein Spanier an Egmont Anteil nimmt, ist bezeichnend für seine Beliebtheit, seine Lebensausstrahlung. G. hat diesen Zug aus van Meteren aufgegriffen, den Namen Oliva erfunden. – *36 das Schreiben das verhaßteste:* eine Antipathie, die Egmont mit seinem Autor teilt.

275 *12 Ich handle wie ich soll:* nicht als moralische Pflichterfüllung gemeint, sondern im Sinne einer Wahrung der eigenen ›Lebensart‹, des eigenen Wesens. Das ängstliche Besorgen der eigenen Sicherheit wäre dagegen für Egmont der Tod (s. S. 275,21 f.). – *25 Hof Cadenz:* Gemeint ist das Geregelte des Hofzeremoniells. – *34 Seite:* in S: »Saite«. Ob G. das Bild des Saiteninstruments vorgeschwebt hat, ist nicht eindeutig zu entscheiden. – *36 Und wenn ich ein Nachtwandler wäre:* vgl. G.s Brief an Charlotte von

Stein am 7. November 1780, dem fünften Jahrestag seiner Ankunft in Weimar: »Ich rekapituliere in der Stille mein Leben seit diesen 5 Jahren, und finde wunderbare Geschichten. Der Mensch ist doch wie ein Nachtgänger er steigt die gefährlichsten Kanten im Schlafe.«

276 *7 geschleppt:* danach in S noch: »habe«. – *8ff. Wir haben Schellenkappen ⟨...⟩ nichts zu deuten ist:* s. S. 258,10 u. Anm. Daß das Pfeilbündel gleichwohl die Bedeutung eines Freiheitssymbols erlangt hat, zeigt gegen Egmonts Abwiegeln später sein Siegestraum (s. S. 328,13). – *13 empfangen gleich und geboren:* Hinweis auf das Spontane, Unüberlegte des Tuns. In S wird das »gleich« gestrichen. – *14 eine ganze edle Schar mit Bettelsäcken und mit einem selbst gewählten Unnamen:* Reminiszenz an eine Unterredung niederländischer Adliger mit der Regentin 1566, in der ein spanienfreundlicher Graf verächtlich von einem Bettlerhaufen (»tas de gueux«) sprach, welchen »Unnamen« sich die Adligen dann als Frondeur-Kennzeichen selbst zugelegt haben (»Geusen«). Sie verwendeten als Emblem Bettelsack und Holzschale. In dem Vorgang steckte viel mehr politische Brisanz, als Egmont hier zugesteht (s. auch S. 258,10f.). – *38–277,4 Wie von unsichtbaren Geistern ⟨...⟩ woher er kam:* das berühmte Wagenlenker-Schicksalsbild, das G. am Ende von *Dichtung und Wahrheit* zitiert (Bd. 16, S. 831f.), mit den Varianten: »die Zügel festzuhalten« (so auch schon in S), »die Räder abzulenken« und: »Erinnert er sich doch kaum, woher er kam« (so auch schon in S mit abschließendem Fragezeichen). Für das Bild sind verschiedene antike Anregungen für G. zu vermuten: durch Pindar, den er im Sommer 1772 mit Begeisterung gelesen hat (vgl. den Brief an Herder ca. 10. Juli 1772 mit einer allerdings auf die Kühnheit und Meisterschaft abhebenden Auslegung des bei Pindar häufigen Bildes), durch Plato (im ›Phaidros‹) und auch durch Euripides, der den Phaethon-Mythos von dem aus der Bahn geratenen Sonnenwagen in einer fragmentarisch überlieferten Tragödie behandelt hat (über die der alte G. 1823 und 1827 zwei kleine Studien verfaßt hat ⟨s. Bde. 13 u. 18⟩). In Erwägung zu ziehen ist als Quelle auch die ›Oresteia‹ des Aischylos, in der Orestes das Wagenlenker-Bild mit der Unsicherheit von Weg und Ziel verbindet (›Choephoroi‹, Verse 1021ff.): was ja, anders als bei Pindar und der Pindar-Rezeption des jungen G., das Besondere der Bildausprägung im *Egmont* ist.

277 *4 Erinnert er sich:* Das Personalpronomen bezieht sich wohl nicht auf den »Wagen«, sondern – syntaktisch nicht ganz korrekt – auf den im Plural (»uns«) apostrophierten Lenker (der eigentlich, da er die Fahrtrichtung nicht bestimmen kann, kein Lenker ist). – *11 ein selbst verfehlter Schritt:* Die Betonung liegt auf

»verfehlter«, nicht auf »selbst«. Die mißverständliche Formulierung wird in der AlH geändert: »ja selbst ein verfehlter Schritt«. Egmont spricht dabei wohl aus der »Nachtwandler«-Bildvorstellung (s. S. 275,37) heraus. – *20 eh die Tore geschlossen werden:* üblicherweise mit dem Anbruch der Dunkelheit. – *26 Oranien kommt:* Nach Strada fand die Unterredung nicht in Brüssel, sondern in Willebroek statt (am 2. April 1567). G. folgt der Quelle ansonsten bis in wörtliche Einzelheiten. – *27 nicht ganz frei:* von Sorgen. – *31 mehr:* dafür in S: »öfter«. – *38 Diskurs:* Rede, Gespräch (von frz. discours).

278 *7 daß jeder Herkules ⟨...⟩ Kunkelhof vermehrte:* Anspielung auf eine Sage um den griechischen Helden Herakles (lat. Herkules), wonach er zur Sühne für eine Mordtat Sklavendienste bei der lydischen Königin Omphale übernehmen mußte. Aus Liebe zu ihr legte er Frauenkleider an, besteckte sich mit weiblichem Schmuck und setzte sich schließlich sogar mit Omphales Mägden an die Spinnrocken (›Kunkel‹), vermehrte also die Schar der Spinnerinnen (»Kunkelhof«). Die Löwenhaut, die er seit dem Erlegen des Nemeïschen Löwen (eine seiner zwölf legendären Heroentaten) trug, legte er ab – Omphale tat sie sich um und nahm auch, um den Geschlechterrollen-Tausch komplett zu machen, die Keule des Herakles in die Hand. Die Anspielung Egmonts gilt mithin dem Thema ›Frau und Politik‹. – *11 Ein freundliches Wort:* Die Vorstellung, daß es Konflikte löst und alles zum Guten wendet, wird dem weiblichen Gemüt zugewiesen (vgl. auch *Iphigenie,* Vers 1139) und von Egmont als politikferne Naivität ironisiert. – *18 diesmal:* in S: »dasmal«. – *23 abzuhaspeln:* wörtlich: ›das Garn von der Haspel (Winde) winden‹, hier übertragen: ›herumzusitzen‹, ›sich zu langweilen‹. – *24 in alten Familien Verhältnissen herumzuschleppen:* ihre Verwandten zu besuchen. Margarete von Parma hatte bei Antritt ihrer Regentschaft in den Niederlanden schon zwei Ehen mit italienischen Fürsten – Alexander von Medici und Ottavio Farnese – hinter sich. – *28 liegts wohl in ihr:* ist sie wohl dazu imstande. – *36 jene Hindernis:* ›Hindernis‹ wird im 18. Jh. häufiger feminin gebraucht; bei G. gibt es dafür mehrere weitere Belege. – *39 zu bringen:* zubringen (so auch in S).

279 *7 Rumpf ohne Haupt:* Zugrunde liegt die Vorstellung vom Staat als einem Organismus, die G. von Möser nahegebracht worden ist. Vgl. auch *Götz von Berlichingen* (Bd. 1.1, S. 461 u. S. 618). – *10 wie über einem Schachspiele:* ein für den kalkulierenden Taktiker bezeichnender Vergleich, von dem sich Schiller (s. zu S. 270,31) möglicherweise für die Charakterisierung Wallensteins hat anregen lassen (vgl. ›Wallensteins Tod‹, Verse 2853 ff.). –

*13 ff. halt ich es für Pflicht* ⟨...⟩ *zu kennen:* Tatsächlich ließ sich Wilhelm von Oranien durch Spione, die er an den spanischen Hof eingeschleust hatte, über die Pläne Philipps II. unterrichten, so daß er frühzeitig über die Absichten gegen Egmont (und Hoorne) Bescheid wußte. – *34 gewärtig:* dienstbereit, gehorsamspflichtig (ein alter, bis ins 18. Jh. nachlebender Terminus des Feudalismus). – *39 Ritter des Vlieses:* s. zu S. 258,36.

280 *9 verloren:* in S flektiert: »verlorenes«. – *23 Alba ist unterwegs:* s. zu S. 279,13 ff. Alba kam im Frühjahr 1567 mit spanischen Truppen in Genua an, vermehrte sie mit italienischen Truppen und erreichte am 22. August über Savoyen, Burgund und Lothringen die Niederlande. – *31 schwürig:* in S: »schwierig«.

281 *1 dringt:* ältere Form von ›drängt‹. – *18 Handlung:* im 17./18. Jh. und bei G. häufig für: ›Handel‹, ›Handelsverkehr‹. – *26 für meine Sicherheit ergriff ich sie:* eine politische Ausmünzung von Egmonts ›Lebensart‹ (s. S. 257,22 ff.). – *31 ff. Wer sich schont:* Auseinandersetzung in Stichomythien (schnell zwischen den Sprechern gewechselten Sentenzen), die G. als antikisierendes Dialogelement auch in der *Iphigenie* (Verse 172 ff. u. ö.) einsetzt. Der formelle Wortwechsel leitet um so wirkungsvoller über die persönliche Anrede (S. 282,11) zum Ausdruck der Freundschaft bei Oranien über.

282 *4 ungleich:* unangemessen, unrecht. In S: »unwürdig«. – *6 Die Könige tun nichts niedriges:* Sie lassen es durch Werkzeuge ausführen und bleiben selbst unbelangbar. Vgl. S. 304,10, ferner das ›politische Parzenlied‹ in der *Iphigenie* (Verse 1812–20). – *13 mit meinen:* dafür in S: »mit den meinigen«. – *16 der Drache:* Balladisch-symbolische Antizipation Albas; s. auch S. 295,31. Als der Tierbilder Kern wird sich der gemütsfinstere, um Effizienz besorgte Absolutismus-Funktionär erweisen. – *19 vielleicht, bis dahin siehst du:* dafür in S: »vielleicht siehest du indes«. – *23 wie deine Freunde gefaßt sind:* von ›Fassung‹ her, also: wie sie sich verhalten. – *35 eingekommen:* eingefallen, in den Sinn gekommen. – *40 ein freundlich Mittel:* ein Besuch bei Clärchen; von Schiller heftig getadelt (s. S. 845).

283 *13 im Grunde:* im Hintergrund (der Bühne). – *35 Soldaten* ⟨...⟩ *zu ziehen:* s. zu S. 253,1.

284 *13 ich möchte mich verstellen:* mit der Implikation: ›aber ich kann es nicht‹, ›es muß heraus, was mich bedrückt‹. – *Es ist mir empfindlich:* es ist mir eine unangenehme Empfindung. – *22 ff. den König und sein Conseil* ⟨...⟩ *mächtig wird:* den König mit seinem Staatsrat (von frz. conseil ›Ratsversammlung‹). Margaretes Vision liegt Stradas Beschreibung der Staatsrats-Versammlung vom April 1567 zugrunde, auf der es um die Maßnahmen gegen die Nieder-

lande ging. Rodrich ist Rodrigo Gomez de Silva (Silva und Gometz nennt G. die spanischen Offiziere Albas; s. S. 296,16), Fürst von Eboli; Freneda ist der Franziskaner Bernardo Fresneda, der Beichtvater des Königs. Die Namen Alonzo und las Vargas hat G. aus einem anderen Zusammenhang bei Strada übernommen. – *29 Partie:* Partei; französische Form, im 17./18. Jh. gebräuchlich und bei G. mehrfach belegt. – *30 der hohläugige Toledaner:* Alba, im Bild eines Totenkopfes und bald darauf (s. S. 285,1) der Melancholie antizipiert. – *36 durchhören:* von Anfang bis Ende anhören. – *39 in meiner ganzen Schattierung:* in meiner ganzen Farbenpalette.

285 *4 Kapitel:* des Strafgesetzbuches. – *rädern:* eine bis ins Spätmittelalter gebräuchliche Hinrichtungsart, bei der dem Delinquenten die Glieder zerschlagen wurden. Vielfach wurde er dann, noch lebend, in die Speichen eines Rades geflochten (daher der Name) und als abschreckendes Exempel zur Schau gestellt. – *pfählen:* eine Hinrichtungsmethode, bei der dem zum Tode Verurteilten ein spitzer Pfahl in den Körper getrieben wurde. – *8 erinnert jede Unruhe:* weist hin auf jede Unruhe (›erinnern‹ mit bloßem Akkusativ ist zeitgenössischer Sprachgebrauch). In S: »erinnert an jede Unruhe«. – *21 Bestallung:* Amt, Stellung. – *26 herumziehen:* hinhalten. – *39 mit der besten Art Platz machen:* In Wirklichkeit hat die Regentin erst nach Albas Ankunft und der Verhaftung Egmonts (und Hoornes) abgedankt.

286 *3 wers hergebracht hat:* wer es als hergebracht betrachtet, es also gewohnt ist. – *18 hummend:* s. zu S. 169,26. In S: »summend«. – *28 Langen:* verlangen, sich sehnen. – *35 Heiopopeio:* Kehrreim, abschätzig auf Clärchens ganzes Lied bezogen (dessen zwei Schlußzeilen, von ihr schon vorweg gesungen, eigentlich den Kehrreim bilden). – *36 ein kräftig Lied:* ein gehaltvolles, wirksames Lied. – *37 ein großes Kind damit schlafen gewiegt:* Hindeutung auf Egmont, damit auch auf die Intimität ihrer Beziehung.

287 *10 Dran vorzudenken:* Vorher daran zu denken, also: sorgenvoll vorauszusehen. Mit dieser Abwehr bekennt sich Clärchen zu Egmonts ›Lebensart‹, rührt das Drama an das Geheimnis ihrer Liebe. – *15 Reutermantel:* Reitermantel (so auch in S). – *25 Nachtessen:* Abendessen. – *39 Wochenkind:* ein Kind im Wochenbett, also: Baby, Wickelkind.

288 *4 kaut seinen Anschlag reif:* denkt sich ruhig seinen Plan aus (vom Bild der wiederkäuenden Kühe her). – *17 Ihr verderbt euch:* bezieht sich auf die Kleidung. – *21 zeither:* seit dieser Zeit, seither. – *22 das guldne Vlies:* s. zu S. 258,36. – *31 Passement-Arbeit:* von frz. passement ›Borte‹; eine Stickerei, bei der wertvolle Borten auf den Stoff aufgesetzt worden sind. – *37 was man mit*

*Müh und Fleiß verdient:* Das Motto des Ordens vom Goldenen Vlies lautet: »Pretium laborum non vile« (Der Preis der Mühen ist nicht gering).
289 *9 von dir abgenommen:* von dir aus geschlossen, gefolgert. – *12 sie:* bezieht sich auf das »Volk« (Z. 10). – *27 Hinterhalt:* Hintergedanken, Heimlichkeit. – *30 in den Credit gesetzt:* den Ruf, die Einschätzung erworben (von lat. creditum). – *34 Verstellt sie sich?* ⟨...⟩ *Regentin und du fragst:* Für Egmont ist die Fähigkeit zur ›dissimulatio‹ einfach durch das politische Amt bedingt. Vgl. aber S. 284,13.
290 *4 auseinander:* in S: »aus der Fassung«; s. auch S. 266,9. – *6ff. ein Bärtchen* ⟨...⟩ *Podagra* ⟨...⟩ *Amazone:* Diese Züge greift G. aus Strada auf. »Podagra«: Fußgicht, Zipperlein. – *13 schlägt die Augen nieder:* weil der jungfräuliche Status dahin ist – eine Gebärde der Scham, die Egmont sogleich versteht (Z. 15) und durch eine Liebesgeste überspielt.
291 *4 Jener Egmont* ⟨...⟩ *dein Egmont* vgl. die Schilderung der zwei G.s (des in Gesellschaft zerstreuten und des in der Natur bzw. Poesie sich selbst findenden) im Brief an Auguste Gräfin zu Stolberg vom 13. Februar 1775. Die Unterscheidung kehrt in bezug auf den historischen und den poetischen Egmont noch einmal im Gespräch mit Eckermann am 31. Januar 1827 wieder (Bd. 19, S. 208). – *33 eingeladen:* d.h. verlockt, geködert (zur Denunziation). – *35 besonders niedergesetzten Gerichte:* dem Sondergericht des ›Rats der Unruhen‹ oder ›Zwölferrats‹, das von Alba eingesetzt worden war, um über Fälle von Unruhe, Ketzerei und Hochverrat zu befinden; gegen sein Urteil konnte keine höhere Instanz angerufen werden. – *38 einige:* irgendeine (im Kontext einer Negation).
292 *4 eine andre Art von Krebsen:* volkstümliche Redewendung, von Robert Petsch (G.-Festausgabe, 1926) zu dem plattdeutschen Sprichwort in Beziehung gesetzt: »Dat is 'n anner Ort Krevt, säd' de Düwel, dor härr he sin Grotmoder in de Rüs ⟨Reuse⟩ fangen.« Vgl. *Lila,* Bd. 2.1, S. 133. – *20 anschlägt:* das Gewehr anlegt. – *29 Die Regentin ist weg:* In Wirklichkeit verließ Margarete Brüssel erst am 30. Dezember 1567 (nach Egmonts Verhaftung). – *31 Die hielt uns noch:* zu ergänzen: ›aufrecht‹.
293 *5 der ist allein was vermögend:* der ist allein zu etwas (einer wirksamen Gegenwehr) imstande. – *11 durchgeheilt:* völlig geheilt (nach den letzten Schlägen und Blessuren). – *19 Motion:* Bewegung. – *29 unsre Zeit recht nehmen:* unsere Zeit ausnutzen.
294 *1 statt ihres Helden Muts eine Schneider Ader:* in S jeweils zusammengezogen: »statt ihres Heldenmuts eine Schneiderader«. Die Schneider galten nach dem Volksglauben als besonders

schwach und ängstlich. – *7 verliert:* beim Spiel. – *11 Du denkst dich was rechts:* ›Denken‹, reflexiv gebraucht, wird in älterem Sprachgebrauch gelegentlich mit dem Akkusativ der Person (statt mit dem Dativ) verbunden; hier auch volkstümliche Redeweise. – *23 einen sich schneuzen gesehen:* nämlich die Sternschnuppe, die schnell erlischt. – *38 hält er den Richter fürn Narren:* in S: »hat er den Richter zum Narren«. – *39 den Inquisiten:* den Angeklagten.

295 *13 läßt sich ⟨...⟩ betreten:* läßt sich dabei erwischen. – *23 Vogelscheu:* Vogelscheuche. Diese Form hat sich erst im 19. Jh. durchgesetzt. – *25 in effigie:* lat. ›im Bilde‹. Es war üblich, für einen Verbrecher, den man nicht greifen konnte, ersatzweise eine Strohpuppe mit Namensaufschrift am Galgen aufzuhängen. – *28 Mit Fliegen ⟨...⟩ eures Gespinstes:* Fliegen kann er vielleicht fangen, Wespen schon nicht mehr. Die Replik bezieht sich auf die Wortnetze, die Vansens »geläufige Zunge« (Z. 27) zu spinnen versteht. – *31 Kreuzspinne:* s. zu S. 282,16. Zur Bildumschreibung Albas gehört eine Implikation von Pathographie, die in G.s späterer *Farbenlehre* (Bd. 10) deutlich wird: »Hypochondristen sehen häufig schwarze Figuren als Fäden, Haare, Spinnen, Fliegen, Wespen« (*Entwurf einer Farbenlehre. Didaktischer Teil,* »Pathologische Farben: Anhang«; Bd. 10, S. 59). – *35 Ritter des goldnen Vlieses:* s. zu S. 258,36.

296 *7 zu sehen:* in S: »zusehen«. – *ein Paar Nichten:* Vansen brüstet sich mit der Bekanntschaft einschlägiger ›Mädchen‹, die – ebenso wie die vom »Schenkwirt« gespendeten Freuden – den spanischen Soldaten ihre Gefährlichkeit nehmen könnten. – *25 Cordon:* Postenkette, Absperrung.

297 *7 die Franzosen ⟨...⟩ und Verbundne:* Die französische Armee unter Karl IX. bestand aus katholischen (»königlichen«) und fremdgläubigen Truppen (»Ketzern«). Die »Verbundene⟨n⟩« der »Schweitzer« waren die Genfer und die Graubündner, die im 16. Jh. noch nicht zu den Eidgenossen gehörten. – *31 Albas natürlicher Sohn:* insofern er außerehelich geboren ist (vgl. G.s späteren Dramentitel *Die natürliche Tochter,* 1803).

298 *20 fahen:* alte Form von ›fangen‹. – *35 politisch:* im älteren Sinne von ›diplomatisch‹, ›klug‹.

299 *3 ff. Ich freue mich ⟨...⟩ zu sorgen gibt:* Mit diesem Bekenntnis zur permanenten Sorge bildet Alba den äußersten Gegenpol zu Egmont (s. z. B. S. 275,28). So wird er seinem Sohn das »leichtsinnige Wohlwollen« und die »unachtsame Fröhlichkeit« verweisen (S. 300,10 f.). – *25 Alba mit seinem Sohne hervortretend:* In S wird der Name »Ferdinand« hinzugefügt, der im folgenden auch – statt einfach »Sohn« – als Sprecherbezeichnung dient. Diese Normalisierung nimmt dem Dialog etwas von seinem

spezifischen Charakter, da es Alba tatsächlich um den »Sohn« geht, den er in seinem Sinne erziehen und in dem er fortleben will (s. S. 300,26) – was ihm aber gegen Egmonts Ausstrahlung nicht gelingen wird. G. hält im Tagebuch einmal (unter dem 5. Dezember 1778) die Arbeit an dem Dialog »Alba und Sohn« fest und gibt dem Dialog, wohl erst in Italien vollendet, in der Apostrophierung des Vater-Sohn-Verhältnisses (s. S. 300,16f.) seine Gelenkstelle. – *27 Es hat sich alles gegeben:* Es ist alles ruhig geworden. – *30 lispeln:* flüstern.

300 *6 mir sie unbedingt in die Arme lieferte:* ein bezeichnendes Charakterisierungsdetail. Sogar eine Liebesgeschichte wird von Alba als militärisches Kalkül im Kampf gegen einen Gegner dargestellt. Vgl. auch S. 323,20f. – *30 auszudenken:* dafür in S: »auszudrücken«. – *35 deine Brüder:* Albas legitime Söhne.

301 *11 verwahre schnell den gefährlichsten Mann:* In Wirklichkeit konnte Oranien gar nicht mehr erwartet werden, da er schon vor Albas Eintreffen das Land verlassen hatte. Der historische Ferdinand hat den Grafen Hoorne verhaftet (den G. nicht auftreten läßt, um das Interesse auf Egmont zu konzentrieren). – *21 mein böser Genius:* gemäß dem alten Volksglauben, daß den Menschen ein guter »Genius« als Schutzgeist, ein böser als ›Verderber‹ umgibt. – *27 klug genug nicht klug zu sein:* d. h. sich offen zu widersetzen (was Alba aus dem gerade gelesenen Brief Oraniens weiß). – *29 des Seigers:* des Uhrzeigers. Das Wort ist aus mhd. sîgen ›sinken, fallen‹ gebildet, bezieht sich ursprünglich auf die Sand- und Wasseruhr, wurde dann auch auf die Zeigeruhr übertragen. – *38 entschlupfen:* in S: »entschlüpfen«. – *39 So zwingt dich das Geschick denn auch:* Albas Einrücken in die Schicksalssphäre, in der kein Berechnen zum Ziel führt, ist vorbereitet durch ihn selbst (s. S. 299,5–7) und vor allem durch Silvas Wort vom »Eigensinn des Schicksals« (S. 299,23). Vgl. auch den Ausdruck des Schicksalsbewußtseins in G.s Brief an Charlotte von Stein vom 14. Mai 1778.

302 *4 wie in einen Lostopf greifst du in die dunkle Zukunft:* vgl. das Bild des Loswerfens bei Egmont (S. 277,12–15). – *9 Trug dich dein Pferd ⟨...⟩ dem Blutgeruche nicht:* Anspielung auf den Glauben, daß das Pferd das Schicksal seines Reiters vorausahnen und ankündigen kann (oder ihn eben im Stich läßt). Literarische Beispiele u. a.: Lord Hastings in Shakespeares ›Richard III.‹ (III/4) und, im Vorfeld des *Egmont*, Weislingen im *Götz von Berlichingen*, dessen Pferd beim Einreiten in den Hof des Bamberger Schlosses – also vor der Begegnung mit Adelheid – scheut (Bd. 1.1, S. 583 u. 590). – *37 befriedigen:* befrieden.

303 *12 vergessen:* das Partizip Perfekt in adjektivischer Bedeu-

tung, also: ›vergeßlich‹. – *28 alle für Einen, einer für alle:* Das organizistische Staatsmodell Mösers liegt zugrunde (s. auch S. 305,25–29). Wie Möser in der Staatsordnung »den Reichtum der Mannigfaltigkeit«, der »dem wahren Plan der Natur« entspreche, gegen den einförmigen »Despotismus« gewahrt sehen will (›Der jetzige Hang zu allgemeinen Gesetzen und Verordnungen ist der gemeinen Freiheit gefährlich‹, s. S. 824f.), so stimmt G. seinem Mentor in der Treue zum »mannichfaltigen Wahren« zu (an Jenny von Voigts, 21. Juni 1781). Das bedeutet politisch eine Gegnerschaft zum Absolutismus, zu deren offener Artikulation sich Egmont schließlich von Alba hinreißen läßt (s. S. 307,35 ff.). – *37 bereiten:* hier soviel wie: ›wirksamen‹, ›verlockenden‹. – *39 Verbrechen des Unsinns, der Trunkenheit:* die anzüglichen Spiele mit Schellenkappe, Pfeilbündel und Bettelsack (s. S. 276,8 ff. u. Anm.).

304 *3 nicht sichrer:* Das »nicht« ist in dieser rhetorischen Frage betont (Waren Könige, wenn sie derlei Torheiten entschuldigten, statt sie zu bestrafen, darum etwa weniger sicher?). – *7 reichen:* erreichen. In S: »als daß an ihn ⟨...⟩ reichen sollte«. – *10 abzulehnen:* abzuwehren, zu parieren (aus dem Bild des Fechtens). – *13 Glaubst du:* Übergang zur persönlichen Anrede, die auch Alba (s. S. 305,6) im folgenden gebraucht, ohne sich auf ein persönliches Gespräch wirklich einzulassen (s. S. 308,11–13), auf das Egmont setzt (s. S. 309,4f.). – *reichen:* in S: »erreichen«. – *16 flüchten:* transitiv gebraucht, also: ›in Sicherheit bringen‹. – *17 zu bringen:* in S: »zubringen«. – *22ff. Einem großen Übel ⟨...⟩ hegen möchte:* Damit gibt Alba in beleidigender Weise zu verstehen, Egmont habe nach den ausgebrochenen Unruhen seine Pflichten als vom König eingesetzter »Statthalter« (Z. 20) verletzt. Deshalb ist Egmont »im Begriff aufzufahren« (Z. 29). Seine Erregung färbt die folgende Erörterung der Thematik von Herkommen, Freiheit und Staatsordnung. – *24 Faßnachtsspiel:* in S: »Fastnachtsspiel«.

305 *4 gewürkten:* in S: »gewirkten«. – *5 sie:* bezieht sich syntaktisch auf »Volk« (Z. 3). – *10 doppeltes Joch:* die Unterdrückung im Politischen (Absolutismus) und im Religiösen (Katholizismus). – *bürgt ihnen ihre Freiheit:* in S mit »für« (nach »ihnen« eingeschoben). – *23 ein Volk wird nicht alt, nicht klug, ein Volk bleibt immer kindisch:* Diese ultima ratio des Absolutismus bestreitet Egmont im folgenden (Z. 35–40). Zu Clärchen hat er indes kaum anders von der politischen Unreife des Volks gesprochen (s. S. 290,33–35) als Alba. – *28 dem Volke das an den Blicken seines Herren altert:* Ironisch-beleidigende Apostrophierung der Höflinge, denen Alba zugerechnet wird. – *39 drucken ⟨...⟩ unterdrukken:* in S: »drücken ... unterdrücken«.

306 *21 Muß nicht ⟨...⟩ nicht umfaßt:* Hier wird besonders deutlich, daß Albas Plädoyer dem historischen ›Fortschritt‹ dienen soll (der freilich im Drama nicht affirmativ akzentuiert wird). – *27 sich verbergen, durchschleichen:* in S: »sich verbergen oder durchschleichen«. – *37 als dann:* in S: »alsdann«.

307 *4 ein König durch sich zu herrschen gedenkt:* das Prinzip des Absolutismus (s. auch Z. 24f.). Ähnlich Philipp II. in Schillers ›Don Karlos‹: »Ich will es, weil ichs will« (Vers 3265). – *17 sähe man sich einer strengen, kühnen, unbedingten Habsucht ausgesetzt:* In den Konjunktiv gesetzt und also diplomatisch verschleiert (s. auch Z. 21), gibt Egmont abermals (nach dem eindringlichen Plädoyer S. 256,38) ein Beispiel ›ideologiekritischen‹ Hinterfragens der nominell auf die Bewahrung des ›rechten‹ Glaubens gerichteten spanischen Machtpolitik. Vgl. die Vorbereitung durch Machiavell S. 304,33–305,5. – *40 Gemüt:* s. S. 249,5 u. Anm.

308 *20 drucken:* wahrscheinlich ein Schreibversehen von H¹. In S: »ducken«. – *23 Sohn kommt:* in S: »Ferdinand kommt« (so auch weiter die Sprecherbezeichnung); s. Anm. zu S. 299,25. – *34 Grund:* Hintergrund (s. S. 283,13). – *37 Glücklich:* Zu deinem Glück.

309 *22 Oranien! Oranien!:* Der Ausruf bestätigt, daß Oranien mit seiner Warnung davor, dem König zu vertrauen, im Recht gewesen ist (s. S. 279,15ff. u. S. 282,1ff.). – *25 So nimm ihn ⟨...⟩ Brust beschützt:* eine fast wörtliche Übernahme aus Strada: »Et tamen hoc ferro saepe ego Regis causam non infeliciter defendi« (Und dennoch habe ich mit diesem Schwert die Sache des Königs oft nicht ohne Glück verfochten). – *39 Du mußt die Menschen nicht kennen:* darin impliziert: ›Wenn du glaubst, sie täten nichts für Egmonts Befreiung‹.

310 *14 von den ⟨...⟩ Männern:* Nachbildung des französischen Genitivus partitivus; zu ergänzen: ›einige‹; s. auch S. 263,7. – *24 Quartier:* (frz.) Stadtviertel, Stadtteil. – *32 Er sieht vielleicht! Gewiß er sieht:* trotz der Großschreibung (nach dem Rufzeichen) ein durchgehender Satz. In S: »Er sieht vielleicht – gewiß er sieht«.

311 *5 Ist meine Stimme nicht eures Herzens eigne Stimme?:* Die Frage bringt das Repräsentationsverhältnis zum Ausdruck: Clärchen stellt, mit einem qualitativen Sprung zu den einzelnen Gestalten des Volks, dessen wahres Wesen auch gegen das Zeugnis des Faktischen (Gedrücktheit, Mutlosigkeit, Handlungsschwäche) dar. Vgl. ihre ins Schwärmerische abgedrängte Selbstapotheose S. 312,12–16. – *15 Er kommt von Gendt:* Nach den Siegen von St. Quentin und Gravelingen zog Egmont über Gent nach Brüssel ein. – *hielten ⟨...⟩ sich:* hielten ... sich für. – *36 in eurem Busen:* in eurem Inneren.

312 *24 gescharrt und genickt:* Scharren (mit den Füßen) und Nicken als Zeichen des Beifalls, der Begeisterung. *- 27 seitwärts gehn:* sich desinteressiert abwenden. *- 33 alte Schloß:* Gemeint ist das Culenburgische Palais, in dem Egmont verhaftet worden ist. In Wirklichkeit war er (gemeinsam mit Hoorne) im ›Broothuis‹ inhaftiert; auf dem Marktplatz davor wurde auch die Hinrichtung vorgenommen. *- einen Anschlag:* einen Plan (zu Egmonts Befreiung). *- 40 Hier sind wir beide toll:* mit der Implikation: ›Wenn wir der Meinung wären, Egmont befreien zu können‹.

313 *15 sittsam gefaltet:* bezieht sich auf ihre Hände. *- 24 im Grunde:* im Hintergrund. *- 26 Egmont:* In S als Szenenanweisung: »Egmont allein«. *- 29 Myrtenkranz der Liebe:* Die Verbindung der Myrte mit der Liebe (bzw. mit Venus) ist ein antiker Topos (ebenso wie der Lorbeerkranz, den sich Egmont erträumen wird, das Zeichen des Heroischen ist). *- 33 knirrend:* knarrend, knirschend (mit einem helleren Klang). Älteres Verb, weiterentwickelt zu ›knirschen‹. *- innerst:* im Innersten. *- 36 Mordaxt, die an meiner Wurzel nascht:* Das Lebensbild des Baums ist biblischer Herkunft (vgl. Matth. 3,10). G. setzt es in seiner tragischen Variante auch am Ende des *Götz von Berlichingen* ein: »⟨...⟩ meine Wurzeln sind abgehauen, meine Kraft sinkt nach dem Grabe« (Bd. 1.1, S. 652).

314 *11 statlicher:* in S: »stattlicher«. Denkbar ist hier auch eine Normalisierung zu »staatlicher« (die der Zusammenhang durchaus nahelegt). *- 17 aus der Erde dampfend jede nächste Wohltat der Natur:* Erst jetzt wird, nicht ohne Bezug auf den Dichter, die »Natur« als die eigentliche Lebenssphäre Egmonts gezeichnet (nachdem bisher sein soldatischer Heroismus und die beglückende Ausstrahlung geschildert worden waren, die ihn für alle anziehend macht). Zum Bild der ›dampfenden‹ Erde vgl. u. a. *Werther* (Bd. 1.2, S. 199) und *Iphigenie* (Vers 1362). *- 20 dem erdgebornen Riesen gleich:* Antaios, der Sohn des Poseidon und der Erdmutter Gaia, gewann aus der Berührung mit der Erde immer neue Kraft (so daß ihn Herakles erst besiegen konnte, als er ihn vom Boden hob). *- 22 die Menschheit ganz:* die ganze Menschlichkeit (vgl. *Faust I*, Vers 1770/71; Bd. 6.1, S. 583). *- 33 Versagt es dir ⟨...⟩ zu gönnen:* Versagt es dir, dir ... zu gönnen. *- 36 starrt:* vgl. Orests Pathologie (*Iphigenie*, Vers 1215). *- 39 O Sorge! Sorge! die du vor der Zeit den Mord beginnst:* In Egmonts intensivster Auseinandersetzung mit seiner Lebensfeindin nimmt die »Sorge« einen personalen Zug an. Als Person wird sie im Schlußakt von *Faust II* auftreten, Faust (der ihre »Macht ⟨...⟩ nicht anerkennen« will) durch ihren Hauch blind machen (Bd. 18).

315 *5 ein glänzend Feuerbild der Nacht:* ein Meteor. Das

Bildfeld wird im Schlußakt des *Götz von Berlichingen* entfaltet und schließlich auch auf Götzens Ende bezogen (Bd. 1.1, S. 650). – *12 sich über sie belebend ergoß der kehre nun aus ihrem Herzen:* in S ohne »belebend«; »sie« und »ihren« (sic!) durch Sperrung hervorgehoben. – *16 steigt zu meiner Rettung nicht ein Engel nieder:* vgl. Apostelgeschichte 5,19. – *36 fordern:* hier: ›vorladen‹, ›anklagen‹. – *40 nichts empfunden:* in S: »nichts empfunden habe?«
316 *10 dir bin ich zu nichts:* d.h. zu nichts nütze. – *17 nach seiner Hülfe:* zu seiner Hülfe. – *18 der kleine Teil von deinem Wesen:* vgl. S. 312,2f. – *33 Er war der reiche Mann ⟨...⟩ zur bessern Weide herüber:* Vgl. 2. Buch Sam. 12,1ff. – *35 Gott hat mich treu geschaffen und weich:* zum Werther-Typus (ohne Enthusiasmus), zu einem Bruder des hölzern-glücklosen Fabrice in den *Geschwistern* (1776).
317 *6 ihres:* bezieht sich auf »Volk«. – *15 den seligen Gefilden:* dem Elysium (gemäß griechischem Glauben). – *20 Schröcknis:* in S: »Schrecknis« (entsprechend auch für *schröckliche*, Z. 34; *Schröckenshand,* S. 320,10; *Schröckenstraum,* S. 320,29; *Schröckbild,* S. 324,22). – *38 diese Hülle:* der Nacht, so daß das ›grausliche‹ Bild verdeckt bleiben kann. – *39 du holde Nacht:* An der »bedeutungsvollen Wendung« (Wolfgang Kayser) zeigt sich, wie Clärchen gleichsam gegen die ›reale‹ Nacht (mit dem Blutgerüst) eine visionäre, von ihrer Innerlichkeit getönte Vorstellung setzen kann, die zu einer subtilen seelischen Kommunikation mit dem Geliebten überleitet.
318 *2 knirscht ⟨...⟩ hinunter:* verschlingt ... knirschend (s. auch S. 317,13). – *3 irgend einen Engel sendet der Gott:* s. S. 315,16. – *den sie zum Zeugen ihrer Wut geschändet:* durch die Aufrichtung des Kreuzes neben dem Schafott; s. auch S. 319,21f. – *11 dies Fläschchen:* eingeführt S. 265,10. – *14 ungeduldig:* in S: »ungeduldig«. – *17 die dunkle Pforte ⟨...⟩ aus der kein Rückweg ist:* Anklang an das Todesbild in Shakespeares ›Hamlet‹ (III/1): »The undiscovered country from whose bourn / No traveller returns« (in August Wilhelm Schlegels Übersetzung: »Das unentdeckte Land, von des Bezirk / Kein Wandrer wiederkehrt«). Auch Vorklang auf Egmont (s. S. 327,12). – *24 Bruder ⟨...⟩ ein Name der viel Namen in sich faßt:* vgl. zu den literarisch psychologischen Implikationen dieser Wendung die Einführung zur *Iphigenie* (S. 741) – *34 mich ⟨...⟩ das Vaterland:* Ganz unauffällig wird abermals das Repräsentationsverhältnis hergestellt (s. auch S. 311,5 u. Anm.).
319 *6 was du rührst:* woran du rührst. – *12 die Tiefe:* den Tod. Vgl. das Bild des »Abgrunds« S. 319,9. – *15 den Vorhang:* den Schleier, der ihr die grauenhafte Wirklichkeit – Egmonts bevorste-

hende Hinrichtung – verhüllt hat. – *22 ff. Die Sonne ⟨...⟩ ersterben soll:* Dieses Bild mit seinen Assoziationen zu Golgatha und zur Passionsgeschichte ist vielfach vorbereitet worden: s. S. 292,39f.; S. 298,21–23; S. 313,7f.; S. 317,23–37. – *36 läßt mich:* allein, zurück.

320 *3 ff. O Egmont ⟨...⟩ dir entgegen:* eine Antizipation der Traumerscheinung in der Schlußszene (S. 328). – *7 jene Wohnungen:* im »Himmel« (Z. 5). – *39 mein Haupt, das freieste, das je die Tyrannei vom Rumpf gerissen:* Diese Selbsterfassung Egmonts nimmt Clärchens Wesensbestimmung (s. S. 310,3 f.) auf und bereitet den versöhnlichen Ausblick in der Katastrophe (s. S. 329,8–10) vor.

321 *10 die:* bezieht sich auf »Gewalt« (Z. 7). – *12 Heinrichen Grafen Egmont:* G. hat den historischen Vornamen Egmonts (Lamoral) zu »Heinrich« geändert (ebenso wie im *Faust* Johann zu »Heinrich«). In S unflektiert: »Heinrich«. – *38 lispeln:* flüstern.

322 *2 ff. Um sein selbst willen ⟨...⟩ damit man seiner bedürfe:* vorbereitet durch eine Anspielung zu Alba (s. S. 308,40–309,1), aber durch den dramatischen Kontext nicht gestützt. – *5 ein Opfer seines niedrigen Hasses, seines kleinlichen Neides:* Von hier aus erscheint das Drama als »Tragödie der Beliebtheit« (Hans Naumann), in der die strahlende Lichtgestalt durch einen vom persönlichen Neid getriebenen Finsterling heimtückisch beseitigt wird, wobei das Politische nur Vorwand ist. Jedoch wird Egmonts Auslegung von Albas Handlungsmotiv, aus der Situation heraus verständlich (als momentane Aufwallung), durch keine weitere Referenz im Drama bestätigt. – *10 ff. Schon damals ⟨...⟩ durchbrach die Luft:* Die Geschichten von Albas Niederlagen im Würfelspiel und Wettschießen entnahm G. aus Strada, der sie als Gerüchte vorträgt, die im Volk umliefen. Schiller führt – als quasidramatischer Historiograph – Albas »Feindschaft gegen Egmont« auf »eine frühe Eifersucht im Kriegsruhme« zurück und gewichtet auch die Niederlagen in Spiel und Wettkampf erheblich: »Solche Kleinigkeiten vergessen sich unter Menschen nie, die im Großen gegeneinander stoßen ⟨...⟩« – *13 die Ärgernis:* bis ins 18. Jh. mitunter feminin gebraucht. – *31 nicht:* bezieht sich auf beide vorangegangenen Hauptsätze. – *39 Ansehn:* Aussehen.

323 *23 jähnenden:* aus ›jähnen‹, einer Nebenform zu ›gähnen‹, gebildet; in S: »gähnenden«. – *24 eines willkürlichen Todes:* eines durch Willkür (von Alba) verhängten Todes.

324 *29 ich regiere mich nicht:* ich habe mich nicht in der Gewalt.

325 *3 Du denkst?:* Du bedenkst dich, sinnst nach? – *11 verrennt:* mundartlich für ›verrannt‹, in der Bedeutung von ›ver-

sperrt«. – *15 alles was von Lebenslust ⟨...⟩ zu zerstören:* bezeichnend für den Melancholiker der Macht. – *27 deine Schöne:* deine Schönheit; das Wort gehört dem ›hohen Stil‹ an (vgl. *Ganymed,* Vers 7; Bd. 1.1, S. 233). – *32 für:* in S: »vor«.

326 *13 ich höre auf zu leben, aber ich habe gelebt:* Daß das Leben des Ich im Ganzen unverloren aufgeht, ist pantheistischer Glaube. Das Tröstliche dieses Abschieds rührt wohl auch daher, daß der Dichter den Tod der literarischen Figur ›aufgehoben‹ weiß im eigenen Weiterschreiten, in der Lebens- und Kunst-Rekapitulation, die die Vollendung des Dramas für ihn bedeutet. – *24 Punktweis:* in S: »Punktweise«. Gemeint: ›Punkt für Punkt‹. – *28 sei Beiseite gelegt:* in S: »bei Seite«. Etwa: ›soll auf sich beruhen‹, ›ist jetzt nicht mehr wichtig‹. – *Es glaubt der Mensch ⟨...⟩ seinem Schicksale gezogen:* eine wichtige Rekapitulation von Egmonts Schicksalsbewußtsein. Vgl. G.s spätere Formulierung: »Im Trauerspiel kann und soll das Schicksal, oder welches einerlei ist, die entschiedne Natur des Menschen, die ihn blind da oder dorthin führt, walten und herrschen ⟨...⟩« (an Schiller, 26. April 1797, Bd. 8).

327 *14 Ich kenn ein Mädchen ⟨...⟩ dir empfehle:* Diese »lakonische« Weiterempfehlung Clärchens hat einen Tadel der Weimarer »Freundinnen« (vor allem wohl von Caroline Herder und Charlotte von Stein) ausgelöst. G. verteidigt sich, indem er die Malerin Angelica Kauffmann mit einem strikt gegensinnigen Plädoyer zitiert (*Ital. Reise,* Dezember 1787). – *31 Du glaubtest mir diese Wohltat nicht durch deinen Sohn zu erzeigen:* in S: »Du glaubtest nicht, mir diese Wohltat ⟨...⟩«. Als Erzieher seines Sohns (s. S. 300,26–35 u. S. 323,19–27) ist Alba also gescheitert. Was Ferdinand im Sinne von Albas melancholischem Naturell, der unaufhörlich ›sorgenden‹ Berechnung, bis zur Grausamkeit ›bilden‹ sollte, der Fall Egmonts, hat nur seine Empfindsamkeit, seine Lebensfreundlichkeit kultiviert. In dieser Hinsicht ist Egmont Sieger über seinen Widersacher. – *40-328,5 Süßer Schlaf ⟨...⟩ hören auf zu sein:* ein Heilschlaf, in dem das Ich selbstvergessen in den Kosmos eintaucht und daraus belebt, gestärkt zu sich zurückkehrt. Vgl. Orest (in der *Iphigenie*) und *Faust* (nach dem Durchleiden der von ihm verschuldeten Gretchen-Tragödie zu Beginn des zweiten Teils), auch G.s Mitteilung: »Der Schlaf heilt bei mir vieles ⟨...⟩« (an Charlotte von Stein, 3. April 1785).

328 *4 in gefälligen Wahnsinn:* in schöne Traumbilder. – *9 von einer Klarheit umflossen:* zum Bild vgl. das Gedicht *Zueignung,* Vers 17f. (Bd. 2.1, S. 94). – *13 das Bündel Pfeile ⟨...⟩ den Stab mit dem Hute:* die Symbole von Einheit und Freiheit für die Niederländer. Der Stab mit dem Hut erscheint auch auf dem Titelblatt

von Schillers ›Geschichte des Abfalls der vereinigten Niederlande‹ (1788). – *15 bedeutet:* in S: »andeutet«. – *18 wie eines der sich im Schlafe rührt:* in S: »wie einer der sich im Schlafe regt«. – *20 gegen sie zu liegen kommt:* in S: »gegen sie lieget«. – *22 kriegrische Musik von Trommeln und Pfeifen:* in Clärchens Lied angestimmt (s. S. 260,1 f.), nun gleichsam voll orchestriert. – *30 süßten:* in S: »süßesten«. – *35 Mit blutbefleckten Sohlen trat sie vor mir auf:* Das geht aus der Traumerscheinung für den Zuschauer nicht hervor. Egmont entwickelt das Traumbild weiter zu einer Vision von Krieg und Befreiung, wobei ihm das Zukünftige ganz gegenwärtig wird (»Schreitet durch!«). – *39 Siegesgöttin:* Die »göttliche Freiheit« (Z. 31) hat sich unversehens in das Bild der geflügelten Nike (lat. Victoria) verwandelt.

339 *12 Halparten:* in S: »Hellebarten« (also Hellebarden). – *24 Gemüt:* s. zu S. 249,5. – *26 Wie er auf die Wache los und auf die Hintertüre zu geht:* »⟨...⟩ er folgt der Wache, gleichsam als Befehlshaber« (G. 1815 in *Über das deutsche Theater*).

# ERWIN UND ELMIRE

Die Entstehungsgeschichte von *Erwin und Elmire* beginnt Ende 1773 und führt Anfang 1775 zu einem ersten Abschluß als »Schauspiel mit Gesang«, veröffentlicht im März 1775 in der Zeitschrift ›Iris‹ (Bd. 1.2, S. 12–36). Der junge G. hatte seinem kleinen Stück die Romanze von Edwin und Angelina in Oliver Goldsmiths Roman ›The Vicar of Wakefield‹ (1766; dt. 1767) zugrunde gelegt und in der Geschichte des vornehmen Mädchens, das durch Ziererei und Kälte den jungen Mann verprellt, der es von Herzen liebt (bevor sich die beiden in der Einsamkeit wiederfinden), auf manche Unsicherheit und Not im Verhältnis zu Lili Schönemann angespielt. Zugleich war es ihm darum gegangen, sich die Form des Singspiels – für das Wieland in der ›Alceste‹ (1773) ein Muster gegeben hatte – anzueignen (im einzelnen Bd. 1.2, S. 693 ff.).

Mit Aufführungen in Frankfurt (Mai und September 1775), Berlin, München, Wien und Weimar (am 24. Mai 1776 in der Komposition der Herzogin Anna Amalia) – mit mehreren Wiederholungen bis 1778 – trat das kleine »Schauspiel mit Gesang« eine recht erfolgreiche Bühnenlaufbahn an. Dennoch zeigte sich G. mit der im ersten Anlauf erreichten Form im Zuge seiner weiteren Weimarer Bemühungen um das Singspiel als »lyrisches Theater« (Wieland) unzufrieden. Die frühe Fassung von *Erwin und Elmire* (wie auch von *Claudine von Villa Bella*) qualifizierte er gegenüber dem Komponisten Philipp Christoph Kayser (am 22. Dezember 1785) als ersten Versuch in der Gattung, an dem deutlich werde, wie er – mit *Scherz, List und Rache* – mittlerweile doch »zugeruckt« sei. Einen Monat später skizzierte er den Plan einer Umarbeitung: »Mit Erwin und Elmire habe ich vor Statt Mutter und Bernardo noch ein Paar junge Leute einzuführen die auf eine andre Weise in Liebes Uneinigkeit leben, also zwei Intriguen die sich zusammenschlingen und am Ende beide sich in der Einsiedelei auflösen. Vom Gegenwärtigen bliebe nichts als die singbarsten Stücke die Sie auswählen könnten« (an Kayser, 23. Januar 1786).

Dieser Plan macht deutlich, daß G. bereits in Weimar das Modell der ›opera buffa‹ (mit zwei Liebespaaren!) vor Augen hatte. In Italien erlebte er dann lebendige Beispiele dieser von ihm favorisierten Opernform in ihrer ›natürlichen‹ Atmosphäre; später rühmte er besonders die von Domenico Cimarosa (1749–1801) komponierte ›Heimliche Ehe‹ (*Ital. Reise*, November 1787), die allerdings erst 1792 in Wien uraufgeführt worden ist, im Hinblick auf ihren der Musik dienenden Text. Wenn die Versifizierung von *Erwin und Elmire* des öfteren »das trochäische Silbenmaß« aufweist, so ist dies Verfahren nach G.s Bericht »nicht Zufall oder Gewohnheit, sondern aus italiänischen Beispielen genommen«. Denn: »Dieses Silbenmaß ist zur Musik vorzüglich glücklich, und der Komponist kann es durch mehrere Takt- und Bewegungsarten dergestalt variieren, daß es der Zuhörer nie wieder erkennt« (*Ital. Reise*, 10. Januar 1788).

Formal ist die zweite Fassung der beiden Frankfurter Singspiele auf Einheit und Komponierbarkeit angelegt. Die Dialoge, nun auch in Versform transponiert, sind für eine rezitativische Behandlung (als Secco-Rezitativ) gedacht. In der dramaturgischen Anlage ist *Erwin und Elmire* durch die Neufassung weit straffer und schlüssiger geworden. Das Gespräch zwischen Elmire und ihrer Mutter Olimpia in der früheren Version, das mit seinem Ressentiment gegen »die neumodische Erziehung« (Bd. 1.2, S. 13) alles andere als eine geschickte Exposition des folgenden Spiels um die Liebe bildete, ist durch die Einführung des Eifersuchtsmotivs (über das zweite Paar) ersetzt. Die Eifersucht sorgt im folgenden für weitere Bewegung und Komplikation, bevor sich die beiden Paare gattungsgerecht finden. Was G. dabei als »Singspiel« deklariert, würde – mit dem Wechsel von Rezitativ und Arie bzw. Ensemblestück – nach heute gebräuchlicher Terminologie eher als Oper (im Sinne von ›Spieloper‹) bezeichnet, während das frühere »Schauspiel mit Gesang« – also mit dem Wechsel von gesprochenem Dialog und Gesangsnummer – als Singspiel gälte.

Die Entstehung der Versfassung von *Erwin und Elmire* ist innerhalb der *Italienischen Reise* dokumentiert. Nach den Ansätzen zur *Nausikaa* und zur Cagliostro-Halsband-Buffa schloß G. im Sommer 1787 in Rom den *Egmont* ab, bevor er sich die beiden Frankfurter Singspiele zur Überarbeitung für die Publikation in der Göschen-Ausgabe vornahm. Unter dem 12. September wird notiert, *Erwin und Elmire* sei »zur Hälfte schon umgeschrieben«. Die Tendenz seiner Neufassung zielt unverändert in die schon im Januar 1786 gewiesene Richtung: »Ich habe gesucht dem Stückchen mehr Interesse und Leben zu verschaffen und habe den äußerst platten Dialog ganz weggeschmissen. Es ist Schülerarbeit oder vielmehr Sudelei. Die artigen Gesänge, worauf sich alles dreht, bleiben alle, wie natürlich« (*Ital. Reise*, 12. September 1787). Die vorgesehene Publikations-Nachbarschaft zum *Egmont* (in S, Bd. 5) rechtfertigte sich für G. von dessen musikalisch-theatralischen Elementen her, wie sie andererseits für die Umarbeitung der älteren Singspiele einen strengeren, gleichsam literarischen Maßstab bedeutete.

So sprach der Dichter von gestiegenen »Forderungen« an sich selbst, die die Revision der frühen Singspiele doch schwieriger und zeitraubender machten als ursprünglich gedacht: »Gar manches Lyrische, das sie enthalten, war mir lieb und wert; es zeugte von vielen zwar töricht aber doch glücklich verlebten Stunden, wie von Schmerz und Kummer, welchen die Jugend in ihrer unberatenen Lebhaftigkeit ausgesetzt bleibt. Der prosaische Dialog dagegen erinnerte zu sehr an jene französischen Operetten, denen wir zwar ein freundliches Andenken zu gönnen haben, indem sie zuerst ein heiteres singbares Wesen auf unser Theater herüber brachten, die mir aber jetzt nicht mehr genügen wollten, als einem eingebürgerten Italiäner, der den melodischen Gesang durch einen rezitierenden und deklamatorischen wenigstens wollte verknüpft sehen« (*Ital. Reise*, November 1787).

Unter dem 10. Januar 1788 registrierte G. die Absendung von *Erwin und Elmire* nach Weimar (zur Einrichtung der Satzvorlage für den Göschen-Verlag). Wiederum bekennt sich G. dabei (wie schon in einem früheren Brief an Kayser vom 5. Mai 1786) zum Primat der Musik und verweist auf eine gründliche Durcharbeitung wie auf ein weiteres Studium der »Gestalt des Singspiels«. An Herder gerichtet, deutet der Dichter seine Kunstambition an: »Du wirst bald sehen, daß alles aufs Bedürfnis der lyrischen Bühne gerechnet ist, das ich erst hier ⟨in Italien⟩ zu studieren Gelegenheit hatte: alle Personen in einer gewissen Folge, in einem gewissen Maß zu beschäftigen, daß jeder Sänger Ruhpunkte genug habe«. Andererseits wünscht G., »daß es mir gelungen sein möge, jene musikalisch-theatralischen Erfordernisse durch ein Stückchen zu befriedigen, das nicht ganz unsinnig ist«. Er habe sich von der »Rücksicht« leiten lassen, »daß sich beide Operetten doch auch müssen lesen lassen, daß sie ihrem Nachbar Egmont keine Schande machten«.

Offenkundig suchte G. zur Seite der Singspiel-Dramaturgie hin die Mängel von *Scherz, List und Rache* – zuwenig Personal, daher zuwenig Rücksicht auf die physischen Möglichkeiten der Sänger und zuviel Aktionismus – zu vermeiden, zum Literarischen hin (»fürs Lesen«; *Ital. Reise,* 6. Februar 1788) ein angemessenes Stilniveau einzuhalten. Andererseits heißt es in einem Brief an Charlotte von Stein (vom 26. Januar 1788) einschränkend mit Bezug auf *Erwin und Elmire* und *Claudine von Villa Bella,* »daß diese Stücke gespielt und gesungen werden müssen, zum Lesen, auch zum bloßen Aufführen hätte man sie viel besser machen können und müssen«.

Die frühere ›Schauspiel-Fassung‹ war von dem Offenbacher Komponisten Johann André (1741–1799) vertont worden. Das Veilchenlied (Bd. 1.2, S. 20f.) hatte u. a. Mozart komponiert – es war seine erste und blieb seine einzige künstlerische Reaktion auf G.s literarisches Werk. Die ›Singspiel-Fassung‹ sollte Kayser in Musik setzen, aber der von G. so hartnäckig protegierte Komponist kam auch mit dieser Aufgabe nicht zurecht (und hat wohl nur Teile der Partitur fertigstellen können). Ohne von G. dazu aufgefordert worden zu sein, machte sich bald nach Erscheinen des Textes der Berliner Hofkapellmeister Johann Friedrich Reichardt (1752–1814) an die Vertonung. G. zeigte sich über diese musikalische Bearbeitung sehr erfreut (an Reichardt, 28. Februar 1790) und bestätigte dem Komponisten am 30. Mai 1791 den Eingang der Partitur.

In Reichardts Vertonung wurde *Erwin und Elmire* nur einmal (im Juni 1796) aufgeführt. Die Weimarer Hofdame Luise von Göchhausen (1752–1807) hatte eine Liebhaber-Aufführung ins Werk gesetzt, mit der die Herzogin Anna Amalia überrascht werden sollte. Einen Bericht von dieser Aufführung hat Charlotte von Stein (am 11. Juni 1796 in einem Brief an ihren Sohn Fritz) gegeben. Auf den großen Bühnen konnte sich das Singspiel nicht durchsetzen. So vermerkte G. schon am 29. Juli 1792 (in einem Brief an Reichardt) mit einiger Bitterkeit, daß man *Erwin und Elmire* (wie *Claudine von Villa Bella*) »auf keinem Theater sieht«. Als literarische Texte waren die Singspiele durch den mächtigen Nachbarn *Egmont* erdrückt worden (so daß fast kein Rezensent näher auf sie einging), und als musiktheatralische Angebote fanden sie trotz des hohen Libretto-Niveaus kein Interesse. Auch spätere

Kompositionen von *Erwin und Elmire* (etwa durch Albert Schweitzer oder Othmar Schoeck) haben dem »Stückchen« keinen Eingang ins Repertoire verschafft.

## Zur Überlieferung und Textgestalt

G.s originale Handschrift ist in einem Quartheft mit 28 Blättern überliefert (s. WA I 11, S. 425 f.: H¹); davon wurde eine Abschrift (von Christian Georg Vogel) angefertigt (s. WA I 11, S. 426: H²), die ihrerseits der – nicht erhaltenen – Druckvorlage zugrunde lag. Die Handschriften weisen im Vergleich mit dem gedruckten Text zwei Abweichungen auf, die im Stellenkommentar mitgeteilt werden. Außerdem ist eine in Italien niedergeschriebene Notiz G.s zu seinem Singspiel (noch in der ersten Fassung) überliefert:

> Hier sitzt in ewig neuer Pein
> Erwin bis ihm das Herze bricht
> Denn ach Elmire denkt nicht sein
> Und ach Bernardo hilft ihm nicht.

*Textgrundlage:* Handschrift GSA 25/XV,4,2. Vgl. WA I 11 (1892), S. 426.

*Textgrundlage und Erstdruck:* S° 5 (1788), S. 325–388. Dies der Erstdruck der zweiten Fassung (›Singspiel-Fassung‹), in der das Stück danach in den von G. besorgten Werkausgaben (A–C) gedruckt worden ist. (Zum Verhältnis der Originalausgabe von S und dem Faksimiledruck s. S. 773 f.). – In V. 209 wurde emendiert: *nun* (um S; korr. nach H¹).

330 *vor 1 Lusthäuser:* Lustschlösser von Fürsten und Adligen, in Gärten und landschaftlich schönen Gegenden erbaut.

332 *vor 48 die Pantomime:* das (in der »Arie« beschriebene) Gebärdenspiel. – *nach 53 dem Grunde des Theaters:* dem Hintergrund der Bühne. – *63 scheinende Verachtung:* ein Verhalten, das »Verachtung« auszudrücken scheint. In der ersten Fassung: »mit anscheinender Verachtung« (Bd. 1.2, S. 17).

334 *136ff. die lange, lange Wandrung ⟨...⟩ zu sagen wie ich liebte:* also Scheu vor der Ehe.

335 *141 handeln:* umgehen, sie behandeln.

336 *176 Ertrat:* Zertrat. – *204 Schildrung nicht:* In der Hs. folgt: »Das hast du nie getan, wie kann dein Herz / solch einer niedren Handlung fähig sein?« – *206 Pfirschen:* ältere Nebenform zu ›Pfirsiche‹.

337 *218 Es sind die Pfirschen, Früchte sind es nicht:* Das »nicht« bezieht sich auf beide Satzteile. – *219 Ach, daß mein Herz ⟨...⟩ übermütig war!:* statt dessen in der Hs.: »In dieser Handlung / so klein sie scheint, erscheint in ihr ein Bild / liebloser Frechheit, harter stolzer Kälte.« – *239 gerochen:* eine bei G. und in der Sprache seiner Zeit noch häufige starke Bildung des Partizips Perfekt von ›rächen‹.

338 *250 Es fehlt:* Es irrt, verfehlt den rechten Weg. – *262 die verworrnen Knoten ⟨...⟩ lös't er leicht:* Anklang an Egmonts dankbare Anrufung des Schlafs (s. S. 327).

341 *363 Bemeistern:* Beherrschen.

345 *486 Wuchs:* Gestalt, Körper.

346 *514 Lispeln:* leises Rauschen. – *534 Nymphen:* in der griechischen Mythologie weibliche Naturgottheiten, hier gleichsam als Personifikation der Landschaft (»Stille«) aufgerufen.

348 *565 Bedeckt mit Rosen, blüht des Frommen Grab:* eine anakreontische Stilisierung sogar des Todes. Vgl. das Epigramm *Anakreons Grab,* wahrscheinlich 1785 entstanden (Bd. 2.1, S. 101).

349 *621 zurecht zu weisen:* den rechten Weg zu weisen.

350 *639 der kleine Gott:* Amor.

353 *725 Flohene:* Entflohene; das Simplex wird aus metrisch-rhythmischen Gründen eingesetzt. – *740 Verwildre dich:* Entstelle dich ins Wilde, Bedrohliche.

355 *vor 778 mit weißem Barte:* Nach Vers 710f. ist Valerios abgeschnittenes Haar, das Erwin als Bart trägt, blond. Vermutlich hat G. die Szenenanweisung aus der ersten Fassung (Bd. 1.2, S. 31) übernommen, ohne sie auf die neu eingeführte Wendung abzustimmen. – *791 zehren:* sich verzehren. – *792 Hielte:* indikativisches Präteritum; die Form aus metrischen Gründen gesetzt.

357 *835 Tust ihr nicht gut:* Kannst du ihr nicht vergelten.

# CLAUDINE VON VILLA BELLA

Vermutlich Anfang 1774 begonnen, wurde das Stück in einer zweiten Arbeitsphase zwischen April und Juni 1775 abgeschlossen und als »Schauspiel mit Gesang« 1776 (Berlin, bei August Mylius) veröffentlicht (danach der Text Bd. 1.2, S. 78–121). An dieser ersten Fassung (›Schauspiel-Fassung‹) lassen sich einige Gemeinsamkeiten mit *Erwin und Elmire* feststellen, so z. B. die Art, wie das Verhältnis zu Lili Schönemann in ein heiteres Spiel versetzt wird. Doch weist G.s zweiter – und bedeutenderer – Versuch im Singspiel auch andere Züge auf: ein für den ›Sturm und Drang‹ charakteristisches Freiheitspathos, die Motive von Brüder-Feindschaft und Vagabundentum, im Formalen Volksliedhaftes und Balladisches, eine Fülle von Tönen und Empfindungen (Bd. 1.2, S. 724 ff.).

Die separate Publikation des Stücks fand zunächst keine nennenswerte Resonanz, auch nicht auf den Bühnen (mit Ausnahme einer Wiener Aufführung am 13. Juni 1780 mit der Musik von Ignaz van Beecke). In Weimar scheint eine Inszenierung – mit Kompositionen von Karl Siegmund von Seckendorf (1744–1785) – geplant worden zu sein, wie aus einem Brief G.s an Charlotte von Stein (vom 7. September 1779) zu schließen ist; doch wurde das Projekt nicht weiter verfolgt. Anfang 1786 breitete G. vor dem Komponisten Philipp Christoph Kayser (1755–1823) einen dezidierten Umarbeitungsplan aus, der faktisch auf eine neue *Claudine von Villa Bella* hinauslief. Aus erneuter Beschäftigung mit dem Singspiel als Theaterform wollte der Dichter die formale Anlage und die poetischen Mittel »bezüglich auf Musik« revidieren.

Die Umarbeitung, die zwischen November 1787 und Februar 1788 in Rom entstanden ist, geht über den Plan vom 23. Januar 1786 noch hinaus. Wie bei der Neufassung von *Erwin und Elmire* orientierte sich G. deutlich am Schema der ›opera buffa‹, indem er die Dramaturgie auf musikalische ›Nummern‹ ausrichtete, dabei auf eine abgemessene Verteilung der solistischen Aufgaben bedacht war und in allen drei Akten ein großes musikalisches Finale anlegte. Der Sebastian der ›Schauspiel-Fassung‹ wurde in der Tat ›weggeworfen‹ (an Kayser, 23. Januar 1786), die beiden Nichten wurden zu einer einzigen verschmolzen, so daß nun auch der vagabundierende Rugantino (ehemals Crugantino) am Ende sein Mädchen erhält. Mit der Einführung des zweiten Paars folgte G. einer Vorschrift der ›opera buffa‹, der musikalisch-dramaturgische Erfordernisse zugrunde liegen. Daß der Schauplatz von Spanien nach Sizilien verlegt wurde, dürfte als nachträgliche Huldigung an die im Frühjahr 1787 mit Glücksgefühlen erlebte sizilianische Landschaft zu verstehen sein.

Ohne Frage hat G. seine *Claudine von Villa Bella* in der zweiten Fassung im Artifiziellen deutlich gesteigert und verfeinert. Dennoch geben nicht wenige Kritiker und Literarhistoriker der früheren Fassung den Vorzug, bedauern, daß – mit Crugantino – der hinreißende Schwung des ›Stürmers und Drängers‹ dahin sei, beklagen, daß »sich Urwüchsigkeit in Tändelei verkehrt« (Otto Pniower), und vermissen wohl auch die früheren Anklänge an *Werther* und *Götz von Berlichingen*, die Absage an die »bürgerliche Gesellschaft«, in der man nur »Knecht« sein könne (Bd. 1.2, S. 118f.). Doch eine derart unreflektierte Freiheitsemphase im Munde eines vagabundierenden Nichtstuers konnte sich der Dichter nach der Rechenschaft im *Ilmenau*-Gedicht (Verse 115ff.; Bd. 2.1, S. 85) nicht mehr durchgehen lassen. Die Bewertung der beiden Fassungen von *Claudine von Villa Bella*, die sich zu Ungunsten der späteren Version eingespielt hat, ist ein lehrreiches Beispiel dafür, wie aus der Bindung an eine bestimmte Präferenz apodiktische Urteile entstehen können.

G. hat sich der Umarbeitung nach Kaysers Ankunft in Rom gewidmet und davon gesprochen, das Singspiel werde »ganz neu ausgeführt«, die »alte Spreu« seiner »Existenz herausgeschwungen« (*Ital. Reise*, 3. November 1787). Der Text wird so eingerichtet, daß seine Komponierbarkeit und damit der Anspruch der Musik (die sich G. – wiederum vergeblich – von Kayser erhoffte) einen Vorrang erhält, auch wenn das eine ›Aufopferung‹ von poetischer Ambition bedeuten muß (an Charlotte von Stein, 19. Januar 1788; *Ital. Reise*, 6. Februar 1788). Wie bei *Erwin und Elmire* ist der *Egmont* (für den gleichen Band vorgesehen) als literarisches Maß für die Ausführung stillschweigend gegenwärtig (s. *Ital. Reise*, November-Bericht 1787 u. 10. Januar 1788). Briefe an Herzog Carl August (8. Dezember 1787) und an den Verleger Göschen (9. Februar 1788) lassen neben dem Text selbst erkennen, welche Sorgfalt G. bei der Umgestaltung der älteren Frankfurter Singspiele hat walten lassen.

Zwei literarische Aspekte sind an der ›italienischen‹ *Claudine* bemerkenswert: die Verssprache und die Einfügung des Gedichts *Cupido, loser, eigensinniger Knabe*. Das Gedicht war Anfang 1788 entstanden und wurde später in den Januar-»Bericht« des Reisebuchs so aufgenommen, daß sein wahrer Anlaß verschleiert blieb: die Begegnung mit der »schönen Mailänderin«. G. erwähnt, daß Kayser das Poem komponieren werde (*Ital. Reise*, 9. Februar 1788), und so ist es in den zweiten Akt der gerade entstehenden Neufassung der *Claudine von Villa Bella* hineingeraten, dem Rugantino als nächtliches Ständchen zugespielt, wobei die Strophen nach Maßgabe der szenischen Handlung auseinandergerissen werden. Im Alter scheint G. diese Auflösung des Gedichts in das Singspiel nicht mehr gutzuheißen (s. Kommentar zu den Versen 650–81).

Besonders ließ sich der Dichter die Transposition der Prosa-Dialoge in die Jambenform (zur rezitativischen Behandlung des Komponisten) angelegen sein. Er mußte freilich erleben, daß ihm kaum jemand seine Bemühungen – auf die er unermüdlich hinwies – zu danken wußte. So sah er sich schon im März 1788 dazu veranlaßt, seinen Sekretär Philipp Seidel (der freilich auch den Verleger Göschen am 25. Februar 1788 auf »die neuen niedlichen Sachen« hingewiesen hatte, »die der Herr Geheime Rat in die Claudine gebracht hat«), regelrecht abzukanzeln, weil er »die Verse nicht zu lesen« verstehe und folglich die angebrachten Veränderungen nicht zu würdigen wisse. Auch Johann Friedrich Reichardt, der das Stück komponiert hatte und die Berliner Aufführung vorbereitete, wurde in Briefen auf den »Vorteil des metrischen Dialogs« (29. Juni 1789) hingewiesen und gebeten, die Beteiligten zu sorgfältigem Umgang mit den »Jamben« anzuhalten (15. Juni 1789). Noch in der späteren autobiographischen Rückschau der *Tag- und Jahres-Hefte* scheint G. dieser Aspekt an der Neugestaltung seiner Frankfurter Singspiele der allerwichtigste gewesen zu sein.

Doch ist der Dichter mit seinem Versuch, eine metrisch gebundene Sprache in das Singspiel einzuführen und die Theaterpraxis entsprechend zu beeinflussen, auf der ganzen Linie gescheitert. Obwohl er dem Komponisten und Kapellmeister Reichardt im Vorfeld der Berliner Aufführung ausdrücklich dafür dankte, die »Jamben vor der prosaischen Fäulnis verwahrt ⟨zu⟩ haben« (15. Juni 1789), hat man die Rezitative offenbar stillschweigend in Prosaform transponiert (nach dem Bericht des ›Berlinischen Archivs der Zeit und ihres Geschmacks‹ 1789). Dabei ist zu bedenken, daß die Versrezitation von den damaligen Schauspielern noch nicht beherrscht wurde bzw. als künstlich-unnatürlich verschrien war (so daß die bedeutende Schauspielerin Friederike Unzelmann, die in Berlin die Claudine spielte, alle jambisch geschriebenen Rollen in Prosaform noch einmal abschreiben ließ, um ihren natürlichen Redefluß beim Einstudieren nicht künstlich zu hemmen). Auch die Weimarer Erstaufführung der *Claudine von Villa Bella* wurde auf der Grundlage einer Prosabearbeitung eingerichtet, die allerdings nicht von G. selbst, sondern von Christian August Vulpius (seinem späteren Schwager; 1762–1827) stammte.

Die Rezeption des Singspiels durch die literarische Kritik wurde, wie bei *Erwin und Elmire*, durch die mächtige Nachbarschaft des *Egmont* in Bd. 5 der Göschen-Ausgabe beeinträchtigt. Die Reihe der musikalischen Weiterbildungen beginnt Mitte 1789 mit dem engagierten Bemühen Reichardts, wie *Erwin und Elmire* (und die geplante *Cophta*-Oper) auch *Claudine von Villa Bella* für eine erfolgreiche Bühnenlaufbahn kompositorisch auszurüsten. Reichardt war vom 23. April bis zum 5. Mai 1789 G.s Gast in Weimar und spielte ihm öfter aus der gerade entstehenden Partitur vor. Zu G.s Lebzeiten ist das Singspiel noch mehrfach vertont worden: von Friedrich Ludwig Seidel (1765–1831) für eine Berliner Aufführung 1795, von Franz Schubert 1815 (die Partitur ist nur fragmentarisch überliefert), vom Rudolstädter Konzertmeister Traugott Maximilian Eberwein (1775–1831), der G. 1816 seine Vertonung schickte, und von Johann Christoph Kienlen (1784–1830), dessen Komposition am 30. April 1818 in Potsdam aufgeführt worden ist. Ferner haben Johann André und Seckendorf *Claudine von Villa Bella* vertont.

Zur Wirkungsgeschichte des Singspiels gehört auch, daß spätere Komponisten einzelne Lieder komponiert haben, so Beethoven, Hugo Wolf, Franz Lehár, Johannes Brahms und Max Bruch. Auch für die im 19. Jh. auf der Bühne populäre ›Räuber-Romantik‹ – etwa in Konradin Kreutzers ›Das Nachtlager von Granada‹ (1834) – dürfte von G.s Stück eine erste Anregung ausgegangen sein.

Gleichwohl war die Bühnengeschichte der *Claudine von Villa Bella* selbst nicht von Glück und Erfolg begünstigt. Die Berliner Uraufführung geriet trotz teilweise erstklassiger Besetzung (Friederike Unzelmann!) zu einem Debakel. Auch die Weimarer Aufführung, von der Schauspieler-Gesellschaft Joseph Bellomos 1795 in Szene gesetzt, war wegen elementarer Unzulänglichkeiten ein eklatanter Mißerfolg (den G. in seinem brieflichen Bericht an Reichardt Ende 1795 schöngefärbt hat). Eine Inszenierung, die das anmutige und in seiner Machart bewundernswerte Singspiel auf der Bühne durchgesetzt hätte, ist nirgendwo zustande gekommen. Vielleicht trifft August Wilhelm Schlegel die Schwierigkeit im theatralischen Umgang mit G.s Singspielen, wenn er davon spricht, daß sie als »idealische Operetten, so leicht und luftig hingehaucht,‹ ‹...› durch musikalische Begleitung und Aufführung nur Gefahr laufen, schwerfällig und prosaisch zu werden« (›Vorlesungen über dramatische Kunst und Literatur‹, publiziert 1809).

G., der sich einiges auf die um der Dominanz einer – erhofften – Musik willen erbrachten poetischen »Aufopferungen« (s. o.) zugute hielt, hätte einer solchen doch wieder die Prävalenz des Literarischen betonenden Beschreibung seiner Singspiele sicher nicht zugestimmt. Noch in einem 1829 mit Eckermann geführten Gespräch bezeichnete er Reichardts Komposition von *Claudine von Villa Bella* als »vortrefflich« und behauptete von seinem Stück: »Wenn es gut gespielt wird, macht es sich gar nicht schlecht.« Nur ist es nie gut gespielt worden.

*Dokumente zur Entstehung, Kommentierung
und zeitgenössischen Rezeption*

*G. an Philipp Christoph Kayser. Weimar, 23. Januar 1786*
Von Claudinen bliebe ⟨wie von *Erwin und Elmire*⟩ auch nur was an der Fabel artig und interessant ist. Dem Vater würde ich mehr dumpfen Glauben an das Geister und Goldmacher Wesen geben wie er in unsern Zeiten herrschend ist. Den Basko zu einem klugen mystischen Marktschreier und Betrüger machen. Crugantino behielte seinen Charakter, eben so Claudine und Pedro. Die Nichten würden charakteristischer und stufenweise subordiniert auch in die Intrigue mehr eingeflochten. Die Vagabunden, die man durch Nachahmung ⟨mit Blick u. a. auf Schillers ›Räuber‹, 1781⟩ so ekelhaft gemacht hat, würde ich durch eine neue Wendung aufstutzen, sie machten das männliche Chor, ein weibliches wollte ich auch noch anbringen. pp. Wenn Sie Zeit und Lust haben lesen Sie doch das Stück sagen Sie mir was Ihnen bezüglich auf Musik darinnen gefällt und mißfällt, vier Augen sehn mehr wie zweie. Auch ist mir drum zu tun daß ich in beiden Stücken nichts wegwerfe was Ihnen lieb ist. In Claudine würde ich den Sebastian wegwerfen den Pedro tätiger machen und wir haben immer noch Leute genug.

*G. in der ›Italienischen Reise‹ (Redaktion 1829). Rom, 3. November 1787 (s. Bd. 15)*
Leider muß ich jetzt die bildende Kunst ganz zurücksetzen, denn sonst werde ich mit meinen dramatischen Sachen nicht fertig, die auch eine eigne Sammlung und ruhige Bearbeitung fordern, wenn etwas daraus werden soll. Claudine ist nun in der Arbeit, wird so zu sagen ganz neu ausgeführt, und die alte Spreu meiner Existenz herausgeschwungen.

*G. an Herzog Carl August. Rom, 8. Dezember 1787*
Claudine und Erwin halten mich länger auf, als ich dachte, ich will sie nun gut machen in ihrer Art, besonders, da es die ersten Singspiele sind, die in meiner neuen Ausgabe vorkommen.

*Charlotte von Stein an Charlotte von Lengefeld. Weimar, 28. Dezember 1787* (Bode, Bd. 1, S. 347)
Goethe schreibt mir alle Sonntage und ist glücklich, fröhlich und ganz selig. Im letzten Brief schickte er mir aus seiner umgeschmolzenen Claudine einen Vers; hier ist er:
    Liebe schwärmt auf allen Wegen,
    Treue wohnt für sich allein;

> Liebe kommt euch rasch entgegen,
> Aufgesucht will Treue sein.

*G. an Charlotte von Stein. Rom, 19. Januar 1788*
Die beiden ersten Akte Claudinens sind heute ⟨...⟩ fertig geworden. Ich lasse sie nun abschreiben und nächsten Sonnabend d. 26. sollen sie abgehen. ⟨...⟩ Es ist schwer so ein Werkchen, nach anerkannten Gesetzen, mit Einsicht und Verstand und zugleich mit Leichtigkeit und Laune zu machen. Es geht viel Zeit darüber hin. ⟨...⟩ Der dritte Akt von Claudinen wird ganz kurz werden, es ist schon wie ihr sehen werdet eine so große Masse Musik in den beiden ersten ⟨vorgesehen⟩, daß man im letzten Haushältisch zu Werke gehen muß. Leider hab ich vielen poetischen Stoff wegwerfen und der Moglichkeit des Gesangs aufopfern müssen.

*G. in der ›Italienischen Reise‹. Rom, 6. Februar 1788* (s. Bd. 15)
Hier ist der dritte Akt Claudinens; ich wünsche, daß er dir ⟨Herder⟩ nur die Hälfte so wohl gefallen möge, als ich vergnügt bin, ihn geendigt zu haben. Da ich nun die Bedürfnisse des lyrischen Theaters genauer kenne, habe ich gesucht, durch manche Aufopferungen dem Komponisten und Akteur entgegen zu arbeiten. Das Zeug, worauf gestickt werden soll, muß weite Fäden haben, und zu einer komischen Oper muß es absolut wie Marli ⟨ein gazeartiges Gewebe mit gitterartig gezogenen Fäden⟩ gewoben sein. Doch hab' ich bei dieser, wie bei Erwin, auch fürs Lesen gesorgt. Genug, ich habe getan was ich konnte. ⟨Tatsächlich ist der Brief an Herder am 9. Februar geschrieben worden.⟩

*G. an den Verleger Georg Joachim Göschen. Rom, 9. Februar 1788*
Heute geht der letzte Akt Claudinens an Herrn Herder ab. Leider kann ich nur, und das knapp genug, den fünften Band zur Ostermesse ⟨Buchmesse zu Ostern⟩ bringen. Als ich nach geendigtem Egmont, die beiden Singspiele Erwin und Claudine durchsah, um mit kleinen Korrekturen nachzuhelfen, sah ich gar bald daß ohne völlige Umarbeitung aus beiden Stücken nichts werden könne. Ich entschloß mich dazu und werde erst in dem Augenblicke fertig. Das Publikum wird hoffe ich zufrieden sein, in diesem Bande nicht allein Egmont als ein Ganzes, sondern noch dabei zwei neue Singspiele zu finden. Von den Skizzen der ersten Ausgabe ist nur der Name und einige Liedchen übrig geblieben.

*G. an Philipp Seidel. Rom, 15. März 1788*
Was Claudinen betrifft; so fehlen dir einige Data ⟨Voraussetzungen⟩ das Stück ganz richtig zu beurteilen. Habe ich eine *fette Oper*

gemacht; so ist mein Zweck erreicht. Du bist eben ein prosaischer Deutscher und meinst ein Kunstwerk müsse sich verschlingen lassen wie eine Auster. Weil du die Verse nicht zu lesen verstehst, denkst du es solle niemand in Versen schreiben.

Wäre diese Claudine komponiert und vorgestellt wie sie geschrieben ist; so solltest du anders reden. Was Musikus, Akteur, Dekorateur dazu tun müssen und was es überhaupt heißt: ein solches Ganze von seiner Seite *anzulegen* daß die übrigen mitarbeiten und mitwürken können, kann der *Leser* nicht hinzutun und glaubt doch immer er müsse es können weil es geschrieben oder gedruckt ist.

*Caroline Herder an Johann Gottfried Herder. Weimar, 1. Mai 1789* (Bode, Bd. 1, S. 401)
Den Reichardt, der es von ihm ⟨G.⟩ verlangt, hat er zu sich ins Haus genommen. Er komponiert die Claudine, die ich in Gesellschaft bei ihm gehört habe, worunter nur einiges gut ist, Goethe aber alles hübsch findet.

*G. an Johann Friedrich Reichardt. Weimar, 15. Juni 1789*
Für Ihren Besuch wie für Ihre Briefe, danke ich Ihnen später, aber nicht minder aus gutem Herzen und wünsche zur bevorstehenden Aufführung Claudinens das beste Glück. Daß Sie meine Jamben vor der prosaischen Fäulnis verwahrt haben, ist mir sehr angenehm. Ich möchte wissen wie sich diese Art Kunstverständige die Kunst vorstellen. Empfehlen Sie den Dialog desto mehr den Akteurs, besonders den Aktricen. Sie sollen so artig sein und besonders in der ersten Szene und in der Szene mit Rugantino recht sich angreifen. Wenn Sie es am Platz finden; so geben Sie Claudinen in meinem Namen einen recht schönen Kranz von künstlichen Blumen, den sie in der ersten Szene aufsetzt und Lucinden ein recht Junker mäßiges Portepee ⟨Degengebinde⟩ von breitem Band, wie es zu ihrer Kleidung im letzten Akte paßt; so eine Kleinigkeit tut manchmal wohl und vermehrt den guten Willen. Ich will Ihnen gern die Auslage ersetzen, oder sonst wieder dienstlich sein.

Rat Kraus ⟨Georg Melchior Kraus (1733–1806), Maler und Direktor der Weimarer Zeichenschule⟩ führt die Gerüste nach meinen Entwürfen aus, ich hoffe sie noch diese Woche abzuschikken. Wenn nur der Dekorateur sie schicklich zu placieren weiß. Sonst habe ich abwesend nichts zu erinnern. Besonders da Sie auf die Kleidungen schon aufmerksam sind. Nur aber und abermal empfehle ich Ihnen die Jamben. ⟨Die Briefe Reichardts mit Berichten über die Vorbereitung der Berliner Aufführung von *Claudine von Villa Bella* sind nicht erhalten. Die Erstaufführung des Singspiels für den preußischen Hof fand am 29. Juli im Schloßtheater Charlottenburg statt; am 3. August folgte eine öffentliche Vorstellung im Berliner Nationaltheater).

*Das ›Berlinische Archiv der Zeit und ihres Geschmacks‹, Bd. 1, 1789 in einem Bericht über die Berliner Aufführung (zit. nach BA 4, S. 674)*
Sehr selten wurde die Vorstellung eines Stückes mit so vieler Spannung und Sehnsucht erwartet als diese. Das Stück und seine Vortrefflichkeit waren bekannt und anerkannt, ebenso war über die Schönheit der Musik nur *eine* Stimme, und da auf diese Art der erste Dichter der Deutschen mit dem ersten Komponisten Deutschlands vereinigt war, so erwarteten die zahlreichen Verehrer Goethes und Reichardts von der mimischen Darstellung einen vorzüglich schönen Effekt, und das feinere und gebildetere Publikum Berlins war daher an diesem Tage im Theater versammelt. Man hatte die Verse, da die Schauspieler sie bekanntlich nicht sprechen können, in gelungene Prosa aufgelöst, aber das Ganze schlecht in Szene gesetzt. Weder Lucinde (dargestellt von der gastierenden Aloisia Antonia Lange (1762–1839) aus Wien, einer Schwägerin Mozarts) noch Rugantino waren imstande, ihre Rollen richtig aufzufassen, und begingen Verstöße über Verstöße; nur die Unzelmann (die bekannte Schauspielerin Friederike Unzelmann (1760–1815) in der Titelrolle) spielte gut, war aber in den letzten beiden Akten unwohl. Auch die Dekorationen waren mangelhaft.

*Die ›Allgemeine deutsche Bibliothek‹ 1792 in einer Besprechung von S, Bde. 1–8 (Braun, Bd. 2, S. 139)*
*Claudine von Villa Bella,* ein Singspiel in drei Aufzügen, erscheint hier völlig neu bearbeitet und abgeändert. Der Dialog, der außer dem eingewebten Gesange, sonst in Prosa war, ist nun in Jamben eingekleidet, die einen leichten und natürlichen Gang haben, und von dem musikalischen Anteile minder abstechend sind. Das ganze Stück hat, wie bekannt, eine romantische Wendung und ist nicht nach den Regeln der strengsten Wahrscheinlichkeit zu beurteilen. Die Verwicklung ist aber doch sehr gut angelegt, durchgeführt und aufgeschürzt. Der rasche, handlungsvolle Gang des unter mehrere Personen verteilten Gesangs, nach Art der Finale in der komischen Oper der Italiener, ist mit Einsicht und Abwechselung, auch von der metrischen Seite, bearbeitet, und muß bei der Vorstellung mehr Wirkung tun, als jene oft so schale und gedankenleere Vorbilder. Man sieht überall, daß der Dichter den Rhythmus des

Komponisten schon in Gedanken hatte, und absichtlich vorbereitete. Hie und da sind jedoch kleine Nachlässigkeiten des Ausdrucks und der Sprache zurückgeblieben, die dereinst eine abermalige Anlegung der Feile zu fodern scheinen.

*David Veit an Rahel Levin über die Weimarer Aufführung (am 30. Mai 1795). Jena, 4. Juni 1795* (Grumach, Bd. 4, S. 149)
Die Claudine ist, bis auf das (wie es heißt) äußerst gute Orchester, und bis auf die Gruppierungen, die eingesetzt werden, äußerst miserabel gesungen und gespielt worden. Der Rugantino singt wie ich ⟨V. (1771–1814) war Mediziner⟩, und spielt vollkommen die Rolle wie ein liederlicher Barbiergeselle. Goethe ⟨in Wahrheit Christian August Vulpius⟩ hat das Stück in Prosa gesetzt und verkürzt; dabei ist aber gar nichts Merkwürdiges. Die Stelle: »Wer dichtet nicht, dem diese Sonne usw.« ist geblieben, und unser Rugantino hat sie mit einer Art von dummem Hohngelächter, mit Spaß vermischt, hergeplärrt. Auf Goethes Frage an Latrobe: »Nun wie hat es Ihnen denn gefallen?« und Latrobes Antwort: »Ihr Orchester ist äußerst brav«, erwiderte Goethe: »Ja, sehen Sie, es ist gewiß im Einzelnen recht schlecht gegangen; denn niemand war in der Rolle; indessen geben sie uns doch hier das äußerste, was sie haben, und wenn man das sieht, hat man immer Vergnügen. Ganz verhunzen können sie es nicht, und mich hat der fünfte Akt sehr überrascht; ich habe gar nicht geglaubt, daß er so viel Zusammenhang und so viel Theatralisches hat ⟨...⟩« ⟨Das Stück hat nur drei Akte.⟩

*G. an J. F. Reichardt. Weimar, 21. Dezember 1795*
Claudine ist aufgeführt und ich habe mit Vergnügen Ihre Arbeit bei den Proben und der Aufführung wieder genossen, leider trafen soviele Umstände zusammen daß das Publikum über diese Produktion zweifelhaft blieb und ich eine günstigere Konstellation abwarten muß um das Stück wiedergeben zu können.

*Friedrich Schlegel im ›Gespräch über die Poesie‹ (1800)* (Friedrich Schlegel: Kritische Schriften. Hg. von Wolfdietrich Rasch. München 1964, S. 522)
Aus den leichtesten, frischesten Blumengestalten hervor atmet derselbe schöne Geist jener beiden Stücke ⟨*Tasso* und *Egmont*⟩ in *Claudine von Villabella.* Durch die merkwürdigste Umbildung ist darin der sinnliche Reiz des *Rugantino,* in dem der Dichter schon früh das romantische Leben eines lustigen Vagabunden mit Liebe dargestellt hatte, in die geistigste Anmut verklärt und aus der gröberen Atmosphäre in den reinsten Äther emporgehoben.

*G. an Anton⟨?⟩ Polzelli. Berka, 24. Mai 1814*
Auf die an mich, mein wertester Herr Musikdirektor, gerichtete Frage verfehle nicht zu erwidern, daß, indem ich den Dialog von Claudine rhythmisch behandelte, allerdings meine Absicht gewesen, dem Komponisten Gelegenheit zu geben, nach italiänischer Weise rezitativisch zu verfahren. Vielleicht möchte jedoch, wenn dieses Ihre Absicht ist, der Dialog hie und da zu verkürzen und nur das beizubehalten sein, was zum Verständnis der Handlung nötig ist und zugleich der Musik Vorteile bietet; welches ein einsichtiger Komponist am besten beurteilen kann.

*G. in den ›Tag- und Jahres-Heften‹ (s. Bd. 14, S. 13 f.)*
In die eigentliche Italiänische Opernform und ihre Vorteile hatte ich mich, bei meinem Aufenthalte in dem musikalischen Lande, recht eingedacht und eingeübt; deshalb unternahm ich mit Vergnügen, *Claudine von Villa bella* metrisch zu bearbeiten, ingleichen *Erwin und Elmire*, um sie dem Komponisten zu freudiger Behandlung entgegen zu führen.

*G. im Gespräch mit Johann Peter Eckermann. Weimar, 8. April 1829 (s. Bd. 19, S. 317 f.)*
Gestern Abend, versetzte ich ⟨Eckermann⟩, habe ich die *Claudine von Villa Bella* gelesen und mich sehr daran erbauet. Es ist so gründlich in der Anlage, und so verwegen, locker, frech und froh in der Erscheinung, daß ich den lebhaften Wunsch fühle, es auf dem Theater zu sehen. »Wenn es gut gespielt wird, sagte Goethe, macht es sich gar nicht schlecht.« ⟨...⟩ Von wem ist denn die Oper komponiert, und wie ist die Musik? »Von *Reichardt*, antwortete Goethe, und zwar ist die Musik vortrefflich. Nur ist die Instrumentierung, dem Geschmack der früheren Zeit gemäß, ein wenig schwach. Man müßte jetzt in dieser Hinsicht etwas nachhelfen, und die Instrumentierung ein wenig stärker und voller machen. Unser ⟨drei Tage vorher besprochenes⟩ Lied: *Cupido, loser, eigensinniger Knabe* etc. ist dem Komponisten ganz besonders gelungen.«

## Zur Überlieferung und Textgestalt

Von dem Singspiel sind zwei Handschriften überliefert, G.s eigenhändige Niederschrift auf 60 Quartblättern und eine Abschrift (von der wohl im Brief an Charlotte von Stein vom 19. Januar 1788 die Rede ist). Danach wurde wahrscheinlich die – nicht erhaltene – Druckvorlage für S angefertigt. In G.s Hs. ist der Text an zwei

Stellen mit Zetteln überklebt; die ursprünglichen Fassungen sind unten im Stellenkommentar angeführt. Dagegen konnten wir uns nicht dazu entschließen, weitere Paralipomena aufzunehmen, die Max Friedlaender zusammengestellt hat (›Varianten zu Claudine von Villa Bella‹, in: GJb. 8, 1921, S. 52ff.). Dabei handelt es sich um nachträgliche Eintragungen in Reichardts Partitur für die Berliner Aufführung 1789. Es ist nicht zu klären, ob diese Abweichungen (vor allem zu den Versen 1–101) von Reichardt, einem unbekannten Berliner Theatermann oder von G. selbst – während Reichardts Besuch in Weimar im April/Mai 1789 – stammen bzw. ob sie von G. autorisiert worden sind.

*Textgrundlage und Erstdruck:* S 5 (1788) mit Carton, S. 199–324. Dies neben der satzidentischen Einzelausgabe *(Claudine von Villa Bella. Ein Singspiel. Von Goethe. Ächte Ausgabe)* der Erstdruck der zweiten Fassung (›Singspiel-Fassung‹), in der das Stück zu G.s Lebzeiten in allen folgenden Werkausgaben (A–C) gedruckt worden ist. (Zum Verhältnis der Originalausgabe von S und dem Faksimiledruck s. S. 773 f.). – Folgende Emendationen wurden vorgenommen: V. 285 *geht* (bleibt S; korr. nach WA I 11, Lesarten); V. 450 *heißt.* (heißt S); V. 716 *Degen* (Degen. S); vor V. 1114 wurde die Regiebemerkung *(zu Alonzo.)* nach der Konjektur in der Jubiläums-Ausgabe ergänzt.

360 *Rocca Bruna:* Der Name (›Braunfels‹), im Stil von Villa Bella (›Schönhaus‹) gebildet, ist in der 2. Fassung neu eingeführt.
361 *7 Fest der Vaterfreuden:* Claudines Geburtstag (s. Vers 39f.).
363 *50 Binden ‹...› dich an:* Nach alter Gewohnheit werden Geschenke dem/der Beschenkten angebunden.
366 *161 Mit Widerwillen:* wörtlich: ›wider seinen Willen‹ (ohne einen Beiklang des Ekelhaften). – *182 Mütterchen des Hauses:* Die Diminutiv-Form wird im 18. Jh. nicht nur in bezug auf ältere Frauen gebraucht; sie ehrt geradezu die Angeredete (Lucinde wegen ihrer Geschäftigkeit und Tüchtigkeit in Haushaltsfragen).
367 *200 er:* bezieht sich auf »Pfeile« (Vers 196). – *208 Was weißt du dran!:* Was nützt es dir, wenn du es weißt?
369 *vor 256 Ritornell:* instrumentales Vorspiel (oder auch Zwischen- und Nachspiel) zu einem Gesangsstück. – *266 ein kleines Volk:* Kinder (Verse 46ff.)
370 *291 wir andre Mädchen:* eine Wendung nach griechischem oder französischem Vorbild: ›wir Mädchen dagegen‹ (im Vergleich

mit Männern; Vers 289). – *313 Ein harter Kopf:* eigenwillig, unnachgiebig.

371 *335 Glanz des Hofes:* in Neapel, der Hauptstadt des Königreichs, zu dem Sizilien gehörte. – *348 Liebe ⟨...⟩ Ehre:* Anspielung auf einen Standard-Gegensatz des spanischen und französischen Dramas.

372 *365 Hymen:* Hochzeitsgott der griechischen Mythologie. – *367 Lispeln:* Flüstern.

375 *457 Ein töricht Leben, das ich selbst verlassen:* Die Absage an die ›bürgerliche‹ Normalität mit ihren Regeln und Zwängen wird hier – verglichen mit der 1. Fassung (z. B. Bd. 1.2, S. 118f.) – charakteristisch gedämpft. – *469 Farfarellen:* kleine Falter, Motten, Schmetterlinge (ital. farfalla). Der Name spielt auch doppelsinnig auf einen Teufelsnamen (Farfarello) in Dantes ›Göttlicher Komödie‹ an, den G. in *Faust II* (nach Vers 6591) im Hinblick auf Mephistopheles aufgreift. Basco meint: ›teuflische Launen‹.

376 *506 eignet:* zu eigen gibt, verbindet. – *510 geheim zu sein:* Geheimnisse zu haben. – *516 Renten:* Einkünfte.

377 *531 Kürbis ⟨...⟩ Kerze ⟨...⟩ Wetterfahne:* Schimpfworte in einer dem Italienischen nachempfundenen Manier.

379 *598 Nymphen:* eigentlich Naturgöttinnen; hier: ›Mädchen‹ (mit einem Anklang des Anrüchigen).

380 *618ff. Wer kommt so spät ⟨...⟩ die sich:* ursprüngliche Fassung in G.s Hs.: »Wer kommt so spät mit Leuten? Ha es ist / Don Pedro, der ein Gast des Hauses war. / Er reist heut Nacht. Ich fürchte sehr er fällt / Den andern in die Hände, die sich nun«. – *628 Lebet wohl ⟨...⟩ Himmels-Luft:* Anklang an das Gedicht »Sag' ich's euch geliebte Bäume ⟨...⟩« (am 16. Dezember 1780 von G. an Charlotte von Stein gesandt).

381 *650–681 Cupido, loser, eigensinniger Knabe ⟨...⟩ räumet die Hütte.:* Das Anfang 1788 unabhängig von der Singspiel-Neufassung entstandene, von G. so genannte »Leibliedchen« (*Ital. Reise,* 9. Februar 1788) wurde nachträglich in das Singspiel transponiert. Dazu bemerkte G. im Gespräch mit Eckermann am 6. April 1829: »Ich habe es ⟨...⟩ dort zerstückelt, so daß man darüber hinausliest und niemand merkt was es heißen will« (Bd. 19, S. 306).

382 *nach 681 Frauenzimmer:* nicht abwertend, sondern im Gegenteil Bezeichnung einer weiblichen Standesperson.

383 *702 Der soll bei Seite:* zu ergänzen: ›geschafft werden‹.

384 *736 zu stehn:* standzuhalten (im Kampf).

385 *vor 741 Absätzen:* Unterbrechungen im Fechtgang, in denen die Kontrahenten wieder in ihre Grundposition zurückkehren. – *765 Ich denk' es dir:* Ich vergesse es dir nicht, zahle es heim.

**386** *790 von ungefähr:* zufällig. – *798–387,800 Es wagt kein Tier ⟨...⟩ der Begeist'rung übergab:* Der Orpheus-Mythos schimmert durch, auch die Dithyrambe auf den Dichter in *Wilhelm Meisters Theatralische Sendung* (Buch 2, Kap. 3; Bd. 2.2, S. 75 ff.).

**387** *809 seinen letzten Dienern:* zu den Dienern, auf die er bis zuletzt zählt.

**388** *841 für Angst:* vor Angst (im 18. Jh. noch übliche Konstruktion).

**389** *859 Syracus:* Stadt und Provinz auf Sizilien; von der Antike her mit der Aura des Bedeutenden umgeben. – *868 die Schelmen:* ehrlose Menschen (s. *Torquato Tasso,* Vers 3343 f. u. Anm.).

**390** *900 dringend:* drängend.

**392** *947 Geb' ihm ein Zimmer ein:* Weise ihm ein Zimmer zu.

**393** *980–1021 Es war ein Buhle ⟨...⟩ Die wend't sich –:* Die nach wie vor unabgeschlossene, da durch die szenische Handlung vor der ›Aufklärung‹ abgebrochene Gespensterballade wird im Unterschied zur 1. Fassung (Bd. 1.2, S. 103 ff.) und anders als das *Cupido-*Lied (Verse 650–81 u. Anm.) geschlossen vorgetragen.

**394** *1003 Haus-an:* hier außen (›haußen‹) an. – *1006 erwühlt:* aufwühlt, in Bewegung gerät. – *1010 krapelt:* krabbelt.

**396** *1062 euern Zweiten:* euren Vertrauten, gleichsam euer ›zweites Ich‹. – *nach 1065 meistens:* zum größten Teil. – *vor 1069 Terzerolen:* kleine Taschenpistolen. – *1070 schlaudert:* baumelt, bewegt sich hin und her (etymologisch verwandt mit ›schleudert‹).

**398** *vor 1111 suspendiert:* hier ›unschlüssig‹, ›untätig‹.

**401** *1192 Aurora:* römische Göttin der Morgenröte.

**403** *1240 gesackt:* eingesackt (ältere Form). – *1254 müssen:* dürfen. – *1269 finden uns:* einigen, arrangieren uns.

**404** *1286 Unzen:* antike Münze, in Sizilien auch in nachantiker Zeit noch im Umlauf.

**405** *1316 rufe dir:* Die Verbindung von ›rufen‹ mit dem Dativ ist bei G. häufig anzutreffen (z. B. im *Faust-Fragment,* Vers 129).

**407** *1365 ein theatralisch Werk ⟨...⟩ zu enden pflegt:* Ähnlich lapidar mißt der alte G. das Spektrum des Dramas aus: »Niemand will sterben, jedermann heiraten, und darin liegt der halb scherz-, halb ernsthafte Unterschied zwischen Trauer- und Lustspiel ⟨...⟩« (*Nachlese zu Aristoteles' Poetik,* 1827; Bd. 18).

**408** *1401 umgemeistert:* umerschaffen, umerzogen.

**409** *nach 1425 dem Grunde:* dem Hintergrund (der Bühne). – *1432 die Leber angezündet:* gemäß der antiken Vorstellung, daß die Leber – und nicht das Herz – der Sitz der Gefühle ist (›frisch von der Leber weg‹). Vgl. die 1. Fassung (Bd. 1.2, S. 101). – *1433 mit seiner Mutter:* In der antiken Mythologie gilt Amor als

Sohn der Liebesgöttin Aphrodite, die dem Meer entstiegen ist (daher ›die Schaumgeborene‹). – *1450 ich frage* ⟨...⟩ *aus:* ich finde heraus.

**411** *1496 der kleine Gott:* Amor.

**413** *1546 den Affen:* Bezeichnung für ein junges Mädchen nach der Frankfurter Mundart (auch »Grasaff'«, s. *Faust-Fragment,* Vers 1824). – *1555–1564 Hab' ich, o Engel* ⟨...⟩ *mißlingt mir der Streit:* Die ursprüngliche Fassung in G.s Hs. lautet: »Hab ich o Engel dich wieder gefunden? / Ich bin der glücklichste Sterbliche heut – LUC⟨INDE⟩ Glücklich o glücklich mich wieder gefunden / Und von dem Bösewicht hier mich befreit. – PEDRO *und* CLAUDINE Hast du sie glücklich hier wieder gefunden / Alles gelinget den Glücklichen heut. – BASKO Hat sich das Völkchen zusammen gefunden / Alles mißlinget o Basko dir heut.«

**414** *1571 die Schelmen:* s. Vers 868 u. Anm. – *nach 1585 dem Grunde:* dem Hintergrund.

# KÜNSTLERS APOTHEOSE

Bei der Konzipierung der drei letzten Bände für die seit 1787 erscheinenden ›Schriften‹ erwähnte G. neben dem *Faust,* dem *Tasso* und den Gedichten auch zwei kleinere Dramen: »Des Künstlers Erdewallen soll neu ausgeführt und dessen Apotheose hinzugetan werden. Zu diesen Jugendeinfällen habe ich nun erst die Studien gemacht, und alles Detail ist mir nun recht lebendig« (*Ital. Reise,* 1. März 1788; Bd. 15). Während die geplante Neufassung von *Des Künstlers Erdewallen* nicht zustande gekommen ist (und das Dramolett in S, Bd. 8, in der alten Form von 1773/74 veröffentlicht wurde), hat G. das 1774 nur skizzenhaft niedergeschriebene Dialoggedicht *Des Künstlers Vergötterung* (Bd. 1.1, S. 748) »neu ausgeführt«.

Entstanden ist das Miniaturdrama nach der Rückkehr von der italienischen Reise. Am 19. September 1788 berichtete G. dem Herzog Carl August aus Gotha, daß das Stück »fertig geworden« sei. Er bezeichnete es als »Pendant zu Künstlers Erdewallen« und wies in einem anderen Brief darauf hin, daß das frühere Dramolett (Bd. 1.1, S. 745 ff.) zum Verständnis des neuen »voraus gelesen werden« müsse (an Carl Ludwig von Knebel, 1. Oktober 1788). Der Künstler des *Erdewallens,* in familiärer Enge und materieller Not vorgeführt wie in seiner Abhängigkeit vom zahlenden (dabei alles andere als kunstverständigen) Publikum, sieht nach seiner

*Apotheose* (Vergötterung) ein Bild seines eigenen Nachruhms auf Erden. Er bittet die Muse, die ihn zur Freude an der eigenen »Unsterblichkeit« (Vers 208) auffordert, den ihm nacheifernden »Schüler« nicht erst mit dem späteren Nachruhm zu entlohnen, sondern ihm »Das Nötige zur rechten Zeit zu geben« (Vers 237). Doch ist das spätere Dramolett, ebenfalls im Knittelvers abgefaßt, keineswegs eine kontinuierliche Fortführung des früheren. Vielmehr widerruft G., in Italien durch ein neues »Kunststudium« hindurchgegangen und zu einem neuen »Autorwesen« gebildet (*Ital. Reise,* 28. August 1787), die Kunstanschauung, die seine frühere Etüde noch ganz im Geist des ›Sturm und Drang‹ umspielt hatte. Die Naturverherrlichung und Genieästhetik finden in der früher ausgelebten Spontaneität keine Gnade mehr. Diese Position wird vielmehr in der Figur des »Liebhabers« karikiert. Ihm gegenüber betont der »Meister«, daß in der Kunst ohne Übung – an großen Vorbildern – keine bedeutenden Leistungen erzielt werden können, daß »Natur« und »Instinkt allein« dazu nicht ausreichen (Vers 95). Diese Kunstauffassung ist völlig konträr zur früheren formuliert. Man sieht an der Gegenüberstellung von *Erdewallen* und *Apotheose* deutlich, wie sich G.s Anschauungen in der Zeitspanne verändert haben, in der er den *Egmont* begonnen und vollendet hat.

Der Dichter mochte in Italien nicht nur deshalb auf die früheren Dramolette gestoßen sein, weil er für die Göschen-Ausgabe Texte benötigte (um die Bände füllen zu können), sondern weil ihn auf der Reise eigene Zeichner-Ambitionen bewegt haben. Nicht von ungefähr betont er wiederholt, daß er alles mit »malerischem Auge« betrachte. Was ihm die Anschauung der großen Werke bildender Kunst in Italien geben soll, hält er z. B. so fest: »Meine Kunstkenntnisse, meine kleinen Talente müssen hier ganz durchgearbeitet, ganz reif werden, sonst bring' ich wieder euch (in Weimar) einen halben Freund zurück und das Sehnen, Bemühen, Krabbeln und Schleichen geht von neuem an« (*Ital. Reise;* Rom, Ende Juni 1787). Die Kunst erschließt sich über das Studium ihrer spezifischen Gesetze, über die sich G. in Italien nicht mehr unbekümmert – im Vertrauen auf die eigene Schaffenskraft – hinwegsetzen kann: »Wie schäme ich mich alles Kunstgeschwätzes, in das ich ehmals einstimmte« (ebd. 29. Juli 1787).

Dabei bedeutet der Übergang auf eine neue Stufe der Kunstreflexion keineswegs, daß G. das Prinzip der Naturnachahmung ganz aufkündigen wollte. Die Devise des »Meisters« (»Die Kunst bleibt Kunst!«, Vers 97) will nicht für einen strikten Gegensatz zur »Natur« plädieren, sondern die Kunst als »eine andre Natur« (G. an Herzog Carl August, 25. Januar 1788) aufgefaßt sehen. Natur und Kunst lassen sich nicht mehr in genialischem Schwung erfühlen und entwerfen – ruhige Beobachtung, Erforschung der Phänomene ist vielmehr angezeigt (bis hin zur Konsequenz, die G. zieht: eine aufwendige und systematische Naturforschung). Die ›italienische‹ Ästhetik des Dichters glaubt an eine letzte Konvergenz von Kunstbetrachtung und Naturbeobachtung: Die »unvergleichlichen Künstler« der griechischen Antike seien »nach eben den Gesetzen« verfahren, »nach welchen die Natur verfährt« (*Ital. Reise;* Rom, 28. Januar 1787).

So sammeln sich in dem kleinen *Künstler*-Drama wesentliche Motive, die G. in Italien wichtig geworden sind. Auch lassen sich Zusammenhänge mit dem in der gleichen Zeit entstehenden Künstlerdrama *Torquato Tasso* feststellen: Das Thema des Mäzenatentums klingt an (Verse 174ff.), mit dem künstlerischen Autonomiestreben in einer – hier freilich nicht schärfer beleuchteten – Spannung, auch das Motiv des Entbehrens (Vers 219) als eine Spielart des Leidens, das der Künstler als Preis für seine Kunst akzeptieren muß. Schließlich weist das Dramolett auf jene knappe, aber für die Markierung seiner ästhetischen Position wichtige Studie voraus, die G. 1789 in Wielands Zeitschrift ›Teutscher Merkur‹ unter dem Titel veröffentlicht hat: *Einfache Nachahmung der Natur, Manier, Styl* (Bd. 3.2, S. 186).

Auch in dieser Abhandlung wird die künstlerische Praxis auf ein »genaues und tiefes Studium der Gegenstände selbst« verpflichtet, um den – von G. so genannten – »Styl« als ihre höchste Vollendungsmöglichkeit zu erreichen. Wenn »der Styl« nach G.s bekannter Formulierung »auf den tiefsten Grundfesten der Erkenntnis« ruht, »auf dem Wesen der Dinge, in so fern uns erlaubt ist es in sichtbaren und greiflichen Gestalten zu erkennen«, dann wird dieses Argument durch die Forderung an den Künstler vorbereitet, sich dem »Gegenstand« in der rechten Weise zuzuwenden – und das entspricht der Lehre des »Meisters« in der *Apotheose* (Verse 93ff.).

So ist es durchaus kein Zufall, daß G. in dem Passus der *Italienischen Reise*, der den Plan des neuen *Künstler*-Dramoletts mitteilt (1. März 1788), auch »Mengsens Schriften« erwähnt (›Des Ritters Anton Raphael Mengs hinterlass'ne Werke‹, 3 Bde., Halle 1786), darunter vor allem die ›Betrachtungen über die Schönheit und den guten Geschmack in der Malerei‹ (in Bd. 2). G. selbst freilich suchte seine künstlerische Fortentwicklung nicht mehr als »Künstler« im engeren Sinne (als Maler), aber doch in einer Richtung, auf die auch das Dramolett zeigt: »Täglich wird mir's deutlicher, daß ich eigentlich zur Dichtkunst geboren bin, und daß ich die nächsten zehn Jahre, die ich höchstens noch arbeiten darf ⟨!⟩, dieses Talent excolieren ⟨bearbeiten, ausbilden⟩ und noch etwas Gutes machen sollte, da mir das Feuer der Jugend manches ohne großes Studium gelingen ließ« (*Ital. Reise;* Rom, 22. Februar 1788).

## Zur Textgestalt

*Textgrundlage und Erstdruck:* S 8 (1789), S. 297–316. Diesem Druck folgen auch die späteren Werkausgaben A bis C. (Zum Verhältnis der Originalausgabe von S und dem Faksimiledruck s. S. 773 f.). – Eine Emendation wurde vorgenommen: V. 14 *im* (ein S; die Korrektur von E. Schmidt in WA wurde übernommen).

418 *5 durchs Quadrat:* Beim Kopieren werden Original und Duplikat in kleinere Quadrate eingeteilt, um die proportionsgerechte Nachbildung zu gewährleisten. – *10 ein genestelter Mann:* ein impotent gemachter Mann. Zugrunde liegt der Aberglaube, daß man durch das Nestelknüpfen (d. h. durch das Verknoten einer Schnur) jemandem seine Manneskraft rauben, gleichsam weghexen kann. Schon in *Des Künstlers Erdewallen* wurde in absichtsvoller Zweideutigkeit (»Pinsel«, Verse 9 ff. u. 65) in der künstlerischen Potenz auch die sexuelle mitaufgerufen.

419 *61 Natur, mein Herr! Natur! Natur!:* Die emphatisch-komische Deklamation wirkt wie eine selbstkritische Glossierung von G.s Shakespeare-Rede (von 1771): »Und ich rufe Natur! Natur! nichts so Natur als Schäkespears Menschen« (Bd. 1.2, S. 413). Nicht die Berufung auf die »Natur« selbst als Horizont des Lebensverständnisses (vgl. Bd. 2.2, S. 477 ff.) wird in der Apostrophe des »Liebhabers« ironisiert, sondern die dilettantische Kurzschließung der Kunst mit der nicht näher erforschten »Natur«.

420 *71 abbreviert:* abgekürzt. – *73 kein Genie:* wiederum eine ironische Distanzierung vom Glauben des ›Sturm und Drang‹, daß Kunst einfach aus der schöpferischen Subjektivität des Künstlers entspringt. – *93 üb' auch den Verstand:* in der Erforschung der Vorbilder, der Kunstgesetze. »Es ist weit mehr *Positives,* das heißt *Lehrbares* und *Überlieferbares* in der Kunst, als man gewöhnlich glaubt; und der mechanischen Vorteile, wodurch man die geistigsten Effekte ⟨...⟩ hervorbringen kann, sind sehr viele« (G. in der *Italienischen Reise;* Rom, 8. Dezember 1787).

421 *99 Tappen:* ungeschicktes Herumgreifen aufs Geratewohl. – *119 gegenwärtig:* nicht so sehr temporal zu verstehen, sondern: ›anwesend‹, ›wirksam‹. – *130 Wenn:* Wenn ... auch.

422 *vor 162 das Bild der Venus Urania:* so auch schon im *Erdewallen* (Bd. 1.1, S. 745) und in der *Vergötterung* (Bd. 1.1, S. 748). Der Beiname »Urania« (Himmlische) deutet auf die ›geistige Liebe‹ im Unterschied zur Venus Aphrodite bzw. Cytherea (sinnliche Liebe) hin.

423 *168 Eingeweide:* gemäß dem Sprachgebrauch der Zeit ein Name für das ›Innere‹ des Menschen, gerade auch für ›Herz‹ und ›Gemüt‹. – *170 Manier:* die spezifische, von der Subjektivität bestimmte und nicht einfach dem vorgegebenen Gegenstand folgende Malweise eines Künstlers (ital. maniera). Der – von G. nicht von vornherein abgewertete – Begriff wird schon im *Erdewallen* (Bd. 1.1, S. 757, Vers 54) verwendet, dann im Aufsatz *Einfache Nachahmung der Natur, Manier, Styl* expliziert. – *nach 175 Zechinen:* alte venezianische Goldmünzen (ital. zecchino). – *nach 177 Plafond:* Zimmerdecke, Deckenstück.

424 *208 Genieße der Unsterblichkeit:* antikisierendes Stilelement (Verbindung mit dem Genitiv-Objekt). – *228 die Talente:* Die Bezeichnung gilt doppelsinnig dem aufzuwendenden Geldbetrag wie der förderungswürdigen Begabung des Künstlers. – *230 dumpfe:* hier nicht mehr im Sinne des ›Sturm und Drang‹ als Benennung einer – wenn auch undurchsichtigen – Erfahrungsfülle (vgl. Bd. 2.1, S. 554f.), sondern: ›beschränkte‹, ›unverständige‹.

## TORQUATO TASSO

Der *Tasso* gilt neben der *Iphigenie* als Musterbeispiel klassizistischer Kunstgesinnung: Die äußere Handlung ist zugunsten der inneren fast ganz zurückgenommen, im stilistischen Duktus zeigen sich jene Züge der Affektdämpfung, der Verallgemeinerung des Persönlich-Emotionalen, wie sie für die französische ›haute tragédie‹ kennzeichnend sind. Knüpft G. im Formalen also an ältere Traditionen an, die Lessings Dramaturgie bekämpft hatte, so bietet er im Thematischen ein Novum: Der *Tasso* ist das erste Künstlerdrama der Weltliteratur.

Die dramatische Behandlung der Kunst und der Künstler-Existenz ist im 18. Jh. nicht so natürlich und naheliegend, daß man sich mit August Wilhelm Schlegel (in seiner *Tasso*-Rezension von 1790) über ihr seltenes oder spätes Vorkommen wundern müßte. Das ›neue‹ Thema setzt einen Paradigmenwechsel voraus. In der Tradition war die Geltung der Kunst wie die gesellschaftliche Existenz des Künstlers an die Bedingung des höfischen Mäzena-

tentums gebunden, worauf Tasso im Drama mehrfach anspielt
(vgl. z. B. Verse 397 ff., 2302 f.). Diese Bindung mußte problema-
tisch werden, als das aufklärerische Prinzip der Autonomie
(Selbst-Gesetzgebung) schließlich auch die Ästhetik erfaßte. Das
künstlerische Schaffen und Selbstverständnis richteten sich zunehmend an kunstspezifischen Normen aus (wie sie zwischen G. und
Karl Philipp Moritz in Italien diskutiert wurden), ohne daß die
überkommene höfische Regulierung im gleichen Zug hätte aufge-
kündigt werden können.

G. ist aus eigenem Erleben am Weimarer Hof auf diesen Konflikt geführt worden. Wenn er im Frühjahr 1780 von *Tasso* als einer
»Erfindung« spricht (Tagebuch, 30. März), dann ist diese Regi-
strierung – auch schon anläßlich der *Geschwister* verwandt (Tagebuch, 26. Oktober 1776) – nicht einfach im Sinne von ›inventio‹ zu
verstehen. »Erfindung« kann nur heißen, daß G. in der Biographie
und den sie umrankenden Legenden des italienischen Renaissance-
Dichters Torquato Tasso Spiegelungen der eigenen Lebenssituation und der eigenen Künstlerproblematik entdeckt hat, daß mithin das Eigene und das Fremde sich zu einem dramatischen
Lebensbild verbunden haben.

## Die Quellen: Tasso-Vita und Tasso-Biographien

Bis zum Ende des 18. Jh.s war die Lebensgeschichte Torquato
Tassos dem gebildeten Zeitgenossen in Umrissen vertraut, durch-
woben freilich mit einigen Legenden. Tasso wurde am 11. März
1544 in Sorrent geboren und gehörte einer altadligen, inzwischen
verarmten Familie an. Sein Vater, der Dichter und Diplomat
Bernardo Tasso (1496–1569), stand in Salerno im Fürstendienst.
Er fiel in den politischen Wirren des zwischen Frankreich und den
Habsburgern geführten Kampfes um das Königreich Neapel in
Ungnade und wurde verbannt. Während seine Frau mit der Tochter Cornelia in Sorrent zurückblieb, begleitete der kleine Torquato
den exilierten Vater auf seiner unruhigen Wanderschaft.

In Venedig, Urbino, Padua und Bologna studierte Tasso
Rechtswissenschaft, Philosophie, Rhetorik und Mathematik.
Seine außerordentliche literarische Begabung zeigte das Epos ›Rinaldo‹, das er als 18jähriger veröffentlichte. Dieses Werk verschaffte ihm frühen Ruhm, geradezu eine Wunderkind-Berühmt-
heit, und eröffnete ihm Möglichkeiten eines höfischen Dichteram-
tes. So wurde Tasso 1565 von Kardinal Luigi d'Este, dem er das
Gedicht zugeeignet hatte, als Hofkavalier nach Ferrara berufen
und mit einem beträchtlichen Gehalt ausgestattet. Seine Aufgabe

bestand lediglich darin, eine an einzelne Gesellschaftsdamen adressierte Huldigungslyrik zu liefern.

Nachdem Tasso den Kardinal 1570/71 auf einer Reise nach Frankreich begleitet hatte (vgl. Vers 1563), trat er 1572 bei dessen Bruder, dem Herzog Alfonso II., in Dienst. Besonders die Schwestern des Herzogs, Lucrezia und Leonore, förderten durch ihre Fürsprache seine höfisch-literarische Karriere. 1573 legte er das Schäferspiel ›Aminta‹ vor, 1575 schloß er das große Kreuzfahrer-Epos ›Gerusalemme liberata‹ (Das befreite Jerusalem) ab, das er selbst nach dem Haupthelden Gottfried von Bouillon ›Goffredo‹ nannte. Darauf spielt die Szene in G.s »Schauspiel« an (I/3), in welcher der Dichter auf den Herzog zugeht, um ihm ein »in Pergament« gebundenes Buch zu überreichen: eben das Kreuzfahrer-Epos. Gedruckt wurde es, ohne Tassos Autorisierung, 1580. Der Dichter selbst, von Jugend auf in Religionsfragen von skrupulöser Strenge (ein Zug, den G. nicht aufgreift), wurde von Zweifeln an der Rechtgläubigkeit seines großen Werks geplagt. Er legte es u. a. der ›Accademia della Crusca‹ in Rom zur Prüfung vor und mußte erleben, daß einige Passagen des episodenreichen, mit etlichen Liebesgeschichten ausgestalteten Epos verurteilt wurden. Hauptsächlich zwischen 1587 und 1592 entstand eine diesen Anschuldigungen, aber auch den eigenen Bedenken Rechnung tragende Neufassung unter dem Titel ›Gerusalemme conquistata‹ (Das eroberte Jerusalem), die, 1593 publiziert, an künstlerischem Glanz weit hinter der ersten Gestalt zurückblieb.

An Tassos Wandlung zum gesellschaftlichen Außenseiter, zum unruhig hastenden Wanderer und schließlich zum Wahnsinnigen, den man in strengem Gewahrsam hielt, hatten Intrigen seiner Neider und Feinde am Hof von Ferrara nicht weniger Anteil als die eigene Reizbarkeit und der eigene Hang zu Depression und Verfolgungswahn. Seine Gegner waren vor allem der Dichter-Rivale Giovanni Battista Guarini (1538–1612), Verfasser des Schäferspiels ›Il pastor fido‹ (Der treue Hirt), der Kanzler und Hofhistoriograph Giovanni Battista Pigna und der Philosoph und spätere Kanzler Antonio Montecatino (1537–1599). Besonders dieser versierte und in allen taktischen Finessen bewanderte Politiker wußte die Stellung des Dichters durch gezielte Aktionen und Indiskretionen (über Tassos Verhandlungen mit den Mediceern in Florenz) zu erschüttern und ihn dadurch nur um so tiefer in seine Wahnvorstellungen hineinzutreiben.

Nach tätlichen Angriffen auf einen Höfling und einen Diener, von dem er sich belauscht glaubte, wurde Tasso 1577 vom Herzog mit Zimmerarrest belegt und anschließend in einem Kloster unter Aufsicht gestellt. Er floh zu seiner Schwester Cornelia nach Sorrent (die Mutter war inzwischen gestorben), kehrte jedoch 1578 nach Ferrara zurück. Danach trat er eine weitere Reise an, die ihn über Mantua, Padua und Venedig nach Turin führte, wo er in den Dienst des Filippo von Este trat. Im Februar 1579 traf er erneut in Ferrara ein, wo er jedoch von Alfonso II. nicht gleich empfangen wurde. Darauf brach Tasso in wilde öffentliche Schmähungen auf den Herzog und seine Familie aus, so daß er, als Geisteskranker abgestempelt, in ein Kellerverlies gebracht und dort sieben Jahre gefangen gehalten wurde. Spätere Besucher wie Michel de Montaigne haben die unmenschlichen Haftbedingungen in dem halbdunklen Kellerloch bezeugt. Als Tasso im Juli 1586 vom Herzog wieder auf freien Fuß gesetzt wurde, war seine Gesundheit zerrüttet.

Der Dichter zog nun, völlig verarmt, durch das Land, oft bettelnd und in Klöstern Zuflucht suchend, wiederholt auch von Fürsten und Freunden aufgenommen, aber immer wieder unruhig weitergetrieben. Er arbeitete an weiteren Dichtungen, vor allem an einem großen Epos über die Weltschöpfung (1592–1594), und hoffte auf eine Rehabilitierung durch den Heiligen Stuhl in Rom. Als Clemens VIII. sein päpstliches Amt antrat, schienen diese Hoffnungen nach vielen Enttäuschungen in Erfüllung zu gehen. Tasso wurde vom neuen Papst in großen Ehren empfangen und sollte auf dem Kapitol als Dichter mit dem Lorbeerkranz gekrönt werden. Aber diese letzte große Ehre blieb dem Vielgekränkten versagt: Tasso starb am 25. April 1595 im Kloster und wurde dort auch begraben – G. hat sein Grab und die in der Kloster-Bibliothek aufbewahrte Tasso-Büste Anfang 1787 aufgesucht (vgl. an Charlotte von Stein, 2. Februar 1787).

Über das unglückliche Leben des großen, psychisch labilen Dichters bildeten sich in Mitwelt und Nachwelt romanhafte Gerüchte, die bis in die Anlage von G.s Drama hineinwirken. Die sogenannte Tasso-Legende geht auf seinen ersten Biographen Battista Manso (1561–1645) zurück, der mit Tasso befreundet war und ihn gelegentlich auch in Neapel bei sich zu Gast hatte. In seiner ›Vita di Torquato Tasso‹ (geschrieben 1600, veröffentlicht 1621) bringt er die Reizbarkeit und das von ihr ausgelöste spätere Unglücksschicksal des Dichters in Zusammenhang mit seiner angeblichen Liebe zur Prinzessin Leonore von Este, der Schwester des Herzogs, sieben Jahre älter als er selbst. Tasso soll mehrere Sonette an die hochgestellte Dame gerichtet, dabei aber seine Liebesneigung so gut verhüllt haben, daß sich auch zwei andere Leonoren am Hof von Ferrara, die Gräfin Sanvitale und eine Kammerzofe, angesprochen fühlen konnten. Obwohl ein solches literarisches Spiel, das den Konventionen der Zeit durchaus entsprach, nicht recht zur gleichfalls behaupteten existentiellen Unausweichlichkeit seiner Liebe zu passen scheint, soll sie – der Tasso-Legende zufolge – den Dichter in Unglück und Wahnsinn gestürzt haben.

Mansos folgenreiche, dabei historisch sehr anfechtbare Darstellung könnte G. unmittelbar oder – was wahrscheinlicher ist – vermittelt über spätere Biographen erreicht haben. Möglicherweise geriet ihm in der Weimarer Bibliothek des Abbé Charnes ›La Vie du Tasse, Prince des Poëtes Italiens‹ (Paris 1690) in die Hand, eine Darstellung, die im wesentlichen Mansos Biographie reproduziert. Wahrscheinlicher ist, daß G. mit der Tasso-Legende schon seit der Frankfurter Zeit vertraut war. Denn in der Zeitschrift ›Iris‹, für die G. selbst 1775 einige Gedichte beisteuerte, war 1774 ein Aufsatz von Wilhelm Heinse erschienen, der das Leben Tassos nach den Vorgaben Mansos skizzierte und dabei vor allem, mit Ausrichtung auf das weibliche Lesepublikum, die angebliche Liebe Tassos zur Prinzessin mit allen Registern des Rührseligen ausbreitete. Heinse bietet auch die Übersetzung eines schon bei Manso angeführten Vierzeilers, in dem Tasso als »Dichter und als Held« apostrophiert wird: eine Verknüpfung, die in G.s Drama ausdrücklich vorgenommen wird (vgl. Verse 459 ff. u. ö.) und dem Wetteifer zwischen Tasso und Antonio, dem Dichter und dem in der politischen Praxis bewährten Staatsmann, zugrunde liegt.

Eine noch näher an G.s Drama heranführende Variante der Tasso-Legende bietet der Bibliothekar von Modena und Herausgeber von Tassos Briefen, Lodovico Antonio Muratori (1672–1750), in einem Brief, der in Bd. 10 der ›Opere di Torquato Tasso‹ (Venedig 1739) aufgenommen wurde, in jene Werkausgabe also, die sich nachweislich in der Bibliothek von G.s Vater befand. Hier wird die Anekdote berichtet, daß sich Tasso dazu habe hinreißen lassen, Leonore von Este in aller Öffentlichkeit zu umarmen und zu küssen. Daraufhin habe ihn der Herzog für verrückt erklärt und seine Inhaftierung angeordnet. Einen Hinweis auf Muratoris Behandlung von Tassos Dichtertum und seinem melancholischen Temperament gab auch 1781 der von Wieland herausgegebene ›Teutsche Merkur‹, so daß man an dieser Publikation vorausgehende Gespräche mit G. denken kann, die ihn auf die Tasso-Legende als das Substrat des ihm wichtigen Dichterthemas gebracht haben.

Als Lustspiel hat Carlo Goldoni (1707–1793) die Tasso-Legende behandelt (›Il Torquato Tasso‹, 1755). Hier werden die komödiantischen Möglichkeiten voll ausgespielt, die sich aus der Existenz von drei Leonoren am Hof zu Ferrara ergeben, von denen nur eine die wirklich geliebte ist. Diese Gräfin Leonore ist bei Goldoni nicht die Schwester, sondern die Geliebte und künftige

Gemahlin des Herzogs, der – selbst nicht auftretend – durch Eifersucht involviert ist. So sperrt er Tasso ein, entläßt ihn aber dann doch zur Dichterkrönung nach Rom, ohne daß diese lustspielhafte Auflösung von Tod und Tragik verschattet würde. Einige G.-Forscher halten das Goldoni-Lustspiel für G.s erste Anregung zum *Tasso*, doch ist bei allen motivischen Anklängen nicht nachweisbar, daß er das Stück überhaupt gekannt hat.

Die einzige Quellenangabe findet sich in einem Brief G.s an Herzog Carl August vom 28. März 1788 und bezieht sich auf das umfangreiche Werk ›La vita di Torquato Tasso‹ des Abate Pierantonio Serassi (Rom 1785). Serassi zitiert auch Manso, aber er räumt in seiner gründlichen Biographie mit den einschlägigen Tasso-Spekulationen auf. So stellt er in Abrede, daß es überhaupt eine Liebesneigung des Dichters zu Leonore von Este gegeben habe (geschweige denn eine skandalöse öffentliche Umarmung), und sucht das Leben Tassos von späteren literarisch-phantastischen Überwucherungen wieder zu befreien. Serassis 600-Seiten-Buch wurde zur wichtigsten Quelle für G.s Drama, lieferte vor allem charakteristische historische und atmosphärische Valeurs. Andererseits hat diese erst acht Jahre nach dem ersten *Tasso*-Plan in G.s Gesichtskreis getretene Biographie die Konzeption nicht mehr entscheidend verändert, zu der die von der Legende behauptete Liebe zur Prinzessin gehört.

Woher G. den ersten Anstoß zu gerade diesem Dramenprojekt erhalten hat, ist nach wie vor ungeklärt. Man muß dabei nicht unbedingt an eine von außen kommende Anregung denken, die plötzlich im Frühjahr 1780 die »Erfindung« ausgelöst hätte, etwa Levin Christian Sanders ›Golderich und Tasso‹ (1778), die erste deutsche Tasso-Tragödie. G. hat zwar ›Aminta‹ erst 1788 in Mailand gekauft (und offenbar erst danach kennengelernt), aber ihm waren Tasso und sein großes Jerusalem-Epos keineswegs fremd. Briefe, die er zwischen 1765 und 1767 aus Leipzig an die Schwester Cornelia geschrieben hat, enthalten diverse Lektüre-Reflexe und bald so, bald anders gerichtete Empfehlungen; sie bestätigen jedenfalls eine recht dezidierte Kenntnis des Versepos. In seiner Autobiographie *Dichtung und Wahrheit* führt er das ›Befreite Jerusalem‹ unter den Werken auf, die er »von Kindheit auf fleißig durchgelesen und teilweise memoriert« habe (Bd. 16, S. 86).

Der junge G. hatte das Epos, das um die Mitte des 18. Jh.s zum literarischen Bildungsrepertoire gehörte, in einer deutschen Übersetzung von Kopp kennengelernt: ›Versuch einer poetischen Übersetzung des Tassoischen Heldengedichts genannt: Gottfried, oder das Befreite Jerusalem, ausgearbeitet von Johann Friedrich Koppen‹ (Leipzig 1744). Wie tief sich Gestalten und Handlungen

Bernigeroth del et sc 1744.

Titelkupfer der Koppschen Tasso-Übersetzung

des Jerusalem-Epos dem G.schen »Bildergedächtnis« (Hans-Jürgen Schings) eingesenkt haben, zeigt vor allem der *Wilhelm Meister* (Bde. 2.2 u. 5, dazu auch den Kommentar). Im Drama spielen diese Reminiszenzen, zur Rekapitulation zusammengezogen (Verse 1099ff.) oder ›falsch‹ mit der Realität verbunden (Verse 3347ff.), eine geringere Rolle. Es ist aber durchaus denkbar, daß die Erinnerung an Kopps Tasso-Übersetzung im Zusammentreffen mit G.s eigenen Erfahrungen als Dichter ›am Hof‹ zum »Einfall« des Jahres 1780 geführt hat.

Kopp hatte seiner Übersetzung von Tassos Epos eine »Vorrede« über »die vornehmsten Lebensumstände dieses berühmten italienischen Dichters« vorangestellt, die hauptsächlich auf Manso und Charnes zurückgeht. Immerhin findet sich in seinem Abriß die Anekdote von den drei Leonoren und die Geschichte des Duells mit einem Höfling, das Tassos Gefangenschaft zur Folge hatte. Darum kristallisiert sich ja, mit gewissen Abweichungen, die ganze ›Handlung‹ des Dramas. Die Hypothese erscheint vertretbar, daß G. auf den Tasso-Stoff im Zuge der Ausarbeitung des *Wilhelm Meister* geraten ist. Denn G. hatte seinem Romanhelden die eigene jugendliche Lektüre des ›Befreiten Jerusalem‹ übertragen: in den *Lehrjahren* (Bd. 5, S. 26ff.) und schon in der *Theatralischen Sendung* (Bd. 2.2, S. 23ff.).

Die Arbeit am 2. Buch der *Theatralischen Sendung,* in dem sich die Tasso-Bezüge befinden, begann im Oktober 1778. In diesem Buch wird in den Auseinandersetzungen zwischen Wilhelm und Werner auch das Dichterthema behandelt (Bd. 2.2, S. 75 ff.), von Wilhelm »die empfängliche leichtbewegliche Seele des Dichters« vom Naturell des »Weltmensch⟨en⟩« abgesetzt (S. 76), aber auch im Andenken an »die Klagen der Dichter, der aus Not weise gewordenen Traurigen« (S. 80) die besondere Gefährdung der dichterischen Existenz angedeutet. Durchaus vorstellbar, daß G. aus diesen Zusammenhängen seines eigenen, gerade mühsam genug geförderten Romans auf das Tasso-Leben als das Gefäß gekommen ist, in dem sich die selbsterlebte Problematik der dichterischen Existenz behandeln ließ. Vielleicht hat er seinem Romanhelden das Dichterthema gleichsam aus der Hand genommen und ist auf diesem Wege zu seiner »Erfindung« gekommen.

*Zur Entstehungsgeschichte*

Die Entstehung des *Tasso* zog sich über fast zehn Jahre hin. Sie gliedert sich in drei Phasen auf, die sich zeitlich ziemlich genau eingrenzen lassen: vom Frühjahr 1780 bis zum Herbst 1781, die

Anfangsmonate 1787 während der Italien-Reise, sodann die Jahre 1788/89, in denen das Drama entscheidend gefördert und – nach der Wiederankunft in Weimar am 18. Juni 1788 – abgeschlossen wurde.

In der ersten Etappe entstanden zwei Akte, deren langsames Wachsen in der Korrespondenz gut dokumentiert ist. Sie waren »in poetischer Prosa geschrieben« und haben bei G. später ebensowenig Anerkennung gefunden wie die wohl gleichartigen ersten Prosa-Fassungen der *Iphigenie* (vgl. *Ital. Reise*, 16. u. 30. März 1787; Bd. 15). Dieser sogenannte ›Ur-Tasso‹ ist nicht erhalten; Rekonstruktionsversuche haben über Hypothesen und unbewiesene Spekulationen nicht hinausgeführt. Aus der Ankündigung »Tasso, zwei Akte« für den siebten Band der »Schriften« im Juli 1786 ist zu folgern, daß G. an eine Publikation des Fragments gedacht hat. Aber er hat diese Notlösung dann doch verworfen und das Manuskript für eine eventuelle Überarbeitung und Vollendung nach Italien mitgenommen.

Dort wurde G. durch den Aufenthalt in Ferrara im Oktober 1786 und sodann durch den Besuch von Tassos Grab in Rom Anfang Februar 1787 die Gestalt des italienischen Dichters und damit sein Dramenprojekt wieder nahegebracht. Am 19. Februar 1787 teilte er dem Weimarer Freundeskreis seinen Entschluß mit, den *Tasso* zu vollenden. Auf die Reise nach Sizilien, die er im März von Rom aus antrat, nahm er von den eigenen »poetischen Arbeiten« nur das Manuskript von 1780/81 mit (*Ital. Reise*, 21. Februar 1787), um die Anlage des Dramas neu zu durchdenken. Eine Seekrankheit kam der Konzentration auf diese Arbeit nach G.s Bericht zugute: »⟨...⟩ das ganze Stück ward um und um, durch und durch gedacht« (*Ital. Reise*, 31. März 1787).

Zunächst hatte jedoch neben den Reise- und Kunsteindrücken in Italien der Abschluß des *Egmont* Vorrang für den Dichter. Im Sommer 1787 sprach er von der Hoffnung, den *Tasso* bis zum Jahresende (und gar noch den *Faust* bis Ostern 1788) abschließen zu können (an Herzog Carl August, 11. August 1787). Aber diese Prognose, vom Hochgefühl der *Egmont*-Vollendung stimuliert, erwies sich schon bald als uneinlösbar. Erst Anfang 1788 ist der Dichter seinem alten Dichter-Dramenprojekt wieder nähergetreten: Der »Plan von Tasso«, ein knappes Jahr zuvor auf der Seereise nach Sizilien aufgestellt, wird ausdrücklich gutgeheißen (*Ital. Reise*, 1. März 1788). Das aber bedeutete eine Umarbeitung des alten Manuskripts, weil der ›Ur-Tasso‹ allein schon wegen seiner Prosaform »zu nichts zu brauchen« war (ebd., 1. Februar 1788). Mit Wolfdietrich Rasch ist von einer »zweiten Konzeption« zu sprechen, wenn auch deren detaillierte

Unterscheidung von den Anfängen der *Tasso*-Entstehung nicht möglich ist.

Die Lektüre von Serassis Tasso-Biographie, von der G. im März 1788 Herzog Carl August berichtete, war für die Neugestaltung des Dramas von erheblicher Bedeutung. Erst durch Serassis Darstellung hat die Figurenkonstellation des Schauspiels ihre endgültige Form gewonnen: Nachdem Tasso zunächst in ein Spannungsverhältnis zu Giovanni Battista Pigna gestellt worden war, stieg nun Antonio Montecatino zu seinem weltkundigen Widersacher auf. In Florenz, wo G. auf der Rückreise nach Weimar fast zwei Wochen Station machte (bis zum 11. Mai 1788), will er »in den dortigen Lust- und Prachtgärten« etliche Passagen des Dramas niedergeschrieben haben. Der spätere, erst 1817 verfaßte Bericht (ursprünglich als Schluß der *Italienischen Reise* vorgesehen) ist aber so stark literarisch stilisiert, nämlich auf den Motivkreis von ›Abschied‹ und ›Verbannung‹ ausgerichtet, daß zwar die intendierte Analogie zu Tasso deutlich wird, aber die mitgeteilten Fakten eher in Frage zu stellen sind.

Die Arbeit am Drama ging erst in Weimar weiter voran, erst langsam, mit Unterbrechungen, dann aber doch stetig. In diese Zeit fällt die innere Loslösung G.s von Charlotte von Stein, deren Bild ihn einst bei der Imagination des Dramas – und vor allem wohl der Figur der Prinzessin – umschwebt hatte (vgl. die Briefe an sie vom 20. u. 23. April 1781). Der Besuch von Karl Philipp Moritz in Weimar um die Jahreswende 1788/89 hat – nach Berichten Caroline Herders an ihren in Italien reisenden Gatten vom 12. Dezember 1788 und 9. Januar 1789 – auf G. anregend gewirkt, ihm möglicherweise jene Anschauung der Dichter-Melancholie gegeben, die sein Drama thematisch behandelt.

Die Ausarbeitung des Stücks nahm G. offenbar vom fünften Akt aus vor, indem er das exakt konzipierte Drama rückläufig schrieb. Sein Schreiber Christian Georg Carl Vogel (1760–1819) hat, wie aus einer Quittung hervorgeht, bis zum 4. November 1788 14 Bogen Reinschrift vom vierten und fünften Akt erstellt (vermutlich ohne die beiden letzten Szenen des vierten Aktes). In diesen Abschriften heißt Tassos Gegenspieler noch Battista: ein Beweis, daß es sich dabei um die älteste, noch nicht von der durch Serassi angeregten Umdisposition (zu Antonio als Gegenspieler) erfaßte Schicht des Textes handelt. Am 27. Januar 1789 quittierte Vogel das Honorar für 14 neue Bogen der Reinschrift, Partien wohl aus dem zweiten und dritten Akt (ohne dessen Schluß).

Anfang Februar 1789 begann G. mit der Ausarbeitung des ersten Aktes, die ihm, wie die Briefzeugnisse aus diesem Monat zeigen, einige Schwierigkeiten bereitete. Im April ist davon die

Rede, daß an der Vollendung des Dramas noch drei Szenen fehlen (an Herzog Carl August, 6. April 1789; Näheres s. S. 934f.). Ein Bericht Caroline Herders hält am 10. Mai fest, daß G. in einer Vorlesung des Dramas für Herzogin Luise drei – offenbar immer noch nicht fertiggestellte – Szenen auslassen mußte. Im Juni und Juli ist von der abschließenden »Revision« des Textes die Rede. Erst Anfang August kann Herder der Abschluß der Arbeit gemeldet werden.

Am 8. Juni hatte G. dem Verleger Göschen die Übersendung des ersten Aktes zur Drucklegung angekündigt. In den folgenden Wochen schickte er fertige Teile des Dramas, Ende August die letzten noch ausstehenden Textstücke nach Leipzig. Der *Tasso* wurde innerhalb von Bd. 6 der *Schriften* Ende 1789 (mit der Jahresangabe 1790) ausgeliefert. 1790 ließ Göschen auch drei Einzelausgaben erscheinen, 1791 brachte er – ohne G.s Wissen – den *Tasso* erneut innerhalb der vierbändigen »geringeren« Ausgabe der *Schriften* auf den Markt. Dieser Text diente als Druckvorlage für die später vom Verleger Cotta veranstalteten Gesamtausgaben von G.s Werken.

*Die Künstler-Problematik: Autonomie und Pathologie*

Schreibt ein Künstler ein Künstlerdrama, so scheint zunächst eine autobiographische Aufschlüsselung der dargelegten Problematik angezeigt. Im Falle des *Tasso* kann sich ein solches Verfahren sogar auf G. selbst berufen, besonders auf seine Gesprächsäußerung zu Eckermann im Mai 1827, in der er seine »Darstellung« mit biblischem Pathos auf das eigene Leben und die Weimarer »Hof-Lebens- und Liebesverhältnisse« zurückführt. Solche Äußerungen gibt es nicht erst in der Zeit des Alters, in der manches Frühere umgedeutet oder zusammengerückt werden mag. Schon in der Entstehungszeit findet sich in einem Brief an Herzog Carl August, der von dem Projekt – wohl aus der Befürchtung, es mache Weimarer Interna öffentlich – abgeraten hatte, im März 1788 das Bekenntnis, der Hang zum *Tasso* komme »aus dem innersten« der eigenen »Natur«.

Aus solchen Äußerungen G.s konnte der Eindruck eines Schlüsselstücks entstehen, das zu seinem Verständnis eben aufzuschlüsseln sei. Vor allem die biographisch-positivistische Forschung des 19. Jh.s hat diese Dechiffrierung der Figuren und Verhältnisse eifrig, freilich mit sehr unterschiedlichen Ergebnissen betrieben. So konnten schon 1884 (von Franz Kern: Goethes Torquato Tasso. Beiträge zur Erklärung des Dramas. Berlin 1884) etliche

Damen genannt werden, die als Vorbild der Gräfin Sanvitale des Dramas in Frage kommen: Corona Schröter, die Gräfin von Werthern-Neunheiligen, Amalia von Werthern, Caroline von Ilten, die Gräfin Aloysia von Lanthieri, die Marchesa Branconi, um nur diese anzuführen. In der Prinzessin hat man hauptsächlich Charlotte von Stein, aber auch die Herzogin Luise wiedererkannt. Als Vorbild des Antonio wurde u. a. G.s im persönlichen Umgang ›schwieriger‹ Freund Herder in Betracht gezogen.

Besonders groß geriet der biographischen Forschung die Liste der möglichen Tasso-Modelle. Dafür kam natürlich zunächst G. selbst in Frage. Doch es kursierten auch weitere Kandidaten, so der Stürmer und Dränger Jakob Michael Reinhold Lenz (vom Realismus-Programmatiker Julian Schmidt 1880 ins Spiel gebracht), aber auch Schiller (als neidete ihm G. den wachsenden Erfolg und wollte auch für die *Egmont*-Rezension Rache üben), ferner Carl Ludwig von Knebel (G.s ›Urfreund‹ mit seinen besonderen Weimarer Schwierigkeiten), Johann Heinrich Merck, Friedrich Victor Lebrecht Plessing (Bd. 2.1, S. 565 f.), schließlich Klopstock und Karl Philipp Moritz, der nach der Begegnung mit G. in Rom zwei Monate in Weimar verbracht, dabei in dem entstehenden Stück »so was wunderbar Anziehendes« gefunden hat.

Diese Auflistung zeigt allein schon die Problematik eines solchen Dechiffrierungsspiels. Die biographisch-psychologischen Anspielungen sind zu breit gestreut, als daß sich die Figuren des Dramas eindeutig Vorbildern der Wirklichkeit zuordnen ließen. Daß Schillers Freund Ludwig Ferdinand Huber im Tasso des Dramas offenkundig Schiller erkennt (an Körner, 8. März 1790) und Susette Gontard bei der Lektüre »unverkennbare Züge« von Friedrich Hölderlin entdeckt (an Hölderlin, 23. Juni–3. Juli 1799), spricht eher dafür, wie G. im Ausgang vom Eigenen doch eine Vergegenwärtigung der modernen Dichter-Existenz schlechthin zu geben vermag. Sein Drama bildet in der Betonung des künstlerischen ›Werkethos‹ wie in der souveränen Distanz zu den psychologischen Problemen des Künstlers ein Gegenstück zu den Briefen ›An einen jungen Dichter‹, die Wieland ab 1782 in seiner Zeitschrift ›Teutscher Merkur‹ erscheinen ließ.

Wenn eine Thematisierung Abstand voraussetzt, so heißt das im Falle des *Tasso,* daß G. das Dichterthema nur darstellen kann, wenn er ein distanziertes Verhältnis zu ihm einnimmt (vgl. den Brief an Herzog Carl August Mitte Mai 1789). Offenbar war ihm das in den Weimarer Anfängen 1780/81 noch nicht möglich, wohl aber auf der Italien-Reise und in der Zeit danach, so daß nun erst das Drama abgeschlossen werden konnte. Wenn man an G.s Künstlerdrama, wie Richard Wagner (in einem Brief an Mathilde

Wesendonk vom 15. April 1859) und andere, die vollendete Ausgewogenheit der Konstellation, der Figuren und ihrer Rechtsansprüche, hervorheben kann, so ist das ein Beweis dafür, wie sehr G. perspektivisch von seinem eigenen Künstlertum auch loszukommen vermocht hat. Die Situation Tassos am Hof von Ferrara und die Situation G.s am Hof von Weimar sind nicht einfach gleichzusetzen: G., von seinem Herzog mit politischen Aufgaben ausgiebig beschäftigt, hatte keinen Grund, wie sein Tasso die ihm aufgezwungene Praxisferne zu beklagen (vgl. Verse 2367 ff.). Und nur die eigene Befähigung zum politischen Handeln setzte den Dichter, darin ein Antonio, in den Stand, seinem dramatischen Helden ironisch die Unfähigkeit zur Praxis nachzuweisen.

So gibt es in G.s Äußerungen zum *Tasso* auch manche Verwahrung gegen ein unbedenkliches Kurzschließen von Dichtung und Biographie. Caroline Herder hat in Briefen an ihren Gatten im Februar und März 1789 verschiedene solcher Gesprächsäußerungen G.s berichtet, darunter das kühle Wort von der »Disproportion des Talents mit dem Leben«, worin man den »eigentlichen Sinn« des Stücks zu sehen habe. Wenn Tassos Kunst im Sinne der neuen Autonomie-Ästhetik auf das selbstwertige, in sich selbst vollendete Gebilde (Karl Philipp Moritz) zielt, so ist davon das pathologische Stigma des Künstlers nicht zu trennen: Er verletzt durch seinen Hang zur Einsamkeit geltende höfische Normen (vgl. Vers 243 f.), er neigt durch seine außergewöhnliche Phantasiekraft zu lebensverkennenden Wahnvorstellungen, und er erweist sich, schwärmerisch wie schwermütig, als Melancholiker, freilich als solcher von der ›genialen‹ Spielart.

Das Wort vom »gesteigerten Werther«, das G. im Alter geprägt hat, bringt Tassos pathologischen Zug in einen literarischen Zusammenhang. Darauf hatte auch schon Friedrich Bouterwek 1819 in seiner gelehrten ›Geschichte der Poesie und Beredsamkeit‹ hingewiesen, und auch Schiller war nicht entgangen, daß in Tasso der »sentimentalische Charakter« Werthers in seinem problematischen Verhältnis zur Wirklichkeit wiederkehrt (›Über naive und sentimentalische Dichtung‹, 1795/96). Schon der alte Johann Jakob Bodmer, der über den Lavater-Kreis Kenntnis vom ›Ur-Tasso‹ erhalten hatte, sah diesem Entwurf die Nähe zum *Werther* an. Die Existenzproblematik des melancholischen Enthusiasten erscheint nun in das Künstlerische versetzt, wobei Symptome des Pathologischen unübersehbar sind, so daß Friedrich Hebbel meinen konnte, G. biete im *Tasso* statt einer Repräsentation »des Dichters« lediglich »die Krankheits-Geschichte eines freilich interessanten und reichbegabten, aber energielosen und verworrenen Individuums« (›Dramaturgische Aphorismen‹, 1852).

Es gibt jedoch gute Gründe, das eine vom anderen nicht zu trennen: Melancholie und Genialität kommen hier aus einer Wurzel. Tasso fühlt sich in der Krönungsszene von »Fieberhitze« durchglüht (Vers 492f.) und glaubt sich in einer monologischen Grübelei von Nachtvögeln umschwirrt (Verse 2235ff.): das sind Erkennungszeichen des Melancholikers nicht minder als das Bild vom »düstern Fremdling« (Vers 3160), in das er sich selbst setzt. Andererseits zeigen diese und andere Beispiele Tassos Dichtertum in seinem ingeniösen Vollzug. Es ist das Besondere von G.s Drama, daß es nicht bloß vom Dichter handelt, sondern das poetische Schaffen sozusagen in seiner Genesis vorzuführen vermag (vgl. Elizabeth M. Wilkinson in: Das deutsche Drama. Interpretationen. Hg. von Benno v. Wiese. Düsseldorf 1958, Bd. I, S. 198ff.). Mit diesem Dichten in Aktion hat sich die von Friedrich Nicolai herausgegebene ›Neue Bibliothek der schönen Wissenschaften und freien Künste‹ Anfang 1790 überaus schwer getan. Zwar wird vom anonymen Rezensenten der einst von Nicolai perhorreszierte *Werther* nunmehr in einer verblüffenden Selbstverständlichkeit zum wahren Gattungsmuster erklärt, dafür aber der *Tasso* um so energischer als Verstoß gegen »alle Regeln der Wahrscheinlichkeit« getadelt. Es ist aufschlußreich für den Dogmatismus dieser Spielart von Aufklärung, wie gerade der Ausgriff auf das Dichten selbst als Thema der dichterischen Darstellung abgewehrt wird, weil die damit freigelegten pathologischen Züge suspekt erscheinen.

Wenn Leben und Dichten, wie G. in der Figur Tassos vorführt, derselben Quelle entspringen, dann ist damit zugleich der Antagonismus angelegt, den im Drama der Herzog konstatiert (Vers 3078), die »Disproportion«, von der G. selbst spricht. Der »Dichterschwung« (Vers 1431) führt den Dichter im rasenden Lauf der Vorstellungen vom Einzelnen ins Ganze. Damit gerät aber sein Lebensgestus in einen Dissens mit den höfischen Normen, die in G.s Drama mit den Normen der Wirklichkeit schlechthin gleichgesetzt scheinen. Nicht alles kann nach diesem Kodex »mit Heftigkeit« ergriffen, vieles nur durch »Mäßigung« und »Entbehren« angeeignet werden (Verse 1119ff.). Hier tritt gegen Tassos ungestümes Drängen der pragmatische Vorbehalt des versierten, sich auf die Affektkontrolle verstehenden Politikers ein (vgl. Verse 2122ff.), dem G. durchaus ›Fleisch von seinem Fleisch‹ mitgegeben hat: »In bürgerlichen Dingen, wo alles in einer gemeßnen Ordnung geht, läßt sich weder das Gute sonderlich beschleunigen noch ein oder das andre Übel herausheben, sie müssen zusammen wie schwarz und weiße Schafe Einer Herde unter einander zum Stalle herein und hinaus« (an Charlotte von Stein, 21. September 1780).

Die Unvereinbarkeit und Untrennbarkeit von Dichten und Leben führt im *Tasso* zu der ›Lehre‹, daß der Künstler für sein ästhetisches Gelingen, wenn es denn wahrhaft ein solches sein soll, das Marterkapital des eigenen Leidens zu entrichten hat (Vers 3432f.). Steckt also im *Tasso* eine letzte tragische Dissonanz, und ist das als »Schauspiel« deklarierte Stück damit eigentlich eine Tragödie? G. hat das Werk nie so genannt. Die einzige Äußerung dieser Art, die gelegentlich herangezogen wird (aus einem Brief an Anton von Klein, datiert auf den 17. April 1789), geht nicht auf eine verbürgte Formulierung G.s zurück (und ist wahrscheinlich eine Fälschung). Das Drama konnte und sollte die real-biographische Vorgabe – Tassos Tod *vor* der versöhnenden Anerkennung durch die Dichterkrönung auf dem Kapitol – nicht völlig ausblenden. Aber es ist auch nicht zu übersehen, daß G. sein Stück nicht in eine tragische Katastrophe hineingeraten lassen, sondern in eine Balance bringen wollte, die für die Zukunft noch Hoffnung ließ. Die nautische Metapher, die nach wohlerwogener Vorbereitung durch den ganzen Ablauf hindurch den Schluß bildet (Verse 3434ff.), markiert zwar ein Scheitern Tassos, aber zugleich dessen dichterische Bewältigung im produktiven Sprachbild. Sie impliziert auch positive Möglichkeiten der Selbstertüchtigung nach dem Vorbild der Hymne *Seefahrt*, in der G. 1776 eine erste Rekapitulation seines Weimarer Lebens gegeben hatte.

Ein versöhnlicher Eindruck mag auch daraus resultieren, daß das Stück von einem Dichter geschrieben worden ist (und so auch erst geschrieben werden konnte), der den Dichteranspruch nicht mehr vorbehaltlos vertrat und den Dichternöten nicht mehr wehrlos ausgeliefert war, der also den zwischen Tasso und Antonio ausgetragenen Konflikt in sich selbst ausgleichen konnte (vgl. die Verse 1704–06). Wenn Tassos Leiden als Folge falscher Diät hingestellt wird (Verse 2884ff.) und der Fürst eine Kur zur Blutreinigung anrät (Verse 3056ff.), dann mag es sich dabei um unangemessene Interpretationen handeln. Aber sie sind wohl nicht »außer dem Ton«, wie der Rezensent der ›Neuen Bibliothek‹ rügte, sondern haben ihre spezifische Bedeutung im Streit der Positionen. Sie tragen in Richtung auf Tasso, freilich auch in der Rückverweisung auf den Diagnostiker selbst, zur Relativierung bei: Elemente einer subtilen Komik, nicht anders die ingeniöse Art, wie sich Tasso, zur Praxis doch gar nicht fähig, in die Rolle des Kastellans in einem der herzoglichen Lustschlösser imaginiert (Verse 3190ff.). Solche Gestaltungszüge, die auf eine Verminderung der tragischen Potenzen hinzielen, rücken die Figur Tassos in die Nähe von Molières ›Misanthrope‹, den G. im Alter als eines seiner »liebsten

Stücke in der Welt« bezeichnet hat (zu Eckermann, 28. März 1827; Bd. 19, S. 548).

Wie G. mit den in Tasso und Antonio inkorporierten Fähigkeiten und Defiziten in anderen Konstellationen umgegangen ist, zeigt etwa Jarnos Rede an Wilhelm in den *Lehrjahren* (8. Buch, 5. Kap.), die neben das »Nützliche«, das »sich selbst« befördert, das »Schöne« stellt, das eigens »befördert werden« muß, »denn wenige stellens dar, und viele bedürfens« (Bd. 5, S. 553). Im Drama wird der gesellschaftliche Zusammenhang noch nicht thematisch. Hier liegt aller Nachdruck auf dem Lernprozeß des Dichters, der zur Werkschöpfung *und* zur Teilhabe an der politisch-sozialen Wirklichkeit aufgerufen ist, während die gesellschaftliche Ordnung, die ihn einschränkt (und eine hochgestellte Frau seinem Liebesanspruch entzieht), als Gegebenheit vorausgesetzt wird. Ein Wetterleuchen des Wandels wird in dieser Richtung (1789!) nicht auch nur von fern sichtbar.

Als G. in Italien nach dem Abschluß der *Iphigenie* wieder zum alten *Tasso*-Manuskript von 1780/81 griff, nahm er sich »eine ähnliche Operation« wie beim antikisierenden Schauspiel vor (*Ital. Reise,* 16. März 1787): die Transformation der rhythmisierten Prosa in die Verssprache. Die stilistische Durchbildung orientierte sich an der klassischen französischen Tragödie, und wie weit es die Formkunst in dieser Richtung gebracht hat, bestätigen Zeugen und Zeuginnen in der Rezeptionsgeschichte, allen voran Madame de Staël, der der Dichter des *Tasso* als »deutscher Racine« galt. Nach Hermann Grimm läßt das Stück »die Goethe'sche Sprache in der Vollendung« erscheinen (›Goethe-Vorlesungen‹, Berlin 1877). Hugo von Hofmannsthal bewunderte die Formkunst des *Tasso,* besonders »die Übergänge«, die keine Person und keine Position statisch fixiert lassen (›Unterhaltungen über den Tasso von Goethe‹, 1906). G. selbst wird von Caroline Herder am 6. Oktober 1788 mit der Bemerkung zitiert, »die Jamben seien noch besser, als in der Iphigenia«.

Die metrische Bindung, die sich der Dichter auferlegt, ist strenger als in seinem Antikendrama auf den Blankvers gerichtet, freilich nicht so schulmäßig, daß nicht auch Trochäen am Versanfang oder Akzentverschleifungen (vgl. z. B. Vers 2540) aufträten, die fast durchweg einen erkennbaren Ausdruckswert tragen. Stärker als in der *Iphigenie* sind die traditionellen Stilelemente von Parallelismus, Antithese und Distanzierung in die sprachliche Mikrostruktur eingedrungen. Selbst »im größten Zorne« bleibt das höfische Decorum von der Sprache der Beteiligten unangetastet (vgl. Vers 1615/16), und nicht einmal in den Monologen, die sich beim auf sich selbst zurückverwiesenen und in seine Phantasien verirrenden Tasso charakteristisch häufen, wird die höfische Stilnorm durchbrochen. »Alles ist hier Antithese und Musik«, hielt Friedrich Schlegel (im ›Gespräch über die Poesie‹, 1800) seinen Eindruck von der Formensprache des *Tasso* fest. Daß der romantische Theoretiker wie auch schon L. F. Huber in seiner 1792 (in der ›Allgemeinen Literatur-Zeitung‹) publizierten Rezension auf Lessing – vor allem ›Nathan der Weise‹ – als ein formales Vorbild für den Dichter des *Tasso* hingewiesen hat, trifft auf eine denkwürdige Art mit einer Tagebuch-Notiz G.s (vom 23. August 1781) über eine Rezitation beider Texte zusammen.

## Zur Rezeptionsgeschichte

Obwohl G.s *Tasso* ein Vorzugsgegenstand für die G.-Verehrung und die Literaturwissenschaft in ihren verschiedenen positivistisch-hermeneutischen Spielarten ist, wurde er auf dem Theater nie ganz heimisch. Die Bühnengeschichte weist jedoch einige markante Aufführungen des »theaterscheue⟨n⟩ Werk⟨s⟩« (so G. selbst im Brief an Friederike Bethmann, 17. Dezember 1811) auf. Immerhin hat dieses Stück die Textvorlage für die eindringliche Inszenierung von Peter Stein (in Bremen 1969) geliefert, die – mit der auf die Bühne gestellten G.-Büste – den Subtext der von der höfischen Gesellschaft weggedrängten Wünsche und Triebe in den Spielvorgang hineinzuholen und so eine Reflexion des Verhältnisses von Macht und Kunst auszuarbeiten versucht hat.

G. selbst hat sich einer Aufführung des *Tasso* lange Zeit widersetzt, von seiner Unspielbarkeit fest überzeugt, vielleicht auch von der Besorgnis erfüllt, daß man das Stück zu persönlich-bekenntnishaft nähme. Die Uraufführung am Weimarer Hoftheater (am 16. Februar 1807) mußte dem Dichter beinahe abgelistet werden – von Schauspielern, die in Zeiten kriegerischer Unruhe aus eigenem Antrieb die Rollen einstudiert hatten. G. ließ sich in das Projekt schließlich hineinziehen und kürzte sein Stück, ohne Rücksicht auf sprachlich-poetische Schönheiten, um 727 Verse, rund ein Fünftel des gesamten Textes. (Vgl. zu dieser mit Beifall aufgenommenen Uraufführung, bei der die Hermen Ariosts und Vergils durch die Büsten Wielands und Schillers ersetzt wurden, dem von G. eingestrichenen Text und den dazugehörigen Dokumenten Bd. 6.1, S. 674–748, u. den Kommentar S. 1074ff.).

Zu einer Huldigung für den Dichter, der gerade eine schwere Krankheit überstanden hatte, geriet die Weimarer *Tasso*-Aufführung am 22. März 1823. In die Bekränzungsszene wurde neben den Büsten Vergils und Ariosts auch eine G.-Büste einbezogen. Caroline Jagemann, die Darstellerin der Prinzessin, sprach dazu einige von G.s Sekretär Riemer gedichtete Verse und überbrachte G., der die Vorstellung nicht besucht hatte, am gleichen Abend noch den ihm zugedachten Lorbeerkranz. Auch als Totenehrung für den Dichter wurde der *Tasso* ausgewählt: Am Tage nach dem Begräbnis (am 26. März 1832) gab es innerhalb der Trauerfeier im Weimarer Theater eine Aufführung des Dichter-Schauspiels mit einem Prolog des Kanzlers Friedrich von Müller.

Aus Anlaß des G.-Jubiläums im Jahre 1849 wurde im Wiener Hofburgtheater der *Tasso* gegeben. Friedrich Hebbel berichtete in der Zeitschrift ›Europa. Chronik der gebildeten Welt‹ (vom 27. September): »Am Schluß des Stücks erschien das gesamte Personal auf der Bühne und bekränzte während einer sanft und leise beginnenden, sich aber zum vollen Tusch steigernden Musik Goethe's Büste.« Peter Steins Regieeinfall (s. o.) hat also seine Vorgeschichte. Sie beginnt mit einer Fiktion: Im ›Morgenblatt für gebildete Stände‹ (vom 28. September 1815) veröffentlichte der Frankfurter Bankier Johann Jakob Willemer den Bericht über eine Aufführung des *Tasso* in G.s Geburtsstadt, deren besondere Pointe darin bestanden habe, daß am Ende die Kränze von den Hermen Vergils und Ariosts genommen und »unter jauchzenden Hochrufen der Versammelten« dem anwesenden Autor überreicht worden sind. Dem Bericht liegt jedoch eine reine Erfindung Willemers zugrunde, mit der er dem Frankfurter Theater demonstrieren wollte, welche Ehrung für G. anläßlich seines ersten Besuchs in der Vaterstadt seit 1797 angebracht gewesen wäre.

Für G. selbst wurde eine Aufführung wichtig, die nur mittelbar sein Werk und also ihn selbst anging. Nachdem seit 1825 eine französische Ausgabe seiner dramatischen Werke abgeschlossen vorgelegen hatte, wurde Ende 1826 in Paris auf dem ›Théâtre françois‹ eine Umarbeitung seines Stücks aufgeführt: ›Le Tasse, drame historique en cinq actes‹, verfaßt von Alexandre Duval. Der Bearbeiter hatte versucht, das Spiel durch weitere Aktionen und durch eine Ausweitung der Liebesgeschichte den vermeintlichen Bedürfnissen des Theaters stärker anzupassen. Das ›Journal du Commerce‹ und der ›Globe‹ gingen Anfang Januar 1827 auf diese Aufführung ein und verglichen das ihr zugrunde liegende Stück von Duval mit dem G.schen Original, das der Kritiker des ›Journal‹ als »kalt und ohne Interesse«, als eine »sittlich-weinerliche Salbaderei« bezeichnete, während der Rezensent des ›Globe‹ an G.s Drama zwar gleichfalls die Handlungsarmut kritisierte, aber auch »Poesie und Wahrheit« hervorhob.

G. nahm beide Kritiken in eigener Übersetzung in seine Zeitschrift *Über Kunst und Altertum* auf, ohne Vorurteile, Entstellungen oder Mißverständnisse nun seinerseits näher zu kommentieren. Ihm kam es in dieser französischen *Tasso*-Rezeption nicht darauf an, seine eigenen Intentionen angemessen aufgenommen zu sehen. Er sah vielmehr in dem Vorgang eine Stütze für seine Überzeugung, »daß bei der gegenwärtigen höchst bewegten Epoche und durchaus erleichterter Kommunikation eine Weltliteratur baldigst zu hoffen sei« (*Über Kunst und Altertum*, Bd. 6, 1828, Heft 2). Der *Tasso*, fast 50 Jahre vorher als Klage eines leidenden Poeten angestimmt und zehn Jahre später als distanzierte Dichter-Reflexion vollendet, scheint für den alten G. nur noch als Diskussionselement wichtig, über das »ein Höheres« angestrebt wird, nämlich »eine allgemeine Weltliteratur, worin uns Deutschen eine ehrenvolle Rolle vorbehalten ist« (ebd., Bd. 6, 1827, Heft 1; s. auch Bd. 18 dieser Ausgabe).

Ein lebhaftes Echo fand G.s *Tasso* im Umkreis der Romantik: bei August Wilhelm Schlegel, der das Drama schon 1790 (im ›Göttingischen Gelehrten Anzeiger‹) als eine großartige Bewältigung der Dichter-Problematik würdigte, in seinen späteren ›Vorlesungen über dramatische Kunst und Literatur‹ freilich nur noch beiläufig darauf einging, bei seinem Bruder Friedrich Schlegel (im ›Gespräch über die Poesie‹, 1800) und bei Adam Müller (in den ›Vorlesungen über die deutsche Wissenschaft und Literatur‹, 1806), der das Drama in das Licht der romantischen Unterscheidung des Endlichen vom Unendlichen rückte. Das Dichterthema stimulierte in der Romantik und auch darüber hinaus literarische Fortbildungen von G.s Drama, so Carl Anton Grubers Briefroman ›Torquato Taße‹ (1805), Wilhelm Smets' Trauerspiel ›Tassos Tod‹ (1819), Lord Byrons Rollengedicht ›The Lament of Tasso‹ (1819), Joseph Christian von Zedlitz' Trauerspiel ›Kerker und Krone‹ (1833) und Ernst Raupachs Trauerspiel ›Tassos Tod‹ (1833). Es wurde 1834 sogar ein Trauerspiel ›Torquato Tasso von Göthe. Fortgesetzt von Jakob Daniel Hoffmann‹ veröffentlicht, das mit Tassos Gefangenschaft auf Belriguardo einsetzt und mit einer sentimental-tröstlichen Jenseits-Vision im Tod endet. Auch Franz Grillparzers ›Sappho‹ (1818) knüpft an G.s Künstlerdrama an.

Kritischere Töne zum *Tasso* wurden von den jungdeutschen Autoren im Zuge ihrer Autoritäts- und Feudalismus-Kritik angeschlagen, so etwa von Ludwig Börne, der darin G. »mit aller seiner Größe und aller seiner Niedrigkeit« wiederzufinden glaubte. Er brachte sein Mißfallen u. a. auf den Punkt: »Nicht daß Tasso unterliegt, daß er sich besiegt bekennt« (Notizbuch von 1829/31). Eine dezidiert adelskritische Bewertung, bis zum Angriff auf den ästhetischen Rang des Dramas vorangetrieben, vertrat Johannes

Scherr: »⟨...⟩ dies Stück hat ein Hofmann für Höfe geschrieben. Es ist ein widerlich serviles Produkt durch und durch, das siebenfach destillierte Hofrätetum in fünffüßigen Jamben, das Hohelied der Bedientenhaftigkeit« (›Allgemeine Geschichte der Literatur‹, 1851). Losgelöst von seinem ursprünglichen historisch-psychologischen Element, der ›wertherischen‹ Empfindsamkeit, büßte das Stück in solcher Betrachtungsweise die repräsentative Bedeutung seines Dichterthemas ein und schrumpfte auf sein sozialgeschichtliches Substrat zusammen, das der jeweils eigenen Bewertung unterworfen wurde. Bezeichnend für die Ratlosigkeit, die sich unter solchen Prämissen einstellen konnte, ist eine Theaterkritik Theodor Fontanes nach einer Berliner Aufführung des *Tasso* (am 29. Oktober 1873) in der ›Vossischen Zeitung‹. Er glaubt nur noch eine erkältend wirkende »Schönheit« ohne »reales Leben« vor sich zu haben und konstatiert:« »⟨...⟩ Hof- und Salongeschichten haben ihre Zeit, und zu dem Gleichgültigsten von der Welt gehören Dichterreizbarkeiten.«

Solche Urteile stellen, auf das Ganze der Rezeptionsgeschichte gesehen, jedoch eher die Ausnahme dar angesichts der hohen Wertschätzung, die G.s Drama immer wieder gefunden hat, gerade auch im 20. Jh., in dem es unter verschiedenen Vorzeichen als analytische Durchdringung des Problemfelds ›Kunst und Gesellschaft‹ gewürdigt wurde. Dazu hat nicht zuletzt die wissenschaftliche Diskussion über den *Tasso* mit einigen bedeutenden Leistungen beigetragen.

*Dokumente zur Entstehung, Kommentierung und zeitgenössischen Rezeption*

*G.s Tagebuch. Weimar, 30. März 1780*
⟨...⟩ hatt ich den erfindenden Tag. Anfangs trüblich ich lenkte mich zu den Geschäften, bald wards lebendiger. Brief an Kalb. Zu Mittag nach Tiefurt zu Fuß Gute Erfindung Tasso.

*G. an Charlotte von Stein. Schmalkalden, 11. September 1780*
Ich habe jeden Augenblick des Tags genutzt, und mir noch zuletzt eine Szene aus einem neuen Trauerspiel vorgesagt, die ich wohl wieder finden mögte.

*G.s Tagebuch. Weimar, Ende Oktober 1780*
Tasso angefangen zu schreiben.

*G. an Charlotte von Stein. Weimar, 13. November 1780*
⟨...⟩ die Wolken liegen der Erde und dem Geiste schwer auf. Doch ist unter der Hülle mein erster Akt fertig geworden, ich mögt ihn gerne lesen ⟨vorlesen⟩, daß Sie teil an allem hätten was mich beschäftigt.

*G. an Charlotte von Stein. Weimar, 15. November 1780*
Ihr gütigs Zureden und mein Versprechen haben mich heute früh glücklich den IIten Akt anfangen machen. Hier ist der 1ste mög er in der Nähe und bei wiederholtem Lesen seinen Reiz behalten. Lassen Sie ihn niemand sehen.

*G. an Charlotte von Stein. Weimar, 23. November 1780*
Geben Sie doch überbringern den 1. Akt des Tasso mit, ich will weiter schreiben lassen. Die erste Szene des zweiten Akts ist so ziemlich fertig.

*G. an Charlotte von Stein. Weimar, 25. November 1780*
Ich habe etwas geschrieben um nicht stecken zu bleiben. Heut Mittag ess ich mit Knebeln, und gegen Abend mögt ich wohl Lingen ⟨Caroline von Ilten, die Geliebte des Prinzen Constantin, die damals bei Charlotte von Stein wohnte⟩ und Ihnen die erste Szene des II Akts lesen.

*G. an Charlotte von Stein. Weimar, 31. Dezember 1780*
Mein Tasso dauert mich selbst er liegt auf dem Pult und sieht mich so freundlich an, aber wie will ich zureichen, ich muß auch alle meinen Weizen unter das Kommißbrot backen. ⟨Anspielung auf die Rekruten-Aushebung, die G. als Leiter der Kriegs-Kommission des Herzogtums zu organisieren hatte.⟩

*G. an Charlotte von Stein. Weimar, 25. März 1781*
An Tasso wird heut schwerlich gedacht werden. Merken Sie aber nicht wie die Liebe für Ihren Dichter sorgt. Vor Monaten war mir die nächste Szene unmöglich wie leicht wird mir sie jetzt aus dem Herzen fließen.

*G. an Charlotte von Stein. Weimar, 19. April 1781*
Am Tasso ist geschrieben ⟨...⟩ Da Sie sich alles zu eignen wollen was Tasso sagt, so hab ich heut schon soviel an Sie geschrieben daß ich nicht weiter und nicht drüber kann.

*G. an Charlotte von Stein. Weimar, 20. April 1781*
Von mir sag ich dir nichts noch vom Morgen. Ich habe gleich am Tasso schreibend dich angebetet. Meine ganze Seele ist bei dir.

*G. an Charlotte von Stein. Weimar, 23. April 1781*
Diesen Morgen ward mirs sowohl ⟨so wohl⟩ daß mich ein Regen zum Tasso weckte. Als Anrufung an dich ist gewiß gut was ich geschrieben habe. Obs als Szene und an dem Orte gut ist weiß ich nicht.

*G. an Johann Kaspar Lavater. Weimar, 22. Juni 1781*
Ich habe der Schultheß ⟨Barbara Schultheß, Freundin Lavaters in Zürich⟩ den Anfang eines neuen Dramas geschickt, lies es auch, wenn du Zeit findest, und zeigt mir es sonst niemand.

*G.s Tagebuch. Weimar, 23. August 1781*
Nathan ⟨Lessings Schauspiel⟩ und Tasso gegen einander gelesen.

*Georg Christoph Tobler an Lavater. Weimar, 30. August 1781*
(Bode, Bd. 1, S. 273)
Goethes »Tasso« ist herrlich – in ganz anderer Manier als die bisherigen Stücke, am meisten der »Iphigenie« ähnlich, noch mehr betrachtend und gesprächartig.

*G. an Lavater. Weimar, 14. November 1781*
Mit dem nächsten Postwagen geht an Bäben ⟨Barbara Schultheß⟩ der vollendete zweite Akt meines Tasso ab. Ich wünsche daß er auch für dich geschrieben sein möge.

Die Unruhe in der ich lebe läßt mich nicht über dergleichen vergnüglichen Arbeiten bleiben, und so sehe ich auch noch nicht den Raum vor mir die übrigen Akte zu enden.

*Johann Jakob Bodmer an Pfarrer Schinz. Zürich, 5. April 1782*
(Bode, Bd. 1, S. 280)
Goethe hat ein Trauerspiel in der Arbeit, in welchem Tasso der Protagonist ist. Ich sehe voraus, daß er Tasso zum andern Werther ausbilden werde.

*G. im Reise-Tagebuch für Charlotte von Stein. Venedig, 7. Oktober 1786* (s. S. 116)

*G. im Reise-Tagebuch für Charlotte von Stein. Ferrara, 16. Oktober 1786* (s. S. 130)

*G. an Charlotte von Stein. Rom, 2. Februar 1787*
⟨...⟩ machten wir einen großen Spaziergang und kamen auch auf St. Onufrio wo Tasso in einem Winkel begraben liegt. Auf der Bibliothek haben sie eine Büste von ihm. Das Gesicht ist von Wachs und soll über seinen Leichnam gegossen sein. Es ist nicht ganz scharf und hier und da verdorben, im ganzen aber ein trefflicher, zarter, feiner Mensch.

*G. in der ›Italienischen Reise‹ (Redaktion 1814–17). Rom, 16. Februar 1787* (s. Bd. 15)
Tät' ich nicht besser Iphigenia auf Delphi zu schreiben, als mich mit den Grillen des Tasso herum zu schlagen, und doch habe ich auch dahinein schon zu viel von meinem Eignen gelegt, als daß ich es fruchtlos aufgeben sollte. ⟨Zum Plan einer *Iphigenia von Delphi* s. S.752f.⟩

*G. an Charlotte von Stein. Rom, 19. Februar 1787*
Tasso wird mit auf den Weg ⟨nach Sizilien⟩ genommen, allein von allen und ich hoffe er soll zu eurer Freude vollendet werden. ⟨Am gleichen Tag entsprechend an Carl Ludwig von Knebel.⟩

*G. in der ›Italienischen Reise‹. Rom, 21. Februar 1787* (s. Bd. 15)
Eins habe ich über mich gewonnen, daß ich von meinen poetischen Arbeiten nichts mitnehme als Tasso allein, zu ihm habe ich die beste Hoffnung. Wüßt' ich nun was Ihr ⟨in Weimar⟩ zu Iphigenien sagt, so könnte mir dies zur Leitung dienen, denn es ist doch eine ähnliche Arbeit. Der Gegenstand fast noch beschränkter als jener, und will im Einzelnen noch mehr ausgearbeitet sein, doch weiß ich noch nicht was es werden kann, das Vorhandene muß ich ganz zerstören, das hat zu lange gelegen, und weder die Personen, noch der Plan, noch der Ton, haben mit meiner jetzigen Ansicht die mindeste Verwandtschaft.

*G. in der ›Italienischen Reise‹. Caserta, 16. März 1787* (s. Bd. 15)
Ich merke wohl daß es meiner Iphigenie wunderlich gegangen ist ⟨...⟩ ⟨s. S.757⟩ Doch das soll mich nicht abschrecken mit Tasso eine ähnliche Operation vorzunehmen. Lieber würf' ich ihn ins Feuer, aber ich will bei meinem Entschluß beharren und da es einmal nicht anders ist, so wollen wir ein wunderlich Werk daraus machen. Deshalb ist mir's ganz angenehm, daß es mit dem Abdruck meiner Schriften so langsam geht.

*G. in der ›Italienischen Reise‹. Auf der Seefahrt nach Sizilien, 30./
31. März, 1. April 1787* (s. Bd. 15)
⟨...⟩ die Seekrankheit überfiel mich bald. Ich begab mich in meine
Kammer ⟨...⟩ Die zwei ersten Akte des Tasso, in poetischer Prosa
geschrieben, hatte ich von allen Papieren allein mit über See
genommen. Diese beiden Akte, in Absicht auf Plan und Gang
ohngefähr den gegenwärtigen gleich, aber schon vor zehn Jahren
geschrieben, hatten etwas weichliches, nebelhaftes, welches sich
bald verlor, als ich, nach neueren Ansichten, die Form vorwalten
und den Rhythmus eintreten ließ.

⟨...⟩ Ich blieb in meiner gewohnten Lage, das ganze Stück ward
um und um, durch und durch gedacht. ⟨...⟩

Ich wagte mich manchmal aufs Verdeck, doch ließ ich meinen
dichterischen Vorsatz nicht aus dem Sinne und ich war das ganze
Stück so ziemlich Herr geworden.

*G. an Herzog Carl August. Rom, 11. August 1787*
Noch eine andre Epoche denke ich mit Ostern zu schließen: meine
erste (oder eigentlich meine zweite) Schriftsteller-Epoche. Egmont
ist fertig, und ich hoffe bis Neujahr den Tasso, bis Ostern Faust
ausgearbeitet zu haben, welches mir nur in dieser Abgeschiedenheit möglich wird. ⟨Vgl. auch *Ital. Reise* unter dem gleichen
Datum.⟩

*G. in der ›Italienischen Reise‹ (Redaktion 1829). Rom, 1. Februar
1788* (s. Bd. 15)
Dann geht eine neue Not an, worin mir niemand raten noch helfen
kann. Tasso muß umgearbeitet werden, was da steht, ist zu nichts
zu brauchen, ich kann weder so endigen noch alles wegwerfen.
Solche Mühe hat Gott den Menschen gegeben!

*G. in der ›Italienischen Reise‹. Rom, 1. März 1788* (s. Bd. 15)
Ich habe den Mut gehabt, meine drei letzten Bände ⟨S, Bde. 6–8⟩
auf einmal zu überdenken, und ich weiß nun genau, was ich
machen will ⟨...⟩
Zuerst ward der Plan zu Faust gemacht ⟨...⟩ Auch ist der Plan
von Tasso in Ordnung ⟨...⟩

*G. an Herzog Carl August. Rom, 28. März 1788*
Ich lese jetzt das Leben des Tasso, das Abbate Serassi und zwar
recht gut geschrieben hat. Meine Absicht ist, meinen Geist mit dem
Charakter und den Schicksalen dieses Dichters zu füllen, um auf
der Reise ⟨nach Weimar⟩ etwas zu haben das mich beschäftigt. Ich
wünsche das angefangne Stück, wo nicht zu endigen, doch weit zu

führen, eh ich zurückkomme. Hätte ich es nicht angefangen; so würde ich es jetzt nicht wählen und ich erinnre mich wohl noch daß Sie mir davon abrieten. Indessen wie der Reiz der mich zu diesem Gegenstande fuhrte aus dem innersten meiner Natur entstand; so schließt sich auch jetzt die Arbeit die ich unternehme um es zu endigen ganz sonderbar ans Ende meiner Italiänischen Laufbahn, und ich kann nicht wünschen daß es anders sein möge. Wir wollen sehen was es wird.

*G. an Friedrich Justin Bertuch. Rom, 5. April 1788*
Auf der Reise wird Tasso durchgedacht und also auf einer Wanderung, die Schicksale eines Mannes dramatisiert, dessen ganzes Leben ein Hin und Herwandern war. ⟨Vgl. *Ital. Reise*, 14. April 1788; Bd. 15.⟩

*G. an Knebel. Mailand, 24. Mai 1788*
Ich höre von fern, und kann es ohne das vermuten daß mein Egmont in alle Welt ausgegangen ist. ⟨...⟩ Jetzt bin ich an einer sonderbaren Aufgabe, an *Tasso*. Ich kann und darf nichts darüber sagen. Die ersten Akte müssen fast ganz aufgeopfert werden.

*G. an Charlotte von Stein. Weimar, 12. August 1788*
Mein achter Band ⟨S Bd. 8, hauptsächlich Gedichte, erschien 1789 vor den Bdn. 6 u. 7⟩ ist bald zusammengeschrieben. ⟨...⟩ Tasso rückt auch obgleich langsam ich habe noch immer Zutrauen zu dem Stück.

*G. an Knebel. Weimar, 1. Oktober 1788*
Nun bin ich eifrig an *Tasso* er geht von statten. Es wird ihm aber doch nicht jemand leicht wenn er fertig ist die Arbeit ansehn die er kostet und man solls auch nicht.

*G. an Herzog Carl August. Weimar, 1. Oktober 1788*
Seit meiner Rückkunft habe ich fleißig an meinen Operibus gearbeitet und hoffe nun bald über den Tasso das Übergewicht zu kriegen. Es ist einer der sonderbarsten Fälle in denen ich gewesen bin, besonders da ich nicht allein die Schwürigkeit des Süjets, sondern auch *Ihr* Vorurteil zu überwinden arbeiten muß. Je weiter ich komme, desto mehr Hoffnung habe ich zu reüssieren.

*Caroline Herder an Johann Gottfried Herder. Weimar, 6. Oktober 1788* (Bode, Bd. 1, S. 364)
Goethe ⟨...⟩ hat ⟨...⟩ aus dem »Tasso« einige Stellen gelesen. Es ist eine vortreffliche Arbeit, eine vortreffliche, würdige Sprache, ein

herrlicher Geist, der die Charaktere so präzis darstellt. Ich habe nur noch wenig gehört, es gefiel mir aber sehr, und es freute ihn. Er sagte, die Jamben seien noch besser, als in der »Iphigenia«.

*G. an Knebel. Weimar, 11. Oktober 1788*
Tasso rückt nur langsam.

*G. an Knebel. Weimar, 25. Oktober 1788*
Tasso hat einen Stillstand gemacht. Der achte Band ist indes auf dem Sprunge. ⟨Vgl. 12. August 1788.⟩

*Caroline Herder an Johann Gottfried Herder. Weimar, 9. Januar 1789* (Grumach, Bd. 3, S. 263)
Den Montag ward ich zum Tee bei die Stein eingeladen; ⟨...⟩ Goethe kam mit Moritz, ging aber bald wieder nach Hause; er arbeitet viel am Tasso, und Moritz soll nicht eher reisen, bis er damit fertig ist. ⟨Karl Philipp Moritz war, aus Italien zurückgekehrt, Anfang Dezember 1788 in Weimar eingetroffen und blieb bis zum 1. Februar 1789.⟩

*Caroline Herder an Johann Gottfried Herder. Weimar, 13. Februar 1789* (Grumach, Bd. 3, S. 272)
Mit Goethe habe ich mich ⟨...⟩ über die Leonore im Pater Brey ausgesprochen. Ich frug ihn, ob ich diese Person so ganz gewesen wäre? ⟨S. Bd. 1.1, S. 539–48 u. Kommentar S. 952f.⟩ Bei Leibe nicht! sagte er; ich solle nicht so deuten. Der Dichter nehme nur so viel von einem Individuum, als notwendig sei, seinem Gegenstand Leben und Wahrheit zu geben; das übrige hole er ja aus sich selbst, aus dem Eindruck der lebenden Welt. Und da sprach er gar viel Schönes und Wahres darüber. Auch daß wir den Tasso, der viel Deutendes über seine eigne Person hätte, nicht deuten dürfen, sonst wäre das ganze Stück verschoben ⟨...⟩

*G. an Knebel. Weimar, 15. Februar 1789*
Heute früh ist die *erste* Szene des *Tasso* fertig geworden. ⟨...⟩ Ich möchte Euch nun nach und nach mit dem Stück bekannt machen und mich mit Euch zum Schluß ermuntern. ⟨Am 16. Februar berichtet Knebel seiner Schwester Henriette, G. habe am Vortag den ersten Akt des *Tasso* vorgelesen.⟩

*G. an Herzog Carl August. Weimar, 19. Februar 1789*
Ich bin fleißig, leider gibt es aber nicht viel aus. Tasso wächst wie ein Orangenbaum sehr langsam. Daß er nur auch wohlschmeckende Früchte trage.

*G. an Herder. Weimar, 2. März 1789*
Vom Tasso, der nun seiner Verklärung sich nähert, habe ich die erste Szene im Kreis der Freunde publiziert ⟨vorgelesen, bekannt gemacht⟩. Deine Frau und Knebel haben sie am meisten genossen und durchgefühlt. Ich habe diesen Prologus mit Fleiß dem Werke selbst vorausgeschickt. ⟨Das vieldiskutierte Wort »Verklärung« kann sich auf die Elysiums-Vision (I/3) beziehen (vgl. bes. Vers 499), aber auch einfach die künstlerische Vollendung des Dramas meinen.⟩

*Herder an seine Frau Caroline. Rom, 14. März 1789* (Bode, Bd. 1, S. 393)
Goethes Szene habe ich mit Vergnügen gelesen. Er kann nicht anders als sich selbst idealisieren und immer aus sich schreiben, so daß er sich zugleich selbst malet. Für mich ist das gut. Aber ich fürchte, wie das durch die fünf Akte gehn werde. Immer aber wird's ein geistvolles, interessantes Stück werden.

*Caroline Herder an Johann Gottfried Herder. Weimar, 16.–20. März 1789* (Bode, Bd. 1, S. 393f.)
Ich habe die Fortsetzung von »Tasso« wieder abgeschrieben. Goethe kam dazu; ⟨...⟩ Von diesem Stück sagte er mir im Vertrauen den eigentlichen Sinn. Es ist *die Disproportion des Talents mit dem Leben.* ⟨...⟩

Die gute Kalbin ⟨Charlotte von Kalb⟩ ⟨...⟩ nimmt Goethens »Tasso« gar zu speziell auf Goethe, die Herzogin, den Herzog und die Steinin; ich habe sie aber ein wenig darüber berichtigt. Das will ja auch Goethe durchaus nicht so gedeutet haben. Der Dichter schildert einen *ganzen Charakter,* wie er ihm in seiner Seele erschienen ist; einen solchen ganzen Charakter besitzt ja aber ein einzelner Mensch nicht allein. So ist es mit dem Dichtertalent selbst, so mit der Kunst zu leben, die er durch den Herzog oder Antonio darstellt. Daß er Züge von seinen Freunden, von den Lebenden um sich her nimmt, ist ja recht und notwendig. Dadurch werden seine Menschen wahr, ohne daß sie eben ein ganzer Charakter lebend sein können oder dürfen.

*G. an Herzog Carl August. Weimar, 6. April 1789*
Ich habe noch drei Szenen zu schreiben die mich wie lose Nymphen zum besten haben, mich bald anlächlen und sich nahe zeigen, dann wieder spröde tun und sich entfernen ⟨...⟩

Wenn ich vor den Feiertagen ⟨am 12. April Ostersonntag⟩ die letzte Szene des ersten Aktes, wo Antonio zu den vier Personen, die wir nun kennen, hinzutritt, fertigen könnte, wäre ich sehr glücklich. ⟨Welche Szenen neben der genannten (I/4) G. solche Schwierigkeiten bereitet haben, konnte bisher nicht zweifelsfrei ermittelt werden. Nach der Hypothese von Eduard Scheidemantel (›Zur Entstehungsgeschichte von Goethes Torquato Tasso‹, Weimar 1896) handelt es sich um die Szenen IV/4, IV/5 und II/1.⟩

*Caroline Herder an Johann Gottfried Herder. Weimar, 10. Mai 1789* (Bode, Bd. 1, S. 402)
Gestern hat er ⟨G.⟩ den »Tasso« bis auf drei Szenen der Herzogin vorgelesen.

*Karl Philipp Moritz an G. Berlin, 6. Juni 1789* (HA, Briefe an G., Bd. 1, S. 115 f.)
Der Tasso ist nun einmal das höchste Geistige, die zarteste Menschheit, welche auch von der Sanftesten und weichsten Umgebung gedrückt, sich ihrer Auflösung nähert; welche den Schwerpunkt verloren hat, der sie an die Wirklichkeit heftet, und daher auch erst in der Erscheinung ihre eigentliche Vollendung erreichen konnte. Die tragische Darstellung dieses Zarten, Geistigen, auf dem Punkte, wo es sich jammernd ablöst, und in sich selbst versinkt, ist gewiß das Höchste der Poesie, bei der freilich das Tiefste nicht minder Schön ist, sobald die Möglichkeit zu dem Höchsten einmal in der Seele daliegt. Die Prinzessin und Leonore sprechen gleich im Anfang die größten Menschenverhältnisse unmerklich in jeder Zeile aus, und sagen sich über sich selbst und über Tasso das Feinste und Größte, was Menschen sich einander über sich selbst und über einen dritten sagen können. Und so ist die erste Auseinanderlegung des Stücks selbst schon der interessanteste Anfang dazu, der schon für sich selbst in gewisser Rücksicht ein schönes Ganze ausmacht, so wie jede Einzelne Zeile nur ein erneuerter Widerhall dieses harmonischen Ganzen ist ⟨...⟩
Der Tasso hat so was wunderbar Anziehendes, daß ich mit meinen Gedanken gern immer dabei verweilen möchte. Ich fühle immer mehr die Notwendigkeit dieses Kunstwerks in der Reihe der Dinge, wo es nicht zufällig, sondern wie vorher angewiesen seinen Platz hat. ⟨Moritz stützt sich dabei auf die beim Besuch in Weimar um die Jahreswende (s. o. zum 9. Januar 1789) erlangte Kenntnis des Manuskripts und die mit G. geführten Gespräche. Im Druck lag der *Tasso,* erst Mitte 1789 abgeschlossen, noch gar nicht vor.⟩

*G. an Johann Friedrich Reichardt. Weimar, 15. Juni 1789*
Tasso ist nun in der letzten Revision und geht sogleich in den Druck über.

*G. an Herzog Carl August. Weimar, 5. Juli 1789*
Von Tasso sind 3 Akte ganz absolviert, die beiden letzten noch in der Revision, noch wenige Tage, so wäre denn auch dieses schwere Jahrwerk vollendet.

*G. an Herzogin Anna Amalia. Weimar, 22. Juli 1789*
Tasso ist fertig 〈...〉

*G. an Herder. Eisenach, 2. August 1789*
Seit zwei Tagen darf ich erst sagen er 〈*Tasso*〉 sei fertig, denn ich habe noch immer an den letzten zwei Akten zu tun gehabt.

*G. an Herder. Ruhla, 10. August 1789*
Wie sehr freut es mich daß du den Tasso magst. Die zwei letzten Akte, hoff ich sollen zu den ersten gehören. Dein Beifall ist mir reiche Belohnung für die unerlaubte Sorgfalt mit der ich dies Stück gearbeitet habe. Nun sind wir frei von aller Leidenschaft solch eine konsequente Komposition zu unternehmen. Die Fragmenten Art erotischer Späße 〈gemeint sind die *Römischen Elegien*〉 behagt mir besser. Es sind wieder einige gearbeitet worden.

*Knebel an seine Schwester Henriette. Weimar, 11. Januar 1790*
(Bode, Bd. 1, S. 411)
Es ist ein schönes Werk; man mag es auch aufschlagen, wo man will, so fallen ausgesuchte Gedanken ins Auge. Zur Vorstellung 〈auf der Bühne〉 ist es nicht. 〈Seit Ende 1789 lag der *Tasso* im Druck (S Bd. 6) vor.〉

*Die ›Neue Bibliothek der schönen Wissenschaften und freien Künste‹ in einer umfangreichen Besprechung des ›Tasso‹ 1790 (Braun, Bd. 2, S. 88 ff., und Grawe, S. 106 ff.)*
〈...〉 der *Torquato Tasso*, mit dem Hr. von Göthe das Publikum neuerlich beschenkt hat; ein Stück voll einzelner Schönheiten, aber im Ganzen mangelhaft; voll feuriger, rührender, erhabner Gedanken, aber ohne eine Handlung, die diese einzelnen Teile unter Einen Gesichtspunkt brächte, und ihre Wirkung in Einen Brennpunkt vereinigte. 〈...〉

Kein Dichter kennt das Wesen des Romans und des Drama genauer und inniger als der Verfasser der *Iphigenie* und der *Leiden des jungen Werthers*. In diesen beiden Werken hat er mit unverwandten Augen auf das Ziel losgesteuert und die höchste Wirkung der Gattung erreicht, unter welche diese Meisterstücke eines wahren poetischen Geistes gehören. Wenn es jemals eine vollkommne Tragödie gegeben hat, so ist es die *Iphigenie*, und wenn jemals ein

Roman die strengsten Forderungen der Kritik befriedigte, so sind es die *Leiden des jungen Werthers*.

Aber der *Tasso* ist weder ein Roman, noch ein Trauerspiel, noch überhaupt ein Drama in Aristoteles Sinn. Uns scheint er nichts weiter zu sein, als eine dramatische Schilderung eines Charakters, oder vielmehr nur einer besondern Seite desselben unter verschiedenen Gesichtspunkten; eine Reihe von Situationen, eine Folge von Szenen, deren jede für sich einen vorzüglichen Wert hat, und deren zuweilen drei oder viere ein poetisches Ganze ausmachen, die aber durch nichts zusammen gehalten werden, als höchstens durch eine Leidenschaft, die weder Anfang, Mittel, noch Ende (die Forderung des Aristoteles an die Handlung der Tragödie; vgl. ›Poetik‹, Kap 7) hat. 〈...〉

In Tassos Charakter findet sich alles das, was in einem an sich edeln Herzen bis auf den Keim der Zufriedenheit und des innern Glückes vernichten kann. Sein Mißtraun gegen Andre ist ohne Grenzen, und dieses Mißtraun ist die Quelle seiner unsäglichen Leiden. Aber – irren wir uns nicht – so rühren uns diese Leiden nicht sehr, eben wegen der Quelle, aus der sie strömen. Wir machen einen Teil des menschlichen Geschlechts aus. Wer die Menschen verachtet und herabwürdigt, wer sie seines Vertrauens für unwert hält, wer in jedem von ihnen einen Betrüger und in seinen Freunden selbst Verräter erblickt, den können wir bedauern, aber unser Mitleiden verschwenden wir nicht an ihm. 〈...〉

Tassos Charakter scheint uns also weder interessant, noch unterrichtend zu sein. Nicht interessant; weil die hervorstechendste Seite desselben zurückstößt, alle Sympathie zerstört und selbst das Mitleiden unmöglich macht; weil er nicht bloß lästig, sondern oft selbst lächerlich ist, und weil es unmöglich ist, sich ernsthaft für einen Menschen zu interessieren, dessen größte Leiden in Träumen bestehn, mit denen er seinen Kopf mutwilliger Weise zu erfüllen sucht. – Nicht unterrichtend: weil ihm der innere Zusammenhang und die Wahrscheinlichkeit fehlt, ohne welche keine poetische Fiktion unterrichten kann. 〈...〉

Zum Schluß dieser Beurteilung erlauben wir uns noch einige Anmerkungen über die in diesem Stücke herrschende Sprache. Im Ganzen genommen, ist der Ausdruck reiner und richtiger, als in den meisten versifizierten Stücken desselben Verfassers. Nur hin und wieder haben wir Unrichtigkeiten, Härten und Dunkelheiten gefunden. Doch bei einem so großen Werke übersieht man dies leicht. Mehr als dieses ist uns eine gewisse Ungleichheit in der Sprache dieses Schauspiels aufgefallen.

〈...〉

Gleich in dem Anfange 〈...〉 wird ein gewisser begeisterter,

feierlicher und poetischer Ton angegeben. Dieser erhält sich auch fast durchaus. Aber bisweilen steigt er doch zu hoch; bisweilen fällt er doch zu tief.

So ist vornehmlich Tassos Sprache bisweilen allzusehr außer dem Hauptton. Man wird uns vielleicht einwerfen, daß er Dichter ist, und also dichterisch spricht. Aber wir werden darauf antworten, daß auch ein Dichter im gemeinen Leben sich wie ein andrer Mensch ausdrücken muß. Eine schwere Strafe ist auf die Verletzung dieser Regel gesetzt. Man lacht über den Mann, der auch im Gespräch auf den Stelzen der Dichtkunst einhergeht. ⟨...⟩ Ein großer Dichter ist in Gesellschaft oft ein alltäglicher Mensch. Die poetische Wahrscheinlichkeit wird also ganz und gar nicht erfordern, daß wenn man uns einen Dichter aufführt, dieser ohne Unterlaß in dem Zustand der Begeisterung sei; ja sie wird sogar durch diese Behandlung verletzt. Es ist schon genug, ihn so zu zeigen, daß man aus seiner Art zu handeln und zu sprechen, nicht vermuten kann, es fehle ihm an den zum Dichter nötigen Fähigkeiten; es ist genug, ihn überhaupt als einen Mann von Talent darzustellen ⟨...⟩

In dem gegenwärtigen Schauspiel wird dawider mehr als einmal gefehlt. Es wird nicht etwa bloß wahrscheinlich gemacht, daß Tasso ein Dichter sei, sondern er wird wirklich als Dichter gezeigt, und dies ist unserm Gefühle nach geradezu gegen alle poetische Wahrscheinlichkeit. ⟨...⟩

Nun ist es zwar wahr, daß wenn wir den Zustand, in welchem sich Tasso befindet und den geheimen Gang seiner Ideen verfolgen, diese Beschreibung des poetischen Weltalters ⟨im Hinblick auf die Verse 970 ff.⟩ allerdings einen genauen Zusammenhang mit seinen gegenwärtigen Empfindungen hat. Daß er seine Liebe zu der Prinzessin nicht äußern darf, daran ist freilich nichts andres Schuld, als die Ungleichheit der Stände und der Güter; die Vermehrung der Bedürfnisse, die Begriffe von Schicklichkeit und Unschicklichkeit, mit einem Worte, die ganze Einrichtung der bürgerlichen Gesellschaft, wie sie gegenwärtig ist, und wie sie in dem goldnen Weltalter nicht soll gewesen sein. Aber alles dies rechtfertigt bloß den Gedanken, nicht den Ausdruck. Wir glauben einen Improvisatore vor uns zu sehn, und wir können uns bei allen diesen schönen Dingen nicht enthalten zu lächeln, zumal, wenn wir uns erinnern, daß Tasso ein Stück aus einem seiner Werke rezitiert.

An andern Stellen sinkt die Sprache zu tief unter den einmal angegebnen Ton herab. Von dieser Art scheint uns das zu sein, was Antonio von Tassos Lebensart sagt: ⟨folgt Zitat Verse 2884–90⟩ und dann weiterhin, wo derselbe ein Gespräch des Dichters mit seinem Arzte nachahmt: ⟨folgt Zitat Verse 2899-2907⟩. Eine solche Nachahmung hat an und für sich schon etwas burleskes und ist also hier offenbar außer dem Ton. Aber wir sind um desto weniger mit dieser Erzählung zufrieden, da wir ihre Absicht nicht recht einsehn, und da sie eben so sehr dient, Tasso lächerlich, als uns auf Antonio unwillig zu machen.

Aber noch weit seltsamer schien uns in dieser Rücksicht die Stelle, wo Tasso die Prinzessin um die Erlaubnis bittet, eines ihrer Lustschlösser beziehn zu dürfen, um das Amt eines Kastellans zu verwalten. Die Enumeration ⟨Aufzählung⟩ der Geschäfte, die er daselbst verrichten will, scheint uns an sich schon dem Gemütszustande, in welchem er sich befindet, etwas unangemessen zu sein; aber diese Geschäfte sind auch so geringfügig, und die Ausdrücke, mit denen er sie beschreibt, so prächtig, daß man in der Tat sehr ernsthaft sein muß, um über den seltsamen Mann, und seine sonderbare Art zu sprechen, nicht ein wenig zu lächeln.

*August Wilhelm Schlegel in einer Rezension von S, Bde. 6–8, in den ›Göttingischen Anzeigen von gelehrten Sachen‹ 1790* (A. W. Schlegel: Sämtliche Werke. Hg. von Eduard Böcking. Bd. 10. Leipzig 1846. Nachdr. Hildesheim 1971, S. 4f.)

Der Gedanke, den Charakter eines wirklichen Dichters zum Gegenstande einer dichterischen Darstellung zu machen, hat etwas so Natürliches und auffallend Anlockendes, daß man sich wundern muß, ihn nicht häufiger benutzt zu finden. ⟨...⟩

Nicht nur die Persönlichkeit des Tasso, wie man sie aus der Geschichte kennen lernt, hat Goethe treu und wahr in seinem Bildnisse zusammengefaßt, sondern auch feinere Schattierungen, die er nur durch tiefes Studium der Werke des Dichters wahrnehmen konnte, auszudrücken gewußt. Selbst auf einzelne Stellen der Gedichte seines Helden hat er angespielt. So ist z. B. was Tasso vom goldenen Zeitalter sagt, größtenteils aus dem bezaubernd schönen Chor im ersten Akt des ›Aminta‹ genommen. Manche Schönheiten dieser Art müssen freilich für Leser verloren gehen, die den Tasso nicht als Dichter kennen, wenn ihnen gleich immer die Feinheit und Sorgfalt in der Behandlung des ganzen Charakters sichtbar bleibt. Eine andre Klasse von Schönheiten, welche nur von Kennern der Lebensgeschichte des Tasso gefühlt werden können, machen die Benutzungen kleiner historischer Umstände aus, die den Leser auf den Schauplatz hinzaubern, und ihm das Ganze mit anschaulicher Wahrheit vorbilden. ⟨...⟩

Der Plan des Stücks ist sehr einfach: gerade nur so viel Handlung, als erfordert wurde, um den Charakter des Tasso sich völlig entwickeln zu lassen. Ohne daß unerwartete Ereignisse oder mächtige Leidenschaften zu Hülfe gerufen würden, um den Knoten zu schürzen, fließt Alles aus dem Kontrast zwischen den Charaktern des Tasso und des Antonio Montecatino, welcher Sekretär beim Herzog Alfonso war, leicht und natürlich her. Der Schluß ist nicht ganz befriedigend. Das schöne Gleichnis, worin Tasso sich und den Antonio schildert, kann die dauernde Disharmonie zwischen ihnen nicht auflösen, durch die der erste in so quälende Lagen geriet. Für die Bühne scheint der Verfasser das Stück überhaupt nicht bestimmt zu haben ⟨...⟩ Keine der handelnden Personen ist so geschildert, daß man ihr Wohl und Wehe mit vollem Herzen zu dem seinigen machen könnte. Tasso selbst erregt nur eine mit Unmut über sein grillenhaftes Betragen gemischte Teilnahme; und die Prinzessin äußert zu matte, kränkliche Gefühle, als daß man lebhaften Anteil daran sollte nehmen können.

*Ludwig Ferdinand Huber an Christian Gottfried Körner. Mainz, 15. Januar 1790* (Bode, Bd. 1, S. 411)
⟨...⟩ ich habe wieder die Kühnheit bewundert, mit welcher er ⟨G.⟩ das Fehlerhafte seines Stoffes berührt, ohne über eine gewisse Grenze zu schreiten. Hier ist Verdauung der italienischen Manier mit ihrer Weitschweifigkeit, ihrer Spielerei, wie in der »Iphigenie« die Altklugheit, die Gemeinplätze der griechischen Manier mit dem modernen besseren Genius amalgamiert ⟨verbunden⟩ worden.

*Huber an Körner. Mainz, 8. März 1790* (Bode, Bd. 1, S. 413)
Dieses Produkt ist in seiner Art wohl ebenso vollkommen als »Götz«, »Iphigenie« und »Egmont«. Der Eindruck, den es das erstemal zurückläßt, ist freilich widrig; es ist eine Art von *tragischer Satire*, in die man sich nicht gern findet. Aber das verschwindet in der Folge immer mehr und mehr; man trifft auch mit dem Dichter eine Art von Übereinkunft über seine weitschweifige Behandlung, über seine Auseinandersetzung durch unendliche Monologe, bei denen auch nicht einmal der *Anstrich* von Natürlichkeit gesucht worden ist..., und dann hat man ebenso reinen Genuß als bei Goethes andern Werken. ⟨...⟩

An der inneren Wahrheit der einzelnen Charaktere ist durchaus nichts auszusetzen. Tasso lebt zwiefach für uns in Rousseau und *noch jemand,* dessen Bild bei seiner Trennung von uns mich nicht verlassen hat ⟨gemeint ist offenbar Schiller⟩, von dem Augenblick an, da Tasso nach Rom will. Antonio wäre schwerer zu finden, aber wie schön und wahr ist der Charakter! Ich gestehe Dir, daß die Prinzessin mich fast verführt, eine Untreue an Iphigenien und Klärchen zu begehen. Wie unendlich fein und doch wie lebendig ist

die *schöne Weiblichkeit* wieder in diesem Charakter nuanciert! ⟨...⟩
  Wenn der Dichter solche Resultate gewonnen hat, so kann ich nicht einen Augenblick mehr zweifeln, ob er sie auch auf einem *andern,* uns geläufigeren Wege hätte gewinnen können und sollen; und ich traue fest, daß *sein* Weg der einzig rechte war.

*Wilhelm von Humboldt an Friedrich Heinrich Jacobi. Berlin, 20.Juni 1790* (Bode, Bd. 1, S. 416f.)
Von Goethe muß ich Ihnen noch ein Wort sagen. ⟨...⟩ Es ist mir doch immer, als wär er unser einziger Dichter. Sein Tasso und einige Stellen im Faust haben mich aufs neue darin bestärkt.

*L. F. Huber in einer Besprechung in der ›Allgemeinen Literatur-Zeitung‹ Nr. 294 vom 9. November 1792, Sp. 281–287, hier: 285*
Tasso ist das ausgearbeitetste unter allen Werken dieses Dichters; für das Studium, wie für den Genuß des Künstlers, ist es ein köstliches, in seiner Art einziges, Geschenk. Indessen scheint das Interesse an diesem Drama mehr durch die Kunst aufgedrungen als natürlich; die Charaktere und die Situationen behalten unter dem zarten Hauch eines miniaturähnlichen Kolorits, eine gewisse Unbestimmtheit, die den Eindruck des Ganzen kaum wohltätig macht, und sie sind, in der innigen und seelenvollen Behandlung, die Göthe eigen ist, ungefähr eben so auf eine Nadelspitze gestellt, wie manche Charaktere und Situationen in *Lessings* subtiler und sinnreicher Manier.

*Friedrich Schlegel im ›Gespräch über die Poesie‹ 1800* (Friedrich Schlegel: Kritische Schriften. Hg. von Wolfdietrich Rasch. München 1964, S. 521f.)
Das Charakteristische im *Tasso* ist der Geist der Reflexion und der Harmonie; nämlich daß alles auf ein Ideal von harmonischem Leben und harmonischer Bildung bezogen und selbst die Disharmonie in harmonischem Ton gehalten wird. Die tiefe Weichlichkeit einer durchaus musikalischen Natur ist noch nie im Modernen mit dieser sinnreichen Gründlichkeit dargestellt. Alles ist hier Antithese und Musik, und das zarteste Lächeln der feinsten Geselligkeit schwebt über dem stillen Gemälde, das sich am Anfange und Ende in seiner eignen Schönheit zu spiegeln scheint. Es mußten und sollten Unarten eines verzärtelten Virtuosen zum Vorschein kommen: aber sie zeigten sich im schönsten Blumenschmuck der Poesie beinah liebenswürdig. Das Ganze schwebt in der Atmosphäre künstlicher Verhältnisse und Mißverhältnisse vornehmer Stände, und das Rätselhafte der Auflösung ist nur auf den Standpunkt berechnet, wo Verstand und Willkür allein herr-

schen, und das Gefühl beinah schweigt. In allen diesen Eigenschaften finde ich den *Egmont* jenem Werk ähnlich oder auf eine so symmetrische Art unähnlich, daß er auch dadurch ein Pendant desselben wird. Auch Egmonts Geist ist ein Spiegel des Weltalls; die andern nur ein Widerschein dieses Lichts. Auch hier unterliegt eine schöne Natur der ewigen Macht des Verstandes. Nur ist der Verstand im *Egmont* mehr ins Gehässige nuanciert, der Egoismus des Helden hingegen ist weit edler und liebenswürdiger als der des Tasso. Das Mißverhältnis liegt schon ursprünglich in diesem selbst, in seiner Empfindungsweise; die andern sind mit sich selbst eins und werden nur durch den Fremdling aus höhern Sphären gestört.

*Adam Müller in seinen ›Vorlesungen über die deutsche Wissenschaft und Literatur‹. Dresden 1806* (Mandelkow, Bd. 1, S. 227–229)
›Torquato Tasso‹ von Goethe ist ein Gedicht *über* den Dichter und sein Werk: für das Verständnis der Poesie das lehrreichste und tiefsinnigste; in äußerer Form das vollendetste, den benachbarten Nationen zugänglichste. 〈...〉
〈...〉 Alle Gunst scheint sich im Anfange über Tasso zu ergießen: der Lorbeer ruht auf seiner Stirne, mit einem noch schönern Lohne erfreut ihn die Liebe der Eleonore: den Spielen der Poesie scheinen alle Preise der Erde zuteil zu werden. Da tritt mit dem erscheinenden Antonio der unfreundlichere Ernst des wirklichen Lebens ein; vor ihm lösen sich wieder alle Kränze von dem Haupt des unglücklichen Dichters. Was schon gewonnen schien, schwebt immer höher und unerreichbarer zwischen den Gestirnen: als glückliche Deutung, wie eben durch den Ernst des Lebens, das Spiel erst zu einem unendlichen wird und wie durch die technische, mühsame Behandlung des Stoffs, der Sprache und des Rhythmus oder durch das Gesetz, sich die Freiheit der Poesie erst verewigt. Noch sinnreicher erscheint die Dichtung, wenn man sich aus der Geschichte des Tasso erinnert, wie die ihm zugedachte Ehre der Bekränzung auf dem Kapitol, wenige Tage vor der Erfüllung durch seinen plötzlichen Tod ihm versagt wurde.

Unter allen Leiden des Dichters sieht man die Flügel des Genius der Poesie sich ausbreiten und wachsen, und wenn die Strenge in der Handlungsweise des Staatsmannes uns hier und dort verletzt, so haben sich dennoch am Ende Dichtkunst und Staatskunst in einen einzigen herrlichen Tempel des Lebens vereinigt. Die Liebe bleibt versagt, der Lorbeer entrückt: aber die Elemente der Welt, die sich zum Streit getrennt hatten, versöhnen sich wieder: vor ihrer gleichen, ewig notwendigen Gewalt beugen sich die über den scheinbaren Zwiespalt wieder beruhigten Gestalten. Tasso, klar, flüssig, aber auch leicht zu beunruhigen wie Meer und Wasser, tritt in seine Schranken zurück: Antonio, auf Festigkeit und Dauer trotzend wie die ernährende Erde, gibt seine Ansprüche auf. Weich und durchsichtig, zwischen Himmel und Erde ausgebreitet, ewig unergreifbar für irdische Hände, wie die Luft, umfängt die ernste Eleonore wieder mit gleicher Gerechtigkeit die beiden irdischen Elemente; und das Feuer der andern, das hie und da zu entzünden drohte, stillt sich; der leichte Glanz, die schöne Lust eines fröhlichen Herzens bleibt zurück.

So schließt sich das echte Kunstwerk: in lebendiger Deutlichkeit hinterlassen die schönen, verschwundenen Bilder den ewigen Gedanken des Lebens. Die irdischen Schicksale, die uns, wie die edlen Gestalten des Gedichts, quälten und zerrissen, stehn bei jeder folgenden Betrachtung reiner, ruhiger und bedeutender vor uns auf: Schmerz und Freude mildern sich gegenseitig zu Moll- und Dur-Akkorden einer wunderbaren Musik. Eben diese wiederholte Betrachtung wird jedem, der sich dazu hingezogen fühlt, erhabneren Sinn in dem göttlichen Werke zeigen.

*G. an Friederike Bethmann. Weimar, 17. Dezember 1811*
Haben Sie allerseits recht vielen Dank, daß Sie dieses theaterscheue Werk hervorgezogen und in ein günstiges Bühnenlicht gestellt haben. ⟨...⟩
⟨...⟩ Ich bin gewiß nicht unempfindlich für die Aufmerksamkeit die man einem Werke erweist, auf das ich ganze Epochen meines frühern Lebens verwendet habe. ⟨Als Dank für den Bericht über die Aufführung des *Tasso* am Berliner Hoftheater (am 25. November 1811), an der die Schauspielerin Friederike Bethmann (1766–1815) als Leonore Sanvitale mitgewirkt hatte.⟩

*Germaine de Staël in ›De l'Allemagne‹; abgeschlossen 1810, publiziert 1813* (Germaine de Staël: Über Deutschland. Nach der Übersetzung von Robert Habs hg. von Sigrid Metken. Stuttgart 1962, S. 254–260)
Goethe wollte in diesem Stück den Gegensatz schildern, der zwischen der Poesie und den gesellschaftlichen Gebräuchen, zwischen dem Charakter eines Dichters und eines Weltmenschen besteht. Er hat das Übel dargestellt, das die Protektion eines Fürsten der empfindlichen Phantasie eines Schriftstellers antut, selbst wenn dieser Fürst die Literatur zu lieben glaubt oder wenigstens seinen Stolz daran setzt, als ihr Freund zu gelten. ⟨...⟩
Einen besseren Stoff als Tassos Aufenthalt in Ferrara konnte man nicht wählen, um die verschiedenen Charaktere eines Dich-

ters, eines Hofmanns, einer Prinzessin und eines Fürsten zur Anschauung zu bringen, die in einem kleinen Kreise sämtlich mit der Schärfe einer Eigenliebe handeln, welche die ganze Welt in Bewegung setzen könnte. Man kennt die krankhafte Empfindlichkeit Tassos und die glatte Härte seines Beschützers Alfonso, der, während er der größte Bewunderer seiner Schriften zu sein behauptete, ihn ins Tollhaus sperren ließ, als ob das Genie, das dem Gemüt entstammt, ebenso behandelt werden dürfte wie ein mechanisches Talent, aus dem man Vorteil zieht, indem man die Arbeit achtet und den Arbeiter geringschätzt.

⟨...⟩ Die krankhafte Reizbarkeit der Dichter hat sich bei Rousseau, bei Tasso und öfter noch bei deutschen Autoren gezeigt. Die französischen Schriftsteller sind seltener davon ergriffen worden. Wenn man viel mit sich selbst und in der Einsamkeit lebt, so wird es einem schwer, die Luft der Außenwelt zu ertragen. Die Gesellschaft ist in vielen Beziehungen hart und rauh gegen den, der nicht von Jugend auf für sie zugeschliffen ist, und die Ironie der feinen Welt ist für die Leute von Talent weit gefährlicher als für alle andern ⟨...⟩

Wie mir scheint, tritt im *Tasso* die Lokalfarbe des Südens nicht stark genug hervor. Es dürfte allerdings sehr schwer sein, im Deutschen die Empfindung wiederzugeben, welche das Italienische in uns erweckt. Doch findet man bei Goethe gerade in den Charakteren die Züge der germanischen statt der italienischen Natur. Leonore von Este ist eine deutsche Prinzessin. Die Analyse ihres eigenen Charakters und ihrer Gefühle, die sie beständig vornimmt, liegt gar nicht im Geiste des Südens. Dort zieht die Einbildungskraft sich nicht in sich selbst zurück, sondern dringt vorwärts, ohne sich umzuschauen. ⟨...⟩

Ebenso ist Tasso ganz und gar ein deutscher Poet. Diese Unfähigkeit, sich unter den gewöhnlichen Umständen des alltäglichen Lebens aus der Verlegenheit zu helfen, wie Goethe sie dem Tasso beilegt, ist ein Zug aus dem abgeschlossenen Denkerleben der nordischen Schriftsteller. Bei den Dichtern des Südens ist diese Unfähigkeit etwas Ungewöhnliches, sie haben öfter außerhalb ihres Hauses auf den öffentlichen Plätzen gelebt und sind mit den Dingen, besonders aber mit den Menschen vertrauter.

⟨...⟩

Die Eleganz und Würde des poetischen Stils im *Tasso* sind unvergleichlich: Goethe hat sich hier als deutscher Racine gezeigt. Wenn man aber Racine die geringe Teilnahme, die ›Berenice‹ erregt, zum Vorwurf macht, so darf man mit noch weit mehr Recht die dramatische Kälte in Goethes *Tasso* tadeln. Der Dichter beabsichtigte, durch die flüchtige Zeichnung der Situationen die Charaktere zu vertiefen – aber ist das überhaupt möglich? Welchem Wesen sind diese geistvollen und phantasiereichen Reden abgelauscht, welche die verschiedenen Personen abwechselnd halten? Wer spricht in solcher Weise über sich selbst und über alles? Wer erschöpft in solchem Grade alles, was man sagen kann, ohne daß jemals davon die Rede ist, etwas zu tun? Wenn sich ein wenig Leben und Bewegung in dem Stück zeigt, fühlt man sich erleichtert, ledig jener unausgesetzten Aufmerksamkeit, welche die Ideen erheischen. Die Szene mit dem Duell zwischen dem Dichter und dem Höfling erregt ein ungemeines Interesse: der Zorn des einen und die Gewandtheit des andern zeichnen die Situation in treffendster Weise. Von den Zuschauern oder Lesern zu fordern, daß sie auf das Interesse für die Begebenheiten verzichten, um ihre Aufmerksamkeit einzig und allein auf die Bilder und Gedanken zu richten, ist zu viel verlangt.

*G. in der ersten Fassung zum Abschluß des ›Zweiten Römischen Aufenthalts‹ seiner ›Italienischen Reise‹. Weimar, 31. August 1817* (WA I 32, S. 428f.; s. Bd. 15)
‹Nach dem Zitat einiger Distichen aus Ovids Elegie I,3 in den ›Tristia‹›: Nicht lange jedoch konnte ich mir jenen fremden Ausdruck eigner Empfindung wiederholen, als ich genötigt war ihn meiner Persönlichkeit, meiner Lage im besondersten anzueignen. Angebildet wurden jene Leiden den meinigen und auf der Reise beschäftigte mich dieses innere Tun manchen Tag und Nacht. Doch scheute ich mich auch nur eine Zeile zu schreiben, aus Furcht, der zarte Duft inniger Schmerzen möchte verschwinden. Ich mochte beinah nichts ansehen um mich in dieser süßen Qual nicht stören zu lassen. Doch gar bald drang sich mir auf wie herrlich die Ansicht der Welt sei, wenn wir sie mit gerührtem Sinne betrachten. Ich ermannte mich zu einer freieren poetischen Tätigkeit; der Gedanke an Tasso ward angeknüpft und ich bearbeitete die Stellen mit vorzüglicher Neigung, die mir in diesem Augenblick zunächst lagen. Den größten Teil meines Aufenthalts in Florenz verbrachte ich in den dortigen Lust- und Prachtgärten. Dort schrieb ich die Stellen die mir noch jetzt jene Zeit, jene Gefühle unmittelbar zurückrufen. Dem Zustand dieser Lage ist allerdings jene Ausführlichkeit zuzuschreiben, womit das Stück teilweis behandelt ist und wodurch seine Erscheinung auf dem Theater beinah unmöglich ward. Wie mit Ovid dem Local nach, so konnte ich mich mit Tasso dem Schicksale nach vergleichen. Der schmerzliche Zug einer leidenschaftlichen Seele, die unwiderstehlich zu einer unwiderruflichen Verbannung hingezogen wird, geht durch das ganze Stück. Diese Stimmung verließ mich nicht auf der

Reise trotz aller Zerstreuung und Ablenkung, und, sonderbar genug, als wenn harmonische Umgebungen mich immer begünstigen sollten, schloß sich nach meiner Rückkunft das Ganze bei einem zufälligen Aufenthalte zu Belvedere, wo so viele Erinnerungen bedeutender Momente mich umschwebten.

*Karl Wilhelm Ferdinand Solger in einer 1819 erschienenen Besprechung von August Wilhelm Schlegels ›Vorlesungen über dramatische Kunst und Literatur‹. Wien 1808* (K. W. F. Solger: Nachgelassene Schriften und Briefwechsel. Hg. von Ludwig Tieck und Friedrich von Raumer. 2 Bde. Leipzig 1826. Faksimiledr. Heidelberg 1973. Bd. 2, S. 616)
Der Gegensatz zwischen Hof- und Dichterleben, den der Verfasser ⟨Schlegel⟩ hier als das Thema ansieht, reicht freilich nicht hin. Der tragische Grund dieses Stückes liegt wohl darin, daß eben die Eigentümlichkeit, die zarte Organisation, welche das große Dichtertalent des *Tasso* ausmacht, ihn zugleich im Leben in die kleinlichste Empfindlichkeit und Haltungslosigkeit stürzt, und daß sich in seinen äußeren Verhältnissen am Hof beides durch einander entwickeln, aber auch wieder aufreiben, und so seinen Geist zum Opfer seiner eigenen Schönheit machen muß. Wäre nicht der Ausführung auch hier ⟨wie bei der *Iphigenie,* s. S. 768⟩ dem Prinzip des Romans ein gewisses Übergewicht verstattet, wäre die Handlung nicht so ganz innerlich und träte nur etwas mehr in äußere Gestaltung, würde uns endlich bei dem schmerzlich bitteren Untergang *Tassos* die Unsterblichkeit seines Dichterruhms mehr vor Augen gehalten, so würde dieses Werk auch auf dem Theater lebhafter wirken, als es pflegt.

*Friedrich Bouterwek in Bd. 11 seiner ›Geschichte der Poesie und Beredsamkeit seit dem Ende des dreizehnten Jahrhunderts‹, Göttingen 1819, S. 385*
Der *Torquato Tasso* ⟨...⟩ konnte für einen dramatisierten *Werther* in höherem Stil angesehen werden.

*G. im Gespräch mit Friedrich von Müller. Weimar, 23. März 1823* (Herwig, Bd. 3, S. 483)
Leonore ⟨von Este⟩ ist ⟨...⟩ auch eine Tochter Evas, auf deren Erziehung ich viel Mühe verwendet habe.
  Da ich so viel in den Tasso hineingelegt, so freut es mich, wenn es allmählich *heraus*tritt. Alles geschieht darin nur innerlich; ich fürchtete daher immer, es werde äußerlich nicht klar genug werden. ⟨Mit Beziehung auf eine Weimarer Aufführung des *Tasso* am Vortag, nach der G. – gerade von einer Herzentzündung genesen –

von der Schauspielerin Caroline Jagemann (die die Leonore von Este dargestellt hatte) ein Lorbeer überreicht wurde. S. auch den folgenden Beleg.⟩

*Das ›Journal für Literatur, Kunst, Luxus und Mode‹ Nr. 34, April 1823 (S. 275), über die Weimarer ›Tasso‹-Aufführung vom 22. März 1823*
In dem Auftritt, wo die Prinzessin die Büsten Virgils und Ariosts bekränzt, war noch eine dritte Büste sichtbar, nämlich *Göthes,* und auch ihr wurde ein Kranz aufs Haupt gesetzt. Die Künstlerin (Frau von Heigendorf-Jagemann), welche die Rolle der Prinzessin übernommen hatte, sprach dazu folgende passende Worte ⟨von Friedrich Wilhelm Riemer gedichtet⟩:

> Die Zweige, die ich still und heiter flocht,
> Sie haben schon ein würdig Haupt gefunden:
> Ich setze sie dem Dichter dankbar auf,
> Den rings die Welt mit hohem Ruhme nennt,
> Den längst Italien gastlich schon gekannt,
> Und den im neuen Leben wir begrüßen
> Mit leichter Brust, mit frohem Freundesblick.
> Willkommen Ihm!!

> Und wie der Lorbeer, mit beständ'gem Grün,
> In später Zukunft Ihm die Schläfe krönt,
> So blühe seines reichen Lebens Fülle,
> Das mit dem neuen Frühling neu begann.

Das volle Haus bezeigte seinen Beifall an dieser Zeremonie und seine Teilnahme an der Wiedergenesung des hochverehrten Mannes.

*G. im Gespräch mit Johann Peter Eckermann und Hutton. Weimar, 10. Januar 1825* (s. Bd. 19, S. 121f.)
Die Hauptsache beim Tasso ⟨...⟩ ist die, daß man kein Kind mehr sei und gute Gesellschaft nicht entbehrt habe. Ein junger Mann von guter Familie mit hinreichendem Geist und Zartsinn und genugsamer äußeren Bildung, wie sie aus dem Umgange mit vollendeten Menschen der höheren und höchsten Stände hervorgeht, wird den Tasso nicht schwer finden.

*G. an Karl Friedrich Zelter. Weimar, 29. März 1827* (s. Bd. 20)
Ein Engländer ⟨der Diplomat Charles Des Vœux⟩ ⟨...⟩ machte den Versuch, meinen Tasso ins Englische zu übersetzen. ⟨...⟩ ich ward dadurch ⟨durch einen Probedruck⟩ freilich kompromittiert, dieses

wunderliche Werk, das ich, seitdem es gedruckt ist, nie wieder durchgelesen, solches auch höchstens nur unvollständig vom Theater herab vernommen hatte, mit Ernst und Sorgfalt durchzugehen. Da fand ich nun, zu meiner Verwunderung, mein damaliges Wollen und Vollbringen erst wieder am Tage, und begriff, wie junge Leute Vergnügen und Trost finden können, in wohlgestellter Rede zu vernehmen, daß andere sich auch schon einmal so gequält haben wie sie selbst jetzt gequält sind.

*G. im Gespräch mit Eckermann. Weimar, 3. Mai 1827* (s. Bd. 19, S. 563 f.)
Er ⟨Jean-Jacques Ampère⟩ hat den abwechselnden Gang meiner irdischen Laufbahn und meiner Seelenzustände im Tiefsten studiert und sogar die Fähigkeit gehabt, das zu sehen, was ich nicht ausgesprochen und was, so zu sagen, nur zwischen den Zeilen zu lesen war. Wie richtig hat er bemerkt, daß ich in den ersten zehn Jahren meines Weimarschen Dienst- und Hoflebens so gut wie gar nichts gemacht, daß die Verzweiflung mich nach Italien getrieben, und daß ich dort, mit neuer Lust zum Schaffen, die Geschichte des Tasso ergriffen, um mich in Behandlung dieses angemessenen Stoffes von demjenigen frei zu machen, was mir noch aus meinen Weimarschen Eindrücken und Erinnerungen Schmerzliches und Lästiges anklebte. Sehr treffend nennt er daher auch den Tasso einen gesteigerten Werther. ⟨Die Äußerung bezieht sich auf eine in der Zeitschrift ›Le Globe‹ erschienene Rezension der von Frédéric-Albert-Alexandre Stapfer besorgten französischen Übersetzung von G.s dramatischem Werk (›Œuvres dramatiques de J. W. Goethe‹, 1821–25). Die Rezension hat Jean-Jacques Ampère, der Sohn des bekannten Physikers, verfaßt. G. nahm diese Besprechung, erschienen am 20. Mai 1826, in einer von ihm selbst vorgenommenen Übersetzung in die Zeitschrift *Über Kunst und Altertum* (Bd. 6, 1827, 1. Heft) auf. Der auf den *Tasso* bezogene Passus endet dort mit der Überlegung: »⟨...⟩ mir scheint, er selbst ⟨G.⟩ spricht aus dem Munde des Tasso, und durch diese harmonische Poesie hört man den Werther durch.« Bei Ampère heißt es: »⟨...⟩ il me semble que c'est lui qui parle par la bouche du Tasse; et dans cette poésie si harmonieuse, si délicate, il y a du Verther.« Das Wort von Tasso als einem »gesteigerten Werther« ist demnach von G. selbst geprägt worden.⟩

*G. im Gespräch mit Eckermann. Weimar, 6. Mai 1827* (s. Bd. 19, S. 571)
Das Gespräch wendete sich auf den *Tasso,* und welche *Idee* Goethe darin zur Anschauung zu bringen gesucht.

»*Idee?* sagte Goethe, – daß ich nicht wüßte! Ich hatte das *Leben* Tassos, ich hatte mein eigenes Leben, und indem ich zwei so wunderliche Figuren mit ihren Eigenheiten zusammenwarf, entstand in mir das Bild des *Tasso,* dem ich, als prosaischen Kontrast, den *Antonio* entgegenstellte, wozu es mir auch nicht an Vorbildern fehlte. Die weiteren Hof- Lebens- und Liebesverhältnisse waren übrigens in Weimar wie in Ferrara, und ich kann mit Recht von meiner Darstellung sagen: *sie ist Bein von meinem Bein und Fleisch von meinem Fleisch*«.

*Ludwig Tieck in ›Göthe und seine Zeit‹, 1828* (Ludwig Tieck: Kritische Schriften. Bd. 2, Leipzig 1848, Nachdr. Berlin, New York 1974, S. 213)
⟨...⟩ im Tasso ⟨...⟩ hat sich so ganz die edelste Persönlichkeit des Dichters, gleichsam die gesteigerte Verwandlung des Clavigo und so manche Schwächen der Menschheit, in poetischem Reiz und Leidenschaftlichkeit aussprechen können, daß dieses Werk, ausgestattet mit Lehre und Weisheit, Verstand und Tiefsinn, der zierlichsten Rede und wahrer Humanität, wohl immer als ein Musterbild uns und den Fremden, die sich zur Erkenntnis erheben können, dastehen wird.

*G. an Christoph Friedrich Schultz. Weimar, 10. Januar 1829*
Behüte Gott! daß jemand sich den Zustand der damaligen deutschen Literatur, deren Verdienste ich nicht verkennen will, sich wieder vergegenwärtige; tut es aber ein gewandter Geist, so wird er mir nicht verdenken, daß ich hier kein Heil suchte; ich hatte in meinen letzten Bänden bei Göschen ⟨S, Bde. 5–8⟩ das Möglichste getan, z. B. in meinen *Tasso* des Herzensblutes vielleicht mehr, als billig ist, transfundiert, und doch meldete mir dieser wackere Verleger, dessen Wort ich in Ehren halten muß: daß diese Ausgabe keinen sonderlichen Abgang habe.

## Zur Überlieferung und Textgestalt

Vom Drama sind zwei Handschriften überliefert: eine von G.s Manuskript abgeschriebene Reinschrift (s. WA I 10, S. 428: II¹) und eine Abschrift davon, die als Druckvorlage (s. WA I 10, S. 429: H²) für die Göschen-Ausgabe diente. Beide Manuskripte hat Vogel geschrieben, ausgenommen den dritten Akt in H², mit dessen Niederschrift – um Vogel zu entlasten und die Herstellung zu beschleunigen – G.s Faktotum Johann Georg Paul Goetze (1759–1835) beauftragt wurde. In beiden Handschriften finden sich viele Korrekturen (vor allem in H¹), an denen ersichtlich wird, daß und wie G. bis zuletzt an Details des Textes gearbeitet hat. Das verwickelte Verhältnis der beiden überlieferten Handschriften ist Gegenstand eingehender Spezialuntersuchungen geworden, die nachgewiesen haben, daß die Manuskriptblätter von H¹ und H² nicht in ihrer ursprünglichen Zusammengehörigkeit überliefert worden sind (vgl. bes. Eduard Scheidemantel: Neues zur Entstehungsgeschichte von Goethes Torquato Tasso, in: GJb 18, 1897, S. 163–173; Lieselotte Blumenthal: Die Tasso-Handschriften, in: Goethe. Neue Folge des JbGG 12, 1950, S. 89–125).

Inwieweit der Erstdruck von 1790 als authentischer Text G.s gelten kann, ist ein editionsphilologisches Problem. Der Dichter hatte gegenüber dem Verleger Göschen seinen Willen bekundet, daß bei der Redaktion seiner Texte »der Adelungischen Rechtschreibung vollkommen zu folgen« sei (im Hinblick auf Johann Christoph Adelungs ›Grundsätze der deutschen Orthographie‹, 1782). Wenn G. eine Vereinheitlichung der Rechtschreibung – und auch, was sich erst später als dringlich herausstellte, der Zeichensetzung – verlangt hat, dann bedeutete dies eine eingreifende Korrektur seiner eigenen Handschriften, die in Orthographie und Interpunktion nach jenen eigenen Gewohnheiten angelegt sind, an denen G. in der privaten Korrespondenz z. T. sein Leben lang festgehalten hat.

Bei der Vorbereitung zum Druck des *Tasso* erhielt G.s Schreiber Vogel also den Auftrag, die Schreibweise in H¹ nach den Normen Adelungs einzurichten, auch die Interpunktion (die bei G., wie vor allem die Lyrik zeigt, das Satzgefüge nicht nach einem syntaktischen, sondern nach einem rhythmischen Prinzip gliedert) regelgerecht zu handhaben, sofern Adelung in seinen knappen Ausführungen ›Von den orthographischen Zeichen‹ überhaupt schon praktikable Regelungen gegeben hatte. Vogel bemühte sich denn auch um eine Vermehrung der von G. selbst sehr sparsam gesetzten Satzzeichen. Nach ihm hat Wieland auf G.s Bitte hin den Text auf Rechtschreibung und Zeichensetzung hin durchgesehen – mit der Folge, daß in H² die Interpunktion beträchtlich angewachsen ist. So hat sich die merkwürdige Konstellation ergeben, daß Druckvorlage und Erstdruck von G.s Schreibgewohnheiten erheblich abweichen und damit nicht als authentisch gelten können – daß aber G. selbst diese Abweichung verfügt und also autorisiert hat.

Unsere Ausgabe bietet den Text des *Torquato Tasso* nach dem Erstdruck; sie geht also nicht auf die Handschriften zurück, um die ›originale‹ G.sche Version zu rekonstruieren, oder auf die nach den Handschriften vorgenommene Edition, die Lieselotte Blumenthal 1954 innerhalb der Akademie-Ausgabe vorgelegt hat (ohne Apparat). Zwar ist von den Handschriften her eine größere Authentizität des Textes zu gewinnen, aber eigentlich nur für jene Einzelfälle, in denen G. selbst – und nicht etwa Vogel oder Wieland – nachweislich Korrekturen angebracht hat (etwa bei den Versen 388–90). Er hat beim eiligen Durchlesen des Textes keine systematische Redaktion vorgenommen und viele der von Wieland angebrachten Normalisierungen nicht angetastet. In diesen Fällen können neuere Ausgaben, zumindest solange keine historisch-kritische Ausgabe vorliegt, gar nicht umhin, doch wieder die Interpunktion des Erstdrucks zu substituieren, zumal dieser – wie dann zur Begründung angeführt wird – von G. stillschweigend gebilligt worden ist. Um diesem ›Gemisch‹ der Editions-Richtlinien zu entgehen, haben wir uns für den Erstdruck als Textgrundlage entschieden. Auf Einzelprobleme und signifikante Korrekturen der Handschriften wird im Stellenkommentar hingewiesen.

*Textgrundlage:* S 6 (1790), S. 1–222. (Zum Verhältnis der Originalausgabe von S und dem Faksimiledruck s. S. 773 f.). – Zwei Emendationen wurden vorgenommen: V. 2350 *Gegenstand* (Gegenstand, S); V. 2410 *Uns* (Und S). In V. 2903 wurde ein Anführungszeichen, in V. 3130 ein Punkt ergänzt. – Die Wiederholungen der Anführungszeichen am Anfang der Zeile wurden getilgt.

426 *Alphons, der zweite:* Der historische Herzog Alfonso II. (d'Este) von Ferrara (1533–1597) regierte seit 1559. Er war ein machtbewußter Herrscher, auch den Künsten und Wissenschaften zugewandt; Ferrara wurde unter seiner Regierung ein Zentrum geistig-kulturellen Lebens neben Florenz. Alfonso scheiterte 1574/75 mit seinem Versuch, die polnische Krone zu erlangen. Er war der letzte Herrscher seines Geschlechts, da er – dreimal verheiratet – ohne Erben blieb und das Herzogtum Ferrara nach seinem Tod an den Papst fiel. Tasso, seit 1572 als Hofdichter von Alfonso besoldet, huldigte dem Herzog und dem Haus Este in der ›Gerusalemme liberata‹ (I,4; X,75 f. u. XVII,89 ff.). In der nach der siebenjährigen Kerkerzeit zwischen 1587 und 1592 entstandenen Neufassung (der ›Gerusalemme conquistata‹) sind alle diese Huldigungen entfernt. Dafür preist Tasso nun Papst Clemens VIII. und alle anderen Fürstenhäuser Italiens. Bei G. erhält der Herzog von Ferrara aufklärerische Züge: Er ist alles andere als ein »Tyrann«, wie er Tasso in seinem Verfolgungswahn erscheint (Verse 3301 ff.), und sucht seine Untertanen zu überzeugen, statt ihnen bloß zu gebieten (Vers 1648). Diese Figurenzeichnung ist von Serassi beeinflußt, entspricht eher Maßstäben des 18. als der historischen

Wirklichkeit des 16. Jh.s. – *Leonore von Este:* Die unverheiratete Schwester des Herzogs (1537–1581) lebte, von Natur aus kränklich, zurückgezogen und stand im Schatten ihrer Schwester Lucrezia (1535–1598), die sich nach einer gescheiterten Ehe seit Ende 1574 ebenfalls wieder in Ferrara aufhielt. Leonoras Liebesverbundenheit mit Tasso ist Legende, ihr Nachruhm eine literarische Stiftung G.s, deren »Urbild« wohl in Charlotte von Stein erkannt werden kann (Verse 1092ff.). – *Leonore Sanvitale:* eine nach verschiedenen Zeugnissen kluge und attraktive Frau, die 1576, nach ihrer Heirat mit Giulio Thiene, Graf von Scandino, nach Ferrara kam (sie starb 1582). Tasso hat mehrere konventionell huldigende Sonette an die Hofdame der Prinzessin gerichtet. Das komplementäre Verhältnis der beiden Leonoren ist G.s Erfindung. – *Torquato Tasso:* zu seiner Biographie s. S. 908ff. – *Antonio Montecatino:* (1537–1599); seiner Neigung und Qualifikation nach Philosoph, seit 1568 auf dem Lehrstuhl der Universität Ferrara, galt als guter Gelehrter mit Kenntnissen der antiken Philosophie. Nach dem Tode des Kanzlers Giovanni Battista Pigna (1575) trat Montecatino dessen Nachfolge als Staatssekretär an (während das ebenfalls verwaiste Amt des Hofhistorikers an Tasso fiel). Serassi stellt Montecatino als die treibende Kraft der 1575 gegen Tasso gerichteten Intrigen dar, erwähnt aber auch, daß sich die Kontrahenten später (1578) wieder versöhnt haben. G. hatte zunächst Pigna als Gegenspieler Tassos vorgesehen, dann aber unter dem Eindruck der Serassi-Lektüre Montecatino gewählt und entsprechend sein Manuskript berichtigt: »es wird überall wo Battista steht Antonio gelesen.« Der Grund für diese Änderung läßt sich nur vermuten: Pigna, ebenfalls in einem Rivalitätsverhältnis mit Tasso, starb bereits 1575 – im gleichen Jahr, in dem das Drama historisch angesiedelt ist. – *Belriguardo:* herzogliches Sommerschloß mit prachtvollen Gärten, südöstlich von Ferrara gelegen. Alfonso hat Tasso wiederholt durch eine Einladung nach Belriguardo ausgezeichnet (zuletzt 1577). G. folgt in seinem Raumentwurf der Schilderung Serassis (und möglicherweise der eigenen Anschauung von den Gärten des Palazzo Pitti in Florenz); er hat Belriguardo auf seiner Italien-Reise nicht besucht.

*Vor 1 Hermen:* Porträtbüsten auf einem vierkantigen Sockel. Der Name stammt aus dem Kult für den antiken Gott Hermes. Schon in der Antike wurden auch andere Gottheiten, später auch verdiente und berühmte Männer durch solche steinerne, ursprünglich im Freien aufgestellte Kultsäulen geehrt. – *Virgil:* die ältere, von G. immer benutzte und erst im 19. Jh. zurückgedrängte Schreibweise für den römischen Dichter Publius Vergilius Maro (70–19 v. Chr.), dessen – im Auftrag des römischen Kaisers

Augustus geschriebene – ›Aeneis‹ das große epische Vorbild war, dem Tasso nacheiferte. Mit seinen Hirtenidyllen, den ›Bucolica‹ (auch ›Eklogen‹ genannt), hat Vergil gleichfalls stark auf die Literatur der Renaissance eingewirkt; Tassos Schäferspiel ›Aminta‹ gehört zu dieser Wirkungsgeschichte. – *Ariost:* Ludovico Ariosto (1474–1533), der wie sein Vater im Dienst der Herzöge d'Este gestanden und als Heerführer für Alfonso I. gekämpft hat. Sein literarischer Ruhm erwuchs ihm aus dem Stanzen-Epos ›Orlando furioso‹ (Der rasende Roland), in dessen Titelhelden zugleich der Ahnherr der Familie Este gerühmt wird. Dieses Epos erschien in seiner ersten Fassung 1505, als Ganzes (mit 46 Gesängen) 1532. G. übernahm später eine Ausgabe des ›Orlando furioso‹ (Venedig 1755) aus der Bibliothek des Vaters. Für den Tasso des Dramas ist Ariost nicht nur Vorgänger als Hofdichter in Ferrara, sondern auch – über die Huldigung seines Widersachers Antonio (Verse 709 ff.) – eine Gegenfigur in der künstlerischen Zielsetzung, Vertreter einer gesellig-gefälligen Dichtung, gegen die der eigene literarische Heroismus ausgespielt wird. Der historische Tasso wollte schon mit dem ›Rinaldo‹ Ariostos episodenreiches, aber additiv angelegtes Epos überbieten. Auch seine Auszeichnung des Rinaldo als des größten Christen-Helden in der ›Gerusalemme liberata‹ (XIII, 73) zielt auf eine Überbietung Ariostos, dessen Epos die Gestalt des Helden entlehnt ist. – *4 bedenklich:* im Sinne von ›nachdenklich‹. – *6 ländlich* ⟨...⟩ *Schäferinnen:* Die Kostümierung nach dem Stilmodell der Schäferliteratur war als höfisches Gesellschaftsspiel beliebt; sie deutet auch die Sehnsucht an, dem künstlichen Zeremoniell des Höfischen zu entkommen. Prinzessin und Hofdame haben sich als Nymphen gekleidet, die aus Tassos Schäferspiel ›Aminta‹ herausgetreten sein könnten (das 1573 auf dem herzoglichen Landsitz Belvedere aufgeführt worden war). – *9 Wir winden Kränze:* Daß die Prinzessin einen Lorbeerkranz, die Gräfin Sanvitale hingegen einen Blumenkranz bindet, rückt die namensgleichen Damen in eine unterschiedliche Beleuchtung. Der Blumenkranz, der Ariosts Herme kränzen wird, bezieht sich mythologisch auf Aphrodite und drückt Liebes- und Lebensfreude aus, gilt in der Anakreontik (die G.s lyrische Anfänge beeinflußt hat) als Zeichen geselliger Kunst. Die Dichterbekränzung mit dem Lorbeer, die hier Vergil (und später Tasso) auszeichnet, weist mythologisch auf Apollo und symbolisch auf eine große, die Zeiten überdauernde (immergrün!) Kunst, als deren Gepräge sich im Drama ein innerlicher, dabei höchst gefährdeter Heroismus herausstellen wird. Vgl. Vers 11, dagegen Vers 18.

427 *17 Meister Ludwig:* Ariost, mit seinem eingedeutschten Vornamen apostrophiert. – *22 unser sein:* für uns sein, frei vom

höfischen Zeremoniell. – *23 die goldne Zeit der Dichter:* Die arkadisch-idyllische Schäferwelt mit der Fiktion eines harmonischen Lebens in der Natur wird damit nostalgisch als ›Urzustand‹ hingestellt. Das ›Goldene Zeitalter‹ unter der Herrschaft des Kronos beschreibt Hesiod (in der ›Theogonie‹) als ein Leben ohne Kampf, Verbrechen und Leiden, das im ›Eisernen Zeitalter‹ unter der Herrschaft des Zeus sein Ende findet. Dieser Topos eines ›Paradieses in der Vergangenheit‹ gelangte über die Idyllen des Theokrit und die ›Bucolica‹ des Vergil in die Renaissance (und beeinflußt noch die Schäferdichtung des 18. Jh.s, zu der *Die Laune des Verliebten* des jungen G. gehört; Bd. 1.1, S. 289–310 u. Kommentar S. 906 ff.). Im *Tasso* wird das Thema der »goldnen Zeit« beziehungsreich vom Dichter und der Prinzessin aufgenommen (Verse 974 ff.). – *25 Tag der Jugend:* eine für das Lebensgefühl der Prinzessin bezeichnende Wendung. Sie ist in der Handlungszeit des Dramas 38 Jahre alt. – *39 in leisen Duft:* in leichten Dunst, Nebel. – *45 jener großen Stadt:* Florenz (Vers 51). – *48 seinen Sohn:* Nach Serassi gebar Leonore 1577 eine Tochter.

428 *51 ff. Groß ist Florenz ‹...› seine Fürsten groß:* Hinweis auf die Rivalität zwischen Florenz und Ferrara in der Spätrenaissance und auf politische Unterschiede in der Entwicklungsgeschichte der beiden italienischen Kulturzentren. In Florenz, der Hauptstadt der Toscana, wechselte die Herrschaft oft durch Volksaufstände (und Auseinandersetzungen zwischen den Patrizierfamilien). In Ferrara regierte das Fürstenhaus Este dagegen seit 1208 durch ein päpstliches Lehen; seit 1471 war die Stadt ein Herzogtum. – *66 Barbarei:* ursprünglich in der Antike die herabsetzende Bezeichnung alles Nicht-Griechischen aus griechischer Sicht; hier in der daraus abgeleiteten Bedeutung von ›Kulturlosigkeit‹. – *68 Hercules von Este:* Gemeint ist entweder Ercole I. (1431–1505), Herzog seit 1471, als tüchtiger Politiker und – mit seiner Gemahlin Leonore von Aragon – Förderer der Künste gerühmt, oder sein Enkel Ercole II. (1508–1559), seit 1534 Herzog (und geschickt taktierender Politiker in der Epoche der Gegenreformation), der Vater von Alfonso II. und Leonora. – *69 Hippolit von Este:* In Frage kommen Ippolito I. (1479–1520), bereits als 14jähriger zum Kardinal ernannt (und später Erzbischof von Mailand), der Mäzen Ariostos (dem dieser den ›Orlando furioso‹ widmete), und Ippolito II. (1509–1572), Kardinal und Bruder von Ercole II. (also Onkel von Alfonso II. und Leonora), Gouverneur von Tivoli, wo er die berühmte Villa d'Este erbaute. – *73 Petrarch:* Francesco Petrarca (1304–1374), Humanist und Dichter, der bedeutendste italienische Lyriker der Frührenaissance, berühmt vor allem durch den ›Canzoniere‹, eine Sammlung von Liebesgedichten. Petrarca

wurde 1341 in Rom mit dem Dichterlorbeer gekrönt: eine Stimulation für den historischen wie den dramatischen Tasso, sich in der gleichen ehrenden Weise ausgezeichnet zu sehen (s. auch Verse 1937–40). »Petrarch« ist die in Deutschland bis zum Ende des 18. Jh.s übliche Namensform. – *gepflegt:* Petrarca erlitt 1370 auf der Durchreise in Ferrara einen Schlaganfall und wurde im Hause der Este betreut. – *74 seine Muster:* Ariostos Vorbild war vor allen Matteo Maria Boiardo (1440–1494), dessen unvollendetes Epos ›Orlando innamorato‹ (Der verliebte Roland) das eigene ›Orlando‹-Epos nach sich gezogen hat. Beide Dichter waren zur Zeit Ercoles I. (s. zu Vers 68) gemeinsam am Hof von Ferrara.

429 *90 Witz:* hier noch in der älteren Bedeutung von ›Klugheit‹, ›Verstand‹ (der sich in der bestechenden Kombination des scheinbar Heterogenen zeigt). – *91 künstlich:* nicht ›gekünstelt‹, sondern im Sinne von ›kunstvoll‹. – *102 deiner Schwester:* Lucretia (Vers 112). – *108 Vorwelt:* wie »Mitwelt« (Vers 282) eine Analogiebildung zu »Nachwelt« (Vers 281 u. ö.), bezieht sich meist auf zeitlich weit zurückliegende Epochen, bei G. häufig auf die Antike (Vers 2635). Das Wort ist seit dem 17. Jh. belegt. – *Mutter:* Renata von Este (1510–1575), eine Tochter des Königs Ludwig XII. von Frankreich, 1528 in einer politischen Heirat mit Herzog Ercole II. (s. zu Vers 68) verbunden. Renata war eine hochgebildete Frau mit vielfältigen geistig-künstlerischen Interessen und unterrichtete ihre Kinder in den schönen Wissenschaften, der Dichtkunst, Musik und anderen Künsten. G.s knappe Beschreibung folgt der Darstellung Serassis, der freilich Renatas Ruhm »durch ihre unglückliche Anhänglichkeit an die Irrtümer Calvins verdunkelt« sieht (nach der Übersetzung von Heinrich Düntzer: Goethes Tasso. Zum erstenmal vollständig erläutert. Leipzig 1854). Renatas protestantische Neigung und ihre aktive Unterstützung für den Reformer Calvin brachten sie und das Herzogtum angesichts des Lehensverhältnisses zum Papst in große Schwierigkeiten (die das Erinnerungsbild des Dramas später nur knapp andeutet; s. Verse 1792–97). Renata wurde von der Inquisition zu lebenslanger Haft verurteilt und erst durch eine päpstliche Absolution vor dieser Strafe bewahrt. Nach dem Tode Ercoles II. war sie kurze Zeit Regentin in Ferrara, bis ihr Sohn Alfonso die Herrschaft antrat. Er mußte die Mutter auf Drängen des Papstes nach Frankreich verbannen, wo sie bis zu ihrem Tod weiterhin für ihre protestantische Überzeugung eintrat. – *125 Streit der Klugen:* Disputationen, öffentliche Streitgespräche, die – nach antikem Vorbild – in der Renaissance üblich waren. Auch Tasso hatte (1568 in der ›Accademia Ferrarese‹) seine ›Conclusioni amorose‹ (Gedanken über die Liebe) verteidigt.

**430** *133 hintergehen:* die Täuschung durch sophistische Redekunst. – *144 Myrte:* weißblühender immergrüner Strauch, der schon bei den Griechen als Zeichen der Liebe galt (mit Aphrodite als mythologischer Bezugsfigur), aber auch für die Unvergänglichkeit der Liebesdichtung stehen kann. Emblematisch oft mit dem Lorbeer verbunden (Vers 141), der den Ruhm bedeutet: G. verwendet den topischen Gegensatz öfter, als Bildelement einer arkadischen Landschaft z. B. in Mignons Italien-Lied »Kennst du das Land«, Vers 4 (Bd. 2.2, S. 170). – *153 Schatz:* kostbares, ersehntes Gut. – *165 gemein:* alltäglich, wertlos.

**431** *177 Die schönen Lieder* ⟨...⟩ *angeheftet:* eine literarische Konvention der Schäferdichtung und der Renaissance-Literatur überhaupt, auch in Tassos ›Aminta‹ (I/1) nachgespielt. Die berühmteste und für G. wohl vorbildliche Gestaltung dieser lyrischen Liebesbotschaft findet sich in Shakespeares ›Wie es euch gefällt‹ (III/2). – *179 goldnen Äpfeln gleich* ⟨...⟩ *ein neu Hesperien:* Anspielung auf die Hesperiden-Sage, derzufolge drei Nymphen in einem Paradiesgarten goldene Äpfel – von Gaia einst Zeus und Hera zur Hochzeit geschenkt – hüten. Eine der zwölf Aufgaben des Herakles bestand darin, diese Äpfel zu pflücken. – *180 bilden. Erkennst:* Der Punkt ist syntaktisch falsch gesetzt, da noch kein Satzende erreicht ist. Er soll eine größere Pause nach »bilden« anzeigen, weil hier zwei Senkungen aufeinanderfolgen, die das jambische Versmaß eigentlich nicht zuläßt. Das Beispiel zeigt, wie die Interpunktion vielfach nach dem Sprechrhythmus reguliert ist. – *194 Mit seiner Klagen Wohllaut* ⟨...⟩ *die sel'ge Schwermut lockt:* nach der Einführung (in den Versen 160ff.) die erste Vertiefung des Dichterthemas durch Häufung von Oxymora (Verbindung von Gegensätzen). Reiz und Wohlklang der Poesie scheinen durch eine melancholische Gemütsverfassung des Poeten bedingt. – *201 daß er sein Gefühl für dich / In diesem Doppelsinn verbergen kann:* zu dem von Manso berichteten Versteckspiel mit dem Namen »Leonore« (Vers 198) vgl. S. 910. – *205–217 Hier ist die Frage* ⟨...⟩ *wir lieben können:* Hindeutung auf die ›platonische Liebe‹, die nicht zur körperlichen Vereinigung drängt, sondern im Seelisch-Geistigen ihr Genügen findet. Dieser Denkweise ist das ›Wirkliche‹ nur als Anamnesis der ontologisch vorrangigen Ideenwelt wichtig. Im Hintergrund dieser – hier angedeuteten – neuplatonischen Liebesauffassung: G.s Verhältnis zu Charlotte von Stein (vgl. das Anamnesis-Gedicht Bd. 2.1, S. 20f.). – *222 Schülerin des Plato:* Der Einfluß des griechischen Philosophen Plato (427–347 v. Chr.) auf das Denken der italienischen Renaissance, institutionell seit der Mitte des 15. Jh.s durch die platonische Akademie in Florenz getragen, spiegelt sich in Leonores Apostrophe, die die

Erörterung der ›platonischen Liebe‹ (nach den Versen 205 ff.) fortführt. – *227 ff. nicht 〈...〉 als ein verwöhntes Kind 〈...〉 Stimme hat:* Als Beispiel für die idealisierende platonische Liebeslehre dient das Märchen ›Amor und Psyche‹, geschrieben vom römischen Schriftsteller Lucius Apuleius (ca. 125–180), eingeschoben in seinen Roman ›Der goldene Esel‹ (eigentlich: ›Metamorphosen‹). Hier erscheint Amor in einer Aura des Ernsten und Beständigen, die der irdischen Prinzessin Psyche manche Entbehrungen und Prüfungen auferlegt (ehe sie die Voluptas gebiert, die fleischgewordene Lust). Vgl. G.s Tagebuch, 9. Februar 1780, ferner sein 1792 in Münster geschriebenes und in die *Campagne in Frankreich* eingefügtes Gedicht *Der neue Amor* (Bd. 4.1, S. 658 u. Kommentar S. 1108 f.).

433 *244 Die Einsamkeit* 〈...〉 *sucht:* ein Verstoß gegen die höfische Norm der Geselligkeit (daher »Fehler«, Vers 243), ohne daß der Herzog in Tassos Selbstisolierung eine Notwendigkeit der Dichter-Existenz sähe. Andererseits gehört die Bemerkung vom Hang zur Einsamkeit auch zur Fortschreibung von Tassos Pathographie. Sie weist auf den *Werther* und damit auf G.s literarische Selbsttherapie durch Tätigkeit und Einschränkung. Aus dem Kult der »Einsamkeit« sieht noch der alte G. nur »Unmut« – als Melancholie-Symptom – entstehen (*Dichtung und Wahrheit* III,13; Bd. 16, S. 611). – *247 Mit seinem Geist sich unterhalten:* ein in den Tasso-Biographien aufgezeichneter Zug (Geisterstimmen!), aber auch eine Umschreibung künstlerisch-schöpferischer Tätigkeit bei G. selbst. Aus vielen Belegen vgl. den Brief an Charlotte von Stein vom 18. April 1781: »Ich will sehn wie mich die Geister heut behandeln.«; s. auch Vers 562. – *255 sein Werk:* das Epos ›Das befreite Jerusalem‹. – *257 Um deiner Huld* 〈...〉 *darzubringen:* von G. in H¹ hineinkorrigiert. Ursprünglich: »Um deiner würdig wie es möglich ist / Dir sein Gedicht als Opfer darzubringen.« – *273 So viele Reime* 〈...〉 *in eins:* Tassos ›Befreites Jerusalem‹ besteht aus 1897 Stanzen, also aus 15 176 Versen (s. auch zu Vers 2627). Wie vor allem Serassi in seiner Tasso-Biographie betont hat, fand der Dichter nicht schon im formalen Können, in der glanzvollen Ausmalung der Episoden sein Genügen, sondern war strikt auf eine kompositorische Einheit des vielfältigen Ganzen bedacht. Daher erklären sich die Züge des Unsicheren, des Nicht-enden-Könnens, die der Herzog beobachtet hat (Verse 265 ff.).

434 *275 ff. Es soll sich sein Gedicht* 〈...〉 *verklingend täuschen:* Mit der Ambition, dem epischen Kunstwerk eine ästhetische Ganzheit zu verleihen, unterscheidet sich Tasso von Ariost, der sich mit der Aneinanderreihung von jeweils für sich fesselnden Episoden begnügt (Vers 276). An diesen in die Zukunft weisenden

Kunstanspruch schon des historischen Tasso kann G. ästhetische Postulate des späten 18. Jh.s anknüpfen: die eigenen und die seiner Freunde und Zeitgenossen. So sieht Wieland die Forderung des Horaz, ein Werk solle »totum teres atque rotundum« (ganz, glatt und rund) sein, dann erfüllt, »wenn alles wie mit Einem Guß gegossen, oder mit Einem Hauch geblasen da steht« (Nr. 1 der Briefe ›An einen jungen Dichter‹). K. Ph. Moritz sieht »das Wesen des Schönen ⟨...⟩ in seiner Vollendung in sich selbst« und fordert, daß sich das Kunstwerk »in sich selber ründen« müsse (›Über die bildende Nachahmung des Schönen‹, 1788; s. auch Bd. 3.2, S. 271 ff.). Moritz formuliert auch seine Würdigung des *Tasso* unter der Prämisse der Autonomie-Ästhetik – es gelte nur »das, was seinen Wert in sich selber hat« – und macht im dramatischen Gefüge ein harmonisches Verhältnis des »Einzelne⟨n⟩« und »Ganzen« aus (an G., 6. Juni 1789). – *282 sich vergessen:* sich zurücknehmen, die eigenen Erwartungen einschränken. – *293 ff. Ein edler Mensch* ⟨...⟩ *auf ihn wirken:* vgl. G.s Gesprächsäußerung zu Eckermann (am 13. Februar 1829): »Es ist nicht genug, daß man Talent habe, es gehört mehr dazu, um gescheit zu werden; man muß auch in großen Verhältnissen leben, und Gelegenheit haben, den spielenden Figuren der Zeit in die Karten zu sehen, und selber zu Gewinn und Verlust mitzuspielen« (Bd. 19, S. 285); s. auch Vers 304 f. – *300 der Jüngling:* eine für das Verhältnis zu Antonio, einem erfahrenen Mann bei Jahren, wichtige und häufig (Verse 428, 844, 1227, 1263–65, 1363, 1368, 1599–1605, 1686, 1694–96, 2021, 2087–89 u. 2967) wiederholte Charakterisierung Tassos. Daher formuliert der Herzog auch seinen Erziehungsplan (Verse 283–88), der auf Tassos menschliche Ausgeglichenheit hinwirken soll, freilich den Notwendigkeiten seiner Künstlernatur keinerlei Verständnis entgegenbringt. Der historische Tasso zählte bei der Überreichung des Jerusalem-Epos 31 Jahre. – *308 Argwohn:* ging beim historischen Tasso, wie alle Biographen seit Manso berichten, bis zum Verfolgungswahn; s. auch Verse 315–22.

435 *317 Begegnet:* Geschieht es. – *327 unsre Hand:* von G. in H¹ korrigiert (aus: »unsern Arm«); vgl. Antonios Geste am Schluß (nach Vers 3433). – *330 Kur:* vgl. die Weiterführung dieser Perspektive auf Tassos Pathologie in den Versen 2884 ff., dann das Insistieren Alphons' auf dem Gedanken der »Kur« (Vers 3059). Das Drama wurde in S, Bd. 6, neben dem Singspiel *Lila* veröffentlicht, das eine »psychische Kur« darstellt (Bd. 2.1, S. 131–160, dazu Kommentar S. 618 f.). – *340 neulich:* Nach Serassi hat sich der Vorgang erst 1576 nach Tassos Rückkehr von einer Reise nach Modena abgespielt. – *346 ff. Ich hab' euch nun* ⟨...⟩ *holt mich ab:* Dieser Plan wird später geändert (Verse 2979–82): Alphons und

die Damen fahren nach Ferrara, Antonio bleibt bei Tasso auf Belriguardo. Die entsprechende Verfügung des Herzogs findet sich in einem Passus, den G. erst bei der letzten Redaktion in das Stück gefügt hat (s. zu den Versen 2975–88). – *350 auszureden:* durchzusprechen, zum Ende zu bringen.

436 *355 Consandoli:* Lustschloß des Herzogs im Süden von Ferrara, von Serassi als Verbannungsort Renatas von Este (s. zu Vers 108) und im Zusammenhang einer Einladung Leonores an Tasso erwähnt (s. auch Vers 3189). – *371 durch die Finger sehen:* Nachsicht üben.

437 *382 unvollendet ⟨...⟩ geendigt:* eine terminologische Differenz, die auf das Ambitiöse der auf ›gerundete Ganzheit‹ gerichteten Kunst verweist (vgl. zu den Versen 275–78). Im Drama spielt die Frage, wann das Werk als »vollendet« gelten kann, durchgehend mit (Verse 255, 290, 2589f. u. 3132). Der historische Tasso feilte an seinem Epos so skrupulös, daß es nach der Übergabe an den Herzog 1575 erst 1581 im Druck erscheinen konnte. – *388ff. Und wie der Mensch ⟨...⟩ Nimm es hin!:* so von G. korrigiert, nachdem der Korrektor des Göschen-Verlags die Interpunktion nach Adelungs Vorschriften vorgenommen hatte. Der parallele Bau der Verse 388 u. 390 wird nun sofort anschaulich. – *398 euch gehört es zu in jedem Sinn:* Die Zuweisung wird im folgenden in einer höfischen Danksagung begründet, einmal im Hinblick auf das Mäzenatentum des Herzogs, der den Künstler von der »Sorge« ums Überleben befreit hat (Vers 419), dann für die von Alphons mitgeteilten und für das Epos genutzten militärischen Spezialkenntnisse (Verse 429ff.), schließlich im Bewußtsein, von der Kultur des ferraresischen Hofes künstlerisch profitiert zu haben (Verse 444ff.). – *405 die Natur ⟨...⟩ mit geschenkt:* Daß das dichterische Talent jenseits aller Regelvorgaben ein Geschenk der »Natur« ist, entspricht der Auffassung des 18. Jh.s seit ›Sturm und Drang‹ und Genieästhetik. So stellt G. das Dichten seiner Jugendjahre »ganz als Natur« dar, sofern sie es ist, die seine »Werke« eigentlich »hervorbrachte« (*Dichtung und Wahrheit* IV,16; Bd. 16, S. 716 u. 718). – *407–416 So hatte mich ⟨...⟩ der Mutter Qual:* Reminiszenzen an die eigene Biographie, die Flucht des Vaters (mit dem kleinen Torquato), den frühen Tod der in Sorrent zurückgebliebenen Mutter. In fast allen Lebensbeschreibungen wird aus Tassos Gedicht ›An den Metaurus‹ eine Passage zitiert, die diese Kindheitserfahrungen klagend zur Sprache bringt. Das »eigensinn'ge Glück« (Vers 407) ist die in ihrem Walten nicht berechenbare Fortuna. In seinem Epos spricht Tasso in der Anrede an den Herzog – »magnanimo Alfonso« – davon, wie der »furor di fortuna« ihn umhergetrieben habe (›Gerusalemme liberata‹ I,4).

438 *424 Zum zweitenmal:* Das erste Lob hatte er für ›Aminta‹ erhalten. – *437 Genius:* Schutzgeist, der den Menschen zum Rechten lenkt. – *444ff. An euch nur dacht' ich* ⟨...⟩ *mein letzter Zweck:* In höfisch geziemender Rede bringt Tasso zum Ausdruck, daß er sich ganz vorbehaltlos als Dichter im Hofdienst versteht, während er seinem Kunstanspruch nach längst aus dieser Bindung herausgetreten ist. – *446 ergetzen:* so nach Adelungs Anweisungen (entsprechend auch in den Versen 781 u. 1807). In den Hss.: »ergötzen« (welche »Schreibart« nach Adelung »ihr Dasein bloß einer rauhern Mundart zu danken« hat: ›Versuch eines vollständigen grammatisch-kritischen Wörterbuchs der Hochdeutschen Mundart ⟨...⟩‹, 5 Bde. Leipzig 1774–1786). – *454 Die Menge macht den Künstler irr' und scheu:* vgl. u. a. *Faust I,* Verse 59ff.; Bd. 6.1, S. 536f. – *459 den Dichter ehrt* ⟨...⟩ *seiner stets bedarf:* Das Pronomen »seiner« bezieht sich wohl auf »Zeichen«, also den Lorbeer. Damit wird das Verhältnis von »Dichter« und »Held« zur Sprache gebracht (s. dann weiter Verse 497f., 545ff., 801ff. u. 1319ff.), das sich zwischen Tasso und Antonio spannungsvoll – und durchaus nicht ohne Neidkomplexe – aktualisieren wird.

439 *481 Empfang' ich knieend:* Das Titelkupfer der Tasso-Übersetzung von Kopp (s. S. 913) zeigt den Dichter, wie er, höfisch kniend, von Apollo einen Lorbeerkranz entgegennimmt. Im Vordergrund sind seine »Ahnherrn« (Vers 462) sichtbar: Homer und Vergil, die den Kranz schon tragen. Eine Woche vor der »Erfindung« des *Tasso* hatte G. an Wieland aus Bewunderung für sein – in Stanzen geschriebenes – Versepos ›Oberon‹ einen Lorbeerkranz geschickt (s. an Wieland, 23. März 1780). – *484 ein Vorbild nur* ⟨...⟩ *zieren soll:* Anspielung auf die Krönung, die Tasso 1595 tatsächlich zugedacht worden ist; dafür gilt die Krönung in Belriguardo nur als eine Vorwegnahme im intimen Kreis, eine Präfiguration. Zur humanistischen Wiederbelebung der antiken Tradition der Dichterbekränzung durch Petrarca s. zu Vers 73. – *489ff. Er sengt mir* ⟨...⟩ *mein Blut:* Die Feuer- und Hitze-Metaphorik ist ein typisches Merkmal des melancholischen Enthusiasmus. Dagegen umgibt Antonio eine Aura des Kalten (Verse 1222ff.). – *498 nur um Heldenstirnen:* In der ›Gerusalemme liberata‹ (XVII, 91) wird Alfonso der Lorbeer neben dem Eichenkranz als Zeichen seines heroisch-kriegerischen Ruhms angekündigt. – *499 verklärt:* entrückt dem Irdischen. Gezielt ist dabei nicht auf einen religiösen Sinn, sondern auf die in der Spätrenaissance verbreitete Vorstellung, daß Kranz oder Krone eines Herrschers zu seinem größeren Ruhm gleichsam nach oben entschweben (nach Ovid, ›Metamorphosen‹, VIII, 176ff.).

441 *537 Elysium:* in der griechischen Mythologie die Sphäre

der Seligen, der Götterlieblinge, nach dem Tod, ein paradiesischer Garten mit immerwährendem Frühling; im 18. Jh. oft die Sehnsuchts-Chiffre der ›glücklichen Erfüllung‹, die – wie hier – in der visionären Begeisterung (Vers 562) erfahrbar wird. – *545 die Heroen* ⟨...⟩ *diesen Quell versammelt:* Tasso hat den kastalischen Quell (am Parnassos bei Delphi) vor Augen, den Topos des Poetisch-Schöpferischen (von dem er selbst gerade ein Beispiel gibt). Zu der imaginierten Versammlung der »Heroen« und »Poeten« vgl. das Abschlußgedicht des *West-östlichen Divan*, in dem der Dichter die Hoffnung ausspricht, »des Paradieses Weiten / Mit Heroen aller Zeiten / Im Genusse zu durchschreiten« (Bd. 11). – *552 Homer* ⟨...⟩ *Betrachtung zweier Männer:* Der legendäre griechische Epiker wird damit auf einen literarischen Heroenkult festgelegt, der in der ›Ilias‹ dem Achilles und in der ›Odyssee‹ dem Odysseus gilt. – *554 Alexander* ⟨...⟩ *Homer zu suchen:* Anspielung auf die Sage, daß Alexander der Große (356–323 v. Chr.) sofort nach seiner Ankunft im Totenreich Homer und Achilles aufgesucht hat, weil er diesen um den Dichter beneidete, der ihn unsterblich machte. – *556 gegenwärtig:* anwesend (vgl. Anm. zu *Iphigenie auf Tauris*, Vers 1815). – *559 das Gegenwärt'ge ganz verkennst:* Hier ist der reale Augenblick gegen die imaginären Fernen betont, in die sich Tasso verliert. Vgl. zu dieser Perspektive auch Wielands Dichter-Psychogramm: »Eine Einbildungskraft, die durch einen unfreiwilligen innern Trieb alles Einzelne idealisiert, alles Abstrakte in bestimmte Formen kleidet, und unvermerkt dem bloßen Zeichen ⟨hier: der Lorbeerbekränzung (Verse 459 u. 2029)⟩ immer die Sache selbst oder ein ähnliches Bild ⟨hier: die Elysiumsvision⟩ unterschiebt« (Nr. 1 der Briefe ›An einen jungen Dichter‹). – *561 entzückt:* der Zustand der poetischen Begeisterung.

442 *574 Für manchen bald mit Ungeduld durchharrten:* von G. korrigiert aus: »Für manchen langen, schmählich durchgeharrten« (H¹). – *578 da ich reisen muß:* s. Verse 46 ff. – *583 wahrhaft:* aufrichtig, zuverlässig. – *588 das Geschäft:* Das Wort ist in der Sprache der Zeit nicht auf das Ökonomische eingegrenzt, sondern bedeutet allgemein: Tätigkeit, Verrichtung, Ausführung einer Aufgabe (oft, wie hier, im diplomatischen Dienst). Inhaltlich ist die Beilegung des Grenzstreits gemeint (Vers 619), die G. nicht in den Quellen gefunden hat. Ihm kam es darauf an, Antonio gleich mit einem Beispiel erfolgreicher politischer Aktivität einzuführen. – *592 rein:* in der Bedeutung von ›ganz‹, ›unter Ausschließung von allem anderen‹.

443 *603 Gregor:* Papst Gregor XIII. (1502–1585), wurde als Ugo Buoncompagni in Bologna geboren. Sein Name lebt in dem

von ihm eingeführten ›Gregorianischen Kalender‹ nach. Er war ein engagierter Verfechter der Gegenreformation, unterstützte den Jesuitenorden und vervollständigte das ›Corpus Iuris Canonici‹. Die Pariser Bartholomäusnacht von 1572, in der 2000 Hugenotten ermordet wurden, feierte er durch ein Tedeum. Aus welchen Quellen G. die Detailkenntnisse über die Geschichte dieses Papstes bezogen hat, ist ungeklärt. – *606 in seinen Arm dich schloß:* Aufgrund der politischen Gegebenheiten – Ferrara war ein päpstliches Lehen – hatte der regierende Herzog 1573 an der feierlichen Papstkrönung teilgenommen. Nach Serassi hatte ihn Tasso auf dieser Reise nach Rom begleitet. – *623 ff. die Macht der Christenheit ‹...› vertilge:* knappe Skizzierung von Gregors religionspolitischen Absichten, seinem – freilich vergeblichen – Versuch, zu einem Krieg gegen die Türken zu treiben, ferner seinem kompromißlosen Kampf gegen den Protestantismus in ganz Europa. – *631 jene Höfe ‹...› als Gesandter:* Nach seinem Eintritt in den Kirchendienst 1539 hatte Gregor am Konzil von Trient (1545–1563) teilgenommen und war als päpstlicher Legat nach Spanien und Flandern gekommen, wo er Einfluß auf König Philipp II. gewann.

444 *650 Du willst mich reizen, es gelingt dir nicht:* von G. korrigiert aus: »Womit verdient ich heut, daß du, o Fürst! / So wenig eine Freundin schonen magst« (H¹). – *654 Nipoten:* von lat. nepos, ital. nipote ›Neffe‹. Gemeint ist der Nepotismus (›Vetternwirtschaft‹), die Konvention, daß der jeweilige Papst seine Verwandten auch ohne Qualifikation in hohe kirchliche Ämter brachte. So kaufte Gregor seinem Sohn Giacomo, in der Zeit vor dem Kirchendienst geboren, ein Herzogtum und ernannte zwei Neffen zu Kardinälen. Seit A (1807) in den G.-Werkausgaben: »Nepoten«. – *667 Er schätzt die Kunst, so fern sie ziert:* bezeichnend auch für Antonios eigenes Kunstverständnis, das ihn in eine schroffe Antithese zu Tasso bringen wird.

445 *677 dieser Zwist:* s. Vers 619. – *682 eine Bürgerkrone:* Kranz aus Eichenlaub (Vers 684). Bei den Römern wurde die corona civica (Bürgerkrone) vom Senat (später vom Kaiser) verdienten Bürgern verliehen (ursprünglich demjenigen, der einem römischen Bürger in der Schlacht das Leben gerettet hatte). Der Herzog spielt auf diesen antiken Brauch an, um neben Tasso – dem lorbeerbekränzten Poeten – auch den verdienten Politiker stilgerecht auszuzeichnen. – *688 die neue Christenheit beschämt:* Mit seinem Kreuzfahrer-Epos, das den ersten Auszug des Christenheers zu den heiligen Stätten (1096–1099) schilderte, hatte Tasso indirekt darauf verwiesen, daß die Christen seiner Zeit nichts gegen die Heiden unternahmen, die Jerusalem als »la grande

ingiusta preda« (große ungerechte Beute) – also als Räuber – an sich gerissen hatten (›Gerusalemme liberata‹ I,5). Dem Tasso des Dramas wird eine solche Absicht, zu einem Zug gegen die Türken anzuspornen, in der Tat zugesprochen (Verse 2636ff.). – *692 Zwei Bekränzte:* Tasso und die Ariost-Herme. – *709–735 Er ziert ihn schön ‹...› den Kranz:* Das vorher (Vers 667) nur angedeutete Kunstverständnis Antonios wird nun im Lobpreis des Ariost deutlicher formuliert: Ihm kommt es auf das Zierende, Gefällige, Liebenswürdige und dabei Mäßige an. Dieses Lob reflektiert auch zeitgenössische Kritiken, die die ›Gerusalemme liberata‹ durch den Vergleich mit dem ›Orlando furioso‹ abzuwerten versucht haben. In rhetorisch vollendeter höfischer Form weiß Antonio deutlich zu machen, daß er die Kunst und den Kunstanspruch Tassos – und also auch eine Lorbeerbekränzung ablehnt. G. hat auf der Italien-Reise einen Streit erlebt, der sich um die Frage drehte, ob man Ariost oder Tasso für den »größten Dichter« zu halten habe (*Ital. Reise,* Juli 1787, ›Störende Naturbetrachtungen‹). In Antonios Lobpreis auf Ariost kann man eine Huldigung G.s an Wieland konnotiert finden.

446 *723 Amoretten:* kleine Liebesgötter. – *732 Wahnsinn:* in Canto 23 des ›Orlando furioso‹, ohne daß die Raserei – aus einer Liebesenttäuschung entstanden – eine existentielle Gefährdung erkennen ließe. Daher Antonios bezeichnendes Lob in Vers 733.

447 *751 Gedanken ohne Maß / Und Ordnung:* In höfisch verhüllender Sprache spricht Tasso von seinen leidenschaftlichen Empfindungen (s. auch Verse 900ff.) für die Prinzessin, die – das Gemeinte wohl spürend – dem Gespräch immer wieder andere Wendungen zu geben versucht (Verse 888ff. u. 918ff.). – *754 anzulispeln:* lispeln im Sinne von ›flüstern‹, ›leise zureden‹. – *765 doppelt:* zwiespältig.

448 *790 die Gestalten jener Welt:* von der Antonio berichtet hat (Verse 600ff.). – *794 der Halbgott:* der Papst als Herrscher im Kirchenstaat, mit einem in der Renaissance geläufigen Namen für den ›Fürsten‹ bezeichnet (s. auch Vers 1411). – *799 Wie Echo ‹...› zu verschwinden:* Tasso vergleicht sich mit der Bergnymphe Echo, die – geschwätzig und unansehnlich – von Narcissus verschmäht wird, sich zu Gestein wandelt und nur als Laut lebendig bleibt (vgl. Ovid, ›Metamorphosen‹ III). Er bringt damit zum Ausdruck, wie sehr er sein Dichtertum – und damit das Streben nach Ehre und Ruhm (Vers 827f.) – von der großen politischen Welt in Frage gestellt sieht. – *802ff. Wie Held und Dichter ‹...› auf die Nachwelt bringen:* s. Verse 545ff. Die Verknüpfung des Dichterischen und Heroischen findet sich schon in Heinses Tasso-Biographie (s. S. 911), dann auch im – in der Zeit der *Tasso*-Anfänge entstandenen –

2. Buch von *Wilhelm Meisters Theatralische Sendung,* wo von den Dichtern im Rückblick auf vergangene Zeiten gesagt wird: »⟨...⟩ der Held lauschte ihren Gesängen; und der Überwinder der Welt huldigte einem Dichter, weil er fühlte, daß ohne diesen sein ungeheures Dasein, nur wie ein Sturmwind vorüberfahren würde ⟨...⟩« (Bd. 2.2, S. 77). Entsprechend noch in *Wilhelm Meisters Lehrjahre* (Bd. 5, S. 83). – *809 dem wilden Lauf der Welt* ⟨...⟩ *ruhig zuzusehn:* Das Bildfeld von ›Meer und Schiffahrt‹ wird erstmals skizziert, das im metaphorischen Schluß des Dramas Tassos Scheitern versinnbildlicht (Verse 3434ff.). – *813 unerfahrner Knabe:* Tasso war, als er nach Ferrara kam, immerhin schon 21 Jahre alt. Vgl. zu Vers 300. – *814 Fest auf Fest:* Feste und Turniere häuften sich 1565 anläßlich der Heirat des Herzogs mit der Prinzessin Barbara von Österreich (die in G.s Drama nie erwähnt wird).

449 *825 Das Eine, schmale, meerumgebne Land:* Italien, wie es sich auf der Landkarte darstellt. – *838 das ganze, / Mir allzu helle Schauspiel:* in seinem pathologischen Anklang wiederum bezeichnend für den melancholischen Enthusiasten. – *853 Mit breiten Flügeln* ⟨...⟩ *vor den Augen:* In der Antike wurde der Tod – wie der Schlaf – als geflügelter Jüngling dargestellt. Darauf hatten Lessing (1769) und Herder (1774) in ihren Abhandlungen ›Wie die Alten den Tod gebildet‹ hingewiesen. – *857 Flor:* Schleier, der filternd wirkt (vgl. *Zueignung,* Vers 14; Bd. 2.1, S. 94).

450 *880 Mit Einem Blick in deinen Blick geheilt:* im Hintergrund der Augenzauber, mit dem in der ›Gerusalemme liberata‹ die verführerische Armida die Männer zu becircen versteht, so Eustazio (IV,34; vgl. 87ff.) und etliche andere Christenritter, auch den großen Rinaldo (XVI, 17ff.), dem vor ihr zeitweise alles Rittertum vergeht. (Nur Tancredi widersteht ihren kunstvoll eingesetzten Reizen; vgl. V, 64f.). Bei Tasso und Leonore von Este wiederholt sich der Armida-Zauber in einer subjektiv gefärbten, dazu sublimierten und gegenwendigen Form (vgl. Vers 876f.). Daß diese literarische Spiegelung der Prinzessin weiterhin eine Rolle spielt, zeigen die Verse 1090ff. u. 3347ff. – *886 eine Perle:* in der Renaissance-Literatur häufig das Bild der Geliebten, besonders dann, wenn der Weg zum Glück mit ihr schwierig erscheint. – *889 der Herzog von Urbino* ⟨...⟩ *weggeführt:* Der Erbprinz Francesco Maria della Rovere heiratete Lucrezia von Este 1570; sie kam Ende 1574 nach unglücklichen Ehejahren aus Urbino nach Ferrara zurück; s. auch Vers 1789f. u. Anm.

451 *914 Beleidigte den Mann, den du beschütztest:* allgemeiner zu verstehen, allenfalls auf Pigna (s. S.952), noch nicht auf den – ja erst später eskalierenden – Streit mit Antonio zu beziehen. –

*920 Anstatt daß:* während (adversativ). – *928ff. Doch glaube nicht ⟨...⟩ zu dienen:* Die Betonung der ›servitù‹ (des Dienstverhältnisses) wehrt den Vorschlag ab, mit dem Fürsten eine freundschaftliche Bindung einzugehen. Vgl. noch Tassos gleichsinniges Votum in der späteren Irritation, das allerdings die Freiheit »im Denken und im Dichten« stärker akzentuiert (Verse 2303–06).

452 *947 Die Grazien:* Charitinnen, Göttinnen des Liebreizes und der Anmut, die das Umgehen der Menschen miteinander liebenswürdig und gewinnend machen. Vgl. K. Ph. Moritz' Beschreibung: »Vom Himmel senkten die drei Huldgöttinnen ⟨Aglaja, Thalia und Euphrosyne⟩ zu den Sterblichen sich hernieder, um die schönen Empfindungen der Dankbarkeit und des wechselseitigen Wohlwollens in jeden Busen einzuflößen. Auch waren sie es, welche vor allen andern Göttern den Menschen die süße Gabe zu gefallen erteilten. ⟨...⟩ Hand in Hand geschlungen wandelnd, bezeichnen sie ⟨...⟩ jede sanfte Empfindung des Herzens, die in Zuneigung, Freundschaft und Wohltun sich ergießt« (›Götterlehre oder Mythologische Dichtungen der Alten‹, 1791). Vgl. auch *Faust II,* Verse 5299ff. (Bd. 18). – *951–958 Doch läßt sich ihm vertraun ⟨...⟩ wie du es pflegst!:* Diese Verse wurden von G. erst in der Schlußredaktion auf einen Zettel geschrieben und in H¹ über Vers 959 eingeklebt. Sie sollten offensichtlich den Motivationszusammenhang des Dramas verstärken. Tassos folgender – und ins Desaster führender – Annäherungsversuch an Antonio geht nun stärker auf die Prinzessin zurück, deren Forderung ihren Mangel an Menschenkenntnis verrät. Vgl. auch Verse 1677–97. – *970ff. Auf diesem Wege ⟨...⟩ fortzuwandern:* vgl. zu dieser Warnung das negative Exempel der Plessing-Episode in der *Harzreise im Winter,* Verse 29–50 (Bd. 2.1, S. 38, dazu den Kommentar S. 565f.). – *974 verwöhnt sich das Gemüt:* gewöhnt sich an die Einsamkeit, entwöhnt sich der gesellschaftlichen Bindung, die die Tatkraft fördert. – *975 Die goldne Zeit ⟨...⟩ wieder herzustellen:* die Vorformulierung des – von Schiller dann so genannten – ›sentimentalischen‹ Dichtertypus. Zur ›goldenen Zeit‹ s. schon Vers 23 u. Anm.

453 *988 die Nymphe:* weibliche Naturgottheit, meist mit Dionysos oder mit dem Naturgott Pan (und den Satyrn) zusammen, hier als typische Figur in die von Tasso ausgemalte arkadische Landschaft gestellt – *990 der kühne Faun:* altrömischer Gott der Hirten, nach dem griechischen Pan bocksbeinig, gehörnt und lüstern. In Tassos Schäferspiel ›Aminta‹ tritt ein Satyr auf, der Silvia brünstig nachjagt (II/1) und sie an einen Baum fesselt, dann aber rechtzeitig von Aminta verjagt wird (vgl. III/1). Daher vermutlich die Anspielung auf den »tapfern Jüngling« (Vers 991). –

*994 erlaubt ist was gefällt:* Zitatanspielung auf Tassos ›Aminta‹, ein Chor daraus (I/2) liegt der im Drama entworfenen Idylle zugrunde (»O bella età dell'oro«), verbunden mit Motiven aus der Antike, die für die arkadische Landschaft und auch für die elegische Sehnsucht nach ihr typisch sind. Die Devise, in der sich beides sammelt, lautet in ›Aminta‹: »S'ei piace, ei lice« (Wenn es gefällt, ist es erlaubt). In der Schäferwelt gibt es eine beglückende Liebesfreiheit, sind die Hemmungen verschwunden, die Moral und Gesellschaft errichtet haben, so das ›Idol‹ der ›Ehre‹. Der Tasso des Dramas gibt mit dem Zitat vom historischen Tasso indirekt zu verstehen, wie er – in schäferlichem Spiel als Dichter gekrönt – an einer Situation leidet, in der er seine Liebe zu Leonore nicht offen bekennen darf. – *997ff. Und soll ich dir gestehen 〈...〉 wieder werden kann:* Ein Entwurf dieser Verse hat sich in einem Notizheft erhalten, das G. auf der Rückreise von Rom nach Weimar im Mai und Juni 1788 verwendet hat:

    Und soll ich dir gesteh〈en〉 wie ich denk〈e〉
    Die goldne Zeit p
    Sie war wohl nie wen〈n〉 sie jetzt nicht ist
    Und war sie je so kann sie wieder sein
    (zit. nach L. Blumenthal: Ein Notizheft Goethes
    von 1788. Weimar 1965, S. 114).

*1006 erlaubt ist was sich ziemt:* Die Devise der Prinzessin betont gegen Tassos Wunschphantasie die höfische Norm des Schicklichen. Auch ihre berichtigende Erwiderung enthält eine Zitatanspielung, und zwar auf das »Piaccia, se lice« (Gefallen möge, was gestattet ist) in Giovanni Battista Guarinis Schäferspiel ›Il pastor fido‹ (Der treue Hirt) von 1590. Guarini, Tassos Konkurrent am Hof von Ferrara, parodiert darin den ›Aminta‹-Chor, aus dem Tasso seine Devise gewonnen hat. Die Antwort der Prinzessin reflektiert also eine tatsächliche literarische Kommunikation und weist Tasso ähnlich in die Schranken wie Guarini, dessen Schäferspiel bis ins 18. Jh. sehr beliebt geblieben ist. G. kannte es durch die Bibliothek seines Vaters, deutet schon als 16jähriger eine Lektüre des italienischen Originals an (an die Schwester Cornelia, 6. Dezember 1765) und spielt auch diese Kenntnis – wie die des Tasso-Epos – seinem Romanhelden Wilhelm Meister zu, der sich selbst am »heroischen Schäferstück« versucht hat und den ›Pastor fido‹ weitgehend aus dem Gedächtnis zitieren kann (Bd. 2.2, S. 82 u. 115). – *1013–1020 Willst du genau erfahren 〈...〉 sind sie nichts:* vgl. *Maximen und Reflexionen,* Nr. 31: »Der Umgang mit Frauen ist das Element guter Sitten« (Bd. 17).

    454 *1030 von keinem Männerherzen sicher:* ungewöhnliche, bei G. einige Male belegte präpositionale Konstruktion. –

*1053 edle Fürsten streben / Nach deiner Hand:* nicht von Serassi, sondern von Manso berichtet, also wohl Bestandteil der Tasso-Legende. Danach hatte 1560 der Herzog von Nevers vergeblich um die Prinzessin geworben. Sie blieb unverheiratet (vgl. Vers 1058f.).

455 *1061 kein Verhältnis:* nicht bloß personal, sondern allgemeiner: Lebenslage, Umgebung. – *1063 laßt es mir ⟨...⟩ sehn:* Der Dativ bei »sehen lassen« wurde im 18. Jh. noch häufig verwendet; auch bei G. einige weitere Belege (z. B. *Faust-Fragment,* Vers 1353; S. 563). – *1071 die Erdengötter:* für Fürsten und hochgestellte Personen (vgl. Vers 1011f.). – *1083 wie die Sonne ⟨...⟩ meinen Augenlidern ab:* s. Vers 880 u. Anm. – *1090 Armide:* syrische Zauberin im ›Befreiten Jerusalem‹, blond und schön, die mit ihrer dämonischen Anziehungskraft und ihren wohlkalkulierten Reizen (bis hin zu ›falschen‹ Tränen) die christlichen Ritter von Jerusalem, ausgenommen Goffredo und Tancredi, in ihrem kämpferischen Ethos bedroht (s. auch zu Vers 880). Als Circe-Figur eingeführt, gewinnt Armide durch ihre Liebe zu Rinaldo und die Liebespein, nachdem er sie wieder verlassen hat, eine gewisse menschliche Noblesse, an die Leonore mit ihrer versöhnlichen Wendung (Vers 1091) anknüpfen kann. Im Epos stellt sich Rinaldo am Ende wieder in den Dienst der Schönen (XX,134f.).

456 *1098 Urbild jeder Tugend, jeder Schöne:* vgl. Verse 183 ff. Das platonische Verhältnis von Idee (›Urbild‹) und Erscheinung (›Nachbild‹) wird von Tasso auf die künstlerische Werkschöpfung bezogen. Das Lebendig-Bleibende des Kunstbildes gibt das Maß für das vom Künstler geschaute »Urbild«, wie es diesem – Huldigung an die Prinzessin – seine Dignität verdankt (vgl. Vers 1103f.). Die in Platos Denkweise angelegte Konsequenz, nämlich die Verwerfung der Kunst als scheinhaftes Nachbild einer Erscheinung und nicht der wahrhaft seienden Idee (vgl. ›Politeia‹ X), ist in Tassos ästhetischem Platonismus abgebogen. – *1100 Tancredens Heldenliebe zu Chlorinden:* Tancred (Tancredi), schon im Zeichen von Melancholie und Liebeswahn in das Epos eingeführt (›Gerusalemme liberata‹, I,9 u. 45), liebt die äthiopische Prinzessin Chlorinde (Clorinda), die auf der Seite der Heiden kämpft. Sie war als weißes Kind dunkelhäutiger Eltern von ihrer Mutter ausgesetzt, dann auf wunderbare Weise gerettet, aber nicht getauft worden, sondern wuchs – ihr Geschlecht und die Natur besiegend (XII,38) – als heldenmütige Amazone auf. Ihre »Mannweiblichkeit« fasziniert den jungen Wilhelm Meister (Bd. 2.2, S. 23). In den kriegerischen Auseinandersetzungen um Jerusalem wird Chlorinde unerkannt von Tancred verfolgt und getötet (XII,47ff.). Der unglückliche Held, der als »misero mostro d'infelice amore« (elen-

des Ungeheuer unglücklicher Liebe) zurückbleibt, wird von der Geliebten, der er gerade noch die Taufe hat spenden können, in einer Traumerscheinung getröstet. – *1101 Erminiens stille nicht bemerkte Treue:* Erminia, eine Königstochter aus Antiochien und Freundin Clorindas, liebt Tancredi, kann sich ihm aber aus Scham nicht offenbaren und verzehrt sich in Sehnsucht nach ihm. Ihr Versuch, zu dem verwundeten Geliebten ins feindliche Lager vorzudringen, mißlingt (VI,55 ff.). Später heilt sie den erneut schwer verwundeten Tancredi, indem sie seine Wunde zunächst mit einem Schleier, dann mit ihren Haaren trocknet (XIX,112 ff.) – ein Bild, das G. im Roman auf Mignon überträgt (Bd. 2.2, S. 279 f.). – *1102 Sophroniens Großheit und Olindens Not:* Der Heidenfürst Aladin will ein Madonnenbild aus dem Jerusalemer Christentempel rauben lassen, das aber dort nicht mehr vorzufinden ist. Um die anderen Christen vor Aladins Rache zu schützen, bezichtigt sich Sophronia des Diebstahls. Weil er das Mädchen, das er liebt, retten will, nimmt Olind (Olindo) die Schuld auf sich. Vom Opfermut des Paars gerührt, wendet Chlorinde den drohenden Feuertod von ihm ab (II,14 ff.). Nach Serassi hat Tasso der Gestalt der Sophronia Züge der Prinzessin verliehen. Der Stoff wurde 1757 von Johann Friedrich von Cronegk (1731–1758) als Trauerspiel gestaltet, das 1764 als Fragment herauskam (und Lessing 1767 in den beiden ersten Stücken der ›Hamburgischen Dramaturgie‹ den Anstoß gab, eine prinzipielle Kritik der Märtyrer-Tragödie zu formulieren). – *1107 das Geheimnis einer edlen Liebe:* Nach der verhüllten Andeutung (Verse 1054–57) bringt Tasso über die Zuschreibung seines Kunstwerks an die Prinzessin seine persönliche Hoffnung vorsichtig zur Sprache. Aus dem literarischen Charakter der ›Gerusalemme liberata‹ selbst ist dieser Sinn, sei es auch als esoterischer, nicht ohne weiteres ersichtlich, da zwar alle Figuren im Zeichen der Liebe vorgestellt werden, dieses aber allenfalls bei Tancred und Olind mit der Situation des Dichters selbst kommensurabel sein kann. Wenn der Darstellungsweise des Epos Sympathien für den melancholischen Tancred anzumerken sind, dann wird die Berufung auf das Liebesgeheimnis als Quintessenz des Ganzen zur subtilen Ironie. Wie Wilhelm Meister, der Tancred-Nachfolger im Roman, »vom Schicksal bestimmt zu sein scheint, das was er liebt unwissend zu verderben« (Bd. 2.2, S. 24) bzw. – in den *Lehrjahren* – »zu verletzen« (Bd. 5, S. 27), wird auch Tasso die geliebte Prinzessin durch seine Umarmung verwunden (Verse 3280 ff.). – *1121 Mäßigung* ⟨...⟩ *Entbehren:* eine Mahnung zur höfischen Schicklichkeit, aber auch zur Selbstbegrenzung, die G. für lebensnotwendig hält (und im Altersdenken ›Entsagung‹ nennen wird). Biographischer Hintergrund: das Verhältnis G.s zu

Charlotte von Stein in den ersten Weimarer Jahren (Anamnesis-Gedicht, Vers 33: »Tropftest Mäßigung dem heißen Blute«; Bd. 2.1, S. 23). Die Mahnung der Prinzessin rührt an die Schwierigkeit des ›sentimentalischen Charakters‹, sich mit den notwendigen Begrenzungen des Lebens abzufinden (vgl. z. B. Fausts Klage über das »Entbehren«, Verse 1549 ff.; Bd. 6.1, S. 577).

457 *1132 Hernieder steigend* ⟨...⟩ *den Sterblichen hinauf:* Anspielung auf die in der Renaissance beliebte antike Mythe, daß der schöne Jäger Kephalos von der Göttin Eos (Aurora) in den Olymp entführt wurde. – *1147 entbehren* ⟨...⟩ *mich mäßig zeigen:* Trotz der wörtlichen Wiederholung ihrer Mahnung (Vers 1121 f.) hat Tasso die Prinzessin, wie der Lauf seines Phantasierens in dramatischer Ironie zeigt, nicht verstanden. – *1157 die goldne Leier:* das Instrument des Apoll, auch: altes Symbol der Dichtkunst. – *1161 ein tausendfaches Werkzeug:* Der Wunsch nach Vervielfachung der Zunge ist seit Homer und Vergil ein Dichter-Topos; auch in der ›Gerusalemme liberata‹ (IX,92) belegt. – *1165 von frühem Honig:* wohl Anspielung auf die Sage, daß Bienen den jungen Pindar (und andere Dichter) mit Honig gelabt haben. – *1168 Sich einsam, schwach und trübgesinnt verlieren!:* von G. korrigiert aus: »Sich sinnend einsam mehr verloren wandeln« (H¹). – *1171 rings umgeben:* bezieht sich syntaktisch auf »mich«.

458 *1198 angekündigt:* durch die Prinzessin; daher Tassos emphatischer Ton, die Illusion des Enthusiasten (Vers 1199).

459 *1208 klug und sorgsam:* von der politischen Tugend der ›prudentia‹ her gesprochen. – *1223 ff. Der Mäßige* ⟨...⟩ *fliegend überfällt:* s. Verse 489 ff. u. Anm. – *1239 Inwendig lernt kein Mensch sein Innerstes / Erkennen:* ganz im Sinne G.s gesprochen, nach dessen Überzeugung der Kult der ›Selbstbetrachtung‹ nur zur ›Hypochondrie‹ führen kann (Gespräch mit Riemer, 3. Mai 1814). Vgl. unter vielen gleichartigen Äußerungen den scharfen Einspruch gegen alle Verführung »zu einer innern falschen Beschaulichkeit«, die den Menschen von der »Tätigkeit gegen die Außenwelt« wegzubringen droht: »Der Mensch kennt nur sich selbst, insofern er die Welt kennt, die er nur in sich und sich nur in ihr gewahr wird. Jeder neue Gegenstand, wohl beschaut, schließt ein neues Organ in uns auf« (*Bedeutende Fördernis durch ein einziges geistreiches Wort*, 1823; Bd. 12, S. 306).

460 *1268 mäßigen:* maßvollen, abgewogenen; äußerlich ganz nach der Lektion der Prinzessin (Verse 1121 u. 1147). – *1280 die Göttin:* die Prinzessin; ein Nachhall des begeisterten poetischen Vergleichs mit Eos (Vers 1132 f.).

461 *1285 Wollust:* noch nicht nach heutigem Sprachgebrauch auf die Sexualität eingeschränkt, sondern allgemeiner: Freude,

Vergnügen. – *1301 Von sehr verschiedener Art ⟨...⟩ bequem erreichen:* von G. in mehreren Phasen korrigiert aus: »Von mancher
Art und sind auf manche Weise / Oft im Spaziergehn leicht zu
erreichen« (H¹). – *1306 Glück ⟨...⟩ ist blind:* Die römische
Glücksgöttin Fortuna wurde oft blind oder mit verbundenen
Augen dargestellt, weil sie ihre Gaben nicht nach Verdienst auszu-
teilen oder vorzuenthalten pflegt. – *1308 die Gerechtigkeit trägt
eine Binde:* Tassos Replik spielt darauf an, daß die Göttin Iustitia –
die ihre Gaben gerecht austeilt – gleichfalls mit einer Augenbinde
abgebildet wurde. – *1313 Minerva:* die römische Göttin von Kunst
und Handwerk, der griechischen Pallas Athene (Weisheit) entsprechend. – *1317ff. Ich blicke tief ⟨...⟩ meine Fürstin auch!:* von G.
auf einem Zettel über die ursprüngliche Fassung geklebt: »Ja ich
erkenne dich, und blicke tief / Dir in das Herz, und seh und kenne /
Fürs ganze Leben dich!« (H¹).

462 *1329 Den Dichter ⟨...⟩ vergleichen darf:* wohl aus der
Erinnerung an das Titelkupfer von Kopps Tasso-Übersetzung zu
verstehen (s. zu Vers 481). – *1345 an diesem Orte:* Die erste von
mehreren Mahnungen des Antonio, den innerhalb des Schlosses
geltenden Burgfrieden einzuhalten (s. dann Verse 1385, 1398 u.
1404). Diese Mahnungen werden freilich so gegeben, daß sie die
Auseinandersetzung weiter erhitzen müssen. – *1352 Der Seele
Hoheit:* Das Plädoyer für einen Adel, der durch Verdienst erworben wird und nicht schon durch die Geburt feststeht, reflektiert
Tendenzen des 18., aber auch schon des 16. Jh.s. Historischer
Hintergrund: die Proklamation einer ›nobilitas literaria‹ als gleichrangig mit der ›nobilitas generis‹, bei Tasso getragen vom Bewußtsein seines schöpferischen Künstlertums (Verse 1353ff.). –
*1359 Neid:* Diese Motiv-Unterstellung wird später von Tasso
ausgiebig entwickelt (Verse 2318ff.).

463 *1365 Unsittlich:* insofern durch den beleidigenden Vergleich mit der »Spinne« (Vers 1360f.) die höfische Sitte verletzt ist.
– *hältst du dich gut:* hältst du dich für anständig, dein Betragen für
schicklich. – *1372 Lippenspiel:* Redekunst. – *1384 so steh' mir:*
zum Duell. – *1394–1405 Welch hoher Geist ⟨...⟩ ich es litt.:* Die
nun dialogbestimmende Stichomythie mit dem raschen Wechsel
von Rede und Gegenrede erweckt den Eindruck eines Duells –
freilich in und mit Worten ausgetragen (bis Tasso den Degen
zieht). Der Streit zwischen dem hitzigen Dichter und dem kühl
reizenden Politiker spiegelt eine – tödlich endende – Auseinandersetzung in der ›Gerusalemme liberata‹ (V,24ff.). Sie entspinnt sich
im Banne des Armida-Zaubers zwischen dem norwegischen Fürsten Gernando und Rinaldo. Gernando reizt den italienischen
Helden mit Worten, die ihm ein Höllengeist eingegeben hat (»la

lingua, del venen d'Averno infusa«), bis Rinaldo in rasender Wut in Gernandos Gefolge fährt und den Beleidiger tötet. Damit hat er aber das von Goffredo für das Christenlager verhängte Friedensgebot verletzt: »sì perché il fallo in se medesmo è greve, / sì perché 'n loco ⟨!⟩ tale egli è seguito« (wenn schon die Tat an sich schwer wiegt, so noch schwerer durch den Ort, wo sie verübt worden ist). Rinaldo droht durch Goffredo, der auf Gleichheit aller vor dem Gesetz besteht, eine Kerkerstrafe (!), der er sich aber durch die Flucht entzieht. Die ganze Sequenz gibt das heroische Modell für den Streit zwischen Tasso und Antonio, rückt den Dichter aber (der das alles ersonnen hat) hinsichtlich seines eigenen heroischen Formats in eine ironische Beleuchtung. – *1396 Es macht das Volk sich auch mit Worten Luft:* von G. korrigiert aus: »Der Pöbel macht sich auch in Worten Luft« (H¹). Auch nach der Milderung muß die Sentenz auf den Adligen Tasso sehr herabsetzend wirken.

464 *1404 Vergib dir nur, dem Ort vergibst du nichts:* Du kannst dich selbst bloßstellen, aber nicht außer acht lassen, was dem Ort zukommt (durch das höfische Gesetz). – *1406 Zieh' oder folge ⟨...⟩ verachten soll:* von G. korrigiert aus: »Zieh oder folge mir, sonst soll die Klinge / Wenn dich mein Wort nicht reizt dich schändend nötigen« (H¹). – *1411 eine Gottheit:* in der Renaissance ein Herrscher-Topos (s. auch Vers 794). – *1425 den reinsten Tropfen Bluts ⟨...⟩ wandelte:* Zorn, Bitternis weckte. Zugrunde liegt die alte, von der antiken Humoralmedizin her entwickelte Temperamentenlehre, nach der dem Blut das ›sanguinische‹, der von der Leber abgesonderten Galle das ›cholerische‹ Temperament entspricht.

465 *1438 Beleidige dich selbst zum zweitenmal:* Davor in H¹ ein Vers, den G. gestrichen hat: »Laß dich vor ihm zu deiner Schande sehn«. Tasso will offenbar Antonios Darstellung des Vorfalls von vornherein als ›zweites‹ Unrecht nach dem Vorfall selbst hinstellen. – *1443 dieser heiße Kopf:* s. Verse 489 ff. u. Anm. – *1458 ein schwer Gesetz:* der Burgfriede im Umkreis des Fürsten; auf seine Verletzung stand eine schwere Strafe. Vgl. Antonios emphatische, aber zutreffende Umschreibung der Rechtslage in den Versen 1495–1515. – *1462 tratst du ⟨...⟩ nicht:* Irrealis (›Wärst du nicht ⟨...⟩ getreten‹). – *1470 sein Zahn das feine Gift:* nach der »Spinne« (Vers 1360) ein zweiter herabsetzender Tiervergleich für Antonio: die Giftschlange.

466 *1473 ausgehalten:* hingehalten, beleidigt. – *1480 des Gesetzes / Und dieses Orts vergessen:* Tasso räumt also seinen Verstoß gegen das Friedensgebot ein. Doch ganz »vergessen« hatte er es auch im Streit selbst nicht (Vers 1399). – *1485 Dir fehlt:* vor dir, vor deinem Gebot schuldig wird. – *1489 ff. die Zauberkraft ⟨...⟩ Zu*

treiben liebt: Hinweis darauf, daß beim Dichter Dichten und Leben der gleichen Gemütsdisposition entspringen (was Tassos Fall bis zur tragischen Konsequenz lehren wird, der »Disproportion des Talents mit dem Leben«; s. S. 934).

467 *1527 zum Austrag:* zum Schiedsrichter. – *1531 Verlaß uns, Tasso! bleib' auf deinem Zimmer:* von G. korrigiert aus: »In diesem Falle gern. Gib deinen Degen / Freiwillig ab und sei auf deinem Zimmer« (H¹). – *1536 O Fürst, es übergibt dein ernstes Wort:* von G. korrigiert aus: »O Fürst dein Wort dein richterlicher Spruch / Beraubt mich meiner Waffen, übergibt« (H¹). – *1538 Du hältst es Recht:* Du hältst es für Recht (nicht etwa zustimmend: ›Du verfährst recht‹). – *heilig:* nicht im religiös-sakralen Sinne, sondern: ›fürstlich-gebietend‹, ›Ehrfurcht einflößend‹ (s. auch Vers 1411).

468 *1552 eine Klarheit:* vgl. *Zueignung,* Vers 18 (Bd. 2.1, S. 94), und Egmonts Traumvision (S. 328). – *1555 vergebne:* vergebliche, nutzlose (veralteter, von G. aber mitunter festgehaltener Sprachgebrauch). – *1558 Der Götter Saal ⟨...⟩ der jähe Fall:* Anspielung auf Erhebung und Sturz des Tantalos (s. *Iphigenie auf Tauris,* Verse 310ff.). – *1562 Hier nimm den Degen erst:* von G. korrigiert aus: »Den Degen forderst du« (H¹). – *1563 Als ich dem Kardinal nach Frankreich folgte:* s. S. 909. – *1576 Mir nur zu bald geraubt:* metrisch bewußt unvollständig ausgeführter Vers (mit nur drei Takten). Danach tritt eine Pause ein, die Tassos Erschütterung markiert. Der Verlust des Lorbeerkranzes ist sein eigener Entschluß, weil er die höfische Auszeichnung nach dem Verstoß gegen die höfische Sitte nicht mehr tragen kann. – *1577 Du nimmst dir selbst:* Selbstanrede; die Wahl der zweiten Person des Personalpronomens als Distanzsignal. – *1583 die Not:* die Notwendigkeit.

469 *1610 die Meinung:* wohl nicht die ›öffentliche Meinung‹ (so Bd. 6.1, zu Vers 1354 der Theaterfassung, S. 1081), da Öffentlichkeit ja noch gar nicht hergestellt ist, sondern im Sinne von ›Urteil‹, ›begründete Position‹. – *1613 Als Menschen ⟨...⟩ Als Edelmann:* Antonio räumt damit ein, daß er Tasso durch abweisendes und zugleich aufreizendes Verhalten verletzt haben könnte, bestreitet aber eine Beleidigung der Standesehre, nach der ein Duell zur Wiedergutmachung unausweichlich wäre. – *1615 seinen Lippen ⟨...⟩ Wort entflohn:* s. aber Vers 1365 u. Anm.

470 *1633 Du wirst als Freund und Vater mit ihm sprechen:* Dieser Vers fehlt in H¹ und wurde von G. nachträglich in die Hs. eingefügt.

472 *1695 Jähe:* Hast, Übereilung.

473 *1723 itzt:* in H¹: »jetzt«. Abschreibfehler in H² (der dann in die Drucke einging)? – *1724 Die gute Zeit:* gut, sofern sie einen

Ausgleich bringt, ein Übel allmählich lindert. – *1726 billig:* gerecht. – *1733 im Freunde sich verdammen:* dadurch, daß man den Freund verbannt, sich selbst zu Verlust und Schmerz verdammen. – *1734 den Freund in dir:* den, dessen Freundschaft du in deiner Seele empfindest (vgl. *Iphigenie auf Tauris,* Vers 1716f.). – *1744 Daß er nicht etwa künftig Mangel leide:* seit A (1807) in den Werkausgaben: »Daß er nicht Mangel etwa künftig leide«. – *1749 gedenken:* nachtragen. – *1752 meine Schwester von Urbino:* Lucretia (s. auch Verse 889f., 1789f. u.Anm.).

474 *1762 allein du bist's so sehr:* seit A (1807) in den Werkausgaben: »allein so sehr bist du's«. – *1763 Ich laß' es gehn:* Ich dränge mich nicht vor, halte mich zurück. – *1767 meiner Mutter Erbschaft ⟨...⟩ sorgen helfen:* Ein von Serassi angeführter Brief Tassos aus dem Jahre 1576, wonach er auf Hilfe der Prinzessin dank ihrer mütterlichen Erbschaft hofft, wird von G. auf die Prinzessin zurückgespiegelt. – *1771 Wirt:* Haushalter; einer, der mit Geld umgehen kann. – *1786 Allein was er verdient, das ward ihm nie:* im Hinblick auf die vergebliche Bemühung um die Krone von Polen und andere politische Fehlschläge, die Alphons erlitt. – *1789 Sie bringt ⟨...⟩ nicht entgelten:* Lucretia war bei ihrer Heirat 35 Jahre, der Erbprinz von Urbino gerade 20 Jahre alt. Angesichts der völlig zerrütteten Ehe, die 1574 geschieden wurde, entspricht nicht einmal die Behauptung, der Gatte habe Lucretia geachtet, den Tatsachen.

475 *1792ff. Was half ⟨...⟩ versöhnt gestorben sei:* s. zu Vers 108. – *1813ff. Nicht lang' ⟨...⟩ mich verstummen:* den Darstellungen Mansos und Serassis folgend, wonach der Prinzessin während ihrer Krankheit das Singen verboten war. – *1823–1836 Der Augenblick ⟨...⟩ ihn ewig halten:* komplementär zu Tassos Schilderung ihrer ersten Begegnung (Verse 868–87), so daß sich eine Verbundenheit im Seelischen zeigt.

476 *1855 Den langen ausgedehnten Schmerz der Tage, wenn:* ein sechshebiger Jambus; die Überlänge des Verses entspricht seinem inhaltlichen Sinn.

477 *1875 Sorge:* zur Zeitstruktur dieser Gemütsbewegung s. Vers 1879. Vgl. auch *Egmont,* S. 314, 39 u. ö. – *1888ff. Ihn mußt' ich ehren ⟨...⟩ so hart bestraft!.* das Bekenntnis der Liebe zu Tasso, aber in einer Weise gegeben, daß das Persönlich-Seelische dominiert und die Möglichkeit einer Verbindung mit Tasso nicht einmal erwogen wird. – *1896 verwandte Schmerzen:* also Leid und Unglück. – *1898 So wird die stille Kraft ⟨...⟩ unvermerkt erquicken:* von G. korrigiert aus: »So wird die schöne Welt, die gute Zeit / Mit reinem Balsam ohnvermerkt dich heilen« (H[1]). – *1899 Der guten Zeit:* s. Vers 1724 u. Anm.

**478** *1908 erhalten:* festhalten, auf Dauer bewahren. – *1912 kennen:* hier in der Bedeutung von ›erkennen‹. – *1914 das edle, schöne Herz:* Die Benennung klingt an die »schöne Seele« an (*Wilhelm Meisters Lehrjahre,* 6. Buch; Bd. 5, S. 360ff., dazu Kommentar S. 787f.) und weist im Sinne der pietistisch gefärbten Empfindsamkeit des 18. Jh.s auf die Lebenshaltung selbstloser Genügsamkeit, wie sie der Prinzessin eigen ist (Verse 1754ff.). – *1915 das ihrer Hoheit fällt:* das ihr mit ihrem hohen Rang zuteil wird. – *1919 das Herz und die Talente:* bezieht sich auf Tasso. – *1937ff. Ist Laura ⟨...⟩ zu vergöttern:* Laura ist der Name der ›hohen Geliebten‹, an die Petrarca (Vers 73 u. Anm.) seine Liebeslyrik gerichtet und die er dadurch ›unsterblich‹ gemacht hat.

**479** *1948 der freche Ruf:* das Ansehen, das man aufs Geratewohl gewinnt; das kecke Gerede, von dem die Reputation abhängig ist. – *1950 Das was vergänglich ist, bewahrt sein Lied:* entspricht Tassos Perspektivismus von Leben und Kunst, Urbild und Nachbild (Verse 1092–1108). Leonore wird sich auch sensibel zeigen für die Leiden des Poeten, dem für seine große künstlerische Schöpfung niemals recht gelohnt werden kann (Verse 2025–39). – *1952 Der Kreis der Dinge dich mit fortgerissen:* Du nach unabänderlichem Schicksalsgesetz tot sein wirst. Das Bild vom »Kreis« in bezug auf das Schicksal wird von G. häufig verwendet, z. B. in dem Gedicht *Das Göttliche* (Verse 32–36; Bd. 2.1, S.90f.).

**480** *1977 Der böse Genius:* ein dämonischer Geist, der den Menschen zum Bösen verlockt statt zum Guten (Vers 437). – *1997 so ohne Maß verlor:* eine bedeutsame Rückspiegelung Antonios, der in der Auseinandersetzung mit Tasso doch ostentativ für das Maßhalten eingetreten ist (Verse 1223, 1240f. u. 1363f.). Im Lichte der inzwischen überdachten persönlichen Motive, des im folgenden (Verse 1998–2004) eingeräumten Ressentiments nimmt sich alles anders aus. – *2002 Müßiggänger:* eine für die politischpraktische Perspektive Antonios bezeichnende Wertung des Künstlers und seiner Arbeit. – *2009 Der Baum ist breit:* bezieht sich auf die fürstliche Gunst.

**481** *2028 Bilde:* Gemeint ist der Lorbeerkranz als Sinnbild. – *2047 Phantom:* Trugbild.

**482** *2061 nicht:* Diese Verneinung nach dem vorangegangenen Komparativ (»leichter«, Vers 2060) ist nicht als Negation zu verstehen, sondern ein Pleonasmus (nach dem Vorbild des französischen Satzbaus?). Antonio ist also auf die – von Leonore absichtsvoll auf das Lebenspraktische eingegrenzte – Frauengunst nicht so angewiesen wie Tasso. – *2069–2085 Ihm fehlt's ⟨...⟩ zu sorgen:* Diese Schilderung von Tassos Lebensgewohnheiten folgt Serassi, der sie seinerseits aus Manso übernommen hat.

483 *2095 ff. Er rühmt sich* ⟨...⟩ *Zu glauben?:* Zitatanspielung auf ein von Serassi angeführtes Sonett Guarinis auf Tasso: »Di due fiamme si vanta, e stringe e spessa / Più volte un nodo, e con quest' arti piega / (Chi 'l crederebbe!) a suo favore i dei.« Die beiden »Flammen« sollen Lucrezia Bendidio und Leonore Sanvitale gewesen sein. – *2105 seine Selbstigkeit:* seinen Egoismus; vgl. Tassos Urteil über ihn (Vers 2318).

484 *2135 Die letzten Ende aller Dinge:* Anklang an eine Formulierung von K. Ph. Moritz, die den »Horizont« der genialen künstlerischen Produktivität gleichsetzt mit dem der »Natur selber«: »⟨...⟩ die Organisation muß so fein gewebt sein und so unendlich viele *Berührungspunkte* der allumströmenden Natur darbieten, daß gleichsam die *äußersten Enden* von allen Verhältnissen der Natur im Großen, hier ⟨beim »bildenden Genie«⟩ im Kleinen sich nebeneinanderstellend, Raum genug haben, um sich einander nicht verdrängen zu dürfen« (›Über die bildende Nachahmung des Schönen‹; in: Moritz, Werke, hg. von J. Jahn. Berlin und Weimar ³1981, Bd. 1, S. 259; vgl. auch Bd. 3.2, S. 271). In Antonios Sicht wird damit die Überspanntheit von Tassos Künstlergeist bezeichnet.

485 *2171 Alter:* bezeichnet hier Männlichkeit, Erfahrung (nicht ›hohes Alter‹). Nach der Chronologie zählt Antonio in der Handlungszeit des Dramas erst 38 Jahre. – *2183 heut' Abend noch zurück:* s. Verse 346 ff. u. Anm.

486 *2195 um dein Haupt mit Blumenkränzen spielten:* Pastorales Bildmotiv, das auf eine noch unbeschwerte Vergangenheit verweist, auch auf die Lorbeerbekränzung des Vormittags anspielt. – *2198 fühlst dich an:* wirst deiner selbst gewahr, vergewisserst dich – durch Berühren – deiner Wirklichkeit. – *2211 Von alten Zeiten mir verdächtig war!:* danach in H¹: »Ich sah ihn wenig und ich kannt ihn doch«. Diesen Vers hat G. wohl deshalb gestrichen, weil er zu dem späteren Erfahrungsbericht Tassos (Verse 2289–95) nicht ohne weiteres zu passen schien. – *2218 das wilde Glück:* die unberechenbare Fortuna (s. Vers 407). – *2227 des köstlichen Vertrauns:* s. Vers 1147 f.

487 *2235 Das häßliche zweideutige Geflügel* ⟨...⟩ *um das Haupt:* nicht Furien (ausgelöst von einer Gewissenspein), sondern Nachtvögel, also Eulen und Fledermäuse, als »Embleme der Melancholie« (H.-J. Schings: Melancholie und Aufklärung. Stuttgart 1977, S. 266). Die Obsession verrät die pathologische Gefährdung des melancholischen Enthusiasten, der die Heimsuchung ›zweideutig‹ nennt, weil er ihren Realitätsstatus – zwischen Vision und Wirklichkeit – nicht eindeutig festlegen kann. – *2236 der alten Nacht:* das Chaos, ursprünglicher als Licht und Schöpfung (vgl.

Mephisto in *Faust I*, Verse 1349 ff.; Bd. 6.1, S. 571). Die Metapher vom Sonnenuntergang für den Verlust der fürstlichen Gunst (Verse 2231–33) hat Tassos Phantasie vor diesen »Abgrund« (Vers 2240) geführt. – *2241 begegnet:* geschehen (s. Vers 317). – *2248 Der Edle bald, der Eitle selten lernt:* von G. korrigiert aus: »Dem Edlen nicht dem Eiteln nur mißfällt« (H¹). – *2250 fast ganz verkenn' ich dich:* ich kenne dich beinahe nicht wieder (vgl. Tassos Anknüpfung Vers 2262). – *2257 ff. Der stille Mond* ⟨...⟩ *Unwiderstehlich lockt:* vgl. G.s Mondlyrik, vor allem An den Mond (Bd. 2.1, S. 34 ff.). – *2261 vom Glanz des Tages überschienen:* nicht unbedingt auf Antonio verweisend, sondern aus der Nacht-Metaphorik (Verse 2235 ff., 2258) antithetisch entwickelt, der sich der trauernde Tasso zugeschlagen hat. – *2264 Erkläre dich mit mir:* Sprich dich mit mir aus, gib mir näheren Aufschluß.

488 *2270 Die Knoten* ⟨...⟩ *leicht und schnell:* Anspielung auf den berühmten Knoten des phrygischen Königs Gordios (›gordischen Knoten‹), den Alexander der Große – statt zu versuchen, das Geschlinge umständlich aufzulösen – mit einem Schwerthieb durchtrennt hat. – *2279 Das was geschehn ist* ⟨...⟩ *mir bedeutet:* eine für die ›Empfindsamkeits-Krankheit‹, aber auch für die Bewußtheit von Tassos Künstlertum signifikante Unterscheidung. – *2297 übersehen:* in der Bedeutung von ›über ... hinwegsehen‹, geringschätzen (aus vermeintlicher Überlegenheit). – *2303 den Herrn der mich ernährt:* den Fürsten. Vgl. entsprechend in der ›Gerusalemme liberata‹ innerhalb der Huldigung Alfonsos (XVII,92).

489 *2318 ein selbstisches Gemüt:* Spiegelung von Antonios Verdikt über Tasso (Vers 2105). – *2327 Klugheit, noch Beharrlichkeit:* von G. korrigiert aus: »List noch die Beharrlichkeit« (H¹). – *2329 ff. Er, der mit steifem Sinn* ⟨...⟩ *ein Dichter scheint?:* zum Kunstanspruch, der Tassos Kritik begründet, vgl. Verse 275 ff. u. Anm. Historisch ist der literarische Wetteifer mit Tasso nicht von Antonio überliefert, sondern von Giovanni Battista Pigna (den G. zunächst als Gegenspieler vorgesehen hatte). – *2343 billig:* gerecht (wie Vers 1726).

490 *2362 Schwester von Urbino:* Lucretia (Vers 889 f. u. Anm.). – *2364 gleich:* angemessen, gerecht.

491 *2391 ihm:* bezieht sich auf Antonio (von dem dann die Rede ist). – *2402 Ach:* seit B (1816): »Auch«. – *2411 Wie Sonn' und Mond und andre Götter:* Die Reihung versteht sich vom alten astrologischen Nominalismus her, der den Planeten des Sonnensystems im Hinblick auf die schicksalhafte Einwirkung auf die menschliche Welt jeweils einen Gott der antiken Mythologie zugewiesen hat. – *2412 Vernimmst du mich:* Hörst du auf mich,

folgst du mir. – *2422 Welch einem Fürsten:* Francesco I. de' Medici, 1574 zum Großherzog aufgestiegen.

**492** *2443 Werd' ich des Fürsten Gnade nicht verlieren?:* von G. korrigiert aus: »Wird mich der Fürst nicht ohne Hülfe lassen?« (H¹). – *2460 neckt:* Variante zu ›nagt‹ (also: ›plagt‹, ›weh tut‹), ohne den Unterton des Schalkhaften.

**494** *2521 ff. der Mediceer neues Haus* ⟨...⟩ *aus einander:* knappe Andeutung der Spannungen zwischen den Este (in Ferrara) und den Medici (in Florenz). Anders als die Este (Verse 51 ff. u. Anm.) waren die Medici erst spät zum Hochadel aufgestiegen: 1537 stellten sie mit Cosimo de' Medici den ersten Herzog, und erst 1569 wurde Florenz durch Papst Pius V. zum Großherzogtum von Toscana erhoben.

**495** *2531 und weiter als ihr denkt:* von G. korrigiert aus: »allein auch fern und fern« (H¹ u. H²). – *2533 verstund:* seit A (1807): »verstand«. – *2559 ich, von mancher Leidenschaft bewegt:* s. Vers 1997 u. Anm.

**496** *2562 Zu rächen* ⟨...⟩ *Vergebung nicht versagen:* s. Vers 1613 f. u. Anm. – *2566 reizt:* in den späteren Ausgaben: »ritzt«. – *2572 Tritt nicht zurück:* lehne nicht ab, verweigere dich nicht. – *2576 ff. Die Dichter sagen uns* ⟨...⟩ *heilen konnte:* eine Achilles-Mythe, u. a. von Hyginus (›Fabulae‹) überliefert. Danach ist König Telephos von Mysien in einer Auseinandersetzung mit den nach Troja ziehenden Griechen durch den Speer des Achilles verletzt worden. Da sich die schmerzhafte Hüftwunde nicht schließen wollte, wandte er sich an das delphische Orakel um Rat und erhielt die Auskunft, daß die Wunde nur durch den Speer heilen könne, der sie geschlagen hat. Er suchte darauf Achilles auf, und dessen Speer (bzw. etwas Rost, von der Speerspitze abgeschabt) brachte ihm die Genesung. – *2589 geendet hab' ich* ⟨...⟩ *vollendet wäre:* s. Vers 382 f. u. Anm. Auch innerhalb der ›taktischen‹ Argumentation ist Tassos Werk-Ethos zweifellos aufrichtig gemeint. Antonio zeigt sich gleichwohl unempfindlich für Tassos Differenzierung (Vers 2607).

**497** *2602 lös't diese Knoten bald:* s. zu Vers 2270 f. – *2605 Urlaub:* Erlaubnis, sich zu entfernen. – *2627 Stanze:* achtzeilige Strophe, daher auch ›Ottaverime‹ (Achtreim) genannt, mit dem Reimschema ab ab ab cc. Ariostos und Tassos Epen sind in Stanzen geformt; G. versucht sich in dieser Strophenform 1784/85 in dem Fragment gebliebenen Epos *Die Geheimnisse* (Bd. 2.2, S. 339–348). Tasso will sagen: Jede Stanze zeigt, daß das »Gedicht« überarbeitet werden muß. – *2633 frommen:* in A (1807), B (1816), C¹ (1827) u. C³ (1828) fehlerhaft: »frohen«. – *2635 Vorwelt:* s. zu Vers 108. – *2636 unsern Zeitgenossen* ⟨...⟩ *zu rufen:*

Dativ (Plural) in Verbindung mit »rufen«, bei G. nicht ungewöhnlich, hier aber doch eine befremdlich wirkende syntaktische Konstruktion. Die Lesung von »unsern Zeitgenossen« als Akkusativ Singular (der aber für einen gedachten Plural stehen müßte) führt vor Sinnschwierigkeiten, denn diese »Zeitgenossen« sind ja im Zeitalter der Reformation und Gegenreformation religiös so zerstritten, daß man sie schwerlich im »Schlaf« wähnen und dann noch in der Einzahl aufrufen kann. – *2638 mit einem edlen Christen-Heere ‹...› zu teilen:* s. Vers 688 u. Anm.

498 *2648 wird / Gewiß der letzte sein:* bis zuletzt kann ich gewiß von ihm lernen (für den Fall, daß der Rat der römischen »Freunde« nicht weiterführt; Vers 2652f.). – *2654 Gonzaga:* Scipione G. (1542–1593), ein Studienfreund Tassos, seit 1565 Fürst von Mantua, war zur Handlungszeit des Dramas Prälat in Rom (später wurde er Kardinal und Patriarch von Jerusalem). Tasso hatte eine Abschrift seines Epos an Gonzaga zur Durchsicht gesandt und von ihm das Urteil auch weiterer Kenner erbeten. Der Freund bildete ein Kollegium aus vier qualifizierten Literaten am päpstlichen Hof (s. die Namen in Vers 2657f.), das sich in mehreren Sitzungen mit Tassos Kreuzzugs-Epos befaßte. Die Episode fand G. ausführlich bei Serassi geschildert. – *2657 Flaminio de' Nobili:* Philosoph und Mediziner (1530–1590), der in Ferrara studiert hatte; später Professor für Logik und Kirchenrecht in Pisa. – *Angelio de Barga:* Dichter (1517–1596), in französischen Diensten, später für den toscanischen Großherzog als Übersetzer antiker Schriften tätig. Auch er schrieb ein Kreuzzugs-Epos, die ›Syriade‹. – *2658 Antoniano:* Silvio A. (1540–1603), Humanist, Mitglied der Inquisition, später Kardinal. Von diesem strengen Kirchenmann berichtet Serassi, daß er von Tasso eingreifende Änderungen seines Werks, vor allem in der Gestaltung der Liebesepisoden, verlangte, damit es auch als Lektüre für Vertreter des geistlichen Standes in Frage komme. Tasso verteidigte sich und sein Epos gegenüber Antoniano, kam aber seinem Verlangen später – mit der Neufassung unter dem Titel ›Gerusalemme conquistata‹ (1593) – aus eigenen Skrupeln nach. – *Speron Speroni:* Sperone S. (1500–1588), als Dichter und Verfasser sprachwissenschaftlicher Werke in der Spätrenaissance bekannt. – *2662 Du denkst nur dich und denkst den Fürsten nicht:* Das präpositionslose Objekt in Verbindung mit ›denken‹ ist im Sprachgebrauch der Zeit häufig (z. B. auch *Iphigenie auf Tauris*, Vers 601). – *2676 willst im Augenblick was du begehrst:* vgl. Verse 2122–32. Moderater im Ton hält Antonio seine Schwärmer-Kritik aufrecht.

499 *2708 Daß ich mir selbst ‹...› gebieten kann:* als Negation

zu lesen, das ›nicht‹ ist in dem »keine« (Vers 2709) impliziert. – *2716 zweifelhaft:* unsicher, unschlüssig.

500 *2730 Der Ausgang mag entscheiden wer sich irrt!:* ein zur Sentenz zusammengezogenes Leitmotiv G.s im ersten Weimarer Jahrzehnt. Vgl. etwa *Ilmenau,* Verse 103 ff. (mit einem Tasso-Anklang 119 f.); Bd. 2.1, S. 85. – *2736 Zweck:* Ziel. – *2749 Kunst des höfischen Gewebes:* zur Genese dieses Bildes, zu dem Tasso in seinem Argwohn greift, s. die Verse 2463 u. 2469 ff.

501 *2767 tragen:* ertragen. – *2785 läßt / Mich alles nun:* zu ergänzen: ›allein‹.

502 *2796 Du armes Herz:* In dieser Selbstanrede klingt die Sprache der Empfindsamkeit nach. Auch Werther vergewissert sich seiner selbst in der ›sentimentalischen‹ Vorstellung des eigenen fühlenden Herzens (Bd. 2.2, S. 353, S. 415). – *2802 ff. mein Knie ⟨...⟩ nicht zu fallen:* vgl. Wilhelm Meisters Befürchtung vor der Wiederbegegnung mit Natalie: »⟨...⟩ werde ich vor ihr auf den Füßen stehen können?« (Bd. 5, S. 514) – *2815 Schluß:* Ergebnis, Konsequenz (der Tafel, Vers 2817). – *2817 Qualentafel:* Grimm DWb (Bd. 13, 1889, Sp. 2305) führt nur diese Stelle als Beleg an. G.s Wortschöpfung liegen wohl die ›Ephemeriden‹ zugrunde, seit dem Altertum übliche astronomische Tafeln zur Aufzeichnung der täglichen Gestirnskonstellation und zur Berechnung des menschlichen Schicksals. – *2820 Wie soll ich streiten ⟨...⟩ Im Heere steht?:* Unversehens gerät Tasso in den heroischen Stil seines Epos. – *2823 ihr Blick:* vgl. Vers 880 u. Anm. – *2827 Mit ehrnen Klauen:* Klauen aus Erz; hier als Umschreibung des Schicksalswaltens.

503 *vor 2830: Garten;* von G. in H¹ ergänzt. Wohl nicht der »Gartenplatz« des 1. Akts. – *2830 ff. Auf deinen Wink ⟨...⟩ entlassen mögest:* Ein Entwurf dieser Verse findet sich in dem von G. auf der Rückreise aus Italien nach Weimar geführten Notizheft:

Auf deinen Wink ging ich zum zweite⟨n⟩ mal
Zu Tasso hin ich kom⟨me⟩ von ihm her
Ich hab ihm zugeredet selbst gedrung⟨en⟩
All⟨ein⟩ er bleibt bei sein⟨em⟩ erst⟨en⟩ denk⟨en⟩
Und bittet dringend daß du ihn nach Rom
Auf eine kurze Zeit entlassen mögest

(zit. nach L. Blumenthal, s. zu den Versen 997 ff., hier S. 113).

*2830 das zweitemal:* ein mit der späteren Ausarbeitung nicht abgestimmtes Relikt des ersten Entwurfs (s. o.)? Das Drama zeigt Antonio nur einmal bei Tasso (IV/4). Es ist aber auch an ein Zwischenakt-Geschehen zu denken, das die Fürsorge des Herzogs für seinen »Diener« (Vers 2851) unterstreicht. – *2841 Scipio Gonzaga:* s. Vers 2654 u. Anm. – *2842 Der kluge Medicis:* Ferdinando de' Medici (1549–1603), Bruder des Großherzogs Francesco I., seit 1563 (!) Kardinal, empfing Tasso 1575 in Rom (und wollte ihn, 1587 selbst zum Großherzog geworden, 1590 nach Florenz ziehen). – *2848 Und wer ⟨...⟩ wer er sei.:* fehlt in H¹, von G. ergänzt. – *2849 Barbar:* s. Vers 66 u. Anm.

504 *2868 an ihm / Zu fordern:* nach älterem Sprachgebrauch (statt der schon im 18. Jh. sich durchsetzenden Konstruktion mit ›von‹). – *2870 seinen Sinn:* Gemütsneigung, ursprüngliche Charakteranlage. – *2876 zusammengeizt:* nicht pejorativ, sondern auf die zum Studium notwendige Entbehrung zielend; etwa: ›anstrengend durchforscht‹. – *2884–2914 Die erste Pflicht des Menschen ⟨...⟩ recht leiden müsse.«:* Die Einzelheiten von Tassos Lebensgewohnheiten (seine Vorliebe für Süßes und Scharfes, seine allergische Abwehr von Wasser) nach Manso und Serassi, doch in einer G. eigenen, zur Komödie tendierenden Gestaltung (Dialog-Imitation, Wirkung des Lächerlichen). Daß falsche Diät zur Hypochondrie, zum »trüben Sinn« (Vers 2892) führe, entspricht der medizinischen Ätiologie auch des 18. Jh.s.

505 *2906 Ich bin so wasserscheu als ein Gebißner:* Der Biß durch einen tollwütigen Hund führte nach damaliger, seit dem 17. Jh. belegter Anschauung zur Hydrophobie (Wasserscheu). Bei Tollwut treten Schluckbeschwerden auf; daher vermeiden die Betroffenen Flüssigkeiten, weil schon deren bloßer Anblick schmerzhafte Krämpfe auslösen kann.

506 *2947 Nicht zu bedürfen ⟨...⟩ doch bedurft!:* danach in H¹ die von G. gestrichenen Verse: »Den wilden Buonarotti, Sanzio / Den zarten, allzuglücklichen.« Gemeint sind damit die großen Maler Michelangelo (1475–1564) und Raffael (1483–1520), die trotz der angedeuteten Schwierigkeiten päpstliche Förderung erhielten. – *2955 begnügt:* befriedigt. – *2959 ihn der Dürftigkeit / Mit milder Hand entzieht:* hier ›mild‹ in der Bedeutung von ›freigebig‹, ›großzügig‹. Vgl. Wielands Besorgnis um die Lebensmöglichkeit des Dichters, an den die Natur nicht gedacht zu haben scheint und der – als Dichter »für alle andre Lebensarten verloren« – vom »Hungersterben« bedroht ist, »wenn nicht zufälliger Weise irgend ein mitleidiger Genius« – also ein Mäzen – rettend eingreift (Nr. 1 der Briefe ›An einen jungen Dichter‹). – *2963 in Geschäften:* s. Vers 588 u. Anm. – *2970 in Neapel:* Dort wohnt, wie der Herzog weiß, Tassos Schwester (s. auch Verse 3137ff.). – *2975–2988 Will er zurück ⟨...⟩ Leb' wohl!:* Diese Verse, in denen der Herzog die Änderung seiner ursprünglichen Absicht (Verse 346–49) mitteilt, fehlen ursprünglich in H¹. Sie wurden von G. auf ein gesondertes Blatt geschrieben und in die Hs. eingeheftet.

507 *vor 2989 Alphons. Tasso:* danach in H¹ die dann von G.

gestrichene Angabe: »Während dieser Szene sieht man Antonio und Leonoren im Hintergrunde hin und wider gehn und miteinander sprechen, doch ohne daß sie auf die vordern Personen achtzugeben scheinen.« - *mit Zurückhaltung:* von der Absicht her, sich zu »verstellen« (Vers 2744). Vgl. die nachträgliche Verdeutlichung des Rollenspiels (Verse 3098 ff.). Wiederum: Was Tasso zum Herzog von der Kunst und der Weiterarbeit an seinem Werk sagt, wird durch seine ›Verstellung‹ keineswegs zum bloßen Vorwand, um die Entfernung von Ferrara zu erreichen. - *2996 vorbehalten:* bewahren, nicht entziehen. - *3007 Gewinst:* Nebenform zu ›Gewinn‹. - *3012 Zutraulich:* voller Vertrauen (s. Vers 1422).

508 *3021 Zu viel mir noch zurück:* Zu viel mir noch zu tun, zu verbessern. - *3025 Erfreute:* Konjunktiv. - *3029 kaum:* gerade erst. - *3046 mit meinen Schwestern:* also Lucretia, die das Drama im Hintergrund läßt, eingeschlossen.

509 *3059 Dein Blut durch eine Kur verbessern:* nach der alten Humoralmedizin, die Gesundheit auf eine ausgewogene Mischung der Körpersäfte, Krankheit (auch psychische) auf ein Mißverhältnis der ›humores‹ zurückführte. Nach Serassi hat der Herzog 1578 eine solche Kur zur Bedingung für Tassos Rückkehr gemacht. - *3064 Fleiß:* bezieht sich auf die Arbeit am Kunstwerk. Statt »der Fleiß« (Vers 3065) seit A (1807): »mein Fleiß«. - *3076 reizend:* verlockend, verführerisch (mit einem Unterton des Tadels). - *3079 Ich halte diesen Drang vergebens auf:* Nach Wielands Dichter-Psychogramm ist es das »Zeichen der Erwählung«, daß sich bei Künstlern »von der ersten Jugend an ein beinahe unwiderstehlicher Trieb zu der Kunst, in welcher sie vortrefflich zu werden bestimmt sind«, äußert (Nr. 1 der Briefe ›An einen jungen Dichter‹). Vgl. auch die Erörterung über den »unwiderstehlichen Trieb« zur Dichtung in *Wilhelm Meisters Theatralische Sendung:* »Die angeborne Leidenschaft zur Dichtkunst ist so wenig als ein anderer Natur Trieb zu hemmen ohne das Geschöpf zu Grunde zu richten« (Bd. 2.2, S. 78). - *3083 ff. Seidenwurm* ⟨...⟩ *sich eingeschlossen:* Das Bild der Seidenraupe, die sich mit ihrem eigenen Werk den Tod bereitet, indem sie sich in ihren Kokon einspinnt, faßt Tassos Bewußtsein vom eigenen Dichtertum, dessen Impuls nicht aufzuheben ist, obwohl er auf den Dichter zerstörerisch zurückwirkt. Das Bild steht in der Emblematik seit dem 16. Jh. für rastlose Tätigkeit im Dienste einer höheren Bestimmung. G. schildert in *Dichtung und Wahrheit* »die Seidenzucht« als »Liebhaberei« des Vaters (Bd. 16, S. 130f.) und berichtet in der *Italienischen Reise* von einem Besuch des Kabinetts Borgia in Velletri, unter dessen »Raritäten« sich »zwei chinesische Tuschkästchen« befanden, von denen eins »die ganze Zucht der Seidenwürmer« darstellt (Velletri,

22. Februar 1787; Bd. 15). – *3090 Im neuen Sonnental* ⟨...⟩ *zu entfalten:* Das Bild der Seidenraupe wird damit übergeleitet zum Bild des Schmetterlings, der sich aus der Puppe entfaltet (vgl. auch *Ilmenau,* Verse 133–38; Bd. 2.1, S. 86). Tasso erhofft das ›neue Leben‹ gemäß dem Todesbild der Seidenraupe erst für das Jenseits (»dereinst«, Vers 3088).

510 *3095 zehnfach reich:* rhetorische Steigerung, die gegen Tassos Todeshang den »Wert des Lebens« (Vers 3094) unterstreichen soll. – *3103 Als klänge* ⟨...⟩ *so fort:* dafür noch in H¹: »Als hört ich nur den schwachen Wiederklang / Von Pignas Stimme. Ja den werd ich nun« (Tassos Gegenspieler hieß zuerst Pigna, meist mit seinem Vornamen Battista bezeichnet). G. hat die endgültige Version in die Hs. hineinkorrigiert. – *vor 3116 Prinzessin. Tasso:* danach ursprünglich in H¹: »Während dieser Szene sieht man den Fürsten, Leonoren und Antonio hin und wider gehn, sich miteinander besprechen und gleichsam zu warten, bis Tasso von der Fürstin Abschied genommen.«

511 *3125 in jener ersten Stadt der Welt:* G. selbst sprach, in Rom angekommen, von der »Hauptstadt der Welt« (*Ital. Reise,* 1. November 1786). – *3126 jeder Platz* ⟨...⟩ *jeder Stein:* vgl. den Anfang der 1. *Römischen Elegie* (Bd. 3.2, S. 38). – *3137 Napel:* im 18. Jh. neben ›Neapel‹ gebräuchliche Form, von ital. Napoli oder frz. Naples abgeleitet. – *3138 der strenge Bann* ⟨...⟩ *traf:* Tassos Vater war aus Salerno verbannt (s. S. 908). Daß dieser Bann auch Torquato galt, hat schon Manso in die Biographik eingeführt. – *3141–3162 Verkleidet geh' ich hin* ⟨...⟩ *tret' ich in das Haus –:* Die Episode, die G. seinen Tasso dichterisch ausmalen läßt, geht auf eine Schilderung zurück, die Manso von einer wirklichen Flucht Tassos nach Sorrent (an der Südseite des Golfs von Neapel) gegeben hat (1577). Kopp greift diese Schilderung in der Einleitung zu seiner Tasso-Übersetzung auf: »⟨...⟩ bald darauf ⟨...⟩ kam ihm die Lust an, seine Schwester, die an einen Edelmann zu Surrento verheiratet war, zu besuchen, welches er auch in Hirtenkleidern, um wegen der wider ihn vormals ergangenen Achtserklärung nicht erkannt zu werden, bewerkstelligte.« Auch Wilhelm Heinses Darstellung der Episode (in der Zeitschrift ›Iris‹, s. S. 911) nimmt viele Einzelheiten vorweg, die G. seinen Tasso mit der Phantasie ersinnen läßt: »Bei Aufgang der Morgenröte vertauschte er sein Kleid mit dem Rock eines Schäfers ⟨...⟩ Den vierten Tag kam er ganz erschöpft nach Gajetta, und traf eben eine Jacht, die dahin abzusegeln im Begriff war, wohin er wollte. Er schiffte sich mit eingen Reisegefährten ein. Sie hatten die ganz Nacht den besten Wind, fuhren Neapel vorbei, kamen mit Anbruch des Tags den andern Morgen am bestimmten Ort an, stiegen ans Land, und er ging in

seinem Gewande der Unschuld, mit einem Gesichte voll betrübter Freude, in das Haus seiner geliebten Cornelia.« (Beide Zitate nach: Grawe, S. 44f.).

512 *3181 Pilgermuschel 〈...〉 schwarzen Kittel:* Hindeutung auf die Pilgerkleidung, zu der neben der dunklen Kutte eine an dieser oder am Hut befestigte Muschel (und der Pilgerstab) gehörte. G. hat in der *Italienischen Reise* bei der Schilderung der Fahrt mit dem Brenta-Schiff von Padua nach Venedig zwei entsprechend gekleidete deutsche Pilger – als »eine in der gegenwärtigen Zeit seltene Erscheinung« – beschrieben (Venedig, 28. September 1786; Bd. 15). – *3187 Vertritt mich! Nimm in deinen Schutz mich auf! –:* von G. korrigiert aus: »Nimm mich in deinen Schutz, vertrete mich!« (H²). »Vertritt mich« so viel wie: ›Setz dich für mich ein‹, ›vertrete meine Sache‹ (beim Herzog). – *3189 Consandoli:* s. Vers 355 u. Anm.

513 *3196 ohne Sorge:* ohne Pflege. – *3198ff. Die Zitronen 〈...〉 wohl verwahren:* Die Umkehrung zum Freilegen im Frühjahr (Vers 35f.). Gemeint sind die Zitronenbäume, die im Winter mit Brettern, Ziegeln und zusammengeflochtenem Schilfrohr geschützt werden. Vgl. eine entsprechende Notiz in der *Italienischen Reise* (Rom, 13. Dezember 1786; Bd. 15). – *3208 Wedel:* Staubwedel. – *3213 dich und – uns:* »Das ›und‹ ist trennend, der Gedankenstrich besiegelt den Bruch. ›Uns‹ ist Hof und Gesellschaft, der Bereich der Prinzessin, trotz allem und unwiderruflich: ›du‹ ist Tasso – allein« (Gerhard Neumann: Konfigurationen. Studien zu Goethes Torquato Tasso. München 1965, S. 81). Zu dieser strikten Trennung s. auch Vers 3217. – *3221ff. Ihr Götter 〈...〉 ich bin es auch:* beiseite (aparte) gesprochen, nicht zur Prinzessin hin. – *3222 erbarmt?:* in den späteren Cotta-Werkausgaben: »erbarmt!« – *3226 du bist's:* du bist es noch, du bist dieselbe geblieben.

514 *3238 dir mit dir selbst gefällst:* mit dir selbst übereinkommst. – *3250 kennt:* erkennt (wie Vers 1912f.). – *3254 Verirrung:* in B (1816), C¹ (1827) u. C³ (1828) statt dessen: »Verwirrung«. – *3264 gehörst:* zu eigen bist. – *3267 Beschränkt 〈...〉 brausend überschwillt?:* Die endlich eingestandene »Leidenschaft« (Vers 3261) macht Tasso kühn, so daß seine Sprache die höfische Kontrolle zu verlieren beginnt. Der Becher mit Wein deutet bei G. häufig auf das Erotische. Vgl. u. a. *Der König von Thule* (Bd. 1.1, S. 252; auch im *Faust-Fragment* S. 559) und *Der Becher* (Bd. 2.1, S. 64f.). – *3270 glänzt dein Auge heller:* s. Vers 880 u. Anm. – *3276 Nichts gehöret mir:* in den späteren Cotta-Werkausgaben: »Nichts gehöret mehr« (um die Doppelung mit »mir« in Vers 3277 zu vermeiden).

515 *3283 ff. So nimm ⟨...⟩ halt ihn fest:* Die Umarmung ohne Aufmunterung seitens der ranghöheren Dame gilt nach dem höfischen Gesetz als eine Handlung der Maßlosigkeit, der Unsittlichkeit. G.s Gestaltung folgt der Darstellung Muratoris (s. S. 911). – *3284 im Grunde:* im Hintergrund. – *3289 erhol' ich mich:* kann ich mich fassen. – *3291 was ungeheures:* das, was nicht zu bewältigen ist, alle Grenzen sprengt. Antonio zielt auf Tassos Vergehen gegen die höfische Sittlichkeit, darauf also, daß »einer gewagt, eine Fürstin an sich zu drücken« (Hofmannsthal), bringt aber auch eine Ahnung von Tassos innerem Zustand (der ihm bislang verschlossen gewesen ist) zum Ausdruck.

516 *3297 Da mir der Stab gebrochen ist:* Da ich verurteilt bin. Das Zerbrechen des Richterstabes über dem Kopf des Angeklagten bedeutet nach germanischer (und bis zum 16. Jh. belegter) Rechtssymbolik das Todesurteil. – *3300 Der mich zerfleischt!:* eine aus dem Vorgang (Tassos Erregung, die ihn um den Atem bringt) schlüssige Abweichung vom metrischen Schema des fünfhebigen Jambus. – *3301 des Tyrannen:* Alphons. Vgl. dagegen Vers 2711. – *3303 wie eigen:* wie treffend, zu dir passend. – *3312 hier?:* in den späteren Cotta-Ausgaben: »hier!« – *3320 vom Hunger:* der dem Künstler ohne einen fürstlichen Mäzen in der Tat droht (Vers 2959f. u. Anm.). – *3321 feiern:* untätig bleiben (vgl. *Egmont,* S. 270,17f.). – *3322 du:* Antonio (wie in Vers 3301). Er hat nach Tassos Wahn die »Verschwörung« (von dem Motiv berichtet Serassi) aus Neid organisiert, damit der Rivale um seinen verdienten Ruhm komme. Eine Anrede an den gar nicht mehr anwesenden Herzog, von einigen Kommentatoren behauptet, kann schon vom Szenischen her nicht in Betracht kommen.

517 *3333 du, Sirene:* die Prinzessin, nun als Verführerin vor Tassos Blick. Der Vergleich mit den Sirenen, die mit ihrem betörenden Gesang die Schiffer ins Verderben locken (›Odyssee‹, XII, 39 ff.), gehört schon zur Armida-Identifizierung (Vers 3349). Die Verführerin in Tassos Epos wird selbst mit der Sirenen-Verlokkung assoziiert (s. ›Gerusalemme liberata‹, IV/86 u. XVI/41). – *3343 Schelmen:* in der Bedeutung von ›ehrloser Mensch‹, noch ohne die im 19. Jh. eingetretene semantische Veränderung (zum eher Harmlos-Närrischen). – *3348ff. die Buhlerin ⟨...⟩ mein Lied gesungen:* die Demaskierung der Prinzessin als minderwertige Armida-Figuration (Verse 880, 1090 u. Anm.). Die früher als Huldigung ausgesprochene Verbindung von ›Urbild‹ und ›Nachbild‹ (Verse 1092ff.) reduziert sich auf die bloße Verführerin, deren »kleine Künste« den »gemachten Reize⟨n⟩« entsprechen, die Wilhelm Meister an der Armida des Epos stören (Bd. 2.2, S. 23). Einige Kommentatoren bringen Tassos wahnhafte Demaskierung

der Prinzessin mit einem Vorgang im Epos zusammen, in dem Rinaldo, aus Armidas Liebesmagie (durch Ubaldos Zauberspiegel) gelöst, ihre schöne Gestalt noch einmal in einer Myrte in einem verhexten Wald schaut – bevor sie sich in ein hundertarmiges Riesen-Ungeheuer (»un Briareo«) verwandelt (›Gerusalemme liberata‹, XVIII, 30ff.). Ein solcher Zusammenhang ist in den Worten des Dramas indes nicht greifbar. Vielmehr zielt Tasso auf die Enttarnung der »Buhlerin«, die im Anschein von Schönheit (»la beltà divina«) und Sittsamkeit eingeführt wird (IV, 34), um die Prinzessin treffen zu können. So heißt es im Epos z. B. über Armida (XVI, 38): »sé gradì sola, e fuor di sé in altrui / sol qualche effetto de' begli occhi sui« (sie selbst gefiel sich nur, sonst mocht an allen / nur ihrer Augen Wirkung ihr gefallen). – *3352 die verschmitzte kleine Mittlerin:* Leonore Sanvitale. – *3368 das dumpfe Glück:* eine Reminiszenz an das Lebensgefühl des ›Sturm und Drang‹, an die »Dumpfheit« einer Erfahrungsfülle, die gerade deswegen eine Glücksempfindung gewährt, weil sie im einzelnen nicht reflektiert wird – vgl. etwa den *Gesang des dumpfen Lebens* vom August 1776 (Bd. 2.1, S. 554f.). Mit der ›Besinnung‹ (Vers 3369) ist es um »das dumpfe Glück« geschehen.

518 *3384 was ich mir selbst verscherzte:* Nach Total-Anklage und Verschwörungstheorie (Verse 3301ff.) kommt Tasso hier zum erstenmal zur Einsicht, daß er sein Unglück selbst verschuldet hat (s. auch Vers 3399f.). – *3386 Staub, der von den Wagen sich erhebt:* Tassos Wahrnehmung des abfahrenden herzoglichen Wagens enthält eine Rückverweisung auf seine eigene Schilderung von den früher in Ferrara veranstalteten Turnieren, in denen es Sieger und Besiegte gab (Verse 835–37) – wie ihn, der zu spät zur Einsicht gekommen ist. – *3397 Gegenwart:* Anwesenheit. – *3401 diesem Blicke:* der Prinzessin (wie die »Stimme«, Vers 3400). – *3406 Ermanne dich!:* eine Aufforderung, die auch – vergeblich – an Werther gerichtet wird (Bd. 2.2, S. 385 u. S. 443f.). Vgl. auch G.s Motto-Verse zum 2. Teil des *Werther* (in der 2. Aufl. 1775): »Sei ein Mann, und folge mir ⟨Werther⟩ nicht nach« (Bd. 1.1, S. 263). Das Postulat ist bei G. häufig zu finden, wenn es dem schwärmerischen Hang ins Grenzenlose (also dem ›Wertherischen‹) zu begegnen gilt, auch in geheimer Selbstregulierung (s. *Seefahrt*, Vers 41; Bd. 2.1, S. 28). Antonio denkt dabei an Lebenspraxis in seinem Sinne (vgl. Vers 2954). G. verknüpft das Postulat der ›Ermannung‹ 1817 im ersten Entwurf für den Schluß der *Italienischen Reise* sogar mit der »poetischen Tätigkeit« – am *Tasso* (s. S. 945).

519 *3410 als schütterte der Boden:* als würde die Erde von einem Beben erschüttert. – *3413 Mich zu zerstreun, zu unterstützen?:* wieder eine metrische Unregelmäßigkeit (Fehlen der letzten

Hebung), die aber ebenso wie in Vers 3416 ihre spezifische Ausdrucksfunktion hat: Tassos Ratlosigkeit. – *3414 verloschen:* seit A (1807): »erloschen«. – *3418 sie:* die »Kraft« (Vers 3414). – *3420 Vergleiche dich! Erkenne was du bist!:* vgl. Vers 1239f. u. Anm., *Zueignung*, Vers 63f. (Bd. 2.1, S. 95). – *3427 Die Träne hat uns die Natur verliehen:* zur Linderung des Schmerzes, überhaupt bei starker Gefühlsbewegung. Daß das Weinen den Menschen auszeichnet, ist ein anthropologischer Topos, dem G. mannigfach Ausdruck gibt, nicht nur in der Lyrik oder im einschlägigen empfindsamen Schauspiel (*Stella*, 1775/76). Der erste Anlauf zum Porträt des »humoristischen Heiligen« Philipp Neri in der *Italienischen Reise* erwähnt »die Gabe der Tränen« (Neapel, 26. Mai 1787). In *Pandora* steht die Sentenz: »Der Tränen Gabe sie versöhnt den grimmsten Schmerz; / Sie fließen glücklich, wenn's im Innern heilend schmilzt« (Vers 817f.; Bd. 9, S. 178). – *3428 des Schmerzens:* Die Form ›der Schmerzen‹ (Singular) im 16./17. Jh. häufig, wird von G. (sowie Wieland und Schiller) noch gelegentlich gebraucht. – *3432 Und wenn ⟨...⟩ wie ich leide:* Diese Verse hat G. Jahrzehnte später in eigener Sache, leicht abgewandelt, zitiert, und zwar in der *Trilogie der Leidenschaft* (1823/24). Das Motto der *Elegie* lautet: »Und wenn der Mensch in seiner Qual verstummt, / Gab mir ein Gott zu sagen, was ich leide«. Es nimmt den Schluß des Gedichts *An Werther* auf: »Verstrickt in solche Qualen, halbverschuldet, / Geb' ihm ⟨dem Dichter⟩ ein Gott zu sagen, was er duldet« (Bd. 13). Werther fand aus der Verzweiflung nicht heraus – Tasso aber (und sein Dichter) erfahren im Leid das Dichtertum als die Gabe, die immer noch »bleibt« (Vers 3426). – *3434 O edler Mann!:* Tasso wiederholt die Anrede, mit der er Antonio vorher vergebens die Hand geboten hat (Vers 1285), nunmehr als Dank für Antonios wortlose, sein Mitgefühl ausdrückende Gebärde. – *3435 die sturmbewegte Welle:* vgl. die Vorbereitung der abschließend-deutenden Metaphorik in den Worten Tassos (Verse 885 ff., 1074ff., 1255, 3145ff. u. 3333ff.), der Prinzessin (Verse 809f. u. 1876f.) und Antonios (Vers 1288). Tassos Wort, er »scheine« die bewegte »Welle« zu sein, bereitet die letzte Wendung innerhalb des Bildfeldes vor: die Identifizierung seiner mit dem scheiternden Schiffer. Diese Beweglichkeit im Durchlaufen des Bildfeldes kennzeichnet ihn als Dichter. Antonio dagegen bleibt »fest und still« (Vers 3434), wie der »Felsen« (Verse 3438 u. 3453), an den sich der Scheiternde klammert. – *3445 Glanz:* das Licht, das an der ruhigen Wasseroberfläche reflektiert wird.

520 *3448ff. es kracht ⟨...⟩ unter meinen Füßen auf:* Die Schiffbruch-Metapher faßt Tassos Schicksal und ist zugleich die Form, in der er es – als Dichter – zu bewältigen versucht. Das Bild der

Seefahrt als Lebensfahrt ist ein Topos, ebenso seine tragische Wendung: der Schiffbruch als Sinnbild des Scheiterns (vgl. Hans Blumenberg: Schiffbruch mit Zuschauer. Paradigma einer Daseinsmetapher. Frankfurt/Main 1979). Homer beschreibt den Schiffbruch des Odysseus vor Scheria, der Insel der Phäaken (›Odyssee‹, V, 424 ff.), Tasso greift den Topos in seiner Huldigung an Herzog Alfonso auf (›Gerusalemme liberata‹, I/4). Es liegt nahe, hier an eine bewußte Anknüpfung G.s zu denken, zumal er sich in Sizilien eigens die ›Odyssee‹ gekauft hat, um gerade die Phäaken-Episode (mit der Erscheinung der Nausikaa) wiederzulesen (*Ital. Reise*, Palermo, 7. April 1787; Bd. 15). G. verwendet den Topos von der Seefahrt als Lebensfahrt – und vom Schiffbruch als Katastrophe – in unzähligen Variationen, so in der Hymne *Seefahrt* (1776) und selbst noch in *Herrmann und Dorothea*, als es um einen Heiratsantrag geht (s. Urania, Verse 294–96; Bd. 4.1, S. 629). Aus den Briefäußerungen: »Ich bin nun ganz eingeschifft auf der Woge der Welt – voll entschlossen: zu entdecken, gewinnen, streiten, scheitern, oder mich mit aller Ladung in die Luft zu sprengen« (an Johann Kaspar Lavater, 6. März 1776). – »Ich weiß recht gut, was es mich für Entschlüsse und Anstrengungen kostete, damals ⟨in der Zeit des *Werther*⟩ den Wellen des Todes zu entkommen, sowie ich mich aus manchem spätern Schiffbruch auch mühsam rettete und mühselig erholte« (an Karl Friedrich Zelter, 3. Dezember 1812). – »⟨...⟩ muß man nicht versäumen, Ruder und Segel und sonstige Griffe des Handwerks zu benutzen, um über die Welle des Augenblicks wegzukommen. Als Poet denk ich immer, daß aufs *stranden* sich *landen* reime und somit Gott befohlen« (an Carl Friedrich von Reinhard, 7. September 1831). – *3449 Berstend reißt* ⟨...⟩ *auf!:* von G. korrigiert aus: »Seh ich schon / Den Boden sich zu meinen Füßen teilen!« (H¹ u. H²).

# FAUST
# EIN FRAGMENT

In einem Zeitraum von fast 60 Jahren hat sich G. mit dem *Faust* beschäftigt, den aus der Volksbuch- und Puppenspiel-Tradition aufgegriffenen Stoff zu einem großen symbolischen Menschheitsdrama gebildet, das in der Vielfalt seiner Themen und Formen auch für den Dichter selbst »etwas Inkommensurables« (zu Eckermann, 3. Januar 1830; Bd. 19, S. 347) behielt. Das Lebensdrama des Erkenntnissuchers, magischen Grenzgängers und schuldigen

Menschen, dem nach einem rastlosen Durcheilen der Geistes- und Weltsphären ›von oben‹ eine gnadenhafte Erlösung zuteil wird, wurde für den alten Dichter in den letzten Jahren seines Lebens zum »Hauptgeschäft« (so mehrfach im Tagebuch 1827/28), für die Nachwelt zum Anstoß angestrengter, dabei sehr heterogener Deutungsbemühungen, die vielfach in eine Art Nationalmythe (»das faustische Streben«) eingemündet sind.

Von diesem dichterischen Kosmos und rezeptionsästhetischen Spektrum wird mit dem 1790 publizierten *Faust-Fragment* nur ein kleinerer Ausschnitt sichtbar. G. hatte die schon in Frankfurt entstandene, nicht abgeschlossene und nicht einmal konzeptionell geklärte Szenenfolge, die nur in einer Abschrift der Luise von Göchhausen überliefert ist *(Urfaust),* mit nach Weimar gebracht. Hier hat er in den folgenden Jahren aus dem Manuskript gelegentlich vorgelesen, so schon im Dezember 1775 (nach einem Bericht von Friedrich Leopold Graf zu Stolberg), im Januar 1776 (u. a. mit Wieland als Zuhörer), im Juli 1780 (im Beisein von Herzog Carl August), auch im Sommer 1786 in Karlsbad vor dem Aufbruch nach Italien. Gefördert wurde das Werk in den ersten Weimarer Jahren jedoch überhaupt nicht, so daß es in den literarisch interessierten Kreisen innerhalb und außerhalb Weimars den Nimbus des Unvollendbaren erhielt.

In der Disposition für die Göschen-Ausgabe hat G. den *Faust* als »Fragment« – wie auch *Egmont, Elpenor* und *Tasso* – aufgeführt und zunächst (am 28. Juni 1786) offen gelassen, ob er eine Vollendung beabsichtige. Auf der italienischen Reise ist erstmals Ende 1786 – während der letzten Arbeiten an der *Iphigenie* – davon die Rede, daß es nach den »andern Sachen« (wohl *Egmont* und *Tasso*) »endlich auch über Faust hergehn« solle (an Herzog Carl August, 12. Dezember 1786). Ein im Januar 1787 an Charlotte von Stein geschriebener Brief spricht aus dem Hochgefühl wieder erwachter Schaffenskraft von der »Hoffnung«, alle liegen gebliebenen Stücke »zu endigen«. Im August 1787 – während *Egmont* fertiggestellt wird – folgt ein optimistischer Zeitplan: Bis zum Ende des Jahres solle *Tasso,* bis Ostern 1788 *Faust* »ausgearbeitet« werden (an Herzog Carl August, 11. August 1787).

Doch die Wirklichkeit fügte sich solcher euphorischen Antizipation nicht. Der Dichter verglich sich im November 1787, an *Faust* und *Tasso* denkend, mit Sisyphos, weil es gelte, »Klumpen den Berg hinauf zu bringen« (*Ital. Reise,* 3. November 1787), und nannte im Februar 1788 den *Tasso* einen »Hügel«, den *Faust* aber einen »Berg« (an Herzog Carl August, 16. Februar 1788). Zwar betonte G. bei dieser Gelegenheit, wie sehr beide Projekte von seiner »Neigung« favorisiert würden und auch »wunderbare Aussichten und Hoffnungen« böten. Aber das Herangehen an den Faust-Komplex erwies sich nach so langen Jahren, zumal in Italien, als schwierig, und die »titanischen Ideen« schienen sich in »Luftgestalten« aufzulösen, »die einer ernsteren Epoche vorspukten« (*Ital. Reise;* Rom, 10. Januar 1788).

Erst unter dem 1. März 1788 berichtet das Italien-Buch von einem wirklichen Fortgang der Arbeit am *Faust:* vom Eindruck, den das »alte Manuskript« mit seinen vergilbten Blättern macht, davon, daß der »Faden wieder gefunden« sei, und von einer inzwischen entstandenen Szene (wahrscheinlich der zweiten Hälfte der Paktszene). Auch wenn der *Faust* in den folgenden Monaten hinter dem *Tasso* und anderen Projekten zurückstehen muß, hält G. doch an der Absicht fest, das Werk zu vollenden. In Weimar spricht er davon, die Ausführung solle »eine Winterarbeit werden« (an Friedrich Heinrich Jacobi, 21. Juli 1788). Aber der Abschluß des *Tasso* beschäftigte den Dichter länger als erwartet, und die Weiterführung des *Faust* erwies sich als schwierig und zeitraubend, zumal die Konzeption des Ganzen längst noch nicht ins klare gebracht war.

So entschloß sich G. im Sommer 1789, den *Faust* »als Fragment« zu veröffentlichen (an Herzog Carl August, 5. Juli 1789), und schickte die Druckvorlage im Januar 1790 an den Verlag. Der Torso schloß mit der – noch anders als später eingeordneten – Domszene. Nicht einmal den ganzen Weg, den der *Urfaust* immerhin schon zurückgelegt hatte, wollte oder konnte der Dichter des *Faust-Fragments* noch einmal nachgehen. So wurden die Valentin-Handlung und die Vollendung der Gretchen-Tragödie in der Kerkerszene nicht aufgenommen.

*Altes, Revidiertes und Neues*

Gemäß der italienischen Bestandsaufnahme vom März 1788, daß die erste Neugestaltung »den Ton des Ganzen« sogleich getroffen habe, hat G. große Partien des *Urfaust* unverändert oder nur geringfügig verändert in das *Fragment* übernommen. Das gilt vor allem für den Anfang (den Monolog, die Erdgeist-Szene und das Gespräch mit Wagner) wie auch für große Teile der Gretchen-Handlung. Einiges wurde weggelassen (so allzu spezielle Bemerkungen in der Schülerszene), anderes stilistisch überformt wie die ebenfalls der Universitätssatire zugehörige Szene ›Auerbachs Keller‹, die – unter Beibehaltung der verbalen Grobianismen – in Versform transponiert wurde.

Anders als der *Urfaust* und auch wieder die (1808 erschienene)

*Tragödie* ist das *Faust-Fragment* durchgehend in Versen ausgeführt. Daran wird erkennbar, daß G. sein vom Stoff her so ›nordisches‹ Sujet bei der Rekapitulation in Italien und der sich daraus ergebenden Neugestaltung klassizistischen Normen (im Stile der *Iphigenie* und des *Tasso*) anzunähern versucht hat. (Vgl. zu den Fragen der Formgebung beim *Faust*, zum Reichtum der Metren und Töne die Bde. 1.2, S. 746f., u. 6.1, S. 987f.) Vermutlich hat G. 1789 auch deshalb einen »Strich« (an Johann Friedrich Reichardt, 2. November 1789) unter die Domszene gemacht, weil sich einige im *Urfaust* noch folgende Prosaszenen (z. B. die später ›Trüber Tag. Feld‹ überschriebene Faust-Mephistopheles-Szene; Bd. 1.2, S. 183f.) nicht in die gewünschte Versform überführen ließen.

Neu hinzugekommen ist die zweite Hälfte der Paktszene, während der Pakt selbst (eigentlich eine zwischen Faust und Mephistopheles abgeschlossene Wette) noch fehlt. Der prononcierte Einsatz »Und was der ganzen Menschheit zugeteilt ist« (Vers 249) wirkt wie aus einer lebendigen Rede heraus übernommen. Man kann den Anfang der italienischen Neugestaltung zwanglos aus G.s Herder-Lektüre verstehen. Im Oktober 1787 las der Dichter in Rom den dritten Teil der ›Ideen zur Philosophie der Geschichte der Menschheit‹, dessen abschließendes 15. Buch die Humanitätslehre enthält. Er sprach »den lebhaftesten Dank« für die ›Ideen‹ aus: »Sie sind mir als das liebenswerteste Evangelium gekommen, und die interessantesten Studien meines Lebens laufen alle da zusammen« (*Ital. Reise;* Castel Gandolfo, 12. Oktober 1787; Bd. 15). G. versucht seine Dichtung in Italien voranzutreiben, indem er seinen Faust gleichsam einen imaginären Dialog mit Herder führen, die Gesamtheit der auf die »Menschheit« zerstreuten Kräfte und Möglichkeiten im titanischen Anspruch für das eigene Selbst fordern läßt.

Neu ist auch die ›Hexenküche‹, die G. – wie er Eckermann mehr als 40 Jahre später mit genauester Erinnerung wissen ließ – im Garten der Villa Borghese geschrieben haben will (in welche Umgebung dieser nordische Spuk doch gar nicht zu passen scheint). Vermutlich hat G. die Szene dort im Februar 1788 begonnen oder skizziert, doch erst nach der Rückkehr in Weimar vollendet (bzw. ausgeführt). Sie gestaltet das Motiv von Fausts Verjüngung, das im *Urfaust* noch fehlt, und trägt somit, indem sie die Gelehrtenhandlung in die Liebesgeschichte übergehen läßt, mit allen bizarr-verstörenden Strichen doch zur dramaturgischen Konsistenz der Szenenfolge bei. Damit gerät die folgende Gretchen-Handlung unter ein verändertes Vorzeichen: Die durch Magie ins Werk gesetzte Verjüngung, die Faust »dreißig Jahre ‹ (...)

vom Leibe« schafft (Vers 821), gibt seiner Begegnung mit Gretchen den Charakter eines Experiments, in dem es um ein Lebens-und Liebesglück geht, das dem gealterten Melancholiker von Natur aus gar nicht erreichbar gewesen wäre. Entsprechend wird Gretchen als bloße Erscheinungsform lockender Weiblichkeit qualifiziert, für die Faust durch die Hexenzauberei empfänglich gemacht worden ist.

Die dritte in bzw. nach Italien neugeschaffene Szene ist ›Wald und Höhle‹. G. hat für Fausts Monolog und das anschließende Gespräch mit Mephistopheles, den kompromittierenden »Gefährten« (Vers 1915), einige Passagen aus dem *Urfaust* verwendet, der Szene aber auch neuartige Züge gegeben, deren interpretatorische Bewältigung nicht leicht fällt. Aus der Anrede an den Erdgeist spricht eine beseligende Naturerfahrung (vgl. Verse 1889 ff.), die man ohne weiteres auf G. in Italien, aber nicht so leicht auf Faust beziehen kann, den »Unmensch ohne Zweck und Ruh« (Vers 2021). Auch Faustens Dank an den Erdgeist erschließt sich aus dem vom Drama vorgegebenen Zusammenhang nicht, denn die Beschwörungsszene, auf die angespielt wird, hat das Gegenteil vorgeführt: nicht eine Gewährung, sondern ein Zurückstoßen (vgl. Verse 129 ff.). Auch die Plazierung dieser Szene hat G. offenbar Schwierigkeiten bereitet. Im *Fragment* steht sie nach der Brunnenszene (setzt also voraus, daß Gretchen schon Faustens Geliebte ist), in der *Tragödie* wird sie früher (nach der Szene ›Ein Gartenhäuschen‹) eingeordnet, wirkt also retardierend innerhalb der beginnenden Liebesgeschichte.

Insgesamt zeigt das *Fragment*, wie sich G. gegenüber dem *Urfaust* und seiner spezifischen Technik des ›Springens‹ bzw. ›Aussparens‹ (Bd. 1.2, S. 745) um festere pragmatische Verknüpfungen bemüht. So kommt nach der Schülerszene ein Auftritt Faustens hinzu, in dem das ›Programm‹ der Weltfahrt (Vers 531) aufgestellt wird, das bis in den Aufbau der geistigen Welten von *Faust II* gültig bleibt. Wenn sich Mephistopheles und die zauberkundige Hexe »auf Walpurgis« verabreden (Vers 1053), so mag sich darin schon die spätere ›Walpurgisnacht‹ (Bd. 6.1, S. 647 ff.) ankündigen. Doch wie steht es mit Mephistopheles selbst, seiner Herkunft und der Begründung seines eigenartigen Mit- und Gegenspiels im Verhältnis zu Faust? Offenbar ist mit dieser Frage die konzeptionelle Unklarheit berührt, die G. – neben den formalen Schwierigkeiten – auch im zweiten Anlauf daran gehindert hat, den *Faust* abzuschließen.

Faust, so zeichnet sich im *Fragment* ab, wird nicht mehr bloß mit ›kraftgenialischer‹ Einfärbung als das große Individuum aufgerichtet, in seiner prometheischen ›Verselbstung‹ affirmiert vom

Lebensgefühl des ›Stürmers und Drängers‹. Er ist nun, nicht bloß vom eigenen Anspruch her, stärker als Menschheits-Repräsentant gesehen, der in seiner magisch-phantasmagorischen Weltfahrt »den ganzen Kreis der Schöpfung« ausschreiten soll, wie im späteren ›Vorspiel auf dem Theater‹ das Ganze annonciert wird (Bd. 6.1, S. 541; Vers 240). Mephistopheles, als dienstbar-verführerischer Höllengeist schon im Volksbuch von 1587 namhaft, bleibt in dieses Spiel mit ungeklärter Rollenanweisung eingelassen. Im *Urfaust* taucht er »plötzlich aus dem Nichts« auf (Bd. 1.2, S. 743). Im *Fragment* scheint er – nach Faustens Monolog (Verse 1913 ff.) – ein Sendling des Erdgeists zu sein. Mephistopheles selbst spricht davon, daß sich Faust »dem Teufel übergeben« habe (Vers 345). Aber wie und zu welchem Zweck das geschehen ist, bleibt dunkel.

Erst die *Tragödie* von 1808 wird den Zusammenhang durch den vorgeschalteten ›Prolog im Himmel‹ klären: Mephistopheles ist nun als Diener des »Herrn« deklariert, mit allem Zynismus und aller Aufsässigkeit zur Beförderung eines höheren Weltplans bestellt (Bd. 6.1, S. 542 ff.; Verse 271 ff.). Der Teufel tritt nicht gleichmächtig und gleichursprünglich neben Gott; er ist zum »Schalk« entschärft, den der »Herr« in wohlwollender Überlegenheit gewähren läßt. Seine Aufgabe besteht darin, den Menschen, der nun einmal zur Bequemlichkeit neigt, in seinem Tatendrang zu stimulieren, zur produktiven Leistung anzustacheln, sei es auch durch Irrtum und Schuld hindurch. So kommt es zur »Wette« um Faust, die ihrerseits die »Wette« mit Faust nach sich zieht, in der festgestellt werden soll, ob sein rastloses Streben auf Erden ans Ziel gelangen kann oder nicht. Erst durch diesen Rahmen erhält die Figur des Mephistopheles und damit das ganze Spiel um Faust Sinn und Zusammenhang (Bd. 6.1, S. 982).

Inwieweit kündigt sich dieser gelassen über die Welt regierende »Herr«, der das Böse als letztlich zum Guten wirkende Potenz zuläßt, bereits in den Umrissen an, die der »Erdgeist«, dem Irdisch-Animalischen verhaftet, im *Fragment* erhält? Diese Frage ist in der Forschung kontrovers diskutiert worden. Sie rührt an den Luzifer-Mythos des jungen G. (Bd. 16, S. 376 ff.) und an weltanschauliche Grundprobleme, für die der Dichter in seinem langen Leben nicht immer die gleiche Lösung gefunden hat (woraus gewisse Unstimmigkeiten resultieren). Der *Faust* ist 1789/90 hauptsächlich deshalb *Fragment* geblieben, weil es G. noch nicht gelang, seinen negativistisch-humoristischen Teufel schlüssig ins Spiel zu bringen. Das Defizit, das G.s Darstellung auf dieser Entwicklungsstufe noch aufweist, spiegelt sich auch in den ersten Reaktionen auf das *Fragment*, z. B. in den Fragen nach Faustens

Verstrickung in das Böse, die der junge August Wilhelm Schlegel in seiner Rezension 1790 stellt und »unaufgelöst« sieht, oder in den von Ratlosigkeit zeugenden Spekulationen von Ludwig Ferdinand Huber in 1790 an Christian Gottfried Körner geschriebenen Briefen.

## Zur Rezeption des Fragments

G.s erste *Faust*-Publikation fand ein lebhaftes Echo. Es gab mehr Rezensionen als nach dem Erscheinen der vollendeten *Tragödie*, das 1808 von den zurückliegenden Kriegsereignissen (der Schlacht bei Jena und Auerstedt) und ihren Folgen (der französischen Besatzung) überschattet wurde. Die positiven Reaktionen auf das *Fragment* überwogen die vereinzelt angedeuteten Vorbehalte bei weitem, und der Rezensent der ›Allgemeinen deutschen Bibliothek‹ (der maliziös beklagte, daß die Vollendung des Lessingschen Faust-Bruchstücks nicht mehr möglich sei) stand mit seinem Abwehrgestus ziemlich isoliert da. Freilich läßt sich auch an einigen zustimmenden Äußerungen, etwa von Huber oder auch von Wilhelm von Humboldt (der »das Ganze« als »buntscheckicht« bezeichnete), beobachten, daß man sich auf das Inkommensurable dieses – dazu noch fragmentarisch dargebotenen – dramatischen Lebenslaufs poetologisch nur schwer einzustellen vermochte.

Immerhin zeigten August Wilhelm Schlegel und der anonyme Rezensent der ›Neuen Nürnbergischen gelehrten Zeitung‹ Aufgeschlossenheit für die formale Gestaltung des *Faust-Fragments*, die spezifische Technik der Szenenverknüpfung wie den Wechsel der Töne und Versmaße von Pindar bis Hans Sachs, vom Erhabenen zum Burlesken. Bewunderung und Begeisterung löste vor allem die Gestalt von Gretchen aus, deren traurige Geschichte mit der Domszene abbricht (und noch nicht zu Kindesmord und Wahnsinn führt). Humboldt fand diese Charakterdarstellung »über jede Beschreibung meisterhaft«, und Huber nannte (in der ›Allgemeinen Literatur-Zeitung‹, 1790) Gretchen »ein albernes alltägliches Gänschen«, um hinzuzufügen, daß sie »durch einfache Natur, durch Unschuld und Weiblichkeit, die Züge bald einer Madonna, bald einer Magdalena, erhält, und ⟨...⟩ die tragischen Empfindungen der Rührung und des Schreckens in vollstem Maße erweckt«. Adam Müller sprach von der »jungfraulichsten Seele, die es je einem Dichter zu sehen und darzustellen vergönnt war«. Gretchen ist die Vorzugsfigur im *Faust* geworden und – vor allem auf dem Theater – ziemlich unangefochten geblieben.

Die Faust-Mephistopheles-Konstellation, im Fragment noch

nicht ins klare geführt, reizte bei den Romantikern gerade deshalb die Spekulationen an. Friedrich Schlegel antizipierte 1796 in einem in der Zeitschrift ›Deutschland‹ publizierten Fragment vom unvollendeten *Faust* aus eine Überbietung von Shakespeares ›Hamlet‹, und Adam Müller nahm das *Faust-Fragment* neben dem *Werther* und dem *Wilhelm Meister* zum Orientierungspunkt einer großzügigen Spekulation über G.s dichterische Entwicklung (in den Dresdner ›Vorlesungen über die deutsche Wissenschaft und Literatur‹, 1806). Wegen der späten Publikation ist nahezu unbeachtet geblieben, daß auch Schelling in seiner 1802/03 erstmals vorgetragenen Ästhetik den fragmentarischen *Faust* neben Sophokles, Shakespeare und Calderon gestellt und – auf der Basis der Identitätsphilosophie – zwar den Durchgang durch das Tragische, aber auch den Grundzug des ›Heiteren‹, also eine höhere »Komödie« ausgemacht hat.

Schiller bezog den »fragmentierten« *Faust* wie *Werther* und *Tasso* und – davon abgehoben – den *Wilhelm Meister* in die Typologie des »sentimentalischen Charakters« ein (›Über naive und sentimentalische Dichtung‹, 1795/96). Er wollte mit allen diesen Beispielen zeigen, wie auch in der neueren Zeit »der naive Dichtergeist« – den er in G. am Werk sah – »mit einem sentimentalischen Stoff« in genialer Weise verfahren könne. (Nach G.s späterer Hypothese hat Schiller die ganze Abhandlung eigentlich nur geschrieben, um sich in seinem literarischen Anspruch gegen ihn »zu wehren«; zu Eckermann, 21. März 1830; Bd. 19, S. 367). Schiller griff auch in die weitere Entstehungsgeschichte des *Faust* ein, indem er G.s »Torso« Ende 1794 in einer Weise rühmte, die als Ansporn zur Vollendung wirken mußte und sollte – im Sommer 1797 nahm G. die Arbeit am *Faust* tatsächlich wieder auf.

Im Sommer 1806 hat der Jenaer Historiker Heinrich Luden (1780–1847) ein längeres Gespräch mit G. aufgezeichnet, in dem das *Faust-Fragment* behandelt wurde. Luden berichtete dem Dichter über die in Jena von den Brüdern Schlegel und Schelling unternommenen – und von ihm selbst bestrittenen – Erklärungsversuche: Faust sei »der Repräsentant der Menschheit und Mephistopheles das personifizierte Böse«, das ganze Werk »sei oder werde sein eine divina tragoedia, in welcher der Geist der ganzen Weltgeschichte dargestellt, in welcher das ganze Leben der Menschheit sei«. G. verweigerte, um die Autorisierung oder Dementierung einer solchen philosophisch-universalen Auslegung seiner Dichtung angegangen, jeden bündigen Aufschluß über »das wunderliche Gedicht« – entsprechend seiner späteren Reserve, das ganze Werk auf eine explizite »Idee« zu reduzieren (zu Eckermann, 6. Mai 1827; Bd. 19, S. 571). Aber er verwies den mehr auf das Stofflich-Greifbare gerichteten Historiker darauf, daß auch schon das *Fragment* auf Einheit und Ganzheit zu betrachten sei. Und er gab dem staunenden Besucher eine Andeutung, daß der *Faust* bald neu und vollendet erscheinen werde.

*Dokumente zur Entstehung
und zeitgenössischen Rezeption*

*G. an Herzog Carl August. Rom, 12. Dezember 1786*
Nun ⟨nach Abschluß der *Iphigenie*⟩ soll es über die andern Sachen, endlich auch über Faust hergehn. Da ich mir vornahm meine Fragmente drucken zu lassen, hielt ich mich für tot, wie froh will ich sein, wenn ich mich durch Vollendung des angefangnen wieder als Lebendig legitimieren kann.

*G. an Charlotte von Stein. Rom, 20. Januar 1787*
Ich habe Hoffnung Egmont, Tasso, Faust zu endigen, und neue Gedanken genug zum Wilhelm ⟨Meister⟩. Zugleich les ich den Livius – und ich würde dich verwirren wenn ich dir sagen wollte was sonst alles auf mich zudringt.

*G. an Herzog Carl August. Rom, 11. August 1787*
Egmont ist fertig, und ich hoffe bis Neujahr den Tasso, bis Ostern Faust ausgearbeitet zu haben, welches mir nur in dieser Abgeschiedenheit möglich wird. ⟨Vgl. auch *Ital. Reise* unter dem gleichen Datum; s. Bd. 15⟩.

*G. in der ›Italienischen Reise‹ (Redaktion 1829). Rom, 3. November 1887 (s. Bd. 15)*
Nun ⟨nach Abschluß des *Egmont*⟩ liegen noch so zwei Steine vor mir: Faust und Tasso. Da die barmherzigen Götter mir die Strafe des Sisyphus auf die Zukunft erlassen zu haben scheinen, hoffe ich auch diese Klumpen den Berg hinauf zu bringen.

*G. an Herzog Carl August. Rom, 8. Dezember 1787*
An Faust gehe ich ganz zuletzt, wenn ich alles andre hinter mir habe. Um das Stück zu vollenden, werd ich mich sonderbar zusammennehmen müssen. Ich muß einen magischen Kreis um mich ziehen, wozu mir das günstige Glück eine eigne Stätte bereiten möge.

*G. an Herzog Carl August. Rom, 16. Februar 1788*
Nun steht mir fast nichts als der Hügel Tasso und der Berg Faustus

vor der Nase. Ich werde weder Tag noch Nacht ruhen bis beide fertig sind. Ich habe zu beiden eine sonderbare Neigung und neuerdings wunderbare Aussichten und Hoffnungen. Alle diese Rekapitulationen alter Ideen, diese Bearbeitungen solcher Gegenstände, von denen ich auf immer getrennt zu sein glaubte, zu denen ich fast mit keiner Ahndung hinreichte, machen mir große Freude. Dieses Summa Summarum meines Lebens gibt mir Mut und Freude, wieder ein neues Blatt zu eröffnen.

*G. in der ›Italienischen Reise‹. Rom, 1. März 1788* (s. Bd. 15)
Ich habe den Mut gehabt, meine drei letzten Bände ⟨S, Bde. 6–8⟩ auf einmal zu überdenken, und ich weiß nun genau, was ich machen will ⟨...⟩

Zuerst ward der Plan zu Faust gemacht, und ich hoffe, diese Operation soll mir geglückt sein. Natürlich ist es ein ander Ding, das Stück jetzt oder vor funfzehn Jahren ausschreiben, ich denke, es soll nichts dabei verlieren, besonders da ich jetzt glaube den Faden wieder gefunden zu haben. Auch was den Ton des Ganzen betrifft, bin ich getröstet; ich habe schon eine neue Szene ausgeführt, und wenn ich das Papier räuchre, so dächt' ich, sollte sie mir niemand aus den alten herausfinden. Da ich durch die lange Ruhe und Abgeschiedenheit ganz auf das Niveau meiner eignen Existenz zurückgebracht bin, so ist es merkwürdig, wie sehr ich mir gleiche und wie wenig mein Innres durch Jahre und Begebenheiten gelitten hat. Das alte Manuskript macht mir manchmal zu denken, wenn ich es vor mir sehe. Es ist noch das erste, ja in den Hauptszenen gleich so ohne Konzept hingeschrieben, nun ist es so gelb von der Zeit, so vergriffen (die Lagen waren nie geheftet), so mürbe und an den Rändern zerstoßen, daß es wirklich wie das Fragment eines alten Kodex aussieht, so daß ich, wie ich damals in eine frühere Welt mich mit Sinnen und Ahnden versetzte, mich jetzt in eine selbst gelebte Vorzeit wieder versetzen muß.

*G. an Herzog Carl August. Rom, 28. März 1788*
Lila ist fertig, Jery ⟨das Singspiel *Jery und Bätely*⟩ auch, meine kleinen Gedichte sind bald zusammengeschrieben, so bliebe mir für den nächsten Winter, die Ausarbeitung Fausts übrig, zu dem ich eine ganz besondre Neigung fühle. Möge ich nur halb so reüssieren, als ich wünsche und hoffe!

*G. an Friedrich Heinrich Jacobi. Weimar, 21. Juli 1788*
Mich erfreut sehr daß dir an Egmont manches gefällt ⟨...⟩ Jetzt bin ich an Tasso, Faust soll eine Winterarbeit werden ⟨...⟩.

*G. an Herzog Carl August. Weimar, 5. Juli 1789*
Faust will ich als Fragment geben aus mehr als einer Ursache. Davon mündlich.

*G. an Herzog Carl August. Weimar, 5. November 1789*
Ich bin wohl und fleißig gewesen. Faust ist fragmentiert, das heißt in seiner Art für diesmal abgetan. Mittelsdorf ⟨Johann Andreas Mittelsdorf, Geheimer Registrator in Weimar⟩ schreibt ihn ab. Ein wunderlicher Konzept ist ihm wohl nie vorgelegt worden.

*G. an Carl Ludwig von Knebel. Weimar, 9. Juli 1790*
Meinen Faust und das botanische Werkchen ⟨*Versuch die Metamorphose der Pflanzen zu erklären*, Gotha 1790; Bd. 3.2, S. 318⟩ wirst du erhalten haben, mit jenem habe ich die fast so mühsame als geniale Arbeit der Ausgabe meiner Schriften geendigt, mit diesem fange ich eine neue Laufbahn an, in welcher ich nicht ohne manche Beschwerlichkeit wandeln werde. Mein Gemüt treibt mich mehr als jemals zur Naturwissenschaft, und mich wundert nur daß in dem prosaischen Deutschland noch ein Wölkchen Poesie über meinem Scheitel schweben bleibt.

*Karoline von Dacheröden an Wilhelm von Humboldt. Erfurt, 16. Mai 1790* (Bode, Bd. 1, S. 415)
Lies doch den »Faust« von Goethe! Das Gretchen ist ein ganz neuer weiblicher Charakter, so lieb, so innig und wahr.

*Humboldt an Karoline v. D. Berlin oder Tegel, 24. Mai 1790* (Bode, Bd. 1, S. 415)
Wohl ist's ein ganz neuer Charakter, Gretchen in Goethens »Faust«. Diese Naivität und fromme Unschuld! Und in dem Ausdruck diese Natur und Wahrheit! Die Art, wie sie sich ihm erklärt, wie sie ihm den Kuß zurückgibt, ist über jede Beschreibung meisterhaft. Und auf der andern Seite Faust. Dies Große, Allumfassende, diese Gabe, die ganze Natur mit seinen Gefühlen zu verweben, ist doch nur bei Goethe in der Stärke und Schönheit geschildert ⟨...⟩

Wenn nur das Ganze nicht so buntscheckicht wäre! Aber von vornherein sind fatale Szenen, hie und da freilich schön, aber auch so undelikat und roh. Die niedliche Szene der ersten Zusammenkunft Gretchens und Fausts wird einem durch die Marthe ewig verdorben. Goethe hätte sie nicht sollen einander begegnend spazierengehen lassen. Denn sooft ich nun lese, was Grete sagt, seh ich schon im Geiste immer wieder die unausstehliche Marthe auf sie zu kommen.

*Ludwig Ferdinand Huber an Christian Gottfried Körner. Mainz, 7. Juni 1790* (Bode, Bd. 1, S. 416)
Ich habe den »Faust« gelesen. Es ist ein tolles, unbefriedigendstes Gemengsel, aber freilich voll von Schönheiten, die ganz einzig sind.
⟨...⟩
Auf Sinnlichkeit scheint das ganze Gewicht gelegt zu sein. Das Edlere im Faust liegt abgerissen da und hängt nicht einmal mit jenem zusammen. Auch appuyiert ⟨stützt sich⟩ Mephistopheles auf nichts anderes ⟨...⟩
Der erste Monolog des Faust hat vielleicht für die Initiierten verborgenen Sinn, der mir entgeht. Gretchen ist allerliebst. Ihre religiöse Szene mit Faust rührend und schaudernd, wie ich weniges kenne.

*Huber an Körner. Mainz, 28. Juni 1790* (Bode, Bd. 1, S. 417 f.)
⟨...⟩ ich meine nur, daß in Mephistopheles' Plan nichts anderes zu liegen scheint, als die Sinnlichkeit zum Werkzeug von Fausts Verderben zu machen. Und das fällt um so mehr auf, je mehr in Faust selbst liegt. Oder meinte es Goethe so, daß der Teufel, der höhere Geist selbst, einen Menschen von Fausts Gehalt nicht faßte, mißverstand? Das scheint doch nicht. Vielmehr verachtet, persifliert Mephistopheles alles Geistige in dem Menschen, alle Empfindung, weil ihm anschaulich ist, daß alles das sich in der Materie, in den Sinnen verliert. Daß dem kraftvollen Genie das abstrakte Denken nicht genügt, gibt er ja für den Keim seines Verderbens an; jedes andere platonische, geistige Bedürfnis im Faust sieht er als maskierte Sinnlichkeit an. Und er, der Teufel, muß es doch am besten wissen.
⟨...⟩
Mephistopheles sieht Obszönität des Menschen; der höhere Blick des bösen Geistes ist konsequente, unbestechliche Faunenweisheit. Daß Goethe darum den menschlichen hohen Wert Fausts nicht vernachlässigte, trotz der Verachtung, der er ihn im Mephistopheles aussetzte, ihn doch con amore warm und erhaben ausmalte, macht seinem Genie Ehre. Aber es ist peinlich! Das Peinliche löst sich dann freilich am Ende in höhere Bewunderung des Dichters auf. Deine beliebte *erhabene Ruhe* hält am Ende hier auch her: man sieht im Dichter den Herrn seines Stoffs, seiner Welt – den *höchsten* Blick, der *über* dem Teufel und dem Menschen schwebt, den frei spielenden Geist, der, nirgends durch *unzeitige* Wahrheit (also nicht mehr Wahrheit) beschränkt, jede relative Wahrheit der Imagination ungescheut auffaßt und erschöpft.

Und gerade dies – ich wiederhole es über den »Faust« mit verdoppelter Ehrfurcht – hat unter allen Dichtern der Welt Goethe allein *ganz* vermocht. Es ist die reinste, konsequenteste Imagination, ewig unvermischt mit seiner eigenen Individualität: das großmütigste, freieste, unbedingteste Opfer, das je der Muse und dem Genius gebracht wurde. ⟨Ähnlich hat Huber das *Faust-Fragment* in der ›Allgemeinen Literatur-Zeitung‹ (vom 9. November 1792) als Schöpfung besprochen, die »außer aller Theorie« liege und in der Verbindung von Vielfalt und »Harmonie« wie die »große Natur selbst« wirke.⟩

*Körner an Friedrich Schiller. Dresden, 29. Juni 1790* (Briefwechsel zwischen Schiller und Körner. Hg. von Klaus L. Berghahn. München 1973, S. 125)
Funk ⟨Karl Wilhelm Ferdinand von Funck, kursächsischer Offizier, 1761–1828⟩ sagt mir, daß Du mit dem Faust nicht zufrieden bist. Freilich finde ich auch Ungleichheiten darin, und gewiß sind die einzelnen Szenen zu sehr verschiedenen Zeiten gemacht. Aber mich freut doch vieles, besonders die Hauptidee, daß Faust durch *Charakter* immer eine höhere Art von Wesen bleibt, als Mephistopheles; wenngleich dieser ihm an Vorrat von Ideen, an Erfahrung, an Gewandtheit überlegen ist. Dies könnte zwar auch oft mehr ausgeführt sein, und der Bänkelsängerton, den Goethe gewählt hat, verleitet ihn nicht selten zu Plattheiten, die das Werk verunstalten.

*Die ›Neue Nürnbergische gelehrte Zeitung‹ in einer am 30. Juli und 3. August 1790 veröffentlichten Anzeige von S, Bd. 7* (Braun, Bd. 2, S. 81 f.)
Deutschlands großer Dichter, der in seiner Iphigenia die Feinheit des griechischen Geschmacks so wie die Regelmäßigkeit der griechischen Kunst vollkommen zu erreichen wußte, gibt uns in diesem Teile ein Meisterstück in einer ganz andern Manier, das aber so unverkennbare, große Züge des Genies trägt, daß, wenn Göthe auch sonst nichts geschrieben hätte, dieses ⟨Fragment⟩ allein seinem Namen Unsterblichkeit verschaffen würde ⟨...⟩ Er nahm die bekannte Volkssage, so wie sie vor ihm lag, und blies diesem rohen Erdenkloß einen lebendigen Odem des Geistes ein, der nun, wie ein Sonnenstrahl auf der gekräuselten Wasserfläche, in und auf demselbigen webet und zückt. Die Form ist einfach, und größtenteils unpoliert. Es sind abgerissene, fragmentarische Szenen, die aber dennoch ein Ganzes bilden, in dem der aufmerksame Leser den knüpfenden Faden leicht finden kann. Die Verse sind gereimt, oft scheinen sie in meistersängerischen Holzschuhen einherzustolpern, und oft erheben sie sich im pindarischen Flug. Wer nur etwas in das Innere hineinzublicken vermag, der wird

über die Schätze der tiefgeschöpften Lebensweisheit, über die zauberische Darstellungskraft, die Lebhaftigkeit der Phantasie, und besonders über die große Kunst, Gedanken und Empfindungen zu versinnlichen (und wer dies Drama aus diesem Gesichtspunkte betrachtet, der wird wohl den Schlüssel zu dem geistigen Sinn desselbigen gefunden haben), bewundern, und gestehen müssen: »hier ist der deutsche Shakespeare.«

*August Wilhelm Schlegel in einer Rezension von S, Bde. 6–8, in den ›Göttingischen Anzeigen von gelehrten Sachen‹ 1790 (Mandelkow, Bd. 1, S. 112)*
Dies alles ⟨im *Faust-Fragment*⟩ ist hinreißend dargestellt und nach Goethes Art mit einer Art von Sorglosigkeit und doch mit der treuesten Wahrheit hingeworfen. Allein weiter führt uns der Dichter nicht. Fausts Schicksal ist zwar in gewisser Rücksicht längst entschieden: der Weg, den er einmal betreten hat, führt unvermeidlich zum Verderben. Aber wird dies sich bloß auf seinen äußeren Zustand oder auch auf den innern Menschen erstrecken? Wird er sich selbst treu bleiben und auch bei seinem letzten Fall noch menschliches Mitleid verdienen, weil er mit großen Anlagen menschlich fiel? Oder wird der verworfene Geist, dem er sich übergeben hat, ihn dahin bringen, selbst Erfinder von Bosheit, selbst Teufel zu werden? – Diese Frage bleibt noch unaufgelöst.

Wie die Anlage dieses Schauspiels einzig ist ⟨...⟩, so ist's auch die Behandlung. Es herrscht hier kein Hauptton, keine Manier, keine allgemeine Norm, nach der sich der einzelne Gedanke fügen und umbilden muß. Nur das *eine* Gesetz scheint sich der Dichter gemacht zu haben, dem freiesten Gange seines Geistes zu folgen. Daher die plötzlichen Übergänge von populärer Einfalt zu philosophischem Tiefsinn, von geheimnisvollen magischen Orakeln zu Sprüchen des gemeinen Menschenverstandes, vom Erhabenen zum Burlesken. Auch in der Versifikation findet man ebenso mannigfaltigen Wechsel; bald Hans Sachsens Versart, bald gereimte Zeilen von allen Maßen und Längen; hier und da auch regellose lyrische Rhythmen. Diejenige Politur des Versbaues, die ein Werk des mechanischen Fleißes ist, vermißt man in vielen Stellen; Energie und Ausdruck nirgends. Es zeigt sich auch hier ein überlegener Geist, der manche Vorsicht vernachlässigen darf und doch sein Ziel nicht verfehlt.

*›Die Allgemeine deutsche Bibliothek‹ (Bd. 110, 1792, 2. Stück) in einer Besprechung von ›Goethes Schriften‹ (Braun, Bd. 2, S. 141 f.)*
*Faust*, ein Fragment. Es scheint fast schon in seiner Anlage nur zum Fragment bestimmt gewesen zu sein; denn ein zusammenhängen-

des Ganzes hätte sich daraus, selbst von solch einer Meisterhand, bei dieser Anlage wohl schwerlich bilden lassen. Roh und wild ist alles hingeworfen; starke und auffallende Züge wechseln mit manchen, doch allzu sorglos unbearbeitet gelassenen, ab; man sieht aber bald, daß es so sein sollte; und wer ist berechtigt, dem Eigensinn und dem Umherstreifen des phantasiereichen Dichters Gesetze vorzuschreiben? Bei dem allen indes gestehen wir offenherzig, daß uns die Unvollständigkeit des gegenwärtigen Fragments weniger schmerze, als die leider! nicht mehr mögliche Vollendung des *Lessingschen* Bruchstücks eines ähnlichen Schauspiels.

*Christian Gottlob Heyne an Johann Georg Adam Forster. Göttingen, 12. April 1792* (Bode, Bd. 1, S. 435)
Daß Goethe das Publikum so verächtlich behandelt und es so mit Narrheiten zum besten hat, hat mich oft in Unwillen gesetzt. In seinem »Faust« sind schöne Stellen; aber nebenher kommen Dinge, die nur der in die Welt schicken konnte, der alle andere neben sich für Schafsköpfe ansah. ⟨Diese Kritik des Altphilologen und Rhetorik-Professors Heyne (1729–1812) antwortet auf Forsters ›Verriß‹ des *Groß-Cophta* im Brief vom 7. April 1792; Bd. 4.1, S. 952.⟩

*Schiller an G. Jena, 29. November 1794* (s. Bd. 8)
⟨...⟩ mit nicht weniger Verlangen ⟨als die beiden ersten Bücher des *Wilhelm Meister*⟩ würde ich die Bruchstücke von Ihrem Faust, die noch nicht gedruckt sind, lesen, denn ich gestehe Ihnen, daß mir das, was ich von diesem Stücke gelesen, der Torso des Herkules ist. Es herrscht in diesen Szenen eine Kraft und eine Fülle des Genies, die den besten Meister unverkennbar zeigt, und ich möchte diese große und kühne Natur, die darin atmet, so weit als möglich verfolgen.

*G. an Schiller. Weimar, 2. Dezember 1794* (s. Bd. 8)
Von Faust kann ich jetzt nichts mitteilen, ich wage nicht das Paket aufzuschnüren das ihn gefangen hält. Ich könnte nicht abschreiben ohne auszuarbeiten und dazu fühle ich mir keinen Mut. Kann mich künftig etwas dazu vermögen; so ist es gewiß Ihre Teilnahme. ⟨Ähnlich abwehrend im Brief an Schiller vom 17. August 1795, bevor G. auf Schillers Drängen hin am 22. Juli 1797 von seinem Entschluß berichtet, die Arbeit am *Faust* wieder aufzunehmen; s. dann weiter Bd. 6.1, S. 980 ff.⟩

*Friedrich Schlegel in ›Göthe. Ein Fragment‹, 1796* (Mandelkow, Bd. 1, S. 126)
Goethens Poesie ist die Morgenröte echter Kunst und reiner Schönheit. – Die sinnliche Stärke, welche ein Zeitalter, ein Volk mit sich fortreißt, war der kleinste Vorzug, mit dem schon der Jüngling auftrat. Der philosophische Gehalt, die charakteristische Wahrheit seiner spätern Werke durfte mit dem unerschöpflichen Reichtum des Shakespear verglichen werden. Ja wenn der ›Faust‹ vollendet wäre, so würde er wahrscheinlich den ›Hamlet‹, das Meisterstück des Engländers, mit welchem er gleichen Zweck zu haben scheint, weit übertreffen. Was dort nur Schicksal, Begebenheit – Schwäche ist, das ist hier Gemüt, Handlung – Kraft. Hamlets Stimmung und Richtung nämlich ist ein Resultat seiner äußern Lage; Fausts ähnliche Richtung ist ursprünglicher Charakter.

*Friedrich Wilhelm Joseph Schelling in der zuerst 1802/03 in Jena vorgetragenen ›Philosophie der Kunst‹ (publiziert 1859)* (F. W. J. Schelling: Sämtliche Werke. Hg. von K. F. A. Schelling. Stuttgart, Augsburg 1856–61. Abt. 1, Bd. 5, S. 731–733)
Im Übergang von der Tragödie der Neueren zur Komödie ist es ohne Zweifel am schicklichsten, des größten Gedichts der Deutschen, des *Faust* von Goethe, zu erwähnen. Es ist aber schwer, das Urteil über den Geist des Ganzen aus dem, was wir davon besitzen, überzeugend genug zu begründen. So möchte der gewöhnlichen Ansicht davon die Behauptung sehr auffallend sein, daß dieses Gedicht seiner Intention nach bei weitem mehr aristophanisch als tragisch ist.
⟨...⟩
Soweit wir das Gedicht übersehen, erkennen wir deutlich, daß Faust ⟨...⟩ durch das höchste Tragische gehen soll.

Aber die heitere Anlage des Ganzen schon im ersten Wurf, die Wahrheit des mißleiteten Bestrebens, die Echtheit des Verlangens nach dem höchsten Leben läßt schon erwarten, daß der Widerstreit sich in einer höheren Instanz *lösen* werde, und Faust in höhere Spären erhoben vollendet werde.

In diesem Betracht hat dieses Gedicht, so fremd dies scheinen möge, eine wahrhaft Dantesche Bedeutung, obgleich es weit mehr Komödie und mehr in poetischem Sinn göttlich ist, als das Werk des Dante.

Das wilde Leben, in welches sich Faust stürzt, wird für ihn nach einer notwendigen Folge zur Hölle. Die erste Reinigung von Qualen des Wissens und der falschen Imagination wird nach der heiteren Absicht des Ganzen in einer Einweihung in die Prinzipien der Teufelei, als der eigentlichen Grundlage der besonnenen Ansicht der Welt, bestehen müssen, wie die Vollendung darin, daß er durch Erhebung über sich selbst und das Unwesentliche das Wesentliche schaut und genießen lernt.

Schon dieses Wenige, was sich über die Natur des Gedichts zum Teil mehr ahnden als wissen läßt, zeigt, daß es ein ganz und in jeder Beziehung originelles, nur sich selbst vergleichbares, in sich selbst ruhendes Werk sei. Die Art des Schicksals ist *einzig* und wäre eine neue Erfindung zu nennen, wenn sie nicht gewissermaßen in deutscher Art gegeben, und daher auch durch die mythologische Person des Faust ursprünglich repräsentiert wäre.

Durch diesen eigentümlichen Widerstreit, der im Wissen beginnt, hat das Gedicht seine wissenschaftliche Seite bekommen, so daß, wenn irgend ein Poem philosophisch heißen kann, dieses Prädikat Goethes Faust allein zugelegt werden muß.

*A. W. Schlegel in den Berliner ›Vorlesungen über schöne Literatur und Kunst‹ 1803* (Mandelkow, Bd. 1, S. 535)
Goethe, der so manches zuerst angeregt, hat auch das Andenken des Faust wieder aufweckt, ⟨...⟩ und die eigentümlichsten Anschauungen seines Genius und seines Lebens in diese Dichtung konzentriert. Faust ist einer seiner frühesten Jugendgedanken gewesen, und noch immer ist er mit der Vollendung desselben beschäftigt. Bis jetzt steht das mitgeteilte Fragment wie ein unaufgelöstes Rätsel da, welches man bewundern muß, ohne die Absichten des Dichters ganz überschauen zu können. So viel leuchtet ein, daß die Darstellung geflissentlich nicht historisch ist, daß außer den großen Abweichungen von den Umständen der Geschichte sehr vielfältig die neuere Zeit in Gedanken, Kenntnissen und Sitten angebracht ist. Man darf also das Gedicht auch keinesweges aus diesem Gesichtspunkte, als einen Faust nämlich, beurteilen. Es ist dies nur Vehikel, und das Ganze Goethes Geist selbst in einer erhabnen und fast nicht zu erschöpfenden Offenbarung.

*Adam Müller in seinen ›Vorlesungen über die deutsche Wissenschaft und Literatur‹, Dresden 1806* (Mandelkow, Bd. 1, S. 223 f.)
Der Roman, mit dem Goethe zuerst die Augen der Nation auf sich zog, und der offenbar die ganze Direktion ⟨Richtung⟩ des deutschen Geistes änderte, ›Werthers Leiden‹, stellte die große Dissonanz der Zeit mit erschütternder und zerreißender Kraft vor dem Vaterlande auf. ⟨...⟩

Fünfzehn Jahre später ⟨...⟩ erscheint der ›Faust‹: aus jener Zeit, wo der Untergang der germanischen Welt zuerst sichtbar, die Geistesspaltung der letzten Jahrhunderte entschieden wurde, in die Gegenwart herbeigebracht. Die Zeiten haben sich gewandt, die

Wissenschaft ist am Ende: *Faust,* unbefriedigt in seiner klösterlichen Zelle, ruft mit steinebewegenden Tönen die Geister um einen Tropfen Erfrischung an. Der Teufel nimmt sich seiner an, und führt ihn ein in das grüne, volle, üppige Leben; und wie er neben ihm steht, regt sich tief im Innern des *Faust* ein andrer oder vielmehr derselbe Teufel. Beide einander entgegenwirkend zerstören den göttlichen Menschen, locken mit dem himmlischen Geiste seiner Augen die paradiesische Unschuld der jungfräulichsten Seele, die es je einem Dichter zu sehen und darzustellen vergönnt war, in den Untergang, den sie bereiten, hinein: und unter Orgeltönen, die den kommenden Richter und Rächer verkündigen, und dem hinrasenden *Faust* schmerzlich nachrufen, schließt sich das wundervolle Fragment.

In ihre Elemente aufgelöst, dem Universum wiedergegeben sind die persönliche Welt des Dichters im ›Werther‹, die Welt, der Lebenslauf eines ganzen glorreichen, blühenden Zeitalters, mit seinen Menschen, Gedanken, Staaten und Wissenschaften im ›Faust‹. Nun ist es Zeit, daß alles wieder beginne und aus seiner Asche sich erhebe. Unmerkliche, leise Verknüpfungen eines neuen Daseins trennen und schließen sich, und mit kaum hörbarem Tritt nähert sich ›Wilhelm Meister‹. Gereinigt von allen Stürmen und Flammen, denen er uns zu unterliegen schien, führt der Dichter sich selbst an seiner eignen Hand in das Leben und in die Kunst zurück. ⟨...⟩

Diese drei Werke bilden den Faden, um den sich die Charakteristik des Dichters herschlingen muß. Sie verhalten sich wie Tod, Höllenfahrt und Auferstehung.

*G. im Gespräch mit Johann Peter Eckermann. Weimar, 10. April 1829* (s. Bd. 19, S. 326 f.)
Goethe zeigte mir ⟨...⟩ auf diesem Grundriß ⟨von Rom⟩ die merkwürdigsten Gebäude und Plätze. »Dies, sagte er, ist der Farnesische Garten.« War es nicht hier, sagte ich, wo Sie die Hexenszene des *Faust* geschrieben? »Nein, sagte er, das war im Garten Borghese.«

## Zur Überlieferung und Textgrundlage

Die von Mittelsdorf geschriebene Druckvorlage ist nicht erhalten. Von der Erstausgabe in S liegen zwei Drucke vor, für die sich die Siglen $S^m$ und $S^o$ eingebürgert haben (wobei $S^o$ auf Mittelsdorfs Abschrift beruht und $S^m$ ein fehlerhafter Nachdruck von $S^o$ ist). Die Druckgeschichte und Textbewertung hat Waltraud Hagen in einer minuziösen Studie geklärt (›Der Erstdruck von Goethes Faustfragment‹. In: Beiträge zur Goetheforschung. Hg. von Ernst Grumach. Berlin 1959, S. 59–77). Danach ist S$^m$ an einer Reihe sinnentstellender Fehler zu erkennen, auch daran, daß die Verse 1834–36 (»Der ganz allein / Ihr selig machend ist, sich heilig quäle, / Daß sie den liebsten Mann verloren halten soll«) zweimal hintereinander angeführt sind, wahrscheinlich durch den Wechsel des Bogens bedingt. Die Resultate von Waltraud Hagen wurden noch durch eine spezielle typographische Analyse von Martin Boghardt (›Zur Bestimmung des Erstdruckes von Goethes Faustfragment‹. JbFDH 1972, S. 36–58) bestätigt.

Bei dem Erstdruck handelt es sich um G.s erste *Faust*-Veröffentlichung überhaupt, zugleich um die einzige Veröffentlichung der *Fragment*-Fassung in den von G. selbst veranstalteten Werkausgaben. Seit A 8 (1808) erscheint in den Cotta-Ausgaben die komplettierte Version *(Faust. Eine Tragödie),* in C$^1$ 12 (1827) erstmals – als *Der Tragödie erster Teil* – verbunden mit einem Fragment des zweiten Teils (Verse 4613–6036).

*Textgrundlage und Erstdruck:* S° 7 (1790), S. 1–168. (Zum Verhältnis der Originalausgabe von S und dem Faksimiledruck s. S. 773 f.). – Folgende Emendationen wurden vorgenommen: V. 29 *erkenne* (erkenn' S°); V. 391 *euch* (auch S°); V. 1096 *Lobesan* (lobesan S°); V. 1351 *unsre* (unser S°); V. 1748 *herauf* (hierauf S°); V. 1757 *Glück!* (Glück S°).

Der Stellenkommentar ergänzt die ausführlichen Erläuterungen zum *Urfaust* (Bd. 1.2, S. 750) und zu *Faust I* (Bd. 6.1, S. 998). Die von G. gegenüber dem *Urfaust* vorgenommenen Veränderungen werden markiert, auch – um die Entwicklungslinien herauszuarbeiten – die Lücken bezeichnet, die später in *Faust I* ausgefüllt sind. Eine eigene Erläuterung erhalten im Stellenkommentar zum *Faust-Fragment* nur die seit Anfang 1788 in Italien neu entstandenen Textstücke.

521 *vor 1 Nacht:* Die Szene entspricht der Vorgabe des *Urfaust*. Kleinere Abweichungen finden sich zu Beginn des Monologs, so in den Versen 7 u. 14 »Magister« statt »Professor«. Bei der Erscheinung des »Erdgeists« wurde die Regieanweisung »in widerlicher Gestalt« (*Urfaust*, nach Vers 129) gestrichen. Wagner wird von Faust als »Schleicher« (Vers 168) – und nicht mehr als »Schwärmer« *(Urfaust)* – angekündigt. Nach dem Dialog mit dem »Famulus« (einem Studenten, der dem Professor assistiert), gibt

erst *Faust I* einen Hinweis auf die weitere Handlung: den Osterspaziergang (nach *Fragment,* Vers 244). Faustens abschätziges Urteil über Wagner, mit dem die Szene im *Fragment* endet (Verse 245-48), eröffnet in *Faust I* den zweiten Monolog: er führt über die Verzweiflung, von der »Geisterwelt« (Vers 90) zurückgestoßen worden zu sein, zum Selbstmordversuch – der beim Erklingen der Ostermesse unterbleibt. In *Faust I* schließen sich dann die Szenen ›Vor dem Tor‹ und ›Studierzimmer‹ (mit dem ersten Auftritt des Mephistopheles) an, die im *Fragment* noch fehlen.

528 *vor 249 Faust. Mephistopheles:* Das Szenenfragment gehört in die neue Schaffensperiode (seit 1788) und wird bis zum abschließenden Monolog des Mephistopheles (Verse 330-46) in *Faust I* unverändert übernommen (Verse 1770 ff.). Ihm geht dort der Auftritt des Mephistopheles »als edler Junker« (Verse 1535 ff.), Faustens Klage (Verse 1544 ff.) und sein Fluch auf alles, was das ›Erdeleben‹ bieten kann (Verse 1587 ff.), voraus. Dann folgt die »Wette« mit Mephistopheles, der in Faustens Dienste tritt (und sich dafür seine Seele verpfänden läßt), indem er sich anheischig macht, dem rastlosen Melancholiker das Vollgefühl des ›glücklichen Augenblicks‹ zu verschaffen (Verse 1688 ff.). Beim Ausblick auf die neuen Erfahrungen von »Sinnlichkeit« und »Leidenschaften«, auf »das Rauschen der Zeit« und das »Rollen der Begebenheit«, auf »Taumel« und »Genuß« (*Faust I,* Verse 1750 ff.) wird die Partie erreicht, die schon das *Fragment* bietet. Nach dem Monolog des Mephistopheles, der den Handlungszusammenhang herstellt (freilich noch nicht den Sinnzusammenhang), knüpft die Schülerszene wieder an die Vorgabe des *Urfaust* an. Dort heißt der »Schüler« noch »Student«; ihm erteilt Mephistopheles »im Schlafrock eine große Perücke auf« (Bd. 1.2, S. 140) – im *Fragment* und in *Faust I* tut er es »in Fausts langem Kleide« – eine Studienberatung. Der Text weist einige Änderungen und Streichungen auf. So entfallen aus dem *Urfaust* (Verse 263-332) die Erörterungen studentischer Wohnungs- und Essensprobleme; vermutlich erschienen sie beim späteren Zugriff zu breit angelegt und allzu sehr auf eine bestimmte Örtlichkeit (Leipzig?) bezogen. Dafür ergreift die Universitätssatire mit der »Rechtsgelehrsamkeit« und der »Theologie« zwei weitere Fakultäten (*Fragment,* Verse 446-79). Neu im *Fragment* – und von *Faust I* unverändert aufgenommen – ist der die Szene abschließende Auftritt Faustens (Verse 530-51), der die Ausfahrt vorbereitet.

528 *249 was der ganzen Menschheit ⟨...⟩ Selbst genießen:* Faust will alle Kräfte und Erfahrungsmöglichkeiten des Menschlichen personal ergreifen. In Herders ›Ideen zur Philosophie der Geschichte der Menschheit‹ wird dargelegt, daß das »Ganze« von

Natur und Geschichte »in Einem Subjekt nirgend existieret« und im Individuellen allenfalls im verkleinernden Spiegel erscheinen kann: »Die Menschheit ist ein so reicher Entwurf von Anlagen und Kräften, daß, weil alles in der Natur auf der bestimmtesten Individualität ruhet, auch ihre großen und vielen Anlagen nicht anders als *unter Millionen verteilt* auf unserm Planeten erscheinen konnten. Alles wird geboren, was auf ihm geboren werden kann und erhält sich, wenn es nach Gesetzen der Natur seinen Beharrungszustand findet. Jeder einzelne Mensch trägt also, wie in der Gestalt seines Körpers so auch in den Anlagen seiner Seele, das Ebenmaß zu welchem er gebildet ist und sich selbst ausbilden soll, in sich. 〈...〉 Durch Fehler und Verirrungen, durch Erziehung, Not und Übung sucht jeder Sterbliche dies Ebenmaß seiner Kräfte, weil in solchem allein der vollste Genuß 〈!〉 seines Daseins liegt 〈...〉 Da der einzelne Mensch für sich sehr unvollkommen bestehen kann: so bildet sich mit jeder Gesellschaft *ein höheres Maximum zusammen-wirkender Kräfte*. In wilder Verwirrung laufen diese so lange gegen einander, bis nach unfehlbaren Gesetzen der Natur die widrigen 〈= einander widerstreitenden〉 Regeln einander einschränken und eine Art Gleichgewicht und Harmonie der Bewegung werde« (Tl. 3, Buch 15). Faust greift Herders Individualitätsgedanken auf und überdehnt ihn zugleich vom titanischen Anspruch her, der alles, was auf die Vielzahl der Menschen »verteilt« und so der Menschennatur »zugeteilt« ist, als potentielle Erfahrung für das eigene Selbst reklamiert – das macht ihn zugleich für die Versuchung zum »Genuß« durch Mephistopheles anfällig. – *253 mein eigen Selbst zu Ihrem Selbst erweitern:* vgl. im *Prometheus*-Dramenfragment die rhetorische Frage an die Götter: »Vermögt ihr mich auszudehnen / Zu erweitern zu einer Welt« (Vers 42f.; Bd. 1.1, S. 670). – *262 Uns hat er in die Finsternis gebracht:* Ankündigung der später (*Faust I*, Verse 1349ff.) explizit vertretenen Abkunft von der »Mutter Nacht«, verwandt mit Tassos nachtschwarzer Abgrund-Phantasie (*Torquato Tasso*, Vers 2236 u. Anm.) und mit der aufklärungsfeindlichen »Nacht«-Metaphorik des Grafen im *Cophta*-Opernfragment (s. S. 817). – *268–281 Assoziiert auch 〈...〉 Herr Mikrokosmus nennen:* Mephistopheles will damit ausdrücken, daß er Faustens Streben nach der Gesamtheit menschenmöglicher Erfahrung – also seinen Titanismus – für irreal hält; deshalb verweist er ihn ironisch auf das poetische Ausschweifen, das alle auf Individuen und Völker verteilten Fähigkeiten fiktiv zusammenbringen mag.

529 *281 Mikrokosmus:* die ›kleine Welt‹ (latinisierte griechische Bezeichnung) im Gegensatz zum ›Makrokosmos‹, dem Welt-

all (s. nach Vers 76). Mephistopheles hält also in gezieltem Spott selbst für das anthropologische Vorzugswesen, das die poetische Phantasie aussinnen mag, den alten Namen für den Menschen fest. Vgl. auch *Faust I*, Vers 1347f. – *284 dringen:* drängen (beide Formen sind im späteren 18.Jh. gebräuchlich). – *300 H — —:* Hintern (Dezenz!). – *303ff. Wenn ich sechs Hengste* ⟨...⟩ *vier und zwanzig Beine:* Bei der Fahrt wachsen die Pferdekräfte bis zur Ununterscheidbarkeit der Kraft des Fahrers zu. Karl Marx zitiert den Passus in den ›Pariser Manuskripten‹ (1844), um die »Allmacht« des Geldes – als des entäußerten »Vermögens der Menschheit« – zu illustrieren. – *308 g'rad' mit in die Welt hinein:* möglicherweise ein Abschreibfehler Mittelsdorfs, der unbemerkt in die Drucke eingegangen ist. Nach der Vermutung von W. Leithe heißt der Satzteil ursprünglich: »g'rad' mitt' ⟨mitten⟩ in die Welt hinein« (›Eine Anmerkung zu Faust‹, in: Zeitschrift für Deutsche Philologie 60, 1935, S.414f.).

530 *317 dem Herrn Nachbar Wanst:* dem Dicken, Trägen (der sich mit Verdruß und Langeweile leichter abfindet). – *340 Unbedeutenheit:* Geringfügigkeit, Nichtigkeit, Bedeutungslosigkeit; eine von G. gebildete Substantivierung (vgl. auch *Die natürliche Tochter*, Vers 480).

536 *531 die kleine, dann die große Welt:* die bürgerliche Welt (Gretchen-Sphäre; vgl. Vers 2027), dann die staatlich-fürstliche Welt (Kaiserhof in *Faust II*). – *533 den Cursum durchschmarutzen:* eine Lehrveranstaltung absolvieren, aber anders als an der Universität ohne eigene Anstrengung. – *nach 551 Auerbachs Keller in Leipzig:* Die Szene ist, ausgenommen acht Knittelverse am Anfang, im *Urfaust* noch in Prosa geschrieben. Im *Fragment* – und dann unverändert in *Faust I* – erscheint sie in Versform. Sie setzt die Universitätssatire fort und erinnert an die burlesken Falstaff-Szenen in Shakespeares ›Heinrich IV.‹. Die Version des *Urfaust* wurde von G. im Zuge der Versifikation durchgehend überarbeitet, z. B. »Storcher« (*Urfaust*, Bd. 1.2, S. 147) – nach Adelung »nur in den gemeinen Sprecharten Oberdeutschlands« gebräuchlich – durch »die Fremden« (*Fragment*, Vers 652) ersetzt. Erst durch die Überarbeitung kommt die – im Munde eines sauflustigen Studenten freilich vertrackte – Huldigung an Leipzig als »ein klein Paris«, das seine Bewohner »bildet«, ins Spiel (Vers 651). Deutlicher als im *Urfaust* bringt Mephistopheles beim Eintritt in Auerbachs Keller zum Ausdruck, welchen Weltausschnitt er Faust hier vorführen will (Verse 637ff.). Er selbst – und nicht mehr Faust wie in der älteren Version – richtet nun den Weinzauber an (Verse 724ff.). Von Faust ist außer dem Gruß beim Eintritt (Vers 662) nur noch das Wort zu hören: »Ich hätte Lust nun abzufahren« (Vers 775):

eine bezeichnende Reaktion, die verrät, daß ihn in solcher Sphäre nichts zum ›Verweilen‹ lockt.

545 *nach 815 Hexenküche:* Nach dem Besuch in ›Auerbachs Keller‹ folgte im *Urfaust* die kleine Szene ›Land Straße‹, in der Mephistopheles »vorm Kreuz« die Augen niederschlägt (Bd. 1.2, S. 152); im *Fragment* schließt sich die ›Hexenküche‹ an, die Anfang 1788 in Rom begonnen und nach der Rückkehr in Weimar mit der Einfügung von zeitsatirischen Anspielungen abgeschlossen wurde. In *Faust I* bleibt der Text des *Fragments* bis auf die Korrektur einer Szenenanweisung (nach Vers 912) unverändert; es kommen zwei Ergänzungen dazu (*Faust I*, Verse 2366–77 u. 2390–93), die im Stil der später gemeinsam mit Schiller verfaßten *Xenien* gehalten sind. In der metrisch-rhythmischen Gestaltung werden Madrigal- neben Kurzverse gestellt, so daß sich auch vom Formalen her der Eindruck des Ungeordneten und Wandelbaren ergibt. Die Faust-Stofftradition kennt eine »Hexenküche« (verbunden mit dem Motiv der Verjüngung vor dem Liebesabenteuer) nicht. G. greift Vorstellungen des mittelalterlichen Volksaberglaubens auf; Anregungen haben ihm in Italien wohl Bilderinnerungen (an Teniers, Breughel u. a.) gegeben, vielleicht auch der Kupferstich ›Zauberei‹ von Michael Herr (abgebildet in Bd. 6.1, S. 649). Die Verbindung von Hexensphäre und Zeitsatire ist G.s eigene Erfindung. In einem – nur fragmentarisch überlieferten – Brief vom 4. August 1787 an Charlotte von Stein (Datierung und Adressatin sind allerdings unsicher) spricht er von seiner Absicht, bei der Rückreise in der Schweiz »auf den Magnetismus« zu »achten«, um dieser durch »Marktschreier, große Herren und Propheten« – wie Johann Kaspar Lavater – vielleicht zu Unrecht diskreditierten »Sache« auf den Grund zu kommen. In diesem Zusammenhang gibt G. eine Andeutung, die man vielleicht auf die ›Hexenküche‹ im *Faust-Fragment* beziehen kann: »Wir haben die famose Hexen Epoche in der Geschichte, die *mir* psychologisch noch lange nicht erklärt ist, diese hat ⟨...⟩ mir alles wunderbare verdächtig gemacht. Wie mir die Hexen beim Magnetismus einfallen, ist eine etwas weite Ideen Assoziation, die ich auf diesem Blättchen nicht ausführen kann.« Vgl. den ausführlichen Kommentar zur ›Hexenküche‹ in Bd. 6.1, S. 1013 ff.

546 *827 Dich:* statt dessen steht in allen G.-Werkausgaben (A–C) an dieser Stelle »Doch«; sehr wahrscheinlich ein unbemerkt gebliebener Setzfehler, den alle neueren Leseausgaben nach dem *Fragment* korrigieren.

549 *927 aufrichtige Poeten:* halb spielerische Anerkennung des seltsamen Treibens, halb Fortführung der – freilich nicht personal gezielten – Literatursatire wie schon in den Versen 268 ff.

**550** *960 das Nordische Phantom:* Ein »Phantom« ist ein Trugbild (s. *Torquato Tasso,* Vers 2047; *Der Groß-Cophta* V/8, Bd. 4.1, S. 89). Mephistopheles spielt also ironisch mit dem Standpunkt der Teufelsleugner, die sich freilich in Wahrheit durch den – unter der zeitgemäßen Kostümierung unverändert fortexistierenden – »Teufel« täuschen, also weiterhin zum Bösen verführen lassen. Im Brief an Schiller (vom 5. Juli 1797) bezeichnet G. mit »die nordischen Phantome« die ganze Welt des (wieder aufgenommenen) *Faust* im Gegensatz zu »südlichen Reminiszenzen« (an Italien). – *963 bei Leuten:* in Gesellschaft.

**551** *973 Du nennst mich Herr Baron:* wohl Hindeutung auf den Hochstapler Cagliostro, dessen biographischen Spuren – er hieß eigentlich Giuseppe Balsamo – G. im Frühjahr 1787 in Sizilien nachgegangen ist (s. S. 810). Vgl. auch das Zerbrechen der Krone als Anspielung auf die – von G. immer mit dem Auftreten Cagliostros zusammengesehene – ›Halsbandaffäre‹ (Verse 911 ff.), dazu auch Bd. 6.1, S. 1015 (Anm. zu *Faust I,* Vers 2530).

**552** *1028 Gewöhnlich glaubt der Mensch ⟨...⟩ was denken lassen:* Anklang an die Theologie-Satire in der Schülerszene (s. Verse 472 ff.).

**553** *1038 ein ganzes Chor:* Das Wort »Chor« wurde bis ins 19. Jh. hinein häufig auch als Neutrum verwendet. – *1061 Cupido:* der knabenhafte Liebesgott, meist mit Amor gleichgesetzt (vgl. das in das Singspiel *Claudine von Villa Bella* und später in die *Italienische Reise* eingefügte Lied *Cupido, loser, eigensinniger Knabe;* S. 381). Hier bezeichnet der Name das Erwachen der sexuellen Begierde in Faust.

**554** *nach 1067 Straße:* Der Beginn der Gretchen-Handlung folgt dem *Urfaust* (Verse 458 ff.); einige Verse weisen geringfügige Veränderungen auf (Fragment, Verse 1072 f., 1086, 1091, 1103 u. 1105: »sieben Stunden« statt »sieben Tage«). Neu gestaltet ist die Schlußpointe des Mephistopheles (Verse 1137–40), die keine Anspielungen auf adlige Libertinage und Luziferisches mehr enthält (im Vergleich mit *Urfaust,* Verse 527–30). Die Szene wird in der Version des *Fragments* unverändert in *Faust I* übernommen (Verse 2605 ff.).

**556** *nach 1140 Abend. Ein kleines reinliches Zimmer:* Die Szene folgt dem *Urfaust* (Verse 531 ff.) mit minimalen Änderungen (z. B. in den Versen 1220 u. 1248). In Gretchens Lied vom »König in Thule« finden sich Abweichungen (in den beiden ersten Strophen: Verse 1223 ff.), Fortentwicklungen des auf den Volksliedton gestimmten Gedichts, dessen ursprüngliche Fassung (im Sommer 1774 entstanden) G. schon im *Urfaust* (Verse 612 ff.) leicht verändert hatte. Vgl. auch Bd. 1.1, S. 252, dazu den Kommentar S. 885.

– Die Szene geht vom *Fragment* unverändert in *Faust I* (Verse 2678 ff.) über.

560 *nach 1267 Spaziergang:* Die Szene folgt dem *Urfaust* (wo sie ›Allee‹ überschrieben ist; Bd. 1.2, S. 158) und wird in der Fassung des *Fragments* unverändert in *Faust I* (Verse 2805 ff.) übernommen. Der Text weist gegenüber der früheren Version einige kleine Unterschiede (vgl. Verse 1275, 1277, 1279, 1283, 1297 u. a.) auf. Der Unmut des Mephistopheles über die Raffgier des Pfaffen, der den Schmuck der Kirche einverleibt, wird um einen drastischen Vergleich (s. *Urfaust,* Vers 668 f.) gekürzt.

562 *nach 1327 Der Nachbarin Haus:* Auch in dieser Szene bleibt die Fassung des *Urfaust* nahezu unverändert erhalten; in Vers 1335 ist eine Lücke der älteren Gestaltung ausgefüllt, der Vers 1356 f. (mit Gretchens Ahnung, bei den Schmuckkästchen gehe es nicht »mit rechten Dingen« zu) ist neu eingefügt. Ansonsten nur geringfügige, meist vom Sprachrhythmischen her motivierte Änderungen (z. B. in den Versen 1372, 1376 f., 1433, 1458 u. 1464). Mit einer Korrektur in Vers 1473 (»wann« für »wenn«) wird die Szene in *Faust I* übernommen (Verse 2865 ff.).

567 *nach 1487 Straße:* Die Fassung des *Urfaust* (wo die Szene noch keinen Titel trägt; Bd. 1.2, S. 165) ist im *Fragment* stilistisch überarbeitet worden (bes. in den Versen 1504 ff. u. 1523 ff.). Sie erscheint auch in *Faust I* (Verse 3025 ff.) in der Fassung des *Fragments*.

569 *vor 1536 Garten:* Die Szene geht aus dem *Urfaust* (Verse 926 ff.) über das *Fragment* fast ohne Änderung in *Faust I* (Verse 3073 ff.) über. Im *Fragment* sind einige kleine stilistisch-rhythmische Korrekturen festzustellen (z. B. in den Versen 1537, 1563 f., 1568, 1598 u. 1607), in *Faust I* kommt ein Dialogstück hinzu (Verse 3149–52), das Frau Marthes Avancen auf den vermeintlichen »Hagestolz« Mephistopheles weiter verdeutlicht.

573 *vor 1665 Ein Gartenhäuschen:* Gegenüber dem *Urfaust* (»Margarethe mit Herz klopfen herein ⟨...⟩«; Bd. 1.2, S. 170) heißt es nun in der einleitenden Szenenanweisung weniger sympathetisch: »Margarethe springt herein ⟨...⟩«. Dafür wird Gretchens Liebesbekenntnis zu Faust durch eine kleine Umformulierung (Vers 1666 im Vergeich mit *Urfaust,* Vers 1056) verinnerlicht. In *Faust I* (Verse 3206 ff.) erscheint die Szene unverändert.

574 *nach 1676 Gretchens Stube:* Der lyrische Monolog zum gleichmaßigen Schnurren des Spinnrads weist gegenüber dem *Urfaust* (Verse 1067 ff.) nur zwei Änderungen auf: in Vers 1709 wird Gretchens Verlangen nach Faust dezenter, sozusagen ›zensiert‹ ausgedrückt (»Mein Busen drängt ⟨...⟩« statt: »Mein Schoß! Gott! drängt ⟨...⟩«; *Urfaust,* Vers 1099), nach Vers 1712 wird das

Strophenschema um der Korrespondenz mit dem Inhaltlichen willen durchbrochen. In dieser Version auch in *Faust I* (freilich erst nach der Szene ›Wald und Höhle‹, die gegenüber dem *Fragment* nach vorn gerückt ist).

575 *nach 1716 Marthens Garten:* Die Szene erscheint mit kleinen sprachlichen Veränderungen gegenüber dem *Urfaust,* z. B. in den Versen 1717f., 1728, 1747, 1763 (»der Pfarrer« ersetzt den »Katechismus«), 1778 (»widrig Gesicht«: Gretchens Abneigung vor Mephistopheles wird verschärft), 1832 u. 1844 (»der Teufel« im Singular). In *Faust I* eine kleine sprachliche Korrektur (»übrig bleibt« statt des mundartlichen »über bleibt« in Vers 1822), sonst unverändert.

579 *nach 1846 Am Brunnen:* Mit kleinen, das Umgangssprachliche ein wenig verschleifenden Retuschen (Verse 1853, 1855, 1864 u. 1866) wird die Szene vom *Urfaust* (Verse 1237ff.) über das *Fragment* in *Faust I* (Verse 3545ff.) übernommen.

580 *nach 1888 Wald und Höhle:* Die Szene ist in Italien begonnen und möglicherweise dort auch schon abgeschlossen worden; sie wurde erstmals im *Fragment* veröffentlicht, dann in *Faust I* unverändert aufgenommen (dort aber hinter die Szene ›Ein Gartenhäuschen‹ gestellt). Der Monolog Faustens und der erste Teil seines Disputs mit Mephistopheles sind neu, für den zweiten Teil des Disputs (Verse 2014–40) hat G. eine Passage aus dem *Urfaust* (aus der Szene ›Nacht‹, Verse 1409–36) zugrunde gelegt; die Schlußworte des Mephistopheles im *Fragment* (Verse 2041–44) sind wieder neu. Schon die ältere Version enthält die vielzitierten Selbstanklagen Faustens als »der Unbehaus'te«, »Unmensch« und »der Gottverhaßte« – sie sind anders nuanciert, wenn sie *nach* oder (wie in *Faust I*) *vor* dem Schuldigwerden an Gretchen ausgesprochen werden. Im *Fragment* rücken diese Apostrophen in den Horizont einer pantheistischen Naturerfahrung (während sie im *Urfaust* pragmatisch mit dem Monolog Valentins zusammengeschlossen sind) und stellen zum Dank an den Erdgeist für die in der Natur gewonnene »neue Lebenskraft« (Vers 1950) das bedrückende Wissen Faustens um die eigene moralische Korrumpierung. Die ganze Szene hat einen rekapitulierenden Charakter, sie führt das Drama nach den Liebes- und Kupplerszenen wieder in die großen Zusammenhänge. Faust spricht, entfernt von Gretchen, wieder einen Monolog wie zu Beginn; Mephistopheles verleitet den Zaudernden durch gezielte Aktivierung seiner sinnlichen Phantasie zur Rückkehr zu Gretchen. Die Szene hat die besondere Aufmerksamkeit der Forschung auch deshalb gefunden, weil sich von Faustens Anrede an den »Erdgeist« aus die Figur des Mephistopheles noch in einem anderen Licht zu zeigen scheint als im

späteren *Faust I*. Die Zurückführung des Mephistopheles auf den »Erdgeist« wird im *Fragment* gemäß einer Andeutung des *Urfaust* (Bd. 1.2, S. 183 f.) vorgenommen, die unverändert in *Faust I* (Bd. 6.1, S. 666) eingeht, obwohl der ›Prolog im Himmel‹ dort eine andere Genealogie eingeführt hat. Die Frage nach G.s Konzeption, ihren Wandlungen und den sich im Laufe der Entstehungsgeschichte ergebenden Abstimmungsproblemen hat vor allem die ältere Forschung beschäftigt, deren Bemühungen und Leistungen nicht pauschal »zu abstrusen Spekulationen« (so BA, Bd. 8, S. 827) erklärt werden können. Vgl. den Kommentar zu ›Wald und Höhle‹ in Bd. 6.1, S. 1022 ff.

580 *1891 Dein Angesicht im Feuer zugewendet:* Gottes Erscheinung vor Moses (2. Mose 3,2) geht für Faust offenkundig mit der Beschwörung des »Erdgeists« zusammen, der »in der Flamme« – als »Flammenbildung« – sichtbar wurde (vgl. Verse 127ff.). – *1892 Königreich:* im Sinne von Wesensverwandtschaft, Selbsterfüllung in einer wunschgerechten Sphäre (nicht von ›Macht‹ oder ›Unterwerfung‹). Vgl. auch Vers 1983.

581 *1898 meine Brüder:* Die Gleichartigkeit (also: Brüderlichkeit) alles Lebendigen folgt aus dem pantheistischen Gedanken der ›einen‹ Natursubstanz. Vgl. auch Herders bündige Feststellung: »Der Menschen ältere Brüder sind die Tiere« (›Ideen zu einer Philosophie der Geschichte der Menschheit‹, Tl. 1, Buch 2, Kap. 3). – *1904 Höhle:* Die Raumangabe – und damit auch die Szenenüberschrift – verweist im Kontext des Monologs (Vers 1905 f.) auch auf das menschliche Innere. – *1907 der reine Mond:* Seine besänftigende Wirkung wird hier ganz im Stil von G.s Mondlyrik aufgerufen (vgl. z. B. *An den Mond;* Bd. 2.1, S. 34 ff.); s. auch den ersten Faust-Monolog (Verse 33 ff.). – *1910 Der Vorwelt silberne Gestalten:* Zugrunde liegt die Anschauung der mondbeleuchteten Nebelschwaden. Zu »Vorwelt« s. auch Vers 1158, ferner *Torquato Tasso*, Vers 108 u. Anm. – *1911 der Betrachtung strenge Lust:* von der Gelöstheit der Mondstimmung her zu verstehen. Die innere Verbundenheit mit der Natur kann zwar auch im Nachdenken hergestellt (und insofern ›genossen‹ werden), doch nicht ohne Mühe und Anstrengung – die sich in der stimmungshaften Partizipation auflösen. *1912 O daß dem Menschen nichts Vollkomm'nes wird:* bezieht sich adversativ auf Vers 1889 (›Du gabst mir alles, aber daß dem Menschen nichts Vollkommenes wird ⟨...⟩‹). – *1926 zu was neuen:* im Sinne der Wette, denn ein weltflüchtiger Faust kann nicht mit »Der Erde Freuden« (Vers 338) in Versuchung geführt werden.

582 *1937 ennüyiert:* langweilt (s. auch Vers 316). – *1942 Und wär' ich nicht ⟨...⟩ abspaziert:* Daß Mephistopheles einen Selbst-

mord Fausts verhindert hätte, geht aus dem *Fragment* nicht hervor (und auch nicht aus der späteren Ausführung: s. *Faust I*, Verse 781 ff. u. 1577 ff.); im *Fragment* gibt es den Selbstmordversuch in der Osternacht noch gar nicht. Mephistopheles kann also nur allgemein darauf anspielen, den Melancholiker Faust überhaupt wieder für das ›Erdeleben‹ interessiert und insofern »kuriert« (Vers 1941) zu haben. – *1946 Was schlurfst ⟨...⟩ Nahrung ein?:* In der mephistophelischen Sicht, die das Ganze zynisch herabsetzt, wird gleichwohl die Heilkraft der Natur für den sich ihr überlassenden Menschen deutlich. Vgl. *Egmont*, S. 314, 16 ff.. – *1957 Zu einer Gottheit sich aufschwellen lassen:* Mephistopheles karikiert, schon Gesagtes (s. Verse 268–81 u. Anm.) wiederholend und verschärfend, in Fausts Naturhingabe im Grunde die Selbstauslöschung des Enthusiasten in der von ihm imaginierten Welt. Die Pointe folgt pantomimisch. – *nach 1963 Mit einer Gebärde:* wie in der ›Hexenküche‹ (nach Vers 976). Mephistopheles zeigt den Daumen zwischen Zeige- und Mittelfinger – und gibt damit zu verstehen, worauf Fausts Wandel in Naturseligkeit und Schöpfungsphantasie letztlich hinauslaufen wird (bzw. im *Fragment* schon hinausgelaufen ist): auf die sexuelle Aktivität.

583 *1975 dadrinne:* in der Stadt (mit einer begleitenden Zeigegeste). – *1984 Ließ es:* Stünde es an, wäre es angebracht. – *1985 Das arme affenjunge Blut:* das junge Mädchen, das allein völlig ratlos ist. Zu »affenjung« s. Vers 1824: »Grasaff'« (Spottname für ein noch unreifes Mädchen). – *1996 Schlange! Schlange!:* Mit der Anspielung auf den biblischen Sündenfall (1. Mose 3) erhält Mephistopheles luziferische Dimensionen. Vgl. die Schülerszene, Verse 527 ff., dann auch 1998 ff.

584 *2013 selbst Gelegenheit zu machen:* Gott, dessen Schöpfung vorher (Verse 1956 ff.) beredet worden ist, erscheint nun – sofern zu seinem Weltplan der Geschlechtstrieb gehört – in Mephistos Lästermund geradezu als Kuppler. Vgl. auch die 4. *Römische Elegie*, Verse 17 ff. (Bd. 3.2, S. 44). – *2017 Laß mich ⟨...⟩ erwarmen:* mit dem Folgenden im Zusammenhang zu lesen: ›Selbst wenn ich ⟨...⟩ warm würde, müßte ich doch immer ihre Not fühlen.‹ – *2020 der Unbehaus'te:* Die Partizipialbildung, bereits im Mittelalter (›unbehûset‹) belegt, drückt bei G. – schon im *Urfaust* (Vers 1415) – das Wanderer-Motiv in einer Faust gemäßen Radikalisierung aus. – *2021 Der Unmensch ohne Zweck und Ruh:* Der Mensch, der in seiner Maßlosigkeit vereinzelt ist, ruhelos ohne Ziel (»Zweck«) durch das Leben rast; mit einem Anklang des Monströsen und Misanthropischen, nur entfernt des Amoralischen (vgl. Grimm DWb, Bd. 24, 1936, Sp. 1175). Die schon für den *Urfaust* (Vers 1416) gefundene Prägung rückte bei der *Faust*-Rekapitula-

tion in Italien in den Kontext von Herders Humanitätslehre ein (s. S. 990). – *2022–2030 Der wie ein Wassersturz 〈...〉 zu Trümmern schlug!:* Das ›Alpenbild‹ mit Wasserfall, Feld und Hütte ist so mächtig, daß es die ›reale‹ Topographie des städtischen Lebens zurückdrängt, Gretchen in einem »Hüttchen« auf dem »kleinen Alpenfeld« ansiedelt. Die ›Hütte‹ steht für die Sphäre des Begrenzten, nach der sich der ruhelose Faust sehnt und deren Behaglichkeit er besuchsweise genießt (s. auch Vers 1171) – ohne daß der Wanderer dort bleiben, mit den eng gezogenen Grenzen dieser Welt sich auf Dauer abfinden könnte. – *2028 Und ich, der Gottverhaßte, hatte nicht genug:* in S versehentlich zusammengezogener Doppelvers; vgl. *Urfaust,* Vers 1423f. und *Faust I,* Vers 3357f.

585 *vor 2045 Zwinger:* Die Szene geht nahezu unverändert vom *Urfaust* über das *Fragment* in *Faust I* über. Die einleitende Szenenanweisung ist im *Fragment* kürzer gefaßt als in der früheren Fassung.

586 *nach 2077 Dom:* Die Szene hat im*Urfaust* noch den klärenden Hinweis: ›Exequien der Mutter Gretgens‹ (Bd. 1.2, S. 179). Dieser und die im Sturm-und-Drang-Stil ausgemalte Schande der bevorstehenden unehelichen Geburt – »Brandschande Malgeburt« (Vers 1327) – sind im *Fragment* gestrichen. Die Szene geht dann mit einem Zusatz (nach Vers 2090 wird die Frage eingefügt: »Auf deiner Schwelle wessen Blut?« 〈*Faust I,* Vers 3789〉) in die Fassung von 1808 über. Dort steht sie nach der Valentin-Szene; im *Urfaust* ging sie ihr (die freilich erst skizziert war) noch voraus. Im *Fragment* ist nach der Domszene »ein Strich gemacht« (G. an Johann Friedrich Reichardt, 2. November 1789).

# VERZEICHNIS DER ABBILDUNGEN

Goethe-Zeichnungen zum
*Tagebuch der italienischen Reise für Frau von Stein*:
| | |
|---|---|
| No 1 Posthaus Zwota, | 13 |
| No. 2 Donau | 14 |
| No. 2b Donau | 17 |
| 3 Cochel | 18 |
| No. 3b gegen den Cochel See | 21 |
| No. 4 Am Walch See | 22 |
| No 5 Cirl | 25 |
| 6 gegen den Brenner | 26 |
| Brenner | 29 |
| 7 Roveredo | 41 |
| 9 Lago di Garda | 45 |
| 10 L d G | 46 |
| 8 Hafen von Torbole | 49 |
| 11 Castell Malcesina al Lago di Garda | 50 |
| Venedig | 97 |
| Avvocato Reccaini ad pag 15 | 98 |
| ⟨Ideallandschaft mit Tempel und Hain⟩ | 147 |
| Terni 1786 | 151 |
| ⟨Gebirgsstraße bei Terni, am Wasserfall des Velino⟩ | 152 |
| ⟨Nera-Brücke bei⟩ Terni 1786 | 155 |
| R 86 ⟨Rom 1786. Brücke über den Anio? Im Hintergrund Monte Gennaro und Monte Morra⟩ | 156 |

Angelica Kauffmann (1741–1807): *Szene aus Goethes
»Iphigenie«* (Kreidezeichnung)  759

Friedrich Wilhelm von Schadow (1788–1862): *Die Freiheit
in der Gestalt Klärchens erscheint Egmont im Traum*
(Aquarell über Bleistiftzeichnung)  835

*Titelkupfer der Koppschen Tasso-Übersetzung* (in: Johann
Friedrich Kopp, Versuch einer poetischen Übersetzung des
Tassoischen Heldengedichts genannt: Gottfried, oder das
Befreyte Jerusalem, Leipzig 1744)  913

## Quellen

*Bayerische Staatsbibliothek*, München: 913
*Goethe-Museum*, Düsseldorf (Foto Walter Klein): 835
*Staatliche Kunstsammlungen*, Weimar: 152
*Schloßmuseum*, Weimar: 155
alle anderen: *Nationale Forschungs- und Gedenkstätten der klassischen deutschen Literatur*, Weimar

# INHALTSVERZEICHNIS

## Tagebuch der italienischen Reise für Frau von Stein 1786   7

| | |
|---|---:|
| Erstes Stück. Von Carlsbad auf den Brenner in Tyrol | 9 |
| Zweites Stück. Vom Brenner in Tyrol bis Verona | 36 |
| Drittes Stück. Verona, Vicenza, Padua | 57 |
| Viertes Stück. Venedig | 89 |
| Fünftes Stück. Von Venedig über Ferrara, Cento, Bologna, Florenz, Perugia pp nach Rom | 129 |

## Drama und Theater   159

| | |
|---|---:|
| Iphigenie auf Tauris. Ein Schauspiel | 161 |
| Ulysses auf Phäa | 222 |
| Nausikaa | 229 |
| Der Cophta. Als Oper angelegt | 233 |
| Egmont. Ein Trauerspiel in fünf Aufzügen | 246 |
| Erwin und Elmire. Ein Singspiel | 330 |
| Claudine von Villa Bella. Ein Singspiel | 360 |
| Künstlers Apotheose. Drama | 418 |
| Torquato Tasso. Ein Schauspiel | 426 |
| Faust. Ein Fragment | 521 |

## Anhang   589

| | |
|---|---:|
| Einführung | 591 |
|   Drei erforschte »Regionen« | 593 |
|   Literarische Rekapitulation | 597 |
|   Krise und »Wiedergeburt« | 600 |
| Kommentar | 606 |
|   Abkürzungen | 606 |
|   Tagebuch der italienischen Reise für Frau von Stein 1786 | 609 |
|   Drama und Theater | 729 |
|     Iphigenie auf Tauris. Ein Schauspiel | 729 |
|     Ulysses auf Phäa. Nausikaa | 793 |
|     Der Cophta. Als Oper angelegt | 809 |
|     Egmont. Ein Trauerspiel in fünf Aufzügen | 818 |
|     Erwin und Elmire. Ein Singspiel | 884 |

| | |
|---|---:|
| Claudine von Villa Bella. Ein Singspiel | 889 |
| Künstlers Apotheose. Drama | 903 |
| Torquato Tasso. Ein Schauspiel | 907 |
| Faust. Ein Fragment | 987 |
| Verzeichnis der Abbildungen | 1016 |

# EDITORISCHE NOTIZ

Die Herausgeber sind wie folgt an den Arbeiten für diesen Band beteiligt:
 Tagebuch der italienischen Reise für Frau von Stein: Einleitung von Norbert Miller, Einzelstellenkommentar von Norbert Miller unter Mitwirkung von Detlef Krumme.
 Drama und Theater: Hartmut Reinhardt.
 Bandeinführung: Hartmut Reinhardt.
 Textkritik und editorische Berichte: Edith Zehm.